Langenscheidt
Fachwörterbücher

Langenscheidt ALPMANN

Dictionary of **Law** Concise Edition English

English – German
German – English

Second revised and enlarged edition

by

Stuart G. Bugg, B.A., LL.B (Hons), M. Jur (Dist.)
Heike Simon, Maître de conférences associée (Lille 2)

Langenscheidt

Berlin · München · Wien
Zürich · New York

ALPMANN SCHMIDT

Münster

Langenscheidt ALPMANN

Fachwörterbuch Kompakt **Recht** Englisch

Englisch – Deutsch
Deutsch – Englisch

Zweite, bearbeitete und erweiterte Auflage

von

Stuart G. Bugg, B.A., LL.B (Hons), M. Jur (Dist.)

Heike Simon, Maître de conférences associée (Lille 2)

Langenscheidt

Berlin · München · Wien
Zürich · New York

ALPMANN SCHMIDT

Münster

Bibliografische Information der Deutschen Nationalbibliothek
Die Deutsche Nationalbibliothek verzeichnet diese Publikation in der Deutschen Nationalbibliografie; detaillierte bibliografische Daten sind im Internet über http://dnb.ddb.de abrufbar.

2., bearbeitete und erweiterte Auflage 2009

Satz: Hagedorn medien[design], Stuttgart
Druck: Druckerei C.H. Beck, Nördlingen
Printed in Germany

ISBN 978-3-86117-310-6 (Buch)
ISBN 978-3-86117-311-3 (Buch + CD-ROM)
(Langenscheidt)

ISBN 978-3-86752-084-3 (Buch)
ISBN 978-3-86752-083-6 (Buch + CD-ROM)
(Alpmann Schmidt)

11020

Inhalt / Contents

Vorwort zur 2. Auflage

Nach dem großen Erfolg der 1. Auflage des Fachwörterbuchs Kompakt Recht erscheint nun eine bearbeitete und erweiterte 2. Auflage.

Das grundlegende Konzept des Werkes wurde beibehalten: Einführungstexte in das englische, amerikanische und deutsche Rechtssystem vermitteln ein grundlegendes Verständnis für die jeweiligen Rechtsordnungen. Die Texte wurden auf den aktuellen Stand gebracht und teilweise ergänzt.

Um dem Anspruch eines kompakten Wörterbuchs auch weiterhin gerecht werden zu können, wurde besonders auf eine systematische Auswahl der Begriffe Wert gelegt. Dabei wurde der Gesichtspunkt der Häufigkeit bestimmter Termini (v.a. der aktuellen englischen und deutschen Ausbildungsliteratur und der neuesten Gesetzgebung) besonders berücksichtigt und als Grundlage für die Erweiterung der Begriffsauswahl genommen. Der Wortschatz der juristischen Kernbereiche wurde entsprechend ergänzt und aktualisiert. Dabei haben wir gerne Anregungen unserer Leser aufgenommen.

An der 2. Auflage nicht mehr beteiligt war die Co-Autorin der 1. Auflage, Frau Dipl. jur. Laura Jane Schneider LL.M. (University of London, King's College), der unser Dank für die Mitarbeit an diesem Werk gilt.

Für weitere Hinweise zur Verbesserung des Werkes sind wir stets dankbar. Bitte richten Sie diese an Langenscheidt KG, Langenscheidt Fachverlag, Postfach 40 11 20, 80711 München oder an die ALPMANN SCHMIDT Juristische Lehrgänge Verlagsgesellschaft mbH & Co. KG, Postfach 1169, 48001 Münster.

Langenscheidt Fachverlag
ALPMANN SCHMIDT Juristische Lehrgänge

Vorwort zur 1. Auflage

Das vorliegende Fachwörterbuch Kompakt Recht beinhaltet eine umfangreiche Auswahl juristischer Fachbegriffe, die sowohl für die juristische Ausbildung als auch für die Berufspraxis relevant sind.

Der Schwerpunkt liegt im Bereich des allgemeinen Zivil- und Vertragsrechts. Darüber hinaus werden auch jene Kernbegriffe berücksichtigt, die für das Verständnis der übrigen Rechtsgebiete (z. B. Steuerrecht, Strafrecht, allg. Prozessrecht) unverzichtbar sind.

Dieses Werk wird damit insbesondere den gestiegenen Anforderungen an die fachliche Fremdsprachenkompetenz in der juristischen Ausbildung gerecht. Es richtet sich daher in erster Linie an die Studenten der Rechtswissenschaften und Rechtsreferendare, soll aber zugleich den bereits praktizierenden Juristen und weiteren Berufsgruppen, die in Zeiten fortschreitender Internationalisierung immer wieder mit juristischen Fachtermini in ihrer länderübergreifenden Korrespondenz konfrontiert werden (z. B. Betriebswirte, Wirtschaftsprüfer, Unternehmensberater etc.), eine förderliche Hilfe sein.

Die Bearbeiter, Rechtsanwältin Heike Simon, Maître de conférences associée (Lille 2), und Stuart G. Bugg B.A., LL.B (Hons), M. Jur (Dist.), sind fachkundige Juristen und besitzen langjährige nationale und internationale Erfahrung in der fremdsprachigen Aus- und Weiterbildung von angehenden Juristen und Berufspraktikern. Unterstützt wurden sie durch Dipl. jur. Laura Jane Schneider.

Das Verständnis für die unterschiedlichen nationalen Rechtsordnungen vermitteln die fundierten Einführungen in das englische, amerikanische und deutsche Rechtssystem, für die ausgewiesene Kenner dieser Gebiete gewonnen werden konnten, nämlich Herr Prof. Dr. iur. Rainer Wörlen, Herr Prof. Dr. iur. Frank Emmert, LL.M. und Herr Rechtsanwalt Dr. iur. Karl Ludwig Steinhäuser, Lehrbeauftragter an der Universität Osnabrück.

Für die hilfreiche Mitwirkung bei den Korrekturen danken wir Hendrik Dieckhöfer, Johannes Dilling, Michael Dragu, Dorothee Driesen, Christoph-Severin Haase und Mihaela Pavlovic.

Trotz Bündelung aller juristischen und fremdsprachlichen Kompetenzen der Verlage und Autoren basiert die Bearbeitung des Werkes letzten Endes auf einer subjektiven Auswahl. Für weitere Anregungen und helfende Kritiken sind wir daher stets dankbar. Bitte richten Sie diese an die Langenscheidt Fachverlag GmbH, Postfach 401120, 80711 München oder an die Alpmann und Schmidt Juristische Lehrgänge Verlagsgesellschaft mbH & Co. KG, Postfach 1169, 48001 Münster.

Langenscheidt Fachverlag
Alpmann und Schmidt Juristische Lehrgänge

Preface to the 2nd Edition

Following the great success enjoyed by the 1st edition of the compact specialized dictionary of Law, we are now proud to present this revised and enlarged 2nd edition.

The basic concept behind this dictionary has been maintained in the new edition. Introductory texts examining the British, American and German legal systems are provided to impart a basic understanding of the legal structures and procedures that have developed in these countries. These texts have been updated and augmented where required.

To keep this edition within the bounds of a compact dictionary, we have continued to give special attention to systematically selecting the terms to be included in this work. We especially looked at how often certain terms occur in the relevant literature (primarily in current English and German textbooks and in recent legislation). This frequency of occurrence then formed the basis for expanding the stock of terms included in this dictionary. In this way, we have augmented and updated the vocabulary taken from the core areas of legal practice. During our revision work, we were very happy to consider and use the ideas and suggestions submitted by our readers.

This 2nd edition was produced without the help of the co-author of the 1st edition, Dipl. jur. Laura Jane Schneider LL.M. (University of London, King's College), whom we would like to thank for her work on the initial publication.

We are, of course, always grateful for any ideas or suggestions you may have for improving the quality of this dictionary. Please address your comments to Langenscheidt KG, Langenscheidt Fachverlag, Postfach 40 11 20, 80711 Munich, Germany, or to ALPMANN SCHMIDT Juristische Lehrgänge Verlagsgesellschaft mbH & Co. KG, Postfach 1169, 48001 Münster, Germany.

Langenscheidt Fachverlag
ALPMANN SCHMIDT Juristische Lehrgänge

Foreword to the 1st edition

This compact legal dictionary contains an extensive selection of legal terminology relevant for both legal studies and the practice of the law.

Emphasis has been given to the general civil law as well as contract law. In addition, those key terms have been included which are essential for the understanding of other legal fields (e.g. tax law, criminal law, procedural law).

This work is therefore particularly suitable for German law students on legal English courses, which are making increasing demands on them. But in addition to the intended audience of law students and legal trainees, the dictionary is also designed to be an aid for working lawyers and other professional groups (e.g. business graduates, accountants, management consultants etc.), who, in this time of advanced internationalisation, are constantly confronted with legal terminology in their cross-border correspondence.

The editors, Rechtsanwältin Heike Simon, Maître de conférences associée (Lille 2), and Stuart G. Bugg, B.A., LL.B (Hons), M. Jur (Dist.), are trained lawyers themselves and have many years' experience in the education and training of law students and legal practitioners in foreign languages. They have been supported by Dipl. jur. Laura Jane Schneider.

An understanding of the main national legal systems is provided by basic introductions to the English, American and German legal systems. We have managed to obtain recognised experts in these fields: Prof. Dr. iur. Rainer Wörlen, Prof. Dr. iur. Frank Emmert, LL.M. and Rechtsanwalt Dr. iur. Karl Ludwig Steinhäuser, Lehrbeauftragter an der Universität Osnabrück.

We give our sincere thanks to Hendrik Dieckhöfer, Johannes Dilling, Michael Dragu, Dorothee Driesen, Christoph-Severin Haase und Mihaela Pavlovic for their helpful assistance with the proof correction.

Despite the combined legal and foreign language expertise of the publishers and authors, the work on this book is in the last instance based on a subjective choice. For this reason, we will always be grateful for any suggestions and constructive criticism. Please send your comments to Langenscheidt Fachverlag GmbH, P.O. Box 401120, 80711 Munich, Germany or to Alpmann und Schmidt Juristische Lehrgänge Verlagsgesellschaft mbH & Co. KG, P.O. Box 1169, 48001 Münster, Germany.

Langenscheidt Fachverlag
Alpmann und Schmidt Juristische Lehrgänge

Hinweise zur Benutzung des Wörterbuches

I. Anordnung der Stichwörter

Die Stichwörter sind streng nach dem Alphabet angeordnet. Die Umlaute werden wie a, o, u eingeordnet.
Z. B:

Abkommen *n* agreement; convention, treaty
Abkömmling *m* descendant, issue, offspring

Gleichlautende Stichwörter, die zu unterschiedlichen Wortarten gehören, werden jeweils einzeln aufgenommen. Dabei gilt die Reihenfolge:
Verb
Adjektiv oder Adverb
Substantiv.

compound *v* 1. abfinden, ablösen, kapitalisieren; 2. sich vergleichen, sich einigen
compound *adj* zusammengesetzt, zusammengefasst; gemischt, kombiniert
compound Areal *n*, Anwesen *n*, Lager *n*

Getrennt geschriebene Wörter erscheinen in einem Wortnest. Daran anschließend folgen die zusammengeschriebenen Begriffe.

line 1. Linie *f*; Höchstbetrag *m*, Marke *f*, Grenze *f*; 2. Sparte *f*, Zweig *m*, Gattung *f*
line of succession Erbfolgelinie *f*
lineage Abstammung *f*

Patent *n* patent
Patent *n*/**eingetragenes** registered patent
Patent *n*/**verfallenes** lapsed patent
Patentamt *n* patent office; *(AE)* commissioner of patents

Englische Stichwörter sind unter Beibehaltung der natürlichen Wortfolge alphabetisch geordnet. Dabei erscheinen getrennt geschriebene oder mit Bindestrich gekoppelte Wörter in einem Wortnest. Daran anschließend folgen die zusammengeschriebenen Begriffe.

lead 1. Führung *f*, führende Rolle *f*; 2. Fingerzeig *m*, Anhaltspunkt *m*
lead time Vorlaufzeit *f*, Entwicklungszeit *f*
lead-up time Vorbereitungszeit *f*
leader Führer *m*, Vorgesetzter *m*; erster Anwalt *m*, Kronanwalt *m*

Deutsche Stichwörter, die sich aus einem Nomen und einem Adjektiv zusammensetzen (z. B. ordentlicher Rechtsbehelf), werden grundsätzlich alphabetisch unter dem Nomen einsortiert; das dazugehörige Adjektiv wird mit einem Schrägstrich nachgestellt (z. B. Rechtsbehelf *m*/ordentlicher). Einige wenige dieser zusammengesetzten Begriffe sind wegen ihrer herausragenden Bedeutung doppelt sortiert, also sowohl unter dem Nomen (z. B. Gehör *n*/rechtliches) als auch unter dem Adjektiv (z. B. rechtliches Gehör) zu finden.

Gehör *n*/rechtliches right to be heard; day in court; fair hearing; due process
rechtliches Gehör *n* right to be heard; day in court; fair hearing; due process

Englische und deutsche Stichwörter, deren erstes Element ein Artikel, eine Präposition oder Konjunktion ist, werden unter dem jeweiligen Basiswort sortiert. Die eigentlich voranzustellenden Bestandteile (hinter einem Schrägstrich stehend) werden wie nachgestellte Stichwörter behandelt.

later *adv* **than/no** spätestens
latest *adv*/**at the** spätestens

Betreiben von/auf at the instigation of
Unzeit/zur untimely

Lateinische Ausdrücke werden dagegen als stehende Begriffe behandelt und streng alphabetisch sortiert.

ad diem *(Lat)* (nur) zu diesem Zweck
ad hoc *(Lat)* ad hoc, speziell für den vorliegenden Fall

de facto *(Lat)* de facto; in fact, actually
de iure *(Lat)* de jure; by (operation of) law; by right and just title

II. Kennzeichnung der Stichwörter

Deutsche Fachausdrücke erscheinen im ausgangssprachlichen ebenso wie im zielsprachlichen Teil jeweils mit Angabe ihrer Wortart- bzw. Genuszuteilung (z. B. Scheidung *f*). Die entsprechenden Angaben folgen unmittelbar dem jeweiligen Hauptwort und sind auf S. 20 vollständig aufgelistet.
Bei Englisch als Ausgangssprache werden lediglich Verben, Adjektive und Adverbien, nicht jedoch Substantive, als solche gekennzeichnet. Präpositionen und präpositionale Ausdrücke erscheinen ebenfalls ohne ausdrückliche Kennzeichnung:

compound *v* 1. abfinden, ablösen, kapitalisieren; 2. sich vergleichen, sich einigen
compound Areal *n*, Anwesen *n*, Lager *n*
compound interest Zinseszinsen *mpl*; Staffelzinsen *mpl*

bedürfen *v* want, require, need
bedürftig *adj* needy, poor, indigent
Bedürftigkeit *f* need, poverty, indigence, distress

Reflexive Verben sind grundsätzlich unter ihrer Grundform alphabetisiert:

scheiden lassen *v*/**sich** *(Family Law)* divorce, get divorced

Stichwörter, die aus irgendwelchen Gründen veraltet sind, u. a. weil der Begriff durch einen neuen ersetzt wurde (wie z. B. die Konkursordnung durch die Insolvenzordnung), sind durch die Begriffe "obsolete" bzw. "veraltet" in Klammern gekennzeichnet.

action of assumpsit *(veraltet)* Klage *f* wegen Nichterfüllung

Fronde *f (obs.)* right of service associated with land

III. Reihenfolge und Kennzeichnung der Übersetzungen

Die Übersetzungen sind in der Reihenfolge ihrer Bedeutung angeordnet und gegebenenfalls durch arabische Ziffern gekennzeichnet.
Z. B.:

accessory *adj* 1. zusätzlich; 2. *(StrafR)* mitschuldig, teilnehmend; 3. akzessorisch, untergeordnet

Schuldfähigkeit *f* 1. *(CivLaw)* responsibility; 2. *(CrLaw)* (criminal) capacity; culpability

In Fällen, in denen eine nähere Erläuterung nötig erscheint, sind den Übersetzungen in Klammern die Fachgebietsabkürzungen vorangestellt (s. o.) und gegebenenfalls nachfolgend in kursiver Schrift bzw. kursiven Klammern zusätzliche Erläuterungen zu finden.
Z. B.:

abate *v* 1. senken, (ver)mindern; abschaffen; beseitigen; 2. einstellen *(Gerichtsverfahren)*; 3. unberechtigt Besitz ergreifen *(Grundstück)*

Dienstgrad *m* grade *(civil servant)*; rank *(armed forces)*

Ergänzungen in magerer Schrift und geraden Klammern dagegen sind konkretisierende Ergänzungen, die als Teil der Übersetzung benutzt werden können.
Z. B.:

allocatur *(Lat)* (gerichtliche) Kostenverteilung *f*, Kostenfestsetzungsbeschluss *m*

Grundrechtsfähigkeit *f* capacity to (acquire and) have civil liberties

Eckige gerade Klammern im Wortlaut eines Stichwortes oder einer Übersetzung schließen Alternativformen ein:

enfranchise *v* 1. befreien; 2. Wahlrecht [Bürgerrecht] verleihen

Auslegung *f*/**wörtliche** literal interpretation, word-for-word construction [interpretation]

Umschreibungen für nicht vorhandene zielsprachliche Äquivalente oder Fachausdrücke, die nur als annähernde Übersetzungen zu bewerten sind (u. a. beispielsweise weil der zu übersetzende Gegenstand in dem anderen Rechtssystem nicht in gleicher Form existiert), werden – zur optischen Unterscheidung von wirklichen Übersetzungen – durch das Zeichen „≈" eingeleitet.
Zum Beispiel ist ein „entry in the land register" nicht genau dasselbe wie ein „Eintrag in das Grundbuch", da sowohl die jeweils enthaltenen Informationen als auch die rechtliche Wirkung des Eintrags unterschiedlich sind.

entry in the land register ≈ Eintrag in das Grundbuch

Wendungen werden im Eintrag vom jeweiligen Hauptwort einsortiert und stehen (alphabetisch sortiert) grundsätzlich am Ende des Übersetzungsteils. Sie sind durch einen fett formatierten Punkt (•) gekennzeichnet:

approval Genehmigung *f*, Billigung *f*, Zustimmung *f*; Bestätigung *f*; Bewilligung *f*; Entlastung *f*; Einverständnis *n* • **give approval** die Genehmigung erteilen, die Zustimmung geben, das Einverständnis erklären • **on approval** zur Ansicht, auf Probe • **refuse approval** die Zustimmung verweigern; die Genehmigung versagen

Urteil *n* 1. judgment; decision; decree; 2. *(CrLaw)* sentence; 3. *(CrLaw)* verdict • **ein Urteil bestätigen** affirm a judgment • **ein Urteil erlassen [fällen]** give judgment

IV. Frauen in der Rechtssprache

Aus Lesbarkeitsgründen wurde die weibliche Bezeichnung nur ganz ausnahmsweise aufgenommen. Dies erschien umso mehr vertretbar, als in den meisten deutschen Gesetzestexten die männliche Form als Funktionsbezeichnung für beide Geschlechter verwendet wird.

V. Terminologie und Rechtschreibung

Die Terminologie ist größtenteils dem deutschen bzw. englischen Recht entnommen, da die Verfasser aus diesen beiden Rechtskreisen stammen. Maßgebend waren die deutsche Schreibweise nach der Rechtschreibreform (Stand: 01. 08. 2006) bzw. die britisch-englische Schreibweise. Für die Rechtschreibung des Englischen war „*The New Oxford Dictionary of English*“ (Ausgabe 2001) verbindlich. In Anlehnung an dieses Werk wurden in diesem Wörterbuch die orthografischen Varianten *-ize* und *-ization* den gleichwertigen Formen *-ise* und *-isation* vorgezogen.

colonization Besiedlung *f*, Kolonisierung *f*
colonize *v* besiedeln, ansiedeln, kolonisieren

einbürgern *v* naturalize
Einbürgerung *f* naturalization

Bei amerikanischen Begriffen wurde die amerikanische Schreibweise benutzt und explizit als solche gekennzeichnet.

order check *(AE)*, **order cheque** *(BE)* Orderscheck *m*

Abwehr *f (BE)* defence, *(AE)* defense
Abwehranspruch *m* right to defend; right to a defence [*AE* defense]

Für die Wiedergabe von Wörtern, bei denen sich die amerikanische und britische Schreibvariante nur durch einen einzigen Buchstaben voneinander unterscheiden, wurden Klammern eingesetzt:

Handlungsreisender *m* commercial travel(l)er, travel(l)ing salesman
Ratengeschäft *n* instal(l)ment transaction; instal(l)ment purchase; hire-purchase

Eine andere Darstellung hätte die Ziele und den Rahmen eines Kompakt-Fachwörterbuchs Recht gesprengt.

Using the dictionary

I. Order

Strict alphabetical order is used. Vowels with an *umlaut* (ä, ö and ü) are treated as a, o and u.
For example:

Abkommen *n* agreement; convention, treaty
Abkömmling *m* descendant, issue, offspring

Identical headwords which are different parts of speech are listed separately in the following order:
verb
adjective or adverb
noun.

compound *v* 1. abfinden, ablösen, kapitalisieren; 2. sich vergleichen, sich einigen
compound *adj* zusammengesetzt, zusammengefasst; gemischt, kombiniert
compound Areal *n*, Anwesen *n*, Lager *n*

Compound headwords consisting of separate words appear before headwords written in one word.

line 1. Linie *f*; Höchstbetrag *m*, Marke *f*, Grenze *f*; 2. Sparte *f*, Zweig *m*, Gattung *f*
line of succession Erbfolgelinie *f*
lineage Abstammung *f*

Patent *n* patent
Patent *n*/**eingetragenes** registered patent
Patent *n*/**verfallenes** lapsed patent
Patentamt *n* patent office; *(AE)* commissioner of patents

English compound headwords are listed alphabetically preserving natural word order. Compounds written separately or joined together with a hyphen appear in the same cluster and precede terms written in one word.

lead 1. Führung *f*, führende Rolle *f*; 2. Fingerzeig *m*, Anhaltspunkt *m*
lead time Vorlaufzeit *f*, Entwicklungszeit *f*
lead-up time Vorbereitungszeit *f*
leader Führer *m*, Vorgesetzter *m*; erster Anwalt *m*, Kronanwalt *m*

German terms made up of a noun and an adjective (e.g., ordentlicher Rechtsbehelf) are always listed alphabetically under the respective noun, the adjective being shown after the noun separated by a forward slash (e.g., Rechtsbehelf *m*/ordentlicher). A small number of these word combinations which are particularly common are also listed twice, i.e., under both the noun (e.g., Gehör *n*/rechtliches) and the adjective (e.g., rechtliches Gehör).

Gehör *n***/rechtliches** right to be heard; day in court; fair hearing; due process
rechtliches Gehör *n* right to be heard; day in court; fair hearing; due process

English and German compound headwords starting with an article, a preposition or a conjunction are listed under the most significant element in the phrase. In this case, the elements that come first in natural usage are printed after a forward slash and are treated like postpositive headwords.

later *adv* **than/no** spätestens
latest *adv***/at the** spätestens

Betreiben von/auf at the instigation of
Unzeit/zur untimely

By contrast, all Latin expressions are treated as fixed terms and sorted strictly alphabetically.

ad diem *(Lat)* (nur) zu diesem Zweck
ad hoc *(Lat)* ad hoc, speziell für den vorliegenden Fall

de facto *(Lat)* de facto; in fact, actually
de iure *(Lat)* de jure; by (operation of) law; by right and just title

II. Characterization of headwords

German technical terms are listed in both sections of the dictionary along with their part of speech and gender (e.g., Scheidung *f)*. This information appears immediately after the noun and is explained in full on page 20.
Regarding English terms in the English-German section, only verbs, adjectives and adverbs – but not nouns – are indicated as such. Prepositions and prepositional expressions are also listed without being expressly denoted.

compound *v* 1. abfinden, ablösen, kapitalisieren; 2. sich vergleichen, sich einigen
compound Areal *n*, Anwesen *n*, Lager *n*
compound interest Zinseszinsen *mpl*; Staffelzinsen *mpl*

bedürfen *v* want, require, need
bedürftig *adj* needy, poor, indigent
Bedürftigkeit *f* need, poverty, indigence, distress

Reflexive verbs are always listed under their basic form.

scheiden lassen *v***/sich** *(Family Law)* divorce, get divorced

Headwords which for some reason are obsolete, for instance because the term has been replaced by a new one (such as Konkursordnung, which has been substituted by Insolvenzordnung) are identified as such by the word 'obsolete' or 'veraltet' in brackets.

action of assumpsit *(veraltet)* Klage *f* wegen Nichterfüllung

Fronde *f (obs.)* right of service associated with land

III. Order and explanation of translations

Translations are arranged grouped together by meaning. If an entry has more than one meaning, the various groups of translations are preceded by Arabic numerals.

accessory *adj* 1. zusätzlich; 2. *(StrafR)* mitschuldig, teilnehmend; 3. akzessorisch, untergeordnet

Schuldfähigkeit *f* 1. *(CivLaw)* responsibility; 2. *(CrLaw)* (criminal) capacity; culpability

In cases where the inclusion of an additional explanation would make sense, translations are preceded by subject abbreviations (see above) and any additional explanations follow in italics inside italicized brackets.

abate *v* 1. senken, (ver)mindern; abschaffen; beseitigen; 2. einstellen *(Gerichtsverfahren)*; 3. unberechtigt Besitz ergreifen *(Grundstück)*

Dienstgrad *m* grade *(civil servant)*; rank *(armed forces)*

By contrast, additions in light-face type and brackets specify the term more exactly and can be used as part of the translation.

allocatur *(Lat)* (gerichtliche) Kostenverteilung *f*, Kostenfestsetzungsbeschluss *m*

Grundrechtsfähigkeit *f* capacity to (acquire and) have civil liberties

Square brackets used in the wording of a term or translation indicate alternative forms.

enfranchise *v* 1. befreien; 2. Wahlrecht [Bürgerrecht] verleihen

Auslegung *f***/wörtliche** literal interpretation, word-for-word construction [interpretation]

The use of paraphrasing when there is no equivalent in the target language or for technical terms that are merely approximate translations (for example because the concept to be translated does not exist in the legal system associated with the target language) are preceded by "≈" to distinguish them from exact translations. For instance, an "entry in the land register" does not mean exactly the same thing as "Eintrag in das Grundbuch", because both the information contained and their legal consequence differ.

entry in the land register ≈ Eintrag in das Grundbuch

Phrases are included in the entry of the main element and are always arranged alphabetically at the end of the translations. They are denoted by a bold bullet (•).

approval Genehmigung *f*, Billigung *f*, Zustimmung *f*; Bestätigung *f*; Bewilligung *f*; Entlastung *f*; Einverständnis *n* • **give approval** die Genehmigung erteilen, die Zustimmung geben, das Einverständnis erklären • **on approval** zur Ansicht, auf Probe • **refuse approval** die Zustimmung verweigern; die Genehmigung versagen

Urteil *n* 1. judgment; decision; decree; 2. *(CrLaw)* sentence; 3. *(CrLaw)* verdict • **ein Urteil bestätigen** affirm a judgment • **ein Urteil erlassen [fällen]** give judgment

IV. Women in legal terminology

For the sake of simplicity, feminine forms are only very occasionally given. In addition, most German statutes use the masculine form to include the feminine.

V. Terminology and spelling

The terminology is largely based on German and English law, since these are the areas with which the compilers are most familiar. German spellings are based on the rules adopted in the spelling reform current as of 1 August 2006. English spellings are based on British English and are taken from the 2001 edition of *The New Oxford Dictionary of English*. Consequently, the orthographic variants *-ize* and *-ization* are used instead of the equivalent forms *-ise* und *-isation*.

colonization Besiedlung *f*, Kolonisierung *f*
colonize *v* besiedeln, ansiedeln, kolonisieren

einbürgern *v* naturalize
Einbürgerung *f* naturalization

American terms are shown using American spelling and explicitly indicated as such.

order check *(AE)*, **order cheque** *(BE)* Orderscheck *m*

Abwehr *f (BE)* defence, *(AE)* defense
Abwehranspruch *m* right to defend; right to a defence [*AE* defense]

Brackets have been used in words whose British and American spellings differ by just one letter.

Handlungsreisender *m* commercial travel(l)er, travel(l)ing salesman
Ratengeschäft *n* instal(l)ment transaction; instal(l)ment purchase; hire-purchase

Any other approach would have exceeded the aims and limits of a compact legal dictionary.

Bedeutung der Zeichen • Meaning of symbols

/ Gehör/rechtliches = rechtliches Gehör
mentioned/above = above mentioned

[ ] Nichtbestehen [Fehlen] einer Vereinbarung = Nichtbestehen einer Vereinbarung *oder* Fehlen einer Vereinbarung
time [date] of expiration = time of expiration *or* date of expiration

( ) (ver)warnen = verwarnen *oder* warnen
(premature) termination of pregnancy = termination of pregnancy *or* premature termination of pregnancy

( ) Kursive Klammern enthalten Erklärungen
Italicized brackets contain explanations

• kennzeichnet Wendungen
indicates phrases

≈ kennzeichnet Umschreibungen für nicht vorhandene zielsprachliche Äquivalente oder Fachausdrücke, die nur als annähernde Übersetzungen zu bewerten sind
used to denote paraphrasing whenever there is no direct equivalent in the target language and for technical terms which are merely approximate translations

Im Wörterbuch verwendete Abkürzungen • Abbreviations used in this dictionary

adj	Adjektiv / adjective
adv	Adverb / adverb
AE	Amerikanisches Englisch / American English
BE	Britisches Englisch / British English
colloq.	colloquial
e.g.	(exempli gratia) for instance
etc.	et cetera / et cetera
etw.	etwas
f	Femininum / feminine
fig.	figurativ / figurative
Fr	französisch / French
i.e.	(id est) that is to say
jmd.	jemand
jmdm.	jemandem
jmdn.	jemanden
jmds.	jemandes
Lat	lateinisch / Latin
m	Maskulinum / masculine
n	Neutrum / neuter
obs.	veraltet, obsolet / obsolete
pl	Plural / plural
s.	siehe / see
sbdy	somebody
Scot	schottisch / Scots
sthg	something
ugs.	umgangssprachlich
v	Verb / verb
wörtl.	wörtlich
z. B.	zum Beispiel

Fachgebietskürzel • Subject-area labels

Aufgrund der historischen Entwicklung des common laws war es nicht möglich, die Begriffe auf dieselbe Art und Weise systematisch zu kennzeichnen, wie dies für das deutsche Recht geschehen ist. Soweit es sich um die spezielle, beschränkte Anwendung eines Begriffes handelt, haben die Autoren allerdings versucht, dies deutlich zu machen.

Because of the historical development of the common law it has not been possible to systematically assign labels to terminology in the same way it has been undertaken in relation to German law. However, where there is a specialised use of terminology the authors have tried to indicate this.

Englisch-Deutsch / English-German

AktienR	Aktienrecht	*BE* company law; *AE* corporate law
ArbeitskampfR	Arbeitskampfrecht	employment dispute law
ArbeitsR	Arbeitsrecht	employment law
BankR	Bankrecht	banking law
BauR	Baurecht	building law
BilanzR	Bilanzrecht	law of balance sheets
BörsenR	Börsenrecht	stock exchange law
DeliktsR	Deliktsrecht	law of torts
EheR	Eherecht	matrimonial law
ErbR	Erbrecht	law of inheritance
EuropaR	Europarecht	European law
FamilienR	Familienrecht	family law
GesellschaftsR	Gesellschaftsrecht	*BE* company law; *AE* corporate law
GrundstücksR	Grundstücksrecht	land law
HandelsR	Handelsrecht	commercial law, trade law
InsolvenzR	Insolvenzrecht	law of insolvency
InternetR	Internetrecht	Internet law
IPR	Internationales Privatrecht	private international law
KartellR	Kartellrecht	cartel law; *AE* antitrust law
KaufR	Kaufrecht	sales law
KirchenR	Kirchenrecht	canon law
MedizinR	Medizinrecht	law of medicine
MietR	Mietrecht	tenancy law
öffentlichesR	öffentliches Recht	public law
PatentR	Patentrecht	patent law
PolizeiR	Polizeirecht	police law
PresseR	Presserecht	press law
ProdukthaftungsR	Produkthaftungsrecht	product liability law
ProzessR	Prozessrecht	procedural law, law of procedure
ScheckR	Scheckrecht	law on cheques
SchuldR	Schuldrecht	law of obligations
SeeR	Seerecht	maritime law
SeeversicherungsR	Seeversicherungsrecht	marine insurance law
SozialR	Sozialrecht	social security law
StaatsR	Staatsrecht	public law
SteuerR	Steuerrecht	tax law
StrafprozessR	Strafprozessrecht	criminal procedural law
StrafR	Strafrecht	criminal law
StraßenverkehrsR	Straßenverkehrsrecht	road traffic law
TransportR	Transportrecht	transport law
UmweltR	Umweltrecht	environmental law
UrheberR	Urheberrecht	copyright law
VereinsR	Vereinsrecht	law of associations
VerfassungsR	Verfassungsrecht	constitutional law
VersR	Versicherungsrecht	insurance law

VertragsR	Vertragsrecht	contract law
VerwaltungsR	Verwaltungsrecht	administrative law
VölkerR	Völkerrecht	(public) international law
WasserR	Wasserrecht	law related to water resources
WechselR	Wechselrecht	law related to bills of exchange and promissory notes
WehrR	Wehrrecht	military law
WertpapierR	Wertpapierrecht	securities law
WettbewerbsR	Wettbewerbsrecht	law of competition
WirtschaftsR	Wirtschaftsrecht	commercial law
ZivilprozessR	Zivilprozessrecht	law of civil procedure
ZivilR	Zivilrecht	civil law
ZollR	Zollrecht	customs law
Zwangsvoll-streckungsR	Zwangsvoll-streckungsrecht	law of execution

Deutsch-Englisch / German-English

CivLaw	civil law	Zivilrecht
CrLaw	criminal law	Strafrecht
Family Law	family law	Familienrecht
Tax Law	tax law	Steuerrecht

Datenstruktur konform mit ISO ISO 1951(2007)

Internationale Normung ist weltweit akzeptiert und zielt auf eine Vereinheitlichung bei der Produkterstellung. Die ISO-Norm 1951(2007) garantiert eine weltweit anerkannte Darstellung der Wörterbuch-Einträge und bürgt für Qualität.

EINFÜHRUNG IN DAS ENGLISCHE RECHT(SSYSTEM)

von Professor Dr. iur. Rainer Wörlen

Inhaltsübersicht

Vorbemerkung

Die merkwürdige Faszination, die das englische Recht auf kontinentaleuropäische Juristen ausüben kann, ist schwer in Worte zu fassen.
Dies liegt sicherlich daran, dass das englische Rechtssystem zu den Rechtskreisen des „Kontinents" teilweise tiefgreifende Unterschiede aufweist, die sich nicht nur durch die Äußerlichkeit der Perücken tragenden Richter und Anwälte (hier: *barristers; vgl. unten VII*) begründen lassen.
Das englische Recht unterscheidet sich von den kontinentalen Rechtssystemen „äußerlich" u. a. auch dadurch, dass es sich vornehmlich nicht an „Paragrafen" (obwohl es solche gibt, ohne so zu heißen) ausrichtet, sondern überwiegend an Fällen *(cases)*. Das englische Recht ist überwiegend *case law*: Der Anwalt, der vor Gericht auftritt *(barrister)*, zitiert nicht „Gem. § … [dieses Zeichen kennt er nicht] ist so zu entscheiden", sondern er sagt etwa „Wie bereits *Lord Atkin* 1932 im Fall *Donoghue v Stevenson* entschieden hat, müssen wir hier auf den Nachbarn aus der Sicht eines vernünftigen Menschen *(reasonable man)* Rücksicht nehmen." Die Entscheidungen der englischen Richter basieren also weniger auf Gesetzen, sondern überwiegend auf sog. Präzedenzfällen, die mit dem Namen von Kläger und Beklagtem zitiert werden.
Eine sachliche und zutreffende Begründung für die zunehmende Bedeutung des englischen Rechts gibt *Graf von Bernstoff* im Vorwort seiner „Einführung in das englische Recht" (vgl. u. Literatur):

>> Das englische Recht ist für international tätige Unternehmen und Juristen sowie für rechtsvergleichend arbeitende Studenten von großer Bedeutung. Die wichtigsten Finanzplätze der Welt finden sich in Staaten, die „englischem“ Recht folgen. Die Staaten des *Commonwealth* folgen bis heute den Grundprinzipien des englischen Rechts ... Internationale Verträge unterliegen häufig dem englischen Recht. Die Außenhandelspraxis arbeitet überwiegend auf der Basis des englischen Rechts. Kurzum: Die Praxis hat sich mit dem englischen Recht immer wieder auseinanderzusetzen ...
Da der *Commonwealth* heute über 1,5 Milliarden Menschen umfasst, unterliegt jeder vierte Mensch dem englischen Recht, das ... die wohl wichtigste Rechtsordnung der Welt darstellt.<<
Streng genommen ist das englische Recht nur das Recht von England und Wales. Es ist nicht das Recht des Vereinigten Königreichs oder Großbritanniens: Sowohl Schottland als auch Nordirland folgen eigenen Rechtssystemen, wenngleich auch für sie das *House of Lords* in London das oberste Gericht ist. Das Verfassungsreformgesetz von 2005 übertrug die rechtsprechenden Funktionen der Lords allerdings auf einen neu zu schaffenden Gerichtshof (*Supreme Court of the United Kingdom*), der im Herbst 2009 erstmals zusammentreten soll.

I. Aus der Geschichte des englischen Rechts

Kein Rechtssystem ist so eng mit seiner Geschichte verknüpft wie das englische Rechtssystem. Die Entwicklung des englischen Rechts verlief – anders als die der römisch-germanischen Rechtsfamilie, welche durch die „Rezeption des römischen Rechts“ (vgl. dazu z. B. *Schildt*, JURA 2003, 450 ff.) mit ihrem Höhepunkt im 15. Jahrhundert geprägt war – völlig eigenständig.
Die Geschichte des englischen Rechts lässt sich mit *René David* („Les grands systèmes de droit contemporains“) in **vier große Perioden** einteilen:

(1) Die **„angelsächsische“ Periode** vom Ende des **5. Jahrhunderts** bis zur normannischen Eroberung („The Norman Conquest“) **1066**.
In dieser Zeit brachten die germanischen Angeln, Sachsen und Jüten ihre unterschiedlichen Stammesrechte und Bräuche auf die Insel und begannen im 7. Jahrhundert damit, diese schriftlich aufzuzeichnen. Kennzeichen dieser Periode war eine weitgehende **Rechtszersplitterung**.
(2) **1066 bis zur Machtergreifung durch die Tudor-Dynastie im Jahr 1485.**
Diese Zeitspanne war geprägt von der **Entwicklung des common law** (gemeines Recht), welches die örtlichen partikularen Rechte und Bräuche verdrängte.
(3) Im Mittelpunkt der dritten Periode von **1485–1832** stand die **equity (Billigkeits)-Rechtsprechung** und der Konflikt zwischen *equity* und *common law*.
(4) Die vierte, **die „moderne“ Periode**, währt **von 1832 bis zur Gegenwart**.
Sie war von einer regen Gesetzgebungstätigkeit (*statute law*) beherrscht, die mit radikalen **Reformen im Prozessrecht** begann und einen Höhepunkt mit den *Judicature Acts 1873–1875* hatte, die eine tiefgreifende **Änderung der Gerichtsverfassung** und des Gerichtsverfassungsrechts bewirkten. Aus jüngster Zeit ist in dieser Periode die erneute Reform des Prozessrechts durch die sog. *Woolf Reforms* von 1998 [benannt nach ihrem Initiator Lord Woolf,

damals *Master of the Rolls* (= Präsident des *Court of Appeal*)] hervorzuheben. Durch die Angleichung des Rechts an europäische Richtlinienvorgaben besteht derzeit eine zunehmende Praxis der Kodifizierung bisheriger Rechtsgrundsätze. Dies gilt nicht nur auf den Gebieten des Verbraucherschutzrechts, sondern beispielsweise auch im Strafrecht, um dem Bestimmtheitsgebot und dem Grundsatz des Gesetzesvorbehalts Rechnung zu tragen.

1. Common Law

a) *Itinerant Justices* (umherreisende Richter)

Common law im weitesten Sinn ist das Recht, das seit 1066 („The Norman Conquest" – s.o.) im ganzen damaligen England einheitlich Geltung hatte und von den sog. *Itinerant Justices* gesprochen und verbreitet wurde. Berufungen *(appeals)* gegen Entscheidungen der *Itinerant Justices* gingen an den *King's Council* (Kronrat; lat: *curia regis*) unter Einschaltung des *Chancellor* (Kanzler).

b) Die *Common Law Courts* (Gerichtshöfe)

Im 12. und 13. Jahrhundert entstanden aus dem *King's Council* **drei königliche Gerichtshöfe** mit zunächst verschiedener Zuständigkeit, die ihren Sitz **in Westminster** hatten: *Court of Exchequer* (Finanzgericht), *Court of Common Pleas* (Gericht für allgemeine Klagen – Zivilstreitigkeiten – unter Bürgern) und *King's Bench* (Königsgericht, das überwiegend für Strafsachen zuständig war). Diese Zuständigkeitsteilung wurde bald aufgegeben und alle Richter dieser drei Westminster-Gerichte konnten in sämtlichen der königlichen Gerichtsbarkeit unterworfenen Angelegenheiten entscheiden. Das Recht, das sie schöpften, wurde zum eigentlichen *common law*. Die Prinzipien (Rechtssätze), die diese (*Common Law Court*) Richter aufstellten, basierten vornehmlich auf dem sog. *writ system*.

c) Das System der *„Writs"*

Dass *to write* auf Deutsch „schreiben" heißt, wissen Sie als Benutzer dieses Lexikons. *Written* bedeutet „geschrieben"; ein *writ* (lat. *breve*) ist ein *schriftlicher*, formularmäßiger, *gerichtlicher Befehl*.

Nach altem *common law* konnte ein Kläger einen Prozess nur auslösen, wenn er einen ganz speziellen *writ* besaß, den ihm die königliche Kanzlei (*chancery*) ausgestellt hatte und der mit dem Großen Siegel (*Great Seal*) des im Namen des Königs handelnden *chancellor* versehen war. In einem (lateinisch abgefassten) *writ* befahl der König z. B. einem Gutsherrn *(Lord of the Manor)* oder *sheriff* in einer Grafschaft *(county)* oder dem Beklagten, genau das zu tun, was in dem *writ* spezifiziert wurde. Sofern der Beklagte dem Befehl (z. B. Schulden an den Kläger zu zahlen) nicht folgte, war der Adressat (z. B. der *sheriff*) gehalten, den Beklagten (und den *writ*) binnen 14 Tagen zum Gericht nach Westminster zu bringen. Da vielen Streitigkeiten ähnliche Sachverhalte zugrunde lagen, wurden die ursprünglich ganz speziellen *writs* allmählich vereinheitlicht, d. h. für bestimmte ähnliche Sachverhalte wurden formularmäßig standardisierte *writs* entwickelt. Beispiele dafür sind: *writ* ... (gerichtlicher Befehl ...) *of right* (zur Feststellung des Eigentums an Grund und Boden), ... *of debt* (... zur Zahlung einer bestimmten Schuld), ... *of trespass* (... wegen Verletzung des Besitzes von Grund und Boden oder Verletzung der Person oder Zerstörung einer Sache) oder ... *of detinue* (wegen Vorenthaltung des Besitzes). So gab es Mitte des 13. Jahrhunderts bereits eine Liste *(register of writs)* mit 56 anerkannten *writs*. Die damit verbundene Stärkung der

Rechtsprechung der königlichen Gerichte führte zum Widerstand der örtlichen Gerichtsherrn *(earls and barons)*, als dessen Folge die *Provisions of Oxford 1258* bestimmten, dass der *chancellor* neue *writ*-Formulare nur mit der Zustimmung des gesamten *King's Council* (*curia regis*, s.o.) ausstellen durfte. Diese Beschränkung wurde scheinbar durch das *Statute of Westminster II 1285* weitgehend aufgehoben. Nach diesem Statut war der *chancellor* ermächtigt, neue *writs* zu formulieren, wenn ein Fall hinreichender Ähnlichkeit *(in consimili casu)* durch einen alten *writ* nicht vollständig erfasst wurde. Doch die letzte Entscheidung, ob der *writ* zur Klage berechtigte oder nicht, ob der *writ* „gut" war oder nicht, lag bei den Richtern der *Common Law Courts.* Wurde der *writ* nicht für gut befunden, war er für den Kläger wertlos. Bei ihrer Entscheidung über die Zulassung der auf den *writ* gestützten Klage ließen sich die Richter von den althergebrachten, bisweilen starren Prinzipien des *common law* leiten. Dies führte in Einzelfällen nicht selten zu harten und ungerechten Entscheidungen und hatte zur Folge, dass es zur *Equity*-Rechtsprechung kam.

2. Equity

a) Begriff

Der Begriff *equity* (lat. *aequitas* = Billigkeit, Angemessenheit) wird bisweilen insofern missverstanden, als er außerhalb von Recht (und Gesetz) angesiedelt wird. Doch wenn der englische Jurist die Begriffe *law* (i. S. v. „Recht") und *equity* benutzt, so bedeutet das nicht, dass *equity* nicht „dem Recht" zuzuordnen ist. Vielmehr handelt es sich um zwei verschiedene Bereiche des Rechts: einerseits um das *common law*, andererseits um die *equity*, in denen rechtmäßige Entscheidungen gefällt werden.

b) Grundprinzipien der Equity-Rechtsprechung

Angesichts der starren Formalität des *common law* mit seinen bisweilen unangemessen harten, „ungerechten" Entscheidungen kam es seit dem 14. Jahrhundert vor, dass immer mehr Bürger, die von diesen Entscheidungen der königlichen Gerichte enttäuscht waren, den König (zunächst Edward III. – 1327–1377) persönlich um sein Eingreifen baten: *for the love of God and in the way of charity* (aus Liebe zu Gott und durch Wohltätigkeit).

Solche Gesuche wurden regelmäßig dem *Chancellor*, dem Beichtvater des Königs und *keeper of the King's conscience* (Bewahrer des königlichen Gewissens bzw. Rechtsempfindens) vorgelegt, dessen *chancery* sich auf der den *Common Law Courts* gegenüberliegenden Seite in *Westminster Hall* befand. Der *Chancellor*, ursprünglich selbst nicht Richter, sondern *the King's secretary of state for all departments* (des Königs allumfassend zuständiger Staatssekretär) – wie es der berühmte Rechtshistoriker *Maitland* formulierte – leitete die Bittgesuche, wenn er es für angebracht hielt, an den König weiter, der dann mit seinen Ratgebern im *King's Council* darüber entschied. Diese Entscheidungen erfolgten unter Abweichung vom *common law* nach der Billigkeit, der *equity*. In diesem Sinn ist die Equity-Rechtsprechung mit der deutschen „Treu und Glauben"-Rechtsprechung zu § 242 BGB vergleichbar. Aus dieser Konstellation entstand im 17. Jahrhundert der *Court of Chancery* als eigenes Gericht neben den drei königlichen *Common Law Courts*, dessen Vorsitzender der *Lord Chancellor*; nun also nicht mehr „Beichtvater", sondern Richter, war. Die unterschiedliche Ausrichtung der Rechtsprechung der *Common Law*

Courts und des *Court of Chancery, – common law* dort, *equity* hier – führte (zwangsläufig) zu Konflikten, die ihren Höhepunkt im *Earl of Oxford's Case (1616)* fanden. In diesem Fall wies König *James I.* (1603–1625) *Lord Chief Justice Edward Coke*, Richter des *common law*, und *Lord Chancellor Ellesmere* als Vertreter der *equity* an, ihren Konflikt *Sir Francis Bacon*, dem *Attorney-General* (Kronanwalt), zur Begutachtung vorzulegen. Auf Empfehlung *Bacons* entschied *James I.*, dass die Gerichte **bei Konflikten zwischen *common law* und *equity* den Regeln der *equity* folgen** sollen. Dies führte zu einem der bedeutendsten **Grundprinzipien der Equity-Rechtsprechung:**

(1) *Equity shall prevail* (*equity* hat Vorrang).

Weitere Beispiele für Equity-Prinzipien sind:

(2) *Equity will not suffer a wrong to be without a remedy (equity* wird kein Unrecht dulden, ohne dass es ein Rechtsmittel dagegen gibt).

(3) *Equity follows the law* (*equity* folgt dem Recht), was bedeutet, dass *equity* das *common law* nicht völlig verdrängt, sondern ergänzenden Rechtsschutz gibt.

(4) *He or she who seeks equity must do equity* (wer *equity* begehrt, muss *equity* gewähren) bzw. *he or she who comes to equity must come with clean hands* (wörtlich: wer zu *equity* kommt, muss mit sauberen Händen kommen), was bedeutet: Wer den Schutz der *equity* sucht, muss sich selbst rechtmäßig und der *equity* entsprechend verhalten.

(5) *Equity acts in personam* (*equity* handelt für die Person) bedeutet, dass sich das Verfahren vor dem Equity-Gericht auf eine bestimmte schutzsuchende Person, nicht auf eine Sache oder das Eigentum bezieht.

3. Annäherung und Nebeneinander von Common Law und Equity

Die Annäherung von *common law* und *equity* verdeutlichen insbesondere die Grundsätze *equity shall prevail* und *equity follows the law*: Equity-Entscheidungen dürfen dem *common law* nicht widersprechen, sondern *equity* ist als ergänzender und korrigierender Rechtsschutz für die Bereiche zu verstehen, in denen das *common law* zu ungerechten Lösungen führte.

Zudem hatte sich im Laufe der Zeit eine Zuständigkeitsteilung entwickelt, die das Nebeneinander von *common law* und *equity* erleichterte. Die Zuständigkeit der *Common Law Courts* erstreckte sich insbesondere auf Schuld- bzw. Vertragsrecht, Haftungsrecht, Handelsrecht und Internationales Privatrecht. Der *Court of Chancery* befasste sich *in equity* vornehmlich mit Grundstücksrecht, Trustrecht, Familien- und Erbrecht, Gesellschaftsrecht sowie Insolvenzrecht.

Die Lösung des Konflikts zwischen dem von den drei *Common Law Courts* angewendeten *common law* und der Equity-Rechtsprechung des *Court of Chancery* wurde schließlich durch die *Judicature Acts 1873–1875* [vgl. oben I (4)] und die damit einhergehende Aufhebung der äußerlichen Trennung von den Common Law-Gerichten und dem Equity-Gericht *Court of Chancery* vollzogen. Zwar blieb die dualistische Struktur des englischen Rechts im Kern erhalten, doch sind seither alle Gerichte zuständig, sowohl die Normen des *common law* als auch die der *equity* anzuwenden. Durch die *Judicature Acts* wurde (u. a.) mit Wirkung zum 1. November 1875 der dem *House of Lords* und dem *Court of Appeal* untergeordnete *High Court of Justice of England* geschaffen und die drei *Common Law Courts* sowie der *Court of Chancery* abgeschafft. Der *High Court* (so die gängige Kurzbezeichnung) wurde zunächst in fünf Abteilungen *(divisions)* aufgeteilt:

(1) *Queen's*[1] *(King's) Bench Division*
(2) *Chancery Division*
(3) *Common Pleas Division*
(4) *Exchequer Division*
(5) *Probate, Divorce and Admiralty Division*.

Durch die *Judicature Acts* war „die Krone" ermächtigt, weitere Umorganisationen vorzunehmen. Von dieser Ermächtigung wurde durch einen *Order of Council* (Ratsbeschluss) 1881 Gebrauch gemacht, indem die *Common Pleas-* und die *Exchequer Division* der *Queen's Bench Division* einverleibt wurden. Durch den *Administration of Justice Act 1970* wurde die *Probate, Divorce and Admiralty Division* durch eine neue *Family Division* ersetzt. Seit 1875 bilden der *High Court* und der *Court of Appeal* den *Supreme Court of Judicature* (Näheres zum Gerichtsaufbau s. unten VI).

Die in diesem Zusammenhang wichtigste Folge der *Judicature Acts* war nicht nur die Neuorganisation der Gerichte und ihrer Zuständigkeiten. Es war vor allem die Annäherung von *common law* und *equity*: Die *Judicature Acts* bestimmten auch, dass künftig alle Teilgerichte des *Supreme Court* berechtigt und verpflichtet sind, in ihren Entscheidungen sowohl *common law* als auch *equity* zu berücksichtigen. An der dualistischen Struktur und dem Vorrang der *equity* hat sich bis heute nichts Grundsätzliches geändert: Für den Fall, dass equity- und common-law-Entscheidungen sich widersprechen, stellen die *Judicature Acts* sowohl eine Vielzahl von speziellen Einzelregelungen als auch eine „Generalklausel" auf, die sinngemäß lautet:

In allen Rechtssachen, die zuvor nicht besonders erwähnt wurden und in denen es irgendeinen Konflikt oder einen Unterschied zwischen den Regeln der *equity* und des *common law* zum selben Sachverhalt gibt, gilt der Grundsatz *equity shall prevail*!

II. Einteilung und Quellen des englischen Rechts

1. Privatrecht und Öffentliches Recht

Privatrecht ist, vereinfacht ausgedrückt, das Recht, das in erster Linie die Rechte und Pflichten von gleichrangigen menschlichen Individuen untereinander regelt. Auf dieser Grundlage umfasst das Privatrecht alle Bereiche des Zivilrechts, in denen sich Bürger (auch der Staat ist als Fiskus Privatrechtsteilnehmer) untereinander auf der Ebene der Gleichordnung begegnen, z. B. im Vertragsrecht oder im Deliktsrecht. Das öffentliche Recht dagegen bewegt sich auf der Ebene der Unter- und Überordnung zwischen Bürger und Staat und regelt das Verhältnis staatlicher Hoheitsträger miteinander. Zum öffentlichen Recht gehören z. B. Verfassungsrecht, Verwaltungsrecht sowie Strafrecht. Bei dieser Einteilung gibt es kaum Unterschiede zwischen englischem und deutschem Recht.

2. Die Quellen des englischen Rechts

Das englische Recht basiert auf vier Rechtsquellen: dem Fallrecht *(case law)* mit seinen Präzedenzfällen, der Gesetzgebung *(statute law)*, dem Gewohnheitsrecht (Sitten und Bräuche = *customs*) sowie Lehrbüchern berühmter Juristen *(books of authority)*.

[1] Seit 1837 Königin Viktoria (1819–1901)

a) Fallrecht (Case Law) und Präzedenzfälle (Precedents)

Im deutschen Recht und in anderen Rechten der römisch-germanischen Rechtsfamilie spielt die Rechtsprechung grundsätzlich nur eine zweitrangige Rolle. In erster Linie wird das Recht aus kodifizierten Gesetzen geschöpft, früher z. B. aus dem *Codex Justinianus (543)*, später z. B. aus dem *code civil* von 1804, dem Bürgerlichen Gesetzbuch von 1900 und ähnlichen umfassenden Gesetzeswerken. Anders in England, wo das *common law* von den drei königlichen Westminster-Gerichten und die *equity* vom *Court of Chancery* geschaffen wurde. Das englische Recht ist Richterrecht, das „von Fall zu Fall“ weiterentwickelt wurde. Wie eingangs erwähnt, werden die Fälle mit den Namen der Beteiligten, d. h. des Klägers (*plaintiff*, seit 01.04.1999 – vgl. *Woolf-Reform – claimant*) und des Beklagten *(defendant)*, sowie dem Jahr der Entscheidung zitiert, wie z. B. *Donoghue v Stevenson (1932)*. Das „v“ steht für *versus* (= gegen), das aber nicht so, sondern als *against* oder *and* ausgesprochen wird. Angesichts der engen Verknüpfung des englischen Rechts mit seiner Geschichte kommt es nicht selten vor, dass noch heute auf sehr alte Fallentscheidungen, z. B. *Abbots Ripton v Can (1376)*, Bezug genommen wird. Fälle, in denen „die Krone“ Klägerin (überwiegend in Strafsachen) ist, werden z. B. zitiert *R. v M'Naghten (1843)*, wobei das „R“ für *Regina* bzw. *Rex* (Königin/König) steht. Alle Entscheidungen sind seit dem 13. Jahrhundert in *Year Books* und später in *Law Reports* gesammelt, beispielsweise in *The English Law Reports* (abgekürzt *E.R.*) oder in den *Weekly Law Reports (W.L.R.)*. Frühere Entscheidungen höherer Gerichte sind als Präzedenzfälle *(judicial precedents)* grundsätzlich für untere Gerichte bindend. Wenn ein Richter eines unteren Gerichts *(inferior court)* von einer Entscheidung eines höheren Gerichts *(superior court)* abweicht, läuft er Gefahr, dass sein Urteil nach Einlegung der Berufung durch eine Partei von dem höheren Gericht überstimmt *(overruled* bzw. *reversed)* wird. Absolut bindend *(absolutely binding)* sind nach der Lehre von der Bindungswirkung der Präzedenzfälle (*doctrine* bzw. *rule of binding precedent*; früher: *doctrine of stare decisis*, lat. = bei Entscheidungen stehen bleiben) *nur die tragenden Urteilsgründe* (lat. *rationes decidendi*), während sonstige Ausführungen der Richter (nebenbei Gesagtes, lat. *obiter dicta*) keine Bindungswirkung haben, sondern als *persuasive authority* (etwa: „überzeugende Rechtsquelle“) beachtet werden können oder nicht.

b) Gesetzgebung (Legislation/Statute Law)

Gesetzesrecht ist im englischen Recht nach dem Richterrecht eine zweitrangige Rechtsquelle, wobei in Konfliktfällen das geschriebene Recht dem Richterrecht vorgeht. Gesetze im engeren Sinn *(statutes)* werden durch das Parlament *(Act of Parliament)* erlassen; Verordnungen *(statutory instruments)* im Rahmen der übertragenen Gesetzgebung *(delegated legislation)* von der Verwaltung oder – soweit sie das Gerichtsverfahren regeln – vom *Rule Committee* („Verordnungsausschuss“) des *Supreme Court of Judicature* (vgl. Gerichtsaufbau, unten VI). Zur *delegated legislation* zählen auch Verordnungen des Kronrats, des *Privy Council* (dazu ebenfalls unten VI), sog. *Orders in Council*.

Das englische Parlament besteht aus drei „Teilen“: der Krone (derzeit: *the Queen*), dem Oberhaus (*House of Lords* = Adelige) und dem Unterhaus (*House of Commons* = Bürgerliche). Der Erlass eines *Act of Parliament* erfolgt regelmäßig aufgrund einer Gesetzesvorlage, der *Bill*, bei der *Public Bills* und *Private Bills* unterschieden werden. *Public Bills* können *Government Bills* (Regierungsvorlagen) oder *Private Members' Bills* (Abgeordnetenvorlagen) sein. *Private Bills* werden von einer

Privatperson oder einer Personengruppe eingereicht. Im Gesetzgebungsverfahren durchläuft eine *Bill* fünf Phasen im *House of Commons* und im *House of Lords* (erste und zweite Lesung, Ausschussberatung, Wiedervorlage zur Beratung im Parlament, dritte Lesung). Schließlich wird das Gesetz der Königin vorgelegt, ohne deren Zustimmung *(Royal Assent)* es nicht wirksam werden kann. Die Gesetzgebung in England kann nur *by the Queen in Parliament* vollzogen werden.

Ist ein *Act of Parliament* in Kraft getreten, ist er von den Gerichten als Rechtsquelle neben dem Richterrecht anzuwenden und ggf. auszulegen. Bei der Auslegung von Gesetzen *(interpretation of statutes)* sind vor allem folgende Regeln zu beachten:

(1) Die *Literal Rule* (wörtliche Auslegung) verlangt die Auslegung einer Norm in ihrem ursprünglichen, wortgetreuen und grammatikalischen Sinn. In Ausnahmefällen kann die *literal rule* korrigiert werden durch

(2) die *Golden Rule*. Ihre Anwendung setzt voraus, dass die Auslegung nach der *literal rule* zu untragbaren, absurden Ergebnissen führt.

(3) Nach der *Mischief* (Missstand/Schaden) *Rule* (seit 1584 auch als *„the rule in Heydon's case"* bekannt) ist das Gesetz seinem historischen Zweck entsprechend auszulegen.

(4) Die *eiusdem generis rule/of the same genus* (von gleichem Geschlecht/gleicher Art) *rule* schließlich bedeutet, dass Allgemeinbegriffe, die einem Spezialbegriff folgen, im Sinne des Letzteren zu verstehen sind.

So definiert der *Road Traffic Act 1930* beispielsweise als Verkehrszeichen „alle Signale und Zeichen, Warnstraßenschilder, Richtungsschilder, andere Schilder und ähnliche Einrichtungen". Jemand, der widerrechtlich zum Überholen die durchgezogene weiße Mittellinie auf einer Straße missachtete, machte sich daher nicht wegen „Missachtung eines Verkehrszeichens" im Sinne des *Road Traffic Act*, sondern wegen „Gefährdung des Straßenverkehrs" strafbar; denn eine weiße Linie auf der Straße ist keine „ähnliche Einrichtung" … [vgl. *Evans v Cross (1938)*].

c) Gewohnheitsrecht, Sitten und Bräuche (Customs)

Die Bedeutung des Gewohnheitsrechts *(custom)* ist im Vergleich zum Richterrecht und zum Gesetzesrecht relativ gering. Bindend ist es nur dann, wenn es „seit unvordenklicher Zeit" *(since time immemorial)* gilt. Man unterscheidet allgemeines und handelsrechtliches Gewohnheitsrecht (Sitten und Bräuche = *general and mercantile custom and usage*), örtliches Gewohnheitsrecht *(local custom)* und vertragliches, konventionelles Gewohnheitsrecht *(conventional custom)*.

General, insbesondere *mercantile customs*, sind in das Richterrecht und das Gesetzesrecht eingeflossen und leiten ihre Bindungswirkung aus der *doctrine (rule) of precedent* her. So sind beispielsweise viele Handelsbräuche ursprünglich im *Sale of Goods Act 1893* (Warenkaufgesetz) festgeschrieben worden. Die Frage, ob das Gewohnheitsrecht wegen seiner Geltung *since time immemorial* bindend ist, muss vor allem bezüglich des örtlichen Gewohnheitsrechts *(local custom)* beantwortet werden. *Local custom*, das Bindungswirkung haben kann, muss folgende Voraussetzungen erfüllen: (1) es darf nicht unvernünftig *(unreasonable)* sein, (2) es muss sicher *(certain)* sein, d. h., es muss erwiesenermaßen ständig von einer bestimmten Personengruppe ausgeübt worden sein und dies (3) *since time immemorial*.

Ein Beispiel für die Geltung lokalen Gewohnheitsrechts ist der berühmte Fall der Fischer von *Walmer [Mercer v Denne (1904)].* Gemäß örtlichem Gewohnheitsrecht wurde den Fischern von Walmer gestattet, ihre Fangnetze auf einem bestimmten Strandplatz zum Trocknen auszulegen.

Konventionellem Gewohnheitsrecht wurde indessen grundsätzlich keine allgemeine Rechtswirkung zugestanden.

d) Lehrbücher (Books of Authority)

Anders als in den kontinentalen Rechtssystemen ist die Bedeutung von Lehrbüchern als Rechtsquelle zur Überzeugung des Gerichts von einer vertretenen rechtlichen Auffassung recht gering. In England galt die Regel, dass ein Buch eines lebenden Autors nicht als *authority* anerkannt wurde. Wenn ein Anwalt *(barrister)* vor Gericht als Beleg für seine rechtlichen Ausführungen ein Lehrbuch oder gar einen wissenschaftlichen Zeitschriftenaufsatz zitieren wollte, musste er den Richter um Erlaubnis bitten, um sich die Argumentation des Autors zu Eigen zu machen. Dies hat sich in neuerer Zeit etwas geändert; dennoch sind als *authorities* nach wie vor überwiegend Autoren anerkannt, die rechtshistorische Bedeutung erlangt haben. Davon sind insbesondere drei mit ihren Werken zu nennen:
(1) *Henry de Bracton's „De legibus et consuetudinibus regni Angliae"* (Von den Gesetzen und Gewohnheiten der Herrscher Englands), ca. 1250;
(2) *Sir Edward Coke's „Institutes of the Laws of England"* (Institute des englischen Rechts), erschienen von 1628 – 1644 und
(3) *Sir William Blackstone's „Commentaries of the Laws of England"* (Kommentar zum Recht von England), in denen (1765 – 1769) das Recht in der Blütezeit des *common law* erläutert wird.

III. Privatrecht (Private Law)

Vergleicht man das *private law* mit dem deutschen Privatrecht, lassen sich – abgesehen davon, dass es z. B. keine einheitliche Kodifikation für das Bürgerliche Recht gibt, da es im Wesentlichen auf dem Richterrecht des *common law* und der *equity* beruht – durchaus inhaltliche Gemeinsamkeiten feststellen. Wenngleich im *common law* viele Gebiete des Privatrechts verschmolzen sind, findet man in der Lehrbuchliteratur separate Werke zum *general civil law, commercial law* (Handelsrecht) und zum *employment law* (Arbeitsrecht). Auch das *company law* (Gesellschaftsrecht) findet besondere Berücksichtigung.

1. Bürgerliches Recht (General Civil Law)

Ausgehend vom Aufbau des deutschen Bürgerlichen Gesetzbuchs – BGB – (obwohl es keine Entsprechungen zum „Allgemeinen Teil" und zum „Allgemeinen Teil des Schuldrechts" gibt) lässt sich das *civil law* in ähnliche Bereiche aufteilen, wie sie in den fünf Büchern des BGB geregelt sind:
Persons in law (Personenrecht), *law of contract* und *law of torts* (Vertragsrecht und Deliktsrecht = Schuldrecht), *law of property* (Sachenrecht), *family law* (Familienrecht) und *law of succession* (Erbrecht). Eine Sonderstellung im Bereich des Sachenrechts nimmt das *law of trusts* (Treuhandrecht) ein.

a) Personenrecht (Persons in Law)

Innerhalb des Personenrechts gibt es zwischen englischem und deutschem Recht keine einschneidenden Unterschiede, die einer besonderen Hervorhebung in diesem kurzen Überblick bedürfen.

b) Vertragsrecht (Law of Contract)

Anders ist dies im Vertragsrecht, das überwiegend aus dem *common law* gewachsen ist. Dem *law of contract* war seit jeher der Gedanke fremd, dass eine Vereinbarung durch Angebot und Annahme *(offer and acceptance)* auf zwei sich übereinstimmende Willenserklärungen der Parteien beruht, durch die ein wirksamer Vertrag zustande kommt. Im Mittelpunkt des englischen Vertragsrechts steht die *doctrine of consideration* (Lehre von der Gegenleistung). Sie besagt, dass ein Vertrag [dessen Erfüllung im Mittelalter nur mit einem entsprechenden *writ* – s.o., I 1c – z. B. *writ of debt* oder *„... of covenant"* (Versprechen) – gefordert werden konnte] erst dann wirksam und bindend ist, wenn einer vertraglichen Verpflichtung eine gegenwärtige, tatsächliche, nicht unbedingt gleichwertige, Gegenleistung *(consideration)* gegenübersteht. *Consideration must not be past* heißt die Grundregel hierzu: Die Gegenleistung darf nicht in der Vergangenheit erbracht worden sein.

Beispiel: A kauft von B ein Fahrrad, zahlt dafür 200 £ und lässt sich von B garantieren, dass das Fahrrad frei von Mängeln sei. Wenn B das Fahrrad dann mit Mängeln liefert, hat A keinen Anspruch aus der Garantie, da diese mangels gegenwärtiger Gegenleistung durch A nicht gültig ist. Die *consideration* von A erfolgte in der Vergangenheit und die Garantie wurde gegeben, *nachdem* der Vertrag geschlossen war. [Ähnlicher Fall: *Roscorla v Thomas (1842)*].

Der Grundsatz *consideration must move from the promisee* (die Gegenleistung muss unmittelbar vom Vertragspartner kommen), dem die überholte *privity of contract rule* (Lehre von der unmittelbaren Vertragsbeziehung) zugrunde liegt, verhinderte lange Zeit einen Vertrag zugunsten Dritter. Diese unliebsame Folge der *doctrine of consideration* und der *privity of contract* wurde indessen weitgehend durch den *Contracts (Right of Third Parties) Act 1999* beseitigt.

Der Grundsatz der Consideration-Lehre („ohne gegenwärtige, nicht notwendigerweise gleichwertige Gegenleistung kein Vertrag") galt allerdings nur für einfache Verträge *(simple contracts)*, ob mündlich oder schriftlich geschlossen.

„Contracts made by deed", in etwa vergleichbar deutschen notariell beurkundeten Verträgen, sind ohne Gegenleistung wirksam.

Auch das Vertragsrecht wird zunehmend durch geschriebenes Recht ergänzt. Die Rechtsgrundlagen der Mängelhaftung sind beispielsweise neben einzelvertraglichen Regelungen die sec. 13 bis 15 *Sale of Goods Act* (*SGA*) *1979*. Danach stehen dem Käufer gesetzliche Gewährleistungsrechte gegenüber dem Verkäufer zu, wenn die gelieferte Ware nicht „of satisfactory quality" ist, was in sec. 14 SGA genauer umschrieben wird.

Das Vertragsrecht unterliegt zudem einem starken europäischen Einfluss. Zu nennen ist beispielsweise die *Sale and Supply of Goods to Consumers Regulations 2002*, durch die die Verbrauchsgüterkaufrichtlinie (Richtlinie 1999/44/EG zu bestimmten Aspekten des Verbrauchsgüterkaufs) in englisches Recht umgesetzt wurde.

c) Deliktsrecht (Law of Torts)

Im *law of torts* unterscheidet sich das englische Recht vom deutschen Recht namentlich dadurch, dass die Begehung eines Delikts *(tort)* nicht nur zum Schadensersatz *(damages)*, sondern auch zu Herausgabe- und Unterlassungsansprüchen des Geschädigten führen kann.

Dies liegt an der unterschiedlichen Bedeutung des Begriffs *tort*. *Tort* ist zwar durchaus mit „Delikt, unerlaubte Handlung" zu übersetzen, doch findet man die „unerlaubte Handlung“ umgekehrt in englisch-deutschen Rechtslexika auch als Übersetzung von *trespass* neben „Besitzstörung, widerrechtliches Betreten, Vergehen“. *Torts* als *trespass* werden unterschieden als *trespass... to a person* (unerlaubte Handlung gegenüber einer Person) ... *to goods* (... bewegliche Sachen betreffend) sowie ... *to land* (... Grundstücke betreffend). *Trespass to a person* kann als Drohung mit Gewaltanwendung *(assault)*, Körperverletzung (direkte Gewaltanwendung = *battery*) oder Freiheitsberaubung *(false imprisonment)* vorkommen. Mögliche Sanktionen gegenüber dem Schädiger sind: *damages, injunction* oder *forcible ejection* (Schadensersatz, einstweilige Verfügung oder Zwangsräumung bzw. gewaltsame Besitzentziehung).

Weitere *torts* sind *nuisance* (Belästigung, Störung), *negligence* (Fahrlässigkeit, nicht nur als Verschuldensform, sondern als eigenes *tort* durch Verletzung einer Sorgfaltspflicht, als „fahrlässige Schadenszufügung“) sowie *defamation* (Ehrverletzung, Verleumdung) in Form von *libel* (schriftliche Beleidigung) oder *slander* (mündliche Ehrverletzung).

Im Zusammenhang mit der Haftung für *negligence* als eigenständigem *tort* sei auf die „Jahrhundertentscheidung“ (= 20. Jh.) des Falls *Donoghue v Stevenson (1932)* verwiesen, in ganz Großbritannien auch als *The Paisley Snail*-Fall (Die Schnecke von Paisley) bekannt, da er sich im schottischen Städtchen Paisley zugetragen haben soll:

Als Mrs. *Donoghue* in einem Café eine undurchsichtige Flasche Gingerbier leerte, flutschte ihr eine ekelige Schnecke ins Glas, wodurch sie einen krankhaften Schock erlitt und dafür Schadensersatz verlangte, nicht vom Wirt des Cafés, sondern vom Produzenten (*Stevenson*) des Gingerbiers.

Das *House of Lords* entschied sich für eine grundsätzliche Haftung des Produzenten, da dieser (vereinfacht) gegenüber dem Verbraucher eine Sorgfaltspflicht verletzt habe. Jeder habe darauf zu achten, dass er seinen Mitmenschen (seinem Nachbarn = *neighbour*) keinen Schaden zufüge. Die berühmte Frage, die *Lord Atkin* in diesem Fall stellte *Who then in law is my neighbour*? (Wer ist im Rechtssinn mein Nachbar?) beantwortete er selbst sinngemäß wie folgt. „Die Antwort scheint zu sein: Personen, die so eng und direkt von meinem Tun betroffen sind, dass ich vernünftigerweise bei all meinem Tun ihr Wohlergehen berücksichtigen muss ...“. Die Entscheidung des *Paisley-Snail*-Falls *Donoghue v Stevenson* war ein Meilenstein auf dem Weg zur Begründung der Produzentenhaftung (*product liability)*.

Grundsätzlich wird auch im *law of torts* verschuldensabhängig, d. h. für vorsätzliches *(intentional)* oder fahrlässiges *(negligent)* Handeln gehaftet. Ausnahmsweise gibt es aber auch eine strenge (verschuldensunabhängige) Gefährdungshaftung *(strict liability)* aufgrund einer Art Verkehrssicherungspflicht: „Jemand, der zu seinem eigenen Nutzen eine Sache auf sein Grundstück einbringt, die Schaden verursachen könnte, wenn sie sich vom Grundstück entfernt, muss diese Sache in seinem eigenen Gefahrenkreis halten.“ So sinngemäß *Justice Blackburn* in der berühmten Entscheidung *Rylands v Fletcher (1868)*, in der ein Grundstückseigentümer dafür haften musste, dass ohne sein persönliches Verschulden Wasser von seinem Grundstück das Nachbargrundstück überflutete.

Für Handlungen eines „Verrichtungsgehilfen“ wird im englischen Recht nach den Grundsätzen der *vicarious liability* (Haftung für Dritte) gehaftet.

d) Sachenrecht (Law of Property)

Wie in allen Teilrechtsgebieten des *civil law* gibt es auch im *law of property* keine komplette Erfassung aller Rechtsinstitute in einem zusammenhängenden Gesetz. *Property* kann im Deutschen eine Vielzahl von Bedeutungen haben, z. B. „Eigentum, Vermögen, Grundstück, Landbesitz, Vermögensrecht". Der Eigenart des *property* kommt die Übersetzung mit „Vermögensrecht" am nächsten. Dabei ist zwischen *real property* und *personal property* zu unterscheiden. Ersteres bezieht sich nur auf das Eigentum, aber nicht auf weitere Rechte an Grundstücken. Letzteres bezeichnet bewegliche Vermögenswerte sowie befristete Rechte an Grundstücken, wie z. B. Pacht *[lease(hold)]*. Ähnlich wie im deutschen Sachenrecht wird zwischen Eigentum *(ownership)* und Besitz *(possession)* unterschieden.

Ownership ist ein umfassendes Recht an körperlichen Gegenständen *(corporeals)* oder an Rechten bzw. Forderungen *(incorporeals)*. Ein absolutes Eigentum einer Person an Grundstücken kennt das englische Recht nicht, weil (zumindest theoretisch), Rechte an Grundstücken der Krone zustehen. Stattdessen gibt es verschieden ausgestaltete Nutzungsrechte, wie z. B. die soeben genannte *leasehold* (die auf höchstens 999 Jahre befristet ist) oder *freehold (estate)*, das sich als mindestens lebenslanges Recht auf Grundeigentum am ehesten mit dem deutschen umfassenden Eigentumsrecht an Grundstücken vergleichen lässt. Ein Grundbuch im deutschrechtlichen Sinn ist dem englischen Recht fremd. Grundstücksrechte werden in Urkunden *(deeds)* und in zeitlich geordneten Grundstücksregistern (*land registers*) verankert, wobei allerdings keine Registrierungspflicht besteht, sodass Grundstücke entweder *registered land* oder *unregistered land* sind. Grundpfandrechte an *unregistered land* können daher nur durch Urkunden nachgewiesen werden.

Possession bezeichnet sowohl den unmittelbaren Besitz ohne Rechtsanspruch *(physical control without legal possession*; beispielhaft wird hierzu gerne – etwa bei *Smith & Keenan's* – der Gepäckträger, welcher Koffer eines Reisenden im Bahnhof trägt, genannt) als auch den unmittelbaren Besitz mit Besitzanspruch *(physical control with legal possession;* Beispiel: das Buch, das man tatsächlich rechtmäßig, sei es als Eigentümer oder als Entleiher, besitzt) sowie den mittelbaren Besitz *(legal possession without actual physical control*; z. B. als Verleiher des Buchs ...). Hier bestehen keine gravierenden Unterschiede zum deutschen Recht.

e) Das Recht der Trusts (Law of Trusts)

Der *trust* (Treuhandverhältnis) ist eines der auffälligsten Rechtsinstitute des englischen Rechts, d. h., das *law of trusts* bildet eines der *typisch englischen* Normengefüge, das sich bereits im 12./13. Jahrhundert entwickelt hat. *Treuhandrecht* findet sich so in keiner der kontinentaleuropäischen Rechtsordnungen.

Ein *trust* ist ein auf *equity* beruhendes Rechtsverhältnis zwischen dem Treuhänder *(trustee)* und dem Begünstigten *(beneficiary)*, durch welches das vom Treugeber *(trustor* oder *settlor)* zugunsten des *beneficiary* auf den *trustee* übertragene Vermögen (insbesondere Grundstücke) von diesem verwaltet wird. Während der Begünstigte *equitable owner* des Treuhandguts wird, ist der Treuhänder *legal owner.* Diese Art der Vermögenszuwendung an den Begünstigten kann sowohl durch Rechtsgeschäft unter Lebenden als auch durch letztwillige Verfügung geschehen und bedeutet, dass der Treuhänder als *legal owner* des Vermögens gleichzeitig *in equity* verpflichtet ist, das Vermögen zugunsten des (oder mehrerer) Begünstigten zu verwalten.

f) Familienrecht (Family Law)

Das englische Familienrecht ist in einer Vielzahl von *Acts* [z. B. *Divorce Reform Act 1969* (Scheidungsreformgesetz), *Matrimonial Causes Act 1973* (Ehesachengesetz), *Children Act 1989* (Kindergesetz), *Family Law Act 1996* (Familienrechtsgesetz), um nur wenige zu nennen] kodifiziert. Es ist also überwiegend *statute law* und weniger *case law*, was sich mit der sehr raschen und fortschrittlichen Entwicklung von Neuerungen im 20. Jahrhundert erklären lässt, der das starre *common law* nicht folgen konnte. Das Eherecht *(matrimonial law)* sieht seit 1970 ein Verlöbnis auch ohne *consideration* als wirksamen Vertrag an, auf den bei Streitigkeiten für die Auseinandersetzung die Vorschriften über die Eheauseinandersetzung entsprechend anwendbar sind.

Für die Eheschließung ist *capacity* (Ehefähigkeit) erforderlich, die Unverheiratetsein und Volljährigkeit voraussetzt. Eine ungültige Ehe kann entweder *void* (nichtig) oder *voidable* (anfechtbar) sein. Für die Ehescheidung *(divorce)* sind seit dem *Matrimonial Causes Act 1973* der *High Court of Justice (Family Division)* und bestimmte (*designated*) *county courts* zuständig. Im Wesentlichen ist das Ehescheidungsrecht außer im *Matrimonial Causes Act 1973* im *Family Law Act 1996* geregelt. Daneben ist jedoch das *case law* von großer Bedeutung, das auf der Grundlage dieser *Acts* das eheliche Vermögensrecht kontinuierlich weiterentwickelt hat.

g) Erbrecht (Law of Succession)

Wie das Familienrecht ist auch das englische Erbrecht in besonderem Maß *statute law*. Es lässt sich grundsätzlich in drei Teilbereiche einteilen: das Testamentsrecht *(testate succession* = Testierfreiheit, gewillkürte Erbfolge), das Recht der Erbschaftsverwaltung *(administration of estates)* und das Recht der Familienerbfolge *(law of succession)* als eigentliches gesetzliches Erbrecht. Bezüglich der Testierfreiheit und der gesetzlichen Erbfolge gibt es keine tiefgreifenden Unterschiede zum deutschen Bürgerlichen Recht.

Testierfähigkeit *(testamentary capacity)* hat jeder Volljährige, der voll geschäftsfähig ist. Formalitäten sind insbesondere im *Wills Act 1837* (Testamentgesetz) geregelt, der durch den *Administration of Justice Act 1982* (Rechtspflegegesetz) Änderungen erfuhr. Letztwillige Verfügungen sind *devises* (Erbeinsetzung) und *legacies* oder *bequests* (Vermächtnisse oder Schenkungen von Todes wegen). Auffallende Unterschiede zum deutschen Erbrecht gibt es bezüglich der Nachlassverwaltung, bei der zwischen Erbschafts*verwaltung* und der *Verteilung* des Nachlasses getrennt wird: Das Vermögen des Erblassers geht nicht sofort auf die Erben über, sondern auf einen testamentarisch bestimmten *executor* (Testamentsvollstrecker) oder gerichtlich bestellten *administrator* (Vermögensverwalter). Dieser hat die Stellung eines *trustee* (s.o. III. 1. e), der als *executor* erst tätig wird, wenn die gerichtliche Bestätigung des Testaments *(probate)* vorliegt bzw. als *administrator*, wenn er vom Gericht einen *letter of administration* (gerichtliche Vollmachtsurkunde) bekommen hat. Zur Erbschaftsverwaltung gehört zunächst die Erfüllung von Nachlassverbindlichkeiten. Wenn diese abgeschlossen ist, folgt die Verteilung des Restnachlasses auf die *beneficiaries* (Begünstigten).

2. Handels- und Gesellschaftsrecht

a) Handelsrecht (Commercial Law)

Im Gegensatz zum deutschen Recht gibt es im englischen Recht kein Handelsrecht als Sonderprivatrecht der Kaufleute. Mit den Begriffen *commercial law* oder *mercantile law* wird stattdessen eine Vielzahl von Rechtsregeln bezeichnet, die für die Wirtschaft von Bedeutung sind.

Das englische Handelsrecht war in früherer Zeit als Bestandteil des Zivilrechts weitgehend in das *common law* eingebunden und wurde erst seit dem 19. Jahrhundert durch eine Reihe von Einzelgesetzen ergänzt. Diese betrafen insbesondere das Recht des Warenkaufs (z. B. *Sale of Goods Acts 1893* und *1979*), das Wertpapierrecht [z. B. *Securities Act 1993*, *Bills of Exchange* (Wechsel) *Act 1882*, *Cheques* (Scheck) *Acts 1957* und *1992*], das Versicherungsrecht *(Insurance Act 1990)* und vor allem das Handelsvertreterrecht *(commercial agents law).* Letzteres war bis Ende 1993 reines Richterrecht und wurde in Umsetzung der EG-Richtlinie [86/653 EWG] zum Handelsvertreterrecht in einer Rechtsverordnung der *Commercial Agents (Council Directive) Regulation 1993* neu geregelt. Sonderregelungen über den Handelskauf sind dem englischen Recht ebenso unbekannt wie ein Handelsregister.

b) Gesellschaftsrecht (Company Law)

Auch das *company law* weicht bei vielen Regelungen vom deutschen Gesellschaftsrecht ab und bildet ebenfalls kein eigenständiges Rechtsgebiet. So werden verschiedene Gesellschaftsformen nicht nur in speziellen Lehrbüchern zum *company law,* sondern auch in allgemeineren Lehrbüchern zum *civil law* unter dem Personenrecht (bei *juristic persons*) dargestellt. Unter den Begriff der *company* fallen überdies nur die Kapitalgesellschaften, während Personengesellschaften *partnerships* sind, für die nicht die *Companies Acts* von *1985* und *1989,* sondern der *Partnership Act 1890* gilt, der u. a. durch den *Limited Partnerships Act 1907* (etwa: Kommanditgesellschaftsgesetz) und den *Limited Liability Partnerships Act 2000* (etwa: GmbH-Gesetz) ergänzt wurde. Der *Companies Act 2006* hat das englische Gesellschaftsrecht grundlegend reformiert und insbesondere die Gründung und Verwaltung von kleinen Gesellschaften erleichtert. Das Gesetz gilt für das ganze Vereinigte Königreich, auch wenn Nordirland es durch spätere eigene Gesetzgebung ändern kann. Es ersetzt die bisher geltenden *Companies Acts 1985* und *1989* fast vollständig.

Im Bereich der Kapitalgesellschaften unterscheidet das englische Recht zwischen *private companies* und *public companies*. Seit der Reform des englischen Gesellschaftsrechts durch den *Companies Act 2006* dient als Grundmodell nicht mehr die *public company*, sondern die *private company*. Notwendiger Bestandteil der Firma einer *private company*, deren Haftung auf das Gesellschaftsvermögen beschränkt ist (*private company limited by shares*), ist der Zusatz „limited“ bzw. „ltd“.

Ein Mindestkapital ist gesetzlich nicht vorgeschrieben; üblicherweise hat die *private company* jedoch ein Nominalkapital von 100 oder 1.000 £. Die Organe einer *private company* sind die Gesellschafterversammlung (*general meeting*) und die Geschäftsführung (*board of directors*).

c. Arbeitsrecht (Employment Law)

Das englische Arbeitsrecht besteht als eigenständiges Rechtsgebiet erst seit 1971. Zuvor galt es lediglich als Teilgebiet des Vertragsrechts und des Deliktsrechts. Seitdem hat es sich rasch zu einer selbstständigen Materie entwickelt, dessen Quelle neben dem Vertragsrecht des *common law* eine Reihe von *statutes* sind, von denen der *Trade Union and Labour Relations (Consolidation) Act 1992* (Gesetz über Gewerkschaft und Arbeitsbeziehungen) und der *Employment Rights Act 1996* (Arbeitsrechtsgesetz) besonders hervorzuheben sind. Letzterer fasst eine Vielzahl von Regeln des individuellen Arbeitsrechts *(individual employment law)* zusammen, während der *Trade Union ... Act 1992* das kollektive Arbeitsrecht *(collective employment law)* erfasst. In jüngerer Zeit ist das Arbeitsrecht nicht zuletzt durch europäische Einflüsse stark reformiert worden. Zu erwähnen sind beispielsweise der *Employment Act 2002* und die *Employment Tribunals (Constitution and Rules of Procedure) Regulations 2004* sowei diverse Vorschriften, z. B. zum Mutterschutz oder zum Schutz vor Diskriminierungen. Nach wie vor ist die Gestaltungsfreiheit in Arbeitsverträgen allerdings deutlich größer als z. B. in Deutschland.
Arbeitsrechtliche Streitigkeiten werden in erster Instanz von *employment tribunals* (Arbeitsgerichten – s. u. VI Gerichtsaufbau) entschieden.

IV. Öffentliches Recht (Public Law)

1. Staats- und Verfassungsrecht (Constitutional Law)

Eine kodifizierte Verfassung, wie in Deutschland das Grundgesetz, gibt es in Großbritannien nicht. Verfassungsähnliche Dokumente – wie die *Magna Charta Libertatum* (Große Urkunde der Freiheit) von 1215, die *Petition of Rights* (Bittschrift für Rechte) von 1627, die *Habeas-Corpus-Akte* von 1679 [wonach jede Verhaftung einer Person *(corpus)* binnen drei Tagen vom Gericht auf ihre Rechtmäßigkeit untersucht werden musste] und die *Bill of Rights* von 1689 (die das englische Verfassungsleben insbesondere dahingehend regelte, dass Aufhebungen von Gesetzen und Steuererhebungen nur mit parlamentarischer Zustimmung zulässig waren) – sind aus dem Geschichtsunterricht in der Schule bekannt. In dem zum 1. Oktober 2000 in Kraft getretenen *Human Rights Act* von 1998 ist festgelegt, dass alle Menschenrechte, die in der Europäischen Menschenrechtskonvention niedergelegt sind, ausdrücklich auch im Vereinigten Königreich gelten.
Grundlage des englischen Staats- und Verfassungsrechts ist das Gewohnheitsrecht (s.o. II. 2. c), dessen Bedeutung hier nicht zu unterschätzen ist.
In dem zum 1. Oktober 2000 in Kraft getretenen *Human Rights Act* von 1998 ist festgelegt, dass alle Menschenrechte, die in der Europäischen Menschenrechtskonvention niedergelegt sind, ausdrücklich auch im Vereinigten Königreich gelten.
Die Einschränkungen der königlichen Machtbefugnisse durch die *Bill of Rights* haben die parlamentarisch-demokratische Verfassung insofern gestärkt, als die Gesetzgebung in erster Linie vom Parlament ausging, in dem das *House of Commons* mit derzeit 646 Abgeordneten eine starke Volksvertretung darstellt. Geheime und direkte Wahlen nach dem Mehrheitsprinzip führen dazu, dass der Führer der Mehrheitsfraktion im *House of Commons* von der Königin zum Premierminister *(prime minister)* ernannt wird, der, ähnlich wie der deutsche Bundeskanzler, die Richtlinien der Politik bestimmt und die Minister der Königin zur Ernennung *(appointment by*

the Queen) vorschlägt. Die zum Verfassungsrecht zählende Beteiligung des *House of Commons* an der Gesetzgebung wurde bereits oben (II. 2. b) kurz skizziert.

2. Verwaltungsrecht (Administrative Law)

Ein allgemeines oder besonders Verwaltungsrecht wie in Deutschland gibt es in diesem Sinn in England nicht. Unter *administrative law* versteht man im Wesentlichen das Recht der Haftung der Regierung und der kommunalen Gebietskörperschaften, welches den Grundsätzen des Richterrechts der *common law courts* folgte. Dies erhellt, dass es in England keine eigenständige Verwaltungsgerichtsbarkeit gibt. Das Vereinigte Königreich *(United Kingdom)* und Nordirland waren einige Zeit ein zentraler Einheitsstaat, der sich aber bis zur Gegenwart einem föderalistischen System angenähert hat. Wales, Schottland und Nordirland besitzen seit den erfolgreichen Referenden im Jahr 1997 eigene Landesteilparlamente und -regierungen mit einem Ersten Minister *(First Minister)* als Vorsitzenden (vergleichbar einem Ministerpräsidenten in Deutschland oder einem Landeshauptmann in Österreich). Die grobe Verwaltungsgliederung in England und Wales lässt sich wie folgt darstellen:
England gliedert sich in neun Regionen, inklusive *Greater London* (Groß-London). Die acht Regionen (ohne *Greater London*) gliedern sich in 35 *counties* (Großstadt-Grafschaften), sowie 40 *unitary authorities* (Einheitsverwaltungen), auch: *administrative counties*. Bei den *unitary authorities* handelt es sich um Gebiete, die von der Aufgabenstellung her sowohl *county* als auch *district* (Bezirk, Kreis) sind; es sind, anders ausgedrückt *counties*, die jeweils nur aus einem *district* bestehen. Will man diese beiden Begriffe – die in nahezu allen Rechtslexika meist identisch mit „Bezirk, Kreis" (oder umgekehrt!) übersetzt werden – mit der deutschen Verwaltungsgliederung vergleichen, könnte man die *county* mit „Regierungsbezirk" und den *district* mit „Kreis" übersetzen. *Unitary authorities* wurden seit 1996 sozusagen aus den *counties* herausgelöst und erledigen als „einstufige Verwaltung" alle Aufgaben einer Gemeindeverwaltung.
Wales gliedert sich in acht *counties* und seit 1996 in 22 *unitary authorities*. Diese Zahlen (nach *Fischer Weltalmanach 2005* und Informationen aus dem Internet) mögen genügen, um zu belegen, was bereits geschrieben wurde: Es gibt zwar eine detaillierte Verwaltungsgliederung in England und Wales, doch weder ein eigenes Verwaltungsrecht noch eine spezielle Verwaltungsgerichtsbarkeit. *„Administrative law controls the use, and checks the abuse of governmental power"*, schreibt *James*. Und: *„It is treated ... as an integral part of constitutional law"*. [„Verwaltungsrecht kontrolliert den Gebrauch und überprüft den Missbrauch der Regierungsgewalt" und: „Es wird (hier) als integrierender Bestandteil des Verfassungsrechts behandelt" – das es ja in England (s.o.) „per se" auch nicht gibt]. Englisches Verwaltungsrecht ist *common law* oder vereinzeltes *statute law.*

3. Strafrecht (Criminal Law)

Auch für das *criminal law* gibt es kein einheitliches Gesetzbuch im deutschen bzw. kontinentalen Sinn wie etwa das deutsche Strafgesetzbuch (StGB) oder den französischen *code pénal*. Auch das *criminal law* ist *common law*-Richterrecht und daneben in vielen *Acts* als *statute law* geregelt. Die Grundsätze des *criminal law* unterscheiden sich nicht tiefgreifend von denen des kontinentalen Rechts. Man kennt

nulla poena sine lege (keine Strafe ohne Gesetz = *no punishment unless by law)* und verlangt zur Bestrafung eine ursächliche *(causative) actus reus* (eine strafbare Handlung), die von vorsätzlicher oder fahrlässiger Handlung *(mens rea)* bestimmt wurde. *Mens rea and actus reus must coincide* ist dabei zu berücksichtigen: Tathandlung und Taterfolg müssen *coincide* (= zusammentreffen), d. h. im Kausalzusammenhang stehen.
Die Todesstrafe *(capital punishment)* für Mord wurde in England 1969 abgeschafft, war aber bis zum Inkrafttreten des *Human Rights Act 1998* noch für Verrat, Piraterie und Militärverbrechen vorgesehen.
Innerhalb der allgemeinen Gerichtsbarkeit (unten VI) nimmt der *Crown Court* (die „Krone" ist i. d. R. Kläger: vgl. z. B. *R. v Mc Naughten, 1843*) eine Sonderstellung ein. Der *Central Criminal Court* hat seinen Sitz in London und ist Krimi-Lesern *(vgl. Edgar Wallace, Agatha Christie u. a.)* als *Old Bailey* bekannt und hat in England und Wales 78 Zweigstellen, in London z. B. den *Crown Court of Southwark*.
Wenngleich es, wie gesagt, in England kein eigenes Strafgesetzbuch gibt, gibt es doch viele Lehrbücher *(textbooks)* zum *criminal law.*

V. Verfahrensrecht (Procedural Law)

Besondere Prozessrechtsordnungen, wie z. B. in Deutschland eine Zivilprozess-, Strafprozess- oder Verwaltungsgerichtsordnung (ZPO, StPO, VwGO), gibt es im englischen Recht so nicht. Auch für das Verfahrensrecht (das früher von den *writs* beherrscht wurde) sind das *common law* und vereinzelte *statutes* die Grundlage. Es gelten in jedem Rechtszweig die (bereits oben – II. 2. a) angedeuteten allgemeinen Grundsätze der sog. *stare-decisis*-Lehre, d. h. die *rule of precedent*, mit der Bindung von *inferior courts* an die *rationes decidendi* der *superior courts*. Diese absolute Bindung *(absolute binding effect)* der Untergerichte an die Urteile der Obergerichte, vor allem die Bindung des *Court of Appeal* an eigene frühere Entscheidungen und solche des *House of Lords*, wurde von namhaften Juristen häufig, aber letztlich ohne Erfolg, kritisiert, da sie ggf. verlangte, an Entscheidungen festzuhalten, die nach neueren Erkenntnissen nicht mehr zutreffend waren. Daran konnte auch das sog. „Unterscheiden" *(distinguishing)* nichts Gravierendes ändern. Zum einen erlaubt das *distinguishing* dem Richter festzustellen, dass der Entscheidung des Obergerichts andere *facts* (Tatbestand/Sachverhalt) zugrunde lagen. Zum anderen hat er insofern einen gewissen Entscheidungsspielraum, als er an die *obiter dicta* (s.o. II. 2. a) nicht gebunden ist. Das *distinguishing* konnte letztlich nicht verhindern, dass der *absolute binding effect* bisweilen zu absurden Ergebnissen führte.

Der neben *Lord Atkin* (s.o. *Donoghue v Stevenson 1932*) wohl bedeutendste englische Richter, wenn nicht gar Jurist des 20. Jahrhunderts, *Lord Denning*, hat sich gegen die *stare-decisis-doctrine* und ihren *absolute binding effect* in seinem Buch *„The Discipline of Law"* mit (u. a.) folgenden Worten (sinngemäß) gewehrt: „Ich bin nicht grundsätzlich gegen die *doctrine of precedent*, welche die gute Grundlage unseres *case law* bildet ... Aber ich bin gegen ihre starre Anwendung, wenn ein *precedent* um jeden Preis befolgt werden muss!"
Wörtlich schrieb er blumenreich (v. Goethe hätte seine Freude daran gehabt): *„I would treat it as you would a path through the woods. You must follow it certainly so as to reach your end. But you must not let the path become too overgrown. You must cut out the dead wood and trim off the side branches, else you will find yourself lost in thickets and brambles. My plea is simply to keep the path to justice clear of obstructions which would impede it"*, was etwa bedeutet: „Ich möchte das Problem so behandeln, wie Sie einen Weg durch den Wald begehen sollten: Sie

müssen diesem Weg folgen, um wieder aus dem Wald herauszukommen. Aber Sie dürfen diesen Weg nicht zu sehr zuwachsen lassen. Sie müssen das abgestorbene Holz beseitigen und hereinragende Zweige und Äste zurechtstutzen, andernfalls werden Sie sich im Dickicht der Dornensträucher verlieren. Mein Anliegen ist es einfach, den Weg zur Gerechtigkeit von Hindernissen freizuhalten, die der Gerechtigkeit im Weg stehen."
Trotz des außerordentlichen Respekts, den *Lord Denning* (zeitweise *Master of the Rolls* des *Court of Appeal*, dann Mitglied des *House of Lords* und später wieder *Master of the Rolls* – vgl. sogleich VI., „Gerichtsaufbau") in der englischen Juristenwelt genoss, fand sein Klagen kein Gehör. Die Regeln der *doctrine of precedent*, die ausdrücklich in der Entscheidung des *Court of Appeal* in *Young v Bristol Aeroplane Co. (1944)* formuliert wurden, sind daraufhin vom *House of Lords* in *Davis v Johnson (1979)* bestätigt worden.

Lord Denning hatte dennoch großen Einfluss auf das (zivilrechtliche) Verfahrensrecht, da er die sog. *Mareva injunction* schuf, die dem Arrest und der einstweiligen Verfügung *(injunction)* entspricht. Im Fall *Mareva Compania Naviera SA v International Bulk Carriers Ltd. (1975)* eröffnete er die Möglichkeit, eine einstweilige Verfügung zuzulassen, die es dem Antragsgegner untersagt, Vermögen aus dem Rechtsprechungsbereich englischer Gerichte zu entfernen.
Mangels eigenständiger Prozessordnungen ist das Verfahrensrecht eng verflochten mit dem Aufbau der englischen Gerichte und ihren Zuständigkeiten.

VI. Gerichtsaufbau

Obwohl sich auch im englischen Zivilprozessrecht die Zuständigkeit der Gerichte grundsätzlich nach dem Streitwert *(amount in dispute)* richtet, besteht eine allgemeine Vermutung, dass die *superior courts* die örtliche *(local)* und sachliche Zuständigkeit *(subject-matter jurisdiction)* für alle Streitigkeiten besitzen. So ist es, anders als im deutschen Zivilprozess, zulässig, sich trotz Unterschreitung des Streitwerts sofort an einen *superior court* zu wenden. Der *superior court* kann (und wird dies zumeist tun) aber in diesem Fall den Rechtsstreit *(litigation)* an den in erster Instanz zuständigen *inferior court* verweisen *(relegate)*.

1. Inferior Courts

a) County Courts (Grafschaftsgerichte)

Der Begriff *county court* ist insofern irreführend als die heutigen *county courts* nicht mehr der alten Verwaltungsgliederung (vgl. IV. 2.) in Grafschaften folgen.
Die derzeit 218 *county courts* in England und Wales sind in *districts* (Bezirken) und *circuits* (Kreisen) angesiedelt, in denen *district judges* und *circuit judges* („Bezirks- und Kreisrichter") als (Berufs-)Einzelrichter entscheiden.
Nach dem *County Court Act 1984* sind die *county courts* im Wesentlichen zuständig für: Streitigkeiten aus Vertragsverletzung *(breach of contract)* und unerlaubter Handlung (*tort*) mit einem Streitwert bis zu 50.000 £, für Grundstücksstreitigkeiten *(actions for property* – bis zu 30.000 £) sowie für Familien-, Nachlass- und Seerechtsstreitigkeiten *(family ..., probate ...* und *admiralty proceedings)*. In Streitigkeiten mit einem Streitwert bis zu 5.000 £ lag die Rechtsprechungsbefugnis *(judicial power)* lange Zeit bei einem *registrar* (nur bedingt vergleichbar mit einem deutschen „Rechtspfleger", da er im Gegensatz zu diesem „Volljurist" bzw. *barrister* – vgl. unten VII – sein muss), der zudem als Verwaltungsleiter des Gerichts tätig war. Inzwischen wurden die Aufgaben der *registrars* den *district judges* übertragen.

b) Magistrates' Courts (Amts-/Friedensgerichte)
Magistrates' courts sind hauptsächlich (ca. 98 %) für Strafsachen zuständig und haben eine sehr begrenzte Zuständigkeit in Zivilsachen. Letztere erstreckte sich auf Unterhaltsansprüche getrennter Ehepartner, Wohnungs- und Besuchsregelungen Kinder betreffend, Schankkonzessionen sowie Wett- und Glücksspielverbote. Seitdem der *Licensing Act 2003* in Kraft getreten ist, liegt die Kompetenz bezüglich Schankkonzessionen bei lokalen Behörden.
Grundsätzlich besteht ein *magistrates' court* aus drei Laienrichtern *(lay magistrates* bzw. *justices of the peace)*, von denen es in England und Wales rund 30.000 gibt. Soweit das Gericht als Familiengericht *(family proceedings court)* tagt, sollte das Gremium möglichst sowohl von Frauen als auch Männern besetzt sein. Von den Strafprozessen, die zu den *magistrates' courts* kommen, werden ca. 95 % in erster Instanz entschieden. Grundkenntnisse von Recht und Gesetz erhalten die Laienrichter in Einführungskursen; außerdem werden sie von einem Gerichtsangestellten (der *solicitor* oder *barrister* – s. u. VII. – ist) beraten.

c) Employment Tribunals (Arbeitsgerichte)
Arbeitsgerichtliche Streitigkeiten werden von *employment tribunals* entschieden, gegen deren Entscheidungen Berufung zum *Employment Appeal Tribunal* (Arbeitsgerichtshof) eingelegt werden kann. Revisionsinstanz ist die *Civil Division* des *Court of Appeal.*

2. Superior Courts

a) The Supreme Court of Judicature (Oberer Gerichtshof)
Gemäß dem *Supreme Court Act 1981* besteht der obere Gerichtshof von England und Wales aus dem *High Court of Justice*, dem *Crown Court* und dem *Court of Appeal* (vgl. dazu die grafische Übersicht unten).

aa) The High Court of Justice (Hoher Gerichtshof)
Seit dem *Administration of Justice Act 1970* besteht der *High Court* (frei übersetzt „Landgericht"; wenngleich mit weitaus umfassenderen Kompetenzen als Landgerichte in Deutschland) aus den drei Abteilungen *Queen's Bench Division, Chancery Division* und *Family Division"* (vgl. schon oben I. 3.) mit jeweils eigenen Berufungskammern *(divisional courts)*.
In erster Instanz ist der *High Court* entsprechend der limitierten Zuständigkeit der *county courts* (s.o.) für Streitigkeiten ab 50.000 £ (z. B. Vertragsverletzungen, unerlaubte Handlungen) bzw. ab 30.000 £ (Grundstücksrecht) Streitwert zuständig.
Darüber hinaus ist der *High Court* als Berufungsinstanz für alle vor den *inferior courts* entschiedenen Streitigkeiten zuständig, mit Ausnahme von Strafsachen der *magistrates courts*, die in zweiter Instanz vom *Crown Court* entschieden werden.
Die Zuständigkeiten der drei oben genannten *divisions* des *High Court* im Einzelnen darzustellen, würde den Umfang dieser Einführung sprengen (vgl. insofern meine *Introduction to English Civil Law*; s. u. Literatur).

bb) The Crown Court (Krongericht)
Der 1971 etablierte *Crown Court*, der auch sog. *Central Criminal Court for England and Wales*, steht – für Strafsachen – in der Gerichtshierarchie etwa zwischen dem *High Court* und dem *Court of Appeal* (dazu sogleich unter cc). Der *Crown Court* hat

eine Zwitterstellung. Einerseits hat er als Unterabteilung *(subdivision)* der *Queen's Bench Division* des *High Court* eine begrenzte Zivilgerichtsbarkeit, andererseits ist er als Strafgericht über dem *High Court* anzusiedeln und als solches nur der *Criminal Division* des *Court of Appeal* und dem *House of Lords* untergeordnet. Neben den Londoner Zweigstellen wie z. B. dem *Crown Court of Southwark* gibt es namentlich Filialen in den Großstädten Birmingham (1.010.400 Einwohner), Greater London (7.375.100), Leeds (726.100), Manchester (439.500), Bristol (406.200) und Cardiff (325.500 – Zahlen nach *Fischer-Weltalmanach* 2005). Insgesamt hat der *Crown Court* derzeit 78 Zweigstellen in England und Wales.

cc) The Court of Appeal (Berufungsgericht)

Früher war der *Court of Appeal* (vgl. etwa „Oberlandesgericht") nur für Zivilsachen zuständig. Seit dem *Criminal Appeal Act 1966* gibt es dort neben der *Civil Division* auch eine *Criminal Division*.

Nach dem *Maximum Number of Judges Order 2003* (Beschluss über die Höchstzahl von Richtern) besteht der *Court of Appeal* aus 37 Lord-Richtern *(Lord Justices of Appeal)*, von denen drei eine „Kammer" bilden und Entscheidungen mit (mindestens) einer 2:1-Mehrheit treffen. Der Präsident (Vorsitzende) des *Court of Appeal* ist der *Master of the Rolls*, im Mittelalter die „starke Hand" des *Chancellors* (s. o. I.): Seit dem 17. Jahrhundert verwaltete er für den Kanzler Staats- und Gerichtsakten, die auf Pergamentpapierrollen aufgeschrieben waren (daher der Name). Vom „Rollen-Verwalter" stieg der *Master of the Rolls* zum äußerlich zweitranghöchsten Richter nach dem *Lord Chancellor* (s. sogleich unter b) auf, der ursprünglich (s.o. I.) ebenfalls von hoher Verwaltungsbeamtenposition in das höchste Richteramt avancierte.

Die *Civil Division* des *Court of Appeal* entscheidet über alle Berufungen in Zivilsachen des *High Court* und im Weg der Sprungrevision (*leap frog)* über solche der *county courts*. Berufungen sind im englischen Recht („dank" der oben erwähnten *stare-decisis-doctrine*) grundsätzlich nur zulässig, wenn die Beweisaufnahme *(hearing of evidence)* neue, bisher unbekannte Tatsachen ergeben hat.

Die seit 1966 eingerichtete *Criminal Division* ist hauptsächlich zuständig für Berufungen gegen Entscheidungen des *Crown Court*.

b) The House of Lords (Oberster Gerichtshof)

Das *House of Lords* ist nicht nur neben dem *House of Common* (Unterhaus) das politische Oberhaus im Parlament, sondern auch das höchste Gericht des *United Kingdom*, also nicht nur für England und Wales, sondern auch für Nordirland und Schottland, die ansonsten ein eigenes Rechtssystem haben. Von Schottland wird es allerdings in Strafsachen nicht als höchstes Gericht anerkannt. Abgesehen vom Europäischen Gerichtshof (EuGH) in Luxemburg ist das *House of Lords* die letzte Rechtsmittelinstanz, deren Entscheidungen für alle nachfolgenden Gerichte bindend sind.

Als Gericht besteht das *House of Lords* aus dem *Lord Chancellor* und neun bis zwölf (derzeit zwölf) Adeligen, den sog. *Lords of Appeal in Ordinary* (nicht zu verwechseln mit den *Lord Justices of Appeal* des *Court of Appeal!)*. Zwei der *Law Lords* (wie die Kurzbezeichnung lautet) sind regelmäßig aus Schottland.

Entscheidungen werden grundsätzlich von fünf *Law Lords* gefällt, sodass mindestens eine 3:2-Mehrheit erforderlich ist.

Als letzte Rechtsmittelinstanz entscheidet das *House of Lords* Berufungen gegen Urteile des *Court of Appeal*, im Wege der Sprungrevision ausnahmsweise auch solche gegen Urteile des *High Court*, wenn es sich um Fälle von außergewöhnlicher Bedeutung handelt, deren Entscheidung dazu führt, neues Recht zu schaffen.

c) The Judicial Committee of the Privy Council (Kronrat)

Der *Judicial Committee* (Rechtsausschuss) *of the Privy Council,* kurz: *Privy Council*, ist kein eigentliches Gericht, das Entscheidungen fällt, sondern er gibt Empfehlungen und Ratschläge an die Krone. Dies insbesondere in Fällen, die *Commonwealth*-Staaten betreffen, welche außerhalb der Rechtsprechungsbefugnis des *House of Lords* liegen.

Einige *Commonwealth*-Staaten haben den *Privy Council* als eine Art letzter Instanz gegen Entscheidungen ihrer höchsten Gerichtshöfe anerkannt.

Da der *Privy Council* nicht nur englisches Recht, sondern auch das Recht des vom jeweiligen Fall betroffenen Staats anwendet, haben seine Entscheidungen bzw. Empfehlungen keine Bindungswirkung für englische Gerichte und den *Privy Council* selbst.

3. Verfassungsreformgesetz 2005

Durch ein Verfassungsreformgesetz (*Constitutional Reform Act*) im Jahr 2005 wird sich der englische Gerichtsaufbau bis zum Ende des Jahres 2009 erheblich ändern: Der neu geschaffene *Supreme Court of the United Kingdom* (nicht zu verwechseln mit dem derzeitigen *Supreme Court of Judicature*, der künftig *Senior Courts of England and Wales* heißen wird) wird zukünftig das höchste Gericht sein. Auf ihn werden die rechtsprechenden Funktionen des *House of Lords* als oberstes Berufungsgericht übertragen. Der dafür bislang zuständige Berufungsausschuss des Oberhauses (*House of Lords Appellate Committee*) wird gänzlich wegfallen, sobald der Gerichtshof – voraussichtlich im Oktober 2009 – seine Arbeit aufnimmt. Die Reform ist maßgeblich mit dem Prinzip der Gewaltenteilung begründet worden, da das *House of Lords* sowohl rechtsprechende Gewalt (Judikative) als auch gesetzgebende Gewalt (Legislative) ausübte. Auch die richterliche Unabhängigkeit der Lordrichter wurde angeführt, denn sie müssten gegebenenfalls die Vereinbarkeit von Gesetzen mit Europäischem Recht prüfen, über die sie selbst zuvor im Gesetzgebungsverfahren abgestimmt hatten. Gegen eine Reform war pragmatisch argumentiert worden, dass das traditionelle System gute Dienste geleistet und kosteneffizient gearbeitet hatte. Der Gerichtshof wird die oberste gerichtliche Instanz in Zivilsachen für das gesamte Vereinigte Königreich. In Strafsachen wird er oberstes Gericht für England, Wales und Nordirland; in Schottland bleibt der *High Court of Justiciary* das höchste Strafgericht.

Darüber hinaus werden dem Gerichtshof einige verfassungsrechtliche Zuständigkeiten übertragen, die bislang der Rechtsprechungsausschuss *Judicial Committee of the Privy Council* ausfüllte. Er wird zuständig für Kompetenzstreitigkeiten zwischen den drei Regionalregierungen (Nordirland, Schottland und Wales) und der britischen Regierung. Solche Streitigkeiten betreffen zumeist Verstöße gegen die Europäische Menschenrechtskonvention, die durch den *Human Rights Act* (1998) und durch die britische Dezentralisierungsgesetzgebung Eingang in das nationale Recht gefunden hat. Der Rechtsprechungsausschuss des *Privy Council* wird allerdings nicht abgeschafft; ihm verbleibt weiterhin die Funktion eines obers-

ten Berufungsgerichtes für die britischen Überseegebiete und für einige Staaten des *Commonwealth*, die über kein eigenes oberstes Gericht verfügen.
Der Gerichtshof wird aus zwölf Richtern bestehen. Zunächst werden die bisherigen Lordrichter diese Positionen wahrnehmen. Daneben behalten sie ihren Sitz im Oberhaus. Scheidet ein Richter aus dem Amt, ernennt die Königin den Nachfolger auf Vorschlag des Premierministers. Den Vorschlag bestimmt der *Lord Chancellor* gemeinsam mit einer Auswahlkommission. Ihr gehören der Präsident und der Vizepräsident des Gerichtshofs an sowie jeweils ein Mitglied der drei Richterauswahlkommissionen für England und Wales, für Schottland und für Nordirland.
Wählbar ist, wer mindestens zwei Jahre ein hohes gerichtliches Amt bekleidet oder 15 Jahre als Jurist gearbeitet hat. Die Auswahl hat nach Eignung zu erfolgen; dabei müssen im Gericht die verschiedenen Rechtsordnungen des Vereinigten Königreichs repräsentiert sein. Die Richter des Gerichtshofs werden auf Lebenszeit ernannt und bleiben bis zum 70. Lebensjahr im Amt. Durch übereinstimmenden Beschluss beider Kammern des Parlaments können sie allerdings schon vorher abberufen werden. Anders als die bisherigen Lordrichter werden sie nicht Mitglieder im *House of Lords*.

4. Überblick über den Gerichtsaufbau

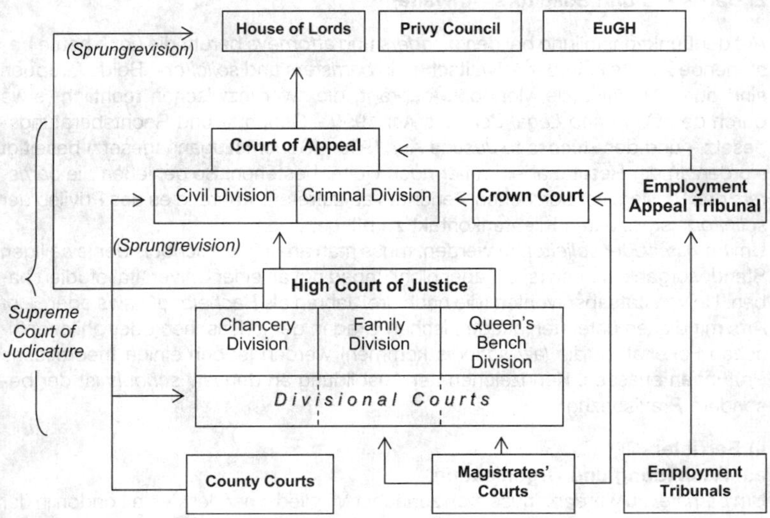

Die Pfeile weisen auf die Berufungs-/Revisionsinstanzen hin.

VII. Juristische Berufe

1. Geschichtliche Entwicklung

Die Gerichtsorganisation verdankt ihre Entstehung einem seit dem Mittelalter blühenden Berufsjuristenstand. Vorläufer der heutigen englischen Berufsjuristen wa-

ren zunächst die bereits erwähnten *itinerant justices*, die als Mitglieder des Kronrats *(curia regis)* am Hof Gericht *(bench)* hielten oder zu diesem Zweck im Land umherreisten. Von ihnen ging die Initiative aus, den Juristenstand als Beruf zu institutionalisieren. Dies erhellt, dass zunächst eine Professionalisierung der Richter stattfand, bevor eine solche der Anwälte folgte und sich schließlich Richter- und Anwaltschaft *(bench and bar)* seit dem 13. Jh. zu einem einheitlichen Berufsstand entwickelten.
Die ersten Rechtsanwälte und Richter entstammten dem Klerus, bis sich ein weltlicher Berufsstand bildete, der zur klaren Trennung und Klassifizierung der einzelnen juristischen Tätigkeiten führte. Diese Klassifizierung beruhte auf einer bereits im römischen Recht bestehenden Unterscheidung zwischen Rechtsberatern, die einer Person zur Seite standen und ihre Meinung vor Gericht *vertreten haben (advocatus)* und solchen, die für eine Person rechtsverbindliche *Erklärungen abgaben* oder *entgegennahmen (procurator)*, somit die Rolle der *Partei* einnahmen. Diese Funktionsteilung wurde in England übernommen, wo sie auf den *pleader* und den *attorney* übertragen wurde. Letzterer hatte u. a. die Aufgabe, für seine Klienten den Schriftverkehr zu erledigen, während dem *pleader* vornehmlich das Auftreten vor dem Gericht oblag.

2. Barristers und Solicitors (Anwälte)

Auf der Funktionsteilung bei den *pleaders* und *attorneys* beruht die noch heute bestehende Zweiteilung der Anwaltschaft in *barristers* und *solicitors*. Beide Gruppen sind durch traditionelle Monopole geprägt, die zwar inzwischen rechtlich (etwa durch den *Court and Legal Services Act 1990* – Gerichts- und Rechtsberatungsgesetz – und den *Access to Justice Act 1990* – Gerichtszugangsgesetz) beseitigt wurden, in der Realität aber immer noch weiter bestehen. So genießen die *barristers* das Privileg, vor den hohen Gerichten aufzutreten, während es das Privileg der *solicitors* ist, direkten Klientenkontakt zu pflegen.
Um *barrister* oder *solicitor* zu werden, muss man an den *law schools* der jeweiligen Standesorganisationen (s. u.), aber nicht unbedingt an einer Universität studiert haben. Universitätsabsolventen (die nach drei Jahren als *Bachelor of Laws* oder *... of Arts* mit diesen untersten akademischen Graden der juristischen oder philosophischen Fakultät an die *law schools* kommen) werden jedoch einige theoretische Prüfungen erlassen. Kennzeichen der Ausbildung an den *law schools* ist der besondere Praxisbezug.

a) Barristers

aa) Ausbildung und Organisation

Um *barrister* zu werden, muss man zunächst Mitglied einer der vier in London in der Nähe der *Royal Courts* befindlichen Innungshäuser *(Inns of Court: The Honourable Society of Lincoln's Inn, ... of the Inner Temple, ... of the Middle Temple* und *... of Gray's Inn)* werden.
Die Mitglieder der *Inns of Court* sind als Anwalt oder Richter praktizierende und angehende *barristers*.
Die Geschäftsführung der einzelnen *Inns* obliegt jeweils den *benchers*, älteren und erfahrenen *barristers*, die nicht gewählt werden, sondern sich durch Kooptation ergänzen und ihr Amt auf Lebenszeit ausüben. Zu ihren Aufgaben gehören insbesondere die Aufnahme von Studenten, die *barrister* werden wollen, sowie die Zu-

lassung *(calling to the bar)* der examinierten Studenten als *barrister* (*bar* = *ursprünglich* „Gerichtsschranke“, heute: „Anwaltschaft“).
Gemeinsame Einrichtungen aller *Inns* sind der *Council of Legal Education*, der die Ausbildung und Prüfungen der den *Inns* angehörenden Studenten organisiert, und der *General Council of the Bar* (kurz: *Bar Council)*, der die Standesinteressen der *barristers* nach außen vertritt sowie vorläufige Entscheidungen über Beschwerden gegen einen *barrister* (z. B. wegen Standespflichtverletzung) trifft. Erscheint eine Beschwerde begründet, wird sie dem *Senat of the Inns of Court and Bar*, der die Disziplinargewalt ausübt, vorgelegt. Gegen dessen Entscheidungen kann Berufung zum *High Court* eingelegt werden.
Um zum Studium an einem *Inn* zugelassen zu werden, muss ein Bewerber (gleich welcher Nationalität), eine umfassende Allgemeinbildung, Hochschulreife, einen untadeligen Charakter und guten Leumund vorweisen.
Während seiner dreijährigen Ausbildung muss ein Kandidat zwei umfassende Teilexamina vor dem *Council of Legal Education* ablegen, von denen das erste Teilexamen (theoretischer Teil) Universitätsabsolventen gewöhnlich erlassen wird (s.o.), während für das zweite Teilexamen (praktischer Teil = *Bar Vocational Course*) der Besuch bestimmter Lehrveranstaltungen an der von allen *Inns* gemeinsam getragenen (im *Grays' Inn* gelegenen) *Inns of Court School* Voraussetzung und Pflicht ist.
Lange Zeit gehörte zu den Voraussetzungen der Zulassung als *barrister* auch die mindestens 18-malige Teilnahme an feierlichen Pflichtessen (*dinners*) während sog. *dining terms*, die vier Mal jährlich stattfanden. Inzwischen ist die Teilnahme an diesen gemeinschaftlichen *dinners* aber nicht mehr Pflicht, sondern nur noch „Kür“, d. h., sie ist nicht mehr Prüfungsbestandteil und Zulassungsvoraussetzung. Nach der feierlichen Zulassung als *barrister* (*calling to the bar*) muss der junge *barrister* eine einjährige Einführung (*pupillage* = Lehrzeit) in der Praxis bei einem mindestens fünf Jahre erfahrenen *barrister* absolvieren, bevor er selbstständig praktizieren darf. Zur Erlangung von Richterämtern wird dann eine längere Zeit an *barrister*-Jahren verlangt, die je nach Rang des Gerichts zwischen 5 und 15 Jahren schwankt.

bb) Tätigkeitsbereich

Der Tätigkeitsbereich der *barristers* erstreckt sich in erster Linie auf die Advokatur, insbesondere bei den höheren Gerichten. Neben dem mündlichen Vortrag vor Gericht gehört zu ihren Aufgaben auch die Anfertigung von Schriftsätzen, Auskünften und Gutachten, namentlich in besonders grundlegenden und schwierigen Rechtsfällen. Ansonsten verwenden sie vor Gericht von *professional clients* (Berufskollegen), wie z. B. *arbitrators, solicitors* oder *accountants* (Schiedsrichter, Anwälte oder Wirtschaftsprüfer) angefertigte Schriftsätze. Diese werten sie aus und bringen ihre Auswertung und Rechtsmeinung in den Prozess ein.
Derzeit gibt es rund 10.000 *barristers* in England und Wales (von denen die meisten ihr Büro in London haben). Ihre Elite bilden auch heute noch die *Queen's Counsels* (ca. 10 %), aus denen überwiegend die Richter für die höheren Gerichte ausgewählt werden. *Q.C.'s* (so die Abkürzung) sind äußerlich daran zu erkennen, dass ihre Roben aus Seide sind (*he has taken silk*).
Da ihr hochentwickeltes Standesrecht den *barristers* lange Zeit eine direkte Kontaktaufnahme mit Mandanten untersagte, musste sich jeder, der einen Prozess von einem *barrister* führen lassen wollte, der Vermittlung durch einen *solicitor* bedienen. Aus diesem Grund war es für einen *barrister* sehr wichtig, gute Kontakte zu *solici-*

tor-Kanzleien zu halten, die ihm Mandanten zuführen konnten. Obwohl der *Bar Council* sich seit 1999 (vgl. schon oben *Access to Justice Act 1999*) um das unmittelbare Geschäft mit Mandanten (sog. *Bar Direct*) bemüht, hat sich an diesem traditionellen Zusammenwirken von *barristers* und *solicitors* noch nicht viel geändert.

b) Solicitors

aa) Ausbildung und Organisation

Auch die *solicitors* haben eine eigene Standesorganisation, die *Law Society* (vormals *Incorporated Law Society*), die 1826 entstand, nachdem bereits seit 1719 die Berufsausübung des *solicitors* in einigen Verordnungen und Statuten geregelt wurde. Die *Law Society,* deren Gebäude sich ebenfalls nahe bei den *Royal Courts* in London befindet, ist durch Gesetz befugt, mit Zustimmung des *Lord Chancellor* und anderer hoher Richter Regeln über Ausbildung und Zulassung der *solicitors* zu erlassen. Die Anstrengungen der *Law Society* (die durch einen besonderen Disziplinarausschuss eine weitgehende Standesgerichtsbarkeit ausübt), den Standard ihrer Mitglieder zu heben, trugen maßgeblich dazu bei, dem Beruf des *solicitor* seit dem 19. Jahrhundert zu ebensolchem Ansehen zu verhelfen, wie dem des *barrister.*

Die allgemeinen Zulassungsvoraussetzungen zum Eintritt in die *Law Society*, um sich als *solicitor* ausbilden zu lassen, ähneln zunächst denen der *barristers*: Hochschulreife wird verlangt, ein abgeschlossenes Universitätsstudium als *bachelor* nicht, aber honoriert.

Um *solicitor* zu werden, muss der Kandidat eine vier- bis fünfjährige Lehrzeit als *articled clerk* (Auszubildender/*articles* = Lehrvertrag) bei einem praktizierenden *solicitor* ableisten, parallel dazu die von der *Law Society* organisierten Lehrveranstaltungen besuchen und zwei Teilprüfungen bestehen, von denen der erste (theoretische) Teil Universitätsabsolventen erlassen wird. Nach erfolgreichem Examen und Erfüllung des Lehrvertrags, ersucht er den *Master of the Rolls* um Aufnahme in die von diesem verwaltete offizielle Liste der zugelassenen *solicitors* (*Supreme Court Roll of Solicitors*).

bb) Tätigkeitsbereich

Das Arbeitsfeld des *solicitors* ist vielschichtig und kaum umfassend darzustellen. Er pflegt direkten Kontakt mit seinen Mandanten und steht ihnen persönlich als juristischer Berater zur Seite. Der *solicitor* bereitet für seine Partei den Prozess vor, vertritt diese vor den unteren Gerichten (*magistrates' courts* und *county courts*) und vermittelt den Verkehr der Partei mit einem *barrister*, sofern für den Fall der *High Court* oder höhere Gerichte zuständig sind. Darüber hinaus ist die Tätigkeit des *solicitors* teilweise mit der eines Notars vergleichbar: Er führt Grundstücks- (*conveyancing*) sowie *trust*-Geschäfte durch, entwirft letztwillige Verfügungen und übernimmt Nachlassverwaltungen. Dazu kommen die Betreuung bei Vertragsabschlüssen und die Beratung in steuer-, wettbewerbs-, versicherungs- sowie gesellschaftsrechtlichen Angelegenheiten. Dabei machen die lukrativen Grundstücksgeschäfte mehr als 50 % der Gesamteinnahmen aus.

Zurzeit gibt es in England und Wales rund 100.000 *solicitors*, etwa 25 % davon stehen in festen Arbeitsverhältnissen bei Wirtschaftsunternehmen, größeren *solicitor*-Kanzleien oder Verwaltungsbehörden; der Rest, von denen rund 70 % in Sozietäten mit anderen *solicitors* arbeiten, ist selbstständig.

Die Arbeiten des *solicitors* sind keineswegs als „juristische Kleinarbeit" zu betrachten, wie vielleicht vormals die des *attorney*, und der soziale Unterschied zwischen *barrister* und *solicitor*, wie er in früherer Zeit zwischen *pleader* und *attorney* bestanden hatte, ist heute einer gegenseitigen Anerkennung und Achtung gewichen, welche im Übrigen wegen der oben erwähnten Klientenvermittlung unumgänglich war.
Die grundsätzliche strikte Aufgabentrennung von *solicitors* und *barristers* wurde zwar durch den *Legal Service Act 1990* und den *Access to Justice Act 1999* rechtlich aufgehoben, doch ist sie tatsächlich, wie bereits erwähnt, noch weit verbreitet. Wenngleich das „soziale" und wissenschaftliche Ansehen der *solicitors* gegenüber dem der *barristers* grundsätzlich etwas geringer anzusiedeln ist, darf dabei nicht übersehen werden, dass es nicht wenige erfolgreiche *solicitors* gibt, die in ihrer eigenen Kanzlei (bisweilen als *law firm* bezeichnet) mit 50 oder mehr Partnern (= Sozien) arbeiten und unzähligen angestellten, ausgebildeten Rechtsanwälten (inklusive einiger *barristers*!) ein Arbeitnehmergehalt zahlen!
Solicitors mit außergewöhnlichen Verdiensten können auch *Queen's Counsel* werden, was allerdings im Vergleich zu *barristers* sehr selten vorkommt, so etwa 1997, als 68 neue „*Q.C.'s*" von der *Queen* ernannt wurden, darunter zwei *solicitors* (jeweils Inhaber einer großen *law firm*).

3. Richter (Judges)

a) Herkunft und Institution

In Deutschland kann man Richter werden, wenn man sich nach (möglichst gut) bestandenem zweiten juristischen Staatsexamen erfolgreich um eine Richterstellung bewirbt. Eine besondere Praxiserfahrung wird nicht verlangt.
Anders im englischen Rechtssystem: Abgesehen von den ehrenamtlich tätigen *Justices of the Peace* an den *magistrates' courts*, kann Richter nur der werden, der eine langjährige Praxis als *barrister* (oder auch als *solicitor*) nachweisen kann und als solcher hohes Ansehen erworben hat.

b) Tätigkeitsbereich und Aufgaben

Aufgabe des Richters ist nicht die Leitung des gerichtlichen Verfahrens, so wie es aus Rechtsordnungen des Kontinents bekannt ist; denn diese obliegt im englischen Prozess den *barristers*. Sie müssen in ihrem Vortrag auf jedmöglichen Präzedenzfall hinweisen, dem ein ähnlicher Tatbestand zugrunde lag. Die Funktion des Richters erschöpft sich darin, zu hören, was ihm von den *barristers* vorgetragen wird und dieses rechtlich zu würdigen; nicht aber hat er selbst die Wahrheit zu ermitteln. *Lord Denning* drückte die Erwartungen, die an den guten englischen Richter u. a. gestellt werden (in *Jones v National Coal Board 1957*), folgendermaßen aus: „*In our law … the judge is not allowed to call a witness whom he thinks might throw some light on the facts. He must rest content with the witnesses called by the parties… Lord Bacon spoke right when he said that patience and gravity of hearings is an essential part of justice and an overspeaking judge is a no well-tuned cymbal.*" Zu Deutsch: „In unserem Recht … ist es dem Richter nicht erlaubt, einen Zeugen anzurufen, von dem er Aufklärung des Sachverhalts erwartet. Er muss sich mit den Zeugen zufrieden geben, die von den Parteien aufgerufen werden… *Lord Bacon* entschied richtig, als er sagte, dass Geduld und Würde des Zuhörens ein wesentlicher

Teil der Gerechtigkeit sind und ein Richter, der zuviel redet, ist wie ein schlecht gestimmtes Becken (= Schlaginstrument)."

4. Andere Juristenberufe

Der *Attorney-General* (Kronanwalt) berät die Krone in Rechtsfragen und tritt für die Krone als Ankläger in besonders wichtigen Strafprozessen auf. Er ist Mitglied des *House of Commons* und regelmäßig *barrister* mit hoher Reputation. Gleiches gilt für den *Solicitor-General* (zweiter Kronanwalt), den Stellvertreter des *Attorney-General*. Beide gehören der Regierungspartei im Parlament an, werden vom Premierminister ernannt und müssen ihr Amt niederlegen, wenn die Regierung wechselt.

Einführende Literatur

Adams & Brownsword, Understanding Law, 4. Aufl. 2006
Darbyshire, Nutshells, English Legal System, 7. Aufl. 2007
Wörlen, Introduction to English Civil Law – for German Speaking Lawyers and Law Students, Vol. 1, 4. Aufl. 2007; Vol. 2, 3. Aufl. 2005

INTRODUCTION TO THE ENGLISH LEGAL SYSTEM

by Professor Dr. iur. Rainer Wörlen

Translation from German by Laura Jane Schneider
revised by Stuart G. Bugg, B.A, LL.B. (Hons), M. Jur (Dist.), Barrister (NZ), Solicitor (England and Wales)

Contents

Preliminary Note

It is often quite difficult to grasp the curious fascination, which is awakened in continental lawyers upon coming into contact with English common law. One of the reasons may very well be the radical difference between common law and continental jurisdictions, which does not only originate from the formality of English judges and lawyers (*barristers; cf. VII*) wearing wigs to court.

In appearance alone, common law differs from continental jurisdictions e.g. also in using a case-based approach to determining the applicable law in contrast to the continental jurisdictions, which use a statutory approach (still, common law acknowledges statutes, but without naming them as such). Common law is predominantly case law: a barrister appearing at court will not cite "according to § … [he or she does not even know the meaning of the symbol] has to be decided that …", but he or she will instead refer to a case like this: "As *Lord Atkin* opined in *Donoghue v Stevenson* in 1932 we have to be considerate of the neighbour by applying the reasonable person standard." Therefore, the rulings of common law judges are to a lesser extend based on articles or paragraphs, but are instead predominantly based on precedents, which are cited by the plaintiffs' and defendants' name.

Graf von Bernstorff gives factual and correct reasoning for the increasing importance of common law in his preliminary notes within his "Introduction to the common law":
>> The common law is of great importance to internationally operating companies and lawyers as well as to students learning comparative law. The world's most renowned financial centres are based in common law jurisdictions. The *Commonwealth* countries still comply with the basic principles of common law ... International treaties and contracts are frequently subject to English law. Foreign commerce predominantly operates on the basis of English law. In short: practical experience will show the need for dealing with common law ...
More than 1,5 billion people inhabit the Commonwealth nations nowadays, thus one out of every four people on earth are subject to common law, which ... is supposed to be the world's most important legal system. <<
Strictly speaking, only English and Welsh law make up the common law, as the common law is not the law of the United Kingdom or Great Britain: both Scotland and Northern Ireland are subject to their own legal systems, albeit accepting the *House of Lords* in London as their Supreme Court. Constitutional reform laws in 2005 transferred the legal functions of the *House of Lords* to a newly-developed court (*Supreme Court of the United Kingdom*) which will convene for the first time in autumn 2009.

I. On the History of English law

The English common law legal system is unlike any other closely linked with its historic roots. English common law evolved self-contained and is contrary to the evolution of the Roman-German legal system, which was affected by the 'reception of Latin law' (*cf.* e.g. *Schildt*, JURA 2003, 450 *et. seq.*) with its climax during the 15th century.
The history of English law can be distributed to **four grand periods** according to René Davi ("Les grands systèmes de droit contemporains"):

(1) The **"Anglo-Saxon" period** from the end of the **fifth century until** the Norman Conquest of **1066.**
During this time, the Angles (from Germany), Saxons and Jutes brought along their individual laws and customs and ultimately began to lay down their laws during the seventh century. The distinguishing mark of this period was the **fragmentation of law.**

(2) **From 1066 till the takeover of power by the Tudor-dynasty in 1485.**
This period of time was affected by the evolution of the common law, which suppressed the local laws and customs.

(3) The **equitable jurisdiction** and the conflict between *equity* and *common law* was the focus of the third period from **1485–1832**.

(4) The fourth and so-called **"modern" period** lasts **from 1832 up until the present date.**
This period has been dominated by a brisk legislation of statute law, which began with a **radical reform of procedural law** and was at its peak with the *Judicature Acts of 1873–1875*, which led to drastic **changes in the constitution of the courts** and the corresponding laws. Recently, there has been an additional reform of procedural law through the so-called *Woolf Reforms* of

1998 (named after its initiator Lord Woolf, a *Master of the Rolls*, i.e. chief judge of the *Court of Appeals*). As a result of the harmonisation of the law by European directives there is currently an increasing tendency to codify existing legal principles. This applies not only to areas of consumer protection but also, for example, to criminal law, so as to take into account the need for certainty and the principle of statutory reservation whereby rights may only be limited by specific statute.

1. Common Law

a) *Itinerant Justices*

In the broadest meaning of the term, common law has been practised since 1066 ("The Norman Conquest" – see above) by so-called *itinerant justices* who enforced it throughout England. *Appeals* against rulings made by the *itinerant justices* went to the *King's Council* with the participation of the *Chancellor*.

b) The *Common Law Courts*

In the twelfth and thirteenth century, **three King's Courts** with their respective jurisdictions emerged out of the *King's Council*, all of which resided **in Westminster**: The *Court of Exchequer* (a court for all matters financial), *the Court of Common Pleas* (a court for general civil cases between citizens) and the *King's Bench* (which mainly dealt with criminal cases). After a short period though, the three different jurisdictions were merged and all judges of the Westminster courts were then given jurisdiction to decide upon any given case subject to Royal jurisdiction. These judges created the actual *common law* by deciding their cases. These *Common Law Court* judges based their legal rules mainly on the so-called *writ system*.

c) The System of Writs

As a user of this dictionary, you will be aware that *to write* means "schreiben" in German. *Written* means "geschrieben"; a *writ* (Latin: *breve*) is a formulary *judicial order in writing*.

According to ancient common law, a plaintiff had only one chance to initiate a trail. He had to have a special *writ* issued by the *Royal chancery* and signed with the *Great Seal* of the *Chancellor* acting in the King's name. Within a *writ* (which was issued in Latin), the King would e.g. command a *Lord of the Monar* or a *sheriff* of a county or a defendant, to comply with the given orders of the *writ*. If the defendant did not follow the orders (e.g. to clear his debts with the plaintiff), the addressee (e.g. the *sheriff*) was obliged to take the defendant (and the *writ*) to court at Westminster within 14 days. Given that the facts of cases often resembled those of other cases, the originally unique *writs* were gradually standardised, which meant that formulary standardised *writs* were devised for similar facts of cases. Examples include *writ* … (judicial order …) *of right* (for an identification of property rights), … *of debt* (… for clearing debts), … *of trespass* (… for breach of property rights or battery or damage to property) or … *of detinue* (for withholding property). Thus, a *register of writs* with 56 accredited had already been formed until the middle of the thirteenth century. For this reason, the Royal Court's jurisdiction was strengthened in a way that led to resistance from the local *earls and barons*. As a result of this, the *Provisions of Oxford* from 1258 specified that the *Chancellor* was allowed to issue new *writ* forms only with approval of the whole *King's Council* (*curia regis*, see above). It seemed though, that this limitation had been widely lifted through the *Statute of Westminster II* of 1285. According to this statute, the *Chancellor* was given authority to issue new *writs*, if a case of sufficient alikeness (*in consimili casu*) was not wholly covered by a former *writ*. Still, the ultimate decision if a *writ* entitled to a claim or not or if it was a "valid" *writ* or not resided with the *Common Law Court* judges. If a *writ* was considered to be invalid, the *writ* was indeed worthless for the plaintiff. When the judges had to decide upon the allowance of a claim based on a *writ*, they often took into account the traditional, sometimes inflexible *common law* principles. This process of decision making regularly caused tough and unjust decisions and ultimately resulted in the *Equity*-adjudication.

2. Equity

a) Meaning

The term *equity* (Latin *aequitas* = equitableness, proportion) is sometimes mistaken insofar as it is seen as being beyond law (and statutes).
However, when an English lawyer uses the terms *law* (in a sense of "justice") as well as *equity*, this does not imply *equity* not being related to *law*. Rather, those are different parts of law; *common law* on the one hand and *equity* on the other hand, in both of which lawful rulings are made.

b) General Principles of Equity

As *common law* was limited both in scope and flexibility it sometimes led to unreasonably hard and unfair rulings. Therefore, citizens began petitioning the King personally (Edward III – 1327–1377 – was the first to experience this) from the 14th century onwards in order to express their frustration with rulings of the Royal courts: *for the love of God and in the way of charity.*
Those petitions were regularly submitted to the *Chancellor*, who was the King's confessor and *keeper of the King's conscience*. His *chancery* was situated opposite to the *Common Law Courts* at *Westminster Hall*. The *Chancellor* himself had originally not been a judge, but – like the famous legal historian *Maitland* put it – *the King's secretary of state for all departments*. He referred those petitions to the King that he thought to be appropriate and a final decision was then taken by the King and his counsellors at the *King's Council*. Those decisions were more concerned with a fair result, the *equity*, than with rigid principles of law, therefore often diverging from *common law*. Likewise, the equity-adjudication can be compared to the German adjudication of "utmost good faith" according to § 242 BGB.
In the 17th century, the *Court of Chancery* arose as a separate court in addition to the three Royal *Common Law Courts*. The *Lord Chancellor* presided as Chief Justice and was now a judge instead of a mere confessor. As *Common Law Courts* and the *Court of Chancery* adhered to different principles of law – respectively *common law* and *equity* –, inevitably conflicts had to arise, which found their peak in the *Earl of Oxford's Case* of *1616*. In this matter, King *James I* (1603–1625) ordered *Lord Chief Justice Edward Coke* and *Lord Chancellor Ellesmere* as representatives respectively of *common law* and *equity* to bring the dispute before *Sir Francis Bacon*, the *attorney-general*. Upon the recommendation of *Bacon*, *James I* decided that **in cases in which there was a conflict between the rules of *common law* and *equity***, the courts should order that **the rules of *equity* prevail**. This led to the foundation of one of the most important **general principles of equity**:

(1) *Equity shall prevail*.

Further examples of general principles of equity-adjudication include:

(2) *Equity will not suffer a wrong to be without a remedy*.

(3) *Equity follows the law*, which indicates, that equity does not suppress common law, but provides additional legal protection.

(4) *He or she who seeks equity must do equity* and *he or she who comes to equity must come with clean hands* respectively, which expresses that someone who seeks protection through equity has to abide by the law and equity himself or herself.

(5) *Equity acts in personam* mean that the proceedings before equity court refer to a certain person seeking protection and not to a thing or property.

3. The Rapprochement of Common Law and Equity

Equity shall prevail and *equity follows the law* clarify as general principles the rapprochement of *common law* and *equity*: equity rulings may not contradict *common law*, but shall provide an additional and corrective legal protection for those fields of law, in which *common law* would lead to unjust solutions.

Moreover, in the course of time separate jurisdictions had been established to ease the coexistence of common law and equity. *Common Law Courts* held jurisdictions especially for law of contracts and obligations, liability law, commercial law and international private law. In contrast, the *Court of Chancery* held the competency of court *in equity* for law of property, law of trusts, family law and law of succession, company law and bankruptcy law.

The dispute between the *Common Law Courts* applying *common law* and the equity-adjudication of the *Court of Chancery* was resolved by the *Judicature Acts of 1873–1875* [*cf.* above I (4)]. The *Common Law Courts* and the *Equity Court of Chancery* were amalgamated, and although the dualistic structure of English law remained intact, from then on every court had the jurisdiction to apply both *common law* and *equity*. The *Judicature Acts* effective upon 1st November 1875 established the *High Court of Justice of England*, which was subordinate to the *House of Lords* and the *Court of Appeal*, and abrogated the three *Common Law Courts* and the *Court of Chancery*. The *High Court* (its short form) was initially split up into five *divisions*:

(1) *Queen's*[1] *(King's) Bench Division*

(2) *Chancery Division*

(3) *Common Pleas Division*

(4) *Exchequer Division*

(5) *Probate, Divorce and Admiralty Division.*

The *Judicature Acts* also established a Royal authority to conduct reorganisations. In 1881 an *Order of Council* acted upon this authority to merge the *Common Pleas*- and *Exchequer Division* into the *Queen's Bench Division*. Further, the *Administration of Justice Act 1970* substituted the *Probate, Divorce and Admiralty Division* for a new *Family Division*. Since 1875 the *High Court* and the *Court of Appeal* make up the *Supreme Court of Judicature* (for details concerning the sequence of courts see below VI).

---

[1] Since 1837 Queen Victoria (1819–1901)

In this context, the *Judicature Acts* may have had another important consequence besides the reorganisation of courts and their jurisdictions. Most notably, it was the rapprochement of *common law* and *equity*: the *Judicature Acts* established for all divisions of the *Supreme Court* to necessarily apply both *common law and equity* in their rulings. To this day, nothing has been fundamentally changed about the dualistic structure and the precedence of *equity*: where equity and law conflicted, the Judicature Acts established a variety of individual provisions as well as a general clause: Every court exercising jurisdiction in England and Wales in any civil cause or matter shall continue to administer law and equity on the basis that, wherever there is any conflict or variance between the rules of *equity* and the rules of *common law* with reference to the same matter, *the rules of equity shall prevail*.

II. Classification and Sources of English Law

1. Private Law and Public Law

Simply put, private law regulates the legal rights and obligations between peer individuals. On this basis, private law covers all kinds of fields of civil law, which deal with peer individuals (even the state can be subject to private law e.g. as an exchequer), e.g. the law of contracts and the law of torts.
In contrast, public law regulates legal relations based on superiority or inferiority between individuals and the state and between sovereign representatives themselves. Public law includes e.g. constitutional law, administrative law and criminal law. There are no disparities between English and German law concerning this distinction.

2. Sources of English Law

English law is based on four kinds of legal sources: case law with its precedents, statute law, customs and books of authority.

a) Case Law and Precedents

The court's adjudication plays as a matter or principle only a secondary role in German law and other legal jurisdictions based on Roman-German origin. Instead, the law is predominantly derived from statutory law, like e.g. the ancient *Codex Justinianus* (543), later on e.g. the *Code Civil* from 1804, the German Civil Code from 1900 and similar comprehensive statutes. Quite contrary to England, where *common law* has been created by the three Royal courts at Westminster and *equity* was formed at the *Court of Chancery*. English law is case law, which grows from case to case. As already mentioned beforehand, cases are cited by the parties' names, i.e. the name of the *plaintiff* (since 1 April 1999 – *cf. Woolf reform* – called *claimant*) and the name of the *defendant* as well as the year of the decision, like e.g. *Donoghue v Stevenson (1932)*. The "v" in the name of the case stands for *versus*, which is pronounced as *against* or *and*. Even today there happen to be citations of very old cases, e.g. *Abbots Ripton v Can (1376)*, as English law is closely connected to its history. Cases including "the Crown" as plaintiff of the case (predominantly in criminal cases) are cited e.g. as *R. v Mc Naughten (1843)*, with the "R" representing *regina* or *rex* (Latin for queen/king) respectively. From the 13th century onwards, rulings have been assembled into *Year Books* or later on into *Law Reports*, as e.g. *The English Law Reports* (abbr. E.R.) or the *Weekly Law Reports (W.L.R.)*. Prior decisions of superior courts are as *judicial precedents* basically binding for *inferior courts*. If a judge of an *inferior court* deviates from a ruling of a *superior court*, his ruling will be in danger of being *overruled or reversed* by a *superior court* in case of a parties' appeal. According to the *doctrine of stare decisis* (Latin for "stand by a decision"; now called *doctrine* or *rule of binding precedent*) the *rationes decidendi* (the most important reasons for a ruling) are *absolutely binding*, whilst the *obiter dicta* (secondary reasons) are not categorically binding but serve as a *persuasive authority* instead.

b) Legislation / Statute Law

In English law, statute law is only of secondary importance after case law, although it must be stated that in cases of any conflict statute law will prevail over common law. *Statutes* are legislated by an *Act of Parliament*; *statutory instruments* are legislated within the scope of *delegated legislation* by the administration or – in case they deal with court proceedings – by the *Rule Committee* of the *Supreme Court of Judicature* (cf. court structure, below VI). *Delegated legislation* also includes the statutory instruments of the *Privy Council* (cf. also VI below), the so-called "*Orders in Council*".

English parliament consists of "three parts": the Crown (presently: *the Queen*), the *House of Lords* (upper house) and the *House of Commons* (lower house).

Acts of Parliament are regularly legislated as a result of a *Bill* (a draft of a law), which might be brought in as a *Public Bill* or a *Private Bill*. *Public Bills* may either be *Government Bills* or *Private Members' Bills* and are therefore proposed by the Government or Members of Parliament respectively. In contrast, Private Bills are proposed by private individuals or a group of individuals. A *bill* will go through five stages in legislative procedures at the *House of Commons* and at the *House of Lords* (first and second reading, consideration by committee, consideration by the House, third reading). Finally, the *bill* will be presented to the Sovereign (the Queen), who will grant the *Royal Assent* and thus make the bill a law. It is a basic principle of English law that legislation can only be executed *by the Queen in Parliament*. Once an *Act of Parliament* has become effective, it has to be used and, as the case may be, interpreted by the courts as a source of law. The following rules are to be obeyed during the *interpretation of statutes*:

(1) The *literal rule* means the interpretation of Acts purely according to the literal, ordinary and natural meaning of the words. If adhering to the ordinary sense of the words would lead to absurdity, the *literal rule* may be corrected by the

(2) *Golden rule*. The ordinary sense of the words may be modified to avoid the absurdity but no further.

(3) According to the *mischief rule* (known since 1584 also as *the rule in Heydon's case*) the Act is to be interpreted congruent with its historic purpose.

(4) Finally, the *eiusdem generis rule/of the same genus rule* means that general terms following after special terms are to be interpreted in terms of the latter.

According to the *Road Traffic Act of 1930* e.g. the expression "traffic sign" includes "all signals, warning sign posts, direction posts, signs, or other devices for the guidance or direction of persons using roads". Someone crossing a permanent white line on a street in order to overhaul, was not guilty of disregard of traffic signs, but conducted a criminal offence; a white line on the street is not an "other device" as stated by the *Road Traffic Act* [*cf. Evans v Cross* (1938)].

c) Custom

Custom is of relatively minor importance when compared to case law and statutory law. A custom is only binding when such has been applied *since time immemorial*. Customs can be distinguished as *general and mercantile custom and usage*, *local custom* and *conventional custom*.

General and especially *mercantile custom* has found its way into case law and statutory law and is binding according to the *doctrine of precedent*. Many *mercantile customs* for example, had originally found their way into the *Sale of Goods Act of 1893*. Whether a custom is binding due to its standing *since time immemorial*, has to be answered in particular concerning *local customs*. *Local custom* has to meet the following conditions, if it may be binding: (1) it may not be unreasonable, (2) it has to be certain, i.e. it must have been proved, that it had been practised by a specific group of individuals (3) *since time immemorial*.

Mercer v Denne (1904) is a famous example for the standing of local custom. Due to local custom, the fishermen of *Walmer* were given the right to dry out their nets on a specific beach.

In contrast, *conventional custom* may not be given any legal effect as a matter of principle.

d) Books of Authority

In contrast to continental jurisdictions, the importance of books of authority as a means to persuade judges of a certain legal opinion is marginal. There used to be a rule in Britain, that books written by an author still alive were not accepted as an "authority". If a barrister wanted to cite a book or even a scholarly paper as a record for his legal reasoning, he would have had to ask the judge for admission of the author's reasoning as his own reasoning. This may have changed slightly in recent times; still though, only those authors are considered to be "authorities", which have a decent standing in legal history. Most outstanding are three authors with their respective publications:

(1) *Henry de Bracton's "De legibus et consuetudinibus regni Angliae"* (About the laws and customs of England's sovereigns), ca. 1250;

(2) *Sir Edward Coke's "Institutes of the Laws of England"*, published 1628 – 1644 and

(3) *Sir William Blackstone's "Commentaries of the Laws of England"*, which explains the law (1765 – 1769) during the bloom of *common law*.

III. Private Law

Upon comparing English private law with the German private law, some similarities of the contents can be determined – apart from the fact, that there is no codification of English *civil law*, as it is essentially based upon *common law* and *equity*. Even thought several fields of private law are amalgamated within the general *common law*, there are separate scholarly books for general *civil law*, *commercial law* and *employment law*. Moreover, there is also particular consideration of *company law*.

1. General Civil Law

Based on the structure of the German Civil Code ("Bürgerliches Gesetzbuch" – BGB – although there are no counterparts to the "General Part" and the "General

Part of Contract Law"), English civil law can be divided into similar parts like the five books of the BGB: *Persons in law*, *law of contract* and *law of torts*, *law of property*, *family law* and *law of succession*. The *law of trusts* takes an exceptional position within the law of property.

a) Persons in Law

There are no drastic differences within the German and English laws concerning the persons in law, which would justify a special accentuation within this text.

b) Law of Contract

In contrast, there are quite some differences concerning contract law, which predominantly grew out of *common law*. *Common law* did at all times not know the notion of *offer and acceptance* being two corresponding declarations of intent as a means to establish an effective contract between the parties. English contract law focuses on the "*doctrine of consideration*". According to this doctrine, there is only a valid contract (performance of which could in the middle ages only be called for with an adequate *writ*, – see above I, 1c –, for example *writ of debt* or *writ of covenant*) when there exists a present, effective, but not necessarily equivalent *consideration* corresponding to the contractual obligation: the basic rule is *consideration must not be past*.
Example: A buys a bicycle from B, pays him 200 £ and B warrants A, that the bicycle is free from defects. If B then delivers the bicycle with defects, A will not have any guarantee rights against B, as the contract itself is unenforceable due to missing consideration. The consideration from A was past and the warrant was given after the contract had been entered into [see for a similar case *Roscorla v Thomas (1842)*].
The basic principle *consideration must move from the promisee*, which was based on the obsolete *privity of contract* theory, had prevented a contract for the benefit of a third party for a long time. After all, the *Contracts (Right of Third Parties) Act of 1999* corrected this unpleasant consequence of the *doctrine of consideration* and privity of contract theory to a large extent.
This basic principle of the consideration theory ("no valid contract without present, effective, but not necessarily equivalent consideration") applies only to *simple contracts*, which are either oral or in writing.
Corresponding approximately to German contracts certified by a notary public, "*contracts made by deed*" are valid even without consideration.
Contract law is also increasingly subject to written laws. The legal basis for defect liability are, for example, in addition to any contractual provisions, regulated by ss. 13 to 15 *Sale of Goods Act (SGA) 1979*. These provisions grant the purchaser statutory warranties in relation to the vendor if the supplied goods are not of "satisfactory quality" as described in detail in s. 14 SGA.
Contract law is also subject to increasing European influence. In this regard, the *Sale and Supply of Goods to Consumers Regulations 2002*, which implemented the *Consumer Purchase Directive* (Directive 1999/44/EC on certain aspects of the sale of consumer goods) into English law should be mentioned.

c) Law of Torts

The English *law of torts* differs from German law in so far, as the act of committing a tort can not only result in *damages*, but can also result in claims for return or restraint by the injured party.

This difference is due to the different meanings of the term *tort*. *Tort* may very well be translated with “offence, unlawful act”, but vice versa the term “unlawful act” (“unerlaubte Handlung” in German) is also often given in English-German legal dictionaries as a translation of trespass besides the other regular translations of trespass. For *torts* being *trespass*, it has to be distinguished between *trespass... to a person*, *... to goods* and *... to land*. *Trespass to a person* can either be *assault*, *battery* or *false imprisonment*. Possible penalties against the tortfeasor include *damages*, *injunction* or *forcible ejection*.
Other *torts* include *nuisance*, *negligence* (a separate form of a *tort*, contrary to just being a level of fault, committed through violation of a duty to take care) as well as *defamation* in the form of either *libel* (defamation in writing) or *slander* (oral defamation).

In connection with the liability for *negligence* as an independent *tort*, one has to take a look at the most famous case *Donoghue v Stevenson (1932)*. This case is supposed to have happened in the Scottish town of Paisley, which is why it is also known as *The Paisley Snail* case:
Mrs. *Donoghue* was drinking ginger beer out of a bottle made of dark opaque glass at a Paisley café, when suddenly the decomposed parts of a snail floated out of the bottle, causing her to suffer from shock and severe gastro-enteritis. She sought to recover damages not from the café’s owner, but from the manufacturer (*Stevenson*) of the ginger beer. The *House of Lords* concluded that (simply put) the manufacturer had violated a duty of care for the consumer and was therefore liable as a matter of principle. Every person in law shall take care not to harm one’s neighbour in law. *Lord Atkin* then posed a famous question: *Who then in law is my neighbour*? Which he then proceeded to answer as follows: “The answer seems to be persons who are so closely and directly affected by my act that I ought reasonably to have them in contemplation as being so affected when I am directing my mind to the acts or omissions which are called in question...” The ruling of *Donoghue v Stevenson* is still seen as a milestone on the way to *product liability*.

Liability in tort law is fundamentally also correlated to the level of fault, which means that liability exists for both *intentional* and *negligent* conduct. As an exception, *strict liability* existing independently of fault may be imposed in case there is a legal duty to maintain safety: “The rule is a fairly simple concept which imposes strict liability on a land owner who allows a dangerous substance or activity to escape on to the land of another person.” This is the essence of *Justice Blackburn’s* ruling in the famous case of *Rylands v Fletcher (1868)*, in which a land owner was held strictly liable for water flooding his neighbour’s land without his own fault.
Under English law, the conduct of vicarious agents is subject to the principles of *vicarious liability*.

d) Law of Property
Just like in other parts of the *civil law*, there is no single statute summarising all legal principles concerning the *law of property*. “*Property*” has several meanings in German, among which are e.g. “*Eigentum*”, “*Vermögen*”, “*Grundstück*”, “*Landbesitz*”, “*Vermögensrecht*”. In order to pay tribute to the characteristics of property, it may be most properly translated with “*Vermögensrecht*”. It has to be differentiated though between *real property* and *personal property*. The former refers only to the ownership but not to any other rights over property while the latter refers to

personal property (movable property) as well as to rights on property limited in time, like e.g. *lease*. In a manner rather similar to the German property law, there is a distinction between *ownership* and *possession*.

Ownership is an all-inclusive right to *corporeals* or *incorporeals*. At least theoretically, all rights to real estate belong to the Crown, so there is no absolute right of a person to any real estate under English law. Instead there is a variety of different usufructuary rights, like e.g. the aforementioned *leasehold* (limited to a maximum of 999 years) or the *freehold (estate)*, which is a life interest on real estate and is the most similar of all to the German all-inclusive right on property. Under English law there is also no cadastral register. Rights to real estate are therefore set in *deeds* and in *land registers*, which are organised chronologically. Nevertheless, English law does not know any legal obligation to register property, and this results in real estate either being *registered land* or *unregistered land*. Any security interest in *unregistered land* can therefore be proven only by way of deed.

Possession refers to both *physical control without legal possession* (an often used – e.g. in *Smith & Keenan's* – example is the baggage porter) and *physical control with legal possession* (e.g.: a lawfully possessed book) as well as to *legal possession without actual physical control* (e.g. as a lender of a book). The rules of possession have no major differences to those of German law.

e) Law of Trusts

The *trust* is one of the most distinctive features of English law, and the law of trusts involves a typically English set of legal rules which had already evolved by the 12th and 13th centuries. The law of trusts with its unique features cannot be found in any continental jurisdiction.

A *trust* is a legal relationship based on *equity* between the *trustee* and the *beneficiary*, which is used by the *trustee* to govern the assets (especially real estate) assigned by the *trustor* or *settlor* to the trust for the benefit of the beneficiary. Whilst the beneficiary becomes *equitable owner* of the assets, the trustee still is the *legal owner* of all assets. The assignment of assets to the beneficiary can be performed with either a legal transaction (when still alive) or with a testamentary disposition. The trustee is then as legal owner obliged to govern the assets *in equity* for the benefit of the beneficiary or the beneficiaries.

f) Family Law

English family law is affected by a multitude of *acts*, such as, for example *Divorce Reform Act of 1969*, *Matrimonial Causes Act of 1973*, *Children Act of 1989* and *Family Law Act of 1996*. It is to a much greater extent *statutory law* than *case law*, which can easily be explained by the rapid and progressive development and the advances of the 20th century. *Statutory law* could keep pace with these developments much more easily than traditional *common law*. Since 1970 *matrimonial law* has considered an engagement without *consideration* as a valid contract, leading to a corresponding application of statutory matrimonial law in cases of conflicts. In order for a marriage ceremony to be valid, *capacity* among both parties is necessary and this means that the parties must be of majority and not currently married. An invalid marriage is either *void* or *voidable*. The *Matrimonial Causes Act of 1973* establishes jurisdiction for divorces with the *High Court of Justice (Family Division)* and at *designated county courts*. In addition to the *Matrimonial Causes Act of 1973*, material parts of divorce law are also contained within the *Family Law Act of 1996*. Besides these acts, recent *case law* is of great importance, as it has been based on these *acts* and continually developed the matrimonial property law.

g) Law of Succession

Just like family law, the English law of succession has been greatly impacted by *statute law*. It can be subdivided into three particular fields: the *testate succession*, the *administration of estates* and finally the *law of succession* as the actual statutory law of succession. In comparison to the German law there are no severe differences concerning the testamentary capacity and the legal succession.

Every person of full age who is contractually capable possesses the testamentary capacity. Details are given in great length within the *Wills Act of 1837*, which was recently modified by the *Administration of Justice Act of 1982*. *Devises*, *legacies* and *bequests* form the group of testamentary dispositions. Striking differences to the German law exist though concerning the administration of estates, which distinguishes between the *administration* of an estate and its *distribution*: the rights to the testator's estate are not automatically vested in the heirs, but are instead vested in a testamentary *executor* or in an *administrator* appointed by court. Both have the status of a *trustee* (*cf.* above III, 1 e) but an *executor* will only act upon receipt of a *probate* and an *administrator* will have to wait until the receipt of a *letter of administration* from court. Administration of estates initially includes fulfilment of legacy obligations. After those are fulfilled, the remains of the estate are distributed among the *beneficiaries*.

2. Commercial and Company Law

a) Commercial Law

In contrast to the German law, English commercial law is not meant to be a special civil law for merchants. *Commercial law* or *mercantile law* instead describes a set of legal rules which are of general importance to merchants or business in general. English commercial law had in former times been widely integrated within the *common law* as part of the general civil law and has only been amended since the 19th century by a series of acts. Those acts dealt in detail especially with the sale of goods (e.g. *Sale of Goods Acts 1893 and 1979*), with securities (e.g. *Securities Act 1993*, *Bills of Exchange Act 1882*, *Cheques Acts 1957 and 1992*), with insurance law (*Insurance Act 1990*) and most notably with *commercial agent law*. The latter had been pure case law until the end of 1993 when it was changed during the implementation of an EC-directive [86/653 EEC] concerning the commercial agents law by the *Commercial Agents (Council Directive) Regulation 1993*. Specific provisions concerning the commercial sale or commercial register do not exist in English law.

b) Company Law

Company law differs from German law in many aspects as well and likewise cannot be considered as a separate field of law. Different types of companies are therefore not only featured in *company law* textbooks but also in general textbooks regarding *civil law*, where they are integrated within the chapters on *juristic persons*. Strictly spoken, the term company only refers to *corporations*, whereas *partnerships* are not subject to the *Companies Acts of 1985 and 1989*, but are instead subject to the *Partnership Act 1890*, which was then amended by the *Limited Partnerships Act 1907* (similar to the German KG) and the *Limited Liability Partnerships Act 2000*

(similar to the German GmbH). The *Companies Act 2006* has fundamentally reformed English company law and in particular, it has simplified the founding and administration of small companies. The law applies to the entire United Kingdom, although Northern Ireland may introduce its own legislation at a later date. The statute replaces the *Companies Acts* of 1985 and 1989 almost entirely.
In the area of capital-based companies, English law distinguishes between private companies and public companies. Since the reform of the English company law by the *Companies Act 2006*, the basic model is no longer the public company, but the private company. A company which limits its liability to the assets of the company (private company limited by shares) must use either "Limited" or "Ltd" in its name. There is no minimum capital required by law; but it is customary for a private company to have a nominal capital of between £100-£1000. The administrative institutions of a private company are the shareholders meeting (general meeting) and the Board of Directors.

c) Law of Employment

English employment law has not been established as a separate field of law until 1971. It was known as a part of contract law and tort law beforehand. But ever since it has experienced a rapid growth and has become a separate legal matter, whose sources reside besides the influence of contract law and contract law's origins within *common law* in a series of *statutes*, of which the *Trade Union and Labour Relations (Consolidation) Act 1992* and the *Employment Rights Act 1996* are of special importance. The latter amalgamated a multitude of *individual employment laws*, whilst the *Trade Union ... Act 1992* dealt with *collective employment law*. In recent times employment law has been subject to major reforms resulting from, amongst other matters, European influences. In this regard, the *Employment Act 2002* and the *Employment Tribunals (Constitution and Rules of Procedure) Regulations 2004* should be mentioned as well as various other regulations e.g. allowing for maternity leave and protection against discrimination. As has always been the case, the degree of flexibility in employment contracts is much greater than in countries such as Germany.
Employment law conflicts are dealt with in first instance by *employment tribunals* (see VI Court Structure below).

IV. Public Law

1. Constitutional Law

England does not have a codified constitution such as the German Basic Law. Some constitution-like documents are known from history classes in school: *Magna Charta Libertatum* of 1215, *Petition of Rights* of 1627, *Habeas Corpus Act* of 1678 [according to which the lawfulness of every imprisonment of a person (*corpus*) has to be examined by court within three days] and the *Bill of Rights* of 1689 (which particularly adjusted English constitutional law insofar as the revocation of statutes and taxes needed parliamentary consent).
The basis of English constitutional law is custom, the importance of which should not be underestimated in this context (see II, 2 c above). In the *Human Rights Act 1998*, which came into force on 1 October 2000, all human rights set out in the

European Convention on Human Rights are expressly incorporated into the laws of the United Kingdom.
The *Bill of Rights* limited Royal power and thus strengthened the parliamentary democratic constitution in the respect that parliament is the foremost initiator of legislation and has through the *House of Commons* with its 646 Members of Parliament a great connection to the voting public. Direct and secret elections conducted in accordance with the "first-past-the post" system result in the head of the majority parliamentary party at the *House of Commons* being appointed *prime minister* by the Queen. The *prime minister* determines policy guidelines just like the German chancellor and proposes ministers for *appointment by the Queen*. The participation of the *House of Commons* within legislation procedures has already been briefly described above (II, 2 b).

2. Administrative Law

Unlike Germany, English law does not recognize any general or special administrative law. *Administrative law* primarily includes legal rules concerning the liability of government and concerning regional authorities is based on the general principles of case law from the *common law courts*. Thus, there is no necessity for an independent administrative jurisdiction in Britain. The *United Kingdom* had been a centralised state for some time before converging into a federal system in recent times. Wales, Scotland and Northern Ireland have their own individual parliaments and governments since the successful referendum in 1997 and have their own first minister (comparable to the German "*Ministerpräsident*" or the "*Landeshauptmann*" in Austria). Administrative structure in England and Wales can be described in general terms as follows:
England is subdivided into nine regions, including *Greater London*.
The eight regions (without Greater London) are divided into in 35 *counties* as well as 40 *unitary authorities*, which are sometimes also called *administrative counties*. *Unitary authorities* are regions facing tasks of both a *county* and a *district*; or to put it another way, they are *counties* composed of only a single *district*. If these two terms – which are often translated as "Bezirk, Kreis" (or vice versa) in nearly all legal dictionaries – are to be compared to the German administrative structure, a *county* could be translated as "Regierungsbezirk" and a *district* could be translated as "Kreis". The *unitary authorities* have been abstracted from the *counties* since 1996 and nowadays execute authorities of municipal administrations in the way of a "single-level administration".
Wales is structured into eight *counties* and since 1996 into 22 *unitary authorities*. Such information (out of *Fischer Weltalmanach 2005* and from the Internet) will suffice to prove what has already been written: although England and Wales respectively feature a detailed administrative structure, English law recognises neither a discrete administrative law nor an administrative jurisdiction. "*Administrative law controls the use, and checks the abuse of governmental power*", as *James* put it. And: "*It is treated … as an integral part of constitutional law*". English *administrative law* is *common law* or, in a few cases, *statute law*.

3. Criminal Law

Criminal law also does not have a uniform "criminal code" in a German or continental European sense such as, for example, the German *Strafgesetzbuch* (StGB)

or the French *Code Pénal*. Likewise, *criminal law* is *case law* based on *common law* and is detailed as well in *statute law* by way of numerous acts. The basic principles of *criminal law* though do not fundamentally differ from those of continental criminal law. English law recognizes the principle of *nulla poena sine lege* (*no punishment unless by law*) and requires a (*causative) actus reus* for punishment, which has to have been conducted either intentionally or carelessly (*mens rea*). That *mens rea and actus reus must coincide* has to be followed as a matter of principle: legal conduct and result have to coincide, i.e. there needs to be causation.
Capital punishment has been abolished as a penalty for homicide in 1969, but was still available until 1998 when the *Human Rights Act* came into force as a penalty for treason, acts of piracy and military crimes.
The *Crown Court* (usually the "Crown" acts as plaintiff: *cf.* for example, *R. v Mc Naughten, 1843*) takes a special position within the general court structure (below VI). The *Central Criminal Court* resides in London and should be known amongst readers of thrillers as *Old Bailey* (*cf. Edgar Wallace*, *Agatha Christie* amongst others). It has 78 local branches within England and Wales, such as, for example, the London *Crown Court of Southwark*.
Although English *criminal law* does not feature a uniform criminal code, there are still many *textbooks* about it.

V. Procedural Law

Whilst Germany has a variety of procedural laws, e.g. the civil procedural law, criminal procedural law or administrative procedural law (ZPO, StPO, VwGO), English law does not know similar or separate procedural laws. Yet again, *common law* and a few *statutes* dominate this field of law (which has formerly been controlled by *writs*). The indicated (above – II, 2 a) general principles of the so-called *stare decisis* theory – most importantly the *rule of precedent* binding *inferior courts* to the *rationes decidendi* of *superior courts* – apply to all fields of law. Well-known jurists have frequently yet to no avail criticised this *absolute binding effect* of *inferior courts* being bound to rulings of *superior courts* and especially the effect of the *Court of Appeal* and the *House of Lords* being bound to their prior rulings because as the case may be the application of this theory may require abiding by prior decisions even if their rationale is not in line anymore with recent cognition. This dilemma could also not be seriously solved by the introduction of the so-called *distinguishing*. First of all, *distinguishing* enables judges to determine that a different set of *facts* was inherent in the *superior court's* decision. Furthermore, there is at least some sort of leeway as the judge is not bound by the obiter dicta (*cf.* above II, 2 a). *Distinguishing* could still not prevent the *absolute binding effect* from giving way to absurd results in some cases:

The presumably most prominent English judge – if not even the most prominent jurist of the 20th century – apart from *Lord Atkin* (*cf.* above *Donoghue v Stevenson 1932*), *Lord Denning*, resisted the *doctrine of stare decisis* and its *absolute binding effect* in his book "*The Discipline of Law*" as follows: "Let it not be thought from this discourse that I am against the doctrine of precedent. I am not. It is the foundation of our system of case law … All that I am against is its too rigid application – a rigidity which insists that a bad precedent must necessarily be followed."

His vivacious original words were (Goethe would probably have rejoiced at this): ["I would treat it as you would a path through the woods. You must follow it certainly so as to reach your end. But you must not let the path become too overgrown. You must cut out the dead wood and trim off the side branches, else you will find yourself lost in thickets and brambles. My plea is simply to keep the path to justice clear of obstructions which would impede it."]

Although English jurists generally paid extraordinary respect to *Lord Denning* (at times *Master of the Rolls* at the *Court of Appeal*, then Member of the *House of Lords* and later on yet again *Master of the Rolls – cf.* forthwith VI, court structure) they did not approve of his arguments. The general principles of the *doctrine of precedent* were then reinforced by the *House of Lords* in *Davis v Johnson (1979)* after they had been initially drafted by the *Court of Appeal* in *Young v Bristol Aeroplane Co. (1944)*.

However, *Lord Denning* still had a major impact on procedural law by creating the so-called *"Mareva injunction"*, which is similar to arrest and injunction. In *Mareva Compania Naviera SA v International Bulk Carriers Ltd. (1975) Lord Denning* created an opportunity to admit an injunction prohibiting the defendant from taking his assets out of the English court's jurisdiction.

Procedural law is closely intertwined with court structure and court jurisdictions due to the lack of independent procedural laws.

VI. Court Structure

Under English procedural law it is generally assumed that *superior courts* do have both *local* and *subject-matter jurisdiction* for all lawsuits filed, although fundamentally jurisdiction is set depending on the *amount in dispute*. Therefore a lawsuit can contrary to German law directly be filed at a *superior court* even if the required amount in dispute is not given. Most of the time, however, the *superior court* has the authority (and regularly acts upon it) to *relegate* the *litigation* to the *inferior court* of first instance.

1. Inferior Courts

a) County Courts

The term *county court* is insofar misleading, as the system of today's *county courts* does not correspond to the administrative structure (*cf.* IV, 2) of counties anymore. There are currently 218 *county courts* in England and Wales presiding over *districts* as well as *circuits* and employing *district judges* and *circuit judges* who adjudicate as single judges.

According to the *County Court Act 1984*, *county courts* primarily have jurisdiction over actions for *breach of contract* and *tort* with an *amount in dispute* of up to £ 50.000, actions for *property* with an *amount in dispute* of up to £ 30.000 as well as actions for *family* ..., *probate* ... and *admiralty proceedings*. For a long time, the *judicial power* for all actions with an *amount in dispute* of up to £ 5.000 resided with *registrars* (not comparable to the German "Rechtspfleger", as *registrars* needed to be regular *barristers*, *cf.* below VII) who at the same time was the court's head of administration. In the meantime *district judges* have taken over the tasks of the *registrars*.

b) Magistrates' Courts

Magistrates' courts are primarily (ca. 98%) concerned with criminal actions and have only very limited authority for civil actions. The latter includes claims to maintenance, regulations on accommodation and visits for minors, excise licenses and bans on betting and gambling. Ever since the *Licensing Act 2003* went into effect, judicial power for excise licenses has shifted to local authorities.

A *magistrates' court* consists basically of three *lay magistrates* also referred to as *justices of the peace* of whom there are about 30.000 in England and Wales. As far as the court acts as a *family proceedings court*, both men and women shall be assigned to the bench. About 95% of all criminal actions filed with *magistrates' courts* are decided in first instance. Lay magistrates attend basic courses in order to receive a minimum of legal education; additionally, a regular employer of the court (who is either *solicitor* or *barrister*, *cf.* below VII) will consult.

c) Employment Tribunals

Lawsuits concerning employment law are to be filed with the *employment tribunals*. An appeal to the *Employment Appeal Tribunal* is possible. The appellate court is the *Civil Division* at the *Court of Appeal*.

2. Superior Courts

a) The Supreme Court of Judicature

The *Supreme Court* of England and Wales consists in accordance with the *Supreme Court Act 1981* of the *High Court of Justice*, the *Crown Court* and the *Court of Appeal* (*cf.* the descriptive graph below).

aa) The High Court of Justice

Ever since the *Administration of Justice Act 1970*, the *High Court* (liberally translated: "Landgericht"; although it has far greater jurisdiction than a German Landgericht) consists of three divisions. Those are the *Queen's Bench Division*, the *Chancery Division* and the *Family Division* (*cf.* above I, 3), each with its own chamber of appeal, called the *divisional courts*.

Due to the limited jurisdiction of the *county courts*, the *High Court* is the court of first instance for all actions with an amount in dispute of over £ 50.000 (e.g. breaches of contract, tort) or £ 30.000 (actions for property) respectively.

In addition to that, the *High Court* has jurisdiction as an appellate court for all lawsuits being appealed from the *inferior courts*, except for criminal actions from the *magistrates' courts*, which go to *Crown Court* upon appeal.

It cannot be within the limited scope of this introductory text to go into greater detail about the jurisdictions of the *High Court's divisions* (*cf.* for further details my *Introduction to English Civil Law*; see Literature below).

bb) The Crown Court

Established 1971, the *Crown Court* – also called *Central Criminal Court for England and Wales* – can be regarded as standing between *High Court* and *Court of Appeal* as far as the court hierarchy for criminal actions is concerned (see cc). The *Crown Court* has a hybrid position though. On the one hand, the *Crown Court* has limited jurisdiction over certain civil law actions due to being a *subdivision* of the *Queen's Bench Division* at *High Court*. On the other hand, the court hierarchically stands above the *High Court* in its position as a criminal court and is only inferior to the *House of Lords*. Apart from its London branches like e.g. the *Crown Court of Southwark*, there are other branches of the *Crown Court* in large cities like Birmingham (1.010.400 citizens), Greater London (7.375.100), Leeds (726.100), Manchester (439.500), Bristol (406.200) and Cardiff (325.500 – figures from *Fischer-Weltalmanach 2005*). Altogether there are 78 branches of the *Crown Court* in England and Wales.

cc) The Court of Appeal

The *Court of Appeal* (cf. a German "Oberlandesgericht") had only jurisdiction for civil cases in former times. However, since the *Criminal Appeal Act 1966* the *Court of Appeal* features both *Civil Division* and *Criminal Division*.

In compliance with the *Maximum Number of Judges Order 2003*, the *Court of Appeal* nowadays consists of 37 *Lord Justices of Appeal*, three of which each form a "chamber" and decide by a (at least) 2:1 majority. The *Master of the Rolls* is the chairman of the *Court of Appeal* and has historically been the *Chancellor's* (*cf.* above I) "tough guy" in the middle ages: he has been administrating the parchment scrolls (hence the name) containing governmental and court records for the *Chancellor* since the 17th century. The *Master of the Rolls* then advanced from being a "scrolls administrator" to being the formally second highest judge after the *Lord Chancellor* (*cf.* right below at b) who originally also advanced from being a high-ranking administration official to holding a court position.

The *Civil Division* at the *Court of Appeal* has jurisdiction for all appeals at civil law from *High Court* and for appeals by way of *leaps frogging* (*direct appeal*) from *county courts*. In order for an appeal to be exceptionally admissible ("thanks" to the *doctrine of stare decisis*) under English law there need to be new, formerly unknown facts originating from a *hearing of evidence*.

Established in 1966, the *Criminal Division* principally has jurisdiction for all appeals against decisions at *Crown Court*.

b) The House of Lords

Besides being the politically Upper House and therefore the *House of Common's* counterpart, the *House of Lords* is also the supreme court of the *United Kingdom*, which includes not only England and Wales but also Northern Ireland and Scotland which otherwise have their own legal system. Scotland though does not recognize its authority as Supreme Court for criminal actions. Bar the *European Court of Justice* at Luxembourg, the *House of Lords* is the very last legal instance binding all inferior courts with its decisions.

As a court it consists of the *Lord Chancellor* and nine to twelve (currently twelve) Lords, the so-called *Lords of Appeal in Ordinary* (not to be mistaken for the *Lord Justices of Appeal* at the *Court of Appeal*!). Two of those *Law Lords* (the short term) are regularly Scottish.

Decisions are made in panels of five *Law Lords* hence the need for a 3:2 majority. The *House of Lords* is the very last legal instance and therefore takes final decisions in all appeals against rulings of the *Court of Appeal* and exceptionally also in appeals by way of *leap frogging* from *High Court* cases, if it is a case of extraordinary importance and a decision will lead to new legislation.

c) The Judicial Committee of the Privy Council

The *Privy Council*, short for *Judicial Committee of the Privy Council*, is not a regular decision-making court but instead issues recommendations and advice for the

Crown. This happens especially in cases concerning *Commonwealth*-nations that are outside of the *House of Lords'* jurisdiction.
Some *Commonwealth*-nations have accepted the *Privy Council* as sort of a last legal instance for appeals against decisions of their supreme courts.
Decisions made or recommendations given by the *Privy Council* are generally not binding for both English courts and the *Privy Council* itself, as the *Privy Council* does not only apply English law but also applies the foreign national laws applicable to the particular case.

3. Constitutional Reform Act 2005

Through the *Constitutional Reform Act 2005* the English courts system will substantially change by the end of 2009:
The newly-created *Supreme Court of the United Kingdom* (not to be confused with the current *Supreme Court of Judicature* which will in future be called the *Senior Courts of England and Wales*) will in future be the highest court. The judicial functions of the *House of Lords* as the highest court of appeal will be transferred to the new court. The *House of Lords Appellate Committee* will be abolished as soon as the new court takes up its work – probably in October 2009.
The reform has been justified on the basis of the principles of the separation of powers because the *House of Lords* has not only judicial, but also legislative functions. And the issue of the judicial independence of the law lords was also commented upon, because they decide on issues of a legislation's conformity to European law when the Lords themselves have helped to bring such legislation into law. There were many pragmatic arguments against such a reform along the lines that the traditional system had worked well in the past and was cost-effective. The court will be the highest judicial instance for civil matters for the entire United Kingdom. In a role more it will be the highest court for England, Wales and Northern Ireland; in Scotland *High Court of Justiciary* will remain the highest criminal court. In addition, the court will be given several constitutional responsibilities which were reserved for the *Judicial Committee of the Privy Council*. It will be responsible for jurisdiction issues between the three regional governments (Northern Ireland, Scotland and Wales), and the British government. Such issues relate mostly to breaches of the *European Convention on Human Rights* which were implemented directly into national law through the *Human Rights Act* (1998) and devolution legislation. The *Judicial Committee of the Privy Council* is not to be abolished; it shall continue to function as the highest appellate court for British overseas territories and certain Commonwealth states which do not have their own highest court.
The court will consist of 12 judges. Initially the current law lords will assume these responsibilities. In addition they will retain their seats in the upper house. When a judge leaves office, a replacement will be named by the Queen at the suggestion of the Prime Minister. The proposal as to a successor will be determined by the Lord Chancellor together with a selection committee. The president and vice president of the court will belong to this committee as well as a member of the three judicial selection committees for England and Wales, for Scotland and for Northern Ireland. Any person who has been a senior judge for at least two years or who has experience as a lawyer for at least 15 years will be eligible for the office. Selection will be by consensus: in this regard the various legal systems of the United Kingdom must be represented in court. Appointment to be courts will be for life and the judges will

remain in office until they are 70. Judges may be removed from office by way of a resolution of both houses of parliament. Unlike the current law lords, the judges will not be members of the *House of Lords*.

4. Overview of Court Structure

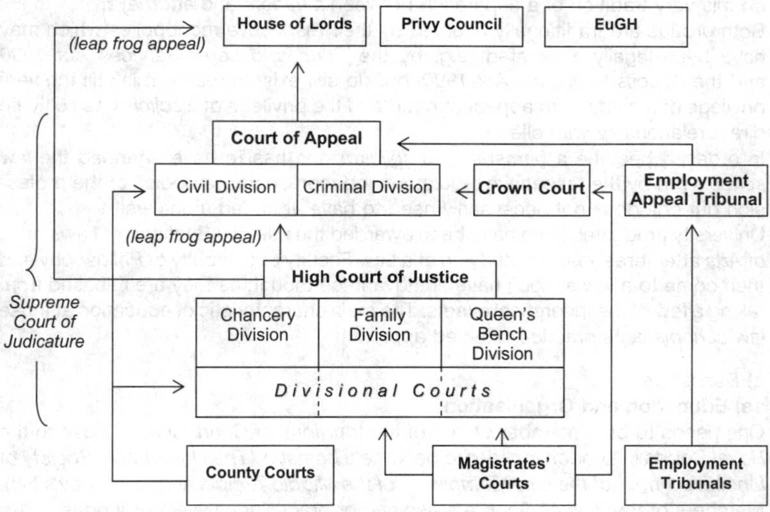

Arrows indicate the next instance in appeal.

VII. Legal Professions

1. Historic Development

The court structure owes its emergence to the legal profession, which had been standing in full bloom since the middle ages. The above-mentioned *itinerant justices* who were either at the *bench* or travelling through the country as members of the *curia regis* were the ancestors of Britain's present-day professional jurists. They initiated an institutionalisation of the legal profession in the 13th century which (apparently) started with judges and later on covered both *bench and bar* to merge them gradually into a single profession.

Before a secular profession had been built and a strict separation and classification of different legal areas of practice had been accomplished, the very first lawyers and judges had been clergymen. The mentioned classification had been based on notions in Roman law of legal advisers to individual persons, who stood by their client's side and advocated their legal opinion at court (*advocatus*) on the one hand and persons on the other hand, who made and received legally binding statements and therefore enacting the role of a *party* to the case (*procurator*). This diversification of fields of activity was then adopted into English law and conferred upon *pleader* and *attorney*. It was the latter's duty to take care of the client's correspondence whilst the *pleader* was obliged to appear at court.

2. Barristers and Solicitors (Lawyers)

Today's dichotomy of the legal profession between *barristers* and *solicitors* is based on this very tradition of a separation between *pleaders* and *attorneys*.
Both groups are traditionally affected by their respective monopolies which may have been legally eliminated (e.g. by the *Court and Legal Services Act 1990* and the *Access to Justice Act 1990*) but do still exist in reality. It is still the very privilege of a *barrister* to appear at court and the privilege of a *solicitor* to cultivate direct relationship with clients.
In order to become a *barrister* or a *solicitor* one has to have attended the *law schools* run by the respective regulatory and representative bodies of the profession but one does not necessarily need to have attended a university.
University graduates (who have been awarded the title of a *Bachelor of Laws* or … *of Arts* after three years of studying at a Law Faculty or a Faculty of Philosophy and then come to a law school) have an advantage though as they are released from taking a few of the theoretical exams. The main characteristic of education at those *law schools* is its practice-oriented approach.

a) Barristers

aa) Education and Organisation

One needs to be a member of one of the four *Inns of Court* located close to the *Royal Courts* in London in order to become a *barrister* (*The Honourable Society of Lincoln's Inn*, … *of the Inner Temple*, … *of the Middle Temple* and … *of Gray's Inn*).
Members of the *Inns of Court* are aspiring or practising lawyers or judges.
Management of the individual *Inns* rests with the *benchers*, the oldest and most experienced *barristers*, who are not elected but instead act in co-optation and for life. Their duties and responsibilities include especially the general acceptance of students wanting to become *barrister* and the *calling to the bar* of graduated students as *barristers*.
Joint institution of all *Inns* are the *Council of Legal Education* organising the education and examination of all collegiate members of the *Inns* and the *General Council of the Bar* (or short: "*Bar Council*") advocating the best interests of the profession in the general public and making preliminary decisions on complaints about *barristers* (e.g. a violation of professional rules). In case a complaint appears to be valid, the case will be brought forward to the *Senate of the Inns of Court and Bar* which executes disciplinary authority. An appeal can be brought before the *High Court*.
In order to be accepted as a student into an *Inn*, an applicant – no matter his individual nationality – has to prove his good educational background, his general qualification for university entrance, an unblamable character and a good reputation. A candidate will take two comprehensive exams at the *Council of Legal Education* during his triannual apprenticeship. University students are often released from taking the first exam (theoretical exam; *cf.* above). Still, all candidates need to attend specific courses at the Inns *of Court School* (located at *Grays' Inn*) which is run by all four *Inns* in order to get admitted to the second exam, the *Bar Vocational Course* (practical exam).

For a long time there was an additional requirement for the admission as a *barrister*, namely an attendance of 18 times at *dinners* during the so-called *dining terms*, which occur four times a year. In the meantime the attendance at those collaborative *dinners* has been deprived of its obligatory character and is instead now "free", i.e. attendance is neither a part of the exam anymore nor is it an admission requirement anymore. After having been *called to the bar* an emerging *barrister* has to complete a yearlong *pupillage* with a more experienced barrister who needs to have at least five years of practical experience. Only then may an emerging *barrister* be allowed to practise his profession.
If a barrister wanted to be appointed to the bench, he would have to have a much longer experience in his profession which varies between five and fifteen years of practical experience depending on the court.

bb) Areas of Practice
Barristers are on a day-to-day basis mainly concerned with all matters court-related. Apart from oral arguments at court that includes also the preparation of pleadings, disclosures and advisory opinions especially concerning very fundamental and complex cases. Otherwise, they use written submissions by *professional clients*, like e.g. *arbitrators*, *solicitors* or *accountants*, at court. They analyse those submissions and introduce their arguments and opinions in trial.
Currently, there are about 10.000 *barristers* in England and Wales (most of which are located in London). The *Queen's Counsels* still form the profession's elite (about 10 %) and supply most of the judges for superior courts. *Q.C.'s* (the short form) are publicly known for wearing silk gowns (*he has taken silk*).
Their highly sophisticated code of professional conduct barred *barristers* from direct contact with clients for a long time. Therefore, any plaintiff wanting to enter into trail needs to use the agency of a *solicitor*. For this reason alone, a *barrister* needed to have excellent contacts to good *solicitor* offices, which could supply him with clients. Although the *Bar Council* has been trying to ease access to direct contact with clients (so-called "*BarDirect*") since 1999 (see above-mentioned *Access to Justice Act 1999*), the traditional collaboration between *barristers* and *solicitors* has not yet experienced much change.

b) Solicitors
aa) Education and Organisation
The solicitors' regulatory and representative body, called the *Law Society* (formerly known as *Incorporated Law Society*) had been established in 1826 after professional conduct had already been regulated since 1719 in a number of provisions and statutes. The *Law Society* resides also close to the *Royal Courts* in London. It has been authorised by statute to issue regulations on education and admission of *solicitors* with the consent of the *Lord Chancellor* and a few other high-ranking judges. The *Law Society* (which executes an extensive disciplinary authority) has undertaken serious efforts to raise the standards of the profession. Hence the reputation of the *solicitor* has greatly improved since the 19th century and is nearly as excellent as the *barristers'* reputation.
General criteria for admission to the *Law Society* in order for an apprenticeship as a *solicitor* are firstly similar to those of a *barrister*: general qualification for university entrance is obligatory, a *bachelor* degree from a university is not required but is rewarded.

In order to become a *solicitor*, a candidate needs to complete a quadrennial or quinquennial apprenticeship as an *articled clerk* with a practising *solicitor*. Parallel to that, a candidate is required to attend courses organised by the *Law Society* and has to pass two exams, the former of which (the theoretical exam) is not obligatory for university graduates. After successful examinations and completion of the clerkship, a candidate pleads for admission to the officially administrated list of licensed *solicitors* with the *Master of the Rolls* (*Supreme Court Roll of Solicitors*).

bb) Areas of Practice

The solicitor has a rather complex area of practice, which is difficult to explain in terms of its variety. He or she cultivates direct contact with his or her clients and serves as a personal legal counsel to them. A *solicitor* prepares his or her party for trial, represents his or her party at *inferior courts* (*magistrates' courts* and *county courts*) and serves as an agent in case a *barrister* is needed for trials at *superior courts*. To a certain extent, the tasks of a *solicitor* are comparable to those of a notary public: he or she arranges *conveyance* and *trust* dealings, drafts testamentary dispositions and acts as a testamentary administrator. In addition to that, he or she consults with deal closings and provides general consulting for a variety of fields of law like tax, competition, insurance and company law. The most lucrative conveyance deals generally make up about 50% of the income.

Currently, there are about 100,000 *solicitors* in England and Wales, 25% of which are directly employed at companies, large *firms of solicitors* or administrative authorities and the rest being self-employed (70% of those work in joint practices with other *solicitors*).

The work of a *solicitor* should not be undervalued as "legal detail work" like probably the former work of an *attorney* was. The difference in reputation between *barristers* and *solicitors* has ceased to exist in the way it was formerly known between the reputation of *pleaders* and *attorneys* and has given way to a mutual respect of both professions that was quite necessary due to the above-mentioned agency of clients.

The essentially strict distribution of duties and responsibilities among solicitors and barristers has been legally nullified by the *Legal Service Act 1990* and the *Access to Justice Act 1999* but is still widespread in reality.

Although the "social" and scholarly reputation of *solicitors* basically stands back a little bit compared to the reputation of *barristers*, it should be not be overlooked that there is no shortage of highly successful *solicitors*, some of which even work in their own office (sometimes referred to as a *law firm*) with 50 or more partners and employ a countless number of salaried lawyers (including some *barristers).*

Solicitors with outstanding experience also have the possibility of becoming a *Queen's Counsel*. In comparison to *barristers* though, this is an exceptional event as the figures for 1997 show. In 1997 the *Queen* appointed 68 new *Q.C.'s*, of which only two were *solicitors* (both of them owning a large law firm).

3. Judges

a) Ancestry and Organisation

German judges do not need practical experience and are most often hired directly after passing (preferably with honours) the second final exam.

This is quite different in the English legal system: except for the honorary Justices of the Peace at magistrates' courts, only a jurist who is able to prove an amount of practical experience as a barrister (or as a solicitor) as well as a good reputation resulting from his or her work may be appointed as a judge.

b) Areas of Practice, Duties and Obligations

It is not the duty of an English judge to preside over the court trial, as would be the case in continental legal systems; under English law it is upon the *barristers* to undertake such work. They have to point out every relevant precedent in their pleading which resembles the facts of the case at trial. A judge is only obliged to listen to the content of the *barristers'* pleadings; it is not upon him or her to investigate and find out the truth by himself. *Lord Denning* described the expectations a good English judge will face (in *Jones v National Coal Board 1957*) as follows:

[*"In our law … the judge is not allowed to call a witness whom he thinks might throw some light on the facts. He must rest content with the witnesses called by the parties. Lord Bacon spoke right when he said that "patience and gravity of hearings is an essential part of justice"; and an over speaking judge is a no well-tuned cymbal."*]

4. Other Legal Professions

The *attorney-general* advises the *Crown* in general legal matters and acts as a plaintiff for the *Crown* in especially important criminal cases. He or she is a member of the *House of Commons* and is also usually a *barrister* of good reputation. The same is true for the *solicitor-general* being the deputy of the *attorney-general*. Both belong to the ruling party in Parliament, are appointed by the Prime Minister and have to leave office in case of a change in government.

Basic Literature

Adams & Brownsword, Understanding Law, 4th Ed. 2006
Darbyshire, Nutshells, English Legal System, 7th Ed. 2007
Wörlen, Introduction to English Civil Law – for German Speaking Lawyers and Law Students, Vol. 1, 4th Ed. 2007; Vol. 2, 3rd Ed. 2005

EINFÜHRUNG IN DAS AMERIKANISCHE RECHT(SSYSTEM)

von Prof. Dr. Frank Emmert, LL.M.[1] und Professor Toni M. Fine, J.D.[2]

Inhaltsübersicht

---

[1] John S. Grimes Professor of Law and Director of the Center for International and Comparative Law at Indiana University School of Law – Indianapolis.

[2] Director of the Graduate and International Programs at Benjamin N. Cardozo School of Law, Yeshiva University, New York.

I. Wichtige Unterschiede zwischen dem angloamerikanischen und den kontinentaleuropäischen Rechtssystemen

Für eine Betrachtung wesentlicher Strukturmerkmale können das amerikanische und das englische Recht einerseits (unter Ausschluss des schottischen Rechts, das wenigstens teilweise dem kontinentaleuropäischen Recht ähnelt) und die verschiedenen kontinentaleuropäischen Rechtssysteme, insbesondere das deutsche und das französische Recht, andererseits gegenübergestellt werden. Diese beiden Rechtsfamilien werden vielfach als "common law" und "civil law" bezeichnet. Zum *common law* gehören mehr oder weniger eindeutig auch die Rechtssysteme vieler Länder, die als frühere Kolonien und/oder Mitglieder des *Commonwealth* von Großbritannien beeinflusst wurden wie z. B. Australien, Kanada (mit Ausnahme von Quebec), Indien, Irland, Malaysia und Neuseeland. *Civil law*, in mehr oder weniger eindeutig kontinentaleuropäischer Ausprägung, findet man dagegen in vielen Ländern, die gerade nicht britischem Einfluss unterlagen, wie z. B. in China, Japan und den meisten lateinamerikanischen Staaten.

Für die Analyse wesentlicher Strukturmerkmale genügt es, auf diese breiten Rechtsfamilien abzustellen. In den nachfolgenden Kapiteln wird die Betrachtung hingegen zumeist auf das amerikanische Recht einerseits und das deutsche Recht andererseits verengt. Zum einen gibt es zwischen dem englischen und dem amerikanischen Recht viele Unterschiede im Detail und Gleiches gilt für die kontinentaleuropäischen Länder. Zum anderen ist das Begriffspaar *common law* und *civil law* für eine detaillierte Untersuchung gegenwärtiger Verhältnisse wenig geeignet, da es auf Merkmale Bezug nimmt, die seit Mitte des 20. Jahrhunderts allenfalls noch verwässert zu finden sind. Schließlich ist der Begriff *civil law* auch mehrdeutig und wird u. a. auch für die Unterscheidung des Privatrechts vom öffentlichen Recht und vom Strafrecht verwendet.

1. Fallrecht (*case law*) und Gesetzesrecht (*statute law*)

Einer der bekanntesten Unterschiede zwischen dem kontinentaleuropäischen und dem angloamerikanischen Recht ist der Stellenwert der Gesetze im einen und der Fälle und Urteile im anderen System. Es wäre aber ein grundlegender Fehler, würde man annehmen, dass das deutsche, französische und sonstige kontinentaleuropäische Recht ausschließlich oder auch nur wesentlich mehr von Legislativakten geprägt wird, während es im englischen und amerikanischen Recht nur wenige oder gar keine Legislativakte gibt und allein auf Gerichtsentscheide abgestellt wird. Zumindest aus *quantitativer* Sicht kann man *heute* wohl sagen, dass das deutsche und sonstige kontinentaleuropäische Recht beinahe ebenso stark von rechtsauslegenden und rechtsfortbildenden Gerichtsentscheiden geprägt wird wie das angloamerikanische Recht. Umgekehrt gibt es in England und Amerika heute nahezu ebenso viele Regeln, die vom Gesetzgeber formuliert wurden, wie in den Rechtssystemen auf dem europäischen Kontinent. Der Unterschied liegt daher nicht in der Quantität des Fallrechts bzw. des Gesetzesrechts, sondern in seinem jeweiligen *Stellenwert*. Dieser Unterschied wird nachfolgend unter dem Titel "Präjudizien und der Grundsatz des *stare decisis*" näher betrachtet.

Im geschichtlichen Kontext spielte der Unterschied zwischen Fallrecht und Gesetzesrecht hingegen eine wesentlich größere Rolle, da sowohl das englische wie auch das amerikanische Recht lange Zeit keine gesetzlichen Regelungen für Gebiete wie Deliktsrecht (*torts*) und Sachenrecht (*property*) hatten. Streitigkeiten über Rechtsfragen aus diesen Gebieten mussten daher durch rechtsschöpfende Urteile gelöst werden.

Soweit ein Rechtsgebiet hingegen durch Parlamentsgesetz geregelt ist, spielt das Fallrecht vor allem bei der Lückenfüllung und bei der Auslegung des Gesetzes sowie des höherrangigen Verfassungsrechts eine wichtige Rolle. Hierbei kommen sich angloamerikanisches und kontinentaleuropäisches Recht immer näher. Wer wollte heute das Bürgerliche Gesetzbuch (BGB) anwenden, ohne im Palandt oder einem anderen Kommentar nachzuschlagen, wie ein bestimmter Paragraf in der Praxis, also im Fallrecht, ausgelegt wird? Diese methodische Annäherung zwischen *common law* und *civil law* kann gerade auch im Recht der Europäischen Union und seiner Interpretation durch den Gerichtshof in Luxemburg gut beobachtet werden.

2. Präjudizien und der Grundsatz des *Stare Decisis*

"Stare Decisis" heißt wörtlich "bleibe bei der Entscheidung". Der Grundsatz der bindenden Wirkung der Präjudizien ist geradezu ein Wesensmerkmal des angloamerikanischen bzw. des *common law*. Wie schon angedeutet, muss dieser Grundsatz aber in seinem historischen Kontext verstanden werden. Die Bindungswirkung wurde vor allem benötigt, um in denjenigen Rechtsgebieten Vorhersehbarkeit und Rechtssicherheit zu schaffen, in denen es gar kein Gesetzesrecht, sondern ausschließlich Fallrecht gab. Ohne diese Bindungswirkung wäre der Ausgang eines Rechtsstreits, z. B. im Bereich der unerlaubten Handlungen, völlig unvorhersehbar (gewesen). Ohne diese Bindungswirkung gäbe es keinerlei rechtliche Verpflichtung der Richter, zu einem bestimmten Ergebnis zu kommen. Ohne diese Bindungswirkung könnte jedes einzelne von einer Vielzahl von Urteilen in ähnlich gelagerten Sachverhalten für den außenstehenden Beobachter völlig zufällig oder willkürlich aussehen. Bei Anwendung des Grundsatzes, dass jeder Richter sich an früheren Urteilen orientieren muss, wenn diese von einem Gericht höheren oder gleichen Ranges in einem gleichgelagerten Fall erlassen wurden, erreicht man hingegen ein hohes Maß an Vorhersehbarkeit für die Parteien eines Rechtsstreits und verhindert willkürliche oder parteiische Entscheidungen im Einzelfall. Außerdem dient das

Prinzip der Stabilität und Kontinuität des gesamten Rechts sowie der Verfahrensökonomie.

In den kontinentaleuropäischen Ländern und im *civil law* ganz allgemein wurde es hingegen nicht als notwendig angesehen, eine Bindungswirkung von Präjudizien zu schaffen, da die vorhandenen (Gesetzes-)Rechtsnormen, an welche die Richter naturgemäß gebunden sind und waren, bereits für sich hinreichende Vorhersehbarkeit und Stabilität sicherten.

Nichts könnte jedoch der Wahrheit ferner liegen, als eine Schlussfolgerung, dass der kontinentaleuropäische Richter einschlägige Präjudizien nach gusto ignorieren kann, während der angloamerikanische Richter sklavisch an diese Präjudizien gebunden ist. Zunächst ist der Grundsatz auch im amerikanischen Recht eng auszulegen. Eine Bindungswirkung in verpflichtendem Sinn gibt es nur, wenn ein früherer Fall von einem Gericht gleichen oder höheren Rangs innerhalb derselben Jurisdiktion entschieden wurde. Entscheidungen anderer Gerichte, also solche von Gerichten niedrigeren Rangs oder von Gerichten in anderen Jurisdiktionen, haben nur dienende bzw. informative Funktionen. Konkret bedeutet dies beispielsweise, dass sich die Gerichte von New York an Entscheidungen der Gerichte von New Jersey orientieren können, aber nicht müssen.

Weiterhin ist zu beachten, dass auch Entscheidungen von Gerichten aus derselben Gerichtsbarkeit unbeachtet bleiben können, wenn der spätere Richter aufzeigt dass i) der neue Fall nicht genau gleich gelagert ist, d. h. dass es rechtlich relevante Sachverhaltsunterschiede gibt, oder ii) dass die Rechtsfragen nicht genau gleich gelagert sind, z. B. weil sich die Parteien über Teilaspekte verständigt haben oder einzelne Elemente nicht zweifelsfrei nachgewiesen sind, oder iii) verschiedene Präjudizien zu beachten sind, die wiederum in sich nicht konsistent sind (allerdings gibt es Regeln, dass neuere Entscheidungen und solche höherrangiger Gerichte vorrangig zu beachten sind), oder iv) dass ein bestimmtes Präjudiz nicht überzeugend oder schlicht falsch ist.

Zusammenfassend lässt sich also sagen, dass auch der *common law*-Richter nicht an den Grundsatz des *stare decisis* gebunden ist, wenn
- der Sachverhalt unterschieden werden kann/muss;
- das Recht sich geändert hat;
- die Zeiten sich geändert haben und/oder
- der frühere Fall einfach nicht richtig entschieden wurde.

Wer dies verstanden hat, sollte allerdings den Blick noch einmal auf das kontinentaleuropäische Recht richten. Die Idee, der deutsche oder französische Richter könne sein Gesetzesrecht interpretieren, wie es ihm oder ihr gerade gefällt, ohne dabei auch nur einen Blick auf frühere Gerichtsentscheidungen zu werfen, ist nämlich genauso abwegig. Zumal wenn das Gesetzesrecht nicht sehr detailliert oder sonstwie auslegungsbedürftig ist, um im Einzelfall angewendet zu werden, würden die Gerichte sehr bald kritisiert werden und ihre Legitimität aufs Spiel setzen, wenn sie Entscheidungen erlassen würden, die mit vorgängigen Entscheidungen in gleich gelagerten Fällen unvereinbar sind, ohne auch nur zu versuchen, diese Abweichung zu erklären. Im Ergebnis sind auch die Richter auf dem europäischen Kontinent und in den sonstigen *civil law*-Systemen daher *de facto* ganz ähnlich gezwungen zu erklären, dass sie einem Präjudiz aus bestimmten Gründen nicht folgen.

Schlussendlich bleibt nur ein relativ kleiner, aber durchaus wichtiger Unterschied zwischen dem angloamerikanischen Recht, wo *stare decisis de iure* gilt, und dem kontinentaleuropäischen Recht, wo eine ähnlich Bindungswirkung *de facto* besteht: Wenn der Richter auf dem Kontinent von einem Präjudiz oder sogar einer ständigen Rechtsprechung abweicht, ohne sich (hinreichend) zu erklären, sichert dies allein noch keinen Sieg in der Berufungsinstanz.

3. Bundesrecht, einzelstaatliches Recht und die verschiedenen Gerichtsbarkeiten

In ihrem Buch *American Law in a Global Context* erklären Fletcher and Sheppard, dass „amerikanisches Recht eigentlich einzelstaatliches Recht ist." In der Tat, wenn deutsche Juristen amerikanisches Recht studieren, staunen sie immer wieder über das Ausmaß, in dem einzelstaatliches Recht in den Vereinigten Staaten fortbesteht, und wie sehr das Recht von Staat zu Staat unterschiedlich sein kann. Grundsätzlich ist der größte Teil des Privatrechts (einschließlich Vertrags-, Delikts-, Eigentums-, Familienrecht, aber auch Handels- und Gesellschaftsrecht) sowie des Strafrechts zunächst einzelstaatliches Recht. Daher gibt es fünfzig verschiedene Gesetze und *case-law*-Systeme für die fünfzig Staaten, zuzüglich des Systems und der Rechtsprechung für den *District of Columbia*, d. h. die Bundeshauptstadt in Washington, D.C., und weitere Systeme für Gebiete wie z. B. Puerto Rico. Bundesrecht hingegen ist beschränkt auf die Bereiche, die in der amerikanischen Verfassung festgelegt sind. Das sind vor allem Bereiche, in denen nationale Einheitlichkeit als notwendig oder zumindest als höchst wünschenswert erachtet wurde, wie z. B. Einwanderungsrecht, internationale Beziehungen, Kriegserklärungen und Kriegsrecht, Konkursrecht und geistige Eigentumsrechte. Dies hat weitreichende Konsequenzen für die juristische Ausbildung und Praxis. Die prestigeträchtigen juristischen Fakultäten sind alle auf eine landesweite Bevölkerung ausgerichtet und es gibt so gut wie kein Lehrbuch oder Fallbuch, das sich nur auf das Recht eines der fünfzig Staaten konzentriert. Jede Fakultät und die meisten Bücher versuchen eher abstrakt mit „dem Recht" umzugehen. Die Unterschiede zwischen den einzelstaatlichen Rechtssystemen können nicht im Einzelnen berücksichtigt werden. Vielmehr konzentriert sich die Ausbildung auf die grundlegenden oder gemeinsamen Prinzipien, die sich aus den wichtigsten Entscheidungen der Gerichte (*leading cases*) in verschiedenen Staaten zusammentragen lassen. Der deutsche Ansatz, spezifische Gesetze mit Hilfe von Rechtsprechung sorgfältig und detailliert auszulegen, hat in den USA nur eine untergeordnete Bedeutung.

Das amerikanische bundesstaatliche System, in dem beschränkte Kompetenzen ausdrücklich auf die Bundesregierung übertragen sind, während alle übrigen Kompetenzen den Einzelstaaten vorbehalten sind, erfordert ziemlich durchdachte Regeln für die Aufteilung der legislativen und judikativen Zuständigkeiten. Diese Regelwerke können aufgeteilt werden in Regeln über das anwendbare Recht (*conflicts of law*) sowie Regeln über die Gerichtsbarkeit (*jurisdiction*). Im Ergebnis sind diese Regeln gar nicht so verschieden von den Regeln, die wir in der Europäischen Union entwickelt haben für die Aufteilung der legislativen und judikativen Kompetenzen zwischen der EU und ihren Mitgliedstaaten und zwischen den Mitgliedstaaten untereinander.

In den Vereinigten Staaten ist die Aufteilung der Gesetzgebungskompetenzen zwischen dem Bund und den Einzelstaaten in der amerikanischen Verfassung niedergelegt und wird vom *U.S. Supreme Court* ausgelegt. Die Verfassung selbst und jedes Bundesgesetz und bundesrichterliche Entscheidung, die sachgerecht aufgrund der Verfassung erlassen wurden, haben Vorrang vor dem gesamten einzelstaatlichen Recht, einschließlich der einzelstaatlichen Verfassungen.

Die Aufteilung der Gesetzgebungskompetenzen zwischen den verschiedenen Einzelstaaten erfolgt vor allem nach dem Territorialitätsprinzip, d. h., jeder Einzelstaat hat Staatsgewalt über das, was innerhalb des Staatsgebiets passiert, ohne Rücksicht auf die Nationalität oder den Heimatstaat der beteiligten Personen. Das Personalitätsprinzip wird manchmal im Bundesrecht angewendet, z. B. wenn Verhaltensweisen für strafbar erklärt werden, die von oder an Amerikanern außerhalb des amerikanischen Staatsgebiets begangen werden. Das Personalitätsprinzip dient hingegen normalerweise nicht als Grundlage für einzelstaatliche Kompetenzausübung.

Die Zuständigkeit der Gerichte eines bestimmten Staates umfasst grundsätzlich alle Fälle, die eine territoriale Verbindung mit dem Staat aufweisen (mit der beschränkten Ausnahme von Streitigkeiten, die immer den Bundesgerichten vorbehalten sind, siehe unten). Dies kann sehr schnell dazu führen, dass Gerichte in verschiedenen Staaten (potentiell) konkurrierende Zuständigkeit in ein und demselben Fall haben. Daraus folgt, dass ein guter Anwalt einen Fall im Lichte verschiedener einzelstaatlicher Rechte analysieren muss, bevor er entscheiden kann, wo er im besten Interesse seines Mandanten Klage erheben soll. Ein Urteil, das sachgemäß von den Gerichten eines Staates gefällt wurde, wird anschließend automatisch in allen anderen Staaten anerkannt und vollstreckt, denn nach der *„full faith and credit-clause"* in Artikel IV der amerikanischen Verfassung muss jeder Hoheitsakt von Gerichten und Behörden eines Einzelstaats grundsätzlich von allen anderen Einzelstaaten anerkannt werden.

Eine bundesgerichtliche Zuständigkeit kann neben der Zuständigkeit von einem oder mehreren einzelstaatlichen Gerichten bestehen. Grundsätzlich können die Bundesgerichte angerufen werden in Fällen von

- Streitigkeiten über die Bundesverfassung;
- Streitigkeiten über Bundesgesetze;
- *„diversity cases"*, d. h. Streitigkeiten zwischen Bürgern verschiedener Einzelstaaten oder zwischen einem Amerikaner und einem Ausländer, vorausgesetzt, dass der Streitgegenstand mehr als 75.000 $ beträgt;
- *„removal jurisdiction"*, d. h., wenn ein Fall in einem Staat, der nicht der Heimatstaat des Beklagten ist, vor Gericht gebracht wird, kann der Beklagte beantragen, dass der Fall vor den Bundesgerichten verhandelt wird, wenn nach einer der ersten drei Kategorien eine bundesgerichtliche Parallelzuständigkeit besteht.

Nur wenige Sachgebiete sind ausschließlich den Bundesgerichten vorbehalten (z. B. kartellrechtliche Fälle, Küsten- und seerechtliche Streitigkeiten).

4. Die Gliederung von Bundes- und einzelstaatlichen Gerichten

Während die deutschen Gerichte in ordentliche Gerichte für Zivilrecht und Strafrecht, Verwaltungsgerichte, Arbeitsgerichte und Sozialgerichte sowie Steuer- und Finanzgerichte unterteilt sind, kennt das amerikanische System grundsätzlich keine solche Spezialisierung. Das amerikanische Gerichtssystem ist lediglich untergliedert in Bundes- und einzelstaatliche Gerichte. Innerhalb ihrer jeweiligen Zuständigkeit verhandeln die meisten Gerichte und Richter Streitigkeiten aus juristischen Bereichen, die so verschieden sind wie Handelsrecht und Verfassungsrecht oder Strafrecht und Verwaltungsrecht. Nur wenige Gerichte auf Bundesebene und einige mehr auf Staatsebene sind auf besondere Streitgegenstände spezialisiert, wie z. B. Konkurs- oder Steuerrecht.

Auf der anderen Seite gibt es bei den Bundesgerichten und den meisten einzelstaatlichen Gerichten eine dreistufige Hierarchie, die dem deutschen System mit drei Ebenen ziemlich ähnlich ist: Die niedrigsten bzw. erstinstanzlichen Gerichte sind Tatsachengerichte. Auf Bundesebene heißen sie *„district courts"*. In den verschiedenen Staaten gibt es, meist aus historischen Gründen, unterschiedliche Namen für die erstinstanzlichen Gerichte. Zum Beispiel wird das erstinstanzliche Gericht in New York City als *„Supreme Court"* bezeichnet (während die zweite Instanz *„Appellate Divisions"* und die dritte Instanz bzw. der höchste Gerichtshof im Staat New York *„Court of Appeals"* genannt werden).

Grundsätzlich entscheiden die zweitinstanzlichen Gerichte in der Berufung nur Rechtsfragen und hinterfragen die Sachverhaltsuntersuchung des erstinstanzlichen Gerichts nicht mehr. Auf Bundesebene heißen die zweitinstanzlichen Gerichte *„Courts of Appeals"*. Im allgemeinen Sprachgebrauch werden sie auch oft als *„Circuit Courts"* oder *„Federal Circuit Courts"* bezeichnet. Von diesen Bundesgerichten gibt es insgesamt 13. Wiederum variieren die Namen für die zweitinstanzlichen Gerichte in den verschiedenen Einzelstaaten.

Angesichts der Tatsache, dass es über den *Federal Circuit Courts* nur noch den einen *Federal Supreme Court* mit insgesamt nur neun Richtern gibt, werden viele der wichtigsten bundesrechtlichen Entscheidungen auf der Ebene der Berufungsgerichte getroffen und kommen nie vor den *U.S. Supreme Court*. Um ihre wichtige und umfangreiche Arbeit bewältigen zu können, sind *Federal Circuit Courts* ziemlich groß, meist mit Aktivitäten an mehr als einem Ort und immer mit mehreren Gerichtssälen (z. B. hat der *United States Court of Appeals for the Ninth Circuit*, der zuständig ist für Fälle aus Kalifornien, Oregon, Washington, Arizona, Montana, Idaho, Nevada, Alaska und Hawaii, 48 Richter und Gerichtsgebäude an vier verschiedenen Orten – Los Angeles, San Francisco, Portland und Seattle; wenn nötig, finden Verhandlungen zusätzlich an anderen Orten statt).

Die obersten Bundes- und Staatsgerichte verhandeln ausschließlich Fälle, die von den zweitinstanzlichen Gerichten kommen, und haben üblicherweise umfassende Kontrolle über die anhängigen Verfahren, d. h., sie können selbst entscheiden, welche Fälle sie anhören wollen und welche sie nicht zur Revision zulassen wollen. Im Bundessystem ist eine Anforderung der Akten zum Zweck der Revision (*writ of certiorari*) erforderlich, damit ein Fall vor dem *U.S. Supreme Court* angehört wird. Der *Supreme Court* ist völlig frei zu entscheiden, ob „certiorari" gewährt wird oder nicht.

Die Gliederung von Bundes- und einzelstaatlichen Gerichten

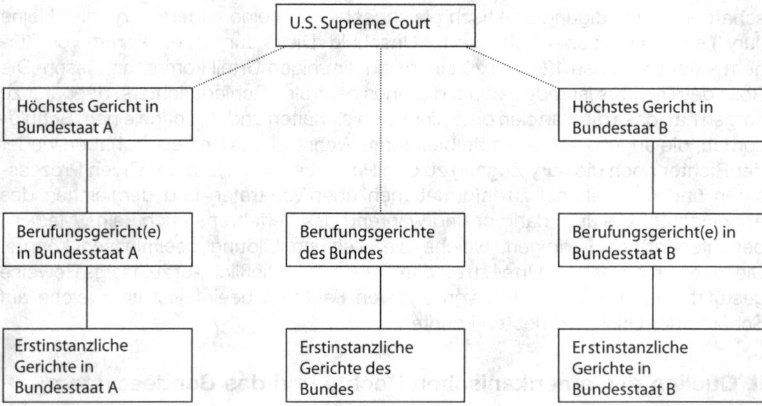

5. Das *"adversarial system"* und die Rolle von Richter und Jury

Insbesondere im Strafrecht und Strafprozessrecht kann ein Gerichtssystem dem Untersuchungsgrundsatz folgen (inquisitorisch) oder auf dem Anklagegrundsatz beruhen oder der Verhandlungsmaxime den Vorrang einräumen. In mehr oder weniger deutlichem Ausmaß schlägt die jeweilige Form des juristischen Systems auch auf Prozesse im Verwaltungs- und sogar im Privatrecht durch. Inquisitorische Systeme des Mittelalters waren geprägt von der Konzentration der hoheitlichen Befugnisse in den Händen der Gerichte und Richter, die zugleich für die Untersuchung, Anklage und Aburteilung der Verdächtigen zuständig waren. Da diese Machtkonzentration ein strukturelles Ungleichgewicht in den Gerichtsverfahren mit sich brachte – der Staat mit all seinen Ressourcen und Polizeikräften auf der einen Seite, das private Individuum auf der anderen – und da die Konzentration der Befugnisse auf ein und dieselben Justizorgane auch zu Befangenheit führen kann, namentlich in den Köpfen der Richter, die bereits die Beweise zusammengetragen und den Prozess vorbereitet haben, verwendet heute kein demokratischer Rechtsstaat mehr das inquisitorische System. In einem anklagenden System werden die Funktionen der Untersuchung und Beweisführung auf der einen Seite sowie die Auswertung und Urteilsfindung auf der anderen Seite getrennt gehalten. Obwohl die Polizei und der Staatsanwalt die Beweismittel und die Klage für den Prozess zusammenstellen, haben sie die Pflicht objektiv vorzugehen und z. B. ein Verfahren einzustellen, wenn es nicht genügend Beweise gegen den Verdächtigen gibt. Der Richter kommt als neutrale Partei hinzu, die die Beweise für und gegen den Angeklagten abwägen muss. Nur wenn auch der Richter jenseits von begründeten Zweifeln überzeugt ist, entscheidet er über Schuld und Strafe. Dies ist das System, das heute in Kontinentaleuropa angewendet wird. Das Verhandlungssystem (*adversarial system*) des *common law* geht aber noch einen Schritt weiter. Während die Polizei und die Staatsanwaltschaft die Beweissammlungsfunktion behalten, benötigen sie üblicherweise eine Jury, um einen Verdächtigen anzuklagen (im Bund und in den meisten Staaten eine „große Jury" von 23 Bürgern, die mehrheitlich entscheiden). Im eigentlichen Prozess sind Staatsanwaltschaft und Verteidigung praktisch gleichgestellt und eine andere Jury (die „kleine Jury") entscheidet über Schuld oder Unschuld. Diese Jury ist ein Forum von Bürgern – üblicherweise 12 – die zu einem einstimmigen Urteil kommen müssen. Die Rolle des Richters ist reduziert auf die eines neutralen Schiedsrichters, der dafür zu sorgen hat, dass die Parteien die Spielregeln einhalten und der, nach einem Schuldspruch, die angemessene Strafe bestimmt. Während des Prozesses haben weder der Richter noch die Jury Zugang zu den Polizeiberichten und sonstigen Prozessakten und nicht einmal zu Informationen über Vorstrafen und dergleichen des Angeklagten. Die Jury darf vor und während des Verfahrens auch keine Medienberichterstattung verfolgen, welche die Meinungsbildung beeinflussen könnte. Die Idee dahinter ist, ein Urteil zu erhalten, das ausschließlich auf zulässige Beweise gestützt und in keiner Weise von anderen Faktoren beeinflusst ist, welche auf Schuld oder Unschuld deuten könnten.

II. Quellen des amerikanischen Rechts und das Bundessystem

1. Die Bundesverfassung und die Verfassung der einzelnen Staaten

Die Verfassung der Vereinigten Staaten von Amerika wurde 1787 von einem Verfassungskonvent angenommen und ist 1788 in neun der heute fünfzig Staaten in Kraft getreten. Sie ist gegenwärtig die älteste und kürzeste geschriebene Verfassung aller Länder bzw. Regierungen der Welt. Die Verfassung besteht aus sieben ursprünglichen Artikeln. Bereits 1789 wurden zehn Ergänzungsartikel (*amendments*) hinzugefügt, welche die „Bill of Rights" bilden und in etwa mit den ersten neunzehn Artikeln des deutschen Grundgesetzes vergleichbar sind. Bis heute wurden der Verfassung, im Laufe von mehr als 200 Jahren, (nur) noch siebzehn weitere Ergänzungsartikel beigefügt. Der achtzehnte Artikel, der 1919 das Alkoholverbot (*prohibition*) einführte, ist die einzige Verfassungsänderung, die jemals wieder aufgehoben wurde, und zwar kraft des einundzwanzigsten Ergänzungsartikels.

Zusätzlich zur Bundesverfassung hat jeder der fünfzig Einzelstaaten seine eigene Verfassung. Alle Bundes- und Staatsgesetze – einschließlich des Fallrechts – müssen in den Vereinigten Staaten mit der Bundesverfassung vereinbar sein. Während die Staatsverfassungen die Bürgerrechte erweitern dürfen, können sie nicht Rechte einschränken oder wegnehmen, die durch die Bundesverfassung gewährleistet sind.

2. Bundesgesetze

Neben der Verfassung besteht Bundesrecht aus Gesetzen, die vom Kongress der Vereinigten Staaten gemäß den Regeln der Bundesverfassung verabschiedet wurden. Normalerweise erfordert die Verabschiedung einer Gesetzesvorlage eine Mehrheit beider Kammern des Kongresses. Gelegentlich wird der Erlass eines Bundesgesetzes durch ein Veto des Präsidenten blockiert (siehe unten Teil III.1.). Bundesgesetze unterliegen daneben der Kontrolle durch die Bundesgerichte und können bei Bedarf für verfassungswidrig erklärt werden. Dies sind wichtige Elemente der Gewaltenteilung und des Systems der wechselseitigen Kontrolle (*checks and balances*) der U.S. Verfassung, das weiter unten noch ausführlicher erklärt wird.

3. Einzelstaatliches Recht

Die einzelnen Bundesstaaten haben Gesetzgebungsbefugnis für alle Angelegenheiten, die nicht ausdrücklich in der Verfassung der Bundesgesetzgebung vorbehalten sind und für jene Angelegenheiten, die zwar der Bundesregierung vorbehalten sind, aber (noch) nicht so vollständig von Bundesgesetzen geregelt sind, dass für einzelstaatliche Gesetzgebung kein Raum mehr bleibt. Innerhalb ihrer sachgemäßen Gesetzgebungskompetenz können die Staaten selbst bestimmen, welche Angelegenheiten sie auf Verfassungsebene, in parlamentarischer Gesetzgebung oder durch verwaltungsrechtliche Regelung behandeln wollen.

4. Fallrecht als verbindliches und als unverbindliches Recht

Wie bereits erklärt, spielt Fallrecht eine wichtige Rolle sowohl im Bundes- als auch im einzelstaatlichen Recht. Bundesgerichte müssen das Fallrecht eines höheren Bundesgerichtes als verbindliches Recht anwenden. Fehlt eindeutiges und unmissverständliches, zwingendes Fallrecht, müssen sie auf das Fallrecht von Bundesgerichten derselben oder einer niedrigeren Ebene als unverbindliches aber informatives Recht zurückgreifen. In solchen Fällen können die Bundesgerichte auch Entscheidungen der einzelstaatlichen Gerichte danach durchsehen, ob sich dort ein nützliches Argument und/oder Wege zur Streitbeilegung finden lassen.

Die meisten einzelstaatlichen Gerichte sind verpflichtet, nicht nur die Entscheidungen *höherer* Gerichte innerhalb derselben Gerichtsbarkeit als rechtsverbindlich anzuerkennen, sondern auch diejenigen anderer Gerichte auf *derselben* Ebene innerhalb desselben Staates. Wiederum greifen sie auf die Entscheidungen anderer Gerichte (niedrigerer Gerichte innerhalb desselben Staates, einzelstaatliche Gerichte anderer Staaten, Bundesgerichte) als unverbindlich aber informativ zurück, wenn eindeutiges und unmissverständliches, zwingendes Recht fehlt.

5. Sekundärrechtsquellen

a) Darstellung der Grundsätze des Fallrechts (*Restatements*)

Wie bereits erläutert, müssen Anwälte und Richter im Fallrecht suchen, wenn sich im Gesetzesrecht keine verbindliche Anleitung zur Lösung einer Streitigkeit finden lässt. Wenn es weder zwingende Leitentscheidungen noch beständige Rechtsprechung zu der betreffenden Frage innerhalb der jeweiligen Gerichtsbarkeit gibt, müssen die Anwälte und Richter die unverbindlichen Entscheidungen aus anderen Gerichtsbarkeiten untersuchen. Daher kommt es immer wieder vor, dass Anwälte und Richter die ganze neuere Rechtsprechung einer Vielzahl von Einzelstaaten durchforsten müssen, wenn es kein eindeutiges und unmissverständliches Fallrecht für ein gesetzlich nicht oder nicht umfassend geregeltes Problem gibt.

Bereits um 1920 spürte man, dass Rechtsgebiete, wie z. B. Vertrags-, Sachen- oder Deliktsrecht, in denen es kaum oder gar kein Gesetzesrecht gab, schwer handhabbar wurden und dass Streitigkeiten manchmal wegen der großen Anzahl von unverbindlichen Urteilen aus verschiedenen Staaten, mit jeweils etwas unterschiedlichen Regeln und Ansätzen zu ähnlichen oder identischen Fragen, willkürliche oder widersprüchliche Ergebnisse hervorbrachten. Daher wurde 1923 das *American Law Institute* gegründet, um unter anderem die „Aufklärung und Vereinfachung des Rechts“ zu unterstützen (für mehr Information siehe http://www.ali.org).

Die Hauptaktivität des ALI ist bis heute die „Darstellung der grundlegenden Rechtsgegenstände, um Richtern und Anwälten die Rechtsfindung und -kenntnis zu erleichtern“. Das Institut beauftragte bekannte Rechtsprofessoren, Richter und Praktiker – „Berichterstatter“ (*reporters*) – mit der Entwicklung eines umfassenden Überblicks über das Fallrecht in bestimmten Rechtsgebieten. Die von den Berichterstattern vorgelegten Entwürfe wurden diskutiert und vom Rat des ALI und seiner Mitglieder angenommen. Auf diesem Wege wurden zwischen 1923 und 1944 rechtliche Grundsatzdarstellungen (*restatements of the law*) entwickelt – entfernt vergleichbar mit den Kommentaren im deutschen Recht – für Vertretung, Gesetzeskonflikte (Gerichtsbarkeit und anwendbares Recht in Mehrstaatenfällen), Vertragsrecht, Urteile, Eigentum, Entschädigung, Sicherheiten, Deliktsrecht und Kartellrecht. Schon bald nachdem die ersten *restatements* fertiggestellt waren, begann die Arbeit an aktualisierten Zweitauflagen, die sogenannten *„Restatement Second“* sowie an ersten Grundsatzdarstellungen für zusätzliche Rechtsgebiete. Heute gibt es *restatements* beispielsweise für Miet- und Pachtrecht, Recht der internationalen Beziehungen der Vereinigten Staaten, Wettbewerbsrecht, Sachenrecht (Grundpfandrechte und Grunddienstbarkeiten), Bürgschaften und Garantien, Deliktsrecht (Produkthaftung und Haftungsverteilung), Anwaltsrecht, Sachenrecht (Testamente und andere Schenkungsübertragungen), Entschädigung und ungerechtfertigte Bereicherung und Produkthaftung.

b) Kommerzielle Veröffentlichungen

Kommerzielle Veröffentlichungen sind generell vergleichbar mit denen in Deutschland und anderen europäischen Ländern. Es gibt akademische Veröffentlichungen wie Abhandlungen, Lehrbücher, Fallbücher und juristische Zeitschriften; es gibt Wörterbücher und Enzyklopädien über rechtliche Fachbegriffe und -gebiete; und natürlich gibt es eine schnell zunehmende Anzahl von Quellen im Internet. Drei Unterschiede zu der Situation in Europa sollen kurz genannt werden. Erstens ist die Bedeutung von Fallbüchern für die Lehre an den Universitäten und für die juristische Forschung weit größer als in Deutschland, was logischerweise aus der verbindlichen Wirkung vieler Leitentscheidungen folgt. Zweitens, und im Gegensatz zur ersten Beobachtung, sind Kommentare zu einzelnen Artikeln bzw. Paragrafen von Gesetzen (wie der *Palandt* für das BGB) so gut wie unbekannt. Schließlich ist die Anzahl und Qualität der juristischen Zeitschriften weitaus höher als das, was wir in Europa finden. Während wir nicht viel mehr als ein halbes Dutzend qualitativ hochwertiger juristischer Zeitschriften in Deutschland finden, die mehr oder weniger jeder kennen sollte, übersteigt die Anzahl solcher Veröffentlichungen in den Vereinigten Staaten sicherlich einhundert.

c) Online-Datenbanken: Westlaw und Lexis/Nexis

Die bekanntesten Online-Datenbanken für U.S. Recht sind Lexis und Westlaw. Beide sind gebührenpflichtig und sogar sehr teuer. Seit Jahren werden sie allerdings gebührenfrei für Jurastudenten und Professoren an amerikanischen juristischen

Fakultäten angeboten, ein Trend, den wir jetzt auch an einigen europäischen Universitäten sehen.

Lexis und Westlaw unterscheiden sich in der Reichweite und Struktur nicht unerheblich, doch beide bieten Zugang zu einem breitgefächerten Angebot von nationalen und internationalen rechtlichen und außerrechtlichen Materialien. Die nationalen Materialien beinhalten alle Bundes- und einzelstaatlichen Gesetze; alle bundesrechtlichen und einzelstaatlichen Gesetzgebungsmaterialien (einschließlich anhängiger Gesetzgebung und Gesetzgebungsgeschichte); exekutive und verwaltungsrechtliche Materialien auf Staats- und Bundesebene; juristische Zeitschriften, Abhandlungen und andere Texte, nach Titel und auch nach behandeltem Rechtsgebiet geordnet; Wörterbücher, Verzeichnisse und andere Quellen von Verweisen; allgemeine und juristische Informationen und Nachrichten; und eine Reihe weiterer Materialien. Ein großer Vorteil dieser Datenbanken ist die Möglichkeit, die Verzeichnisse nach bestimmten Wörtern oder Sätzen zu durchsuchen.

III. Das amerikanische System der Gewaltenteilung und der wechselseitigen Kontrolle (*checks and balances*)

Das amerikanische System der Gewaltenteilung und der wechselseitigen Kontrolle, wie es in der Bundesverfassung festgelegt ist, wurde durch die schriftlichen Abhandlungen von *Montesquieu* angeregt.

1. Der Kongress der Vereinigten Staaten und das Gesetzgebungsverfahren

Der Kongress der Vereinigten Staaten besteht aus zwei Kammern: dem Repräsentantenhaus, manchmal als Unterhaus bezeichnet, und dem Senat, manchmal als Oberhaus bezeichnet. Der Senat besteht aus 100 Mitgliedern, zwei aus jedem der fünfzig Staaten. Durch die gleichwertige Repräsentation aller Staaten schützt der Senat insbesondere die Interessen der kleineren Staaten. Senatoren werden für sechs Jahre gewählt, wobei jeweils ein Drittel alle zwei Jahre zur (Wieder-)Wahl gestellt wird. Das Repräsentantenhaus hat im Gegensatz dazu 435 Mitglieder, die Kongressdistrikte mit etwa gleicher Einwohnerzahl repräsentieren. Dies bedeutet, dass Staaten mit großer Bevölkerung mehr Repräsentanten nach Washington schicken als Staaten mit kleiner Bevölkerung (Kalifornien, der Staat mit der größten Bevölkerung, hat 52 Repräsentanten, während Alaska, Delaware, Montana, North Dakota, South Dakota, Vermont und Wyoming nur jeweils einen haben). Die Wahlbezirke für die Kongresswahlen werden alle zehn Jahre neu festgelegt, um Bevölkerungsentwicklungen gerecht zu werden und die Distrikte so weit wie möglich gleich in der Vertretung zu halten. Alle Repräsentanten werden auf zwei Jahre gewählt.

Vorschläge für die Bundesgesetzgebung können in Form eines Gesetzesentwurfs („*bill*") in jedem der beiden Häuser von jedem ihrer Mitglieder eingebracht werden. Je nach Gegenstand eines Entwurfs wird er dann zur detaillierten Erörterung an einen der ständigen Ausschüsse weitergeleitet. Die ständigen Ausschüsse im Haus und im Senat leiten die Entwürfe wiederum oft an Unterausschüsse weiter. Der Ausschuss oder Unterausschuss kann schriftlich oder in öffentlichen Anhörungen Anregungen von internen oder externen Experten einholen und kann Unterstützung bei der Formulierung des endgültigen Gesetzestextes vom *Office of Legislative*

Counsel der jeweiligen Kammer anfordern. Am Ende des Verfahrens stimmt der Ausschuss über den Vorschlag ab, wobei folgende Ergebnisse möglich sind: Wird der Entwurf von einer Mehrheit unterstützt, geht der Text, zusammen mit Erläuterungen über die Gesetzgebungsentwicklung, Kosten und Zweck etc., an die gesamte Kammer zur Abstimmung; alternativ kann der Entwurf im Ausschuss niedergeschlagen werden; schließlich kann er bis auf Weiteres vertagt werden *(„tabled").* Das zuletzt genannte Ergebnis ist in der Praxis wahrscheinlich das häufigste.

Wenn ein Gesetzesentwurf von dem zuständigen Ausschuss einer der beiden Kammern des Kongresses gebilligt wurde, wird er vor die gesamte Kammer gebracht (zum Parkett, *„to the floor"*). In diesem Stadium können weitere Debatten aufkommen und Änderungen gemacht werden. Schließlich stimmt die Kammer über den Vorschlag ab und wenn der Entwurf von einer Mehrheit unterstützt wird, geht er an die jeweils andere Kammer zu einer ähnlichen Prozedur, von der Prüfung im Ausschuss bis zu einer Abstimmung auf dem Parkett. Ähnliche oder identische Entwürfe können und werden auch oft in beiden Kammern gleichzeitig behandelt.

Wenn beide Kammern einen identischen Gesetzesentwurf mehrheitlich annehmen, geht dieser direkt zum Präsidenten, um unterschrieben und ausgefertigt zu werden. Der Entwurf wird Gesetz, wenn der Präsident ihn innerhalb von zehn Tagen unterschreibt, oder, wenn der Präsident nichts unternimmt, wird der Entwurf nach zehn Tagen automatisch Gesetz. Wenn der Präsident jedoch sein Veto gegen einen Entwurf einlegt, geht dieser zurück an den Kongress mit einer Erklärung zum Veto. In diesem Fall geht der Entwurf unter, es sei denn, das Präsidentenveto wird von einer Zweidrittelmehrheit in beiden Häusern überstimmt.

Wenn beide Häuser des Kongresses verschiedene Versionen desselben Gesetzesentwurfs verabschieden, muss ein Vermittlungsausschuss (*conference committee*) die Entwürfe begutachten und versuchen, einen beiderseitig annehmbaren Kompromiss auszuarbeiten. Dieser Ausschuss besteht aus Mitgliedern beider Häuser. Wenn sie erfolgreich sind, wird der Entwurf zurück aufs Parkett für eine weitere Abstimmung geschickt. Wenn der Text diesmal in identischer Form von einer Mehrheit beider Häuser angenommen wird, kann er zur Unterzeichnung (oder zum Veto) zum Präsidenten geschickt werden.

2. Der Oberste Gerichtshof der Vereinigten Staaten

Der Oberste Gerichtshof der Vereinigten Staaten (*U.S. Supreme Court*) ist das höchste Gericht der Vereinigten Staaten und hat das letzte Wort in Fragen der Interpretation der Bundesverfassung und des Bundesgesetzesrechts. Der Oberste Gerichtshof hat neun Mitglieder – den vorsitzenden Richter (*Chief Justice*) der Vereinigten Staaten und acht beigeordnete Richter (*Associate Justices*). Das Gericht sitzt *en banc*, es sei denn, ein bestimmtes Mitglied ist nicht verfügbar oder lehnt wegen Befangenheit ab, um z. B. Interessenkonflikte zu vermeiden.

Außer in einem sehr kleinen Bereich von ursprünglicher Gerichtsbarkeit und zwingender Revisionsgerichtsbarkeit ist die Prozessliste des Obersten Gerichtshofes völlig ermessensfrei, d. h., der Gerichtshof entscheidet selbst, welche der zur Revision vorgelegten Fälle er anhören will. Gemäß der so genannten „Viererregel" (*rule of four*) wird ein Fall vom Gerichtshof angehört, wenn vier der neun Richter dafür stimmen. Die Entscheidung, ob dem Aktenvorlageantrag stattgegeben werden soll, wird von den Richtern unter Ausschluss der Öffentlichkeit getroffen, und eine Ablehnung des Antrags muss vom Gerichtshof nicht begründet werden. Der Oberste Gerichtshof prüft jedes Jahr nur etwa 90 Fälle von mehreren Tausend, die ihm zur Revision vorgelegt werden.

Der Oberste Gerichtshof spielt eine wichtige Rolle bei der wechselseitigen Kontrolle der anderen Zweige der Bundesregierung. Eine wichtige Kompetenz des Obersten Gerichtshofes – und aller anderen Bundesgerichte – ist das Recht der gerichtlichen Überprüfung (*judicial review*) von Legislativ- und Administrativakten des Kongresses und der Exekutive auf ihre Gesetzmäßigkeit, einschließlich der Verfassungsmäßigkeit.

3. Die Rolle des Präsidenten der Vereinigten Staaten und der Bundesregierung

Der Präsident der Vereinigten Staaten steht an der Spitze der Bundesverwaltung. Zu seinen Pflichten, die in der Verfassung festgelegt sind, gehört das Oberkommando über die Streitkräfte, die Aushandlung und Annahme von internationalen Abkommen, denen allerdings der Senat ebenfalls zustimmen muss, und die Ernennung von Ministern, Konsuln, Botschaftern und allen Bundesrichtern, wobei wiederum die Zustimmung des Senats erforderlich ist. Der Präsident wird für einen Zeitraum von vier Jahren gewählt und kann sich einmal zur Wiederwahl stellen.

Einmal gewählt stellt der Präsident sein Kabinett zusammen. Jedes Mitglied des Kabinetts ist für ein Ressort verantwortlich und steht der entsprechenden Behörde, also dem Ministerium, vor. Zu den Kabinettmitgliedern gehören der Außenminister (*Secretary of State*), der Verteidigungsminister (*Secretary of Defense*), der Finanzminister (*Secretary of the Treasury*) und der Justizminister (*Attorney General*). Neben den Ministerien umfasst die Bundesregierung eine ganze Reihe von so genannten unabhängigen Agenturen (*independent agencies*). Diese Agenturen werden von Gremien geleitet und von einer großen Anzahl Mitarbeiter unterstützt, die meist Laufbahnbeamte sind und deren Anstellung nicht mit der aktuellen Verwaltung wechselt.

Die Verwaltung ist mit der Ausführung und Durchsetzung des Bundesrechts, wie es vom Kongress erlassen wird, beauftragt. Dies geschieht primär durch Tatsachenermittlung, Verordnungen und Verwaltungsakte sowie, wenn erforderlich, durch Vollstreckungsmaßnahmen.

IV. Privatrecht

Privatrecht in den Vereinigten Staaten ist einzelstaatliches Recht und nicht Bundesrecht. Daher müssen die nächsten Anmerkungen mit Vorsicht genossen werden, da immer wieder erhebliche Unterschiede im Recht der einzelnen Staaten gefunden werden können.

1. Vertragsrecht

Das *„Restatement (Second)“* definiert einen Vertrag als ein Versprechen, für dessen Bruch das Gesetz ein Rechtsmittel oder eine Entschädigung vorsieht. Mit wenigen Ausnahmen gilt ein Vertrag im amerikanischen Recht nur dann als zwangsweise durchsetzbar, wenn er in einem schriftlichen Dokument festgehalten ist. Ein anderer Unterschied zum kontinentaleuropäischen Recht ist die Voraussetzung eines Entgelts („*consideration*"). Vereinfacht gesagt, gilt im amerikanischen Recht ein Versprechen nur dann als verbindlich und zwangsweise durchsetzbar, wenn eine Art Gegenleistung vereinbart und erhalten worden ist. In den meisten Fällen ist dies kein Problem, da die Verträge eine Geldzahlung für Güter oder Dienstleistungen vorsehen. Jedoch gibt es ein Problem, das bis heute noch Schwierigkeiten macht, nämlich das unwiderrufliche Angebot. Wenn eine Vertragspartei verspricht, ein bestimmtes Angebot für einen bestimmten Zeitraum offen zu halten, also nicht zu widerrufen, aber für dieses Versprechen keine Gegenleistung erhält, so ist das Versprechen generell nicht durchsetzbar. Eine Möglichkeit, dieses Problem zu umgehen, ist die Zahlung einer nominellen Summe – einen Dollar – für die Unwiderruflichkeit des Angebots. Der *Uniform Commercial Code (UCC)* sieht die Möglichkeit vor, ein Angebot durch Schriftform unwiderruflich zu machen. Gelegentlich haben Gerichte ein Angebot durchgesetzt mit der bloßen Begründung, dass die andere Partei sich darauf verlassen habe und im Vertrauen auf die Verbindlichkeit des Angebots Zeit- und Geldinvestitionen gemacht habe.

2. Deliktsrecht

Ähnlich dem deutschen System der unerlaubten Handlungen (§ 823 BGB) erkennt das U.S. Recht Schadensersatzforderungen auch in Fällen, in denen ein Unrecht außerhalb einer Vertragsbeziehung begangen wurde, an. Im Allgemeinen setzen solche Klagen voraus, dass das Unrecht absichtlich, fahrlässig oder im Zusammenhang mit einer besonders gefährlichen Aktivität begangen wurde. Im letzteren Fall muss jede Art von Schaden ersetzt werden, auch ohne Nachweis von Fahrlässigkeit. Dies wird in den USA als *„strict liability"* oder *„no-fault liability"* bezeichnet (Gefährdungshaftung), während die anderen beiden Anspruchsgrundlagen auf Verschulden beruhen. Die Frage, ob eine Person fahrlässig gehandelt hat oder nicht, wird danach beurteilt, was eine vernünftige Person (*a reasonable person*) unter denselben Umständen getan hätte. Diese Frage wiederum wird im Prozess von einer Jury entschieden, die auch bestimmt, welche Schadensbestandteile wie hoch entschädigt werden sollen. Die Tatsache, dass viele Jurys dazu neigen, Individuen gegenüber großen Unternehmen oder Versicherungen zu bevorzugen, zusammen mit der Tatsache, dass Schadensersatz nicht nur für Schäden am Eigentum und für medizinische Kosten, sondern auch für nicht messbare Schmerzen und Leiden zugesprochen werden kann, erklärt das gelegentliche Urteil, das sogar Schlagzeilen im weit entfernten Europa macht, wenn sehr große Geldsummen für anscheinend merkwürdige Vorfälle zugesprochen werden (z. B. als eine Klägerin 160.000 $ als Schadensersatz erhielt zuzüglich 2,7 Mio. $ als Strafschadensersatz – *punitive damages* – nachdem sie einen Kaffee im McDonald's Drive-in gekauft hatte, den Becher zwischen die Beine klemmte, ihn beim Fahren öffnete, um Zucker und Milch hinzuzugeben, den Kaffee verschüttete und sich verbrannte, siehe Liebeck v. McDonald's Restaurants, No. CV-93–02419 – N.M. Dist. Aug.18, 1994).

Während das U.S. System dazu neigt, höhere Summen für vergleichbare unerlaubte Handlungen zuzusprechen als z. B. das deutsche System und manche dieser Schadenersatzsummen objektiv unvernünftig sind, hat das U.S. System doch einige Stärken. Vor allem zusammen mit bestimmten Merkmalen des Prozessrechts gewährt das amerikanische System Gerichtszugang selbst für solche Personen, die sich nicht leisten können, einen Anwalt zu nehmen und ihren Fall vor Gericht zu bringen. Diese Merkmale werden im Zusammenhang mit dem Verfahrensrecht im Zivilprozess näher erläutert.

3. Eigentumsrecht

Privateigentum hat für Amerikaner eine besondere Bedeutung. Der fünfte Verfassungsergänzungsartikel, als Teil der *„Bill of Rights"*, legt die Trilogie von „Leben, Freiheit (und) Eigentum" nieder, die die Grundfreiheiten dieses Landes sind. Entzug von Eigentum, insbesondere von Grundeigentum, kann nicht „ohne rechtmäßigen Prozess" (*due process*) geschehen und – wenn Eigentum für öffentliche Benutzung enteignet werden muss – hat eine „gerechte Entschädigung" zu erfolgen. Dies unterscheidet sich grundlegend von der Behandlung von Eigentum im deutschen Grundgesetz oder anderen europäischen Verfassungen, die häufig eher betonen, dass Eigentum verpflichtet (Sozialbindung).

Dieser Hintergrund muss beachtet werden, wenn amerikanische Eigentumsfälle untersucht werden. Landbesitzer können Einspruch gegen jegliche Beeinträchtigung (*„taking"*) ihres Grundes einlegen, wobei der Begriff der Beeinträchtigung weit über den Begriff der Enteignung hinausgeht. Außerdem haben Landbesitzer Entschädigungsansprüche gegen Besitzstörer, d. h. unerlaubte Eindringlinge sowie gegen Störungen, die von Nachbargrundstücken herrühren. Ein Problem, das hoch umstritten bleibt, ist die Frage, wann eine öffentliche Regelung der Landnutzung, z. B. in Form von Bauplanungsrecht oder umweltrechtlichen Auflagen, solch ernsthaften Einfluss auf das Eigentum hat, dass es ein *„taking"* im Sinne des *Fifth Amendment* begründet und entschädigt werden muss.

4. Handelsrecht

Der amerikanische Bundesgesetzgeber hat keine umfassenden Befugnisse im Bereich des Handelsrechts. Er ist lediglich dazu ermächtigt, den zwischenstaatlichen Handel (*interstate commerce*) zu regeln, d. h. die Handelstransaktionen, die über die Grenzen eines Staates hinausgehen. Theoretisch könnte diese Befugnis weit konstruiert sein. Zum Beispiel entschied der Oberste Gerichtshof im Fall Katzenbach v. McClung im Jahre 1964, dass die Bundesregierung aufgrund der zwischenstaatlichen Handelsklausel (*interstate commerce clause*) eingreifen dürfe, um Rassendiskriminierung eines Restaurantbesitzers in Alabama zu unterbinden. Indem der Besitzer sich weigerte Afroamerikanern Mahlzeiten und Getränke zu servieren, reduzierte er seinen Umsatz, d. h. die Menge an Essen und Getränken, die er verkaufte, und somit auch die Menge an Essen und Getränken, die er einzukaufen hatte. Da wenigstens ein Teil des Essens, das für das Restaurant gekauft wurde, von außerhalb des Staates stammte, beeinflusste die Weigerung, Afroamerikanern Essen zu servieren, den zwischenstaatlichen Handel, was dieses Problem wiederum der Bundeskompetenz unterwarf. In der Praxis zögert die Bundesregierung allerdings regelmäßig, ihre Kompetenzen im Bereich des Privatrechts auszuüben. Daher gehört Handelsrecht im Großen und Ganzen zu der Gesetzgebungsbefugnis der einzelnen Staaten.

Bedeutende Unterschiede zwischen dem Recht der verschiedenen Staaten, wie z. B. bei den Regeln zum Verkauf oder zum Leasing von Gütern oder den Regeln im Kreditsicherungsrecht, wären jedoch eine Belastung für Privatunternehmen. Daher hat die *National Conference of Commissioners on Uniform State Laws* (siehe http://www.nccusl.org) bereits 1896 damit begonnen, Modellgesetze zur Verabschiedung in allen Staaten zu entwerfen. Verschiedene Modellgesetze wurden nach dem Zweiten Weltkrieg zusammengefasst in einer umfassenden Modellgesetzgebung, dem *Uniform Commercial Code* (UCC). Seit Ende der 1960er Jahre haben fast alle Staaten Handelsgesetze auf der Grundlage des UCC verabschiedet und dies hat die früher bestehenden Unterschiede enorm reduziert.

Einige Probleme bleiben allerdings bestehen. Erstens haben nicht alle Staaten alle Teile des UCC angenommen und manche haben das Modellgesetz mit kleinen, aber bedeutsamen Unterschieden übernommen. Zweitens unterliegt der UCC einem Aktualisierungs- und Revisionsprozess und es wird einige Zeit dauern, bis alle Paragrafen des Modellgesetzes revidiert sind und bis dann alle Einzelstaaten das geänderte Recht in ihre jeweilige Gesetzgebung übernommen haben. Drittens werden nicht alle Bereiche des Handelsrechts vom UCC abgedeckt. Beispielsweise wurden Versicherungsrecht sowie Kapitalgesellschaften und Personengesellschaften nicht vom NCCUSL mit einbezogen; Konkursrecht gehört ohnehin zur Bundeskompetenz.

5. Andere wichtige Bereiche des Privatrechts

Familienrecht und Erbrecht unterliegen ebenfalls der einzelstaatlichen Gesetzgebungskompetenz. Bundesrecht beeinflusst das einzelstaatliche Recht jedoch in zweierlei Hinsicht: Bundesverfassungsrecht, insbesondere die „Bill of Rights", ist verbindlich für die staatlichen Gesetzgeber, Gerichte und Verwaltungen. Außerdem ist die Bundeskompetenz in den Bereichen Steuern und Sozialhilfe von besonderer Bedeutung in vielen familien- und erbrechtlichen Fällen.

6. Wichtige Unterschiede zu Kontinentaleuropa

Bei einem Vergleich des deutschen und des amerikanischen Privatrechts fällt zunächst auf, dass in Amerika praktisch jegliche allgemeine Gesetzesregelung fehlt. Es gibt weder ein Äquivalent zum Allgemeinen Teil des BGB (§§ 1–240 BGB) noch zum Allgemeinen Teil des Schuldrechts (§§ 241- 432 BGB). Allerdings gelten allgemeine Prinzipien, die – größtenteils durch Fallrecht – zu praktisch allen Vertragstypen entwickelt wurden, insbesondere zu solchen Bereichen wie Vertragsfähigkeit der Parteien, formale Voraussetzungen, Angebot und Annahme, Auslegung, Anfechtbarkeit wegen Irrtum und aus anderen Gründen, Erfüllung und Nichterfüllung, Vertretung und Abtretung von Rechten sowie der Rechtsmittel bei Vertragsbruch. Dennoch hat das Fehlen von grundsätzlicher Gesetzgebung Auswirkungen, z. B. in sehr viel längeren und sehr viel detaillierteren Verträgen. Typischerweise umfassen von amerikanischen Anwälten entworfene Verträge mehrere Dutzend Seiten, selbst wenn die zugrundeliegende Transaktion unkompliziert aussieht. Auf all diesen Seiten findet man dann Verpflichtungen, die für einen deutschen Juristen völlig selbstverständlich sind, wie z. B. dass beide Seiten ehrlich sein sollen und ihre Vertragspflichten nach Treu und Glauben erfüllen sollen. Natürlich haben amerikanische Anwälte alle Standardklauseln vorformuliert auf der Festplatte ihrer Computer und kopieren lediglich die relevanten Bestimmungen in jeden neuen Vertrag hinein. Leider passen aber diese so genannten *„boiler plate terms“* nicht immer und die langen Schriftsätze werden allzu oft nicht mit Vorsicht durchgelesen. Die Bemühung, jegliche Zweideutigkeiten oder Auslegungszweifel um jeden Preis zu verhindern, indem sehr detaillierte Bestimmungen in den Vertrag aufgenommen werden, wird dann auf den Kopf gestellt und uneindeutige oder widersprüchliche Begriffe werden unfreiwillig eingeschleppt.

Andere überraschende Merkmale des amerikanischen Rechts werden weiter unten diskutiert, wenn der Standardzivilprozess etwas detaillierter in seinen verschiedenen Stadien erläutert wird.

V. Strafrecht

Die gemeinsamen Ursprünge des englischen und amerikanischen Strafrechts liegen im Fallrecht. Zumindest teilweise wegen des Prinzips *nullum crimen sine lege, nulla poena sine lege* ist das Strafrecht heutzutage allerdings Gesetzesrecht. In den Vereinigten Staaten ist Strafrecht außerdem größtenteils einzelstaatliches Recht und während die meisten der Hauptstraftaten – Verbrechen (*felonies*) – ziemlich ähnlich von Staat zu Staat definiert sind, können die Gesetze über die geringeren Straftaten – Vergehen (*misdemeanors*) – und geringfügige Delikte gehörig voneinander abweichen. Spürbare Unterschiede zwischen den Einzelstaaten findet man auch hinsichtlich der für die verschiedenen Straftaten vorgeschriebenen Strafen. Manche Staaten greifen schnell auf Gefängnisstrafen zurück, während andere Bußgelder, Bewährungsstrafen und andere Sanktionen für weniger ernste Straftaten bevorzugen. Etwas mehr als die Hälfte der Staaten – und diese Anzahl nimmt in letzter Zeit zu – sieht die Todesstrafe für die schlimmsten Verbrechen vor. Ein gewisser Grad an Harmonisierung zwischen den unterschiedlichen einzelstaatlichen Systemen, insbesondere im Hinblick auf die allgemeinen strafrechtlichen Grundsätze für Fragen z. B. der Schuldfähigkeit, Verursachung, Rechtfertigung und Verantwortlichkeit, wurde mit der Hilfe des *Model Penal Code* erreicht, der unter der Federführung des *American Law Institute* entwickelt wurde.

Der Bund hat die Gesetzgebungskompetenz für zwischenstaatliche Straftaten, wie z. B. Drogenhandel über Staatsgrenzen hinweg, sowie für Straftaten, die an Orten begangen wurden, die unter die territoriale Hoheit des Bundes fallen. Die Bundeskompetenzen umfassen auch Angelegenheiten der nationalen Sicherheit; letztere sind von besonderer Bedeutung im Rahmen der gegenwärtigen Ausweitung der Gesetze gegen Terrorismus.

VI. Öffentliches Recht

Öffentliches Recht in den Vereinigten Staaten kann in zwei Teile unterteilt werden. Zum einen gibt es Verwaltungsverfahrensrecht für den Erlass von Verordnungen und Verwaltungsakten der staatlichen Verwaltung und der *independent agencies*, wenn diese Maßnahmen private Individuen oder privatrechtliche Körperschaften unmittelbar in ihren Rechten betreffen können. Darunter fällt auch das Verwaltungsprozessrecht für die Anfechtung solcher Verordnungen und Einzelmaßnahmen. Zum anderen gibt es materielles Recht, das von einer Vielzahl von staatlichen Behörden entwickelt wurde und wird. Beide Teile können sowohl auf Bundes- als auch auf einzelstaatlicher Ebene gefunden werden.

Die Arbeit von *independent agencies* des Bundes, wie z. B. der *Food and Drug Administration* (FDA), wird von der Bundesverfassung sowie vom *Federal Administrative Procedure Act* (FAPA) und anderen Bundesgesetzen geregelt. Der wichtigste Grundsatz für das Verwaltungsverfahren ist die rechtsstaatliche Verfahrensgarantie *(due process clause)* der Bundesverfassung. Sie ist durch Bundesgesetze und Fallrecht präzisiert worden und garantiert eine Vielzahl von Verfahrensrechten Anhörung, Akteneinsicht etc.). Gerichtliche Kontrolle geschieht oft direkt vor den Bundesappellationsgerichten, wobei eine Klagebefugnis gewöhnlich direkte Betroffenheit voraussetzt sowie die Ausschöpfung der verfügbaren verwaltungsinternen Rechtsbehelfe.

VII. Zivilprozessrecht

1. Zivilprozesse in Amerika

Zivilprozesse vor den einzelstaatlichen und den Bundesgerichten werden von einer Vielzahl verschiedener Regeln und Vorschriften determiniert. Dazu gehören Regeln, die von der U.S. Verfassung und den Staatsverfassungen abgeleitet werden, Bundes- und einzelstaatliche Gesetze sowie Fallrecht und gerichtsinterne Regeln auf Bundes- und/oder Staatsebene. Schließlich gibt es berufsständische Regeln für die Anwälte auf nationaler, staatlicher und lokaler Ebene. Die wichtigsten Vorschriften für Zivilprozesse findet man in den Zivilprozessordnungen und den Regelwerken über zulässige Beweismittel (*rules of evidence*). Diese Regeln können für Verfahren vor einzelstaatlichen Gerichten von Staat zu Staat variieren.

Fletcher und *Sheppard* schlüsseln die verschiedenen Bestandteile eines Zivilprozesses in chronologischer Reihenfolge auf wie folgt:

i) Vorläufige Untersuchung des Sachverhalts und der Rechtslage
ii) Entwurf und Zustellung der Klageschrift und der Erwiderung
iii) Vorläufige Anträge
iv) Beweisermittlung
v) Antrag auf beschleunigtes Verfahren
vi) Vorprozessuale Konferenz
vii) Auswahl der Jury
viii) Prozess bzw. mündliche Verhandlung
ix) Anweisung der Jury
x) Juryspruch und Urteilsspruch
xi) Nachprozessuale Anträge
xii) Berufung/Revision
xiii) Vollstreckung

Es würde über den Rahmen dieser Ausführungen hinausgehen, jeden Schritt im Detail zu erklären. Dennoch werden im Folgenden einige Bemerkungen über die weniger offensichtlichen Bestandteile gemacht.

Die vorläufige Untersuchung des Sachverhalts und der Rechtslage ist in Amerika noch wichtiger als in Deutschland. Zusätzlich zu den Fragen, die jeder Anwalt zu ermitteln hat, müssen amerikanische Anwälte regelmäßig an Probleme der Gerichtsbarkeit denken. Wenn ein Fall in mehr als einem Staat vor Gericht gebracht werden kann oder eine Wahl besteht zwischen einem Bundesgericht und einem oder mehreren einzelstaatlichen Gerichten, müssen sie den Fall im Prinzip unter allen möglichen anwendbaren Systemen analysieren, um zu ermitteln, wo der Fall im besten Interesse des Mandanten anhängig gemacht werden soll.

Die dem Gericht und dem Beklagten zugestellten Klageschriften sind ihrem deutschen Äquivalent ähnlich. Sie müssen den Sachverhalt, das anwendbare Recht und den gewünschten Rechtsbehelf darlegen. Zusätzlich sind Ausführungen zur Gerichtsbarkeit erforderlich. Im Gegensatz zum deutschen System muss die Klage vom Kläger an den Beklagten zugestellt werden und nicht vom Gericht. Der Beklagte hat üblicherweise zwanzig Tage – zumindest vor Bundesgerichten –, um mit einer oder mehreren der folgenden Möglichkeiten zu antworten: ein verfahrensrechtlicher Antrag auf Klageabweisung; eine substantiierte Klageerwiderung (*affirmative defense*); und/oder eine Gegenklage. Wenn der Beklagte nicht innerhalb von zwanzig Tagen antwortet, kann der Kläger ein Versäumnisurteil beantragen.

Vorläufige Anträge gibt es in verschiedenen Formen. So kann der Beklagte beantragen, dass die Klage abgelehnt wird wegen fehlender Zuständigkeit des jeweiligen Gerichts oder weil ihm die Klage nicht ordnungsgemäß zugestellt worden ist. In einem solchen Fall kann der Kläger widersprechen, was zu einem längeren hin und her von Schriftsätzen und sogar einer mündlichen Verhandlung über diese vorläufigen Fragen führen kann. Andere Anträge können versuchen, die im Prozess verhandelten Fragen einzugrenzen oder die Klage anderweitig zu präzisieren. Der Kläger kann einen Pfändungsbeschluss gegen mobiles oder immobiles Eigentum des Beklagten beantragen oder eine einstweilige Verfügung, mit der dem Beklagten ein Tun, Dulden oder Unterlassen geboten wird oder ein sonstiges richterliches Verbot.

Die Beweisermittlung ist das Verfahren, in dem jede Partei des Rechtsstreites von der jeweils anderen Partei nach gewissen Regeln Beweismittel anfordern kann. Dieses Verfahren und einige der damit verbundenen Probleme werden unten etwas detaillierter ausgeführt.

Nachdem der Sachverhalt ermittelt worden ist, kann entweder der Kläger oder der Beklagte einen Antrag auf beschleunigtes Verfahren (*summary judgment*) für den gesamten Prozess oder einen abtrennbaren Teil davon stellen. Ein solcher Antrag hat Aussicht auf Erfolg, wenn der gesamte Fall oder der abtrennbare Teil der Klage aufgrund von unumstrittenen Tatsachen entschieden werden kann oder aufgrund von Tatsachen, die zwar umstritten, aber für eine Juryentscheidung nicht geeignet sind. Wenn das Gericht dem Antrag stattgibt, entscheidet es den gesamten Fall oder den abtrennbaren Teil allein aufgrund des anwendbaren Rechts, d. h. ohne einen eigentlichen Prozess, insbesondere ohne mündliche Verhandlung und ohne weiteren Austausch von Argumenten.

Wenn ein beschleunigtes Verfahren nicht zugelassen wurde oder wenn ein entsprechender Antrag erst gar nicht gestellt wurde, findet als nächster Schritt eine vorprozessuale Konferenz zwischen den Anwälten und dem Richter statt. Während dieser Sitzung versuchen die Parteien, festzulegen, bis zu welchem Grad Einvernehmen besteht bezüglich des Sachverhalts, der zulässigen Beweismittel zur Begründung von umstrittenen Tatsachen, der vom Prozess auszuschließenden Beweismittel, der zulässigen und relevanten rechtlichen Argumente etc. Das Ergebnis der Konferenz ist eine vorprozessuale Anordnung, welche insbesondere die Beweismittel festlegt, die im Prozess eingebracht werden dürfen. Je nach Gerichtsbarkeit finden mehrere solcher vorprozessualen Konferenzen statt, z. T. auch schon früher im Verfahren.

Obwohl sich die Parteien darauf verständigen können, den Prozess nur vor einem Richter zu führen, findet die Mehrheit aller Zivilprozesse immer noch vor einer Jury statt. Traditionell besteht die Jury aus zwölf zufällig ausgewählten Bürgern. Zivilprozesse können auch vor einer Jury von sechs Mitgliedern stattfinden. Die Auswahl der Jurymitglieder beginnt mit der Vorladung einer ziemlich großen Anzahl von Personen, die zu einer bestimmten Zeit an einem bestimmten Tag vor Gericht erscheinen müssen. Die Jurypflicht ist vorgeschrieben und Nichterscheinen wird gesetzlich bestraft. Alle Mitglieder der Gruppe werden dann befragt, d. h., der Richter und/oder die Anwälte stellen eine Vielzahl von Fragen über die Ansichten der potentiellen Jurymitglieder bezüglich der relevanten Streitfragen. Als nächstes wählt der Richter deutlich mehr als die benötigten zwölf Personen als geeignete Jurymitglieder aus und die Anwälte erhalten die Möglichkeit, die Auswahl im Einzelfall anzufechten, z. B. mit der Begründung, die betreffende Person sei befangen oder habe ein persönliches Interesse am Ausgang des Verfahrens. Jeder Seite stehen außerdem eine kleine Zahl von nicht zu begründenden Ablehnungen zu (*peremptory challenges*), d. h., Kandidaten können ausgeschlossen werden, ohne dass ein Ablehnungsgrund nachgewiesen werden muss.

Wenn die Jury bestellt ist, kann der Prozess beginnen. Er besteht aus vier Hauptteilen: den Eröffnungsplädoyers beider Seiten, der Präsentation der Beweismittel des Klägers, der Präsentation der Beweismittel des Beklagten und den Schlussplädoyers beider Seiten. Wie bereits oben erklärt, wird der Prozess in allen vier Teilen maßgeblich von den jeweiligen Anwälten gestaltet und der Richter stellt lediglich sicher, dass die anwendbaren Prozess- und Beweisregeln befolgt werden.

Nachdem die Schlussplädoyers vorgetragen wurden, weist der Richter die Jury an, wie sie zu beraten hat, was der Kläger beweisen muss, um zu gewinnen, was der Beklagte für etwaige Gegenklagen zu beweisen hat und welcher Grad an Überzeugung jeweils erforderlich ist. Die Anweisungen werden von den Anwälten für den Richter entworfen und jede Seite kann gewisse Teile oder Formulierungen zurückweisen, bevor die Anweisungen der Jury vorgelesen werden. Die Jury muss zu einem einstimmigen Urteilsspruch über die vorgegebenen Fragen kommen, z. B. ob der Beklagte an den Kläger Schadensersatz zu leisten hat und in welcher Höhe. Im Strafprozess entscheidet die Jury, ob der Angeklagte für schuldig befunden wird. Hingegen entscheidet die Jury nicht über das Strafmaß. Ausgenommen hiervon ist lediglich die Todesstrafe bei Kapitalverbrechen, die nur von einer Jury verhängt werden kann.

Nach dem Ende der mündlichen Verhandlung gibt es folgende drei Möglichkeiten. Erstens kann die Partei, die verloren hat, nachprozessuale Anträge stellen, insbesondere einen Antrag auf ein *judgment nov (non obstante verdicto),* d. h. auf Außerkraftsetzung des Juryspruchs als unverhältnismäßig oder einen Antrag auf einen neuen Prozess, z. B. wenn Beweismittel von einer Partei zurückgehalten wurden oder wenn ein Fehler während des Verfahrens gemacht worden ist. Zweitens kann die Partei, die verloren hat, in Berufung/Revision gehen. Schließlich, wenn das Urteil vollstreckbar wird, kann die siegreiche Partei einen Vollstreckungsbefehl beantragen, d. h. eine zusätzliche gerichtliche Anordnung, wenn die unterlegene Partei nicht zahlt oder anderes nicht freiwillig erfüllt.

2. Andere wichtige Unterschiede im Vergleich mit Kontinentaleuropa

a) Beweisermittlung und Beweisregeln

Wie bereits oben erwähnt, ist die Beweisermittlung ein wichtiges Element bei der Vorbereitung eines Prozesses. Während dieser Phase tauschen die Anwälte des Klägers und des Beklagten Aufforderungen zur Übergabe von bestimmten Dokumenten oder anderen Beweismitteln aus, um den Sachverhalt vollständig aufzuklären und den rechtlichen Standpunkt der jeweils anderen Partei umfassend zu verstehen. Insbesondere kann im Rahmen der Beweisermittlung Folgendes verlangt werden: i) schriftliche Beantwortung schriftlicher Fragen (*interrogatories*); ii) Anforderung von Schriftstücken oder fassbaren Beweismitteln; iii) Befragung von Zeugen durch die jeweiligen Anwälte (*depositions*); iv) Anforderung anderer Beweismittel, wie z. B. medizinische Aufzeichnungen oder Untersuchungen, Ortstermine etc.

Aus europäischer Sicht hat das Beweisermittlungsverfahren des amerikanischen Rechts eine Reihe von faszinierenden Elementen. Erstens spielt der Richter in dem ganzen Verfahren eine ziemlich passive Rolle. Das Gericht achtet vor allem darauf, dass die verfahrensrechtlichen Vorschriften eingehalten werden. Der Richter nimmt weder an der Zeugenbefragung noch an der Ermittlung anderer Beweismittel aktiv teil. Ob vorhandene Beweismittel gefunden werden oder nicht, hängt weitgehend von den Fähigkeiten der jeweiligen Anwälte ab.

Zweitens erstaunt der Umfang des Verfahrens an sich. Obwohl Anforderungen von Schriftstücken oder Fragen für die Zeugen relativ spezifisch sein müssen, können sie durchaus so weit gefasst sein, wie z. B. „alle Sitzungsberichte, Protokolle und anderen Dokumente, die mit den Übernahmeverhandlungen zwischen den Unternehmen X und Y zwischen den Jahren 2003 und 2004 in Zusammenhang stehen." Die Tatsache, dass solche Anforderungen wenn nötig von gerichtlichen Verfügungen unterstützt werden und dass die Zurückhaltung von Beweismitteln strafbar ist, ermöglicht gelegentlich den Missbrauch des Beweisermittlungsverfahrens. Einerseits werden Klagen manchmal auf der Grundlage von ziemlich schwachen Argumenten vor Gericht gebracht, hauptsächlich um eine große Anzahl von nützlichen und/oder vertraulichen Informationen von der anderen Seite zu erhalten (*fishing expeditions*). Die so erlangten Informationen können entweder für die Vorbereitung der richtigen Klage genutzt werden oder auch nur für die geschäftlichen und sonstigen Interessen des Klägers. Auf der anderen Seite antworten die Beklagten manchmal auf breitgefächerte Informationsanfragen mit Wagenladungen an Dokumenten, die nur am Rande für den Streitfall relevant sind, um die Antragsteller von wirklich problematischen Beweisen, die unter den Aktenbergen begraben sind, abzulenken. Oder die Beklagten antworten auf solche breitgefächerten Anfragen, indem sie die Klägervertreter einladen, die entsprechenden Dokumente in ihren Büroräumen selbst zu suchen, wiederum in der Hoffnung, dass dies an der Masse der Materialien scheitern wird.

Trotz gelegentlichen Missbrauchs liegt das Beweisermittlungsverfahren amerikanischen Juristen sehr am Herzen und jede Klage, bei der solche Mittel nicht zur Verfügung stehen – wie z. B. bei Verfahren in Europa –, ist schon an sich suspekt. Europäische Gerichte und Juristen hingegen haben große Zurückhaltung gegenüber Beweisermittlungsanordnungen von amerikanischen Klägern und lehnen es häufig ab, bei der Suche nach vertraulichen Geschäftsinformationen behilflich zu sein. Das kann so weit führen, dass einige europäische Länder, einschließlich des Vereinigten Königreichs und der Schweiz, Sperrgesetze (*blocking statutes*) verabschiedet haben, d. h. Gesetze, die es Personen und Unternehmen verbieten, gewisse Arten von Dokumenten oder Informationen in Beantwortung extraterritorialer Beweisermittlungsersuchen von amerikanischen Gerichten zur Verfügung zu stellen.

Im internationalen Recht ist die Beweisermittlung vom Haager Abkommen über die Beweisaufnahme im Ausland in Zivil- oder Handelssachen vom 18. März 1970 geregelt (http://hcch.e-vision.nl/index_en.php?act=conventions.text&cid=82), das auf freiwilliger Zusammenarbeit beruht, d. h. mehr auf dem kontinentaleuropäischen Ansatz. Verhandlungen über den Entwurf eines weltweiten Abkommens über die gerichtliche Zuständigkeit und die Anerkennung und Vollstreckung von Entscheidungen in Zivil- und Handelssachen, das hauptsächlich das Lugano-Abkommen und/oder die Brüssel I Verordnung (Nr. 44/2001) auf die Vereinigten Staaten und andere interessierte nichteuropäische Länder ausweiten würde, stecken seit Jahren fest, weil man sich nicht über die Regeln für das Beweisermittlungsverfahren einigen kann.

b) Verfahrenskosten, Zuordnung der Anwaltskosten und die Möglichkeit von Erfolgshonoraren

Während es in den Vereinigten Staaten üblich ist, die unterlegene Partei zur Zahlung der relativ bescheidenen Gerichtsgebühren zu verpflichten, einschließlich der Ausgaben für die Jury, zahlt jede Seite üblicherweise ihre eigenen Anwaltsgebühren, ungeachtet des Ergebnisses des Falles. Die Tatsache, dass Anwaltskosten nicht auf die unterlegene Partei abgewälzt werden können, hat wichtige Konsequenzen. Da die Gerichtskosten von der verlangten oder zugesprochenen Geldsumme unabhängig sind und jede Seite ohnehin ihre eigenen Anwaltsgebühren zahlen muss, gibt es keine Sanktion, wenn ein Kläger unverhältnismäßig hohe Summen verlangt. Ein praktisches Beispiel kann dies illustrieren: Wenn eine Person bei einem Arbeitsunfall verletzt wird und als Folge auf Dauer an den Rollstuhl gebunden ist, wird eine deutsche Anwältin eine Million Euro als Schadensersatz vom Arbeitgeber verlangen, wenn aus der Rechtsprechung ersichtlich ist, dass für diese Art von Verletzung Schadensersatz in dieser Größenordnung zu erlangen ist. Sollte die deutsche Anwältin stattdessen 100 Million Euro verlangen und dennoch nur eine Million erhalten, hätte sie 99 % ihrer Klage verloren und der Kläger wäre verpflichtet, alle Gerichtsgebühren und sämtliche regulären Anwaltsgebühren beider Seiten zu bezahlen. Da diese Gebühren mit dem Streitwert steigen, würden die Kosten für den Prozess am Ende die zugesprochene eine Million Euro übersteigen.

In Amerika hingegen kann so etwas nicht geschehen. Selbst wenn Präzedenzfälle darauf hindeuten, dass die Entschädigung für eine solche Verletzung wahrscheinlich eine Million Dollar sein wird, würde die Klägervertreterin dennoch 100 Million Dollar als Entschädigung verlangen. Selbst wenn von der Jury nur eine Million Dollar zugesprochen wird, wären die Gerichtsgebühren vollständig vom unterliegenden Arbeitgeber zu bezahlen und die Anwaltsgebühren würden von beiden Seiten getrennt getragen. Weder die Gerichtskosten noch die Anwaltsgebühren wären in irgendeiner Weise an den ursprünglich eingeklagten Betrag gebunden.

Weiterhin kann der Kläger mit seiner Anwältin ein Erfolgshonorar vereinbaren. Bei einer solchen Abrede erhält die Anwältin einen bestimmten Anteil der Geldsumme, die sie für ihren Mandanten erstreitet (normalerweise zwischen 20 und 40 %, je nach Arbeitsaufwand und Geldsumme). Wichtig ist hierbei, dass die Anwältin gar kein Honorar erhält, wenn der Mandant verliert und, je nach Abrede, kann die Anwältin sogar mit den Gerichtsgebühren belastet werden. Daher kann die Prozessführung völlig kostenlos für den Mandanten werden.

Die Möglichkeit, Erfolgshonorare zu vereinbaren, ist interessant für Anwälte, die viel Geld verdienen können, wenn sie große Schadensersatzsummen für ihre Mandanten gewinnen. In unserem Beispiel, falls die Jury dem behinderten Kläger einen Schadensersatz von 10 Millionen Dollar zusprechen sollte, kann die Anwältin davon bis zu vier Millionen Dollar erhalten. Allerdings hat das System der Erfolgshonorare auch Vorteile für die Mandanten, insbesondere wenn sie am Anfang nicht genug Geld haben, um einen erfahrenen und/oder bekannten Anwalt zu engagieren und ihre Gerichtsgebühren selbst vorzustrecken.

c) Gemeinschaftsklagen (*class action law suits*)

In Situationen, in denen eine größere Anzahl von Personen die gleichen Ansprüche gegen ein und denselben Beklagten haben, bieten U.S. Bundesrecht und manche der Einzelstaaten interessante prozessrechtliche Konstellationen in Form von Gemeinschaftsklagen an (*class actions*). In solchen Fällen kann die gesamte Gemeinschaft – einschließlich von Personen, die von dem Prozess gar nichts wissen – von einer kleinen Anzahl Kläger oder sogar einem Einzelkläger vertreten werden und eine vom Beklagten erhaltene Entschädigung wird später unter allen bekannten Mitgliedern der Gemeinschaft aufgeteilt.

Die Vorteile dieses Instruments können wiederum an einem Beispiel erläutert werden. Wenn ein großes Unternehmen vertragliche oder andere Pflichten gegenüber seinen Kunden verletzt, kann der individuelle Schaden für jeden Kunden klein sein, vielleicht unter 1000 Dollar. Der unrechtmäßige Gewinn des Unternehmens aus der Schädigung von hunderten oder tausenden von Kunden kann dennoch in die Milliarden gehen. Nach deutschem Recht wäre es unwahrscheinlich, dass einer der Kunden es mit dem großen Unternehmen aufnehmen und versuchen würde, seinen relativ kleinen Schaden ersetzt zu bekommen. Der Streitwert wäre es schlicht nicht wert und der Kunde wäre im Zweifel eingeschüchtert von den überlegenen Ressourcen und bekannten Rechtsberatern, die dem Unternehmen zur Verfügung stehen. In den Vereinigten Staaten hingegen kann eine Kanzlei eine Gemeinschaftsklage zusammenstellen und den Fall auf der Grundlage von Erfolgshonoraren übernehmen.

Bevor eine Gemeinschaftsklage zugelassen wird, müssen die Kläger zeigen, i) dass die Gruppe von potentiellen Antragstellern so groß ist, dass es nicht möglich oder zumindest nicht praktikabel wäre, jeden Fall individuell zu behandeln; ii) dass in jedem Fall ähnliche oder identische Tatsachen- und Rechtsfragen bestehen; iii) dass der Fall des repräsentierenden Klägers ein typischer Fall ist; und iv) dass die Interessen jedes Mitglieds der Gruppe angemessen vertreten werden. Nachdem eine Gemeinschaftsklage zugelassen wurde, bemüht sich der Beklagtenvertreter nach Treu und Glauben, jedes Mitglied der Gemeinschaft zu benachrichtigen – was auch öffentliche Ankündigungen in Zeitungen beinhalten kann. Die (potentiellen) Mitglieder der Gemeinschaft haben dann eine relativ kurze Frist, um aus der Gemeinschaftsklage auszusteigen, wenn sie nicht einbezogen werden möchten. Jede Person, die nicht aussteigt – entweder weil sie teilnehmen möchte oder weil sie nie von dem Fall gehört hat – wird als Mitglied der Gemeinschaft behandelt. Dies hat zur Konsequenz, dass der resultierende Vergleich oder das Urteil in Rechtskraft für und gegen alle Mitglieder der Gemeinschaft ergeht und sie an dem finanziellen Ergebnis teilhaben – natürlich nachdem die Anwälte die Gerichtskosten gezahlt und ihre Erfolgsbeteiligung abgezogen haben.

Das Verfahren hat Vorteile für beide Seiten. Es erlaubt zum einen einer größeren Anzahl von unerfahrenen Personen mit begrenzten finanziellen Mitteln, ihre Rechte und Pflichten gegen große und kapitalkräftige Unternehmen durchzusetzen; es erlaubt aber auch dem beklagten Unternehmen, den Fall ein für alle Mal mit Rechtskraft für und gegen so ziemlich jeden potentiellen Kläger zu regeln. Schließlich besteht auch ein Nutzen für die Gesellschaft als Ganze, weil die Möglichkeit einer Gemeinschaftsklage erhebliche Abschreckungswirkung gegen riskantes oder rechtswidriges Verhalten zum Schaden der Konsumenten haben kann.

VIII. Die juristische Ausbildung und der Juristenberuf

1. Von der weiterführenden Schule (*high school*) zum *College* und zur *Law School*

Das amerikanische Schul- und Universitätssystem ist grundlegend verschieden von dem System in Deutschland. Diese Unterschiede werden durch die so genannten Bologna-Reformen, d. h. die Einführung von Bachelor- und Masterabschlüssen in den EU-Mitgliedstaaten, etwas reduziert. Dennoch bleiben bedeutende Unterschiede bestehen.

Schulkinder werden in Deutschland schon frühzeitig auf bestimmte Laufbahnen aufgeteilt, üblicherweise schon nach vier Jahren Grundschule. Diejenigen, die mehr zum Akademischen neigen – oder die einfach die besten Noten hatten –, gehen nach der vierten Klasse aufs Gymnasium. Diejenigen, die mehr praktisch veranlagt sind, gehen auf die Realschule. Und diejenigen, die sich am unteren Ende des Notenspektrums befinden und die Aufnahmekriterien für das Gymnasium oder die Realschule nicht erfüllen, bleiben im Prinzip in der Grundschule, obwohl sie nun Haupt- oder Mittelschule genannt wird. All dies geschieht um das Alter von 9 oder 10 Jahren herum und hat weitreichende Konsequenzen für zukünftige Möglichkeiten, da im Prinzip nur Absolventen des Gymnasiums für die höhere Ausbildung an Universitäten und Fachhochschulen zugelassen werden. Natürlich gibt es einige Ausnahmen und manche Kinder schaffen es, die Ausbildungsgänge zu wechseln oder einen höheren Abschluss [(Fach-)Abitur] nach dem Abschluss der Realschule zu erhalten, doch die grundlegende Unterscheidung bleibt für die Mehrheit der Schüler bestehen.

Da alle juristischen Fakultäten in Deutschland auf Universitätsebene angesiedelt sind, können überhaupt nur die ca. 30 % der Kinder, die vom Gymnasium abgehen, ein Studium der Rechte anstreben. Auf der anderen Seite sind alle juristischen Fakultäten – mit nur einer Ausnahme – öffentliche Einrichtungen und haben keine Befugnis, eigene Aufnahmeprüfungen durchzuführen. Im Ergebnis kann in Deutschland so ziemlich jeder Abiturient, dem der Sinn danach steht, Jura studieren und dies geschieht üblicherweise direkt nach dem Gymnasium. Die Vorauswahl fällt also im Alter von 9 oder 10.

Bis vor einigen Jahren dauerte das Jurastudium regelmäßig fünf Jahre und produzierte daher Absolventen mit einem Durchschnittsalter von etwa 24. Durch die Einführung des so genannten Freischusses ist die regelmäßige Dauer des Jurastudiums in jüngerer Zeit gewissermaßen auf vier Jahre reduziert worden und die Absolventen sind heutzutage sogar noch jünger.

Während des Jurastudiums werden deutsche Studenten nicht mit sehr vielen und sehr schwierigen Klausuren oder Zwischenprüfungen konfrontiert. Obwohl es bedeutende Unterschiede von Bundesland zu Bundesland gibt, findet das einzig wirklich wichtige Examen grundsätzlich erst am Ende des gesamten Studiums statt und umfasst alles, was während dieser vier Jahre hätte gelehrt und gelernt werden sollen. Mit durchschnittlichen Durchfallraten in der Größenordnung von über 30 % und einer Beschränkung auf nur einen zweiten Versuch ist dieses „Erste Examen" der große Angstgegner für die meisten Studenten, die üblicherweise das letzte oder sogar die letzten zwei Jahre ihres Studiums in intensiver Vorbereitung für das Examen verbringen, meistens mit Hilfe von privaten Repetitoren.

Einmal von der juristischen Fakultät abgegangen, setzen die meisten Studenten ihre Ausbildung mit dem Referendariat, einer vorgegebenen Folge von „Praktika" in der öffentlichen Verwaltung, bei Gerichten und in privaten Kanzleien fort. Dabei werden sie nun erstmals mit praktischen Aufgaben konfrontiert und gezielt in der Erstellung von Urteilen, Anwaltsschriftsätzen und anderen juristischen Texten ausgebildet. Schließlich besuchen die Studenten, die jetzt Referendare genannt werden, üblicherweise vorbereitenden theoretischen Unterricht für das Zweite Staatsexamen. Nach ungefähr zwei Jahren dieser vorwiegend praktischen Ausbildung, gehen die Studenten schließlich ins Zweite Staatsexamen und werden bei erfolgreichem Abschluss forthin als für jeden juristischen Beruf vollständig qualifizierte Juristen angesehen, einschließlich der Arbeit als Anwalt, Staatsanwalt oder Richter.

Das amerikanische System unterscheidet sich grundlegend. Alle Kinder sind normalerweise dazu berechtigt, von der Grundschule (vier Jahre) auf die Mittelschule (vier Jahre) und dann auf die *high school* (weitere vier Jahre) zu gehen. Obwohl es immer einige Schüler gibt, die aus dem System herausfallen und es nicht schaffen, einen Abschluss zu machen, erhält die große Mehrheit der amerikanischen Schüler ein *High School*-Diplom nach zwölf Jahren Schulausbildung. Die 40–45 %, die eine höhere Ausbildung anstreben, bewerben sich dann an einem der mehr als 1000 *Colleges* oder Universitäten, um auf einen Bachelorabschluss hinzuarbeiten. Dies ist meistens ein weiteres Studium von vier Jahren und kann aufgeteilt werden in zwei Jahre mit eher allgemeinem Studium (grob vergleichbar mit den letzten zwei Jahren einer 13-jährigen Schulausbildung in Bayern oder Baden-Württemberg) und zwei Jahre an spezialisiertem oder professionellem Studium. Die Studenten haben meist eine große Auswahl an verschiedenen Fächern für die zwei letzten *College*-jahre, wie z. B. Kunst, Pädagogik, Philologie, Philosophie, Physik oder Chemie, Politikwissenschaften, Wirtschaft usw. Nur wenige *Colleges* bieten eine Spezialisierung in Rechtswissenschaften an, die dann „*pre-law*" genannt wird, weil sie nicht zu einem juristischen Abschluss führt, sondern lediglich auf ein Jurastudium vorbereitet. Die Mehrheit der Amerikaner setzt nach der Bachelorebene ihr Studium nicht weiter fort.

Diejenigen, die in Richtung Jura gehen möchten, bewerben sich nach dem Bachelor bei einer oder mehreren der ungefähr 190 Law Schools, die von der American Bar Association anerkannt werden und daher berechtigt sind, den juristischen Abschluss – den so genannten *Juris Doctor* (J.D.) – zu verleihen. Dieser Abschluss ist wiederum Voraussetzung für eine Anmeldung zu der einzelstaatlichen Aufnahmeprüfung für die Anwaltschaft (*bar exam*) und eine nachfolgende Tätigkeit als Anwalt. Die meisten Programme dauern drei Jahre und sind sehr anspruchsvoll. Studenten belegen durchschnittlich 15 *credits* pro Semester und müssen insgesamt 90 *credits* für den Abschluss erwerben. Ein *credit* entspricht einer Wochenstunde an Vorlesungszeit über ein Semester von 14–15 Wochen. Zusätzlich zu den ungefähr 15 Stunden pro Woche im Klassenraum müssen die Studenten jede Woche umfangreiche Hausaufgaben erledigen, Dutzende von Fällen vorbereiten und andere Projekte bearbeiten. In den Vorlesungen herrscht Anwesenheitspflicht und Studenten werden regelmäßig aufgerufen, um ihr Verständnis der diskutierten Fälle und Materialien unter Beweis zu stellen. Professoren haben nicht nur Namenslisten, sondern auch Sitzpläne mit Bildern und verfolgen die Leistungen jedes einzelnen Studenten. Während und am Ende jedes Kurses gibt es schriftliche Klausuren und Studenten erhalten nur *credits* für Kurse, deren Prüfungen sie bestanden haben. Hingegen gibt es am Ende des dreijährigen Studiums kein abschließendes Examen und keine Thesis. Allerdings gibt es noch das *Bar Exam*.

Während sowohl das deutsche (und kontinentaleuropäische) System als auch das amerikanische System der (höheren) Ausbildung offensichtliche Stärken und Schwächen haben, gibt es drei wichtige Merkmale, die das amerikanische System, zumindest nach unserer Sicht, überlegen erscheinen lassen:

1. Kinder werden nicht im frühen Alter von 9 oder 10 Jahren getrennt und auf vorgegebene Laufbahnen beschränkt.
2. Die *Colleges* bieten eine breitere Ausbildung auf hohem Niveau und eine zusätzliche professionelle Spezialisierung neben der Rechtswissenschaft.
3. Das Jurastudium ist weitaus effektiver, mit hohem Leistungsdruck für Studenten und Lehrkräfte und geringen Durchfallraten.

Schließlich hat das amerikanische System ein weiteres Merkmal, das zugleich Vorteil und Nachteil ist: Studenten müssen für ihre höhere Ausbildung Studiengebühren zahlen. Die jährlichen Gebühren liegen zwischen fünf bis zehntausend Dollar an öffentlichen Colleges und über 30.000 $ an den besten Privatcolleges und Law Schools. Der Nachteil dieses Systems ist nicht so sehr, dass nur reiche Familien ihre Kinder zur Universität schicken können. Erstens gibt es viele Stipendien für Studenten mit hervorragenden Leistungen und für bedürftige Studenten. Zweitens, und viel wichtiger, finanziert die große Mehrheit der Studenten heutzutage ihre Studien durch die Aufnahme von Darlehen von Banken und spezialisierten Darlehensinstitutionen. Auf diesem Weg ist höhere Bildung grundsätzlich trotz der Kosten für jeden offen. Allerdings bleibt der Nachteil, dass viele Studenten schließlich mit 100.000 $ oder mehr an Schulden, die über die Zeit zurückgezahlt werden müssen, ihren Abschluss machen und dass diese Studenten daher gezwungen sind, lukrative Arbeit in großen Wirtschaftskanzleien zu suchen, selbst wenn sie mehr zu einer Arbeit in der öffentlichen Verwaltung oder im *non-profit*-Sektor neigen.

Während die hohen Gebühren naturgemäß bei den Studenten nicht besonders beliebt sind, versorgen sie die Ausbildungsinstitutionen mit Mitteln, die im 21. Jahrhundert schlicht nötig sind, um eine erstklassige Ausbildung mit den besten verfügbaren Professoren, modernen, sauberen und angenehmen Räumlichkeiten, neuester IT-Ausstattung, gut bestückten Bibliotheken, reichlich individueller Aufmerksamkeit für die Studenten und vielen weiteren Eigenschaften zu bieten, die in Europa so leicht nicht zu finden sind. Schließlich macht die Tatsache, dass die Studenten eine Menge Geld für ihre Ausbildung zahlen, sie auch zu anspruchsvollen Kunden, die ihre Schule mit Vorsicht wählen, um den größten Nutzen für ihr Geld zu erhalten und die jeden einzelnen Professor und jeden Mitarbeiter in der Verwaltung dazu antreiben, jeden Tag sein Bestes zu geben. Es ist daher kaum überraschend, dass die Politik der offenen Türen und die *„can-do"*-Einstellung der Verwaltung in amerikanischen *Law Schools* wohl der bedeutenste Unterschied zu den deutschen und kontinentaleuropäischen juristischen Fakultäten ist, wo Studenten oft als Störung des Forschungsbetriebs behandelt werden und eben nicht als wertvolle Kunden und Kollegen.

2. Die *American Bar Association (ABA)*

Die ABA hat über 400.000 Mitglieder und ist die größte standesrechtliche Organisation der Welt. Nach ihrem Leitspruch bietet die ABA „Anerkennung von Law Schools, berufsbegleitende juristische Weiterbildung, Informationen über das Recht, Programme zur Unterstützung von Anwälten und Richtern bei ihrer Arbeit und Initiativen, um das Rechtssystem für die Öffentlichkeit zu verbessern." Im Rahmen der Anerkennung der *Law Schools (accreditation)* gibt die ABA den Universitäten eine Vielzahl von Mindeststandards vor und organisiert periodische Inspektionen der juristischen Fakultäten. Im Ergebnis erreicht die ABA einen hohen Grad an Transparenz in der juristischen Ausbildung und erleichtert die landesweite Anerkennung von *credits* und Abschlüssen.

Neben der landesweit tätigen ABA gibt es Anwaltskammern auf Einzelstaats- und lokaler Ebene. Die einzelstaatlichen Anwaltskammern führen unter anderem die *bar exams* durch.

3. Juristische Berufe

Wie kaum anders zu erwarten, findet man amerikanische Absolventen des Jurastudiums in ziemlich ähnlichen Berufen wie ihre deutschen Kollegen. Die Mehrheit arbeitet als *„Attorney at Law"* (Rechtsanwalt). Daneben gibt es Richter und Staatsanwälte, Juristen in den Rechtsabteilungen größerer Unternehmen oder in der öffentlichen Verwaltung sowie eine wachsende Anzahl von Juristen in gemeinnützigen Organisationen.

Einige wenige Unterschiede zum kontinentaleuropäischen System sollen kurz genannt werden:

- Anwälte werden zur Anwaltskammer in einem oder mehreren Staaten zugelassen, nachdem sie das Examen für diese(n) Staat(en) bestanden sowie die Zulassungskriterien für die einzelstaatliche(n) Anwaltskammer(n) erfüllt haben. Mehr als 50.000 neue Absolventen legen jedes Jahr die Prüfung in den fünfzig Staaten ab, und zusammen gibt es über eine Million Juristen, die zur Anwaltschaft in den USA zugelassen sind.
- Ein Wechsel zwischen den verschiedenen juristischen Berufen ist viel einfacher als in Europa. Zum Beispiel kann ein Anwalt auf eine Professur an einer Law School ernannt werden, nach einigen Jahren in die private Praxis zurückkehren und später noch Richter werden. Akademiker können die Universität verlassen, um Jura zu praktizieren oder um richterliche oder politische Ernennungen wahrzunehmen. Immer mehr Juristen schaffen es, mehr als eine Funktion gleichzeitig auszuüben.
- Anwälte können als Einzelanwälte arbeiten oder als Mitarbeiter oder Partner in größeren Kanzleien. Etwa ein Viertel aller Anwälte arbeitet in sehr großen Kanzleien, die mehrere hundert oder sogar mehrere tausend Anwälte beschäftigen und Büros in verschiedenen Städten und Staaten der USA sowie im Ausland haben.
- Bundesrichter werden vom Präsidenten ernannt und müssen vom Senat bestätigt werden. Einzelstaatliche Richter der unteren Ebene werden üblicherweise von der örtlichen Bevölkerung gewählt, während Richter an den höheren Staatsgerichten vom jeweiligen Gouverneur ernannt werden.
- Richterliche Ernennungen erfolgen üblicherweise für einen begrenzten Zeitraum von vier bis zehn Jahren. Theoretisch könnte dies Bedenken hinsichtlich der Unabhängigkeit der Richter wecken, doch in der Praxis werden *„sitting judges“* üblicherweise im Amt bestätigt, wenn sie eine weitere Amtszeit anstreben. Ernennungen zum *United States Supreme Court* und an manchen der einzelstaatlichen Gerichte sind auf Lebenszeit.
- Juraprofessoren können direkt nach Abschluss der *Law School* berufen werden. Viele Professoren erwerben nie mehr als den Standard-*Juris Doctor*, obwohl heutzutage ein akademischer Doktorgrad (Ph.D. oder S.J.D.) von Vorteil für einen Bewerber ist. Die erste Ernennung ist üblicherweise auf einen *„tenure track“*, eine Art Probezeit von fünf bis sieben Jahren, während der die Lehr- und Verwaltungstätigkeit und die Quantität und Qualität der akademischen Veröffentlichungen von anderen Fakultätsmitgliedern beaufsichtigt wird. Nach erfolgreicher Absolvierung dieser Zeit werden Professoren auf Lebenszeit ernannt (*tenured*). Im Gegensatz zu deutschen Professoren mit Beamtenstatus können sogar solche Professoren auf Lebenszeit ihres Amtes enthoben werden, wenn die Leistungen allzu sehr nachlassen.

IX. Amerikanisches Recht in Europa finden und anwenden

Der einfachste Weg, unabhängig von Ort und Tageszeit mit amerikanischem Recht zu arbeiten geht über das Internet und den Zugriff auf die Datenbanken von Westlaw oder Lexis/Nexis. Allerdings sind dies gebührenpflichtige Dienste, die nicht ohne Benutzerkonto und Passwort zugänglich sind.

Die U.S. Bundesverfassung kann auf mehreren „offiziellen“ Regierungswebsites gefunden werden, zum Beispiel unter http://www.hous.gov/Constitution/Constitution.html. Für eine „inoffizielle“ Veröffentlichung mit Anmerkungen siehe http://www.findlaw.com/casecode/constitution.

Bundesgesetze sind offiziell im *United States Code* (U.S.C.) veröffentlicht. Der U.S.C. wird vom Kongress veröffentlicht und ist auch über das Internet zugänglich unter http://www.gpoaccess.gov./uscode/, sowie unter http://uscode.house.gov/search/criteria.php. Er ist auch „inoffiziell“ im Internet verfügbar – manchmal mit nützlichen Erläuterungen und einfacheren Suchfunktionen – insbesondere unter http://caselaw.lp.findlaw.com/casecode/uscodes/toc.html sowie unter http://www.law.cornell.edu/uscode/. Außerdem werden Bundesgesetze kommerziell veröffentlicht in Form von *United States Code Annotated* (U.S.C.A.) und *United States Code Service* (U.S.C.S.). Ersterer wird von Westlaw und letzterer von Lexis/Nexis veröffentlicht (Thompson, als Eigentümer von Westlaw, ist auch Betreiber der „findlaw“ website). Während alle diese Publikationen die offiziellen Gesetzestexte beinhalten, umfassen die kommerziellen Versionen außerdem Verweise auf Fallrecht, in dem die spezifischen Vorschriften des Codes interpretiert wurden. Ein Beispiel einer formell korrekten Zitierweise einer bundesrechtlichen Vorschrift wäre „42 U.S.C. § 1983“ (eine wichtige grundrechtliche Vorschrift).

Sonstiges Bundesrecht, insbesondere Verordnungen des Bundes, wird jeden Tag im *Federal Register* veröffentlicht und später im *Code of Federal Regulations* (C.F.R.) zusammengestellt.

Neues Fallrecht des *United States Supreme Court* ist einfach und frei zugänglich über den Gerichtshof selbst unter http://www.supremecourtus.gov/opinions/opinion.html. Siehe auch die „inoffizielle“ Veröffentlichung unter http://findlaw.com/casecode/supreme.html. Hingegen sind die Vollversionen älterer Entscheidungen des *Supreme Courts* sowie das Fallrecht anderer Bundesgerichte weniger leicht zugänglich, es sei denn man hat Zugang zu *Westlaw* oder *Lexis/Nexis*.

Die Verfassungen und Gesetze so wie andere Quellen von Primärrecht der verschiedenen Staaten können „offiziell“ über die jeweilige Regierungsseite, zum Beispiel unter http://www.leginfo.ca.gov/index.html gefunden werden. Wiederum bietet *Findlaw* eine angenehme, wenngleich „inoffizielle“ Alternative, siehe http://www.findlaw.com/casecode/index.html/statelaw.

Über Google und andere Suchmaschinen können andere Quellen amerikanischen Rechts ziemlich leicht gefunden werden, insbesondere die Websites von verschiedenen *Law Schools* und juristischen Bibliotheken.

Literatur

Dörrbecker/Rothe, ALPMANN SCHMIDT-Skript: Introduction to the US-American Legal System Vol. 1 und Vol. 2, 2. Auflage 2005

Fine, American Legal Systems: A Resource and Reference Guide, Cincinnati 1997

Fletcher/Sheppard, American Law in a Global Context – The Basics, Oxford 2005

INTRODUCTION TO THE AMERICAN LEGAL SYSTEM

by Prof. Dr. Frank Emmert, LL.M.[1] and Professor Toni M. Fine, J.D.[2]

Contents

[1] John S. Grimes Professor of Law and Director of the Center for International and Comparative Law at Indiana University School of Law – Indianapolis.

[2] Director of the Graduate and International Programs at Benjamin N. Cardozo School of Law, Yeshiva University, New York.

I. An Overview of Key Differences Between Anglo-American and Continental European Legal Systems

For the purposes of this first chapter, the American and English (but not "British" because of differences in Scotland) legal systems can be grouped together because of their many similarities. On the other hand, the Continental European systems, in particular the archetypical systems of Germany and France, can be grouped together because of their respective common features. Alternatively, one could use the terms *common law* and *civil law*. This would be a broader approach, since common law is also applied – at least to an extent – in Ireland and many former British colonies and other Commonwealth countries, such as Australia, Canada (except Quebec), India, Malaysia, New Zealand, etc., while civil law – in more or less European tradition – can also be found in Latin America, Japan, China, and various other parts of the world. Initially in this overview, both approaches are good enough because all of the countries in the two groups more or less share the respective key features. But later on the comparisons will focus more narrowly on the American legal system on the one hand, and the German legal system on the other. That being said, the terminology *common law* versus *civil law* is not unproblematic. Indeed, the term *common law* largely refers to a historic situation that hardly exists today, and the term *civil law* is ambiguous because it is also used to distinguish private law (*Zivilrecht*) from criminal law and public or administrative law.

1. Case Law Versus Statute Law

One of the best known differences between Continental European law and the Anglo-American systems is the emphasis on statutes in the one and on cases in the other. However, it would be a fundamental misconception to think that German, French, and other Continental European systems rely exclusively or even just much more on legislation, while the English and the American systems do not have any or much legislation and are just based on court decisions. From a purely quantitative point of view it is probably fair to say that *today* there are almost as many rules based on case law in German and other Continental legal systems as in the Anglo-American systems. At the same time, the Anglo-American systems nowadays probably have almost as many rules in the form of legislation as do the Continental European systems. The real difference lies, therefore, more in the *relevance of statutes* versus the *relevance of cases*, rather than in their *quantity*. This relevance will be discussed in some detail in the next section dealing with precedent and the principle of *stare decisis*.

The distinction between case law and statute law was of much more importance *historically* because neither the English nor the American system at first had statutory legislation in areas such as tort law (*unerlaubte Handlungen*) or property law (*Sachenrecht*). The resolution of disputes in these areas, therefore, required "judicially *created* doctrine" – case law.

In areas where there is legislation, by contrast, the relevance of case law is more by way of *interpretation* of the statutes. The same is true of case law interpreting the U.S. Constitution, which reigns supreme in the U.S. legal system. And this is where Anglo-American and Continental European law become more and more similar in approach. What German lawyer would claim, for example, to understand the German Civil Code (*BGB*) without the help of the *Palandt* or other commentaries/case law collections? While American lawyers may not resort to commentaries, they are equally forced to look up case law to understand how statutes are applied in practice. The same development can also be observed with European Union law and its interpretation by the European Court of Justice.

2. Precedent and the Principle of Stare Decisis

"*Stare decisis*" means "stay with the decision" or "let the [earlier] decision stand." Indeed, the binding effect of earlier court decisions for subsequent disputes is one of the defining elements of the Anglo-American or common law systems. Again, the principle has to be understood in historic context. It was developed primarily for areas of law that did not have any statutory rules and, therefore, were based entirely on case law. In such areas, for example in torts, the outcome of a dispute would have been completely unforeseeable and even arbitrary if the judges were not in some way bound to be consistent with earlier decisions. By contrast, a requirement that a court normally has to follow earlier decisions adopted by courts of the same (sometimes) or higher level (always) in the same jurisdiction, provided a high degree of predictability for the parties of a dispute and a safeguard against arbitrary or biased decisions in a given case, as well as stability, continuity, and judicial economy for society in general.

In the Continental European or civil law systems, on the other hand, such a principle was not considered necessary, given the fact that the outcome of any dispute should be reasonably predictable on the basis of the applicable legislation. But of course this does not mean that the Anglo-American judge is slavishly bound by precedent while the Continental European judges can do with earlier cases whatever they want. No understanding could be further from the truth!

First of all, the Anglo-American systems distinguish between mandatory and merely persuasive authority. Earlier cases are to be followed only if they were decided by a court of the same – and even then not always – or a higher level within the same jurisdiction. Rulings adopted by other courts, *i.e.*, lower courts or courts in other jurisdictions, are merely persuasive. Persuasive authority may be used in subsequent decisions but it does not have to be used. It does not have any binding effect.

Second, even if an earlier case was decided by a court of the same or of a higher level within the same jurisdiction, the earlier decision does not have to be followed if one or more of the following can be demonstrated: i) the facts are not really the same, *i.e.*, the case can be "distinguished on the facts"; ii) the legal issues are not really the same, for example because a law was changed; iii) the earlier case law is not consistent, *i.e.*, some earlier decisions would favor the applicant, others would favor the defendant in the present case (although there are rules about more recent and/or higher court precedent having higher authority than older and/or same level court decisions); iv) the precedent was not well-reasoned.

In essence, therefore, even a common law court can often escape the principle of *stare decisis* by arguing one or more of the following:

– the facts are different
– the law has changed
– times have changed
– the earlier case(s) were decided wrongly.

That being said, let us look at precedent in Continental European law. The notion that judges on the Continent can interpret legislation without regard to earlier case law is clearly erroneous. In particular, if statutory law is not very detailed and/or otherwise in need of interpretation to be applied to individual cases, courts and judges would quickly come under attack and jeopardize their legitimacy if they adopted their decisions without any regard to earlier decisions in similar cases, *i.e.*, without *explaining* why they are adopting a different approach. Essentially, therefore, the Continental courts and judges are almost as much pressed to explain that they do not follow an earlier case for certain reasons.

The remaining difference between Anglo-American law, where *stare decisis* applies, and Continental European law, where it does not, is quite small, but important: If a Continental European judge does not follow a precedent or the established case law and *does not explain* why he or she does not "stay with the decision(s)," that alone does not justify/win an appeal.

3. Federal Law, State Law, and the Distribution of Legislative and Judicial Authority

Fletcher and Sheppard, in their book *American Law in a Global Context*, state that "American law is basically state law." Indeed, when German lawyers study American law, one of the things that surprises us is the extent to which state law continues to exist in the United States and the extent to which the law may differ from one state to another. Basically, most of private law (including contracts, torts, property law, family law, but also commercial law and corporate law), as well as most of criminal law, are first and foremost state law. There are, therefore, fifty different statutes and systems of case law for the fifty states, plus the system and jurisprudence for the District of Columbia, *i.e.*, the federal capital in Washington D.C., and yet different systems for territories such as Puerto Rico. By contrast, federal law is limited to those matters identified in the U.S. Constitution. These are matters as to which national uniformity is necessary or highly desirable, such as issues of immigration, international relations, war making powers, bankruptcy, and intellectual property rights. This has far reaching consequences for the education and practice of law. The prestigious law schools all cater to a nationwide population. And there is hardly a textbook or casebook that focuses on the law of only one of the fifty states. Every school and most books try to deal with "the law" in the abstract. To take account of the differences between state laws, legal education everywhere in America concentrates on fundamental or common principles which are gleaned from leading cases from different states, rather than the German approach of careful and detailed interpretation of specific statutes with the help of case law.

The American system of federalism, with limited powers expressly conferred upon the federal government and all remaining powers resting with the several states, requires fairly elaborate rules about the sharing of legislative and judicial authority. These rules are called "conflicts of law" rules, and rules about "jurisdiction." In substance, they are not all that different from what we find in the European Union about the sharing of legislative and judicial authority between the EU and its Member States and among the different Member States.

In the United States, the division of legislative authority between the federal government and the state governments is determined by the U.S. Constitution, as interpreted by the U.S. Supreme Court. The Constitution itself and any legislation and judicial decisions properly adopted pursuant to the Constitution are supreme over any state laws, including the state constitutions.

The division of legislative authority among the several states is largely based on the territoriality principle, *i.e.*, each state has authority over what is going on within its territory, regardless of the nationality or home state of the persons involved. The personality principle is sometimes applied in federal law, which may regulate what is done by or to Americans outside American territory, but it is generally not used as a basis for state jurisdiction.

The jurisdiction of the courts of one particular state generally extends to any and all cases that have a territorial link to that state (with the limited exception of subject matters reserved for the federal courts, see below). This can easily lead to the courts of several different states (potentially) having jurisdiction in a given case. As a consequence, a good attorney may need to analyze a case under different state laws before deciding where to bring it to court in the best interest of her client. A judgment properly obtained in the courts of one state will subsequently be recognized and enforceable in all other states under the "full faith and credit-clause" of Article IV of the U.S. Constitution.

Jurisdiction of the federal courts may exist in parallel to jurisdiction of the courts of one or more states. Generally, the federal courts can be called upon to hear cases involving

- federal constitutional issues;
- federal statutory issues;
- "diversity cases", *i.e.*, disputes between residents of different states or between an American and a foreign national, provided the amount in dispute exceeds $ 75,000;
- "removal jurisdiction", *i.e.*, if a case was brought in the courts of a state other than the home state of the defendant, it can be removed to the federal courts, provided they also have (parallel) jurisdiction over the matter because it falls under one of the above categories.

A small number of issues is reserved exclusively for the federal courts (*e.g.*, antitrust cases, maritime and admiralty cases = *Küsten- und seerechtliche Streitigkeiten*).

4. The Structure of Federal and State Courts

While German courts are divided into civil courts (*ordentliche Gerichte*) for private law and criminal law, administrative courts, labor courts, social security and welfare courts, as well as tax and finance courts, the U.S. system does not know such specialization. By contrast, the American courts system is merely divided into federal and state courts. Within their respective jurisdiction, most courts and judges will hear cases from areas of law as diverse as commercial and constitutional law, or criminal and administrative law. Only a few courts on the federal level and a few more on the state level are specialized for particular subject matters, such as bankruptcy or tax law.
Otherwise, there is a hierarchy of courts in the federal system and in most of the states that is quite similar to the German system, with a three-level structure: the lowest or first instance courts are fact-finding courts. On the federal level, they are called "district courts." In the several states, the name(s) of the first instance courts differ, often on historic grounds. For example, in New York, the trial court of first instance is called "Supreme Court" (while the second instance courts are called "Appellate Divisions" and the third instance or highest court in New York State is called "Court of Appeals").
Generally, the second instance courts will only hear appeals on grounds of law and do not review the fact-finding of the first instance courts. On the federal level, the second instance courts are called "Courts of Appeals," although they are often referred to as "Circuit Courts" or "Federal Circuit Courts," of which there are 13 in total. Again, the names differ in the several states.
In light of the fact that above the federal courts of appeal there is only one federal Supreme Court with only nine judges, many of the most important federal decisions are made at the appellate level and never make it to the U.S. Supreme Court. To handle their rather substantial case-load, the federal courts of appeal are quite large, frequently with operations in more than one place, and always with multiple courtrooms (for example, the United States Court of Appeals for the Ninth Circuit, which is in charge of cases coming out of California, Oregon, Washington, Arizona, Montana, Idaho, Nevada, Alaska, and Hawaii, has 48 judges and has court buildings in four locations – Los Angeles, San Francisco, Portland, and Seattle; hearings are held in additional locations, when necessary).
The federal and state supreme courts only hear appeals from the second instance courts and usually have a large degree of docket control, *i.e.*, they can decide themselves which cases they want to hear and which they do not want to admit for review. In the federal system, a *writ of certiorari* is required for a case to be reviewed by the U.S. Supreme Court, and this Court has complete freedom whether or not to "grant *certiorari*."

The Structure of Federal and State Courts

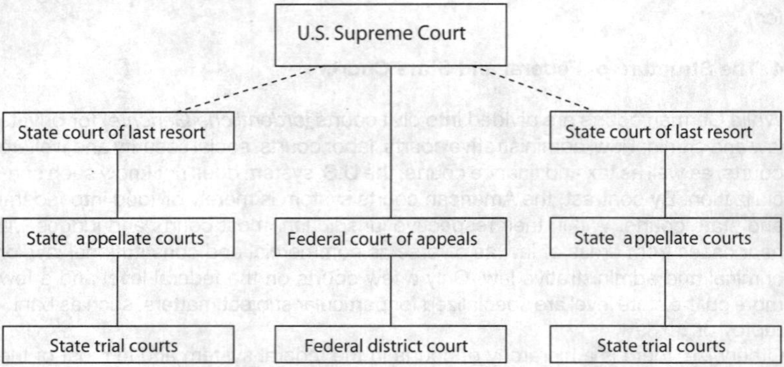

5. The Adversarial System and the Role of Judge and Jury

In particular in criminal law and procedure, a court system can be inquisitorial, accusatorial, or adversarial. To a lesser extent, this nature of a legal system will also inform the procedures in administrative and even in civil cases. Inquisitorial systems of medieval times were characterized by a concentration of state powers in the courts and judges for the purpose of investigating, prosecuting and convicting the suspects. Since this concentration of powers creates a structural imbalance of power in the proceedings – the state with all its resources and police powers on the one side, the private individual on the other – as well as a bias against the suspect in the minds of the judges who have already gathered the evidence and prepared the prosecution, no democratic state subscribes to an inquisitorial system today. In an accusatorial system, the functions of investigation and prosecution on the one hand, and evaluation and adjudication on the other are kept separate. While the police and the prosecutor's office put together the evidence and the charges for the trial, they have a duty to be objective and to dismiss a case if there is insufficient evidence. The judge comes in as a neutral party who has to weigh the evidence for and against the accused. If convinced beyond reasonable doubt, the judge decides upon guilt and punishment. This is the system applied in Continental Europe today. Finally, the adversarial system of the common law countries goes one step further. While the police and the prosecutor's office retain the investigative powers, they usually need a jury to charge the suspect (a "grand jury" of 23 citizens in the U.S. federal and most state systems, who decide by majority). In the actual trial, the prosecution and the defense have essentially equal powers and another jury (the "petit jury") decides upon guilt or innocence (these are a panel of citizens – usually twelve – who have to come to an unanimous verdict). The role of the judge is reduced to a neutral arbiter who has to ensure that the parties observe the rules of the game and who, after a guilty verdict, gets to determine the appropriate punishment. During the trial, neither the judge nor the jury gets access to the police records or even any information about a prior criminal record or the like of the defendant. The jury is also prohibited from following any media reports about the trial.

The whole idea is to obtain a verdict that is exclusively based on the permissible evidence and not in any way influenced by other factors that may or may not suggest guilt.

II. Sources of American Law and the Federal System

1. The Federal Constitution and the Constitutions of the Several States

The Constitution of the United States of America was adopted by the Constitutional Convention in 1787 and entered into force in 1788 for nine of the now fifty states. It is today the oldest and shortest written constitution of any country or government in the world. The Constitution has seven original articles. As early as 1789, ten "amendments" were added, constituting the Bill of Rights, roughly comparable to the first 19 articles of the German Basic Law (*Grundgesetz*). Subsequently, another 17 amendments were added to the Constitution over more than 200 years. The Eighteenth Amendment, which established the prohibition of alcohol in 1919, is the only one that was ever overturned, which occurred by operation of the twenty-first amendment.

In addition to the federal Constitution, each of the fifty states has its own constitution. All federal and all state laws – including case law – in the United States have to comply with the U.S. Constitution. And while state constitutions may expand rights granted to citizens, they cannot take away rights granted by the federal Constitution.

2. Federal Statutes

Federal statutory law consists of laws passed by the United States Congress under the procedures outlined by the U.S. Constitution. This includes passage of a bill by a majority of both chambers of Congress. Occasionally, a federal statute can be blocked from passage by a veto from the President (see Part III.1. *infra*). A federal statute is also subject for review by the federal courts and may be declared unconstitutional. These are important elements of the separation of powers and the system of checks and balances under the U.S. Constitution, discussed in further detail below.

3. State Law

The several states have legislative authority over all matters that are not explicitly reserved for federal legislation and those matters that are reserved for the federal government but have not been fully dealt with by federal laws (yet) so as to preempt state legislation. Within their proper legislative authority, the states determine themselves which matters they want to deal with on the constitutional level, by legislation, or by administrative regulation.

4. Case Law as Mandatory or Persuasive Authority

As described earlier, case law plays an important role both in federal and in state law. Federal courts have to respect case law of higher federal courts as mandatory authority. In the absence of clear and unambiguous mandatory law, they will also resort to case law of federal courts of the same or a lower level as persuasive au-

thority and they may look at state court decisions to see whether they can find useful arguments and/or ways of resolving the dispute before them.
Most state courts are not only bound to respect the decisions of higher courts within the same jurisdiction as mandatory authority but also those of other courts of the same level within the same state. Again, in the absence of clear and unambiguous mandatory law, they will resort to any other court decisions (lower courts within the same state, any state court of any other state, any federal courts) for persuasive authority.

5. Secondary Sources

a) The Restatement of the Law

As outlined above, in the absence of statutory law, attorneys and judges have to look to case law for guidance on the resolution of a dispute. If there is no mandatory authority or no firm precedent within a given jurisdiction, they have to look for persuasive authority from other jurisdictions. Thus, in an area governed by state law, if there is no clear and established case law for a certain type of dispute, attorneys and judges may have to look at a multitude of other states and the way they may have resolved the issue.
As early as the 1920s, it was felt that areas such as contracts, property, or torts, where there was little or no statutory law, had become cumbersome to deal with and sometimes yielded arbitrary or contradictory results because of the large number of judgments from different states with slightly different rules and approaches to similar or identical questions. With this in mind, the American Law Institute was created in 1923 *inter alia* to support the "clarification and simplification of the law" (for more information go to http://www.ali.org).
The primary activity of the ALI lies in "the restatement of basic legal subjects that would tell judges and lawyers what the law was." The Institute charged well-known law professors, judges, and practitioners – "reporters" – to develop authoritative overviews of the case law related to certain areas of the law. The drafts submitted by the reporters were then debated and approved by the Council of the ALI and its members. In this way, between 1923 and 1944, Restatements of the Law – remotely comparable to the commentaries in German law – were developed for agency, conflicts of laws (determining jurisdiction in multi-state cases), contracts, judgments, property, restitution, security, torts, and trusts. Almost immediately after these were finished, the Institute started new editions, called Restatement Second, as well as restatements for additional areas of law. As of today, additional restatements are available for example, for landlord and tenant law, foreign relations law of the United States, unfair competition, property (mortgages and servitudes), suretyships and guarantee, torts (product liability and apportionment of liability), the law governing lawyers, property (wills and other donative transfers), restitution and unjust enrichment, and trusts.

b) Commercial Publications

Commercial publications are generally similar to those in Germany and other European countries. There are academic publications like treatises, textbooks, casebooks, and legal periodicals; there are dictionaries and encyclopedias of legal terms and issues; and of course there is a rapidly growing number of sources on the Internet. Three differences to the situation in Europe shall be mentioned briefly. First, the significance of casebooks for law school teaching and for legal research is far greater than in Germany, which follows logically from the greater reliance on case law. Second, and by contrast to the first observation, article-by-article commentaries of statutory law (such as the *Palandt* for the *BGB*), are virtually unknown. Finally, the number and quality of legal periodicals is much higher than what we find in Europe. While we find not much more than half a dozen high quality legal periodicals in Germany that more or less everyone should be aware of, the number of such publications in the United States certainly exceeds one hundred.

c) Online Databases: Westlaw and Lexis/Nexis

The most prominent of the online databases for U.S. law are Lexis and Westlaw. Both of these databases are fee-based. For years, they have been offered free of charge to law students and professors at U.S. law schools, a trend that we now also see at some European law schools.
Lexis and Westlaw each offer slightly different materials, but they both offer access to a wide range of domestic and international legal and extra-legal materials. The domestic materials include all federal and state cases; all federal and state legislative materials (including pending legislation and legislative history); executive and administrative materials at the state and federal level; law reviews, treatises, and other texts, organized by title and also by topical practice area; dictionaries, directories, and other reference sources; general and legal news; and a range of other information. A great attribute of these services is the ability to search directories for specific words or phrases.

III. The American System of Checks and Balances

The American system of separation of powers (*Gewaltenteilung*) and checks and balances (*wechselseitige Kontrolle*), as contained in the federal Constitution, was inspired by the writings of *Montesquieu*.

1. The United States Congress and the Legislative Process

The United States Congress consists of two chambers: the House of Representatives, sometimes referred to as the lower house, and the Senate, sometimes referred to as the upper house. The Senate consists of 100 members, two from each of the fifty states. By having an equal representation from each state, the Senate protects in particular the interests of the smaller states. Senators are elected for terms of six years, with one third coming up for (re-)election every two years. By contrast, the House has 435 members who represent congressional districts of roughly equal population. That means that states with large populations send more representatives to Washington than states with small populations (California, the state with the largest population, has 52 Representatives, while Alaska, Delaware, Montana, North Dakota, South Dakota, Vermont, and Wyoming have only one each). The congressional districts are redrawn every ten years to take account of population developments and to keep them as nearly equal in representation as possible. All representatives are elected for terms of two years.

Proposals for federal legislation can be introduced in the form of a "bill" in either house by any one of its respective members. Depending on the substance matter of a bill, it is then referred to one of the standing committees for detailed discussion. House and Senate committees, in turn, often refer the matter to a sub-committee. The committee or sub-committee may receive input from internal and external experts in writing or in public hearings and it may be assisted by the Office of Legislative Counsel of the respective chamber in the drafting of the actual legislation. At the end of the procedure, the committee votes on the proposal and decides on one of three possible outcomes: the bill may be reported favorably and sent to the entire chamber for adoption, together with explanations about its legislative history, cost, purpose, etc; alternatively, a bill may be defeated in committee; finally, it may be "tabled", *i.e.,* postponed until further notice. The last-mentioned outcome is probably the most frequent.

If a bill is approved by the respective committee of one house of Congress, it is then brought before that entire chamber ("to the floor"). At this stage, further discussion may ensue and amendments may be made. Eventually, the chamber will vote on the proposal and if the bill is supported by a majority, it goes to the other house for a similar procedure, from scrutiny by the respective committee(s) to a vote on the floor. Similar or identical bills may and often do proceed through both chambers simultaneously.

If both houses pass an identical bill by majority vote, it goes straight to the President to be signed into law. The bill becomes law if signed by the President within ten days or, if the President does nothing, the bill becomes law automatically after ten days when Congress is in session. However, if the President vetoes the bill, it is sent back to Congress with an explanation of the veto. In such a case, the bill dies, unless the presidential veto is overridden by a two-thirds majority vote in both houses of Congress.

If the two houses of Congress adopt different versions of the same bill, a conference committee has to look at the drafts and try to develop a mutually acceptable compromise. This committee consists of members of both houses. If they are successful, the bill goes back for another vote on the floor of each house and if now accepted in identical form by majority of both houses, it can then proceed to the President for signature (or veto).

2. The United States Supreme Court

The United States Supreme Court is the highest court in the United States and has the final word in interpreting issues of federal constitutional and statutory law. The Supreme Court has nine members – the Chief Justice of the United States and eight Associate Justices. The Court sits *en banc*, unless a particular member is not available, or recuses him or herself, for example, to avoid conflicts of interest.

Except for a very small area of original jurisdiction and mandatory appellate jurisdiction, the Supreme Court's docket is entirely discretionary, which means that the Court decides which of the cases presented for its review it will hear. Under the so-called "rule of four," a case presented on a petition for a writ of *certiorari* will be heard by the Court if four of the nine justices vote to hear it. The decision whether to grant the writ of *certiorari* is made privately by the Justices, and no reason need be given by the Court for the denial of the writ. The Supreme Court reviews only about 90 cases each year of the several thousands that are presented to it for its review.

The Supreme Court plays an important role with regard to checks and balances vis-à-vis the other branches of the federal government. A critical power of the Supreme Court – and all other federal courts – is the right of judicial review, under which the Court can review actions of the Congress and the executive for consistency with the law, including the U.S. Constitution.

3. The Role of the President of the United States and the Federal Government

The President of the United States is the chief executive officer of the United States. His duties, as outlined in the Constitution, are to be Commander in Chief; to make treaties, with the advice and consent of the Senate; and to nominate and, with the advice and consent of the Senate, appoint public ministers, consuls, ambassadors, and all federal court judges. The President is elected for a term of four years, and he may run for re-election, but not beyond one second term.

Once elected, the President selects a cabinet. Each member of the cabinet is the head of a department in the executive branch. Cabinet members include the Secretary of State (*Aussenminister*), the Secretary of Defense, the Secretary of the Treasury, and the Attorney General (roughly *Justizminister*). In addition to these departments, the executive branch of the federal government includes a wide range of so-called "independent agencies." These agencies are headed by collegial bodies and supported by a large staff, most of whom are civil service employees and whose employment does not vary with the current administration.

The administration, writ large, has the job of executing or enforcing federal law as set down by Congress. This is accomplished primarily through rulemaking, investigation, and enforcement activities.

IV. Private Law

Private law is state law in the United States, rather than federal law. Therefore, the following remarks must be taken with some caution as some differences, often substantial ones, can be found from one state to another.

1. Contract Law

The Restatement (Second) defines a contract as a promise, for the breach of which the law provides a remedy. With few exceptions, American law will not enforce contracts unless they are evidenced by some written document, which does not have to be the contract itself. Another difference to Continental European law is the requirement of "consideration." Simply stated, American law will not enforce a promise unless some kind of consideration was agreed upon in return. In most cases, this is not a problem since the vast majority of contracts require payment in return for good or services. However, one kind of promise continues to create problems to this day, namely the irrevocable offer. If one party to an agreement promises not to revoke an offer but does not get anything for this promise, it is generally not enforceable. One way of circumventing the problem is to pay a nominal sum – one dollar – for the irrevocable offer. The Uniform Commercial Code (UCC) provides the option of making an offer irrevocable by putting it down in writing. Courts have occasionally enforced an offer merely on the ground that the other side relied on it and made investments of time and money.

2. Torts

Similar to the German system of "*unerlaubte Handlung*" (§ 823 *BGB*), U.S. law recognizes claims for compensation in cases where a wrong was done by one person to another outside of a contractual relationship. Generally, such claims require that the wrong was done intentionally (*absichtlich*), negligently (*fahrlässig*), or in the context of a high risk activity where any kind of damage may have to be compensated, even in the absence of any negligence. The latter case is called "strict liability" or "no-fault liability" in the U.S. (*Gefährdungshaftung*), while the former two are based on fault. The standard, whether or not a person acted negligently, is based on what a *reasonable* person would have done in the circumstances. This question, in turn, is generally decided by a jury of lay persons, who also determine which elements of damage should be compensated and by how much. The fact that many juries have tended to favor the individual over large corporations or insurance companies, combined with the fact that damages can be awarded not only for property damage and medical expenses but also for pain and suffering, explains the occasional judgment that makes headlines as far away as Europe, when very large sums of money are awarded for seemingly strange incidents (for example, when a plaintiff was awarded $ 160,000 in damages plus $ 2.7 million in punitive damages after she bought coffee at a drive-thru McDonalds, put the cup between her legs, opened it while driving to add sugar and milk, spilled the coffee, and burned herself, see Liebeck v. McDonald's Restaurants, No. CV-93–02419 – N.M. Dist. Aug. 18, 1994). While the U.S. system tends to award higher sums for comparable torts than, for example, the German system, and some of these awards are genuinely unreasonable, the U.S. system does have a number of strengths. In combination with certain features of procedural law, most notably, the American system provides access to court even for persons who cannot afford to hire a lawyer and take their case to court. These features will be discussed below, in the context of procedural law in civil trials.

3. Property Law

Private property has a special significance for Americans. The Fifth Amendment to the Constitution, part of the Bill of Rights, stipulates the trilogy of "life, liberty, [and] property" that are the core freedoms in this country. Deprivations of property, in particular real property, must not occur "without due process of law" and – if property has to be taken for public use – there must be "just compensation." This differs significantly from the treatment of property in the German *Grundgesetz* and other European constitutions that often emphasize that property entails obligations (*Sozialbindung*).

This background needs to be kept in mind for any analysis of American property law cases. Land owners can first of all object to the "taking" of their land, *i.e.*, the expropriation, whether by the federal government or any state or local authority. They also have remedies against trespassers, *i.e.*, unauthorized entrants, as well as nuisances originating from neighboring properties. One issue that remains hotly contested is the question when a public regulation of land use, for example in the form of zoning regulations (*Bauplanungsrecht*) or environmental regulations, has such a serious impact on a property that it constitutes a "taking" in the sense of the Fifth Amendment and, therefore, must be compensated.

4. Commercial Law

The federal legislature does not have broad powers over commercial law. It is merely entitled to regulate "interstate commerce", *i.e.,* commercial transactions that extend beyond the borders of one state. Theoretically, this power could be broadly construed. For example, in *Katzenbach v. McClung*, the Supreme Court held that the federal government could intervene to eliminate racial discrimination by a restaurant owner in Alabama on the basis of the interstate commerce clause. By refusing to serve African Americans, the owner reduced his customer base, *i.e.* the amount of food he sold, and consequently the amount of food he had to buy. Since at least some of the food purchased for the restaurant was from out of state, the refusal to serve African Americans had an impact on interstate commerce, which in turn subjected the matter to federal regulation. In practice, however, the federal government has been hesitant to make use of this power in the area of private law. By and large, commercial law, therefore, belongs to the legislative powers of the several states.

Significant differences between the laws of different states in matters such as sale or lease of goods, or secured commercial transactions, would be a burden for private enterprise, however. Therefore, the National Conference of Commissioners on Uniform State Laws (see http://www.nccusl.org) started as early as 1896 to draft model laws for the adoption by all states. Various model laws were drawn together after World War II into a comprehensive piece of model legislation, the Uniform Commercial Code (UCC). Since the end of the 1960s, almost all states have adopted commercial laws based substantially on the UCC and this has reduced differences enormously.

Some problems do remain. First, not all states have adopted all parts of the UCC and some have adopted it with significant changes. Second, the UCC is undergoing a process of updating and revision and it will take time for all sections of the model code to be revised and then for all states to adopt revised laws on its basis. Third, not all areas of commercial law are covered by the UCC. For example, insurance law, as well as corporations and partnerships have not been included by the NCCUSL; bankruptcy belongs to the federal powers.

5. Other Important Areas of Private Law

Family law, as well as trusts and estates (*Erbrecht*), are also areas of state legislative powers. Federal law impacts state law in two ways: Federal constitutional law, in particular via the Bill of Rights, is binding upon the state legislatures, courts, and administrations. Furthermore, federal powers of taxation and social welfare are of practical relevance in many family or estate cases.

6. Notable Differences to Continental Europe

The first thing that comes to mind when analyzing differences between German and American private law is the absence of any general statutory provisions. There is neither an equivalent to the "*Allgemeiner Teil*" of the German Civil Code (§§1 – 240

BGB), nor to its "*Schuldrecht Allgemeiner Teil*" (§§241 – 432 *BGB*). However, the general principles that have been developed – largely by case law – on issues such as capacity of the parties of a contract, form requirements, offer and acceptance, interpretation, voidability for mistake and other reasons, performance, non-performance, agency and assignment of rights, as well as remedies, by and large apply across the board for all types of contracts. Nevertheless, the practical impact of the lack of general legislation can be found in much longer and more detailed contracts. Typically, contracts drawn up by American attorneys run into several dozens of pages, even if the underlying transaction seems quite straightforward, and include obligations that would seem perfectly obvious to a German lawyer, for example that each side should be honest and should not violate the principle of good faith. Naturally, American attorneys have all the standard clauses pre-formulated on their computer harddisks and just copy-paste the relevant provisions into each new contract. Unfortunately, however, these so-called "boilerplate" terms do not always fit and the lengthy documents all too often are not very carefully read. The effort to avoid any kind of ambiguities at all cost by having highly detailed provisions in the contract is then turned on its head and ambiguous or contradictory terms can be imported involuntarily.

Other surprising features of American law will be discussed below, when the standard civil trial is described in some detail through its various stages.

V. Criminal Law

The common origins of English and American criminal law lie in case law. Nowadays, at least in part because of the principle *nullum crimen sine lege, nulla poena sine lege*, criminal law is statute law. In the United States, criminal law is also largely state law and while most of the major crimes – felonies – are quite similarly defined from one state to the other, the laws about minor crimes – misdemeanors – and petty offenses can differ considerably. Notable differences between the states will also be found with respect to the punishments prescribed for the different crimes. Some states quickly resort to jail sentences while others prefer fines, probation, and other sanctions for less serious crimes. A bit more than half the states – and this number is growing again in recent times – provides for the death penalty for the most serious crimes. A certain degree of harmonization between different state laws, in particular with regard to general principles of criminal law on issues such as culpability, causation, justification, and responsibility, has been achieved with the help of the Model Penal Code, developed under the auspices of the American Law Institute.

Federal powers exist for interstate crimes, such as drug trafficking across state borders, and for crimes committed on federal property. These powers also cover national security concerns and are of particular importance with the current expansion of laws against terrorism.

VI. Public Law

Public law in the United States can be divided into two important parts. First, the procedural law governing the adoption of rules or decisions by government agencies if these may affect private individuals or private bodies, as well as their review by the courts. Second, the substantive law adopted by a multitude of administra-

tive agencies. Both parts can be found at the federal level and also at the level of the several states.
Federal administrative agencies, such as the Food and Drug Administration (FDA), are governed in their work by the federal Constitution, as well as the Federal Administrative Procedure Act (FAPA) and other federal laws. Chief among the guiding principles of administrative procedures is the due process clause of the Constitution. It is elaborated by federal laws and by case law and guarantees a wide range of procedural safeguards. Judicial review is often directly before the federal appellate courts and standing usually requires direct concern and exhaustion of all administrative remedies.

VII. Procedural Law for Civil Trials

1. Civil Trials in America

Civil trials in state and federal courts are governed by a multitude of different rules and regulations. This includes rules derived from principles established by the U.S. Constitution and state constitutions, as well as legislation, case law, and court rules on the federal and/or state level. Finally, there are rules of professional ethics and conduct by the bar associations at the national, state, and local level. For civil trials, the most important provisions are found in the rules of civil procedure and in the rules of evidence. In matters going before state courts, these rules may differ from one state to another.

Fletcher and *Sheppard* break down the different elements of a civil trial in chronological order as follows:

i) initial investigation
ii) drafting and service of pleadings
iii) preliminary motions
iv) discovery
v) summary motions
vi) pretrial conference
vii) jury selection
viii) trial
ix) jury instruction
x) verdict and judgment
xi) post-trial motions
xii) appeal
xiii) execution

It would be beyond the scope of this paper to describe each step in detail. However, some remarks about the less obvious elements shall be made.
The initial investigation is more important in America than in Germany. In addition to the issues every lawyer has to investigate, such as the facts of the case and the laws applicable to it, American lawyers frequently have to think about issues of jurisdiction. If a case could be brought in more than one state, or in either federal or state court, they essentially have to analyze it under all possible systems that could apply in order to determine where the case should be brought in the best interest of their client.

The pleadings submitted to court and served upon the defendant are similar to their German counterparts. They have to deal with the facts, the applicable law, and the remedy sought, and they also have to elaborate on jurisdiction. By contrast to the German system, service has to be effected by the plaintiff, rather than the court. The defendant usually has twenty days – at least in federal court – to respond with one or more of the following: a motion to dismiss the claim; a substantive answer, also called affirmative defense; and/or a counterclaim. If the defendant does not answer within twenty days, the plaintiff can ask for a default judgment (*Versäumnisurteil*).

Preliminary motions can take several forms. In particular, the defendant may move to have the case dismissed for lack of jurisdiction of the respective court, or because the claim was not properly served upon him or her. In such a case, the plaintiff can object and several exchanges of written pleadings and even a hearing about these preliminary points may follow. Other motions may seek to limit the issues or to have a complaint defined more clearly. The plaintiff may move for an attachment order securing or seizing property, for an injunction prohibiting certain activities, or for a restraining order.

Discovery is the procedure under which each side of the dispute can demand evidence from the other pursuant to certain rules. This procedure, and some of the problems connected with it, will be described in somewhat greater detail below. After the facts of the case have been established, either applicant or defendant may submit a motion for summary judgment for all or part of a dispute, if the entire case or certain parts of a claim can be decided on the basis of undisputed facts or on the basis of facts that are not sufficiently provable to allow the matter to go to a jury. In that case, the court can proceed by deciding those parts or the entire case purely on the basis of the applicable law, without an actual trial, *i.e.*, without hearings and further exchange of arguments.

If summary judgment is not granted, the next step is a pretrial conference between the attorneys and the judge. In this meeting, the parties seek to establish to what extent there is agreement about the facts of the case, admissible evidence for the establishment of disputed facts, evidence to be excluded from the trial, applicable and relevant legal arguments, etc. The outcome of the conference is a pretrial order that outlines the evidence to be presented in trial. Depending on the jurisdiction, earlier pre-trial conferences may have been convened.

Although the parties may agree to have a trial by the judge alone, the majority of civil trials are still by jury. Traditionally, juries consist of twelve randomly selected citizens. Civil trials can also be before juries of six. The selection of the jurors begins with the summoning of a fairly large number of people to appear in court at a certain time and date. Jury duty is obligatory and failure to appear is punishable by law. The members of the group are then examined, *i.e.*, questioned by the judge and/or the attorneys about their views on the relevant issues. Next, the judge selects suitable jurors and the attorneys get a chance to challenge the selections for cause, if the particular juror seems unsuitable, for example because of a personal interest in the case. Each side also has a small number of peremptory challenges, *i.e.*, candidates that can be excluded without specific reasons.

With the jury in place, the trial can begin. It consists of four main parts: the opening statements of both sides, presentation of plaintiff's evidence, presentation of defendant's evidence, and closing arguments of both sides. As has been stated earlier, all four phases of the trial are largely controlled by the respective attorneys and the judge is mainly making sure that the applicable procedural and evidentiary rules are observed.

After the closing arguments have been presented, the judge instructs the jury how they have to deliberate, what the plaintiff had to prove to win and what the defendant had to prove for any counterclaims, and the level of certainty required. The instructions are drafted by the attorneys for the judge and either side can object to certain parts or formulations before the instructions are read to the jury. The jury has to come to an unanimous verdict on the questions given to it, for example, whether the defendant has to compensate the plaintiff for his or her damages and by how much. In a criminal trial, the jury decides the question of guilt but does not prescribe the punishment in the event of a conviction, with one important exception: only a jury can recommend a sentence of death in those jurisdictions in which it is permitted.

After the actual trial is over, three things can still happen. First, the losing party may submit post-trial motions, in particular a motion for judgment *nov* (*non obstante veridicto*), that is for setting aside the jury's verdict as unreasonable, or a motion for a new trial, for example if evidence was concealed by one party, or if there was a mistake made during the trial. Second, the losing party may appeal the judgment to the court of second instance. Finally, if the judgment becomes enforceable, the winning party may need a *writ of execution, i.e.,* an additional court order, if the losing party does not pay or otherwise perform voluntarily.

2. Other Important Differences Compared to Continental Europe

a) Discovery and the Rules of Evidence

As mentioned above, discovery is one of the phases of preparation for a trial. During this phase, the attorneys for applicant and defendant exchange demands for certain documents or other forms of evidence in order to fully understand the factual and legal position of the other side. Specifically, discovery can take the following forms: i) written questions ("interrogatories") to be answered in writing; ii) requests for documents or tangible evidence; iii) questioning of witnesses by the respective attorneys ("depositions"); iv) requests for other evidence, such as medical records or examinations, inspection of localities, etc.

From a European perspective, the fascinating issues with discovery are twofold. First, the judge takes a very passive role, at best. The court only oversees that the rules are being respected. The judge neither participates in the questioning of witnesses nor in the search of other evidence. Whether or not available evidence will be found depends largely on the skills of the attorneys.

Second, the scope of the procedure as such can be astounding. Although requests for documents or questions for witnesses have to be relatively specific, they can be as wide as, for example, "all minutes, protocols, and other documents related to the takeover negotiations between companies X and Y during the years 2003 and 2004." The fact that such requests will be backed up by court orders if necessary and that the withholding of evidence will be sanctioned, contributes to two forms of abuse of the procedure. On the one hand, sometimes claims are brought to court based on fairly weak claims mainly in order to obtain vast amounts of useful and/or confidential information from the other side. This phenomenon is sometimes called a "fishing expedition." On the other hand, defendants sometimes respond to broad requests for information with truckloads of documents that are only marginally relevant to the dispute in order to distract the applicants from problematic evidence that may be buried in the mountains of files. Or defendants may respond to broad requests by inviting plaintiff's attorneys to review documents at their corporate offices, with the same purpose.

In spite of the occasional abuse, the discovery procedure is very dear to the heart of American lawyers and any lawsuit where these means are not available to them – such as litigation in Europe – is inherently suspect. European courts and lawyers, by contrast, have great reservations against discovery orders from American plaintiffs and frequently refuse to lend a hand in what they consider the extraction of confidential business data. This may go so far that some European countries, including the United Kingdom and Switzerland, for example, have adopted blocking statutes or laws that prohibit persons and companies under their jurisdiction from providing certain kinds of documents or information in response to American extraterritorial discovery.

Internationally, the matter of discovery is governed by the Hague Convention on the Taking of Evidence Abroad in Civil or Commercial Matters of 18 March 1970 (http://hcch.e-vision.nl/index_en.php?act=conventions.text&cid=82), which is based on voluntary collaboration, *i.e.,* more the Continental European approach. Negotiations on a Preliminary Draft Convention on Jurisdiction and Foreign Judgments in Civil and Commercial Matters, which would essentially extend the Lugano Convention and/or Brussels I Regulation (Regulation 44/2001) to the United States and other interested non-European countries, are stuck precisely because of disagreement on issues related to discovery and admissible evidence.

b) The Costs of Litigation, the Absence of Fee Shifting, and the Possibility of Contingency Fees

While it is customary in the United States to oblige the losing party to pay the relatively modest court fees, including the expenses for the jury, each side normally has to pay his or her attorney's fees regardless of the outcome of the case. This absence of fee shifting has important consequences. Since the court fees are independent of the amount of money requested or received, and each side has to pay his or her own attorney's fees anyway, there is no disincentive against demanding outrageously large sums of money. To give a practical example: If a person is injured in an accident at work and, as a consequence, permanently confined to a wheelchair, a German attorney will seek one million Euro in compensation from the employer if precedent indicates that this seems to be the obtainable amount for this kind of injury. Should the German attorney seek 100 million Euro instead and still get 1 million Euro, she would have lost 99% of the claim and the plaintiff would be required to pay all of the court fees and all of the regular attorney's fees of both sides. In the end, because the fees increase with the amount in dispute, the costs of the proceedings would exceed the 1 million Euro award.

By contrast, no such thing can happen in America. Even if precedent would indicate that the likely compensation for the injury will be around 1 million dollars, plaintiff's counsel is likely to seek 100 million dollars in compensation. Even if only 1 million dollars is awarded by the jury, the court fees would be entirely placed on the losing employer and the attorney's fees would be borne by each side separately. And these fees would not be tied in any way to the amount of the initial claim.

Furthermore, the plaintiff may have entered into a contingency fee arrangement with his or her lawyer. Under such an agreement, the lawyer receives a certain percentage (usually between 20 and 40%, depending on the amount of work and the amount of money involved) of whatever sum of money she can obtain for her client. Importantly, the lawyer gets nothing if the client loses and the lawyer may even be stuck with the court fees. Thus, the litigation can become virtually risk-free for the client.

The possibility of contingency fees is important for attorneys, who can make a lot of money if they can win large awards for their clients. In our example, if the jury should return an award of 10 million dollars for the disabled plaintiff, the lawyer might get as much as 4 million dollars. However, the contingency fee system also has benefits for the clients, in particular if they do not have enough money to hire experienced and/or well-known attorneys and pay their court fees, etc., up front.

c) Class Action Law Suits

In situations where a larger number of people have the same kind of claim against one and the same defendant, U.S. federal law and many of the states offer an interesting procedural construct in the form of a *class action*. In these cases, the entire "class"- including people who have no knowledge of the trial – can be represented by a small number of plaintiffs or even a single plaintiff, and any compensation obtained from the defendant will be shared amongst all known members of the class.

The usefulness of this device can again be illustrated with an example. If a large corporation violated contractual or other obligations owed to its clients, the individual damage for each client might be small, maybe under $1,000. The corresponding and illicit gain for the company, who may have hundreds of thousands of clients, can nevertheless exceed a billion dollars. Under German law, it would be unlikely that any of the clients would take on this large company and try to recover his or her damages. The amount at issue would not be worth it and the client would be intimidated by the superior resources and well-known legal counsel available to the corporation. In the United States, by contrast, a law firm could put together a class action and take the case on a contingency fee basis.

Before a class action will be "certified," the plaintiffs have to show i) that the group of potential applicants is so large that it is not possible or at least not practicable to deal with each case individually; ii) that there are similar or identical questions of fact and law at issue in each case; iii) the representing plaintiff's case is a typical case; and iv) that the interests of each member of the class will be adequately represented. After a class has been certified, the defendant's attorneys will make good faith efforts at notifying every member of the class – which may include public announcements in the newspapers. The members of the class then have a short deadline to "opt out" of the class action if they do not want to be involved. Every person who does not opt out – either because he or she wants to participate or because they never heard of the case – is considered in the class. As a consequence, the resulting settlement or judgment will have the force of *res judicata* (*Rechtskraft*) for them and they participate in any financial benefits – after the attorneys pay the court fees and take their contingency fees, of course.

The procedure has benefits for both sides. It not only permits large numbers of inexperienced people with limited financial resources to pursue their rights against large and well funded corporations, it also allows corporate defendants to settle the case against them once and for all with the force of *res judicata* for and against pretty much any potential plaintiff. Last but not least, there is also a benefit for society because the possibility of a class action law suit can be a pretty strong disincentive for corporate misbehavior to the detriment of consumers.

VIII. Legal Education and the Legal Profession

1. From High School to College to Law School

The American school and university system is fundamentally different from the system in Germany. This difference will be somewhat reduced with the implementation of the so-called Bologna reforms, *i.e.,* the introduction of bachelor and master degrees in the EU Member States, including Germany. However, some important differences remain.

School children are segregated at an early age in Germany, usually after four years of elementary school. Those who are more academically inclined – or who simply had the highest grades – continue after grade 4 in high school (*Gymnasium*). Those who are more practically inclined go to vocational school (*Realschule*). And those who are at the lowest end of the grade spectrum and unable to pass the admission tests either for high school or for vocational school, essentially remain in elementary school, although it is now called middle school (*Mittelschule*). All this happens around the age of 9 or 10 and has far reaching consequences for future opportunities, since in principle only graduates of high school are admitted to higher education at universities and universities of applied science (*Fachhochschulen*). Of course, there are some exceptions and some children manage to switch tracks or to obtain a high school diploma [*(Fach-)Abitur*] after going to vocational school, but the basic distinction remains true for the large majority of students.

Since all law schools in Germany are at university level, only those 30 or so per cent of children who graduate from high school are even eligible to pursue studies in law. On the other hand, the law schools – with one exception – are all public and do not have the right to administer their own admission tests. In effect, pretty much any high school graduate who is so inclined can study law in Germany and this is usually done right after high school. Until a few years ago, law school effectively took five years, generating graduates with an average age of around 24. The average duration of law school has effectively been reduced to four years recently and, therefore, graduates are even younger these days.

During law school, German students do not face very many and very difficult exams. While there are significant differences from one federal state to the next, the main examinations are at the end of the entire study program and cover everything that should have been taught during those four years. With average failing rates in the magnitude of 30% and a limit of only one second attempt, the final law school exams (*Erstes Staatsexamen*) are daunting for most students, who tend to spend the final year or even two years of their law studies in intensive preparation for the final exams, often with the help of private tutors (*Repetitorien*).

Once graduated from law school, most students continue their education with a cycle of internships in the public administration, courts, and private law firms. In parallel, they receive training in areas such as drafting of legal briefs and judgments. Furthermore, the students, who are now called "*Referendare*" usually take preparatory classes for the bar exam (*Zweites Staatsexamen*). After about two years of rotating internships, the students finally take the bar exam and – if successful – are now considered fully qualified for any legal profession, including practice as attorneys, prosecutors, or judges.

The American system differs from the ground up. All children are generally entitled to proceed from elementary school (4 years) to middle school (4 years) and on to high school (another 4 years). Although there are always some students who drop out of the system and fail to graduate, the large majority of American students obtains a high school diploma after twelve years of schooling. Those 40–45% who want to pursue higher education then apply to one of more than 1,000 American colleges or universities to study for a bachelor degree. This is usually another study program of four years and can be divided in two years of more general studies (somewhat comparable to the final two years of 13-year high school programs in *Bavaria* or *Baden-Württemberg*) and two years of specialized or professional studies. The students usually have a choice of a number of different subjects for the last two years of college, such as liberal arts, education, political science, physics, etc. Only a few colleges offer a specialization in law, which is then called a pre-law program because it does not provide a law degree but only a preparation for law school. The majority of Americans do not pursue higher education beyond the bachelor level.

Those who want to go into law, however, apply to one or several of the approximately 190 law schools that are accredited by the American Bar Association and thus able to confer the degree – called *Juris Doctor* (J.D.) – that entitles its bearer to take a state bar exam and, if successful, to practice as attorneys. Most law programs are three-year programs and extremely demanding. Students take an average of 15 credits per semester for a total of 90 credits for graduation. One credit is equivalent to one hour of in-class time every week over a term of 14 or 15 weeks. In addition to some 15 hours per week in the classroom, students have to prepare enormous reading assignments, dozens of cases, and other projects every week. In class attendance is required and students are regularly called upon to demonstrate their understanding of the cases and materials under discussion. Professors have not only name lists but seating charts with pictures and keep track of the performance of each and every student. During and at the end of each course, there are written exams and students obtain only credit for courses successfully completed. By contrast, at the end of the three-year law program, there are no final exams and no final theses requirements. There is, of course, the bar exam.

While both the German (and continental European) system(s) and the American system of (higher) education have obvious strengths and weaknesses, there are three important features in the American system that make it superior, at least in our view:

1) children are not segregated at the early age of 9 or 10;
2) the colleges provide a broader education at high level and a specialization besides law;
3) the law schools are much more efficient, they select their students from many more applicants, and exercise high pressure on the students and teachers to work hard every day, which in turn results in low failure rates.

Finally, the American system has one more feature that is at the same time an advantage and a disadvantage: Students have to pay tuition for their higher education. This can range from as little as $ 5–10,000 per year at public colleges to more

than $ 30,000 per year at the best private colleges and law schools. The disadvantage of this system is not so much that only rich families can send their children to university. First, there are many scholarship opportunities for top performing and/or needy students. Second, and more importantly, the large majority of students nowadays finances their studies by taking loans from banks and specialized lending institutions. In this way, higher education is generally open to everyone in spite of the high cost. However, the disadvantage is that many students eventually graduate from law school with $ 100,000 and more in student loans that need to be repaid over time, and are thus forced to seek lucrative employment in large commercial law firms, even if they would be more inclined towards a job in the public administration or in the non-profit sector.
While the high fees are not exactly popular with the students they do provide the educational institutions with the means that are needed in the 21st century to provide a world-class education with the best available professors, modern, clean and pleasant buildings and classrooms, the latest IT equipment, well-stocked libraries, plenty of individual attention for the students, and many more attributes that one will not easily find in Europe. Finally, the fact that the students pay a lot of money for their education, also makes them demanding customers who will carefully select their school in order to get the best value for their money and who will keep pushing every single professor and every person in the administration to give their very best every day. Unsurprisingly, the open door and can-do policy in American law schools is, therefore, probably the most important difference to their German and continental European counterparts where students are often treated more as a disturbance by the professors than as valued customers and colleagues.

2. The American Bar Association

The ABA has over 400,000 members and is the largest professional organization in the world. According to its mission statement, the ABA "provides law school accreditation, continuing legal education, information about the law, programs to assist lawyers and judges in their work, and initiatives to improve the legal system for the public." Via its accreditation procedures, which involve the imposition of minimum standards for and periodic review of all law schools, the ABA achieves a high degree of transparency in legal education and facilitates the recognition of credits and diplomas across the nation.
In addition to the ABA, there are bar associations at state and local level.

3. Legal Professionals

As may be expected, we find American law school graduates in quite similar professions as their German counterparts. The majority practices law as "Attorneys at Law." Then there are judges and public prosecutors (*Staatsanwälte*), lawyers working as in-house counsel for larger corporations or public bodies, and a growing number of lawyers in not-for-profit organizations.

A few differences to the Continental European systems shall be briefly mentioned.

- Attorneys are admitted to the bar in one or more states after having passed the bar exam for this or these state(s), as well as the admission criteria of the state bar association(s). More than 50,000 new law graduates pass the bar exams in

the fifty states each year and altogether there are over 1 million lawyers admitted to practice in the United States.
- Lawyers can move between the different legal professions much more easily than it is customary in Europe. For example, an attorney may be appointed to a professorship at a law school, return to private practice after some years, and later in life become a judge. Academics may leave university to practice law or take up judicial or political appointments. Increasingly, lawyers manage to fulfill more than one function simultaneously.
- Attorneys may work as single practitioners, or as associates or partners in law firms. About a quarter of all attorneys work in large law firms that employ several hundred lawyers and have offices in different cities and states of the U.S. and abroad.
- Federal judges are appointed by the President and have to be confirmed by the Senate. State court judges at the lower levels are usually elected by the local or state population, while judges at the highest state courts are increasingly appointed by the respective governors.
- Judicial appointments are usually for a limited term of four to ten years. Theoretically, this could cause concern about the independence of the judges but in practice sitting judges are usually confirmed in office if they seek re-appointment. Appointments to all federal courts and some of the state courts are for life.
- Law teachers may be appointed straight out of law school. Many professors never obtain more than the standard *juris doctor*, although an academic doctorate (Ph.D.) is nowadays an advantage for applicants. The first appointment is usually on a "tenure track," a kind of probation period of some five to seven years, during which the teaching and service record and the quantity and quality of academic publications is monitored by other faculty members. Upon successful completion of this period, professors are tenured, *i.e.,* appointed for life. By contrast to German professors with *Beamtenstatus*, even tenured professors can be removed from office if their performance becomes unacceptable.

IX. Finding American Law in Europe

The most convenient way of accessing American law from anywhere via the Internet is through the services of Westlaw or Lexis/Nexis. However, these are fee-based services that cannot be accessed without a user account and a password. The U.S. federal Constitution can be found on several "official" government websites, for example at http://www.house.gov/Constitution/Constitution.html. For an "unofficial" publication with annotations see http://www.findlaw.com/casecode/constitution/.

Federal statutes are officially published in the United States Code (U.S.C.). The U.S.C. is published by the Congress and can also be accessed on the Internet at http://www.gpoaccess.gov/uscode/, as well as at http://uscode.house.gov/search/criteria.php. It is also available "unofficially" on the Internet – and sometimes with useful explanations and easier search functions, in particular at http://caselaw.lp.findlaw.com/casecode/uscodes/toc.html, as well as at http://www.law.cornell.edu/uscode/. Furthermore, federal statutes are commercially published in the form of the United States Code Annotated (U.S.C.A.) and the United States Code Service (U.S.C.S.). The former is published by Westlaw and the latter by Lexis/Nexis (Thomson, the owner of Westlaw, is also the operator of the "findlaw" website). While all three publications contain the official code, the commercial versions also include references to case-law in which specific provisions of the Code have been interpreted. An example of formally correct citation would be "42 U.S.C. § 1983" (an important provision for civil rights).

Federal rules and regulations are published daily in the Federal Register and later are codified in the Code of Federal Regulations (C.F.R.).

Recent case law of the United States Supreme Court is easily and freely accessible from the Court itself at http://www.supremecourtus.gov/opinions/opinion.html. See also the "unofficial" publication at http://www.findlaw.com/casecode/supreme. html. By contrast, the full text of older opinions of the Supreme Court, as well as the case-law of the other federal courts, is less readily available unless one has access to Westlaw and/or Lexis/Nexis.

The constitutions and statutes, as well as other primary law sources of the several states can be accessed "officially" via their respective government websites, for example at http://www.leginfo.ca.gov/index.html. Again, Findlaw offers a convenient alternative, albeit "unoffical", see http://www.findlaw.com/casecode/index.html/statelaw.

Via Google and other search engines, other sources of American law can be found quite easily, in particular the websites of various law schools and law libraries.

Literature

Dörrbecker/Rothe, ALPMANN SCHMIDT-Skript: Introduction to the US-American Legal System Vol. 1 and Vol. 2, 2nd Ed. 2005

Fine, American Legal Systems: A Resource and Reference Guide, Cincinnati 1997

Fletcher/Sheppard, American Law in a Global Context – The Basics, Oxford 2005

EINFÜHRUNG IN DAS DEUTSCHE RECHT(SSYSTEM)

von Professor Dr. iur. Rainer Wörlen
(Privatrecht)
und Rechtsanwalt Dr. iur. Karl Ludwig Steinhäuser
(Verfassungsrecht/Öffentliches Recht/Strafrecht/Gerichte und gerichtliche Verfahren)

Inhaltsübersicht

2. Entstehung des Arbeitsrechts
3. Rechtsquellen des Arbeitsrechts
4. Teilgebiete des Arbeitsrechts

C. Verwaltungsrecht
1. Verwaltungsorganisation
2. Gesetzmäßigkeit der Verwaltung
   a) Grundsatz vom Vorrang des Gesetzes
   b) Grundsatz vom Vorbehalt des Gesetzes
3. Handlungsformen
   a) Verwaltungsakt
   b) Plan
   c) Realakt
   d) Öffentlich-rechtlicher Vertrag

D. Strafrecht

E. Gerichte und gerichtliches Verfahren

I. Richter und andere Organe der Rechtspflege

II. Gerichtsbarkeiten
1. Ordentliche Gerichtsbarkeit
2. Arbeitsgerichtsbarkeit
3. Verwaltungsgerichtsbarkeit
4. Sozialgerichtsbarkeit
5. Finanzgerichtsbarkeit

III. Verfahrensgrundsätze

Vorbemerkung

Das deutsche Recht ist im Gegensatz zum englischen Recht in erster Linie kein von Richtern entwickeltes Fallrecht (vgl. *case law*), sondern Gesetzesrecht. Während im englischen Recht die Gesetze (*statutes*) nur sekundäre Bedeutung haben, hat das deutsche Recht eine in sich klar gegliederte Hierarchie der Rechtsnormen entwickelt. Der Richter hat sich eng an das kodifizierte Recht zu halten, kann allerdings durch Auslegung und Analogie Gesetzeslücken schließen und dadurch im Wege der richterlichen Rechtsfortbildung Impulse für neue Gesetzeskodifikationen geben.
Wie im englischen Recht wird im deutschen Recht grundsätzlich zwischen Privatrecht und öffentlichem Recht unterschieden. Die Rechtssätze des Privatrechts *(ius privatum)* geben vor, in welchem Rahmen natürliche Personen und von ihnen gebildete Personenvereinigungen ihre Rechtsbeziehungen gleichberechtigt regeln können. Die Rechtsordnung bietet aber auch Muster eines fairen Interessenausgleichs an (etwa die Vertragstypen). Sie sorgt auf der anderen Seite dafür, dass als schutzwürdig angesehene Interessen zur Geltung kommen (durch strikte, nicht abdingbare Rechtsregeln).
Unter öffentlichem Recht *(ius publicum)* sind die Rechtssätze, die das Handeln der Staatsorgane betreffen, zu verstehen. Sie regeln sowohl das Recht, nach dem die

Staatsorgane verfasst sind, wie auch die hoheitlichen Befugnisse, mit denen die Staatsgewalten dem Individuum gegenüberzutreten berechtigt sind.
Beide Subsysteme ergänzen und beeinflussen einander. Ihre Unterscheidung entfaltet im deutschen Recht für die Praxis Bedeutung im Bereich des Rechtsschutzes. Welches Prozessrecht und damit auch welches Gericht zuständig ist, wird danach beurteilt, ob privatrechtliche oder öffentlich-rechtliche Rechtssätze den Rechtsstreit entscheidend bestimmen.

A. Verfassungsrecht

Am 24. Mai 1949 trat das Grundgesetz (GG) in Kraft. Mit dem Grundgesetz verfügt Deutschland über eine Verfassungsurkunde, welche umfassend, wenngleich nicht vollständig, das Verfassungsrecht der Bundesrepublik Deutschland enthält.
Der Begriff „Grundgesetz" knüpft an rechtstheoretische Überlegungen *Hans Kelsens* an, der von einem einheitlichen, hierarchisch geordneten Modell der Rechtsordnung ausging, in welchem ein grundlegendes Gesetz an der Spitze des Normengefüges steht, aus dem alle anderen Rechtssätze abgeleitet werden können. Weiterhin sollte der Begriff die Vorläufigkeit der Verfassung unterstreichen, die 1949 nicht unmittelbar vom deutschen Volk selbst angenommen wurde, sondern von der Mehrheit der Länder der drei westlichen Besatzungszonen und die nur vorübergehend bis zur Wiedervereinigung Deutschlands gelten sollte.
Durch den Beitritt der einstigen Deutschen Demokratischen Republik zur Bundesrepublik mit dem Einigungsvertrag im Jahre 1990 wurde zwar die Einheit Deutschlands wiederhergestellt, jedoch blieb es beim „Grundgesetz". Man kann diesem Begriff mittlerweile seine eigene Tradition zubilligen. Art. 146 GG, der die Geltung des Grundgesetzes begrenzt bis zu dem Tag, an dem eine Verfassung in Kraft tritt, die von dem deutschen Volke in freier Entscheidung beschlossen worden ist, dürfte als Auftrag, eine solche Verfassung zu erarbeiten und zur Abstimmung zu stellen, weitgehend als obsolet anzusehen sein.
Alle Regelungen des Grundgesetzes stellen formelles Verfassungsrecht dar, inhaltlich handelt es sich hingegen nicht bei allen Normen um Verfassungsrecht. Wenn etwa Art. 48 Abs. 3 S. 2 GG den Abgeordneten des Bundestages das Recht zugesteht, alle staatlichen Verkehrsmittel unentgeltlich zu nutzen, so gehört eine solche Regelung sicherlich nicht zum materiellen Verfassungsrecht. Auf der anderen Seite sind nicht alle Regelungen, die zum Verfassungsrecht gehören, Gegenstand des Grundgesetzes, wie z. B. das Wahlrecht zum Deutschen Bundestag, welches im Bundeswahlgesetz geregelt ist.
Im Grundgesetz sind im Wesentlichen die Grundrechte, das Staatsorganisationsrecht sowie fundamentale Rechtsprinzipien des Staatsrechts niedergelegt. Die Auslegung des Grundgesetzes obliegt dem Bundesverfassungsgericht.

I. Grundrechte

Die Grundrechte sind primär Abwehrrechte des Einzelnen gegenüber dem Staat. Es sind die Rechte, ohne deren Schutz das Individuum in seiner Menschenwürde und individuellen Freiheit verletzt werden könnte. Erst mit dem Grundgesetz wurden in Deutschland Grundrechte in ihrer heutigen Ausgestaltung etabliert, nämlich als unmittelbar geltendes, subjektives Recht, und einem effektiven Rechtsschutzsystem zu ihrer Durchsetzung.

Der Kanon der Grundrechte hat sich in Deutschland in einer längeren Entwicklungsgeschichte herausgebildet, die Teil der europäischen Rechtsentwicklung ist, und die für Europa ihren vorläufigen Endpunkt in der Menschenrechtskonvention gefunden hat. Allerdings sieht sich auch der Europäische Gerichtshof als Hüter von Grundrechten, wie sie in der Grundrechtscharta der Europäischen Union ihren Ausdruck gefunden haben. Bezüglich der Rechtsnormen der Europäischen Union nimmt daher das Bundesverfassungsgericht sein Prüfungsmonopol zugunsten des Europäischen Gerichtshofs nicht wahr, solange (vgl. die „*solange*-Rechtsprechung“ des Bundesverfassungsgerichts) dieser ein dem Grundgesetz in der Interpretation des Bundesverfassungsgerichtes gleichwertiges Schutzniveau gewährleistet.
Nach Art der Rechtsgewährung lassen sich die Grundrechte grob in Freiheitsrechte, Gleichheitsrechte und Justizgrundrechte unterteilen; letztere sichern einen effektiven Rechtsschutz.

Die *Freiheitsrechte* gewähren dem Einzelnen Freiräume, in die der Staat nicht oder nur unter dem Vorbehalt eines Gesetzes eingreifen darf. Geschützt sind beispielsweise die körperliche Integrität (Art. 2 Abs. 2 GG), die Menschenwürde (Art. 1 Abs. 1), die Meinungsfreiheit (Art. 5 Abs. 1 S. 1 GG), die Religionsfreiheit (Art. 4 GG), Ehe und Familie (Art. 6 GG), die Berufswahl und die Berufsausübung (Art. 12 GG), aber auch das Eigentum (Art. 14 GG), welches nicht einfach nur Besitztitel schützt, sondern dem Individuum eine eigenverantwortliche Gestaltung seines Lebens ermöglichen soll. Der Eigentumsbegriff des Grundgesetzes umfasst daher nicht nur den Grundbesitz, sondern auch das bewegliche Vermögen und sogar Rechtspositionen, die über den privatrechtlichen Eigentumsbegriff hinausgehen, wie beispielsweise Rentenansprüche oder geistiges Eigentum.
Die allgemeine Handlungsfreiheit (Art. 2 Abs. 1 GG) bildet eine Art Auffanggrundrecht, welches jegliches menschliche Handeln vor staatlichen Eingriffen schützt, soweit nicht der Schutz einer spezielleren Grundrechtsgewährleistung eingreift.

Die *Gleichheitsrechte* gewährleisten eine Gleichbehandlung der Individuen durch die staatlichen Organe, soweit nicht gewichtige Gründe für eine ausnahmsweise Ungleichbehandlung sprechen. Sie werden flankiert durch explizite Verbote der Ungleichbehandlung, welche eine ausnahmsweise Rechtfertigung nahezu ausschließen. Diese Verbote beziehen sich auf Ungleichbehandlungen wegen des Geschlechts, der Abstammung, der Religion, der politischen Anschauung etc (vgl. Art. 3 Abs. 3 GG). Bezüglich der ungleichen Lebensverhältnisse von Mann und Frau ist der Staat sogar angehalten, bestehende tatsächliche Nachteile zu beseitigen.
Die Bedeutung der Grundrechte erschöpft sich aber nicht darin, Abwehrrechte gegen den Staat zu gewähren. Vielmehr haben sie einen objektiven Gehalt, welcher Richtlinien für das Handeln des Staates und seiner Organe gegenüber den Bürgern vorgibt. Die drei Staatsgewalten sind aufgerufen, den Grundrechten weitgehende Geltung zu verschaffen, was in besonderen Fällen auch in Teilhabe-, Leistungs- und Schutzrechte des Einzelnen münden kann.

Die *Justizgrundrechte* gewähren zunächst *effektiven Rechtsschutz* durch die Gerichte (Art. 19 Abs. 4 GG). Weiterhin wird ein *gesetzlicher Richter* (Art. 101 GG) garantiert, sodass der Rechtssuchende sicher sein kann, dass seine Sache durch einen Richter entschieden wird, der durch allgemeine Regeln zuvor schon festgelegt und nicht willkürlich bestimmt wird. Der Rechtssuchende hat zudem Anspruch auf *rechtliches Gehör*, wodurch ihm eine ausreichende Möglichkeit garantiert wird, seine Sache vorzubringen. Schließlich darf keine Strafe ohne (vorheriges) Gesetz verhängt werden (*nulla poena sine lege)* und es besteht ein Verbot der Doppelbestrafung (*ne bis in idem),* vgl. Art. 103 GG.

II. Staatsorganisationsrecht

Das Staatsorganisationsrecht regelt die Rechte der Organe des Staates, ihr Verhältnis untereinander und die grundlegenden Strukturprinzipien des Staates.

1. Bundestag

Der Bundestag ist das Parlament Deutschlands. Er ist die gesetzgebende Gewalt (Legislative). Dem Bundestag gehören mindestens 598 Abgeordnete an, die in allgemeiner, unmittelbarer, freier, gleicher und geheimer Wahl gewählt werden (Art. 38 Abs. 1 GG). Näheres regelt das Bundeswahlgesetz. In Deutschland gilt ein personalisiertes Verhältniswahlrecht, im Gegensatz zu Großbritannien, welches ein relatives Mehrheitswahlrecht zum *House of Commons* kennt [gewählt ist in Großbritannien, wer die (relativ) meisten Stimmen auf sich vereint]. In Deutschland hat jeder Wähler eine Erst- und eine Zweitstimme. Mit der Erststimme wird über den Wahlkreiskandidaten entschieden: Gewählt ist, wer die (relativ) meisten Stimmen erhalten hat. Die Erststimme bringt das personale Element des Wahlsystems zum Ausdruck. Jedoch wird nur die Hälfte der Sitze des Bundestages auf diese Weise vergeben. Die andere Hälfte der Sitze wird nach den Grundsätzen der Verhältniswahl entsprechend dem Anteil der Zweitstimmen derjenigen Parteien verteilt, die mehr als fünf Prozent der Stimmen auf sich vereinigen konnten. Da die direkt gewählten Kandidaten auf die nach dem Verhältnisprinzip zu verteilende Anzahl der einer Partei zustehenden Sitze angerechnet werden, entspricht die Sitzverteilung im Bundestag weitgehend dem Verhältnis der auf die Parteien entfallenden Zweitstimmen, jedoch behalten direkt gewählte Wahlkreisbewerber ihr Mandat auch dann, wenn ihrer Partei keine entsprechende Zahl von Sitzen zusteht (so genannte Überhangmandate).
Parteien nehmen eine wichtige Rolle in der deutschen parlamentarischen Demokratie ein. Das Wahlsystem räumt ihnen Begünstigungen ein, sodass nur sie mit Aussicht auf Erfolg an Bundestagswahlen teilnehmen können. Zudem fördert der Staat die Parteien mit erheblichen Finanzmitteln, kontrolliert andererseits ihre Finanzen zunehmend rigide. Verfassungsfeindliche Parteien können verboten werden. Zuständig für den Ausspruch des Verbots ist das Bundesverfassungsgericht auf Antrag des Bundestages, des Bundesrates oder der Bundesregierung.
Obwohl der Bundestag das Legislativorgan ist, steht ihm die Gesetzgebung nur auf bestimmten Gebieten zu. Deutschland ist als föderativer Staat verfasst. Den Bundesländern steht daher nicht nur mit dem Bundesrat eine Länderkammer zur Verfügung (siehe unten), sondern bestimmte Materien der Gesetzgebung, etwa das Recht der Gefahrenabwehr, das Gemeinderecht und das Hochschulrecht, stehen den Ländern zu. Dies führt immer wieder zu nicht geringen Verzögerungen bei der Umsetzung des Rechts der Europäischen Union, wenn und soweit Länderkompetenzen betroffen sind.
Der Bundestag wählt die Regierung, die ihm gegenüber verantwortlich ist. Eine Wahlperiode beträgt vier Jahre.

2. Bundeskanzler

Die Bundesregierung besteht aus dem Bundeskanzler und den Bundesministern (Art. 62 GG). Der Bundeskanzler wird auf Vorschlag des Bundespräsidenten vom Bundestag gewählt. Er bestimmt die Richtlinien der Politik (Art. 65 S. 1 GG), wählt die Bundesminister aus und schlägt sie dem Bundespräsidenten zur Ernennung vor. Der Bundeskanzler übt die Geschäftsleitungskompetenz im Kabinett aus.
Mit diesen wenigen Eckpunkten ist die politische Macht des Bundeskanzlers nur unzureichend umschrieben. Verfügt er über eine solide Mehrheit von Abgeordneten im Bundestag, so kann er seine politischen Vorstellungen, soweit sie von seiner Partei oder einer etwaigen Regierungskoalition getragen werden, in weitem Maße durchsetzen.

3. Bundesrat

Im Bundesrat wirken die Länder an der Gesetzgebung und an der Verwaltung des Bundes mit (Art. 50 GG). Als Föderativorgan gehen seine Ursprünge zurück auf das Heilige Römische Reich Deutscher Nation, wo die Kurfürsten, die Feudalherren der wichtigsten Länder, später auch einige Kirchenfürsten, den Deutschen Kaiser wählten. Jedoch beginnt seine Tradition in der heutigen Form erst mit der Paulskirchen-Verfassung (1848) und dem Reichsrat der Weimarer Reichsverfassung (1919). Im Bundesrat sind alle sechzehn Bundesländer vertreten. Jedes Land entsendet mindestens drei und höchstens sechs Vertreter in Abhängigkeit von der Einwohnerzahl.
Da der Einfluss des Bundesrates auf die Gesetzgebung nicht unerheblich ist, ist es für die Regierung, bzw. für die Parlamentsmehrheit, wenig erfreulich, wenn die politische Kräfteverteilung im Bundesrat der des Bundestages nicht entspricht. Dies führt zumindest zu Verzögerungen in der Gesetzgebung. Im Extremfall kann ein mit Zwei-Drittel-Mehrheit abstimmender Bundesrat die Gesetzgebung weitgehend blockieren.

4. Bundespräsident

Der Bundespräsident steht an der Spitze des Staates. Er wird von der Bundesversammlung für fünf Jahre gewählt (Art. 54 GG). Die Bundesversammlung setzt sich aus den Mitgliedern des Bundestages und einer gleich großen Anzahl von Personen, die von den Landtagen nach den Grundsätzen der Verhältniswahl, das heißt im Verhältnis der Stärke der im Landtag jeweils vertretenen Fraktionen, gewählt werden.
Der Bundespräsident vertritt die Bundesrepublik Deutschland völkerrechtlich (Art. 59 GG). Seine innerstaatliche Funktion besteht im Wesentlichen aus Repräsentationspflichten. Daneben ernennt und entlässt er die Bundesminister und andere Amtsträger des Bundes (Art. 60 Abs. 1, 64 Abs. 1 GG), fertigt die Gesetze aus (Art. 82 Abs. 1 GG), löst den Bundestag auf Vorschlag des Bundeskanzlers auf (Art. 68 Abs. 1 S. 1 GG) und übt das Begnadigungsrecht aus (Art. 60 Abs. 2 GG), um nur die wichtigsten Rechte zu nennen.
Damit ist die Stellung des Bundespräsidenten mit erheblich weniger Kompetenzen ausgestattet als die des Reichspräsidenten der Weimarer Reichsverfassung. Die starke Stellung des Reichspräsidenten war eine Ursache des Scheiterns der Wei-

marer Reichsverfassung und ermöglichte die Machtergreifung durch das NS-Regime. In dieser Strukturschwäche der Weimarer Reichsverfassung liegt historisch ein Grund dafür, dass der heutige Bundespräsident des Grundgesetzes nicht vom Volk direkt gewählt wird. Bei Errichtung des Grundgesetzes sollte eine starke Stellung des Bundespräsidenten durch eine unmittelbare demokratische Legitimation vermieden werden.

5. Bundesverfassungsgericht

Auch das Bundesverfassungsgericht ist ein Verfassungsorgan. Dieses oberste Gericht Deutschlands entscheidet alleine über die Verfassungsmäßigkeit und damit über die Gültigkeit von Gesetzen. Darüber hinaus ist es für Streitigkeiten der Verfassungsorgane untereinander zuständig (Art. 100 GG, Art. 93 GG) und kann durch den Bürger unmittelbar angerufen werden, wenn dieser in seinen Grundrechten verletzt wird. Die Erhebung einer Verfassungsbeschwerde durch einen Bürger setzt allerdings regelmäßig voraus, dass dieser zunächst die zuständigen Fachgerichte erfolglos angerufen hat.
Mit diesen spezifischen Zuständigkeiten ist das Bundesverfassungsgericht nicht das höchste Revisionsgericht Deutschlands (keine Superrevisionsinstanz), sondern allein für Verfassungsfragen zuständig („Hüter der Verfassung"). Als maßgeblicher Interpret der Verfassung legt es faktisch deren Inhalt fest, jedenfalls im Rahmen der Vorgaben des Verfassungsgesetzgebers, und nur durch den konkreten, ihm vorgelegten Fall veranlasst. Dieser Effekt ist zwar im Hinblick auf die Gewaltenteilung nicht unproblematisch, aber nicht zu vermeiden.

III. Rechtsstaatsprinzip

Die Bundesrepublik Deutschland ist ein Rechtsstaat. Dies ergibt sich mittelbar aus Art. 28 Abs. 1 S. 1 GG, ist aber auch ein konsensualer Grundsatz des Verfassungsrechts. Die Ausübung der Staatsgewalt ist von Recht und Gesetz gesteuert und gleichzeitig daran gebunden.
Zentrale Ausprägungen des Rechtsstaatsprinzips finden sich in Art. 1 Abs. 3 GG durch die Bindung der drei Staatsgewalten an die Grundrechte, in der Gewaltenteilung, die in Art. 20 Abs. 2 S. 2 GG Ausdruck gefunden hat, und in der Bindung an Recht und Gesetz (Art. 20 Abs. 3 GG). Die Doppelbegrifflichkeit von Recht und Gesetz stellt eine Absage an den Positivismus der Weimarer Republik dar, ohne dass allerdings präzise bestimmt wird, wie und durch welche Legitimation Recht in einen Gegensatz zum Gesetz geraten kann. Allerdings kann diese Formulierung zumindest als Prüfungsauftrag verstanden werden, formell gültige Gesetze auch inhaltlich an höherrangigem Recht zu überprüfen.
Dem Rechtsstaatsprinzip werden auch einige der in den Justizgrundrechten (siehe oben) verbrieften Prinzipien zugerechnet.

IV. Sozialstaatsprinzip

Das Sozialstaatsprinzip findet seine Grundlage in den Art. 20 Abs. 1, 28 Abs. 1 S. 1 GG. Es verpflichtet die drei Staatsgewalten. In erster Linie ist der Gesetzgeber zur gesetzlichen Gewährleistung eines Existenzminimums (Sozialhilfe), zu bestimmten sozialen Absicherungen (Sozialversicherungen, aber auch Ausbildungsförderung etc.), allgemeiner formuliert zur Sicherung und Förderung des sozial Schwächeren verpflichtet. Auch die Schutznormen des Arbeits- und Mietrechts sind Ausdruck dieses Grundsatzes. Die Verwaltung hat bei der Rechtsanwendung soziale Gesichtspunkte zu berücksichtigen und durch die Rechtsprechung ist das Sozialstaatsprinzip bei der Gesetzesauslegung zu berücksichtigen.

Literatur

ALPMANN SCHMIDT-Skript, Staatsorganisationsrecht, 12. Aufl. 2008
ALPMANN SCHMIDT-Skript, Grundrechte, 13. Aufl. 2008

B. Privatrecht

I. Bürgerliches Recht

Das bürgerliche Recht, in Anlehnung an das römisch-rechtliche *ius civile* auch als Zivilrecht (vgl. engl. *civil law*) bezeichnet, war ursprünglich mit dem Privatrecht (vgl. *private law*) weitestgehend identisch. Im Laufe der Zeit hat es sich neben dem Handels- und Gesellschaftsrecht oder dem Arbeitsrecht zu einem eigenen Teilgebiet des Privatrechts entwickelt, bildet aber immer noch dessen Kerngebiet. Seine Regelungen befinden sich überwiegend im Bürgerlichen Gesetzbuch (BGB). Daran hat sich, trotz einer Vielzahl von Novellierungen, die das Gesetz seit seinem Inkrafttreten am 01.01.1900 erfahren hat, bis heute grundsätzlich nichts geändert. Trotz aller Neuerungen und Reformen, die das BGB erfahren hat, ist diese große Kodifikation nicht zu einem „Volksgesetzbuch" geworden, wie etwa der französische – von Napoléons einfacher Sprache beeinflusste – *code civil* von 1804. Die Sprache des BGB ist seit jeher spröde, eher umständlich als anschaulich anmutend, wissenschaftlich geprägt und Laien dadurch nur schwer zugänglich. Das Gesetz ist mit seinen oft komplizierten Schachtelsätzen sowie seinen abstrahierenden und generalisierenden Begriffen kein Gesetz für den Bürger, dessen Rechte es regelt, sondern es wurde von Juristen für Juristen gemacht. Das Verständnis dieses dennoch (durch seine klare Systematik und seine begriffliche Präzision) guten und international geachteten Gesetzeswerks wird erleichtert, wenn man berücksichtigt, aus welchem Zeitgeist heraus es entstanden ist.

1. Aus der Entstehungsgeschichte des BGB

Das deutsche Bürgerliche Recht ist, anders als das englische *common law*, kein in sich selbst gewachsenes Recht. Vor dem Inkrafttreten des BGB herrschte im deutschen Raum eine starke Rechtszersplitterung, die den Ruf nach der Schaffung eines einheitlichen Gesetzeswerks im Bereich des Privatrechts laut werden ließ. Bis zur Gründung des Deutschen Reichs 1871 nahmen die einzelnen deutschen Staaten (Preußen, Bayern, Sachsen, Württemberg, Baden, Mecklenburg usw.) das Recht der Gesetzgebung und auch die Gerichtsbarkeit jeweils für sich in Anspruch.
Vorläufer dieser einzelnen Landesrechte, dieser partikularen Rechte, wie man sie auch bezeichnet, war das sog. gemeine Recht (lat. *ius commune*). Als „gemein" wurde dieses Recht bezeichnet, weil es für alle deutschen Staaten gemeinsam galt! Es war nur zum geringen Teil deutschen Ursprungs und beruhte im Wesentlichen

auf übernommenem (rezipiertem) fremden Recht, insbesondere auf dem Gedankengut des römischen Rechts. Man spricht in diesem Zusammenhang häufig sehr vereinfacht von der Rezeption (Übernahme) des römischen Rechts, die im 15. Jahrhundert ihren Höhepunkt hatte. Das gemeine Recht, das auf Gewohnheitsrecht beruhte, war auch nach Schaffung der so genannten Partikularrechte in den einzelnen deutschen Staaten gültig, doch galt es gegenüber diesen Rechten nur nachrangig, d. h., das gemeine Recht wurde nur subsidiär angewendet, sofern keine einzelstaatliche Regelung des jeweiligen Partikularrechts vorhanden war (= Subsidiaritätsprinzip).

Es galt der Grundsatz „Landesrecht bricht gemeines Recht". Die Landesrechte waren in einigen Partikularstaaten bereits in großen Gesetzeswerken kodifiziert. Dies waren vor allem:

In *Bayern* der „Codex Maximilianaeus Bavaricus Civilis" (1756), in *Preußen* das „Allgemeine Landrecht für die preußischen Staaten" (1794), in *Sachsen* das „Bürgerliche Gesetzbuch für das Königreich Sachsen" (1863), in den *linksrheinischen Gebieten* der *code civil* (1804) und das in *Baden* geltende „Badische Landrecht" (1809), das im Wesentlichen auf einer Übersetzung des *code civil* beruht. Nicht zuletzt die Tatsache, dass Frankreich mit dem *code civil* bereits seit 1804 ein einheitliches Gesetzeswerk für das Privatrecht besaß, war Auslöser für die Schaffung eines einheitlichen deutschen Gesetzeswerks auf dem Gebiet des bürgerlichen Rechts; denn was der französischen Nation gelungen war, so meinte man, müsse auch der deutschen Nation gelingen. Sinn der Schaffung des BGB war es nicht, etwas inhaltlich völlig Neues zu verfassen, sondern das bereits vorhandene, teilweise unterschiedliche Privatrecht der verschiedenen Landesteile zu vereinfachen und zu vereinheitlichen. In Teilgebieten des Privatrechts war das schon früher gelungen, so z. B. durch Schaffung der „Allgemeinen Deutschen Wechselordnung" von 1848 und des „Allgemeinen Deutschen Handelsgesetzbuchs" von 1861, das 1897 von dem heute noch – mit zwischenzeitlichen Änderungen – geltenden Handelsgesetzbuch (HGB) abgelöst wurde.

Auf die Notwendigkeit der Schaffung eines einheitlichen Bürgerlichen Gesetzbuchs hatte erstmals der Heidelberger Rechtsgelehrte *Thibaut* (trotz des französischen Namens ein Deutscher) hingewiesen, als er 1814 seine Schrift „Über die Notwendigkeit eines Allgemeinen Bürgerlichen Rechts für Deutschland" veröffentlichte. Er hatte sich aber mit seinen Bemühungen nicht durchsetzen können, weil unter anderem der Marburger Rechtsprofessor *von Savigny* (ebenfalls ein Deutscher und von 1842–1848 preußischer Justizminister) der Auffassung war, dass die Zeit für ein solches Gesetzeswerk noch nicht reif gewesen sei.

Erst nach der Gründung des deutschen Reichs im Jahre 1871 war es möglich, vielerorts bestehende Kodifikationsabsichten zu verwirklichen. Die Arbeiten für ein einheitliches Bürgerliches Gesetzbuch wurden verstärkt aufgenommen und von so genannten Kommissionen geleitet, die zunächst vorwiegend aus Universitätsgelehrten sowie hohen Richtern und Ministerialbeamten bestanden.

Nachdem 1873 auf die Initiative der Abgeordneten *Lasker* und *Miquel* die Gesetzgebungszuständigkeit des Reichs für das gesamte bürgerliche Recht begründet worden war („*Lex Lasker*"), wurde 1874 die *erste Kommission* berufen, die ihre eigentliche Arbeit 1881 mit den Hauptberatungen aufnahm. Sie setzte sich aus elf Juristen aus den elf größten Einzelstaaten zusammen und legte als Ergebnis ihrer Beratungen 1888 den *Ersten Entwurf* vor, zusammen mit einer ausführlichen Begründung, den so genannten *Motiven*. Federführend war in dieser Kommission der Leipziger Juraprofessor Bernhard *Windscheid* (1817–1892), den man bisweilen auch als „Vater des BGB“ bezeichnete. Er war ein Vertreter der so genannten *Pandektenwissenschaft*, die sich im 19. Jahrhundert damit befasst hat, das gemeine Recht (s.o.) zu einem geschlossenen System des Privatrechts zu verarbeiten, wobei auf die Pandekten und Digesten (Sammlungen des römischen Rechts) zurückgegriffen wurde. Dabei wurde versucht, mit logischen Schlüssen abstrakte und generalisierende Grundsätze und Begriffe systematisch herzuleiten und als Elemente des bürgerlichen Rechts festzuschreiben.

Dieser *Erste Entwurf* wurde mit heftiger Kritik aufgenommen, bei der sich neben *Menger* („Das bürgerliche Gesetzbuch und die besitzlosen Volksklassen“, 1890) namentlich der Berliner Rechtsgelehrte *von Gierke* („Der Entwurf eines BGB und das deutsche Recht“, 1889) hervortat. *Von Gierke* war dieser Entwurf zu sehr am römischen Recht ausgerichtet. Das BGB sei damit nicht deutsch genug, zu völker- und lebensfremd, „überromanistisch“ sowie zu formalistisch. Es berücksichtigte seiner Ansicht nach die sozialen Forderungen seiner Zeit zu wenig („Unser Privatrecht muss ein Tropfen sozialen Öles durchsickern“...).

Diese Kritik führte zur Bearbeitung durch eine *zweite Kommission*, der außer Juristen auch Vertreter der Wirtschaft angehörten und die von 1890–1895 tagte. Der von dieser Kommission verfasste *Zweite Entwurf* war wesentlich klarer formuliert und gewährte dem wirtschaftlich Schwachen mehr Schutz.

Der *Zweite Entwurf* wurde 1896 vom Reichstag, mit wenigen Änderungen versehen, zusammen mit einer *Denkschrift* des Reichsjustizamts (Reichstagsvorlage, auch: *Dritter Entwurf*) verabschiedet und zusammen mit der Begründung, den so genannten *Protokollen*, nach Ausfertigung durch Kaiser Wilhelm II. am 18.08.1896 anschließend (24.08.1896) im Reichsgesetzblatt verkündet.

Am 01.01.1900 trat das BGB, zusammen mit einigen Nebengesetzen (z. B. der Grundbuchordnung – GBO) und dem Handelsgesetzbuch (s. u. II. 1. a), in Kraft.

2. Weiterentwicklung des Bürgerlichen Rechts

Während das englische Recht [vgl. dazu die „Einführung in das englische Recht(s-system)“ in diesem Werk] vornehmlich Fallrecht bzw. Richterrecht ist, in dem kodifizierte Gesetze (*statutes*) nur untergeordnete Bedeutung haben, ist es auf dem europäischen Kontinent, insbesondere in Deutschland, umgekehrt. Deutsches Recht ist in erster Linie Gesetzesrecht und als solches bindend. Als *die* große Gesamtkodifikation innerhalb des deutschen Privatrechts schlechthin, wies das BGB angesichts der rasanten Entwicklung von Wirtschaft, Technik und Kultur sowie von sozialer Kompetenz zwangsläufig Lücken auf.

Solche Lücken wurden von Rechtswissenschaft (Lehrbücher, Kommentare und andere juristische Literatur haben im deutschen Recht ungleich höhere Bedeutung als *books of authority* im englischen Recht) und Rechtsprechung durch Auslegung und Analogie zu schließen versucht, wobei die Methoden und ihre Ergebnisse sich nur scheinbar von denen des englischen Rechts unterscheiden. Herkömmlich sind zu unterscheiden die wörtliche (grammatische), die historische, die systematische und die teleologische Auslegung von Gesetzen sowie die analoge Anwendung von Rechtssätzen.

Bei der wörtlichen Auslegung wird die Sprache des Gesetzes genau untersucht, um die Bedeutung einer scheinbar missverständlichen Vorschrift zu ermitteln [„lustiges“ Paradebeispiel ist § 919 Abs. 1 BGB: „wenn ein Grenzzeichen *verrückt* oder *unkenntlich* geworden ist“, so kann das nicht bedeuten, dass das Grenzzeichen „wahnsinnig *geworden*“, sondern „verrückt (= verschoben) *worden*“ ist!]. Die historische Auslegung greift zur Klärung von Missverständnissen auf die Gesetzesbegründung (beim BGB z. B. „Motive, Protokolle“) zurück. Die systematische Auslegung erklärt die Bedeutung einer Norm aus ihrer Stellung im (systematischen) Gesetzeszusammenhang heraus, indem der Inhalt unmittelbar vor- oder nachstehender Vorschriften untersucht wird [wenn z. B. gem. § 133 BGB bei der Auslegung einer Willenserklärung der „*wirkliche* Wille zu erforschen“ ist, kann damit vom Erklärungsempfänger nur der *objektiv* verstandene Wille des Erklärenden, nicht aber dessen subjektive Vorstellung gemeint sein, da andernfalls § 119 BGB, der kurz zuvor die „Anfechtung“ einer Willenserklärung wegen (*subjektiven*) Irrtums gestattet, überflüssig wäre]. Die teleologische Auslegung versucht, Sinn und Zweck einer Vorschrift zu ermitteln.

Bei der Gesetzesanalogie wird ein Paragraf entsprechend (analog) auf einen gesetzlich nicht geregelten Tatbestand angewendet (z. B. gilt § 12 BGB direkt nur für „natürliche“, analog aber auch für „juristische Personen“), bei der Rechtsanalogie wird der aus mehreren Paragrafen folgende Rechtsgedanke analog auf einen gesetzlich nicht erfassten Tatbestand angewandt [so sehen z. B. §§ 122 Abs. 1 und 179 Abs. 1 BGB einen Schadensersatzanspruch für den vor, der vergeblich auf das Wirksamwerden eines Vertrags vertraut hat; dieser Gedanke – vereinfacht: Schadensersatz für enttäuschtes Vertrauen – wurde lange Zeit analog auf das gesetzlich nicht geregelte „Verschulden vor Vertragsschluss“ (lat.: *culpa in contrahendo – c.i.c.*) angewandt: Fügte jemand bei Vertragsverhandlungen schuldhaft einem anderen einen Schaden zu, musste er aus *c.i.c.* gem. §§ 122 Abs. 1, 179 Abs. 1 BGB analog haften. Seit der *Schuldrechtsreform* zum 01.01.2002 – dazu siehe unten – ist die *c.i.c.* in § 311 Abs. 2 BGB direkt geregelt)].

Auslegung und Analogie gaben und geben dem Richter somit u. a. die Möglichkeit, Gesetzeslücken zu schließen und die Weiterentwicklung des Rechts mitzugestalten, doch hat das Richterrecht im deutschen Recht anders als im englischen Recht keine Bindungswirkung.

Die deutsche Rechtsprechung kann insofern „nur“ wegweisend für den Gesetzgeber sein. Im bürgerlichen Recht hat dies wesentlich dazu beigetragen, dass das BGB seit dem 01.01.1900 zahlreiche Gesetzesänderungen erfahren hat, zunächst überwiegend mit nur redaktionellen oder marginalen Verbesserungen. In Teilgebieten des bürgerlichen Rechts hat es allerdings grundlegende und tiefgreifende Reformen gegeben, auf die bei der Darstellung dieser Teilgebiete (unten) etwas näher eingegangen wird. Besonders erwähnenswert sind hier vorab: Die *Familienrechtsreformen* (siehe unten „Familienrecht“), deren Wirkungen insgesamt sicher noch elementarer sind als die der tiefgreifenden *Schuldrechtsreform* durch das am 01.01.2002 in Kraft getretene *Schuldrechtsmodernisierungsgesetz*. Diesem ging das *Mietrechtsreformgesetz* vom 19.06.2001 voraus und ihm folgte mit Wirkung vom 01.08.2002 das *Schadensersatzrechtsänderungsgesetz*.

Seit der deutschen Wiedervereinigung zum 03.10.1990 (dem so genannten „Beitritt“ der DDR zum Grundgesetz) gelten das BGB und seine Nebengesetze in ganz Deutschland.

Das 1975 in der ehemaligen DDR erlassene „Zivilgesetzbuch“ (ZGB) gilt nur noch für sog. Altfälle.

3. Aufbau und Inhalt des BGB

Im deutschen Privatrecht ist nicht die Bibel, sondern das Bürgerliche Gesetzbuch das „Buch der Bücher"! Die Sprache der Juristen ermöglicht solche Assoziationen: Schlägt man dieses Gesetz*buch* auf und blickt ins Inhaltsverzeichnis, liest man, dass sich dieses Buch in fünf „Bücher" gliedert! Daran hat auch die *Schuldrechtsreform* zum 01.01.2002 nichts geändert. Waren es über 100 Jahre das „Erste bis Fünfte Buch", sind es seitdem „Buch 1. bis Buch 5.". Diese „Bücher" sind unterteilt in „Abschnitte, Titel, Untertitel, Kapitel, Unterkapitel und schließlich in Paragrafen" (mit Absätzen, Sätzen und Halbsätzen).

Als nicht juristisch vorge- bzw. verbildeter Leser hat man schon damit seine Schwierigkeiten. Hat man sich daran und an die antiquierte Juristensprache gewöhnt, entdeckt man aber, dass der Aufbau des BGB ausgesprochen sinnvoll und gelungen ist: Was „allgemein" interessiert und „für alle" gilt, steht am Anfang; was „besonders" und nur für speziell Betroffene interessant ist, erscheint danach und folgt dem römischrechtlichen Grundsatz *lex specialis derogat legi generali* (= das spezielle Gesetz verdrängt das allgemeine Gesetz). Das BGB gliedert sich nach diesem System in folgende fünf Bücher: Buch 1. Allgemeiner Teil, Buch 2. Recht der Schuldverhältnisse (im juristischen Sprachgebrauch kurz „Schuldrecht" genannt), Buch 3. Sachenrecht, Buch 4. Familienrecht und Buch 5. Erbrecht.

„Buch 1. Allgemeiner Teil" enthält allgemeine Regeln, die auch für alle vier nachfolgenden Bücher gelten. „Buch 2. Recht der Schuldverhältnisse" besteht aus acht Abschnitten, von denen Abschnitt 1.–7. wiederum allgemeingültige Regeln für alle in Abschnitt 8. aufgeführten „Einzelne(n) Schuldverhältnisse" enthält. Das Allgemeine wird sozusagen vor die Klammer gezogen (sog. „Klammertechnik"), was sich grafisch vereinfacht wie folgt darstellen lässt:

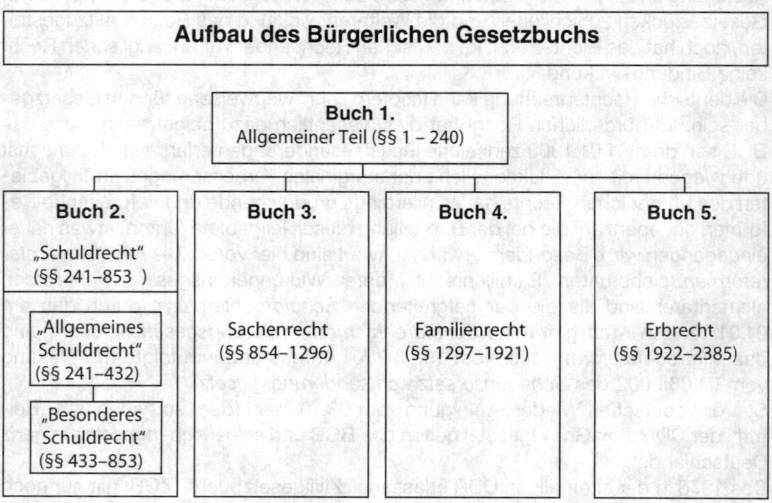

Literatur

ALPMANN Brockhaus, Fachlexikon Recht, 2. Aufl. 2005
Medicus, Bürgerliches Recht, 21. Aufl. 2007
Palandt, Bürgerliches Gesetzbuch, Kommentar, 68. Aufl. 2009
Wörlen/Metzler-Müller, Zivilrecht – 1000 Fragen und Antworten: Bürgerliches Recht, Handelsrecht, Arbeitsrecht, 6. Aufl. 2007

In seinen fünf Büchern begleitet das BGB den Menschen als Bürger von seiner Geburt bis zu seinem Tod:

a) Allgemeiner Teil
Gem. § 1 BGB beginnt die Rechtsfähigkeit des Menschen als „natürliche Person", d. h. die Fähigkeit, Träger von Rechten und Pflichten zu sein, mit der Vollendung seiner Geburt. In „Abschnitt 1." werden daher die Rechte und Pflichten von bestimmten Personen (z. B. auch Verbraucher und Unternehmer) und Personenvereinigungen (juristische Personen) geregelt. In den folgenden Abschnitten werden Begriffe wie Sachen und Tiere, Rechtsgeschäfte (insbesondere Geschäftsfähigkeit), Fristen, Termine, Verjährung von Ansprüchen (mit der Legaldefinition des zivilrechtlichen Begriffs *Anspruch* in § 194 BGB), Ausübung der Rechte (insbesondere Notwehr, Notstand und Selbsthilfe) sowie die Sicherheitsleistung behandelt und definiert.
Das sog. Schuldrechtsmodernisierungsgesetz vom 09.05.2001, das mit seinem Inkrafttreten am 01.01.2002 die große Schuldrechtsreform (s.o.) abschloss, hatte entgegen ihrer Bezeichnung nicht nur für das „Schuldrecht" (s. u. b), sondern auch für den Allgemeinen Teil des BGB grundlegende Neuerungen mit sich gebracht. Die „allgemeine Verjährungsfrist" des § 195 BGB wurde drastisch von 30 auf drei Jahre herabgesetzt; allerdings gibt es für spezielle, insbesondere sachenrechtliche Ansprüche längere Verjährungsfristen bis zur Grenze von 30 Jahren sowie kurze (zwei Jahre) Fristen, z. B. im Kauf- und Werkvertragsrecht.
Die Vorschriften des Allgemeinen Teils des BGB und ihre Begriffe gelten, wie gesagt, für die nachfolgenden vier Bücher, in denen der Gesetzgeber die Kenntnis dieser Vorschriften voraussetzt (wer etwa im Sachenrecht in § 946 BGB „wesentlicher Bestandteil des Grundstücks" liest, muss wissen, dass dieser in § 94 BGB definiert wird).

Diese „*Klammertechnik*", mit ihrem positiven Effekt, dass unnötige Wiederholungen [z. B. „*Wie kommt ein Kaufvertrag* – § 433 BGB – *zustande*?", wird nicht im Kaufrecht der §§ 433 ff. BGB geregelt, sondern in §§ 145 ff. BGB des Allgemeinen Teils, da ein Kaufvertrag zustande kommt, wie *jeder* Vertrag: durch „Antrag" (Angebot) und dessen Annahme], vermieden werden, wird nicht nur in den Büchern des BGB durchgeführt. Sie setzt sich auch innerhalb der Abschnitte und Untergliederungen bis zum einzelnen Paragrafen hin fort. Der Vermeidung von Wiederholungen (was eigentlich „Vereinfachung" bedeuten sollte) dient auch die so genannte *Verweisungstechnik*, durch die in einem Paragrafen auf einen oder mehrere andere Paragrafen hin und her verwiesen wird. Spätestens bei § 437 BGB (noch schlimmer z. B. bei §§ 499–501 BGB) wird selbst der geschulte Leser „schwindelig".

Literatur

ALPMANN SCHMIDT-Skript, BGB AT 1, 16. Aufl. 2009
ALPMANN SCHMIDT-Skript, BGB AT 2, 15. Aufl. 2007
Brox/Walker, Allgemeiner Teil des Bürgerlichen Gesetzbuches, 32. Aufl. 2008
Wörlen, BGB AT – Einführung in das Recht und Allgemeiner Teil des BGB, 10. Aufl. 2008

b) Schuldrecht

Das Schuldrecht ordnet privatrechtliche Beziehungen zwischen zwei oder mehreren Personen. Es dient, neben dem Handelsrecht, der näheren Regelung des rechtsgeschäftlichen, wirtschaftlichen Güterverkehrs, dem Ausgleich ungerechtfertigter Vermögensverschiebungen sowie dem Ersatz von Schäden an Personen und Gütern; Materien, die im englischen Recht weitgehend durch das *law of contract* und das *law of tort* erfasst werden.

aa) Allgemeines Schuldrecht

Gegenstand des Allgemeinen Schuldrechts ist namentlich die nähere Bestimmung der Entstehung (Begründung), der Ausgestaltung, des Inhalts und der Abwicklung (insbesondere bei *Leistungsstörungen,* wie z. B. *Verzug* und *Unmöglichkeit*) sowie des Erlöschens (Beendigung) von Schuldverhältnissen.
Eine Definition des *Schuldverhältnisses* ist im BGB nicht zu finden, doch lässt sie sich aus § 241 BGB herleiten: Unter einem Schuldverhältnis versteht man ein Rechtsverhältnis, in dem sich zwei Parteien in der Weise gegenüber stehen, dass sie einander zu einer Leistung berechtigt (*Gläubiger*) oder verpflichtet (*Schuldner*) sind.

Im Mittelpunkt des Allgemeinen Schuldrechts steht das so genannte *Leistungsstörungsrecht*, das darüber Auskunft gibt, welche Rechtsfolgen (z. B. Schadensersatz oder Rücktritt vom Vertrag) eintreten, wenn dem Schuldner die Leistung unmöglich wird, er in Verzug (oder der Gläubiger in Annahmeverzug) kommt, er schlecht bzw. mangelhaft leistet oder die ordnungsgemäße Abwicklung des Schuldverhältnisses anderweitig gestört wird. Die tief greifenden Änderungen des Leistungsstörungsrechts sind der Kernbereich der Schuldrechtsreform zum 01.01.2002. Durch sie wurden einige Lücken des BGB geschlossen, in denen z. B. zuvor nicht geregelte Tatbestände, die, wie die *c.i.c.*, über Analogie (s.o. B I. 2.) erfasst wurden. In Angleichung an das Zivilrecht anderer europäischer Rechtsordnungen wurde als Grundtatbestand der Haftung für alle Leistungsstörungen die *Pflichtverletzung* (vgl. § 280 BGB) aufgenommen, worunter im englischen Recht sowohl die *breach of contract* (Vertragsverletzung) als auch eine *tort* (unerlaubte Handlung) fällt.

bb) Besonderes Schuldrecht

Im Besonderen Schuldrecht des BGB sind einzelne Schuldverhältnisse geregelt, bei denen es sich überwiegend um *vertragliche Schuldverhältnisse* bzw. *Verträge* handelt.
Das aus § 311 Abs. 1 BGB hergeleitete *Prinzip der Vertragsfreiheit* gibt den Parteien einerseits *Abschlussfreiheit*, d. h., ob und mit wem er einen Vertrag schließt, entscheidet jeder Bürger für sich. Andererseits haben die Parteien *Gestaltungsfreiheit*, d. h., sie sind grundsätzlich an die im Besonderen Schuldrecht geregelten Vertragstypen nicht gebunden, sondern sie können Elemente verschiedener Verträge kombinieren oder zusätzliche, im Gesetz nicht geregelte Vereinbarungen treffen (Schuldrecht ist überwiegend abdingbares, *dispositives* Recht). Dabei sind ihnen allerdings durch § 134 BGB („gesetzliches Verbot“) i. V. m. anderen Vorschriften (z. B. § 276 Abs. 3 BGB, nach dem eine Haftung wegen Vorsatzes dem Schuldner nicht erlassen werden kann) und durch § 138 BGB („sittenwidriges Rechtsgeschäft; Wucher“) Schranken gesetzt.

Die Vertragstypen des Besonderen Schuldrechts begleiten den Bürger in vielen Lebensphasen: Er kauft Lebensmittel und andere Waren (*Kaufvertrag, §§ 433 ff. BGB*), er tauscht Briefmarken (*Tauschvertrag, § 480 BGB*), er nimmt einen Kredit auf (*Darlehensvertrag, §§ 488 ff. BGB*), er verschenkt Blumen (*Schenkung, §§ 516 ff. BGB*), er mietet eine Wohnung oder pachtet ein Grundstück (*Mietvertrag, §§ 535 ff. BGB; Pachtvertrag, §§ 581 ff. BGB*), er leiht sich ein Buch (*Leihvertrag, §§ 598 ff. BGB*), er geht ein Arbeitsverhältnis ein (*Dienstvertrag, §§ 611 ff. BGB*), er baut ein Haus und bringt sein Auto zur Reparatur (*Werkvertrag, §§ 631 ff. BGB*), er übernimmt eine *Bürgschaft (§§ 765 ff. BGB)* oder er schließt einen *Vergleich (§ 779 BGB)*.
Neben diesen und anderen vertraglichen Schuldverhältnissen, von denen der Kaufvertrag und der Werkvertrag im Bereich der Gewährleistungshaftung für Mängel der Kaufsache oder des hergestellten Werks durch die Schuldrechtsreform besonders betroffen waren, gibt es im BGB auch noch einige (wenige) so genannte *gesetzliche Schuldverhältnisse*. Hier sind die *ungerechtfertigte Bereicherung (§§ 812 ff. BGB)* und die *unerlaubten Handlungen (§§ 823 ff. BGB)* besonders hervorzuheben. Beteiligter eines gesetzlichen Schuldverhältnisses wird man nicht durch eine darauf gerichtete eigene *Willen*serklärung (wie z. B. durch Angebot und Annahme bei einem vertraglichen Schuldverhältnis), sondern allein dadurch, dass man durch sein Handeln einen gesetzlichen Tatbestand erfüllt, mit dem der Gesetzgeber bestimmte Rechtsfolgen verknüpft. Wer z. B. schuldhaft das Eigentum eines anderen beschädigt, wird Beteiligter des gesetzlichen Schuldverhältnisses der unerlaubten Handlung und ist, ob er „will" oder nicht, gem. § 823 Abs. 1 BGB zum Schadensersatz verpflichtet.

Literatur

ALPMANN SCHMIDT-Skript, Schuldrecht AT 1, 17. Aufl. 2008
ALPMANN SCHMIDT-Skript, Schuldrecht AT 2, 17. Aufl. 2007
ALPMANN SCHMIDT-Skript, Schuldrecht BT 1 (Kaufrecht, Werkvertragsrecht), 15. Aufl. 2009
ALPMANN SCHMIDT-Skript, Schuldrecht BT 2 (Besondere Vertragsarten), 15. Aufl. 2008
ALPMANN SCHMIDT-Skript, Schuldrecht BT 3 (Auftrag, GoA, Bereicherungsrecht), 15. Aufl. 2008
ALPMANN SCHMIDT-Skript, Schuldrecht BT 4 (Unerlaubte Handlungen, Allgemeines Schadensrecht), 16. Aufl. 2007
Wörlen, Schuldrecht AT, 9. Aufl. 2008
Wörlen, Schuldrecht BT, 9. Aufl. 2008

c) Sachenrecht

In Buch 3. des BGB werden insbesondere das *Eigentum* und der *Besitz* sowie andere Rechte an *Sachen* geregelt. Da der Begriff der Sache nicht nur in Vorschriften des Sachenrechts, sondern z. B. auch im Schuldrecht (vgl. nur § 433 BGB) auftaucht, ist er bereits im Allgemeinen Teil (in § 90 BGB: „Sachen im Sinne des Gesetzes sind nur körperliche Gegenstände") definiert.

Im Sachenrecht wird einerseits dem funktionellen Unterschied zwischen Grundvermögen und beweglichem Gut Rechnung getragen, andererseits möglichst viel Gemeinsames „vor die Klammer gezogen". Auch im Sachenrecht behielt der Gesetzgeber diese Aufbausystematik bei, der er bezüglich des Allgemeinen Teils im Verhältnis zu den nachfolgenden vier Büchern des BGB bzw. des Allgemeinen Schuldrechts im Verhältnis zum Besonderen Schuldrecht gefolgt ist. „Vor die Klammer gezogen“ werden die Regelungen des Besitzes, allgemeine Vorschriften über Rechte an Grundstücken, Vorschriften über Inhalt und Arten des Eigentums sowie über Ansprüche aus dem Eigentum. Eine getrennte Regelung erfahren die sachenrechtlichen Sonderrechtstypen sowie die Begründung, Übertragung und Aufhebung des Eigentums und der beschränkt dinglichen Rechte.

Das in Art. 14 GG (vgl. oben A. Verfassungsrecht) garantierte *Eigentum* wird von der Rechtslehre, die in § 903 BGB umschriebenen Befugnisse des Eigentümers berücksichtigend, als die umfassendste *„rechtliche* Herrschaft“ über eine Sache bezeichnet. *Besitz* ist demgegenüber die *„tatsächliche* Herrschaft“ über eine Sache (vgl. § 854 BGB). Sachen können *bewegliche Sachen* (Mobilien) oder *unbewegliche Sachen* (Immobilien, Grundstücke) sein. Diese Unterscheidung hat besondere Bedeutung für die Übertragung des Eigentums. Bewegliche Sachen erhalten (gem. § 929 S. 1 BGB) durch Einigung über den Eigentumsübergang und Übergabe der Sache einen neuen Eigentümer. Bei der Eigentumsübertragung von Grundstücken tritt an die Stelle der Übergabe die Eintragung des Eigentumsübergangs in das *Grundbuch* (§ 873 BGB).
Im Gegensatz zu anderen Rechtsordnungen wird das BGB vom *sog. Trennungs-* bzw. *Abstraktionsprinzip* beherrscht, indem das (schuldrechtliche) *Verpflichtungsgeschäft* (z. B. Kaufvertrag gem. § 433 BGB) vom (sachenrechtlichen) *Verfügungsgeschäft* (Eigentumsübertragung gem. § 929 S. 1 BGB) streng *getrennt* und die Wirksamkeit beider Rechtsgeschäfte voneinander *abstrahiert* wird. Durch den wirksamen Kaufvertrag über eine bewegliche Sache wird der Verkäufer (gem. § 433 Abs. 1 S. 1 BGB) verpflichtet, dem Käufer die Sache zu übergeben und ihm das Eigentum daran zu verschaffen. Das muss der Verkäufer also erst noch tun! „Durch den Kaufvertrag“ wird der Käufer noch nicht Eigentümer!
Um seine *Verpflichtung* aus § 433 Abs. 1 S. 1 BGB zu erfüllen, muss der Verkäufer (Veräußerer) mit dem Käufer (Erwerber) ein weiteres Rechtsgeschäft, einen sachenrechtlichen (dinglichen) Vertrag gem. § 929 S. 1 BGB („Einigung“ setzt zwei übereinstimmende Willenserklärungen voraus) schließen und gleichzeitig dem Erwerber die Sache übergeben. Erst durch diese Verfügung erlangt der Erwerber (Käufer) das Eigentum an der Sache! Diese Trennung von Verpflichtungs- und Verfügungsgeschäft kann z. B. zur Folge haben, dass der Kaufvertrag nach Anfechtung wegen Irrtums gem. § 119 BGB nach § 142 Abs. 1 BGB „von Anfang an“, also rückwirkend (lat.: *ex tunc*), nichtig wird, während die getrennt (abstrahiert) zu beurteilende Eigentumsübertragung (§ 929 S. 1 BGB) wirksam bleibt. Der Veräußerer der Sache hat sein Eigentum verloren und kann daher nicht seinen sachenrechtlichen Herausgabeanspruch aus § 985 BGB durchsetzen. Kraft des gesetzlichen Schuldverhältnisses aus „ungerechtfertigter Bereicherung“ (s.o.), kann er die Sache jedoch vom Erwerber gem. § 812 Abs. 1 S. 1 BGB herausverlangen, da dieser sie „ohne rechtlichen Grund“ (= ohne wirksamen, weil nichtigen – s.o. – Kaufvertrag) erlangt hat.

Dem englischen Recht – wie auch dem französischen und italienischen Recht – ist das Trennungs- und Abstraktionsprinzip fremd: Während Art. 1583 des *code civil* bestimmt, dass der wirksame Kaufvertrag unabhängig von ihrer Übergabe zum sofortigen Eigentumserwerb an der Kaufsache führt (ähnlich Art. 1376 des italienischen *codice civile*), betrifft das englische Gesetz über den Warenkauf (*Sale of Goods Act 1893* bzw. *1979*) eigentlich nicht den Kaufvertrag, sondern die entgeltliche Eigentumsübertragung. Soll ausnahmsweise das Eigentum nicht sofort auf den Käufer übergehen, muss dazu eine besondere Vereinbarung (*agreement to sell*) getroffen werden.

Neben Eigentum und Besitz als *absoluten Rechten* (d. h.: sie wirken gegenüber jedermann) kennt das Sachenrecht auch so genannte *beschränkt dingliche Rechte*. *Beschränkt* sind die Rechte, z. B. *Pfandrecht an beweglichen Sachen (§§ 1204 ff. BGB)*, *Hypothek (§§ 1113 ff. BGB)* oder *Grundschuld* (*§§ 1191 ff. BGB*), in doppelter Hinsicht: Sowie der Eigentümer, z. B. als Schuldner eines Kredits, dem Gläubiger eine Sache zur Sicherung seiner Forderung übergeben hat (vgl. §§ 1204, 1205 BGB), kann er nicht mehr unbeschränkt über diese Sache verfügen. Andererseits ist aber auch der Gläubiger in der Verfügungsbefugnis beschränkt, da er über die Sache nicht verfügen kann, solange der Schuldner seine Zahlungsverpflichtung aus dem Kredit ordnungsgemäß erfüllt. Bezüglich dieser beschränkt dinglichen Rechte bildet das Sachenrecht den Kern des *Kreditsicherungsrechts*.
Im Gegensatz zum Schuldrecht gibt es im Sachenrecht keine Gestaltungsfreiheit, sondern seine Vorschriften sind *zwingendes Recht*, d. h., die Beteiligten können die dort geregelten Rechte und dinglichen Verträge nicht abändern (so gennanter *Typenzwang* bzw. *numerus clausus der Sachenrechte*).

Literatur

ALPMANN SCHMIDT-Skript, Sachenrecht 1 (Mobiliarsachenrecht), 16. Aufl. 2009
ALPMANN SCHMIDT-Skript, Sachenrecht 2 (Immobiliarsachenrecht), 14. Aufl. 2008
ALPMANN SCHMIDT-Skript, Sachenrecht 3 (Allgemeine Lehren), 15. Aufl. 2009
Baur/Stürner, Lehrbuch des Sachenrechts, 18. Aufl. 2009
Wörlen, Sachenrecht, 7. Aufl. 2007

d) Familienrecht

Das Familienrecht umfasst die Gesamtheit der Normen, welche die rechtlichen Beziehungen der Mitglieder einer Familie untereinander und zu Dritten regeln.
Wegen ihrer großen soziologischen Bedeutung stehen Ehe und Familie darüber hinaus in Art. 6 Abs. 1 GG (vgl. oben Verfassungsrecht) unter dem besonderen Schutz der staatlichen Ordnung. Buch 4. des BGB umfasst drei große Abschnitte. Das *Eherecht (§§ 1297–1588 BGB)*, das *Verwandtschaftsrecht (§§ 1589–1772 BGB)* und das *Recht* der *Vormundschaft (§§ 1773–1895 BGB)* sowie die *rechtliche Betreuung (§§ 1896–1908 k BGB)* und die *Pflegschaft (§§ 1909–1921)*.

Seit dem Inkrafttreten des BGB am 01.01.1900 wurde das Familienrecht wie kein anderes Teilgebiet dieses Gesetzes in fast allen Bereichen mehrfach tiefgehend umgestaltet. Da die Darstellung aller familienrechtlichen Änderungs- und Reformgesetze den Rahmen dieser kurzen Einführung sprengen würde, können hier nur einige davon besonders hervorgehoben werden.
Aus „neuerer" Zeit ist zunächst das *Gleichberechtigungsgesetz* v. 18.07.1957 zu nennen, das mit der Gleichstellung der Frau in ehelichen Angelegenheiten (§§ 1353 ff. BGB), mit der Ersetzung der unter Verwaltung des Mannes stehenden sog. *Errungenschaftsgemeinschaft* durch den gesetzlichen Güterstand der *Zugewinngemeinschaft* sowie mit der Neuregelung des Verwandtenunterhalts und des Eltern-Kind-Verhältnisses die Abkehr von dem bis dahin vorherrschenden *Patriarchat* (des Ehemanns) einläutete.

Besonderer Erwähnung bedarf auch das *Gesetz über die rechtliche Stellung der nichtehelichen Kinder* (NEhelG) vom 19.08.1969, das eine grundlegende Reform der Vorschriften über die nichteheliche Abstammung und ihre Folgen, insbesondere des Unterhalts, enthielt. So wurde beispielsweise die „Zahlvaterschaft" beseitigt und das Familiennamensrecht, das Erbrecht des nichtehelichen Kindes sowie die elterliche Gewalt (jetzt: „elterliche Sorge"), die seither grundsätzlich der mit dem Vater nicht verheirateten Mutter zusteht, geändert.
Durch das *Gesetz zur Neuregelung des Volljährigkeitsalters* wurde dieses ab 01.01.1975 vom 21. auf das 18. Lebensjahr herabgesetzt.
Das umfangreichste Reformwerk ist das *Erste Gesetz zur Reform des Ehe- und Familienrechts* (1. EheRG) vom 14.06.1976, das u. a. die eheliche Lebensgemeinschaft und das Ehescheidungsrecht neu regelte, indem Letzteres vor allem den *Wechsel vom Verschuldens- zum Zerrüttungsprinzip* mit sich brachte. Dies führte dazu, dass das seit 1938 geltende Ehegesetz (EheG) nur noch fragmentarische Bedeutung für die Ehe*schließung* hatte und durch das „Eheschließungsgesetz" mit Wirkung zum 01.07.1998 aufgehoben und wieder in das BGB (§§ 1303–1320 BGB) integriert wurde.
Zuvor fand bereits eine weitere verfassungsrechtlich geforderte, tief greifende Reform des Namensrechts durch das am 01.04.1994 in Kraft getretene *Familiennamensrechtsgesetz* (FamNamRG) statt. Danach steht es, im Sinne einer zu Recht angestrebten völligen Gleichberechtigung, den Ehepartnern frei, den Geburtsnamen von Frau oder Mann als Ehe- und Familiennamen zu bestimmen, ihren früheren Namen jeweils beizubehalten oder in beliebiger Reihenfolge einen Doppelnamen mit Bindestrich zu wählen (vgl. § 1355 BGB).
Viele zwischenzeitlich reformierte Vorschriften wurden durch das *Gesetz zur Reform des Kindschaftsrechts* (KindRG) zum 01.07.1998 erneut geändert. Durch das KindRG wurden u. a. die unterschiedliche Behandlung von ehelichen und nicht ehelichen Kindern beseitigt und mit dem ebenfalls zum 01.07.1998 in Kraft getretenen *Kindesunterhaltsgesetz* (KiUG) der Kindesunterhalt von ehelichen und nicht ehelichen Kindern gleichgestellt.
Die Modernisierung des Familienrechts fand einen Höhepunkt in der – umstrittenen – Regelung der nicht ehelichen Lebensgemeinschaft zwischen gleichgeschlechtlichen Partnern durch das *Gesetz über die eingetragene Lebenspartnerschaft* (*Lebenspartnerschaftsgesetz* – LPartG) vom 16.02.2001. Durch dieses Gesetz ist eine solche Partnerschaft „eheähnlich" ausgestaltet, sodass die §§ 1–19 LPartG vielfach auf die entsprechende (analoge) Anwendung der §§ 1297–1588 BGB (Eherecht) verweisen.
Zum 1. September 2009 tritt das *Gesetz zur Reform des Verfahrens in Familiensachen und in den Angelegenheiten der freiwilligen Gerichtsbarkeit* (FGG-Reformgesetz) in Kraft. Dieses Gesetz beseitigt eine strukturelle Schwäche des Verfahrensrechts. Gegenwärtig gibt es zwei Verfahrensordnungen: die Zivilprozessordnung und das Gesetz über die freiwillige Gerichtsbarkeit. Die Zivilprozessordnung regelt z. B. Verfahren wie Unterhalt oder Zugewinnausgleich, das Gesetz über die freiwillige Gerichtsbarkeit z. B. Umgangs- oder Sorgerechtsverfahren. Das Nebeneinander sowie teilweise das Ineinandergreifen beider Verfahrensordnungen hat immer wieder zu Schwierigkeiten geführt, die nun beseitigt werden. Beide bisherigen Gesetze sind nunmehr in einem – dem FGG-Reformgesetz – zusammengefasst worden.

Alle Vorschriften des Familienrechts sind wie die des Sachenrechts *zwingend*, d. h., es gibt *keine allgemeine Vertragsfreiheit* wie im Schuldrecht, sondern die Wahlmöglichkeit beschränkt sich eng auf die vom Familienrecht zur Verfügung gestellten Verträge, die keine modifizierbaren Vertragstypen sind: Wer nicht im gesetzlichen Güterstand der *Zugewinngemeinschaft* (§§ 1363–1390 BGB) leben will, kann die „Vertragsfreiheit" von §§ 1408 ff. BGB nutzen und entweder *Gütertrennung (§ 1414 BGB)* oder *Gütergemeinschaft (§§ 1415–1518 BGB)* vereinbaren.
Überwiegend zwingendes Recht wie das Sachenrecht und das Familienrecht enthält auch das Erbrecht.

Literatur

ALPMANN SCHMIDT-Skript, Familienrecht, 16. Aufl. 2008
Wörlen, Familienrecht, 1. Aufl. 2008

e) Erbrecht

Das in Buch 5. (§§ 1922–2385) des BGB enthaltene (und in Art. 14 GG garantierte) Erbrecht, das von Reformen nur mittelbar betroffen war, regelt, allgemein ausgedrückt, den Übergang der Rechte und Pflichten des Verstorbenen (des *Erblassers*) auf andere Personen und ordnet namentlich die Rechtsverhältnisse und vermögensrechtlichen Folgen nach dem Tod eines Menschen. Das deutsche Erbrecht wird von den Grundsätzen der *Gesamtrechtsnachfolge* („Universalsukzession") und der *Testierfreiheit* beherrscht.

Gesamtrechtsnachfolge bedeutet, dass das Vermögen (*Erbschaft*) einer Person mit ihrem Tod (*Erbfall*) als Ganzes auf eine oder mehrere Personen (*Erben*) übergeht (vgl. § 1922 Abs. 1 BGB). Die Testierfreiheit folgt aus § 1937 BGB, der es dem Erblasser grundsätzlich erlaubt, durch einseitige Verfügung von Todes wegen (*Testament, letztwillige Verfügung*) oder durch Erbvertrag (§ 1941 BGB) den oder die Erben abweichend von der *gesetzlichen Erbfolge* zu bestimmen. Tritt mangels einer Verfügung des Erblassers die gesetzliche Erbfolge ein, geht nach dem Prinzip des Familienerbrechts sein Vermögen auf die Familie über, d. h. auf den Ehepartner (bzw. Lebenspartner – § 10 LPartG) und die nächsten Verwandten, im Regelfall die Kinder (*Abkömmlinge*, vgl. § 1924 BGB). Das private Vermögen des Erblassers wird also im Wege der Privaterbfolge in private Hand geleitet, d. h., der Staat (als *Fiskus*) wird nur Erbe, wenn weder Verwandte noch ein Lebens- oder ein Ehepartner des Erblassers vorhanden sind (§ 1936 Abs. 1 BGB). Dem oder den Erben fällt die „Erbschaft" (auch: der *Nachlass*) ohne deren Wissen oder Willen unmittelbar zu. Ein so berufener Erbe kann die Erbschaft aber gem. § 1942 Abs. 1 BGB ausschlagen. Der Testierfreiheit sind durch das so genannte *Pflichtteilsrecht (§§ 2303 ff. BGB)* Grenzen gesetzt: Durch Verfügung von Todes wegen von der Erbfolge „ausgeschlossene" gesetzliche Erben können grundsätzlich einen Pflichtteil verlangen, dessen Höhe gem. § 2303 Abs. 1 S. 2 BGB jeweils in der Hälfte des Wertes des gesetzlichen Erbteils besteht.
Der Grundsatz der Gesamtrechtsnachfolge führt naturgemäß dazu, dass auch die Schulden (*Verbindlichkeiten*) des Erblassers geerbt werden, d. h., der *Erbe haftet für die Nachlassverbindlichkeiten* (vgl. §§ 1967 ff. BGB), sofern er die Erbschaft nicht ausgeschlagen oder die Haftung auf den Nachlass beschränkt hat.
Auf die Vollziehung seines Testaments (das neben *Erbeinsetzungen* auch *Vermächtnisse* – § 1939 BGB – und *Auflagen* – § 1940 BGB – enthalten kann) kann

der Erblasser durch Anordnung einer *Testamentsvollstreckung (§§ 2197 ff. BGB)* Einfluss nehmen.

Wer seine Stellung als Erbe nachweisen muss, kann beim *Nachlassgericht* (einer Abteilung des Amtsgerichts) einen Antrag auf *Erbschein*serteilung stellen (§§ 2353–2370 ff. BGB).
Nach § 2371 hat ein Erbe die Möglichkeit, seine Erbschaft zu verkaufen. Der Vertrag über den *Erbschaftskauf* (§§ 2371–2385 BGB) bedarf der notariellen Beurkundung. Mit § 2385 BGB endet das BGB.

Literatur

ALPMANN SCHMIDT-Skript, Erbrecht, 16. Aufl. 2008
Wörlen, Erbrecht, 1. Aufl. 2009

II. Handels- und Gesellschaftsrecht

1. Handelsrecht

a) Begriff und Geschichte

Das deutsche Handelsrecht wird gemeinhin als *Sonderprivatrecht der Kaufleute* bezeichnet. Dies erklärt sich zum einen daraus, dass das Handelsrecht, wenngleich es bisweilen öffentlich-rechtliche Normen (wie etwa die §§ 8 ff. HGB zum Handelsregister) enthält, überwiegend einen *Teil des Privatrechts* bildet; *Sonder*privatrecht wird es einerseits genannt, um es von dem *allgemeinen* Privatrecht des BGB abzugrenzen. Als Sonderprivatrecht gilt es andererseits nur für *Kaufleute*. Damit ist der Geltungsbereich des deutschen Handelsrechts nach dem *subjektiven System* ausgerichtet, d. h., die Geltung handelsrechtlicher Vorschriften richtet sich nach der persönlichen Eigenschaft (der *Kaufmannseigenschaft*) eines der beteiligten *Rechtssubjekte*. Im *Gegensatz* dazu steht das *objektive System*, das für die Geltung von handelsrechtlichen Vorschriften auf die Eigenart des jeweiligen *Rechtsgeschäfts*, das abgeschlossen wurde, abstellt. Dieses System wird z. B. im französischen *code de commerce* von 1807 (in Art. 1 und 633) bevorzugt, wo das Vorliegen eines *acte de commerce* (Handelsgeschäft) für die Anwendbarkeit des Handelsrechts verlangt wird.

Das deutsche Handelsrecht ist aus Stadtrechten des Mittelalters hervorgegangen und stark vom italienischen sowie französischen Handelsrecht beeinflusst, obwohl das objektive System des *code de commerce* nicht übernommen wurde. Heute ist das Handelsrecht im Handelsgesetzbuch (HGB) vom 10.05.1897 geregelt, das am 01.01.1900 zusammen mit dem BGB (s.o.) in Kraft trat. Anders als das damals völlig neue konzipierte BGB hatte das HGB bereits durch das „Allgemeine Deutsche Handelsgesetzbuch“ von 1861 einen Vorläufer. Darüber hinaus war für das Handelsrecht das *Gewohnheitsrecht* (vgl. *Handelsbräuche* – § 346 HGB) von besonderer Bedeutung.
Wie das BGB hat auch das HGB seit dem 01.01.1900 eine Vielzahl von Novellierungen erfahren, allerdings in geringerem Ausmaß und nicht so tief greifend. Die grundlegendsten Änderungen erfolgten durch das *Handelsrechtsreformgesetz* vom 22.06.1998, das am 01.07.1998 in Kraft trat und – vor allem – den Kaufmannsbegriff neu definierte.

b) Verhältnis zum Bürgerlichen Recht

Der Kaufmannsbegriff bildet nach wie vor den Angelpunkt des handelsrechtlichen Gesamtsystems. Kaufleute, da sie ein „Handelsgewerbe betreiben" (vgl. § 1 HGB), tätigen viele Rechtsgeschäfte, mit denen der vom BGB erfasste Normalbürger niemals konfrontiert wird. Dies allein rechtfertigte schon, das Handelsrecht als eigenes Recht neben dem bürgerlichen Recht zu konzipieren und zu kodifizieren. Kaufleute schließen aber *auch* Rechtsgeschäfte, die *jeder* Bürger schließt und die im BGB geregelt werden.

Auch für diese Rechtsgeschäfte gelten im HGB Sonderregelungen für Kaufleute. Der Grund dafür ist, dass der Gesetzgeber davon ausgeht, dass Kaufleute im Rechts- und Geschäftsverkehr erfahrener sind als der Normalverbraucher. Daher werden *bei Kaufleuten strengere Anforderungen an ihre Sorgfaltspflichten* gestellt, da sie des Schutzes wie unerfahrene Rechtsteilnehmer nicht bedürfen. Mangels ihrer Schutzbedürftigkeit werden ihnen *im Interesse der rascheren Abwicklung des Handelsverkehrs* aber auch *Erleichterungen* (je nachdem auf welcher Seite des Vertrags sie stehen) gewährt.

Beispielhaft seien hier folgende Vorschriften erwähnt: Während ein *Nichtkaufmann* als Käufer gem. § 438 Abs. 1 Nr. 3 BGB grundsätzlich *zwei Jahre* Zeit hat, Mängel der Kaufsache zu rügen und *Mängel- bzw. Gewährleistungsansprüche* geltend zu machen, muss der Käufer als *Kaufmann* die Ware unter den Voraussetzungen von § 377 Abs. 1 HGB *unverzüglich* untersuchen und entdeckte Mängel dem Verkäufer unverzüglich anzeigen. Unterlässt er dies, gilt die Ware als genehmigt und er hat keine Gewährleistungsansprüche (§ 377 Abs. 2 HGB). Schweigen auf eine auf Vertragsschluss gerichtete Willenserklärung (Angebot) gilt im BGB (vgl. z. B. §§ 108 Abs. 2 S. 2, 177 Abs. 2 S. 2 BGB) als Verweigerung der Annahme. Gem. § 362 Abs. 1 HGB muss der Kaufmann auf ein Angebot zu einer Geschäftsbesorgung unverzüglich antworten; andernfalls gilt sein Schweigen als Annahme. Während eine Bürgschaft nach § 766 S. 1 BGB der Schriftform bedarf, ist sie für Kaufleute nach § 350 HGB formlos gültig. Da Kaufleute höheren Vertrauensschutz genießen, müssen sie falsche Eintragungen ins Handelsregister (ein Verzeichnis, das die Rechtsverhältnisse aller Kaufleute eines Amtsgerichtsbezirks publiziert) gegen sich gelten lassen (vgl. § 15 HGB). Die *Vorschriften des BGB* gelten für Kaufleute nur *subsidiär*, d. h., sie kommen in Handelssachen nur insoweit zur Anwendung, als nicht im HGB oder im „Einführungsgesetz zum Handelsgesetzbuch" (EGHGB) etwas anderes bestimmt ist (vgl. § 2 Abs. 1 EGHGB).

c) Aufbau und Inhalt des HGB

Das HGB besteht wie das BGB aus „fünf Büchern in einem Buch".

Wenngleich das HGB keinen „Allgemeinen Teil", wie das BGB, als eigenes Buch voranstellt, folgt es doch überwiegend ebenfalls dem Prinzip „Vom Allgemeinen zum Besonderen", was sich auch innerhalb der einzelnen Bücher widerspiegelt.

Das *Erste Buch* über den *Handelsstand* (§§ 1–104 HGB) ist im Prinzip ein „Allgemeiner Teil" des HGB, der für *alle* Kaufleute gilt. In den §§ 1–7 HGB werden die verschiedenen Arten von Kaufleuten umschrieben, wozu anzumerken ist, dass der Gesetzgeber es bei der Handelsrechtsreform 1998 (s.o.) versäumt hat, den Kaufmannsbegriff dem international bevorzugten Unternehmerbegriff anzupassen. Es folgen Vorschriften über das *Handelsregister* (§§ 8–16 HGB), die *Handelsfirma* (§§ 17–37 a HGB) – wobei klar wird, dass die *Firma* nicht das Gebäude ist, in dem

sich der Mitarbeiter („ ich muss noch mal in die Firma gehen“, sagt der Volksmund) zur Erfüllung seiner Arbeit (s. u. Arbeitsrecht) einfindet. Die „Firma“ ist vielmehr der *Name*, unter dem der Kaufmann seine Geschäfte betreibt, seine Unterschrift abgibt sowie klagen und verklagt werden kann (vgl. § 17 HGB).
In §§ 48–58 HGB wird das *handelsrechtliche Stellvertretungsrecht* mit den besonderen Befugnissen der *Handlungsgehilfen* des Kaufmanns (*Prokurist, Handlungsbevollmächtigter* und *Ladenangestellter*) im *Außenverhältnis* geregelt. Das (arbeitsrechtliche) *Innenverhältnis* zwischen dem Inhaber des Handelsbetriebs und diesen Handlungsgehilfen (inklusive Handlungslehrlingen) regeln die §§ 59–83 HGB, die somit die *unselbstständigen Hilfspersonen* des Kaufmanns betreffen. *Selbstständige Hilfspersonen* des Kaufmanns sind die *Handelsvertreter* (§§ 84–92 a HGB) und die *Handelsmakler* (§§ 93–104 HGB).

Das *Zweite Buch* behandelt die *Handelsgesellschaften „Offene Handelsgesellschaft“* (OHG – §§ 105–160 HGB) und *„Kommanditgesellschaft“* (KG – §§ 161–177 a HGB) sowie die *„Stille Gesellschaft“* (§§ 230–236 HGB).
Die früher vom HGB erfassten *Aktiengesellschaften* (AG) und *Kommanditgesellschaften auf Aktien* (KGaA) wurden 1937 aus dem HGB herausgenommen und im Aktiengesetz (AktG) neu geregelt (vgl. unten Gesellschaftsrecht).

Das die *Handelsbücher* betreffende *Dritte Buch* (§§ 238–342 e HGB) enthält das *Handelsbilanzrecht*, das auf dem Bilanzrichtliniengesetz von 1985 beruht. Sein erster Abschnitt bildet wiederum einen „Allgemeinen Teil“ (§§ 238–263 HGB), der für alle buchführungspflichtigen Kaufleute gilt, während der zweite (§§ 264–335 HGB), dritte (§§ 336–339 HGB) und der vierte (§§ 340–341 p HGB) Abschnitt besondere, „ergänzende“ Vorschriften für „Kapitalgesellschaften … sowie bestimmte Personengesellschaften“, „eingetragene Genossenschaften“ und „Unternehmen bestimmter Geschäftszweige“ enthalten. Der fünfte Abschnitt (§§ 342, 342 a HGB) trägt die Überschrift „Privates Rechnungslegungsgremium; Rechnungslegungsbeirat“.

Auch im *Vierten Buch* über die *Handelsgeschäfte* (§§ 343–475 h HGB) verfolgt der Gesetzgeber die sog. Klammermethode, indem er im ersten von sechs Abschnitten *Allgemeine Vorschriften* (§§ 343–372 HGB) voranstellt, die *für alle Handelsgeschäfte (Rechtsgeschäfte) von Kaufleuten* gelten. Hier erscheinen insbesondere die Vorschriften, die Sonderregelungen für Kaufleute gegenüber dem BGB vorsehen. Die folgenden fünf Abschnitte beziehen sich auf einzelne, *besondere Rechtsgeschäfte* von Kaufleuten, den *Handelskauf* (§§ 373–382 HGB), das *Kommissionsgeschäft* (§§ 383–406 HGB), das *Frachtgeschäft* (§§ 407–452 d HGB), das *Speditionsgeschäft* (§§ 453–466 HGB) und das *Lagergeschäft* (§§ 467–475 h HGB). Die Regelungen der drei letztgenannten Geschäfte haben sich mittlerweile zu einem eigenen Rechtszweig des Handelsrechts als *Transportrecht* entwickelt.

Das *Fünfte Buch* (§§ 476–904) des HGB trägt die Überschrift *Seehandel*. Das Seehandelsrecht, dessen Vorschriften in den meisten Gesetzessammlungen wegen seiner ganz speziellen Bedeutung nicht abgedruckt sind, enthält im Wesentlichen Bestimmungen über Reeder und die Reederei, das Frachtgeschäft zur Beförderung auf See, die Charter, den Passagevertrag, die Havarie, die Bergung und Hilfeleistungen in Seenot sowie die Versicherung gegen die Gefahren der Seeschifffahrt. Die allgemeinen Vorschriften des HGB gelten im Seehandel nur subsidiär.

Literatur

ALPMANN SCHMIDT-Skript, Handelsrecht, 12. Aufl. 2008
Baumbach/Hopt, Handelsgesetzbuch, Kommentar, 33. Aufl. 2008
Wörlen, Handelsrecht mit Gesellschaftsrecht, 9. Aufl. 2008

2. Gesellschaftsrecht

Das Gesellschaftsrecht wird allgemein definiert als das Recht von privatrechtlichen Personenvereinigungen, die zur Erreichung eines gemeinsamen Zwecks durch Rechtsgeschäft (Gesellschaftsvertrag) begründet werden. Es umfasst im Wesentlichen alle Rechtsnormen mit Bezug auf die *Gesellschaft des bürgerlichen Rechts* (*GbR* – §§ 705–740 BGB), die *OHG*, die *KG,* die *stille Gesellschaft* (s.o. Zweites Buch des HGB), *Europäische Wirtschaftliche Interessenvereinigung (EWIV)*, die im Aktiengesetz erfassten *AG* und *KGaA* (s.o.), die *Gesellschaft mit beschränkter Haftung (GmbH)*, welche im GmbHG geregelt ist [das durch das am 01.11.2008 in Kraft getretene „Gesetz zur Modernisierung des GmbH-Rechts und zur Bekämpfung von Missbräuchen (MoMiG)" grundlegend reformiert wurde], die *eingetragene Genossenschaft (e.G.)*, für die das Genossenschaftsgesetz (GenG) gilt, und den *Versicherungsverein auf Gegenseitigkeit (VVaG)*, der seine Rechtsgrundlage im „Gesetz über die Beaufsichtigung der privaten Versicherungsunternehmen" (*Versicherungsaufsichtsgesetz* – VAG) findet.
Das Gesellschaftsrecht befasst sich u. a. mit den Fragen, wie die Gesellschaften gegründet werden, welche Verfassung (ggf. Satzung) sie haben, wer für sie handelt und wer haftet.
Das deutsche Gesellschaftsrecht kennt zwei Grundformen von Gesellschaften, *Personengesellschaften* und *Kapitalgesellschaften*.

Personengesellschaften sind die oben genannten GbR, OHG, KG und die stille Gesellschaft. Für alle Personengesellschaften gelten – vereinfacht – folgende Grundsätze:
a) Personengesellschaften haben keine eigene Rechtsfähigkeit, werden aber in manchen Rechtsbereichen (z. B. hinsichtlich Gesellschaftsvermögen) *ähnlich* behandelt wie rechtsfähige Gesellschaften. Personengesellschaften sind *also keine juristischen Personen*, doch wird die OHG diesen im Außenverhältnis durch § 124 HGB (der über § 161 Abs. 2 HGB auch für die KG gilt) teilweise gleichgestellt. Auf die GbR, die den organisatorischen Grundtyp der Personengesellschaften bildet, wird § 124 HGB analog angewandt.
b) Sofern der Gesellschaftsvertrag keine Sonderregelungen vorsieht, sind Personengesellschaften grundsätzlich *von ihrem Mitgliederbestand abhängig.*
c) Geschäftsführung und Vertretung erfolgen (außer bei der stillen Gesellschaft) durch einen oder mehrere Gesellschaften persönlich (*Grundsatz der Selbstorganschaft*).
d) Die *Gesellschafter haften als Gesamtschuldner* mit ihrem *persönlichen Vermögen*. Dies gilt nicht für die stille Gesellschaft. Bei einer KG haften nur die Komplementäre persönlich und die Kommanditisten lediglich mit ihrer Einlage ins Gesellschaftsvermögen.
e) Personengesellschaften treten im Rechtsverkehr unter dem *Namen aller Gesellschafter*, die OHG und KG unter ihrer *Firma* auf.

Zu den Kapitalgesellschaften gehören die oben genannten AG, KGaA, GmbH, e.G. und der VVaG. Den Kapitalgesellschaften ist im Wesentlichen Folgendes gemeinsam:

a) Kapitalgesellschaften sind *juristische Personen*, deren organisatorischer Grundtyp der *rechtsfähige Verein* (vgl. §§ 21 ff. BGB) ist.

b) Kapitalgesellschaften sind sog. *Körperschaften*, die vom *Bestand ihrer Mitglieder unabhängig* sind, d. h., durch freien Austritt und Übertragung der Mitgliedschaft ist ein Gesellschafterwechsel möglich.

c) Geschäftsführung und Vertretung werden von zwei verselbstständigten Organen wahrgenommen, die nicht Mitglied der Gesellschaft sein müssen (*Grundsatz der Fremdorganschaft*).

d) Die *Haftung* der Gesellschaft ist *auf das Gesellschaftskapital* beschränkt.

e) Kapitalgesellschaften treten im Rechtsverkehr zumeist unter einer *Sachfirma* auf, d. h., der Name der Gesellschaft bezieht sich regelmäßig auf den Gegenstand (z. B. Bank, Versicherung) des Unternehmens, wobei allerdings auch Phantasienamen erlaubt sind, sofern die Haftungsverhältnisse daraus durch entsprechende Zusätze (z. B. AG oder GmbH) erkennbar sind.

Einzelheiten über die Struktur eines jeden Gesellschaftstyps können in dieser Einführung nicht dargestellt werden.

Literatur

ALPMANN SCHMIDT-Skript, Gesellschaftsrecht, 14. Aufl. 2009
Wörlen, Handelsrecht mit Gesellschaftsrecht, 9. Aufl. 2008

III. Arbeitsrecht

1. Begriff, Bedeutung und System

Unter „Arbeitsrecht" versteht man alle Rechtsregeln, die für in *persönlicher Abhängigkeit* geleistete Arbeit gelten. Das Arbeitsrecht ist das *Sonderrecht des Arbeitnehmers* und gilt für den überwiegenden Teil aller *Erwerbspersonen* (= Personen, die aufgrund ihrer körperlichen und/oder geistigen Fähigkeiten eine Erwerbstätigkeit ausüben können) in Deutschland. Von den rund 82 Mio. Einwohnern sind etwa 42 Mio. Erwerbspersonen. Davon waren im Januar 2005 ca. 5 Mio. arbeitslos. Von den somit knapp 37 Mio. verbleibenden Erwerbstätigen leisteten rund 33,5 Mio. *abhängige Arbeit*; die übrigen sind Selbstständige oder mithelfende Familienangehörige. Zieht man von den 33,5 Mio. etwa 1,5 Mio. Beamte, Richter und Soldaten ab, verbleiben ca. 32 Mio. *Arbeitnehmer*, für die das Arbeitsrecht gilt.

Arbeitnehmer beziehen ihren Lebensunterhalt dadurch, dass sie aufgrund eines privatrechtlichen Vertrags im Dienste eines Anderen, des *Arbeitgebers*, arbeiten. Von diesem sind sie einerseits *weisungsabhängig* und bekommen andererseits für ihre Dienste ein entsprechendes Entgelt, den Arbeitslohn bzw. ein Gehalt. Der Erfolg ihrer Arbeit kommt unmittelbar dem Arbeitgeber zugute. Der Arbeitnehmer arbeitet also für fremde Rechnung, er leistet *fremdbestimmte Arbeit*. Der Arbeitgeber trägt das unmittelbare wirtschaftliche Risiko der Arbeit seiner Arbeitnehmer. In einer industriegeprägten Gesellschaft wie der der Bundesrepublik Deutschland kommt hinzu, dass sich die Eingliederung von Arbeitnehmern in den

Arbeitsprozess und ihre Bezahlung grundsätzlich nach marktwirtschaftlichen Regeln richten und dass die Arbeitgeber als Eigentümer der Produktionsmittel die maßgebenden wirtschaftlichen Entscheidungen treffen. Dies führt häufig zu Interessengegensätzen. Aufgabe des Arbeitsrechts ist es vor allem, einen Interessenausgleich herzustellen, wobei die Interessen der Arbeitnehmer besonders zu berücksichtigen sind.

Das Arbeitsrecht gliedert sich in zwei große Bereiche: Zum ersten Bereich, dem *Individualarbeitsrecht*, gehören das *Arbeitsvertragsrecht* und das *Arbeitsschutzrecht*. Im Mittelpunkt der arbeitsrechtlichen Regelungen dieses Bereichs stehen *Arbeitnehmer und Arbeitgeber als individuelle Bezugspersonen*.
Zum zweiten Bereich des Arbeitsrechts, dem *Kollektivarbeitsrecht,* gehören die Teilrechtsgebiete *Koalitionsrecht, Tarifvertragsrecht, Arbeitskampfrecht, Betriebsverfassungs- und Mitbestimmungsrecht*. Gemeinsam ist diesen Teilrechtsgebieten, dass sie sich mit dem *Arbeitnehmer* nicht als Individuum beschäftigen, sondern ihn *als Mitglied eines Kollektivs*, z. B. einer *Gewerkschaft,* oder der gesamten Arbeitnehmerschaft eines Betriebs oder eines Unternehmens betrachten.
Das Kollektivarbeitsrecht und das Individualarbeitsrecht dürfen nicht völlig isoliert als beziehungslos nebeneinander stehende Bereiche des Arbeitsrechts betrachtet werden. Ähnlich wie man innerhalb des bürgerlichen Rechts bei der Beschäftigung mit einem Buch des BGB immer wieder einmal auf die Regelungen eines anderen Buchs zurück- oder vorgreifen muss, muss man auch hier immer wieder einmal auf das Kollektivarbeitsrecht Bezug nehmen, wenn man das Individualarbeitsrecht behandelt. Umgekehrt gilt das genauso.

Der Schwerpunkt der arbeitsrechtlichen Regelungen liegt insgesamt beim Privatrecht. Für das *Arbeitsvertragsrecht* ist die Zuordnung zum Privatrecht uneingeschränkt richtig. Grundlage des Arbeitsvertragsrechts sind vor allem Vorschriften des BGB über den Dienstvertrag (§§ 611–630 BGB).
Demgegenüber ist das *Arbeitsschutzrecht* überwiegend Teil des öffentlichen Rechts, weil hier zumeist die Arbeitsbehörden zu seiner Durchsetzung als Träger hoheitlicher Gewalt im Über-/Unterordnungsverhältnis tätig werden. Auch das Kollektivarbeitsrecht weist öffentlich-rechtliche Elemente auf. Es wird aber wegen seiner privatrechtlich ausgerichteten Gesamtstruktur und seiner Gleichordnungsbasis systematisch generell dem Privatrecht und nicht dem öffentlichen Recht zugeordnet.

2. Entstehung des Arbeitsrechts

Während das deutsche bürgerliche Recht seine Wurzeln bereits im römischen *ius commune* fand, begann die Entwicklung des Arbeitsrechts weitaus später. Im römischen Recht gab es eigentlich kein Arbeitsrecht, da unselbstständige Arbeit vornehmlich unentgeltlich von im Eigentum des Herrn stehenden Sklaven (die man wie Sachen kaufen und verkaufen konnte) verrichtet wurde. Gewisse arbeitsrechtliche Erscheinungen gab es indessen im germanischen Recht. Zwar kennt man hier in älterer Zeit nur Arbeitsverhältnisse aufgrund familienrechtlicher Abhängigkeit (Frauen und Kinder), leihe-(lehns)rechtlicher Bindung oder persönlicher Abhängigkeit (Unfreiheit), doch entstanden schon im Mittelalter freie Arbeitsverhältnisse, bei denen der Arbeiter sich gegen Entgelt einem Herrn zu Diensten verpflichtete. Neben dem gewerblichen Arbeitsvertrag, vor allem dem Gesellenvertrag, entstand der Gesindevertrag. Diese Verträge begründeten eine Gemeinschaft zwischen Dienstherrn und Dienstverpflichtetem (vgl. § 611 BGB) verbunden mit einer wechselseitigen Fürsorge- bzw. Treuepflicht; Begriffe, die sich im modernen Arbeitsrecht wieder finden und von großer Bedeutung sind.

Der *eigentliche Beginn der Geschichte des Arbeitsrechts* als Rechtsordnung der unselbstständigen Arbeit setzt indessen erst *mit der Epoche der Industrialisierung im 19. Jahrhundert* ein. Eine Vielzahl von Erfindungen hatte eine wachsende Mechanisierung von Produktionsprozessen zur Folge und führte zwangsläufig zur völligen Umgestaltung des Wirtschaftslebens. Selbstständig Arbeitende mussten ihre Arbeit mangels Rentabilität aufgeben und in Städte und Fabriken abwandern, die sich rasch einem Überangebot von Arbeitskräften gegenüber sahen. Die daraus resultierenden sozialen Verhältnisse führten dazu, dass sich das Arbeitsrecht zunächst als *Arbeitsschutzrecht* entwickelte.
So wurde 1839 in Preußen das *Regulativ über die Kinderarbeit* erlassen, das die Arbeit von Kindern unter neun Jahren verbot sowie die Arbeit von Jugendlichen unter 16 Jahren auf zehn Stunden pro Tag begrenzte. Es lässt sich als *erstes deutsches Arbeitsschutzgesetz* bezeichnen.
Weitere Meilensteine der arbeitsrechtlichen Entwicklung waren sodann die *Gewerbeordnung* vom 21.06.1869 mit einer Reihe nachfolgender Novellierungen und die *Einführung der gesetzlichen Sozialversicherung* (*Kaiserliche Botschaft* von 1881; *Krankenversicherungsgesetz* von 1883; *Unfallversicherungsgesetz* von 1884 sowie *Invaliditäts- und Altersversorgungsgesetz* von 1889, die 1911 zur *Reichsversicherungsordnung* zusammengefasst wurden) bis hin zum *Gesetz über die Arbeitslosenvermittlung und Arbeitslosenversicherung* (1927).
Parallel dazu hat sich das kollektive Arbeitsrecht entwickelt. Es kam zur Bildung von Arbeitnehmervereinigungen, die helfen sollten, der wirtschaftlichen Überlegenheit der Arbeitgeber (und Arbeitgeberverbände) entgegenzuwirken. Vorbild der hieraus entstandenen *Gewerkschaften* waren die schon seit 1824 existierenden englischen *trade unions*.
Nach vorübergehendem Stillstand dieser Entwicklung während des nationalsozialistischen Regimes, das sich durch die staatliche Reglementierung des Arbeitslebens „auszeichnete", setzte sich die Entwicklung des Arbeitsrechts nach 1945 in der neu konstituierten Bundesrepublik dort fort, wo sie 1933 unterbrochen worden war. Im Grundgesetz vom 23.05.1949 finden sich hierzu Leitgedanken in den Artikeln 3 Abs. 2 und 3, 9 Abs. 3, 12 und (mittelbar) 20 GG.
In der DDR hatte sich das Arbeitsrecht aufgrund unterschiedlicher Ideologien zwangsläufig in eine andere Richtung entwickelt, welche nach der Wiedervereinigung Deutschlands zum 03.10.1990 nicht mehr erwähnenswert ist.

3. Rechtsquellen des Arbeitsrechts

Für das Arbeitsrecht gibt es, wie z. B. mit dem BGB seit dem 01.01.1900 für das bürgerliche Recht, in Deutschland kein einheitliches Gesetzbuch. Die seit der Weimarer Republik immer wieder laut gewordene Forderung nach einem einheitlichen Gesetzeswerk konnte in der Bundesrepublik vor und nach der Wiedervereinigung bis heute noch nicht erfüllt werden. Bestrebungen sind seit langem im Gang. So basiert das Arbeitsrecht auf einer Vielzahl von gesetzlichen oder gesetzesähnlichen Sonderregelungen (inklusive Gewohnheitsrecht) sowie auf von der Rechtsprechung der Arbeitsgerichte, insbesondere des Bundesarbeitsgerichts (BAG), entwickelten Grundsätzen. „Das deutsche Arbeitsrecht kann sich sehen lassen, ist aber schwer zu finden!" hat ein Arbeitsrechtler einst geschrieben. Kennzeichnend für das Arbeitsrecht ist eine weitgehende Rechts- bzw. Gesetzeszersplitterung, die dem englischen Recht mit seinem *case law* (Richterrecht) und dem *statute law* (Gesetzesrecht) nicht unähnlich ist.

Das *deutsche Arbeitsrecht* ist wie das *common law* weitgehend *Richterrecht*, mit dem wesentlichen Unterschied, dass der deutsche Richter durch seine Entscheidungen *kein Recht setzt, sondern die Gesetze*, die sich aus dem Richterrecht entwickelt haben, *anwendet*.

Die Vorschriften und Regelungen des Arbeitsrechts lassen sich vereinfacht in sechs Gruppen aufteilen:

(1) Gesetze
(2) Rechtsverordnungen
(3) Satzungen und Gesamtvereinbarungen (Kollektivvereinbarungen)
(4) Gewohnheitsrecht
(5) Richterrecht (Rechtsprechungsgrundsätze)
(6) Internationales Arbeitsrecht.

4. Teilgebiete des Arbeitsrechts

Eine Einführung in das Recht bzw. Rechtssystem eines Landes kann hier und da bisweilen tiefer gehen, doch letztlich nur einen ganz groben Überblick geben. So können die schwer überschaubaren, aber „sehens- und lesenswerten" Teilgebiete des deutschen Arbeitsrechts abschließend nur anhand von den – neben dem BGB (§§ 611–630) – dazugehörigen Einzelgesetzen (G = Gesetz) auszugsweise aufgelistet werden:

ArbeitsschutzG, ArbeitszeitG, BerufsbildungsG, BetriebsrentenG, BetriebsverfassungsG, BundeserziehungsgeldG, BundesurlaubsG, EntgeltfortzahlungsG, Gewerbeordnung, JugendarbeitsschutzG, KündigungsschutzG, MitbestimmungsG, MutterschutzG, NachweisG, Sozialgesetzbuch, TarifvertragsG sowie Teilzeit- und BefristungsG.

Literatur

ALPMANN SCHMIDT-Skript, Arbeitsrecht, 17. Aufl. 2009
ALPMANN SCHMIDT-Skript, Kollektives Arbeitsrecht, 3. Aufl. 2008
Wörlen/Kokemoor, Arbeitsrecht, 9. Aufl. 2009

C. Verwaltungsrecht

Unter Verwaltungsrecht versteht man die Rechtsnormen, die die Organisation und das Handeln der öffentlichen Verwaltung regeln. Verwaltung ist diejenige Staatstätigkeit, die weder Gesetzgebung noch Rechtsprechung ist, die sich also nicht mit dem Erlass allgemein verbindlicher Regeln (Gesetze) oder der Entscheidung von Rechtsstreitigkeiten und der Verhängung von Strafen befasst. Im Einzelnen bestehen entgegen dieser Definition Überschneidungen: Rechtsverordnungen, die allgemeine Regeln enthalten und damit Gesetze im materiellen Sinne sind, dürfen durch die Verwaltung kraft besonderer gesetzlicher Ermächtigung (vgl. Art. 80 GG) erlassen werden und die Verhängung von Bußgeldern erfolgt ebenfalls durch Verwaltungsbehörden (vgl. §§ 56 ff OWiG). Das allgemeine Verwaltungsrecht regelt

Grundsätze, die für alle Arten des Verwaltungshandelns gelten (z. B. das Recht des Verwaltungsverfahrens, die Definition des Verwaltungsaktes). Als besonderes Verwaltungsrecht werden spezielle Rechtsnormen für bestimmte Gebiete der Verwaltung bezeichnet, wie z. B. das öffentliche Baurecht (Regelungen über Zulässigkeit, Art und Umfang von Bebauung), das Kommunalrecht (Recht der Gemeinden und Gemeindeverbände bzw. der Landkreise), das Polizeirecht (Recht der Gefahrenabwehr), das Ausländerrecht (Regelungen über Einreise, Aufenthalt und Ausreise von Ausländern), das Wirtschaftsverwaltungsrecht (staatliche Aufsicht, Wirtschaftsförderung und Wirtschaftslenkung) und viele weitere mehr.

1. Verwaltungsorganisation

Die juristischen Personen des öffentlichen Rechts, die die Aufgaben der öffentlichen Verwaltung wahrnehmen, nennt man Verwaltungsträger. Verwaltungsträger sind insbesondere der Bund, die Länder und die kommunalen Gebietskörperschaften (Gemeinden und Landkreise), aber auch Körperschaften und Anstalten des öffentlichen Rechts. Ein Verwaltungsträger handelt nach außen durch seine Organe, das sind seine Behörden. Eine Behörde ist eine in einen Verwaltungsträger und seine Organisation eingegliederte Verwaltungseinheit, die organisatorisch selbstständig ist und ihr zugewiesene Aufgaben erfüllt. Die Behörde verfügt im Gegensatz zum Verwaltungsträger aber über keinen eigenen Haushalt.
Die Verwaltungsaufgaben werden in der Regel von den Ländern erfüllt (Art. 30, 83 ff. GG). Ausnahmsweise führt der Bund die Gesetze in bundeseigener Verwaltung aus (Art. 86 ff. GG). Beispiele solcher unmittelbaren Bundesverwaltung sind die Zollverwaltung, die Bundeswehr und der Bundespolizei.

Die Verwaltung ist üblicherweise dreistufig gegliedert. Die Oberbehörde ist das Ministerium, in dessen Zuständigkeit die Verwaltungsaufgabe fällt, die Mittelbehörde ist die allgemeine Verwaltungsbehörde der Bezirksregierung oder eine besondere Verwaltungsbehörde (z. B. die Straßenbauverwaltung in einigen Ländern); die Unterstufe bilden die kreisfreien Gemeinden (Städte), die Landkreise, das Landratsamt als untere Verwaltungsbehörde bzw. die kreisangehörigen Gemeinden.

2. Gesetzmäßigkeit der Verwaltung

Die Verwaltung ist an Recht und Gesetz gebunden (Art. 20 Abs. 3 GG). Hieraus folgt zweierlei, zum einen der *Grundsatz vom Vorrang des Gesetzes*: Die Tätigkeit der Verwaltung darf nicht gegen Rechtsnormen verstoßen; zum anderen der *Grundsatz vom Vorbehalt des Gesetzes*: Verwaltungshandeln bedarf einer gesetzlichen Grundlage, bzw. das Gesetz muss die Verwaltung zum Handeln ermächtigen.

a) Grundsatz vom Vorrang des Gesetzes

Vorrangig sind nur Rechtsnormen, die Rechtsgeltung besitzen. Rechtsgeltung besitzen Rechtsnormen, wenn sie das für ihre Entstehung vorgesehene Verfahren ordnungsgemäß durchlaufen haben (formelle Voraussetzung) und wenn sie nicht gegen höherrangiges Recht verstoßen (materielle Voraussetzung). Von höchstem Rang ist das Verfassungsrecht, an dem sich alle Rechtsnormen messen lassen müssen. Im Range unter der Verfassung stehen die Gesetze, darunter die Rechtsverordnungen, die aufgrund einer gesetzlichen Befugnis erlassen werden können

(Art. 80 GG); schließlich die Satzungen, die ein Verwaltungsträger, dem Satzungsautonomie zukommt, in eigenen Angelegenheiten erlässt. Die Verwaltung hat eine Prüfungspflicht, ob die Rechtsnormen, die ihr Handeln bestimmen, gültig sind; sie hat aber keine Verwerfungsbefugnis. Kommt sie aufgrund ihrer Prüfung zu dem Ergebnis, dass eine Rechtsnorm ungültig, mithin nichtig ist, muss sie eine gerichtliche Klärung herbeiführen.
Verwaltungshandeln darf gegen keine gültige öffentlich-rechtliche Rechtsnorm verstoßen, gleichgültig ob die Verwaltung hoheitlich tätig wird oder in den Formen des Verwaltungsprivatrechts handelt. Allenfalls rein fiskalisches Handeln unterliegt den Rechtsnormen des Privatrechts; hier handelt der Staat nicht unmittelbar in Erfüllung seiner Aufgaben, sondern wie jeder Privatmann, etwa bei der Beschaffung sächlicher Betriebsmittel.

b) Grundsatz vom Vorbehalt des Gesetzes

Die Reichweite dieses Grundsatzes ist nicht völlig geklärt. Jeder Eingriff des Staates in die Rechte des Einzelnen bedarf einer gesetzlichen Grundlage. Im Bereich der Leistungsverwaltung sind jedenfalls die wesentlichen Bereiche (*Wesentlichkeitstheorie*) gesetzlich zu regeln. Wesentlich sind vor allem solche Maßnahmen, die grundrechtsrelevant sind. Die Wesentlichkeitstheorie hat aber nicht nur Grundsätze dafür entwickelt, wann etwas wesentlich ist, sondern auch für den Umfang der Regelung: Je intensiver ein Eingriff ist, desto bestimmter müssen die Eingriffsnormen gefasst sein.

3. Handlungsformen der Verwaltung

Handelt die Behörde hoheitlich nach außen, stehen ihr insbesondere folgende Handlungsformen zur Verfügung: Verwaltungsakt, Plan, Realakt, öffentlich-rechtlicher Vertrag.

a) Verwaltungsakt

Der Verwaltungsakt ist die typische Handlungsform der Verwaltung. Ein Verwaltungsakt ist jede Verfügung, Entscheidung oder andere hoheitliche Maßnahme, die eine Behörde zur Regelung eines Einzelfalles auf dem Gebiet des öffentlichen Rechts trifft und die auf unmittelbare Rechtswirkung nach außen gerichtet ist [§ 35 Verwaltungsverfahrensgesetz (VwVfG)].
Der Verwaltungsakt formuliert einen konkreten Rechtssatz. Darin gleicht er dem Gerichtsurteil. Ein abstrakter Rechtssatz (z. B. *„Jedermann darf sein Grundstück bebauen, soweit keine Vorschriften dem Vorhaben entgegenstehen.“*) wird zu einem konkreten Rechtssatz (z. B. *„Herr Hubert Mayer darf sein Grundstück Lerchenweg 25 mit einem fünfgeschossigen Wohnhaus – vgl. eingereichter Bauantrag – bebauen.“*).
Verwaltungsakte können ein bestimmtes Verhalten anordnen (Abrissverfügung, Gewerbeuntersagung, Ausweisung), sie können ein Rechtsverhältnis begründen, ändern oder aufheben (Ernennung zum Beamten bzw. die Entlassung aus dem Beamtenverhältnis, Erteilung einer Gaststättenerlaubnis bzw. Erteilung einer Auflage an den Gastwirt, Einbürgerung und die Rücknahme der Einbürgerung u.v.m.), sie können aber auch eine Feststellung treffen, indem sie verbindlich ein Recht oder eine rechtliche Eigenschaft einer Person, z. B. ihre Staatsangehörigkeit, klarstellen. Unternimmt der von einem Verwaltungsakt Betroffene nichts, um seine Rechte geltend zu machen, wird die Verfügung regelmäßig bestandskräftig. Auch hierin

gleicht der Verwaltungsakt dem Gerichtsurteil, welches in Rechtskraft erwächst, wenn es nicht angefochten wird. Der Verwaltungsakt bildet auch die Grundlage der Verwaltungsvollstreckung.
Das Gesetz hält ein differenziertes System vor, das bestimmt, was zu geschehen hat, wenn ein Verwaltungsakt fehlerhaft ist. Dabei ist es ein spezifisches Merkmal des deutschen Rechts, dass Verfahrensfehler, die sich auf das Ergebnis nicht ausgewirkt haben, weitgehend unbeachtlich bleiben. Im deutschen Verwaltungsrecht steht die inhaltliche Vereinbarkeit einer behördlichen Maßnahme mit Recht und Gesetz im Focus der Betrachtung, weniger der Weg, auf dem die Maßnahme zustande gekommen ist. Im englischen Recht versteht man den verfahrenskonformen Weg als Garant der inhaltlichen Richtigkeit des Ergebnisses. Durch die Rechtsentwicklung in Umsetzung der Rechtsakte der Europäischen Union wird auch in Deutschland das Verfahrensrecht aufgewertet.

b) Plan

Pläne sind zunächst tatsächliche Phänomene, die aber spezifischen Bedürfnissen des Verwaltungshandelns entsprechen. Sinnvoll ist die Bezeichnung als Plan nur dann, wenn es sich um die Formulierung von in der Zukunft zu erreichenden Zielen und Mittel zur Zielerreichung handelt.
Die planende Verwaltung hat regelmäßig einen weiteren Ermessenspielraum als die ausführende Verwaltung. Dem steht das Abwägungsgebot als Korrektiv gegenüber.
Zu unterscheiden sind solche Pläne, die unmittelbare Rechtswirkungen gegenüber dem von der Planung Betroffenen entfalten und solche, die lediglich bestimmte Zielvorstellungen beschreiben, die mit staatlichen Lenkungsmitteln verwirklicht werden sollen. Je nachdem, ob ein Plan unmittelbar vollziehbar sein soll, oder auf weitere Konkretisierung durch hinzukommende Vollzugsakte angelegt ist, ergeht er als Verwaltungsakt (Planfeststellungsbeschluss) oder als Norm (Landesentwicklungsplan, Raumordnungsplan, Bebauungsplan).

c) Realakt

Ist die Handlung eines Hoheitsträgers nicht auf einen rechtlichen, sondern auf einen tatsächlichen Erfolg gerichtet, spricht man von Realakten oder von informellem Verwaltungshandeln. Hierunter fällt z. B. die Vorlesung durch den Hochschullehrer ebenso wie eine Reihenuntersuchung durch das Gesundheitsamt. Auch Warnungen vor jugendgefährdenden Sekten oder gesundheitsgefährdenden Produkten fallen hierunter. Die Rechtmäßigkeit von Realakten beurteilt sich nicht anders als die der Rechtsakte, sie müssen mit dem geltenden Recht übereinstimmen.

d) Öffentlich-rechtlicher Vertrag

Wenn und soweit die Behörde einen Verwaltungsakt erlassen könnte, kann sie auch einen öffentlich-rechtlichen Vertrag schließen (§§ 54 ff. VwVfG). Diese Handlungsform bietet sich an, wenn ein komplexes Geflecht von Rechten und Pflichten zu regeln ist, z. B. im Städtebaurecht (städtebauliche Verträge). Darüber hinaus haben öffentlich-rechtliche Verträge im Bereich der Privatisierung an Bedeutung zugenommen (sog. Public Private Partnerships). Hier stellt der Verwaltungsträger durch öffentlich-rechtlichen Vertrag sicher, dass die an Private übertragenen Verwaltungsaufgaben ordnungsgemäß erfüllt werden.

Literatur

ALPMANN SCHMIDT-Skript, Verwaltungsrecht AT 1, 11. Aufl. 2007
ALPMANN SCHMIDT-Skript, Verwaltungsrecht AT 2, 11. Aufl. 2008

D. Strafrecht

Unter Strafrecht versteht man die Rechtsnormen, die die staatliche Strafbefugnis begründen und ihren Umfang bestimmen. Sie sind im Strafgesetzbuch (StGB) und zahlreichen Nebengesetzen niedergelegt. Das Strafrecht ist das schärfste Mittel, das dem Staat zur Verfügung steht, die Rechte seiner Bürger zu schützen, und ist daher als *ultima ratio* anzusehen.
Im Grundgesetz sind wichtige Vorgaben an Strafgesetze normiert: Keine Strafe darf ohne (vorheriges) Gesetz verhängt werden (*nulla poena sine lege),* vgl. Art. 103 Abs. 2 GG. In dieser Vorschrift kommen sowohl der strafrechtliche Bestimmtheitsgrundsatz als auch das Rückwirkungsverbot zum Ausdruck. Art. 102 GG verbietet ausdrücklich die Todesstrafe.
Im Strafgesetzbuch sind zunächst in einem Allgemeinen Teil die für alle Straftaten geltenden Grundsätze normiert. Der Besondere Teil enthält die Merkmale der einzelnen Straftaten und die sich daran anschließenden Strafdrohungen.
Das deutsche Strafrecht knüpft an die Tat und nicht an die Täterpersönlichkeit an. Die Tat muss die Tatbestandsmerkmale des infrage kommenden Straftatbestandes erfüllen, sie darf nicht (ausnahmsweise) gerechtfertigt sein, und sie muss dem Täter als schuldhaft begangen vorwerfbar sein.
Das *Jugendstrafrecht* limitiert die Strafbarkeit. Ist ein Täter noch nicht 14 Jahre alt, kann er überhaupt nicht bestraft werden. Ist er zwischen 14 und 18 Jahren alt, so stehen Erziehungsmaßregeln zur Verfügung. Nur wenn sie nicht ausreichen, kommen Zuchtmittel (Verwarnung, Erteilung von Auflagen zur Schadenswiedergutmachung oder Jugendarrest) und Jugendstrafe zur Anwendung. Die höchste zu verhängende Jugendstrafe ist eine zehnjährige Freiheitsstrafe. Ist der Täter zwischen 19 und 21 Jahren alt, beurteilt das Jugendgericht, ob er in seiner Entwicklung einem Jugendlichen gleichzusetzen ist, dann wird Jugendstrafrecht angewandt, oder nicht, dann erfolgt die Beurteilung nach Erwachsenenstrafrecht.

Literatur

ALPMANN SCHMIDT-Skript, Strafrecht AT 1, 13. Aufl. 2008
ALPMANN SCHMIDT-Skript, Strafrecht AT 2, 12. Aufl. 2009

E. Gerichte und gerichtliches Verfahren

I. Richter und andere Organe der Rechtspflege

Die rechtsprechende Gewalt ist den Richtern anvertraut (Art. 92 GG). Man unterscheidet Berufsrichter und ehrenamtliche Richter.
Berufsrichter ist, wer durch Aushändigung einer Urkunde in das Richteramt berufen worden ist (näheres regelt das Deutsche Richtergesetz). Wesentliche Voraussetzung für die Berufung ist die Befähigung zum Richteramt. Diese besitzt jeder Deutsche, der grundsätzlich die Gewähr bietet, jederzeit für die freiheitliche demokratische Grundordnung im Sinne des Grundgesetzes einzutreten. Weiterhin

ist ein rechtwissenschaftliches Studium an einer Universität Voraussetzung, ein bestandenes erstes juristisches Staatsexamen, anschließender Vorbereitungsdienst (Referendariat) und ein bestandenes zweites juristisches Staatsexamen. Diese Ausbildung des juristischen Nachwuchses ist weitgehend auf die Anforderungen an den Beruf des Richters ausgerichtet. Wer sie durchlaufen hat, erwirbt mit den beiden Examina aber auch das Recht, sich als Rechtsanwalt niederzulassen. Dieses Ausbildungsmodell wird zur Zeit wieder einmal infrage gestellt. Zum einen wird über die Umsetzung des Bologna-Prozesses und damit verbunden die Einführung von Bachelor- und Masterstudiengängen nachgedacht. Zum anderen gehen die Überlegungen dahin, nach dem ersten Examen ganz gezielt auf einen späteren Beruf als Richter, Rechtsanwalt oder Verwaltungsjurist auszubilden und dies mit einer nur auf diesen Beruf bezogenen Zulassungsprüfung abzuschließen.

Der Richter ist an Recht und Gesetz gebunden (Art. 20 Abs. 3, 1 Abs. 1 GG). Damit haben seine subjektiven Wertvorstellungen, Ansichten, was gerecht ist und was nicht, oder eigene Zweckmäßigkeitsüberlegungen nicht in die Anwendung des Gesetzes einzufließen. Er hat die diesbezüglichen Wertungen des Gesetzgebers zu respektieren. Allerdings ist er aufgerufen, die anzuwendenden Gesetze auf ihre formelle und materielle Gültigkeit zu prüfen. Eine Verwerfungskompetenz für formelle Gesetze besteht bei Verletzung des Grundgesetzes allerdings nur seitens des Bundesverfassungsgerichtes, bei Verletzung der Landesverfassungen auch seitens der jeweiligen Landesverfassungsgerichte (Verfassungsgerichtshöfe), denen der nicht selbst zur Verwerfung befugte Richter Zweifelsfragen vorzulegen hat [Art. 100 GG, § 47 Verwaltungsgerichtsordnung (VwGO)].

Kann der Richter das Gesetz nicht dem Wortlaut nach anwenden, muss er es auslegen. Er darf den anhängigen Rechtsstreit nicht unentschieden lassen. Zur Auslegung stehen ihm von der Methodenlehre entwickelte Argumentationsfiguren zur Verfügung, wobei die Wortauslegung eine wichtige Grenze bildet, die nicht ohne Weiteres überschritten werden darf. Auch ist der Richter zur verfassungskonformen Auslegung verpflichtet. Im Hinblick auf europarechtliche Bestimmungen verpflichtet der *effet utile* zu einer Auslegung, die der Rechtsnorm zur nützlichen Wirksamkeit verhilft.

Aus der Bindung an Recht und Gesetz folgt keine Bindung an Präjudizien. Das deutsche Recht sieht primär die Bindung der Prozessbeteiligten an die Rechtskraft des Urteils vor. Nur dem Bundesverfassungsgericht steht hier eine Sonderstellung zu [§ 31 Bundesverfassungsgerichtsgesetz (BVerfGG)]. Die obersten Bundesgerichte, die regelmäßig Sachen von grundsätzlicher Bedeutung entscheiden, achten in ihren Urteilsbegründungen, die veröffentlicht werden, darauf, die über den entschiedenen Fall hinausweisenden Rechtsgrundsätze darzulegen und zu begründen. Dies findet auch große Aufmerksamkeit in der juristischen Öffentlichkeit, ist indessen nicht bindend für den entscheidenden Richter.

Der Richter ist unabhängig von Weisungen, die seine Richtertätigkeit betreffen. Er ist zur Neutralität verpflichtet, was im Falle einer Befangenheit zum Ausschluss von seiner Funktion führt.

Ehrenamtliche Richter sind in allen Gerichtsbarkeiten vertreten, allerdings weniger in den höheren und höchsten Instanzen. Ihre Funktion ist es, dem Berufsrichter eine Perspektive zu vermitteln, die ihm möglicherweise ansonsten durch seine teilweise hochspezialisierte Tätigkeit verloren zu gehen droht.

Die ehrenamtlichen Richter sind den Berufsrichtern was die Gesetzesbindung und ihre Unabhängigkeit und Neutralität anbelangt gleichgestellt. Unterschiede ergeben sich daraus, dass sie das Richteramt nicht als Beruf ausüben.
Die *Staatsanwaltschaft* ist ein Organ der Rechtspflege. Sie ist eine dem Gericht gleichgeordnete, von ihm aber organisatorisch getrennte Behörde. Die Staatsanwaltschaft führt die Ermittlungen, wenn der Verdacht einer strafbaren Handlung besteht, sie erhebt Anklage (sie besitzt das Anklagemonopol) und vertritt die Anklage während des gesamten Verfahrens, insbesondere aber in der Hauptverhandlung. Die Staatsanwaltschaft ist zur Objektivität verpflichtet. Sie ist in diesem Sinne keine Partei des Strafprozesses, sondern verpflichtet, nicht nur die belastenden, sondern auch die entlastenden Umstände zu ermitteln und vorzubringen. Hat die Hauptverhandlung den Beweis einer strafbaren Handlung nicht erbringen können, wird der Staatsanwalt daher Freispruch beantragen. Diese Pflicht zur Objektivität unterscheidet den Staatsanwalt vom englischen Kronanwalt.
Auch der *Rechtsanwalt* ist ein Organ der Rechtspflege. Er ist der berufene und unabhängige Berater und Vertreter in allen Rechtsangelegenheiten. Er hat das Recht, in Rechtsangelegenheiten aller Art vor Gerichten, Schiedsgerichten oder Behörden aufzutreten. Dem steht das Recht eines jeden gegenüber, sich in Rechtsangelegenheiten aller Art durch einen Rechtsanwalt seiner Wahl vertreten zu lassen.
Der Rechtsanwalt steht damit in einem Spannungsverhältnis, auf der einen Seite als unabhängiges Organ der Rechtspflege, auf der anderen Seite als Interessenvertreter des Mandanten. Im Konfliktfall, etwa im Strafprozess, hat die Rechtsschutzfunktion zugunsten des Auftraggebers Vorrang, allerdings im Rahmen der gesetzlichen Pflichten und Rechte. So gehört zu den Berufspflichten des Anwalts die Wahrheitspflicht. Im Konflikt mit den Interessen des Mandanten bedeutet diese Pflicht nicht eine Verpflichtung zur Kundgabe der Wahrheit zu Lasten des Mandanten, wohl aber das Verbot einer aktiven Verdeckung der Wahrheit in der Hauptverhandlung.
Der Rechtsanwalt hat die Pflicht, seinen Beruf gewissenhaft auszuüben; er darf sich dabei nicht unsachlich verhalten, keine widerstrebenden Interessen vertreten und ist zur erforderlichen Sorgfalt bei anvertrauten Vermögenswerten verpflichtet [vgl. zu allem die Bundesrechtsanwaltsordnung (BRAO)]. Mit dem Mandanten schließt der Rechtsanwalt einen Geschäftsbesorgungsvertrag mit dienstvertraglichem Charakter, der sich nach BGB, BRAO und dem Rechtsanwaltsvergütungsgesetz (RVG) richtet.

II. Gerichtsbarkeiten

Die Aufgaben der Rechtsprechung werden in Deutschland in fünf gleichrangigen Gerichtsbarkeiten wahrgenommen. Es sind dies die ordentliche Gerichtsbarkeit, die Arbeitsgerichtsbarkeit, die Verwaltungsgerichtsbarkeit, die Sozialgerichtsbarkeit und die Finanzgerichtsbarkeit.
Außerhalb dieses Systems steht die Verfassungsgerichtsbarkeit, die das Bundesverfassungsgericht ausübt (siehe hierzu schon oben). Bezieht sich ein Verfassungsstreit nur auf Landesrecht, so können daneben die Landesverfassungsgerichte zuständig sein.
Der Europäische Gerichtshof (EuGH) und das Europäische Gericht erster Instanz stehen außerhalb des deutschen Gerichtssystems. Ihre Rechtsprechung erlangt

aber auch innerstaatlich immer größere Bedeutung. Die europäischen Gerichte kontrollieren die Anwendung und Auslegung des EG-Vertrages (EGV) und des aufgrund dieses Vertrages erlassenen sekundären Gemeinschaftsrechts. In Zweifelsfällen hat das deutsche Gericht eine Rechtssache dem EuGH vorzulegen. Daneben gewährt der EuGH bzw. das Gericht erster Instanz aber auch selbst Rechtsschutz in den im EGV geregelten Fällen.

1. Ordentliche Gerichtsbarkeit

Die ordentliche Gerichtsbarkeit wird in drei Unterzweigen (Zivilgerichtsbarkeit, freiwillige Gerichtsbarkeit, Strafgerichtsbarkeit) ausgeübt. Gerichte der Länder sind die Amtsgerichte, die Landgerichte und die Oberlandesgerichte; Bundesgericht ist der Bundesgerichtshof in Karlsruhe.
Alle *bürgerlichen Rechtsstreitigkeiten* sind der Zivilgerichtsbarkeit zugewiesen, soweit keine Spezialzuweisung besteht. Eine solche Spezialzuweisung verweist Arbeitssachen zur Arbeitsgerichtsbarkeit. Besondere Gerichte im Rahmen der Zivilgerichtsbarkeit sind z. B. die Schifffahrtsgerichte der Länder und im Bund das Bundespatentgericht.
Die *freiwillige Gerichtsbarkeit* befasst sich mit den ihr nach dem Gesetz zugewiesenen Sachen. Das sind einmal die Fürsorgeverfahren (Urkunds-, Register-, Nachlass-, Vormundschafts- und Betreuungssachen), privatrechtliche Streitsachen (etwa Verfahren nach dem Wohnungseigentumsgesetz oder in Familiensachen der Versorgungsausgleich) und öffentlich-rechtliche Streitsachen (z. B. Anfechtung von Justizverwaltungsakten).
Zum 1. September 2009 wird insbesondere die Gerichtsbarkeit in Familiensachen neu geregelt. Das *Gesetz über das Verfahren in Familiensachen und in den Angelegenheiten der freiwilligen Gerichtsbarkeit* (FamFG) wird insbesondere das *Gesetz über die Angelegenheiten der freiwilligen Gerichtsbarkeit* (FGG) und Teile der Zivilprozessordnung (ZPO) ersetzen, soweit diese familienrechtliche Verfahren (wie Vaterschaftsfeststellung, Unterhalt oder Adoptionsangelegenheiten) regeln. Unter anderem wird das bisherige Vormundschaftsgericht aufgelöst. Seine Zuständigkeiten werden auf das Familiengericht und das neu zu schaffende Betreuungsgericht verteilt. Letzteres wird für Betreuungsverfahren, Unterbringungsverfahren und sonstige Freiheitsentziehungsmaßnahmen zuständig sein. Zudem wird das Rechtsmittelsystem neu strukturiert. Den Beteiligten wird durch die Rechtsbeschwerde erstmals in Angelegenheiten der freiwilligen Gerichtsbarkeit der unmittelbare Zugang zum Bundesgerichtshof eröffnet. Die Beschwerde gegen gerichtliche Entscheidungen wird künftig generell befristet.
Der *Strafgerichtsbarkeit* sind alle Strafsachen unterworfen. Das sind alle Rechtsangelegenheiten, mit denen der Staat seinen Anspruch auf Verhängung einer Strafe verfolgt, um des Rechtsgüterschutzes willen. Weiterhin werden die Strafgerichte tätig, wenn gegen einen Bußgeldbescheid ein Rechtsbehelf eingelegt wird (obwohl Ordnungswidrigkeiten keine Straftaten sind und in die Zuständigkeit der Verwaltungsbehörden fallen).

2. Arbeitsgerichtsbarkeit

Die Arbeitsgerichtsbarkeit kennt einen dreistufigen Instanzenzug, vom Arbeitsgericht, über das Landesarbeitsgericht zum Bundesarbeitsgericht in Erfurt.

Die Arbeitsgerichte entscheiden Streitigkeiten zwischen Arbeitgeber und Arbeitnehmer über das Bestehen des Arbeitsverhältnisses, aber auch über mit dem Arbeitsverhältnis zusammenhängende unerlaubte Handlungen sowie über weitere mit dem Arbeitsverhältnis zusammenhängende Fragen. Weiterhin entscheiden sie in Streitigkeiten zwischen Tarifvertragsparteien und über unerlaubte Handlungen im Zusammenhang mit Arbeitskämpfen.

3. Verwaltungsgerichtsbarkeit

Auch die Verwaltungsgerichtsbarkeit kennt den dreistufigen Instanzenzug. Erste Instanz ist das Verwaltungsgericht. Zweite Instanz sind die Oberwaltungsgerichte oder Verwaltungsgerichtshöfe der Länder. Revisionsgericht ist das Bundesverwaltungsgericht in Leipzig.
Die Verwaltungsgerichte entscheiden über öffentlich-rechtliche Streitigkeiten, soweit sie nicht über spezialgesetzliche Regelungen anderen Gerichten (etwa Streitigkeiten aus Amtspflichtverletzung an die ordentlichen Gerichte) oder besonderen Gerichten (etwa Streitigkeiten aus dem Richterverhältnis an die Dienstgerichte der Richter) zugewiesen sind.

4. Sozialgerichtsbarkeit

Die Sozialgerichtsbarkeit verfügt ebenfalls über einen dreistufigen Instanzenzug, vom Sozialgericht über das Landessozialgericht zum Bundessozialgericht in Kassel.
Inhaltlich ist die Sozialgerichtsbarkeit eine besondere Verwaltungsgerichtsbarkeit. Sie ist aber organisatorisch selbstständig ausgestaltet. Sie entscheidet in Angelegenheiten der gesetzlichen Rentenversicherung, der gesetzlichen Krankenversicherung, der gesetzlichen Unfallversicherung sowie in Sozialhilfesachen (Letzteres seit dem 01.01.2005).

5. Finanzgerichtsbarkeit

Die Finanzgerichtsbarkeit ist zweistufig organisiert. Die Finanzgerichte der Länder sind obere Landesgerichte, stehen also auf derselben Stufe wie z. B. das Oberlandesgericht, sind aber erste Instanz. Zweite Instanz ist der Bundesfinanzhof in München.
Auch die Finanzgerichtsbarkeit ist eine besondere Verwaltungsgerichtsbarkeit. Sie entscheidet über Abgabenstreitigkeiten der Einkommen-, Vermögen- oder Erbschaftsteuer etc., aber auch über Rechtsstreite, die sich aus der Vollziehung von Verwaltungsakten der Finanzbehörden ergeben.

III. Verfahrensgrundsätze

Der *Öffentlichkeitsgrundsatz* garantiert unbeteiligten Personen, dass sie Zugang zu den Verhandlungen der Gerichte haben. Ausnahmen aus Gründen des Persönlichkeitsschutzes sind in den entsprechenden Verfahrensordnungen vorgesehen. Aus dem Öffentlichkeitsgrundsatz folgt nicht die Zulässigkeit von Ton- oder Filmaufnahmen während der Verhandlung.
Nach dem *Unmittelbarkeitsgrundsatz* müssen Verhandlung und Beweisaufnahme unmittelbar vor dem erkennenden Gericht stattfinden. Allerdings sind Ausnahmen

zulässig. Streng wird der Grundsatz jedoch im Strafverfahren für die Beweisaufnahme in der Hauptverhandlung angewandt. Die Urteilsfindung gründet sich wiederum auf die Hauptverhandlung und das Gericht darf in seiner Entscheidung nur die dort gewonnenen Erkenntnisse zugrunde legen.

Der *Mündlichkeitsgrundsatz* besagt, dass vor dem Gericht mündlich verhandelt werden muss, und nur das mündlich Vorgetragene der Entscheidung zugrunde gelegt werden darf. Auch hier gilt dieses Prinzip am strengsten in der Hauptverhandlung im Strafprozess.

Der *Verhandlungsgrundsatz* besagt, dass die Parteien im Rechtsstreit bestimmen, welche Tatsachen sie dem Gericht zur Entscheidung unterbreiten, bzw. welche Tatsachen beweisbedürftig sind. Dieser Grundsatz gilt nur im Zivilprozess.

Der *Verfügungsgrundsatz*, auch Dispositionsmaxime genannt, besagt, dass die Parteien über den Streitgegenstand grundsätzlich frei verfügen können. So kann im Zivilprozess durch Anerkenntnis oder Klagerücknahme das Verfahren beendet werden. Dieser Grundsatz gilt im Strafverfahren nicht.

Im Gegensatz zum Verhandlungsgrundsatz steht der *Untersuchungsgrundsatz*. Hiernach hat das Gericht die relevanten Tatsachen von Amts wegen zu ermitteln. Auch hier gilt der Grundsatz am striktesten im Strafverfahren.

Nach dem *Konzentrationsgrundsatz* soll ein Rechtsstreit möglichst in einer Verhandlung erledigt werden.

Weitere Verfahrensgrundsätze garantieren die Justizgrundrechte (siehe oben).

Literatur

ALPMANN SCHMIDT-Skript, ZPO, 16. Aufl. 2008
ALPMANN SCHMIDT-Skript, VwGO, 4. Aufl. 2009
ALPMANN SCHMIDT-Skript, StPO, 15. Aufl. 2007

INTRODUCTION TO THE GERMAN LEGAL SYSTEM

by Professor Dr. iur. Rainer Wörlen
(Private Law)
Dr. iur. Karl Ludwig Steinhäuser, Rechtsanwalt
(Constitutional Law/Public Law/Criminal Law/Courts and Court Procedure)

Translation from German by Laura Jane Schneider
revised by Stuart G. Bugg, B.A, LL.B. (Hons), M. Jur (Dist.), Barrister (NZ), Solicitor (England and Wales)

Contents

Preliminary Note

German law, in contrast to English law, is not primarily a law of judicial decisions (compare *case law*), but rather statute law. Whilst in English law statutes are only of secondary importance, German law has developed a clear, self-contained structured hierarchy of legal rules.
The judge must adhere strictly to codified statute law, but can cover legal gaps by way of statutory interpretation or analogy and, by these means through the process of judicial development of the law, give impulses for new codifications of law.
German law, as is the case with English law, makes a basic distinction between private law and public law.
The legal axioms of private law (*ius privatum*) determine within which framework natural persons and constituted associations of natural persons can regulate their legal relations whilst enjoying equal rights. On the one hand, the system of law also offers an example of a fair balance of interests (e.g. contract types). On the other hand, it ensures that interests regarded as worth protecting are brought to prevalence (by strict, non-dispositive rules of law).
By public law (*ius publicum*) one means those legal axioms that concern actions of governmental bodies.

They regulate the law by which governmental bodies are constituted as well as the sovereign authorities through which the governmental powers are entitled to affect the individual.
Both subsystems supplement and influence each other. In German law their difference develops a significance in practice within the area of legal protection. The question of which procedural law applies, and the related issue of which court has jurisdiction, is decided according to whether private legal rules or public legal rules will first and foremost decide the issue of law.

A. Constitutional Law

On 24 May 1949 the Basic Law for the Federal Republic of Germany ["Grundgesetz" (GG)], became effective. With its Basic Law, Germany possesses a constitutional charter which comprehensively, if not completely, contains the constitutional law of the Federal Republic of Germany.
The term "Grundgesetz" refers to the academic legal approach of *Hans Kelsens,* who worked from the principles of a unitary, hierarchically-structured legal system model with a fundamental statute from which all other legal axioms can be deduced being paramount to the system of standards. Furthermore, the term "Basic Law" was used to emphasise the temporary nature of the constitution which in 1949 was not self-imposed upon the German people, but by the majority of countries of the three western zones of occupation and which was intended to be in force temporarily until the reunification of Germany.
The unity of Germany was re-established through the accession of the former German Democratic Republic to the Federal Republic of Germany, but the "Grundgesetz" still remained in place. Nowadays, one can grant this name its own tradition. Article 146 of the Basic Law, which limits the validity of the Basic Law until the day on which a constitution freely adopted by the German people takes effect, and which is certainly an imperative in itself to develop and vote on such a constitution, can be regarded as being largely obsolete.
All rules of the Basic Law represent descriptions of constitutional law. However, in terms of content, not all rules are constitutional law. If, for example, Article 48 para. 3 sentence 2 of the Basic Law entitles each member of Parliament to the right to use all publicly-owned means of transport for free, then clearly such a rule is not part of substantive constitutional law. Yet, not all rules that come under the category of the constitutional law are items of the Basic Law, e.g. the entitlement to elect the German Parliament, regulated in the Federal Electoral Law (Bundeswahlgesetz).
The basic constitutional rights are set out mainly in the Basic Law, as well as the law of organization of the state and its organs (Staatsorganisationsrecht) as well as the fundamental principles of State (Staatsrecht).
Any interpretation of the Basic Law is a duty for the Federal Constitutional Court.

I. Basic Rights

Basic rights are primarily negative freedom of a defensive character (Abwehrrechte) in favour of the individual in relation to and against the state. These are the rights without which a violation of the individual rights of human dignity and personal liberty could take place. Only through the Basic Law were basic rights established in

Germany in the current form, i.e. as direct, subjective law with efficient legal enforcement.
The canons of basic rights have evolved in Germany from a longer history of development as part of the European history of law and have, as far as Europe is concerned, found a home for the time being in the Convention of Human Rights. Admittedly, the European Court of Justice also regards itself as the guardian of basic rights as expressed in the Charter of Basic Human Rights of the European Union. With respect to the legal standards of the European Union, the Federal Constitutional Court does not exercise its monopoly on appellate powers in relation to the European Court of Justice provided that [*cf.* "proviso-decisions (solange Entscheidungen)" of the Federal Constitutional Court] the European Court of Justice guarantees an equivalent standard of protection to that of the Basic Law in the way that it is interpreted by the Federal Constitutional Court.
Depending on the way such rights are granted, basic rights can roughly be subdivided into civil liberties, basic liberties of equal opportunities and basic liberties to ensure protection by and from the judiciary; the latter ensure an effective legal protection. Civil liberties provide the individual with free areas of conduct into which the state may not or, if at all, only intrude under the provision of legality. Such protection includes, for example, physical integrity and safety (Article 2 para. 2 of the Basic Law), human dignity (Article 1 para. 1 of the Basic Law), freedom of expression (Article 5 para. 1 sent. 1 of the Basic Law), freedom of religion (Article 4 of the Basic Law), marriage and the family (Article 6 of the Basic Law), choice and practice of occupation and profession (Article 12 of the Basic Law), as well as rights to property (Article 14 of the Basic Law), which does not only protect possessory titles, but is intended to promote the independence of the individual. The use of the term property in the context of the Basic Law thus includes not only freehold property, but also personal property and even legal positions which exceed the term of property under private law, such as entitlements to a pension or intellectual property.
General freedom of action (Article 2, para. 1 of the Basic Law) forms a type of "safety-net" basic right (a so-called "Auffanggrundrecht") which serves to protect various kinds of human behaviour against intrusions by the state, insofar as protection by a more specific granting of basic rights does not cover the matter.
Basic liberties of equal chances guarantee equal treatment of individuals by the organs of state, provided that there are no important reasons that speak in favour of an unequal treatment by way of exception. They are flanked by explicit prohibitions of unequal treatment which more or less rule out any justification. These prohibitions refer to unequal treatment on the grounds of sex, origin, religion, political opinion, etc. (*cf.* Article 3 para. 3 of the Basic Law). With respect to unequal living conditions of men and women, the state is even urged to eliminate existing disadvantages.
The importance of the basic rights is not limited to granting negative liberties in relation to the state. Above all else, such provisions have an objective content which establishes guidelines for any actions of the state and its organs towards its citizens.
The three powers of state are called upon to bring to bear the basic rights to a large extent, which in special cases may result in positive rights of participation, rights to benefits and rights to protection for the individual.
Above all, basic liberties that ensure protection by and from the judiciary grant an effective system of legal protection by the courts (Article 19, para. 4 of the Basic

Law). Furthermore, the jurisdiction of the due court (Article 101 of the Basic Law) is guaranteed to ensure that a person seeking justice will know that any case will be considered by judges duly appointed beforehand, as opposed to a judge appointed arbitrarily. Furthermore, any person seeking justice is entitled to due process or a *hearing in accordance with law in court* with a guaranteed adequate possibility to submit a case. Finally, no punishment without previously effective law may be imposed (*nulla poena sine lege*) and there is a ban on multiple punishment (*ne bis in idem*); *cf*. Art. 103 of the Basic Law.

II. Law of Organization of the State and its Organs

The law of organization of the state and its organs regulates the rights of the governmental bodies, their relation to one another and the fundamental structural principles of state.

1. Bundestag (German Parliament)

The Bundestag is the Parliament of Germany. It is the legislative power (Legislative). There are at least 598 members of parliament belonging to the Bundestag and elected in general, direct, free, equal, and secret elections (Article 38, para. 1 of the Basic Law). Details are regulated by the Federal Electoral Law (Bundeswahlgesetz). In Germany a suffrage of personal proportional representation is effective, in contrast to Great Britain where a relative majority suffrage for the *House of Commons* is common [in Great Britain, the one obtaining a majority (relatively), is elected]. In Germany each voter has a first and second vote. The first vote decides upon the candidate in the constituency: the one who obtained (relative terms) most of the votes is elected. The first vote brings to bear the personal element of the electoral system. But only one half of the seats of the German Bundestag is distributed in this way. The other half of the seats is distributed according to principles of proportional representation in proportion to the quota of second votes obtained by those parties which were able to obtain more than five per cent of all votes.
As directly-elected candidates are taken into account for the number of seats to be allocated in accordance with the principle of apportionment, which a party is entitled to receive, the allocation of seats in the German Bundestag corresponds to a large extent to the proportion of the second votes assigned to a political party, but retains direct representation of constituencies even if parties do not obtain the required number of seats (so-called “overhang seats”).
Parties play an important role within German parliamentary democracy. The electoral system gives them privileges so that only political parties can participate in the election to the German Bundestag if there is a prospect of success. Furthermore, the state, on the one hand, sponsors parties with considerable funds. On the other hand, it increasingly controls their finances in a rigid way. Parties that are hostile to the constitution can be forbidden. The competence for deciding issues of any prohibition lies with the Federal Constitutional Court upon a motion by the German Bundestag, the German Bundesrat (Federal Council) or the German government. Although the German Bundestag is the legislative organ, legislation is only assigned to the Bundestag in certain areas. Germany is constituted as a federal republic. Therefore, the federal states participate not only in a chamber of parliament representing the states (Länderkammer) through the Bundesrat (see below), but also are

involved in certain matters of legislation such as the right to defend against dangers, the local government law and the law concerning higher education which are the exclusive responsibility of the federal states. Time after time this leads to not insignificant delays in the implementation of European Union Law if, and as far as, federal state competence is affected.
The Bundestag elects the German government which is answerable to the Bundestag. An electoral term lasts four years.

2. Bundeskanzler (Federal Chancellor)

The Federal Government consists of the Federal Chancellor and the Federal Ministers (Article 62 of the Basic Law). The Federal Chancellor is elected and proposed by the Federal President by the Bundestag. The Chancellor determines general policy (Article 65, sentence 1 GG), selects the Federal Ministers and proposes them to the Federal President for appointment. The Federal Chancellor is responsible for conducting proceedings in the Cabinet.
The political power of the Federal Chancellor is only described inadequately with these few salient points. In the case the Chancellor commands a solid majority of members of the German Bundestag within the Bundestag, the Chancellor can enforce his or her political views to a large extent as far as such will be held by a majority of the Chancellor's party or any possible governmental coalition.

3. Bundesrat (Federal Council)

In the Bundesrat, the federal states participate in the legislation and administration of the federation (Article 50 of the Basic Law). The Bundesrat as a federative body has its origins in the Holy Roman Empire of the German Nation, where the prince electors, lords of the most important states, (and later also church officials), elected the German emperor. Nevertheless, the tradition for the present form originates from the constitution of St. Paul's Church (1848 in Frankfurt) and the Reich's Council of the Weimar Republic constitution of the German Reich (1919). All sixteen federal states are represented in the Bundesrat. Each federal state dispatches at least three, and at the most six representatives, depending on population.
As the influence of the Bundesrat upon the legislation is not insignificant, it is not very pleasant for the government, or the parliamentary majority, if the political apportionment of power within the Bundesrat does not correspond to that within the Bundestag. At the very least this leads to delays in passing legislation. In a case carried to the extreme, a Bundesrat voting with a two-third-majority can obstruct legislation to a large extent.

4. Bundespräsident (Federal President)

The Federal President is the Head of State. He is elected by the Federal Convention for a period of five years (Article 54 of the Basic Law). The Federal Convention consists of members of the Bundestag and a corresponding number of persons elected by the Federal State Parliament (Land Parliament) according to the principles of proportional representation, i.e. in proportion to the strength of each parliamentary group in the Federal State Parliament (State Parliament).
The Federal President represents the Federal Republic of Germany in terms of international law (Article 59 of the Basic Law). His or her internal duties consist mainly

of representative duties. In addition the President appoints and dismisses the Federal Ministers and other federal office-holders (Article 60, para. 1, Article 64, para. 1 of the Basic Law), signs law (Article 82 para. 1 of the Basic Law), dissolves the Bundestag on the advice of the Federal Chancellor (Article 68 para. 1 sent. 1 of the Basic Law) and has the power to pardon (Article 60, para. 2 of the Basic Law), to name but some of the most important rights.
In this way, the position of the Federal President is equipped with considerably less competence than those of the President of the Reich of the Weimar Republic. The strong and powerful position of the President of the Weimar Reich was one cause of the failure of the Weimar constitution and made possible the seizure of power by the National Socialist regime.
This structural weakness of the constitution of the Reich, from a historical perspective, is one reason why nowadays the Federal President is not elected directly under the Basic Law. A strong position for a Federal President with direct democratic legitimation was avoided through the establishment of the Basic Law.

5. Bundesverfassungsgericht (Federal Constitutional Court)

The Federal Constitutional Court is also constitutional body. This highest court of Germany decides exclusively upon constitutionality and therefore upon validity of laws. Moreover, it is competent in disputes between constitutional bodies (Article 100 of the Basic Law, Article 93 of the Basic Law) and can be directly called upon by a citizen if individual basic rights are infringed. Commencement of a constitutional complaint by a citizen generally requires that the citizen has appealed to the competent courts of justice without success beforehand.
The Federal Constitutional Court is not the final appellate court of Germany (no superinstance of appeal) with these specific competences, but quite to the contrary, is competent for constitutional issues only ("guardian of the constitution"). As a determining interpreter of the constitution it practically determines itself the meaning of the constitution, at least within the boundaries of the standards of constitutional legislators and subject to a concrete case before the court. The result is not unproblematical with respect to the principle of the separation of powers, but cannot be avoided.

III. Rule of Law

The Federal Republic of Germany is a state governed by the rule of law. This derives indirectly from Article 28 para. 1 sent. 1 of the Basic Law, but is also a consensual principle of constitutional law. Exercise of state authority is led and simultaneously bound by justice and law.
Central derivations from the rule of law can be found in Article 1 para. 3 of the Basic Law in binding the three powers of state to the basic rights, in the principle of separation of powers which has found its expression in Article 20 para. 2 sent. 2 of the Basic Law and in binding justice and law (Article 20 para. 3 of the Basic Law). This twofold concept of justice and law is a rejection of positivism of the Weimar Republic, but without any precise definition of how and by which legitimation justice can find itself in contradiction to law. However, it is possible to at least understand this wording as a command to scrutinize effective law substantively with respect to compliance with superior law.

Those principles vested within basic liberties that ensure protection by and from the judiciary also fall under the rule of law (see above).

IV. Principle of Social Justice and the Welfare State

The principle of social justice and the welfare state is based upon Articles 20 para. 1, 28 para. 1 sent. 1 of the Basic Law.
It binds the three powers of state. Above all, the legislator is obliged to provide a subsistence minimum by statute (public welfare), but also certain social security (social insurance, and also the promotion of education, etc.) and, in more general terms, the legislator is obliged to secure and promote those who are socially disadvantaged. The protective rules under labour and landlord and tenant law are also an expression of this principle. The administration has to consider social aspects in the process of application of law and the principle of social justice and the welfare state has to be considered by the judiciary when interpreting law.

Literature

ALPMANN SCHMIDT-Skript, Staatsorganisationsrecht, 12th Ed. 2008
ALPMANN SCHMIDT-Skript, Grundrechte, 13th Ed. 2008

B. Private Law

I. Civil Law

Civil law on the model of Roman-legal *ius civile* also known as "Zivilrecht" (*cf.* English *civil law*), was to a large extent originally identical with private law (*cf.* private law). In the course of time it has developed into an independent section of private law. Its rules are to be found to a great extent in the German Civil Code (Bürgerliches Gesetzbuch, BGB). Since coming into effect on 1 January 1900 to the present day not much has changed notwithstanding the numerous amendments. In spite of all amendments and reforms which the German Civil Code has experienced this major codification has not turned into a populist code of law as, for instance, the French *Code Civil* of 1804 which was influenced by Napoleon's basic style of language. The language of the German Civil Code has at all times been brittle, and more complicated than comprehensible or explicit, academically driven and, for this reason, it can be used only with difficulty by lay people. The German Civil Code, with its often complicated interlocking sentences as well as its abstract and generalized concepts, is not a statute for the common citizen whose rights it regulates, but rather one made by legal professionals for legal professionals. Any understanding of this legal code still respected for its distinct systematic and conceptual precision becomes easier if one takes into account the spirit of the age in which it was developed.

1. Historical Development of the German Civil Code

German civil law is, in contrast to English *common law*, not a law which has developed from within itself. Prior to the effective date of the German Civil Code within the German area, there was a prevailing strong fragmentation of law and, as a consequence, a desire for the development of a unitary legal code within the area of private law arose. Until the foundation of the German Reich in 1871, the individual German states (Prussia, Bavaria, Saxony, Wuerttemberg, Baden, Mecklenburg, etc.) exercised the right of legislation and jurisdiction independently. The precursor of these individual land laws, these particular laws as they are also known, was the so-called "common law" (Latin: *ius commune*).

This law was called "common" because it was applicable to all German states in entity, serving as a common ground for laws. It was only to a small part of German origin and was fundamentally based upon adopted (received) foreign law, especially upon concepts of Roman law. Within this context, one often, in strongly simplified terms, speaks of the reception (adoption) of Roman law, which reached its culmination during the 15th century. This common law, which was based upon customary law, was also in force in the individual German states after the creation of the so-called "special laws", but in relation to these rights it was only applicable upon second degree, which means "common law" was only applied as far as no single state rule of the specific particular law existed (= principle of subsidiarity). The rule that "land law overrides common law" was applied. Land law was already codified for some specific states as statute law at that time. These were in particular: for *Bavaria* the "Codex Maximilianaeus Bavaricus Civilis" (1756), for *Prussia* the "Prussian General Code" (Allgemeines Landrecht for the Prussian States, abbreviated ALR) (1794), for *Saxon*y "Civil Code for the Saxonian Kingdom" (Bürgerliches Gesetzbuch for the Königreich Sachsen) (1836), for the *territories on the left bank of the Rhine* the *Code Civil* (1804) and the *Land Law of Baden* (Badisches Landrecht) (1809) which was in force in *Baden* and was mainly based upon a translation of the *Code Civil*.

Indeed, the fact that France had been in possession of a uniform legal code of private law with its *Code Civil* since 1804 acted as a trigger for the creation of a uniform German legal code within the area of civil law; the general opinion was that whatever the French nation had achieved the German nation also should be able to achieve. The intention behind the creation of the German Civil Code was not to produce something totally new with regard to content, but to simplify and unify already existing, and in part different codified private law from the various regions of the country. With respect to individual sections, this had already been achieved at an earlier stage, as for example by the creation of the "German Exchange Regulations" (the Allgemeine Deutsche Wechselordnung) of 1848 and the "General German Commercial Code" (the Allgemeine Deutsche Handelsgesetzbuch) of 1861 which was replaced by the Commercial Code (Handelsgesetzbuch) which – with modifications made in the meantime – is still effective today.

The necessity for creating a unitary civil code was indicated for the first time by the Heidelbergian legal scholar *Thibaut* (who was, inspite of his French name, a German) when he published his essay "On the Necessity of a General Civil Code for Germany". However, he had not been able to prevail with his endeavours because, along with others, the Marburgian professor of law *von Savigny* (also a German and Prussian High Chancellor of Justice from 1842 until 1848) held the view that the right time for such a legal code had not yet come.

Only after the foundation of the German Reich in the year of 1871 it was possible to realize intentions for a wide scale codification of existing laws from various places. Work towards a unitary civil code was taken up more intensively and was led by so-called "commissions" which in the beginning consisted mainly of academics as well as high judges and high-ranking civil servants of ministerial level.

After the competence of the German Reich to regulate the entire civil law was established in 1873 on the initiative of the members of Parliament *Lasker* and *Miquel* (*"Lex Lasker"*), in 1874 the *first commission* was appointed which took up its actual work in 1881 with the main consultations. It was composed of eleven jurists from eleven of the largest single states and as a result of its consultations presented the first draft in 1888 together with a detailed explanatory preamble to the draft, the so-called "motives". The leading figure in this commission was the Leipzig professor of law Bernhard *Windscheid* (1871 – 1892), who was at times also called "father of the German Civil Code". He was an advocate of the so-called theory of Pandectists, who in the 19th century dealt with converting the "common law" (see above) into a concise system of private law by which one reverted to the Pandects and Digests (compilations of Roman law). In doing so, one tried to systematically derive by logical conclusions abstract and generalized rules and legal principles and, thereby, establish such as elements of civil law.

The first draft was met with heavy criticism amongst which, along with *Menger* ["The German Civil Code and the Unpropertied Classes" ("Das Bürgerliche Gesetzbuch und die besitzlosen Volksklassen", 1890)], particularly the Berlin legal scholar *von Gierke* ["The Draft of a German Civil Code and German Law" ("Der Entwurf eines BGB und das deutsche Recht")] was prominent. To *von Gierke* this draft was orientated too much towards Roman law.

In his view, it was because of this that the German Civil Code was not German enough, too remote from the people and remote from everyday life, "over-romanized" and also too formalistic. In his opinion it took into consideration far too little the social imperatives of the times ("Our Private Law needs to be percolated by a drop of social oil"...).

This criticism led to a revision by a *second commission* to which, apart from jurists, also economic representatives belonged and which sat from 1890 until 1895. The *second draft* composed by this commission was formulated more clearly to an appreciable extent and granted more protection to the financially disadvantaged.

The *second draft* was furnished with just a few alterations by the Reichstag in 1896, was passed together with a *memorial* of the Office of Justice of the Reich (Reichstagsvorlage, also: *third draft*) and later published together with an explanatory preamble, the so-called *Protokolle*, after promulgation by the Emperor Wilhelm II on 18 August 1896 in the Law Gazette of the Reich (Reichsgesetzblatt).

On 1 January 1900 the German Civil Code, with some additional acts (Nebengesetze) (e.g. Land Registry Act, Grundbuchordnung – GBO) and the German Commercial Code (see below II, 1 a) took effect.

2. Further Development of the "Common" Law

While English law (*cf.* Introduction to the English Legal System in this dictionary) is primarily case law or judge-made law in which codified law (statutes) are only of secondary importance, it is the reverse on the European continent, especially in Germany.

German law is primarily statute law and, therefore, binding. The German Civil Code being *the* great unitary codification within German Private law by all means, ob-

viously contained unavoidable gaps within the law because of sweeping developments in the economy, technology and culture as well as social competence.
In German Law, Jurisprudence (law books, commentaries and other legal literature are of exceptionally higher significance than books of authority within English law) and the judicature tried to close these gaps by way of interpretation and analogy, whereby methods and their results only seemed to differ from those of English law. Traditionally, one has to differ between literal (grammatical), historical, contextual and teleological interpretation of statutes as well as the analogous application of legal principles.
By way of literal interpretation, the statutory language is thoroughly scrutinized in order to ascertain the meaning of a seemingly erroneous rule ["humorous" example: § 919 para. 1 "if a boundary mark is *"verrückt"* or has become *indiscernible*", then this cannot mean that the boundary mark has "*gone* insane" but that it has been "verrückt" (= shifted)]. The historical interpretation goes back to the explanatory preamble to the draft (with regards to the Civil Code "motives, records").
The contextual interpretation explains the meaning of a legal rule by its position within the systematic context of the law/of the code by scrutinizing the content of directly preceding or following legal provisions (if, for example, according to § 133 of the Civil Code with regard to interpreting declarations of intent "the *true* intention shall be sought" this can only mean, from the viewpoint of the recipient of a declaration, the *objectively* understood intention of the declaree, but not his subjective conception because otherwise § 119 of the Civil Code which shortly before permits rescission of legally binding declarations of intent on account of *subjective* mistake would not be necessary). The teleological interpretation tries to ascertain meaning and intention of a legal provision. Thus, it is the most difficult method of interpretation.
By way of analogous application of laws or analogy to one provision, an article of a statute is applied accordingly to a factual situation which is not regulated by statute (e.g. § 12 of the Civil Code directly is only applicable to "natural" persons, and applicable mutatis mutandis also to "corporate bodies"), by way of application of analogous law the legal idea that is deduced from various articles of a statute is applicable mutatis mutandis to a factual situation that is not covered by law [e.g. §§ 122 para. 1 and 179 para. 1 of the German Civil Code provide for statutory damages to the placing its trust in vain in the validity of a contract; this idea – simplified: compensation for unsatisfied reliance – was applied mutatis mutandis for a long time to the statutory non-regulated "fault before conclusion of contract" (Latin: *culpa in contrahendo – c.i.c.*]: if someone culpably inflicted damage during negotiation of a contract upon another person, this person was liable for *c.i.c.* according to §§ 122 para. 1, 179 para. 1 of the Civil Code by way of analogy. Since the amendments to the law of obligations (*Schuldrechtsreform*) effective on 1 January 2002 – see below – *c.i.c.* is directly regulated in § 311 para. 2 of the Civil Code.
Interpretation and analogy have provided and still provide the judge with the possibility of closing gaps within the law and shaping development of law. Nevertheless, judge-made law in German law is, in contrast to English law, not of binding character.
In this respect the German Judiciary can "only" be paving the way for the legislative. Within German civil law, this has essentially contributed to the German Civil

Code having experienced numerous alterations of law, at first mainly by only editorial or marginal amendments. There have indeed been fundamental and drastic amendments within sub-sections of the German Civil Law. These will be referred to partially in the presentation of these sub-sections (below) in some more detail. Especially worth mentioning in advance and at this stage are: the amendments to family law (see below "Family Law") the effects of which altogether are certainly even more elementary than those of the drastic *amendments to the law of obligations* by the *Act on the Modernisation of the Law of Obligations* (*Schuldrechtsmodernisierungsgesetz*) which became effective on 1 January 2002. This was preceded by the amending law on tenant and landlord law of 9 June 2001 and was followed by the *Act on Amendment of the Law of Compensation* (*Schadensersatzrechtsänderungsgesetz*) the effective date of which was on 1 August 2002.
The German Civil Code and its supplementary codes are effective for the whole of Germany since the German reunion on 3 October 1990 (the so-called "accession" of the Federal Democratic Republic of Germany to the Basic Law).
The Civil Code of the Federal Democratic Republic of Germany ("Zivilgesetzbuch", ZGB) is applied only to so-called "preliminary cases".

3. Structure and Content of the German Civil Code

Within German private law, it is not the Holy Bible that is the "Book of books", but the German Civil Code. The wording of jurists permits associations in this direction: when you open up this *code* of law and take a look at the table of contents, you will see that this book is divided into five "books". This has remained unchanged also after the amendments to the law of obligations of 1 January 2002. Having been the First Book to the Fifth Book for over one hundred years, it has been "Book 1 to Book 5" ever since. These "books" are subdivided into sections, titles, sub-titles, chapters, sub-chapters and finally into articles (with paragraphs, sentences and clauses).
As a reader who is not versed in law or just a lay person in legal matters, one finds oneself in difficulties. Once used to this and to the old-fashioned jurist language, one does indeed discover that the structure of the German Civil Code is pronouncedly sensible and felicitous: what is of "general" interest and is applicable to "everybody" is placed at the beginning. What is "particular" and only interesting to those concerned specially, appears after that and follows the Roman principle of law *lex specialis derogat legi generali* (particular law precedes general law). According to this system the German Civil Code is divided into five books: Book 1 General Part, Book 2 Law of Obligations (within legal use of language abbreviated and called "Obligation Law"), Book 3 Law of Property, Book 4 Family Law and Book 5 Law of Succession.
"Book 1 General Part" contains some generally applicable rules that are also applicable to all of the following four books. "Book 2 Law of Obligations" consists of eight sections of which sections 1–7 again contain generally applicable rules for all of the "Particular Obligations" that are detailed in Section 8.
The general, so to speak, is factored out (placed outside the brackets) (so-called "factorising-method"). This can be graphically simplified and presented as follows:

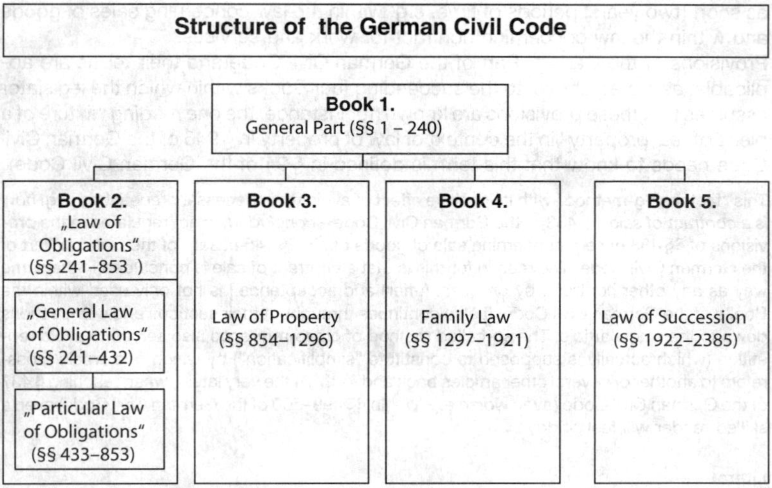

Literature

ALPMANN Brockhaus, Fachlexikon Recht, 2nd Ed. 2005
Medicus, Bürgerliches Recht, 21st Ed. 2007
Palandt, Bürgerliches Gesetzbuch, Kommentar, 68th Ed. 2009
Wörlen/Metzler-Müller, Zivilrecht – 1000 Fragen und Antworten: Bürgerliches Recht, Handelsrecht, Arbeitsrecht, 6th Ed. 2007

The German Civil Code with its five books accompanies a person as a citizen from the day he is born up until the day that he dies:

a) General Part

According to § 1 of the Civil Code the legal capacity of a human being as a natural person, i.e. the ability to be a bearer of rights and duties begins from birth. Thus, rights and duties of certain persons (e.g. also consumer and business persons) and those of associations (legal persons) are regulated in "Section 1". The succeeding sections deal with and define terms such as objects and animals, legal transactions (especially with a capacity to contract), periods of time, time limits, prescription of claims (with the statutory definition of the term *claim* according to German civil law in § 194 of the German Civil Code), exercise of rights (especially self-defence, state of emergency and defence of property) as well as provisions of security.
The so-called Act on the Modernisation of the Law of Obligations (*Schuldrechtsmodernisierungsgesetz*) from 9 May 2001 which rounded off the great reform of the law of obligations (see above) after coming into force on 1 January 2002, has, in contrast to its name, brought along fundamental amendments not only to the law of obligations but also to the General Part. "General period of time for prescription" in § 195 of the German Civil Code was drastically reduced from thirty years to three years, but for special claims, especially for claims according to law of property, there are longer periods of time for prescription up to a limit of thirty years as well

as short (two years) periods of time, e.g. within the law concerning sales of goods and within the law concerning contract for work and services.
Provisions of the General Part of the German Civil Code and their terms are applicable, as stated above, to the succeeding four Books within which the legislator assumes that these provisions are known (for instance, the one reading "fixture of a piece of real property" in the context of law of property in § 946 of the German Civil Code needs to know that this term is defined in § 94 of the German Civil Code).

This "factorising-method" with its positive effect of avoiding unnecessary repetitions [e.g. *how is a contract of sale* – § 433 of the German Civil Code – *concluded*, is not regulated in the provisions of §§ 433 *et seq.* concerning sale of goods but in §§ 145 *et seq.* of the General Part of the German Civil Code. The reason for this is that a contract of sale is concluded in the same way as any other contract: by proposal (offer) and acceptance.] is not only used within the Books of the German Civil Code. It also continues throughout their sections and sub-sections down to the single article. The so-called method of cross-reference also serves to avoid repetition (which actually is supposed to constitute "simplification") by which one article cross-refers to another or several other articles back and forth. At the very latest, when reaching § 437 of the German Civil Code (even worse e.g. within §§ 499–500 of the German Civil Code) even a skilled reader will feel "giddy".

Literature

ALPMANN SCHMIDT-Skript, BGB AT 1, 16th Ed. 2009
ALPMANN SCHMIDT-Skript, BGB AT 2, 15th Ed. 2007
Brox/Walker, Allgemeiner Teil des Bürgerlichen Gesetzbuches, 32nd Ed. 2008
Wörlen, BGB AT – Einführung in das Recht und Allgemeiner Teil des BGB, 10th Ed. 2008

b) Law of Obligations

Law of obligations organizes relations under private law between two or more persons. Accompanied by trade law, it serves for further regulation of legal relations concerning traffic of goods and commercial traffic of goods, balancing of unjust shifting of property as well as compensation for damage to persons and goods. All matters which in English law are covered to a large extent by *law of contract* and *law of tort*.

aa) General Law of Obligations

The subject-matter of the general law of obligations is notably the further determination of formation (establishment) of obligations, arrangement of subject-matter and winding-up of obligations (especially in the case of *interference with performance* of an obligation, such as *delay* and *impossibility* of performance), as well as extinction (termination) of obligations.
A definition of "obligation" cannot be found in the German Civil Code, but can be deduced from § 241 of the German Civil Code: by obligations, one means a legal relation where two parties face each other in such a manner that they are entitled (*obligee*) or obliged (*obliger*) to performance to one another.

At the centre of the general law of obligations is the so-called *law concerning interference with performance of an obligation* (*Leistungsstörungsrecht*) which gives information about which legal consequences follow (e.g. compensation for damages or recission of contract) if performance becomes impossible for the obliger, if he or she (or the obligee, i.e. accordingly in delay in accepting performance) finds himself or herself in delay, if he or she performs insufficiently or with fault or if the orderly wind-up of obligation is disturbed otherwise. The radical amendments to the law concerning interference with performance form the central point of the amendments to the law of obligations effective on 1 January 2002. By these amendments, some gaps within the law which contained, for instance, prerequisites that were unregulated before, such as *c.i.c.*, were closed by way of analogy. In approximation to the civil law of other European legal systems, *breach of duty* (compare § 280 of the German Civil Code) was included as a basic statutory prerequisite concerning liability for all interferences with performance under which, in English law, not only falls *breach of contract* but also *tort*.

bb) Particular Law of Obligations

Within the particular law of obligations of the German Civil Code, particular obligations are regulated. The obligations in question are to a large extent *contractual obligations* or *contracts*.

The *principle of freedom of contract* which is deduced from § 311 (1) of the German Civil Code on the one hand provides the parties with *freedom of conclusion of contract*, that means every citizen decides for himself or herself if and with whom he concludes a contract. On the other hand, the parties have *freedom of arrangement*, which means that they are in principle not bound by the types of contract that are regulated within the particular law of obligations, but they can combine elements of different contracts or reach agreements not regulated by statute (law of obligations is to a large extent law that is subject to the disposition of the parties). In doing so, they are restricted by limits set forth by § 134 of the German Civil Code ("statutory prohibition") in combination with other provisions (e.g. § 276 para. 3 of the German Civil Code according to which the obliger may not be released from liability for wilful conduct) and by § 138 of the German Civil Code (immoral transaction, usury).

The types of contract of the particular law of obligations accompany the citizen through many phases of life: the citizen buys food and other articles (*contract of sale*, §§ 433 *et seq.* of the German Civil Code), swaps stamps (*exchange* § 480 of the German Civil Code), takes out a loan (*loan agreement*, §§ 488 *et seq.* of the German Civil Code), makes a present of flowers (*gift*, §§ 516 *et seq.* of the German Civil Code), borrows a book (*gratuitous hire contract*, §§ 598 *et seq.* of the German Civil Code), enters into an employment relationship (*contract of service*, §§ 611 *et seq.* of the German Civil Code), builds a house and takes his or her car to be repaired (*contract for work or services* §§ 631 *et seq.* of the German Civil Code), takes over a *guarantee* (§§ 765 *et seq.* of the German Civil Code) or reaches a *settlement* (§ 779 of the German Civil Code).

In addition to these and other contractual obligations of which especially contract of sale and contract of work and services were affected by the reform within the field of law concerning liability of the obliger for faults or deficiencies, there are also a few so-called *statutory obligations* concerning law of obligations. Amongst these one has to point out *unjustified enrichment* (§§ 812 *et seq.* of the German Civil Code) and *torts/delicts* (§§ 823 *et seq.* of the German Civil Code). One does not become a party to statutory obligations through a declaration of intent wilfully directed towards them, but only by fulfilling the statutory prerequisites by one's conduct to which the legislator has linked certain legal consequences. Someone who, for instance, culpably damages property belonging to another person, becomes a party to statutory obligations concerning tort and is, whether he or she "wishes" to or not, liable for damages according to § 823 (1) of the German Civil Code.

Literature

ALPMANN SCHMIDT-Skript, Schuldrecht AT 1, 17th Ed. 2008
ALPMANN SCHMIDT-Skript, Schuldrecht AT 2, 17th Ed. 2007
ALPMANN SCHMIDT-Skript, Schuldrecht BT 1 (Kaufrecht, Werkvertragsrecht), 15th Ed. 2009
ALPMANN SCHMIDT-Skript, Schuldrecht BT 2 (Besondere Vertragsarten), 15th Ed. 2008
ALPMANN SCHMIDT-Skript, Schuldrecht BT 3 (Auftrag, GoA, Bereicherungsrecht), 15th Ed. 2008
ALPMANN SCHMIDT-Skript, Schuldrecht BT 4 (Unerlaubte Handlungen, Allgemeines Schadensrecht), 16th Ed. 2007
Wörlen, Schuldrecht AT, 9th Ed. 2008
Wörlen, Schuldrecht BT, 9th Ed. 2008

c) Law of Property

In "Book 3" of the German Civil Code *property* and *possession* are especially regulated as well as other rights to *things*. As the term 'thing' does not only occur in provisions of law of property but also, for instance, in the law of obligations (just compare § 433), it is already defined in the General Part (in § 90 of the German Civil Code: "only corporeal objects are things in the legal sense").

Law of property on the one hand takes into account the functional difference between real property and moveable goods, on the other hand in law of property as many rules as possible that share a common base "are factored out of the bracket". Also, within law of property the legislator continued to use these structure-systematics, which he followed with regard to the General Part in relation to the succeeding four Books of the German Civil Code respectively with respect to the general part of the law of obligations relative to the particular part of the law of obligations. "Factored out" are rules of possession, general provisions on rights and titles to real property, provisions on substance or content and types of property as well as provisions on claims deriving from property. The types of special rights under the law of property, such as acquisition, transfer and discharge of property and of property interests limited to its holder are subject to a separate regulation.

Property which is guaranteed by Article 14 of the Basic Law (compare above Constitutional Law) is called all-embracing "*legal* authority" over a thing by legal theory. Things can be either *movable things* (movables) or *immovable things* (immovables, real property). This distinction has special significance for transfer of property. Moveable things get a new owner (according to § 929 sent. 1 of the German Civil Code) by agreement on transfer of possession and delivery. In conveyance of real property, entry in the *land register* takes the place of delivery.
In contrast to other legal systems, the German Civil Code is ruled by the principle of separation or the principle of abstraction, in that way that the obligational legal transaction (under the law of obligations) (e.g. contract of sale according to § 433 of the German Civil Code) is strictly separated from the transaction of disposition (under law of property) and the validity of the one legal transaction is left out of consideration with respect to the validity of the other. The German Civil Code abstracts the validity of these transactions. By the valid contract of sale of a move-

able thing, the seller (according to § 433 para. 1 sent. 1 of the German Civil Code) is obliged to deliver the thing to the buyer and to transfer ownership of the thing. The seller, therefore, still needs to do this! "Through contract of sale" the buyer has not yet become the owner.
In order to perform his *obligations* deriving from § 433 (1) sent. 1 of the German Civil Code the seller (alienator) has to conclude another transaction with the buyer (acquirer), namely, a contract under law of property (a contract in rem) according to § 929 sent. 1 of the German Civil Code ("agreement" requires two corresponding declarations of intent) and at the same time deliver the thing to the buyer. Not until this disposition does the buyer acquire ownership of the thing! This separation of obligational transaction and transaction of disposition can, for instance, lead to the consequence that the contract of sale, after rescission on the grounds of mistake according to § 119 of the German Civil Code, is, according to § 142 (1) of the German Civil Code, regarded as void "from the beginning", thus with retroactive effect (Latin: *ex tunc*), while the transfer of ownership which has to be judged separately (§ 929 sent. 1 of the German Civil Code) remains valid. The alienator of the thing has lost his property and therefore cannot enforce his claim for surrender deriving from § 985 of the German Civil Code. However, by way of statutory obligations generated by "unjust enrichment" (see above), he can demand ownership of the thing from the acquirer according to § 812 (1) sent. 1 of the German Civil Code because the latter has acquired the "thing without legal cause" (= without a valid, since void – see above – contract of sale).

The principle of separation and the principle of abstraction is unfamiliar to English law – in the same way as to French and Italian law: while Article 1583 of the *Code Civil* lays down that a valid contract of sale independent of delivery leads to immediate acquisition of property (similar to Article 1376 of the Italian *Codice Civile*), the English Act on the Sale of Goods (*Sale of Goods Act 1893 respectively 1979*) does not refer exactly to contract of sale, but it refers to transfer of property for valuable consideration. If, as a matter of exception, ownership is not supposed to be transferred to the buyer, a special agreement (*agreement to sell*) needs to be reached.

Alongside property and possession as *absolute* rights (that means that they have effect against everybody), the law of property also knows rights that are so-called *property interests limited to their holder*.
These rights, for instance *right of pledge on movable things* (§§ 1204 *et seq.* of the German Civil Code), *mortgage* (§§ 1113 *et seq.* of the German Civil Code) or *land charge* (§§ 1191 *et seq.* of the German Civil Code) are *limited* in two respects: as soon as the owner, e.g. as obliger of a loan, has delivered a thing to the obligee for the purpose of security (compare §§ 1204, 1205 of the German Civil Code), he can no longer dispose of the thing unrestrictedly. The obligee too, is restricted in his power of disposition because he cannot dispose of the thing as long as the obliger orderly fulfils his obligations of payment generated by the loan. With respect to these rights, which contain property interest limited to its holder, the law of property forms the centre of *law concerning collateral security*.
In contrast to law of obligations, no freedom of arrangement exists within law of property, but its provisions are *binding law*, that means that the parties involved may not alter the rights and the contracts in rem regulated within the law of property (so-called *coercion to types* respectively *numerus clausus* of *rights of property*).

Literature

ALPMANN SCHMIDT-Skript, Sachenrecht 1 (Mobiliarsachenrecht), 16th Ed. 2009
ALPMANN SCHMIDT-Skript, Sachenrecht 2 (Immobiliarsachenrecht), 14th Ed. 2008
ALPMANN SCHMIDT-Skript, Sachenrecht 3 (Allgemeine Lehren), 15th Ed. 2009
Baur/Stürner, Lehrbuch des Sachenrechts, 18th Ed. 2009
Wörlen, Sachenrecht, 7th Ed. 2007

d) Family Law

Family law covers the entirety of rules that regulate legal relations between family members and their relation to third parties.
In addition to this, marriage and the family in Article 6 para. 1 of the Basic Law are under the special protection of the system of state due to their great sociological importance. "Book 4" of the German Civil Code comprises three big sections. Marriage law (§§ 1297–1588 of the German Civil Code), *law of relationship* (§§ 1598–1772 of the German Civil Code) and *law of guardianship* (§§ 1773–1895 of the German Civil Code) as well as *care and control* (§§ 1896–1908 k) and *law of curatorship* (§§ 1909–1921).

Since the effective date of the German Civil Code on 1 January1990, family law has been reformed profoundly in nearly all of its sections and several times to an extent not comparable to changes made to any other section of this Code. As the description of all acts of amendments and reforms concerning family law would go beyond the scope of this short introduction, only a few of these can be brought specially to prominence.
From more recent times, one first has to mention the *Sex Equality Act (Gleichberechtigungsgesetz)* from 18 July 1957. It rang in a turn-away from the so-called *patriarchate* (of the husband), which had existed to that day, by according equal status to the wife in matters concerning marriage (§§ 1353 *et seq.* of the German Civil Code), by substitution of the so-called *community of property acquired during marriage*, which was administered by the husband, with the *community of accrued gains* as well as by rearrangement concerning maintenance for relatives and concerning parent-child relationship.
Worthy of special reference here is the *Act on the Legal Status of Illegitimate Children* (Gesetz über die rechtliche Stellung der nichtehelichen Kinder, NehlG) from 19 August 1969 which contained a fundamental reform of provisions on illegitimate descent and its consequences, especially concerning maintenance. "Paying-paternity", for instance, was abolished and law concerning the family name, law of succession concerning the illegitimate child, as well as parental authority (now: "parental custody") was changed, the latter of which has since then been awarded to mothers not married to the father.
Majority age was reduced by the *Act on the Revision of Majority Age* from 1 January 1975 from 21 years to 18 years.
The most extensive reform code is the *First Act on the Reform of Marriage- and Family law* (1st EheRG) of 14 June 1976, which, amongst other matters, reformed the matrimonial consortium and the law concerning divorce, whereby the latter brought along a *change leaving behind the principle of fault for the principle of broken marriage*. This led to the *Marriage Act* (Ehegesetz), which has been effective since 1938, only having fragmentary significance for the marriage *ceremony* and to it being abolished by the "Marriage Ceremony Act" ("Eheschließungsgesetz") with

effect from 1 July 1998 and finally being re-integrated into the German Civil Code (§§ 1303–1320 of the German Civil Code).
Another constitutionally necessitated radical reform of the law concerning the bearing of a name had already taken place beforehand by the *Act on the Law of Family Name (Familiennamenrechtsgesetz)* (FamNamRG) which came into force on 1 April 1994. According to this act, in the sense of a rightly aspired total equality of rights, spouses are free to determine the birth name of the wife or husband as their common married and family name, each spouse for him- or herself to keep their former name, or to choose, in any order of their choice, a double-name with a hyphen (compare § 1355 of the German Civil Code).
Many interim reform provisions were amended again by the Act on the Reform of the *Law of Parent and Child (Kindschaftsrecht)* (KindRG) effective from 1 July 1998. By the KindRG, amongst other matters, the differential treatment of legitimate and illegitimate children was abolished and child maintenance was also placed on an equal footing by the *Child Maintenance Act (Kindesunterhaltsgesetz)* (KiUG), also effective from 1 July 1998.
Modernisation of family law reached its next peak in the – disputed – regulation of the extra-marital cohabitation between partners of the same sex by the *Act on Registered Life Partnerships (Lebenspartnerschaftsgesetz – LPartG)*. Through this Act, this kind of relationship is established as "quasimarital". That is why §§ 1–19 LPartG often refer to simultaneous (mutatis mutandis) application of §§ 1297–1588 of the German Civil Code (marriage law).

On 1 September 2009 the law reforming procedures in family matters [*Gesetz zur Reform des Verfahrens in Familiensachen und in den Angelegenheiten der freiwilligen Gerichtsbarkeit* (FGG reform)] came into force. This law removes the shrub sure weaknesses of procedural law. There are currently two sets of procedural rules: the laws of civil procedure and the laws relating to the voluntary jurisdiction. The civil procedural rules regulate matters such as maintenance or compensation from matrimonial assets and the law of voluntary jurisdiction deals with matters such as access and guardianship. The parallel as well as interactive operations of both sets of procedures have repeatedly caused difficulties which are now removed. Both laws are brought together in the FGG reform.

All provisions of family law, like those belonging to law of property are *binding*, this means that there is *no general freedom of contract* as within the law of obligations, but the possibility to choose is strictly limited to those types of contracts that are provided by family law. These contracts cannot be modified: the one who does not wish to be subject to the statutory property régime of *community of accrued gains*, may exercise the "freedom of contract" of §§ 1408 *et seq.* of the German Civil Code and may either agree upon *separation of property* (§ 1414 of the German Civil Code) or upon *community of property* (§§ 1415–1518 of the German Civil Code).
Like law of property and family law, law of succession also covers to a large extent binding law.

Literature

ALPMANN SCHMIDT-Skript, Familienrecht, 16th Ed. 2008
Wörlen, Familienrecht, 1st Ed. 2008

e) Law of Succession
Law of succession, which is covered in Book 5 (§§ 1922–2385) of the German Civil Code (and is guaranteed by Article 14 of the Basic Law) and which was affected by reforms only indirectly, regulates, generally speaking, transmission of rights and duties of the deceased (testator) to other persons and organizes, namely, legal relations and legal consequences with regard to property after the death of a person. German law of succession is ruled by the principles of *universal succession* and by *testamentary freedom.*

Universal succession means that the property (*inheritance*) of a person entirely devolves upon another or several other persons (*heirs*) (compare § 1922 (1) of the German Civil Code). Testamentary freedom is deduced from § 1937 of the German Civil Code which, on principle, allows the testator to designate an heir or heirs departing from *intestate succession* by unilaterally testamentary disposition (*testament, disposition by last will*) or by contract of inheritance (§ 1941 of the German Civil Code). If in default of a disposition by the last will of the testator, intestate succession applies and his property is transferred to the family according to the principle of the statutory right of the family to succession, i.e. to the spouse (respectively to the life partner – § 10 LPartG) and to the nearest relatives, usually, the children (*statutory heirs/descendents*, compare § 1924 of the German Civil Code). Thus, private property of the deceased is passed into private hand by way of private succession, this means that the state (in its *fiscal capacity*) only becomes an heir if neither relatives nor the life partner or spouse of the deceased exist (§ 1936 of the German Civil Code). The "inheritance" (also: *estate*) is directly accrued to one or more heirs without their knowledge or intent/will. An heir designated in such a manner can disclaim the inheritance according to § 1942 of the German Civil Code. Testamentary freedom is limited by the so-called *right to a compulsory portion* (§§ 2303 *et seq.* of the German Civil Code): statutory heirs that are "excluded" from succession by disposition of last will can on principle claim a compulsory portion, the amount of which consists, according to § 2303 para. 1 sent. 2 of the German Civil Code, for each person thus entitled, in half the value of the statutory portion of the deceased's estate.
The principle of universal succession naturally leads to debts (liabilities) of the deceased also being inherited, this means that *an heir is liable for liabilities of the estate* (compare §§ 1967 *et seq.* of the German Civil Code), provided that he did not disclaim the inheritance or the liability in relation to the estate is limited.
The testator can exercise an influence on the execution of his testament (which can also contain *legacies* – § 1939 of the German Civil Code – and *testamentary burdens* – § 1940 of the German Civil Code – next to *appointment of heirs*) by appointment of *testamentary execution* (§§ 2197 *et seq.* of the German Civil Code).

An heir who has to prove his status as an heir, can make a claim to the so-called *probate court* (a division of the Local Court) for the issuing of a *certificate of inheritance* (§§ 2353–2370 *et seq.* of the German Civil Code).
According to § 2371, an heir has the possibility to sell his inheritance. The contract of *purchase of inheritance* (§§ 2371–2385 of the German Civil Code) requires notarial authentication. The German Civil Code finishes with § 2385 of the German Civil Code.

Literature

ALPMANN SCHMIDT-Skript, Erbrecht, 16th Ed. 2008
Wörlen, Erbrecht, 1st Ed. 2009

II. Company and Commercial Law

1. Commercial Law

a) Term and History

German commercial law is commonly called *special private law for business people*.

This arises from the fact that commercial law, even though, on the one hand it sometimes contains rules under public law (as, for instance, §§ 8 *et seq.* of the Commercial Code concerning the commercial register), on the other hand, to a large extent, it constitutes a *part of private law*. On the one hand, it is called *special* private law in order to distinguish it from *general* private law within the German Civil Code. On the other hand it is only applicable to business people. Thus the area of application of German commercial law is orientated towards a *subjective system*, this means, the scope of provisions under commercial law follows the personal capacity (*capacity of being a businessman*) of one of the involved subjects under law. In contrast to this is an *objective system* which, concerning application of provisions under commercial law, is aimed at the characteristics of the individual *legal transaction* which was concluded. This system is, for instance, favoured by the French *Code de Commerce* of 1807 (in Article 1 and Article 633), where the existence of a *acte de commerce* (commercial transaction) is required for the application of commercial law.

German commercial law has arisen from medieval municipal law and was strongly influenced by Italian as well as French commercial law, although the objective system of the *code de commerce* was not adopted. Nowadays, commercial law is regulated in the German Commercial Code (Handelsgesetzbuch, abbreviated HGB) from the day of 10 May 1897 which came into force together with the German Civil Code (see above) on 1 January 1900. In contrast to the totally newly conceived Civil Code which existed then, the Commercial Code already had a predecessor in the "General German Commercial Code" of 1861. Over and above that, *customary law (merchant)* (compare *commercial practices* - § 346 of the Commercial Code) was of special significance to commercial law.

The Commercial Code has, as has the Civil Code, experienced a multitude of amendments, but indeed to a smaller extent and not as fundamental. The most fundamental changes took place by the *Act on the Reform of the Commercial Code* of 22 June 1998 which came into force on 1 July 1998 and – above all – newly defined the legal term of businessman.

b) Relation to the German Civil Code

The legal term of businessman now, as ever, forms the cardinal point of the complete system concerning commercial law. Business people, as they "carry on a commercial business" (compare § 1 of the Commercial Code), engage in many transactions with which the normal citizen, who is covered by the Civil Code, is

never confronted. However, business people *also* engage in transactions that *every* citizen engages in and which are regulated within the Civil Code.
Special provisions are applied within the Commercial Code for business people to these transactions, too. The reason for this is that the legislator presumes that business people are more experienced in legal relations and in commercial intercourse than the average consumer. Therefore, *stricter provisions to their duties of care* are made upon *business people*, as they do not require the protection that an unexperienced participant of legal relations requires. Lacking need for protection they are, nevertheless, granted *facilitations* (depending upon which side of the contract they stand).

The following provisions are to be mentioned as examples: while a *non-businessman* has, on principle, according to § 438 para. 1 No. 3 of the Civil Code, *two years* time as a purchaser to give notice of a defect of the item sold and to assert *claims based on defects respectively on warranty*, a purchaser in his capacity as a *businessman* has to examine the goods *immediately* and has to inform the seller about the discovered defect at once. If the purchaser fails to do this, the goods are regarded as if approved and he is not entitled to any claims based on warranty (§ 377 para. 2 of the Commercial Code). Failure to respond to a declaration of intent directed towards conclusion of contract (offer), in the German Civil Code (compare, for instance, §§ 108 para. 2 sent. 2, 177 para. 2 sent. 2 of the Civil Code), is regarded as refusal of acceptance. According to § 362 para. 1 of the Commercial Code a businessman is obliged to respond immediately to an offer to agency business; if he fails to do this, his silence will be regarded as acceptance. While a guarantee according to § 766 sent. 1 of the Civil Code requires written form, it is informally valid according to § 350 of the Commercial Code with regard to business people. As business people enjoy greater protection of public confidence, they have to acknowledge to their detriment wrong entries in the commercial register (a register that publishes legal relations of all business people of a district of a Local Court). *Provisions of the German Civil Code* are only applied to business people *subsidiarily*, this means that they are only applied in commercial subject-matters as far as nothing else is determined in the Commercial Code or in the "Introductory Law to the Commercial Law" (abbreviated EGHGB) (compare § 2 para. 1 EGHGB).

c) Structure and Content of the Commercial Code

The German Commercial Code, like the German Civil Code, consists of "five books within a book".
Although the Commercial Code does not place a "General Part" before the other parts, as the Civil Code does, it still, to a large extent, also follows the principle of "starting off from the general, going towards the special", which is also reflected within the individual Books.

The First Book about *commerce class* (§§ 1–104 of the Commercial Code) is virtually a "Book of General Provisions" of the Commercial Code which applies to *all* business people. In §§ 1–7 of the Commercial Code the different types of business people are described, with respect to which it remains to mention that the legislator has failed, when the reform to the commercial law in 1998 was made (see above), to adjust the term of businessman to the internationally favoured term of entrepreneur. Thereafter follow provisions on the *commercial register* (§§ 8–16 of the Commercial Code), *commercial firm name* (§§ 17–37a of the Commercial Code) – by which it

becomes clear that the *firm* is not the building in which the employee makes his appearance (" I need to go back to work in the firm" is what one says frequently) in order to carry out one's work (see below Employment Law). The "firm" is rather the *name* under which the businessman transacts his business and gives his signature (compare § 17 of the Commercial Code).
In §§ 48–58 of the Commercial Code *agency under commercial law* is with the special scope of authorities of the clerical employees of a businessman (*Prokurist*, i.e. holder of a special statutory authority sometimes referred to as procuration, *holder of business proxy* and *sales clerk*) regulated *vis-à-vis third parties*. The *internal relationship (under Employment Law)* between the owner of a business and these clerical employees (including apprentices) are regulated by §§ 59–83 of the Commercial Code. They, therefore, affect *non-independent auxiliary persons* of a businessman. *Independent auxiliary persons* of a businessman are *commercial agents* (§§ 84–92 a of the Commercial Code and *commercial brokers* (§§ 93–104 of the Commercial Code).

The Second Book deals with the *commercial partnerships "general commercial partnership"* (Offene Handelsgesellschaft, abbreviated OHG – §§ 105 – 160 of the Commercial Code) and *"limited partnership"* (Kommanditgesellschaft, abbreviated KG – §§ 161–177 a of the Commercial Code) as well as "*silent partnership*" (§§ 230 – 236 of the Commercial Code).
Companies limited by shares (Aktiengesellschaften, abbreviated AG) and *companies limited by shares but having one or more general partners* (Kommanditgesellschaften auf Aktien, abbreviated KGaA) were removed from the Commercial Code and newly regulated in the German Companies Act (compare below company law).

The Third Book which concerns *commercial books* (§§ 238 – 342 e of the Commercial Code) contains the *law concerning balance of trade,* which is based upon the Act on Guidelines for Balance from 1985. Its first section, again, forms a "Book of General Provisions" (§§ 238 – 263 of the Commercial Code) which is applied to all business people who are under the obligation to keep books, while the second (§§ 264–335 of the Commercial Code), the third (§§ 336–339 of the Commercial Code) and the fourth (§§ 340–341 p of the Commercial Code) section contain special, "supplementary" provisions concerning "all companies limited by shares ... as well as certain partnerships", "registered societies" and "businesses of certain branches of trade". The fifth section (§§ 342, 342 a of the Commercial Code) is titled as "private body concerned with the rendering of accounts; advisory board on rendering accounts".

Also within the fourth book concerning *commercial transactions* (§§ 343–475 h of the Commercial Code), the legislator follows the so-called factor-out-of-bracket method by placing *general provisions* (§§ 343–372 of the Commercial Code) at the beginning which are applied to *all commercial transactions (transactions) that businesspeople engage in*. It is here in particular where those provisions appear that provide special regulations for business people compared in relation to the Civil Code. The following five sections refer to individual, *special transactions* by business people, *commercial sale of goods* (§§ 373–382 of the Commercial Code), transactions on a commission basis (§§ 383–406 of the Commercial Code), *carrier business* (§§ 407–452 d of the Commercial Code), *forwarding agency business* (§§ 453–466 of the Commercial Code) and *warehousing* (§§ 467–475 h of the Commercial Code). The regulations of the three above-mentioned transactions have, in the meantime, developed as a *law of transport* into their own legal section of commercial law.

The fifth book (§§ 476–904) of the Commercial Code is titled as *maritime trade*. Maritime trade law, the provisions of which are not printed in most of the consolidated statutes because of their very particular significance, essentially contains regulations of shipowner- and shipping-business, carrier business concerning shipping, charter, contract on passage by sea, jetsam, salvage and giving help in distress at sea as well as insurance for dangers of sea-navigation. General provisions of the Commercial Code are only applied to maritime trade subsidiarily.

Literature

ALPMANN SCHMIDT-Skript, Handelsrecht, 12th Ed. 2008
Baumbach/Hopt, Handelsgesetzbuch, Kommentar, 33rd Ed. 2008
Wörlen, Handelsrecht mit Gesellschaftsrecht, 9th Ed. 2008

2. Company Law

Company law is generally defined as law of private partnerships which are constituted in order to reach a common purpose by transaction (partnership agreement). Mainly, it covers all legal rules which refer to *the partnership under the Civil Code* (Gesellschaft bürgerlichen Rechts, abbreviated GbR – §§ 705–740 of the Civil Code), the *general commercial partnership*, the *limited partnership*, the *silent partnership* (see above second book of the Commercial Code), *European Economic Interest Grouping (EEIG)*, the *company limited by shares* and *the company limited by shares but having one or more general partners* (see above) which are covered by the German Companies Act, the *company with limited liability* (Gesellschaft mit beschränkter Haftung, abbreviated GmbH) which is regulated in the GmbH Act [which was fundamentally reformed by a statute coming into force on 1 November 2008 (*Gesetz zur Modernisierung des GmbH-Rechts und zur Bekämpfung von Missbräuchen* (MoMiG))], the *registered co-operative society* (eingetragene Genossenschaft, abbreviated e. G.) to which the Co-operative Societies Act is applied and the *mutual insurance society* (Versicherungsverein auf Gegenseitigkeit, abbreviated VvaG) which has its statutory basis in the "Act on Supervision of Private Insurance Companies" (*Act on Supervision of Insurance Companies, Versicherungsaufsichtsgesetz* - abbreviated VAG).
Company law deals, amongst other things, with questions about how companies and partnerships are constituted, what kind of constitution (if necessary articles), who acts and is liable for them.
German company law is familiar with two basic forms of companies, *partnerships* and *companies limited by shares*.

Partnerships are the above-mentioned GbR, OHG, KG and silent partnership.
The following principles – simplified – are applied to all partnerships:
a) Partnerships do not have an independent capacity to be a subject of legal rights and duties, but are treated *similar* to companies that are capable of holding rights in some areas of law (e.g. with respect to partnership assets). Therefore, partnerships *are not juristic persons*, nevertheless, the general commercial partnership is placed partially on the same level as vis-à-vis third parties by § 124 of the Commercial

Code (which is also applied via § 161 para. 2 of the Commercial Code to the limited partnership). § 124 of the Commercial Code is applied by way of analogy to the partnership under the Civil Code which forms the basic type of all partnerships.
b) As far as the partnership agreement does not contain special rules, partnerships are *dependent on their continued existence of members.*
c) Conduct of business and representation is executed (except for the silent partnership) by one or more partners personally (*principle of independence concerning financial, economic and operational conduct of business, German: Selbstorganschaft*).
d) Partners are jointly and severally liable with their *personal fortune*. This is not only applicable to the silent partnership. In a limited partnership only general partners are liable with their personal fortune and limited partners are only liable with their specific amount of their contribution to the partnership assets.
e) Partnerships appear in legal relations under the *name of all partners*, general commercial partnerships and limited partnerships under the name of their *firm*.

AG, KGaA, GmbH, e. G. and VVaG, which are mentioned above, belong to the companies that are limited by shares. Companies limited by shares, mainly, have the following in common:
a) Companies limited by shares are *juristic persons* whose organisational basic type is the association having legal capacity (§§ 21 *et seq.* of the Civil Code).
b) Companies limited by shares are so-called *corporations* which are *independent of the continued existence of their shareholders*, this means that an exchange of shareholders is possible by free withdrawal and assignment of shares.
c) Conduct of business and representation are exercised by two independent juristic persons with their own legal personality, who do not have to be shareholders (*principle of dependence on a controlling company concerning financial, economic and operational conduct of business, German: Fremdorganschaft*).
d) Liablilty of the company is *limited to the company assets*.
e) Companies limited by shares appear in legal relations mostly under the name of an *object-firm*, this means the name of the firm usually derives from the object (e.g. bank, insurance) of enterprise, but whereby fancy names are allowed, as long as the relations concerning liability are recognizable by additional title endings (e.g. Ltd., in Germany AG or GmbH).
Particularities on the structure of every type of company cannot be presented within this introduction.

Literature

ALPMANN SCHMIDT-Skript, Gesellschaftsrecht, 14th Ed. 2009
Wörlen, Handelsrecht mit Gesellschaftsrecht, 9th Ed. 2008

III. Employment Law

1. Definition, Significance and System

With „Employment Law" one means all legal rules which are applied to work carried out in *personal dependence*. Employment Law is a *special law for the employee* and is applied to the majority of *gainfully employed persons* (= persons that are able to carry out gainful employment on the basis of their physical and/or mental abilities) within Germany. About 42 millions persons of the roughly 82 millions residents of Germany are gainfully employed persons. A proportion of about 5 million people was unemployed in January 2005. From the thus remaining nearly 37 million gainfully employed persons, about 33.5 million people performed *dependent work*. The remaining employees are self-employed or non-wage earning family members who help to carry out work. If one deducts about 1.5 million civil servants, judges and soldiers from the 33.5 million of this group of people, there remain about 32 million *employees* to whom employment law applies.

Employees earn their living expenses by working according to the terms of a contract under private law and carrying out services for another party, the *employer*. They are, on the one hand, bound by instructions to their employer and, on the other hand, gain a commensurate payment, wages, respectively a salary. Success of their work is of direct benefit to the employer. The employee, therefore, works for the account of another, he carries out *work delegated to him by another party*. The employer bears the immediate economic risk of work by his employees. Within an industrial society as in the Federal Republic of Germany there is also the integration of employees into the work process and their pay must basically be in accordance with the rules of a market economy. Furthermore, the employers in their capacity as owners of means of production make the essential economic decisions. This often leads to conflicts of interests. It is above all incumbent upon the employer to reach a reconciliation of interests, and in doing so, the interests of the employees have to be taken into consideration to a great extent.

Employment law is divided into two large categories: *law of employment and law concerning contracts of service* as well as *law of employment protection* belong to the first part, *employment law concerning the individual*. Placed at the central point of the rules under employment law of this part, are *employee and employer* as individual relevant persons.
The sub-parts of law *right of association, law of collective labour agreement, law on employment disputes, law concerning the employees' rights at their place of work and law concerning participation of the employee* belong to the second part of law on employment relations. What these sub-parts have in common is that they are not concerned with the employee as an individual, but that they look upon the employee as a *member of a collective*, e.g. of a *union* or of the entire working force of a business or enterprise.
Law of employment relations and employment law may not be regarded as two totally isolated and unconnected areas of employment law. Just as one has to go back to or advance to the rules of another Book when working with one Book of the German Civil Code, now and then, one has to refer to the law of employment relations in the same way, now and then, when dealing with (individual) employment law and vice versa.

The main point of rules under employment law lies wholly within private law. With regard to *law of employment and law concerning contracts of service*, this is unrestrictedly correct. Law of employment and law concerning contracts of service has above all at its basis provisions of the Civil Code concerning contract of service (§§ 611–630 of the German Civil Code).

In contrast to this, law of *employment protection* is to a large extent a part of public law, as with regard to employment protection, at most times it is the public authorities of labour that engage in its enforcement in their capacity as a holder of sovereign power within a relationship characterized by supra- and subordination. Law of employment relations, too, contains elements of public law. Nevertheless, it is generally and systematically placed under private law and not under public law because of its entire structure which is orientated towards private law and because of its basis of equal levelling.

2. Origin of Employment Law

While German civil law is rooted in Roman *ius commune*, the development of employment law began at a considerably later point in time. There was basically no employment law within Roman law because dependent work was mainly carried out without pay by slaves (whom one could buy and sell in the same way as things) who were owned by the master. Within Germanic law there were, on the other hand, certain appearances. Germanic law was, indeed, in olden times, only familiar with employment relations generated by dependency under family law (women and children), relations in terms of hired labour and feudal service or personal dependence (bondage), but still, free employment relations already arose in medieval times, during which an employee committed himself to services for a master for remuneration. Next to the commercial contract of service, in particular the contract of apprenticeship, the contract of menials came into existence. These contracts constituted a community between employer and the party who was obliged to perform services (compare § 611 of the Civil Code) combined with mutual duties of care and good faith; terms which can be also found in modern employment law and which are of great importance.

However, the *actual beginning of the history of employment law* as a legal system of dependent work only began *with the era of industrialization in the 19th century*. A great number of inventions brought about a growing mechanization of manufacturing processes which inevitably led to a total transformation of economic life. Independently working people had to give up their work due to lack of profitability and had to migrate to the towns and factories which were quickly confronted with an excess supply of labour. The social circumstances which resulted from this soon led to employment law initially developing into employment protection.
In Prussia, for instance, the *Regulation on Child Labour* was enacted in 1839 which prohibited work carried out by children who were under the age of nine as well as limiting juvenile work for teenagers under the age of sixteen to ten hours a day. It can be called the *first German law of employment protection*.
Further milestones within the development of employment law were the *Industrial Code* with an effective date of 21 June 1869 and with some later following amendments and the *Introduction of the Statutory National Insurance System* (*Message by the German Emperor* of 1881: *Statutory Health Insurance Act* of 1883, *Accident Insurance Act* of 1884, *Disablement Insurance and Old Age Provision Act* of 1889, all of which were compiled into the *Insurance Code of the Reich*) up until the *Act on Job Placement of Unemployed People and Unemployment Insurance* (1927).
In a parallel development, law of employment relations has developed. Formations of employee associations which were to help to counteract the economic superi-

ority of the employers (and employers' associations) arose. English *trade unions* which had already existed since 1824, served as a model for the so formed *Gewerkschaften (unions)*.
After a temporary stagnation of this development during the National Socialist regime which "stood out" in its total state regulation of working life, development of employment law continued after 1945 in the newly constituted Federal Republic from the point where it had been interrupted. Within the Basic Law of 23 May 1949, leading ideas can be found with regard to this in Article 3 para. 2 and Articles 3, 9 para. 3 and para. 12 and (indirectly) in Article 20 of the Basic Law.
In the German Democratic Republic employment law had, inevitably, developed in a different direction, due to diverging ideologies which are no longer worth mentioning after the reunification of Germany.

3. Legal Sources of Employment Law

There is, concerning employment law as has been the case with the German Civil Code since 1 January 1900 (see above) no unitary code of law for German employment law. Demands for a unitary code of law, which again and again were raised since the Weimar Republic, could not be met in the Federal Republic of Germany neither before, nor after the reunification to date. Endeavours to do so have been going on for a long time. Thus, employment law is based upon a great number of statutory and quasi-statutory special rules (including customary law), as well as upon principles which have been developed upon rulings by the Labour Courts, especially by the Federal Labour Court (Bundesarbeitsgericht, abbreviated BAG). A German jurist of employment law once wrote: "German employment law is certainly of some standing, but indeed hard to find!". Typical of employment law is a widespread fragmentation of law and statutes which is quite similiar to English law with its *case law* (judge-made law) and *statute law* (codified law).
German employment law is, as *common law*, to a large extent *judge-made law* with the substantial difference that the German judge *does not lay down rules of law, but he applies those statutes* that have been developed from judge-made law.
Provisions and rules of employment law can be simplified and divided into six groups:
(1) statutes
(2) ordinances (having the force of law)
(3) constitution (of associations), by-laws (of public corporate bodies) and collective agreements
(4) customary law
(5) judge-made law (principles developed from court rulings)
(6) international employment law

4. Areas of Employment Law

At times an introduction to the law of a foreign country, respectively the legal system of a foreign country may, at certain points, go into more depth, but in the end it is only capable of providing a very rough overview. Thus, the sub-parts of employment law which are worth reading but difficult to examine can only be conclusively listed in extracts through the corresponding individual statutes:

Employment Protection Code, Working Time Code, Vocational Training Code, Company Pension Act, Works Council Constitution Act, Federal Educational Allowance Act, Federal Holiday with Pay Act, Continued Remuneration Act, Industrial Code, Protection of Young Workers Act, Protection Against Dissmissal Act, Codetermination Law, Evidence Act, Code of Social Law, Law on Collective Agreements, Part Time and Contract Work Act.

Literature

ALPMANN SCHMIDT-Skript, Arbeitsrecht, 17th Ed. 2009
ALPMANN SCHMIDT-Skript, Kollektives Arbeitsrecht, 3rd Ed. 2008
Wörlen/Kokemoor, Arbeitsrecht, 9th Ed. 2009

C. Administrative Law

With administrative law one means those legal rules which regulate organisation of the public administration and administrative actions. Administration are those actions of state which are neither Legislative nor Judicative. Thus, those actions that are not concerned with the enactment of generally binding rules of law (statutes) and the decision upon legal disputes and the imposition of punishments. In particular, there are, in contrast to this definition, matters that cover the same ground: ordinances or statutory instruments which contain general rules and therefore are law in the substantive sense, may be enacted by the administration by special statutory authorization (compare Article 80 of the Basic Law) and the imposition of fines is also carried out by the administration (compare §§ 56 *et seq.* of the Act on Administrative Offences, German: Ordnungswidrigkeitengesetz, abbreviated: OWiG).

General administrative law regulates those principles which are applied to all kinds of administrative actions (e.g. is comprised law of administrative procedure, definition of administrative act). Special legal rules concerning certain areas of administration, as for instance, public building law (regulations on permissibility, type and scope of building development), law of communal administration (law of the communes and local authorities respectively districts), police law (law concerning warding-off dangers), law concerning aliens (regulations on entry, residence and exit of foreigners), law of administration of the economy concerning the public sector (state supervision, promotion of economic development and guidance of economy) and many more, are called special administrative law.

1. Organisation of Administration

Juristic persons of public law who exercise duties of the public administration are called Verwaltungsträger (authorities of administration). Authorities of administration are in particular the federation, the states and the communal regional authorities. An authority of administration acts externally through its executive bodies which are its public authorities at different levels. Such a public authority is a unit which is integrated into one of the authorities of administration and which is independent with regard to organisation and fulfils assigned duties. In contrast to the authorities of administration, the individual public authority does not have its own budget.

Duties of administration are usually exercised by the federal states (Article 30, 83 *et seq.* of the Basic Law). As a matter of exception, the federation executes laws through its own administrative authorities (Article 86 *et seq.* of the Basic Law). Examples of such direct administration by the federation are the administration of customs and the Armed Forces and federal police.

Usually the administration is distributed on three levels. The ministry is a higher public authority, the competence of which includes the administrative duty, the authority of middle level is the general public authority of administration of the regional government or a special public authority of administration (e.g. in some states administration concerning construction and maintenance of roads); on the lowest level there are the communes that do not belong to an administrative part of a district (the towns), the districts as lower public authority of administration, respectively the communes that belong to an administrative part of a district.

2. Legality of the Executive

The executive (i.e. public authorities of administration) is bound by law and justice (Article 20 para. 3 of the Basic Law). Two principles derive from this, firstly, the *principle of the supremacy of the law*: the actions of the administration must not break the law; secondly the *principle of provision of legality*: administrative actions need a legal basis respectively the law needs to authorize the administration to act.

a) Principle of Supremacy of Law

Only those legal rules are of prior rank that have legal validity. Legal rules only have legal validity if they have gone correctly through the procedure that is laid down for them coming into existence (adjective or procedural prerequisites) and if they are not in contradiction to law of higher rank (substantive prerequisites). All legal rules must be commensurate with constitutional law, which ranks supreme. Ranking below the constitution are those statutes, amongst these are statutory instruments, that can be enacted upon an authorization by law (Article 80 of the Basic Law); finally those constitutions (of public bodies) that an authority of administration that has autonomy of constitution enacts concerning its own matters. Administration has a duty to review whether the legal rules that govern its actions are valid; but it does not have the competence of rejection. If the administration, on the basis of this review, comes to the conclusion that a legal rule is invalid, therefore void, it has to bring about clarification by the courts.

Administrative actions must not contravene any legal rules under public law that are in force, whereby it makes no difference whether the administration exercises sovereign powers or whether it acts by way of administrative private law. At the most, actions that are only fiscal are covered by the legal rules of private law; in these cases the state does not directly act in fulfilment of its duties, but, as any private person, for instance, in procurement of its corporal equipment.

b) Principle of Provision of Legality

The scope of this principle is not totally clear. Every intrusion of the state into the rights of the individual needs a legal basis. At the very least, within the area where the administration renders services, the fundamental areas have to be regulated by statute (theory of importance). Fundamental are in particular those measures that are of relevance with respect to the basic rights. The theory of importance has not only developed principles on when something is to be regarded as fundamental, but also for the extent of the rule: the more intensive an intrusion is, the more precise the rules authorizing the intrusion have to be.

3. Forms of Administrative Actions

If a public authority acts externally by use of sovereign power, the following forms of action, in particular, are within its competence: administrative act, plan, real act, and contract under public law.

a) Administrative Act

The administrative act is the typical form of administrative actions. An administrative act is any direction, decision or other sovereign act on the part of an administrative body which deals with regulating a specific case in the field of public law and which is directed to take direct legal consequence externally (§ 35 of the German Administrative Procedure Act).

The administrative act lays down a specific legal axiom. In this it is similiar to a court ruling. An abstract legal axiom (e.g. *"Everybody may build on their property, as far as there are no objecting provisions."*) becomes a specific legal axiom (e.g. "*Mr Hubert Mayer may build a five-storey building on to his real property at 25 Skylark Waye – compare filed application to build.*").

Administrative acts can order a specific form of conduct (order to demolish, prohibition on trading, expulsion), they can constitute, change or cancel a legal relationship (appointment of civil servants, dismissal from the civil servant relations, granting of a permit to run an inn, imposition of an obligation to the innkeeper, naturalization and taking back of naturalization and many more), but they can also make a legal statement by binding and clarifying a right or a legal characteristic of a person e.g. their nationality.

If the person affected by an administrative act does not take up any actions in order to assert his rights, the order will usually become final and absolute. In this, too, the administrative act is similiar to a court decision, which becomes absolute if it is not appealed against. The administrative act also forms the basis for administrative enforcement.

The law provides a differentiated system which determines what must happen if an administrative act is faulty whereby it is a specific feature of German law that procedural mistakes which have not taken any effect on the result remain disregarded to a large extent. In German administrative law the compatibility with regard to content of a public authority is, concerning law and statute and at the focal point of consideration, not so much the procedure by which it came into existence. Under English law the proper procedural way is regarded as a guarantor of correctness of result with respect to content. In Germany, constitutional law has also been upgraded by the legal developments in the transmission of legal acts by the European Union.

b) Plan

Plans are, firstly, actual phenomena, but which secondly correspond to specific needs of administrative actions. It only makes sense to call an administrative action a plan if the statement in question is one of goals that are to be met and of means in order to meet these goals in the future.

The planning administration generally has a wider margin of discretion than the executive administration. This is counteracted by the duty to balance competing interests as a corrective element.
One needs to differentiate those plans which have direct legal effects upon the person affected by planning and plans which merely describe certain goals which are intended to be put into practice by means of state guidance. Depending on whether a plan is supposed to be directly enforceable or whether it is aimed at going into further detail by additional acts of enforcement, it is enacted as an administrative act (decision on establishment of a plan) or as a legal rule (regional development plan, regional planning or building development scheme).

c) Real Act

If the action of a holder of sovereign authority is not aimed at a legal, but at a factual result, one speaks of real acts or of informal administrative actions. Counted among these is, for instance, the lecture by the university professor as well as a general medical examination by the department of health. Warnings about sects that are harmful to youth or products that are harmful to health also come under this group of acts. The legality of real acts is not judged differently from that of legal acts, they have to comply with law that is in force.

d) Contract under Public Law

If and as far as the authority of administration could enact an administrative act, it can also conclude a contract under public law (§§ 54 *et seq.* of the Administrative Procedure Act). It makes sense to use this form of action if a complex netting of rights and duties needs to be regulated, as for instance within law concerning town planning (contracts under town planning law). Furthermore, contracts under public law have gained in importance within the field of privatization (so-called Public Private Partnerships). In these cases the authorities of administration ensure by a contract under private law that the duties which are assigned to private persons or companies are fulfilled correctly.

Literature

ALPMANN SCHMIDT-Skript, Verwaltungsrecht AT 1, 11th *Ed. 2007*
ALPMANN SCHMIDT-Skript, Verwaltungsrecht AT 2, 11th *Ed. 2008*

D. Criminal Law

By criminal law one means those legal rules which form the basis for the power of state punishment and which determine its scope. They are laid down in the Criminal Code and in several supplementary codes. Criminal law is the harshest measure which the state has at its disposal in order to protect the rights of its citizens and, therefore, is regarded as *ultima ratio*.
Important provisions concerning criminal law are standardized within the Basic Law: no punishment may be imposed without (an already existing) law (*nulla poena sine lege*), compare Article 103 para. 2 of the Basic Law. The principle of definitude under criminal law as well as the principle of a ban on retroactive law both found their expression in this provision. Article 102 of the Basic Law explicitly bans capital punishment.

Firstly all principles that are applied to all criminal offences are standardized in a general part under the Criminal Code. The special part contains criteria of the individual criminal offences and the ensuing sanctions.
German criminal law refers to the criminal offence and not to the personality of the offender as a point of contact. The conduct of the offence has to correspond to the elements of the offence. It must not be justified as a matter of exception and it has to be capable of being blamed upon the offender as a culpably committed offence.

Criminal law concerning juvenile offences restricts criminal liability. If an offender is under 14 years, he cannot be punished at all. If he is between 14 and 18 years old, then educational and disciplinary measures are available. Only if these are insufficient, corrective measures (caution, imposition of directions for compensation of damages or juvenile arrest) and juvenile punishment can be taken into consideration. The highest punishment that can be imposed is a ten year imprisonment. If the offender is between 19 and 21 years old, the juvenile court determines whether he is to be treated as equivalent to a young offender in his personal development. In this case, the criminal law concerning juvenile offences applies. If the court determines that he is not to be treated as a juvenile, then the judgement falls under adult criminal law.

Literature

ALPMANN SCHMIDT-Skript, Strafrecht AT 1, 13th *Ed. 2008*
ALPMANN SCHMIDT-Skript, Strafrecht AT 2, 12th *Ed. 2009*

E. Courts and Court Procedure

I. Judges and other Organs of Judicature

Judicial power is vested in the judges (Article 92 of the Basic Law). One differentiates between professional judges and lay judges.
A professional judge is a person appointed to the judicial office by the issuing of an official document (details are regulated by the German Judges Act). The fundamental prerequisite for the appointment is the qualification to exercise the function of a judge. Every German who basically guarantees to support the free democratic order in the sense of the Basic Law, has this qualification. Furthermore, study of law at a university is a prerequisite as well as a First State Examination in Law, followed by practical training i.e. articles (Referendariat) and a Second State Examination. This education is, to a large extent, orientated towards the requirements of the profession of a judge. Anyone who has gone through these stages and passed both state examinations is also entitled to set up in practice as a lawyer. This training model is currently being reviewed. First of all, the Bologna procedures and the related introduction of bachelor and Master degree courses should be brought into consideration. And on the other hand, the concepts lean towards the very specific training of jurists after a first examination in order to later be able to work as a judge, a lawyer or as an administrative jurist and to finish the training with only one qualifying examination solely for this specific profession.
A judge is bound by law and justice (Article 20 para. 3, 1, para. 1 of the Basic Law), whereby his subjective moral beliefs and views of what is or is not just, or his own beliefs of what he considers to be appropriate may not influence the application of

the law. Here he has to respect the evaluations of the legislator. Nevertheless, he is called upon to examine the law that is applied with regard to adjective and substantive validity. Revisory power concerning adjective law with regard to infringement of the Basic Law is solely assigned to the Federal Constitutional Court, with regard to infringement of the Constitutions of the Federal States, this power is also assigned to the Constitutional Court of the Federal State in question (Constitutional Courts), to which the judge who is not entitled to rejection himself has to submit questions of doubt (Article 100 of the Basic Law, § 47 of the Rules of the Administrative Court).

If a judge cannot apply the statute according to its wording, he has to interpret it. He cannot leave the pending litigation undecided. He has at hand argumentative elements for this interpretation that have been developed by the school of method, whereby the literal interpretation forms an important limitation which cannot be exceeded without additional conditions. A judge is also bound to a constitutional interpretation. With regard to provisions under European law, the *effet utile* binds the judge to an interpretation that facilitates the legal rule to a useful validity.

No binding to precedents can be derived from being bound by law and justice. German law primarily stipulates the binding to the force of a judgement for the parties. Only the Federal Constitutional Court plays a special role concerning binding precedents (§ 31 Act on the Federal Constitutional Court). The highest federal courts often decide matters of fundamental importance. When doing so, they pay attention to present and to give reasons for those legal rules which go further than the case that has to be decided when giving reasons for the judgements, which are published. This attracts great attention within the legal circles, but is, however, not binding for the deciding judge.

A judge is independent of orders which relate to his actions as a judge. He is bound by neutrality which in the case of bias leads to an exclusion from his function.

Lay judges are represented within all jurisdictions, however not as much in the higher and supreme instances. They have the function of conveying to the professional judge a perspective which, otherwise, might be lost within his highly specialised role.

Lay judges are placed on an equal footing with regard to being bound by law and with respect to their independence and neutrality. Differences derive from the fact that they do not carry out judicial office as a profession.

The *prosecution* is an organ of judicature. It is an authority which is set on an equal level with the courts, but is organisationally independent. The prosecution conducts criminal investigations if the suspicion of a criminal act exists. The prosecution brings a charge against the offender (it has the monopoly of prosecution by charge) and represents the prosecuting power during the entire trial, especially during the main trial. The prosecution is obliged to be objective. In this sense it is not a party to the criminal trial, but is obliged to investigate and present not only the incriminating evidence, but also the exonerating evidence. In the case of inability to prove a criminal act within the main trial, the prosecution will plead for acquittal. This duty to objectivity distinguishes the prosecutor from the English Crown Prosecutor.

The qualified lawyer is also an organ of judicature. He is the appointed and independent counsel and representative in all legal matters. He has the right to appear before all kinds of courts, arbitral tribunals or authorities. This runs parallel to the

right of every individual to choose to be represented by a lawyer concerning legal matters of all kind in court, before arbitral tribunals and authorities.
The lawyer thus is torn between two sides; on the one side in his capacity as an independent organ of judicature, on the other side as a representative of interest of his client.
Where these interests collide, for instance within criminal trials, the function of legal protection to the benefit of the client giving the mandate prevails, however, within the limits of legal duties and rights. For instance, the duty of truth falls within the realm of the professional duties of the lawyer. Where this duty collides with the interests of the client, this does not lead to an obligation of proclamation of truth, but still to a prohibition to actively cover the truth within the main trial.
The lawyer has the duty to practise his profession conscientiously; he is not allowed to act in a biased or partial way, to represent colliding interests and is obliged to take due care with regard to entrusted property and values (compare for all of this the Rules and Regulations for the German Bar). The lawyer enters into an agency contract with elements of a service contract which is designed according to the Civil Code, the Rules and Regulations for the German Bar and the Federal Fee Schedule.

II. Jurisdictions

In Germany the functions of the Judiciary are exercised in five equal-ranking jurisdictions. These are the jurisdiction of the ordinary courts, the jurisdiction in labour matters, administrative jurisdiction, jurisdiction of the social courts and the jurisdiction of the tax courts.
Outside this system is the constitutional jurisdiction which is exercised by the constitutional court (see above). If a constitutional dispute only relates to federal state law, then the constitutional courts of the federal states can also have jurisdiction.
The European Court of Justice and the European Court of First Instance are placed outside the German system of courts. However, their judicial decisions are gaining more internal importance. The European Courts control the application and interpretation of the EC-Agreement (abbreviated EGV) and of secondary Community Law which is passed on the basis of this agreement. In cases of doubt concerning a legal matter, the German court has to make a reference to the European Court of Justice. In addition, the European Court of Justice respectively the Court of First Instance also grants legal protection in those cases covered by the EGV.

1. Jurisdiction of the Ordinary Courts

Jurisdiction of the ordinary courts is exercised in three sub-branches of jurisdiction (civil jurisdiction, voluntary jurisdiction and criminal jurisdiction). Courts of the Federal states are the County Courts, the District Courts and the Higher Regional Courts; the Federal Court is the Bundesgerichtshof (Federal High Court of Justice) in Karlsruhe.
All legal disputes under civil law are assigned to the civil jurisdiction, as far as there is no special assignment. Such a special assignment directs matters of labour to the jurisdiction in labour matters. Special courts within the scope of civil jurisdiction

are, for instance, the maritime courts of the federal states and the Federal Patents Court for the federation.

Voluntary jurisdiction deals with matters that are assigned to voluntary jurisdiction by law. These are, firstly, proceedings of care (matters concerning documents, registers, estate, guardianship and custody of persons of full age), legal disputes under private law (such as proceedings concerning the Act on Proprietor of Freehold Flats or with regard to family matters, the equal pensions right adjustment) and legal disputes under public law (e.g. appeal against judiciary administrative acts).

On 1 September 2009 jurisdiction in relation to family matters is subject to a new organisation. A law dealing with procedures in family matters and issues of voluntary jurisdiction (Gesetz über das Verfahren in Familiensachen und in den Angelegenheiten der freiwilligen Gerichtsbarkeit) will be replacing existing laws concerning voluntary jurisdiction (FGG) and parts of the rules of civil procedure in so far as such (paternity matters, maintenance, adoption matters) regulate family law issues. Amongst other matters, the existing guardianship court (Vormundschaftsgericht) will be abolished. This jurisdiction will be transferred to the family courts and a new court (Betreuungsgericht). The latter will be responsible for care proceedings, accommodation proceedings and any other measures affecting personal liberty. In addition, the legal remedies will be newly arranged. The parties will have direct access to the German Federal High Court (Bundesgerichtshof) by way of appeal in matters of voluntary jurisdiction. Any appeal against court decisions will be generally subject to time limitations.

All criminal matters are assigned to the *criminal jurisdiction*. These are all matters by which the state pursues its claim to impose a punishment for the benefit of the protection of legal interests. Furthermore, the criminal courts exercise jurisdiction if a legal remedy is filed against an administrative order imposing a fine (even though breaches of an administrative rule are not criminal offences and fall into the competence of the administrative authorities).

2. Jurisdiction in Labour Matters

Jurisdiction in labour matters is structured in a three-tier sequence of courts, starting with the Labour Court, to the District Labour Court and on to the Federal Labour Court in Erfurt.

The Labour Courts decide on legal disputes between employer and employee concerning the existence of an employment relationship, but also torts in relation to the employment relationship as well as other questions concerning the employment relationship. Furthermore, they decide upon disputes between parties to a collective agreement and upon torts in relation to employment action.

3. Administrative Jurisdiction

In the same way, the administrative jurisdiction is structured in a three-tier sequence of court. Court of first instance is the Administrative Court. The court of second instance is the Higher Administrative Court or the Higher Courts of Administrative Justice. Court of Appeal is the Federal Administrative Court in Leipzig.

The Administrative Courts decide upon disputes under public law, as far as they are not assigned to other courts by special rules of law (for instance, disputes concerning breaches of official duties by civil servants are assigned to the ordinary courts) or to special courts (for instance, disputes concerning the relationship generated by appointment as a judge are assigned to the Judges Courts).

4. Jurisdiction of the Social Courts

Jurisdiction of the social courts is also structured in a three-level sequence of court, starting with the Social Court, to the District Social Court, on to the Federal Social Court in Kassel.
The jurisdiction of the social courts is a special administrative jurisdiction with regard to content. However, it is structured to be organisationally independent. It decides upon matters of statutory pension insurance, statutory health insurance, statutory accident insurance as well as upon matters of state welfare (the latter since 1 January 2005).

5. Jurisdiction of the Tax Courts

Jurisdiction of the tax courts is organised on two levels. The tax courts of the federal states are Higher Regional Courts, thus they are on the same level as the Higher Regional Court, but are still courts of first instance. The court of second instance is the Federal Fiscal Court in Munich.
The jurisdiction of the tax courts is also a special administrative jurisdiction. It decides upon tax disputes concerning income, property and inheritance, etc., but also upon legal disputes which derive from the enforcement ot administrative acts by the fiscal authorities.

III. Procedural Principles

The *principle of public trial* guarantees persons who are not involved entry to the court trial. Exceptions for reasons of protection of personal interest are provided for by the Procedural Rules. One cannot derive from the principle of public trial that sound and picture recordings during trial are permissable.
According to the *principle of immediacy* the trial and the hearing of evidence has to take place in front of the court of decision immediately. However, exceptions are possible. The principle is, however, strictly applied within criminal trial for the hearing of evidence in the main trial and the court may only use the thus gained findings as a basis for its decision.
The *principle of orality* lays down that the case has to be heard orally and only the orally-presented may be used as a basis for the decision. Also in this case, the principle is applied in the strictest way during the main trial of the criminal trial.
The *principle of party presentation* lays down that the parties determine within a legal dispute which facts they want to present to the court as a basis for the decision, respectively, which facts need to be proven. This principle only applies to civil law.
The *principle of disposition*, also called maxim of party disposition, lays down that the parties are generally free to dispose of the matter in dispute. Thus, within civil proceedings the proceedings can be ended by way of acknowledgment and withdrawal of the action. This principle does not apply to criminal law.

The *principle of judicial investigation* stands in contrast to the *principle of party presentation*. According to this, the court has to investigate the relevant facts ex officio. Again, the principle is applied most strictly within criminal law.
According to the *principle of concentration*, a legal dispute is supposed to be dealt with in one proceeding or trial.
Further principles of procedure are guaranteed by the basic liberties, to ensure protection by and from the judiciary (see above).

Literature

ALPMANN SCHMIDT-Skript, ZPO, 16th *Ed. 2008*
ALPMANN SCHMIDT-Skript, VwGO, 4th *Ed. 2009*
ALPMANN SCHMIDT-Skript, StPO, 15th *Ed. 2007*

Englisch – Deutsch

A

a fortiori *(Lat)* aufgrund des Vorhergehenden, erst recht, umso mehr
a posteriori *(Lat)* im Nachhinein; später
a priori *(Lat)* von vornherein
ab initio *(Lat)* ex tunc; von Anfang an
ABA *s.* American Bar Association
abalienate *v* veräußern, übertragen
abandon *v* 1. aufgeben, (auf etw.) verzichten; 2. verlassen; im Stich lassen *(den Ehemann)*; 3. aussetzen *(ein Kind)*
abandon *v* **a case** eine Rechtsangelegenheit nicht weiterverfolgen
abandon *v* **a domicile** einen Wohnsitz aufgeben
abandon *v* **a ship** ein Schiff aufgeben [verlassen]
abandon *v* **an appeal** eine Beschwerde [Berufung, Revision] zurücknehmen
abandon *v* **property** das Eigentum aufgeben, auf das Eigentum verzichten
abandonee Schiffsabwracker *m*; ≈ Versicherungsgesellschaft, die Schiffswracks verwertet
abandonment 1. Aufgabe *f (eines Rechts)*; Verzicht *m*; 2. Verlassen *n*; 3. *(StrafR)* Rücktritt *m (vom Versuch)*
abandonment clause 1. *(VertragsR)* Verzichtsklausel *f (Klausel, wonach eine Vertragspartei die durch die Nichtleistung der anderen Partei entstandene Lage akzeptiert)*; 2. *(VertragsR)* ≈ Vereinbarung, die die Aufhebung des Vertrags unabhängig von einer erheblichen Pflichtverletzung zulässt; 3. *(VersR)* Abandonklausel *f (Schifffahrt)*
abandonment of a child *(StrafR)* Kindesaussetzung *f*
abandonment of a domicile Aufgabe *f* eines Wohnsitzes
abandonment of action 1. Klagerücknahme *f*; 2. *(SteuerR)* Ruhenlassen *n* des Verfahrens
abandonment of an enterprise Aufgabe *f* eines Unternehmens
abandonment of intellectual property right Aufgabe *f* eines Rechts am geistigen Eigentum, Urheberrechtsaufgabe *f*
abatable *adj* aufhebbar, einstellbar
abate *v* 1. senken, (ver)mindern; abschaffen; beseitigen; 2. einstellen *(Gerichtsverfahren)*; 3. unberechtigt Besitz ergreifen *(Grundstück)*
abate *v* **a charge** eine Gebühr niederschlagen [ermäßigen]
abatement Senkung *f*, Verminderung *f*, Minderung *f*; Abschaffung *f*; Beseitigung *f*
abatement of action Einstellung *f* des Verfahrens, Beendigung *f* eines Prozesses
abatement of legacy Vermächtniskürzung *f*
abatement of nuisance Beseitigung *f* einer Störung
abatement of purchase price Kaufpreisherabsetzung *f*, Kaufpreisminderung *f*
abator ≈ jemand, der von einem Grundstück widerrechtlich Besitz ergriffen hat
abbacy Amt *n* [Gerichtsbarkeit *f*] eines Abts
abdicate *v* abdanken, ablehnen, verzichten
abdicate *v* **responsibility** die Verantwortlichkeit leugnen
abdicate *v* **the throne** auf den Thron verzichten, abdanken
abdication Abdankung *f*, Verzicht *m*, Ablehnung *f*
abdication of the throne Thronverzicht *m*, Abdankung *f*
abduct *v* entführen, verschleppen; entziehen
abductee Entführter *m*
abduction Entführung *f*; Entziehung *f*
abductor Entführer *m*, Verschlepper *m*
abet *v (StrafR)* anstiften, Beihilfe leisten, begünstigen
abetment *(StrafR)* Anstiftung *f*, Beihilfe *f*, Begünstigung *f*
abettor Anstifter *m*, Gehilfe *m*, Begünstiger *m*
abeyance Schwebezustand *m*, Zustand *m* der Ungewissheit • **in abeyance** 1. in der Schwebe, unentschieden, ≈ schwebend unwirksam; 2. herrenlos *(Sache)*
abide *v* 1. bleiben, verweilen; 2. warten auf; 3. wohnen
abide *v* **by** sich halten an
abide *v* **by a contract** einen Vertrag einhalten, einen Vertrag befolgen
abide *v* **by a (judicial) decision** einer Entscheidung Folge leisten
abiding *adj* bleibend, dauernd, beständig, (vertrags)treu

ability Fähigkeit *f*, Können *n* • **to the best of one's ability** nach bestem Können
abjuration Abschwören *n*, Verzichtsversprechen *n*
abjure *v* abschwören, einen Verzicht versprechen
able *adj* 1. imstande, befähigt; 2. berechtigt, fähig
able-bodied *adj* nicht behindert; tauglich, verwendungsfähig *(militärisch)*
abode Wohnsitz *m*; Aufenthalt *m* • **of no fixed abode** ohne festen Wohnsitz
abolish *v* abschaffen, außer Kraft setzen, beseitigen, niederschlagen *(Verfahren)*
abolish *v* **a law** ein Gesetz aufheben
abolish *v* **an institution** eine Einrichtung abschaffen
abolish *v* **an office** eine Stelle streichen
abolish *v* **limitations [restrictions]** Beschränkungen aufheben
abolishment Abschaffung *f*
abolition Abschaffung *f*, Kraftloserklärung *f*, Beseitigung *f*, Niederschlagung *f (eines Verfahrens)*
abolition of capital punishment Abschaffung *f* der Todesstrafe
abolition of duties Abschaffung *f* der Zölle, Beseitigung *f* der Zollschranken
abolition of slavery Abschaffung *f* der Sklaverei
abolition of taxes Abschaffung *f* von Steuern
abort *v* 1. abtreiben; 2. eine Fehlgeburt haben
abortion 1. Schwangerschaftsabbruch *m*, Abtreibung *f*; 2. Fehlgeburt *f* • **conduct [procure, perform] an abortion** eine Schwangerschaft abbrechen, eine Abtreibung vornehmen
abortionist Abtreibungshelfer *m*; ≈ Arzt, der Abtreibungen vornimmt
abortive *adj* 1. verfehlt, misslungen, gegenstandslos; 2. zu früh geboren
above *adv* oben, oben erwähnt • **as stated above** wie oben ausgeführt
above mentioned oben erwähnt, siehe oben
above person genannte Person *f*
above stated oben aufgeführt
abridge *v* (ab)kürzen; beeinträchtigen, beschränken *(ein Recht)*
abridged *adj* gekürzt; beschränkt
abridgement Kürzung *f*, Abkürzung *f*; Beschränkung *f*; Zusammenfassung *f*
abridgement of a law Beschneidung *f* eines Rechts
abridgement of rights Beschneidung *f* von Rechten
abroad *adv* im Ausland, auswärts
abrogate *v* abschaffen, aufheben, für ungültig erklären
abrogate *v* **a law** ein Gesetz außer Kraft setzen
abrogation Abschaffung *f*, Aufhebung *f*, Ungültigerklärung *f*
abscond *v* sich entziehen, entfliehen, flüchten
abscond *v* **from legal authorities** sich der Verfolgung entziehen
absconding debtor flüchtiger [unbekannt verzogener] Schuldner *m*
absence Abwesenheit *f*; Fernbleiben *n*, Nichterscheinen *n*; Fehlen *n* • **in the absence of** mangels
absence of a statute Nichtbestehen *n* [Fehlen *n*] eines Gesetzes
absence of any agreement Nichtbestehen *n* [Fehlen *n*] einer Vereinbarung
absence of any evidence Mangel *m* an Beweisen
absence of consideration Fehlen *n* der Gegenleistung
absence without leave unentschuldigtes Fernbleiben *n*, unerlaubte Abwesenheit *f*
absent *adj* abwesend, nicht erschienen
absent without leave unentschuldigt fehlend
absentee Abwesender *m*, Fehlender *m*, Nichterschienener *m*
absentee landlord ≈ Grundeigentümer, der nicht auf dem Anwesen wohnt
absentee vote 1. Briefwahl *f*; 2. Wahl *f* durch einen Bevollmächtigten
absenteeism 1. Abwesenheit *f*; unentschuldigtes Fehlen *n (am Arbeitsplatz)*; 2. Aufenthalt *m* im Ausland
absolute *adj* 1. absolut; unumschränkt; unbedingt; zwingend; 2. vollständig, völlig; 3. rechtskräftig • **become absolute** rechtskräftig werden
absolute bill of sale Eigentumsübertragungsurkunde *f (für Mobilien)*
absolute decree Endurteil *n (im Scheidungsverfahren)*
absolute duty unbeschränkte [unbedingte] Pflicht *f*
absolute guarantee selbstschuldnerische Bürgschaft *f*

absolute liability verschuldensunabhängige Haftung *f*; Gefährdungshaftung *f*
absolute majority absolute Mehrheit *f*
absolute proof unumstößlicher Beweis *m*
absolute right absolutes Recht *n*; uneingeschränktes Recht *n*
absolute title unbeschränktes Eigentum *n*, Volleigentum *n*
absolve *v* 1. befreien, entbinden, entheben; 2. freisprechen
absolved of any liability von der Haftung freigestellt
absolvitor *(Scot)* stattgebendes Urteil *n*
abstain *v* Abstand nehmen, entsagen
abstention 1. Verzicht *m*, Unterlassung *f*; 2. *(ErbR)* Erbverzicht *m*; 3. Stimmenthaltung *f*, Enthaltung *f (Wahlrecht)*
abstract Übersicht *f*, Zusammenfassung *f*
abstract of record Aktenauszug *m*, Registerauszug *m*
abstract of title ≈ Zusammenstellung der Urkunden, aus denen sich das Eigentum an einem nicht gebuchten Grundstück ergibt
abstract of trust Trustbestätigung *f*, Trustbescheinigung *f*
abstraction 1. Entwendung *f*, Fortnahme *f*, Beiseiteschaffen *n*; 2. Abstraktion *f*
abus de droit *(Fr)* Rechtsmissbrauch *m*
abuse *v* beleidigen; missbrauchen, misshandeln
abuse 1. Beleidigung *f*; Misshandlung *f*, Übergriff *m*; 2. *(StrafR)* sexueller Missbrauch *m*, Verführung *f*
abuse of a patent Patentmissbrauch *m*, Urheberrechtsverletzung *f*
abuse of a right Rechtsmissbrauch *m*, unzulässige Rechtsausübung *f*
abuse of an intellectual property right Patentmissbrauch *m*, Urheberrechtsverletzung *f*
abuse of authority Amtsmissbrauch *m*, Ermessensmissbrauch *m*
abuse of children sexueller Missbrauch *m* von Kindern
abuse of confidence Vertrauensbruch *m*
abuse of discretion Ermessensmissbrauch *m*
abuse of distress missbräuchliche Zwangsvollstreckung *f*
abuse of drugs Drogenmissbrauch *m*, Medikamentenmissbrauch *m*
abuse of office Amtsmissbrauch *m*
abuse of the elderly Seniorenmisshandlung *f*
abusive *adj* missbräuchlich; beleidigend
abusive clause *(VertragsR)* missbräuchliche Klausel *f*
abusive language Schimpfworte *npl*, beleidigender Sprachgebrauch *m*
abut *v* anliegen, angrenzen; anstoßen
abuttals *pl* Grundstücksgrenzen *fpl*
abutter Anlieger *m*, Angrenzer *m*; Grundstücksnachbar *m*
abutting *adj* anliegend, angrenzend
abutting real property Nachbargrundstück *n*
accede *v* einwilligen, zustimmen
accede *v* **to a treaty** ein Abkommen unterzeichnen, einem Pakt beitreten
accede *v* **to office** ein Amt antreten
accede *v* **to standard terms** allgemeine Bedingungen annehmen
acceding *adj* Einwilligungs...
accelerate *v* beschleunigen
accelerate *v* **negotiations** Verhandlungen beschleunigen
accelerate *v* **payment** Zahlungen beschleunigen, vorzeitig bezahlen
accelerated *adj* beschleunigt; vorzeitig; *(fig.)* angekurbelt
accelerated instrument vorzeitig fällig gestelltes Handelspapier *n*
accelerated termination vorzeitige Beendigung *f*
acceleration Beschleunigung *f*; vorzeitige Fälligkeit *f*
acceleration clause Fälligkeitsklausel *f*
acceleration principle Beschleunigungsgrundsatz *m*
accept *v* abnehmen, entgegennehmen; annehmen, anerkennen, akzeptieren
accept *v* **a proposal** einen Vorschlag akzeptieren
accept *v* **a service** eine Zustellung entgegennehmen, eine Zustellung bestätigen
accept *v* **an offer** ein Angebot annehmen
accept *v* **liability** die Haftung übernehmen
accept *v* **the terms and conditions** die Bedingungen akzeptieren
acceptability Annehmbarkeit *f*, Eignung *f*
acceptable *adj* akzeptabel, annehmbar, geeignet; zumutbar
acceptance 1. Annahme *f*; Übernahme *f*; Zusage *f*, Zustimmung *f*; 2. *(WechselR)*

Akzept *n* • **(up)on acceptance** mit Zustimmung, bei Annahme
acceptance charge Akzeptgebühr *f*
acceptance date Abnahmetag *m*
acceptance of a claim 1. Eingang *m (bei Gericht)*; 2. Zulässigkeit *f* der Klage; 3. Begründetheit *f* der Klage
acceptance of an offer Annahme *f* eines Angebots
acceptance of plea Zulassung *f* eines Einwandes; Annahme *f* eines Einwandes
acceptance of service Annahme *f* der Zustellung, Empfangsbescheinigung *f*, Empfangsbestätigung *f (des Rechtsanwalts)*
acceptance subject to contract Annahme *f* vorbehaltlich Vertragsschlusses
acceptance test Abnahmeprotokoll *n*, Abnahmeprüfung *f*
acceptance with reservation Annahme *f* unter Vorbehalt
accepted *adj* akzeptiert, angenommen
accepting party Annehmender *m*, annehmende Partei *f*
acceptor 1. Annehmender *m*, Akzeptant *m*; 2. *(WechselR)* Bezogener *m*
access *v* beschreiten; besuchen; betreten
access Zugang *m*, Zutritt *m*
access contract *(InternetR)* Access-Vertrag *m*
access to files Akteneinsicht *f*, Zugang *m* zu den Akten
access to justice Justizgewährungsanspruch *m*
access to the courts Zulässigkeit *f* des Rechtswegs, Rechtswegeröffnung *f*
access to the defendant *(StrafR)* Zutritt *m* zum Angeklagten
accession 1. Zunahme *f*, Vermehrung *f*; 2. *(ZivilR)* Verarbeitung *f*; 3. *(VölkerR)* Beitritt *m*, Anschluss *m*
accession instrument *(EuropaR)* Heranführungsinstrument *n*
accession negotiations *pl* Beitrittsverhandlungen *fpl*
accession of property Vermögenszuwachs *m*, Vermögensanfall *m*
accession to an estate Nachlassübernahme *f*, Erbschaftsantritt *m*
accession to power Machtübernahme *f*, Machtergreifung *f*
accession to the throne Thronbesteigung *f*
accessory *adj* 1. zusätzlich; 2. *(StrafR)* mitschuldig, teilnehmend; 3. akzessorisch, untergeordnet
accessory 1. Zusatzteil *n*; 2. *(StrafR)* Mittäter *m*, Teilnehmer *m*; 3. Begleitumstand *m*
accessory claim Nebenforderung *f*
accessory contract akzessorischer Vertrag *m*, Zusatzvertrag *m*
accessory expenses *pl* Nebenkosten *pl*, Nebengebühren *fpl*
accident 1. Unglück *m*, Unfall *m*; 2. Zufall *m*, zufällige Eigenschaft *f*, Nebensache *f* • **by accident** zufällig
accident at work Arbeitsunfall *m*, Betriebsunfall *m*
accident claim Unfallforderung *f*; Schadensersatzforderung *f* aus einem Unfall
accident compensation ≈ Entschädigung für Verletzung durch Unfall
accident damage Unfallschaden *m*
accident insurance Unfallversicherung *f*
accident prevention Unfallverhütung *f*
accidental *adj* 1. zufällig, ohne unmittelbaren Zusammenhang; 2. unwesentlich, nebensächlich
accidental injury ≈ auf einem Unfall beruhende Verletzung
accidental loss durch Zufall eingetretener Schaden *m*
acclamation mündliche Abstimmung *f*, Akklamation *f*
accommodate *v* 1. (jmdn.) aufnehmen, beherbergen; 2. abstimmen; 3. beilegen *(Streit)*
accommodate *v* **with a loan** ein Darlehen zur Verfügung stellen
accommodation 1. Gefälligkeit *f*; 2. Darlehen *n*; 3. Aufnahme *f*, Beherbergung *f*; 4. Abstimmung *f*; 5. Beilegung *f (Streit)*
accommodation acceptance Gefälligkeitsakzept *n*, Gefälligkeitsannahme *f*
accommodation acceptor Gefälligkeitsannehmer *m*
accommodation allowance Mietzuschuss *m*, Wohngeld *n*
accommodation of interests Berücksichtigung *f* von Interessen
accommodation party *(WechselR)* Gefälligkeitspartei *f*
accomplice *(StrafR)* Mittäter *m*
accomplish *v* leisten, erfüllen, vollenden
accord 1. Abrede *f*, Übereinkommen *n*; Vergleich *m*; 2. *(VölkerR)* Abkommen *n*, Übereinkunft *f*

accord and satisfaction Annahme *f* an Erfüllungs Statt; Abfindung *f*
according to laut, gemäß, nach
according to a directive weisungsgemäß
according to circumstances den Umständen entsprechend
according to contract vertragsmäßig, vertragsgemäß
according to law gesetzmäßig
account *v* abrechnen, buchen
account *v* **for** Rechenschaft ablegen, rechtfertigen
account 1. Konto *n*, Rechnung *f*, Berechnung *f*; 2. Berücksichtigung *f*, Erwägung *f*, Hinsicht *f*; 3. Auskunft *f* • **acting on account for** handelnd für Rechnung von • **give account of proceedings** über das Verfahren Bericht erstatten • **on account** auf Rechnung • **on account of** 1. wegen; 2. auf Rechnung von • **pay into one's own account** auf das eigene Konto einzahlen
account holder Kontoinhaber *m*
account number Kontonummer *f*; Abrechnungsnummer *f*
accountability 1. Rechenschaftspflicht *f*, Rechnungslegungspflicht *f*; 2. Haftung *f*, Verantwortlichkeit *f*, Zurechenbarkeit *f*
accountability at law 1. gesetzliche Haftpflicht *f*; 2. gesetzliche Verantwortlichkeit *f*, Haftung *f*
accountability for actions Verantwortlichkeit *f*
accountable *adj* rechenschaftspflichtig, verantwortlich
accountancy Buchhaltung *f*, Rechnungswesen *n*
accountant Buchhalter *m*; Abschlussprüfer *m*, Steuerberater *m*, Wirtschaftsprüfer *m*
accountant of court *(Scot)* 1. *(AE)* ≈ Gerichtsbuchhalter, Rechnungsprüfer *m (Gericht)*; 2. *(Scot)* gerichtlicher Überwachungsbeamter *m* für treuhänderische Verwaltung
accounting Buchhaltung *f*, Buchführung *f*, Abrechnung *f*; Rechnungswesen *n*
accounting period Abrechnungszeitraum *m*, Buchungsperiode *f*, Bilanzierungsperiode *f*
accounting reference date ≈ Bilanzstichtag *(in UK und USA: Datum, an dem das Geschäftsjahr und die Buchführungsperiode der Limited-Gesellschaft endet, ein Jahr nach dem letzten Tag des Gründungsmonats)*
accounts payable Kreditoren *mpl*, Verbindlichkeiten *fpl*
accounts receivable Debitoren *mpl*, Forderungen *fpl*, Außenstände *mpl*
accredit *v* 1. akkreditieren, amtlich zulassen; 2. bevollmächtigen; 3. beglaubigen
accreditation 1. Akkreditierung *f*; 2. Bevollmächtigung *f*; 3. Beglaubigung *f*
accredited *adj* beglaubigt; bevollmächtigt, akkreditiert
accredited investors *pl* akkreditierte Investoren *mpl*
accretion Zunahme *f*, Vermehrung *f*; Anwachsung *f*
accrual Zuwachs *m*, Anwachsung *f*; Rechnungsabgrenzungsposten *m (Bilanz)*; Auflaufen *n (von Zinsen)*
accrual date Fälligkeitstag *m*
accrual of a right Entstehung *f* eines Rechts
accrual of interest Anfall *m* von Zinsen
accrual of the cause of action Entstehung *f* des Klageanspruchs
accrual of the inheritance Erbschaftsanfall *m*
accrue *v* anwachsen; anfallen, fällig werden, auflaufen *(Zinsen)*
accrued *adj* 1. aufgelaufen, angewachsen; 2. *(BilanzR)* rückgestellt
accrued income aktive Rechnungsabgrenzung *f (Bilanz)*
accrued interest Stückzinsen *mpl*
accrued item Rechnungsabgrenzungsposten *m*
accrued revenue antizipative Erträge *mpl*
accumulate *v* 1. kumulieren, anhäufen; 2. auflaufen
accumulated interest aufgelaufene Zinsen *mpl*, Verzugszinsen *mpl*
accumulated value Endwert *m*
accumulating trust ≈ Accumulating Trust, ≈ Thesaurierungstreuhand
accumulation Anhäufung *f*, Ansammlung *f*
accumulation trust ≈ Accumulating Trust, ≈ Thesaurierungstreuhand
accumulative *adj* kumulativ, akkumulierend, wachsend
accuracy of a statement *(StrafR)* Richtigkeit *f* einer Aussage
accusation 1. Vorwurf *m*; 2. Strafanzei-

ge *f*; 3. (formelle) Anklageerhebung *f*, Anklage *f*
accusatory instrument *(StrafR)* Anklageschrift *f*
accuse *v* 1. beschuldigen *(ab Ermittlungsverfahren durch die Polizei oder Staatsanwaltschaft)*; 2. anschuldigen *(ab Erhebung der Anklage)*; 3. anklagen *(ab Eröffnungsbeschluss des Gerichts)*
accused 1. Beschuldigter *m (ab Ermittlungsverfahren durch die Polizei oder Staatsanwaltschaft)*; 2. Angeschuldigter *m (ab Erhebung der Anklage)*; 3. Angeklagter *m (ab Eröffnungsbeschluss des Gerichts)*
accuser Ankläger *m*
acknowledge *v* anerkennen, eingestehen, zugeben; bestätigen
acknowledge *v* **receipt** den Eingang bestätigen, den Empfang bestätigen
acknowledgement Anerkennung *f*, Anerkenntnis *n*, Bekenntnis *n*, Bestätigung *f*, Eingeständnis *n*, Zugeständnis *n*
acknowledgement of debt Schuldanerkenntnis *n*
acknowledgement of paternity Vaterschaftsanerkenntnis *n*, Vaterschaftsanerkennung *f*
acknowledgement of receipt 1. Quittung *f*; 2. Empfangsbestätigung *f*
acknowledgement of satisfaction Anerkenntnis *n* der Erfüllung
acknowledgement of service Bestätigung *f* des Zugangs; Zustellungsurkunde *f*
acknowledgement of title Anerkennung *f* eines Rechts [Anspruchs, rechtlichen Interesses]
ACLU *s.* American Civil Liberties Union
acquiesce *v* dulden, hinnehmen, sich abfinden
acquiescence Duldung *f*, Billigung *f*, Einwilligung *f (stillschweigende)*
acquire *v* anschaffen, akquirieren, bekommen; gewinnen; übernehmen; sich zueignen
acquire *v* **a company** ein Unternehmen erwerben
acquire *v* **an interest** eine Beteiligung erwerben
acquire *v* **by inheritance** im Wege der gesetzlichen Erbfolge erwerben
acquire *v* **land** Land [Grundstücke] erwerben
acquire *v* **property** Eigentum erwerben
acquired *adj* erworben
acquired nationality erworbene Staatsangehörigkeit *f*
acquired rights *pl* (wohl)erworbene Rechte *npl*
acquiree *(GesellschaftsR)* erworbene Gesellschaft *f (bei Verschmelzung oder Kauf)*
acquirer 1. Käufer *m*, Erwerber *m*; 2. *(InternetR)* Karteneinreichinstitut *n*, Karten einreichendes Institut *n*
acquisition Anschaffung *f*, Akquise *f*, Übernahme *f*, Aufkauf *m*; Beschaffung *f*, Erhebung *f*
acquisition agent *(VersR)* Abschlussvermittler *m*
acquisition contract *(AE)* Übernahmevertrag *m*
acquisition costs *pl* Anschaffungskosten *pl*, Erwerbskosten *pl*, Ankaufsspesen *pl*
acquisition fee Besorgungsgebühr *f*; Abschlussgebühr *f*
acquisition of land Grundstückserwerb *m*, Kauf *m* von Grundbesitz
acquisition of nationality Staatsangehörigkeitserwerb *m*
acquisition of property Eigentumserwerb *m*
acquisition of title Eigentumserwerb *m*
acquit *v* freisprechen; befreien
acquit *v* **somebody from a debt** (jmdn.) von Schulden befreien
acquit *v* **somebody from an obligation** (jmdn.) von einer Verbindlichkeit freistellen
acquit *v* **somebody of a charge** (jmdn.) von einer Anklage freisprechen
acquittal Freisprechung *f*, Freispruch *m*
acquittance Schuldbefreiung *f*, Tilgung *f*, Schulderlass *m*; Quittung *f*
act *v* agieren, fungieren, handeln, tätig sein
act *v* **as** tätig sein, auftreten
act *v* **as an agent** als Stellvertreter handeln, in fremdem Namen handeln
act *v* **for** vertreten
act *v* **in good faith** in gutem Glauben handeln, nach Treu und Glauben vorgehen
act *v* **innocently** schuldlos handeln
act *v* **on one's own behalf** im eigenen Namen handeln
act 1. Handlung *f*, Tat *f*; 2. Gesetz *n*; 3. Akte *f*, Schriftstück *n*

Act of God höhere Gewalt *f*, Naturereignis *n*
act of law rechtsgestaltendes Gesetz *n*
act of legislature Gesetz *n*
act of state Staatsakt *m*; *(BE)* ≈ Maßnahme der Krone
act of terrorism terroristische Handlung *f*
act of war Kriegshandlung *f*, feindlicher Akt *m*
act or omission Handeln *n* oder Unterlassen *n*
actio quanti minoris *(Lat) (Scot)* ≈ Klage auf Minderung des Kaufpreises, ≈ Minderungsklage *(bei Gewährleistungsmangel)*
action Aktion *f*; Handlung *f*, Kampfhandlung *f*; Klage *f*, Maßnahme *f*; Prozess *m*, Vorgehen *n*
action for annulment Anfechtungsklage *f*; Nichtigkeitsklage *f*
action for breach of contract Klage *f* wegen positiver Forderungsverletzung; Klage *f* wegen Vertragsbruchs; Klage *f* wegen Vertragsverletzung
action for divorce Scheidungsantrag *m*
action for infringement Klage *f* wegen einer Verletzungshandlung; Klage *f* wegen eines Verstoßes
action for infringement of the Treaty *(EuropaR)* Vertragsverletzungsverfahren *n*
action for libel *(ZivilR)* Beleidigungsklage *f*, Verleumdungsklage *f (wegen Ehrverletzung in schriftlicher oder anderer dauerhafter Form)*
action for recovery Klage *f* auf Rückgewähr, Klage *f* auf Herausgabe, Klage *f* auf Zahlung
action in rem dingliche Klage *f*
action in torts Klage *f* aus unerlaubter Handlung, Klage *f* aufgrund deliktsrechtlichen Anspruchs
action of account Klage *f* auf Rechnungslegung
action of assumpsit *(veraltet)* Klage *f* wegen Nichterfüllung
action of detinue *(veraltet)* Klage *f* auf Herausgabe *(des Eigentums)*
actionable *adj* einklagbar, klagbar
active partner tätiger Teilhaber *m*
actor 1. Handelnder *m*; 2. Kläger *m*; 3. *(StrafR)* Täter *m*; 4. Anwalt *m*; 5. Darsteller *m*, Schauspieler *m*
actress 1. Handelnde *f*; 2. Klägerin *f*; 3. *(StrafR)* Täterin *f*; 4. Anwältin *f*; 5. Darstellerin *f*, Schauspielerin *f*
actual *adj* 1. tatsächlich, real, vorhanden; 2. aktuell, gegenwärtig
actual authority Vertretungsmacht *f* im Einzelfall
actual costs *pl* tatsächlich entstandene Kosten *pl*, Istkosten *pl*
actual damage tatsächlich entstandener Schaden *m*
actual damages *pl* Schadensersatz *m* für tatsächlich entstandenen Schaden
actual loss tatsächlich entstandener Verlust *m*
actual malice ≈ tatsächliche Böswilligkeit *(im Wissen, dass die Darstellung falsch war, oder unter der rücksichtslosen Missachtung, ob sie falsch war oder nicht)*
actual notice tatsächliche Kenntnis *f*
actual possession unmittelbarer Besitz *m*
actuarial *adj* versicherungsmathematisch, versicherungsstatistisch
actuary Versicherungsmathematiker *m*; Versicherungsstatistiker *m*
actus reus *(Lat) (StrafR)* rechtswidrige Tatbestandsverwirklichung *f*; Tat *f*
ad colligenda bona *(Lat) (ErbR)* ≈ Anordnung der vorläufigen Nachlassverwaltung
ad damnum *(Lat)* geforderter Schadensersatz *m*
ad diem *(Lat)* (nur) zu diesem Zweck
ad hoc *(Lat)* ad hoc, speziell für den vorliegenden Fall
ad hoc body Ad-hoc-Organ *n*, Ad-hoc--Gremium *n*
ad idem *(Lat)* in Übereinstimmung miteinander
ad infinitum *(Lat)* 1. ad infinitum, ins Unendliche, unendlich *(zeitlich und örtlich)*; 2. unbeschränkt
ad litem *(Lat)* für den (konkreten) Rechtsstreit
ad longum *(Lat)* 1. endlich, schließlich; 2. ausführlich
ad valorem *(Lat)* im Werte von, nach Wert, dem Wert entsprechend
ADA *s.* Americans with Disabilities Act
adaptation Anpassung *f*, Angleichung *f*
adaptation clause Anpassungsklausel *f*, Abänderungsvorbehalt *m*

adaptation procedure Anpassungsverfahren *n*
add-ons *pl* zusätzliche Vereinbarungen *fpl*, Nebenbestimmungen *fpl (eines Vertrags)*
added value Mehrwert *m*, Wertzuwachs *m*
addendum Nachtrag *m*, Zusatz *m*
addiction Abhängigkeit *f*, Sucht *f* *(Rauschgift)*
addition Ergänzung *f*; Zugang *m*, Zuschlag *m*, Vergrößerung *f*, Zuwachs *m*
additional agreement Nebenabrede *f*; Zusatzabkommen *n*
additional claim Mehrforderung *f*, Nachforderung *f*
additional conditions *pl* Nebenbedingungen *fpl*
additional cover *(VersR)* zusätzliche Deckung *f*
additional period Nachfrist *f*
address *v* adressieren, anreden, das Wort ergreifen, (zu jmdm.) sprechen; sich befassen mit, angehen *(ein Problem)*; sich richten an
address *v* **a meeting** in einer Versammlung das Wort ergreifen, eine Ansprache in einer Versammlung halten
address *v* **the court** sich an das Gericht wenden
address *v* **the House** im Parlament das Wort ergreifen
address Adresse *f*, Anschrift *f*; Ansprache *f*, Vortrag *m*
address for service Zustellungsadresse *f*
address of counsel Adresse *f* des bevollmächtigten Vertreters
addressee Adressat *m*, Empfänger *m*
adduce *v* anführen, beibringen, vorlegen
adduce *v* **evidence** Beweis beibringen [erbringen, antreten]
adduce *v* **the motivation** Gründe anführen
ADEA *s.* Age Discrimination in Employment Act
ademption 1. Widerruf *m*; 2. Entziehung *f*, Wegnahme *f*
adequacy Adäquanz *f*, Angemessenheit *f*, Zulänglichkeit *f*
adequacy of consideration Angemessenheit *f* der Gegenleistung, Gleichwertigkeit *f* der Gegenleistung
adequacy of penalty Angemessenheit *f* der Strafe
adequacy of reward Angemessenheit *f* der Entschädigung [Belohnung]
adequate *adj* adäquat, angemessen, gebührend
adequate protection doctrine ≈ Doktrin des angemessenen Schutzes
adhere *v* angehören, anhängen, beitreten; beachten, aufrechterhalten, bleiben bei, beibehalten
adhere *v* **to a rule** einer Regel gehorchen, eine Vorschrift befolgen, an einer Regelung festhalten
adherence 1. Beachtung *f*, Einhaltung *f*, Beibehaltung *f*; 2. *(VölkerR)* Beitritt *m*
adherence to a treaty 1. Beitritt *m* zu einem Vertrag; 2. Einhalten *n* einer Vereinbarung, Festhalten *n* an einem Abkommen
adhesion 1. Festhalten *n*; 2. *(VölkerR)* Adhäsion *f*, Beitritt *m*
adhesion contracts *pl (VölkerR)* Adhäsionsverträge *mpl*, Beitrittsvereinbarungen *fpl*
adjacent *adj* angrenzend, benachbart
adjacent land Nachbargrundstück *n*
adjective law Prozessrecht *n*, Verfahrensrecht *n*
adjoin *v* angrenzen an
adjoining *adj* angrenzend, benachbart; nebenstehend
adjoining property Nachbargrundstück *n*
adjourn *v* aufschieben, verlegen *(zeitlich oder örtlich)*; unterbrechen *(die Sitzung)*
adjourn *v* **a decision** (sich) vertagen
adjourn *v* **a hearing** eine Verhandlung vertagen [unterbrechen]
adjourn *v* **sine die** ≈ vertagen, ohne dass ein neuer Termin bestimmt wird
adjournment Aufschub *m*, (zeitliche oder örtliche) Verlegung *f*; Unterbrechung *f*
adjournment motion Antrag *m* auf Verlegung, Vertagungsantrag *m*
adjournment of trial Vertagung *f* der Verhandlung
adjudge *v* (für Recht) erkennen, entscheiden, befinden; (jmdm. etw.) zusprechen
adjudg(e)ment Entscheidung *f*; Zuerkennung *f*, Zusprechung *f*
adjudicate *v* 1. (richterlich) entscheiden, erkennen, befinden; zusprechen; 2. (jmdm. etw.) zuschlagen *(bei Versteigerungen)*
adjudicated bankrupt *adj* gerichtlich für zahlungsunfähig [insolvent] erklärt

adjudicated bankrupt Gemeinschuldner *m*
adjudication Entscheidung *f*, Urteil *n*; Beschluss *m*; Zuerkennung *f*; Zuschlag *m* *(bei Auktionen)*
adjudicative *adj* erkennend, entscheidend; zuerkennend, zusprechend; Zuschlag erteilend *(bei Auktionen)*
adjudicator Schiedsgutachter *m*; Schlichter *m*
adjust *v* 1. anpassen, abstimmen, (ab)ändern, berichtigen, korrigieren; 2. *(VersR)* regeln *(Schaden)*; 3. beilegen, regeln *(eine Streitigkeit)*
adjusted for inflation an die Inflation angeglichen, inflationsbereinigt
adjustment 1. Anpassung *f*, Abstimmung *f*, Änderung *f*, Abänderung *f*; 2. Regulierung *f (des Schadens)*; 3. *(ProzessR)* Beilegung *f*, Regelung *f (einer Streitigkeit)*
administer *v* 1. anwenden, ausführen, vollziehen; 2. verwalten, organisieren
administer *v* **an estate** einen Nachlass regeln, ein Vermögen verwalten
administer *v* **justice** judizieren, Recht sprechen
administer *v* **the oath** (jmdn.) beeidigen, (jmdm.) einen Eid abnehmen, (jmdn.) vereidigen
administration 1. Anwendung *f*, Ausführung *f*, Vollziehung *f*; 2. Verwaltung *f*; Organisation *f*
administration of an estate Nachlassverwaltung *f*, Vermögensverwaltung *f*
administration of an oath Abnahme *f* eines Eides, Vereidigung *f*
administration of justice Justiz *f*, Justizverwaltung *f*, Rechtspflege *f*
administration order Anordnung *f* der Geschäftsführung durch gerichtlich bestellten Verwalter; Insolvenzbeschluss *m*
administration with the will annexed ≈ Anordnung der Nachlassverwaltung für den Fall, dass das Testament keinen Executor vorsieht oder der ursprünglich bestallte Executor wegfällt und testamentarisch keine oder keine geeignete Ersatzperson vorgesehen ist
administrative agency Behörde *f*, Verwaltungsstelle *f*
administrative court Verwaltungsgericht *n*
administrative expenses *pl* Verwaltungskosten *pl*, Verwaltungsaufwendungen *fpl*
administrative law Verwaltungsrecht *n*
administrative law judge Verwaltungsrichter *m*
administrative process Verwaltungsverfahren *n*
administrative receiver Zwangsverwalter *m*
administrator 1. Verwalter *m*; Verwaltungsangestellter *m*, Verwaltungsbeamter *m*; 2. Verwaltungsrat *m (Europäische Institutionen)*; 3. Nachlasspfleger *m*; Vermögensverwalter *m*
administrator ad litem Nachlassverwalter *m* zur Fortführung eines Rechtsstreits
administrator of an estate Nachlassverwalter *m*, Nachlasspfleger *m*
administratrix Nachlassverwalterin *f*
admiralty Admiralität *f*
Admiralty Court *(BE)* Gericht *n* für seerechtliche Streitigkeiten, Seegericht *n*
admiralty law Seerecht *n*
admissibility Zulässigkeit *f*
admissibility of evidence Zulässigkeit *f* eines Beweisantrages, Zulässigkeit *f* eines Beweismittels
admissible *adj* erlaubt, zulässig
admissible evidence zulässiges Beweismittel *n*
admission 1. Aufnahme *f*, Zugang *m*, Zulassung *f*; 2. Einräumung *f*, Nichtbestreiten *n (von Tatsachen im Zivilprozess)*; 3. Einräumung *(der Tat)*; Geständnis *n (im Strafprozess)*
admission as a lawyer Zulassung *f* als Anwalt
admission by conduct konkludentes Anerkenntnis *n*
admission of a case Zulassung *f* eines Falles
admission of evidence Zulassung *f* eines Beweismittels, Zulassung *f* eines Beweisantrages
admission of guilt Eingeständnis *n* einer Schuld, Schuldeingeständnis *n*
admission of liability Anerkenntnis *n* der Haftung
admission to the bar Zulassung *f* als Rechtsanwalt *(BE als Barrister)*
admissive *adj* zulässig
admit *v* 1. anerkennen, (ein)gestehen; 2. erlauben, gestatten

admit *v* **evidence** einem Beweisantrag stattgeben, ein Beweismittel zulassen
admit *v* **fault** Verschulden anerkennen
admit *v* **guilt** sich schuldig bekennen, Schuld zugeben
admit *v* **liability** Haftung anerkennen
admitted *adj* anerkannt, zulässig; zugelassen
admittedly *adv* zugegebenermaßen, anerkanntermaßen
admonish *v* 1. (er)mahnen, (ver)warnen; 2. belehren *(Geschworene, Zeugen)*
admonition 1. Ermahnung *f*, Mahnung *f*, Verwarnung *f*; 2. Belehrung *f (der Geschworenen, der Zeugen)*
adolescent Jugendlicher *m*, Heranwachsender *m*
adopt *v* 1. adoptieren, annehmen; 2. sich zu Eigen machen, übernehmen; fassen *(einen Beschluss)*
adoptable *adj* akzeptabel, annehmbar
adopted *adj* adoptiert, angenommen
adoptee Adoptierter *m*, Angenommener *m*, Adoptivkind *n*
adoption Adoption *f*, Annahme *f*, Annahme *f* als Kind
adoption of a child Kindesannahme *f*, Annahme *f* als Kind
adoption order Adoptions(genehmigungs)beschluss *m*, Annahmebeschluss *m*
adoptive parents *pl* Adoptiveltern *pl*
ADR *s.* alternative dispute resolution
adult Erwachsener *m*, Volljähriger *m*
adulterer Ehebrecher *m*
adulteress Ehebrecherin *f*
adulterous *adj* ehebrecherisch
adultery Ehebruch *m*
advance *v* 1. steigen, gewinnen, sich erhöhen; 2. befördert werden, aufrücken; 3. erhöhen, (be)fördern; 4. zuteilen *(Bausparvertrag)*; 5. bevorschussen, anzahlen
advance 1. Weiterentwicklung *f*; 2. Anzahlung *f*, Vorschuss *m*; Darlehen *n*, Kredit *m*
advance directive Patientenverfügung *f*, Patiententestament *n*
advance expenses *pl* Kostenvorschuss *m*, Auslagenvorschuss *m*
advance notice Vorabmitteilung *f*, Voranzeige *f*, Warnung *f*
advance on costs *(AE)* Gerichtskostenvorschuss *m*
advance payment Vorkasse *f*, Vorauszahlung *f*; Anzahlung *f*
advance rent Mietvorauszahlung *f*
advanced *adj* 1. fortschrittlich, modern; 2. im Voraus bezahlt
advancement 1. Förderung *f*, Weiterentwicklung *f*; 2. Beförderung *f*; 3. *(AE)* Anzahlung *f*
advantage Gewinn *m*, Nutzen *n*, Vorzug *m*, Vorteil *m*
adversarial *adj* 1. gegnerisch; 2. auf der Verhandlungsmaxime beruhend
adversarial system System *n* des kontradiktorischen Verfahrens, auf der Verhandlungsmaxime beruhendes System *n*
adversary *adj* kontradiktorisch
adversary 1. Gegner *m*, Kontrahent *m*; Feind *m*; 2. Prozessgegner *m*
adverse *adj* 1. feindlich, gegnerisch; 2. negativ, nachteilig, ungünstig; 3. abgeneigt, passiv
adverse change of material circumstances nachteilige Veränderung *f* der wesentlichen Umstände
adverse circumstances *pl* widrige Umstände *mpl*
adverse occupation *(VölkerR)* feindliche Besetzung *f (eines Landes)*
adverse party Gegenpartei *f*, Gegenseite *f*, Prozessgegner *m*
adverse possession *(GrundstücksR)* Ersitzung *f*
adverse witness Zeuge *m* der Gegenseite
advice 1. Bescheid *m*, Hinweis *m*, Nachricht *f*, Rat *m*; 2. Anzeige *f*, Mitteilung *f*
advice of receipt Empfangsbestätigung *f*
advice of remittance Überweisungsanzeige *f*
advise *v* 1. (be)raten, empfehlen; 2. benachrichtigen, hinweisen, in Kenntnis setzen
advise *v* **a client** einen Mandanten beraten
advisedly *adv* angekündigt, avisiert, benachrichtigt; belehrt; wohlbedacht
adviser Berater *m*, Ratgeber *m*, Gutachter *m*
advisory *adj* beratend, gutachtlich
advisory board Beirat *m*, Beratungsgremium *n*
advisory opinion Stellungnahme *f*, Rechtsgutachten *n*, Gutachten *n*

advocacy Befürwortung *f*, Eintreten *n* (für etw.)
advocate *v* befürworten, eintreten (für etw.)
Advocate General 1. *(Scot)* ≈ Rechtsberater der Krone; 2. *(EuropaR)* Generalanwalt *m*
Advocate Lord *(Scot)* ≈ Generalstaatsanwalt
affair 1. Angelegenheit *f*, Geschäft *n*; 2. Verhältnis *n*, Liebesverhältnis *n*
affect *v* 1. angehen; 2. beeinflussen, beeinträchtigen
affection value affektiver Wert *m*, Liebhaberwert *m*
affiant Unterzeichner *m* einer eidesstattlichen Versicherung, Eidesleister *m*
affidavit Affidavit *n*; eidesstattliche Erklärung *f*
affidavit in support *(AE)* Bürgschaftserklärung *f*
affidavit of documents ≈ eidesstattliche Versicherung bezüglich bestimmter Urkunden
affidavit of evidence Affidavit-Aussage *f*, Affidavit-Beweis *m (Beweis durch schriftliche Zeugenaussage mit eidesstattlicher Versicherung ihrer Richtigkeit)*
affidavit of service eidesstattliche Versicherung *f* der Zustellung
affiliate *v* aufnehmen, sich anschließen
affiliate *v* **a child** die Vaterschaft gerichtlich feststellen
affiliate 1. Konzernunternehmen *n*, Konzerngesellschaft *f*; 2. Teilhaber *m*, Teilnehmer *m*; Genosse *m*, Verbündeter *m*
affiliated *adj* angegliedert, angeschlossen, nahestehend
affiliated company Konzerngesellschaft *f*, Schwestergesellschaft *f*, Tochtergesellschaft *f*
affiliation Angliederung *f*, Verbund *m*; Zugehörigkeit *f*; Geschäftsverbindung *f*
affinity Schwägerschaft *f*, Verwandtschaft *f (durch Heirat)*
affirm *v* bekräftigen, bestätigen; eidesstattlich erklären
affirm *v* **a judgment** ein Urteil aufrechterhalten [bestätigen]
affirm *v* **upon oath** unter Eid bestätigen
affirmant Erklärender *m*
affirmation Bekräftigung *f*, Bestätigung *f*; eidesstattliche Erklärung *f*
affirmative *adj* bejahend, bestätigend
affirmative action positive Diskriminierung *f*, Förderung *f* von Minderheiten
affirmative defence *(BE)*, **affirmative defense** *(AE)* 1. *(ZivilprozessR)* Einrede *f* des Beklagten; 2. *(StrafprozessR)* ≈ Behauptung, die der Angeklagte glaubhaft zu machen hat *(z. B. Notwehr)*
affirmative easement Duldungsdienstbarkeit *f*, ≈ Dienstbarkeit, die zu einem positiven Tun berechtigt
affirmative judgment *(AE)* obsiegendes Urteil *n*
affirmative relief Rechtsschutz *m* für eine Widerklage
affirming Bekräftigung *f*
affix *v* anheften, aufkleben; (mit etw.) versehen *(z. B. mit einem Stempel)*
affix *v* **a seal** (etw.) mit einem Siegel versehen
affix *v* **a signature** unterschreiben
affray 1. Schlägerei *f*, Handgemenge *n*; 2. Landfriedensbruch *m*
aforementioned *adj* vorerwähnt, vorgenannt
aforesaid *adj* wie oben gesagt, vorgenannt
aforethought *adj* vorbedacht, vorsätzlich • **with malice aforethought** in bös(willig)er Absicht
after-acquired evidence *(AE)* ≈ Beweise, die nach der Entlassung des Arbeitnehmers entdeckt werden und bei Kenntnis zum Zeitpunkt der Entlassung diese hätten rechtmäßig und berechtigt sein lassen
after-acquired property *(FamilienR)* nachträglich erworbenes Eigentum *n* [Vermögen *n*]; nach der Eheschließung erworbenes Eigentum *n*
after-acquired title nachträglich erworbenes Eigentum *n*
after-sales service Kundendienst *m*
age Alter *n* • **be over age** 1. über der Altersgrenze sein; 2. *(WehrR)* nicht mehr dienstpflichtig sein • **under age** minderjährig, unmündig
Age Discrimination in Employment Act *(ADEA)* ≈ Gesetz gegen die Diskriminierung am Arbeitsplatz aus Altersgründen *(vgl. in Deutschland: Allgemeines Gleichbehandlungsgesetz, AGG)*
age limit Altersgrenze *f*
age of consent Einwilligungsalter *n (z. B.*

zur Eheschließung, zum Geschlechtsverkehr)
age of majority Volljährigkeit *f*
agency 1. Vertretung *f*, Stellvertretung *f*; 2. Bevollmächtigung *f*, Vollmacht *f*; 3. Agentur *f*, Filiale *f*, Geschäftsstelle *f*; Niederlassung *f*; 4. Amt *n*, Behörde *f*, Verwaltungsorgan *n*, Organ *n*
agency agreement Geschäftsbesorgungsvertrag *m*, Handelsvertretervertrag *m*
agency by estoppel Anscheinsvollmacht *f*, durch schlüssiges Verhalten erteilte Vollmacht *f*
agenda Tagesordnung *f*
agent 1. Beauftragter *m*, Bevollmächtigter *m*; Stellvertreter *m*, Vertreter *m*; 2. Agent *m* • **act as agent for somebody** jmdn. vertreten, als Stellvertreter für einen Anderen handeln
aggravate *v* verschlimmern; erschweren
aggravated *adj* 1. verschärft, schwer; 2. räuberisch *(Diebstahl)*; 3. qualifiziert
aggravated assault *(AE)* schwere Körperverletzung *f*
aggravated damages *pl* verschärfter [erhöhter] Schadensersatz *m*
aggravated risk erhöhtes Risiko *n*
aggravated robbery schwerer Raub *m*
aggravated theft schwerer Diebstahl *m*
aggravating 1. strafschärfend; verschärfend; 2. unangenehm, ärgerlich
aggravating circumstances *pl* erschwerende Umstände *mpl*, strafschärfende Umstände *mpl (im Gegensatz zu „mitigating circumstances" = mildernde Umstände)*
aggravation Erschwerung *f*
aggressor *(VölkerR)* Angreifer *m*
aggrieved *adj* belastet, beschwert, verletzt
aggrieved party beschwerte Partei *f*
agree *v* absprechen, beschließen, vereinbaren; zustimmen, beipflichten; einig sein, übereinstimmen; übereinkommen, sich einverstanden erklären
agree *v* **by implication** stillschweigend zustimmen
agree *v* **expressly** ausdrücklich zustimmen
agreeable *adj* übereinstimmend, einverständlich
agreed *adj* vereinbart, verabredet
agreed damages *pl* vereinbarter Schadensersatz *m (z. B. in einem Vergleich)*
agreed quality vereinbarte Qualität *f*
agreed statement of facts unstreitiger Sachverhalt *m*; unstreitige Darstellung *f* des Tatbestandes
agreement 1. Absprache *f*, Beschluss *m*, Vertrag *m*; Einigung *f*, Einverständnis *n*, Übereinkunft *f*; 2. *(VölkerR)* Abkommen *n*, Übereinkommen *n* • **by (mutual) agreement** durch (gegenseitige) Vereinbarung, durch (gegenseitigen) Vertrag
agreement for settlement of all claims Vereinbarung *f* über die Abfindung sämtlicher Ansprüche
agreement to agree Vereinbarung *f*, sich zu einigen
agreement to sell Kauf(vor)vertrag *m*, ≈ Vereinbarung, den endgültigen Kaufvertrag abzuschließen
aid *v* **and abet** *v (StrafR)* anstiften, Beihilfe leisten, Mittäter sein *(jegliche strafbare Förderung einer versuchten oder vollendeten Straftat)*; begünstigen
aid Hilfe *f*
aiding and abetting *(StrafR)* Anstiftung *f*, Beihilfe *f*, Mittäterschaft *f*, Begünstigung *f*, Vorschubleistung *f*
aka *s.* also known as
aleatory contract aleatorischer Vertrag *m (z. B. Glücksspiel)*
alias *adv* alias, genannt
alibi Alibi *n*
alien *adj* ausländisch, fremd
alien Ausländer *m*, Fremder *m*
alien corporation *(AE)* ausländische Kapitalgesellschaft *f*, ausländische Aktiengesellschaft *f*
alienable *adj* übertragbar, veräußerlich
alienate *v* 1. abwerben *(Personal)*; 2. übertragen, veräußern
alienation 1. Abwerbung *f (von Personal)*; 2. Übertragung *f*, Veräußerung *f*
alienee *(AE)* 1. Käufer *m*, Erwerber *m*; 2. neuer Eigentümer *m*; 3. Zessionar *m (Forderung)*
alienor *(AE)* 1. Verkäufer *m*, Veräußerer *m*; 2. Übertragender *m*; 3. Zedent *m (Forderung)*
alimony *(veraltet)* Unterhalt *m*, Unterhaltsbetrag *m (jetzt: BE maintenance; AE spousal support)*
aliunde *(Lat)* anderswoher

all-inclusive price Komplettpreis *m*, Pauschalpreis *m*, Pauschale *f*
all risks *pl* sämtliche Gefahren *fpl*
all-risks insurance Versicherung *f* gegen sämtliche Gefahren
allegation 1. Aussage *f*, Behauptung *f*; 2. Darstellung *f*, Parteivorbringen *n*
allege *v* aussagen, behaupten, geltend machen, darlegen
alleged *adj* angeblich
alleged facts *pl* Tatsachenbehauptungen *fpl*, vorgetragener Sachverhalt *m*
alleged robber angeblicher Räuber *m*
allegiance *(öffentliches R)* Loyalität *f*; Treuepflicht *f*
alleviate *v* erleichtern, lindern; mindern
alleviation Erleichterung *f*, Linderung *f*; Minderung *f*
allocate *v* (etw.) aufteilen, umlegen; bewilligen, bereitstellen, vergeben; (jmdm. etw.) zurechnen, zuteilen, kontingentieren, zuweisen
allocation Aufteilung *f*, Umlegung *f*, Bewilligung *f*, Kontingentierung *f*; Bereitstellung *f*, Vergabe *f*, Zuteilung *f*; Zurechnung *f*, Zuweisung *f*
allocation of costs Kostenverrechnung *f*, Kostenverteilung *f*, Kostenumlage *f*
allocation of duties Pflichtenzuweisung *f*, Pflichtenverteilung *f*
allocation of risks Risikoverteilung *f*
allocation questionnaire ≈ von beiden Parteien auszufüllendes Formblatt, aufgrund dessen das Gericht entscheidet, welchem Gericht und ggf. welcher Abteilung der Fall zugewiesen wird
allocatur *(Lat)* (gerichtliche) Kostenverteilung *f*, Kostenfestsetzungsbeschluss *m*
allodial land Allodialland *n*
allographic *adj* von einer anderen Person geschrieben
allonge *(WechselR)* Allonge *f*, Anhang *m*, Verlängerung *f (an einem Wechsel)*
allot *v* auslosen; zuteilen, bewilligen, zuerkennen *(anteilsmäßig)*
allotment 1. Auslosung *f*, Verlosung *f*; Zuteilung *f*, Bewilligung *f*, Zuerkennung *f (anteilsmäßig)*; 2. *(GrundstücksR)* Parzelle *f*
allotment of shares Aktienzuteilung *f*
allottee Empfänger *m* einer Zuteilung
allow *v* 1. anerkennen, gelten lassen *(eine Forderung)*; 2. zubilligen, gewähren, zuerkennen *(eine Leistung)*; 3. erlauben, gestatten, zulassen *(ein Tun oder Unterlassen)*; 4. stattgeben *(einer Klage)*; 5. anrechnen *(einen Betrag)*
allow *v* **a claim** eine Forderung anerkennen; einem Anspruch stattgeben
allow *v* **an appeal** 1. eine Berufung [Beschwerde, Revision] zulassen; 2. einer Berufung [Beschwerde, Revision] stattgeben
allow *v* **an extension** eine Fristverlängerung gewähren
allow *v* **costs** Kostenentscheidung zu Lasten einer Partei treffen
allow *v* **for** 1. vergüten; 2. anrechnen, in Ansatz bringen, in Abzug bringen
allow *v* **for abatement** Nachlass bewilligen, Rabatt gewähren
allow *v* **in full** voll vergüten
allow *v* **in part** teilweise vergüten
allowable *adj* 1. zulässig, rechtmäßig; 2. *(SteuerR)* abzugsfähig; 3. *(InsolvenzR)* anmeldbar
allowance 1. Anerkennung *f*, Einwilligung *f*, Erlaubnis *f*; 2. Beihilfe *f*, Unterstützung *f*, Zulage *f*; Unterhalt *m (für den Ehegatten)*; 3. Aufwandsentschädigung *f*, Vergütung *f*; 4. Preisnachlass *m*; 5. *(BE)* Steuerfreibetrag *m* • **make an allowance** 1. eine Summe aussetzen; 2. Rücklagen bilden
allowance for a debt Rückstellung *f* für eine Verbindlichkeit
allowance of a discount Rabattgewährung *f*, Nachlassgewährung *f*
alluvion *(WasserR)* Anschwemmung *f*
also known as *(aka)* alias, auch bekannt als
alter *v* ändern, abändern, verändern, umändern
alteration Änderung *f*, Abänderung *f*, Veränderung *f*
alternate *adj* abwechselnd; stellvertretend
alternate beneficiary Ersatzbegünstigter *m*
alternate director stellvertretender Direktor *m*
alternative *adj* alternativ, abwechselnd; einander ausschließend
alternative defence *(BE)*, **alternative defense** *(AE) (ZivilR, StrafR)* hilfsweises Gegenvorbringen *n*
alternative dispute resolution *(ADR)* alternative Streitschlichtung *f* [Streitbeilegung *f*]

alternative sentence Ersatzfreiheitsstrafe *f*
a.m. *s.* ante meridiem
amalgamation Zusammenschluss *m*, Zusammenlegung *f*, Fusion *f*, Verschmelzung *f*
amalgamation contract Fusionsvertrag *m*
amber alert *(AE)* Suchmeldungen *fpl*, kurze Spots *mpl* mit Suchmeldungen *(System, das zur Suche nach entführten Kindern durch die Medien, insbesondere Fernsehen und Radio, eingeführt wurde)*
ambiguity Zweideutigkeit *f*, Mehrdeutigkeit *f*; Unklarheit *f*, Unbestimmtheit *f* • **be invalid because of ambiguity** wegen Unbestimmtheit [Mehrdeutigkeit] ungültig sein
ambiguous *adj* zweideutig, mehrdeutig; unklar, unbestimmt
ambiguous provision mehrdeutige Vorschrift *f*
ameliorate *v* verbessern; sich bessern, besser werden
amelioration Verbesserung *f*
amenable *adj* offen, zugängig; empfänglich
amenable to negotiations offen für Verhandlungen
amend *v* (ab)ändern, novellieren; ergänzen; berichtigen
amend *v* **a bill** einen Gesetzesentwurf abändern
amend *v* **a contract** einen Vertrag ändern
amended *adj* abgeändert, geändert; ergänzt; berichtigt
amendment Änderung *f*, Abänderung *f*; Ergänzung *f*; Nachtrag *m*; Berichtigung *f* • **move an amendment** einen Änderungsantrag stellen
amendment of a claim Anspruchsänderung *f*
amendment of an act Gesetzesänderung *f*
amendment of terms Änderung *f* von Bedingungen
American Arbitration Association ≈ Amerikanische Schiedsvereinigung
American Bar Association *(ABA)* Amerikanischer Anwaltsverband *m*
American Civil Liberties Union *(ACLU)* ≈ Amerikanische Bürgerrechtsvereinigung
American rule *(AE)* ≈ Kostenaufhebung *(Grundsatz, nach dem jede Partei, unabhängig vom Ausgang des Rechtsstreits, die Kosten für den eigenen Anwalt trägt)*
Americans with Disabilities Act *(ADA)* ≈ Gesetz gegen die Diskriminierung von Amerikanern mit Behinderung *(vgl. in Deutschland: SGB X)*
amicable *adj* gütlich, einvernehmlich, freundlich, freundschaftlich
amicable agreement gütliche Einigung *f*
amicable settlement gütliche [einvernehmliche] Beilegung *f*; Vergleich *m*
amicably *adv* vergleichsweise; im Vergleichswege • **amicably settle a dispute** eine Streitigkeit im Vergleichswege regeln
amicus curiae *(Lat)* Amicus Curiae *m*; sachverständiger Berater *m* des Gerichts
amicus curiae brief ≈ Stellungnahme einer interessierten, aber am Prozess nicht formell beteiligten Partei
amnesty Amnestie *f*, allgemeiner Straferlass *m*
amortization Amortisierung *f*; Tilgung *f*; Rückfluss *m*; Abschreibung *f*
amortize *v* amortisieren, sich amortisieren; tilgen; zurückzahlen; abschreiben
amount Summe *f*, Gesamtsumme *f*; Betrag *m*; Wert *m*; Höhe *f*
amount due 1. fälliger Betrag *m*; 2. geschuldete Summe *f*
amount in dispute *(ZivilR, StrafR)* strittiger Betrag *m*; Streitwert *m*
amount offered in satisfaction 1. geschuldeter Betrag *m*; 2. Betrag *m* angeboten als Befriedigung
amount sued for eingeklagter Betrag *m*
analogy Analogie *f*; Analogieverfahren *n* • **apply a judgment by analogy** ein Urteil analog anwenden, eine Entscheidung analog anwenden
ancestor Vorfahre *m*
ancient lights *pl* Licht- und Fensterrecht *n*
ancillary *adj* hilfsweise; ergänzend; untergeordnet
ancillary clauses *pl* ergänzende Klauseln *fpl*
ancillary probate ≈ gerichtliche Testamentsbestätigung für einen Nachlass außerhalb des Wohnsitzstaates
ancillary relief zusätzlicher Rechtsschutz *m* durch das Gericht
animus *(Lat)* Vorsatz *m*; Wille *m*; Absicht *f*

annex *v* anfügen, beifügen; verbinden, annektieren
annex Anlage *f*, Anhang *m*
annexation Anlage *f*, Beifügung *f*; Verbindung *f*; Annexion *f*
annotate *v* anmerken, mit Anmerkungen versehen, kommentieren
annotated *adj* kommentiert, mit Anmerkungen versehen
announce *v* ankündigen, bekannt geben, bekannt machen; anzeigen
announced/to be *(TBA)* wird angekündigt, noch zu benennen
annual *adj* jährlich
annual assembly Jahresversammlung *f*; jährliche Versammlung *f*
annual general meeting ordentliche Hauptversammlung *f*
annual income Jahreseinkommen *n*
annual leave Jahresurlaub *m*
annual receipts *pl* Jahreseinnahme *f*
annual shareholders' meeting Hauptversammlung *f*, Jahreshauptversammlung *f*
annual working hours Jahresarbeitszeit *f*
annuity Annuität *f*; Jahresrente *f*, Leibrente *f*; Jahreseinkommen *n*; jährliche Zahlung *f*; Jahreszinsen *mpl*
annul *v* annullieren, aufheben; widerrufen, rückgängig machen, anfechten; außer Kraft setzen, für nichtig erklären; kündigen
annul *v* **a marriage** eine Ehe aufheben
annul *v* **an agreement** einen Vertrag kündigen, eine Vereinbarung widerrufen
annullable *adj* aufhebbar, annullierbar, anfechtbar, kündbar, widerrufbar
annulment Annullierung *f*; Aufhebung *f*; Widerruf *m*; Anfechtung *f*, Rückgängigmachung *f*; Kraftloserklärung *f*; Ungültigkeitserklärung *f*, Kassation *f*
annulment of marriage Eheaufhebung *f*; Aufhebung *f* einer Ehe
annum *(Lat)* Jahr *n* • **per annum** pro Jahr
answer *v* antworten, beantworten, erwidern, entgegnen
answer *v* **a statement of claim** auf eine Klageschrift [Klagebegründung, Klagesubstanziierung] erwidern
answer Antwort *f*, Beantwortung *f*; Erwiderung *f*, Entgegnung *f*; Bescheid *m*; Replik *f*; Lösung *f*, Ergebnis *n*
ante *(Lat)* vorher, oben
ante meridiem *(a.m.)* vormittags, morgens
antecedent *adj* vorhergehend; vorrangig
antecedent claim vorrangiger Anspruch *m*
antenuptial *adj* vorehelich
antenuptial agreement vor der Eheschließung geschlossener Ehevertrag *m*
anti-dumping gegen Dumping gerichtet, Antidumping…
anti-dumping duty Antidumpingzoll *m*
anti-racketeering laws *pl* Gesetze *npl* gegen die organisierte Wirtschaftskriminalität; Gesetze *npl* gegen Schutzgelderpressung
anti-Semitic *adj* antisemitisch
anti-Semitism Antisemitismus *m*
Anti-Social Behaviour Order *(ASBO)* *(BE)* ASBO *f*, Verwarnung *f* für asoziales Verhalten
anticipate *v* vorwegnehmen, antizipieren; erwarten; vorgreifen
anticipated profit erwarteter Gewinn *m*, imaginärer Gewinn *m*
anticipation 1. Vorwegnahme *f*, Vorgriff *m*; 2. Vorauszahlung *f*, Abschlagszahlung *f*
anticipation data *pl* Planungsdaten *pl*
anticipation rebate Vorauszahlungsrabatt *m*
anticipatory *adj* vorweggenommen; vorgreifend; angekündigt
anticipatory breach angekündigte [sich abzeichnende] Vertragsverletzung *f*, Erfüllungsverweigerung *f*
anticompetitive *adj* wettbewerbsfeindlich
antitrust *adj* gegen Kartelle [Kartellabsprachen] gerichtet
antitrust action Kartellklage *f*
antitrust authorities *pl* Wettbewerbshüter *mpl*
antitrust law Kartellgesetz *n*
Anton Piller order ≈ gerichtliche Entscheidung auf Durchführung eines Beweissicherungsverfahrens
any other business *(AOB)* Sonstiges *n*
AOB *s.* any other business
apartheid Apartheid *f*, Rassentrennungspolitik *f*
apology Entschuldigung *f*, Abbitte *f*; Rechtfertigung *f*
apostille Apostille *f*
apparent *adj* offensichtlich, augenscheinlich; scheinbar, vermeintlich, rechtmäßig

apparent agent Anscheinsbevollmächtigter *m*, Scheinbevollmächtigter *m*
apparent authority Scheinvollmacht *f*, Anscheinsvollmacht *f*
apparent defect offensichtlicher Fehler *m*; offenkundiger Mangel *m*
apparent heir gesetzlicher Erbe *m*; rechtmäßiger Erbe *m*; zukünftiger Erbe *m*
appeal *v* 1. Berufung [Beschwerde, Revision, Rechtsmittel] einlegen; anfechten *(ein Urteil)*; 2. appellieren
appeal *v* **a judgment** Berufung [Beschwerde, Revision, Rechtsmittel] einlegen
appeal *v* **for help** um Hilfe anrufen [bitten]
appeal *v* **for mercy** um Gnade bitten; um eine milde Entscheidung bitten
appeal *v* **from a decision** Beschwerde [Berufung, Revision, Rechtsmittel] gegen eine Entscheidung einlegen
appeal *v* **on a matter of law** Revision einlegen
appeal *v* **to a higher court** Rechtsmittel [Beschwerde, Berufung, Revision] einlegen
appeal Berufung *f*, Rechtsmittel *n*, Revision *f*, Beschwerde *f* • **allow an appeal** eine Berufung [Beschwerde, Revision] zulassen; einer Berufung [Beschwerde, Revision] stattgeben • **file an appeal** Berufung [Beschwerde, Revision, Rechtsmittel] einlegen • **lodge an appeal** Berufung [Beschwerde, Revision, Rechtsmittel] einlegen • **make an appeal** appellieren • **on appeal** in der Berufungsinstanz [Rechtsmittelinstanz, Revisionsinstanz, Beschwerdeinstanz], im Berufungsverfahren [Rechtsmittelverfahren, Revisionsverfahren, Beschwerdeverfahren] • **reject an appeal** eine Berufung [Beschwerde, Revision] zurückweisen • **under appeal** im Berufungsverfahren [Beschwerdeverfahren, Revisionsverfahren, Rechtsmittelverfahren] • **withdraw an appeal** die Berufung [Beschwerde, Revision] zurücknehmen
appeal bond Sicherheitsleistung *f* für die Berufung [Beschwerde, Revision]
appealable *adj* anfechtbar; beschwerdefähig, rechtsmittelfähig, berufungsfähig, revisionsfähig
appear *v* auftreten, erscheinen
appear *v* **before court** vor Gericht auftreten [erscheinen]
appearance 1. Auftritt *m*, Auftreten *n*, Erscheinen *n*; 2. Einlassung *f*; 3. Schein *m*, Anschein *m* • **enter an appearance** sich auf eine Klage einlassen
appearance docket Aktenregister *n*, Fallregister *n (Gericht)*
appearance in person persönliches Erscheinen *n*
appellant 1. Antragsteller *m*, Beschwerdeführer *m*; Berufungskläger *m*; 2. *(StrafR)* Revisionskläger *m*; Angeklagter *m* in der Berufungsinstanz [Revisionsinstanz]
appellate *adj* ein Rechtsmittel betreffend, zum Rechtsmittel gehörig
appellate court Rechtsmittelgericht *n*; Berufungsgericht *n*; Revisionsgericht *n*; Beschwerdegericht *n*
appellate jurisdiction 1. Rechtsmittelgerichtsbarkeit *f*, Berufungsgerichtsbarkeit *f*, Revisionsgerichtsbarkeit *f*, Beschwerdegerichtsbarkeit *f*; 2. Zuständigkeit *f* in Rechtsmittelangelegenheiten [Berufungssachen, Revisionsangelegenheiten, Beschwerdesachen]
appellate review ≈ Überprüfung einer Gerichtsentscheidung im Rechtsmittelverfahren
appellee 1. Beschwerdegegner *m*; 2. Berufungsbeklagter *m*; 3. Revisionsbeklagter *m*
appendix Anhang *m*, Anlage *f*; Zubehör *n*
applicability Anwendbarkeit *f*, Einsetzbarkeit *f*, Verwendungsmöglichkeit *f*
applicable *adj* anwendbar, einschlägig, geltend
applicable law 1. anwendbares Recht *n*; 2. anwendbares Gesetz *n*
applicable tax rate anzuwendender Steuersatz *m*
applicant 1. *(PatentR)* Antragsteller *m*, Bewerber *m*, Kandidat *m*, Anmelder *m*; Bittsteller *m*; 2. *(GesellschaftsR)* Anteilszeichner *m*
application Bewerbung *f*; Bewerbungsschreiben *n*; Ersuchen *n*; Bitte *f*; Antrag *m* • **file an application** Bewerbung [Antrag, Anmeldung, Gesuch] einreichen • **grant an application** ein Gesuch bewilligen, einem Antrag stattgeben • **refuse an application** eine Bewerbung ablehnen; eine Anmeldung zurückweisen, einen Antrag ablehnen • **upon application** auf Antrag • **withdraw an**

application eine Anmeldung zurückziehen; einen Antrag zurücknehmen
application for discovery Auskunftsverlangen *n* im gerichtlichen Vorverfahren
application of the law Rechtsanwendung *f*; Gesetzesanwendung *f*
application to the court Antrag *m* an das Gericht; Klageantrag *m*
apply *v* 1. anwenden, gebrauchen, benutzen; 2. beantragen; 3. sich bewerben; 4. anwendbar sein *(Gesetz)*
appoint *v* 1. ansetzen, anberaumen; bestimmen, anordnen; 2. anstellen, einsetzen; ernennen, berufen
appoint *v* **for life** auf Lebenszeit ernennen
appointee Kandidat *m*; Ernannter *m*; Angestellter *m*; Beamter *m*; Beauftragter *m*
appointment 1. Anberaumung *f*; Bestimmung *f*, Anordnung *f*; 2. Anstellung *f*, Einsetzung *f*; Ernennung *f*, Berufung *f*, Bestallung *f*; 3. Vorschrift *f*, Verordnung *f*
appointment of heirs Erbeinsetzung *f*
apportion *v* aufteilen, (gleichmäßig) verteilen, zuteilen; zuweisen; umlegen
apportioning 1. Aufteilung *f (Kosten)*; 2. Dosierung *f (Medikament)*
apportionment Aufteilung *f*, Verteilung *f*, Zuteilung *f*; Zuweisung *f*; Umlage *f*
apportionment of contract anteilige Festlegung *f* der Vergütung auf die Beteiligten; Sukzessivlieferungsvertrag *m*
apportionment of costs Kostenumlegung *f*, Kostenverteilung *f*
appraisal Schätzung *f*; Bewertung *f*; Wertansatz *m*, Wertermittlung *f*; Beurteilung *f*
appraisal of damage Schadensabschätzung *f*, Schadensermittlung *f*
appraisal of loss Verlustabschätzung *f*, Verlustermittlung *f*
appraisal right *(AE)* Recht *n* zum Aktienrückkauf *(von überstimmten Minderheitsaktionären bei der Fusion oder dem Verkauf einer Aktiengesellschaft)*
appraise *v* schätzen, bewerten; beurteilen
appraised *adj* geschätzt
appraised value Schätzwert *m*
appraisement 1. Begutachtung *f*; 2. Bewertung *f*, Schätzung *f*
appraiser 1. Gutachter *m*; 2. Bewerter *m*, Schätzer *m*
appreciation Schätzung *f*, Würdigung *f*; Wertsteigerung *f*, Bewertung *f*
appreciation of assets Höherbewertung *f* [Wertsteigerung *f*] von Vermögenswerten
apprentice 1. Auszubildender *m*; *(obs.)* Lehrling *m*; 2. Anfänger *m*
apprenticeship 1. Ausbildung *f*; *(obs.)* Lehre *f*; 2. Ausbildungsverhältnis *n*; *(obs.)* Lehrstelle *f*
apprenticeship contract Ausbildungsvertrag *m*; *(obs.)* Lehrvertrag *m*
approbate *v* (amtliche) Genehmigung [Approbation] erteilen *(z. B. Arzt)*
approbation (amtliche) Genehmigung *f*, Approbation *f (z. B. Arzt)*
appropriate *adj* angemessen, geeignet, sachdienlich, zweckdienlich
appropriation 1. Aneignung *f*, Zueignung *f*; 2. Bereitstellung *f* von Haushaltsmitteln
appropriations *pl* 1. bereitgestellte Haushaltsmittel *npl*; 2. *(AE)* Rücklagen *fpl*
approval Genehmigung *f*, Billigung *f*, Zustimmung *f*; Bestätigung *f*; Bewilligung *f*; Entlastung *f*; Einverständnis *n* • **give approval** die Genehmigung erteilen, die Zustimmung geben, das Einverständnis erklären • **on approval** zur Ansicht, auf Probe • **refuse approval** die Zustimmung verweigern; die Genehmigung versagen
approve *v* genehmigen, billigen, zustimmen; entlasten *(das Organ einer Körperschaft)*; bestätigen; bewilligen
appurtenances *pl* Zubehör *n (einer unbeweglichen Sache)*
appurtenant *adj* zugehörig, akzessorisch
appurtenant easement subjektiv-dingliche Dienstbarkeit *f*; Grunddienstbarkeit *f*
arbitrable *adj* schiedsgerichtsfähig, schiedsgerichtstauglich
arbitrage Arbitrage *f (Kauf und unmittelbarer Wiederverkauf von Wertpapieren oder Waren unter Ausnutzung geringer Preisunterschiede an verschiedenen Markt- oder Börsenplätzen)*
arbitral *adj* schiedsgerichtlich; schiedsrichterlich
arbitral award Schiedsspruch *m*
arbitral proceedings *pl* Schiedsverfahren *n*, schiedsrichterliches Verfahren *n*
arbitrary *adj* willkürlich, beliebig; nach freiem Ermessen
arbitrary and capricious test ≈ Willkür- und Kapriziositätstest *(Prüfung, ob ein Verwaltungshandeln willkürlich und kapriziös war)*

arbitrary decision 1. Willkürentscheidung *f*; 2. Ermessensentscheidung *f*
arbitrate *v* schlichten, schiedsrichterlich entscheiden; als Schiedsrichter tätig sein
arbitration Schlichtung *f*, Schiedsverfahren *n*; Schiedsspruch *m*
arbitration agreement Schiedsvereinbarung *f*, Schiedsvertrag *m*
arbitration award Schiedsspruch *m*
arbitration clause Schiedsklausel *f*; Schiedsgerichtsklausel *f*
arbitration costs *pl* Schlichtungskosten *pl*; Kosten *pl* des Schiedsverfahrens
arbitration proceedings *pl* Schlichtungsverfahren *n*, Schiedsverfahren *n*, Schiedsgerichtsverfahren *n*
arbitration settlement Vergleichsschluss *m* im Schiedsverfahren
arbitration tribunal Schiedsgericht *n*
arbitrator Schlichter *m*, Schiedsrichter *m*
archbishop Erzbischof *m*
architect 1. Architekt *m*; 2. Urheber *m*
archives *pl* Archiv *n*, Dokumentensammlung *f*
argue *v* diskutieren, argumentieren; erörtern, ausführen, darlegen; plädieren
argue *v* **in the alternative** hilfsweise erörtern [vortragen]
arguido *(Portuguese)* ≈ Person, die weder verhaftet noch angeschuldigt wurde, aber einer Straftat verdächtig ist und bestimmte Rechte hat (z. B. Recht auf Schweigen) und gegen die bestimmte Maßnahmen ergehen können (z. B. Platzverweis)
argument 1. Streit *m*, Streitfrage *f*, Diskussion *f*; Erörterung *f*, Darlegung *f*, Argument *n*; 2. Parteivorbringen *n*, Sachvortrag *m*; 3. Beweis *m*, Beweisführung *f*
argument in proceedings Vorbringen *n* im Verfahren
argumentation Argumentation *f*, Begründung *f*; Beweisführung *f*
arguments *pl* **on appeal** Berufungsbegründung *f*
armed *adj* bewaffnet, gerüstet
armistice Waffenstillstand *m*
arms *pl* 1. Waffen *fpl*; 2. Bewaffnung *f*
arm's-length deal *(SteuerR)* Geschäft *n* wie mit Fremden; Geschäft *n* zu marktüblichen Bedingungen
arm's-length negotiations *pl* Verhandlungen *fpl* wie mit Fremden
arm's-length principle Prinzip *n* des Geschäfts wie mit Fremden
arraign *v* 1. vor Gericht stellen, Hauptverhandlung eröffnen; 2. *(StrafR)* zur Rechenschaft ziehen
arraignment *(StrafR)* Eröffnung *f* des Hauptverfahrens
arrangement Abkommen *n*, Absprache *f*, Vereinbarung *f*; Regelung *f*; abgestimmte Verhaltensweise *f*; Beilegung *f*, Schlichtung *f*; Arrangement *n*
arrangement in bankruptcy insolvenzrechtlicher Vergleich *m*
array *v* Geschworene ernennen
array *v* **the jurors on the panel** die Geschworenenliste aufstellen
arrears *pl* Rückstand *m*, Rückstände *mpl*; Schulden *fpl*; Verzugszinsen *mpl* • **be in arrears** sich im Rückstand befinden
arrest *v* 1. beschlagnahmen, pfänden; 2. festnehmen, inhaftieren, verhaften; 3. hemmen
arrest *v* **a vessel** ein Schiff beschlagnahmen
arrest *v* **judgment** das gerichtliche Verfahren aussetzen [vertagen]
arrest 1. Beschlagnahme *f*, Pfändung *f*; 2. Festnahme *f*, Inhaftierung *f*, Verhaftung *f*; 3. Hemmung *f*, Stillstand *m* • **be under arrest** verhaftet sein, in Haft sein • **under arrest** in Gewahrsam, in Haft
arrest warrant Haftbefehl *m*
arrestable offence *(BE)*, **arrestable offense** *(AE)* ≈ Festnahme erlaubende, mit Freiheitsstrafe bedrohte Tat
arrested person Inhaftierter *m*, Festgenommener *m*
arrestment *(Scot)* 1. *(ZivilR)* Beschlagnahme *f*, Pfändung *f*; 2. *(StrafR)* Verhaftung *f*, Festnahme *f (Person)*; Beschlagnahme *f (Sache)*
arson Brandstiftung *f*
arsonist Brandstifter *m*
article 1. Vertrag *m*; Paragraph *m*, Abschnitt *m*, Absatz *m*, Artikel *m*, Klausel *f*, Bestimmung *f*; 2. Produkt *n*, Gegenstand *m*, Sache *f*; 3. Aufsatz *m*
articled clerk ≈ Anwaltsreferendar; Anwalt *m* in der Ausbildung
articles *pl* 1. Satzung *f*; 2. Vertrag *m*; Schriftsatz *m*, Klageschrift *f*; 3. Anwaltspraktikum *n*
articles *pl* **of association** Satzung *f*;

Satzungsbestimmungen *fpl* einer Gesellschaft
articles *pl* **of clerkship** ≈ Referendarzeit *(für Solicitors)*
articles *pl* **of employment** Arbeitsvertrag *m*, Anstellungsvertrag *m*
articles *pl* **of incorporation** Satzung *f*, Statut *n*, Gründungsurkunde *f (einer Körperschaft)*
articles *pl* **of organization** *(GesellschaftsR)* Gründungsurkunde *f*
articles *pl* **of partnership** 1. *(GesellschaftsR)* Gesellschaftsvertrag *m*; 2. *(GesellschaftsR)* Satzung *f* einer OHG [offenen Handelsgesellschaft]
artisan's lien Handwerkerpfandrecht *n*
as is im gegenwärtigen Zustand, in der augenblicklichen Form, wie gesehen; ohne Mängelansprüche
as soon as possible *(asap)* umgehend; unverzüglich
asap *s.* as soon as possible
asbestos Asbest *n*
ASBO *s.* Anti-Social Behaviour Order
ascertain *v* feststellen
ascertained goods *pl* Speziessachen *fpl*; konkretisierte Gattungssachen *fpl*
ascertainment 1. Konkretisierung *f*; 2. Festlegung *f*, Ermittlung *f*
ascertainment of damage Schadensfeststellung *f*
ascribe *v* zuschreiben
ASEAN *s.* Association of Southeast Asian Nations
ask *v* fragen, bitten, verlangen, fordern, begehren, beantragen
ask *v* **for** fragen, nachsuchen, verlangen, erbitten; sich erkundigen
asking price Verhandlungspreis *m*, angesetzter Preis *m*
assassin Mörder *m (wichtiger Personen)*; Attentäter *m*
assassinate *v* ermorden, umbringen *(wichtige Personen)*; ein tödliches Attentat verüben
assassination Ermordung *f (wichtiger Personen)*; tödliches Attentat *n*
assault *v* angreifen, gewaltsam drohen; tätlich beleidigen
assault Angriff *m*, Überfall *m*; Tätlichkeit *f*, Körperverletzung *f*, tätliche Beleidigung *f*
assault and battery gewaltsame Körperverletzung *f*; gewalttätiger Angriff *m*; schwere tätliche Beleidigung *f*
assemble *v* 1. zusammenrufen, einberufen, versammeln, ansammeln; 2. montieren, zusammensetzen; ansammeln
assembly 1. Versammlung *f*, Einberufung *f*, Zusammenkunft *f*; beratende Körperschaft *f*; *(AE)* Repräsentantenhaus *n*; 2. Montage *f*, Zusammensetzung *f*
assembly line Fließband *n*
assent *v* zustimmen, genehmigen, billigen, einwilligen, einverstanden sein
assent Zustimmung *f*, Genehmigung *f*, Einwilligung *f*, Billigung *f*, Einverständnis *n*
assert *v* behaupten, geltend machen, vorbringen; Anspruch erheben, beanspruchen
assert *v* **a claim** einen Anspruch geltend machen, eine Forderung erheben
assert *v* **a right** ein Recht durchsetzen
assertion Vorbringen *n*, Behauptung *f*, Erklärung *f*, Feststellung *f*
assess *v* schätzen, veranlagen; feststellen, festsetzen, bestimmen; bewerten, berechnen
assess *v* **the amount of damages** die Schadenshöhe festsetzen, die Entschädigungssumme bestimmen
assess *v* **the damage** den Schaden aufnehmen, den Schadensbetrag feststellen
assessable *adj* 1. schätzbar, bewertbar; 2. abgabepflichtig, steuerpflichtig, steuerbar
assessed person Besteuerter *m*, Steuerpflichtiger *m*
assessed value 1. *(SteuerR)* geschätzter Wert *m*; 2. *(SteuerR)* ≈ Steuerwert *(Wert einer Immobilie, der vom County oder City Tax Assessor für Steuerzwecke festgelegt wurde)*
assessment Schätzung *f*; Festsetzung *f*, Veranlagung *f*, Besteuerung *f*; Bewertung *f*, Berechnung *f*; Abgabe *f*, Betrag *m*; Beurteilung *f*
assessment of costs 1. Kostenfestsetzung *f (Gericht)*; 2. Berechnung *f* der Kosten *(Rechtsanwalt)*
assessment of customs duty Zollfestsetzung *f*
assessment of tax Steuerveranlagung *f*
assessor Assistent *m*, Berater *m*; Beisitzer *m*; Steuerschätzer *m*; Finanzbeamter *m*; Veranlagungsstelle *f*
asset 1. Wirtschaftsgut *n*, Vermögensge-

genstand *m*, Vermögenswert *m*; Aktivposten *m*; 2. Vorteil *m*, Trumpf *m*
asset management Assetmanagement *n*, Anlagenwirtschaft *f*; Vermögensverwaltung *f*
asset transfer Asset-Transfer *m*; Vermögensübertragung *f*
asset valuation Anlagenbewertung *f*
assets *pl* 1. Aktiva *npl*, Vermögenswerte *mpl*; 2. Nachlass *m*, Nachlassvermögen *n*
assets and liabilities *pl* Aktiva *pl* und Passiva *pl*
assets and liabilities structure Vermögensstruktur *f*
assign *v* abtreten, übereignen, übertragen
assign *v* **a claim** eine Forderung abtreten, einen Anspruch übertragen
assign *v* **a right** ein Recht abtreten
assign *v* **the case** den Fall zuweisen
assignable *adj* 1. abtretbar, übertragbar; 2. bestimmbar
assignable instrument übertragbare Urkunde *f*
assignation 1. Zuweisung *f*, Zuteilung *f*; 2. Abtretungsurkunde *f*; 3. Abtretung *f*, Zession *f (Forderung)*; 4. Übertragung *f (Eigentum)*
assignee Zessionar *m*, Abtretungsempfänger *m*
assignment 1. Abtretung *f*, Zession *f*, Forderungsabtretung *f*; Forderungsverkauf *m*; 2. Rechtsübertragung *f*, Übereignung *f*
assignment by way of security Sicherungsabtretung *f*
assignment of a patent Übertragung *f* eines Patents
assignment of claim 1. Forderungsabtretung *f*, Zession *f*; 2. Forderungsübergang *m*
assignment of contract Vertragsübernahme *f*
assignment of copyright Übertragung *f* des Urheberrechts
assignment of costs Cost Assignment *n*; Kostenzuordnung *f*
assignment of interest Übertragung *f* eines Rechtstitels [beschränkt-dinglichen Rechts, Anteils]
assignment of property 1. Übertragung *f* von Eigentum, Vermögensübertragung *f*; 2. Grundstücksübertragung *f*
assignor Zedent *m*, Abtretender *m*; Rechtsvorgänger *m*
assistance Hilfe *f*, Fürsorge *f*; Mitarbeit *f*; Beihilfe *f*
assisted person Beratungshilfeempfänger *m*; Prozesskostenhilfeempfänger *m*
assize 1. gerichtliche Verfügung *f*, Beschluss *m*; 2. Sitzung *f (Gericht)*; Verhandlung *f*; 3. gerichtliche Untersuchung *f*
associate *v* verbinden, sich zusammenschließen; assoziieren, in Verbindung bringen
associate Geschäftspartner *m*, Partner *m*, Sozius *m*, Beteiligter *m*, Gesellschafter *m*, Kollege *m*, Mitarbeiter *m*
Associate Justice *(AE)* beigeordneter Richter *m*, Beisitzer *m*, Richter *m* am obersten Gerichtshof
associate professor außerordentlicher Professor *m*, Privatdozent *m*
associated *adj* geschäftlich [wirtschaftlich] verbunden, zusammenhängend; assoziiert
associated company Schwestergesellschaft *f*, Konzerngesellschaft *f*, Beteiligungsgesellschaft *f*
association Gesellschaft *f*, Verband *m*, Verein *m*, Genossenschaft *f*, Bund *m*, Personenvereinigung *f*, Assoziierung *f*, Zusammenschluss *m*, Gemeinschaft *f*
Association of Southeast Asian Nations *(ASEAN)* Vereinigung *f* südostasiatischer Nationen
assume *v* 1. annehmen, vermuten, unterstellen; 2. übernehmen
assume *v* **a debt** eine Schuld übernehmen
assume *v* **a risk** das Risiko übernehmen
assume *v* **an obligation** eine Verbindlichkeit eingehen
assume *v* **liability** die Haftung übernehmen
assumpsit Verbindlichkeit *f*; formloses Versprechen *n*; Klage *f* wegen Nichterfüllung einer Verbindlichkeit
assumption 1. Annahme *f*, Vermutung *f*; Voraussetzung *f*; 2. Übernahme *f*; 3. widerrechtliche Besitzergreifung *f*, Anmaßung *f*
assumption of authority Amtsanmaßung *f*
assumption of liability Anerkennung *f* der Haftung; Schuldübernahme *f*, Haftungsübernahme *f*
assumption of risk Gefahrübernahme *f*
assurance Versicherung *f*; Zusicherung *f*,

Zusage *f*; Bürgschaft *f*; Eigentumsübertragung *f*

assure *v* versichern; übertragen *(Vermögen)*

assured shorthold tenancy *(BE)* ≈ befristeter Mietvertrag *(mit verstärktem Mieterschutz)*

assured tenancy *(BE)* ≈ Mietverhältnis mit Verlängerungsoption

asylum Asyl *n*, Zuflucht *f* • **grant asylum** Asyl gewähren • **seek asylum** um Asyl nachsuchen

at will employment ≈ jederzeit von jeder Partei ohne Angabe von Gründen kündbares Arbeitsverhältnis

ATM *s.* automatic teller machine

attach *v* 1. beifügen, anhängen; 2. eintreten *(als Rechtsfolge)*; 3. beschlagnahmen, pfänden; 4. (jmdn.) verhaften

attach *v* **debts** Forderungen pfänden

attach *v* **wages** Lohn pfänden

attachable *adj* beschlagnahmefähig, pfändbar

attached *adj* 1. beigefügt, angeheftet; 2. beschlagnahmt, gepfändet

attachment 1. Anlage *f*, Anhang *m*; 2. Beschlagnahme *f*, Pfändung *f (Zwangsvollstreckungsverfahren)*; 3. Festnahme *f*, Verhaftung *f*, Arrest *m*

attachment bond Sicherheitsleistung *f (für eine einstweilige Verfügung)*

attachment of a debt Forderungspfändung *f*

attachment of earnings order Lohnpfändungsbeschluss *m*

attachment order gerichtliche Beschlagnahmeverfügung *f*; Pfändungs- und Überweisungsbeschluss *m*; Arrest *m*

attempt *v* versuchen, unternehmen

attempt Versuch *m*, Bestreben *n*

attempted *adj* versucht

attempted monopolization versuchte Monopolisierung *f*

attempted murder Mordversuch *m*

attend *v* 1. teilnehmen, besuchen; 2. erledigen, besorgen; betreuen

attend *v* **court** vor Gericht erscheinen [auftreten]

attendant Begleitperson *f*; Besucher *m*, Anwesender *m*

attendant circumstance Begleitumstände *mpl*

attest *v* bezeugen; bescheinigen, bestätigen, notariell beglaubigen, beurkunden, attestieren

attestation amtliche Bestätigung *f*, Beurkundung *f*, Bezeugung *f*, Beglaubigung *f*, Bescheinigung *f*

attestation clause Beglaubigungsvermerk *m*; Zeugenformel *f (Testament)*

attestation of signature Unterschriftsbeglaubigung *f*

attestation of will ≈ Zeugenmitwirkung bei der Testamentserrichtung

attesting *adj* bestätigend, bescheinigend, beglaubigend

attorney *(AE)* Rechtsanwalt *m*, Bevollmächtigter *m*; Stellvertreter *m* • **by attorney** in Vertretung, im Auftrag, per Prokura

attorney at law *(AE)* Rechtsanwalt *m*, rechtlicher Bevollmächtigter *m*

attorney-client privilege Anwaltsgeheimnis *n*

attorney fees *pl* Rechtsanwaltsgebühren *fpl*

Attorney-General Generalstaatsanwalt *m*, *(BE)* Kronanwalt *m*; *(AE)* Justizminister *m*; ≈ oberster Vertreter der Anklagebehörde

attorney-in-fact 1. Bevollmächtigter *m*, Stellvertreter *m*; 2. bevollmächtigter Rechtsanwalt *m*

attorney of record Prozessbevollmächtigter *m*, prozessbevollmächtigter Anwalt *m*

attorney on the brief informierter und mandatierter Anwalt *m*

attractive nuisance doctrine ≈ Haftung aufgrund besonderer Verkehrssicherungspflicht des Grundstückseigentümers gegenüber Kindern und Jugendlichen

auction *v* versteigern

auction Versteigerung *f*, Auktion *f*; Verkauf *m* im Wege der Versteigerung

auction sale Versteigerung *f*

auctioneer Auktionator *m*, öffentlicher Versteigerer *m*

audi alteram partem *(Lat)* rechtliches Gehör *n*; Grundsatz *m* des rechtlichen Gehörs

audit *v* prüfen, revidieren; eine Vorlesung als Gast besuchen

audit Rechnungsprüfung *f*, Revision *f*

audit of account Rechnungsprüfung *f*, Kontenprüfung *f*

audited *adj* geprüft, revidiert, nachgeprüft
auditing Buchführung *f*, Rechnungsprüfung *f*, Zertifizierung *f*
auditor Rechnungsprüfer *m*, Wirtschaftsprüfer *m*, Abschlussprüfer *m*; Hospitant *m*
augment *v* 1. vermehren, vergrößern; 2. anwachsen, zunehmen
augmented estate ≈ erweiterter Nachlass *(insbesondere zur Berechnung des Erbteils des überlebenden Ehegatten)*
auspices *pl* (günstige) Vorzeichen *n*; Schirmherrschaft *f*
authentic *adj* authentisch, echt, verbürgt
authentic language maßgebliche Sprache *f*
authentic text maßgeblicher Text *m*
authentic translation maßgebliche Übersetzung *f*
authenticate *v* beglaubigen, beurkunden, amtlich bestätigen, legalisieren
authenticated copy beglaubigte Abschrift *f*
authentication Beglaubigung *f*, Beurkundung *f*, Echtheitserklärung *f*
authenticity Echtheit *f (Urkunde)*
author Autor *m*, Verfasser *m*, Urheber *m*
authoress Autorin *f*, Verfasserin *f*, Urheberin *f*
authorities *pl* 1. Behörden *fpl*, Dienststellen *fpl*, Verwaltung *f*; 2. Rechtsquellen *fpl*
authority 1. Autorität *f*, Fachmann *m*, Fachfrau *f*; 2. maßgebliche Gerichtsentscheidung *f*, Rechtsquelle *f* • **cite as authority** als Rechtsquelle angeben; sich auf einen Präzedenzfall berufen
authority by estoppel Vertretungsmacht *f* kraft Rechtsscheins
authority to act Vertretungsbefugnis *f*, Handlungsvollmacht *f*
authority to contract Abschlussvollmacht *f*
authority to direct Weisungsbefugnis *f*; Rechtsbelehrungsbefugnis *f*
authorization Ermächtigung *f*, Bevollmächtigung *f*, Bewilligung *f*
authorize *v* 1. autorisieren, berechtigen, ermächtigen; 2. bewilligen, billigen, gestatten
authorized *adj* 1. autorisiert, berechtigt, ermächtigt, befugt; 2. bewilligt *(Kapital)*
authorized agent Handlungsbevollmächtigter *m*, Bevollmächtigter *m*
authorized beneficiary Empfangsberechtigter *m*
authorized means *pl* autorisierte Mittel *npl*
authorized person Bevollmächtigter *m*
authorized recipient Zustellungsbevollmächtigter *m*
authorized share capital *(AktienR)* autorisiertes Aktienkapital *n*
authorized signatory Unterschriftsberechtigter *m*
author's personal rights *pl* Urheberrecht *n*
authorship Urheberschaft *f*, Verfassereigenschaft *f*
autograph Originalhandschrift *f*, eigenhändige Schrift *f*; Autogramm *n*
automatic stay ≈ Verfügungssperre *f*
automatic teller machine *(ATM)* Geldautomat *m*, Bankomat *m*
autopsy Autopsie *f*, Obduktion *f*, Leichenöffnung *f*
autrefois acquit *(Fr)* ne bis in idem *(Lat; hier: Einrede gegen die Eröffnung eines neuen Verfahrens wegen vorangegangenen Freispruchs in derselben Angelegenheit)*
avail *v* nützlich sein, sich eignen
availability 1. Verfügbarkeit *f*, Vorrat *m*; 2. Brauchbarkeit *f*, Verwendbarkeit *f*
avails *pl (AE)* Ertrag *m*, Erlös *m*
aver *v* 1. behaupten, vorbringen; 2. beweisen
avoid *v* 1. (ver)meiden; umgehen *(ein Rechtsgeschäft)*; 2. anfechten; annullieren, aufheben
avoid *v* **an agreement** eine Vereinbarung annullieren, einen Vertrag anfechten
avoid *v* **taxes** Steuern umgehen
avoidable *adj* 1. vermeidbar; 2. annullierbar; anfechtbar
avoidance 1. Vermeidung *f*; Umgehung *f*; 2. Aufhebung *f*; Annullierung *f*; Anfechtung *f*
avoidance clause Anfechtungsklausel *f*
avoidance of a contract Aufhebung *f* [Anfechtung *f*] eines Vertrages
avoided *adj* aufgehoben, angefochten
award *v* zusprechen, zuerkennen, gewähren; (einen Auftrag) vergeben
award *v* **a contract** einen Auftrag vergeben
award *v* **damages** Schadensersatzansprüche zusprechen

award 1. Zuerkennung *f*, Gewährung *f*, Vergabe *f*; 2. Auszeichnung *f*, Belohnung *f*; 3. Schiedsspruch *m*
awarding Zubilligung *f*
awarding of costs Zuerkennung *f* eines Kostenerstattungsanspruchs

B

B.A. *s.* Bachelor of Arts
bachelor Bachelor *m (niedrigster akademischer Grad)*
Bachelor of Arts *(B.A.)* 1. Bakkalaureus *m* [Absolvent *m*] der philosophischen Fakultät; 2. ≈ Titel des Bakkalaureus der philosophischen Fakultät
Bachelor of Laws *(LL.B.)* 1. Bakkalaureus *m* [Absolvent *m*] der juristischen Fakultät; 2. ≈ Titel des Bakkalaureus der juristischen Fakultät
Bachelor of Science *(B.Sc.)* Bachelor of Science *m*; ≈ Diplomphysiker
back *v* **a bill** 1. einen Gesetzesentwurf unterstützen; 2. einen Wechsel indossieren
back allowance rückwirkende Zuwendung *f*
back freight Rückfracht *f*
back pay Nachzahlung *f*, Gehaltsnachzahlung *f*
back payment Nachzahlung *f*, Rückzahlung *f*
back-up 1. Wartezeit *f (Lieferung)*; 2. Sicherheitskopie *f (Computer)*
backdate *v* zurückdatieren
backer Hintermann *m*; Förderer *m*; Wechselbürge *m*, Indossant *m*
bad check *(AE)*, **bad cheque** *(BE)* ungedeckter Scheck *m*
bad debt uneinbringliche Forderung *f*; nicht einziehbare Außenstände *mpl*
bad title mangelhafter Rechtstitel *m*
bad weather allowance Schlechtwettergeld *n*
bail *v* bürgen, sich verbürgen; übergeben; deponieren, hinterlegen
bail Kaution *f*, Sicherheitsleistung *f* • **stand bail for somebody** sich für jmdn. verbürgen, für jmdn. eine Kaution stellen
bail bond schriftliche Verpflichtungserklärung *f* an Stelle der Zahlung der Kautionssumme *(z. B. des Untersuchungshäftlings)*
bailed goods *pl* zur treuhänderischen Verwahrung ausgehändigte Waren *fpl*, deponierte Gegenstände *mpl*
bailee 1. Verwahrer *m*, (treuhänderischer) Besitzer *m*; 2. Pfandgläubiger *m*; 3. Treuhänder *m*, Treunehmer *m*; 4. Spediteur *m*
bailee's lien Verwahrerpfandrecht *n*
bailiff Gerichtsvollzieher *m*; *(AE)* ≈ (von einer Partei beauftragter) Zustellungsbeamter; ≈ Justizwachtmeister
BAILII *s.* British and Irish Legal Information Institute
bailment 1. Bürgschaftsleistung *f*; Kaution *f*; 2. Hinterlegung *f*, Verwahrung *f*; Verpfändung *f*; 3. Haftentlassung *f* gegen Sicherheitsleistung
bailor Hinterleger *m*, Verpfänder *m*
bailor at will Übergeber *m* mit jederzeitigem Rückforderungsrecht
bait-and-switch advertising *(AE)* Lockvogelwerbung *f*
balance *v* 1. ausgleichen, gegenüberstellen; abschließen; 2. abwägen *(das Für und Wider)*
balance *v* **out** ausgleichen, ausbalancieren
balance Bilanz *f*
balance of trade Handelsbilanz *f*
balance on completion Ausgleich *m* bei Fertigstellung
balance sheet Bilanz *f*, Jahresabschluss *m*
balanced *adj* ausgeglichen
balloon payment ≈ Abschlusszahlung (eines Kredits), welche die jeweilige Höhe der vorherigen Raten wesentlich übersteigt
ballooning loan ≈ ein Darlehen, bei dem die Zinsen nach einer Festschreibungsperiode steigen (können)
ballot *v* abstimmen, wählen
ballot 1. Abstimmung *f*, Wahl *f*; 2. Stimmzettel *m*; 3. Wahlbeteiligung *f*, (abgegebene) Stimmen *fpl*; 4. Wahlgang *m*
ballot-box Wahlurne *f*
ban *v* verbieten; eine Sperre verhängen
ban Verbot *n*, Sperre *f* • **lift a ban** ein Verbot aufheben
ban on import Importsperre *f*, Einfuhrverbot *n*

bandit Bandit *m*
banish *v* ausweisen, vertreiben
bank *v* bei der Bank einzahlen; mit einer Bank arbeiten
bank *v* **a check** *(AE)*, **bank** *v* **a cheque** *(BE)* einen Scheck einlösen
bank Bank *f*; Spielbank *f*
bank acceptance Bankakzept *n*
bank account Bankkonto *n*
bank balance Bankguthaben *n*, Kontostand *m* bei einer Bank
bank charges *pl* Kontoführungsgebühren *fpl*, Bankspesen *pl*
bank charter Konzessionsurkunde *f* einer Bank
bank check *(AE)*, **bank cheque** *(BE)* Bankscheck *m*
bank credit Bankkredit *m*
bank draft Bankwechsel *m*, Banktratte *f*
bank guarantee Bankgarantie *f*, Bankbürgschaft *f*
bank holiday *(BE)* Bankfeiertag *m*
bank loan Bankkredit *m*, Bankdarlehen *n*
bank note Banknote *f*
bank paper Papiergeld *n*
bank raid Banküberfall *m*, Bankraub *m*
bank robbery Bankraub *m*, Banküberfall *m*
bank statement Kontoauszug *m*
bank teller Schalterbeamter *m*; Bankkassierer *m*
bankable *adj* bankfähig; diskontfähig
banked *adj* eingezahlt
banked check *(AE)*, **banked cheque** *(BE)* eingezahlter Scheck *m*
banked money auf der Bank eingezahltes Geld *n*
banker's acceptance Bankakzept *n*
banker's check *(AE)*, **banker's cheque** *(BE)* Bankscheck *m*
banker's order Bankanweisung *f*, Bankauftrag *m*; Dauerauftrag *m*
banking law Bankenrecht *n*
bankrupt *adj* zahlungsunfähig, insolvent; bankrott • **become bankrupt** in Insolvenz fallen, zahlungsunfähig werden
bankrupt 1. Insolvenzschuldner *m*, Gemeinschuldner *m*; Zahlungsunfähiger *m*; 2. Bankrotteur *m*
bankruptcy 1. Insolvenz *f*, Zahlungsunfähigkeit *f*; 2. Bankrott *m*
bankruptcy bond Kaution *f* des Insolvenzverwalters
bankruptcy court Insolvenzgericht *n*
bankruptcy law Insolvenzrecht *n*
bankruptcy notice ≈ Zahlungsaufforderung mit Insolvenzandrohung
bankruptcy order Eröffnungsbeschluss *m (zur Eröffnung des Insolvenzverfahrens)*
bankruptcy petition Insolvenzantrag *m*
bankruptcy proceedings *pl* Insolvenzverfahren *n*
bar *v* 1. hemmen, hindern; 2. (jmdn.) ausschließen, (jmdm.) den Zutritt verweigern; 3. untersagen, (jmdm. etw.) unmöglich machen
bar 1. Anwaltschaft *f*, die Anwälte *mpl*; 2. Anwaltsverein *m*; 3. Rechtsanwaltskammer *f (Barristers)*; 4. Gerichtsschranke *f*, Gericht *n* • **call to the Bar** *(BE)* zur Rechtsanwaltschaft zulassen *(als Barrister)* • **plead at the bar** vor Gericht plädieren
Bar Association *(AE)* Anwaltsvereinigung *f*
Bar Council *(BE)* Standesvertretung *f* der Barristers *(≈ Rechtsanwaltskammer)*
bar examination Anwaltsprüfung *f*
bar to marriage Ehehindernis *n*
bar to registration Eintragungshindernis *n*
bargain *v* 1. handeln, verhandeln; 2. abmachen, übereinkommen
bargain 1. Handel *m*, Verhandlung *f*; 2. Abmachung *f*, Übereinkommen *n*
bargaining Handeln *n*; Verhandeln *n*; Feilschen *n*, Aushandeln *n*
bargaining agent Verhandlungspartner *m (bei Tarifverhandlungen)*
baron Baron *m*, Freiherr *m*
barrater Querulant *m*, Prozesshansel *m*
barratry Querulantentum *n*, schikanöses Prozessieren *n*; Baratterie *f*
barrister(-at-law) *(BE)* Barrister *m*, (plädierender) Rechtsanwalt *m (Der Barrister wird in der Regel nicht durch den Mandanten, sondern durch dessen Solicitor beauftragt und bezahlt; er hatte bis vor kurzem das ausschließliche Recht, in bestimmten Gerichtsverfahren aufzutreten und darf nur allein oder in Bürogemeinschaft tätig sein. Typischerweise erstattet er auch Rechtsgutachten.)*
barrister sole *(BE)* Einzelbarrister *m*
bars *pl* **to rescission** Anfechtungshindernisse *npl*, Aufhebungshemmnisse *npl*
barter *v* tauschen
barter Tausch *m*

base rate Basiszinssatz *m*
basic agreement Mantelvertrag *m*, Rahmenvertrag *m*
basic human rights *pl* Grundrechte *npl*
Basic Law of Germany Grundgesetz *n*, Verfassung *f* der Bundesrepublik Deutschland
basic pay 1. *(ArbeitsR)* Grundgehalt *n*, Grundlohn *m*; 2. *(WehrR)* Wehrsold *m*
basic right Grundrecht *n*
basic salary Grundgehalt *n*, Grundlohn *m*
basis Basis *f*, Grundlage *f*
bastard 1. Bastard *m*, Mischling *m*; 2. nichteheliches Kind *n*; 3. Nachahmung *f*, Fälschung *f*
batter *v* 1. beschädigen, abnutzen; 2. misshandeln
battered *adj* 1. misshandelt; 2. geschädigt
battery Gewaltanwendung *f*, Körperverletzung *f*, Schlägerei *f*, tätlicher Angriff *m*
battle *v* kämpfen
battle Kampf *m*, Schlacht *f*
battle of the forms ≈ Kampf der Formulare *(Konflikt zwischen sich widersprechenden AGB-Klauseln während der Vertragsverhandlung)*
bear *v* 1. tragen, ertragen, aufweisen *(den Eingangsstempel vom 1.8.2005)*; 2. bringen, überbringen; 3. *(BörsenR)* auf Baisse spekulieren
bear 1. Bär *m*; 2. *(BörsenR)* Baissespekulant *m*, Baissier *m*
bear market *(BörsenR)* Baisse *f*, Bear Market *m*
bearer Überbringer *m*, Inhaber *m* • **made out to bearer** auf den Inhaber lautend • **payable to bearer** an den Überbringer zahlbar
bearer bonds *pl* Inhaberschuldverschreibung *f*, Inhaberobligation *f*
bearer check *(AE)*, **bearer cheque** *(BE)* Inhaberscheck *m*
bearer debenture Inhaberschuldverschreibung *f*
bearer paper Inhaberpapier *n*
bearing *adj* tragend, beinhaltend
bearing Bezug *m*, Bedeutung *f*; Bewusstsein *n*
beat *v* schlagen; gewinnen
before noon vormittags, morgens
before tax income Einkommen *n* vor Steuern
beg *v* betteln, bitten
beg *v* **leave** um Erlaubnis bitten, beantragen
beg *v* **leave to appeal** die Zulassung der Berufung beantragen
beggar Bettler *m*; Bedürftiger *m*
behalf of/on im Interesse von, im Auftrag von, für jmdn.
behead *v* enthaupten, köpfen
belated *adj* nachträglich, im Nachhinein; verspätet
belligerence *(VölkerR)* Kriegsführung *f*
belligerency Kriegszustand *m*; Kriegsführung *f*; Streitlust *f*
belligerent *adj* kriegerisch, kriegführend
belligerent kriegführender Staat *m*
belligerent occupation kriegerische Besetzung *f*
belongings *pl* Habe *f*, Habseligkeiten *fpl*
bench 1. Richterstuhl *m*, Richterbank *f*; 2. Gericht *n*; Richterschaft *f*; 3. Abgeordnetenbank *f* • **take a seat on the bench** ins Parlament einziehen *(als Abgeordneter)*
bench warrant Haftbefehl *m* *(ergeht in der Regel im Gerichtssaal, z. B. gegen einen Angeklagten, der nicht zur Gerichtsverhandlung kommt, wegen Missachtung des Gerichts etc.)*
bencher *(BE)* 1. ≈ Vorstandsmitglied einer der britischen Barrister-Innungen *(Inns of Court)*; 2. Mitglied *n* des britischen Parlaments *(back-bencher, front-bencher)*
benchmark Richtwert *m*
benchmarking Benchmarking *n* *(vergleichende Analyse unternehmensinterner Prozesse)*
benefactor Spender *m*, Wohltäter *m*, Mäzen *m*
beneficial *adj* vorteilhaft, günstig; wohltätig; nutznießend
beneficial interest Eigenkapital *n*; Versicherungsanspruch *m* des Begünstigten; Treuhandbegünstigung *f*
beneficial owner wirtschaftlicher Eigentümer *m*, Treugeber *m*
beneficial title wirtschaftliches Eigentum *n*
beneficiary 1. Begünstigter *m*; Leistungsberechtigter *m*, Forderungsberechtigter *m*; Kreditnehmer *m*; 2. Versicherungsnehmer *m*; 3. Vermächtnisnehmer *m*; Nießbraucher *m*; Bedachter *m*
beneficiary of a contract Leistungs-

empfänger *m* [Begünstigter *m*] eines Vertrages
beneficiary under a will testamentarisch Bedachter *m*; Testamentserbe *m*; Vermächtnisnehmer *m*
benefit *v* 1. begünstigen, unterstützen; 2. nutzen, vorteilhaft sein; 3. profitieren
benefit 1. Begünstigung *f*, Vorteil *m*; 2. Versicherungsleistung *f*, Leistungsanspruch *m*; 3. Unterstützung *f*, Beihilfe *f*, Zuwendung *f*; 4. Vorrecht *n*, Privileg *n*; 5. Nutzen *m*, Gewinn *m*; 6. Vertragsinteresse *n*
benefit clause Begünstigungsklausel *f* *(Lebensversicherung)*
benefit of the doubt *(Lat)* in dubio pro reo
benevolent society Sterbekasse *f*
bequeath *v* zuwenden, vermachen, vererben, hinterlassen
bequeather Testator *m*; Erblasser *m*
bequest letztwillige Verfügung *f*, testamentarische Zuwendung *f*, Vermächtnis *n* • **make a bequest** ein Vermächtnis aussetzen
Berne Convention 1. Berner Konvention *f* *(zum Schutze von Werken der Literatur und Kunst)*; 2. Berner Konvention *f (zum Naturschutz)*
berth *v* anlegen *(Schiff)*
berth Ankerplatz *m*
best Bester *m*
best efforts *pl* Einsatz *m* aller Möglichkeiten
best endeavors *pl (AE)*, **best endeavours** *pl (BE)* alle Anstrengungen
best interest and welfare of the child/to im besten Interesse des Kindeswohls
bestow *v* verleihen, zuwenden; anlegen
bestow *v* **a title** einen Titel verleihen
bet *v* wetten
betray *v* verraten
betrayal Verrat *m*
betting Wette *f*
bias 1. Vorliebe *f*; 2. Abneigung *f*; 3. Befangenheit *f*, Parteilichkeit *f*
biased *adj* befangen, parteiisch, voreingenommen; unsachlich
bicameral system Zweikammersystem *n*
bid *v* 1. bieten, anbieten, Gebot abgeben; 2. überbieten; 3. versprechen
bid Gebot *n*, Angebot *n*, Abgabe *f* eines Gebots; Ausschreibung *f*
bidder Bieter *m*
bidding Bieten *n*
bifurcated trial 1. zweistufige Verhandlung *f (im Zivilrecht z. B., ob überhaupt gehaftet wird und wenn ja, in welcher Höhe; im Strafrecht z. B., ob überhaupt Schuldfähigkeit vorliegt und welche Strafe zu verhängen ist)*; 2. abgetrennte Verhandlung *f (z. B. im Scheidungsverfahren)*
bifurcation Abtrennung *f (Verfahren)*
bigamist Bigamist *m*
bigamy Doppelehe *f*, Bigamie *f*
bilateral *adj* bilateral, zweiseitig; gegenseitig
bilateral agreement bilaterales Abkommen *n*; zweiseitiger Vertrag *m*
bilateral contract bilateraler [zweiseitiger] Vertrag *m*
bilateral discharge beiderseitige Aufhebung *f*
bill *v* berechnen, liquidieren
bill 1. Gesetzesentwurf *m*, Gesetzesvorlage *f*; 2. Antrag *m*, Klageschrift *f*; 3. Wechsel *m*, Tratte *f*; 4. Schuldschein *m*, Schuldversprechen *n*; 5. Rechnung *f*, Faktura *f*
bill of acceptance zum Akzept vorzulegender Wechsel *m*, Dokumententratte *f*
bill of accounts Kontoauszug *m*, Jahresabschluss *m (Urkunde)*
bill of clearance Zollabfertigungsschein *m*, Zollgebührenrechnung *f*
bill of costs Kostenrechnung *f (eines Anwalts)*
bill of exchange Wechsel *m*, Tratte *f*; Anweisung *f*
bill of health Gesundheitszeugnis *n*, Attest *n*
bill of indictment Anklageschrift *f*
bill of lading Konnossement *n*, Ladeschein *m*; Frachtbrief *m*
bill of particulars substanziiertes Klagevorbringen *n*
Bill of Rights 1. *(AE)* Bill of Rights *f*, Grundrechtecharta *f*; 2. *(BE)* Bill of Rights *f*, Grundrechtecharta *f (Freiheitsurkunde von 1689)*
bill of sale Rechnung *f*; Warenwechsel *m*
billable *adj* berechenbar, abrechenbar; gegen Berechnung
billable time ≈ anhand Stundenhonorars abzurechnende Zeit, ≈ Zeit, die in Rechnung gestellt werden kann
billing Rechnungsausstellung *f*; Fakturierung *f*
binary *adj* binär, zweistellig

bind *v* binden, zwingend sein, verbindlich sein
bind *v* **over** 1. *(ZivilR)* (jmdn.) bindend verpflichten, (jmdn.) durch Bürgschaft verpflichten; 2. *(StrafR)* (jmdn.) in Untersuchungshaft nehmen [behalten]
bind *v* **over to appear in court** *(StrafR)* zum Erscheinen bei einem Gerichtstermin verpflichten
bind over for sentence *(StrafR)* ≈ strafbewehrte gerichtliche Anordnung, die den Empfänger dazu verpflichtet, zur Aburteilung an einem noch nicht festgelegten Termin vor Gericht zu erscheinen
binder 1. *(GrundstücksR)* Vorvertrag *m* *(Kauf)*; 2. *(VersR)* Deckungszusage *f*; 3. Aktenordner *m* *(Büro)*
binding *adj* bindend, verbindlich, verpflichtend, zwingend
binding authority bindende Kraft *f*
binding effect bindende Wirkung *f*
binding law bindendes Recht *n*
binding offer bindendes Angebot *n*
biometric *adj* biometrisch
biometric passport biometrischer Reisepass *m*
bipartisan *adj* 1. zwei Parteien vertretend, zweier Parteien, beider Parteien; 2. *(AE)* von beiden Parteien im amerikanischen Kongress unterstützt
birth certificate Geburtsurkunde *f*
birth notice Anmeldung *f* einer Geburt beim Standesamt
bishop Bischof *m*
black leg 1. Streikbrecher *m*; 2. Gauner *m*, Betrüger *m*
black list Schwarze Liste *f*
black market Schwarzmarkt *m*
black marketer Schwarzhändler *m*
black marketing Schwarzmarkthandel *m*, Schwarzhandel *m*
blacking 1. Boykottieren *n*; 2. Bestreiken *n*
blackmail *v* erpressen, nötigen
blackmail Erpressung *f*, Nötigung *f*
blame *v* 1. tadeln, rügen; 2. die Schuld [Verantwortung] zuweisen
blank *adj* frei, unausgefüllt; blanko • **leave blank** leer [offen, unausgefüllt] lassen • **make out in blank** blanko ausstellen
blank Vordruck *m*, Formular *n*, unbeschriebenes Blatt *n*, Blankett *n*; Lücke *f*
blank check *(AE)*, **blank cheque** *(BE)* Blankoscheck *m*; Scheckformular *n*
blank endorsement [indorsement] Blankoindossament *n*
blank signature Blankounterschrift *f*
blanket *adj* allgemein; pauschal
blanket amnesty Generalamnestie *f*
blanket clause Generalklausel *f*
blanket coverage *(VersR)* Pauschaldeckung *f*
blanket endorsement allgemeine Bewilligung *f*
blanket mortgage Gesamthypothek *f*
blasphemy Blasphemie *f*, Gotteslästerung *f*
block *v* 1. blockieren, sperren, einfrieren *(Geld)*; 2. vereiteln; *(fig.)* aufhalten *(Entwicklung)*
block 1. Hindernis *n*, Absperrung *f*; 2. Häuserblock *m*; 3. geballte Ladung *f*; Paket *n*; 4. Notizblock *m*
block of buildings Block *m* *(Gebäude)*
blockade Blockade *f*, Barrikade *f*, Sperre *f*
blocked account gesperrtes Konto *n*
blocking Blockierung *f*, Sperrung *f*
blood Blut *n*
blood relationship Blutsverwandtschaft *f*
blue chip Standardwert *m* *(Börse)*
blue chip company solides Großunternehmen *n*
blue-collar *adj* Arbeiter..., der Arbeiterklasse angehörig
blue-collar worker Arbeiter *m* *(Angehöriger der Arbeiterklasse, bezahlt nach Stundenlohn)*
blue laws ≈ Blaue Gesetze *(Gesetze, die aus religiösen Gründen bestimmte Handlungen an Sonn- und Feiertagen verbieten)*
blue sky laws *pl* *(AE)* Gesetze *npl* gegen Missbrauch im Wertpapierhandel
bluebook 1. ≈ blaue Hefte, in die Studenten an amerikanischen Universitäten ihre Prüfungen zu schreiben haben; 2. Blaubuch *n* *(von der Harvard Law School herausgegebenes Buch mit Zitiervorschriften für amerikanische Rechtsquellen)*
blueprint Blaupause *f*, Entwurf *m*
board 1. Behörde *f*; 2. Gremium *n*, Rat *m*, Ausschuss *m*, Kommission *f*; 3. Vorstand *m*, Direktorium *n*
board member 1. Mitglied *n* eines Gremiums, Boardmitglied *n*; 2. Vorstandsmitglied *n*; 3. Aufsichtsratsmitglied *n*
board of arbitration Schiedsstelle *f*,

Schiedskomitee *n*; Schlichtungsausschuss *m*
board of directors Board of directors; ≈ Verwaltungsrat *(nach angelsächsischem Recht, d. h. mit Funktionen des Vorstands und Aufsichtsrats)*
board of inquiry Untersuchungsausschuss *m*, Untersuchungskommission *f*
board of management Direktorium *n*; Vorstand *m*; Verwaltungsrat *m*
board of review Beschwerdeausschuss *m* in Bewertungssachen
bobby *(BE)* Polizist *m (Umgangssprache)*
bodily *adj* körperlich, physisch
bodily harm Körperverletzung *f*
bodily injury Körperverletzung *f*
body 1. Körper *m*, Leib *m*; Person *f*; 2. Leiche *f*; 3. Körperschaft *f*
body corporate Körperschaft *f*, juristische Person *f*
body of an instrument Hauptteil *m* der Urkunde *(ohne Eingangs- und Schlussformulierung)*
body of laws Kodifizierung *f*, Gesetzgebungswerk *n*; Gesetzessammlung *f*
bogus *adj* falsch, gefälscht, fingiert, Schwindel..., Schein...
boilerplate clause *(VertragsR)* Klausel *f*, Standardklausel *f (z. B. salvatorische Klauseln, Gerichtsstandsvereinbarungen und ähnliche Klauseln, die standardmäßig in Verträge kopiert werden)*
boilerplates *pl* 1. *(VertragsR)* Standardklauseln *fpl*; 2. *(VertragsR)* vorformulierte Vertragsbedingungen *fpl* (eines Wertpapiers), Allgemeine Geschäftsbedingungen *fpl*
BOMA *s.* Building Owners and Managers Association
bona fide *adj (Lat)* gutgläubig, in gutem Glauben, ehrlich, aufrichtig, redlich
bona fide holder gutgläubiger Inhaber *m*
bona fide occupational qualification ≈ wesentliche und entscheidende berufliche Anforderung; ≈ Qualifikation, die zur ordnungsgemäßen Erfüllung der mit dem Arbeitsplatz verbundenen Aufgaben unabdingbar vorhanden sein muss
bona fide owner gutgläubiger Eigentümer *m*
bona fide purchaser gutgläubiger Erwerber *m*
bona fides *(Lat)* guter Glaube *m*
bona vacantia 1. herrenlose Sache *f*; 2. Fundsache *f*; 3. erbenloser Nachlass *m*; 4. dem Staatsvermögen zufallende Sache *f (z. B. wegen Konfiszierung)*
bond *v* Kaution stellen; Schuld konsolidieren; verpfänden; hypothekarisch belasten
bond 1. Bund *m*, Bündnis *n*, Verbindung *f*; 2. Abkommen *n*, Abmachung *f*, Übereinkommen *n*; 3. Anleihe *f*, Pfandbrief *m*; 4. schriftliche Verpflichtungserklärung *f*; Haftungsversprechen *n*; Bürgschaft *f*; 5. Verpflichtung *f*, Verbindlichkeit *f* • **in bond** unverzollt; zollamtlich verwahrt
bond capital Anleihekapital *n*
bond certificate Anleiheschein *m*
bond creditor Wertpapierinhaber *m*; Obligationeninhaber *m*, Anleihegläubiger *m*; Pfandbriefgläubiger *m*
bond debtor Obligationsschuldner *m*, Anleiheschuldner *m*; Pfandbriefschuldner *m*
bond interest Obligationszinsen *mpl*
bond market *pl* Rentenmarkt *m*, Obligationenmarkt *m*, Anleihemarkt *m*; Pfandbriefmarkt *m*
bonded *adj* 1. mit Obligationsschuld [Anleiheschuld] belastet; durch Obligationen gesichert; 2. unter Zollverschluss; unverzollt
bonded debt Obligationsschuld *f*, Anleiheschuld *f*
bonded loan Anleihe *f*
bonded warehouse Zolllager *n*, Zollspeicher *m*
bondholder Wertpapierinhaber *m*; Obligationeninhaber *m*; Pfandbriefgläubiger *m*
bondsman *(AE)* Bürge *m*; ≈ Person, die gegen Gebühr eine (Höchstbetrags-) Bürgschaft übernimmt; ≈ Person, die sich (gegen Gebühr) dazu verpflichtet, die Kaution bei Nichterscheinen des Angeklagten zu zahlen
bonus 1. Bonus *m*, Extrazahlung *f*, Zulage *f*; Sondervergütung *f*; 2. *(VersR)* Gewinnanteil *m*, Sonderausschüttung *f*, Ausschüttung *f*
book *v* buchen, reservieren, bestellen
book Buch *n*
book debts *pl* Buchforderungen *fpl*, Buchschulden *fpl*
book keeping Buchführung *f*, Buchhaltung *f*

book loss Buchverlust *m*, buchmäßiger Verlust *m*
book value Buchwert *m*, Bilanzwert *m*
booked *adj* 1. besetzt, ausgebucht, ausverkauft; 2. aufgeschrieben *(von der Polizei)*
booking 1. Buchung *f*, Eintrag *m*; Reservierung *f*; 2. Verpflichtung *f*, Engagement *n (eines Selbstständigen)*
bootleg *v (AE)* schmuggeln; unerlaubt herstellen, unerlaubt verkaufen *(Alkohol, Raubkopien von Musik- oder Filmaufnahmen)*
bootleg *(AE)* Schwarzbrennen *n*, Schmuggeln *n*
bootlegger *(AE)* Schmuggler *m*, Schwarzbrenner *m*
bootlegging *(AE)* Schmuggel *m*; illegale Tätigkeit *f*
border *v* angrenzen, anliegen
borough Stadt *f*, Stadtteil *m*; städtischer Wahlkreis *m*
borrow *v* ausleihen, entleihen
borrow *v* **money** Darlehen [Kredit] aufnehmen
borrower Entleiher *m*; Darlehensempfänger *m*, Darlehensnehmer *m*
borrowing Darlehensaufnahme *f*; Kreditaufnahme *f*; Fremdfinanzierung *f*
bounce *v* **a check** *(AE)*, **bounce** *v* **a cheque** *(BE)* einen Scheck platzen lassen
bound *adj* gebunden, verpflichtet
boundary Grenze *f*, Bannmeile *f*
bounty 1. Prämie *f*, Subvention *f*; 2. Freigebigkeit *f*; Spende *f*; 3. *(ErbR)* letztwillige Zuwendung *f (ohne Erbeinsetzung)*; Vermächtnis *n*
bounty payment Prämie *f (als Anreiz)*; Prämienzahlung *f*
boycott *v* boykottieren, bestreiken, sperren
boycott Boykott *m*, Sperre *f*
boycotting Ächtung *f*, Boykott *m*, Boykottierung *f*, Sperre *f*
branch Zweigstelle *f*; Filiale *f*, Geschäftsstelle *f*; Niederlassung *f*
brand *v* mit einem Zeichen versehen
brand Handelsmarke *f*, Warenzeichen *n*
brand name Markenname *m*, Handelsname *m*
branded article Markenartikel *m*, Markenprodukt *n*, Markenware *f*
breach *v* brechen, verletzen; überschreiten
breach *v* **the law** Recht brechen, das Gesetz verletzen
breach 1. Bruch *m*, Verstoß *m*, Verletzung *f*; Übertretung *f*; 2. Nichtbeachtung *f*, Nichtbefolgung *f (einer Anweisung)*
breach of confidence Vertrauensbruch *m*, Verletzung *f* der Geheimhaltungspflicht, Verrat *m*
breach of contract Vertragsbruch *m*, Vertragsverletzung *f*
breach of covenant Verletzung *f* einer Vertragsbestimmung; Nichteinhaltung *f* einer (ausdrücklich erklärten) Vertragspflicht
breach of duty Pflichtverletzung *f*, Amtspflichtverletzung *f*; Sorgfaltspflichtverletzung *f*
breach of ethics Standespflichtverletzung *f*; standeswidriges Verhalten *n*
breach of faith Treubruch *m*
breach of good faith Vertrauensbruch *m*
breach of law Rechtsbruch *m*, Gesetzesverletzung *f*
breach of neutrality Neutralitätspflichtverletzung *f*
breach of parliamentary privilege ≈ Verletzung der Rechte des Parlaments - z. B. der Immunität von Abgeordneten - oder des einzelnen Abgeordneten - z. B. der Indemnität
breach of privilege 1. Übertretung *f* der Befugnis; 2. ≈ Verletzung eines der besonderen Rechte eines Organs oder eines bestimmten Personenkreises *(z. B. der Judikative oder der Legislative)*
breach of promise Verlöbnisbruch *m*, Bruch *m* des Eheversprechens
breach of the peace Störung *f* der öffentlichen Sicherheit und Ordnung; Landfriedensbruch *m*, Friedensbruch *m*; öffentliche Ruhestörung *f*
breach of trust 1. Vertrauensbruch *m*, Treuebruch *m*; 2. *(StrafR)* Veruntreuung *f*
breach of warranty Garantieverletzung *f*, Nichteinhaltung *f* einer Zusicherung; Verletzung *f* einer Gewährleistungspflicht
break *v* 1. (auf)brechen, zerbrechen, zerstören; 2. verletzen *(eine Vorschrift)*; übertreten *(ein Gesetz)*; 3. unterbrechen
break *v* **and enter** *v* einbrechen
break *v* **contract** vertragsbrüchig werden, einen Vertrag nicht einhalten

break *v* **down** 1. zusammenbrechen, scheitern; 2. aufschlüsseln, analysieren *(Daten)*; 3. eine Panne erleiden *(Auto)*
break *v* **even** kostendeckend arbeiten; ausgeglichen [ohne Gewinn und Verlust] abschließen
break *v* **into** einbrechen, eindringen; angreifen
break *v* **into a market** auf einen Markt eindringen
break *v* **into property** in ein Haus einbrechen
break *v* **off** abbrechen, beenden; lösen
break *v* **off negotiations** Verhandlungen abbrechen
break *v* **out** ausbrechen
break *v* **the law** das Gesetz brechen [übertreten, verletzen]
break *v* **up** 1. auseinandergehen; 2. auflösen, entflechten; 3. aufbrechen; 4. parzellieren *(ein Grundstück)*
break-even point Break-even-Point *m*
breakage Bruch *m*, Bruchschaden *m*, Abzug *m* für Bruchwaren
breakdown 1. Zusammenbruch *m*; 2. Zerlegung *f*, Aufschlüsselung *f*; 3. Maschinenausfall *m*, Maschinenschaden *m*; Stillstand *m*
breakdown of costs Kostenaufschlüsselung *f*, Kostenaufgliederung *f*
breakdown of law and order Zusammenbruch *m* der öffentlichen Sicherheit und Ordnung
breakdown of negotiations Scheitern *n* von Verhandlungen
breakup of a marriage Scheitern *n* einer Ehe
breathalyse *v (BE)*, **breathalyze** *v (AE)* Atemprobe entnehmen *(Alkomat)*
brevitatis causa *(Lat)* wegen der Kürze der Zeit
bribe *v* bestechen, schmieren
bribe Bestechungsgeld *n*, Schmiergeld *n*
bribery Bestechung *f*, Vorteilsgewährung *f*, Vorteilsannahme *f*
bridge *v* überbrücken
bridge loan Überbrückungskredit *m*
bridging finance Zwischenfinanzierung *f*
bridging loan Überbrückungskredit *m*
brief *v* informieren; einweisen; beauftragen; informierende Instruktionen erteilen
brief *v* **a counsel** ≈ einen Prozessanwalt (barrister) durch den beratenden Anwalt (solicitor) informieren und mandatieren
brief *adj* kurz, bündig
brief 1. Anweisung *f*, Auftrag *m*, Instruktion *f*; 2. Schriftsatz *m* zur Einreichung bei Gericht • **obtain a brief** mandatiert werden *(BE: als Barrister)* • **take a brief** ein Mandat übernehmen, eine Rechtssache annehmen *(BE: als Barrister)*
briefing 1. Anweisung *f*, Einweisung *f*, Unterweisung *f*; Einsatzbesprechung *f*, kurze Zusammenfassung *f*, Information *f*; 2. ≈ Bestellung oder Beauftragung eines Prozessanwalts (barrister) durch einen beratenden Anwalt (solicitor)
briefless *adj* ohne Anweisungen; ohne Mandanten, unbeschäftigt
bright-line rule *(AE)* nicht auslegungsbedürftige [ausfüllungsbedürftige] Regel *f*
bring *v* 1. bringen, überbringen, vorbringen; 2. einreichen
bring *v* **an action** klagen, eine Klage einreichen, Klage erheben
bring *v* **forward** 1. begünstigen, fördern; 2. übertragen, auf neue Rechnung vortragen; 3. beantragen
bring *v* **forward a hearing** eine Anhörung vorverlegen
bring *v* **in** 1. einbringen *(Gewinn)*; 2. prozessanhängig machen; 3. einführen, importieren; 4. *(GesellschaftsR)* als Einlage einbringen
bring *v* **in a bill** Gesetzentwurf [Gesetzesvorlage] einbringen
British and Irish Legal Information Institute *(BAILII)* British and Irish Legal Information Institute *n (Institut für britische und irische Rechtsinformationen)*
brocard ≈ Rechtsregel in lateinischer Sprache
brochure Broschüre *f*, Prospekt *n*
broker *v* vermitteln, zustande bringen
broker 1. Börsenmakler *m*, Warenmakler *m*, Wechselmakler *m*, Handelsmakler *m*, Vermittler *m*, Zwischenhändler *m*; 2. Pfändungsbeamter *m*, Gerichtsvollzieher *m*
broker-dealer Kursmakler *m*
brokerage 1. Maklerprovision *f*, Courtage *f*; 2. Vermittlungsgeschäft *n*, Maklergeschäft *n*
brothel Bordell *n*
brought-in capital Kapitaleinlage *f*; Geschäftseinlage *f*
brown field *(BE)* s. brown land

brown land *(BE)* 1. ≈ bebautes Land; 2. ≈ aufgrund Altlasten verseuchter Boden
browse-wrap contract *(InternetR)* Browse-wrap-Vertrag *m (Unterart des Adhäsionsvertrags)*
browse-wrap terms *pl* Browse-wrap--Bestimmungen *fpl*
B.Sc. *s.* Bachelor of Science
BTW *s.* by the way
bubble *v* schwindeln, täuschen
budget *v* in den Haushalt einstellen, etatisieren, budgetieren
budget Haushalt(splan) *m*, Etat *m*, Budget *n*
budgetary *adj* haushaltsmäßig, etatmäßig
budgeting wirtschaftliche Planung *f*
bug *v* 1. Abhörvorrichtungen installieren; 2. abhören
bug 1. Abhörvorrichtung *f*, Wanze *f (ugs.)*; Alarmanlage *f*; 2. technische Störung *f*, Panne *f*
buggery 1. Päderasterie *f*; 2. Sodomie *f*; 3. Analverkehr *m*
builder's lien Bauunternehmerpfandrecht *n*
builder's merchant *(BE)* Baustoffhändler *m*
building application Bauantrag *m*, Antrag *m* auf Baugenehmigung
building authority Bauamt *n*, Baubehörde *f*
building bid *(AE)* Bauangebot *n*
building certificate Baugenehmigung *f*
building code *(AE)* Bauordnung *f*; Baugesetzbuch *n*
building contractor Bauunternehmer *m*
building land Bauland *n*
building lease ≈ Erbbaurechtsvertrag *(üblicherweise für 99 oder 999 Jahre)*
building licence *(BE)*, **building license** *(AE)* Baugenehmigung *f*
Building Owners and Managers Association *(BOMA) (AE)* Vereinigung *f* der Hauseigentümer und Immobilienverwalter *(Verband)*
building permit Baugenehmigung *f*
building price index Baukostenindex *m*
building project Bauprojekt *n*, Bauvorhaben *n*
building restrictions *pl* Baubeschränkungen *fpl*
building society Bausparkasse *f*; Baugenossenschaft *f*
building trade *(BE)* Baugewerbe *n*, Bauhandwerk *n*; Bauwirtschaft *f*
bulk center *(AE)*, **bulk centre** *(BE)* Bulkfrachtumsatzplatz *m*
bulk sale Massenabsatz *m*; Verkauf *m* offener Ware nach Gewicht
bulk sales law Massenabsatzgesetz *n*, Gesetz *n* über den Verkauf offener Ware
bulk shipment Schiffsladung *f*, Massentransport *m*, Transport *m* sperriger Güter
bulk transfer 1. Übertragung *f* des beweglichen Vermögens *(Inventar)*; 2. *(InternetR)* Massendatenübertragung *f*
bull market *(BörsenR)* Hausse *f*
bump *v (AE)* Gehalt erhöhen
bumping *(AE)* 1. Nichtbeförderung *f* bei Überbuchung *(Flugzeug)*; 2. *(ArbeitsR)* Behalten *n* langjähriger Angestellter bei Entlassungen
burden *v* belasten, bedrücken, überlasten
burden 1. Last *f*, Ladung *f*; 2. *(fig.)* Belastung *f*; 3. *(VerwaltungsR)* Auflage *f*
burden of proof Beweislast *f*
bureau 1. Schreibtisch *m*; 2. Büro *n*, Amtszimmer *n*; 3. Amt *n*, Dienststelle *f*
bureaucracy Bürokratie *f*
bureaucratic *adj* bürokratisch
burglar Einbrecher *m*
burglary Einbruch *m*, Einbruchsdiebstahl *m*; Hausfriedensbruch *m*, um ein weiteres Delikt zu begehen
burgle *v* einbrechen
burial Beerdigung *f*, Beisetzung *f*
Bush Doctrine *(VölkerR)* Bush-Doktrin *f (Theorie, dass die USA sich durch Angriff gegen ein Land wehren dürfen, das Terroristen beherbergt oder unterstützt)*
business *adj* geschäftsmäßig, geschäftlich, betrieblich, handelsmäßig, gewerblich, wirtschaftlich, kaufmännisch
business 1. Geschäft *n*, Geschäfte *npl*, Handel *m*, Gewerbe *n*, Unternehmen *n*; 2. Angelegenheit *f*, Sache *f*; 3. Tagesordnung *f*; 4. Abschluss *m*; 5. Tätigkeit *f*, Tätigkeitsbereich *m*; 6. Aufgabe *f*, Pflicht *f*; 7. Anliegen *n*; 8. Arbeitsstätte *f* • **enter into business** in die private Wirtschaft gehen, ins Geschäftsleben eintreten
business address Büroadresse *f*, Geschäftsanschrift *f*
business assets *pl* Betriebsvermögen *n*, Geschäftsguthaben *n*
business community Geschäftswelt *f*, Wirtschaftskreise *mpl*

business day Arbeitstag *m*, Werktag *m*, Geschäftstag *m*
business dealing geschäftliche Transaktion *f*, Geschäftsabschluss *m*, Geschäftstätigkeit *f*
business dispute geschäftliche Streitigkeit *f*
business ethics Standesregeln *fpl*
business hours *pl* Geschäftszeiten *fpl*, Dienstzeiten *fpl*, Öffnungszeiten *fpl*; Sprechzeiten *fpl*
business interests *pl* Geschäftsanteile *mpl*, Geschäftsbeteiligungen *fpl*; geschäftliche Interessen *npl*
business invitees *pl* Firmengäste *mpl*
business judgment Geschäftsbeurteilung *f*; *(AE)* ≈ Beurteilungsspielraum des Board of directors und daraus resultierende Beschränkung der Haftung wegen Pflichtverletzung
business judgment rule ≈ Business-Judgment-Rule *(Regel, die bestimmt, unter welchen Voraussetzungen ein Direktor oder leitender Angestellter bei einer geschäftlichen Entscheidung seine Sorgfaltspflicht nach Treu und Glauben erfüllt)*
business law Wirtschaftsrecht *n*
business liability Geschäftsverbindlichkeit *f*, Geschäftsschuld *f*
business necessity Erforderlichkeit *f* für den Job, Unabdingbarkeit *f* für die Stelle
business objective Betriebszweck *m*, Unternehmensziel *n*
business partner Geschäftspartner *m*
business plan Businessplan *m*, Geschäftsplan *m*
business practices *pl* übliche Geschäftspraktiken *fpl*, Geschäftsmethoden *fpl*; Geschäftsgebaren *n*
business tort Wirtschaftsdelikt *n*
business trust ≈ Business Trust *(Trust als Organisationsform eines Unternehmens oder von Unternehmenszusammenschlüssen)*
buy *v* kaufen, einkaufen, beziehen, erwerben
buy *v* **back** zurückkaufen
buy *v* **for the account** auf Termin kaufen *(Börse)*
buy *v* **on commission** auf Kommission kaufen
buy *v* **out a partner** einen Teilhaber auszahlen [abfinden]
buy-and-sell agreement ≈ käufliche Übernahme des Kapitalanteils durch die Mitgesellschafter bzw. der Firma bei Ausscheiden eines Gesellschafters
buyer Käufer *m*; Einkäufer *m*; Abnehmer *m*; Erwerber *m*
buyer in the ordinary course of business ≈ Käufer im normalen Geschäftsverkehr *(gutgläubiger Käufer, der im normalen Geschäftsverkehr von einem gewerblichen Händler kauft)*
buyer's market Käufermarkt *m*
buying-in price 1. Ankaufspreis *m*; 2. ≈ Kaufpreis, der bei Ausübung einer Kaufoption vereinbart wird *(Leasing)*
by-election Nachwahl *f*, Ersatzwahl *f*
by-laws *pl* Satzung *f*; Geschäftsordnung *f*; Gemeindeverordnung *f*
by the way *(BTW)* übrigens
bye-laws *pl s.* by-laws
bypass trust ≈ Bypass Trust *(Trust zur Minderung der Erbschaftsteuer, insbesondere bei Ehegatten)*
bystander außenstehender [unbeteiligter] Dritter *m*

C

CAB *s.* Citizen's Advice Bureau
cabinet Kabinett *n*
cabotage Kabotage *f*
cadastral register Kataster *m(n)*, Liegenschaftskataster *m(n)*
cadit quaestio *(Lat)* es wird unstreitig gestellt
CAFCASS *s.* Children and Family Court Advisory and Support Service
calculate *v* rechnen, berechnen, kalkulieren, veranschlagen, überschlagen
calculate *v* **damage** den Schaden veranschlagen, die Schadenshöhe berechnen
calculate *v* **loss** den Verlust berechnen
calculation Berechnung *f*, Ausrechnung *f*, Schätzung *f*, Kalkulation *f*, Kostenvoranschlag *m*
calculation of properties Berechnung *f* von Grundeigentum
calendar Kalender *m*, Terminkalender *m*, Sitzungskalender *m*, Prozessregister *n*
calendar call ≈ Terminierungseinberu-

fung *(Einberufung der beteiligten Anwälte vor das Gericht, um gemeinsam die Termine für das Verfahren festzulegen)*
calendar day Kalendertag *m*
calendar year Kalenderjahr *n*
calibration Eichung *f*
call *v* 1. rufen, aufrufen *(Verhandlung)*; zusammenrufen, anberaumen *(Termin)*; 2. nennen, verlesen *(Namen)*; 3. anrufen, telefonieren
call *v* **for** aufrufen; verlangen, fordern
call *v* **in** einziehen *(Forderung)*; außer Kraft setzen *(Gesetz)*; kündigen *(Kredit)*
call *v* **in outstanding debts** Außenstände einfordern
call *v* **off** aufheben, absagen, abbrechen
call *v* **off the meeting** das Treffen absagen [abbrechen]
call *v* **on** in Anspruch nehmen; versprechen; auffordern
call *v* **to account** (von jmdm.) Rechenschaft fordern, (jmdn.) zur Rechenschaft ziehen
call *v* **to the Bar** *(BE)* zur Rechtsanwaltschaft zulassen *(als Barrister)*
call 1. Ruf *m*, Aufruf *m*, Aufforderung *f*, Forderung *f*, Zahlungsaufforderung *f*, Einzahlungsaufforderung *f*; 2. Telefonanruf *m*, Telefongespräch *n* • **at call** auf Abruf; sofort fällig • **on call** auf Abruf; sofort fällig
call for bid Aufforderung *f* zur Abgabe eines Gebotes
call money Tagesgeld *n*, täglich kündbarer Kredit *m*
call on the shares Aufforderung *f* zur Einzahlung auf Aktien
call option Kaufoption *f*
call to order Ordnungsruf *m (Parlament, Gericht)*
callable bond vorzeitig kündbare Obligation *f* [Schuldverschreibung *f*]
campaign *v* werben, Wahlwerbung betreiben
cancel *v* 1. streichen, für ungültig erklären *(eine Vertragsklausel)*; 2. rückgängig machen; widerrufen *(eine Erklärung)*; 3. aufheben, annullieren *(eine Ehe)*; 4. absagen, stornieren *(einen Auftrag)*; 5. kündigen *(für die Zukunft auflösen, z. B. einen Arbeitsvertrag)*; 6. löschen *(ein eingetragenes Recht)*
cancel *v* **a check** *(AE)*, **cancel** *v* **a cheque** *(BE)* einen Scheck stornieren
cancel *v* **a contract** einen Vertrag stornieren [aufheben, rückgängig machen]
cancel *v* **a licence** *(BE)*, **cancel** *v* **a license** *(AE)* eine Lizenz widerrufen [zurücknehmen]
cancel *v* **an order** einen Auftrag stornieren [rückgängig machen, widerrufen]
cancelation *(AE) s.* cancellation
canceled *adj (AE)* s. cancelled
canceling *(AE) s.* cancelling
cancellation *(BE)* 1. Ungültigerklärung *f*; 2. Rückgängigmachung *f*; Entwertung *f* *(einer Fahrkarte)*; Widerruf *m*, Rücktrittserklärung *f*; 3. Aufhebung *f*, Annullierung *f*; 4. Abschaffung *f*, Beseitigung *f*, Stornierung *f*; 5. Kündigung *f*; 6. Kraftloserklärung *f (einer Urkunde)*
cancellation clause *(BE)* Verfallsklausel *f*, Rücktrittsklausel *f*, Kündigungsklausel *f*
cancellation of a contract *(BE)* Kündigung *f* [Aufhebung *f* , Widerruf *m* , Stornierung *f* , Annullierung *f*] eines Vertrages; Rücktritt *m* vom Vertrag
cancellation of an entry *(BE)* Stornierung *f* einer Eintragung, Stornobuchung *f*
cancellation of debts *(BE)* Schuldenerlass *m*; Beseitigung *f* einer Schuld
cancellation proceedings *pl (BE) (PatentR)* Löschungsverfahren *n*
cancelled *adj (BE)* storniert, annulliert, ungültig, aufgehoben
cancelling *(BE)* Kündigung *f*, Rückgängigmachung *f*, Stornierung *f*, Annullierung *f*, Ungültigerklärung *f*, Aufhebung *f*
candidate 1. Kandidat *m*, Bewerber *m*, Anwärter *m*; 2. Prüfling *m*
candidature Kandidatur *f*, Bewerbung *f*
canon 1. kirchliche Vorschrift *f*; 2. Regel *f*, Richtschnur *f*; Kanon *m*
canon law kanonisches Recht *n*, Kirchenrecht *n*
CAP *s.* capital asset pricing
capability Fähigkeit *f*; Rechtsfähigkeit *f*; Begabung *f*
capable *adj* fähig, tüchtig, geeignet, begabt, tauglich
capacity 1. Fähigkeit *f*, Leistungsfähigkeit *f*, Zahlungsfähigkeit *f*; 2. Fassungsvermögen *n*, Umfang *m*, Volumen *n*, Größe *f*; 3. Befähigung *f*, Eignung *f*, Qualifikation *f*; 4. Zuständigkeit *f*; 5. Geschäftsfähigkeit *f*; 6. Eigenschaft *f*, Funktion *f*
capacity to enter into a contract Geschäftsfähigkeit *f*

capacity to marry Ehefähigkeit *f*
capacity to represent Vertretungsmacht *f*
capacity to take legal action Prozessfähigkeit *f*
capita/per *(Lat)* pro Kopf, nach Köpfen
capital 1. Kapital *n*, Vermögen *n*; Grundkapital *n*, Stammkapital *n*, Eigenkapital *n*; 2. Vorteil *m*, Nutzen *m*; 3. Hauptstadt *f*
capital account Kapitalkonto *n*
capital accumulation Kapitalbildung *f*, Vermögensbildung *f*
capital appreciation Kapitalwerterhöhung *f*, Anlagewertsteigerung *f*, Vermögenszuwachs *m*
capital asset Kapitalvermögen *n*, Anlagevermögen *n*
capital asset pricing *(CAP)* Kapitalanlagepreis *m*
capital asset pricing model *(CAPM)* Kapitalanlagepreismodell *n*
capital city Hauptstadt *f*
capital expenditure Kapitalaufwand *m*, Kapitalkosten *pl*; Anlagekosten *pl*; Investitionsausgaben *fpl*
capital funds *pl* Kapitalmittel *npl*, Firmenkapital *n*
capital gain Kapitalgewinn *m*, Kapitalzuwachs *m*, Veräußerungsgewinn *m*, Vermögensvorteil *m*; realisierter Kursgewinn *m*
capital gains tax Spekulationssteuer *f*, Vermögensteuer *f*, Kapitalertragsteuer *f*, Kapitalgewinnsteuer *f*; Kapitalzuwachssteuer *f*
capital goods *pl* Investitionsgüter *npl*, Produktionsmittel *npl*, Anlagewerte *mpl*
capital growth Kapitalzuwachs *m*, Vermögenszuwachs *m*
capital increase Kapitalerhöhung *f*, Kapitalaufstockung *f*
capital investment Kapitalinvestition *f*, Anlageinvestition *f*; Investitionskapital *n*, langfristig angelegtes Kapital *n*, (langfristige) Kapitalanlage *f*; Investitionsaufwand *m*; Aktieninvestition *f*; Spareinlage *f*
capital investment tax Kapitalverkehrsteuer *f*, Investitionssteuer *f*
capital loss Kapitalverlust *m*, Verminderung *f* des Anlagevermögens
capital market Kapitalmarkt *m*
capital market interest rate Kapitalmarktzins *m*
capital offence *(BE)*, **capital offense** *(AE)* Kapitalverbrechen *n*
capital punishment Todesstrafe *f*
capital reconstruction *(BE)* Sanierung *f*
capital reduction Kapitalherabsetzung *f*, Kapitalverminderung *f*; Kapitalzusammenlegung *f*
capital reorganization *(AE)* Reorganisation *f* [Restrukturierung *f*, Neuordnung *f*] des Kapitals
capital stock *(AE)* Kapitalstock *m*, Grundkapital *n*, Stammkapital *n*
capital tax Vermögensteuer *f*
capital transfer tax *(CTT) (BE)* Kapitalverkehrsteuer *f*, Vermögensübertragungssteuer *f*
capital turnover Kapitalumschlag *m*
capital value Kapitalwert *m*
capital yield Kapitalertrag *m*, Kapitalrendite *f*
capitalism Kapitalismus *m*
capitalize *v* 1. kapitalisieren, in Kapital umwandeln, aktivieren; 2. Kapital zur Verfügung stellen, mit Kapital ausstatten
CAPM *s.* capital asset pricing model
capricious *adj* willkürlich
CAPS *s.* Centralised Attachment of Earnings Payments
caption 1. Präambel *f*; einleitende Formel *f* *(Urkunde)*; 2. Rubrum *n*, Urteilskopf *m* *(Urteil)*
captive *adj* 1. gefangen, eingesperrt; 2. unter fremder Kontrolle *(Gesellschaft)*
captive Gefangener *m*
captivity Gefangenschaft *f*, Kriegsgefangenschaft *f*
capture *v* 1. gefangen nehmen; 2. wegnehmen, rauben; 3. erobern
capture 1. *(ZivilR)* Beschlagnahme *f*; 2. *(StrafR)* Festnahme *f*, Gefangennahme *f*
carbon copy Durchschlag *m*, Duplikat *n*, Doppel *n*
care *v* pflegen, versorgen
care Sorgfalt *f*, Vorsicht *f*; Fürsorge *f*, Betreuung *f*, Pflege *f*; Personensorge *f* • **be awarded care of somebody** zum Betreuer von jmdm. ernannt werden, die Betreuung über jmdn. übertragen bekommen • **exercise due care** die erforderliche Sorgfalt anwenden
careless *adj* fahrlässig, unachtsam, unvorsichtig, nachlässig
carelessly *adv* fahrlässig, unachtsam, unvorsichtig, schlampig, nachlässig

caretaker 1. Betreuer *m*, Pfleger *m*; 2. Amtsverwalter *m*; 3. Hausmeister *m*
cargo Ladung *f*, Fracht *f*
carnal *adj* fleischlich, körperlich; geschlechtlich
carnal knowledge Beischlaf *m*, Geschlechtsverkehr *m*
carnet de passage *(Fr)* Zollbegleitschein *m*
carpentry Zimmererhandwerk *n*, Tischlerei *f*
carriage 1. Transportgeschäft *n*; 2. Transportkosten *pl*, Frachtkosten *pl*; 3. Fracht *f*; 4. Eisenbahnwaggon *m*, Personenwagen *m*
carriage forward unfrankiert, unfrei; Transportkosten *pl* gehen zu Lasten des Empfängers, Frachtkosten *pl* per Nachnahme
carriage of goods Gütertransport *m*
carried forward vorgetragen, übertragen
carrier 1. Transportunternehmen *n*, Fuhrunternehmen *n*, Speditionsfirma *f*, Frachtführer *m*; Lufttransportgesellschaft *f*; 2. Bote *m*, Überbringer *m*
carry *v* befördern, führen; fortführen, fortsetzen
carry *v* **a bill** ein Gesetz verabschieden
carry *v* **a motion** einen Antrag durchbringen
carry *v* **back** *(SteuerR)* Verluste rücktragen
carry *v* **forward** *(SteuerR)* Verluste vortragen
carry *v* **goods** Waren befördern, Güter transportieren; Artikel führen
carry *v* **on** fortsetzen, fortführen; weiterbetreiben
carry *v* **out** 1. ausführen, durchführen, verwirklichen, realisieren *(Vertrag)*; 2. vollstrecken *(Urteil)*; 3. umsetzen, ausführen *(Beschluss)*
carry *v* **over** *(SteuerR)* übertragen, vortragen
carry *v* **through** durchführen, ausführen
carryover basis Steuerbemessungsgrundlage *f (Grundlage für den Übergang von steuerlichen Merkmalen auf eine andere Person oder von einem Veranlagungszeitraum auf einen anderen)*
carte blanche *(Fr)* Blankovollmacht *f*, unbeschränkte Vollmacht *f*
cartel Kartell *n*
case 1. Fall *m*, Rechtssache *f*, Angelegenheit *f*, Rechtsstreit *m*, Streitigkeit *f*, Prozess *m*, Verfahren *n*; 2. Sachverhalt *m*, Tatsache *f*, Vorbringen *n*, Sachvortrag *m* • **argue a case** über einen Fall mündlich verhandeln; einen Fall vortragen • **present the case** den Sachverhalt darstellen; den Fall vorbringen • **rest a case** die Beweisaufnahme schließen
case disposal ≈ Erledigung anhängiger Verfahren
case history Vorgeschichte *f*; Entwicklung *f* eines Falls
case in point einschlägiges Beispiel *n*
case law Fallrecht *n*, Präjudizienrecht *n*, Richterrecht *n*, Kasuistik *f*
case management Falltaktik *f*, Abwicklung *f* eines Falles; ≈ (effiziente) Erledigung der anhängigen Fälle bei Gericht
Case Management Conference *(CMC)* ≈ Güteverfahren *(dem Hauptverfahren vorgeschaltet)*
case management tracks *pl* Verfolgung *f* des Fallmanagements, Protokollierung *f* des Fallmanagements
case number Aktenzeichen *n*, Geschäftszeichen *n*
case of necessity Notfall *m*
case on appeal Fall *m* in der Rechtsmittelinstanz; Rechtsmittelsache *f (Berufungssache; Revisionssache)*
case stated *(BE)* (dem High Court) vorgelegter Fall *m*
case study Einzelfallstudie *f*, Fallbesprechung *f*, Falllösung *f (Jurastudium)*
case value Gegenstandswert *m*
cash *v* zu Geld machen, einlösen, realisieren; einkassieren, einziehen
cash *v* **in** 1. einlösen *(in Bargeld)*; 2. profitieren
cash 1. Bargeld *n*, Barmittel *n*; Kasse *f*; 2. *(BilanzR)* flüssige Mittel *npl* • **balance the cash** Kassenabschluss durchführen, Kassensturz machen
cash account Kassenkonto *n*; Bankguthaben *n*; Kassenbuch *n*
cash benefit Barvergütung *f*, Bardividende *f (Lebensversicherung)*
cash check *(AE)*, **cash cheque** *(BE)* Barscheck *m*
cash disbursement bare Auslage *f*, Kassenausgang *m*
cash discount Barzahlungsrabatt *m*, Barzahlungsskonto *m*
cash dispenser Geldautomat *m*

cash equivalency price Barwertpreis *m*
cash expenditure Barausgabe *f*, Geldausgang *m*
cash flow Bargeldumlauf *m*, Geldfluss *m*, Finanzstrom *m*, Cashflow *m*
cash in hand *(BE)* Kasse *f*, Kassenbestand *m*, Barmittel *npl*
cash on delivery Barzahlung *f* bei Lieferung, Lieferung *f* gegen Nachnahme
cash on hand *(AE)* Kasse *f*, Kassenbestand *m*, Barmittel *npl*
cash payment Barzahlung *m*
cash reserve Bargeldreserve *f*, Bestand *m* an Bargeld, Barmittel *npl*, Kassenreserve *f*
cash sale 1. Barverkauf *m*; 2. *(BörsenR)* Kassageschäft *n*
cash surrender value *(VersR)* Barablösungswert *m*, Rückkaufswert *m*
cash transaction 1. Geldgeschäft *n*, Bargeschäft *n*; 2. *(BörsenR)* Kassageschäft *n*
cashier Kassierer *m*, Kassenführer *m*, Kassenwart *m*
cashier's check *(AE)*, **cashier's cheque** *(BE)* Bankscheck *m*
cassation Kassation *f*, Aufhebung *f*
cast *v* aufrechnen, saldieren, addieren, zusammenrechnen
cast *v* **a vote** eine Stimme abgeben
casting vote ausschlaggebende Stimme *f*
casual *adj* gelegentlich; vorübergehend; zufällig
casual criminal Gelegenheitskrimineller *m*, Gelegenheitsverbrecher *m*
casual labor *(AE)*, **casual labour** *(BE)* Gelegenheitsarbeit *f*, Aushilfsarbeit *f*
casual profits *pl (SteuerR)* Gewinn *m* aus Gelegenheitsgeschäften
casualty 1. Verunglückter *m*, Unfallopfer *n*, Todesopfer *n*; 2. Zufall *m*, Unfall *m*, Unglücksfall *m*
catchment area Einzugsgebiet *n*, Erfassungsbereich *m*
categorical imperative kategorischer Imperativ *m*
causation Kausalität *f*, Ursächlichkeit *f*, Herbeiführung *f*
cause *v* verursachen, Anlass geben zu, bewirken, veranlassen; anstiften
cause 1. Anliegen *n*, Angelegenheit *f*, Sache *f*; 2. *(ProzessR)* Fall *m*, Streitigkeit *f*, Prozess *m*; 3. *(VertragsR)* Vertragsgegenstand *m*; 4. Ursache *f*, *(Lat)* causa *f*, Grund *m*, Motiv *n* • **have good cause** einen guten [triftigen] Grund haben
cause of action Klagegrund *m*, Klagegegenstand *m*, Anspruch *m*; Rechtsgrund *m*
cause of death Todesursache *f*
caution *v* verwarnen, belehren, ermahnen, warnen
caution *v* **the parties** die Parteien belehren
caution 1. Verwarnung *f*, Belehrung *f*; 2. *(ProzessR)* Rechtsmittelbelehrung *f*; 3. *(GrundstücksR)* Rang *m*, Vormerkung *f*; 4. *(VertragsR)* Bürge *m*, Bürgschaft *f* • **issue a caution** eine Verwarnung ausstellen [erteilen] • **lodge a caution** *(GrundstücksR)* Sicherungsvermerk im Grundbuch eintragen lassen
caveat *(Lat)* 1. Warnung *f*, Verwarnung *f*, Einspruch *m*; 2. *(GrundstücksR)* im Grundbuch eingetragenes Sicherungsrecht *n*; 3. *(PatentR)* Schutzschrift *f*
caveat emptor *(Lat)* Gewährleistungsausschluss *m*; Mängelprüfungsobliegenheit *f* des Käufers
caveator *(Lat)* 1. Einspruchskläger *m*; *(BE)* Einspruchführer *m*; 2. *(PatentR) (AE)* Patentanmelder *m*
CCJ *s.* county court judgment
CD *s.* certificate of deposit
cease *v* enden, fortfallen, erlöschen; aufhören, ablassen, einstellen
cease and desist order 1. Unterlassungsanordnung *f*; 2. *(AE)* Wettbewerbsverbot *n*; 3. *(WettbewerbsR)* auf Unterlassung gerichtete einstweilige Verfügung *f*
cede *v* abtreten, zedieren, übertragen
ceiling Plafond *m*, Obergrenze *f*, Höchstbetrag *m*; gesetzliche Höchstsumme *f*
ceiling price Höchstpreis *m*, Maximalpreis *m*
cell 1. Gefängniszelle *f*; 2. politische Zelle *f*
censor *v* zensieren, Zensur ausüben
censor Zensor *m*
censorship Zensur *f*
censure *v* rügen, tadeln, ermahnen
censure Rüge *f*, Tadel *m*, Ermahnung *f*; Missbilligung *f*
census Zensus *m*, Volkszählung *f*, Zählung *f*; statistische Erhebung *f*
center *(AE) s.* centre
central *adj* 1. zentral; wesentlich; 2. in der Mitte befindlich

Central European Time *(CET)* Mitteleuropäische Zeit *f*, MEZ
central locking Zentralverriegelung *f* *(Auto; Safe)*
Centralised Attachment of Earnings Payments *(CAPS)* Zentralzahlstelle *f* für Lohnpfändungen
centralize *v* zentralisieren
centrally heated mit Zentralheizung
centre *(BE)* Mittelpunkt *m*, Zentrum *n*; Zentrale *f*
CEO *s.* chief executive officer
CEOP *s.* Child Exploitation and Online Protection Centre
ceremonial *adj* festlich, förmlich, zeremoniell; formgerecht; protokollarisch
ceremony Feier *f*, Feierlichkeit *f*, Förmlichkeit *f*
certificate Bestätigung *f*, Zertifikat *n*, Zeugnis *n*, Schein *m* • **issue a certificate** eine Bescheinigung ausstellen, einen Nachweis erteilen
certificate of acceptance Annahmebescheinigung *f*
certificate of appointment Bestallungsurkunde *f*, Ernennungsurkunde *f*, Anstellungsurkunde *f*, Bestätigungsurkunde *f*
certificate of birth Geburtsurkunde *f*
certificate of citizenship Staatsangehörigkeitsausweis *m*
certificate of competence Befähigungsnachweis *m*
certificate of compliance Ordnungsmäßigkeitsbescheinigung *f*
certificate of conformity Übereinstimmungsbescheinigung *f*
certificate of death Sterbeurkunde *f*; Totenschein *m*
certificate of deposit *(CD)* 1. Depotschein *m*, Hinterlegungsschein *m*; 2. Einzahlungsbeleg *m*
certificate of employment Arbeitszeugnis *n*, Beschäftigungsnachweis *m*
certificate of good conduct Führungszeugnis *n*
certificate of incorporation 1. *(BE)* amtliche Registrierungsbescheinigung *f*, Handelsregistereintragung *f*; 2. *(AE)* Gründungsurkunde *f*; Satzung *f*
certificate of insurance Versicherungsschein *m*
certificate of legal aid costs Prozesskostenhilfebewilligungsnachweis *m*, Bescheinigung *f* über die Gewährung von Prozesskostenhilfe
certificate of limited partnership Zeichnungsschein *m* für eine Limited-Partnership-Gesellschaft
certificate of marriage Heiratsurkunde *f*
certificate of nationality Staatsangehörigkeitsnachweis *m*
certificate of origin Abstammungsurkunde *f*; Herkunftsbescheinigung *f*
certificate of ownership Eigentumsurkunde *f*
certificate of qualification Befähigungsnachweis *m*, Tauglichkeitszeugnis *n*
certificate of satisfaction Erfüllungsnachweis *m*, Zahlungsnachweis *m*
certificate of service 1. Zustellungsnachweis *m*, Zustellungsurkunde *f*; 2. Wehrpass *m*
certificate of title 1. Eigentumsnachweis *m*; 2. *(GrundstücksR)* ≈ Grundbuchauszug
certificated *adj* verbrieft; staatlich zugelassen; staatlich anerkannt
certification Bescheinigung *f*, Bestätigung *f*, Nachweis *m*; Beglaubigung *f*, Attest *n*
certification mark Gütemarke *f*, Gütezeichen *n*
certification of trust Trust-Zertifikat *n*
certified *adj* bescheinigt, bestätigt; beglaubigt; diplomiert
certified check *(AE)*, **certified cheque** *(BE)* bestätigter Scheck *m*
certified copy beglaubigte Abschrift *f*
certified engineer geprüfter Techniker *m*
certified public accountant Wirtschaftsprüfer *m*
certified translation beglaubigte Übersetzung *f*
certify *v* bescheinigen, bestätigen, nachweisen; beglaubigen; amtlich erklären
certiorari *(Lat)* 1. Aktenanforderung *f*; 2. *(AE)* Annahme *f* [Zulassung *f*] des Revisionsverfahrens
cessate *v (Lat)* abbrechen, einstellen, beenden
cessation Ende *n*, Beendigung *f*, Einstellung *f*; Aussetzen *n*; Kassation *f*
cession Abtretung *f*, Zession *f*, Überlassung *f*; Übergang *m*, Verzicht *m*
cessionary Zessionar *m*, Abtretungsempfänger *m*; Rechtsnachfolger *m*

CET *s.* Central European Time
ceteris paribus *(Lat)* wobei die übrigen Dinge gleich sind; unter sonst gleichen Voraussetzungen
CFO *s.* chief financial officer
chain of causation Kausalzusammenhang *m*, Kausalkette *f*
chain of title ≈ Folge von Eigentumsnachweisen; ≈ vollständiger Nachweis von Berechtigungen
chain-style business franchise *(AE)* kettenähnliches Franchiseunternehmen *n*
chair *v* vorsitzen, leiten, führen
chair 1. Präsident *m*, Vorsitzender *m*; 2. Präsidium *n*, Vorsitz *m*; Richterstuhl *m*, Stuhl *m*; Sitz *m*
chairman Vorsitzender *m*, Präsident *m*, Obmann *m*
chairman's casting vote ausschlaggebende Stimme *f* des Vorsitzenden
chairmanship Präsidentenamt *n*, Vorsitz *m*, Leitung *f*; Präsidium *n*
chairperson Präsident *m*, Vorsitzender *m*
chairwoman Präsidentin *f*, Vorsitzende *f*
challenge *v* 1. herausfordern; anfechten, bezweifeln; Einwendungen erheben; 2. *(ProzessR)* als befangen ablehnen
challenge Herausforderung *f*, Machtkampf *m*; Anfechtung *f*, Infragestellen *n*, Einwendung *f*
chamber Kammer *f*, gesetzgebende Körperschaft *f (Parlament)*
Chamber of Commerce Handelskammer *f*
chambers *pl* 1. Geschäftsräume *mpl*; 2. Sitzungssaal *m*, Richterzimmer *n (das Richterzimmer dient für nichtöffentliche gerichtliche Verfahren)*; 3. *(BE)* Anwaltsbüro *n (eines Barristers, in der Regel in den Inns of Court)*; *(BE)* Bürogemeinschaft *f (Barristers)*
champerty *(AE)* Übernahme *f* eines Falls gegen Erfolgshonorar, Gewinnbeteiligung *f* des Anwalts *(z. B. am zugesprochenen Schadensersatz)*
chance *v* riskieren, wagen
chance 1. Risiko *n*, Wagnis *n*; 2. Möglichkeit *f*, Chance *f*, Gelegenheit *f*; 3. Zufall *m*
chancellery Staatskanzlei *f*, Kanzleramt *n*; Konsulatskanzlei *f*
chancellor 1. Kanzler *m*; 2. Universitätsrektor *m*; 3. Richter *m (Court of Chancery)*
Chancellor of the Exchequer ≈ Finanzminister
chancery 1. Kanzlei *f*, Amt *n*; 2. Gerichtsgeschäftsstelle *f*; 3. Urkunden- und Registergericht *n*
Chancery Division *(BE)* Chancery Division *f (Abteilung des High Court of Justice, deren Kammern für Billigkeitsrechtsprechung in speziellen Rechtsangelegenheiten, z. B. in handelsrechtlichen, gesellschaftsrechtlichen und patentrechtlichen Angelegenheiten zuständig ist)*
chances *pl* **of success** Erfolgsaussichten *fpl*
change *v* ändern, verändern, abändern, wechseln, umwandeln
change Änderung *f*, Veränderung *f*, Abänderung *f*, Wechsel *m*, Umwandlung *f*
change of ownership Eigentümerwechsel *m*
change of residence Wohnsitzwechsel *m*, Aufenthaltsveränderung *f*
change of venue Gerichtsstandsänderung *f*; Verweisung *f* einer Rechtssache an ein anderes Gericht
changeover Wechsel *m*, Änderung *f*, Umstellung *f*
chapter Kapitel *n*, Teil *m*, Abschnitt *m (eines Gesetzes)*
Chapter 11 proceedings *pl (AE) (InsolvenzR)* Vergleichs- und Sanierungsverfahren *n*
character 1. Buchstabe *m*, Schriftzeichen *n*; Ziffer *f*, Zahl *f*; 2. Ruf *m*, Reputation *f*; 3. *(ArbeitsR)* Bestätigung *f* im Arbeitszeugnis • **of good character** *(ArbeitsR)* charakterlich einwandfrei
character witness Leumundzeuge *m*
charge *v* 1. *(StrafR)* beschuldigen, anschuldigen, anklagen, bezichtigen, belasten, anzeigen; 2. in Rechnung stellen, erheben, ansetzen; 3. fordern, verlangen; 4. beauftragen, anweisen; 5. verantwortlich machen
charge *v* **against company assets** als Sicherheit gegen Gesellschaftsvermögen eintragen
charge *v* **for the goods** Waren in Rechnung stellen
charge *v* **with a criminal offence** *(BE)*, **charge** *v* **with a criminal offense** *(AE)* einer Straftat beschuldigen; wegen einer Straftat anklagen
charge Belastung *f*, Gebühr *f*

charge certificate *(BE)* ≈ Bescheinigung über die Eintragung einer Hypothek an registrierten Grundstücken *(2003 abgeschafft)*
chargé d'affaires *(Fr)* *(VölkerR)* Geschäftsträger *m*
charge of theft Anschuldigung *f* wegen Diebstahls; Anklage *f* wegen Diebstahls
charge on land Grundstücksbelastung *f*; ≈ Hypothek; Reallast *f*
charge on real property Grundpfandrecht *n*
charge over property Eigentumsbelastung *f*
charge sheet Polizeiregister *n*, Haftliste *f*, Haftersuchen *n*
chargeable *adj* 1. belastbar, anrechenbar; 2. *(StrafR)* anklagefähig, einer Anklage ausgesetzt; 3. *(SteuerR)* besteuerbar, gebührenpflichtig
chargee dinglich Berechtigter *m*, dinglich gesicherter Gläubiger *m*; Beschwerter *m*
charges register *(BE)* ≈ Register der Grundstücksbelastungen *(Teil des Land Registers, in dem die Belastungen des Grundstücks eingetragen sind; vgl. in etwa Abteilung II und III des deutschen Grundbuchs)*
charging order 1. Beschlagnahmeverfügung *f*, Veräußerungsverbot *n*; 2. Pfändung *f* eines Gesellschaftsanteils
charitable *adj* gemeinnützig; wohltätig, karitativ
charitable trust gemeinnütziger Trust *m*, ≈ karitative Stiftung
charity gemeinnützige Körperschaft *f*; Wohltätigkeitsorganisation *f*
charter *v* 1. mieten, vermieten; 2. gründen; 3. erteilen, verbriefen *(Privileg)*
charter 1. Charta *f*, Verfassungsurkunde *f*; 2. Chartervertrag *m*; 3. *(GesellschaftsR)* Satzung *f*, Statut *n*; Konzession *f*, Gründungsurkunde *f*
charter aircraft Charterflugzeug *n*
charter of a company Satzung *f* einer Gesellschaft, Gesellschaftsstatut *n*
chartered *adj* gechartert, gemietet; konzessioniert, zugelassen; verbrieft
chartered accountant diplomierter Buchhalter *m*; staatlich geprüfter Revisor *m*, vereidigter Rechnungsprüfer *m*, Wirtschaftsprüfer *m*
chartered bank konzessionierte Bank *f*
charterparty Chartervertrag *m*; Frachtvertrag *m*
chattel bewegliche Sache *f*, Mobilie *f*
chattel mortgage Sicherungsübereignung *f*, Mobiliarhypothek *f*, Verpfändung *f* von beweglichen Sachen
chattel paper 1. Verkehrspapier *n*; 2. *(EuropaR, InsolvenzR, VersR)* Sicherungsschein *m*
chattel real beschränkt dingliche Rechte *npl* an einem Grundstück
chattels *pl* bewegliche Sachen *fpl*, Fahrnis *f*
chattels register Mobilienregister *n*
cheat *v* betrügen, übervorteilen
cheat Betrug *m*; Betrüger *m*
cheating Betrug *m*, Betrügerei *f*, Schwindel *m*
check *v* 1. kontrollieren, prüfen; abhaken, vergleichen; 2. hemmen, aufhalten
check 1. *(AE)* Scheck *m (siehe auch cheque)*; 2. Kontrolle *f*, Überprüfung *f*; 3. Hemmnis *n*, Bremse *f*
checking Kontrolle *f*, Prüfung *f*, Nachprüfung *f*; Drosseln *n*, Hemmnis *n*, Hemmung *f*, Widerstand *m*
checking account *(AE)* Girokonto *n*, Scheckkonto *n*
checks and balances *pl (StaatsR)* gegenseitige Kontrolle *f* der drei Gewalten
cheque *(BE)* Scheck *m* • **block a cheque** einen Scheck sperren • **bounce a cheque** einen Scheck platzen lassen • **cross a cheque** einen Scheck als Verrechnungsscheck ausstellen • **endorse a cheque** einen Scheck indossieren
cheque account *(BE)* Girokonto *n*, Scheckkonto *n*; Scheckrechnung *f*
cheque book *(BE)* Scheckbuch *n*
chief *adj* hauptsächlich
chief Leiter *m*, Vorgesetzter *m*, Chef *m*; Hauptinhaber *m*, Besitzer *m* • **...in chief** Chef..., Haupt..., Ober...
chief constable *(BE)* Polizeipräsident *m (eines County oder eines Borough)*
chief executive officer *(CEO)* Vorstandsvorsitzender *m*, Generaldirektor *m*
chief financial officer *(CFO)* Kämmerer *m*, Finanzdirektor *m*
chief justice 1. *(BE: Lord Chief Justice of England)* Präsident *m* des Court of Appeal und der Queen's-Bench-Abteilung des High Court; 2. *(AE)* Vorsitzen-

der Richter *m* am Supreme Court der Vereinigten Staaten von Amerika; Oberrichter *m*

chief magistrate Verwaltungsvorsteher *m*, Chef *m* der Verwaltung, Ortsvorsteher *m*

child Kind *n*, Abkömmling *m*, Nachkomme *m* • **to best interest and welfare of the child** im besten Interesse des Kindeswohls

child abuse Kindesmisshandlung *f*

child allowance Kinderfreibetrag *m*, Kinderbetreuungsfreibetrag *m*, Kinderzuschlag *m*

child benefit Kindergeld *n*

child care Jugendfürsorge *f*; Sorgerecht *n*; Kinderbetreuung *f*

Child Exploitation and Online Protection Centre *(CEOP)* ≈ Zentrum zum Schutz von Kindern vor Ausbeutung und vor dem Internet

child maintenance Kindesunterhalt *m*; Kinderbetreuung *f*

child molestation Kindesmissbrauch *m*

child support Kindesunterhalt *m*

Children and Family Court Advisory and Support Service *(CAFCASS)* ≈ CAFCASS *(Institution, die sich um das Wohlergehen von Kindern in familienrechtlichen Verfahren kümmert, z. B. als Verfahrenspfleger)*

Chilling Effects *(AE)* abschreckende Wirkung *f*

Chinese wall *(BankR)* Chinese Wall *m* *(wörtl. chinesische Mauer; Trennung der Analyse- von der Handelsabteilung einer Bank, um die Unabhängigkeit der erstellten Analysen zu gewährleisten)*; Abschottung *f*

choice of jurisdiction *(IPR)* Gerichtsstandsvereinbarung *f*; Wahl *f* des Gerichtsstandes

choice-of-language clause Sprachwahlklausel *f (Vorschrift zur Bestimmung der maßgeblichen Sprache)*

choice of law *(IPR)* Rechtswahl *f*

chose *(Fr)* bewegliche Sache *f*, Mobilie *f*

chose in action Forderung *f*; obligatorischer Anspruch *m*

chose in possession besitzgebundenes Recht *n*; bewegliche Sache *f (im Besitz einer Person)*

CIF *s.* cost, insurance, freight

circuit Gerichtsbezirk *m*; Rundreise *f* *(durch den Gerichtsbezirk zur Abhaltung von Gerichtstagen)*

circuit court für mehrere Bezirke zuständiges Gericht *n*

circuit judge *(BE)* Richter *m* am Crown [County] Court; *(AE)* Bundesrichter *m* an einem Court of Appeals

circular *adj* kursierend, im Umlauf befindlich

circular Rundschreiben *n*

circularize *v* Rundschreiben [Prospekte] versenden

circulate *v* zirkulieren, versenden, in Umlauf bringen, kursieren

circulating *adj* im Umlauf befindlich, kursierend

circulating assets *pl* Umlaufvermögen *n*, Umlaufkapital *n*

circulation 1. Umlauf *m*, Verbreitung *f*, Absatz *m*; 2. umlaufende Zahlungsmittel *npl*; 3. Auflage *f* (einer Zeitung)

circumstances *pl* 1. Umstände *mpl*, Tatumstände *mpl*; Sachverhalt *m*; 2. Vermögensverhältnisse *npl*; 3. Formalitäten *fpl* • **under the present circumstances** bei den aktuellen Gegebenheiten, unter den gegebenen Umständen

circumstantial *adj* sich aus den Umständen ergebend; umständlich; eingehend

circumstantial evidence Indizienbeweis *m*, Anscheinsbeweis *m*

circumstantiate *v* durch Indizien beweisen

circumvent *v* umgehen *(Gesetz)*; beugen *(Recht)*

circumvention Umgehung *f*; Beugung *f*

circumvention of the law Gesetzesumgehung *f*; Rechtsbeugung *f*

citation 1. *(ProzessR)* Streitverkündung *f*; 2. Zitat *n*, Berufung *f* auf eine vorangegangene Entscheidung; 3. *(PatentR)* Entgegenhaltung *f*; 4. *(ProzessR)* Ladung *f*, Vorladung *f*

cite *v* 1. zitieren, anführen, sich berufen; 2. laden, vorladen

cite *v* **a case** einen Fall anführen, eine Entscheidung zitieren

cited *adj* zitiert, angeführt

cited documents *pl* angeführte Schriftstücke *npl*

citizen Bürger *m*, Stadtbewohner *m*, Staatsbürger *m*, Staatsangehöriger *m*

Citizen's Advice Bureau *(CAB) (BE)* Bürgerberatungsstelle *f (kostenloser Be-*

ratungsdienst für soziale und rechtliche Probleme)
citizenship Staatsangehörigkeit *f*, Staatsbürgerschaft *f* • **grant citizenship** die Staatsangehörigkeit verleihen • **renounce citizenship** die Staatsangehörigkeit aufgeben; auf die Staatsangehörigkeit verzichten
civic *adj* 1. bürgerlich, staatsbürgerlich; städtisch; 2. gemeinnützig
civic authorities *pl* Stadtverwaltung *f*, Gemeindeverwaltung *f*
civic duties *pl* staatsbürgerliche Pflichten *fpl*
civic obligations *pl* staatsbürgerliche Verpflichtungen *fpl*, Bürgerpflicht *f*
civil *adj* bürgerlich; zivilrechtlich
civil action Zivilprozess *m*, bürgerlicher Rechtsstreit *m*
civil case Zivilsache *f*
civil claim zivilrechtlicher Anspruch *m*, bürgerlich-rechtliche Forderung *f*
civil code Zivilgesetzbuch *n*
civil court Zivilgericht *n*
civil defence *(BE)*, **civil defense** *(AE)* Zivilschutz *m*
civil disorder zivile Unruhen *fpl*, Bürgerunruhen *fpl*
civil jurisdiction Zivilgerichtsbarkeit *f*
civil justice reforms Zivilrechtgerichtsbarkeitsreformen *fpl*, Reformen *fpl* der Zivilgerichtsbarkeit
civil law 1. Civil Law *n*, kontinentaleuropäisches Recht *n (im Gegensatz zum angloamerikanischen Rechtssystem)*; 2. Zivilrecht *n*, bürgerliches Recht *n*
civil law system kontinental-europäisches Rechtssystem *n*, Civil-Law-System *n*
civil liability zivilrechtliche Haftung *f*, privatrechtliche Haftung *f*
civil liberties *pl* bürgerliche Grundfreiheiten *fpl*, Bürgerrechte *npl*, Grundrechte *npl*
civil litigation Zivilverfahren *n*, Zivilprozess *m*; zivilrechtliche Streitigkeit *f* [Angelegenheit *f*]
civil partnership *(BE)* eingetragene Lebenspartnerschaft *f*
civil partnership agreement eingetragene Lebenspartnerschaft *f*, Vereinbarung *f* einer eingetragenen Lebenspartnerschaft
civil procedure Zivilverfahren *n*, Zivilprozess *m*
civil procedure rules *pl* Zivilverfahrensvorschriften *fpl*, Zivilprozessregeln *fpl*
civil rights *pl* staatsbürgerliche Rechte *npl*, Grundrechte *npl*, Abwehrrechte *npl* des Bürgers *(gegen den Staat)*; bürgerliche Ehrenrechte *npl*
Civil Rights Act of 1964 *(AE)* ≈ Civil Rights Act 1964; ≈ Bürgerrechtsgesetz 1964 *(u. a. zur Aufhebung der Rassentrennung)*
civil servant Beamter *m*, Staatsbediensteter *m*, Angehöriger *m* des öffentlichen Dienstes
civil service öffentlicher Dienst *m*, Staatsdienst *m*, öffentliche Verwaltung *f*; Berufsbeamtentum *n*; Beamtenlaufbahn *f*
civil unrest innere Unruhen *fpl*, Unruhen *fpl* in der Bevölkerung
civil use zivile Nutzung *f*
civil war Bürgerkrieg *m*
civilian 1. Bürger *m*, Zivilist *m*, Zivilperson *f*; 2. Zivilangestellter *m (Armee)*; 3. Zivilrechtler *m (Studium)*
claim *v* 1. fordern, einfordern, beanspruchen, geltend machen, verlangen, in Anspruch nehmen; 2. behaupten *(Zeuge)*
claim *v* **a right** ein Recht geltend machen, ein Recht für sich in Anspruch nehmen
claim *v* **compensation** Schadensersatz verlangen
claim *v* **for expenses** Auslagenersatz verlangen
claim *v* **for indemnification** Entschädigung fordern, Schadensersatz verlangen
claim *v* **in the alternative** hilfsweise geltend machen
claim *v* **on a guarantee** eine Garantie in Anspruch nehmen, einen Garantieanspruch erheben
claim 1. Rechtsanspruch *m*, Anrecht *n*; 2. Forderung *f*; Verlangen *n*, Begehren *n*; 3. *(VersR)* Versicherungsanspruch *m* • **assert a claim** einen Anspruch geltend machen, eine Forderung erheben • **assign a claim** eine Forderung abtreten, einen Anspruch übertragen • **disallow a claim** eine Forderung zurückweisen, einen Anspruch abweisen, ein Verlangen nicht anerkennen • **enforce a claim** einen Anspruch durchsetzen, eine Forderung gerichtlich geltend machen, ein Recht realisieren • **file a claim** einen Anspruch geltend machen, eine Forderung anmelden • **lodge a claim** einen

Anspruch geltend machen, eine Forderung erheben, verlangen; Protest erheben
claim based on defect Beanstandung *f*, Mängelrüge *f*, Mängelanzeige *f*, Reklamation *f*
claim for abatement Antrag *m* auf einen Steuererlass
claim for account Antrag *m* auf Rechnungslegung
claim for compensation Schadensersatzanspruch *m*, Entschädigungsverlangen *n*
claim for damages Schadensersatzverlangen *n*; Schadensersatzanspruch *m*
claim for (re)possession Herausgabeanspruch *m*
claim form Antragsformular *n*
claim in tort Schadensersatzanspruch *m* aus unerlaubter Handlung
claim of ownership Anspruch *m* auf Anerkennung des Eigentums; Herausgabeklage *f*; Forderung *f* auf Herausgabe des Eigentums
claim priority Vorrang *m* eines Anspruchs
Claim Production Centre *(CPC) (BE)* Antragserstellungszentrum *n (vom Gerichtsservice Ihrer Majestät geschaffene zentralisierte Einheit für vereinfachtes und beschleunigtes computerisiertes Verfahren in meist unbestrittenen Geldforderungsangelegenheiten)*
claim settlement 1. Vergleich *m*; 2. *(VersR)* Regulierung *f* einer Forderung
claim to inheritance Nachlassforderung *f*, Erbschaftsanspruch *m*; noch unbefriedigter erbrechtlicher Anspruch *m*
claim under statute gesetzliche Forderung *f*, gesetzlicher Anspruch *m*
claim under the contract vertraglicher Anspruch *m*, vertragliche Forderung *f*
claimant 1. Anspruchsteller *m*, Forderungsgläubiger *m*; 2. *(ProzessR)* Antragsteller *m*; Kläger *m*, Beschwerdeführer *m*; 3. *(ErbR)* Erbanwärter *m*; 4. *(VersR)* Geschädigter *m*; 5. *(PatentR)* Anmelder *m*
clandestine *adj* heimlich, geheim; unerlaubt, verboten
clarification Klärung *f*, Aufklärung *f*, Präzisierung *f*
clash *v* zusammenstoßen, aneinandergeraten; widerstreiten, kollidieren; unvereinbar sein
clash Konflikt *m*, Streit *m*; Zusammenstoß *m*; Kollision *f*
clash of interests Interessenkollision *f*, Interessenkonflikt *m*
class 1. Art *f*, Gattung *f*, Klasse *f*; 2. *(SteuerR)* Steuerklasse *f*; 3. Kurs *m*, Lehrgang *m (Unterricht)*; 4. soziale Stellung *f*, gesellschaftlicher Rang *m*, Gesellschaftsschicht *f*, Schicht *f*
class action *(AE)* Verbandsklage *f*, Gruppenklage *f*
class gifts *pl* Schenkung *f* an einen bestimmten Personenkreis
class of investment Anlageart *f*
class of shares dieselbe Kategorie *f* von Aktien
class plaintiff Verbandskläger *m*, Gruppenkläger *m*
classification 1. Eingruppierung *f*, Einstufung *f*, Klassifizierung *f*, Kategorisierung *f*; 2. Rangordnung *f*; 3. *(ZollR)* Tarifierung *f*
classified *adj* 1. eingruppiert, eingestuft, klassifiziert, kategorisiert; 2. *(ZollR)* tarifiert
classify *v* 1. eingruppieren, einstufen, klassifizieren, kategorisieren; 2. *(ZollR)* tarifieren
clause 1. Klausel *f*, Bestimmung *f*, Bedingung *f*; 2. Paragraph *m*, Absatz *m*, Abschnitt *m*, Satz *m*; 3. Vermerk *m*, Formel *f*
clause of a contract Vertragsklausel *f*, Vertragsbestimmung *f*
claw *v* **back** zurückfordern, zurückverlangen
clawback Rückforderung *f*
clean *adj* 1. korrekt, einwandfrei, tadellos; 2. schuldlos, unschuldig; 3. unbefangen, unparteiisch; 4. vorbehaltlos, uneingeschränkt
clean bill Wechsel *m* ohne Dokumentensicherung
clean copy Reinschrift *f*
clean record/of ohne Vorstrafe, nicht vorbestraft
clean slate *(fig.)* saubere Weste *f*
clear *v* 1. bezahlen, begleichen *(Rechnung)*; 2. *(StrafR)* freisprechen, entlasten, rehabilitieren; 3. netto verdienen [erzielen]; 4. zollamtlich abfertigen
clear *v* **a bill** einen Wechsel einlösen
clear *v* **a check** *(AE)*, **clear** *v* **a cheque** *(BE)* einen Scheck verrechnen [gutschreiben]
clear *v* **a mortgage** eine Hypothek tilgen [amortisieren]

clear *v* **a ship** ein Schiff entladen [löschen]
clear *v* **an account** eine Rechnung bezahlen [begleichen]
clear *v* **goods through customs** Waren durch den Zoll abfertigen (lassen)
clear *v* **somebody** *(StrafR)* jmdn. freisprechen [entlasten, rehabilitieren]
clear *v* **up** aufräumen; erledigen; bereinigen; aufklären
clear *adj* 1. unanfechtbar *(Anspruch)*; 2. schuldlos, unverschuldet; 3. netto, bereinigt
clear and present danger unmittelbar bevorstehende Gefahr *f*
clear title unangreifbares [unbelastetes] Eigentum *n*, unbestrittenes Recht *n*
clearance 1. Abfertigung *f*, Zollabfertigung *f*, Verzollung *f*; 2. Zahlung *f*, Begleichung *f*, Tilgung *f*; 3. Freigabe *f*, Erlaubnis *f*, Genehmigung *f*; 4. *(MietR)* Räumung *f*
clearance certificate Unbedenklichkeitsbescheinigung *f*; Zollbescheinigung *f*, Abfertigungsschein *m*
clearing 1. *(BankR)* Abrechnung *f*, Abrechnungsverfahren *n*, Giroverkehr *m*; 2. *(StrafR)* Freispruch *m*, Entlastung *f*; 3. *(ZollR)* zollamtliche Abfertigung *f*, Verzollung *f*; 4. Begleichung *f*, Bezahlung *f* *(Forderung)*; 5. *(MietR)* Räumung *f*
clearinghouse Girostelle *f*, Abrechnungszentrale *f*, Clearinghaus *n*
clemency Gnade *f*, Begnadigung *f*
cleric Geistlicher *m*
clerical *adj* 1. geistlich, kirchlich, klerikal; 2. kanzleimäßig, Schreib…, Büro…
clerical error Schreibfehler *m*, Kanzleifehler *m*
clerk 1. Büroangestellter *m*, juristischer Angestellter *m*, Sachbearbeiter *m*; Urkundsbeamter *m*; Schreibkraft *f*, Schriftführer *m*, Protokollführer *m*; 2. *(AE)* Verkäufer *m*
clerk of court 1. ≈ Urkundsbeamter der Geschäftsstelle; 2. ≈ Rechtspfleger
clerkship *(BE)* 1. ≈ Ausbildungsverhältnis zum Rechtsanwalt bei einem Solicitor; 2. ≈ Praktikum bei einem Richter
click-on-agreement Click-on-Vertrag *m* *(Vertrag, der durch einen Computerklick zustande kommt)*
clickwrap Click-Wrap-Vertrag *m* *(Vertrag, der vollständig über das Internet abgewickelt wird und durch einen Computerklick zustande kommt)*
client 1. Mandant *m*, Auftraggeber *m* *(Rechtsanwalt)*; 2. Kunde *m*, Klient *m*; Patient *m* *(Arzt)*; 3. Auftraggeber *m*, Besteller *m*
client management Kundenmanagement *n*
close *v* schließen, fertigstellen, beenden
close *v* **an account** ein Konto schließen [auflösen]
close *v* **down** 1. schließen, zumachen; 2. Werksurlaub machen
close *v* **the case** die Beweisaufnahme schließen
close *v* **the court to the public** die Öffentlichkeit ausschließen
close *v* **the proceedings** das Verfahren einstellen
closed *adj* geschlossen, gesperrt; nichtöffentlich; stillgelegt
closed account gesperrtes Konto *n*
closed company *(BE)* ≈ Gesellschaft mit beschränktem Mitgliederkreis
closed corporation 1. *(AE)* Form *f* der Aktiengesellschaft für kleine und mittlere Unternehmen; 2. besondere Gesellschaftsform *f*
closed-end investment company *(AE)* Kapitalanlagegesellschaft *f* mit geschlossenem Anlagefonds
closed market Binnenmarkt *m*
closed meeting geschlossene Versammlung *f*, nichtöffentliche Versammlung *f*
closed session nichtöffentliche Sitzung *f*, Sitzung *f* unter Ausschluss der Öffentlichkeit
closed shop ≈ Betrieb, der nur Gewerkschaftsmitglieder einstellt
closed shop agreement *(ArbeitsR)* Closed-Shop-Klausel *f*, Absperrklausel *f*
closed source nichtöffentliche Quelle *f*
closing Zeitpunkt *m* des Besitzübergangs beim Grundstückskauf
closing address *(StrafR)* Schlussplädoyer *n*
closing argument Schlussplädoyer *n*
closing down sale Räumungsverkauf *m*
closing of business Geschäftsaufgabe *f*
closing time Geschäftsschluss *m*, Schalterschluss *m*, Dienstschluss *m*; Feierabend *m*; Polizeistunde *f* *(Gaststätte)*
closure Schluss *m*, Abschluss *m*, Ende *n*; Schließung *f*
cloud on title *(AE)* Rechtsmangel *m*

CMC *s.* Case Management Conference
co-defendant 1. *(ZivilR)* Mitbeklagter *m*; 2. *(StrafR)* Mitangeklagter *m*
co-determination *(ArbeitsR)* Mitbestimmung *f*
co-opt *v* hinzuwählen, nachwählen, kooptieren
co-owner Miteigentümer *m*, Mitinhaber *m*
co-ownership Miteigentum *n*, Mitinhaberschaft *f*
co-partner Mitinhaber *m*, Mitbesitzer *m*, Teilhaber *m*, Partner *m*
co-partnership Mitunternehmerschaft *f*, Mitbesitz *m*, Teilhaberschaft *f*, Gesellschaft *f*, Sozietät *f*
co-proprietor Miteigentümer *m*, Mitinhaber *m*, Mitbesitzer *m*
co-respondent 1. Mitbeklagter *m*; 2. Mitverantwortlicher *m* bei Ehescheidung
co-signatory Mitunterzeichner *m*
co-surety Mitbürge *m*
coalition Koalition *f*
COD *s.* cash on delivery
code Code *m*; Kodifizierung *f*, Gesetzbuch *n*, Gesetzessammlung *f*
code of civil procedure Zivilprozessordnung *f*
code of conduct Standesrecht *n*, Verhaltenskodex *m*
code of criminal procedure Strafprozessordnung *f*, StPO
code of practice 1. Verfahrensnormen *fpl*, Verhaltensregeln *fpl*; 2. Verhaltenskodex *m*
coded message verschlüsselte Nachricht *f*, chiffrierte Mitteilung *f*
codicil Testamentszusatz *m*, Testamentsnachtrag *m*
codification Kodifizierung *f*, Kodifikation *f*
codify *v* kodifizieren
coelo usque ad centrum *(Lat; wörtlich: vom Himmel bis zum Zentrum)* ≈ veraltete eigentumsrechtliche Regel, die die Grenzen von Grundeigentum festlegte
coequal *adj* gleichrangig, gleichwertig
coerce *v* nötigen, beugen, zwingen, einschüchtern
coercion Nötigung *f*, Zwang *m*, Einschüchterung *f*
coercive measures *pl* Zwangsmaßnahmen *fpl*; Beugemittel *n*
coexist *v* koexistieren, nebeneinander bestehen
cohabit *v* 1. in nichtehelicher Lebensgemeinschaft leben; 2. zusammenwohnen
cohabitant Mitbewohner *m*
cohabitation 1. Zusammenleben *n*, Zusammenwohnen *n*; 2. Beischlaf *m*
cohabitee Lebensgefährte *m*, Partner *m* *(einer nichtehelichen Lebensgemeinschaft)*
coherent *adj* zusammenhängend, logisch verbunden
coin Münze *f*, Geldstück *n*; Hartgeld *n*
coinage 1. Münzen *fpl*, Hartgeld *n*; 2. Prägekosten *pl*; 3. Münzprägung *f*; 4. Münzsystem *n*
coincide *v* zusammenfallen, zufällig zusammentreffen
collaborate *v* 1. mitarbeiten, zusammenarbeiten, behilflich sein; 2. kollaborieren *(Politik)*
collaboration 1. Mitwirkung *f*, Zusammenarbeit *f*; 2. Kollaboration *f* *(Politik)*
collaborative *adj* mitarbeitend, zusammenarbeitend
collapse *v* zusammenbrechen, einstürzen; zerfallen *(Staat)*
collate *v* vergleichen, abgleichen
collateral *adj* 1. in der Seitenlinie *(Verwandtschaft)*; 2. *(WertpapierR)* beleihbar, lombardfähig; 3. zusätzlich; Begleit…, Neben…
collateral 1. Verwandter *m* *(in der Seitenlinie)*; 2. Sicherheit *f*, Sicherungsgegenstand *m*, Pfand *n*
collateral advance Lombardvorschuss *m*
collateral agreement 1. Nebenabkommen *n*, Nebenabrede *f*; 2. *(BankR)* Sicherungsvereinbarung *f*, Lombardvertrag *m*
collateral assignment Sicherungsabtretung *f*
collateral contract Nebenabrede *f*, Nebenvertrag *m*
collateral damage Begleitschaden *m*
collateral descendant Abkömmling *m* in der Seitenlinie
collateral estoppel inzident getroffene Gerichtsentscheidung *f*
collateral promise Nebenabsprache *f*, zusätzliche Zusicherung *f*
collateral security Lombardsicherheit *f*, lombardierte Wertpapiere *f*
collation 1. Vergleich *m* einer Kopie mit dem Original; 2. *(ErbR)* Ausgleichspflicht *f* [Ausgleich *m*] unter gesetzlichen Erben

colleague Kollege *m (gleichrangig)*; Mitarbeiter *m (untergeordnet)*
collect *v* 1. sammeln, ansammeln; 2. einziehen *(Scheck)*; 3. einsammeln, vereinnahmen *(Geld)*
collect *v* **a check** *(AE)*, **collect** *v* **a cheque** *(BE)* einen Scheck einlösen
collect *v* **a debt** eine Forderung einziehen
collect *v* **evidence** Beweismaterial sammeln, Beweis aufnehmen
collect *v* **taxes** Steuern eintreiben [einziehen, erheben]
collecting 1. *(WertpapierR)* Einzug *m*, Einziehung *f*, Inkasso *n (Geld)*; 2. *(SteuerR)* Beitreibung *f*
collecting agency Inkassostelle *f*, Inkassobüro *n*
collecting bank Inkassobank *f*, Zahlstelle *f*
collection account Inkassokonto *n*
collection agent Inkassoagent *m*, Inkassobevollmächtigter *m*
collection on delivery *(AE)* Barzahlung *f* bei Lieferung, Lieferung *f* gegen Nachnahme
collective *adj* kollektiv, gemeinsam, gewerkschaftlich
collective Kollektiv *n*, Produktionsgemeinschaft *f*
collective agreement *(ArbeitsR)* Kollektivvereinbarung *f*, Gesamtvereinbarung *f*; Tarifvertrag *m*
collective bargaining *(ArbeitsR)* Kollektivverhandlungen *fpl*, gewerkschaftliche Tarifverhandlungen *fpl*
collective bargaining committee *(ArbeitsR)* Tarifverhandlungskomitee *n*
collective dismissal *(ArbeitsR)* Massenentlassung *f*
collective mark Kollektivmarke *f*
collective measures *pl (ArbeitsR)* Kollektivmaßnahmen *fpl*
collective redundancies *pl (ArbeitsR)* Massenentlassungen *fpl*
collective work *(ArbeitsR)* Gemeinschaftsarbeit *f*
collectively agreed wage structure *(ArbeitsR)* tarifvertragliche Entlohnungsstruktur *f*
collector 1. Schaffner *m (Bus)*; 2. *(SteuerR)* Steuereinnehmer *m*; 3. *(ZollR)* Zolleinnehmer *m*
collector of antiques Antiquitätensammler *m*
collector of customs Zollbeamter *m*, Zolleinnehmer *m*
collector of taxes Steuerbeamter *m*, Steuereinnehmer *m*
college Hochschule *f*
collision Zusammenstoß *m*, Karambolage *f*
collude *v* absprechen *(in der Regel zu Lasten eines Dritten)*; in geheimem Einverständnis handeln, sittenwidrig herbeiführen
collusion *v* 1. Kollusion *f*, Abrede *f* zu Lasten eines Dritten, Verdunkelungsmanöver *n*; 2. *(FamilienR)* heimliche Scheidungsabsprache *f*
collusive action abgesprochenes Vorgehen *n (zu Lasten eines Dritten)*; Kollusion *f*
colonial *adj* kolonial
colonialism Kolonialsystem *n*, Kolonialismus *m*
colonization Besiedlung *f*, Kolonisierung *f*
colonize *v* besiedeln, ansiedeln, kolonisieren
colony Kolonie *f*; Siedlung *f*
color *(AE) s.* colour
colour *(BE)* 1. Farbe *f*, Anstrich *m*; 2. Anschein *m*, Deckmantel *m*
colour bar *(BE)* Rassenschranke *f*, Rassendiskriminierung *f*
colour of law *(BE)* Anschein *m* des Rechts, Mäntelchen *n* des Rechts
colour of right/without *(BE)* ohne das geringste Recht
column senkrechte Reihe *f*, Zahlenkolonne *f*, Rubrik *f*
combat *v* kämpfen, bekämpfen
combatant 1. Kombattant *m*, aktiver Kriegsteilnehmer *m*; 2. Verfechter *m*
combating terrorism Terrorismusbekämpfung *f*
combination 1. Zusammenschluss *f*, Bündnis *n*; Kartell *n*; Konzern *m*; 2. *(PatentR)* patentfähige Zusammenstellung *f*; 3. Gewerkschaft *f*
combination in restraint of trade wettbewerbsbeschränkender Zusammenschluss *m*, Wettbewerbskartell *n*
combine *v* zusammenschließen, vereinigen, fusionieren; sich vereinigen, sich zusammenschließen
combined *adj* gemeinsam, gemischt, kombiniert; verbündet
combined financial statement kombi-

nierter Abschluss *m*, gemeinsame Bilanz *f*

combined nomenclature *(ZollR)* kombinierte Nomenklatur *f*

come *v* **into force** in Kraft treten *(Gesetz; Vereinbarung)*; wirksam werden *(Vereinbarung)*

come *v* **to court with clean hands** redlich vor Gericht erscheinen *(Equity)*

comfort 1. Unterstützung *f*, Hilfe *f*; Trost *m*; 2. Annehmlichkeit *f*

comfort care Palliativpflege *f*

comity Respekt *m*, Courtoisie *f*

comity of nations 1. Völkersitte *f*; 2. (ungeschriebene) Verhaltensregeln *fpl* in der Völkerrechtsgemeinschaft

command *v* 1. anordnen, verfügen; 2. fordern, verlangen

command 1. Anordnung *f*; 2. Kommando *n*, Befehlsgewalt *f* • **by royal command** aufgrund königlicher Anordnung

commence *v* anstrengen, beginnen, anfangen

commencement 1. Anfang *m*, Beginn *m*, Antritt *m*; Inkrafttreten *n*; 2. Diplomfeier *f*, Abschlussfeier *f*

comment *v* kommentieren, einen Kommentar abgeben

comment Kommentar *m*, Erörterung *f*, Erläuterung *f*, Kritik *f*

comment period Zeitraum *m* zur Stellungnahme

commentary Anmerkung *f*, Aktennotiz *f*, Aktenvermerk *m*, Kommentar *m*

commerce Handel *m*, Handelsverkehr *m*, Geschäftsverkehr *m*, Warenhandel *m*

Commerce Clause Handelsklausel *f*

commercial *adj* geschäftlich, geschäftsmäßig, kaufmännisch, gewerblich, kommerziell; wirtschaftlich; auf Gewinn abgestellt

commercial agency Handelsvertretung *f*, Auskunftei *f*

commercial agent Handelsvertreter *m*, Handelsbevollmächtigter *m*

commercial court Gericht *n* für Handelssachen, ≈ Kammer für Handelssachen

commercial custom Handelsbrauch *m*

commercial frustration ≈ nachträgliche objektive Unmöglichkeit *(Freiwerden von der vertraglichen Leistungspflicht aufgrund eines unvorhergesehenen und unbeeinflussbaren Ereignisses)*

commercial harm wirtschaftlicher Nachteil *m*, wirtschaftlicher Schaden *m*

commercial impracticability ≈ wirtschaftliche Unmöglichkeit der Leistung *(wegen unvernünftiger und übermäßiger Kosten)*

commercial instrument Handelspapier *n*

commercial intercourse Geschäftsverkehr *m*, Handelsverkehr *m*

commercial law Handelsrecht *n*, Wirtschaftsrecht *n*

commercial paper *(BörsenR)* kurzfristiges Handelspapier *n*; Commercial Paper *n*; Warenwechsel *m*, Schuldschein *m*

commercial practice Handelsbrauch *m*, Geschäftsbrauch *m*, Usance *f*; kaufmännische Praxis *f* und Berufserfahrung *f*

commercial term Handelsausdruck *m*, Handelsbezeichnung *f*; Lieferklausel *f*

commercial usage Handelsbrauch *m*, Geschäftsbrauch *m*, Usance *f*

commercial value Handelswert *m*, Marktwert *m*

commercially viable *adj* wirtschaftlich sinnvoll

commingle *v* vermengen, vermischen

commingling of funds Vermischung *f* [Vermengung *f*] von Geldern

commission *v* 1. bestellen, in Auftrag geben; 2. einsetzen, in Gang bringen

commission 1. Kommission *f*, Provision *f*, Gebühr *f*, Maklergebühr *f*; 2. Vollmacht *f*; 3. unentgeltliche Verwahrung *f*; 4. übertragene Pflicht *f*, Mandat *n*, Beauftragung *f*, Bevollmächtigung *f*; 5. gerichtliches Ersuchen *n*, Rechtshilfeersuchen *n*; 6. Amt *n*, Funktion *f*; 7. Bestallungsurkunde *f*; 8. Patent *n*; 9. Ausführung *f*, Verübung *f* *(einer Straftat)* • **be subject to commission** provisionspflichtig sein • **discharge the commission** den Auftrag ausführen • **grant a commission** eine Provision gewähren • **obtain a commission** eine Provision erhalten • **on commission** in Kommission, kommissionsweise

commission agent Provisionsvertreter *m*, Kommissionär *m*

commission broker Broker *m*, auf Kommissionsbasis arbeitender Makler *m*

commission of a crime Begehung *f* einer Straftat

commission of inquiry Untersuchungs-

ausschuss *m*, Untersuchungskommission *f*
Commission of the EU Kommission *f* der Europäischen Union
commission payment Provisionszahlung *f*
commissioner 1. Beauftragter *m*, Bevollmächtigter *m*; 2. Buchmacher *m*; 3. Ausschussmitglied *n*, Kommissionsmitglied *n*; 4. Kommissar *m*, leitender Beamter *m*, Regierungsvertreter *m*; 5. beauftragter Richter *m*
commissioner of oaths *(BE)* ≈ eine vom Lord Chancellor ernannte Person, die ermächtigt ist, Eide und Affidavits abzunehmen
commissioner of police Polizeipräsident *m*
commit *v* 1. *(StrafR)* ausführen, verüben; 2. übertragen, überlassen; 3. festlegen, verbindlich machen, verpflichten; 4. bestellen, in Auftrag geben
commit *v* **a crime** eine Straftat begehen
commit *v* **a person to prison or to court** jmdn. dem Gefängnis oder dem Gericht überstellen
commitment 1. Verbindlichkeit *f*, Verpflichtung *f*; 2. Übertragung *f*; 3. Auftrag *m*; 4. Zusage *f*, Versprechen *n*; 5. *(StrafprozessR)* Haftbefehl *m*
committal 1. Übertragung *f*, Überweisung *f*; 2. Verhaftung *f*; Einlieferung *f (in die Psychiatrie)*
committal for trial Anordnung *f* der Untersuchungshaft; Versetzung *f* in den Anklagezustand
committal order Überstellungsbeschluss *m*, persönlicher Arrestbefehl *m*
committee Komitee *n*, Ausschuss *m*, Kommission *f*, Gremium *n*
commodity Ware *f*, Artikel *m*, Produkt *n*, Wirtschaftsgut *n*, Rohstoff *m*
commodity futures *pl* Warentermingeschäft *n*
commodity markets *pl* Warenmarkt *m*, Produktenbörse *f*
common *adj* gemeinsam, gemeinschaftlich • **in common** in gemeinschaftlichem Besitz, in ungeteilter Gemeinschaft, nach Bruchteilen
Common Agricultural Policy *(EuropaR)* Gemeinsame Agrarpolitik *f*, GAP
common area gemeinsamer Bereich *m*
common assault Gewaltanwendung *f* oder Bedrohung *f*
common carrier 1. Spediteur *m*, Transportunternehmer *m*; 2. Datenübermittler *m (Computer)*
Common Customs Tariff *(EuropaR)* Gemeinsamer Zolltarif *m*
common law 1. Common Law *n (das angloamerikanische Rechtssystem im Gegensatz zum kontinentaleuropäischen Rechtssystem)*; 2. gemeines Recht *n*, strenges Recht *n (im Gegensatz zum Billigkeitsrecht)*
common law courts *pl* Common-Law-Gerichte *npl*, allgemeine Zivilgerichte *npl*
common law partnership ≈ BGB-Gesellschaft
Common Market/the *(EuropaR)* der Gemeinsame Markt *m*
common mistake gemeinsamer Fehler *m*, gemeinsamer Irrtum *m (aller Parteien)*
common nuisance öffentliches Ärgernis *n*
common ownership 1. Belegschaftseigentum *n*; 2. genossenschaftliches Eigentum *n*
common parlance Umgangssprache *f*
common pleas *pl* ≈ gewöhnliche zivilrechtliche Streitigkeiten
Common Pleas Division ≈ Abteilung für allgemeine zivilrechtliche Streitigkeiten
common property 1. *(FamilienR)* Gesamtgut *n*, gemeinsames Vermögen *n*; 2. *(FamilienR)* Gemeineigentum *n*
common stock Stammaktie *f*
commoner 1. Nutzungsberechtigter *m*; 2. Unterhausmitglied *n (House of Commons)*
commonhold property gemeinsames Wohnungseigentum *n*
Commons *pl (BE)* Unterhaus *n*
Commonwealth Commonwealth *n*, Commonwealthstaaten *mpl*
Commonwealth of Australia Australischer Bund *m*
communicate *v* kommunizieren, benachrichtigen, mitteilen, übermitteln
communication 1. Kommunikation *f*, Verständigung *f*, Benachrichtigung *f*, Mitteilung *f*, Übermittlung *f*; 2. Verkehrsverbindung *f*, Verkehrsmittel *npl*
community 1. Gemeinde *f*, Gemeinwesen *n*; 2. Kollektiv *n*, gemeinsamer Besitz *m*; 3. Gemeinschaft *f*, eheliche Güterge-

meinschaft *f*, Errungenschaftsgemeinschaft *f*; 4. Öffentlichkeit *f*, Publikum *n*, Gesellschaft *f*
Community law *(EuropaR)* Gemeinschaftsrecht *n*, Recht *n* der Europäischen Union, Europarecht *n*
community property *(AE) (EheR)* Gemeinschaftseigentum *n*
community property with right of survivorship Gemeinschaftsgut *n*
community right to buy *(Scot)* Vorkaufsrecht *n* der Gemeinde
commutation 1. Ablösung *f*, Ablösungssumme *f*; 2. *(StrafR)* Strafmilderung *f*, Strafumwandlung *f*
commute *v* 1. abfinden, umwandeln; einmalige Zahlung leisten; 2. *(StrafR)* herabsetzen, umwandeln; 3. pendeln
commute täglicher Weg *m* zur Arbeit und wieder nach Hause
commuter Pendler *m*
compact zweiseitiger Vertrag *m*, Abkommen *n*, Übereinkunft *f*
companies house *(BE)* ≈ dem Wirtschaftsministerium unterstellte Verwaltungsbehörde, die das Handelsregister führt
company Gesellschaft *f*, Unternehmen *n*, Firma *f*; Genossenschaft *f*
company accounts *pl* Gesellschaftskonten *npl*
company assets *pl* Gesellschaftsvermögen *n*, Betriebsvermögen *n*
company law Gesellschaftsrecht *n*
company limited by shares Aktiengesellschaft *f*
company liquidation Auflösung *f* der Gesellschaft
company merger Fusion *f*
company objective Gesellschaftszweck *m*
company pension scheme Betriebsrentensystem *n*, Betriebsrentenversicherung *f*
company seal Firmensiegel *n*
company secretary Gesellschaftssekretär *m*
company tax Körperschaftsteuer *f*
company union Betriebsgewerkschaft *f*
company with limited partners holding share capital *(GesellschaftsR)* Gesellschaft *f*, bei der die Partner mit beschränkter Haftung das Gesellschaftskapital halten
comparative *adj* vergleichend, vergleichsweise, komparativ
comparative jurisprudence Rechtsvergleichung *f*, vergleichende Rechtswissenschaft *f*
comparative law Rechtsvergleichung *f*
comparative negligence Mitverschulden *n*
compare *v* vergleichen, vergleichend gegenüberstellen
comparison Vergleich *m*, Gegenüberstellung *f*
compassionate allowance Zuwendung *f* aus humanitären Gründen; Notunterhalt *m*; Unterhaltszahlung *f* an geschiedenen Ehegatten
compassionate leave Strafunterbrechung *f* wegen Tod oder Krankheit naher Angehöriger
compatibility Verträglichkeit *f*, Vereinbarkeit *f*, Kompatibilität *f*
compatible *adj* verträglich, vereinbar, kompatibel
compel *v* zwingen, erzwingen
compensable *adj* zur Entschädigung berechtigend
compensate *v* entschädigen, vergüten, Ersatz leisten, kompensieren
compensating *adj* entschädigend, ausgleichend, Ersatz bietend
compensation 1. Schadensersatz *m*, Kompensation *f*, Entschädigung *f*; 2. Abstand *m*, Abfindungssumme *f*; 3. Rückerstattung *f*; 4. Lohn *m*, Gehalt *n*, Entlohnung *f*; 5. Provision *f*
compensation award Gewährung *f* einer Entschädigung
compensation claim Entschädigungsanspruch *m*, Ausgleichsanspruch *m*
compensation for damage Schadensersatz *m*
compensation for pain and suffering Schmerzensgeld *n*
compensation for unfair dismissal *(ArbeitsR)* Abfindung *f*
compensatory *adj* ausgleichend, entschädigend, geldwert
compensatory damages *pl (AE)* Schadensersatz *m*, Ersatz *m* des unmittelbaren Schadens
compensatory payments *pl* Abfindungsbeträge *mpl*, Entschädigungszahlungen *fpl*

compete *v* konkurrieren, im Wettbewerb stehen
competence 1. Kompetenz *f*, Qualifikation *f*, fachliche Autorität *f*; 2. Geschäftsfähigkeit *f*; 3. *(ProzessR)* Zuständigkeit *f*, Zuständigkeitsbereich *m*
competence of court Gerichtszuständigkeit *f*
competency 1. Kompetenz *f*, Zuständigkeit *f*; 2. Zurechnungsfähigkeit *f*; 3. Qualifikation *f*
competent *adj* 1. kompetent, sachkundig, fachkundig; 2. zuständig; 3. qualifiziert, befähigt; 4. testierfähig
competing *adj* im Wettbewerb stehend, konkurrierend
competition Wettbewerb *m*, Konkurrenz *f*
competition law Wettbewerbsrecht *n*; *(AE)* Wettbewerbsgesetz *n*, Gesetz *n* gegen unlauteren Wettbewerb
competitive *adj* konkurrenzfähig, wettbewerbsfähig, marktgerecht
competitive market Markt *m*, auf dem Wettbewerb herrscht
competitor Mitbewerber *m*, Konkurrent *m*; konkurrierendes Unternehmen *n*
compilation Kompilation *f*, Zusammenstellung *f*
compile *v* zusammenstellen, erfassen
complainant Beschwerdeführer *m*; Kläger *m*
complaint 1. Beschwerde *f*, Dienstaufsichtsbeschwerde *f*; 2. Klage *f*, Klageerhebung *f*, Klageschrift *f*, erster Sachvortrag *m*; 3. *(StrafR)* Strafanzeige *f*; 4. *(ZivilR)* Mängelrüge *f*, Reklamation *f*; 5. *(VersR)* Schadensanzeige *f*
complementary *adj* komplementär, ergänzend, zusätzlich
complete *v* 1. erfüllen *(eine Vertragspflicht)*; vollenden *(ein Werk)*; fertigstellen, abschließen; 2. ausfüllen *(ein Formblatt)*; 3. verbüßen *(Strafe)*
complete *adj* 1. vollständig, gesamt, völlig; 2. abgeschlossen, fertig
complete performance Vertragserfüllung *f*, Auftragserledigung *f*
completion 1. Fertigstellung *f*, Vollendung *f*, Abschluss *m*; 2. Nachlieferung *f*; Erfüllung *f (Vertrag)*; 3. Ausfüllen *n (Formular)*; 4. Verbüßung *f (Strafe)*
complex *adj* umfassend, komplex; kompliziert
compliance 1. Beachtung *f*, Einhaltung *f (Gesetz)*; 2. Einwilligung *f*, Zustimmung *f*; Erfüllung *f* • **in compliance with** in Übereinstimmung mit
complicity *(StrafR)* Komplizenschaft *f*, Mittäterschaft *f*, Teilnahme *f*
complimentary *adj* gratis, kostenlos
comply *v* beachten, nachkommen, einhalten
comply *v* **with a deadline** eine Frist einhalten
comply *v* **with a summons** einer Ladung Folge leisten
comply *v* **with conditions** Bedingungen erfüllen [einhalten]
comply *v* **with regulations** sich an Vorschriften halten, Bestimmungen einhalten
comply *v* **with specifications** nähere Angaben befolgen, Spezifizierungen nachkommen
component Bestandteil *m*, Komponente *f*, Einzelteil *n*
compos mentis *(Lat)* bei geistiger Gesundheit, ≈ schuldfähig
composition 1. Komposition *f*, Zusammensetzung *f*; 2. Vergleich *m*
composition agreement außergerichtlicher Vergleich *m*
compound *v* 1. abfinden, ablösen, kapitalisieren; 2. sich vergleichen, sich einigen
compound *v* **an offence** *(BE)*, **compound** *v* **an offense** *(AE)* gegen Entschädigung beilegen
compound *adj* zusammengesetzt, zusammengefasst; gemischt, kombiniert
compound Areal *n*, Anwesen *n*, Lager *n*
compound interest Zinseszinsen *mpl*; Staffelzinsen *mpl*
comprehensive *adj* umfassend; allgemein; kombiniert
compromise *v* 1. einen Vergleich schließen, sich vergleichen; 2. kompromittieren, beeinträchtigen *(Ruf)*
compromise Vergleich *m*, vergleichsweise Regelung *f*; gegenseitiges Nachgeben *n*, Kompromiss *m*
compulsion Nötigung *f*, Zwang *m*, Zwangslage *f*
compulsory *adj* zwingend, obligatorisch, verbindlich
compulsory arbitration obligatorisches Schiedsverfahren *n*
compulsory auction Zwangsversteigerung *f*

compulsory education Schulpflicht *f*
compulsory insurance 1. Pflichtversicherung *f*; 2. Versicherungszwang *m*
compulsory jurisdiction *(ProzessR)* ausschließliche Zuständigkeit *f (eines Gerichts)*
compulsory liquidation Zwangsliquidation *f*, Zwangsvergleich *m*
compulsory military service Wehrpflicht *f*; obligatorischer Militärdienst *m*
compulsory purchase Enteignung *f*
compulsory retirement Zwangspensionierung *f*
compulsory sale Zwangsverkauf *m*, Versteigerung *f*, Enteignung *f*
computable *adj* kalkulierbar, berechenbar
computation 1. Kalkulation *f*, Schätzung *f*, Überschlag *m*, Berechnung *f*; 2. Rechnereinsatz *m (Computer)*
compute *v* berechnen, ausrechnen, kalkulieren, überschlagen, schätzen
computer Computer *m*, Rechner *m*, Datenverarbeitungsanlage *f*
computer crime Computerkriminalität *f*, Computerstraftat *f*
computer information Computerinformation *f*
computerize *v* auf Computer [Rechnerbetrieb] umstellen
con *v (ugs.)* betrügen
con *(ugs.)* Betrug *m*, Täuschung *f*
conceal *v* verschleiern, verheimlichen, verschweigen; unterdrücken
concealment Verheimlichung *f*, Verschleierung *f*, Geheimhaltung *f*; Unterdrückung *f*
concealment of a criminal Verstecken *n* eines Straftäters
concealment of assets *(InsolvenzR)* Vermögensverschleierung *f*, Verschweigung *f* von Vermögenswerten
concede *v* zugestehen, bewilligen, einräumen, gewähren
concept 1. Begriff *m*; 2. Konzept *n*, Vorstellung *f*
concern *v* 1. betreffen, angehen; interessieren, von Bedeutung sein; 2. beunruhigen
concern 1. Betrieb *m*, Handelsgeschäft *n*, Unternehmen *n*, Firma *f*, Konzern *m*; 2. Angelegenheit *f*, Belang *m*, Interesse *n*, Bedeutung *f*
concerned *adj* 1. betroffen, beteiligt; interessiert; 2. beunruhigt
concert Einvernehmen *n*, Einverständnis *n*; Abkommen *n* über gemeinsames Vorgehen
concerted *adj* gemeinschaftlich, konzertiert, abgestimmt, gemeinsam geplant
concerted practices *pl* 1. Absprachen *fpl*; 2. *(WettbewerbsR)* abgestimmtes Verhalten *n*
concession Zugeständnis *n*, Einräumung *f*, Konzession *f*, Zulassung *f*, Bewilligung *f*; Gewerbeerlaubnis *f*, Lizenz *f*
concessionaire Konzessionsinhaber *m*, Konzessionär *m*, Lizenzinhaber *m*
conciliate *v* schlichten, einigen, vermitteln; versöhnen
conciliation 1. Schlichtung *f*, Vergleich *m*; Versöhnung *f*; 2. *(VölkerR)* Vermittlung *f*
conciliation committee Vermittlungsausschuss *m*
conclude *v* 1. schließen, abschließen *(Vertrag)*; 2. herbeiführen, zustande bringen; 3. schließen, beenden *(Sitzung)*; 4. zu einem Ergebnis kommen
conclude *v* **a contract** 1. einen Vertrag schließen [abschließen]; 2. einen Vertrag eingehen
conclusion 1. Beschlussfassung *f*, Abschluss *m*; 2. Schlussplädoyer *n*, Schlussantrag *m*; 3. Beschluss *m*, Entscheidung *f*; 4. Beendigung *f*, Ergebnis *n*; 5. Schlussfolgerung *f*, Fazit *n*
conclusion of a contract Vertragsschluss *m*, Abschluss *m* des Vertrages
conclusive *adj* schlüssig, überzeugend, beweiskräftig; bindend, endgültig
concrete *adj* 1. konkret, wirklich; 2. dinglich, körperlich, gegenständlich
concur *v* gemeinsam vorgehen, zustimmen, beipflichten, übereinstimmen; zusammentreffen, konkurrieren
concurrence 1. Zusammentreffen *n*; 2. Mitwirkung *f*; 3. Einverständnis *n*, Einigkeit *f*; 4. Konflikt *m*, Kollision *f*
concurrent *adj* 1. gleichzeitig; 2. einig; 3. konkurrierend
concurrent jurisdiction konkurrierende Zuständigkeit *f*; Zuständigkeit *f* von verschiedenen Gerichten für dieselbe Sache
concurrent ownership ≈ Miteigentum, Mitberechtigung *f*
concurrent sentences *pl* ≈ Gesamtstrafe; ≈ zwei oder mehr Verurteilungen zu Freiheitsstrafen, die gleichzeitig zu verbüßen sind

concurrent writ Zweitausfertigung *f* einer Klageschrift
concurring *adj* konkurrierend; zustimmend
concurring condition Zug um Zug zu erfüllende Bedingung *f*
concurring opinion Concurring Opinion *f*, zustimmendes Votum *n*
condemn *v* 1. *(StrafR)* verurteilen; 2. beschlagnahmen, einziehen, konfiszieren; 3. *(AE)* enteignen
condemnation 1. *(StrafR)* Verurteilung *f*; 2. Beschlagnahme *f*, Konfiszierung *f*, Einziehung *f*; 3. *(AE)* Enteignung *f*
conditio sine qua non *(Lat)* unabdingbare Voraussetzung *f*
condition 1. Voraussetzung *f*, Bedingung *f*, Erfordernis *n*, Auflage *f*; 2. Vertragsbestimmung *f*; 3. Zustand *m*; 4. gesellschaftliche Stellung *f*; 5. Familienstand *m*
condition precedent aufschiebende Bedingung *f*, Vorbedingung *f*
condition subsequent auflösende Bedingung *f*
conditional *adj* vertragsgemäß, bedingt, vorbehaltlich, abhängig
conditional acceptance Annahme *f* unter einer Bedingung
conditional bond ≈ Vereinbarung einer Vertragsstrafe
conditional contract bedingter Vertrag *m*, Vertrag *m* unter einer Bedingung
conditional discharge *(StrafR)* bedingte Entlassung *f*
conditional fee *(BE)* Erfolgshonorar *n*
conditional fee agreements *(BE)* Vereinbarung *f* eines Erfolgshonorars
conditional guarantee Ausfallbürgschaft *f*
conditional sale 1. Verkauf *m* unter Eigentumsvorbehalt; Vorbehaltskauf *m*; 2. Koppelgeschäft *n*
conditions *pl* **of acceptance** Annahmebedingungen *fpl*
conditions *pl* **of employment** Einstellungsbedingungen *fpl*, ≈ Rechte und Pflichten aus einem Beschäftigungsverhältnis
condominium 1. *(VölkerR)* Kondominium *n*; 2. Mitbesitz *m*, Miteigentum *n*; Wohnungseigentum *n*; 3. *(AE)* Eigentumswohnung *f*
condone *v* 1. vergeben, verzeihen; 2. dulden
conducive *adj* dienlich, förderlich
conduct *v* anordnen, leiten; führen, verwalten
conduct 1. Führung *f*, Leitung *f*, Verwaltung *f*; 2. Verhalten *n*; Benehmen *n*; 3. *(StrafR) (AE)* aktives Tun *n* oder Unterlassen *n*
conduct money Reisekostenvergütung *f* *(bei Vorladung)*
conduct of a case Prozessführung *f*
conduct of negotiations Verhandlungsführung *f*
conduct unbefitting a solicitor standeswidriges Verhalten *n* eines Rechtsanwalts
conduit *(StrafR)* durchlaufende Zurechnung *f*
confederacy 1. *(VölkerR)* Staatenbund *m*, Konföderation *f*; 2. *(StrafR)* Verschwörung *f*
confederate *adj* verbündet, konföderiert, alliiert
confederation 1. Bündnis *n*, Vereinigung *f*, Bund *m*; 2. *(WirtschaftsR)* Dachverband *m*
confer *v* 1. übertragen, gewähren; 2. verhandeln, sich beraten
conference Besprechung *f*, Konferenz *f*, Sitzung *f*, Tagung *f*
conferment Verleihung *f*, Übertragung *f*
confess *v* 1. *(StrafR)* gestehen, geständig sein; 2. *(ZivilR, StrafR)* anerkennen *(Schuld)*
confession 1. *(ZivilR)* Anerkenntnis *n*; 2. *(StrafR)* Geständnis *n*
confession of judgment Anerkenntnis *n* *(Klage)*
confide *v* 1. anvertrauen, betrauen; 2. vertrauen
confidence Vertrauen *n*, Zuversicht *f*; vertrauliche Mitteilung *f*
confidential *adj* vertraulich
confidential information vertrauliche Informationen *fpl*
confidential relationship Vertrauensverhältnis *n*
confidentiality Vertraulichkeit *f*
confidentiality agreement Vertraulichkeitsvereinbarung *f*
confine *v* 1. beschränken, begrenzen; 2. inhaftieren, einsperren; 3. unterbringen *(Psychiatrie)*
confinement 1. Beschränkung *f*, Gebundenheit *f*; 2. Inhaftierung *f*, Haft *f*, Frei-

heitsentzug *m*; 3. Unterbringung *f* *(Psychiatrie)*
confirm *v* bestätigen; genehmigen; bekräftigen
confirmation Bestätigung *f*, Bestätigungsschreiben *n*; Genehmigung *f*
confirmed order (schriftlich) bestätigter Auftrag *m*
confiscate *v* beschlagnahmen, einziehen, konfiszieren
confiscation Beschlagnahme *f*, Einziehung *f*, Konfiszierung *f*
conflict *v* kollidieren, sich widersprechen
conflict Konflikt *m*, Auseinandersetzung *f*, Streitigkeit *f*, Kampf *m*
conflict of interests widerstreitende Interessen *npl*, Interessenkonflikt *m*
conflict of laws Kollisionsrecht *n*, Kollisionsnormen *fpl*, Internationales Privatrecht *n*, IPR *n*
conflict resolution Streitbeilegung *f*, Konfliktlösung *f*
conflicting *adj* widerstreitend, kollidierend
conflicting evidence sich widersprechende Beweise *mpl*, widersprüchliche Zeugenaussagen *fpl*
conflicting stories *pl* ≈ widersprüchliche Aussagen
conflicting testimony widersprüchliche Zeugenaussage *f*
conform *v* übereinstimmen, entsprechen, sich fügen, sich anpassen
conforming goods vertragsgemäße Waren *fpl* [Produkte *npl*]
conformity Übereinstimmung *f*
confront *v* 1. gegenüberstellen, konfrontieren; 2. vergleichen
confusable trademarks *pl* zum Verwechseln ähnliche Warenzeichen *npl*
confuse *v* vermischen, vermengen, durcheinanderbringen
confusion of goods *(ZivilR)* Vermischung *f (Eigentumserwerb)*
confusion of interests Interessenvermengung *f*
conglomerate merger Fusion *f* branchenfremder Firmen, Fusion *f* zu einem Konzern
Congress *(AE)* Kongress *m*, gesetzgebende Versammlung *f*
congressional *adj (AE)* den Kongress betreffend
Congressman *(AE)* Kongressmitglied *n*, Kongressabgeordneter *m*
conjoint *adj* gemeinschaftlich, gesamtschuldnerisch
conjugal *adj* ehelich
conman *(informell)* Betrüger *m*
connect *v* verbinden; eintreten *(Unternehmen)*
connecting factor *(IPR)* Anknüpfung *f*
connection Verbindung *f*, Anschluss *m*; Kundschaft *f*, Klientel *f*
connivance Duldung *f*, Begünstigung *f*, geheimes Einverständnis *n*
connive *v (StrafR)* dulden, darüber hinwegsehen; begünstigen, Vorschub leisten
consanguinity Blutsverwandtschaft *f*
conscience Gewissen *n*; Rechtsempfinden *n*
conscientious *adj* gewissenhaft, pflichtbewusst
conscientious objector *(WehrR)* Kriegsdienstverweigerer *m*
conscious parallelism *(AE)* bewusstes Parallelverhalten *n (gleichförmiges Preisverhalten)*
conscript *v (WehrR)* einberufen *(Wehrpflichtige)*
conscription 1. *(WehrR)* allgemeine Wehrpflicht *f*; 2. *(WehrR)* Einberufung *f* *(des Einzelnen)*
consecutive *adj* fortlaufend, aufeinanderfolgend, zusammenhängend, konsekutiv
consecutive sentence ≈ zwei oder mehr Verurteilungen zu Freiheitsstrafen, die nacheinander zu verbüßen sind
consensu *(Lat)* mit Einverständnis [Einwilligung, Zustimmung]
consensus Konsens *m*, allgemeine Übereinstimmung *f*, übereinstimmende Meinung *f*
consensus ad idem Konsens *m*, Willensübereinstimmung *f*
consent *v* einverstanden sein, zustimmen, genehmigen
consent Einverständnis *n*, Zustimmung *f*, Genehmigung *f*; Einwilligung *f*
consent by deed förmliches Einverständnis *n*
consent to marriage Einwilligung *f* zur Eheschließung
consequential damage Folgeschaden *m*; mittelbarer Schaden *m*
consequential damages *pl* Schadensersatz *m* für Folgeschaden [mittelbaren Schaden]

consequential loss Folgeschaden *m*
conservation Erhalt *m*, Schutz *m*, Naturschutz *m*
conservation of nature Naturschutz *m*
conservator 1. Konservator *m*, Aufsichtsbeamter *m*; 2. Betreuer *m*, Pfleger *m*
consider *v* erwägen, in Betracht ziehen; berücksichtigen, beachten; denken, finden, der Meinung sein
consideration 1. Kaufpreis *m*, Gegenleistung *f*, Entgelt *n*; 2. Berücksichtigung *f*; Anbetracht *m*, Erwägung *f*
consign *v* 1. in Kommission geben; hinterlegen, deponieren, in Verwahrung geben; 2. übertragen, überweisen; 3. versenden, zustellen
consignee Empfänger *m*, Adressat *m*, Kommissionär *m*
consignment 1. Kommissionsauftrag *m*, Kommission *f*; 2. Hinterlegung *f*, Deponierung *f*, Hinterlegungsvertrag *m*; 3. Auslieferung *f*, Versendung *f*, Zustellung *f*; 4. Übergabe *f*, Übertragung *f*
consignment goods *pl* Kommissionswaren *fpl*
consignment note Ladebegleitschein *m*, Warenbegleitschein *m*, Frachtbrief *m*, Übergabebestätigung *f*
consignment stock Kommissionslager *n*
consignor Übertragender *m*, Zedent *m*; Hinterleger *m*, Versender *m*
consistency Kontinuität *f*, Folgerichtigkeit *f*
consistent *adj* kontinuierlich, folgerichtig
consolidate *v* 1. fusionieren, sich zusammenschließen; 2. vereinigen; konsolidieren *(Schulden)*
consolidate *v* **actions** *(ProzessR)* Klagen verbinden
consolidated cargo Sammelladung *f*
consolidated financial statement Konzernabschluss *m*
consolidated mortgage *(GrundstücksR)* Gesamthypothek *f*
consolidation 1. Zusammenfassung *f*, Zusammenlegung *f*; 2. Konsolidierung *f* *(Kredit)*; 3. *(GesellschaftsR)* Verschmelzung *f*, Fusionierung *f*
consortium 1. Konsortium *n*, Gruppe *f*; 2. eheliche Lebensgemeinschaft *f*
conspicuous *adj* 1. auffällig; 2. *(fig.)* hervorragend
conspiracy 1. *(StrafR)* Verabredung *f* zu Straftaten; 2. Konspiration *f*, Verschwörung *f*; 3. *(WettbewerbsR)* abgestimmte Verhaltensweisen *fpl*
conspire *v (StrafR)* zusammenwirken, sich zu strafbarem Tun verabreden
constable Polizist *m*, Polizeibeamter *m*, Schutzmann *m*; *(AE)* Justizbeamter *m* mit polizeilichen Aufgaben
constabulary Polizei *f*
constituency 1. Wahlkreis *m*, Wahlbezirk *m*, Wählerschaft *f*; 2. Kunden *mpl*, Abonnentenkreis *m*
constituent *adj* 1. verfassungsgebend, konstituierend; 2. zugehörig; 3. wählend, wahlberechtigt
constitute *v* 1. beauftragen, bestellen, bevollmächtigen; 2. gründen, konstituieren, errichten; 3. darstellen
constitution 1. Verfassung *f*, ≈ Grundgesetz; 2. Ernennung *f*, Bestellung *f*, Beauftragung *f*; 3. *(GesellschaftsR)* Satzung *f*
constitutional *adj* verfassungsmäßig, verfassungskonform, verfassungsrechtlich, konstitutionell, Verfassungs...
constitutional documents *pl (GesellschaftsR)* ≈ Gründungsurkunden
constitutional law Verfassungsrecht *n*
constitutional reform act Gesetz *n* über die Verfassungsreform
constraint 1. Anforderung *f*, Zwang *m*; 2. Nötigung *f*; 3. Haft *f*; 4. Beschränkung *f*
construct *v* 1. auslegen, interpretieren; 2. bauen, errichten
construction 1. Auslegung *f*, Interpretation *f*; 2. Errichtung *f*, Bau *m*, Gebäude *n*
construction law Baurecht *n*
construction of contracts Auslegung *f* von Verträgen, Vertragsauslegung *f*
constructive *adj* abgeleitet, gefolgert, auszulegend als; konstruktiv, positiv
constructive condition gesetzliche Bedingung *f*, im Gesetz vorgesehene Bedingung *f*
constructive contract gesetzliches Schuldverhältnis *n*
constructive delivery 1. mittelbare Besitzverschaffung *f*; 2. symbolische Übergabe *f*
constructive dismissal Kündigung *f* des Arbeitnehmers wegen rechtswidriges Verhaltens des Arbeitgebers
constructive eviction ≈ rechtswidrige

Räumung *(durch Verursachung der Unbewohnbarkeit des Gebäudes)*
constructive knowledge positive [zurechenbare] Kenntnis *f*
constructive notice schuldhafte Nichtkenntnis *f*, Kennenmüssen *n*
constructive trust ≈ Constructive Trust *(gesetzliches Trustverhältnis)*
construe *v* auslegen, interpretieren
consuetudinary *adj* gewöhnlich
consul Konsul *m*
consul general Generalkonsul *m*
consular *adj* konsularisch
consular protection konsularischer Schutz *m*
consulate Konsulat *n*
consult *v* beraten
consultancy Beratungstätigkeit *f*; Beratungsdienst *m*, Beratungsunternehmen *n*
consultant 1. Berater *m*, Consultant *m*; 2. Gutachter *m*; 3. beratender Arzt *m*
consultation Konsultation *f*, Rücksprache *f*, Absprache *f*, Beratung *f*; Heranziehen *n*
consultation hours *pl* Sprechzeiten *fpl*, Verkehrszeiten *fpl*, Bürozeiten *fpl*
consultative *adj* beratend
consulting *adj* beratend
consulting Beratung *f*
consume *v* 1. konsumieren, verbrauchen; verschleißen; 2. verschwenden; zerstören
consumer Verbraucher *m*, Konsument *m*
consumer credit Verbraucherkredit *m*, Konsumentenkredit *m*
consumer-debtor ≈ Schuldner mit Schulden für Privatzwecke
consumer goods *pl* Verbrauchsgüter *npl*, Konsumartikel *mpl*
consumer law Verbraucherrecht *n*
consumer price index *(CPI) (BE)* Lebenshaltungskostenindex *m*, Verbraucherpreisindex *m*
consumer protection Verbraucherschutz *m*, Konsumentenschutz *m*
consummation Abschluss *m*; Vollziehung *f*, Umsetzung *f*
consummation of marriage Vollziehung *f* der Ehe
consumption Verbrauch *m*, Konsum *m*, Verzehr *m*
consumption goods *pl* Verbrauchsgüter *npl*, Konsumartikel *mpl*
contact *v* in Verbindung treten, kontaktieren
contact Kontakt *m*, Verbindung *f*
contaminated land verseuchtes Land *n*
contaminated land insurance Versicherung *f* für verseuchtes Land
contempt Missachtung *f*, Verachtung *f*; Ungebühr *f*
contempt of court ≈ Missachtung des Gerichts, ≈ Ungebühr vor Gericht
contend *v* vortragen, geltend machen, behaupten
content 1. Inhalt *m*, Gehalt *n*; 2. Ja-Stimme *f (House of Lords)*
contention 1. Behauptung *f*, Vortrag *m*; 2. Streit *m*, Kontroverse *f*
contentious *adj* streitig, strittig
contentious issues *pl* Streitpunkte *mpl*, Streitfrage *f*
contents *pl* Inhalt *m*; Hausrat *m*
contest *v* 1. bestreiten, anfechten; 2. sich bewerben, kandidieren
contest *v* **the judgment** die Entscheidung angreifen
contest 1. Kampf *m*, Streit *m*; 2. Auseinandersetzung *f*; 3. Wettbewerb *m*
contested *adj* angefochten; bestritten, umstritten, strittig
context Zusammenhang *m*, Kontext *m*
contiguous *adj* benachbart, angrenzend
contingency 1. unvorhergesehenes Ereignis *n*; 2. Bedingung *f*
contingency fee *(AE)* Erfolgshonorar *n*
contingent *adj* eventuell, bedingt, abhängig
contingent beneficiary ≈ Begünstigter, dessen Recht vom Eintritt einer Bedingung abhängt
contingent duty *(EuropaR)* Ausgleichsabgabe *f*
contingent legacy bedingtes Vermächtnis *n*; Vermächtnis *n* unter Auflage
continuance 1. Fortbestand *m*, Fortbestehen *n*; 2. *(ProzessR)* Vertagung *f*, Aussetzung *f*
continuation Aufrechterhaltung *f*, Fortsetzung *f*, Weiterführung *f*, Weitergeltung *f*; Prolongation *f*
continuation statement *(BankR)* ≈ Verlängerung der Finanzierungszusage *(gegen Verlängerung der Sicherheiten)*
continue *v* 1. verlängern, fortführen, fortsetzen; weiterbestehen; 2. *(BörsenR)* prolongieren
continuing power of attorney fortdauernde Vollmacht *f*
continuity Kontinuität *f*, Stetigkeit *f*

continuous *adj* fortgesetzt, fortgeführt, laufend; dauernd, permanent; durchgehend, fortlaufend
contra 1. Gegenposten *m*, Gegenbuchung *f*, Gegenforderung *f*; 2. *(HandelsR)* Habenseite *f*, Kreditseite *f*
contra bonos mores *(Lat)* gegen die guten Sitten, sittenwidrig
contra proferentem *(Lat)* Auslegung *f* gegen den Verwender
contra proferentem rule Prinzip *n* der Auslegung gegen den Verwender, Regel *f* der verwenderfeindlichen Auslegung
contraband Schmuggel *m*, Schmuggelware *f*, Schmuggelgut *n*; Konterbande *f*
contract *v* einen Vertrag schließen [abschließen, eingehen]; sich vertraglich verpflichten [binden]
contract *v* **a marriage** eine Ehe schließen [eingehen]
contract *v* **for work and labo(u)r** einen Werkvertrag schließen
contract *v* **out** *(VertragsR)* vertraglich ausschließen, abbedingen
contract 1. Vertrag *m*, Vereinbarung *f*, Kontrakt *m*; 2. Auftrag *m*, Bestellung *f*, Ausschreibung *f*, Submission *f (bei Ausschreibungen)*; 3. *(ArbeitsR) (AE)* Akkord *m* • **abide by a contract** einen Vertrag einhalten, einen Vertrag befolgen • **annul a contract** einen Vertrag aufheben [annullieren] • **draw up a contract** einen Vertrag entwerfen [aufsetzen, formulieren, erstellen] • **execute a contract** 1. einen Vertrag ausfertigen; 2. einen Vertrag erfüllen • **infringe a contract** einen Vertrag verletzen, eine Vertragsverletzung begehen • **sign a contract** einen Vertrag unterzeichnen [unterschreiben] • **withdraw from a contract** von einem Vertrag zurücktreten
contract compliance Einhaltung *f* des Vertrags, Vertragserfüllung *f*
contract date Datum *n* des Vertragsschlusses, vertraglich vorgesehenes Datum *n*
contract for delivery Liefervertrag *m*
contract for sale (of land) Grundstückskaufvertrag *m*
contract for services Dienstvertrag *m*
contract for work Werkvertrag *m*
contract implied in law Quasivertrag *m*
contract law Vertragsrecht *n*
contract of agency 1. Vertretungsverhältnis *n*, Auftragsverhältnis *n*; 2. Agenturvertrag *m*
contract of bailment Hinterlegungsvertrag *m*, Verwahrungsvertrag *m*
contract of carriage Beförderungsvertrag *m*, Speditionsvertrag *m*, Frachtvertrag *m*
contract of deposit Hinterlegungsvertrag *m*, Verwahrungsvertrag *m*
contract of employment Arbeitsvertrag *m*, Dienstvertrag *m*, Anstellungsvertrag *m*
contract of hire Mietvertrag *m*, Pachtvertrag *m*
contract of sale Kaufvertrag *m*, Veräußerungsvertrag *m*
contract of service Dienstvertrag *m*, Arbeitsvertrag *m*, Dienstleistungsvertrag *m*
contract on the life of a third party Vertrag *m* auf das Leben eines Dritten
contract penalty Vertragsstrafe *f*
contract subject to a rider ≈ Vertrag, der einem Anhang [Zusatz] unterworfen ist
contract to marry Eheschließung *f*
contract under hand einfacher Vertrag *m*
contract under seal *(AE)* notarieller Vertrag *m*, gesiegelter Vertrag *m*
contracting *adj* vertragsschließend
contracting parties *pl* Vertragsparteien *fpl*, vertragsschließende Parteien *fpl*
contraction/under in Schrumpfung befindlich, in Depression
contractor 1. Vertragsschließender *m*, Partei *f*, Kontrahent *m*; 2. Lieferant *m*; 3. Unternehmer *m*; 4. Auftragnehmer *m*
contractual *adj* vertraglich, vertragsmäßig, vertraglich vereinbart
contractual agreement vertragliche Vereinbarung *f*
contractual capacity Geschäftsfähigkeit *f*
contractual definition vertragsgemäße Auslegung *f*
contractual duty vertragliche Pflicht *f*, Vertragspflicht *f*
contractual liability vertraglich begründete Haftung *f*, Vertragshaftung *f*
contractual relationship Vertragsbeziehung *f*, Vertragsverhältnis *n*
contractual right Vertragsrecht *n*, vertraglich festgelegtes Recht *n*, obligatorisches Recht *n*
contradict *v* widersprechen, in Widerspruch stehen

contradiction Widerspruch *m*; Unvereinbarkeit *f*
contrary instructions *pl* gegenteilige [widersprüchliche] Anweisungen *fpl*
contrary to law *adj* 1. gesetzeswidrig; 2. rechtswidrig
contrary to public policy *adj* wider das öffentliche Interesse, sittenwidrig
contravene *v* zuwiderhandeln, verletzen, übertreten; widersprechen, bestreiten
contravention Gesetzesübertretung *f*, Verstoß *m*, Zuwiderhandlung *f*; ≈ Ordnungswidrigkeit
contribute *v* beitragen, sich beteiligen; unterstützen
contribution 1. Beitrag *m*; Beteiligung *f*, Vermögenseinlage *f*, Gesellschaftseinlage *f*; 2. Zuwendung *f*, Spende *f*
contributory 1. Beitragspflichtiger *m*; 2. *(GesellschaftsR)* Nachschusspflichtiger *m*, solidarisch haftender Aktionär *m*
contributory benefits *pl (SozialR)* beitragsbezogene Leistungen *fpl*
contributory negligence Mitverschulden *n*
contrive *v* 1. bewerkstelligen, zurechtkommen, zustande bringen; 2. ersinnen
control *v* 1. kontrollieren, überwachen, überprüfen; 2. beherrschen; 3. leiten, lenken, beaufsichtigen
control 1. Kontrolle *f*, Überwachung *f*, Überprüfung *f*; 2. Verfügungsgewalt *f*; 3. Lenkung *f*, Führung *f*; 4. Einfluss *m*, Einflussbereich *m*; 5. Kontrollorgan *n*; Aufsicht *f*, Beaufsichtigung *f*
controller Leiter *m* des Rechnungswesens *(Unternehmen)*; Bilanzprüfer *m*; staatlicher Rechnungsprüfer *m*, Revisor *m*
controlling Controlling *n*
controversial *adj* umstritten, strittig
controversy Auseinandersetzung *f*, Streit *m*, Disput *m*, Meinungsverschiedenheit *f*
convene *v* 1. versammeln, einberufen; 2. vorladen
convene *v* **a meeting** eine Versammlung einberufen
convener *(VereinsR)* Einberufer *m*
convenience Bequemlichkeit *f*, Erleichterung *f*, Komfort *m* • **at your earliest convenience** sobald wie möglich, umgehend, bei erster Gelegenheit
convenient *adj* praktisch, bequem, angenehm
convention 1. Abmachung *f*, Abkommen *n*, Vereinbarung *f*; allgemeine Übereinstimmung *f*; Konvention *f*, völkerrechtliche Vereinbarung *f*; 2. Konferenz *f*; 3. Konvent *m*, Delegiertenversammlung *f*
convention of debts Schuldumwandlung *f*
conversion Umtausch *m*, Umrechnung *f*
convert *v* 1. umtauschen, umwandeln, umrechnen; 2. umarbeiten; 3. sich unberechtigt aneignen, unterschlagen; 4. umrüsten *(Maschine)*; 5. *(KirchenR)* konvertieren
convertible *adj* 1. austauschbar, umwandelbar, umtauschbar; 2. umsetzbar, realisierbar; konvertierbar
convertible bond Wandelanleihe *f*
convey *v* 1. *(GrundstücksR)* auflassen; 2. abtreten, übertragen, übereignen; 3. befördern, versenden
conveyance 1. *(GrundstücksR)* Auflassung *f*, Umschreibung *f*; 2. Auflassungsurkunde *f*, Abtretungsurkunde *f*; 3. Abtretung *f*, Zession *f*; Übermittlung *f*, Übertragung *f*; 4. Beförderung *f*, Versendung *f*; 5. Transportmittel *n*
conveyancer Spezialanwalt *m* für Grundstücksübertragungen
conveyancing Grundstücksübertragung *f*; Lehre *f* von der Grundstücksübertragung; Ausfertigung *f* von Grundstücksübertragungsurkunden
convict *v* überführen; für schuldig befinden, verurteilen
convict Straftäter *m*, Verurteilter *m*, Strafgefangener *m*
convicted *adj* überführt, für schuldig befunden, verurteilt
convicted person Verurteilter *m*
conviction 1. *(StrafR)* Überführung *f*; Schuldspruch *m*; Verurteilung *f*; 2. Überzeugung *f*
conviction rate Verurteilungsrate *f*, Aburteilungsquote *f*
convincing *adj* überzeugend
cookie Cookie *n*
cooling off Abkühlung *f*
cooling-off period 1. Bedenkzeit *f*; 2. *(AE)* Zeit *f* der tarifvertraglichen Friedenspflicht
cooling-off rule 1. *(ArbeitsR)* Stillhalteabkommen *n*; 2. Schlichtungsvertrag *m*
cooperate *v* kooperieren, zusammenarbeiten, mitarbeiten, mitwirken; beitragen

cooperation 1. Zusammenarbeit *f*, Zusammenwirken *n*, Mitarbeit *f*, Mitwirkung *f*, Beteiligung *f*; 2. Genossenschaft *f*
cooperative Genossenschaft *f*, Konsumverein *m*
cooperative insurance Versicherungsgenossenschaft *f*
cop *v (ugs.)* erwischen, schnappen; stibitzen, klauen; Rauschgift erwerben
cop *(ugs.)* Polizist *m*, Bulle *m*
copper *(BE; informell)* Polizist *m*
copy *v* 1. nachahmen, imitieren; 2. kopieren, Abschrift herstellen; reproduzieren, nachbilden
copy 1. Kopie *f*, Abschrift *f*, Duplikat *n*, Ausfertigung *f*, Exemplar *n*; 2. Nachbildung *f*, Imitation *f*, Fälschung *f*
copyleft *(UrheberR)* Copyleft *n (Erzwingung der Freiheit von Weiterbearbeitungen und Fortentwicklungen eines freien Werkes; grundsätzliche Freigabe des Rechts zum Kopieren)*
copyright *v* urheberrechtlich schützen; das Urheberrecht erwerben; sich das Urheberrecht sichern
copyright *adj* urheberrechtlich
copyright Copyright *n*; Urheberrecht *n*; geistiges Eigentum *n*
copyright infringement Urheberrechtsverletzung *f*
copyright law Urheberrecht *n*
copyright notice Urheberschutzvermerk *m*
Copyright Office Urheberschutzbehörde *f*
copyright owner Urheberrechtsinhaber *m*
copyright registration Urheberrechtseintragung *f*, Urheberrechtsregistrierung *f*
copyrighted *adj* urheberrechtlich geschützt
coram non judice *(Lat)* vor einem unzuständigen Gericht
corollary Folge *f*, Konsequenz *f*, Ergebnis *n*
coroner ≈ amtlicher Leichenbeschauer und Untersuchungsrichter für ungeklärte Todesfälle
coroner's court Untersuchungsgericht *n* zur Ermittlung eines Todes
coroner's jury Leichenschaukommission *f*, Leichenschaujury *f*
corporal punishment körperliche Züchtigung *f*, Prügelstrafe *f*
corporate *adj (GesellschaftsR)* körperschaftlich, unternehmerisch, gesellschaftlich, zu einer Gesellschaft gehörend, gemeinsam, gemeinschaftlich
corporate charter *(GesellschaftsR)* Gesellschaftsstatut *n*
corporate culture *(GesellschaftsR)* Firmenkultur *f*, Unternehmenskultur *f*
corporate governance ≈ wirksame Unternehmensführung und interne Aufsicht; Corporate Governance
corporate homicide *(StrafR)* gemeinschaftlich begangener Totschlag *m*
corporate income tax Körperschaftsteuer *f*
corporate law *(AE)* Gesellschaftsrecht *n*
corporate manslaughter *(StrafR)* gemeinschaftlich begangener Totschlag *m*
corporate raider Aufkäufer *m* von Aktiengesellschaften
corporate social responsibility *(CSR) (GesellschaftsR)* soziale Verantwortung *f* eines Unternehmens
corporate status Firmenstatus *m*
corporate takeover Firmenübernahme *f*
corporate tax *(AE)* Körperschaftsteuer *f*
corporation 1. Kooperation *f*, juristische Person *f*, Körperschaft *f*; Anstalt *f*; 2. Gesellschaft *f* mit beschränkter Haftung; eingetragene Gesellschaft *f*; rechtsfähige Handelsgesellschaft *f*; Aktiengesellschaft *f*; 3. Kommunalbetrieb *m*; 4. Innung *f*; 5. eingetragener Verein *m*
corporation law *(AE)* Gesellschaftsrecht *n*, Aktienrecht *n*, Aktiengesetz *n*
corporation tax Gesellschaftsteuer *f*, Körperschaftsteuer *f*
corporative *adj* kooperativ, körperschaftlich, genossenschaftlich
corpse Leiche *f*
corpus *(Lat)* 1. Kapital *n (Trust)*; 2. Gesetzessammlung *f*
corpus delicti *(Lat)* 1. Corpus Delicti *n*; 2. ≈ objektiver Tatbestand einer Straftat
correct *v* 1. korrigieren, abändern, berichtigen, richtigstellen, bereinigen; 2. zurechtweisen, strafen
correction 1. Berichtigung *f*, Bereinigung *f*, Korrektur *f*; 2. Zurechtweisung *f*; Besserungsmaßnahme *f*
correction will 1. *(BörsenR)* Berichtigungspflicht *f*, Wille *m* zur Kurskorrektur; 2. *(StrafR)* Besserungsabsicht *f*

correctional institution Justizvollzugsanstalt *f*, JVA, Gefängnis *n*, Strafanstalt *f*
corrective action Abhilfemaßnahme *f*; Korrekturmaßnahme *f*
correlate *v* abstimmen, angleichen
correlative *adj* aufeinander abgestimmt; entsprechend
correspond *v* 1. entsprechen, übereinstimmen; 2. korrespondieren; in Geschäftsbeziehungen stehen
correspondence Schriftwechsel *m*, Schriftverkehr *m*, Korrespondenz *f*; Geschäftsverbindung *f*
corresponding *adj* gleichlautend, übereinstimmend; korrespondierend; zusammengehörend
corroborate *v* bestätigen, bekräftigen
corroborating *adj* bestätigend, bekräftigend *(Beweis)*
corroboration Bestätigung *f*, Bekräftigung *f*
corroborative *adj* bestätigend, bekräftigend
corrosive *adj* angreifend, zersetzend, zerstörend
corrupt *v* bestechen, korrumpieren, kaufen, verderben
corrupt *adj* korrupt, bestechlich, käuflich
corruptibility Bestechlichkeit *f*, Käuflichkeit *f*
corruptible *adj* bestechlich, käuflich
corruption Bestechung *f*, Korruption *f*; Verfall *m*
cost *v* kosten; Kosten ermitteln, kalkulieren
cost 1. Kosten *pl*, Aufwand *m*, Auslagen *fpl*, Gebühren *fpl*; Gerichtskosten *pl*; 2. Verlust *m*; 3. Nachteil *m*; 4. Preis *m*
cost accounting Kostenberechnung *f*, Kalkulation *f*
cost basis Kostenbasis *f*, Bewertungsgrundlage *f*
cost-benefit analysis Kosten-Nutzen--Analyse *f*
cost center *(AE)*, **cost centre** *(BE)* Kostenstelle *f*
cost, insurance, freight *(CIF)* ≈ Vertragsklausel, wonach die Verladekosten, Versicherung und Fracht vom Käufer getragen werden bzw. im Kaufpreis enthalten sind
cost of living index Lebenshaltungsindex *m*
cost orders Kostenfestsetzung *f (Gericht)*
cost price Selbstkostenpreis *m*
cost-shifting rule *(BE)* Kostennachanfallklausel *f*
costs *pl* Kosten *pl*, Unkosten *pl*; Prozesskosten *pl (einschließlich Anwaltsgebühren)*
costs agreement Kostenvereinbarung *f*
costs disclosure Aufdeckung *f* [Offenlegung *f*] der Kosten
costs of capital Kapitalkosten *pl*
cottaging *(BE) (StrafR) (colloq.)* ≈ Sex oder Anbahnung sexueller Kontakte in öffentlichen Toiletten
council Rat *m*, Stadtrat *m*, Gemeinderat *m*, Behörde *f*; Senat *m*
Council of the European Union *(EuropaR)* Rat *m* der Europäischen Union, Ministerrat *m*
council tax *(BE)* Council tax *f (von den Kommunen erhobene Steuer auf Wohnraum, deren Höhe von Bewohnerzahl und Wert des Anwesens abhängt)*
counsel *v* beraten
counsel 1. Berater *m*, Prozessanwalt *m*, rechtlicher Berater *m*; 2. *(AE)* plädierender Anwalt *m*, Beratung *f (des Mandanten)*; Beratung *f (des Gerichts)* • **of counsel** *(AE)* ≈ hochspezialisierter externer Mitarbeiter einer Anwaltskanzlei *(z. B. ein Universitätsprofessor)*
counseling *(AE)*, **counselling** *(BE)* ≈ Therapie, Psychotherapie *f*, Inanspruchnahme *f* von Hilfestellungen
count *v* 1. in Rechnung stellen, belasten; 2. von Wert sein; 3. *(ProzessR)* plädieren, vortragen
count 1. *(ProzessR)* Anklagepunkt *m*, Klagegründung *f*; 2. *(ZivilR, StrafR)* Verantwortung *f*, Rechtfertigung *f*; 3. Berechnung *f*, Gesamtsumme *f*, Ergebnis *n*
counter/over the 1. am Schalter, an der Kasse; 2. freihändig, außerbörslich
counteradvertising Gegenanzeige *f (Werbung)*; gegenteilige Werbung *f*
counterclaim 1. Gegenforderung *f*, Gegenanspruch *m*; 2. *(ProzessR)* Widerklage *f*
counterfeit *v* fälschen, nachahmen, nachdrucken; vortäuschen
counterfeit 1. Fälschung *f*; unberechtigter Nachdruck *m*; 2. Betrüger *m*, Hochstapler *m*
counterfeiter Fälscher *m*, Urkundenfälscher *m*, Falschmünzer *m*; Markenpirat *m*
countermand *v* widerrufen, rückgängig

machen, aufheben, zurücknehmen, annullieren
countermeasure Gegenmaßnahme *f*
counteroffer Gegenangebot *n*
counterpart 1. Duplikat *n*, Zweitschrift *f*, Doppel *n*, gleichlautende Abschrift *f*; 2. Kollege *m*
countersign *v* gegenzeichnen; bestätigen
countersignature Gegenzeichnung *f*, zweite Unterschrift *f*; Genehmigung *f*
country Staat *m*, Land *n*; Gebiet *n*
country of origin Herkunftsstaat *m*, Ursprungsland *n*
country of residence Wohnsitzstaat *m*; Staat *m* des gewöhnlichen Aufenthalts
county *(BE)* Grafschaft *f*, Verwaltungsbezirk *m*; *(AE)* Kreis *m*, Bezirk *m*
county clerk ≈ Registerführer und Archivar eines County
county court 1. *(AE)* ≈ Verwaltungsorgan eines County; 2. *(AE)* ≈ ordentliches Gericht, dessen Zuständigkeit sich über einen oder mehrere Bundesstaaten erstreckt; 3. *(BE)* ≈ unterstes Zivilgericht *(dessen Zuständigkeit sich auf geringfügige Streitigkeiten beschränkt)*; 4. *(BE) (obs.)* ≈ County-Parlament, das unter Leitung des Sheriffs zusammentrat und die Rechts- und Verwaltungsangelegenheiten des County regelte
county court judgment *(CCJ)* Urteil *n* des County Court
coup d'état *(Fr)* Staatsstreich *m*
coupon Abschnitt *m*, Coupon *m*, Zinsschein *m*, Berechtigungsschein *m*, Gutschein *m*
course 1. Kurs *m*, Lehrgang *m*; 2. Karriere *f*; 3. Verlauf *m*; Verfahren *n*; Richtung *f*; 4. *(BörsenR)* Kursnotierung *f* • **over the course of** während, im Laufe von
course of business üblicher Geschäftsgang *m*, normaler Geschäftsverkehr *m*
course of dealing übliche Sachbehandlung *f (zwischen den Parteien)*; bisherige Handhabung *f (zwischen den Parteien)*
course of performance Leistungsabwicklung *f*, Verlauf *m* der Leistungserbringung
court *v* umwerben
court 1. Gericht *n*, Gerichtshof *m*, Spruchkörper *m*; 2. Gerichtssaal *m*; 3. *(ProzessR)* Gerichtssitzung *f*; 4. gesetzgebende Versammlung *f* • **appear in court** vor Gericht erscheinen • **out of court** außergerichtlich • **take a case to court** eine Angelegenheit zu Gericht bringen
court appointment Gerichtstermin *m*
court attendant Gerichtsdiener *m*
court calendar Sitzungsplan *m*
court clerk 1. Urkundsbeamter *m* der Geschäftsstelle *(Gericht)*; 2. Registerbeamter *m (Gericht)*; 3. ≈ Rechtspfleger *(Gericht)*; 4. ≈ Verleser der Entscheidung der Jury *(in einzelnen Staaten der USA)*; 5. ≈ Standesbeamter *(in einzelnen Staaten der USA)*
court costs *pl* Gerichtsgebühren *fpl*
court decision Gerichtsentscheidung *f*, Gerichtsurteil *n*, Beschluss *m*
court fees *pl* Gerichtskosten *pl*
court hearing Anhörung *f* durch das Gericht, gerichtliche Anhörung *f*; mündliche Verhandlung *f*, Sitzung *f*
court martial Militärgericht *n*, Kriegsgericht *n*, Standgericht *n*
Court of Appeal *(BE)* Berufungsgericht *n*, Rechtsmittelgericht *n*, Beschwerdegericht *n*, Revisionsgericht *n*
Court of Appeals *(AE)* Berufungsgericht *n*
court of arbitration Schiedsgericht *n*, Schiedsgerichtshof *m*
court of cassation Kassationshof *m*
Court of Chancery ≈ Chancery Court *(Equity-Gericht, Billigkeitsgericht)*
court of equity Equity-Gericht *n*, Billigkeitsgericht *n*
Court of Exchequer *(obs.)* ≈ Court of Exchequer *(Gericht des Schatzamtes; Obergericht für Steuerangelegenheiten)*
court of first instance erstinstanzliches Gericht *n*, Gericht *n* erster Instanz
court of general jurisdiction ≈ Gericht mit allgemeiner Zuständigkeit *(es werden z. B. Zivilsachen, Strafsachen, Familiensachen etc. verhandelt, vergleichbar in Deutschland mit den ordentlichen Gerichten)*
court of inquiry *(WehrR)* ≈ militärisches Untersuchungsgericht *(untersucht und verfolgt militärische Angelegenheiten)*
court of justice Gerichtshof *m*
court of last resort Gericht *n* letzter Instanz, letztinstanzliches Gericht *n*
court of limited jurisdiction ≈ Gericht mit besonderer Zuständigkeit *(Gericht, dessen Zuständigkeit auf bestimmte Arten von Rechtsangelegenheiten be-*

schränkt ist oder nur Fälle bis zu einem bestimmten Streitwert behandeln darf)
court of protection ≈ Vormundschaftsgericht *(für Minderjährige)*; Familiengericht *n (für Volljährige; Gericht, das die Eigentums- und sonstigen Angelegenheiten von Geschäftsunfähigen betreut; ab 1.9.2009 Umbenennung des Vormundschaftsgerichts in Betreuungsgericht und Zuständigkeit für Volljährige, während das Familiengericht umfassend für Angelegenheiten der Minderjährigen zuständig sein wird)*
court of record ordentliches Gericht *n*
court order gerichtliche Verfügung *f*, Gerichtsbeschluss *m*
court proceedings Gerichtsverfahren *n*, Gerichtsprozess *m*, Prozess *m*
court report Berichterstattung *f* über Gerichtsfälle
court reporter Protokollführer *m*
court room Gerichtssaal *m*, Sitzungssaal *m*
court sanction gerichtliche Genehmigung *f*, Genehmigung *f* durch das Gericht
court schedule Sitzungsplan *m*
court summons Zustellung *f* der Klageschrift durch das Gericht *(mit Klageerwiderungsfrist oder Ladung)*
court term Sitzungsperiode *f (Gericht)*
courtesy Entgegenkommen *n*, Gefälligkeit *f*
covenant *v* sich verpflichten, vertraglich vereinbaren
covenant 1. Vereinbarung *f*, Abmachung *f*, Zusicherung *f*; 2. *(GesellschaftsR)* Statut *n*, Satzung *f*; 3. *(VertragsR)* Vertragsklausel *f*; 4. Vertragsurkunde *f*
covenant against encumbrances *(GrundstücksR)* ≈ Zusicherung der Lastenfreiheit durch den Grundstücksverkäufer
covenant not to compete ≈ Konkurrenzklausel *(Vereinbarung eines nachvertraglichen Wettbewerbsverbots)*
covenant not to sue ≈ Vereinbarung eines Klage- oder Rechtsmittelverzichts *(mit dauerhafter oder zeitlich befristeter Wirkung)*
covenant of quiet enjoyment *(GrundstücksR)* ≈ Zusicherung des Verkäufers, dass der Käufer ungestörten Rechtsgenuss erwirbt
covenant of the right to convey *(GrundstücksR)* ≈ Zusicherung des Verkäufers, dass er zum Verkauf befugt ist
covenant running with the land *(GrundstücksR)* ≈ Grunddienstbarkeit *(Zusicherung von Rechten, die mit dem Eigentum und Pachtrecht an einem Grundstück einhergehen)*
cover *v* 1. beinhalten, umfassen; sicherstellen; 2. *(VersR)* decken, versichern, ausgleichen; 3. berichten
cover Cover *n*, Sicherheit *f*, Deckung *f*
cover note vorläufige Deckungszusage *f*, vorläufiger Versicherungsschein *m*
coverage 1. Versicherungsschutz *m*, Versicherungsumfang *m*; 2. *(VertragsR)* Anwendungsbereich *m*, Geltungsbereich *m*
covering *(BörsenR)* Deckungskauf *m*
covering letter, covering note 1. Begleitschreiben *n*, Begleitbrief *m*; 2. *(VersR)* vorläufige Deckungszusage *f*
covert *adj* getarnt, verdeckt, versteckt
covin *(Fr)* Kollusion *f (bewusstes Zusammenwirken zweier oder mehrerer Parteien zum Nachteil eines Dritten)*
C&P *s.* custom and practice
CPC *s.* Claim Production Centre
CPI *s.* consumer price index
cram-down provision *(InsolvenzR)* ≈ Cram-Down-Vorschrift *(Bestimmung, dass ein Unternehmen mehrere Anteile für weniger Geld an die Investoren abgeben muss)*
crashworthiness doctrine ≈ Unfalltauglichkeitslehre *(Lehre, dass der Hersteller in der Automobil- und Luftfahrtbranche für den Fall eines Unfalls oder Absturzes vorbeugende Maßnahmen vorsehen muss, damit Unfallverletzungen entweder überhaupt nicht entstehen oder zumindest bereits bestehende Unfallverletzungen nicht noch verschlimmert werden)*
creature of statute *(AE)* ≈ Körperschaft des öffentlichen Rechts
credit *v* gutschreiben, kreditieren; Kredit geben, verleihen *(Geld)*
credit 1. Kredit *m*, Darlehen *n*, Guthaben *n*; Akkreditiv *n*; 2. Kreditwürdigkeit *f*, Bonität *f*; guter Ruf *m*, Glaubwürdigkeit *f* • **on credit** auf Kredit, auf Ziel
credit balance Guthaben *n*, Guthabenüberschuss *m*
credit entry Gutschrift *f*
credit limit Kreditlinie *f*

credit rating *(AE)* Kreditunterlagenprüfung *f*, Einschätzung *f* der Kreditwürdigkeit, Bonitätsbeurteilung *f*
credit shelter trust *(AE)* ≈ Credit Shelter Trust *(Trust für Ehepaar zur Steuerersparnis)*
creditor Gläubiger *m*, Forderungsberechtigter *m*
creditor beneficiary Begünstigter *m* *(Versicherung)*; Drittbegünstigter *m*
creditors meeting Gläubigerversammlung *f*
cremation Feuerbestattung *f*, Einäscherung *f*
crime Verbrechen *n*, Straftat *f*, strafbare Handlung *f*, Delikt *n*, Vergehen *n*
crime of passion Verbrechen *n* aus Leidenschaft
crimes *pl* **against humanity** Verbrechen *npl* gegen die Menschlichkeit
criminal *adj* strafrechtlich, kriminell
criminal Krimineller *m*, Straftäter *m*, Verbrecher *m*
criminal act Straftat *f*, Tat *f*, strafbare Handlung *f*
criminal action öffentliche Anklage *f*; Strafverfolgung *f*, Strafverfahren *n*
criminal assault *(AE)* strafbare Körperverletzung *f*; Sittlichkeitsverbrechen *n*; Vergewaltigung *f*
criminal code Strafgesetzbuch *n*, StGB
criminal conduct strafbares Verhalten *n*
criminal courts *pl* Strafgerichte *npl*, Strafkammern *fpl*
criminal homicide *(AE)* Straftaten *fpl* gegen das Leben *(Mord, Totschlag oder fahrlässige Tötung)*
criminal intent 1. *(StrafR)* Vorsatz *m*; 2. *(StrafR)* ≈ verbrecherische Absicht
criminal law Strafrecht *n*
criminal liability strafrechtliche Verantwortlichkeit *f*, Strafmündigkeit *f*
criminal negligence strafbare Fahrlässigkeit *f*
criminal offence *(BE)*, **criminal offense** *(AE)* Straftat *f*, strafbare Handlung *f*
criminal procedure Strafverfahren *n*
criminal proceeding Strafverfahren *n*
criminal prosecution Strafverfolgung *f*, strafrechtliche Verfolgung *f*
criminal record Vorstrafenregister *n*
criminology Kriminologie *f*
criterion Kriterium *n*, Tatbestandsmerkmal *n*, Unterscheidungskriterium *n*
croft *(Scot)* ≈ winziges (ärmliches) Bauernhaus
crook *(informell)* Gauner *m*, Verbrecher *m*, Betrüger *m*
cross *v* durchkreuzen, vereiteln; ankreuzen
cross *v* **a check** *(AE)*, **cross** *v* **a cheque** *(BE)* einen Scheck als Verrechnungsscheck ausstellen
cross *v* **off** ausstreichen, wegstreichen
cross *v* **out** ausstreichen, durchstreichen
cross-appeal Anschlussberufung *f*
cross-border contract grenzüberschreitender Vertrag *m*
cross-border pollution grenzüberschreitende Umweltschmutzung *f*
cross-collateralization 1. Vereinbarung *f* über Gegenbesicherung; 2. bilanzielle Querverrechnung *f* von Einnahmen und Kosten
cross-complaint 1. Klage *f*; 2. Widerklage *f*
cross-examination Kreuzverhör *n*
cross-examine *v* einem Kreuzverhör unterwerfen [aussetzen]
cross-licence *(BE)*, **cross-license** *(AE)* Gegenlizenz *f*; Lizenzaustausch *m*; gegenseitige Lizenzerteilung *f*
cross-licensing Lizenzaustausch *m*, Kreuzlizenzierung *f*
crossclaim 1. Klage *f*, Anspruch *m*; 2. Widerklage *f*, Gegenanspruch *m*
crossed check *(AE)*, **crossed cheque** *(BE)* ≈ Verrechnungsscheck
Crown die Krone *f*
Crown Court *(BE)* ≈ Krongerichtshof
crown court ≈ Geschworenengericht
Crown privilege *(BE)* ≈ Privileg der Krone *(Verweigerung der Vorlage von Urkunden)*
Crown Prosecution Service ≈ Anklagebehörde, ≈ Strafverfolgungsbehörde, ≈ Staatsanwaltschaft
cruel *adj* grausam
cruel and unusual punishment *(StrafR)* grausame und ungewöhnliche Bestrafung *f*
cruelty Grausamkeit *f*, Misshandlung *f*, Quälerei *f*
CSCE *s.* Helsinki Declaration of Security and Cooperation in Europe/the
CSR *s.* corporate social responsibility
CTT *s.* capital transfer tax
culpability Schuld *f*
culpable *adj* strafbar, schuldhaft

culpable homicide Totschlag *m*
culpable manslaughter Totschlag *m*
culprit Schuldiger *m*, Beschuldigter *m*, Angeschuldigter *m*, Angeklagter *m*, Täter *m*
cultural change *(GesellschaftsR)* Wandel *m* der Unternehmenskultur
cum testamento annexo mit Testamentsanhang
cumulation Kumulierung *f*, Klagehäufung *f*
cumulative voting Stimmenhäufung *f*, Kumulieren *n* von Stimmen
curable defect heilbarer Mangel *m* [Fehler *m*]
curator 1. Pfleger *m*, Verwalter *m*; 2. *(ErbR) (AE)* Nachlasspfleger *m*; 3. Kurator *m (Kunst)*
cure 1. Abhilfe *f*, Mittel *n*; 2. Mängelbeseitigung *f*; 3. Heilung *f*, Heilmittel *n*
curfew Sperrstunde *f*, Ausgehverbot *n*
curia regis *(Lat)* ≈ Gericht des Königs, ≈ königliches Gericht
currency Währung *f*
currency policy Währungspolitik *f*
currency reform Währungsreform *f*, Währungsumstellung *f*
currency union Währungsunion *f*
current *adj* 1. aktuell, gegenwärtig, laufend; 2. umlaufend, verkehrsfähig, gebräuchlich, gültig
current account 1. Girokonto *n*; 2. Kontokorrent *n*; 3. laufende Rechnung *f*
current assets Umlaufvermögen *n*
current value gegenwärtiger Wert *m*, Zeitwert *m*
currently *adv* aktuell
curriculum vitae *(CV) (Lat)* Lebenslauf *m*
curtesy Nießbrauch *m*
curtilage Innenhof *m*, umschlossener Teil *m* eines Anwesens
custodial *adj* vormundschaftlich, treuhänderisch
custodial sentence Haftstrafe *f*, Freiheitsstrafe *f*
custodian 1. Verwalter *m*; verwahrende Bank *f*; 2. *(FamilienR)* Sorgeberechtigter *m*, Vormund *m*; Vermögensverwalter *m*, Treuhänder *m*; Pfleger *m*
custody 1. Gewahrsam *m*, Aufsicht *f*, Verwahrung *f*; 2. *(FamilienR)* Sorgerecht *n (Kind)*; 3. *(StrafR)* Untersuchungshaft *f*
custom Gewohnheit *f*, Tradition *f* • **by custom** traditionell, gewohnheitsmäßig
custom and practice *(C&P)* Gewohnheitsrecht *n*, fester Brauch *m*
customary *adj* gewohnheitsmäßig, handelsüblich, gebräuchlich
customary in the trade Handelsbrauch *m*
customary international law Völkergewohnheitsrecht *n*
customary law Gewohnheitsrecht *n*
customary right Gewohnheitsrecht *n*
customer 1. Abnehmer *m*, Kunde *m*; 2. Auftraggeber *m*; 3. Klient *m (Freiberufler)*; 4. Verbraucher *m*; 5. Mandant *m (Rechtsanwalt)*
customer relations *pl* Kundenbeziehungen *fpl*, Kundendienstleistung *f*
customs *pl* Zoll *m*
customs declaration Zollanmeldung *f*
customs duty Zoll *m*, Zollabgabe *f*
customs tariff Zolltarif *m*
customs union Zollunion *f*
customs value Zollwert *m*
custos morum *(Lat)* Sittenwächter *m*
CV *s.* curriculum vitae
cyber crime Cyberkriminalität *f*, Computerkriminalität *f*, Internetkriminalität *f*
cyber hate speech Cyberhassrede *f*, Hassrede *f* im Internet
cyber mark Cybermark *(Cybergeld)*
cyber stalker Cyberstalker *m*, Stalker *m* im Internet
cyber terrorist Cyberterrorist *m*, Terrorist *m* im Internet
cyber tort Cyberdelikt *n*
cybernotary Cybernotar *m*, Internetnotar *m*
cybersquatting Cybersquatting *n*, Domänenbesetzung *f (Registrieren von Begriffen als Internetdomainname, die dem Registrierenden eigentlich nicht zustehen)*

D

DA *(district attorney; AE)* Bezirksanwalt *m*, Staatsanwalt *m*, Amtsanwalt *m*
damage Schaden *m*, Beschädigung *f*, Beeinträchtigung *f*, Nachteil *m*; Verlust *m*
damage in law gesetzlicher Schadenersatz *m*
damage suffered erlittener Schaden *m*

damage sustained entstandene Schadensersatzansprüche *mpl*
damage to property Beschädigung *f* des Eigentums, Sachbeschädigung *f*, Sachschaden *m*, Vermögensschaden *m*
damage to reputation Rufschädigung *f*, Kreditschädigung *f*
damaged *adj* beschädigt, geschädigt, verletzt, benachteiligt, defekt
damages *pl* Schadensersatz *m*, Schadensersatzanspruch *m*, Schadensbetrag *m*, Entschädigungssumme *f*
danger Gefahr *f*
danger to health and life Gesundheits- und Lebensgefahr *f*
dangerous substance Gefahrstoff *m*, gefährliche Substanz *f*
data *pl* Daten *pl*, Gegebenheiten *fpl*, Angaben *fpl*, Zahlenmaterial *n*; Informationen *fpl*
data protection Datenschutz *m*
database Datenbank *f*
date *v* datieren, Datum festsetzen
date *v* **back** zurückdatieren
date Datum *n*, Ausstellungstag *m*, Termin *m*, Zeitpunkt *m* • **by this date** bis zu diesem Termin
date of acceptance Annahmezeitpunkt *m*
date of closing *(VertragsR)* Erfüllungstermin *m*, Stichtag *m*
date of delivery Liefertermin *m*
date of expiry Verfallstag *m*, Verfallsdatum *n*, Tag *m* des Erlöschens
date of hearing Anhörungstermin *m*
date of mailing Absendetag *m*, Tag *m* der Postaufgabe, Postausgangsdatum *n*
date of maturity Fälligkeitstermin *m*
date of payment Zahlungstermin *m*
date of service Zustellungsdatum *n*
date of settlement Vergleichstermin *m*
date of valuation Bewertungszeitpunkt *m*
date stamp Eingangsstempel *m*, Datumsstempel *m*, Poststempel *m*
dated *adj* 1. datiert; 2. veraltet, überholt
day Tag *m*, Termin *m*
day release 1. Hafturlaub *m (Gefängnis)*; 2. *(ArbeitsR)* Freistellung *f* für einen Tag
day to day alltäglich, täglich, laufend
daylight Tageslicht *n*; *(fig.)* Öffentlichkeit *f*
daylight overdraft *(AE)* ≈ Kontoüberziehung bis zum Ablauf desselben Arbeitstages
days *pl* **of grace** 1. *(WechselR)* Respekttage *mpl*; 2. *(VersR)* Nachfrist *f*
DBA *s.* doing business as
DC *s.* District of Columbia
de bonis asportatis *(Lat)* von weggetragenen Gütern
de bonis non administratis *(Lat)* von nichtverwalteten Nachlassgegenständen
de die in diem *(Lat)* von Tag zu Tag
de facto *(Lat)* tatsächlich, faktisch; de facto
de facto regime *(VölkerR)* De-facto-Regime *n*, vorläufige Regierung *f*
de futuro *(Lat)* vor der Zukunft
de integro *(Lat)* aus dem Gesamten
de jure *(Lat)* rechtlich, von Rechts wegen
de jure recognition *(VölkerR)* De-jure-Anerkennung *f*, rechtliche Anerkennung *f*
de lege ferenda *(Lat)* de lege ferenda, nach dem zu schaffenden Recht
de lege lata *(Lat)* de lege lata, nach dem geltenden Recht
de novo *(Lat)* von Neuem
de novo hearing erneute Anhörung *f*
de novo trial erneute Verhandlung *f*
dead *adj* 1. tot, verstorben; 2. umsatzlos, geschäftslos; 3. unproduktiv, stillgelegt; 4. unwirksam, ungültig, außer Kraft; veraltet
dead account unbewegtes [umsatzloses] Konto *n*
dead letter 1. ≈ bestehendes, aber nicht mehr angewendetes Gesetz; 2. unzustellbarer Brief *m*
deadline Frist *f*, Fristablauf *m*, Fälligkeitstermin *m*, Stichtag *m* • **exceed a deadline** eine Frist überschreiten [nicht einhalten] • **let a deadline pass** den Fälligkeitstermin vorübergehen [verstreichen] lassen • **meet a deadline** eine Frist einhalten, einen Termin beachten
deadlock Stillstand *m*, vollständiges Erliegen *n*; verfahrene Situation *f*, toter Punkt *m*
deadlock provision *(GesellschaftsR)* Deadlockbestimmung *f*, Vorschrift *f* zur Selbstblockade
deadly *adj* tödlich
deal *v* 1. handeln, Handel treiben; in Geschäftsverbindung stehen; 2. sich befassen, sich beschäftigen
deal *v* **with a case on its merits** materiellrechtlich entscheiden
deal 1. Handel *m*, Transaktion *f*, Überein-

kunft *f*, Abmachung *f*; Kuhhandel *m*; 2. Verfahren *n*, Handlungsweise *f*
dealer 1. Händler *m*, Kaufmann *m*; 2. Vertreter *m*; Vermittler *m*; Verteiler *m*; 3. Makler *m*; 4. Lieferant *m*
dealership contract *(AE)* Vertragshändlervereinbarung *f*, Vertriebsvereinbarung *f*
dealing Geschäft(sgebaren) *n*; Umgang *m*, Beziehungen *fpl*, Geschäftsverkehr *m*, Verkehr *m*
dealing as a sole trader Handeln *n* als Einzelkaufmann; Auftreten *n* als Monopolist
dealing at arm's length *(SteuerR)* ≈ Geschäfte zwischen voneinander unabhängigen Personen; ≈ Umgang wie zwischen Fremden
dear *adj* teuer, kostspielig
death Tod *m*, Todesfall *m*, Ableben *n* • **in contemplation of death** im Angesicht des Todes, in Erwartung des Todes
death benefit Hinterbliebenenversorgung *f*, Sterbegeld *n*
death by hanging Tod *m* durch Erhängen [den Strang]
death by misadventure Tod *m* aufgrund eines Unglücksfalls
death penalty Todesstrafe *f*
death sentence Todesurteil *n*, Verhängung *f* der Todesstrafe
death taxes *pl* Erbschaftsteuer *f*, Nachlasssteuer *f*
debar *v* 1. (jmdm. etw.) untersagen, (jmdn. von etw.) ausschließen; 2. (jmdm.) das Recht entziehen, vor Gericht aufzutreten
debate *v* debattieren, diskutieren, verhandeln, erörtern
debate Debatte *f*, Diskussion *f*, Erörterung *f*, Verhandlung *f*
debenture Schuldschein *m*, Schuldanerkenntnis *n*
debenture bond Schuldverschreibung *f*, Obligation *f*
debenture goods *pl* Rückzollgüter *npl*
debenture holder Schuldscheininhaber *m*; Pfandbriefinhaber *m*, Pfandbriefgläubiger *m*
debenture stock 1. *(BE)* Obligation *f*, Anleiheschuld *f*; 2. *(AE)* Vorzugsaktie *f* erster Klasse
debenture trust deed auf einen Treuhänder übertragene Sicherheit *f*, Schuldurkunde *f* eines Treuhänders
debit *v* in Rechnung stellen; belasten
debit Debet *n*, Soll *n*; Lastschrift *f*
debit balance 1. Lastschrift *f*; 2. Sollsaldo *m*, Verlustabschluss *m*
debit entry 1. Abbuchung *f*, Lastschrift *f*; 2. Abgang *m (Lager)*
debt Schuld *f*, Geldschuld *f*, Forderung *f*; Pflicht *f*, Verpflichtung *f* • **collect a debt** eine Forderung einziehen [eintreiben, beitreiben]
debt due fällige Forderung *f*
debt equity ratio Verschuldungsgrad *m*
debt of record gerichtlich festgestellte Forderung *f*, im gerichtlichen Feststellungsverfahren anerkannte Forderung *f*
debt owing and accruing gegenwärtige und zukünftige Forderung *f*
debt recovery Schuldenbeitreibung *f*, Inkassowesen *n*
debt recovery after judgment Schuldenbeitreibung *f* nach Gerichtsurteil
debtor 1. Schuldner *m*, Verpflichteter *m*, Debitor *m*; 2. Darlehensempfänger *m*, Kreditnehmer *m*; 3. Passivseite *f*, Soll *n*
debtor in possession Schuldner *m* im Besitz des geschuldeten Gegenstandes
debts *pl* **receivable** Außenstände *mpl*
decapitate *v (AE)* 1. enthaupten, köpfen; 2. *(ugs.)* absägen, plötzlich entlassen
decartelization Konzernentflechtung *f*, Entkartellisierung *f*
decease *v (BE)* sterben, versterben
deceased *(BE)* Erblasser *m*, Verstorbener *m*
deceased's estate *(BE)* Nachlass *m*
decedent *(AE)* Erblasser *m*, Verstorbener *m*
decedent's estate *(AE)* Nachlass *m*
deceit Täuschung *f*, betrügerische Handlung *f*, Betrug *m*
deceitful *adj* betrügerisch, hinterlistig, falsch
deceive *v* betrügen, hintergehen; betrügerisch handeln
decency Anstand *m*, Schicklichkeit *f*
decentralize *v* dezentralisieren
deception Täuschung *f*, Betrug *m*
deceptive *adj* täuschend, irreführend, betrügerisch
deceptive advertising irreführende Werbung *f*
deceptive practices *pl* irreführende Praktiken *fpl*
decide *v* entscheiden, beschließen, für Recht erkennen, festsetzen

decide *v* **a case** in einer Rechtssache entscheiden, einen Fall entscheiden
decided *adj* entschieden, beschlossen, festgesetzt
decided case entschiedener Fall *m*
deciding court entscheidendes Gericht *n*
decision Entscheidung *f*, Urteil *n*, Beschluss *m*
decision-making *adj* entscheidend, entscheidungsfindend, beschließend
decision-making Entscheidungsfindung *f*, Entschlussfassung *f*
decision-making body Beschlussorgan *n*, entscheidungsfindendes Organ *n*
decision-making power Entscheidungsbefugnis *f*
decision of the court Entscheidung *f* [Urteil *n* , Beschluss *m*] des Gerichts; Gerichtsurteil *n*, Gerichtsbeschluss *m*, gerichtliche Entscheidung *f*
decision on the merits Sachentscheidung *f*
declarant 1. Erklärender *m*; 2. *(ZollR)* Deklarant *m*, Anmelder *m*; 3. *(AE)* Anwärter *m* auf die Staatsbürgerschaft
declaration 1. Erklärung *f*; 2. *(AE)* Klageschrift *f*, Schriftsatz *m*; 3. Behauptung *f*, Aussage *f*; 4. *(BE)* eidesstattliche Versicherung *f*
declaration of accession Beitrittserklärung *f*
declaration of intent 1. Willenserklärung *f*, Absichtserklärung *f*; 2. *(VölkerR)* Grundsatzerklärung *f*
declaration of neutrality *(VölkerR)* Neutralitätserklärung *f*
declaration of trust ≈ schriftliche Begründung eines Treuhandverhältnisses, ≈ Trustbegründung
declaratory action Feststellungsklage *f*
declaratory judgment Feststellungsurteil *n*
declaratory statute ≈ lediglich deklaratorische Rechtsänderung, ≈ ein Gesetz, das den bisherigen Rechtszustand nicht ändern, sondern nur klarstellen will
declare *v* 1. erklären, aussagen, öffentlich bekannt geben, verkünden, behaupten, vorbringen; 2. *(ZollR)* deklarieren, anmelden, verzollen
declare *v* **a meeting open** die Versammlung für eröffnet erklären
declare *v* **a trust** ein Treuhandverhältnis begründen, einen Trust begründen
declare *v* **insolvency** Insolvenz anmelden, sich für insolvent erklären
declare *v* **on oath** unter Eid versichern; eidesstattlich versichern
declare *v* **war** den Krieg erklären
declared *adj* 1. verkündet *(Urteil)*; 2. *(ZollR)* angemeldet, deklariert
declared capital festgesetztes Kapital *n*
declassification *(AE) (WehrR)* Freigabe *f* von Geheimmaterial, Aufhebung *f* von Geheimhaltungsbestimmungen
declassify *v (AE) (WehrR)* Geheimmaterial freigeben, Geheimhaltungsbestimmungen aufheben
decline *v* 1. zurückgehen, abnehmen, geringer werden; sich verschlechtern; fallen, sinken; 2. ablehnen, absagen, zurückweisen, nicht zustimmen
decline *v* **a nomination** die Ernennung ablehnen
decline *v* **an offer** ein Angebot ablehnen
decline *v* **jurisdiction** die gerichtliche Zuständigkeit verneinen; sich für unzuständig erklären
decline 1. Abschwung *m*, Abnahme *f*, Verschlechterung *f*, Verfall *m*, Rückgang *m*; 2. Baisse *f (Börse)*
declining *adj* rückgängig, zurückgehend, sinkend, fallend
decommissioning Stilllegung *f*
decree *v* verordnen, dekretieren, verfügen, entscheiden, beschließen, gerichtlich anordnen
decree 1. Verordnung *f*, Anordnung *f*, Erlass *m*, Verfügung *f*, Bestimmung *f*, Gesetz *n*; 2. Urteil *n*, Gerichtsentscheid *m*, Gerichtsbeschluss *m*
decree absolute 1. Endurteil *n*, rechtskräftiges Urteil *n*; 2. rechtskräftiges Scheidungsurteil *n*
decree nisi 1. vorläufige gerichtliche Entscheidung *f*; 2. vorläufiges Scheidungsurteil *n (in Großbritannien allerdings nur bis Inkrafttreten des Family Law Act 1996)*
decrement Rückgang *m*, Verringerung *f*, Verlust *m*
decrypt *v (AE)* entschlüsseln
dedicate *v* widmen, übergeben
dedicated *adj* gewidmet, übergeben
dedication Einweihung *f*; Widmung *f*, Überlassung *f* zum allgemeinen Gebrauch
deduct *v* abziehen, absetzen
deducted *adj* abzüglich

deductible *adj* 1. absetzbar, abzugsfähig; 2. *(VersR)* mit Selbstbeteiligung
deduction *(SteuerR)* Abzug *m*, Einbehaltung *f*, Absetzung *f*; Schlussfolgerung *f*; Nachlass *m*, Rabatt *m*; Rückstellung *f*
deduction for depreciation Absetzung *f* für Abschreibungen
deed 1. Handlung *f*, Tat *m*, Ausführung *f*; 2. Urkunde *f*, Dokument *n*, Schriftstück *n*, Vertragsurkunde *f*; Grundstücksübertragungsurkunde *f*
deed of accession *(InsolvenzR)* (förmliche) Zustimmung *f* der Gläubiger zu einem Schuldenregelungsplan
deed of arrangement Vergleichsvereinbarung *f*, beurkundeter (außergerichtlicher) Vergleich *m*
deed of assignment Abtretungsurkunde *f*, Zessionsurkunde *f*
deed of conveyance Auflassungsurkunde *f*, Übertragungsurkunde *f*
deed of gift Schenkungsurkunde *f*
deed of sale Kaufvertrag *m*, Kaufvertragsurkunde *f*
deed poll einseitige gesiegelte Erklärung *f*
deeds register *(AE)* Urkundenregister *n*; ≈ Grundbuch
deem *v* für etwas halten, beurteilen; gelten als
defalcation 1. Unterschlagung *f*, Veruntreuung *f*; 2. unterschlagene [veruntreute] Summe *f*
defamation Rufschädigung *f*, Verunglimpfung *f*, Diffamierung *f*, Ehrverletzung *f*, Beleidigung *f*
defamatory *adj* verleumderisch, verunglimpfend, ehrenrührig, diffamierend, beleidigend
defamatory statement beleidigende Äußerung *f*, diffamierende Behauptung *f*; Rufschädigung *f*
defame *v* verleumden, verunglimpfen, diffamieren, beleidigen
default *v* 1. in Verzug geraten; zahlungsunfähig werden; seinen Verpflichtungen nicht nachkommen, nicht erfüllen; 2. nicht erscheinen *(vor Gericht)*
default 1. Unterlassung *f*; Verzug *m*; Nichterfüllung *f*; Vertragsverletzung *f*; 2. *(ProzessR)* Nichterscheinen *n (vor Gericht)*; Ausbleiben *n* im Termin; 3. *(InsolvenzR)* Zahlungsunfähigkeit *f*, Insolvenz *f* • **be in default** in Verzug sein • **in case of default** 1. bei Verzug; 2. bei Nichterscheinen; 3. bei Zahlungsunfähigkeit
default action *(BE)* Klage *f* auf geschuldeten Geldbetrag; Klage *f* im Mahnverfahren
default clause Verzugsklausel *f*
default in payment Zahlungsverzug *m*
default interest Verzugszinsen *mpl*
default judgment Versäumnisurteil *n*
default of defence *(BE)*, **default of defense** *(AE)* Vernachlässigung *f* der Prozessführung
defaulter 1. säumiger Schuldner *m*, säumige Partei *f*; 2. Nichterschienener *m* *(Gericht)*; 3. zahlungsunfähiger Schuldner *m*; 4. *(WehrR) (BE)* Angeklagter *m*; Delinquent *m*
defaulting 1. Säumnis *n*, Verzug *m*, Nichterfüllung *f*; 2. *(ProzessR)* Ausbleiben *n* im Termin, Nichterscheinen *n*
defeasance Aufhebung *f*, Annullierung *f*, Nichtigkeitserklärung *f*, Ungültigkeitserklärung *f*
defeasance clause Verwirkungsklausel *f*, Heimfallklausel *f*
defeat *v* 1. aufheben, annullieren, für null und nichtig erklären; 2. besiegen *(Politik)*
defeat *v* **a bill** einen Gesetzentwurf ablehnen
defeat *v* **a claim** einen Anspruch zu Fall bringen
defeat 1. Aufhebung *f*, Annullierung *f*, Nichtigkeitserklärung *f*; 2. Niederlage *f*
defect *v* überlaufen, desertieren; um Asyl bitten
defect Mangel *m*, Mängel *mpl*, Fehler *m*, Defekt *m* • **cure a defect** einen Mangel heilen • **rectify a defect** nachbessern
defect in description Beschaffenheitsmangel *m*; Mangel *m* in der Gebrauchsanweisung
defect of quality Qualitätsmangel *m*, Sachmangel *m*
defective *adj* mängelbehaftet, mangelhaft, fehlerhaft, defekt
defective condition mangelhafter [fehlerhafter, defekter] Zustand *m*, Mangelhaftigkeit *f*, Fehlerhaftigkeit *f*, Schadhaftigkeit *f*
defective design Planungsfehler *m*, Konstruktionsfehler *m*
defective product mangelhaftes Produkt *n*, fehlerhafte Ware *f*, schadhafter Artikel *m*

defective title Rechtsmangel *m*, fehlerhafter Rechtstitel *m*
defective title insurance Versicherung *f* gegen Rechtstitel, die mit Rechtsmängeln behaftet sind
defence *(BE)* 1. beklagte Partei *f*; 2. Klageerwiderung *f*, Verteidigung *f*; Einwendung *f*, Einrede *f*
defence counsel *(BE)* 1. *(ZivilprozessR)* Beklagtenanwalt *m*, Vertreter *m* der beklagten Partei; 2. *(StrafprozessR)* Verteidiger *m*, Strafverteidiger *m*
defence of a claim Verteidigung *f* eines Anspruchs
defence of justification *(BE)* Antritt *m* des Wahrheitsbeweises *(bei Verleumdung)*
defence of privilege *(BE)* Rechtfertigungsgrund *m*
defend *v* 1. *(StrafprozessR)* verteidigen; 2. *(ZivilR)* sich auf eine Klage einlassen; bestreiten, als Einrede vorbringen
defend *v* **an action** sich auf eine Klage einlassen; Klagebehauptungen bestreiten
defendant 1. *(ZivilprozessR)* Beklagter *m*, beklagte Partei *f*; 2. *(StrafprozessR)* Beschuldigter *m*, Angeschuldigter *m*, Angeklagter *m*
defendant in error Revisionsbeklagter *m*
defender Verteidiger *m*
defense *(AE) s.* defence
defense attorney *(AE)* 1. *(ZivilprozessR)* Beklagtenanwalt *m*, Vertreter *m* der beklagten Partei; 2. *(StrafprozessR)* Verteidiger *m*, Strafverteidiger *m*
defer *v* 1. vertagen; verschieben; 2. verweisen (an ein anderes Gericht); 3. *(WehrR)* freistellen, zurückstellen
defer *v* **judgment** die Urteilsverkündung aussetzen
defer *v* **payment** die Zahlung aufschieben [verzögern, zurückstellen]
defer *v* **until a later date** auf einen späteren Zeitpunkt verschieben
deferential *adj* respektvoll, rücksichtsvoll
deferment 1. *(ProzessR)* Vertagung *f*; Verschiebung *f*; 2. Zurückstellung *f* (vom Militärdienst)
deferment of a deadline Fristverlängerung *f*
deferral 1. *(ProzessR)* Vertagung *f*; Stundung *f*; 2. Verweisung *f (an ein anderes Gericht)*
deferred *adj* 1. *(ProzessR)* vertagt, ausgesetzt; 2. später fällig; gestundet, befristet
deferred charges *pl* Rechnungsabgrenzungsposten *m*
deferred charges *pl* **to operations** aktive Rechnungsabgrenzung *f*
deficiency 1. *(ZivilR)* Mangel *m*, Fehler *m*; Defizit *n*, Fehlbetrag *m*, Fehlmenge *f*; Mangelhaftigkeit *f*, Unzulänglichkeit *f*; 2. *(ZwangsvollstreckungsR)* Ausfallbetrag *m*; 3. *(SteuerR)* Steuerfreibetrag *m*
deficiency in title Rechtsmangel *m*
deficiency judgment Versäumnisurteil *n*; Ausfallurteil *n (Pfandverwertung, Vollstreckung)*
deficient *adj* mangelhaft, unzureichend; defizitär
deficit Defizit *n*, Ausfall *m*, Verlust *m*, Mangel *m*, Manko *n*
define *v* definieren, bestimmen, formulieren, festlegen; begrenzen
definite *adj* bestimmt, exakt, definitiv
definition Definition *f*, Bestimmung *f*, Festlegung *f*, Erklärung *f*, Erläuterung *f*; Abgrenzung *f*
definition clause *(VertragsR)* ≈ Klausel, in der eine Begriffsbestimmung erfolgt
definitive *adj* definitiv, endgültig
deflation Deflation *f*
deflection of trade Handelsverlagerung *f*, Verlagerung *f* der Handelsströme
defraud *v* übervorteilen, betrügen; unterschlagen
defrauding Übervorteilung *f*, Betrug *m*; Unterschlagung *f*; Benachteiligung *f*
defray *v* bestreiten, tragen, decken *(Kosten)*
defray *v* **expenses** für die Kosten aufkommen, die Kosten bestreiten
defunct *adj* ehemalig, außer Betrieb, geschlossen, erloschen; nicht mehr funktionsfähig
defunct company erloschene Gesellschaft *f*, im Handelsregister gelöschte Gesellschaft *f*, aufgelöste Gesellschaft *f*
degrade *v* herabsetzen
degree 1. Grad *m*, Rang *m*, Klasse *f*, soziale Position *f*; 2. Verwandtschaftsgrad *m*; 3. Ausmaß *n*; 4. Diplom *n*, akademischer Grad *m (Universität)*
degree of affinity Grad *m* der Verschwägerung, Verschwägerungsgrad *m*
degree of consanguinity Verwandtschaftsgrad *m*

degree of disablement Grad *m* der Behinderung, GdB, Invaliditätsgrad *m*, Berufsunfähigkeitsgrad *m*
degressive depreciation degressive Abschreibung *f*
del credere *adj* Delkredere...
del credere account Delkrederekonto *n*
del credere agent Delkredereagent *m*
delay *v* verzögern, hinausschieben, stunden; hemmen
delay Verzögerung *f*, Verzug *m*; Aufschub *m*, Verschiebung *f*, Stundung *f*; Fristverlängerung *f*
delegate *v* 1. übertragen, delegieren; 2. abordnen, als Delegierten entsenden; 3. abtreten *(Forderung)*; 4. *(VertragsR)* ermächtigen, bevollmächtigen
delegate Delegierter *m*, Abgeordneter *m*, Volksvertreter *m*; bevollmächtigter Vertreter *m*, Bevollmächtigter *m*; *(AE)* Kongressabgeordneter *m*
delegated *adj* übertragen, delegiert; abgeordnet
delegated legislation übertragene Gesetzgebung *f*
delegation 1. Delegierung *f*, Übertragung *f*; 2. Bevollmächtigung *f*; 3. Abtretung *f* *(Forderung)*; 4. Übernahme *f* *(Schuld)*; 5. Abordnung *f*, Delegation *f*
delete *v* löschen, tilgen, streichen
deletion Löschung *f*, Tilgung *f*, Streichung *f*
deliberate *v* überlegen, bedenken, abwägen, erläutern, erwägen; beraten
deliberate *adj* überlegt, besonnen; beabsichtigt, gezielt, vorsätzlich, absichtlich
deliberately *adv* vorsätzlich, absichtlich; mit Vorbedacht
deliberation(s) Beratung *f* • **retire for deliberations** *(ProzessR)* sich zur Beratung zurückziehen
deliberations *pl* **of the court** 1. Beratungen *fpl* des Gerichts; 2. Verhandlungsprotokolle *npl* des Gerichts
delict 1. *(ZivilR)* Delikt *n*, unerlaubte Handlung *f*; 2. *(StrafR)* Vergehen *n*
delimitation Abgrenzung *f*, Grenzziehung *f*
delinquency 1. *(StrafR)* Vergehen *n*, Gesetzesverletzung *f*, Kriminalität *f*; 2. *(ZivilR)* Schuld *f*, Pflichtverletzung *f*, Unterlassung *f*, Säumnis *n*, Verzug *m*, Rückstand *m*
delinquent *adj* 1. *(StrafR)* straffällig, verbrecherisch; 2. *(ZivilR)* säumig, in Verzug befindlich; 3. *(SteuerR)* im Rückstand befindlich
delinquent Delinquent *m*, Straftäter *m*, Verbrecher *m*
delinquent account überzogenes Konto *n*
delinquent customer säumiger Kunde *m*, im Zahlungsrückstand befindlicher Kunde *m*
delisting *(BörsenR)* Aufhebung *f* der Notierung *(Aktie)*
deliver *v* ausliefern, abliefern, einliefern, abgeben, übergeben, übermitteln, verteilen
deliver *v* **a deed** eine Urkunde aushändigen
deliver *v* **a judgment** ein Urteil fällen [erlassen, verkünden]
deliver *v* **goods** Waren austeilen [anliefern, schicken]
deliver *v* **up** aushändigen, herausgeben, zurückgeben
delivery 1. Lieferung *f*, Auslieferung *f*, Zusendung *f*, Überbringung *f*, Übergabe *f*, Herausgabe *f*; 2. Zustellung *f* *(Post)* • **accept delivery** die Lieferung abnehmen • **refuse delivery** die Lieferung ablehnen, die Entgegennahme verweigern • **upon delivery** bei Lieferung, gegen Aushändigung
delivery ex ship Lieferung *f* ab Schiff
delivery of deed Aushändigung *f* der Urkunde
delivery order 1. Lieferauftrag *m*; 2. Lieferschein *m*
delivery terms *pl* Lieferbedingungen *fpl*
deliveryman Lieferant *m*, Lieferbote *m*, Auslieferungsfahrer *m*
delusion Täuschung *f*, Irreführung *f*
demand *v* 1. verlangen, fordern, beanspruchen; klagen; 2. vorladen
demand *v* **guarantee** eine Garantie verlangen, eine Kaution verlangen
demand *v* **payment** Zahlung verlangen [fordern]
demand 1. Frage *f*; Forderung *f*, Verlangen *n*, Rechtsanspruch *m*, Anspruch *m*; 2. Aufforderung *f*, Ersuchen *n*; Erfordernis *n*; 3. Nachfrage *f*, Bedarf *m* • **on demand** auf Verlangen, bei Aufforderung, bei Vorlage • **on first demand** auf erstes Anfordern

demand bill Wechsel *m*, der auf Verlangen zu zahlen ist
demand deposit Sichteinlage *f*, Kontokorrentkonto *n*
demand draft Sichtwechsel *m*
demand instrument Sichtpapier *n*
demanded *adj* verlangt, gefordert, angefordert, beansprucht, ersucht
demanding *adj* herausfordernd, anstrengend
demarcation Abgrenzung *f*, Grenzmarkierung *f*
demarcation line Demarkationslinie *f*, Grenzlinie *f*
demilitarize *v* entmilitarisieren
demise *v* verpachten, vermieten, übertragen
demise 1. *(GrundstücksR)* Überlassung *f*, Verpachtung *f*, Vermietung *f*; 2. Tod *m*, *(fig.)* Niedergang *m*
democracy Demokratie *f*, Volksherrschaft *f*
democratic *adj* demokratisch
democratic rights *pl* demokratische Rechte *npl*
demolish *v* zerstören, abreißen, demolieren
demolition order *(BauR)* Abrissverfügung *f*; Abbruchgenehmigung *f*
demonstrate *v* demonstrieren; veranschaulichen, darlegen, beweisen, vorführen
demonstration Demonstration *f*; Darlegung *f*, Beweis *m*, Vorführung *f*
demonstrative *adj* überzeugend, beweisend, beweiskräftig
demote *v (ArbeitsR)* zurückstufen, tariflich niederstufen
demotion *(ArbeitsR)* Rückstufung *f*, niedrigere Tarifeinstufung *f*
demur *v (AE)* Einwendung [Einrede, Widerspruch] erheben [geltend machen], einwenden • **without demur** ohne Einwendung, einredefrei, ohne Widerspruch
demurrage Überliegegeld *n*, Überliegezeit *f*, Wartezeit *f (Schiff)*
demurrage days *pl* Überliegetage *mpl*, Überliegezeit *f*
demurrer *(AE)* Einwand *m*, Einwendung *f*, Einrede *f*, Widerspruch *m*
denationalization Privatisierung *f*, Reprivatisierung *f*
denial 1. Abstreiten *n*, Bestreiten *n*, Dementi *n*; 2. Verweigerung *f*, ablehnende Antwort *f*, abschlägiger Bescheid *m* • **make a denial** eine Absage erteilen, abschlägig bescheiden
denounce *v* 1. *(StrafR)* denunzieren, anzeigen; anprangern; 2. *(VölkerR)* kündigen *(Abkommen)*
denunciation 1. *(StrafR)* Denunzierung *f*, Strafanzeige *f*, Anzeige *f*; (öffentliche) Verurteilung *f*; 2. *(VölkerR)* Kündigung *f* *(Abkommen)*
deny *v* 1. verleugnen, dementieren, verneinen; 2. verweigern, ablehnen
deny *v* **a motion** einen Antrag ablehnen
deny *v* **a right** ein Recht verweigern [absprechen]
deny *v* **allegations** Anschuldigungen bestreiten
deny *v* **an application** 1. *(ProzessR)* einen Antrag abweisen [ablehnen, zurückweisen]; 2. *(PatentR)* eine Patentanmeldung abweisen [ablehnen, zurückweisen]
deny *v* **liability** die Haftung ablehnen
deny *v* **paternity** die Vaterschaft bestreiten [ableugnen]
depart *v* abweichen, ändern
depart *v* **from a precedent** von einem Präzedenzfall abweichen
depart *v* **from the contractual terms** von den Vertragsbedingungen abweichen
depart *v* **from the law** vom Gesetz abweichen, das Recht beugen
depart *v* **from the truth** die Wahrheit verleugnen [abstreiten, bestreiten]; von der Wahrheit abweichen
department 1. Verwaltungsgebiet *n*, Department *n*; 2. Dienststelle *f*, Geschäftsstelle *f*, Amt *n*, Abteilung *f*, Ressort *n*, Referat *n*; 3. Branche *f*, Fachgebiet *n*; 4. *(AE)* Ministerium *n*
Department of Homeland Security ≈ Ministerium für innere Sicherheit
Department of Trade and Industry *(DTI)* Abteilung *f* Handel und Industrie
departure 1. Klageänderung *f*, Änderung *f*, Abweichung *f*; 2. Aufgabe *f*; 3. Abreise *f*
dépeçage *(Fr) (IPR)* Nachlassspaltung *f*
depend *v* abhängig sein, abhängen
depend *v* **on the circumstances** von den Umständen abhängen
dependant 1. Familienangehöriger *m*, Abhängiger *m*; 2. Unterhaltsberechtigter *m*
dependant's benefit Hinterbliebenenrente *f*

dependency abhängiges Gebiet *n*, Protektorat *n*
dependent *adj* **(on)** abhängig (von), angewiesen (auf)
dependent *s.* dependant
dependent contract abhängiger Vertrag *m*
depone *v* schriftlich [eidlich] erklären
deponent Aussagender *m*; Abgeber *m* einer eidesstattlichen Erklärung *(Affidavit)*
deport *v* ausweisen, abschieben, des Landes verweisen
deportation Ausweisung *f*, Abschiebung *f*
depose *v* 1. aussagen, eine Aussage machen, zur Protokoll geben; unter Eid aussagen, eidliche Aussage zu Protokoll geben; 2. absetzen, entfernen *(Amt)*
deposit *v* einzahlen, anzahlen, deponieren, hinterlegen
deposit 1. Anzahlung *f*; Angeld *n*; 2. Sicherheitsleistung *f*, Kaution *f*; 3. Draufgabe *f* • **forfeit a deposit** eine Anzahlung [Kaution] verlieren • **leave a deposit** anzahlen, eine Anzahlung leisten • **make a deposit** vorschießen, einen Vorschuss leisten; *(AE)* anzahlen *(Ratenzahlungsgeschäft)* • **on deposit** im Depot, depotverwahrt
deposit account Sparkonto *n*; Depositenkonto *n*
deposit book Sparbuch *n*; Depositenbuch *n*
deposit of title deeds Hinterlegung *f* von Eigentümerurkunden *(bei Bestellung einer Hypothek bei nicht eingetragenen Grundstücken zur Sicherung und Rangwahrung des Gläubigers)*
deposit on call Sichteinlage *f*
Deposit Protection Service *(DPS)* Einlagensicherungsdienst *m*
depositary bank Depotbank *f*, verwahrende Bank *f*
deposited *adj* deponiert, hinterlegt
deposited securities *pl* in Depot gegebene Wertpapiere *npl*
deposition 1. (außergerichtliche) eidliche Aussage *f (eines Zeugen oder Gutachters, in der Regel in Schriftform)*; 2. Absetzung *f*, Amtsenthebung *f*; 3. Hinterlegung *f*, Aufbewahrung *f*, Deponierung *f*
depositions *pl* 1. Ablagen *fpl*; 2. *(AE)* mündliche Verhandlung *f* unter Eid
depositor Einzahler *m*; Hinterleger *m*, Deponent *m*; Kontoinhaber *m*
depository 1. Aufbewahrungsort *m*; 2. Hinterlegungsstelle *f*; 3. Verwahrer *m*
depot Depot *n*, Lager *n*, Magazin *n*
depreciable *adj* abschreibungsfähig; absetzbar
depreciate *v* abschreiben, absetzen, abnutzen; abwerten, niedriger bewerten; an Wert verlieren
depreciation Wertminderung *f*, Entwertung *f*, Kaufkraftverlust *(Geld)*; Kursverlust *m*, Abschreibung *f*
deprive *v* entziehen, wegnehmen; aberkennen
deprive *v* **somebody of a right** jmdm. ein Recht entziehen [aberkennen]
deprive *v* **somebody of citizenship** jmdm. die Staatsangehörigkeit aberkennen, jmdn. ausbürgern
deputation Deputation *f*, Abordnung *f*
deputize *v (AE)* abordnen, zum Stellvertreter ernennen; vertreten
deputy 1. Deputierter *m*, Delegierter *m*, Abgeordneter *m*; 2. Vertreter *m*, Stellvertreter *m*
deputy judge *(BE)* Hilfsrichter *m* beim County Court
deputy sheriff Sheriff-Stellvertreter *m*
deranged *adj* geistesgestört, geisteskrank
deregulate *v* deregulieren, rechtliche Einschränkungen aufheben; dem freien Wettbewerb überlassen
deregulation Deregulierung *f*, Aufhebung *f* von rechtlichen Einschränkungen
derelict *adj* derelinquiert, herrenlos, aufgegeben; verlassen; baufällig
derelict building aufgegebenes Gebäude *n*, herrenloses Gebäude *n*
derelict vessel aufgegebenes Schiff *n*
dereliction Dereliktion *f*, Derelinquierung *f*, Eigentumsaufgabe *f*
dereliction of duty Amtspflichtverletzung *f*
derestricted *adj* ohne Geschwindigkeitsbeschränkung
derivative *adj* derivativ, abgeleitet
derivative Derivativ *n*
derivative work Bearbeitung *f*
derive *v* ableiten, herleiten; erzielen, beziehen
derive *v* **title** ein Recht herleiten
derogate *v* schmälern, aufheben, außer Kraft setzen, abweichen
derogate *v* **somebody's rights** jmds. Rechte schmälern

derogation Schmälerung *f*, Beeinträchtigung *f*, Verschlechterung *f*, Abweichung *f*; Nachteil *m*
derogatory *adj* 1. schädlich, abträglich; 2. abfällig
descend *v* 1. abstammen; 2. übergehen *(im Erbweg)*; durch Erbschaft zufallen, vererbt werden
descendant Abkömmling *m*, Nachkomme *m*, Deszendent *m*
descent Abstammung *f*, Herkunft *f*, Deszendenz *f* • **by descent** aufgrund Abstammung, aufgrund gesetzlicher Erbfolge
describe *v* beschreiben, schildern, darstellen
description Beschreibung *f*, Schilderung *f*, Darstellung *f*, Angabe *f*
desert *v* desertieren
desert *v* **a post** seine Stellung unerlaubt verlassen
deserted *adj* verlassen, im Stich gelassen; unbelebt, unbewohnt, einsam
deserted property unbewohntes Eigentum *n*, verlassenes Eigentum *n*, verlassenes Grundstück *n*
deserter Deserteur *m*, Fahnenflüchtiger *m*
desertion 1. Fahnenflucht *f*, unerlaubtes Verlassen *n*; 2. *(EheR)* böswilliges Verlassen *n*
design Design *n*, Muster *n*, Modell *n*, Plan *m*, Geschmacksmuster *n* • **by design** planmäßig, konstruktionsmäßig
design patent geschütztes Geschmacksmuster *n*
design patent application Geschmacksmusteranmeldung *f*
designate *v* designieren, ernennen, bestimmen
designate *v* **a legal successor** den Rechtsnachfolger ausersehen [designieren, bestimmen, festlegen]
designated *adj* ausersehen, vorgesehen
designated civil judge designierter [vorgesehener] Zivilrichter *m*
designated office Bestimmungsamt *n* *(Europäisches Patentrecht)*
designation 1. Kennzeichnung *f*, Markierung *f*, Festlegung *f*, Bestimmung *f*; 2. Ernennung *f*, Position *f*
desist *v* aufhören, aufgeben; unterlassen
deskilling Jobdequalifizierung *f*
despatch *v* 1. absenden, versenden; 2. schnell ausführen, erledigen, aufgeben *(Telegramm)*; 3. töten
destination 1. Zweckbestimmung *f*, Bestimmungsort *m*, Adresse *f*; Ziel *n*; 2. *(ErbR)* Ersatzbestimmung *f*
destination contract Liefervertrag *m* (mit Gefahrübergang am Bestimmungsort)
destitute *adj* hilflos, hilfsbedürftig, mittellos
destruction 1. Vernichtung *f*, Zerstörung *f*; 2. Umsturz *m*
destruction of subject matter Untergang *m* des Vertragsgegenstandes
detach *v* loslösen, abtrennen
detachable *adj* abtrennbar
detail *v* einzeln aufführen, genau aufzählen, detaillieren, substanziieren
detail Detail *n*, Einzelheit *f*
detailed *adj* ausführlich, eingehend, detailliert; spezifiziert, substanziiert
detailed assessment (of costs) detaillierte Kostenfestsetzung *f*
detailed statement detaillierte Aufstellung *f*, genauer Bericht *m*
details set forth herein die im vorliegenden Schriftstück vorgebrachten [dargelegten, angeführten] Einzelheiten *fpl*
detain *v* 1. zurückbehalten, vorenthalten; 2. festnehmen, inhaftieren, gefangen halten
detain *v* **in custody** in Untersuchungshaft lassen; in Haft behalten
detained *adj* festgenommen, inhaftiert, in Haft befindlich
detained by the authorities von den Behörden festgenommen
detainee Untersuchungsgefangener *m*, Gefangener *m*, Inhaftierter *m*
detainment Zurückhaltung *f*, Beschlagnahme *f*
detect *v* aufdecken, entdecken, ermitteln, nachweisen
detect *v* **a defect** einen Mangel aufdecken, einen Fehler entdecken
detection Aufdeckung *f*, Auffindung *f*; Ermittlung *f*, Nachweis *m*
detection of a criminal offence *(BE)*, **detection of a criminal offense** *(AE)* Aufdeckung *f* einer strafbaren Handlung
detection of a defect Nachweis *m* eines Mangels
detective Detektiv *m*, Kriminalbeamter *m*
detention 1. Haft *f*, Untersuchungshaft *f*, Inhaftierung *f*; 2. Festnahme *f (Person)*; 3.

Beschlagnahme *f (Sache)*; 4. Vorenthaltung *f*, Zurückhaltung *f*
detention center *(AE)*, **detention centre** *(BE)* Jugendarrestanstalt *f*, Jugendgefängnis *n*
detention of a ship Beschlagnahme *f* eines Schiffes
deter *v* 1. hindern, verhindern; 2. abschrecken
deteriorate *v* 1. sich verschlechtern; 2. verderben *(Waren)*
determination 1. Entscheidung *f*; Beschluss *m*, Festsetzung *f (Gericht)*; 2. Ende *n*, Beendigung *f*
determination of a contract Vertragsbeendigung *f*
determination of a court Gerichtsentscheidung *f*, Urteil *n*, Beschluss *m*
determination of a lease Beendigung *f* eines Mietvertrages, Ende *n* eines Nutzungsrechtes, Pachtablauf *m*
determine *v* 1. festsetzen, beschließen; festlegen, feststellen, begrenzen; 2. enden, ablaufen
determine *v* **an agreement** ein Abkommen beenden
determine *v* **the material facts of a case** die wesentlichen Tatsachen eines Falles feststellen
determining *adj* entscheidend, ausschlaggebend, wichtig
determining evidence ausschlaggebender Beweis *m*
determining factor entscheidender Punkt *m*
deterrence Abschreckung *f*, Abschreckungsmittel *n*
deterrent Abschreckungsstreitmacht *f*, Abschreckungsmittel *n*, Abschreckung *f*
deterrent effect abschreckende Wirkung *f*
dethrone *v* entthronen
dethronement Entthronung *f*
detinue Besitzvorenthaltung *f*, widerrechtliche Zurückbehaltung *f*
detract *v* schmälern, wegnehmen
detriment Nachteil *m*, Schaden *m*, Verlust *m*
detrimental *adj* nachteilig, schädlich, beeinträchtigend
devaluation Abwertung *f*, Entwertung *f*
devalue *v* abwerten, entwerten
develop *v* 1. entwickeln, fördern, stärken; 2. erschließen *(Bauland)*; 3. fortbilden, weiterbilden
developed *adj* baureif, erschlossen
developer Bauunternehmer *m*, Bauträger *m*; Erschließungsfirma *f*
developing *adj* sich entwickelnd, Erschließungs..., Entwicklungs...
developing country Entwicklungsland *n*
development 1. Entwicklung *f*, Wachstum *n*; 2. *(BauR)* Bauvorhaben *n*; 3. Fortbildung *f*; 4. Förderung *f*, Ausbau *m*
development aid Entwicklungshilfe *f*
development area Entwicklungsgebiet *n*, Sanierungsgebiet *n*
developmental *adj* zur Entwicklung
deviate *v* abweichen, abgehen; beugen
deviate *v* **from the terms** von den Bedingungen abweichen
deviation *(PatentR)* Abweichung *f*, Umgehung *f*
deviation clause Abweichungsklausel *f*, zulässige Abweichung *f*; Toleranzklausel *f*
device 1. Einrichtung *f*, Vorrichtung *f*, Gerät *n*; 2. Devise *f*, Motto *n*
devil *v (BE)* vertreten; untergeordnete Arbeit leisten; als Anwaltsgehilfe tätig sein, als Hilfsanwalt fungieren; Terminvertretungen übernehmen
devil *v* **for a barrister** *(BE)* für einen Barrister als Gehilfe tätig sein; für einen Barrister Terminvertretungen übernehmen
devil *(BE)* Anwaltsvertreter *m*, Anwaltsassessor *m*, Hilfsanwalt *m*
devise *v* vermachen *(Grundbesitz)*; letztwillig verfügen *(über Grundbesitz)*
devise *v* **land** Grundbesitz vererben, Immobilien vermachen
devise Vermächtnis *n*, Testament *n*, Verfügung *f* von Todes wegen, letztwillige Verfügung *f* • **acquire lands by devise** Immobilien aufgrund letztwilliger Verfügung erwerben
devisee testamentarischer Erbe *m*, Vermächtnisnehmer *m (von Immobilien)*
devisor Erblasser *m* von Grundbesitz, Testator *m*
devolution 1. *(ErbR)* Heimfall *m*; Erbfolge *f*, Erbanfall *m*; Zufall *m* durch Erbschaft; 2. Rechtsübergang *m*, Rechtsnachfolge *f*; 3. Dezentralisierung *f*, Übertragung *f* von Hoheitsrechten [Rechten]
devolution of land Übertragung *f* von Grundstücken, Grundstücksübertragung *f*

devolution of title Eigentumsübergang *m*, Rechtsübergang *m*
devolution on death Eigentumsübergang *m* von Todes wegen, Rechtsnachfolge *f* bei Tod
devolve *v* übergehen, übertragen, übertragen werden, zufallen
devolve *v* **property to a beneficiary** Vermögen auf einen Begünstigten übertragen
devolve *v* **rights** Rechte übertragen
dictate *v* vorschreiben, diktieren, bestimmen
dictation Diktat *m*, diktierter Text *m*
dictator Diktator *m*, Gewaltherrscher *m*
dictatorial *adj* diktatorisch, gebieterisch, autoritär
dictatorship Diktatur *f*
dictum *(Lat)* richterliche Meinung *f*
diet 1. Parlament *n*; 2. Gerichtstermin *m*, Gerichtssitzung *f*
differ *v* 1. sich unterscheiden, verschieden sein; 2. anderer Meinung sein
difference 1. Differenz *f*, Unterschied *m*, Unterscheidungsmerkmal *n*; 2. Streit *m*, Konflikt *m*
difference in law rechtlicher Unterschied *m*
different *adj* anders, unterschiedlich, verschieden; besonders
differentiate *v* unterscheiden, differenzieren
digest Fallsammlung *f*, Gesetzessammlung *f*, Zusammenstellung *f*, Auszug *m*, Überblick *m*
Digital Millennium Copyright Act *(DMCA)* Digitales Millenniumsurheberrechtsgesetz *n*
digital signature digitale Signatur *f*
dilatory *adj* säumig; aufschiebend, dilatorisch
dilatory defence *(BE)*, **dilatory defense** *(AE) (ProzessR)* aufschiebender Einwand *m*, dilatorische Einwendung *f*, prozesshindernde Einrede *f*; hinhaltendes Taktieren *n*
diligence Sorgfalt *f*, Sorgfaltspflicht *f*
diligent *adj* sorgfältig, gewissenhaft
dilution Minderung *f*, Verringerung *f*
diminish *v* verringern, vermindern, geringer werden, einschränken, reduzieren
diminution Verminderung *f*, Verringerung *f*, Reduzierung *f*, Nachlassen *n*
diminution of value Wertminderung *f*
diploma Diplom *n*, Abschlusszeugnis *n*, Urkunde *f*, Ernennungsurkunde *f*
diplomacy Diplomatie *f*; diplomatisches Vorgehen *n*
diplomatic *adj* diplomatisch
diplomatic service diplomatischer Dienst *m*; Auswärtiges Amt *n*
direct *v* 1. adressieren, schicken *(Post)*; 2. beaufsichtigen, dirigieren; 3. leiten, führen *(Unternehmen)*; 4. anordnen, bestimmen, verfügen
direct *v* **a jury** den Mitgliedern einer Jury Rechtsbelehrungen erteilen; ≈ die Geschworenen belehren
direct *adj* direkt, unmittelbar
direct damages *pl* Ersatz *m* des unmittelbaren Schadens
direct estoppel unmittelbar rechtshemmender Einwand *m*
direct examination unmittelbare Überprüfung *f*, erste Zeugenbefragung *f* durch die den Zeugen stellende Partei
direct line gerade Linie *f (Abstammung)*
direct line of descent Verwandtschaft *f* in gerader Linie
direct line of succession Erbfolge *f* in gerader Linie
direct loss *(VersR)* unmittelbarer Schaden *m*, versicherter Schaden *m*
directed evidence unmittelbarer Beweis *m*, Beweis *m* aufgrund eigener Meinung
directed verdict Urteil *n* der Jury gemäß Anweisung des Richters *(aus rechtlichen Gründen)*
direction 1. Anschrift *f*, Adresse *f*; 2. *(GesellschaftsR)* Vorstand *m*, Direktion *f*, Leitung *f*, Geschäftsführung *f*; 3. Anordnung *f*, Anweisung *f*, Belehrung *f*, Rechtsbelehrung *f*
directions *pl* Anweisungen *fpl*, Vorschriften *fpl*, Gebrauchsanweisungen *fpl*
directive 1. Direktive *f*, Richtlinie *f*; 2. Anordnung *f*, Verfügung *f*
directly *adv* direkt
director Direktor *m*, Geschäftsführer *m*, Leiter *m*; Verwaltungsratsmitglied *n*, Aufsichtsratsmitglied *n*; Vorstandsmitglied *n (Board)*
Director of Public Prosecutions *(BE)* Generalstaatsanwalt *m*
directorate *(board of directors)* 1. Board of directors; ≈ Verwaltungsrat *(nach angelsächsischem Recht, d. h. mit Funktionen des Vorstands und Aufsichtsrats im*

Sinne des deutschen Rechts); 2. Stelle *f* eines Direktors *(Mitglieds des Board of directors)*
directors *pl* Direktoren *mpl*
directors register Liste *f* der Direktoren
directory 1. Leitfaden *m*, Verzeichnis *n*, Firmenverzeichnis *n*; 2. Vorstand *m*; Aufsichtsrat *m*
directory trust nach bestimmten Richtlinien [Anweisungen] zu verwaltender Trust *m*
disability 1. Unvermögen *n*, Unfähigkeit *f*; 2. *(SozialR)* Berufsunfähigkeit *f*, Erwerbsunfähigkeit *f*, Arbeitsunfähigkeit *f*; 3. *(ZivilR)* Geschäftsunfähigkeit *f*
disability allowance Erwerbsunfähigkeitsentschädigung *f*
disability benefit Schwerbeschädigtenrente *f*, Invalidenrente *f*
disability clause *(VersR)* Invaliditätsklausel *f*, Erwerbsunfähigkeitsklausel *f*
disability discrimination Diskriminierung *f* wegen Behinderung
disability insurance Invaliditätsversicherung *f*, Berufsunfähigkeitsversicherung *f*
disability pension Invaliditätsrente *f*, Erwerbsunfähigkeitsrente *f*
disability retirement Verrentung *f* wegen Berufsunfähigkeit
disable *v* 1. erwerbsunfähig machen; 2. *(ZivilR)* für geschäftsunfähig erklären; 3. funktionsunfähig machen
disabled *adj* 1. behindert, körperbehindert, invalide, berufsunfähig, erwerbsunfähig, arbeitsunfähig, dienstunfähig; 2. geschäftsunfähig, beschränkt geschäftsfähig; 3. betriebsunfähig, funktionsunfähig
disablement 1. Behinderung *f*, Invalidität *f*, Erwerbsunfähigkeit *f*; 2. Geschäftsunfähigkeit *f*
disadvantage Nachteil *m*, Verlust *m*, Schaden *m*
disadvantaged *adj* benachteiligt
disaffirm *v* 1. *(VertragsR)* anfechten, annullieren; 2. aufheben *(Urteil)*
disaffirmance 1. Anfechtung *f*, Nichtanerkennung *f*; 2. Rücktritt *m*
disagree *v* nicht übereinstimmen; sich widersprechen
disagreement Meinungsverschiedenheit *f*, Uneinigkeit *f*, Differenz *f*, Dissens *m*; Widerspruch *m*
disallow *v* nicht gestatten, verbieten, verwerfen, ablehnen, zurückweisen
disallow *v* **an application** einen Antrag zurückweisen [nicht zulassen]
disallowance 1. Ablehnung *f*, Zurückweisung *f (Antrag)*; 2. Nichtannahme *f*, Ungültigkeitserklärung *f*
disallowed *adj* nicht gestattet, verboten, verworfen, abgelehnt, zurückgewiesen
disapproval Ablehnung *f*, Missbilligung *f*
disapprove *v* ablehnen, missbilligen, verwerfen
disarm *v* entwaffnen, abrüsten
disbar *v* aus der Anwaltschaft ausschließen
disburse *v* bezahlen, auszahlen, auslegen, ausgeben
disbursement Auszahlung *f*, Bezahlung *f*, Verauslagung *f*, Scheck- oder Barzahlung *f*
discharge *v* 1. entlassen *(Gefängnis)*; 2. entheben *(Amt)*; 3. tilgen, begleichen, bezahlen *(Schulden)*; 4. erfüllen, ausführen, leisten *(Verpflichtung)*; 5. entlasten; quittieren
discharge *v* **a defendant** den Beklagten entlasten
discharge *v* **a trustee** den Treuhänder entlasten
discharge *v* **from custody** aus der Haft entlassen
discharge *v* **from duties** Pflichten erfüllen, seinen Verpflichtungen nachkommen
discharge *v* **from hospital** aus dem Krankenhaus entlassen
discharge *v* **from prison** aus dem Gefängnis entlassen
discharge *v* **liability** *(ZivilR)* von der Haftung frei werden
discharge *v* **of a debt** seine Schulden entrichten; Schulden tilgen
discharge *v* **of a mortgage** eine Hypothek tilgen [löschen]
discharge *v* **of liabilities** Verbindlichkeiten tilgen [begleichen]
discharge 1. *(StrafprozessR)* Freispruch *m*, Freisprechen *n* Haftentlassung *f*, Freilassung *f*; 2. *(ZivilR)* Befreiung *f*, Entbindung *f (Pflicht)*; 3. *(ZivilR)* Tilgung *f*, Begleichung *f (Schuld)*; 4. *(ZivilR)* Leistung *f*, Erfüllung *f*; 5. *(ZivilR)* Entlastung *f*; Quittung *f*
discharge by agreement 1. einver-

ständliche Absetzung *f*; 2. einverständliche Abbuchung *f*
discharge by breach ≈ Vertragsbeendigung wegen Vertragsbruchs
discharge by frustration ≈ Vertragsbeendigung wegen objektiver Unmöglichkeit
discharge by performance Leistungserfüllung *f*
discharge of probate administrator Absetzung *f* des Bewährungshelfers
discharged *adj* 1. *(ZivilR)* von der Haftung befreit [entbunden]; 2. *(StrafR)* entlastet, freigesprochen; 3. entlassen *(aus der Haft)*; freigelassen
discharged bankrupt entlasteter Gemeinschuldner *m*, rehabilitierter Insolvenzschuldner *m*
disciplinary *adj* disziplinarisch, Disziplinar...
disciplinary board Disziplinarausschuss *m*, Disziplinarkammer *f*
disciplinary fine Disziplinarstrafe *f*, Ordnungsgeld *n*
disciplinary measures *pl* Disziplinarmaßnahmen *fpl*
disciplinary procedure Disziplinarverfahren *n*
disciplinary proceedings *pl* Disziplinarverfahren *n*
disciplinary rules *pl* Dienststrafordnung *f*, Disziplinarvorschriften *fpl*
discipline *v* disziplinieren, strafen, bestrafen, maßregeln
discipline Disziplin *f*, Erziehung *f*; Züchtigungsrecht *n (Eltern)*; Bestrafung *f*, Maßregelung *f*
disclaim *v* 1. verzichten, ausschlagen, ablehnen, aufgeben; 2. ausschließen *(z. B. die Haftung)*; 3. leugnen, dementieren, in Abrede stellen
disclaim *v* **a right** auf ein Recht verzichten; einen Anspruch nicht geltend machen
disclaim *v* **a testamentary benefit** eine testamentarische Zuwendung ausschlagen
disclaim *v* **liability** 1. die Haftung ausschließen; 2. *(VersR)* die Deckung ablehnen
disclaimer 1. Ausschlussklausel *f*; Haftungsausschluss *m*; 2. *(ErbR)* Ausschlagung *f*, Verzicht *m*; 3. *(PresseR)* Gegenerklärung *f*, öffentlicher Widerruf *m*
disclaimer of liability Haftungsausschluss *m*, Freizeichnung *f*
disclaimer of onerous inheritance Verzicht *m* auf einen überschuldeten Nachlass, Ausschlagung *f* eines lästigen Nachlasses
disclose *v* offenbaren, offenlegen, mitteilen, enthüllen
disclose *v* **confidential information** vertrauliche Informationen weitergeben
disclose *v* **the principal** den Auftraggeber offenbaren [benennen]
disclosed *adj* offenbart, mitgeteilt, angezeigt
disclosed reserves *pl* offengelegte Rücklagen *fpl*
disclosure 1. Offenlegung *f*, Offenbarung *f*, Mitteilung *f*, Anzeige *f*; Publizität *f (Aktiengesellschaft)*; 2. *(PatentR)* genaue Patentbeschreibung *f* • **be privileged from disclosure** nicht der Offenlegungspflicht unterliegen
disclosure of information Preisgabe *f* von Informationen
disclosure proceedings *pl* Publizitätsverfahren *n*, Offenlegungsverfahren *n*
discontinuance 1. *(ProzessR)* Unterbrechung *f*, Nichtfortsetzung *f*, Einstellung *f*, Absetzung *f*, Aussetzung *f (Verfahren)*; 2. Rücknahme *f (Klage)*
discontinuance of breach Ende *n* der Vertragsverletzung, Beendigung *f* der Verletzungshandlung
discontinue *v* 1. abbestellen *(Abonnement)*; 2. zurücknehmen, zurückziehen *(Klage)*; 3. aufheben, auflösen, beenden, nicht verlängern, einstellen
discontinue *v* **an action** eine Klage zurücknehmen
discontinue *v* **proceedings** das Verfahren unterbrechen [einstellen, nicht fortsetzen]
discount *v* 1. abziehen, abrechnen; diskontieren *(Wechsel)*; 2. beeinträchtigen *(Wert)*
discount 1. Abzug *m*, Abstrich *m*; Diskont *m (Wechsel)*; 2. Minderung *f (Wert)*; Prämiennachlass *m*, Beitragsermäßigung *f (Versicherung)*; Skonto *m (Rechnung)*; 3. *(BörsenR)* Disagio *n*, Abschlag *m*; 4. Preisnachlass *m*, Rabatt *m*
discount rate Diskontsatz *m*
discountable *adj* diskontfähig, diskontierbar, rabattfähig

discounted *adj* diskontiert
discounting Diskontieren *n*, Diskontgeschäft *n*, Abzinsung *f*
discover *v* entdecken, offenbaren, darlegen, ermitteln
discovery 1. Ermittlung *f*; 2. *(VersR)* Versicherungsanzeige *f*; 3. *(ProzessR)* Offenlegung *f*, Auskunftserteilung *f* • **be privileged against discovery** nicht der Offenlegungspflicht unterliegen
discovery of documentation Vorlage *f* der Dokumentation; ≈ Offenlegung (prozesswichtiger) Dokumente vor dem Gerichtsverfahren durch Mitteilung an den Prozessgegner
discovery of documents Urkundenvorlage *f (Prozess)*; Offenlegung *f* von für den Prozess bedeutenden Urkunden
discovery proceedings *pl (AE)* ≈ eidesstattliche Versicherung, *(veraltet)* ≈ Offenbarungseid
discredit *v* **(a witness)** die Glaubwürdigkeit eines Zeugen erschüttern
discrepancy Diskrepanz *f*, Widerspruch *m*, Unstimmigkeit *f*
discrepancy in evidence widersprüchliches Beweismaterial *n*, widersprüchliche Aussagen *fpl*
discretion 1. Ermessen *n*, Entscheidungsfreiheit *f*; 2. *(StrafR)* Strafmündigkeit *f* • **at the discretion of a party** im Ermessen einer Partei, nach Belieben einer Partei
discretion of the court freies Ermessen *n* des Gerichts
discretionary *adj* im Ermessen stehend, Ermessens..., Kann...
discretionary action Ermessenshandlung *f*
discretionary jurisdiction Ermessensbefugnis *f*, Befugnis *f* zu Ermessensentscheidungen
discretionary power Ermessensbefugnis *f*, Ermessensspielraum *m*
discretionary provision Kannbestimmung *f*
discretionary remedy Ermessensbehelf *m*
discretionary trust Investmentgesellschaft *f* mit breitgestreutem Aktienportefeuille
discriminate *v* diskriminieren, benachteiligen, unterscheiden
discriminate *v* **in favo(u)r of a party** eine Partei bevorzugen [bevorzugt behandeln]
discrimination Diskriminierung *f*, Benachteiligung *f*, unterschiedliche Behandlung *f*
discriminatory *adj* diskriminierend, nachteilig
discriminatory laws *pl* diskriminierende Gesetze *npl*
discriminatory taxation steuerliche Benachteiligung *f*, diskriminierende Besteuerung *f*
discriminatory treatment diskriminierende Behandlung *f*
discuss *v* erörtern, diskutieren, besprechen, verhandeln
discussion Erörterung *f*, Diskussion *f*, Debatte *f*, Verhandlung *f*
disencumber *v* entlasten, entschulden, befreien
disencumber *v* **real property** Grundstücksbelastungen löschen, Grundbesitz entlasten
disenfranchise *v* 1. Wahlrecht aberkennen [entziehen], bürgerliche Ehrenrechte aberkennen [entziehen]; 2. Konzession entziehen
disengage *v* entflechten; ablösen, sich freimachen *(Schuld)*
disengagement Entflechtung *f*
disentail *v* von einer festgelegten Erbfolge befreien; Fideikommissbindung aufheben
disentailment Befreiung *f* von einer festgelegten Erbfolge; Fideikommissauflösung *f*
disestablish *v* abschaffen, aufheben; entstaatlichen
disfranchise *v* 1. Wahlrecht [Stimmrecht, bürgerliche Ehrenrechte] entziehen; 2. Konzession entziehen
disgrace 1. Schande *f*, Schandfleck *m*; 2. Ungnade *f*
dishonor *v (AE) s.* dishonour
dishonor *v* **a check** *(AE)* einen Scheck zurückgehen lassen, einen Scheck nicht einlösen
dishonorable ... *(AE) siehe dishonourable ...*
dishonored ... *(AE) siehe dishonoured ...*
dishonour *v (BE)* 1. die Annahme verweigern; nicht einlösen *(Scheck)*; 2. schänden, vergewaltigen; 3. verächtlich behandeln
dishonour *v* **a bill** *(BE)* die Annahme eines

Wechsels verweigern, einen Wechsel notleiden lassen
dishonour *v* **a cheque** *(BE)* einen Scheck zurückgehen lassen, einen Scheck nicht einlösen
dishonourable discharge *(BE) (WehrR)* unehrenhafte Entlassung *f*
dishonoured bill *(BE)* nicht angenommener [eingelöster] Wechsel *m*
disincentive fehlender Anreiz *m*, Abschreckung *f*
disinherit *v* enterben
disinheritance Enterbung *f*
disinter *v* exhumieren
dismiss *v* 1. entlassen, des Amtes entheben, absetzen, kündigen; 2. abweisen, zurückweisen
dismiss *v* **a case** eine Klage abweisen [zurückweisen]
dismiss *v* **an action** eine Klage abweisen
dismiss *v* **an appeal** die Berufung [Beschwerde, Revision] verwerfen [zurückweisen]
dismiss *v* **an employee** einen Arbeitnehmer entlassen, einem Arbeitnehmer kündigen
dismissal Entlassung *f*, Amtsenthebung *f*, Kündigung *f*
dismissal without notice fristlose Entlassung *f*
dismissed *adj* 1. abgewiesen, ausgeschlossen; 2. entlassen, gekündigt, fristlos entlassen
dismissed without notice fristlos entlassen
disobedience Nichtbefolgung *f*; Ungehorsam *m*
disobey *v* nicht befolgen, zuwiderhandeln, übertreten *(Gesetz)*
disorder öffentliche Ruhestörung *f*, Tumult *m*, Aufruhr *m*; Ordnungswidrigkeit *f*
disorderly *adv* ordnungswidrig, aufrührerisch
disorderly conduct ordnungswidriges Verhalten *n*
disown *v* nicht anerkennen, verleugnen
disparage *v* diskreditieren, herabsetzen, verunglimpfen
disparagement Diskreditierung *f*, Herabsetzung *f*, Verunglimpfung *f*
disparagement of property Verunglimpfung *f* [Diskreditierung *f*] von Eigentum
disparaging remark verunglimpfende Bemerkung *f*
disparity Unterschied *m*, Verschiedenheit *f*
dispatch *v* 1. verschicken, versenden, befördern; rasch erledigen [ausführen]; 2. töten
dispensation 1. *(GesellschaftsR)* Führung *f*, Leitung *f*; 2. Befreiung *f*, Dispens *f*, Ausnahmebewilligung *f*
dispense *v* befreien, entbinden, entheben
dispense *v* **justice** Gesetze anwenden, Recht sprechen
dispense *v* **with a witness** auf einen Zeugen verzichten
disperse *v* 1. zerstreuen, versprengen, verbreiten; 2. sich zerstreuen, sich verteilen *(Ansammlung)*
displace *v* 1. umsiedeln, aussiedeln, vertreiben; 2. absetzen, entlassen
displaced person Umgesiedelter *m*, Vertriebener *m*, Deportierter *m*
display *v* ausstellen, auslegen, präsentieren, zeigen
dispone *v (Scot)* übertragen *(Grundbesitz)*
disposable *adj* 1. frei verfügbar, disponibel; 2. veräußerlich
disposable goods *pl* verfügbare Ware *f*, Wegwerfartikel *m*, Einwegprodukte *npl*
disposable income Nettoeinkommen *n*, Nettoverdienst *m*; verfügbares Einkommen *n*
disposal 1. Entsorgung *f (Abfall)*; 2. Verfügung *f*, Verfügungsrecht *n*; 3. Veräußerung *f* • **at a person's disposal** zu jmds. Verfügung
disposal of property Eigentumsübertragung *f*, Vermögensverfügung *f*
dispose *v* 1. verfügen, disponieren, anordnen; 2. verwenden, anwenden; 3. verkaufen, veräußern
dispose *v* **of an issue** eine Anleihe begeben
dispose *v* **of evidence** über Beweismittel verfügen, Beweise haben
dispose *v* **of goods** Waren veräußern
disposed *adj* veräußert, abgegeben, verkauft
disposition 1. Verfügung *f*, Disposition *f*, freie Verfügung *f*, Dispositionsbefugnis *f*; 2. Verkauf *m*, Veräußerung *f*; 3. Übergabe *f*, Übertragung *f*; 4. Vorschrift *f*, Bestimmung *f*
disposition of funds Mittelverwendung *f*

disposition of land Grundstücksübereignung *f*
dispossess *v* 1. enteignen; 2. das Räumungsverfahren durchführen
dispossession 1. Enteignung *f*; 2. widerrechtliche Besitzentziehung *f*; Zwangsräumung *f*
disproportionate *adj* unverhältnismäßig
disprove *v* widerlegen, als falsch nachweisen
dispute *v* bestreiten, anfechten; debattieren
dispute *v* **a claim** einen Anspruch bestreiten
dispute *v* **a testamentary promise** eine testamentarische Zusicherung anfechten
dispute *v* **the validity of an instrument** die Echtheit einer Urkunde bestreiten [anfechten]
dispute Streit *m*, Disput *m*, Debatte *f*
dispute at law Rechtsstreit *m*
dispute procedure Schlichtungsverfahren *n*
dispute resolution Schlichtungsverfahren *n*
Dispute Service/The *(BE) (MietR)* Disput--Service *m (gemeinnützige Organisation zum Schutz von Mietkautionen)*
dispute services *pl* ≈ Dispute Services *(Abteilung einer Rechtsanwaltsfirma, die sich mit der Ermittlung und Vermeidung von Wirtschaftskriminalität befasst)*
disputed *adj* strittig, bestritten, angefochten
disputed title bestrittenes Eigentumsrecht *n*
disputed will angefochtenes Testament *n*
disqualification 1. Untauglichkeit *f*; 2. Entzug *m (der Fahrerlaubnis)*; 3. Befangenheit *f (Richter)*; 4. Ausschluss *m*, Disqualifikation *f (Sport)*
disqualified *adj* 1. ungeeignet, unfähig; 2. befangen *(Richter)*; 3. ausgeschlossen, disqualifiziert *(Sport)*
disqualified from driving zur Fahrzeugführung ungeeignet
disqualified from jury selection für die Wahl als Jurymitglied disqualifiziert
disqualified from voting nicht wahlberechtigt
disqualify *v* ungeeignet [unfähig] sein; ausschließen, disqualifizieren; sich für befangen erklären • **a judge may disqualify himself [herself]** ein Richter kann sich selbst für befangen erklären
disrepute Verruf *m*, schlechter Ruf *m*, Misskredit *m*
disrespect Nichtrespektieren *n*, Nichtbeachten *n*
disrupt *v* unterbrechen, stören, sprengen, beeinträchtigen
disrupt *v* **proceedings** den Verlauf unterbrechen
disseminate *v* verbreiten, streuen, veröffentlichen
dissension in deliberations Meinungsverschiedenheit *f* bei der Beratung
dissent *v* nicht zustimmen, widersprechen
dissent 1. Dissens *m*, Nichtübereinstimmung *f*; 2. Ansicht *f* der Minderheit
dissenting *adj* abweichend *(Meinung)*; widersprechend, opponierend
dissenting minority überstimmte Minderheit *f*, widersprechende Minorität *f*
dissenting opinion Dissenting opinion *f*, abweichende Meinung *f*, Minderheitsvotum *n*
dissolution Entflechtung *f*; Auflösung *f*, Beendigung *f*, Liquidation *f*; Zusammenbruch *m*
dissolution of a company Liquidation *f* [Auflösung *f* , Löschung *f*] einer Gesellschaft
dissolution of marriage Eheauflösung *f*, Ehescheidung *f*, Ehenichtigkeitserklärung *f*
dissolution of the legislature Auflösung *f* des Parlaments, Auflösung *f* der gesetzgebenden Körperschaft
dissolve *v* 1. auflösen, aufheben, beenden; 2. *(KartellR)* entflechten; 3. sich auflösen *(Parlament)*
distinction 1. Unterschied *m*, Verschiedenheit *f*; 2. hervorragende Qualität *f* [Eigenschaft *f*]
distinctive mark unterscheidungskräftiges Zeichen *n*
distinguish *v* unterscheiden, auseinanderhalten; kennzeichnen, charakterisieren; sich hervortun
distinguish *v* **a case on the facts** ≈ einen Fall anhand der Tatsachen unterscheiden *(Präzedenzrecht)*
distinguishing a case Abweichung *f* von der höchstrichterlichen Rechtsprechung
distortion Verzerrung *f*, Verfälschung *f*

distortion of the evidence Verfälschung *f* von Beweismitteln
distortion of trade Verzerrung *f* der Handelsmöglichkeiten, Handelsverzerrung *f*
distrain *v* pfänden, ein Pfand verwerten; beschlagnahmen; als Sicherheit in Besitz nehmen
distrain *v* **for outstanding rent** wegen Mietrückständen in Besitz nehmen, sein Vermieterpfandrecht ausüben
distress *v* beschlagnahmen
distress 1. Inbesitznahme *f*, Beschlagnahme *f*; 2. Bedürftigkeit *f*, Not *f*, Sorge *f*
distress sale Notverkauf *m*
distress warrant Pfändungsbeschluss *m*, Vollstreckungsbefehl *m*, Arrestanordnung *f*
distressed *adj* 1. beschlagnahmt, gepfändet; 2. notleidend, bedürftig
distressed mortgage notleidende Hypothek *f*
distribute *v* 1. verteilen, verbreiten; ausschütten *(Dividende)*; austragen, zustellen *(Post)*; 2. absetzen *(Ware)*
distributee 1. gesetzlicher Erbe *m*; 2. Teilnehmer *m* an der Nachlassverteilung
distribution 1. Verteilung *f*, Ausschüttung *f*; 2. Auseinandersetzung *f (Erbe)*; 3. Spende *f*, Zuteilung *f*; 4. Absatz *m* und Vertrieb *m (Marketing)*
distribution agent Gebietsvertreter *m*, Großhandelsvertreter *m*
distribution agreement *(KartellR)* Vertriebsabsprache *f*
distribution of an estate Erbauseinandersetzung *f*, Nachlassteilung *f*
distribution of earnings [income] Gewinnverteilung *f*
distribution of profits Gewinnausschüttung *f*, Gewinnverteilung *f*
distribution of risk Risikoverteilung *f*, Gefahrverteilung *f*
distribution rights *pl* Vertriebsrechte *npl*
district 1. Verwaltungsbezirk *m*, Distrikt *m*, Gegend *f*, Stadtviertel *n*; 2. Arbeitsgebiet *n*
district attorney *(AE)* Bezirksanwalt *m*, Staatsanwalt *m*
district court 1. *(BE)* ≈ Kreisgericht; 2. *(AE)* ≈ Bezirksgericht *(Bundesgericht erster Instanz)*
district judge Richter *m* eines District Court
District of Columbia *(DC)* District von Columbia *(bundesunmittelbares Gebiet der Hauptstadt Washington)*
district registry Außengeschäftsstelle *f* des Londoner High Court of Justice
disturb *v* 1. stören, beeinträchtigen, behindern; 2. beunruhigen
disturbance Störung *f*, Beeinträchtigung *f*, Behinderung *f*; Tumult *m*
disturbance of public peace Störung *f* der öffentlichen Sicherheit und Ordnung
disturbance of the peace Ruhestörung *f*
diverge *v* abweichen; verschiedener Meinung sein, divergieren
divergence Abweichung *f*; Meinungsverschiedenheit *f*, Divergenz *f*
divergence of judicial opinions Abweichung *f* gerichtlicher Meinungen voneinander
diverging *adj* abweichend, divergierend
diverging agreement *(VertragsR)* abweichende Vereinbarung *f*
diverse *adj* verschieden, vielfältig
diversity Verschiedenheit *f*, Vielfalt *f*
diversity jurisdiction *(AE)* ≈ Zuständigkeit der Bundesgerichte bei Zivilstreitigkeiten, deren Parteien aus verschiedenen Bundesstaaten stammen und bei denen der Streitwert eine gesetzlich festgelegte Summe (z. Zt. $ 75.000) übersteigt
diversity of citizenship Verschiedenheit *f* der Staatsangehörigkeit *(von Bedeutung für die Gerichtszuständigkeit)*
divest *v* 1. entziehen, abnehmen; 2. verzichten, verlieren; 3. sich aus einem Markt [Geschäft] zurückziehen
divest *v* **a person of property** jmdn. seines Eigentums berauben
divestiture 1. Besitzentziehung *f*, Beraubung *f*; 2. *(KartellR)* Entflechtung *f*
divide *v* verteilen, aufteilen
divided *adj* geteilt, verschieden; verteilt, ausgeschüttet
divided court Gericht *n* mit geteilter Meinung
dividend 1. *(GesellschaftsR)* Dividende *f*; 2. *(InsolvenzR)* Quote *f*; 3. *(VersR)* Gewinnanteil *m*
dividend coupon Dividendenschein *m*, Gewinnanteilschein *m*
dividend on account Interimsdividende *f*, Abschlagsdividende *f*
dividend payment Dividendenzahlung *f*
divisible *adj* aufspaltbar, teilbar

divisible contract teilbarer Vertrag *m*
division 1. Teilung *f*; Verteilung *f*; 2. Abteilung *f (Ministerium)*; Kammer *f*, Senat *m (Gericht)*; 3. Grenze *f*, Trennlinie *f*; 4. Abstimmung *f (Parlament)*
division of powers Gewaltenteilung *f*, Gewaltentrennung *f*; *(AE)* Gewaltenteilung *f* zwischen Bund und Einzelstaaten
divisional *adj* einer Division oder Abteilung zugehörig, Teilungs..., Abteilungs...
divisional court *(BE)* ≈ Abteilungsgericht *(temporär gebildeter Spruchkörper verschiedener Abteilungen des High Court, der ausschließlich Rechtsmittelgericht ist)*
divorce *v* sich scheiden lassen, geschieden werden
divorce Scheidung *f* • **contest a divorce** einem Scheidungsantrag entgegentreten, eine streitige Scheidung betreiben • **grant a divorce** das Scheidungsurteil aussprechen, auf Scheidung erkennen
divorce decree Scheidungsurteil *n*
divorce petition Scheidungsantrag *m*
divorce proceedings *pl* Scheidungsverfahren *n*
divorce suit Scheidungsprozess *m*, Scheidungsverfahren *n*
divorced *adj* geschieden
divorced parties *pl* geschiedene Ehegatten *mpl*
divorcee Geschiedener *m*
divulge *v* enthüllen, preisgeben; weitergeben
DMCA *s.* Digital Millennium Copyright Act
dock 1. Dock *n*, Kai *m*; 2. Anklagebank *f* • **be in the dock** auf der Anklagebank sitzen, angeklagt sein
dock brief *(BE)* ≈ Mandatierung eines im Gericht anwesenden Barristers *(durch den Angeklagten selbst)*
docket 1. Auszug *m (Urteil)*; Urteilsregister *n*; 2. *(BE)* Lieferschein *m*, Zollquittung *f*; 3. *(AE)* Tagesordnung *f*, Liste *f* der Gerichtstermine; Prozessliste *f* • **on the docket** *(AE)* auf der Tagesordnung
docket number Nummer *f* der Prozessliste
doctrine Lehre *f*, Doktrin *f*
doctrine of binding precedent Doktrin *f* der Bindungswirkung eines Präzedenzfalles
doctrine of consideration Lehre *f* von der Gegenleistung bei Vertragsschluss
doctrine of equivalents Equivalenzlehre *f (Haftung einer Partei für Patentverletzung, obwohl das Verletzungswerkzeug oder die Verletzungshandlung nicht in dem wörtlichen Umfang des Patentanspruchs fällt, aber eben der beanspruchten Erfindung entspricht)*
doctrine of impossibility 1. *(ZivilR)* Unmöglichkeitsdoktrin *f (frei werden von der Leistungspflicht wegen Unmöglichkeit der Leistung bei Veränderung der Umstände oder Entdeckung früherer Umstände, deren Nichtauftreten Grundlage für den Vertrag war und deren auftreten die Vertragserfüllung im Wortsinne unmöglich macht)*; 2. *(StrafR)* Unmöglichkeitsdoktrin *f (≈ Wahndelikt)*
doctrine of parliamentary sovereignty Lehre *f* von der parlamentarischen Souveränität *(Lehre, dass von einem Legislativorgan erlassene Gesetze und Normen nicht von den Gerichten überprüft werden dürfen)*
doctrine of precedent Lehre *f* vom Präzedenzfall *(Lehre, dass ein Gericht an frühere Präzedenzentscheidungen höherer Gerichte innerhalb bestimmter Grenzen gebunden ist)*
doctrine of stare decisis *(Lat)* Lehre *f* des Stare Decisis *(Prinzip, dass Gerichte Präzedenzfälle befolgen müssen)*
doctrine of substantial performance Lehre *f* von der im Wesentlichen richtigen Vertragserfüllung *(Werkvertrag)*
document Dokument *n*, Unterlage *f*, Urkunde *f*, Schriftstück *n*
document of title ≈ Urkunde über einen Rechtsanspruch; ≈ Urkunde über Grundeigentum
document under seal gesiegelte Urkunde *f*
documentary *adj* urkundlich
documentary evidence Urkundenbeweis *m*
documentation Dokumentation *f*; Nachweis *m* anhand von Urkunden [schriftlichen Unterlagen]
dodge *v (ugs.)* sich drücken, sich entziehen, vermeiden, umgehen
dodge *v* **tax** Steuern hinterziehen
doing business as *(DBA)* Geschäftstätigkeit *f* als
dole *(ugs.)* Arbeitslosenunterstützung *f* • **be on the dole** *(ugs.)* arbeitslos sein, stempeln gehen

doli capax *(Lat)* strafmündig, beschränkt strafmündig
domain 1. Bereich *m*, Bezirk *m*; 2. Herrschaftsrecht *n*, Eigentum *n*; 3. *(InternetR)* Domain *f*
domain name Domainname *m (registrierte Internetadresse)*
domain name sales agreement Domainnamenkaufvertrag *m*
domestic *adj* 1. einheimisch, innerstaatlich, inländisch; 2. häuslich
domestic corporation inländische Kapitalgesellschaft *f*; amerikanische Außenhandelsgesellschaft *f* mit inländischem Sitz
domestic court innerstaatliches Gericht *n*, inländisches Gericht *n*
domestic jurisdiction *(VölkerR)* innerstaatliche Zuständigkeit *f*
domestic law innerstaatliches Recht *n*, inländisches Recht *n*, Heimatrecht *n*
domestic relations court Familiengericht *n*
domestic remedy *(VölkerR)* innerstaatliche Rechtsbehelfe *mpl*
domestic violence häusliche Gewalt *f*
domicile *v* ansässig [wohnhaft] sein [werden]
domicile 1. *(IPR)* Domizil *n*; Wohnsitz *m (natürliche Person)*; 2. *(IPR)* Firmensitz *m (Unternehmen)*
domicile of choice Wahldomizil *n*, gewählter Wohnsitz *m*
domicile of origin Ursprungsdomizil *n*, Herkunftsdomizil *n (Erwerb durch Geburt)*
dominant tenement *(GrundstücksR)* herrschendes Grundstück *n (Grunddienstbarkeit)*
dominion 1. Hoheitsgebiet *n*; 2. Eigentumsrecht *n*; Besitzrecht *n*; 3. Herrschaft *f*, Regierungsgewalt *f*; 4. *(BE, veraltet)* Dominion *n*; Staat *m* des Commonwealth
dominium *(Lat)* Herrschaftsgewalt *f*, Verfügungsrecht *n*
donate *v* schenken; spenden, stiften
donatio inter vivos *(Lat)* Schenkung *f* unter Lebenden
donatio mortis causa *(Lat) (BE)* Schenkung *f* von Todes wegen
donation Schenkung *f*; Spende *f*, Gabe *f*, Stiftung *f*
donation in kind Sachspende *f*
donee Schenkungsempfänger *m*; Begünstigter *m* eines Schenkungsversprechens
donee beneficiary Drittbegünstigter *m*
donor Geber *m*; Schenker *m*, Spender *m*, Stifter *m*
dormant account umsatzloses Konto *n*
dormant claim ruhender Anspruch *m*
dormant partner ≈ stiller Gesellschafter
dormant title ruhender Rechtstitel *m*
double *v* verdoppeln
double *adj* doppelt, zweifach
double closing ≈ gleichzeitiger Kauf und Verkauf einer Immobilie, wobei drei Personen beteiligt sind: Verkäufer, Investor und Käufer, wobei der Investor die Immobilie möglichst gleichzeitig vom ursprünglichen Verkäufer kauft und (zu einem höheren Preis) an den Käufer verkauft
double damages *pl* doppelt zuerkannter Schadensersatz *m*
double jeopardy ≈ ne bis in idem *(Lat)*; ≈ Verbot der Doppelbestrafung
double taxation Doppelbesteuerung *f*
double taxation relief agreement Doppelbesteuerungsabkommen *n*
doubt *v* zweifeln, bezweifeln
doubt Zweifel *m*, Bedenken *n* • **beyond reasonable doubt** über jeden Zweifel erhaben, jeden Zweifel ausschließend
doubtful *adj* zweifelhaft, bedenklich
dowager *(BE)* adelige Witwe *f*; erbberechtigte Witwe *f*
dower *(AE)* Nießbrauchsrecht *n* der Witwe; Witwenteil *m*, Witwenpflichtteil *m*
dower and curtesy ≈ Anspruch des überlebenden Ehegatten auf einen bestimmten Teil des Nachlasses des verstorbenen Ehegatten; dower bezeichnet den Teil der überlebenden Ehefrau, curtesy den des überlebenden Ehemannes. Im Rahmen der Gleichberechtigung spricht man in der Regel von statutory share (gesetzlicher Erbteil).
down *v* **tools** *(BE)* Arbeit niederlegen, streiken
down payment Anzahlung *f (Rate)*
downsize *v* abbauen, verkleinern
downstream loan Darlehen *n* der Muttergesellschaft an die Tochtergesellschaft
downstream merger Verschmelzung *f* der Muttergesellschaft mit der Tochtergesellschaft
dowry Mitgift *f*, Aussteuer *f*

DPS *s.* Deposit Protection Service
draft *v* 1. entwerfen, aufsetzen; 2. *(WehrR) (AE)* einziehen, einberufen, ausheben
draft 1. Entwurf *m*; 2. schriftliche Anweisung *f (Bank)*; 3. *(WechselR)* Tratte *f*, Wechsel *m*; 4. Geldabhebung *f* • **draw a draft on** einen Wechsel auf jmdn. ziehen
draft bill Gesetzesentwurf *m*, Entwurf *m* einer Gesetzesvorlage
draft budget Haushaltsentwurf *m*, Haushaltsplan *m*
draft contract Vertragsentwurf *m*
draft letter Entwurf *m* eines Briefes
draft order *(AE) (WehrR)* Einberufungsbefehl *m*
draw *v* 1. ziehen *(Schlüsse)*; beziehen *(eine Rente)*; 2. aufsetzen, entwerfen *(ein Schriftstück)*; 3. nehmen, abheben *(Geld)*
draw *v* **a check** *(AE)*, **draw** *v* **a cheque** *(BE)* einen Scheck ausstellen
draw *v* **a commission** eine Provision beziehen
draw *v* **a distinction** unterscheiden, einen Unterschied machen
draw *v* **down** voll in Anspruch nehmen
draw *v* **on a bill of exchange** sich einen Wechsel von einem Konto auszahlen lassen
draw *v* **on a check** *(AE)*, **draw** *v* **on a cheque** *(BE)* einen Scheck ausstellen
draw *v* **on a loan** einen Kredit in Anspruch nehmen
draw *v* **up a contract** einen Vertrag entwerfen [aufsetzen, formulieren, erstellen]
draw *v* **up a document** ein Dokument aufsetzen [abfassen, erstellen, formulieren, entwerfen]
drawback *v* 1. sich zurückziehen; 2. *(WertpapierR)* zurücktrassieren; 3. *(ZollR)* Rückzoll erhalten
drawee Bezogener *m*, Akzeptant *m*
driving test *(BE)* Fahrprüfung *f*
driving under the influence of drink [alcohol] Fahren *n* unter Einfluss von Alkohol
drop *v* **charges** die Anklage fallen lassen, die Strafverfolgung einstellen
drug abuse Drogenmissbrauch *m*, Medikamentenmissbrauch *m*
drug enforcement Drogendezernat *n*; ≈ Kampf gegen den Rauschgifthandel
drug trafficking Drogenhandel *m*, Rauschgifthandel *m*
DTI *s.* Department of Trade and Industry
dual citizenship doppelte Staatsangehörigkeit *f*, doppelte Staatsbürgerschaft *f*
dual nationality doppelte Staatsangehörigkeit *f*, doppelte Staatsbürgerschaft *f*
dubious *adj* dubios, zweifelhaft
dubitante *adj (Lat)* zweifelhaft *(Richtervermerk in den Gründen der Entscheidung)*
duces tecum *(Lat)* ≈ Ladung mit Anordnung, bestimmte Urkunden oder Geschäftspapiere vorzulegen
duchy Herzogtum *n*
dud *adj* ungedeckt
dud cheque *(BE)* ungedeckter Scheck *m*
due *adj* 1. fällig, geschuldet, angefallen; 2. angemessen, pflichtgemäß, vorschriftsmäßig
due care im Verkehr erforderliche Sorgfalt *f*
due claim fälliger Anspruch *m*
due course fristgemäß, fristgerecht, rechtzeitig, regelgerecht • **payment shall be made in due course** die Bezahlung soll fristgemäß [ordnungsgemäß] erfolgen
due date Fälligkeit *f*, Fälligkeitstermin *m*, Verfalltag *m*
due diligence 1. Due Diligence *f*, gebührende Sorgfalt *f*, im Verkehr erforderliche Sorgfalt *f*; 2. ≈ Verfahren zur sorgfältigen Bewertung eines Unternehmens vor dessen Kauf oder Übernahme
due negotiation erforderliche Verhandlung *f*
due notice ordnungsgemäße Benachrichtigung *f*, fristgerechte Mitteilung *f*
due process 1. ordnungsgemäßes Verfahren *n*, ordentliches Gerichtsverfahren *n*; 2. ≈ grundrechtsgleicher Anspruch auf ein faires Verfahren
due process clause *(VerfassungsR)* Rechtsstaatsgarantie *f*
due time rechtzeitig, fristgerecht
due to dank, wegen, in Folge von
dues *pl* Gebühren *fpl*, Abgaben *fpl*, Beitrag *m*
duke Herzog *m*
duly *adv* gebührend, ordnungsgemäß, rechtzeitig
duly appointed *adj* ordnungsgemäß ernannt
duly authorized *adj* ordnungsgemäß ermächtigt

duly convicted *adj* ordnungsgemäß verurteilt
duly paid *adj* ordnungsgemäß bezahlt
duly performed *adj* ordnungsgemäß geleistet, rechtzeitig erfüllt
dump *v* 1. abladen; fallen lassen; 2. verschleudern; deponieren
dump Deponie *f*, Müllablade *f*
dumping Dumping *n*, Verkauf *m* zu Schleuderpreisen, Verkauf *m* unter Wert
dun *v* mahnen, drängen
dunning Mahnen *n*, Drängen *n*
dunning charge Mahngebühr *f*
dunning letter Mahnschreiben *n*, Zahlungsaufforderung *f*
duplicate *v* eine Abschrift [Kopie] anfertigen, vervielfältigen
duplicity 1. verschiedene Klagebegründungen *fpl (in einer Klageschrift)*; 2. gleichzeitige Verhandlung *f* mehrerer Rechtssachen *(Gerichtssaal)*
durable *adj* haltbar, dauerhaft
durable goods *pl* langlebige Güter *npl*
durable power of attorney Vollmacht *f* für den Fall der Entscheidungsfähigkeit des Vollmachtgebers
durable power of attorney for finances Vorsorgevollmacht *f* für Finanzangelegenheiten
durable power of attorney for health care Vorsorgevollmacht *f*
duration Dauer *f*, Laufzeit *f*, Fortbestand *m*
duration of a lease Pachtdauer *f*, Pachtzeit *f*
duration of an agreement Dauer *f* einer Vereinbarung
duress 1. Nötigung *f*, Druck *m*, Zwang *m*; 2. Freiheitsberaubung *f*, Haft *f* • **under duress** genötigt, gezwungen, aufgrund einer Nötigung
duty 1. Pflicht *f*, Verpflichtung *f*, Aufgabe *f*; 2. Zoll *m*; Abgabe *f* • **discharge a duty** seine Pflicht erfüllen, seinen Pflichten nachkommen • **exempt from duty** 1. vom Dienst freigestellt; 2. zollfrei • **off duty** dienstfrei, außer Dienst • **on duty** im Dienst, diensthabend
duty-free *adj* zollfrei, abgabenfrei
duty of care allgemeine Sorgfaltspflicht *f*
duty of disclosure Offenbarungspflicht *f*, Offenlegungspflicht *f*, Anzeigepflicht *f*
duty of discretion Schweigepflicht *f*, Verschwiegenheitspflicht *f*
duty to inform Aufklärungspflicht *f*, Informationspflicht *f*
duty to mitigate Milderungspflicht *f*, Minderungspflicht *f*
duty to supply information Auskunftspflicht *f*
dweller Bewohner *m*
dwelling Wohnung *f*

E

e-agent E-Agent *m*
e-agreement elektronische Vereinbarung *f (elektronischer Vertragsschluss)*
e-commerce E-Commerce *m*; Internethandel *m*; elektronischer Handel *m*
e-contract E-Vertrag *m*, elektronischer Vertrag *m*
e-money E-Money *n*, E-Geld *n*
E. & O. E. *s.* errors and omissions excepted
e-sales elektronische Verkäufe *mpl*
e-signature elektronische Signatur *f*
early *adv* früh, vorzeitig, bald; am Anfang • **at the earliest** sobald wie möglich, frühestens
early neutral case evaluation frühzeitige neutrale Fallbewertung *f*
early retirement Vorruhestand *m*, vorzeitige Pensionierung *f*
earmark *v* 1. kennzeichnen, identifizieren; 2. vorsehen, zurückstellen *(Finanzen)*; zurücklegen
earmark Eigentumszeichen *n*, Identitätsmerkmal *n*, Kennzeichen *n*
earmarked *adj* 1. bereitgestellt, reserviert; 2. gesperrt *(Konto)*; 3. *(SteuerR)* zweckgebunden
earn *v* verdienen, erwerben, einnehmen, gewinnen, einbringen *(Ertrag)*
earned *adj* verdient, angefallen, angesammelt *(Zinsen)*
earner Erwerbstätiger *m*, Verdiener *m*
earnest money 1. Draufgeld *n*, Handgeld *n*; 2. Pfand *n*
earnest payment Anzahlung *f*, Sicherheit *f (bei Immobilienkauf; verfällt z. B., wenn der Käufer seine Pflichten nicht erfüllt)*
earning capacity Erwerbsfähigkeit *f*
earning power Erwerbsfähigkeit *f*, Ertragskraft *f*, Ertragslage *f*; Rentabilität *f*

earnings *pl* Einkommen *n*, Einnahmen *fpl*, Einkünfte *pl*; Gewinn *m*, Ertrag *m*, Erlös *m*; Gehalt *n*, Verdienst *m*, Arbeitslohn *m*

earnings *pl* **before interest and taxes** *(EBIT)* Gewinn *m* vor Steuern und Zinsen

earnings *pl* **before interest and taxes, depreciation and amortization** *(EBITDA)* Gewinn *m* vor Steuern, Zinsen und Abschreibungen

earwitness Ohrenzeuge *m*

ease *v* nachgeben, fallen, sinken *(Börsenpreise)*

ease of access erleichterter Zugang *m*, Zugangserleichterung *f*

easement *(GrundstücksR)* Grunddienstbarkeit *f* • **grant an easement** eine Grunddienstbarkeit einräumen

easement in gross *(GrundstücksR)* beschränkt persönliche Dienstbarkeit *f*

easing *adj* erleichtert, gelockert, entspannt

easy *adj* 1. umgänglich, gefällig; nachgiebig, tolerant; 2. ruhig, flau *(Markt)*; 3. flüssig, billig *(Geld)*; 4. wohlhabend

eavesdropping Lauschen *n*, Abhören *n*

EBIT *s.* earnings before interest and taxes

EBITDA *s.* earnings before interest and taxes, depreciation and amortization

EC *s.* 1. European Community; 2. electronic cash

ECB *s.* European Central Bank

ecclesiastical *adj* kirchlich, geistlich

ecclesiastical court Kirchengericht *n*

ecological *adj* ökologisch, umweltfreundlich

ecology Ökologie *f*, Wissenschaft *f* von der Umwelt

economic *adj* wirtschaftlich, wirtschaftswissenschaftlich, volkswirtschaftlich, konjunkturell

economic distress wirtschaftliche Notlage *f*, wirtschaftlicher Notstand *m*

economic harm Wirtschaftsschaden *m*, wirtschaftlicher Schaden *m*

economic refugee Wirtschaftsflüchtling *m*

economic sabotage Wirtschaftssabotage *f*

economic sanctions *pl* Wirtschaftssanktionen *fpl*

economical *adj* wirtschaftlich, kostengünstig, sparsam, ökonomisch

economies *pl* **of scale** Ertragssteigerung *f* bei Großunternehmen, Größeneffekt *m*, Größenvorteile *mpl*, Skalenerträge *mpl*, Wirtschaftlichkeit *f* der Massenproduktion

economize *v* sparen, sparsam wirtschaften, haushalten

economy 1. Wirtschaft *f*, Volkswirtschaft *f*, Wirtschaftslehre *f*; Konjunktur *f*; 2. Organisation *f*, Anordnung *f*; 3. Wirtschaftlichkeit *f*, Sparsamkeit *f*

edict Verordnung *f*, Erlass *m*

edition 1. Herausgabe *f*, Edition *f (eines Buches)*; 2. Auflage *f*

editor Herausgeber *m*, Schriftleiter *m*

EEC *s.* European Economic Community

EEOC *s.* Equal Employment Opportunity Commission

effect *v* bewerkstelligen, zustande bringen, leisten, tätigen, vornehmen

effect *v* **a sale** einen Verkauf tätigen [abschließen, bewerkstelligen, vornehmen]

effect *v* **a settlement** einen Vergleich zustande bringen, einen Vergleich schließen

effect Gültigkeit *f*, Geltung *f*; Erfolg *m*, Ergebnis *n*, Resultat *n*; Auswirkung *f*, Konsequenz *f* • **come into effect** in Kraft treten, wirksam werden • **remain in effect** in Kraft bleiben, gültig bleiben • **take effect** wirksam werden, in Kraft treten *(Gesetz)* • **to the effect that** mit der Folge, dass

effected *adj* geleistet, vorgenommen, getätigt

effective *adj* wirkungsvoll, rechtswirksam, effektiv

effective date Datum *n* [Tag *m* , Zeitpunkt *m*] des Inkrafttretens *(Vertrag, Gesetz)*

effectiveness Wirksamkeit *f*, Leistungsfähigkeit *f*

effectual *adj* wirksam, gültig

efficiency Wirksamkeit *f*, Effizienz *f*, Tüchtigkeit *f*

efficient *adj* wirksam; leistungsfähig; wirtschaftlich, rationell

effort Anstrengung *f*, Bemühung *f* • **make all reasonable efforts** sämtliche zumutbaren Anstrengungen unternehmen • **use best efforts** sich nach besten Kräften bemühen

e.g. *s.* exempli gratia

EGM *s.* extraordinary general meeting

ei incumbit probatio qui dicit, non qui negat *(Lat)* die Beweislast *f* obliegt

demjenigen, der behauptet, nicht demjenigen, der bestreitet
EIA *s.* environmental impact assessment
either-way offence *(BE)* ≈ eine Straftat, für deren Aburteilung der Angeklagte entweder die vorläufige Verhandlung durch die Magistrates oder durch Verweisung vor den Crown Court vor einer Jury wählen kann
eject *v* hinauswerfen, zwangsräumen
ejectment Zwangsräumung *f*
ejectment order Zwangsräumungsanordnung *f (Gericht)*
ejusdem generis *(Lat)* derselben Art *f*; ≈ Auslegungsregel der Beschränkung eines Sammelbegriffs auf Gegenstände der aufgezählten Art
elaborate *v* ausarbeiten, spezifizieren, substanziieren
elaborate *adj* ausgearbeitet, spezifiziert, substanziiert
elapse *v* ablaufen
elder law ≈ Pflichtteil des Überlebenden Ehegatten *(abhängig von Ehedauer, gemeinsamen minderjährigen Kindern und Vermögen des überlebenden Ehegatten; Teil des Nachlasses den der überlebende Ehegatte anstelle des testamentarisch Vererbten verlangen kann)*
elect *v* wählen, auswählen
elect *adj* gewählt, ausgewählt, designiert
elected *adj* gewählt
election Wahl *f* • **stand for election** zur Wahl stehen, kandidieren
election agent Wahlkampfbeauftragter *m*
elective share ≈ Wahlanteil *(des Ehegatten am Nachlass)*; ≈ Pflichtteil *(des Ehegatten)*
elector 1. Wähler *m*; 2. *(AE)* Wahlmann *m (Präsidentschaftswahlen)*
electoral *adj* zur Wahl gehörig, Wahl..., Wähler...
electoral college Wahlmännerkollegium *n*
electoral fraud Wahlbetrug *m*
electoral law Wahlgesetz *n*, Wahlrecht *n*
electoral reform Wahlreform *f*
electoral roll Wählerverzeichnis *n*
electorate Wählerschaft *f*
electric chair elektrischer Stuhl *m*
electronic cash *(EC)* elektronisches Bargeld *n*, elektronisches Zahlungssystem *n (Internet)*
electronic fund transfer elektronischer Zahlungsverkehr *m*
electronic signature elektronische Signatur *f*
eligibility 1. Wählbarkeit *f*, Eignung *f*, Qualifikation *f*; 2. Berechtigung *f*
eligibility for office Qualifikation *f* für ein Amt
eligible *adj* geeignet, qualifiziert, befähigt; wählbar
eligible bank *(BE)* anerkannte Bank *f*
eligible for election wählbar
eligible for office geeignet [qualifiziert, befähigt] für das Amt
eligible for re-election erneut wählbar, für die Wiederwahl in Betracht [Frage] kommend
eligible investment *(AE)* sichere [mündelsichere, lombardfähige] Anlage *f*
eligible to vote wahlberechtigt
elusive *adj* ausweichend, schwer fassbar
emanation Aufkommen *n*, Herkommen *n*
emanation of the Crown Beauftragter *m* der Krone
emancipation 1. Emanzipation *f*, Gleichberechtigung *f*; 2. *(AE)* Volljährigkeitserklärung *f (Minderjähriger)*
embargo *v* eine Blockade [Sperre] verhängen; beschlagnahmen
embargo Embargo *n*, Handelsverbot *n*, Ausfuhrsperre *f* • **impose an embargo** ein Embargo verhängen [auferlegen] • **lift the embargo** die Sperre [Beschlagnahme] aufheben
embargo on imports Einfuhrsperre *f*, Importsperre *f*
embassy Botschaft *f*, diplomatische Vertretung *f*; Botschaftsgebäude *n*; Botschaftspersonal *n*; Botschafteramt *n*
embezzle *v* unterschlagen, veruntreuen; entwenden
embezzle *v* **funds** Gelder veruntreuen
embezzlement 1. Hinterziehung *f*; 2. Unterschlagung *f*, Untreue *f*, Veruntreuung *f*
embezzler Veruntreuer *m*, Unterschlagender *m*
emblements *pl* Ernte *f*, Früchte *fpl* auf dem Halm
embrace *v* 1. umarmen, umfassen, einschließen; 2. bestechen *(Jurymitglieder)*
embracery (aktive oder passive) Bestechung *f (von Jurymitgliedern)*
emergency Notfall *m*, Notlage *f*
emergency clause Notklausel *f*

emergency law Notstandsgesetz *n*
emergency legislation Notstandsgesetzgebung *f*, Ausnahmegesetzgebung *f*
emergency powers *pl* Notstandsermächtigung *f*, Notverordnungsbefugnis *f*, Sondervollmachten *fpl*
emeritus *adj* emeritiert
emigrant Emigrant *m*, Auswanderer *m*
emigrate *v* emigrieren, auswandern
emigration Emigration *f*, Auswanderung *f*
eminent domain *(AE) (VölkerR)* Enteignungsrecht *n*
emission Emission *f*, Ausgabe *f*
emission of notes Emission *f* von Banknoten
emoluments *pl* Einkünfte *pl*, Dienstbezüge *pl*
emotional *adj* emotional, gefühlsmäßig, affektiv
emotional distress (and suffering) emotionaler Kummer *m*, psychisches Leid *n*
empanel *v* in eine Liste aufnehmen, aufstellen
empanel *v* **a jury** eine Jury aufstellen, die Namen der Jurymitglieder in eine Liste aufnehmen
emphyteutic lease Erbpacht *f*
employ *v* 1. beschäftigen, anstellen; beauftragen *(Anwalt)*; 2. anwenden, benutzen
employ *v* **a person** jmdn. anstellen [beschäftigen]
employ *v* **material** Material benutzen
employ *v* **services** Dienste in Anspruch nehmen
employ *v* **the services of a lawyer** die Dienste eines Rechtsanwalts in Anspruch nehmen
employability Eignung *f* für den Arbeitsmarkt
employed *adj* 1. angestellt, beschäftigt; 2. gebraucht, verwendet
employed *adj*/**gainfully** erwerbstätig, berufstätig
employed *adj*/**temporarily** als Aushilfe beschäftigt
employee Arbeitnehmer *m*, Angestellter *m*, Bediensteter *m*
employee council Betriebsrat *m*, Arbeitnehmervertretung *f*
employer Arbeitgeber *m*
employers' association Arbeitgebervereinigung *f*, Arbeitgeberverband *m*
employer's liability Unternehmerhaftpflicht *f*
employment 1. Anstellung *f*, Beschäftigung *f*, Tätigkeit *f*; 2. Anwendung *f*, Verwendung *f* • **procure employment** eine Anstellung beschaffen
employment agency Agentur *f* für Arbeit, *(veraltet)* Arbeitsamt *n*
employment agreement Arbeitsvertrag *m*
employment at will Arbeitsverhältnis *n* ohne Kündigungsschutz
employment contract 1. Arbeitsvertrag *m*; 2. Dienstvertrag *m*
employment discrimination Diskriminierung *f* am Arbeitsplatz *(vgl. in Deutschland AGG)*
employment exchange *(BE)* Arbeitsamt *n*
employment law Arbeitsrecht *n*, Arbeitsgesetz *n*
employment reference Arbeitszeugnis *n*
employment relationship Angestelltenverhältnis *n*, Arbeitsverhältnis *n*
employment status Beschäftigungsstand *m*
employment tax *(AE)* Beschäftigungssteuer *f*
employment tribunal Arbeitsgericht *n*
empower *v* bevollmächtigen, ermächtigen
en autre vie *(Fr)* auf Lebenszeit eines Dritten *(z. B. Wohnrecht)*
en banc sitting ≈ Gerichtssitzung, an der alle Richter mitgewirkt haben
en ventre sa mère *(Fr)* im Mutterleib; noch nicht geboren
enable *v* 1. befähigen, in den Stand versetzen; 2. berechtigen, ermächtigen
enabling clause Inkrafttretungsklausel *f* *(eines Gesetzes)*
enabling legislation ermächtigende Gesetzgebung *f*, Verordnungsermächtigung *f*
enabling statute Ermächtigungsgesetz *n*
enact *v* erlassen *(Gesetz)*; gesetzlich verordnen
enacting clause Inkrafttretungsklausel *f* *(eines Gesetzes)*
enactment 1. Gesetz *n*, gesetzliche Bestimmung *f*, Verfügung *f*; Verordnung *f*; 2. Erlass *m*
encash *v* einkassieren, einlösen
encash *v* **a cheque** *(BE)* einen Scheck einlösen

encashment Inkasso *n*; Einlösung *f*
encl. *s.* enclosed
enclose *v* 1. einlegen, anfügen; 2. einfrieden *(Land)*
enclosed *adj* anliegend, beiliegend, als Anlage
enclosure 1. Anlage *f*, Anhang *m (eines Schriftstücks)*; 2. Umzäunung *f*, abgezäuntes Grundstück *n*
encroach *v* eingreifen, übergreifen
encroach *v* **(up)on a right** in ein Recht eingreifen
encroachment Eingriff *m*, Übergriff *m*
encroachment (up)on land Überbau *m*
encryption Verschlüsselung *f (Internet)*; Codierung *f*
encumber *v* belasten, beschweren
encumber *v* **an estate** ein Anwesen belasten, einen Nachlass belasten
encumber *v* **real property** ein Grundstück belasten
encumbered *adj* belastet, beschwert
encumbrance Last *f*, Belastung *f*; dingliche Belastung *f*
encumbrance on the land Belastung *f* eines Grundstücks
encumbrancer dinglich Berechtigter *m* einer Grundstücksbelastung
end of message *(EOM)* Ende *n* der Nachricht
end user Endbenutzer *m*, Endanwender *m*, Endverbraucher *m*
end user license agreement *(EULA)* Endbenutzer-Lizenzvertrag *m*
endanger *v* gefährden, einer Gefahr aussetzen
endangered *adj* gefährdet
endeavor *v (AE)*, **endeavour** *v (BE)* bestrebt sein
endorsable *adj* indossabel, durch Indossament übertragbar
endorse *v* 1. indossieren, girieren *(Wechsel)*; 2. zustimmen, bestätigen
endorse *v* **a check** *(AE)*, **endorse** *v* **a cheque** *(BE)* einen Scheck indossieren
endorse *v* **a driving licence** *(BE)*, **endorse** *v* **a driving license** *(AE)* eine Strafe auf dem Führerschein vermerken
endorse *v* **an opinion** eine Meinung bestätigen [unterstützen]
endorsed *adj* indossiert
endorsed bill indossierter Wechsel *m*
endorsee Indossatar *m*, Indossat *m*
endorsement 1. Indossament *n*, Indossierung *f*; 2. Bestätigung *f*, Vermerk *m*; 3. *(VersR)* Versicherungsnachtrag *m*
endorsement of a check *(AE)*, **endorsement of a cheque** *(BE)* Indossierung *f* eines Schecks
endorser Indossant *m*
endow *v* ausstatten, dotieren
endowed *adj* ausgestattet, dotiert
endowment Ausstattung *f*; Stiftung *f*, Stiftungskapital *n*
endowment fund Stiftungsfonds *m*
endowment insurance gemischte Lebensversicherung *f (sowohl für Lebens- als auch Todesfall)*
endowment loan Hypothekendarlehen *n* mit Tilgung durch Lebensversicherung
endowment mortgage Hypothek *f* mit Tilgung durch Lebensversicherung
endowment policy Versicherungspolice *f*
enduring power of attorney *(EPA)* über den Eintritt der Geschäftsunfähigkeit hinaus wirkende Vollmacht *f*
enforce *v* 1. durchsetzen, erzwingen; 2. geltend machen *(Forderung)*
enforce *v* **a claim** einen Anspruch durchsetzen, eine Forderung gerichtlich geltend machen, ein Recht realisieren
enforce *v* **a judgment** ein Gerichtsurteil vollstrecken, die Vollstreckung aus einem Urteil betreiben
enforce *v* **a right** ein Recht durchsetzen [geltend machen, einklagen, erzwingen]
enforce *v* **the law** dem Recht Geltung verschaffen
enforceability Durchsetzbarkeit *f*, Vollstreckbarkeit *f*
enforceable *adj* durchsetzbar, erzwingbar; vollstreckbar
enforced *adj* durchgesetzt, vollstreckt; erzwungen
enforcement gerichtliche Geltendmachung *f*; Erzwingung *f*; Durchsetzung *f*; Vollstreckung *f*
enforcement of a judgment Vollstreckung *f* eines Gerichtsurteils
enforcing a judgment Vollstreckung *f* eines Urteils, Durchsetzung *f* einer Entscheidung
enfranchise *v* 1. befreien; 2. Wahlrecht [Bürgerrecht] verleihen
enfranchisement 1. Verleihung *f* des Wahlrechts [Bürgerrechts]; 2. Befreiung *f*
engage *v* 1. engagieren, einstellen; 2. versprechen, (sich) verpflichten

engage *v* **a person by way of employment** jmdn. anstellen
engage *v* **a solicitor** sich einen Anwalt nehmen, einen Rechtsanwalt beauftragen
engaged *adj* 1. angestellt, beschäftigt; 2. *(BE)* belegt, besetzt *(Telefon)*; 3. *(FamilienR)* verlobt
engagement 1. Einstellung *f*; Engagement *n (Künstler)*; 2. Versprechen *n*, Verpflichtung *f*; 3. *(FamilienR)* Verlöbnis *n*
engagement to marry Verlöbnis *n*, Verlobung *f*
engineering, procurement and construction *(EPC)* Ingenieurarbeit *f*, Beschaffung *f* und Bau *m*
engross *v* 1. in gesetzlicher Form zum Ausdruck bringen; 2. ausfertigen *(Urkunde)*; Reinschrift anfertigen; 3. große Mengen von Warenbeständen aufkaufen *(zwecks Marktbegrenzung und Preiskontrolle)*
engrossment Ausfertigung *f*; Anfertigung *f* einer Reinschrift
engrossments *pl* **of an agreement** Ausfertigungen *fpl* eines Vertrags
enjoin *v* 1. auferlegen, vorschreiben; 2. *(AE)* untersagen, verbieten
enjoin *v* **a party to do something** einer Partei auferlegen, etwas zu tun
enjoin *v* **an action** eine Handlung verbieten [untersagen] *(durch gerichtliche Verfügung)*
enjoy *v* 1. genießen, ausüben; 2. besitzen, haben
enjoyment 1. Genuss *m*, Ausübung *f*; 2. Besitz *m*, Inhaberschaft *f*
enquire *v* 1. fragen, anfragen, nachfragen, erforschen; 2. untersuchen, prüfen, ermitteln
enquiry 1. Befragung *f*, Anfrage *f*, Nachfrage *f*, Erforschung *f*; 2. Untersuchung *f*, Prüfung *f*, Ermittlung *f*
enrich *v* bereichern
enrolled *adj* 1. eingetragen *(in eine Liste oder ein Register)*; 2. eingeschrieben *(Universität)*; 3. aufgezeichnet *(amtlich)*
entail *v* 1. vererben; 2. zur Folge haben, mit sich bringen
entail Fideikommiss *m*, festgelegte Erbfolge *f* für Grundbesitz
enter *v* 1. eintreten; 2. einreisen; 3. deklarieren *(Zoll)*
enter *v* **into** teilnehmen; abschließen *(Vertrag)*; aufnehmen *(Verhandlungen, Beziehungen)*
enter *v* **into a contract** einen Vertrag schließen [abschließen, eingehen]
enter *v* **into a lease** einen Mietvertrag schließen; in einen Mietvertrag eintreten
enter *v* **into a property** auf ein Grundstück eindringen
enter *v* **into negotiations** in Verhandlungen treten, Verhandlungen aufnehmen
enter *v* **into possession** in Besitz nehmen
enterprise Unternehmen *n*, Betrieb *m*; Vorhaben *n*
entertain *v* 1. unterhalten *(Beziehungen)*; 2. in Erwägung ziehen, eingehen auf *(Vorschlag)*
entice *v* abwerben, abspenstig machen
enticement Abspenstigmachen *n*; Abwerbung *f*
entire *adj* vollständig, gesamt, ganz; uneingeschränkt
entire agreement clause ≈ Vertragsklausel, dass der vorliegende Vertrag vollständig ist und keine Nebenabreden bestehen
entire contract ungeteilter Vertrag *m*, vollständiger Vertrag *m*
entirety Gesamtheit *f*
entitle *v* berechtigen
entitled *adj* berechtigt
entitled to claim klageberechtigt
entitled to dispose of verfügungsberechtigt
entitled to inherit erbberechtigt
entitled to vote wahlberechtigt
entitlement Berechtigung *f*, Anspruch *m*
entity Einheit *f*; juristische Person *f*, Rechtssubjekt *n*
entrapment *(AE)* 1. Verleitung *f* zu einer Straftat; 2. *(StrafR)* ≈ prozessualer Rechtfertigungsgrund wegen Verleitung *(durch Strafverfolgungsbehörden)*
entrench *v* fest verankern
entrenched *adj* fest verankert
entrepreneur Unternehmer *m*
entrepreneurial *adj* unternehmerisch
entrust *v* anvertrauen; betrauen
entrustment Anvertrauen *n*
entry 1. Eintritt *m*; Betreten *n*; Einreise *f*; Inbesitznahme *f*; 2. Eintragung *f*; 3. *(ZollR)* Einfuhr *f*, Anmeldung *f*
entry in the land register ≈ Eintrag in das Grundbuch

entry into office Amtsantritt *m*
entry of a judgment Registrierung *f* des Urteils
entry of goods from abroad Einfuhr *f* von Waren aus dem Ausland
entry of judgment Eintragung *f* des Urteils *(in das Prozessregister)*
entry permit Einreiseerlaubnis *f*
entry visa Einreisevisum *n*
enumerate *v* aufzählen
enumerated powers *pl* 1. *(AE)* ≈ in der Verfassung genannte Gegenstände der Bundesgesetzgebung; 2. *(EuropaR)* Grundsatz *m* der begrenzten Einzelermächtigung
enumeration Aufzählung *f*
environment Umwelt *f*; Umgebung *f*; Umfeld *n*
environmental impact assessment *(EIA)* Umwelteinwirkungsprüfung *f*
environmental impact statement Umweltverträglichkeitsfeststellung *f*, Feststellung *f* der Umwelteinwirkung
environmental law Umweltrecht *n*, Umweltgesetz *n*
environmental protection Umweltschutz *m*
Environmental Protection Agency *(EPA) (AE)* Umweltschutzbehörde *f*
envisage *v* sich vorstellen; vorhaben, planen
envoy Gesandter *m*; diplomatischer Vertreter *m*
EOM *s.* end of message
EPA *s.* 1. enduring power of attorney; 2. Environmental Protection Agency
EPC *s.* engineering, procurement and construction
equal *v* gleichen
equal *adj* gleich, gleichwertig; gleichberechtigt; paritätisch
Equal Employment Opportunity Commission *(EEOC)* Behörde *f* für die Gleichberechtigung am Arbeitsplatz
equal opportunity Chancengleichheit *f*
equal pay gleiches Entgelt *n*
equal protection of the laws *(AE)* Gleichheit *f* vor dem Gesetz
equal rights *pl* Gleichberechtigung *f*; Gleichheit *f*
Equal Rights Amendment *(AE)* ≈ Zusatzartikel in der Verfassung zur Gleichberechtigung
equality Gleichheit *f*, Gleichberechtigung *f*; Parität *f*
equality in the eyes of the law Gleichheit *f* im Sinne des Gesetzes
equality of opportunity Chancengleichheit *f*
equalize *v* ausgleichen; gleichstellen
equally *adv* gleichermaßen, in gleicher Weise; zu gleichen Teilen
equate *v* gleichsetzen, gleichstellen
equilibrium Gleichgewicht *n*, Ausgewogenheit *f*
equitable *adj* billig, gerecht, nach Equity-Recht [Billigkeitsrecht]
equitable action Klage *f* nach Equity-Recht [Billigkeitsrecht]
equitable agreement Vereinbarung *f* nach Equity-Recht [Billigkeitsrecht]
equitable assignment Abtretung *f* [Übertragung *f*] nach Equity-Recht [Billigkeitsrecht]
equitable claim auf Equity beruhender Anspruch *m (im Gegensatz zu legal claim)*
equitable estate *(AE)* durch Equity geschütztes dingliches Recht *n* an Immobilien
equitable estoppel ≈ Rechtsverwirkung; ≈ rechtshemmender Einwand
equitable interest durch Equity geschütztes Recht *n*; Anwartschaftsrecht *n*
equitable lien (durch Equity geschaffenes, besitzloses) Pfandrecht *n*
equitable maxims *pl* Equitygrundsätze *mpl*, Billigkeitsgrundsätze *mpl*, Grundsätze *mpl* von Treu und Glauben
equitable mortgage Hypothek *f* nach Equity-Recht
equitable ownership Eigentumsrecht *n* [Inhaberschaft *f* an Rechten] nach Equity-Recht; wirtschaftliches Eigentum *n*; Nießbrauchsrecht *n*
equitable receivership *(BE)* Equity-Zwangsverwaltung *f*
equitable relief *(BE)* Erlass *m* fälliger Steuern gegenüber dem Steuerpflichtigen
equitable relief of undue hardship Abhilfe *f* nach Equity-Recht bei unbilliger Härte
equitable remedies *pl* Mittel *npl* des Rechtsschutzes nach Equity-Recht *(z. B. injunction)*
equitable settlement Vergleich *m* nach Equity-Recht [Billigkeitsrecht]

equitable title Eigentumsrecht *n* nach Equity-Recht [Billigkeitsrecht]
equity Equity-Recht *n*, Billigkeit *f*, Billigkeitsrecht *n* • **equity follows the law** ≈ das Equity-Recht ergänzt das Common Law
equity capital Eigenkapital *n*
equity in a company Eigenkapital *n* [Anteilskapital *n*] an einer Gesellschaft
equity jurisdiction Equity-Rechtsprechung *f*, Billigkeitsrechtsprechung *f*
equity market Aktienmarkt *m*
equity of redemption 1. Auslösungsrecht *n (Pfand)*; 2. Wert *m* eines Grundstücksanteils nach Abzug aller Belastungen; 3. Resteigentum *n* des Sicherungsgebers
equity shall prevail Equity hat Vorrang
equity trading Aktienhandel *m*
equivalence Gleichwertigkeit *f*
equivalent *adj* gleichwertig, von gleichem Wert
equivalent gleicher Wert *m*, Gegenwert *m*; gleiche Bedeutung *f*, gleiche Wirkung *f*
equivocal *adj* einstimmig
erase *v* löschen, streichen, tilgen
erasure Löschung *f*, Streichung *f*, Tilgung *f*
err *v* sich irren
errata *(Lat)* Druckfehler *m*
erratum *(Lat)* Druckfehler *m*, Erratum *n*
erroneous *adj* irrtümlich
erroneously *adv* irrtümlich
error Irrtum *m*, Fehler *m* • **rectify an error** einen Fehler berichtigen, einen Irrtum richtigstellen
error in fact *s.* error of fact
error in law *s.* error of law
error of fact Tatsachenirrtum *m*
error of law Rechtsirrtum *m*
errors and omissions excepted *(E. & O. E.)* Irrtümer und Auslassungen vorbehalten; ohne Gewähr
escalation Eskalation *f*, Ausbruch *m*
escalator clause Gleitklausel *f*, Indexklausel *f*, Wertsicherungsklausel *f*
escape *v* 1. entkommen, flüchten; 2. vermeiden
escape Entkommen *n*, Flucht *f*
escape clause Vorbehaltsklausel *f*, Rücktrittsklausel *f*
escheat 1. Übergang *m* herrenlosen Vermögens auf den Staat; 2. Übergang *m* eines Nachlasses auf den Staat
escheated estate Heimfallgut *n*
escheated property Heimfallgut *n*
escrow ≈ Hinterlegung bei einem Treuhänder bis zur Erfüllung der vertraglich festgelegten Bedingungen • **hold in escrow** treuhänderisch verwalten
escrow account Treuhandkonto *n*
escrow bond *(AE)* bei einem Dritten (als Treuhänder) hinterlegte Obligation *f*
espionage Spionage *f*
Esq. *(esquire; BE)* Herrn bzw. Frau *(Höflichkeitsformel auf Briefen hinter dem Adressaten; bes. für Anwälte)*
essence Essenz *f*, Kern *m*, Inbegriff *m* • **of the essence** von wesentlicher Bedeutung • **time is of the essence** zwingende Frist *f*, Fixgeschäft *n*
essential *adj* 1. wichtig, bedeutend; 2. erforderlich, nötig
establish *v* 1. einrichten, einsetzen, etablieren; 2. anordnen, verfügen; 3. feststellen, festsetzen, beweisen, nachweisen *(Gericht)*; 4. ermitteln, überprüfen *(Tatbestand)*
establish *v* **a case** einen Fall ermitteln
establish *v* **facts** Tatsachen feststellen
established *adj* 1. bestehend; 2. fest angestellt *(Tätigkeit)*; 3. ansässig
established bank gut eingeführte Bank *f*
established church Staatskirche *f*
established company eingesessenes [etabliertes] Unternehmen *n*
established facts *pl* festgestellter Sachverhalt *m*
establishment 1. Niederlassung *f*, fester Wohnsitz *m*; 2. *(GesellschaftsR)* Unternehmen *n*, Firma *f*, Betrieb *m*; 3. Anstalt *f*, Institution *f*; 4. Einrichtung *f*, Einsetzung *f*, Festsetzung *f*; 5. Niederlassung *f*, Sitz *m (Unternehmen)*
estate 1. Eigentum *n*, Gesamtbesitz *m*, Vermögen *n*; 2. Anwesen *n*, Grundbesitz *m*; 3. *(ErbR)* Nachlass *m*, Hinterlassenschaft *f*, Erbe *n*; 4. Klasse *f*, Rang *m*
estate agent Immobilienmakler *m*
estate duty Erbschaftsteuer *f*
estate fee simple Erbgut *n*, unbeschränkt vererbbares Grundeigentum *n*
estate fee tail Fideikommiss *m*, beschränkt vererblicher Grundbesitz *m*
estate for life Nießbrauch *m* auf Lebenszeit
estate in freehold unbeschränktes Grundstückseigentum *n*, unbeschränkte Grundstücksrechte *npl*

estate in tail Fideikommiss *m*, Grundbesitz *m* mit gebundener Erbfolge
estate management Grundstücksverwaltung *f*, Gutsverwaltung *f*
estimate *v* schätzen, veranschlagen, überschlagen
estimated *adj* geschätzt, voraussichtlich
estimated legal costs *pl* voraussichtliche Rechtskosten *pl (court fees, solicitor's fee, witnesses expenses)*
estimation Schätzung *f*
estop *v* hemmen, eine rechtshemmende Einwendung erheben; Rechtsverwirkung geltend machen
estopped *adj* ≈ an der Geltendmachung einer Tatsache oder eines Rechts gehindert *(wegen früheren gegensätzlichen Verhaltens)*
estoppel rechtshemmender Einwand *m*; Rechtsverwirkung *f*
estoppel by conduct ≈ Rechtsverwirkung *(wegen des Verbots des venire contra factum proprium)*
estoppel by judgment *(ZivilprozessR)* ≈ Eintritt materieller Rechtskraft
estovers *pl* gesetzlich bewilligter Bedarf *m*; Unterhaltsanspruch *m* des geschiedenen Ehegatten
et al. *(et alii; Lat)* und andere, u. a.
et cetera *(etc.)* et cetera, und so weiter
et seq. *(et sequentes; Lat)* und folgende, ff.
ethical *adj* ethisch; dem Berufsethos entsprechend
ethics *pl* Verhaltensregeln *fpl*, Standespflichten *fpl*
ethics code Berufsethos *n*, Standesrecht *n*
etiquette Etikette *f*
EU *s.* European Union
EU directive Richtlinie *f* der Europäischen Union
EU regulation Verordnung *f* der Europäischen Union
EULA *s.* end user license agreement
Euratom *s.* European Atomic Energy Community
Euro Euro *m (Währungseinheit)*
Europe Europa *n*
European Atomic Energy Community *(Euratom)* Europäische Atomgemeinschaft *f*, Euratom
European Central Bank *(ECB)* Europäische Zentralbank *f*, EZB
European Coal and Steel Community Europäische Gemeinschaft *f* für Kohle und Stahl, EGKS
European Commission Europäische Kommission *f*, EU-Kommission *f*
European Community *(EC)* Europäische Gemeinschaft *f*, EG
European Court of Justice Europäischer Gerichtshof *m*
European Currency Unit Europäische Währungseinheit *f*, EWE
European Economic Community *(EEC)* Europäische Wirtschaftsgemeinschaft *f*, EWG
European Parliament Europäisches Parlament *n*, EP
European Public Limited Company Europäische Aktiengesellschaft *f*
European Transparency Initiative Europäische Transparenzinitiative *f*
European Union *(EU)* Europäische Union *f*
European Works Council *(EWC)* Europäischer Betriebsrat *m*
euthanasia Euthanasie *f*, Sterbehilfe *f*
evade *v* 1. entkommen, sich entziehen; 2. umgehen, vermeiden, ausweichen
evade *v* **detection** der Aufdeckung entgehen
evade *v* **punishment** der Bestrafung entgehen
evade *v* **taxes** Steuern hinterziehen
evaluate *v* evaluieren, auswerten, beurteilen; schätzen
evaluation Auswertung *f*, Bewertung *f*, Würdigung *f*; Schätzung *f*
evasion Entkommen *n*, Vermeidung *f*, Umgehung *f*; Hinterziehung *f*
evasive *adj* ausweichend
event Ereignis *n*, Fall *m*
evict *v (MietR)* die Zwangsräumung betreiben, zur Räumung zwingen
eviction *(MietR)* Zwangsräumung *f*
evidence *v* beweisen, nachweisen
evidence Beweis *m*, Beweismittel *n*; Nachweis *m*; Zeugenaussage *f* • **admit evidence** einem Beweisantrag stattgeben, ein Beweismittel zulassen • **for want of evidence** aus Mangel an Beweisen • **give evidence** unter Beweis stellen; aussagen *(als Zeuge)* • **give evidence in favo(u)r of a party** zugunsten einer Partei aussagen • **produce evidence** Beweis erbringen • **submit**

evidence Beweis antreten • **used in evidence** als Beweis benutzt
evidence by affidavit Affidavit *n*, eidesstattliche schriftliche Zeugenaussage *f*
evidence-in-chief 1. *(StrafprozessR)* ≈ eigener Zeuge; 2. *(ZivilprozessR)* ≈ Hauptzeuge
evidentiary *adj* beweismäßig
EWC *s.* European Works Council
ex cathedra *(Lat)* von maßgeblicher Seite
ex concessis *(Lat)* 1. aufgrund des Zugestandenen; 2. aufgrund des bereits Vereinbarten
ex facie *(Lat)* offensichtlich
ex gratia *(Lat)* freiwillig, kulanterweise; ohne Anerkennung einer Rechtspflicht
ex gratia payment *(Lat)* Kulanzzahlung *f*, Zahlung *f* ohne Anerkennung einer Rechtspflicht
ex officio *(Lat)* von Amts wegen
ex parte *(Lat)* 1. auf Antrag einer Partei, einseitig; 2. seitens einer Partei
ex parte injunction ≈ Erlass einer einstweiligen Verfügung auf Antrag einer Partei ohne vorherige Anhörung der Gegenpartei
ex parte proceedings *pl* Verfahren *n* auf Antrag einer Partei
ex post facto *(Lat)* rückwirkend, mit rückwirkender Kraft
ex tempore *adj (Lat)* unvorbereitet, aus dem Stegreif
ex works ab Werk
examination 1. Prüfung *f*, Untersuchung *f*; 2. *(ZivilprozessR)* Zeugenvernehmung *f*; 3. *(StrafprozessR)* Verhör *n*; 4. *(PatentR)* Prüfung *f*; 5. Examen *n*, Prüfung *f (Studium)*; 6. Zollrevision *f*
examination-in-chief erste Zeugenvernehmung *f (die von derjenigen Partei oder deren Anwalt durchgeführt wird, die den Zeugen benannt hat)*
examine *v* 1. prüfen, untersuchen; 2. besichtigen, beschauen; 3. *(ZivilprozessR)* vernehmen; 4. *(StrafprozessR)* verhören
examine *v* **the evidence** Beweisaufnahme vornehmen, Beweismittel überprüfen
examiner 1. Prüfer *m*, Revisor *m*; 2. *(PatentR)* Vorprüfer *m*; 3. *(BE)* beauftragter Richter *m (dazu ermächtigt, Zeugen zu vereidigen und zu vernehmen)*
example Beispiel *n*
excambion *(Scot) (GrundstücksR)* Landtausch *m*, Austausch *m* von Grundvermögen
exceed *v* überschreiten, übersteigen
exceeding *adj* mehr als, übersteigend
excellent *adj* hervorragend, ausgezeichnet
except ausgenommen, außer; es sei denn, dass • **except as otherwise agreed** vorbehaltlich anderweitiger Vereinbarung • **except for** abgesehen von, bis auf
excepted *adj* ausgenommen
exception 1. Ausnahme *f*; 2. *(AE)* Beanstandung *f*, Beschwerde *f*, Einrede *f*, Einwendung *f*, Vorbehalt *m*
exceptional *adj* außergewöhnlich, ungewöhnlich
exceptionally *adv* ausnahmsweise
excerpt Auszug *m*
excerpt from the company register Auszug *m* aus dem Gesellschaftsregister [Handelsregister]
excess 1. Exzess *m*, Überschreitung *f*; Überschuss *m*; 2. *(VersR)* Selbstbehalt *m*
excess force unnötige Gewalt *f*
excessive *adj* exzessiv, übermäßig, unangemessen
exchange *v* eintauschen, umtauschen
exchange Austausch *m*, Umtausch *m*
exchange agreement Austauschvereinbarung *f*, Umtauschvereinbarung *f*
exchange note Korrespondenz *f*
exchange of contracts *(BE)* Vertragsschluss *m (Grundstückskauf)*
exchange rate Wechselkurs *m*, Devisenkurs *m*, Umrechnungskurs *m*
exchangeable *adj* austauschbar, umtauschbar
exchequer *(BE)* 1. Staatskasse *f*, Fiskus *m*; 2. Geldmittel *pl*, Finanzen *pl (Gesellschaft)*
Exchequer Division Steuergerichtsabteilung *f*
excise *v* Verbrauchsteuern auferlegen
excise Verbrauchsteuer *f*, indirekte Steuer *f*
exclude *v* ausschließen, zurückweisen, nicht zulassen
excluding *adj* ausschließlich, ohne, unter Ausschluss von
exclusion 1. Ausschluss *m*, Ablehnung *f*; 2. *(AE)* Zurückweisung *f (von Beweismitteln)*
exclusion and limitation clauses *pl* Ausschluss- und Verjährungsklauseln *fpl*

exclusion clause Freizeichnungsklausel *f*
exclusion of liability Haftungsausschluss *m*
exclusion of risk Gefahrausschluss *m*, Risikoausschluss *m*
exclusionary rule *(AE)* ≈ Ausschließungsregel *(Grundsatz, der besagt, dass Beweismittel, deren Erlangung oder Auswertung eine Grundrechtsverletzung darstellt, im Strafverfahren nicht zugelassen werden dürfen)*
exclusive *adj* exklusiv, ausschließlich
exclusive jurisdiction ausschließliche Zuständigkeit *f*
exclusive licence *(BE)*, **exclusive license** *(AE)* ausschließliche Lizenz *f*, Alleinlizenz *f*
exclusive right to sell ausschließliches Vertriebsrecht *n*
exclusive rights *pl* Exklusivrechte *npl*
exclusivity Exklusivität *f*, Ausschließlichkeit *f*
exclusory *adj* unter Ausschluss, Ausschluss...
exculpation Exkulpation *f*, Rechtfertigung *f*
exculpatory *adj* exkulpierend, rechtfertigend
exculpatory homicide nicht schuldhafte Tötung *f (bei Unglücksfall)*; nicht rechtswidrige Tötung *f (bei Notwehr)*
excusable *adj* entschuldbar, unverschuldet
excusable neglect unverschuldetes Versäumnis *n*
excuse *v* 1. entschuldigen; 2. befreien
excuse 1. Entschuldigung *f*; 2. Ausrede *f*
execute *v* 1. ausführen, durchführen; 2. ausfertigen; 3. vollstrecken *(aus Urteil)*; 4. exekutieren, hinrichten
execute *v* **a contract** 1. einen Vertrag ausfertigen; 2. einen Vertrag erfüllen
execute *v* **a deed** eine Urkunde ausfertigen
execute *v* **a judgment** ein Urteil vollstrecken
execute *v* **a will** ein Testament ausfertigen
executed *adj* ausgeführt, ausgefertigt, vollzogen
executed agreement erfüllte Vereinbarung *f*
executed consideration erbrachte Gegenleistung *f*
executed contract erfüllter Vertrag *m*
executed trust vollzogener Trust *m*
execution 1. Ausführung *f*, Durchführung *f*; 2. Ausfertigung *f (Urkunde)*; 3. Zwangsvollstreckung *f*; Pfändung *f*; Vollstreckung *f*; 4. Exekution *f*, Hinrichtung *f*
execution of a deed Ausfertigung *f* einer Urkunde
execution of a sentence Strafvollstreckung *f*, Vollstreckung *f* einer Strafe
execution of an instrument Ausfertigung *f* einer Urkunde
execution of an order 1. Vollziehung *f* eines Gerichtsbeschlusses; Vollstreckung *f* einer Verfügung; 2. Ausführung *f* [Durchführung *f* , Erledigung *f*] eines Auftrags
executioner Henker *m*
executive 1. Exekutive *f*, vollziehende Gewalt *f*; 2. *(AE)* Präsident *m*; 3. Führungskraft *f*, leitender Angestellter *m*
executive branch Exekutive *f*, vollziehende Gewalt *f*
executive officer *(BE)* Beamter *m*
executive order *(AE)* Exekutivorder *f*, Verfügung *f* des Präsidenten *(ohne parlamentarische Zustimmung)*
executive power vollziehende Gewalt *f*, Exekutive *f*
executor Erbschaftsverwalter *m*; ≈ Testamentsvollstrecker
executory *adj* auszuführend, zu erfüllend, zu erbringend
executory agreement noch zu erfüllende Vereinbarung *f*
executory consideration zukünftige Gegenleistung *f*
executory contract noch nicht erfüllter Vertrag *m*; noch zu erfüllender Vertrag *m*
executory trust ≈ später noch festzulegendes Treuhandverhältnis
executrix Erbschaftsverwalterin *f*; ≈ Testamentsvollstreckerin *(s. executor)*
exemplary *adj* 1. vorbildlich; 2. abschreckend, exemplarisch *(Bestrafung)*
exemplary damages *pl (BE)* Schadensersatz *m* mit Strafcharakter
exemplary punishment exemplarische Bestrafung *f*
exempli gratia *(e.g.) (Lat)* zum Beispiel, z. B., beispielsweise
exempt *v* ausnehmen, ausschließen, befreien
exempt *v* **from liability** von der Haftung freistellen

exemption 1. Befreiung *f*, Freistellung *f* *(Steuern)*; 2. *(AE)* Freibetrag *m*; 3. pfändungsfreies Vermögen *n*, unpfändbarer Gegenstand *m*; 4. Ausnahmeregelung *f*
exemption clause Freistellungsklausel *f*, Haftungsausschlussklausel *f*
exemption from liability Haftungsausschluss *m*, Haftungsfreistellung *f*
exemption trust Exemption Trust *m*, Bypass-Trust *m*, der die Höhe des persönlichen Freibetrags gegenüber der Bundesnachlasssteuer im Jahr des Todes nicht überschreitet *(im Falle eines höheren Betrages geht der überschießende Betrag in der Regel an den überlebenden Ehegatten und wird nicht besteuert, weil er unter den ehelichen Freibetrag fällt)*
exequatur Exequatur *f*, Bestätigung *f* eines Konsuls
exercise *v* üben, ausüben, wahrnehmen
exercise *v* **a remedy** ein Rechtsmittel einlegen; eine Abhilfemöglichkeit wahrnehmen
exercise *v* **a right** ein Recht ausüben
exercise *v* **an option** eine Option geltend machen
exercise *v* **discretion** Ermessen ausüben, Ermessensspielraum wahrnehmen
exercise *v* **the care of a reasonable businessman** die Sorgfalt eines ordentlichen Kaufmanns anwenden
exercise 1. Übung *f*, Ausübung *f*, Geltendmachung *f*; 2. Anwendung *f*, Gebrauch *m*
exercise of jurisdiction 1. Ausübung *f* der Gerichtsbarkeit; 2. *(VölkerR)* Ausübung *f* von Hoheitsrechten
exercise of power Machtausübung *f*
exhaust *v* erschöpfen, verbrauchen
exhausted *adj* erschöpft; verbraucht
exhaustion of (local) remedies Erschöpfung *f* der innerstaatlichen Rechtsmittel
exhaustive list erschöpfende Aufzählung *f*, vollständige Liste *f*
exhibit *v* 1. ausstellen; 2. beibringen, vorzeigen, darlegen *(Urkunde)*
exhibit 1. Ausstellungsstück *n*; 2. Beweisstück *n*; Beweisurkunde *f*; 3. Anhang *m*
exhibition Ausstellung *f*
exhume *v* exhumieren
exigency 1. Erfordernis *n*, Bedarf *m*, Bedürfnis *n*; 2. dringender Fall *m*; Notfall *m*
exile *v* verbannen
exile Exil *n*, Verbannung *f*
exist *v* existieren, bestehen
existence Existenz *f*, Bestehen *n*, Vorhandensein *n*
exitus *(Lat)* 1. Tod *m*; 2. *(ProzessR)* Ausgang *m (eines Verfahrens)*; 3. *(ZollR)* Ausfuhrzoll *m*
exonerate *v* entlasten, befreien
exoneration Entlastung *f*, Befreiung *f (von einer Verpflichtung)*
exoneration clause Freizeichnungsklausel *f*
exorbitant *adj* exorbitant, überhöht, übertrieben
expatriate *v* ausbürgern
expatriate 1. im Ausland lebende Person *f*; 2. Ausgebürgerter *m*; 3. ≈ Person, die ihre Staatsangehörigkeit aufgegeben hat
expatriate taxation Auslandsbesteuerung *f*
expatriation 1. Ausbürgerung *f*, Entziehung *f* der Staatsangehörigkeit; 2. Aufgabe *f* der Staatsangehörigkeit
expectancy Anwartschaft *f*
expectant rights *pl* Anwartschaftsrechte *npl*
expectation Erwartung *f*, Aussicht *f*
expectation damages *pl* Schadensersatz *m* wegen entgangenen Gewinns
expedience Zweckmäßigkeit *f*
expedite *v* beschleunigen; absenden, befördern
expel *v* ausschließen; vertreiben, ausweisen
expend *v* 1. ausgeben *(Geld)*; 2. aufwenden *(Mühe)*
expenditure Ausgaben *fpl*, Aufwendungen *fpl*, Kosten *pl*
expenses Ausgaben *fpl*, Aufwendungen *fpl*, Kosten *pl*, Spesen *pl*
experience *v* erfahren, erleiden
experience Erfahrung *f*; Sachkunde *f*
experienced *adj* erfahren; sachkundig
experiences *pl* Erfahrungen *fpl*
expert 1. Experte *m*, Fachmann *m*; 2. Sachverständiger *m*; Gutachter *m*
expert advice sachkundiger Rat *m*, fachmännische Beratung *f*
expert opinion Experteneinschätzung *f*, Meinung *f* des Gutachters, Sachverständigengutachten *n*
expert testimony 1. Sachverständigen-

aussage *f*; 2. Aussage *f* des sachverständigen Zeugen
expert witness ≈ sachverständiger Zeuge
expertise 1. Expertise *f*, Gutachten *n*; 2. Sachkenntnis *f*, Fachwissen *n*
expiration Ablauf *m*, Verfall *m*
expiration of a contract Vertragsablauf *m*, Vertragsende *n*
expiration of a policy Ablauf *m* [Ende *n*] der Versicherungspolice
expiration of a term Ablauf *m* [Ende *n*] der festgesetzten Zeit
expire *v* ablaufen, verfallen, außer Kraft treten
expiry *(BE)* Ablauf *m*, Verfall *m*, Ende *n*
expiry term Fristablauf *m*
explain *v* erklären, erläutern
explanation Erklärung *f*, Erläuterung *f*
explanatory *adj* erklärend, Erklärungs…
explicit *adj* 1. ausdrücklich; 2. klar, eindeutig
explicitly *adv* ausdrücklich
exploit *v* ausnutzen, ausbeuten, verwerten, missbrauchen
exploratory *adj* erforschend, ausforschend, Entdeckungs…, Ausforschungs…
explore *v* ausforschen, entdecken
explosive *adj* explosiv
explosive Sprengstoff *m*
export *v* exportieren, ausführen
export Export *m*, Ausfuhr *f*
export/import permit Ausfuhr-/Einfuhrerlaubnis *f*
expose *v* 1. aufdecken, enthüllen; 2. ausstellen; 3. aussetzen
exposure 1. Aufdeckung *f*, Enthüllung *f*; 2. Ausgesetztsein *n*
express *v* **authority** Autorität zum Ausdruck bringen
express *adj* 1. ausdrücklich, bestimmt; 2. eilend, Express…, Eil…
express agreement ausdrückliche Vereinbarung *f*
express authority ausdrückliche Vollmacht *f*
express condition ausdrücklich festgelegte Bedingung *f*
express contract ausdrücklicher Vertrag *m*
express malice ≈ ausdrückliche böse Absicht *(Vorsatzform im Strafrecht)*
express term 1. ausdrückliche Bedingung *f*; 2. ausdrückliche Frist *f*
express warranty ausdrückliche Zusicherung *f*, Garantie *f*
expressed *adj* ausgedrückt, lautend
expressly *adv* ausdrücklich
expropriate *v* enteignen
expropriation Enteignung *f*
expulsion 1. Ausweisung *f*; Zurückschiebung *f*; 2. *(VölkerR)* Vertreibung *f*; 3. *(VereinsR)* Ausschluss *m (eines Mitglieds)*; 4. Verweisung *f (von der Schule)*
expunge *v* löschen, streichen
extend *v* 1. erweitern, vergrößern; 2. verlängern, prolongieren *(Frist)*
extended *adj* erweitert
extended warranty verlängerte Gewährleistung *f*, erweiterte Gewährleistung *f*
extension 1. Erweiterung *f*, Vergrößerung *f*; Anbau *m*; 2. *(WechselR)* Verlängerung *f*, Prolongation *f*
extension clause *(VertragsR)* Verlängerungsklausel *f*
extensive *adj* extensiv, umfassend, weitgehend
extensive interpretation extensive Auslegung *f*
extent Umfang *m*, Ausmaß *n*, Grad *m*; Höhe *f*
extenuating *adj* mildernd
extenuation Milderung *f*, Abschwächung *f*
external *adj* 1. extern, außerbetrieblich; 2. außenwirtschaftlich
exterritorial *adj (VölkerR)* exterritorial
extinct *adj* erloschen, untergegangen
extinction Erlöschen *n*, Untergang *m*
extinguish *v* tilgen, löschen; erlöschen
extinguishment Tilgung *f*, Löschung *f*; Erlöschen *n*
extinguishment of a right Erlöschen *n* [Untergang *m*] eines Rechts
extinguishment of an easement Erlöschen *n* [Aufhebung *f*] einer Grunddienstbarkeit
extort *v* erpressen, erzwingen, abnötigen
extortion 1. Erpressung *f*, Erzwingung *f*, Nötigung *f*; 2. Wucher *m*
extortionate *adj* 1. erpresserisch; 2. wucherisch
extortionist Erpresser *m*
extract *v* 1. herausholen, herauspressen; 2. einen Auszug herstellen *(Dokument)*
extract Auszug *m (Register)*

extract from the land register Auszug *m* aus dem Grundbuch
extradite *v (VölkerR)* ausliefern *(zur Strafverfolgung)*
extradition *(VölkerR)* Auslieferung *f*
extrajudicial *adj* außergerichtlich
extraordinary *adj* außerordentlich
extraordinary general meeting *(EGM)* außerplanmäßige Hauptversammlung *f*, außerordentliche Hauptversammlung *f*
extraordinary meeting außerordentliche Sitzung *f*, Sondersitzung *f*
extraordinary resolution qualifizierter Mehrheitsbeschluss *m*
extraterritorial *adj* exterritorial
extremism Extremismus *m*
extremist *adj* extremistisch
extremist Extremist *m*
extrinsic *adj* 1. äußerlich; 2. unwesentlich, untergeordnet
eye witness Augenzeuge *m*

F

FAA *s.* Federal Aviation Administration
fabricate *v* fälschen, (frei) erfinden
fabrication Fälschung *f*, Lüge *f*, (freie) Erfindung *f*
fabrication of evidence Anfertigung *f* falscher Beweise, Anfertigung *f* falschen Beweismaterials
face *v* gegenüberstehen; zu rechnen haben
face *v* **a charge** einer Anklage entgegensehen; eine Klage zu erwarten haben; sich zu verantworten haben *(vor Gericht)*
face Aussehen *n* • **on the face** dem äußeren Anschein nach
face value Nominalwert *m*, Nennbetrag *m*
faciendum *(Lat)* etwas, das zu tun ist; zu Erledigendes
facilities *pl* 1. Erleichterungen *fpl*, Möglichkeiten *fpl*, Vorteile *mpl*; 2. Anlagen *fpl*, Betriebseinrichtungen *fpl*, Vorrichtungen *fpl*
facsimile Faksimile *n*, Fax *n*
fact Tatsache *f*, Umstand *m*
fact-finding *adj* Untersuchungs...
faction Gruppierung *f*, Gruppe *f*, Randgruppe *f*, Fraktion *f*, Parteigruppe *f*, Parteiflügel *m*
factionalism Parteigeist *m*, Flügelbildung *f*
factor 1. Faktor *m*, (beeinflussender) Umstand *m*, (bestimmende) Ursache *f*; 2. Factor *m*, Factoringgesellschaft *f*; Absatzfinanzierer *m*; 3. Verkaufskommissionär *m*
factorage 1. Entgelt *n* des Factors; 2. Kommissionsgebühr *f*, Kommissionsgeschäft *n*
factoring Ankauf *m* von Warenforderungen, Absatzfinanzierung *f*, Factoring *n*
factorize *v* 1. faktorisieren; 2. *(AE)* eine Forderung gegen den Drittschuldner pfänden
factory 1. Fertigungsanlage *f*, Fabrik *f*, Werk *n*; 2. *(slang)* Polizeistation *f*, Polizeiwache *f*
facts *pl* Sachverhalt *m*, Tatbestand *m*
facts *pl* **of a case** Tatbestand *m*, Sachverhalt *m*
factual *adj* tatsächlich, Sach..., Tatsachen...
factum *(Lat)* 1. Handlung *f*; 2. gesiegelte Urkunde *f*; 3. Testamentserrichtung *f*
facultative *adj* freigestellt, fakultativ, dem Ermessen überlassen
faculty 1. Befähigung *f*, Können *n*; 2. Befugnis *f*, Erlaubnis *f*
faculty of law juristische Fakultät *f*
fail *v* 1. unterlassen, versäumen; 2. fehlschlagen, scheitern, nicht zustande kommen; 3. zahlungsunfähig werden, insolvent werden
fail *v* **to fulfil(l) a duty** seine Pflicht vernachlässigen
failing Versagen *n*, Unvermögen *n*, Scheitern *n*, Nichtvorhandensein *n*
failure 1. Unterlassung *f*, Versäumnis *n*; 2. Fehlschlag *m*, Scheitern *n*, Erfolglosigkeit *f*
failure of consideration Mangel *m* der Gegenleistung
failure of issue Nichtvorhandensein *n* von Abkömmlingen, Erbenlosigkeit *f*
failure of marriage Scheitern *n* der Ehe
failure to follow instructions Nichteinhaltung *f* von Anweisungen
failure to meet obligations Zahlungsunfähigkeit *f*, Zahlungseinstellung *f*
failure to perform Nichterfüllung *f*, mangelnde Erfüllung *f (Vertrag)*
failure to provide maintenance Unterhaltspflichtverletzung *f*

fair *adj* billig, angemessen; fair
fair and equitable recht und billig
fair dealing redliches Verhalten *n*, Kulanz *f* *(Geschäftsverkehr)*
Fair Labor Standards Act *(FLSA) (AE)* Gesetz *n* für angemessene Arbeitsbedingungen
fair preponderance of the evidence *(AE)* überwiegendes Beweisergebnis *n*
fair trading lauterer Wettbewerb *m*; Freihandel *m*
fair use *(UrheberR)* ≈ angemessene Verwendung *(Lehre, die bestimmte, eigentlich nicht autorisierte Nutzungen geschützten Materials erlaubt, soweit diese die öffentliche Bildung und die Schaffung geistigen Eigentums fördern)*
fair use rule Regel *f* des angemessenen Gebrauchs
fait accompli *(Fr)* vollendete Tatsache *f*
faith Glauben *m* • **in bad faith** bösgläubig, unredlich, wider Treu und Glauben • **in good faith** gutgläubig, in gutem Glauben; nach Treu und Glauben
faithful *adj* gläubig; gewissenhaft, zuverlässig, loyal
fake Betrug *m*, Fälschung *f*, Nachahmung *f*
fall *v* 1. fallen, sinken, zurückgehen; 2. gestürzt werden *(Regierung)*
fall Fallen *n*, Sinken *n*, Sturz *m*; Rückgang *m (Kurs)*
fallback *adj* Notfall...
fallback Reserve *f*, Rückhalt *m*
fallen *adj* eine Niederlage erlitten habend; überstimmt
false *adj* unrichtig, unwahr, unecht, gefälscht, fehlerhaft; unrechtmäßig
false arrest unberechtigte Festnahme *f*, Freiheitsberaubung *f*
false evidence Falschaussage *f*
false imprisonment Freiheitsberaubung *f*, ungesetzliche Haft *f*
false markings *pl* falsche Bezeichnungen *fpl*, gefälschte Kennzeichen *npl*
false oath Meineid *m*
false representation unrichtige Angaben *fpl*, arglistige Täuschung *f*
false verdict Fehlurteil *n*
false witness Falschaussage *f*, falsches Zeugnis *n*
falsehood Unwahrheit *f*, Lüge *f*
falsely *adv* falsch, fälschlich
falsify *v* nachahmen, fälschen, verfälschen, falsch darstellen; als falsch nachweisen
falsify *v* **accounts** Bücher [Abrechnungen] fälschen
falsify *v* **evidence** Beweise (ver)fälschen
familiarize *v* sich einarbeiten
family Familie *f*
family allowance Familienzuschlag *m*, Familienbeihilfe *f*, Familienunterstützung *f*
Family and Medical Leave Act *(FMLA) (AE) (ArbeitsR)* ≈ Gesetz, das einem Arbeitnehmer unbezahlten Urlaub wegen schwerwiegender gesundheitlicher Probleme oder wegen der Pflege für ein neues Kind gewährt
family company Familiengesellschaft *f*
family court Familiengericht *n*
family dependant Familienangehöriger *m*
Family Division *(BE)* ≈ Abteilung des High Court of Justice für Ehesachen, Mündelsachen, Adoptionen und nichtstreitige Ehesachen
family law Familienrecht *n*
family pot trust *(AE)* Family Pot Trust *m*
family reunification Familienzusammenführung *f*
family trust Familienstiftung *f*
FAQ *s.* frequently asked questions
f.a.s. *s.* federal accounting standards
fast track 1. schnellster Weg *m (fig.)*; 2. *(BE)* Schnellverfahren *n*, Eilverfahren *n* *(Gericht)*
fatal *adj* tödlich, todbringend, mit tödlichem Ausgang, mit Todesfolge
fatality Todesfall *m*, Todesopfer *n*; Verkehrstod *m*
fault 1. Mangel *m*, Fehler *m*; 2. Schuld *f*, Fahrlässigkeit *f*, Fehlverhalten *n* • **be at fault** einem Irrtum erliegen, schuldhaft handeln
fault-based liability Verschuldenshaftung *f*, verschuldensabhängige Haftung *f*
fault divorce/no ≈ verschuldensunabhängige Scheidung, ≈ Scheidung nach dem Zerrüttungsprinzip
faulty *adj* mit einem Fehler behaftet, fehlerhaft, mangelhaft
faulty design Fehlkonstruktion *f*, Konstruktionsfehler *m*
faulty execution mangelhafte Ausführung *f*
faulty goods *pl* schlechte [mangelhafte] Waren *fpl*
favor *v (AE) s.* favour

favor *(AE) s.* favour
favorable *(AE) s.* favourable
favoritism *(AE) s.* favouritism
favour *v (BE)* bevorzugen, unterstützen, begünstigen
favour *v* **a party** *(BE)* eine Partei begünstigen
favour *(BE)* 1. Vorzug *m*, Privileg *n*, Vergünstigung *f*; 2. Nachsicht *f*
favourable *adj (BE)* positiv, günstig, aktiv *(Bilanz)*; bejahend, zustimmend
favouritism *(BE)* Begünstigung *f*, Protektionswirtschaft *f*, Vetternwirtschaft *f*
FBI *s.* Federal Bureau of Investigation
FDA *s.* Food and Drug Administration
feasance *(AE)* Erfüllung *f*
feasibility Durchführbarkeit *f*, Realisierbarkeit *f*
feasibility study Machbarkeitsstudie *f*, Durchführbarkeitsstudie *f*
federal *adj* bundesstaatlich, föderalistisch, zum Bund gehörend, Bundes...
federal accounting standards *(f.a.s.)* Grundsätze *mpl* ordnungsgemäßer Rechnungslegung
federal agency Bundesbehörde *f*
Federal Aviation Administration *(FAA)* Bundesluftfahrtbehörde *f*
Federal Bureau of Investigation *(FBI)* FBI *n*, ≈ Bundeskriminalamt, BKA
federal court Bundesgericht *n*
federal form of government föderale Regierungsform *f*
federal holiday allgemeiner [nationaler] Feiertag *m*
federal jurisdiction Bundesgerichtsbarkeit *f*; Zuständigkeit *f* der Bundesgerichte
federal law Bundesgesetz *n*
federal marshal *(AE)* ≈ Vollstreckungsbeamter der Bundesgerichte mit den Funktionen eines Sheriffs
federal question bundesstaatliche Frage *f*
federal reserve system Zentralbanksystem *n*
federal tax *(AE)* Bundessteuer *f*
Federal Trade Commission *(FTC) (AE)* ≈ Bundesbehörde zur Bekämpfung des unlauteren Wettbewerbs und zur Durchführung der Kartellgesetze
federation 1. Föderation *f*, Staatenbund *m*; 2. Verband *m*, Vereinigung *f*
fee 1. Gebühr *f*, Abgabe *f*; 2. Honorar *n*, Vergütung *f*
fee simple unbeschränktes Eigentum *n*
fee tail gebundenes Grundeigentum *n*, Fideikommiss *m*
fees and costs *pl* Gebühren *fpl* und Kosten *pl*
fellowship 1. Gesellschaft *f*, Genossenschaft *f*; 2. ≈ Status eines Fellows *(Universität)*
felon Täter *m*, Verbrecher *m*
felonious *adj* 1. arglistig, vorsätzlich; 2. verbrecherisch, verräterisch, bösartig
felony Kapitalverbrechen *n*, Schwerverbrechen *n*
feminist Feminist *m*, Feministin *f*, Frauenrechtler *m*, Frauenrechtlerin *f*
fence *v* 1. einzäunen, umfrieden; 2. *(slang)* mit Hehlerware handeln; Hehler sein
fence 1. Zaun *m*, Einfriedung *f*; 2. *(slang)* Aufbewahrungsort *m* für Diebesgut [Hehlerware]; Hehler *m*; 3. Debattierkunst *f*
fiat 1. richterliche Verfügung *f*, gerichtliche Anordnung *f*; 2. Zustimmung *f*, Bestätigung *f*, Ermächtigung *f*
fiction Fiktion *f*
fictitious *adj* angenommen, fiktiv; nachgemacht, verfälscht, fingiert, scheinbar, Schein...
fiduciary *adj* treuhänderisch, anvertraut, fiduziarisch
fiduciary Treuhänder *m*, Betrauter *m*, Vermögensverwalter *m*, Vertrauensperson *f*
fiduciary duty Pflicht *f* des Treuhänders, Treuepflicht *f*
fiduciary loan ungesicherter Kredit *m*, Personalkredit *m*
fiduciary relationship Treuhandverhältnis *n*, Vertrauensverhältnis *n*
fieri facias *(Lat)* 1. Pfändungsanordnung *f*; 2. Vollstreckungsauftrag *m*
file *v* 1. einreichen, vorlegen; 2. registrieren, gerichtlich eintragen lassen; 3. abheften, ablegen, zu den Akten nehmen
file *v* **a claim** einen Anspruch geltend machen, eine Forderung anmelden
file *v* **a judgment** ein Urteil einreichen, ein Urteil eintragen lassen *(zwecks Zwangsvollstreckung)*
file *v* **a law suit** eine Klage erheben [einreichen, anstrengen], jmdn. verklagen
file *v* **an action** Klage erheben, Klage einreichen
file 1. Akte *f*, Aktenstück *n*; 2. Registratur *f*;

Aktenablage *f*; Datei *f*; Vorgang *m*, Liste *f*, Verzeichnis *n*
file number Aktenzeichen *n*, Geschäftszeichen *n*
filibuster *(AE)* Verschleppungstaktik *f*, Obstruktion *f*
filing 1. Einreichung *f*, Vorlage *f*; 2. Registrierung *f*; 3. Aktenablage *f*, Einordnung *f*
filing date Datum *n* der Einreichung, Anmeldedatum *n*
film piracy Raubkopieren *n* von Filmen
filtering software Filtersoftware *f*
final *adj* 1. endgültig, letzter; 2. unabänderlich, rechtskräftig
final beneficiary endgültiger Begünstigter *m*, Endbegünstigter *m (Person oder Institution, die nach dem Tod eines auf Lebenszeit Begünstigten eines Trusts, das Trustvermögen bekommt)*
final order Endverfügung *f*, Abschlussverfügung *f*
finalize *v* erledigen, endgültig abschließen; festlegen, fixieren
finally *adv* endlich; endgültig, rechtskräftig
finance *v* finanzieren, Geld bereitstellen, mit Geld versehen, Geldgeschäfte machen
finance Finanzen *pl*, Finanzwesen *n*, Geldwirtschaft *f*
finance committee Finanzausschuss *m*, Investitionsausschuss *m*
financial *adj* finanziell, fiskalisch, materiell, Finanz..., Geld..., das Vermögen betreffend
financial benefit Vermögensvorteil *m*, finanzielle Zuwendung *f*
financial guardian ≈ Person, die vom Gericht zur Sorge über das Vermögen eines Minderjährigen ernannt wird; ≈ Vermögenspfleger *(für einen Minderjährigen)*
financial harm Vermögensschaden *m*
financial institution Finanzinstitut *n*, Geldinstitut *n*, Kreditinstitut *n*
financial statement Bilanz *f*, Jahresabschluss *m*
financial year Geschäftsjahr *n*, Wirtschaftsjahr *n*
financially *adv* finanziell, in pekuniärer Hinsicht
find *v* 1. finden; 2. feststellen, ermitteln; 3. für Recht erkennen, urteilen; 4. *(slang)* klauen, organisieren
find Fundgegenstand *m*
findings *pl* Feststellungen *fpl*, Entscheidung *f*, Urteil *n*, Ermittlungsergebnis *n*
fine *v* zu einer Geldstrafe verurteilen, auf Geldstrafe erkennen, mit einer Geldbuße belegen
fine *adj* fein, gut, rein, hervorragend
fine 1. Geldstrafe *f*, Geldbuße *f*, Ordnungsgeld *n*; Bußgeld *n*; 2. Pauschalzahlung *f*, Reugeld *n*
fineprint Kleingedrucktes *n*
fingerprint *v* Fingerabdrücke abnehmen
fingerprint Fingerabdruck *m*
fire *v* 1. in Brand stecken, anzünden; 2. entlassen, hinauswerfen
fire Feuer *n*, Brand *m*
firearm Schusswaffe *f*, Feuerwaffe *f*
Fireman's Rule *(AE)* ≈ Regel, dass professionelle Helfer (z. B. Feuerwehrleute) keine deliktischen oder sonstigen Ansprüche gegenüber den Verursachern der Hilfssituation geltend machen können
firing 1. Brennmaterial *n*; 2. Entlassung *f*
firm *v* fest sein, sich festigen, anziehen *(Kurse)*
firm *adj* fest, stabil, unveränderlich; entschlossen, bestimmt
firm Geschäft *n*, Unternehmen *n*, Gesellschaft *f*; Firmenname *m*
firm offer festes Angebot *n*, Angebot *n* zum festen Preis
first *adj* erster *(in der Reihenfolge)*; erstklassig
first-class *adj* erstklassig, erstrangig
first-degree mit sehr guter Note erworbener erster akademischer Grad *m*
first-degree murder Mord *m* ohne mildernde Umstände
first instance *adj* erstinstanzlich
first instance erste Instanz *f*
first mortgage erst(stellig)e Hypothek *f*, erstrangige Hypothek *f*
first offence *(BE)* Straftat *f* eines Ersttäters
first offender Ersttäter *m*; nicht Vorbestrafter *m*
first offense *(AE) s.* first offence
first option Vorkaufsrecht *n*, Vorhand *f*
first paper *(AE)* vorläufige Einbürgerungspapiere *npl*
first ranking mortgage erstrangige Hypothek *f*, Hypothek *f* an erster Rangstelle
first refusal Vorkaufsrecht *n*, Option *f*
fiscal *adj* steuerlich, fiskalisch, steuer-

rechtlich, finanzpolitisch, Finanz..., Steuer...
fiscal reform Steuerreform *f*, Finanzreform *f*
fiscal year Geschäftsjahr *n*, Haushaltsjahr *n*, Steuerjahr *n*
fishing expedition *(colloq.)* Beweisantrag *m* zur Ausforschung
fit *adj* fähig, tauglich, qualifiziert, geeignet
fit state for purpose zweckgerechter Zustand *m*
fitness Befähigung *f*, Tauglichkeit *f*, Qualifikation *f*, Eignung *f*
fitness for a particular purpose Tauglichkeit *f* zum vertraglichen Gebrauch
fitness for purpose 1. Eignung *f*; 2. zugesicherte Eigenschaft *f*
fix *v* 1. festlegen, festsetzen, anberaumen; 2. *(ugs.)* bestechen, manipulieren, Rauschgift verkaufen, fixen
fixed *adj* 1. festgelegt, fix; 2. *(slang)* manipuliert, bestochen; 3. *(WechselR)* ohne Respekttage
fixed assets *pl* Anlagevermögen *n*, Anlagegüter *npl*
fixed charge Globalverpfändung *f*; Pfandrecht *n* an einem bestimmten Warenlager
fixed costs *pl* feste Kosten *pl*, Fixkosten *pl*
fixed date fester Zeitpunkt *m*, Termin *m*
fixed income festes Einkommen *n*; ständige Einkünfte *pl*
fixed term agreement befristeter Vertrag *m*, Vertrag *m* mit fester Laufzeit
fixed term contract befristeter Vertrag *m*, Zeitvertrag *m*
fixed term lease Miet- oder Pachtvertrag *m* auf eine bestimmte Dauer
fixing 1. Aufstellen *n*, Montage *f*; 2. Festsetzung *f*, Festlegung *f (besonders eines Kurses oder eines Zinssatzes)*; Fixing *n*
fixture (festes) Inventar *n*, Bestandteil *m*, Zubehör *n*
flag Flagge *f*, Fahne *f*, Merker *m*, Kennzeichen *n*
flag of convenience Billigflagge *f*, Gefälligkeitsflagge *f*
flagging *adj* nachlassend, sich abschwächend
flagging Abschwächung *f*
flagrant *adj* offensichtlich, schreiend, flagrant
flagrante delicto *(Lat)* in flagranti, auf frischer Tat
flat *adj* 1. pauschal, einheitlich, gleichmäßig; 2. lustlos *(Kurse)*
flat fee Pauschalgebühr *f*, Pauschalhonorar *n*, fester Preis *m*
flat rate Pauschalsatz *m*, einheitlicher Steuersatz *m*, Pauschaltarif *m*
flat rate payment Flatratevertrag *m*, Vertrag *m* mit Pauschalpreis
flaw 1. Fehler *m*, Mangel *m*, Manko *n*; 2. Formfehler *m*
fleet Flotte *f*, Marine *f*; Fahrzeugpark *m*
flexibility Anpassungsfähigkeit *f*, Flexibilität *f*, Elastizität *f*
flexible *adj* anpassungsfähig, flexibel, modifizierbar
flight Luftfahrt *f*; Flug *m*, Fliegen *n*; Flucht *f*
float *v* wechseln, nicht gebunden sein, sich nicht festlegen; im Umlauf sein; auf den Markt bringen
float schwebende Geschäfte *npl*; freigegebener Wechselkurs *m*; Wertstellungsdifferenz *f (bei Überweisungen)*
floater 1. (häufiger) Wechsler *m (Wohnsitz, Arbeitsplatz)*; parteiloser Politiker *m*, schwankender Wähler *m*; 2. *(BörsenR)* Anleihe *f* mit wechselndem Zinssatz
floating *adj* freigegeben, schwankend
floating Wechselkursfreigabe *f*, Floaten *n*; Begebung *f* einer Anleihe
floating capital Umlaufvermögen *n*; flüssiges Kapital *n*
floating charge Globalverpfändung *f*; Pfandrecht *n* an wechselnden Vermögensinbegriffen *(eintragungsbedürftig)*
floating lien Höchstbetragshypothek *f*
flood *v* überschwemmen, überfluten
flood Fülle *f*, Menge *f*; Überschwemmung *f*, Überflutung *f*, Hochwasser *n*, Welle *f*, Schwemme *f*
floor 1. Mindestverzinsung *f*; 2. Börsensaal *m*; 3. *(AE)* Sitzungssaal *m*; Plenum *n*, Abgeordnete *mpl (Parlament)* • **give the floor** das Wort erteilen *(Parlament)* • **take the floor** das Wort ergreifen *(Parlament)*
flotation Börsengang *m*, Inumlaufsetzung *f*, Begebung *f (von Wertpapieren)*
flotsam Treibgut *n*, Wrackgut *n*, Seetrift *f (Seerecht)*
flout *v* sich hinwegsetzen, ignorieren, missachten, verspotten
FLSA *s.* Fair Labor Standards Act

fluctuate *v* fluktuieren, schwanken, sich verändern
FMLA *s.* Family and Medical Leave Act
f.o.b. *s.* free on board
follow *v* 1. folgen, sich ergeben aus; befolgen, ausüben, betreiben; 2. anstreben, verfolgen; 3. verstehen, erfassen, begreifen
follow *v* **the letter of the law** das Gesetz buchstabengetreu auslegen, das Gesetz nach dem Wortsinn auslegen, formalrechtlich argumentieren
follow *v* **up** nachgehen, folgen lassen, weiter verfolgen, nachfassen
follow-up *adj* nachfolgender, anschließender, weiterer
follow-up Weiterverfolgung *f*, Anschlusstätigkeit *f*, Nachbereitung *f*
Food and Drug Administration *(FDA)* Nahrungs- und Arzneimittelbehörde *f*
forbear *v* 1. unterlassen, keinen Gebrauch machen, absehen von, entsagen; 2. nachsichtig behandeln
forbearance 1. Unterlassung *f (der Geltendmachung eines Rechts)*; Stundung *f*, Zahlungsaufschub *m*; 2. Nachsicht *f*
forbears *pl* Vorfahren *mpl*, Ahnen *mpl*
forbid *v* untersagen, verbieten, unmöglich machen, verhindern
force *v* zwingen, erzwingen, mit Gewalt erreichen, nötigen, vergewaltigen
force Gewalt *f*, Kraft *f*, Zwang *m* • **be in force** in Kraft, (rechts)gültig sein, gelten
force majeure höhere Gewalt *f*
forced *adj* erzwungen, gezwungen, Zwangs…
forced share *(ErbR)* Pflichtteil *m*
forcible *adj* zwingend, erzwungen, zwangsweise; überzeugend
forcible ejection *(MietR)* Zwangsräumung *f*
forebears *pl s.* forbears
forecast Vorausplanung *f*, Vorausberechnung *f*, Vorhersage *f*, Voraussage *f*, Prognose *f*
foreclose *v* ausschließen, hindern; für verfallen erklären *(Hypothek)*
foreclosure Ausschluss *m*, Präklusion *f*, Verfallserklärung *f*, Vollstreckbarerklärung *f (einer Hypothek)*
forego *v* verzichten *(auf ein Recht)*
foreign *adj* fremd, ausländisch, auswärtig, nicht ansässig; von einem anderen Gericht abhängig
foreign attachment Beschlagnahme *f* auswärtigen Eigentums
foreign corporation ausländische Kapitalgesellschaft *f*
foreign currency ausländische Währung *f*, Fremdwährung *f*, Devisen *pl*
foreign exchange Devisen *pl*, Valuta *f*, ausländische Zahlungsmittel *npl*; Devisenkurs *m*
foreign exchange dealing Devisenverkehr *m*, Devisenhandel *m*, Devisenverkauf *m*
foreign holding Auslandsbesitz *m*
foreign jurisdiction ausländische Gerichtsbarkeit *f*
foreign law ausländisches Recht *n*; ausländisches Gesetz *n*
foreign trade Außenhandel *m*
foreigner Fremder *m*, Ausländer *m*
foreman Vorarbeiter *m*, Aufseher *m*; Obmann *m*, Sprecher *m*, Wortführer *m*
forensic *adj* gerichtlich, gerichtsmedizinisch, forensisch, Gerichts…
foresee *v* vorhersehen
foreseeability Vorhersehbarkeit *f*
foresight Vorhersehen *n*; Vorsorge *f*, Fürsorge *f*
forfeit *v* 1. beschlagnahmen, konfiszieren, einziehen, kaduzieren; 2. verlieren, (etw.) verlustig gehen *(z. B. eines Rechts oder eines Anspruchs)*
forfeit of a right Rechtsverlust *m*
forfeiture 1. Vermögensbeschlagnahme *f*, Verfall *m*, Einziehung *f*; Geldstrafe *f*, Geldbuße *f*; 2. Verwirkung *f*, Verlust *m (als Folge einer Handlung)*
forfeiture of a right Rechtsverlust *m*, Verwirkung *f* eines Rechts
forfeiture of bail Verfall *m* einer Kaution
forge *v* fälschen, verfälschen, nachmachen
forger Fälscher *m*, Urkundenfälscher *m*
forgery Fälschung *f*, Verfälschung *f*, Urkundenfälschung *f*, Falsifikat *n*
forgery of an instrument Urkundenfälschung *f*
forget *v* vergessen, verlernen
forgive *v* erlassen; entschuldigen, vergeben
form *v* gründen, konstituieren; ausbilden, schulen, trainieren
form 1. Formblatt *n*, Vordruck *m*, Formular *n*; 2. Form *f*, Förmlichkeit *f*, Formalität *f*; 3. *(BE; ugs.)* Vorstrafenregister *n*

formal *adj* 1. in gehöriger Form, förmlich, formell, formbedürftig; 2. ausdrücklich; 3. gesetzlich, gültig
formality Formvorschrift *f*; Formalität *f*, Förmlichkeit *f*
formation of a contract Vertragsschluss *m*, Zustandekommen *n* eines Vertrages
former *adj* früher, ehemalig, vorerwähnt
formerly *adv* früher
formulate *v* festlegen, aufstellen, formulieren, ausarbeiten
forth/and so et cetera, und so weiter
forthcoming *adj* bevorstehend
forthwith *adv* sofort, unverzüglich, umgehend
fortnight 14 Tage
fortuitous *adj* zufällig
forum 1. Forum *n*; örtliche Zuständigkeit *f*; 2. Gericht *n*, Gerichtshof *m*
forum non conveniens *(Lat) (IPR)* Forum non conveniens *(ins freie Ermessen des grundsätzlich zuständigen Gerichts gestellte Entscheidung, gegebenenfalls über eine Angelegenheit nicht zu entscheiden, wenn ein anderes Forum geeigneter oder sachnäher ist)*
forum selection clause Gerichtsstandvereinbarung *f*
forum shopping Wahl *f* des (für den Kläger günstigsten) Gerichtsstandes; Zuständigkeitserschleichung *f*, Forum shopping *n*
forward *v* 1. schicken, absenden, übersenden, nachsenden; 2. fördern, unterstützen
forward *adj* späterer, auf Ziel; fortschrittlich
forwarded *adj (fwd)* 1. weitergeleitet, nachgesandt; 2. verschickt; 3. übergeben
forwarder Absender *m*; Beförderer *m*, Spediteur *m*
forwarding Beförderung *f*, Versendung *f*, Absendung *f*, Nachsendung *f*
forwarding agent Spediteur *m*
foster *v* begünstigen; pflegen, fördern
foster *adj* Pflege…, Adoptions…
foster child Pflegekind *n*
foster parents *pl* Pflegeeltern *pl*
foul *adj* unsauber, voller Druckfehler; unehrlich, infam, schändlich
found *v* stiften, errichten; gründen, die Grundlage legen
foundation 1. Gründung *f*, Errichtung *f*; 2. Stiftung *f*; 3. *(fig.)* Grundlage *f*
founder Gründer *m*, Stifter *m*
four-corners rule ≈ Grundsatz, dass eine unzweideutig formulierte Urkunde nicht aufgrund von in ihr nicht enthaltenen Gesichtspunkten ausgelegt werden darf
frame *v* formen, bilden; abfassen, formulieren
frame(work) Rahmen *m*, Form *f*, Struktur *f*, System *n*, Verfassung *f*
framework agreement Rahmenvereinbarung *f*
framing Rahmenwerk *n*
franchise *v* konzessionieren; lizenzieren
franchise 1. Konzession *f*, Lizenz *f*, Lizenzbetrieb *m*; 2. Wahlrecht *n*, Stimmrecht *n*; 3. Bürgerrecht *n*, Grundrecht *n*, Freiheit *f (z. B. von Abgaben)*
franchise tax Konzessionssteuer *f*, Konzessionsabgabe *f*
franchisee ≈ Inhaber einer Konzession *(= franchise)*; Franchisenehmer *m*, Konzessionär *m*, Lizenznehmer *m*
franchiser 1. ≈ Ausgeber einer Konzession *(= franchise)*; 2. stimmberechtigter Bürger *m*
franchising ≈ Erteilung einer Konzession *(= franchise)*; Konzessionierung *f*, Lizenzvertretung *f*
franchisor *s.* franchiser
frank *v* frankieren, freistempeln
frank *adj* 1. kostenlos; 2. privilegiert, ausgenommen
fraternity Bruderschaft *f*, Studentenverbindung *f*
fraud 1. *(ZivilR)* arglistige Täuschung *f*, Irreführung *f*; 2. *(StrafR)* Betrug *m*
fraud in the execution Erfüllungsbetrug *m*, Betrug *m* bei der Ausführung
fraud squad Betrugsdezernat *n*
fraudulent *adj* betrügerisch, arglistig, bösgläubig, dolos
fraudulent abstraction Unterschlagung *f*
fraudulent conversion betrügerische Aneignung *f*, Unterschlagung *f*, Veruntreuung *f*
fraudulent intent betrügerische Absicht *f*, Täuschungsabsicht *f*
fraudulent misrepresentation arglistige Täuschung *f*; Vorspiegelung *f* falscher Tatsachen
fraudulent trading betrügerisches Geschäftsgebaren *n*, betrügerische Be-

triebsfortführung *f*; Kundenbenachteiligung *f*
fraudulently *adv* durch Betrug, in betrügerischer Weise
free *adj* 1. allgemein zugänglich, öffentlich; 2. frei, gratis, kostenlos, gebührenfrei; 3. frei, freigelassen, unabhängig, ungebunden, unbesetzt, uneingeschränkt
free from any encumbrance lastenfrei, schuldenfrei
free from defect mangelfrei
free of charge kostenlos, gratis, unentgeltlich; gebührenfrei, kostenfrei, spesenfrei
free on board *(f.o.b.)* frei an Bord *(Incoterms)*
free-professional *adj* freiberuflich
free software *s.* open source software
free trade Freihandel *m*
free will Willensfreiheit *f*, freier Wille *m*
freedom 1. Freiheit *f*, Willensfreiheit *f*; Unabhängigkeit *f*, Selbstbestimmung *f*; 2. freier Zutritt *m*, ungehinderte Benutzung *f*
freedom of association Vereinigungsfreiheit *f*, Koalitionsfreiheit *f*
freedom of movement of persons, goods, services and capital Personen-, Waren-, Dienstleistungs- und Kapitalfreizügigkeit *f*
freedom of religion Religionsfreiheit *f*
freedom of speech Redefreiheit *f*; Recht *n* der freien Meinungsäußerung
freedom of the press Pressefreiheit *f*
freehold *adj* frei verfügbar *(Grundstück)*
freehold unbeschränktes Eigentum *n (an einem Grundstück)*
freehold estate ≈ Grundstück in unbeschränktem Eigentum
freeholder unbeschränkter Eigentümer *m*
freelance *adj* freiberuflich, freischaffend, selbstständig
freelancer Freiberufler *m*; freier Mitarbeiter *m*
freely *adv* frei *(z. B. verfügbar, erhältlich usw.)*
freeware Freeware *f*, kostenlose Software *f*
freeze *v* auf eine bestimmte Höhe begrenzen, einfrieren *(Preise)*; sperren, beschlagnahmen, blockieren *(Konten)*
freeze-out *v* ausschließen, kaltstellen
freezing Begrenzung *f*, Einfrieren *n*, Blockierung *f*
freezing injunction *(BE)* vorläufiges Verfügungsverbot *n*
freezing order ≈ dinglicher Arrest
freight 1. Fracht *f*, Ladung *f*; 2. Frachtgebühr *f*, Frachtkosten *pl*
freight forwarder Spediteur *m*
freightage Frachtgebühr *f*, Frachtkosten *pl*
frequency Frequenz *f*, Häufigkeit *f*
frequently asked questions *pl (FAQ) (InternetR)* FAQ, häufig gestellte Fragen *fpl*
fresh *adj* neu, frisch, gerade eingetroffen; unerfahren
fresh evidence neu aufgefundenes Beweismaterial *n*
fresh issue neue Serie *f*
fresh pursuit sofortige Verfolgung *f*
friendly takeover freundliche Übernahme *f (eines Unternehmens)*
fringe *adj* an Rande, an der Grenze, von untergeordneter Bedeutung, Neben…, Grenz…
fringe benefits *pl* Nebenleistungen *fpl (beim Lohn)*; Nebenvergünstigungen *fpl*; Zusatzleistungen *fpl*
frivolous *adj* leichtfertig, schikanös, nicht stichhaltig, geringfügig
frivolous litigation unbegründete Klageerhebung *f*, aussichtslose Klageerhebung *f*
frolic Scherz *m*
frontier Grenze *f (eines Landes, der Zivilisation usw.)*; Staatsgrenze *f*
frontman Strohmann *m*
frozen *adj* eingefroren, blockiert, gesperrt, begrenzt
fructus naturales *(Lat)* Bodenfrüchte *fpl*
fruits *pl* **of crime** bei der Straftat erlangte Gegenstände *mpl*
frustrate *v* zunichte machen, zum Scheitern bringen, vereiteln, verhindern, (nachträglich) unmöglich machen, durchkreuzen
frustrating event ≈ Ereignis, das den Vertrag nachträglich unmöglich macht
frustration Vereitelung *f*, Verhinderung *f*; (objektive) Unmöglichkeit *f*, Leistungshindernis *n (bei Verträgen)*
FTC *s.* Federal Trade Commission
fugitive Flüchtling *m*, Ausbrecher *m*
fulfil *v (BE)* erfüllen, ausführen, durchführen, vollenden

fulfill *v (AE) s.* fulfil
fulfillment *(AE) s.* fulfilment
fulfilment *(BE)* Erfüllung *f*, Ausführung *f*, Durchführung *f*
full *adj* voll, vollständig • **in full** in vollem Umfang, ungekürzt, vollständig
full age Volljährigkeit *f*, Mündigkeit *f*
full court Plenum *n*; mit allen Richtern besetztes Gericht *n*
full employment Vollbeschäftigung *f*
full faith and credit clause *(AE)* ≈ Prinzip der vollen Würdigung und Anerkennung *(Art. 4 Abs. 1 der Bundesverfassung)*
full payment vollständige Bezahlung *f*, voller Lohn *m*, volles Gehalt *n*
full warranty umfassende Gewährleistung *f*
fully paid *adj* voll eingezahlt
function *v* funktionieren; tätig sein; ausüben *(ein Amt)*; amtieren
function Funktion *f*, Amt *n*, Amtseigenschaft *f*, amtliche Aufgabe *f*; Veranstaltung *f*, Feier *f*
functional *adj* funktionell, amtlich, dienstlich
functionary Funktionär *m*, Amtsträger *m*, Amtsinhaber *m*
functus officio *(Lat)* in ein Amt gewählte Person *f*, deren Amtsperiode beendet ist; Mittel *n*, das seinen Zweck erfüllt hat
fund *v* 1. finanzieren; bezahlen *(Schulden)*; 2. anlegen, investieren; 3. in Staatsanleihen anlegen
fund Sondervermögen *n*, Kapital *n*, Geldsumme *f*, Kasse *f (z. B. Sterbekasse)*; Fonds *m*
fundamental *adj* grundlegend, tiefgreifend, elementar, wesentlich
fundamental breach wesentliche Vertragsverletzung *f*
fundamental right Grundrecht *n*
funding Konsolidierung *f (Schulden)*; Anlage *f* in Staatspapieren
funding a trust Einbringung *f* von Vermögen in einen Trust; Trustfinanzierung *f*
funding options *pl* Finanzierungsoptionen *fpl*
funds *pl* Staatsanleihen *fpl*; Geldmittel *pl*, Gelder *npl*, Rücklagen *fpl*
funeral Beerdigung *f*, Bestattung *f*
fungible *adj* austauschbar, vertretbar, ersetzbar, fungibel
fungible goods *pl* Gattungssachen *fpl*, vertretbare Sachen *fpl*
fungibles *pl* Gattungssachen *fpl*, vertretbare Sachen *fpl*
furnish *v* versehen mit, beliefern, versorgen
furnish *v* **good title** einen einwandfreien Rechtstitel beschaffen *(Grundstücksverkehr)*
furnish *v* **proof** Beweise erbringen; Nachweis liefern
furnish *v* **security** Sicherheit leisten, Kaution stellen
fuse *v* fusionieren, verschmelzen
fusion Fusion *f*, Verschmelzung *f*, Unternehmenszusammenschluss *m*
future *adj* künftig, zukünftig, terminbezogen, Termin...
future Zukunft *f*; Termingeschäft *n*
future interest künftiges Recht *n*; ≈ Nacherbfolge, Nachvermächtnis *n*
futures *pl* Termingeschäfte *npl*; zu einem späteren Termin zu liefernde Waren *fpl*
fwd *s.* forwarded

G

GAAP *s.* Generally Accepted Accounting Principles
gag *v* knebeln; mundtot machen, das Wort entziehen, zum Schweigen bringen; freie Meinungsäußerung hindern
gag order ≈ gerichtliche Anordnung, durch die eine Schweigepflicht auferlegt wird
gagging order *(ugs.)* Knebelungserlass *m*
gain *v* erwirtschaften, einbringen; verdienen, gewinnen, steigen *(Preise)*
gain *v* **possession** den Besitz erlangen, in den Besitz kommen
gain Zunahme *f*; Gewinn *m*, Ertrag *m*, Profit *m*, Überschuss *m*
gainful *adj* einträglich, ertragreich, gewinnbringend
gainful employment (einträgliche) Beschäftigung *f*; (bezahlte) Berufstätigkeit *f*, (lukratives) Anstellungsverhältnis *n*
gainfully employed *adj* erwerbstätig, berufstätig

gamble *v* spielen, wagen, riskieren, spekulieren
game 1. jagdbare Tiere *npl*; 2. Spiel *n*; 3. *(ugs.)* Diebesbeute *f*
gaming Spielen *n*; Glücksspiel *n*
gang Gruppe *f*, Bande *f*; Schicht *f*, Abteilung *f*
gang crime Bandenkriminalität *f*
gangster (bewaffneter) Verbrecher *m*, Gangster *m*, Bandenmitglied *n*
gaol *v (BE)* ins Gefängnis stecken
gaol *(BE)* Untersuchungsgefängnis *n*
gaoler *(BE)* Gefängniswärter *m*
gap Abstand *m*, Kluft *f*; Wartezeit *f (Versicherung)*
garden leave *(BE) (ArbeitsR)* ≈ Zeitraum nach der Kündigung, in dem der Gekündigte nicht arbeiten darf (z. B. aus Wettbewerbsgründen), aber vollen Lohnausgleich erhält und seine arbeitsrechtlichen Pflichten zu erfüllen hat;, z. B. Verschwiegenheitspflichten
garnish *v* (beim Drittschuldner) pfänden, Zahlungsverbot erlassen
garnishee Drittschuldner *m*
garnishee order Pfändungs-Beschluss *m*, Pfändungs- und Überweisungsbeschluss *m*, Zahlungsverbot *n (an den Drittschuldner)*
garnishee proceedings *pl* Verfahren *n* der Forderungspfändung
garnisher Pfandgläubiger *m*, Vollstreckungsgläubiger *m (bei der Forderungspfändung)*
garnishment Forderungspfändung *f*, Zahlungsverbot *n* an den Drittschuldner
garnishment of wages *(AE)* Lohnpfändung *f*
garnishor *s.* garnisher
gather *v* sammeln, zusammentragen; anwachsen, sich vergrößern
gathering Versammlung *f*, Ansammlung *f*
GATT *s.* General Agreement on Tariffs and Trade
gauge *v* (ab)messen, (ab)schätzen, taxieren
gavel Hammer *m (des Auktionators, des Richters)*
gazette *v* veröffentlichen, bekannt machen *(in einem amtlichen Bekanntmachungsblatt)*
gazette *v* **a law** ein Gesetz bekannt machen
gazette (amtliche) Zeitung *f*, Amtsblatt *n*, Staatsanzeiger *m*, Gesetzblatt *n*
gazump *v (BE)* nachträglich erhöhen *(den Preis einer Immobilie)*
gazumper *(BE)* ≈ Verkäufer, der den Preis einer Immobilie nach Einigung, aber vor Eintritt der vertraglichen Bindung noch zu erhöhen versucht
gazumping *(BE)* ≈ Vorgehen eines Gazumpers
GDP *s.* Gross Domestic Product
general *adj* allgemein, gemeinsam, gemeinschaftlich, unspezifisch, General...
general agency Generalvertretung *f*, Generalvollmacht *f*
general agent Generalvertreter *m*, Generalbevollmächtigter *m*
general agreement allgemeines Abkommen *n*, Generalabkommen *n*
General Agreement on Tariffs and Trade *(GATT)* Allgemeines Zoll- und Handelsabkommen *n*, GATT
general authority Generalvollmacht *f*
general conditions *pl* **of business** Allgemeine Geschäftsbedingungen *fpl*
general contract Rahmenvertrag *m*
general damage allgemeiner Schaden *m*, unmittelbarer Schaden *m*
general jurisdiction allgemeiner Gerichtsstand *m*
general meeting *(GesellschaftsR)* Hauptversammlung *f*, Generalversammlung *f*
general partner Komplementär *m*; unbeschränkt haftender Gesellschafter *m*
general power of attorney *(GPA)* Generalvollmacht *f*
general practitioner Allgemeinarzt *m*
general secretary Generalsekretär *m*
general strike Generalstreik *m*
general terms and conditions *pl* **of business** Allgemeine Geschäftsbedingungen *fpl*
generally *adv* im Allgemeinen, allgemein, generell
Generally Accepted Accounting Principles *pl (GAAP)* Grundsätze *mpl* ordnungsgemäßer Buchführung
generally accepted auditing standards *pl* allgemein anerkannte Prüfungsgrundsätze *mpl (Audit)*
generation 1. Erzeugung *f (z. B. Energie)*; 2. Generation *f*
generation-skipping transfer tax Erb-

schaftsteuer *f* für Generationüberspringung
generation-skipping trust generationüberspringender Trust *m*
generic *adj* die Gattung betreffend, allgemein, typisch
generic mark *(UrheberR)* Sammelbezeichnung *f*, Gattungsbegriff *m*, Gattungsname *m*
generic term Gattungsbezeichnung *f*, freier Warenname *m*
genericide *(UrheberR)* Generizid *n (häufige Verwendung des Markennamens eines Produkts für eine ganze Produktgruppe, also auch Konkurrenzerzeugnisse)*
genocide Völkermord *m*
gentleman Gentleman *m*, Ehrenmann *m*
gentlemen's agreement 1. Gentlemen's Agreement *(nur moralisch, aber nicht rechtlich verbindliche Vereinbarung)*; 2. *(KartellR)* lose Absprache *f*
genuine *adj* echt, authentisch, rein, solide, reell
genuineness Echtheit *f*, Unverfälschtheit *f*
gerrymander *v* 1. Wahlkreise zum Vorteil einer Partei neu einteilen; 2. manipulieren *(Tatsachen)*
gerrymandering Wahlmanipulation *f*, Manipulation *f*
get *v* **about** umlaufen, bekannt werden *(Nachrichten)*
get *v* **back** zurückbekommen, herausbekommen, wieder an die Macht kommen
get *v* **off** freibekommen; vor Strafe bewahren
gift 1. Zuwendung *f*, Spende *f*; 2. Begabung *f*, Talent *n*
gift duty Schenkungsteuer *f*
gift inter vivos Schenkung *f* unter Lebenden, lebzeitige Schenkung *f*
gift mortis causa Schenkung *f* von Todes wegen
gift tax Schenkungsteuer *f*
gilt-edged *adj* goldgerändert; mündelsicher, erstklassig
gilts *pl* mündelsichere Wertpapiere *npl*, Staatsanleihen *fpl*
give *v* geben, gewähren; zuteilen, zuweisen
give *v* **away** 1. weggeben, wegschenken; 2. verraten
give *v* **judgment** Urteil erlassen, Urteil fällen
give *v* **notice** Kenntnis geben, benachrichtigen
give *v* **rise to** Anlass geben, bewirken; begründen
give *v* **way** 1. nachgeben; 2. die Vorfahrt lassen, die Vorfahrt beachten
given *adj* 1. bestimmt, festgelegt; 2. datiert, ausgefertigt *(Urkunde)*
global *adj* weltweit, pauschal, gesamt
global warming *(UmweltR)* globale Erwärmung *f*
globalization Globalisierung *f*, Internationalisierung *f*
GMT *s.* Greenwich Mean Time
GNP *s.* Gross National Product
go *v* 1. gehen; 2. verkehren, fahren; 3. angenommen werden, akzeptiert werden; 4. abgeschafft [aus dem Verkehr genommen] werden
go *v* **about** 1. herumfahren; 2. unternehmen, in Angriff nehmen; 3. sich herumsprechen, verbreitet werden
go *v* **public** 1. an die Öffentlichkeit gehen; 2. an die Börse gehen
go-slow Buhlstreik *m*, willentliches Langsamarbeiten *n*
going *adj* im Gange, funktionierend, gängig
going concern bestehendes Handelsgeschäft *n*, laufender Betrieb *m*
going rate üblicher Lohntarif *m*
golden handshake goldener Handschlag *m (Abfindung bei Entlassung)*
Golden Rule/(the) (Die) Goldene Regel *f*
good *adj* gut • **make good** gutmachen, ersetzen; rechtfertigen, durchsetzen
good bargain Gelegenheitskauf *m*
good cause wichtiger Grund *m*, Entlassungsgrund *m*
good conduct gute Führung *f*, tadelloses Betragen *n*
good consideration Vertragsinteresse *n*, Gegenleistung *f*
good faith guter Glaube *m*
good faith bargaining *(ArbeitsR)* ≈ Pflicht, Verhandlungen mit dem ernsthaften Willen aufzunehmen, einen Tarifvertrag auszuhandeln
good faith purchaser for value gutgläubiger Erwerber *m (der für eine Gegenleistung erwirbt)*
good in law rechtlich zulässig, rechtlich begründet
good offices *pl (VölkerR)* gute Dienste

mpl, Freundschaftsdienste *mpl*, Vermittlung *f*
good Samaritan statute ≈ Gesetz über den barmherzigen Samariter; ≈ Gesetze, die den Retter oder Hilfeleistenden vor deliktischen oder sonstigen Ansprüchen des Empfängers von Rettungs- oder Hilfeleistungen schützen
good title unbestreitbarer Rechtstitel *m* *(für das Eigentum an Grundstücken)*
good will Geschäftswert *m*, Firmenwert *m*, Goodwill *m*
goods *pl* Waren *fpl*, Erzeugnisse *npl*; bewegliches Vermögen *n*, bewegliche Sachen *fpl*
goods *pl* **by description** Ware *f* [Waren *fpl*] nach Beschreibung *(z. B. Katalog)*; Gattungsware *f*, Gattungswaren *fpl*
goods & chattels *pl* Mobiliargut *n*, bewegliches Vermögen *n*
goods *pl* **on demand** Ware *f* [Waren *fpl*] auf Abruf, Ware *f* [Waren *fpl*] nach Bestellung
goods *pl* **to declare** anmeldepflichtige Waren *fpl*
govern *v* 1. leiten, verwalten, regeln, steuern, herrschen, regieren; 2. maßgebend sein, den Ausschlag geben
governance Regierungsgewalt *f*, Herrschaft *f*, Kontrolle *f*; Regierungsform *f*
government Regierung *f*, Verwaltung *f*, Kabinett *n*; Herrschaft *f*, Lenkung *f*, Leitung *f*, Führung *f*; Regierungsbezirk *m*
government action Regierungstätigkeit *f*, staatliche Maßnahmen *fpl*
government agency Regierungsstelle *f*, Verwaltungsbehörde *f*
government contract öffentlicher Auftrag *m*
government department Ministerium *n*, Behörde *f*
government employee Staatsbediensteter *m (vor allem im mittleren Dienst)*
government intervention Eingreifen *n* der Regierung
government order Staatsauftrag *m*, Anweisung *f* der Regierung
government procurement öffentliches Auftragswesen *n*, staatliche Beschaffungsmaßnahme *f*
governmental *adj* behördlich, staatlich, der Regierung zugehörig
governor Gouverneur *m (oberster Beamter eines Verwaltungsbezirks)*; Herrscher *m*
governor of a bank Bankvorstand *m*, Präsident *m* einer Bank
gown Richterrobe *f*, Talar *m (Richter)*; Robe *f (Anwalt)*
GPA *s.* general power of attorney
grace 1. Frist *f*, Nachfrist *f*, Aufschub *m*; 2. *(WechselR)* Respekttag *m*; 3. Gnade *f*, Begnadigung *f*, Gnadenrecht *n*
grace period Gnadenfrist *f*, Nachfrist *f*, Schonfrist *f*
grade *v* ordnen, klassifizieren, einteilen, abstufen
graded *adj* in Kategorien eingeteilt, nach Güteklassen geordnet
graduate Graduierter *m*, Akademiker *m*
graduating Ausbildung *f*, Graduierung *f*, staatliche Prüfung *f*
graft 1. Korruption *f*, Bestechung *f*, Bestechungsgeld *n*, Schmiergeld *n*; 2. Transplantat *n*
grand jury *(AE)* Geschworenengericht *n*
grand larceny *(AE)* schwerer Diebstahl *m*
grand theft *(AE)* schwerer Diebstahl *m*
grand total Endsumme *f*, Gesamtsumme *f*
grandfather clause Befreiungs- und Ausnahmeklausel *f (Bestandsschutz)*
grant *v* gewähren, bewilligen, einräumen
grant *v* **a charter** konzessionieren, eine Konzession erteilen
grant *v* **a lease** das Leaseholdeigentum an einem Grundstück übertragen
grant *v* **a licence** *(BE)*, **grant** *v* **a license** *(AE)* eine Genehmigung [Konzession, Lizenz] erteilen
grant *v* **a motion** einem Antrag stattgeben
grant *v* **an application** ein Gesuch bewilligen, einem Antrag stattgeben
grant *v* **an order** einen Beschluss erlassen
grant *v* **bail** Sicherheitsleistung zulassen, auf Kaution freilassen
grant *v* **compensation** Schadensersatz zusprechen, Entschädigung zusprechen
grant *v* **leave** Erlaubnis erteilen; Urlaub gewähren
grant *v* **leave to appeal** ein Rechtsmittel zulassen
grant 1. Gewährung *f*, Bewilligung *f*, Einräumung *f*; 2. Unterstützung *f*, Fördergeld *n*, bewilligte Summe *f*, Beihilfe *f*, Sub-

vention *f*, Stipendium *n*; 3. Übereignung *f* *(von Grundstücken)*
grant of probate ≈ gerichtliche Bestätigung für den Testamentsvollstrecker, dass ein formell und inhaltlich gültiges Testament vorliegt
granted *adj* 1. bewilligt; 2. *(PatentR)* erteilt
grantee 1. Konzessionär *m*, Lizenzinhaber *m*; 2. Beihilfeempfänger *m*
grantee of a gift Erwerber *m*, Beschenkter *m*
granting Gewährung *f*, Bewilligung *f*, Konzessionserteilung *f*, Lizenzeinräumung *f*
granting of a right Rechtsverleihung *f*, Rechtsübertragung *f*
grantor Bewilligender *m*, Übertragender *m*, Verleiher *m*; Rechtsvorgänger *m*
grantor of a trust Treugeber *m*; Errichter *m* eines Trusts
grantor retained income trust *(GRIT)* ≈ Trust, bei dem das Trustvermögen vom Trusterrichter beherrscht wird, ≈ steuerbegünstigter Trust, bei dem der Grantor das Vermögen auf den Begünstigten überträgt, aber weiterhin bis zur Beendigung das Einkommen erhält, ab der dann der Begünstigte es bekommt
gratis *adj* (entgelt)frei, kostenlos, gratis
gratuity 1. *(ArbeitsR)* Sondervergütung *f*, Gratifikation *f*; 2. *(ArbeitsR)* Abfindung *f*; 3. Trinkgeld *n*
Gray's Inn Barrister-Innung *f*
grazing 1. Abschürfung *f*; 2. Beweidung *f*
green belt *(BE)* Grüngürtel *m (einer Stadt)*; Grünzone *f*
green card grüne Karte *f*; *(AE)* Aufenthaltsgenehmigung *f*
green field *(BE)* *s.* green land
green land *(BE)* ≈ grüne Wiese, Brachland *n*, unbebaute Fläche *f*
green paper Grünbuch *n*, Vorlage *f* für eine Parlamentsdebatte, Diskussionspapier *n*
greenfield site Rohbauland *n*, Grundstück *n* auf der grünen Wiese
greenhouse effect Treibhauseffekt *m*
greenmail Aktienaufkauf *m* als Übernahmepression
Greenwich Mean Time *(GMT)* Greenwicher Zeit *f*, Weltzeit *f*
greffier Registrator *m*; Protokollführer *m* *(bei Gericht)*
grievance Beschwerdegrund *m*, Missstand *m*
grievance procedure Beschwerdeverfahren *n*, Abhilfeverfahren *n*, Schlichtungsverfahren *n*
grievous bodily harm *(BE)* schwere Körperverletzung *f*
GRIT *s.* grantor retained income trust
gross *v* brutto einbringen, als Bruttoertrag abwerfen
gross Hauptteil *m*, Gesamtheit *f*
gross amount Bruttobetrag *m*, Gesamtbetrag *m*
gross cash flow Brutto-Cash-Flow *m*
Gross Domestic Product *(GDP)* Bruttoinlandsprodukt *n*
gross estate Bruttovermögen *n*
gross income Bruttoeinkommen *n*, Gesamteinkommen *n*
gross indecency grobe Unzucht *f*
gross interest Bruttozinsen *mpl*, Zinsen *mpl* vor Steuerabzug
gross lease ≈ Mietvertrag, bei dem eine Pauschale für sämtliche Nebenkosten vereinbart ist; Warmmiete *f* inklusive sonstiger Nebenkosten
gross misconduct schwere Verfehlung *f*
gross misrepresentation grob unrichtige Tatsachenerklärung *f*; absichtliches Verschweigen *n* von Tatsachen *(gegenüber einer Versicherung)*
Gross National Product *(GNP)* Bruttosozialprodukt *n*
gross negligence grobe Fahrlässigkeit *f*
gross pay Bruttobezüge *mpl*, Bruttolohn *m*
gross profit Bruttogewinn *m*, Rohgewinn *m*
gross revenue Bruttoertrag *m*, Roheinkünfte *pl*
ground 1. Erdboden *m*; 2. Grundlage *f*, Basis *f*; 3. Meinung *f*, Ansicht *f*, Überzeugung *f*, Standpunkt *m*; Grund *m*, Beweggrund *m*, Ursache *f*
ground for divorce Scheidungsgrund *m*
grounds *pl* 1. Ländereien *pl*; 2. (städtische) Anlagen *fpl*, Gartenanlagen *fpl*, Parkanlagen *fpl*; 3. Begründung *f*, Gründe *mpl*
grounds *pl* **for appeal** Rechtsmittelgründe *mpl*, Rechtsmittelbegründung *f*
grounds *pl* **for nullification** Nichtigkeitsgrund *m*, Anfechtungsgrund *m*

grounds *pl* **for suspicion** Verdachtsmoment *n*
group *v* eingruppieren, anordnen, gruppenweise zusammenfassen
group Gruppe *f*, Klasse *f*, Kreis *m*
group action *(AE)* Verbandsklage *f*
group litigation orders ≈ Beschluss über die Behandlung als Verbandsklage
group of companies Unternehmensgruppe *f*, Firmengruppe *f*, Konzern *m*
group policy Gruppenversicherungsvertrag *m*, Sammelpolice *f*
guarantee *v* garantieren; gewährleisten, sichern, sicherstellen, einstehen, sich verbürgen
guarantee *v* **a bill of exchange** eine Wechselbürgschaft übernehmen, die Bezahlung eines Wechsels garantieren
guarantee *v* **a loan** eine Darlehensbürgschaft übernehmen
guarantee 1. Gewährleistung *f*; 2. Garantie *f*; 3. Kaution *f*; 4. Bürgschaft *f* • **discharge from a guarantee** von einer Bürgschaft befreien • **issue a guarantee** eine Bürgschaft übernehmen
guarantee agreement Bürgschaftsvertrag *m*, Garantievertrag *m*
guarantee beneficiary Bürgschaftsnehmer *m*, Garantiebegünstigter *m*
guarantee bond Garantieschein *m*, Garantieerklärung *f*
guarantee document Garantieurkunde *f*
guarantee on first demand Bürgschaft *f* auf erstes Anfordern
guarantee period Garantiezeit *f*
guaranteed *adj* mit Garantie, garantiert
guaranteed bond Garantieschein *m*, Garantieerklärung *f*
guaranteed bonds *pl* Anleihen *fpl* mit Kapital- und/oder Zinsgarantie
guaranteed debt bürgschaftgesicherte Schuld *f*
guaranteed mortgage bürgschaftgesicherte Hypothek *f*
guaranteed performance Erfüllungsbürgschaft *f*
guaranteed price Garantiepreis *m*
guarantor Bürge *m* • **act as guarantor for a party** sich für eine Partei verbürgen
guaranty *s.* guarantee
guard *v* bewachen
guard 1. Wache *f*; 2. Wächter *m*, Aufseher *m*
guardian Vormund *m*, Pfleger *m*, Erziehungsberechtigter *m*
guardian ad litem *(Lat)* Verfahrenspfleger *m (für nichtgeschäftsfähige Personen)*
guardian of the estate Nachlasspfleger *m*
guardianship Vormundschaft *f*, Pflegschaft *f*
guidelines *pl* Richtlinien *fpl*, Leitlinien *fpl*, Orientierungsrahmen *m*
guillotine *v* 1. mit dem Fallbeil hinrichten; 2. eine Diskussion oder Debatte abschneiden *(Parlament)*
guillotine 1. Fallbeil *n*, Guillotine *f*; 2. ≈ Methode im britischen Parlament, um eine Debatte abzukürzen oder zu Fall zu bringen (insbes. durch Festsetzung knapper Redezeiten)
guilt Schuld *f* • **admit guilt** sich schuldig bekennen, Schuld zugeben • **deny guilt** Schuld bestreiten
guilty *adj* schuldig • **find a person guilty** eine Person für schuldig befinden • **plead guilty** sich schuldig bekennen • **plead not guilty** sich nicht schuldig bekennen
guilty intent Vorsatz *m*
gun licence *(BE)*, **gun license** *(AE)* Waffenschein *m*
gun-running Waffenschmuggel *m*; (unerlaubter) Waffenhandel *m*

H

habeas corpus *(Lat)* Anordnung *f* eines Haftprüfungstermins *(durch das Gericht)*; ≈ grundrechtsgleicher Anspruch des Bürgers auf richterliche Überprüfung der Freiheitsentziehung
habendum *(Lat)* Einigung *f* über den Eigentumsübergang
habitability Bewohnbarkeit *f*
habitable *adj* bewohnbar
habitual *adj* gewohnheitsmäßig, berufsmäßig
habitual criminal Gewohnheitsverbrecher *m*
habitual residence *(IPR)* gewöhnlicher Aufenthaltsort *m*
hack *v* 1. als Tagelöhner arbeiten; 2. ha-

cken *(Computer)*; ≈ unerlaubt in fremde Computer eindringen
hacker Computerpirat *m*
hacking Computerpiraterie *f*
hand *v* aushändigen, übergeben, überreichen
hand *v* **down** 1. überliefern; hinterlassen, vermachen; 2. Urteil fällen *(Gericht)*
hand *v* **in** einreichen, abliefern, übergeben
hand *v* **on** weitergeben, weiterreichen
hand *v* **over** übergeben, aushändigen *(Dokumente usw.)*
hand Hand *f* • **be at hand** zur Hand sein • **by hand** durch Boten • **change hands** den Besitzer wechseln, in andere Hände übergehen • **on hand** verfügbar [vorhanden, vorrätig] sein
handle *v* behandeln, bearbeiten; manipulieren
handling Behandlung *f*, Bearbeitung *f*, Abwicklung *f*; Manipulation *f*
handling charges *pl* Bearbeitungsgebühren *fpl*
handling of a case Fallbearbeitung *f*, Behandlung *f* eines Falles
handling of stolen goods Hehlerei *f*
handout Prospekt *m*, Broschüre *f*, Notiz *f*
handwritten *adj* eigenhändig geschrieben
hang *v* 1. aufhängen, henken; 2. keine Einigung erzielen
hanging Hinrichtung *f* durch den Strang, Erhängen *n*
Hansard *(BE)* amtliches Parlamentsprotokoll *n*
harass *v* belästigen
harassment Belästigung *f*; Machenschaften *fpl*
harbor *v (AE) s.* harbour
harbor *(AE)* s. harbour
harboring *(AE) s.* harbouring
harbour *v (BE)* anlegen *(in einem Hafen)*; Zuflucht gewähren
harbour *(BE)* Hafen *m*; sicherer Ort *m*, geschützte Stelle *f*
harbouring *(BE)* Beherbergung *f*, Gewährung *f* von Unterschlupf
hard *adj* hart, starr, tüchtig
hard currency harte Währung *f*
hard labor *(AE)*, **hard labour** *(BE)* Zwangsarbeit *f*, Zuchthaus *n*
hard liquor Getränke *npl* mit hohem Alkoholgehalt, Spirituosen *pl*
hardened *adj* verhärtet; gestiegen; bestärkt
hardened criminal verstockter Verbrecher *m*, hartgesottener Krimineller *m*
hardship Härte *f*, Not *f* • **lead to hardship** eine Härte zur Folge haben
hardship allowance Härteausgleich *m*
hardship clause Härteklausel *f*
harm *v* schädigen, verletzen
harm Schaden *m* • **cause harm** schädigen, verletzen • **mitigate harm** den Schaden mindern
harmful *adj* schädlich, nachteilig
harmless *adj* unschädlich, harmlos
harmonization Harmonisierung *f*, Angleichung *f*
harmonization of laws Gesetzesharmonisierung *f*
harmonize *v* harmonisieren, angleichen
harsh *adj* hart, streng
harsh sentence hartes Urteil *n*
haul *v* fördern, befördern, transportieren
haulage Gütertransport *m*, Beförderung *f*
hawker Hausierer *m*, Wandergewerbetreibender *m*
hawking Hausieren *n*, wanderndes Gewerbe *n*
hazard Risiko *n*, Gefahr *f*
hazardous contract durch den Eintritt eines Ereignisses bedingter Vertrag *m*, Risikogeschäft *n*
hazardous goods *pl (TransportR)* gefährliche Güter *npl*
head *v* 1. mit Überschriften versehen, betiteln; 2. an der Spitze stehen, leiten
head *v* **a jury** einer Jury vorsitzen [vorstehen]
head *v* **a negotiation team** eine Verhandlungsdelegation leiten
head 1. Überschrift *f*, Rubrik *f*, Kapitel *n*; 2. Führer *m*, Leiter *m*, Vorsteher *m*, Obmann *m*
head lease Hauptpachtverhältnis *n*, ≈ Lease-Vertrag, der unmittelbar mit dem Freehold-Eigentümer geschlossen ist
head of government Regierungschef *m*
head of state Staatsoberhaupt *n*
headhunt *v* Personal rekrutieren *(besonders durch Abwerbung)*
headhunter Personalrekrutierer *m*, Abwerber *m*, Nachwuchsjäger *m*
heading Thema *n*; Rubrum *n*; Überschrift *f*
headings clause ≈ Vertragsklausel, dass die Überschriften nicht zur Vertragsauslegung herangezogen werden dürfen
headnote Leitsatz *m*

headquarters *(HQ)* Hauptquartier *n*, Hauptniederlassung *f*, Hauptsitz *m*
heads *pl* **of agreement** Hauptpunkte *mpl* einer Vereinbarung
health benefits *pl* ≈ Leistungen im Gesundheitswesen, Gesundheitsfürsorge *f*
health-care power of attorney Vorsorgevollmacht *f*
hear *v* 1. hören, anhören, zur Kenntnis nehmen; 2. verhandeln
hearing Verhandlung *f*, Anhörung *f* • **fix a hearing** Verhandlung(stermin) anberaumen • **set down a case for hearing** Termin für eine Sache ansetzen, (mündliche) Verhandlung anordnen [anberaumen]
hearing in camera nichtöffentliche Verhandlung *f*
hearing of an appeal Berufungsverhandlung *f*, Verhandlung *f* in der Rechtsmittelinstanz
hearing of evidence Beweisaufnahme *f*, Beweiserhebung *f*, Beweistermin *m*
hearing of witnesses Zeugenvernehmung *f*
hearsay Hörensagen *n*
hearsay rule ≈ Beweisregel, die den Beweis vom Hörensagen verbietet
heavily indebted *adj* schwer verschuldet
heavy *adj* 1. schwer, umfangreich, stark, bedeutend; 2. gedrückt, flau *(Börse)*
heavy fine hohe Geldstrafe *f*
heavy sentence hohe Gefängnisstrafe *f*
hedge *v* einzäunen, einfrieden; ein Sicherungsgeschäft (gegen Verluste) abschließen *(Börse)*
hedging Absicherung *f*, Abschluss *m* von Deckungsgeschäften *(Börse)*
hedging agreement Deckungsgeschäft *n*
heir Erbe *m*
heir apparent 1. Thronanwärter *m*; 2. gesetzlicher Erbe *m* eines Adeltitels
heir at law gesetzlicher Erbe *m*
heirless *adj* ohne (gesetzliche) Erben
heirloom Erbstück *n*; Zubehör *n (vor allem zu einer Hinterlassenschaft von Immobilien)*
held entschieden, geurteilt, für Recht erkannt
held by the court gerichtlich entschieden
Helsinki Declaration of Security and Cooperation in Europe/the *(CSCE)* Konferenz *f* für Sicherheit und Zusammenarbeit in Europa, KSZE
henceforth *adv* von da an, von nun an, hinfort, fortan, künftig
Her Majesty *(HM)* Ihre Majestät, IM
hereafter *adv* im Folgenden, künftig, nachstehend
hereby *adv* hiermit
hereditament 1. Erbschaft *f*, vererblicher Vermögensgegenstand *m*; Erbe *n*, Erbfolge *f*; 2. Grundbesitz *m*
hereditary *adj* erblich, vererbbar
hereditary monarchy Erbmonarchie *f*
hereditary rights *pl* Erbansprüche *mpl*
hereditary tenancy vererbliches Nutzungsrecht *n*, durch Erbschaft erworbenes Nutzungsrecht *n*
hereditary title vererblicher Titel *m*, durch Erbschaft erworbener Titel *m*
herein *adv* in diesem Text, in dieser Urkunde
hereinafter *adv* im folgenden Text
hereof *adv* hiervon
hereto *adv* darauf, hierauf
heretofore *adv* bisherig, bis jetzt, vorher
hereunder *adv* nachfolgend, unten stehend
herewith *adv* hiermit
heritable property *(Scot)* Grundbesitz *m*
heritage 1. *(ErbR)* Erbschaft *f*, Erbe *n*, Nachlass *m*; 2. Kulturgut *n*, Naturerbe *n*
hidden *adj* versteckt; verborgen; still *(Reserven)*
hidden defect, hidden fault verborgener Mangel *m*
hidden principal verdeckter Auftraggeber *m*
hide *v* verbergen, geheim halten, nicht aufdecken
high *adj* hoch(gradig), hochstehend
High Commissioner Hochkommissar *m*
High Court Oberster Gerichtshof *m*
high court enforcement officers Vollstreckungsbeamter *m* am High Court
high court judge Richter *m* am High Court, Richter *m* am Obersten Gerichtshof
high-grade *adj* hochwertig, erstklassig
high seas *pl* hohe See *f*
high treason Hochverrat *m*
higher rank Vorgesetzter *m*; höhergestellte Person *f*
highest bid Höchstgebot *n*
highway Autobahn *f*; Fernverkehrsstraße *f*

highway robbery Straßenraub *m*
hijack *v* rauben, kapern, entführen
hijacker Straßenräuber *m*, Flugzeugentführer *m*, Luftpirat *m*
hijacking Flugzeugentführung *f*, Luftpiraterie *f*
Himalaya Clause *(BE) (SeeR, TransportR)* Vertragsklausel *f* zugunsten eines Dritten, der nicht Vertragspartei ist *(Haftungsausschlussklausel)*
hire *v* mieten *(Sache)*; einstellen *(Person)*
hire *v* **a car** ein Auto mieten
hire *v* **a lawyer** sich einen Anwalt nehmen, einen Anwalt beauftragen
hire *v* **and fire** *v (ugs.)* anstellen und entlassen, heuern und feuern
hire Miete *f (Sache)*; Anstellung *f*, Einstellung *f (Person)*
hire purchase Mietkauf *m*
hire purchase agreement Mietvertrag *m* mit Kaufoption
hired *adj* vermietet, besetzt
hired labor *(AE)*, **hired labour** *(BE)* Leiharbeitskräfte *fpl*
hired worker Lohnarbeiter *m*, Tagelöhner *m*
His Majesty *(HM)* Seine Majestät, SM
hit *v* treffen; erreichen, erzielen
hit *v* **and run** *v* Fahrerflucht begehen, sich unerlaubt vom Unfallort entfernen
hit-and-run accident Unfall *m* mit Fahrerflucht, unerlaubtes Entfernen *n* vom Unfallort
hit rate Trefferquote *f*
HM *s.* 1. Her Majesty; 2. His Majesty
hoax Fälschung *f*, Schwindel *m*
hobby losses *pl* Verluste *mpl* aus Liebhaberei
hold *v* 1. halten; 2. in Besitz haben, innehaben, gepachtet haben; 3. entscheiden *(Gericht)*
hold *v* **a meeting** eine Versammlung [Sitzung] abhalten
hold *v* **an office** eine Funktion ausüben, ein Amt bekleiden
hold *v* **back** zurückbehalten, vorenthalten, geheim halten
hold *v* **back a deposit** eine Sicherheit zurückhalten
hold *v* **counsel** sich beraten
hold *v* **harmless** schadlos halten
hold *v* **in custody** im Gefängnis behalten, in Gewahrsam halten
hold *v* **in police cells** in Polizeigewahrsam halten
hold *v* **on trust** als Treuhänder verwalten
hold *v* **up** ausrauben, einen Raubüberfall begehen
hold *v* **up a bank** einen Bankraub begehen
holder Pächter *m*; Inhaber *m*; Besitzer *m*
holder in due course 1. gutgläubiger Inhaber *m*, gutgläubiger Besitzer *m*; 2. *(WechselR)* Indossant *m*, legitimierter Inhaber *m (eines Wechsels, eines Schecks)*
holder in good faith gutgläubiger Inhaber *m*, gutgläubiger Besitzer *m*
holder of a pledge Pfandgläubiger *m*
holder of an instrument Inhaber *m* einer Urkunde
holding Beteiligung *f*, Besitz *m*, Pachtsache *f*
holding charge *(StrafR)* ≈ Tatvorwurf, um einen Straftäter in Untersuchungshaft behalten zu können
holding company Beteiligungsgesellschaft *f*, Dachgesellschaft *f*, Holding *f*
holding period *(SteuerR)* Besitzdauer *f*
holiday (gesetzlicher) Feiertag *m*
holocaust Holocaust *m*, Massenmord *m*, Massenvernichtung *f*
holograph eigenhändig geschriebenes Dokument *n*
holographic *adj* eigenhändig geschrieben
holographic will eigenhändig geschriebenes Testament *n*
home Haus *n*, Heim *n* • **at home** zu Hause, im Inland • **at home and abroad** im In- und Ausland
home court ≈ Gericht am Wohnort bzw. Sitz des Klägers
Home Office *(BE)* Innenministerium *n*
Home Secretary *(BE)* Innenminister *m*, Minister *m* des Inneren
homeland Heimatland *n*, Vaterland *n*
homestead Heimstätte *f*, Eigenheim *n*; landwirtschaftliche Hofstelle *f*
homicidal *adj* mörderisch
homicide Tötung *f*, Totschlag *m*, Mord *m*
honest *adj* korrekt, redlich
honestly *adv* korrekt, redlich, ehrlich, aufrichtig
honesty Ehrlichkeit *f*, Korrektheit *f*, Redlichkeit *f*
honor *v (AE) s.* honour
honorable *adj (AE) s.* honourable
honorarium Honorar *n (besonders Anwalt, Arzt usw.)*

honorary *adj* ehrenamtlich, unbesoldet
honorary office Ehrenamt *n*
honour *v (BE)* 1. ehren, auszeichnen; 2. *(WertpapierR)* annehmen, akzeptieren, einlösen, bezahlen
honourable *adj (BE)* ehrenwert, ehrenvoll, ehrbar
hoodlum *(slang)* Strolch *m*, Raufbold *m*, Radaumacher *m*
hooker *(ugs.)* Prostituierte *f*
hooligan Rowdy *m*, Raufbold *m*, Radaumacher *m*
horizontal merger Zusammenschluss *m*, Fusion *f*, Verschmelzung *f (vor allem von Konkurrenzunternehmen)*
horizontal restraint horizontale Wettbewerbsbeschränkung *f*
host *v* 1. Gastgeber *m*; 2. *(InternetR)* Datenbankbetreiber *m*
hostage Geisel *f*, Pfand *n*
hostile *adj* feindlich, feindselig, gegnerisch
hostile takeover feindliche Übernahme *f (eines Unternehmens)*
hostile witness parteiischer Zeuge *m*
hosting 1. Bewirtung *f*; 2. *(InternetR)* Bereitstellung *f* von Speicherplatz für eine Website
hot *adj* 1. heiß; 2. geklaut, geschmuggelt, heiß *(Ware)*
hot-cargo agreement ≈ Vereinbarung in einem Vertrag zwischen Gewerkschaft und Arbeitgeber, nach dem es den Arbeitnehmern erlaubt ist, den Umgang oder die Arbeit mit Waren zu verweigern, die von einem betroffenen Betrieb transportiert werden, oder die Erbringung von Leistungen für einen Arbeitgeber zu verweigern, der auf einer Unfairliste der Gewerkschaft steht
hot pursuit *(VölkerR)* Verfolgungsrecht *n*, Nacheile *f*
house 1. Haus *n*; 2. Handelsfirma *f*, Handelshaus *n*; 3. Abgeordnetenhaus *n*, Parlament *n*, Kammer *f*
house arrest Hausarrest *m*
House of Commons *(BE)* Unterhaus *n*
House of Lords *(BE)* Oberhaus *n*
House of Representatives *(AE)* Repräsentantenhaus *n*
house-to-house *adj* von Haus zu Haus, an der Haustür, direkt
house-to-house search Durchsuchung *f* von Haus zu Haus
housebreaking Einbruch *m*, Einbruchsdiebstahl *m*
household Haushalt *m*
householder Haushaltsvorstand *m*, Hausbewohner *m*, Hausbesitzer *m*
HQ *s.* headquarters
HR *s.* human resources
human *adj* menschlich
human resources *(HR)* Humanressourcen *fpl*, Humankapital *n*, Personalbestand *m*
human rights *pl* Menschenrechte *npl*
humanitarian *adj* humanitär, menschenfreundlich
humanitarian intervention humanitäre Intervention *f*
hung jury entscheidungsunfähige Jury *f (mangels erforderlicher Stimmenmehrheit oder Einstimmigkeit)*
hunger strike Hungerstreik *m*
hunt *v* jagen, verfolgen, fahnden
hunting licence *(BE)*, **hunting license** *(AE)* Jagdlizenz *f*, Jagdschein *m*
husbandry 1. Landwirtschaft *f*, Ackerbau *m*, Viehzucht *f*; 2. Sparsamkeit *f*, Wirtschaftlichkeit *f*
hybrid legal system hybrides Rechtssystem *n*; gemischtes Rechtssystem *n (aus verschieden Rechtsordnungen)*
hyperlink Hyperlink *m (Verbindung zu einer anderen Website)*
hypothec *(Scot)* (kontinentaleuropäische) Hypothek *f*
hypothecary *adj* hypothekarisch
hypothecary claim Hypothekenforderung *f*
hypothecate *v* mit einer Hypothek belasten
hypothecation Hypothekenbestellung *f*, Beleihung *f*, Verpfändung *f*
hypothesis Hypothese *f*
hypothetical *adj* hypothetisch

I

IAS *s.* International Accounting Standards
IBAN *s.* international bank account number
ibid *(Lat)* ebenda, am selben Ort
ICC *s.* International Chamber of Commerce

ID *s.* identification
id est *(i.e.)* das heißt, d. h.
idem *adj (Lat)* derselbe, der gleiche
identification *(ID)* 1. Identifizierung *f*, Identitätsprüfung *f*, Personenfeststellung *f*, Feststellung *f* der Personalien, Legitimation *f*; 2. Benutzerkennung *f*
identification parade (polizeiliche) Gegenüberstellung *f*
identify *v* identifizieren, Identität feststellen, kennzeichnen
identify *v* **a suspect** einen Verdächtigen identifizieren
identify *v* **oneself** sich ausweisen
identify *v* **risk** ein Risiko feststellen
identify *v* **stolen property** gestohlene Gegenstände identifizieren [erkennen]
identify *v* **the defendant** den Angeklagten identifizieren
identify *v* **the issues** die wesentlichen Punkte kenntlich machen
identity 1. Identität *f*, Persönlichkeit *f*, Individualität *f*; 2. Gleichheit *f (von Personen)*; 3. *(PatentR)* Artgleichheit *f*
identity card Personalausweis *m*
identity papers *pl* Ausweispapiere *npl*, Papiere *npl* zum Nachweis der Identität
ignorance Unkenntnis *f*, Nichtwissen *n*, Ignoranz *f*
ignorance of the facts Unkenntnis *f* tatsächlicher Umstände
ignorance of the law Unkenntnis *f* des Gesetzes [Rechts]
ignorantia juris non excusat *(Lat)* Unwissenheit schützt vor Strafe nicht
illegal *adj* illegal, unrechtmäßig, rechtswidrig, widerrechtlich, verboten
illegal abortion rechtswidrige Abtreibung *f*
illegal act rechtswidrige Handlung *f*
illegal alien illegaler Ausländer *m (ohne Aufenthaltserlaubnis)*
illegal contract ≈ Vertrag, der gegen ein gesetzliches Verbot verstößt
illegal income illegales [schwarzes, gesetzwidriges] Einkommen *n*
illegal practices *pl* illegale Praktiken *fpl*, rechtswidrige Methoden *fpl*
illegal regime unrechtmäßiges Regime *n*
illegality Illegalität *f*, Rechtswidrigkeit *f*, Unrechtmäßigkeit *f*; Gesetzeswidrigkeit *f*
illegally *adv* illegal, unrechtmäßig, rechtswidrig, widerrechtlich, verbotenerweise
illegitimacy 1. Gesetzeswidrigkeit *f*, Unrechtmäßigkeit; 2. *(FamilienR)* nichteheliche Geburt *f*, Nichtehelichkeit *f*
illegitimate *adj* 1. ungesetzlich, unrechtmäßig; 2. nichtehelich *(Geburt)*
illegitimate child Kind *n* nicht miteinander verheirateter Eltern, nichteheliches Kind *n*
illegitimate claim unberechtigter Anspruch *m*
illegitimate offspring nichtehelicher Abkömmling *m*
illicit *adj* unerlaubt, verboten; rechtswidrig, gesetzeswidrig, ungesetzlich
illicit trade verbotener Handel *m*, Schwarzhandel *m*
illicit traffic verbotener Handel *m (z. B. Drogen)*
illusory promise Illusionsversprechen *n (nichtbindende Willenserklärung, da der Erklärende entscheiden kann, ob er sie erfüllt oder nicht, oder ob sie zu unbestimmt ist)*
IMF *s.* International Monetary Fund
imitation Imitation *f*, Nachahmung *f*; Fälschung *f*
imitation of intellectual property Nachahmung *f* von geistigem Eigentum *(insbes. Warenzeichen)*
imitation of products Produktnachahmung *f*, Produktfälschung *f*
immaterial *adj* 1. immateriell, unkörperlich; 2. unwesentlich, unbedeutend
immaterial damage 1. immaterieller Schaden *m*; 2. Bagatellschaden *m*
immaterial evidence unerhebliches Beweismittel *n*
immaterial fact unbedeutende Tatsache *f*
immediate *adj* sofortig, unverzüglich, unmittelbar, direkt
immediate cause unmittelbare Ursache *f*
immediate danger unmittelbare Gefahr *f*
immediate effect unmittelbare Auswirkung *f*, direkte Folge *f*
immediate heir nächster Erbe *m*
immediately *adv* sofort, umgehend
immemorial *adj* uralt, ewig
immigrant Immigrant *m*, Einwanderer *m*
immigrate *v* immigrieren, einwandern
immigration Immigration *f*, Einwanderung *f*
immigration authorities *pl* Einwanderungsbehörde *f*
imminent danger akut drohende Gefahr *f*, unmittelbar bevorstehende Gefahr *f*

immoral *adj* sittenwidrig, unsittlich, unmoralisch
immoral act sittenwidrige Handlung *f*
immoral contract sittenwidriger Vertrag *m*, Vertrag *m* gegen die guten Sitten
immovable *adj* unbeweglich
immovable property unbewegliches Vermögen *n*; unbeweglicher Nachlass *m*
immovables *pl* Immobilien *fpl*, unbewegliche Sachen *fpl*
immunity Immunität *f*, Unverletzlichkeit *f*; Privileg *n* • **grant immunity** Immunität gewähren • **withdraw immunity** die Immunität aufheben
immunity from arrest Immunität *f* vor Verhaftung
immunity from civil liability, immunity from criminal liability Befreiung *f* von strafrechtlicher [zivilrechtlicher] Haftung
immunity from prosecution Immunität *f* vor Strafverfolgung
immunity from the law rechtliche Immunität *f*
impairment 1. Behinderung *f*, Beeinträchtigung *f*; 2. Verschlechterung *f*, Verminderung *f*
impanel *v* 1. Jurymitglieder auslosen; 2. Jurymitglieder in die Liste eintragen
impaneling *(AE)*, **impanelling** *(BE)* Einsetzung *f* der Jurymitglieder, Aufstellung *f* der Juryliste
impartial *adj* unparteiisch, neutral, objektiv, unvoreingenommen
impartiality Unparteilichkeit *f*, Neutralität *f*, Objektivität *f*, Unvoreingenommenheit *f*
impartiality of the court Unbefangenheit *f* [Neutralität *f*] des Gerichts
impartially *adv* unparteilich, neutral, objektiv, unvoreingenommen
impeach *v* 1. bezweifeln, infrage stellen; 2. beschuldigen, anklagen
impeach *v* **a witness** die Glaubwürdigkeit eines Zeugen erschüttern [angreifen, bestreiten]
impeach *v* **an official** einen Amtsinhaber anklagen
impeachment 1. Bezweifelung *f*, Infragestellung *f*; 2. Beschuldigung *f*, Anklageerhebung *f*; 3. Ministeranklage *f*
impede *v* **the course of justice** in den Gang der Rechtspflege eingreifen
impediment Behinderung *f*, Erschwernis *f*
impending *adj* drohend, unmittelbar bevorstehend
imperfect *adj* 1. unvollkommen, mangelhaft; 2. *(ProzessR)* nicht einklagbar
imperfect title fehlerhafter Eigentumstitel *m*
imperfect transaction fehlerhaftes Rechtsgeschäft *n*
impersonate *v* verkörpern, darstellen, sich für einen anderen ausgeben
impersonate *v* **a police officer** sich als Polizist ausgeben
impersonation Verkörperung *f*, Darstellung *f*; Vortäuschung *f* einer falschen Identität
impleader Heineinbringen *n* einer dritten Person in den Prozess *(≈ Streitverkündung)*
implement *v (VertragsR)* implementieren, umsetzen, durchführen, vollziehen, erfüllen
implement *v* **a contract** einen Vertrag erfüllen
implement *v* **an act** 1. eine Handlung ausführen; 2. ein Gesetz durchführen
implementation Implementierung *f*, Umsetzung *f*, Verwirklichung *f*, Erfüllung *f*, Durchführung *f*
implementation of a guarantee Erfüllung *f* einer Garantiepflicht
implicate *v* 1. implizieren, nahe legen; 2. (jmdn in etw.) verwickeln, (jmdn in etw.) hineinziehen
implication Einbeziehung *f*, Verwicklung *f*, Zusammenhang *m*
implicit *adj* impliziert, mit inbegriffen, konkludent, gesetzlich vermutet
implicit agreement stillschweigendes Übereinkommen *n*, konkludenter Vertragsschluss *m*
implied *adj* impliziert, sich aus den Umständen ergebend, konkludent, stillschweigend inbegriffen
implied acceptance stillschweigende [konkludente] Annahme *f*
implied agency 1. stillschweigend erteilte Vollmacht *f*; 2. gesetzliches Vertretungsverhältnis *n*
implied agreement stillschweigende Vereinbarung *f*, konkludenter Vertragsschluss *m*
implied condition stillschweigende Bedingung *f*
implied consent stillschweigende [konkludente] Zustimmung *f*

implied contract konkludent geschlossener Vertrag *m*
implied in fact faktisch, ≈ nach den Umständen anzunehmen
implied-in-fact contract De-facto-Vertrag *m*
implied lien gesetzliches Pfandrecht *n*
implied powers *pl* implizierte [unterstellte] Befugnisse *fpl*
implied term ≈ nicht ausdrücklich aufgenommene Vertragsbedingung
implied trust gesetzliches Treuhandverhältnis *n*, konkludent zustande gekommenes Treuhandverhältnis *n*
implied warranty 1. konkludente Zusicherung *f*; stillschweigende Zusage *f* der Mängelfreiheit; 2. gesetzliche Gewährleistung *f*
implied warranty of fitness for a particular purpose ≈ gesetzliche oder konkludente Gewährleistung für einen bestimmten Zweck *(Gewährleistung, die besteht, wenn ein Verkäufer wissen sollte, dass der Käufer sich auf seine spezielle Sachkenntnis verlässt)*
implied warranty of habitability gesetzliche oder konkludente Zusicherung *f* der Bewohnbarkeit *(gesetzliche Gewährleistung, dass mit Abschluss eines Mietvertrages über Wohnraum der Vermieter zusichert, dass er zu Wohnzwecken geeignet ist und während der Mietzeit geeignet bleibt)*
implied warranty of merchantability ≈ gesetzliche oder konkludente Gewährleistung der handelsüblichen Qualität
imply *v* 1. implizieren, enthalten, einschließen; 2. unterstellen
imply *v* **by deed** urkundlich implizieren [unterstellen]
import *v* 1. importieren, einführen; 2. bedeuten, besagen; 3. wichtig sein
import 1. Import *m*, Einfuhr *f*; 2. Inhalt *m*, Bedeutung *f*; 3. Tragweite *f*
import duty Einfuhrzoll *m*
import levy Einfuhrabgabe *f*
import licence *(BE)*, **import license** *(AE)* Einfuhrgenehmigung *f*, Einfuhrbewilligung *f*, Importlizenz *f*
import permit Einfuhrbewilligung *f*, Einfuhrerlaubnis *f*, Einfuhrgenehmigung *f*
import quota Importquote *f*, Einfuhrquote *f*
import tariff Einfuhrzoll *m*, Einfuhrtarif *m*
importance Bedeutung *f*, Wichtigkeit *f*
importune *v* belästigen, anhalten *(zwecks Prostitution)*
importuning Belästigung *f*, Anhalten *n* *(zwecks Prostitution)*
impose *v* 1. auferlegen, verhängen; 2. täuschen, betrügen
impose *v* **conditions** Bedingungen auferlegen [stellen]
imposition 1. Auferlegung *f*, Verhängung *f*; 2. Täuschung *f*, Betrug *m*; 3. Besteuerung *f*
imposition of a penalty Verhängung *f* einer Konventionalstrafe [Vertragsstrafe, Strafe]
imposition of taxes Besteuerung *f*
impossibility Unmöglichkeit *f*
impossibility of performance *(VertragsR)* Unmöglichkeit *f* der Erfüllung
impostor Hochstapler *m*, Betrüger *m*
impound *v* 1. in Besitz nehmen, sich aneignen; 2. beschlagnahmen; sicherstellen; in Verwahrung nehmen
impounding 1. Aneignung *f*; 2. gerichtliche Verwahrung *f*
impounding of evidence gerichtliche Verwahrung *f* von Beweismitteln
imprison *v* 1. verhaften, inhaftieren, gefangen nehmen; 2. einschränken, begrenzen
imprisonment 1. Verhaftung *f*; 2. Freiheitsstrafe *f*, Haft *f*
improper *adj* 1. unsauber, falsch, unrichtig; 2. *(StraßenverkehrsR)* verkehrswidrig, vorschriftswidrig
improper conduct ungehöriges Verhalten *n*
improperly *adv* ungehörig, unrichtig
improperly obtained evidence rechtswidrig erlangter Beweis *m (mit Folge eines Verwertungsverbotes)*
improved *adj* 1. verbessert, veredelt; 2. erschlossen
improved land kultiviertes Land *n*
impunity Straflosigkeit *f*, Straffreiheit *f*
• **act with impunity** ungestraft handeln, straflos handeln
imputation 1. Beschuldigung *f*, Verdacht *m*; 2. Zweckbestimmung *f*
impute *v* 1. beschuldigen, bezichtigen; 2. zurückführen, zuschreiben
in camera *(Lat)* nichtöffentlich, unter Ausschluss der Öffentlichkeit; im Richter-

zimmer • **sit in camera** unter Ausschluss der Öffentlichkeit verhandeln
in curia *(Lat)* in öffentlicher Gerichtsverhandlung
in delicto *(Lat)* schuldhaft
in esse *(Lat)* existent, tatsächlich vorhanden
in extenso *(Lat)* 1. ausführlich; 2. vollständig, ungekürzt
in futuro *(Lat)* in der Zukunft, zukünftig
in-house *adj* intern, innerbetrieblich
in-house counsel Syndikusanwalt *m*, Syndika *f*
in limine *(Lat)* von vorneherein, vorläufig
in loco parentis *(Lat)* an Stelle der Eltern, an Eltern statt
in omnibus *(Lat)* in jeder Hinsicht
in pari delicto *(Lat)* beiderseits mitschuldig, gleichermaßen mitschuldig
in personam *(Lat)* persönlich
in pleno *(Lat)* in plenum, Plenar...
in re *(Lat)* in der Sache, in der Angelegenheit
in rem *(Lat)* dinglich
in situ *(Lat)* an Ort und Stelle
in solidum *(Lat)* gesamtschuldnerisch, für das Ganze
in terrorem *(Lat)* zur Abschreckung
inability *(SchuldR)* Unvermögen *n*, subjektive Unmöglichkeit *f*
inaccurate *adj* ungenau, unrichtig
inadmissible *adj* unzulässig
inadmissible evidence unzulässiges Beweismittel *n*
inalienable *adj* unveräußerlich, nicht übertragbar
inalienable rights *pl* unveräußerliche Rechte *npl*; höchstpersönliche Rechte *npl*
inc. *s.* incorporated
incapable *adj* 1. unfähig, unbegabt, nicht imstande; 2. untauglich, ungeeignet; 3. *(VertragsR)* geschäftsunfähig
incapacitate *v* für geschäftsunfähig erklären
incapacity 1. Rechtsunfähigkeit *f*; 2. Geschäftsunfähigkeit *f*; 3. Erwerbsunfähigkeit *f*, Invalidität *f*
incapacity to contract Geschäftsunfähigkeit *f*
incapacity to sue Prozessunfähigkeit *f*, fehlende Prozessfähigkeit *f*; mangelnde Aktivlegitimation *f*
incapax *adj (Lat)* 1. unfähig; 2. geschäftsunfähig
incarcerate *v (veraltet)* einkerkern; einsperren
incarcerated *adj* inhaftiert, eingesperrt, gefangen
incarceration Inhaftierung *f*, Freiheitsentzug *m*
incendiary 1. *(StrafR)* Brandstifter *m*; 2. *(fig.)* Aufwiegler *m*, Hetzer *m*
incest Inzest *m*, Blutschande *f*
inchoate *adj* in der Entstehung begriffen, unausgereift, unvollständig
inchoate offences *pl (BE)*, **inchoate offenses** *pl (AE)* ≈ im Versuchsstadium befindliche Straftaten
incidence Anfall *m*, Häufigkeit *f*
incident 1. Störfall *m*, Unfall *m*, Zwischenfall *m*; 2. Nebensache *f*
incidental *adj* nebensächlich, zufällig, gelegentlich
incidental damages *pl* ≈ Ersatz des durch Zufall entstandenen Schadens
incidental expenses *pl* Nebenausgaben *fpl*; Nebenkosten *pl*
incidents *pl* **of ownership** Nutzungsrecht *n (einschließlich Eigentum und Versicherung an einem Vermögensgegenstand)*
incite *v (StrafR)* anstiften; antreiben, aufhetzen, verleiten
incite *v* **a party to commit a criminal offence** *(BE)*, **incite** *v* **a party to commit a criminal offense** *(AE) (StrafR)* jmdn. anstiften, eine Straftat zu begehen
incite *v* **a person to act unlawfully** jmdn. anstiften, unrechtmäßig zu handeln
incite *v* **a riot** zum Aufstand anstiften
incitement *(StrafR)* Anstiftung *f*; Aufhetzung *f*; Verleitung *f*
inclusive *adj* inklusiv, einschließlich, inbegriffen • **inclusive 1 January** einschließlich ersten Januar
inclusive of all taxes sämtliche Steuern inbegriffen
inclusive of costs einschließlich der Kosten
inclusive service Service *m* zum Pauschalpreis; Bedienung *f* inbegriffen
income Einkommen *n*, Einnahmen *fpl*, Einkünfte *pl*; Erträge *mpl*
income bonds *pl* Gewinnschuldverschreibungen *fpl*

income statement Gewinn- und Verlustrechnung *f*
income tax Einkommensteuer *f*, Nachlass *m*
income tax class Einkommensteuergruppe *f*
income tax relief Einkommensteuervergünstigung *f*, Einkommensteuerfreibetrag *m*
incoming *adj* 1. eingehend, laufend; 2. entstehend, anfallend
incoming goods *pl* eingehende Waren *fpl*, Wareneingang *m*
incompetence 1. *(ProzessR)* Unzuständigkeit *f*, fehlende Kompetenz *f*; 2. Unfähigkeit *f*, Untauglichkeit *f*; 3. *(VertragsR)* ≈ mangelnde Geschäftsfähigkeit
incompetence of evidence Unzulässigkeit *f* von Beweismitteln
incompetency 1. Unfähigkeit *f*; 2. Geschäftsunfähigkeit *f*; 3. Unzurechnungsfähigkeit *f*; 4. fehlende Zuständigkeit *f*, Unzuständigkeit *f*
incompetent *(VertragsR)* Geschäftsunfähiger *m*
incompetent witness unzulässiger Zeuge *m*, untauglicher Zeuge *m*
inconclusive *adj* unschlüssig; nicht überzeugend
inconsistent *adj* widersprüchlich, inkonsequent; unvereinbar
inconvenience Nachteil *m*
inconvenient *adj* nachteilig, unpassend
incorporate *v* 1. inkorporieren, Rechtspersönlichkeit verleihen, amtlich registrieren; 2. vereinigen, fusionieren, umwandeln, eingliedern; 3. sich inkorporieren lassen
incorporate *v* **a company** eine Gesellschaft gründen, eine Gesellschaft eintragen (lassen)
incorporated *adj (inc.)* 1. rechtsfähig; 2. eingetragen; 3. verbunden
incorporated company 1. *(BE)* rechtsfähige Handelsgesellschaft *f*; 2. *(AE)* Aktiengesellschaft *f*
incorporation 1. Körperschaft *f*, Vereinigung *f*; 2. Gesellschaftsgründung *f*, Gründung *f* einer juristischen Person; amtliche Eintragung *f*; 3. Vereinigung *f*, Fusion *f*, Umwandlung *f*, Eingliederung *f*
incorporeal *adj* immateriell, nicht körperlich, geistig
incorrect *adj* unrichtig, fehlerhaft, falsch
incorrectly *adv* unrichtig, fehlerhafterweise, falsch
incorrigible *adj* unkorrigierbar, unerziehbar; unverbesserlich
Incoterms *s.* International Commercial Terms
increase *v* 1. erhöhen, vermehren; 2. anwachsen, zunehmen
increase 1. Erhöhung *f*, Vermehrung *f*; 2. Anwachsung *f*, Zunahme *f*
increasing *adj* wachsend, steigend
increasingly *adv* vermehrt, zunehmend
incremental payment Ratenzahlung *f*
incriminate *v* einer Straftat beschuldigen [bezichtigen, anklagen]
incriminating *adj* belastend
incriminating evidence *(StrafprozessR)* belastende Beweise *mpl*, belastendes Beweismaterial *n*
incumbent *adj* 1. obliegend; 2. amtierend
incumbent obligation obliegende Pflicht *f*, zufallende Verpflichtung *f*
incumbrance *s.* encumbrance
incur *v* übernehmen, eingehen
incur *v* **a debt** eine Schuld übernehmen
incur *v* **a fine** eine Geldstrafe bekommen
incur *v* **a penalty** sich strafbar machen
incur *v* **liability** haften, die Haftung übernehmen
indebted *adj* verschuldet
indebted *adj*/**heavily** schwer verschuldet
indebtedness Verschuldung *f*, Schuldenlast *f*, Verbindlichkeiten *fpl*, Verpflichtungen *fpl*
indecency Unzucht *f*, unzüchtige Handlung *f*
indecent *adj* anstößig, sittenwidrig, unzüchtig, obszön
indecent act unsittliche Handlung *f*, sittenwidrige Handlung *f*
indecent assault unzüchtige Handlung *f*; (versuchte) Vergewaltigung *f*, Notzucht *f*
indefeasibility 1. Unanfechtbarkeit *f*; 2. Unaufhebbarkeit *f*
indefeasible *adj* unantastbar, unverletzlich, unanfechtbar
indefeasible right unantastbares [unverletzliches, unangreifbares] Recht *n*
indefeasible share unangreifbarer Anteil *m* am Nachlass *(nicht auflösend bedingter Anteil)*
indefeasible title unbestreitbares [unantastbares] Eigentum *n*

indefinite *adj* unbestimmt, unbegrenzt; nicht klar abgegrenzt
indefinite contract Vertrag *m* auf unbestimmte Zeit
indefinite term unbestimmter Begriff *m*, unklare Bestimmung *f*
indemnification 1. Schadensersatz *m*, Entschädigung *f*, Ersatzleistung *f*, Wiedergutmachung *f*; Kompensation *f*; 2. Haftungsfreistellung *f*
indemnification clause 1. Haftungsfreistellungsklausel *f*; 2. Entschädigungsklausel *f*
indemnifiee zum Schadensersatz Berechtigter *m*
indemnifier zur Schadloshaltung Verpflichteter *m*
indemnify *v* 1. Schadensersatz leisten, entschädigen, abfinden, schadlos halten; 2. von der Verantwortlichkeit entbinden
indemnify *v* **a party against certain costs or expenses** einer Partei den Ersatz gewisser Kosten [Ausgaben] zusichern
indemnify *v* **and hold** *v* **harmless** entschädigen und schadlos halten
indemnity 1. Schadensersatz *m*, Entschädigung *f*, Schadloshaltung *f*; 2. Straflosigkeit *f*, Indemnität *f*
indemnity clause (einseitiges) Versprechen *n* der Schadloshaltung
indemnity fund Entschädigungsfonds *m*
indent *v* 1. einrücken *(eine Zeile)*; 2. einen Auslandsauftrag erteilen; 3. eine mehrseitige, gesiegelte Urkunde errichten
indent 1. Beule *f*, Vertiefung *f*; 2. Auslandsbestellung *f*, Auslandsauftrag *m*; 3. Vertragsurkunde *f*, gesiegelter Vertrag *m*
indenture 1. gesiegelte Vertragsurkunde *f*; in mehreren Ausfertigungen vorliegende Vertragsurkunde *f*; 2. Ausbildungsvertrag *m*
indenture deed Vertragsurkunde *f*
independence of judicial office Unabhängigkeit *f* der Richter
independent *adj* unabhängig, frei, selbstständig, autonom
independent contractor selbstständiger Unternehmer *m*
independent director unternehmensfremder Direktor *m*
independent expert unabhängiger Sachverständiger *m*
independent regulatory agency unabhängige Regulierungsbehörde *f*
independent witness freiwilliger [unparteiischer, nicht beeinflusster] Zeuge *m*
independently *adv* unabhängig, frei, selbstständig, autonom
indeterminate *adj* unbestimmt, unklar
index *v* 1. registrieren, in ein Verzeichnis aufnehmen; 2. hinweisen, nachweisen
index Index *m*, Inhaltsverzeichnis *n*, Register *n*, Kartei *f*, Liste *f*, Katalog *m*
index-link Indexverbindung *f*, Indexverknüpfung *f*
indexation Indexierung *f*
indicate *v* angeben, hinweisen, indizieren
indication 1. Anzeige *f*, Anzeichen *n*, Anhaltspunkt *m*; 2. *(StrafR)* Indikation *f (Abtreibung)*
indicia *pl (Lat)* Freimachungsvermerke *mpl*
indict *v (StrafR)* beschuldigen, anklagen
indictable *adj* strafwürdig, strafbar, strafrechtlich verfolgbar
indictable offence *(BE)*, **indictable offense** *(AE)* Straftat *f*, Verbrechen *n*, Schwurgerichtsangelegenheit *f*
indictment Beschuldigung *f*; Anklageerhebung *f*, ≈ Eröffnungsbeschluss
indirect *adj* mittelbar, indirekt
indirect damage mittelbarer Schaden *m*
indirect damages *pl* Schadensersatz *m* für mittelbaren Schaden
indirect liability Eventualverbindlichkeit *f*
indirect loss mittelbarer Verlust *m*
indirect tax indirekte Steuer *f*, Verbrauchsteuer *f*
indirect taxation indirekte Besteuerung *f*
individual *adj* individuell, persönlich, einzeln
individual 1. Individuum *n*, Privatperson *f*, natürliche Person *f*; 2. *(SteuerR)* Steuerpflichtiger *m*
indorse *v s.* endorse
indorsement *s.* endorsement
induce *v* verleiten, verführen; veranlassen, überreden
inducement 1. Veranlassung *f*, Verleitung *f*; 2. *(StrafprozessR)* Tatsachenfeststellung *f*; 3. *(StrafprozessR)* ≈ zusammenfassende Klagebegründung
induction 1. Einführung *f (Amt)*; 2. Einberufung *f (Militär)*
induction program *(AE)*, **induction programme** *(BE) (ArbeitsR)* Einfüh-

rungsprogramm *n (für neue Arbeitnehmer)*
industrial *adj* 1. industriell, gewerblich, wirtschaftlich; 2. industrialisiert; 3. in der Industrie beschäftigt *(Arbeitnehmer)*
industrial action Arbeitskampf *m*, Arbeitskonflikt *m*, Arbeitskampfmaßnahmen *fpl (Streik, Aussperrung)*
industrial arbitration *(BE) (ArbeitsR)* Schlichtung *f* von Streitigkeiten aufgrund eines Arbeitsverhältnisses
industrial area Gewerbegebiet *n*, Industriegelände *n*
industrial conflict *(BE) (ArbeitsR)* Arbeitskonflikt *m*, Arbeitskampf *m*
industrial court Arbeitsgericht *n*
industrial design Industriedesign *n*, gewerbliches Muster *n*; Gebrauchsmuster *n*
industrial dispute *(BE) (ArbeitsR)* Arbeitsstreitigkeit *f*, Arbeitskonflikt *m*
industrial law *(BE)* Gewerberecht *n*; Arbeitsrecht *n*
industrial peace *(BE) (ArbeitsR)* Arbeitsfrieden *m*
industrial property gewerbliches Eigentum *n (z. B. Warenzeichen)*
industrial relations *pl* Beziehungen *fpl* zwischen Arbeitgeber und Arbeitnehmer; Beziehungen *fpl* zwischen den Sozialpartnern
industrial spy Industriespion *m*
industrial tribunal *(BE) (ArbeitsR)* Arbeitsgericht *n*
industrial union *(ArbeitsR)* Industriegewerkschaft *f*, Berufsverband *m*
industry-wide liability branchenumfassende Haftung *f*
inequality of bargaining power ungleichwertige Verhandlungsposition *f*, ungleiche Verhandlungsmacht *f*
inequitable *adj* unbillig, unrecht
inevitable *adj* unvermeidbar, unumgehbar
infant Minderjähriger *m*, Unmündiger *m*
infanticide Kindestötung *f* nach der Geburt, Kindesmord *m*
infer *v* ableiten, schließen, folgern
infer *v* **from the evidence** aus dem Beweismaterial folgern, den Beweisen entnehmen
inference Folgerung *f*, Rückschluss *m*, Konsequenz *f*
inferior *adj* 1. minderwertig, zweitklassig; 2. geringer, schwächer; 3. untergeordnet, niedriger
inferior court unteres [niederes] Gericht *n*
inflation Inflation *f*
influence *v* beeinflussen, einwirken
influence Einfluss *m*, Einwirken *n*
inform *v* 1. informieren, benachrichtigen, in Kenntnis setzen; mitteilen, bekannt geben; 2. *(StrafR)* anzeigen, Strafanzeige erstatten
inform *v* **the court** das Gericht verständigen [benachrichtigen]; etwas vor Gericht vortragen
informal *adj* 1. informell, zwanglos; formlos, formfrei; 2. formwidrig, regelwidrig
informant 1. Informant *m*, Auskunftsgeber *m*; 2. Erstatter *m* einer Anzeige
information 1. Information *f*, Benachrichtigung *f*, Verständigung *f*, Mitteilung *f*; 2. *(StrafR)* Strafanzeige *f*; 3. *(StrafprozessR)* Anklage *f*; 4. Auskunft *f*, Information *f* • **for your information** *(FYI)* zur Kenntnisnahme, zu Ihrer Information • **give information** 1. Informationen erteilen; 2. Anzeige erstatten
informed consent Einverständniserklärung *f (in Kenntnis der Sachlage)*
informer 1. Informant *m*; 2. Anzeigenerstatter *m*; Denunziant *m*, Spitzel *m*
infraction Verstoß *m*, Verletzung *f*, Übertretung *f*
infringe *v* verstoßen, verletzen, übertreten
infringe *v* **a patent** ein Patentrecht verletzen
infringe *v* **(upon) third party rights** in die Rechte Dritter eingreifen
infringement 1. Eingriff *m*, Übergriff *m*; 2. Rechtsverletzung *f*, Zuwiderhandlung *f*; 3. *(PatentR)* Patentverletzung *f*
infringement of copyright Urheberrechtsverletzung *f*
infringement of the law Rechtsverletzung *f*; Übertretung *f* eines Gesetzes
infringement proceedings *pl* Verletzungsverfahren *n (gewerbliche Schutzrechte)*
infringing right verletzendes Recht *n (z. B. im Patentrecht)*
inherent *adj* innewohnend, inhärent, zugehörig; originär, unvermeidbar
inherent defect *(VertragsR)* anhaftender Mangel *m*, innewohnender Fehler *m*
inherent power originäre Befugnis *f*
inherit *v* erben, beerben
inheritance Nachlass *m*, Erbe *n*, Erb-

schaft *f* • **renounce an inheritance** auf ein Erbe verzichten
inheritance contract Erbvertrag *m*
inheritance tax Erbschaftsteuer *f*
inheritor Erbe *m*, Erbberechtigter *m*
inhuman treatment or punishment unmenschliche Behandlung *f* oder Bestrafung *f*
initial *v* mit seinen Anfangsbuchstaben versehen [abzeichnen, unterzeichnen]
initial *adj* ursprünglich, erstmalig, anfänglich, Anfangs..., Gründungs...
initial capital Anfangskapital *n*, Gründungskapital *n*
initial public offering *(IPO)* Gang *m* an die Börse, Erstemission *f (Wertpapiere)*
initiate *v* 1. anbahnen, anregen; 2. beginnen, in Gang setzen
injunction *(ProzessR)* einstweilige Verfügung *f*, gerichtliche Anordnung *f*
injunctive relief Unterlassungsanspruch *m*
injure *v* 1. beschädigen, verletzen, beeinträchtigen; 2. verleumden
injure *v* **a party's rights** die Rechte einer Partei verletzen
injured *adj* verletzt, beschädigt, beeinträchtigt
injured party 1. Verletzter *m*, Geschädigter *m*; 2. Benachteiligter *m*
injurious *adj* schädlich, nachteilig
injury 1. Unrecht *n*; 2. Beeinträchtigung *f*, Schaden *m*, Nachteil *m*; 3. Körperverletzung *f*; 4. Rechtsverletzung *f* • **cause injury** einen Schaden verursachen, eine Körperverletzung herbeiführen [zufügen] • **inflict injury** einen Schaden zufügen, eine Körperverletzung verursachen [herbeiführen]
injury to person Personenschaden *m*
injury to property Sachbeschädigung *f*, Sachschaden *m*
injustice Unrecht *n*, Ungerechtigkeit *f*
inland *adj* inländisch, einheimisch
inland revenue Steuereinnahmen *fpl*
Inland Revenue Finanzverwaltung *f*, Finanzbehörde *f*
Inland Revenue Commissioners *pl (BE)* 1. Finanzamt *n*; Ministerialabteilung *f* für Steuern; 2. Richter *mpl* in Steuersachen
inlining *(InternetR)* Inlining *n*
inmate 1. Mitbewohner *m*; 2. Anstaltsinsasse *m*; 3. Häftling *m*, Gefangener *m*, Sträfling *m (Gefängnis)*
Inner Temple *(BE)* Inner Temple *(eine der Inns of Court)*
innkeeper Gastwirt *m*, Kneipenbesitzer *m*
innkeeper's lien Pfandrecht *n* des Gastwirts
innocence Unschuld *f*, Schuldlosigkeit *f*
innocent *adj* 1. unschuldig, schuldlos; 2. gutgläubig; 3. gesetzlich erlaubt, legal
innocent bystander *(ProdukthaftungsR)* unbeteiligter Dritter *m*
innocent misrepresentation ≈ schuldlose Falschdarstellung
innocent party *(EheR)* nichtschuldiger Teil *m (bei Ehescheidung)*
innominate term unbestimmte Vertragsklausel *f*
Inns of Court *(BE)* 1. ≈ Gebäude der vier traditionellen Barrister-Innungen in London; 2. ≈ Barrister-Innungen
innuendo beleidigende Unterstellung *f*; versteckte Andeutung *f*
inquest 1. gerichtliche Untersuchung *f*; 2. Untersuchungsergebnis *n (Jury)*
inquire *v* untersuchen, recherchieren, sich erkundigen
inquiry 1. Untersuchung *f*, Ermittlung *f*, Nachforschung *f*; 2. Anfrage *f*, Erkundigung *f* • **hold an inquiry** eine Untersuchung führen, Nachforschungen anstellen • **institute an inquiry** Ermittlungen aufnehmen, Nachforschungen einleiten
inquisitorial *adj* inquisitorisch, Inquisitions..., Untersuchungs...
inquisitorial system *(StrafprozessR)* inquisitorisches System *n*
insane *adj* geisteskrank, geistesgestört, unzurechnungsfähig
insanity Geisteskrankheit *f*, Geistesgestörtheit *f*, Unzurechnungsfähigkeit *f*
inside *adj* 1. innen, im Inneren befindlich; 2. vertraulich, geheim; privat
inside vertrauliche Information *f*, Information *f* aus erster Hand
insider Eingeweihter *m*, eingeweihtes Mitglied *n*, Insider *m*
insider dealing Insiderhandel *m (auf vertraulichen Informationen beruhendes Börsengeschäft)*
insist *v* 1. bestehen, beharren, verlangen; 2. betonen, beteuern
insolvency Insolvenz *f*, Zahlungsunfähigkeit *f*
insolvency proceedings *pl* Insolvenzverfahren *n*; Vergleichsverfahren *n*

insolvency settlement Insolvenzregulierung *f*
insolvent *adj* insolvent, zahlungsunfähig, überschuldet • **be declared insolvent** für zahlungsunfähig erklärt werden • **become insolvent** zahlungsunfähig werden, Zahlungen einstellen, insolvent werden, in Insolvenz fallen
inspect *v* 1. besichtigen, Einsicht nehmen, inspizieren; 2. untersuchen, prüfen
inspection 1. Inspektion *f*, genaue Durchsicht *f*, Überprüfung *f*; 2. Aufsicht *f*, Kontrolle *f*
inspection of documents Recht *n* auf Einsichtnahme in Unterlagen *(des Prozessgegners)*
inspector Inspekteur *m*, Kontrolleur *m*, Prüfer *m*
installment *(AE) s.* instalment
instalment *(BE)* 1. Lieferung *f*, Teillieferung *f*; 2. Einführung *f*, Amtseinsetzung *f*; 3. Rate *f*, Ratenzahlung *f*
instalment contract *(BE)* Abzahlungsvertrag *m*, Teilzahlungsvertrag *m*
instalment delivery *(BE)* Teillieferung *f*
instance 1. *(ProzessR)* Instanz *f*; 2. Fall *m*, Beispiel *n*
instanter *adj* sofort, unverzüglich
institution 1. Einrichtung *f*, Institut *n*, Anstalt *f*; 2. *(EuropaR)* Organ *n*; 3. Gründung *f*, Errichtung *f*; 4. *(ErbR)* Erbeinsetzung *f*; 5. Verordnung *f*, Satzung *f*, Statut *n*
institutional *adj* institutionell, firmeneigen verordnet
instruct *v* 1. anweisen, beauftragen; 2. instruieren, informieren, unterrichten
instruct *v* **a barrister** einen Anwalt beauftragen, einen Prozessbevollmächtigten mandatieren und informieren
instruct *v* **a jury** eine Jury belehren
instruct *v* **a solicitor** einen Rechtsanwalt beauftragen, sich einen Rechtsanwalt nehmen
instruction 1. Anweisung *f*, Instruktion *f*, Anordnung *f*, Auftrag *m*; 2. Unterweisung *f*, Schulung *f*
instructions *pl* Anweisungen *fpl*, Instruktionen *fpl* • **receive instructions from a client** Anweisungen eines Mandanten erhalten, Instruktionen eines Klienten entgegennehmen
instructions *pl* **to counsel** *(BE)* Anweisungen *fpl* [Instruktionen *fpl*] an den Anwalt *(Barrister)*
instructor Ausbilder *m*, Kursleiter *m*
instrument 1. Instrument *n*, Gerät *n*; 2. Dokument *n*, Urkunde *f*, Beweismittel *n*; 3. Handelspapier *n*
instrument of abdication Abdankungsurkunde *f*
instrument of acceptance *(VölkerR)* Annahmeurkunde *f*
instrument of title Eigentumstitel *m*, Besitzurkunde *f*
insult *v* beleidigen, beschimpfen
insult Beleidigung *f*, Verbalinjurie *f*, Injurie *f*
insulting language Beschimpfungen *fpl*, beleidigende Äußerungen *fpl*
insurable *adj* versicherbar, versicherungsfähig
insurance Versicherung *f*
insurance after the event Versicherung *f* nach dem Ereignis
insurance agent Versicherungsvertreter *m*, Versicherungsagent *m*
insurance agreement Versicherungsvereinbarung *f*, Versicherungsvertrag *m*
insurance broker Versicherungsmakler *m*
insurance certificate Versicherungsschein *m*
insurance claim Versicherungsanspruch *m*
insurance clause Versicherungsklausel *f*
insurance company Versicherungsgesellschaft *f*
insurance law Versicherungsrecht *n*
insurance policy Versicherungspolice *f*
insurance premium Versicherungsprämie *f*, Versicherungsbeitrag *m*
insure *v* 1. versichern, sich versichern lassen; 2. garantieren, gewährleisten, sicherstellen
insure *v* **against a risk** eine Risikoversicherung abschließen
insurer Versicherer *m*, Versicherungsträger *m*, Versicherungsgesellschaft *f*
insurgent Aufständischer *m*, Rebell *m*
insurrection Aufstand *m*, Revolte *f*
intangible *adj* immateriell, unkörperlich
intangible assets *pl* immaterielle Vermögenswerte *mpl*, immaterielle Werte *mpl*
intangible property immaterielles Vermögen *n*
integrated contract ≈ schriftlicher Vertrag, der alle getroffenen Vereinbarungen umfasst

integration Integration *f*, Einbeziehung *f*, Eingliederung *f*
intellectual *adj* intellektuell, geistig
intellectual property geistiges Eigentum *n*
intelligence service Geheimdienst *m*, Nachrichtendienst *m*
intend *v* beabsichtigen, vorhaben
intent Absicht *f*, Vorsatz *m*, Wille *m*
intention Absicht *f*, Vorhaben *n*, Vorsatz *m*
intention of the parties Parteiwille *m*
intentional *adj* absichtlich, vorsätzlich
intentional conduct vorsätzliches Handeln *n* [Verhalten *n*]
intentional negligence bewusst in Kauf genommene Fahrlässigkeit *f*, *(Lat)* dolus eventualis
intentionally *adv* absichtlich, vorsätzlich
inter alia *(Lat)* unter anderem
inter partes *(Lat)* zwischen Gleichen, gleichberechtigt
inter vivos *(Lat)* unter Lebenden
inter vivos gift Schenkung *f* unter Lebenden
inter vivos trust Trust *m* unter Lebenden
intercession 1. Vermittlung *f*, Intervention *f*, Eintreten *n*; 2. *(SchuldR)* Schuldübernahme *f*
intercourse 1. Verkehr *m*, Geschäftsverkehr *m*, Handelsverbindung *f*; 2. Geschlechtsverkehr *m*
interdependence Verflechtung *f*, gegenseitige Abhängigkeit *f*, Wechselbeziehung *f*
interdict *v* untersagen, verbieten
interdict *(Lat)* 1. Untersagung *f*, (gerichtliches) Verbot *n*; Verfügungsverbot *n*; 2. Interdikt *n (Verbot von kirchlichen Amtshandlungen)*
interdiction Untersagung *f*, Verbot *n*
interest 1. Interesse *n*, Vorteil *m*; 2. Recht *n*, Anspruch *m*; 3. *(GesellschaftsR)* Anteil *m*, Geschäftsanteil *m*, Beteiligung *f*; 4. Zins *m*, Verzinsung *f*
interest bearing *adj* verzinslich, zinstragend
interest clause Zinsklausel *f*, Bestimmung *f* über die Verzinsung
interest on a loan Leihzins *m*, Kreditzins *m*
interest rate Verzinsung *f*, Zinssatz *m*
interest table Zinstabelle *f*
interfere *v* 1. in Konflikt geraten, stören, beeinträchtigen; 2. einschreiten, intervenieren
interference Eingriff *m*, Einschreiten *n*, Einmischung *f*; Interessenkonflikt *m*, Intervention *f*
intergovernmental *adj* zwischenstaatlich
Intergovernmental Panel on Climate Change *(IPCC)* zwischenstaatlicher Ausschuss *m* über Klimaveränderungen
interim *adj (Lat)* einstweilig, vorläufig
interim einstweilige Regelung *f*; Zwischenzeit *f*
interim agreement vorläufige Vereinbarung *f*
interim injunction einstweilige Verfügung *f*
interim loan Zwischenkredit *m*
interim measure Zwischenlösung *f*, vorübergehende Maßnahme *f*
interim order vorläufige Anordnung *f*, Zwischenverfügung *f*
interim payment Zwischenzahlung *f*, Vorauszahlung *f*
interim remedies ≈ einstweiliger Rechtsschutz, ≈ der Urteilsfindung vorhergehende Maßnahmen
interlocutor 1. Gesprächspartner *m*; 2. Steuerbehörde *f*, Fiskus *m*; 3. Zwischenentscheidung *f*, ≈ Zwischenurteil
interlocutory *adj* zwischengeschaltet, einstweilig, vorläufig, Zwischen...
interlocutory injunction einstweilige Verfügung *f*
interlocutory judgment Zwischenurteil *n*
interlocutory proceedings *pl* Zwischenverfahren *n*, Inzidentfeststellung *f*
interlocutory relief vorläufiger Rechtsschutz *m*
intern *v* internieren
intern Praktikant *m*
Internal Revenue Service *(IRS) (AE)* Finanzamt *(USA)*
international *adj* international, zwischenstaatlich
International Accounting Standards *(IAS)* Internationale Grundsätze *mpl* der Rechnungsführung
international bank account number *(IBAN)* Internationale Bankkontonummer *f*
International Chamber of Commerce *(ICC)* Internationale Handelskammer *f*
International Commercial Terms *(Incoterms)* internationale Regeln *fpl* für die

Auslegung von Handelsklauseln, Incoterms
International Monetary Fund *(IMF)* Internationaler Währungsfonds *m*
international observer internationaler Beobachter *m*
International Organization for Standardization *(ISO)* Internationale Organisation *f* für Normung, ISO
international standard book number *(ISBN)* ISBN-Nummer *f*
internee Internierter *m*
Internet service provider *(ISP)* Internet-Service-Provider *m*, Internetdienstanbieter *m*
internment Internierung *f*
internship Praktikum *n*
interpleader Streitverkündung *f*; Drittwiderspruchsklage *f*, Interventionsklage *f*
interpret *v* 1. auslegen; 2. dolmetschen
interpretation 1. Auslegung *f*, Interpretation *f*; 2. Dolmetschen *n*; 3. Auswertung *f* *(von Daten)*
interrogation 1. Befragung *f*, Vernehmung *f*, Verhör *n (durch die Polizei)*; 2. Abfrage *f* *(Computer)*
interrogatories *pl* formelle Parteibefragung *f (Überreichung von schriftlichen und unter Eid zu beantwortenden Beweisfragen)*
interrogatory *adj (AE)* fragend
interstate commerce zwischenstaatlicher Handel *m*, Handel *m* zwischen den einzelnen US-Bundesstaaten
intervene *v* eingreifen, sich einschalten, intervenieren; einem Prozess beitreten
intervention Eingreifen *n*, Einschreiten *n*, Intervention *f*; Nebenintervention *f*, Prozessbeitritt *m*
interview *v* interviewen, befragen; Interview geben
intestacy Fehlen *n* eines Testaments; Sterben *n* ohne Hinterlassung einer Verfügung
intestacy laws *pl* Gesetze *npl* zur gesetzlichen Erbfolge
intestate *adj* ohne letztwillige Verfügung; nicht testamentarisch vermacht
intestate succession gesetzliche Erbfolge *f*, Intestaterbfolge *f*
intimidate *v* einschüchtern, bedrohen, nötigen
intimidation Einschüchterung *f*, Bedrohung *f*, Nötigung *f*
intoxicated *adj* unter Alkoholeinfluss stehend, betrunken; vergiftet
intoxication Trunkenheit *f*, Rausch *m*; Vergiftung *f*
intra *(Lat)* innerhalb, inner...
intra vires *(Lat)* befugt, satzungsgemäß, ermächtigt
intrinsic *adj* innerlich, wahr, wirklich, eigentlich
introduce *v* einführen, in Verkehr bringen
introduction Einführung *f*, Bekanntmachung *f*
intrude *v* 1. eindringen, sich einmischen; 2. den Besitz stören
intrusion 1. Einmischung *f*, Übergriff *m*; 2. Besitzstörung *f*, gesetzeswidrige Besitznahme *f*
invalid *adj* unwirksam, kraftlos, außer Kraft, nichtig
invalidate *v* unwirksam machen, außer Kraft setzen, die Gültigkeit aufheben, für ungültig erklären
invalidation Annullierung *f*, Aufhebung *f*, Kraftloserklärung *f*
invalidity Ungültigkeit *f*, Nichtigkeit *f*
invasion Eingriff *m*, Verletzung *f*, Störung *f*; Invasion *f*
invasion of privacy Verletzung *f* der Privatsphäre, Eingriff *m* in die Privatsphäre
invent *v* erfinden
invention Erfindung *f*
inventory Inventar *n*, Bestandsverzeichnis *n*
invest *v* 1. anlegen, hineinstecken; 2. einsetzen
investigate *v* erforschen, ermitteln, überprüfen, Erhebung anstellen
investigating magistrate Ermittlungsrichter *m*, Untersuchungsrichter *m*
investigation Untersuchung *f*, Ermittlung *f*
investigator Ermittlungsbeamter *m*
investment Anlage *f*, Beteiligung *f*, Platzierung *f*, Bestallung *f*; Bausparsumme *f*
investment certificate Investmentanteil *m*, Investmentzertifikat *n*
investor Kapitalanleger *m*, Bausparer *m*
inviolable *adj* unverletzlich
invitation Aufforderung *f*, Ausschreibung *f*
invitation to make an offer *(Lat)* invitatio ad offerendum *(Aufforderung zur Abgabe eines Angebots)*
invitation to tender Ausschreibung *f*, Aufforderung *f* zur Abgabe eines Angebots

invitation to treat *(Lat)* invitatio ad offerendum *(Aufforderung zur Abgabe eines Angebots)*
invite *v* auffordern, ausschreiben
invite *v* **a bid** einen Auftrag ausschreiben
invitee Besucher *m*, Eingeladener *m*
invoice *v* fakturieren, in Rechnung stellen
invoice Rechnung *f*, Lieferschein *m*, Faktura *f*
involuntarily *adv* unfreiwillig, erzwungen
involuntary *adj* unfreiwillig, erzwungen
involuntary bankruptcy durch Antrag eines Gläubigers herbeigeführte Insolvenz *f*
involuntary manslaughter fahrlässige Tötung *f*
involuntary servitude Zwangsarbeit *f*
involve *v* beteiligen, involvieren; erforderlich machen, einschließen
IOU *(I owe You)* Schuldschein *m*, Schuldanerkenntnis *n*
IPCC *s.* Intergovernmental Panel on Climate Change
IPO *s.* initial public offering
ipsissima verba *(Lat)* völlig die eigenen Worte *(der Person, die sie gesprochen hat)*
ipso facto *(Lat)* aus den Fakten folgend, natürlich, logisch, selbstverständlich
ipso iure *(Lat)* kraft Gesetzes, von Rechts wegen
irrebuttable *adj* unwiderlegbar, unumstößlich
irreconcilable *adj* unversöhnlich, unvereinbar
irrecoverable *adj* nicht beitreibbar, nicht erstattungsfähig
irredeemable *adj* nicht ablösbar, nicht einlösbar
irrefutable *adj* unwiderlegbar
irregular *adj* regelwidrig, vorschriftswidrig
irregularity Vorschriftswidrigkeit *f*, Formfehler *m*, Verfahrensverstoß *m*
irrelevant *adj* irrelevant, ohne Bedeutung, unerheblich
irreparable *adj* 1. unersetzlich; 2. *(fig.)* nicht wiedergutzumachend
irresponsible *adj* nicht verantwortlich, nicht zurechnungsfähig
irretrievable *adj* nicht wieder aufzufinden, unersetzlich
irrevocable *adj* unwiderruflich
irrevocable letter of credit unwiderrufliches Akkreditiv *n*, unwiderruflicher Kreditbrief *m*
irrevocable power of attorney unwiderrufliche Vollmacht *f*
irrevocable trust ≈ unwiderruflicher Trust
irritancy *(Scot)* 1. Nichtigkeitsanlass *m*, Annullierung *f*; 2. ≈ Verwirkung
IRS *s.* Internal Revenue Service
ISBN *s.* international standard book number
ISO *s.* International Organization for Standardization
ISP *s.* Internet service provider
issuance Ausgabe *f*, Ausfertigung *f*
issue *v* 1. entspringen, herkommen, herrühren; 2. herausgeben, erlassen
issue *v* **a decree** einen Beschluss erlassen
issue *v* **a note** *(WechselR)* einen Wechsel ausstellen
issue *v* **debentures** Schuldverschreibungen herausgeben
issue 1. Erlass *m*; 2. Streitfrage *f*, Streitpunkt *m*; 3. Diskussionsgegenstand *m*, Thema *n*
issued *adj* erschienen; lautend, ausgestellt auf
issued shares *pl* ausgegebene Aktien *fpl*
issuing Ausstellung *f*, Ausgabe *f*
issuing shares *pl* Aktienausgabe *f*
item Punkt *m*, Gegenstand *m*, Rechnungsposten *m*
itemize *v* spezifizieren, detaillieren, in einer Liste aufführen, nach Posten aufgliedern
itinerant justice wandernde Richterschaft *f (Richter, die in verschiedenen Gerichtszentren des Landes verhandeln)*

J

jail *v (AE)* einsperren, ins Gefängnis werfen; mit Gefängnis bestrafen
jail *(AE)* Gefängnis *n*, Justizvollzugsanstalt *f*, Haftanstalt *f*
jail sentence *(AE)* Gefängnisstrafe *f*
jailbreak *(AE)* Gefängnisausbruch *m*
jailer *(AE)* Gefangenenaufseher *m*, Gefängniswärter *m*
jaywalk *v* verkehrswidrig die Straße überqueren; Verkehrszeichen nicht beachten
J.D. *s.* juris doctor
jeopardize *v* gefährden, riskieren, aufs Spiel setzen

jeopardy Gefährdung *f*, Risiko *n*, Wagnis *n*
job Arbeit *f*, Arbeitsplatz *m*, Beruf *m*, Beschäftigung *f*; Geschäft *n*; Aufgabe *f*, Pflicht *f*; Tätigkeit *f*, Verrichtung *f*
job assessment Arbeitsbewertung *f*
job contract Arbeitsvertrag *m*
jobber 1. Tagelöhner *m*, Gelegenheitsarbeiter *m*; 2. Effektenhändler *m*, Börsenmakler *m*, Börsenspekulant *m*
jobless *adj* arbeitslos
join *v* 1. zusammenfügen, vereinigen; 2. beitreten, eintreten, sich beteiligen
join *v* **an action** einem Prozess beitreten
join *v* **as complainant** als Kläger beitreten
join *v* **proceedings** sich einem Prozess anschließen
joinder Verbindung *f*
joinder of parties Streitgenossenschaft *f*; Nebenintervention *f*
joint *adj* gemeinsam, gemeinschaftlich
joint action 1. gemeinsames Vorgehen *n*; 2. Klage *f* als Streitgenossen
joint agreement 1. gemeinsame Vereinbarung *f*; 2. Tarifvertrag *m*
joint and several liability Gesamtschuld *f*, gesamtschuldnerische Haftung *f*
joint applicants *pl (PatentR)* Mitanmelder *mpl*, gemeinsame Anmelder *mpl*
joint application 1. gemeinsame Bewerbung *f*; 2. *(PatentR)* gemeinsame Anmeldung *f*
joint custody *(FamilienR)* gemeinsames Sorgerecht *n*
joint defendant *(StrafR)* Mitbeklagter *m*
joint deposit Gemeinschaftsdepot *n*
joint family home ≈ Familienwohnung im Eigentum beider Ehegatten
joint heir Miterbe *m*
joint liability gesamtschuldnerische [solidarische] Haftung *f*
Joint Stock Companies Act *(BE)* ≈ Gesetz über die Aktiengesellschaften
joint-stock company *(BE)* Aktiengesellschaft *f*; *(AE)* Kommanditgesellschaft *f* auf Aktien
joint-stock corporation *(AE)* Aktiengesellschaft *f*
joint tenancy Gesamthandseigentum *n*, Miteigentum *n* zur gesamten Hand
joint tenants *pl* 1. Miteigentümer *mpl* zur gesamten Hand, Gesamthandseigentümer *mpl*; 2. Mitbesitzer *mpl*, Mitpächter *mpl*
joint venture Gemeinschaftsunternehmen *n*
joint venture agreement Joint-Venture-Vereinbarung *f* einer Arbeitsgemeinschaft
joint work Gemeinschaftsarbeit *f*
jointly acquired property *(AE)* Eigentumserwerb *m* in Errungenschaftsgemeinschaft
JP *s.* Justice of the Peace
judge *v* beurteilen; richten, aburteilen
judge *v* **a case** Urteil fällen
judge Richter *m*
judge in chambers Einzelrichter *m*; ≈ Richter, der in seinem Richterzimmer entscheidet
judge-made law Richterrecht *n*
judgment 1. Entscheidung *f*, Urteil *n*; 2. Urteilsfällung *f*, Beurteilung *f*; 3. Ermessen *n* • **affirm a judgment** ein Urteil aufrechterhalten [bestätigen] • **annul a judgment** ein Urteil aufheben • **appeal against a judgment** ein Urteil anfechten • **deliver a judgment** ein Urteil fällen [erlassen, verkünden] • **judgment was in favo(u)r of a party** der Prozess wurde zugunsten einer Partei entschieden • **pronounce a judgment** ein Urteil verkünden • **set aside a judgment** *(ProzessR)* ein Urteil aufheben
judgment by default Versäumnisurteil *n*
judgment creditor Vollstreckungsgläubiger *m*
judgment debt gerichtlich festgestellte Forderung *f*, vollstreckbare Forderung *f*
judgment debtor Vollstreckungsschuldner *m*
judgment for recovery rechtskräftiges Urteil *n*
judgment of acquittal Freispruch *m*
judgment set aside aufgehobenes Urteil *n*
judgment summons ≈ gerichtliche Vorladung des säumigen Urteilsschuldners
judicature Rechtspflege *f*, Rechtsprechung *f*; Richterschaft *f*
Judicature Acts *pl* ≈ Gerichtsverfassungsgesetz
judicial *adj* gerichtlich, richterlich
judicial act richterliche Handlung *f*
judicial activism richterlicher Aktivismus *m*
judicial authority 1. Gerichtsbehörde *f*, Justizbehörde *f*; rechtsprechende Gewalt *f*; 2. Ansehen *n* der Gerichte

judicial circuit *(AE)* Gerichtsbezirk *m*
Judicial Committee of the Privy Council *(BE)* Höchstes Revisionsgericht *n* für bestimmte Länder des Commonwealth
judicial decision Gerichtsentscheidung *f*, gerichtliche Entscheidung *f*, Urteil *n*
judicial directions *pl* richterliches Ermessen *n*
judicial discretion richterliches Ermessen *n*
judicial opinion Rechtsgutachten *n*
judicial process Gerichtsverfahren *n*
judicial remedies *pl* Rechtsbehelfe *mpl*, Rechtsmittel *npl*
judicial restraint richterliche Zurückhaltung *f*
judicial review gerichtliche Nachprüfung *f*
judicial settlement gerichtlicher Vergleich *m*
judicial writ gerichtliche Verfügung *f*
judiciary Richterschaft *f*; Gerichtswesen *n*, Justiz *f*
jump *v* **bail** *(StrafR)* eine Kaution verfallen lassen
junior *adj* untergeordnet, nachrangig
junior barrister *(BE)* ≈ Barrister, der kein Queen's Counsel ist
junior counsel ≈ Anwaltsassessor
jurat ≈ Eidesformel in einem Affidavit
juridical *adj* juristisch, gerichtlich
juris doctor *(J.D.)* ≈ der Name des juristischen Abschlusses, der in den USA nach vier Jahren „undergraduate" Studium und drei Jahren an einer „law school" erworben wird
jurisdiction Gerichtsbarkeit *f*, Gerichtshoheit *f*, Zuständigkeit *f* • **out of jurisdiction** außerhalb der Gerichtshoheit
jurisdiction clause Gerichtsstandsklausel *f*
jurisdictional *adj* die Gerichtsbarkeit [Zuständigkeit] betreffend
jurisprudence Rechtswissenschaft *f*, Rechtslehre *f*; Rechtsphilosophie *f*
jurist Rechtsgelehrter *m*
juristic *adj* juristisch, rechtlich
juror Jurymitglied *n*, Geschworener *m*; Preisrichter *m* • **challenge a juror** ein Jurymitglied ablehnen • **serve as juror** als Jurymitglied tätig sein
jury Jury *f*, Geschworene *mpl*
jury box Bank *f* der Jury, Geschworenenbank *f*
jury instructions *pl* Rechtsbelehrung *f* des Richters gegenüber den Jurymitgliedern
jury panel Liste *f* der Jurymitglieder
jury selection Wahl *f* der Jury; Wahl *f* der Jurymitglieder
jury trial Juryprozess *m*, Juryverfahren *n* *(vgl. in D.: ≈ Schwurgerichtsverfahren)*
jury vetting Überprüfung *f* der Jurymitglieder
jus *(Lat)* Recht *n*
jus naturale *(Lat)* Naturrecht *n*
just *adj* gerecht, rechtmäßig
just and equitable recht und billig
justice 1. Gerechtigkeit *f*; Justiz *f*; 2. Richter *m (nur an bestimmten Gerichten)*
Justice of the Peace *(JP)* ≈ Friedensrichter
justiciable *adj* justiziabel, gerichtlicher Prüfung zugänglich
justiciary *adj* gerichtlich, gesetzlich
justifiable *adj* vertretbar, gerechtfertigt; entschuldbar
justifiable homicide gerechtfertigte Tötung *f*
justification Rechtfertigung *f*, Rechtfertigungsgrund *m*; Wahrheitsbeweis *m (bei der Beleidigungsklage)*
justify *v* rechtfertigen; begründen
justness Gerechtigkeit *f*, Billigkeit *f*, Richtigkeit *f*
juvenile *adj* jugendlich, unreif
juvenile Jugendlicher *m*
juvenile court Jugendgericht *n*
juvenile crime Jugendstraftat *f*, Straftat *f* eines Jugendlichen
juvenile delinquency Jugendkriminalität *f*
juvenile delinquent jugendlicher Straftäter *m*
juvenile offender jugendlicher Straftäter *m*

K

kangaroo court Scheingericht *n*, illegales Gericht *n*
K.C. *s.* Knight Commander
KC *s.* King's Council
keep *v* halten, einhalten; unterhalten, versorgen; verwahren

Ker-Frisbie Doctrine *(AE)* Ker-Frisbie--Doktrin *f (Lehre, dass Straftäter vor den Gerichten der USA unabhängig davon angeklagt werden dürfen, ob sie aufgrund eines geltenden Auslieferungsabkommens in den USA sind oder nicht)*
key man insurance ≈ Lebensversicherung für besonders wertvolle Mitarbeiter zugunsten des Unternehmens
kickback Provisionszahlung *f*, Schmiergeld *n*
kidnap *v* entführen, Menschenraub begehen
kidnap Menschenraub *m*, Kindesentführung *f*
kidnapper Menschenräuber *m*, Kindesentführer *m*
kidnapping Menschenraub *m*, Entführung *f*, Kindesentführung *f*
kill *v* 1. töten, umbringen; 2. für ungültig erklären, widerrufen, stornieren
killed in action gefallen *(Krieg)*
killer Mörder *m*, Totschläger *m*
killing Mord *m*, Totschlag *m*, Tötung *f*
kin Familie *f*, Verwandtschaft *f*; Verwandter *m*
kind Art *f*, Gattung *f*, Klasse *f*, Sorte *f*
kindred Verwandtschaft *f*
king König *m*, Monarch *m*
kingdom Königreich *n*
King's Bench Division ≈ Abteilung des High Court für allgemeine streitige Zivilsachen
King's Council *(KC)* ≈ Kronrat
kingship Königtum *n*, Königswürde *f*
kinship Verwandtschaft *f*
kite *v* Wechselreiterei betreiben
kite flying Wechselreiterei *f*
kith and kin Blutsverwandte *pl*, Familie *f*, Familienangehörige *pl*
Knight Commander *(K.C.)* Großoffizier *m*
knock *v* **down** 1. Zuschlag erteilen, zuschlagen; 2. stark drücken, senken; 3. anfahren, überfahren *(Unfall)*
knock *v* **off** schnell erledigen, hinschludern; vom Preis abziehen
knock *v* **out** sich bei einer Versteigerung verabreden *(um den Preis zu drücken)*
knock-on effect spätere Auswirkungen *fpl*
knock-out Scheinauktion *f*, Verabredung *f* bei einer Versteigerung
knockdown Mindestgebot *n (in einer Versteigerung)*
know *v* kennen, wissen, erfahren
know-how praktische Erfahrungen *fpl*, praktisches Wissen *n*, Erfahrungswissen *n*, Fachkenntnisse *fpl*
knowingly *adv* wissentlich, absichtlich, bewusst
knowledge Kennen *n*, Wissen *n*; Kenntnis *f*

L

label *v* etikettieren
label 1. Etikett; 2. *(UrheberR)* Schutzmarke *f*; Gütezeichen *n*; 3. Nachtrag *m*
labor *(AE)* *s.* labour
laborer *(AE)* *s.* labourer
labour *(BE)* Arbeit *f*; Arbeitskraft *f*, Arbeitskräfte *fpl*
labour dispute *(BE)* Tarifstreitigkeit *f*, Arbeitskampf *m*
labour law *(BE)* Arbeitsrecht *n*
labour market *(BE)* Arbeitsmarkt *m*
labour-only-subcontracting *(BE)* selbstständige Parteiarbeit *f* als Subunternehmer
labourer *(BE)* (ungelernter) Arbeiter *m*, Lohnarbeiter *m*
laches Versäumnis *n (der rechtzeitigen Geltendmachung einer Forderung)*; Verwirkung *f*
lack *v* fehlen, ermangeln, nicht ausreichend vorhanden sein
lack (of) Fehlen *n*, Mangel *m*, Knappheit *f*
lack of agreement Einigungsmangel *m*
lack of capacity Fehlen *n* der Geschäftsfähigkeit
lack of cause Rechtsgrundlosigkeit *f*
lack of conformity Vertragwidrigkeit *f*
lack of consideration fehlende Gegenleistung *f*
lack of intent fehlender Vorsatz *m*
lack of jurisdiction Fehlen *n* der Zuständigkeit, Unzuständigkeit *f*
lack of proof fehlender Nachweis *m* [Beweis *m*]
lacuna Lücke *f (im Gesetz)*
lading Ladung *f*, Fracht *f*
lag *v* verzögern
lag Verzögerung *f*, Rückstand *m*, Aufschub *m*
laid-off *adj* entlassen, arbeitslos

laissez-faire *(Fr)* laissez faire, ≈ Schlagwort für unbegrenzten wirtschaftlichen Liberalismus
laissez-passer *(Fr)* Passierschein *m*
lame duck Unternehmen *n* in wirtschaftlichen Schwierigkeiten; Zahlungsunfähiger *m*, ruinierter Spekulant *m*
lammas *(Scot)* Petrikettenfeier *f (einer der vier Term Days im schottischen Rechtskalender; 28. August)*
land Grundstück *n*, Grundeigentum *n*, Grundbesitz *m*, Immobilie *f*
land agent Grundstücksmakler *m*, Immobilienmakler *m*
land certificate ≈ Urkunde über die Eintragungen im Grundbesitzregister *(seit 2003 in Großbritannien abgeschafft)*
land charge Grundschuld *f*; Reallast *f*; Grundstücksbelastung *f*
land law Bodenrecht *n*, Grundstücksrecht *n*, Immobilienrecht *n*
land register Grundstücksregister *n*, Grundbuch *n*
land registrar Grundbuchführer *m*
land registry Grundstücksregisterbehörde *f*, Grundbuchamt *n*
land tax *(AE)* Grundabgabe *f*, Grundsteuer *f*
landed *adj* 1. begütert; 2. gelandet; gelöscht
landholder 1. Grundeigentümer *m*, Grundbesitzer *m*; 2. Pächter *m*
landlady 1. Grundbesitzerin *f*; 2. Hauswirtin *f*, Vermieterin *f*
landlord 1. Grundbesitzer *m*; 2. Hauswirt *m*, Vermieter *m*
landlord and tenant 1. Vermieter *m* und Mieter *m*; 2. Verpächter *m* und Pächter *m*; 3. Miet- und Pachtverhältnis *n*
landlord and tenant law Miet- und Pachtrecht *n*
landlord's lien Vermieterpfandrecht *n*
landmark *adj* einen Markstein [Wendepunkt] darstellend, grundsätzlich, Grundsatz...
landmark Markstein *m*, Meilenstein *m*, Wendepunkt *m*
landmark decision Grundsatzentscheidung *f*
landowner Landbesitzer *m*, Grundeigentümer *m*
language Sprache *f*
Lanham Act *(AE)* Warenzeichengesetz *n*
lapse *v* 1. verfallen, erlöschen, heimfallen, wegfallen; 2. verstreichen, vergehen *(Zeit)*
lapse 1. Heimfall *m*, Erlöschen *n*; 2. Fehler *m*, Versehen *n*
lapse of a claim Erlöschen *n* eines Anspruchs
lapse of a contract Erlöschen *n* eines Vertrages
lapse of a right Erlöschen *n* eines Rechts
lapse of justice Justizirrtum *m*
lapse of time Fristablauf *m*, Zeitablauf *m*; Zeitraum *m*
lapsed *adj* verfallen, verjährt
lapsed patent verfallenes Patent *n*
lapsed policy ungültig gewordene Versicherungspolice *f*
larceny *(AE)* Diebstahl *m*
large *adj* umfassend, weitgehend • **at large** 1. ausführlich, in allen Einzelheiten; 2. flüchtig, auf freiem Fuß
last *adj* letzter, neuester
last antecedent rule ≈ Auslegungsregel für Gesetze, dass qualifizierende Wörter oder Sätze sich unmittelbar auf das vorangehende Wort oder den vorangehenden Satz beziehen, soweit nicht vernünftigerweise darauf geschlossen werden muss, dass sie sich auf entferntere oder unklarere Begriffe beziehen
last clear chance letzte Rettungschance *f*
last-mentioned *adj* letzterwähnt
last shot rule Theorie *f* des letzten Wortes *(AGBs)*
last will *(ErbR)* letzter Wille *m*
last will and testament letzter Wille *m*, letztwillige Verfügung *f*, Testament *n*
lasting power of attorney *(LPA)* andauernde Vollmacht *f* [Bevollmächtigung *f*]
latent *adj* verborgen, verdeckt, versteckt
latent defect verborgener Mangel *m*
latent fault verborgener Mangel *m* [Fehler *m*]
later *adv* **than/no** spätestens
latest *adv*/**at the** spätestens
latter letztere, letzterer, letzteres
launch *v* beginnen, anfangen, unternehmen
launch *v* **a company** ein Unternehmen gründen
launching Starten *n*, Einführung *f*; Stapellauf *m*
launder *v* waschen *(Geld)*; reinwaschen, vertuschen

launder *v* **funds** Geld waschen
laundering of money Geldwäsche *f*
law 1. Gesetz *n*, Recht *n*; Statut *n*; 2. Rechtswissenschaft *f*; 3. Verfahren *n*, Prozess *m* • **abide by the law** das Gesetz beachten, dem Gesetz Folge leisten • **be governed by the law** unter das Gesetz fallen • **be subject to the law (of England)** (englischem) Recht unterliegen • **break the law** das Gesetz brechen [übertreten, verletzen] • **follow the letter of the law** *s.* letter • **practise law** als Rechtsanwalt tätig sein, eine Anwaltspraxis betreiben • **promulgate a law** ein Gesetz verkünden • **repeal a law** ein Gesetz aufheben • **take the law in one's own hands** sich selbst Recht verschaffen
law and order Recht *n* und Ordnung *f*
law breaker Gesetzesbrecher *m*, Gesetzesübertreter *m*
law center *(AE)*, **law centre** *(BE)* Rechtsberatungsstelle *f*, gebührenfreie Rechtsberatung *f*
law commission Rechtskommission *f*
law court Gericht *n*, Gerichtshof *m*
law enforcement Gesetzesanwendung *f*, Verbrechensbekämpfung *f*
law firm Rechtsanwaltskanzlei *f*, Großkanzlei *f*, Law firm *f*
law gazette Gesetzblatt *n*
law journal Rechtszeitschrift *f*
law lords *pl (BE)* Mitglieder *npl* des House of Lords
law of customs Zollrecht *n*
law of evidence Beweisrecht *n*
law of landlord and tenant Miet- und Pachtrecht *n*
law of nations Völkerrecht *n*
law of nature Naturgesetz *n*; Naturrecht *n*
law of obligations Schuldrecht *n*, Recht *n* der Schuldverhältnisse
law of secured transactions Recht *n* der Sicherungsgeschäfte
law of succession Erbrecht *n*
law of supply and demand Recht *n* von Angebot und Nachfrage
law of the land inländisches Recht *n*
Law of the Sea Seerecht *n*, Seevölkerrecht *n*
law of torts Recht *n* der unerlaubten Handlung, Schadensersatzrecht *n*
law of trusts Trustrecht *n*, Recht *n* der Trusts
law reports *pl* Entscheidungssammlung *f*
law review juristische Zeitschrift *f*
law school Rechtsfakultät *f*, juristische Fakultät *f*, Rechtsakademie *f*
law society *(BE)* 1. Anwaltskammer *f*; 2. Anwaltsverein *m*
lawful *adj* rechtmäßig, gesetzlich, zulässig, (rechts)gültig
lawful age Volljährigkeit *f*, Mündigkeit *f*
lawful excuse Rechtfertigungsgrund *m*
lawful issue eheliche Nachkommenschaft *f*
lawful purpose erlaubter Zweck *m*
lawfully *adv* rechtmäßig, rechtmäßigerweise, gesetzlich, zulässigerweise, gültig
lawfulness Gesetzmäßigkeit *f*, Rechtmäßigkeit *f*
lawsuit Prozess *m*, Rechtsstreit *m*, Verfahren *n*
lawyer 1. Jurist *m*, Rechtsgelehrter *m*; 2. Anwalt *m*, Rechtsanwalt *m*, Rechtsbeistand *m*
lawyer's fees *pl* Rechtsanwaltsgebühren *fpl*
lawyer's office Rechtsanwaltsbüro *n*, Rechtsanwaltskanzlei *f*
lay *v* vorbringen, erheben *(einen Anspruch)*
lay *v* **down** hinterlegen; niederlegen *(Amt)*; aufstellen *(Vorschriften)*
lay *v* **down a deadline** eine Frist setzen, einen Termin setzen
lay *v* **down the law** gesetzlich festlegen
lay *v* **off** entlassen, abbauen *(Personal)*
lay *adj* laienhaft, unprofessionell
lay judge Laienrichter *m*, ≈ Schöffe, ehrenamtlicher Richter *m*
lay justice member Mitglied *n* der Laiengerichtsbarkeit
lay-off Personalabbau *m*, Entlassung *f*
lay people *pl* Laien *mpl*
lay representative Laienvertreter *m*, Vertreter *m* der Laien
layman Laie *m*, Nichtjurist *m*
layperson Laie *m*, Nichtjurist *m*
lead *v* 1. veranlassen; 2. führen *(Verhandlung)*
lead *v* **a witness** einem Zeugen suggestive Fragen stellen
lead *v* **as senior counsel** als erster Anwalt in einem Prozess auftreten
lead *v* **evidence** Beweismaterial liefern
lead *v* **up** hinführen, führen zu
lead 1. Führung *f*, führende Rolle *f*; 2. Fingerzeig *m*, Anhaltspunkt *m*

lead time Vorlaufzeit *f*, Entwicklungszeit *f*
lead-up time Vorbereitungszeit *f*
leader Führer *m*, Vorgesetzter *m*; erster Anwalt *m*, Kronanwalt *m*
Leader of the House of Commons *(BE)* Führer *m* des Unterhauses
leading *adj* führend, federführend, leitend, maßgeblich
leading case Grundsatzentscheidung *f*, Präzedenzfall *m*
leading junior counsel ≈ Barrister, der nicht Queen's Counsel ist
leading question *(ProzessR)* Suggestivfrage *f*
leak *v* bekannt werden lassen, durchsickern lassen, zuspielen *(Nachricht)*; gezielte Indiskretionen vornehmen
leak undichte Stelle *f*
leap frog appeal Sprungrevision *f*
leap year Schaltjahr *n*
learned *adj* verehrt • **my learned friend** verehrter Herr Kollege, verehrte Frau Kollegin *(Anrede zwischen Anwälten vor Gericht)*
learned counsel sehr geehrter Herr Kollege, sehr geehrte Frau Kollegin *(Anrede zwischen Anwälten vor Gericht)*
lease *v* (ver)pachten, (ver)mieten
lease *v* **back** zurückvermieten *(etwas Erworbenes)*
lease Miete *f*, Pacht *f*; Mietverhältnis *n*, Pachtverhältnis *n*; Mietzeit *f*, Pachtzeit *f*
lease agreement Mietvertrag *m*, Pachtvertrag *m*
lease-back Rückvermietung *f*
lease contract Mietvertrag *m*
lease for life Miete *f* [Pacht *f*] auf Lebenszeit
leased *adj* vermietet, verpachtet
leased property Mietsache *f*, Pachtgegenstand *m*
leasehold Pachteigentum *n*, ≈ zeitlich beschränktes Eigentum an einem Grundstück
leasehold estate ≈ Immobilie, deren Eigentum dem Eigentümer zeitlich beschränkt zusteht
leasehold interest Rechtstitel *m* auf das Leaseholdeigentum
leasehold mortgage Hypothek *f* an einer Leaseholdimmobilie
leasehold reversion ≈ Heimfall eines Leasehold-Grundstücks an den Ausgeber der Lease
leasehold tenancy Leaseholdmietbesitz *m*, Leaseholdpachtbesitz *m*
leaseholder Pächter *m*, Leaseholdeigentümer *m*
leasing Vermieten *n*, Verpachten *n*, Leasing *n*
leasing agreement Leasingvertrag *m*
leasing contract Leasingvertrag *m*
leasing of equipment Vermietung *f* [Leasing *n*] beweglicher Wirtschaftsgüter
leave *v* 1. verlassen, hinterlassen, vermachen, vererben; 2. anvertrauen, übergeben; 3. anheim stellen
leave *v* **testamentary beneficiaries** testamentarisch Begünstigte hinterlassen
leave *v* **the church** aus der Kirche austreten
leave *v* **the jurisdiction** das Land verlassen, die Gerichtshoheit verlassen
leave Genehmigung *f*, Zustimmung *f*, Erlaubnis *f*
leave of absence Beurlaubung *f*, Freistellung *f* von der Arbeit
leave of the court Erlaubnis *f* des Gerichts
leave to appeal Zulassung *f* eines Rechtsmittels
leave without pay unbezahlter Urlaub *m*
lecturer ≈ Lehrbeauftragter, Dozent *m*, Lektor *m (Mitglied des akademischen Mittelbaus)*
ledger Register *n*; Hauptbuch *n*
leeway 1. Rückständigkeit *f*; 2. Spielraum *m*, Bewegungsfreiheit *f*
left (out) ausgelassen; entlassen *(aus einem Vertrag)*; gestrichen *(von einer Liste)*
left out of the will im Testament nicht berücksichtigt
legacy Vermächtnis *n*, testamentarische Zuwendung *f*
legal *adj* gesetzlich, gesetzmäßig, rechtmäßig, rechtsgültig, rechtskräftig
legal abortion straflose Abtreibung *f*
legal action Klage *f*, Prozess *m*; Rechtshandlung *f*
legal advice Rechtsberatung *f*, Rechtsbelehrung *f*
legal adviser Rechtsbeistand *m*, juristischer Berater *m*
legal age Volljährigkeit *f*
legal aid Prozesskostenhilfe *f*, Beratungshilfe *f*
legal assignment gesetzlicher Forde-

rungsübergang *m*; rechtswirksame Abtretung *f*

legal assistance Rechtsberatung *f*

legal authority 1. Justizbehörde *f*, Gerichtsbehörde *f*; 2. Präzedenzfall *m*

legal capacity Rechtsfähigkeit *f*, Geschäftsfähigkeit *f*

legal certainty Rechtssicherheit *f*

legal charge ≈ gesetzliche Bezeichnung für die Hypothek *(mortgage)*

legal charges *pl* Anwaltsgebühren *fpl*, gesetzliche Gebühren *fpl*

legal commentary juristischer Kommentar *m*

legal costs *pl* Gerichtskosten *pl*

legal counsel Rechtsberater *m*

legal digest Fallsammlung *f*, Gesetzessammlung *f*

legal disability rechtliches Unvermögen *n*; Geschäftsunfähigkeit *f*

legal dispute juristische Auseinandersetzung *f*, Rechtsstreit *m*

legal division Rechtsabteilung *f*

legal domicile Gerichtsstand *m*, Wohnsitz *m* im Rechtssinn

legal duty Rechtspflicht *f*

legal effect Rechtswirkung *f*, rechtliche Wirkung *f*

legal entity Rechtsfigur *f*; Rechtspersönlichkeit *f*, juristische Person *f*

legal equality Rechtsgleichheit *f*, Gleichheit *f* vor dem Gesetz

legal estate Vermögen *n*; Eigentumsrecht *n*

legal executive gesetzlicher Vertreter *m*

legal expenses *pl* Rechtsberatungskosten *pl*

legal expenses insurance Rechtsschutzversicherung *f*

legal fees *pl* Anwaltsgebühren *fpl*

legal fiction ≈ Vermutung, ≈ Fiktion

legal holiday *(BE)* gesetzlicher Feiertag *m*

legal immunity gesetzliche Immunität *f*

legal interest dingliches Recht *n*, Grundstücksrecht *n*

legal issue juristische Auseinandersetzung *f*; Rechtsfrage *f*

legal manager ≈ vom Gericht eingesetzter Treuhänder

legal measures *pl* juristische Schritte *mpl*

legal memory Menschengedenken *n*

legal mortgage ≈ eingetragene Hypothek

legal occupation legale Beschäftigung *f*

legal opinion Rechtsgutachten *n*

legal ownership formelles Eigentum *n*

legal pad Schreibblock *m*

legal parlance juristische Fachsprache *f*, Juristenlatein *n*

legal person juristische Person *f*, Rechtspersönlichkeit *f*

legal personal representative Nachlassverwalter *m*

legal practice Rechtsanwaltsberuf *m*, Rechtsanwaltskanzlei *f*

legal practitioner Rechtskundiger *m*, Jurist *m*

legal proceedings *pl* Gerichtsverfahren *n*

legal process Rechtsweg *m*

legal profession juristischer Beruf *m*; Anwaltschaft *f*

legal protection Rechtsschutz *m*

legal rate of interest gesetzlicher Zinssatz *m*

legal realism Rechtsrealismus *m*

legal reasoning rechtliche Begründung *f*; juristische Argumentation *f*

legal reform Rechtsreform *f*

legal remedy Rechtsmittel *n*, Rechtsbehelf *m*, gesetzlich vorgesehene Abhilfe *f*

legal representation rechtliche Vertretung *f*

legal sanctions *pl* rechtliche Sanktionen *fpl*

legal secretary Syndikus *m*

legal services *pl* Dienstleistung *f* eines Rechtsanwalts

legal tender gesetzliches Zahlungsmittel *n*

legal terrorism Rechtsterrorismus *m* *(Missbrauch von Gesetzen)*

legal title Rechtstitel *m*

legal training Juristenausbildung *f*

legalese juristischer Fachjargon *m*, Juristenchinesisch *n*

legalism Paragraphenreiterei *f*, Amtsschimmel *m*, Formalismus *m*

legality Rechtmäßigkeit *f*, Rechtsgültigkeit *f*

legalization amtliche Beglaubigung *f*, Legalisation *f*; Legalisierung *f*

legalize *v* amtlich beglaubigen; legalisieren, Rechtsgültigkeit verleihen

legally *adv* gesetzlich, rechtmäßig

legally binding *adj* rechtsverbindlich

legate Legat *n*

legatee letztwillig Bedachter *m*, Vermächtnisnehmer *m*

legator Erblasser *m*, Testator *m*, ein Vermächtnis Aussetzender *m*
legend Legende *f (auf Münzen, in Druckwerken)*
legislate *v* Gesetze erlassen
legislation 1. Gesetzgebung *f*, Legislative *f*; 2. Gesetzgebungswerk *n*, Gesetz *n*; 3. Rechtsvorschrift *f*
legislative *adj* gesetzgebend, legislativ
legislative act Gesetz *n*, Gesetzgebungsakt *m*
legislative body gesetzgebende Körperschaft *f*
legislative intent gesetzgeberische Absicht *f*, Motiv *n* des Gesetzgebers
legislative power Legislative *f*, gesetzgebende Gewalt *f*
legislative provisions *pl* Rechtsvorschriften *fpl*
legislative purpose Gesetzeszweck *m*
legislative rule Gesetzesvorschrift *f*
legislative term Legislaturperiode *f*
legislator Gesetzgeber *m*; Abgeordneter *m*
legislature Gesetzgebung *f*; gesetzgebende Körperschaft *f*
legitimacy 1. Gesetzmäßigkeit *f*, Rechtmäßigkeit *f*; 2. Ehelichkeit *f*, eheliche Geburt *f*
legitimate *v* 1. für rechtmäßig erklären, legalisieren; 2. für ehelich erklären, legitimieren
legitimate *adj* 1. rechtmäßig, gesetzlich; 2. ehelich, legitim
legitimate child eheliches Kind *n*
legitimate defence *(BE)*, **legitimate defense** *(AE)* Notwehr *f*
legitimate descent eheliche Abstammung *f*
legitimation Gültigkeitserklärung *f*, Legitimation *f*, Legitimierung *f*; Ehelicherklärung *f*
legitimization Legitimierung *f*; Ehelicherklärung *f*
lemon *(fig.)* Niete *f*, Versager *m*
lemon test *(AE)* Lemontest *m (Test, um festzustellen, ob ein Gesetz nicht zu religionsnah ist)*
lend *v* gewähren, ausleihen, Darlehen geben
lend *v* **assistance** Unterstützung gewähren
lend *v* **money at interest** Geld gegen Zinsen ausleihen
lend *v* **on a mortgage** ein Hypothekendarlehen gewähren, Geld gegen Hypothekenbestellung verleihen
lend *v* **on security** einen gesicherten Kredit gewähren
lender Darlehensgeber *m*, Kreditgeber *m*, Verleiher *m*
lending Darlehensgewährung *f*, Kreditvergabe *f*
lending fee Leihgebühr *f*
lending of capital Kapitalgewährung *f*
lenience, leniency Milde *f*, Nachsicht *f*
lenient *adj* milde, nachsichtig
lenient sentence mildes Urteil *n*
leniently *adv* mild, nachsichtig, nachsichtigerweise
lessee Mieter *m*, Pächter *m*, Leasingnehmer *m*
lessen *v* vermindern, herabsetzen, schmälern
lesser, lessor Verpächter *m*, Vermieter *m*, Leasinggeber *m*
lessor's lien Vermieterpfandrecht *n*
let *v* vermieten, verpachten
let *v* **a house** ein Haus vermieten
let *v* **a property** eine Immobilie vermieten
let *v* **off** laufen lassen, davonkommen lassen
let *v* **on hire** vermieten
let *v* **pass** durchgehen lassen, freigeben
let *v* **rooms** Zimmer vermieten
let Vermietung *f*, Verpachtung *f*
let-out clause 1. Umgehungsklausel *f*; 2. *(VertragsR)* Kündigungsklausel *f*
lethal *adj* tödlich
lethal weapon tödliche Waffe *f*
letter Buchstabe *m*; Schreiben *n*, Brief *m* • **follow the letter of the law** das Gesetz buchstabengetreu auslegen, das Gesetz nach dem Wortsinn auslegen [befolgen], formalrechtlich argumentieren
letter of admonition Abmahnung *f*
letter of comfort Prüfungsbericht *m*; Unbedenklichkeitsbescheinigung *f*
letter of credit Akkreditiv *n*, Kreditbrief *m*
letter of demand Anspruchserhebung *f*
letter of guarantee Garantieschein *m*
letter of hypothecation Verpfändungsurkunde *f*
letter of intent *(LOI)* Absichtserklärung *f*
letter of recommendation Empfehlungsschreiben *n*
letter of request *(BE)* Rechtshilfeersuchen *n (an ausländischen Staat)*

letter of resignation Austrittserklärung *f*; Rücktrittserklärung *f*
letter rogatory Rechtshilfeersuchen *n (zur Zeugenvernehmung)*
letterhead Geschäftsbriefbogen *m*
letters *pl* **of administration** Erbschaftsverwalterzeugnis *n*
letters *pl* **of indemnity** Garantieerklärung *f*, Ausfallbürgschaft *f*
letters patent Patenturkunde *f*
letters rogatory *(AE)* Rechtshilfeersuchen *n*
letters testamentary Testamentsvollstreckerzeugnis *n*
letting Vermietung *f*, Verpachtung *f*
letting period Mietdauer *f*
leverage *(fig.)* Einflussnahme *f*
leveraged buyout kreditfinanzierter Unternehmenskauf *m*
levy *v* 1. beschlagnahmen, pfänden, zwangsweise vollstrecken; 2. Abgabe erheben, mit einer Abgabe belegen
levy *v* **a charge** eine Gebühr erheben
levy *v* **a tax** eine Steuer erheben
levy *v* **a war** Krieg führen
levy Pfändung *f*, Beschlagnahme *f*, Zwangsvollstreckung *f*
lewdness unzüchtiges Verhalten *n*
lex *(Lat)* Gesetz *n*
lex fori *(Lat) (IPR)* lex fori *f*, am Gerichtsort geltendes Recht *n*
lex loci *(Lat) (IPR)* Ortsrecht *n*
lex mercatoria *(Lat)* Handelsrecht *n*
lex rei sitae *(Lat) (IPR)* Recht *n* des Belegenheitsortes, Recht *n* der belegenen Sache
liability Schuld *f*, Verpflichtung *f*, Verbindlichkeit *f*; Haftung *f*, Verantwortlichkeit *f*
liability based on fault Haftung *f* für schuldhaftes Handeln
liability for damages Schadensersatzpflicht *f*
liability for defects Haftung *f* für Mängel
liable *adj* haftbar, verantwortlich; unterworfen
liable for damages haftbar für Schäden, haftpflichtig, ersatzpflichtig
liable for defects haftbar für Mängel
liable to imprisonment mit einer Gefängnisstrafe bedroht, einer Gefängnisstrafe unterworfen
liable to recourse regresspflichtig
liable to tax steuerpflichtig
liaison Verbindung *f*, Kontakt *m*; Zusammenarbeit *f*
liaison officer Verbindungsoffizier *m*
libel *v* 1. öffentlich beleidigen [verleumden]; 2. anklagen, Klage einreichen
libel Ehrverletzung *f*, Beleidigung *f*, Verleumdung *f*
libeler *(AE) s.* libeller
libeller *(BE)* Verleumder *m*
libellous *adj (BE)* ehrenrührig, beleidigend, verleumderisch
libelous *adj (AE) s.* libellous
life insurance avails *pl* ≈ Lebensversicherungsgewinne, die nicht die eigentliche Versicherungssumme darstellen, z. B. Zinsen, Dividenden
liberal interpretation of a law liberale Gesetzesauslegung *f*, vorurteilslose Gesetzesauslegung *f*
liberalization Freigabe *f*, Liberalisierung *f*
liberate *v* befreien, freilassen
liberation Befreiung *f*, Freilassung *f*
liberty 1. Freiheit *f*; 2. Erlaubnis *f*; 3. Sonderrecht *n*, Privileg *n*
liberty of movement Freizügigkeit *f*
liberty of the press Pressefreiheit *f*
licence *(BE)* Genehmigung *f*, Erlaubnis *f*, Lizenz *f*; Führerschein *m*; Benutzungsrecht *n* • **grant a licence** eine Genehmigung [Konzession, Lizenz] erteilen • **issue a licence** eine Genehmigung [Konzession, Lizenz] ausstellen
licence compatibility *(BE)* Lizenzunverträglichkeit *f*, Lizenzwidersprüchlichkeit *f*
licence fee *(BE)* Genehmigungsgebühr *f*, Konzessionsabgabe *f*, Lizenzgebühr *f*
licence of invention *(BE)* Erfinderlizenz *f*
licence to practise as doctor *(BE)* Zulassung *f* als Arzt, Approbation *f*
license *v* genehmigen, erlauben, zulassen, eine Konzession [Lizenz] erteilen
license *(AE) s.* licence
license to practice as doctor *(AE)* Zulassung *f* als Arzt, Approbation *f*
licensee Konzessionsinhaber *m*, Lizenznehmer *m*, Benutzungsberechtigter *m*
licenser Aussteller *m* einer Konzession, Lizenzgeber *m*
licensing Zulassungserteilung *f*, Genehmigungserteilung *f*, Erlaubnisvergabe *f*, Lizenzerteilung *f*
licensing agreement Lizenzabkommen *n*
licensing authority Genehmigungsbehörde *f*

lie *v* 1. *(ProzessR)* zulässig sein, anhängig sein; 2. täuschen, irreführen

lie *v* **in grant** *(GrundstücksR)* durch Urkunde übertragbar sein

lie Lüge *f*

lie detector Lügendetektor *m*

lien Pfandrecht *n*, Zurückbehaltungsrecht *n*

lien avoidance *(InsolvenzR)* Vermeidung *f* eines Pfandrechts

lien creditor Pfandgläubiger *m*, dinglich gesicherter Gläubiger *m*

lienee Verpfänder *m*, Sicherungsgeber *m*

lieu *(Fr)* Ort *m*, Stelle *f* • **in lieu of** an Stelle von, anstatt

life Leben *n*; Lebensdauer *f*, Haltbarkeit *f*; Laufzeit *f*

life beneficiary lebenslänglich Begünstigter *m*

life estate Nutzungsrecht *n* auf Lebenszeit *(an einer Immobilie)*

life imprisonment lebenslange Freiheitsstrafe *f*

life insurance Lebensversicherung *f*

life insurance avails *pl* ≈ Lebensversicherungsgewinne, die nicht die eigentliche Versicherungssumme darstellen, z. B. Zinsen, Dividenden

life interest Nutzungsrecht *n* auf Lebenszeit *(an einer Immobilie)*

life of an agreement Vertragsdauer *f*, Laufzeit *f* eines Vertrages

life peer *(BE)* Oberhausmitglied *n* auf Lebenszeit

life-prolonging procedures *pl (MedizinR)* lebensverlängernde Maßnahmen *fpl*

life sentence lebenslange Freiheitsstrafe *f*, lebenslängliche Haftstrafe *f*

life-sustaining procedures *pl (MedizinR)* lebenserhaltende Maßnahmen *fpl*

life tenancy Nutzungsrecht *n* auf Lebenszeit *(an einer Immobilie)*

life tenant Nießbraucher *m (auf eigene oder fremde Lebenszeit)*

life tenure lebenslange Anstellung *f*, auf Lebenszeit verliehenes Amt *n*

lift *v* 1. aufheben *(Verbot)*; 2. unterbrechen *(Verjährung)*; 3. stehlen, klauen; 4. plagiieren, abschreiben; 5. erheben, einheben, kassieren *(z. B. Mieten)*

likelihood Wahrscheinlichkeit *f*

limit *v* begrenzen, beschränken, kontingentieren

limit *v* **liability** die Haftung beschränken

limit Grenze *f*, Begrenzung *f*, Schranke *f*; Limit *n* • **exceed a limit** eine Grenze überschreiten • **set a limit** ein Limit festsetzen

limit on capacity Beschränkung *f* der Geschäftsfähigkeit

limitation 1. Begrenzung *f*, Kontingentierung *f*; vorgeschriebene Frist *f*; 2. Verjährung *f*

limitation of action Klageverjährung *f*; Ausschlussfrist *f*

limitation of liability Haftungsbeschränkung *f*

limitation period Verjährungsfrist *f*

limited *adj* beschränkt, begrenzt, limitiert

limited company Aktiengesellschaft *f*; Gesellschaft *f* mit beschränkter Haftung

limited jurisdiction besondere Gerichtszuständigkeit *f*, Sondergerichtsbarkeit *f*, Spezialgerichtsbarkeit *f*

limited liability beschränkte Haftung *f*

limited liability company *(LLC)* ≈ Gesellschaft mit beschränkter Haftung

limited liability partnership *(LLP)* Personengesellschaftsform *f*, ≈ Kommanditgesellschaft ohne Komplementär; ≈ Einheits-GmbH & Co. KG

limited partner beschränkt haftender Teilhaber *m*, Kommanditist *m*

limited partnership Kommanditgesellschaft *f*

limited warranty beschränkte Gewährleistung *f*

limiting *adj* begrenzend, einschränkend, Grenz...

Lincoln's Inn *(BE)* ≈ eine der Barrister-Innungen *(Inns of Court)*

line 1. Linie *f*; Höchstbetrag *m*, Marke *f*, Grenze *f*; 2. Sparte *f*, Zweig *m*, Gattung *f*

line of succession Erbfolgelinie *f*

lineage Abstammung *f*

lineal *adj* unmittelbar, direkt, leiblich, in gerader Linie

lineal descendant Abkömmling *m* in gerader Linie, direkter Nachkomme *m*

link *v* verbinden

link 1. Bindung *f*, Verbindung *f*; 2. *(IPR)* Anknüpfungspunkt *m*; 3. *(InternetR)* Querverweis *m*

liquid *adj* sofort realisierbar, liquide, flüssig

liquid assets *pl* verfügbare Mittel *npl*, Umlaufvermögen *n*

liquidate *v* 1. abrechnen, abwickeln, auflösen, liquidieren; 2. bezahlen

liquidate *v* **assets** eine Vermögensmasse liquidieren [versilbern]
liquidated claim festgestellter [bestimmter] Anspruch *m*
liquidated damages *pl* pauschalierter Schadensersatz *m*
liquidated demand festgestellte Forderung *f*, Zahlungsanspruch *m*
liquidation 1. Abrechnung *f*, Auflösung *f*, Liquidation *f*; 2. Begleichung *f*, Tilgung *f* *(Schulden)*
liquidator Abwickler *m*, Liquidator *m*, Verwalter *m*
liquidity 1. *(fig.)* Flüssigkeit *f*, Liquidität *f*; 2. Verfügbarkeit *f (von Geldmitteln)*
lis alibi pendens *(Lat)* Einrede *f* der Rechtshängigkeit
lis pendens *(Lat)* anhängiger Rechtsstreit *m*
list *v* erfassen, registrieren, aufzeichnen, inventarisieren
list Liste *f*, Register *n*, Aufstellung *f*, Inventar *n*
listed *adj* registriert; amtlich notiert *(Wertpapier)*
listed building *(BE)* denkmalgeschütztes Gebäude *n*
listed company börsennotierte Gesellschaft *f*
listing Auflistung *f*, Erfassung *f*, Registrierung *f*, Inventarisierung *f*; Börseneinführung *f*
listing questionnaire Maklervertragsfragebogen *m*
literal rule grammatische Auslegungsmethode *f*
litigant Prozesspartei *f*
litigant in person der Prozessführende *m* persönlich
litigate *v* prozessieren, einen Prozess führen
litigation Prozess *m*, Rechtsstreit *m*, Prozessführung *f*
litigation department forensische Abteilung *f* einer Rechtsanwaltskanzlei [Großkanzlei, „Law firm"] oder der Rechtsabteilung eines Unternehmens
litigation friend Verfahrenspfleger *m*
litigation lawyer Gerichtsanwalt *m*, ≈ vorwiegend forensisch tätiger Rechtsanwalt
litigator Prozesspartei *f*
litigious *adj* 1. rechtshängig, strittig, umstritten, streitig; 2. prozesssüchtig
litispendence Rechtshängigkeit *f*
livelihood Lebensunterhalt *m*, Existenzgrundlage *f*
living *adj* lebend, Lebens…
living Leben *n*, Wohnen *n*, Existenz *f*
living allowance Unterhaltszuschuss *m*
living conditions *pl* Lebensverhältnisse *npl*
living expenses *pl* Lebenshaltungskosten *pl*
living trust Trust *m* unter Lebenden *(Trust, der auf Lebenszeit des Trustbegründers in Kraft ist)*
living will Patientenverfügung *f*
LL.B. *s.* Bachelor of Laws
LLC *s.* limited liability company
LL.M. *s.* Master of Laws
LLP *s.* limited liability partnership
load *v* 1. laden, befrachten, einen Aufschlag vornehmen; 2. Drogen einnehmen
loaded *adj* 1. belastet, befrachtet; 2. unter Drogeneinfluss
loan *v* ausleihen, Darlehen [Kredit] gewähren
loan Ausleihung *f*, Leihgabe *f*; Darlehen *n*, Kredit *m*
loan agreement Darlehensvertrag *m*, Kreditvertrag *m*
loan application Darlehensantrag *m*, Kreditgesuch *n*
loan certificate Hinterlegungsschein *m*
loan guarantee Kreditgarantie *f*, Darlehensgarantie *f*, Anleihegarantie *f*
loan workout Umschuldung *f* eines Darlehens
lobby *v* Interessen vertreten, Abgeordnete beeinflussen, Lobbyismus betreiben
lobby Interessengruppe *f*, Lobby *f*
lobbying Interessenvertretung *f*, Beeinflussung *f* von Abgeordneten, Lobbyismus *m*
lobbyist Interessenvertreter *m*, Lobbyist *m*
local *adj* örtlich, kommunal, gemeindlich, lokal
local authorities *pl* Gemeindeverwaltung *f*, Gemeindebehörden *fpl*, Kommunalbehörden *fpl*
local council Stadtrat *m*, Gemeinderat *m*, Ortsbehörde *f*
local government kommunale Selbstverwaltung *f*, Gemeindebehörden *fpl*
local law Ortsrecht *n*; Kommunalrecht *n*
locality Ort *m*, Örtlichkeit *f*, örtliche Zuständigkeit *f*

localize *v* (örtlich) eingrenzen, lokalisieren; dezentralisieren
locate *v* 1. (örtlich) festlegen, lokalisieren, stationieren; 2. sich niederlassen
located *adj* 1. seinen Sitz habend; stationiert; 2. zugelassen
location 1. Sitz *m*, Dienstort *m*; 2. örtliche Festlegung *f*, Ortsbestimmung *f*; 3. Vermietung *f*; Verpachtung *f*
lock *v* abschließen, blockieren, hemmen
lock *v* **out** *(ArbeitskampfR)* aussperren
lock *v* **up** 1. anlegen, festlegen *(Kapital)*; 2. einsperren; aburteilen
lock 1. Sperre *f*, Schloss *n*, Sicherung *f*; 2. Hehler *m*
lock-up 1. feste Kapitalanlage *f*, eingefrorenes Kapital *n*; prolongiertes Wertpapier *n*; 2. Haft *f*, Gewahrsam *m*; Haftanstalt *f*, Polizeigefängnis *n*
lockout *(ArbeitskampfR)* Aussperrung *f*
locum tenens *(Lat)* Vertreter *m*, Stellvertreter *m*
locus in quo angeblicher Tatort *m*
locus standi *(Lat)* 1. Recht *n* auf Gehör; 2. Klagebefugnis *f*
lodge *v* 1. hinterlegen, in Verwahrung geben, deponieren; 2. einreichen *(Klage)*; 3. zur Miete wohnen, logieren
lodger Mieter *m*, Pensionsgast *m*
lodging Mietwohnung *f*, Unterkunft *f*, Logis *n*
logbook Fahrtenbuch *n (Kfz)*; Logbuch *n (Schiff)*
logroll *v (AE)* Kuhhandel betreiben, sich gegenseitig unterstützen *(Abgeordnete im Parlament)*
loiter *v* herumlungern, sich herumtreiben
loitering Herumlungern *n*, unberechtigter Aufenthalt *m*
loitering with intent auffälliges [verdächtiges] Verhalten *n* [Benehmen *n*]
lombard Pfandleiher *m*, Geldwechsler *m*
London Stock Exchange *(LSE)* Londoner Wertpapierbörse *f*
long *adj* langfristig, auf lange Sicht, gut eingedeckt, Kurssteigerungen erwartend *(Börse)*
long-arm statute *(AE)* ≈ über den Machtbereich des Staates hinausgreifendes Gesetz
long rate Kurs *m* für langfristige Wertpapiere *(besonders Wechsel)*
long-term lease langfristiger Mietvertrag *m* [Pachtvertrag *m*]
long-term liabilities *pl* langfristige Verbindlichkeiten *fpl*
long vacation Sommerferien *pl*; Gerichtsferien *pl*
look *v* suchen; prüfen; fahnden
look *v* **after** sich kümmern, besorgen, betreuen, führen *(z. B. den Haushalt)*; wahrnehmen *(Interessen)*
look *v* **for** sich umsehen, Ausschau halten; anstreben
look *v* **into** untersuchen, prüfen *(z. B. eine Beschwerde)*
look *v* **through** durchsehen *(z. B. Unterlagen)*
look *v* **up** 1. besser werden, sich erholen, steigen *(Preise, Kurse)*; 2. nachschlagen
loophole Hintertürchen *n*, Schlupfloch *n*, Ausweg *m*
loophole in the law Gesetzeslücke *f*
loose *adj* unverpackt, lose; frei verfügbar
loot *v* 1. plündern, Beute machen, erbeuten; 2. berauben
loot 1. Plünderung *f*, Beute *f*; 2. Raub *m*, Diebesgut *n*; 3. Zaster *m*
looter Plünderer *m*
looting Plünderung *f*
lord Herr *m*, Gebieter *m*
Lord Chancellor *(BE)* Lordkanzler *m*, Lordsiegelbewahrer *m*
lord chief justice Lord Chief Justice, ≈ Präsident des Court of Appeal und der Queen's-Bench-Abteilung des High Court
Lord Justice *(BE)* ≈ Richter an einem Gericht höherer Instanz
lord justice of appeal Richter *m* des Court of Appeal
Lord Mayor *(BE)* Oberbürgermeister *m*
lord of the manor *(BE)* Gutsherr *m*
lose *v* 1. verlieren, einbüßen, verlustig gehen; 2. fallen *(Preise)*
losing *adj* verlustbringend, unrentabel
loss 1. Verlust *m*; Schaden *m*, Einbuße *f*; 2. Abnahme *f*, Rückgang *m*
loss leader Lockvogelangebot *n*
loss-making *adj* verlustbringend, mit Verlust arbeitend
loss of goodwill Ansehensverlust *m*
loss of profit Gewinnrückgang *m*, Ertragseinbuße *f*
lost production Produktionsausfall *m*
lost property Fundsachen *fpl*, verlorene Gegenstände *mpl*
lottery Verlosung *f*, Lotterie *f*

lottery syndicate agreement Lottogemeinschaftsvereinbarung *f*
low *adj* 1. niedrig, gering, knapp; 2. gedrückt *(Kurse an der Börse)*
low income geringes Einkommen *n*
low interest niedriger Zins *m*
lower *v* 1. herabsetzen, ermäßigen, senken; 2. fallen, abnehmen, sinken
lower *adj* niedriger, geringer, tiefer
lower court Unteres Gericht *n*, Vorinstanz *f*
loyalty Loyalität *f*, Zuverlässigkeit *f*
LPA *s.* lasting power of attorney
LSE *s.* London Stock Exchange
lucid interval lichter Augenblick *m (bei einem Geisteskranken)*
lucrative *adj* gewinnbringend, lohnend; einträglich, ertragreich; rentabel, lukrativ
lump *adj* gesamt, pauschal
lump Masse *f*, große Menge *f*
lump sum Einmalzahlung *f*, Pauschale *f*, Gesamtbetrag *m*
lump sum compensation pauschaler Schadensersatz *m*
lunacy Geisteskrankheit *f*, Irrsinn *m*, Wahnsinn *m*; Unzurechnungsfähigkeit *f*
lunatic Geisteskranker *m*, Geistesgestörter *m*
lynch *v* lynchen
lynch law Lynchjustiz *f*

M

M&A *s.* mergers and acquisitions
M.A. *s.* Master of Arts
Maastricht Treaty Vertrag *m* von Maastricht
MAC *s.* material adverse change
mace Zepter *n*, Amtsstab *m*
machine Maschine *f*, Apparat *m*
machinery Maschinerie *f*; Apparat *m*
machinery of government Regierungsapparat *m*
magisterial *adj* 1. obrigkeitlich; richterlich; 2. maßgeblich *(Meinung)*
magistrate *(BE)* Richter *m (Berufs- und Laienrichter)*
magistrates court ≈ Amtsgericht *(erstinstanzliches Gericht für einfache Strafsachen)*
Magna Charta Magna Carta *f (altenglische Verfassung von 1215)*
magnate Magnat *m*
magnum opus Hauptwerk *n*, Meisterwerk *n*
maiden name Mädchenname *m*, Geburtsname *m*
maiden speech Jungfernrede *f*, Antrittsrede *f*
mail *v* senden, versenden, bei der Post® aufgeben
mail Post *f*; Postsendung *f*
mail order Versandhandel *m*; Bestellung *f* per Post®
mail robbery Postraub *m*
mailbox rule *(VertragsR, VersR)* Briefkastenregel *f*
mailing Postversand *m*; Aufgabe *f* bei der Post®
maim *v* verstümmeln
main *adj* hauptsächlich, Haupt…
main office *(AE)* Hauptgeschäftsstelle *f*, Zentrale *f*
main purpose rule ≈ Regel, dass bei widersprechenden Vertragsklauseln die dem Hauptzweck dienende Bestimmung aufrecht erhalten wird
maintain *v* 1. aufrechterhalten, beibehalten; 2. fortsetzen, durchführen; 3. *(FamilienR)* unterhalten; 4. instand halten, warten *(Maschine)*; 5. *(ProzessR)* behaupten
maintain *v* **an action** einen Prozess führen
maintain *v* **an order** ein Urteil aufrechterhalten
maintaining the peace Erhalt *m* des Friedens, Aufrechterhaltung *f* der Ruhe und Ordnung
maintenance 1. Unterhalt *m (für Kinder und Ehegatten)*; 2. Aufrechterhaltung *f*; 3. Behauptung *f*
maintenance agreement Unterhaltsvereinbarung *f*
maintenance allowance Unterhaltszahlung *f*
maintenance award Unterhaltsgewährung *f*, Unterhaltszuerkennung *f*
maintenance for separation Trennungsunterhalt *m*
maintenance obligation Unterhaltspflicht *f*
maintenance of a patent Aufrechterhaltung *f* [Fortführung *f*] eines Patents

maintenance of law and order Aufrechterhaltung *f* der öffentlichen Sicherheit und Ordnung
maintenance order *(BE)* Unterhaltsurteil *n*
maintenance pending suit anhängiges Unterhaltsverfahren *n*
maintenance proceedings *pl* Unterhaltsverfahren *n*, Unterhaltsprozess *m*
majesty Majestät *f*, Hoheit *f*
major *adj* 1. volljährig, mündig; 2. bedeutend, gewichtig
major crime Verbrechen *n*; Kapitalverbrechen *n*
major damage Großschaden *m*
majority 1. Volljährigkeit *f*, Mündigkeit *f*; 2. Mehrheit *f*, Majorität *f*
majority decision Mehrheitsentscheidung *f*
majority judgment Mehrheitsentscheidung *f (Gericht)*
majority opinion Mehrheitsvotum *n*, Mehrheitsbeschluss *m (des Gerichts)*
majority shareholder *(GesellschaftsR)* Inhaber *m* einer Mehrheitsbeteiligung
maker Hersteller *m*, Produzent *m*, Erzeuger *m*
mala fide *(Lat)* bösgläubig
mala fide holder bösgläubiger Inhaber *m*, bösgläubiger Besitzer *m*
maladministration 1. Verwaltungsfehler *m*; 2. Misswirtschaft *f*
malfeasance rechtswidriges Handeln *n*, gesetzwidriges Verhalten *n*
malice 1. *(StrafR)* böse Absicht *f*, Vorsatz *m*; 2. *(ZivilR)* Arglist *f*
malice aforethought *(StrafR) (Lat)* dolus praemeditatus; vorgeplanter Vorsatz *m*
malicious *adj* böswillig, vorsätzlich; mit dolus eventualis; arglistig
malicious damage to property ≈ vorsätzliche Sachbeschädigung
malicious injury ≈ vorsätzliche Verletzung, ≈ vorsätzliche Beschädigung
malicious intent ≈ böse Absicht
malicious prosecution ≈ vorsätzliche willkürliche Rechtsverfolgung, ≈ vorsätzliche willkürliche Einleitung eines Gerichtsverfahrens
maliciously *adv* böswillig, arglistig
malpractice Kunstfehler *m*, Fehler *m* bei der Berufsausübung; unsorgfältige Berufsausübung *f*
malpractice insurance Berufshaftpflichtversicherung *f*
maltreatment Misshandlung *f*
manage *v* 1. führen, leiten *(Unternehmen)*; 2. verwalten *(Vermögen)*; 3. ermöglichen
manage *v* **a case** einen Fall bearbeiten
manage *v* **a company** eine Firma führen [betreiben, leiten]
manage *v* **a problem** ein Problem behandeln
managed *adj* 1. geführt; 2. gesteuert, manipuliert
managed trust Investmentgesellschaft *f* mit wechselndem Effektenbestand
management 1. Management *n*, Unternehmensführung *f*, Geschäftsleitung *f*; 2. Verwaltung *f*, Behandlung *f*
management and control *(AE) (EheR)* Verwaltungsbefugnis *f* am Gesamtgut
management board Vorstand *m*, Geschäftsleitung *f*
manager Manager *m*, Geschäftsführer *m*; leitender Angestellter *m*
managerial *adj* leitend, führend
managing *adj* leitend, führend, geschäftsführend
managing bank konsortialführende Bank *f*
managing director *(BE)* Generaldirektor *m*, geschäftsführender Direktor *m*
managing partner geschäftsführender Gesellschafter *m* [Teilhaber *m*]
mandamus *(Lat)* gerichtliche Verfügung *f* eines übergeordneten Gerichts an eine untergeordnete Instanz
mandate *v* einem Mandat unterstehen; ein Mandat unterstellen
mandate 1. *(BankR)* Kontovollmacht *f*; 2. Mandat *n*, Vollmacht *f*, Geschäftsbesorgungsvertrag *m*; 3. Vollstreckungsbefehl *m*; 4. Verordnung *f*, Erlass *m*, Verfügung *f*; Prozessvollmacht *f (Gericht)*; 5. Mandat *n (Parlament)*
mandated *adj* beauftragt, bevollmächtigt
mandatory *adj* 1. obligatorisch, unabdingbar, verbindlich; 2. verpflichtet
mandatory Bevollmächtigter *m*, Beauftragter *m*, Mandatsträger *m*
mandatory authority bindende Wirkung *f*
mandatory injunction einstweilige Verfügung *f* wegen einer gegenständlichen Leistung
manifest *v* kundtun, offenbaren, manifestieren, darlegen

manifest 1. *(ZollR)* Zolldeklaration *f*; 2. *(HandelsR)* Warenverzeichnis *n*, Frachtliste *f*
manifest injustice offenkundige Ungerechtigkeit *f*
manifestation Bekanntmachung *f*, Demonstration *f*
manifesto Manifest *n*, öffentliche Kundgebung *f*
manipulate *v* 1. manipulieren, schieben; 2. behandeln, handhaben
manipulation 1. Manipulation *f*, unerlaubte Machenschaft *f*, Beeinflussung *f*; 2. Behandlung *f*, Handhabung *f*
manipulation of accounts Kontenfälschung *f*, Kontenmanipulation *f*
manner Methode *f*, Art *f* und Weise *f*, Verfahren *n*
manslaughter 1. Totschlag *m*; 2. fahrlässige Tötung *f*; 3. vorsätzliche Körperverletzung *f* mit tödlichem Ausgang
manual 1. Handbuch *n*, Gebrauchsanweisung *f*; 2. Richtlinienkatalog *m*
manual labor *(AE)*, **manual labour** *(BE)* Handarbeit *f*; körperliche Arbeit *f*
manual work Handarbeit *f*; körperliche Arbeit *f*
manufacture *v* fabrikmäßig [maschinell] herstellen, produzieren, fabrizieren, anfertigen; verarbeiten
Mareva injunction ≈ einstweilige Vermögenssperre bei Gefährdung der Zwangsvollstreckung, ≈ dinglicher Arrest; gerichtliche Anordnung *f* einer Verfügungssperre *(Konto)*
margin 1. Marge *f*, Differenz *f*, Verdienstspanne *f*, Gewinnspanne *f*, Handelsspanne *f*; 2. Überschuss *m*, Reingewinn *m*; 3. Grenze *f (der Leistungsfähigkeit)*; 4. *(BörsenR)* Hinterlegungssumme *f*, Sicherheitsvorschuss *m*
margin of discretion Ermessensspielraum *m*
margin of error Fehlermarge *f*, Fehlerspanne *f*
margin of taxation Besteuerungsmarge *f*, Besteuerungsspielraum *m*
marginal *adj* 1. marginal, geringfügig, knapp; 2. am Rande, nebenstehend
marginal benefit freiwillige Sozialleistung *f*
marginal relief *(BE)* ≈ ermäßigter Steuersatz für die untersten Einkommensgruppen; ≈ Steuerermäßigung in Grenzfällen
marginal support Unterstützung *f* für die untersten Einkommensgruppen
marine *adj* See…, Meeres…
marine broker Seeversicherungsmakler *m*
marine insurance Seeversicherung *f*
marine pollution Meeresverschmutzung *f*, Umweltverschmutzung *f* der Meere
marine resources *pl* Meeresschätze *mpl*, Meeresressourcen *fpl*
mariner Seemann *m*, Seefahrer *m*, Matrose *m*
marital *adj* ehelich, Ehe…
marital deduction Ehegattenfreibetrag *m*
marital life estate trust Ehegattenvermögenstrust *m (Trust, bei dem der überlebende Ehegatte das Eigentum des Verstorbenen und die Früchte daraus nutzen darf; bei seinem Tod geht das Eigentum steuerbegünstigt auf die Trustbegünstigten über)*
marital property regime *(AE)* ehelicher Güterstand *m*
marital relations *pl* eheliche Beziehungen *fpl*
marital rights *pl* eheliche Rechte *npl*
marital status Familienstand *m*
maritime *adj* maritim, seerechtlich; See…, Schifffahrt…
maritime court Seegerichtshof *m*; Seeamt *n*
maritime dispute seerechtliche Streitigkeit *f*
maritime law Seerecht *n*
maritime risk Seetransportgefahr *f*
maritime shipping Seeschifffahrt *f*
mark *v* 1. markieren, bezeichnen; 2. stempeln; 3. *(BörsenR)* notieren; 4. auszeichnen *(Etikett)*
mark *v* **down** 1. *(KaufR)* im Preis herabsetzen, billiger auszeichnen; 2. *(BörsenR)* niedriger notieren
mark 1. Kennzeichen *n*, Marke *f*, Markenzeichen *n*; 2. Standard *m*; 3. *(BörsenR)* Kursfestsetzung *f*, Notierung *f*; 4. Warenauszeichnung *f*
marked *adj* gekennzeichnet, markiert, ausgezeichnet
marked change spürbare Veränderung *f*
marked goods *pl* ausgezeichnete [mit Preisen versehene] Waren *fpl*
market 1. Markt *m*, Handelsverkehr *m*,

Wirtschaftsverkehr *m*; 2. Nachfrage *f*, Bedarf *m*; 3. Absatzmarkt *m*, Absatzmöglichkeit *f*; 4. Marktwert *m*

market loss 1. Absatzmarktverlust *m*; 2. *(BörsenR)* Kursverlust *m*

market performance Absatzleistung *f*, Marktleistung *f*

market power Marktstärke *f*, wirtschaftliche Machtstellung *f*, marktbeherrschende Stellung *f*

market price 1. Handelspreis *m*, Marktwert *m*; *(AE)* Wiederbeschaffungswert *m*; 2. *(BörsenR)* Kurswert *m*

market-share liability Haftung *f* entsprechend dem Marktanteil

market-share test Marktanteilsprüfung *f*

market sharing Marktbeteiligung *f*

market value Marktwert *m*

marketable *adj* 1. marktfähig, absatzfähig, lieferbar; 2. *(BörsenR)* börsenfähig, notiert

marketable title 1. freies Verfügungsrecht *n* an Grundstücken; 2. leicht realisierbare Waren *fpl*, hinreichendes Eigentumsrecht *n*

marketing Marketing *n*, Absatz *m* und Vertrieb *m*; ≈ Gesamtheit aller absatzfördernden Maßnahmen

marking 1. *(ScheckR) (AE)* Bestätigungsvermerk *m*; 2. *(AE)* Preisauszeichnung *f*; 3. *(BörsenR) (BE)* Kursnotierung *f*

marking clerk *(BE) (BörsenR)* Kursmakler *m*

marking of a check *(AE)*, **marking of a cheque** *(BE)* Scheckbestätigung *f*, Bestätigung *f* eines Schecks

markup 1. Handelsspanne *f*; 2. *(ZollR)* Aufschlag *m*; 3. Preiserhöhung *f*

marriage Eheschließung *f*, Hochzeit *f* • **enter into marriage** heiraten, die Ehe schließen

marriage certificate Heiratsurkunde *f*

marriage contract *(AE)* Ehevertrag *m*

marriage guidance Eheberatung *f*

marriage licence *(BE)*, **marriage license** *(AE)* Heiratserlaubnis *f*, Ehegenehmigung *f (nach Prüfung, dass kein Ehehindernis besteht)*

marriage settlement Ehevertrag *m*, Güterrechtsvertrag *m*, Güterrechtstreuhandvertrag *m (treuhänderische Zuwendung anlässlich der Eheschließung)*

marry *v* die Ehe schließen [eingehen], heiraten

marshal *v* 1. anordnen, arrangieren; 2. erfassen, feststellen; 3. zusammenfassend erläutern

marshal 1. *(BE)* Urkundsbeamter *m* der Geschäftsstelle, Gerichtsschreiber *m (Gericht)*; 2. *(AE)* Vollzugsbeamter *m*

marshalling assets *pl (AE)* Feststellung *f* der Aktiva

martial *adj* militärisch

martial law Kriegsrecht *n*, Standrecht *n*

mass-market licence *(BE)*, **mass-market license** *(AE)* Massenabsatzlizenz *f*

master *v* beherrschen

master 1. *(GesellschaftsR)* Leiter *m*, Vorsteher *m*; Direktor *m*; 2. Handwerksmeister *m*; 3. *(ArbeitsR)* Arbeitgeber *m*, Vorgesetzter *m*; 4. protokollführender Gerichtsbeamter *m*; *(BE)* Rechtspfleger *m*; *(AE)* Hilfsrichter *m (Gericht)*; 5. Eigentümer *m*; 6. Magister *n (universitärer Titel)*; 7. Original *n*, Vorlage *f*

master agreement *(ArbeitsR)* Manteltarifvertrag *m*, Rahmentarifvertrag *m*

master contract *(VersR)* Stammvertrag *m (in der Gruppenlebensversicherung)*

Master of Arts *(M.A.)* Magister Artium

Master of Business Administration *(MBA)* Master of Business Administration, MBA, ≈ Betriebswirt

Master of Jurisprudence *(M.Jur.)* ≈ Mastergrad für Nichtjuristen zur Erlangung juristischer Grundkenntnisse

Master of Laws *(LL.M.)* höherer akademischer Grad *m* der juristischen Fakultät; Abschluss *m* eines Aufbaustudiengangs

Master of Science *(M.Sc.)* Master of Science, M.Sc.; ≈ Master der Naturwissenschaft

Master of the Rolls *(BE)* ≈ Richter am Court of Appeal mit der besonderen Aufgabe, die Staatsurkunden zu bewahren

master policy *(BE) (VersR)* Einheitspolice *f (bei Lebensversicherung für mehrere Leben)*

master's certificate Kapitänspatent *n (für Handelsschiffe)*

match *v* passen, anpassen, übereinstimmen; zusammenführen

material *adj* 1. wesentlich, erheblich; 2. sachlich, körperlich, materiell

material 1. Material *n*, Substanz *f*; 2. Zubehör *n*, Bestandteil *m*

material adverse change *(MAC)* ≈

rechtserhebliche Verschlechterung oder Vermögensverschlechterung *(z. B. zwischen Abschluss und Vollzug eines Unternehmenskaufvertrages)*
material alteration rechtserhebliche Änderung *f*
material benefit materieller Vorteil *m*
material breach wesentliche [rechtserhebliche] Verletzung *f*
material circumstances *pl* wesentliche Umstände *mpl*
material concealment *(VersR)* Verschweigen *n* wesentlicher Umstände [Tatsachen, Fakten]
material costs *pl* Materialkosten *pl*, sachliche Ausgaben *fpl*
material damage erheblicher Sachschaden *m*
material defect wesentlicher Fehler *m* [Mangel *m*]
material fact wesentliche Tatsache *f*
material injury erheblicher Schaden *m*; massive Verletzung *f*
material issue wesentlicher Streitpunkt *m*; entscheidender Punkt *m*
material misrepresentation *(VertragsR)* ≈ falsche Angaben zu wesentlichen Tatsachen oder Umständen
material time *(StrafR)* Tatzeit *f*, entscheidungserheblicher Zeitpunkt *m*
material witness Zeuge *m* zur Tatsache
maternal *adj* mütterlich, von mütterlicher Seite
maternity Mutterschaft *f*
maternity allowance Mutterschaftsgeld *n*
maternity benefit *(BE) (SozialR)* Mutterschaftsgeld *n*, Mutterschaftsbeihilfe *f*
maternity leave Mutterschaftsurlaub *m*; Mutterschutz *m (arbeitsfreie Schutzfrist vor und nach der Niederkunft)*
matricide Muttermord *m*; Muttermörder *m*
matrimonial *adj* ehelich
matrimonial dispute Ehestreit *m*
matrimonial home Ehewohnung *f*, ehelicher Wohnsitz *m*; Wohnsitz *m* zur Zeit der Eheschließung
matrimonial law Eherecht *n*
matrimonial property eheliches Vermögen *n*
matrimonial property regime ehelicher Güterstand *m*
matrimony Ehe *f*, Ehestand *m*
matter *v* von Bedeutung sein, darauf ankommen, wichtig sein
matter 1. Gegenstand *m*, Sache *f*, Objekt *n*; 2. Angelegenheit *f*, Fall *m*; 3. Geschäft *n*
matter at hand vorliegende Angelegenheit *f*
matter in dispute *(ProzessR)* Streitgegenstand *m*, Klagegegenstand *m*
matter number Geschäftszeichen *n*, Aktenzeichen *n*; Referenz *f*
matter of fact Tatfrage *f*
matter of law Rechtsfrage *f*
matter of record aktenkundige Tatsache *f*, urkundlich feststehende Tatsache *f*
mature *v* reifen; fällig werden
mature *adj* reif, fällig, zahlbar
matured *adj* gereift; verfallen, fällig
maturity 1. Fälligkeit *f*, Verfallzeit *f*; 2. Versicherungsfall *m*
maturity date Fälligkeitstermin *m*
maxim Maxime *f*, Grundsatz *m*
maximize *v* maximieren, verstärken
maximum *adj* maximal, höchstmöglich
maximum Maximum *n*, Höchstbetrag *m*, Höchstgebot *n*
maximum level of compensation höchstmöglicher Schadensersatz *m*
maximum penalty Höchststrafe *f*
maximum sentence Höchststrafe *f*
may *v* zuständig sein, befugt sein
mayhem *(AE)* schwere Körperverletzung *f*, Verstümmelung *f*
mayor Bürgermeister *m*, Oberbürgermeister *m*
mayoral *adj* bürgermeisterlich, oberbürgermeisterlich
mayoress Bürgermeisterin *f*, Oberbürgermeisterin *f*
MBA *s.* Master of Business Administration
MCOL *s.* Money Claim Online
meaning 1. Sinn *m*, Bedeutung *f*; 2. Absicht *f*, Zweck *m*, Ziel *n*
means *pl* 1. Geldmittel *n*, Einkommen *n*, Kapital *n*; 2. Weg *m*, Methode *f*; 3. Vermögen *n*
means *pl* **of payment** Zahlungsmittel *n*
means test 1. Kreditprüfung *f*; 2. Bedürftigkeitsprüfung *f*
measure *v* messen, bemessen
measure 1. Maß *n*, Ausmaß *n*, Umfang *m*, Grad *m*; 2. (gesetzgeberische) Maßnahme *f*

measure of damage Schadenshöhe *f*, Schadensumfang *m*
measure of damages Schadensersatzhöhe *f*, Schadensersatzumfang *m*
measurement 1. Ausmaß *n*, Größe *f*, Dimension *f*; 2. *(TransportR)* Tonnage *f*
measures *pl* Maßnahmen *fpl*
measures *pl* **against terrorism** Antiterrormaßnahmen *fpl*, Terrorabwehrmaßnahmen *fpl*
mechanical *adj* mechanisch, maschinell, automatisch
mechanical bookkeeping Maschinenbuchführung *f*, Durchschreibebuchhaltung *f*
mechanic's lien ≈ gesetzliches Bauhandwerkerpfandrecht
media Medien *pl*, Werbeträger *m*
mediate *v* vermitteln, schlichten, zustande bringen
mediation Vermittlung *f*, Schlichtung *f*, Güteverfahren *n*
mediator Mediator *m*, Vermittler *m*, Schlichter *m*
medical *adj* medizinisch, ärztlich
medical expert ärztlicher Sachverständiger *m*
medical malpractice ärztlicher Kunstfehler *m*
medical misadventure medizinischer Unglücksfall *m (bei gesetzlichem Tun)*
medicine Medizin *f*, Arznei *f*
medium *adj* mittelmäßig, gewöhnlich
medium 1. Medium *n*, Mittler *m*, Werkzeug *n*; 2. Werbeträger *m*; Datenträger *m*
meet *v* 1. treffen, zusammentreffen; 2. erfüllen *(Anforderungen)*; 3. begleichen, bezahlen *(Rechnung)*; 4. befriedigen *(Erwartungen)*
meet *v* **a claim** einen Anspruch befriedigen
meet *v* **a party's liabilities** die Verpflichtungen [Verbindlichkeiten] einer Partei erfüllen
meet *v* **a pledge** ein Versprechen einlösen
meet *v* **the demands** den Anforderungen genügen, die Ansprüche befriedigen
meet *v* **the (legal) requirements** den (gesetzlichen) Anforderungen genügen [entsprechen]
meeting 1. Versammlung *f*, Konferenz *f*, Tagung *f*; 2. Besprechung *f*, Beratung *f*; 3. Verabredung *f*, Treffen *n* • **call a meeting** eine Versammlung einberufen • **chair a meeting** den Vorsitz einer Versammlung übernehmen [führen] • **declare a meeting open** die Versammlung für eröffnet erklären • **hold a meeting** eine Versammlung [Sitzung] abhalten • **summon a meeting** eine Versammlung einberufen
meeting in camera 1. *(ProzessR)* Sitzung *f* unter Ausschluss der Öffentlichkeit *(im Richterzimmer)*; 2. geheimes Treffen *n*
meeting of the minds *(VertragsR)* Übereinstimmung *f* der Willenserklärungen, Einigung *f*
member 1. Mitglied *n*, Angehöriger *m*; 2. *(GesellschaftsR) (BE)* Gesellschafter *m*, Aktionär *m*; 3. *(BE)* Bausparer *m*
Member of European Parliament *(MEP)* Mitglied *n* des europäischen Parlaments
Member of Parliament *(MP)* Mitglied *n* des Parlaments, Abgeordneter *m*
membership Mitgliedschaft *f*, Zugehörigkeit *f*
memorandum 1. *(VertragsR)* Vereinbarung *f*, Vertragsurkunde *f*; 2. *(VertragsR)* Auszug *m* aus den Vertragsbestimmungen; 3. Kommissionsschein *m*, Lieferschein *m (Kommissionsgeschäft)*; 4. Memorandum *n*, Aktenvermerk *m*
memorandum of agreement *(VertragsR)* Vereinbarung *f*, Vertragsurkunde *f*
memorandum of association *(BE) (GesellschaftsR)* Gesellschaftsvertrag *m*; Gesellschaftsstatuten *npl*; Gründungsvertrag *m*, Gründungssatzung *f*
memorandum of partnership *(GesellschaftsR)* Gesellschaftsvertrag *m*
memorandum of understanding Grundsatzvereinbarung *f*
menace *v* drohen, bedrohen
menace Drohung *f*, Bedrohung *f*
mens rea *(Lat) (StrafR)* Absicht *f*, Vorsatz *m*
mental *adj* mental, geistig, seelisch
mental anguish seelisches Leid *n*, seelischer Schmerz *m*
mental capacity 1. *(ZivilR)* Handlungsfähigkeit *f*; 2. *(StrafR)* Zurechnungsfähigkeit *f*
mental disability geistige Behinderung *f*
mental duress (widerrechtlicher) psychischer Zwang *m*
mental harm seelische Verletzung *f*, seelischer [immaterieller] Schaden *m*

mental incapacity 1. *(ZivilR)* Geschäftsunfähigkeit *f*; 2. *(StrafR)* Unzurechnungsfähigkeit *f*, Schuldunfähigkeit *f*
mention *v* erwähnen, aufführen
mention Erwähnung *f*, Vermerk *m*
mentioned/above oben erwähnt, siehe oben
mentioned/below nachstehend aufgeführt, siehe unten
MEP *s.* Member of European Parliament
mercantile *adj* kaufmännisch, geschäftlich, Handels…
mercantile custom Handelsbrauch *m*
mercantile law Handelsrecht *n*
merchandise Waren *fpl*, Güter *npl*, Erzeugnisse *npl*, Produkte *npl*
merchant 1. Händler *m*, Kaufmann *m*; 2. Vertreter *m*, Handlungsreisender *m*; 3. Einkäufer *m*
merchantable quality handelsübliche Qualität *f*
mercy Gnade *f*, Milde *f*
mercy killing Euthanasie *f*, Gnadentod *m*
merge *v* 1. *(GesellschaftsR)* verschmelzen, vereinigen, fusionieren; 2. zusammenschließen, zusammenfügen
merger 1. *(GesellschaftsR)* Fusion *f*, Verschmelzung *f*, Zusammenschluss *m (Unternehmen)*; 2. *(AktienR)* Zusammenlegung *f*; 3. *(SchuldR)* ≈ Vereinigung von Forderung und Schuld in einer Person
mergers and acquisitions *pl (M&A) (GesellschaftsR)* Mergers and Acquisitions, Fusionen *fpl* und Übernahmen *fpl*
merit *v* verdienen, wert sein
merit *v* **an appeal hearing** eine Berufung rechtfertigen
merit *v* **consideration** Aufmerksamkeit [Berücksichtigung] verdienen
meritocracy Leistungsgesellschaft *f*
meritorious *adj* 1. verdienstvoll; 2. berechtigt, begründet; 3. schlüssig *(Vortrag)*
merits *pl* 1. wesentliche Aspekte *mpl*; 2. Schlüssigkeit *f*; 3. Begründetheit *f* • **on the merits** 1. dem Grunde nach; 2. gesondert
merits *pl* **of a case** *(StrafR)* entscheidungserheblicher Sachverhalt *m*
mesne *adj* 1. zwischenzeitlich, dazwischenliegend; 2. kurzfristig
mesne profits *pl* zwischenzeitlich gezogene Nutzungen *fpl*
message 1. Mitteilung *f*, Benachrichtigung *f*; 2. Bestellung *f*; 3. Aussage *f*, Botschaft *f*
messenger 1. *(InsolvenzR) (BE)* Masseverwalter *m*; 2. Bote *m*, Kurier *m*
messuage *(Fr)* Anwesen *n* mit Nebengebäuden und Garten
meta tags ≈ kurze Programmteile einer Website, die Infos darüber enthalten
meter 1. Meter *m*; 2. Zähler *m (z. B. für Strom)*
meter mail *(BE)* Massendrucksachen *fpl*
method Methode *f*, Art *f* und Weise *f*, System *n*
metric *adj* metrisch *(Maß- und Gewichtssystem)*
metrication *(BE)* Umstellung *f* auf das metrische System
metropolitan *adj* hauptstädtisch, großstädtisch
mid *adj* inmitten, mitten in
middle *adj* 1. mittlerer; 2. mittelmäßig
middle Mitte *f*, Mittelpunkt *m*, Zentrum *n*
middle management mittleres Management *n*
middleman Mittelsmann *m*
midwife Hebamme *f*
migrant Migrant *m*, Auswanderer *m*
migrate *v* auswandern, fortziehen, weiterziehen
migration Wanderung *f*, Abwanderung *f*, Auswanderung *f*
military service Militärdienst *m*, Wehrdienst *m*
mind 1. Meinung *f*, Ansicht *f*; 2. Absicht *f*, Vorhaben *n* • **of unsound mind** geisteskrank, geistesgestört
mini-trial Minitribunal *n (Tribunal, das aus einem neutralen Vorsitzenden und jeweils ein bis zwei Managementvertretern und gegebenenfalls ihren Anwälten zur Durchführung einer Verhandlung mit anschließendem Vergleichsvorschlag besteht)*
minimal *adj* minimal, geringst
minimize *v* 1. minimieren; 2. bagatellisieren, als geringfügig darstellen
minimize *v* **risk exposure** die Gefahr möglichst gering halten
minimum *adj* mindest, Mindest…
minimum Minimum *n*, Mindestmaß *n*
minimum-contacts requirement *(AE)* ≈ Erfordernis eines Minimalkontakts zwischen dem Bundesstaat und der Person, die dort angeklagt werden soll *(USA)*
minimum permissible sentence Mindeststrafe *f*

minimum possible damage geringstmöglicher Schaden *m*
minimum wage Mindestlohn *m*
minister 1. Minister *m*; 2. Geistlicher *m*
ministerial *adj* 1. ministeriell, amtlich; 2. untergeordnet, weisungsgebunden
ministry 1. Ministerium *n*; Ministerposten *m*, Ministeramt *n*; 2. Diplomatenamt *n*; 3. geistliche Aufgabe *f*, kirchliches Werk *n*
Ministry of Justices *(MoJ)* Justizministerium *n*
minor *adj* 1. minderjährig, unmündig; 2. geringfügig, unwesentlich
minor Minderjähriger *m*
minor defects *pl* geringfügige [unbedeutende, unwesentliche, kleinere] Mängel *mpl*
minor interest untergeordnetes [geringfügiges] Interesse *n*
minor loss *(VersR)* Bagatellschaden *m*, geringfügiger [leichter] Schaden *m*
minor offence *(BE)*, **minor offense** *(AE)* Bagatelldelikt *n*; ≈ geringfügiges Vergehen
minority *adj* eine Minderheit betreffend
minority 1. Minorität *f*, Minderheit *f*; 2. Minderjährigkeit *f*, Unmündigkeit *f*
minority interest Fremdbeteiligung *f*, Minoritätsbeteiligung *f*
minority opinion Mindermeinung *f*, Rechtsauffassung *f* der Minderheit
minority shareholder Minderheitsaktionär *m*
minute *v* 1. aufsetzen, entwerfen; 2. protokollieren, aufzeichnen
minute 1. Minute *f*; 2. Bericht *m*; Notiz *f*; 3. Protokolleintrag *m*
minute book Protokollbuch *n*
minutes *pl* Protokoll *n*, Niederschrift *f*, Notizen *fpl*
minutes *pl* **of a meeting** Sitzungsniederschrift *f*, Versammlungsprotokoll *n*
Miranda rule *(AE)* ≈ notwendige Rechtsbelehrung eines Tatverdächtigen vor der polizeilichen Vernehmung über sein Aussageverweigerungsrecht und das Recht auf einen Anwalt
mirror image rule Regel *f*, die die Entsprechung von Angebot und Annahme erfordert
mirror wills *pl* Spiegeltestamente *npl* *(Ehegattentestamente mit vergleichbaren Inhalten und in der Regel gegenseitiger Erbeinsetzung und Einsetzung der Kinder, falls der andere Ehegatte stirbt)*
misadventure Unglücksfall *m*
misappropriate *v* 1. sich rechtswidrig aneignen; 2. unterschlagen, veruntreuen; 3. unrechtmäßig verwenden; 4. fehlleiten *(Kapital)*
misappropriation 1. widerrechtliche Aneignung *f*; 2. Unterschlagung *f*, Veruntreuung *f*; 3. unrechtmäßige Verwendung *f*; 4. Fehlleitung *f* *(Kapital)*
misappropriation of funds Unterschlagung *f* von Geldern
misappropriation of trust money Unterschlagung *f* von Treuhandgeldern, Veruntreuung *f* von treuhänderisch verwaltetem Geld
misbehave *v* sich schlecht benehmen, sich ungebührlich verhalten
misbehavior *(AE)*, **misbehaviour** *(BE)* schlechtes Benehmen *n*, ungebührliches Verhalten *n*
misbranded *adj* falsch bezeichnet
miscalculate *v* falsch berechnen [kalkulieren]; sich verrechnen
miscalculation falsche Berechnung *f*, Fehlkalkulation *f*, Rechenfehler *m*
miscarriage 1. Fehlgeburt *f*; 2. *(VertragsR)* Fehlverhalten *n*; 3. Fehlleitung *f* *(Post)*
miscarriage of justice 1. Fehlurteil *n*, Justizirrtum *m*; 2. Rechtsbeugung *f*
miscarry *v* 1. misslingen, scheitern; 2. verloren gehen *(Post)*
miscellaneous *adj* verschieden, variiert
miscellaneous clause ≈ Klausel „Sonstiges"
miscellaneous income *(BilanzR)* sonstige Erträge *mpl*
mischief 1. Nachteil *m*, Schaden *m*; 2. Verletzung *f*; 3. Unfug *m*; 4. Störenfried *m*
mischief rule ≈ historische Auslegungsmethode, deren Hauptzweck Bestimmung des Missstandes und des Mangels ist, den das Gesetz beseitigen wollte
miscognisant *adj* unwissend, nicht vertraut
misconceive *v* missverstehen, falsch auffassen
misconception falsche Vorstellung *f*, irrige Auffassung *f*
misconduct 1. Fehlverhalten *n*, Verfehlung *f*; 2. Ehebruch *m*, eheliche Verfehlung *f*; 3. mangelhafte Amtsführung *f*,

Amtspflichtverletzung *f*; 4. ungehöriges Verhalten *n*
misconstrue *v* falsch deuten, missverstehen
misdate *v* falsch datieren
misdemeanor *(AE)*, **misdemeanour** *(BE) (StrafR)* Vergehen *n*, Verfehlung *f*, Übertretung *f*
misfeasance 1. *(VertragsR)* nachlässige Vertragsausführung *f*; 2. *(DeliktsR)* unerlaubte Handlung *f*, Delikt *n*; 3. *(öffentliches R)* Ermessensmissbrauch *m*, Amtspflichtverletzung *f*
misfeasor 1. *(VertragsR)* ≈ Person, die den Vertrag nachlässig ausführt; 2. *(DeliktsR)* ≈ Person, die eine unerlaubte Handlung begeht; 3. *(öffentliches R)* ≈ Person, die eine Amtspflichtsverletzung begeht
mishandling falsche [ungeschickte] Handhabung *f*
misinform *v* falsch unterrichten [informieren]
misinterpret *v* falsch deuten, missverstehen
misinterpretation falsche Deutung *f*, Missinterpretation *f*, fehlerhafte Auslegung *f*
misjoinder unzulässige Klageverbindung *f*; unzulässige Einbeziehung *f* eines Streitgenossen
mislabel *v* falsch bezeichnen, falsch auszeichnen
mislead *v* irreführen, täuschen
misleading *adj* irreführend, täuschend
mismanage *v* schlecht wirtschaften [verwalten]
mismanagement Misswirtschaft *f*, schlechte Verwaltung *f*
misnomer Falschbenennung *f*; unrichtige Namensangabe *f*
mispleading fehlerhafter Schriftsatz *m*, lückenhafter Prozessvortrag *m*
misprision 1. Protokollfehler *m*; 2. Majestätsbeleidigung *f*; 3. Nichtanzeige *f* von Straftaten; 4. Amtsunterschlagung *f*
misquote *v* falsch zitieren; der falschen Person zuschreiben
misrepresent *v* falsch darstellen, unrichtig angeben
misrepresentation 1. falsche Darstellung *f (Tatsachen)*; 2. *(VertragsR)* falsche Angaben *fpl (bei Vertragsschluss)*; 3. *(VersR)* falsche (vorvertragliche) Angaben *fpl*
misrepresentation of fact Vorspiegelung *f* falscher Tatsachen
misrepresentor ≈ Person, die bei Vertragsschluss falsche Angaben macht
miss *v* 1. versäumen, verpassen; 2. auslassen; 3. missglücken, fehlschlagen
missed profit entgangener Gewinn *m*
missing *adj* vermisst, verschwunden, unauffindbar
missing person Vermisster *m*, verschwundene Person *f*
mission 1. Mission *f*, Delegation *f*, Vertretung *f*; 2. Auftrag *m*, Botschaft *f*
mission statement Leitspruch *m*
missives *pl (Scot)* Botschaften *fpl*, Mitteilungen *fpl*
misstate *v* falsch darstellen, unrichtig angeben
misstatement Falschdarstellung *f*, unrichtige Angaben *fpl*
mistake *v* sich irren, sich täuschen, missverstehen
mistake Fehler *m*, Irrtum *m*, Versehen *n*
mistake of fact Tatsachenirrtum *m*
mistake of law Rechtsirrtum *m*
mistaken *adj* falsch, irrtümlich, fehlerhaft
mistaken identity Identitätsverwechslung *f*, Irrtum *m* über die Person
mistrial fehlerhaftes Gerichtsverfahren *n*; *(AE)* ergebnisloses Schwurgerichtsverfahren *n*
misunderstanding Missverständnis *n*
misuse Missbrauch *m*; falsche Anwendung *f*
misuse of information Missbrauch *m* von Informationen
mitigate *v* mildern, abschwächen
mitigate *v* **damage** den Schaden verringern [mindern]
mitigate *v* **loss** den Schaden auf das Minimum begrenzen, Schadensbegrenzung betreiben
mitigate *v* **the sentence** die Strafe verringern [mildern]
mitigating circumstances *pl* mildernde Umstände *mpl*
mitigation Milderung *f*, Abschwächung *f*, Minderung *f*
mitigation of loss Verlustminderung *f*
mitigation of the sentence Strafmilderung *f*
M.Jur. *s.* Master of Jurisprudence
MMC *s.* Monopolies and Mergers Commission

mob *v* jmdn. anpöbeln, sich zusammenrotten
mob 1. Pöbel *m*, das gemeine Volk *n*, Gangsterbande *f*; 2. Zusammenrottung *f*, Auflauf *m*
mobbing Mobbing *n*, Psychoterror *m* [Belästigung *f*] am Arbeitsplatz
mobility clause Mobilitätsklausel *f (Klausel über den Arbeitseinsatz außerhalb des Wohnortes)*
mobster Gangster *m*
mock *v* sich lustig machen, nicht ernst nehmen
mock Schein *m*, Täuschung *f*
mock trial Scheinprozess *m*
mode Art *f* und Weise *f*, Methode *f*
mode of employment Beschäftigungsart *f*
model *adj* beispielhaft, Muster...
model act Mustergesetz *n*
Model Penal Code *(AE)* Musterstrafgesetzbuch *n*
moderate *adj* mäßig, gemäßigt, angemessen, bescheiden
moderator 1. Moderator *m*, Diskussionsleiter *m*; 2. Schiedsrichter *m*; 3. Vorsitzender *m*
modification 1. Abänderung *f*, Abwandlung *f*, Modifizierung *f*; 2. Veredelung *f (Metall)*; 3. Einschränkung *f*
modify *v* 1. ändern, abändern, modifizieren; 2. veredeln *(Metall)*; 3. einschränken
modus operandi *(Lat)* Vorgehensweise *f*, Verfahrensweise *f*
moiety Hälfte *f*, hälftiger Anteil *m*
MoJ *s.* Ministry of Justices
molest *v* belästigen
molestation 1. Belästigung *f*; 2. Besitzstörung *f (durch Nachbarn)*
molester 1. Person *f*, die jmdn. belästigt; 2. Störer *m*
monarchy Monarchie *f*
monetary *adj* monetär, finanziell, Geld [Währung] betreffend
money Geld *n*; Münze *f* • **out of money** ohne Geld, pleite
money claim Geldforderung *f*
Money Claim Online *(MCOL)* Onlinegeldforderung *f*
money laundering Geldwäsche *f*
money order Zahlungsanweisung *f*, Postanweisung *f*
money trace Geldpfad *m*, Spur *f* des Geldes
monies *pl* Gelder *npl*
monitor *v* überprüfen, überwachen, abhören
monitor 1. Monitor *m*, Bildschirm *m*; 2. Abhöreinrichtung *f*, Abhöranlage *f (Lauschangriff)*; 3. Mahnung *f*, Warnung *f*; 4. Mahner *m*, Warner *m*
Monopolies and Mergers Commission *(MMC)* Kartellamt *n*, Kartellbehörde *f*
monopolization Monopolisierung *f*
monopolize *v* monopolisieren, allein beherrschen, ein Monopol haben
monopoly Monopol *n*, ausschließliche Gewerbeberechtigung *f*
month Monat *m*
monthly *adv* monatlich
moonlight *v* schwarzarbeiten, eine Nebentätigkeit ausüben
moonlighting Schwarzarbeit *f*, Ausübung *f* einer Nebentätigkeit
moonshine schwarzgebrannter Alkohol *m*
moor *v* anlegen, festmachen *(Schiff)*
mooring Liegeplatzgebühren *fpl (Schiff)*
moot *v* ≈ theoretisch mögliche Rechtsfälle diskutieren, ≈ übungshalber debattieren *(Studium)*
moot *adj* hinfällig, nicht mehr aktuell
moot ≈ Diskussion theoretisch möglicher Rechtsfälle *(Studium)*
moot court Moot Court *m (durch Jurastudierende nachgestellte Gerichtsverhandlung zu Übungszwecken)*
mooting juristische Übungsdebatte *f*, Scheinfall *m (Studium)*
moral Moral *f*, moralischer Grundsatz *m*, Maxime *f*
moral hazard 1. *(VersR)* ≈ Risiko falscher Angaben durch den Versicherten; 2. ≈ Risiko des Vertragsbruchs zum Schutze ehrenwerter Interessen *(z. B. Zahlungseinstellung eines bankrotten Landes)*
moral rights *pl* 1. unentziehbare Rechte *npl*, naturgegebene Rechte *npl*; 2. Urheberschutzrechte *npl*
morale Moral *f*; Kampflust *f (Militär)*
morality Moral *f*, Ethik *f*, sittliches Verhalten *n*
morals *pl* Sitten *fpl*, Gebräuche *mpl*
moratorium Moratorium *n*, Zahlungsaufschub *m*; Stillhalteabkommen *n*
morbid *adj* krank
morbidity Morbidität *f*, Krankenstand *m*
mortal *adj* tödlich, todbringend

mortality Sterblichkeit *f*, Mortalität *f*; Lebensdauer *f*
mortality charge *(VersR)* Sterblichkeitsabzug *m (monatlicher Abzug von einer umfassenden Lebensversicherungspolice, der mit dem Lebensalter des Versicherten ansteigt)*
mortgage *v* 1. *(GrundstücksR)* verpfänden; 2. *(GrundstücksR)* hypothekarisch belasten
mortgage *(GrundstücksR)* Hypothek *f*
mortgage bond Hypothekenpfandbrief *m*, Hypothekenschuldverschreibung *f*
mortgage broker Immobilienkreditvermittler *m*
mortgage debt Hypothekenschuld *f*, durch Hypothek gesicherte Forderung *f*
mortgage instrument Hypothekenurkunde *f*
mortgage loan durch Hypothek gesichertes Darlehen *n*, Hypothekendarlehen *n*
mortgageable *adj* hypothekarisch belastbar, hypothekenfähig
mortgagee Hypothekengläubiger *m*
mortgagor Hypothekenschuldner *m*
mortis causa *(Lat)* von Todes wegen
mortuary Leichenhalle *f*
most *adj* meist, höchst
most-favored-nation clause *(AE) s.* most favoured nation clause
most-favored-nation status *(AE) (VölkerR)* Status *m* der meistbegünstigten Nation
most favoured nation clause *(BE)* Meistbegünstigungsklausel *f*
mother 1. Mutter *f*; 2. Quelle *f*, Ursache *f*
mother country Mutterland *n*, Heimatland *n*
motion 1. Antrag *m (mündliche Verhandlung; Parlament)*; Antrag *m (Parlament)*; 2. Vorschlag *m*, Anregung *f*
motion for a directed verdict ≈ Antrag auf einen vorschriftsmäßigen Urteilsspruch der Jury
motion for summary judgment Antrag *m* auf ein Urteil im abgekürzten Verfahren
motion to dismiss Abweisungsbegehren *n*
motivate *v* begründen, motivieren
motive Beweggrund *m*, Motiv *n*
movable *adj* beweglich, transportabel
movable property Mobilien *fpl*, bewegliches Eigentum *n*
movables *pl* bewegliche Sachen *fpl*, Mobilien *pl*
movant Antragsteller *m*
move *v* 1. umziehen, wegziehen; 2. veranlassen; 3. vorschlagen, beantragen, ersuchen
MP *s.* Member of Parliament
M.Sc. *s.* Master of Science
mug *v* 1. ausrauben, überfallen; 2. Porträtaufnahme eines Verbrechers herstellen
mugger Gangster *m*, Verbrecher *m*
mugging Raubüberfall *m*, räuberischer Angriff *m*
mugshot polizeiliches Foto *n* eines Tatverdächtigen oder Verbrechers
multi-track *adj* mehrstufig, mehrgleisig
multilateral *adj (VölkerR)* multilateral, mehrseitig *(Abkommen)*
multinational *adj* multinational, international, vielstaatlich
multinational corporation multinationale Gesellschaft *f*
multiple product order ≈ Bestellung verschiedener Produkte oder mehrerer Produkte derselben Art
Munchausen syndrome by proxy *(FamilienR)* Münchhausen-Stellvertreter-syndrom *n*
municipal *adj* 1. kommunal, städtisch; 2. innerstaatlich, national
municipal law 1. *(AE)* Kommunalrecht *n*, Gemeinderecht *n*; 2. Landesrecht *n*, innerstaatliches Recht *n*
municipality Stadtverwaltung *f*, städtische Behörde *f*
municipalize *v* eingemeinden, in städtischen Besitz überführen
muniment Rechtstitel *m*, Urkunde *f*, Dokument *n*
munition Munition *f*
murder *v* 1. ermorden, einen Mord begehen; 2. totschlagen
murder Mord *m*
murderer Mörder *m*
music piracy Musikpiraterie *f*
mutagenic *adj* erbgutverändernd, mutagen
mutatis mutandis *(Lat)* mutatis mutandis, entsprechend, sinngemäß, analog
mutilated *adj* 1. verstümmelt, schwer verletzt *(Person)*; 2. beschädigt, verschlechtert *(Sache)*
mutilation 1. Verstümmelung *f*, schwere

Körperverletzung *f (Person)*; 2. Beschädigung *f*, Verschlechterung *f (Sache)*
mutineer *(WehrR)* Meuterer *m*, Rebell *m*
mutiny *v* meutern, rebellieren
mutiny Meuterei *f*, Rebellion *f*
mutual *adj* gegenseitig, wechselseitig, reziprok; synallagmatisch
mutual agreement gegenseitiges Einvernehmen *n*
mutual assent Einigung *f*
mutual association Verein *m* auf Gegenseitigkeit
mutual company Gesellschaft *f* [Verein *m*] auf Gegenseitigkeit
mutual consent beiderseitiges Einverständnis *n*
mutual fund Kapitalanlagefonds *m*, Investmentfonds *m*
mutual linking gegenseitige Vernetzung *f*
mutual mistake beidseitiger [wechselseitiger] Fehler *m*
mutual recognition of professional qualifications gegenseitige Anerkennung *f* von Berufsqualifikationen
mutual rescission Aufhebungsvertrag *m*, beiderseitige Aufhebung *f*
mutual will gegenseitiges Testament *n*
mutuality Gegenseitigkeit *f*, Wechselseitigkeit *f*, Reziprozität *f*; Synallagma *n*
mutuality of claims Gegenseitigkeit *f* von Ansprüchen; Synallagma *n* von Ansprüchen
mutually *adv* gegenseitig, wechselseitig, reziprok
mutually-acceptable agreement beidseitig annehmbare Vereinbarung *f*

N

naked *adj* 1. nackt; 2. *(VertragsR)* ohne Zusätze; 3. *(MietR)* unmöbliert *(Zimmer)*; 4. mittellos
naked contract unverbindlicher Vertrag *m (nudum pactum)*
naked option Nacktoption *f*, ungesicherte [ungedeckte] Option *f*
name *v* 1. nennen, benennen; 2. festlegen, bestimmen
name 1. Name *m*, Benennung *f*, Bezeichnung *f*; 2. Ruf *m*, Renommee *n*, Reputation *f*
named *adj* 1. genannt; 2. namens
named above oben erwähnt, siehe oben
named below unten genannt, siehe unten
named third party genannter Dritter *m*
nanny Kinderfrau *f*
nanny agreement Kinderbetreuungsvertrag *m*, Vertrag *m* über Kinderbetreuung mit einer Kinderfrau
narcotic 1. Narkotikum *n*, Rauschgift *n*; 2. Rauschgiftsüchtiger *m (Person)*
narcotics *pl* Drogen *fpl*
narcotics ring Rauschgiftbande *f*
narrate *v* vortragen, schildern
narrative *(Scot)* Erzählung *f*
narrow *v (fig.)* einengen, beschränken
narrow *adj* knapp, beschränkt
narrow majority knappe Mehrheit *f*
narrowing *adj* einengend, beschränkend
narrowing interpretation einschränkende Auslegung *f*, enge Auslegung *f*
NASDAQ *s.* National Association of Securities Dealers Automated Quotations
nation Nation *f*, Land *n*, Volk *n*
national *adj* national, inländisch, staatlich
National Association of Securities Dealers Automated Quotations *(NASDAQ) (AE)* ≈ elektronisches System für Kursnotierung von Wertpapieren im „Over the Counter Market"
national boundary Staatsgrenze *f*, Landesgrenze *f*
national currency Landeswährung *f*
national flag Nationalflagge *f*, Landesflagge *f*
national government Staatsregierung *f*
national holidays *pl* staatliche Feiertage *mpl*, gesetzliche Feiertage *mpl*
national insurance *(BE)* Sozialversicherung *f*
national insurance contributions *pl (BE)* Sozialversicherungsbeiträge *mpl*
national law 1. innerstaatliches Recht *n*, Landesrecht *n*; 2. *(EuropaR)* nationales Recht *n*
national treatment *(VölkerR)* Inländerbehandlung *f*
nationality 1. Staatsangehörigkeit *f*; 2. Nationalität *f*, ethnische Zugehörigkeit *f*
• **adopt a nationality** eine Staatsangehörigkeit annehmen [erwerben]
nationalize *v* verstaatlichen, sozialisieren, nationalisieren

nationalize *v* **a company** eine Gesellschaft verstaatlichen
native (of) Inländer *m*, Einheimischer *m*, Staatsangehöriger *m*
native law Heimatrecht *n*
natural *adj* 1. natürlich, unbearbeitet; 2. wirklich, real
natural-born *adj* gebürtig
natural death natürlicher Tod *m*
natural domicile ursprünglicher Wohnort *m*
natural law Naturrecht *n*
natural loss natürlicher Schwund *m*
natural person natürliche Person *f* *(Mensch)*
naturalization Einbürgerung *f*, Naturalisierung *f*
naturalize *v* einbürgern, naturalisieren
naturalized *adj* eingebürgert, naturalisiert
naturalized citizen eingebürgerter Bewohner *m*, Staatsangehöriger *m* kraft Einbürgerung
naturalized subject eingebürgerter Staatsangehöriger *m*, eingebürgerter Betroffener *m*
naturally arising *adj* natürlich vorkommend
nature 1. Charakter *m*, Wesen *n*, Natur *f*; 2. Beschaffenheit *f*
nautical *adj* nautisch, seemännisch
naval *adj* Flotten..., Marine..., Schiffs..., See...
NB *s.* nota bene
NDA *s.* non-disclosure agreement
near or reasonable certainty ausreichende Bestimmtheit *f*
necessaries *pl* notwendige Bedarfsartikel *mpl*
necessarily *adv* notwendigerweise, unfreiwillig
necessary *adj* 1. notwendig, erforderlich; 2. unumgänglich, unvermeidbar; 3. unfreiwillig
necessitate *v* notwendig [erforderlich, unumgänglich] sein
necessity 1. Notwendigkeit *f*; 2. Zwangslage *f*, Notlage *f*; 3. Bedürfnis *n*
need *v* benötigen, brauchen, notwendig sein
need 1. Notlage *f*, Bedürftigkeit *f*, Armut *f*; 2. Zwangslage *f*; 3. Bedürfnis *n*, Bedarf *m*
negate *v* 1. verneinen, negieren; 2. annullieren, für null und nichtig erklären
negate *v* **liability** die Haftung verneinen [ablehnen]
negate *v* **the claim** den Anspruch ablehnen [verneinen, verwerfen]
negative *adj* 1. negativ, verneinend, ablehnend; 2. unergiebig
negative covenants *pl* Unterlassungsverpflichtungen *fpl*, Negativverpflichtungen *fpl*
negative easement negative Grunddienstbarkeit *f*, auf eine Unterlassung gerichtete Grunddienstbarkeit *f*
negative injunction gerichtliches Verbot *n*
neglect *v* 1. vernachlässigen; 2. unterlassen, versäumen
neglect 1. Vernachlässigung *f*, Verwahrlosung *f*; 2. Versäumnis *n*, pflichtwidrige Unterlassung *f*; 3. Fahrlässigkeit *f*
neglect of children Kindesvernachlässigung *f*, Kindesverwahrlosung *f*
neglect of duty Dienstvergehen *n*, pflichtwidrige Unterlassung *f* im Dienst
neglected *adj* vernachlässigt, wenig gefragt
neglectful *adj (FamilienR)* nachlässig, unaufmerksam *(Eltern)*
negligence 1. *(ZivilR)* Fahrlässigkeit *f*; 2. *(StrafR)* Fahrlässigkeit *f*; fahrlässiges [unachtsames] Verhalten *n (im Straßenverkehr)*
negligence liability Fahrlässigkeitshaftung *f*, Haftung *f* für Fahrlässigkeit
negligent *adj* 1. fahrlässig, nachlässig; 2. *(SchuldR)* säumig; 3. *(StraßenverkehrsR)* unachtsam *(Fahrer)*
negligent conduct fahrlässiges Verhalten *n*
negligent deed fahrlässige Handlung *f*
negligent homicide fahrlässige Tötung *f*
negligent misrepresentation fahrlässig unrichtige Darstellung *f*, fahrlässig irreführende Angaben *fpl*
negligent misstatement fahrlässig falsche Angaben *fpl*
negligently *adv* fahrlässig, fahrlässigerweise, nachlässig
negligible *adj* geringfügig, unerheblich, nebensächlich
negotiability 1. Verhandlungsfähigkeit *f*, Aushandelbarkeit *f*; 2. *(WertpapierR)* Indossierbarkeit *f*; 3. *(VertragsR)* Verkehrsfähigkeit *f*; 4. Übertragbarkeit *f*
negotiable *adj* 1. verhandlungsfähig,

aushandelbar; 2. indossierfähig; 3. verkehrsfähig; 4. übertragbar
negotiable *adj*/**not** nicht übertragbar, nur zur Verrechnung
negotiable check *(AE)*, **negotiable cheque** *(BE)* Orderscheck *m*; Inhaberscheck *m*
negotiable instrument *(WertpapierR)* begebbares Wertpapier *n*
negotiable issue verhandelbarer [aushandelbarer] Punkt *m*
negotiable securities *pl (WertpapierR)* begebbare Wertpapiere *npl*
negotiate *v* 1. *(VertragsR)* verhandeln, aushandeln; 2. *(WertpapierR)* übertragen, begeben
negotiate *v* **a check** *(AE)*, **negotiate** *v* **a cheque** *(BE)* einen Scheck indossieren, einen Scheck durch Indossament übertragen
negotiate *v* **a contract** einen Vertrag aushandeln
negotiate *v* **a loan** 1. ein Darlehen aushandeln; 2. ein Darlehen aufnehmen
negotiate *v* **a settlement** eine gütliche Regelung zustande bringen
negotiation(s) Verhandlungen *fpl* • **enter into negotiations** in Verhandlungen treten, Verhandlungen aufnehmen • **subject to negotiation** vorbehaltlich Verhandlungen
negotiator 1. Verhandlungsführer *m*, Unterhändler *m*; 2. Vermittler *m*
neighbor *(AE) s.* neighbour
neighborhood *(AE) s.* neighbourhood
neighboring *(AE) s.* neighbouring
neighbour *(BE)* Nachbar *m*
neighbourhood *(BE)* 1. Nachbarschaft *f*; 2. Umgebung *f*, Nähe *f*, Wohnviertel *n*
neighbouring *adj (BE)* benachbart, nachbarschaftlich
neighbouring states *pl (BE)* Nachbarstaaten *mpl*, Anrainerstaaten *mpl*
nemo dat quod non habet *(Lat)* wer nichts hat, kann nichts geben; wo nichts ist, da hat auch der Kaiser sein Recht verloren
nepotism Nepotismus *m*, Vetternwirtschaft *f*
net *v* 1. netto verdienen; 2. netto erbringen, als Reingewinn abwerfen
net *adj* netto, rein, bereinigt
net *adv* netto
net amount Nettobetrag *m*, bereinigte Summe *f*
net assets *pl* Reinvermögen *n*
net income Nettoeinkommen *n*, Nettoeinnahmen *fpl*, Reinertrag *m*
net loss Nettoverlust *m*, Reinverlust *m*
net proceeds *pl* Nettoeinkommen *n*
net return Rendite *f*, Nettoertrag *m*
net revenue Nettoeinnahme *f*, Reineinnahme *f*
net value Nettobetrag *m*, Nettowert *m*
netting 1. Netzfischerei *f*; 2. gegenseitige Verrechnung *f* von Forderungen und Verbindlichkeiten
neutral *adj* neutral, unparteiisch
neutral state neutraler Staat *m*
neutralism Neutralitätspolitik *f*
neutrality Neutralität *f*
neutralization *(VölkerR)* Neutralitätserklärung *f*, Neutralisierung *f*
neutralize *v (VölkerR)* neutralisieren
new *adj* neu
new evidence neues Beweismaterial *n*, neue Beweise *mpl*
new grounds *pl (fig.)* Neuland *n*
new management neue Leitung *f* [Führung *f*]
new trial *(ZivilR)* erneute Verhandlung *f*, Wiederaufnahmeverfahren *n*
New York Stock Exchange *(NYSE)* New Yorker Wertpapierbörse *f*
news Neuigkeiten *fpl*, Nachrichten *fpl*
next *adj* nächster
next friend Verfahrenspfleger *m (für Minderjährigen oder Geisteskranken)*
next of kin nächster Angehöriger *m* [Verwandter *m*]
nexus *(Lat)* Verknüpfung *f*, Band *n*
NGO *s.* non-governmental organization
nick *v (ugs.)* klauen, mitgehen lassen
nick *(BE; ugs.)* Kittchen *n*, Knast *m*
night Nacht *f*
nil Null, Nichts
nisi *adj (Lat)* vorläufig, mit Vorbehalt
no-contest Nichtbestreiten *n*
no-fault *adj* verschuldensunabhängig
no-fault liability verschuldensunabhängige Haftung *f*, Gefährdungshaftung *f*
no-par share Aktie *f* ohne Nennwert, Quotenaktie *f*
no-strike agreement *(ArbeitsR)* Streikenthaltungsabkommen *n*
nolle prosequi *(Lat)* 1. *(StrafprozessR)*

Einstellung *f* des Verfahrens; 2. *(Zivilprozess R) (AE)* Klagerücknahme *f*

nomenclature 1. Nomenklatur *f*, Namensverzeichnis *n*, Fachsprache *f*; 2. Tarifschema *n*

nominal *adj* namentlich, nominal

nominal capital *(BE)* Grundkapital *n (Aktiengesellschaft)*; Stammkapital *n (GmbH)*

nominal consideration unbedeutende Gegenleistung *f*

nominal damages *pl* symbolischer Schadensersatz *m*

nominal fine geringe [symbolische] Geldstrafe *f*, Ordnungsstrafe *f*

nominal partner *(GesellschaftsR)* Scheingesellschafter *m*, Strohmann *m*

nominal rent symbolische Miete *f* [Pacht *f*], Anerkennungsbetrag *m* für die Nutzung

nominal value Nominalwert *m*, Nennwert *m*

nominate *v* 1. nominieren, benennen, aufstellen *(Wahl)*; 2. ernennen, bestallen

nominate *v* **a contact person** eine Kontaktperson benennen

nominate *v* **a trustee** einen Treuhänder bestellen, einen Vermögensverwalter bestallen

nominate *v* **an arbitrator** einen Schiedsrichter vorschlagen [nominieren, benennen]

nomination 1. Nominierung *f*, Benennung *f*, Aufstellung *f*; 2. Ernennung *f*, Bestallung *f*

nominative *adj* 1. vorgeschlagen, nominiert, benannt; 2. eingesetzt, ernannt

nominee 1. Nominierter *m*, Designierter *m*, aufgestellter Kandidat *m*; 2. *(VersR)* Begünstigter *m*; 3. Bevollmächtigter *m*; 4. Strohmann *m*

nominee shareholder Strohmann *m* als Aktionär [Anteilseigner]

non-acceptance 1. *(VertragsR)* Annahmeverweigerung *f*; 2. *(WertpapierR)* Akzeptverweigerung *f*

non-arrestable offence *(BE)*, **non-arrestable offense** *(AE)* ≈ Straftat, die nicht zur Verhaftung berechtigt

non-assessable *adj* nicht steuerpflichtig, nicht abgabenpflichtig

non-assignable *adj* nicht abtretbar, nicht übertragbar

non-binding offer unverbindliches Angebot *n*, freibleibendes Angebot *n*

non-commercial *adj* nicht kommerziell, nicht gewerblich

non-committal *adj* unverbindlich, ohne Bindung, freibleibend

non-competition agreement Wettbewerbsklausel *f*, Wettbewerbsverbot *n*

non-competition clause Konkurrenzklausel *f*, Wettbewerbsklausel *f*

non compos mentis *(Lat)* unzurechnungsfähig, geisteskrank

non-conformance Abweichung *f*, Nichtbeachtung *f* der Vorschriften

non constat *(Lat)* es steht nicht fest, es ist zweifelhaft

non-consumer Nichtverbraucher *m*

non-contentious *adj* nichtstreitig

non-contentious matter nichtstreitige Angelegenheit *f*

non-contractual *adj* außervertraglich, nichtvertraglich

non-contributory *adj* beitragsfrei, nicht beitragspflichtig

non-delivery 1. Nichtlieferung *f*, Nichterfüllung *f*; 2. Nichtzustellung *f (Post)*

non-disclosure 1. Verheimlichung *f*, (pflichtwidriges) Verschweigen *n*; 2. *(VersR)* Verletzung *f* der vertraglichen Anzeigepflicht; 3. *(VertragsR)* ≈ vertragliche Zusage der vertraulichen Behandlung

non-disclosure agreement *(NDA)* Vertraulichkeitsvereinbarung *f*, Stillschweigevereinbarung *f*

non-durable *adj* kurzlebig

non est factum *(Lat)* ≈ Regel, nach der ein geschlossener Vertrag annulliert werden kann, wenn bei der Formulierung bestimmte Fehler begangen wurden

non-executive director Direktor *m* ohne Geschäftsbereich

non-governmental organization *(NGO)* Nichtregierungsorganisation *f*, NRO

non-lethal *adj* nicht tödlich *(Waffen)*

non-liability Nichthaftung *f*, Haftungsfreiheit *f*

non liquet *(Lat) (VölkerR)* Unmöglichkeit *f* der Entscheidung

non-material damage unbedeutender Schaden *m*, Bagatellschaden *m*

non-molestation ≈ Anordnung, durch die eine Person daran gehindert wird, Ärger zu machen oder Gewalt zu verbreiten

non-molestation order (gerichtliche)

Anordnung *f*, Belästigungen zu unterlassen
non obstante verdicto *(Lat)* ≈ Patent, das eine Lizenz der Krone enthält, etwas trotz entgegenstehender Gesetze zu machen
non-payment Zahlungsverweigerung *f*, Nichtzahlung *f*, Nichterfüllung *f*
non-performance Nichterfüllung *f*, Nichtleistung *f*
non-profit *adj* gemeinnützig, nicht auf Gewinnerzielung ausgerichtet
non-profit corporation nicht gewinnorientierte Organisation *f*, Vereinigung *f* ohne Gewinnerzielungsabsicht
non-profit organization Idealverein *m*
non-provisional patent application nicht vorläufige Patentanwendung *f*
non-refundable *adj* nicht rückerstattungsfähig
non-resident Auswärtiger *m*, Nichtansässiger *m*
non-retroactivity keine Rückwirkung *f*, fehlende [mangelnde] Rückwirkung *f*
non-returnable *adj* 1. nicht zurückzahlbar; 2. verloren *(Post)*
non seq., non sequitur *adj (Lat)* unlogisch *(Aussage)*
non sequitur Gedankensprung *m*, falscher Schluss *m*
non-taxable *adj* steuerfrei, nicht steuerpflichtig
non-voting shares *pl* nicht stimmberechtigte Anteile *mpl*, stimmrechtslose Aktien *fpl*
non-warranty Haftungsausschluss *m*
nonjoinder *(ZivilprozessR)* fehlende Einbeziehung *f* eines notwendigen Streitgenossen
nonobviousness *(PatentR)* ≈ Voraussetzung zur Patenterlangung *(eine Erfindung ist nonobvious, wenn sie als unerwartete oder überraschende Entwicklung von Sachverhalten auf diesem Gebiet angesehen würde)*
nonprobate Erbfolge *f*, die nicht auf einem Testament beruht *(z. B. vorweggenommene Erbfolge)*
nonsufficient funds *pl (AE)* nicht ausreichende Geldmittel *pl*
nonsuit Klageabweisung *f*
nonsupport *(AE)* Verletzung *f* der Unterhaltspflicht
nonwaiver Nichtverzicht *m (z. B. auf die Einlegung eines Rechtsmittels)*
norm Norm *f*, Regel *f*, Muster *n*, Standard *m*
normal *adj* normal, durchschnittlich, üblich
normal hours *pl* **of business** übliche Geschäftszeiten *fpl*
normalization Normung *f*, Normalisierung *f*, Standardisierung *f*
not-for-profit corporation gemeinnützige Gesellschaft *f*, gemeinnützige Körperschaft *f*, gemeinnütziges Unternehmen *n*
nota bene *(NB) (Lat)* notabene, wohlgemerkt
notably *adj* insbesondere
notarial *adj* notariell, vor einem Notar
notarial deed notarielle Urkunde *f*, notarieller Vertrag *m*, notarieller Akt *m*
notarially *adv* notariell
notarize *v* beglaubigen, in notarielle Form bringen
notarize *v* **a copy** eine Abschrift notariell beglaubigen
notarize *v* **an instrument** eine Urkunde notariell beglaubigen
notary (public) Notar *m*
notation Vermerk *m*, Aufzeichnung *f*
note *v* 1. Kenntnis nehmen, bemerken; 2. notieren, aufzeichnen, vermerken
note *v* **down** schriftlich niederlegen, niederschreiben
note 1. Notiz *f*, Vermerk *m*, Aufzeichnung *f*; 2. Banknote *f*, Geldschein *m*; 3. Rechnung *f*; 4. Aktenauszug *m*; 5. Zahlungsversprechen *n*, Schuldschein *m*; eigener Wechsel *m*
note of costs Kostenrechnung *f*
note of entry Eintragungsvermerk *m (in ein Register)*
note of issue Mitteilung *f* einer erfolgten Terminfestsetzung
note of protest *(WechselR)* Vormerkung *f* zum Protest
notebook 1. Notizbuch *n*; Wechselbuch *n (Buchhaltung)*; 2. Notebook *n (Computer)*
notepad Notizblock *m*, Merkzettel *m*
notice *v* 1. zur Kenntnis nehmen, beachten; 2. benachrichtigen, erwähnen
notice 1. Wahrnehmung *f*, Kenntnisnahme *f*; 2. Anzeige *(Mängel)*; Nachricht *f*, Mitteilung *f*; 3. Kenntnis *f*; 4. Notiz *f*, Vermerk *m*, Bericht *m*; 5. *(ProzessR)* Vorladung *f*; 6. *(MietR, ArbeitsR)* Kündigung *f* • **at short notice** 1. kurzfristig; 2. kurzfris-

tig kündbar • **give notice** 1. anzeigen, benachrichtigen; 2. kündigen; 3. rügen *(Mängel)*
notice-and-comment rulemaking *(AE)* ≈ Gesetzgebungsverfahren mit Bürgerbeteiligung, ≈ Bekanntgabe eines Gesetzgebungsvorhabens mit der Aufforderung an die Bevölkerung, dieses vor der Verabschiedung durch den Gesetzgeber zu kommentieren
notice of abandonment *(SeeversicherungsR)* Abandonerklärung *f*
notice of accident Unfallmeldung *f*, Unfallanzeige *f*
notice of action Klageandrohung *f*
notice of appeal Rechtsmittelschrift *f*, Berufungsschrift *f*, Revisionsschrift *f*, Beschwerdeschrift *f*
notice of appropriation *(VertragsR)* Mitteilung *f* der Konkretisierung der Gattungsschuld
notice of bankruptcy Insolvenzerklärung *f*; (gerichtliche) Zahlungsaufforderung *f* mit Insolvenzandrohung
notice of claim *(VersR)* Schadensanzeige *f*, Schadensmeldung *f*
notice of default 1. Inverzugsetzung *f*; 2. Vertragsverletzungsmitteilung *f*, Androhung *f* des Auftragsentzugs wegen Schlechterfüllung [Verzugs]
notice of deficiency 1. Inverzugsetzung *f*; 2. Vertragsverletzungsmitteilung *f*; 3. *(AE)* Bescheid *m* über festgestellte Unrichtigkeiten (der Einkommenssteuererklärung)
notice of delivery Empfangsbestätigung *f*, Zustellungsurkunde *f*, Rückschein *m*
notice of dismissal Kündigung *f*, Entlassungsschreiben *n*
notice of issue *(AE)* Mitteilung *f* der Terminfestsetzung *(an den Rechtspfleger; sie darf nur bei Entscheidungsreife ergehen)*
notice of meeting 1. Einberufung *f* einer Versammlung, Sitzungsbenachrichtigung *f*; 2. *(GesellschaftsR)* Ladung *f* zur Hauptversammlung
notice of proposed rulemaking *(VerwaltungsR)* Mitteilung *f* geplanter Normgebung
notice of reference 1. ≈ Benachrichtigung über die Verweisung (des Rechtsstreits); 2. ≈ Benachrichtigung (durch den Urkundsbeamten), dass der Fall dem Gericht vorliegt
notice of termination Kündigungsschreiben *n*, Kündigung *f*
notice period Kündigungsfrist *f*
notice pleading *(AE)* ≈ dominierende Form der Prozessgestaltung in den USA, bei der in der Klageschrift nur eine erste kurze Darstellung der Klagegründe erfolgen muss
notice to quit Kündigung *f* durch den Vermieter [Verpächter]
noticeboard Anschlagbrett *n*, schwarzes Brett *n*
notifiable *adj* meldepflichtig, anzeigepflichtig
notifiable disease anzeigepflichtige [meldepflichtige] Krankheit *f*
notification 1. Benachrichtigung *f*, Anzeige *f*, Mitteilung *f*; 2. (öffentliche) Bekanntmachung *f*
notification of defects Mängelrüge *f*, Mängelanzeige *f*
notification upon delivery Rüge *f* bei Lieferung
notify *v* 1. mitteilen, bekannt geben, verkünden; 2. benachrichtigen, informieren; 3. *(ProzessR)* laden, vorladen
notify *v* **of death** einen Todesfall bekannt geben *(beim Standesamt)*
notify *v* **the authorities** die Behörden informieren
notify *v* **the police** die Polizei benachrichtigen
notion Begriff *m*, Vorstellung *f*
notorious *adj* notorisch, allgemein bekannt, amtsbekannt, gerichtsbekannt
notorious criminal gerichtsbekannter Straftäter *m*
notwithstanding ungeachtet, trotz • **notwithstanding any previous agreement** ungeachtet jeglicher vorherigen Vereinbarung • **notwithstanding the above provisions** in Abweichung von den obigen Regelungen
novation Novation *f*, Schuldumschaffung *f*
novation of a contract befreiende Vertragsübernahme *f*
novelty Neuheit *f*, Neuerung *f*
noxious *adj* 1. verderblich, gesundheitsschädlich; 2. zermürbend
noxious substance giftige [gesundheitsschädliche] Substanz *f*
nuisance 1. Beeinträchtigung *f*, Missstand

m; 2. Immissionen *fpl (Nachbargrundstück)*; Besitzstörung *f*, Belästigung *f* • **cause a nuisance** eine Beeinträchtigung verursachen, für eine Besitzstörung verantwortlich sein
null *adj* nichtig, ungültig, unwirksam
null and void *adj* null und nichtig
nulla bona *(Lat)* Pfandabstand *m*
nulla poena sine lege *(Lat)* nulla poena sine lege *(keine Strafe ohne Gesetz)*
nullification Annullierung *f*, Nichtigkeitserklärung *f*, Ungültigmachung *f*
nullify *v* annullieren, für nichtig erklären, ungültig machen
nullify *v* **a marriage** eine Ehe annullieren [für nichtig erklären]
nullity Nichtigkeit *f*, Unwirksamkeit *f*, Ungültigkeit *f*
nullity of a marriage Ehenichtigkeit *f*
number Exemplar *n*, Nummer *f*, Stück *n*, Menge *f*
number plate Nummernschild *n*, Autokennzeichen *n*
numeral *adj* Nummern...
numeral Zahl *f*, Ziffer *f*, Nummer *f*
numerical *adj* numerisch, zahlenmäßig, rechnerisch
numerus clausus *(Lat)* Numerus Clausus *m*, Zugangsbeschränkung *f (Universität)*
nunc pro tunc *(Lat)* rückwirkend, rückwirkend gültig
nuncupative will mündlich errichtetes Testament *n (vor Zeugen)*
NYSE *s.* New York Stock Exchange

O

oath Eid *m* • **give evidence under oath** unter Eid aussagen *(Zeuge)* • **swear on [under] oath** unter Eid schwören • **take an oath** einen Eid schwören [leisten]
oath of allegiance Treueeid *m*
oath of office Amtseid *m*, Diensteid *m*, Treueeid *m*
obedience Gehorsam *m*, Duldung *f*
obedient *adj* gehorsam
obey *v* gehorchen, befolgen, Folge leisten
obey *v* **the law** die Gesetze befolgen
obiter dictum *(Lat)* obiter dictum *n*, nichttragender Entscheidungsgrund *m*
object *v* beanstanden, einwenden, reklamieren, widersprechen, ablehnen
object *v* **to the jurisdiction of the court** die Unzuständigkeit des Gerichts [Gerichtshofs] geltend machen
object *v* **to the proceedings** das Vorgehen beanstanden, gegen das Verfahren Einwände erheben
object 1. Objekt *n*, Gegenstand *m*, Sache *f*; 2. Ziel *n*, Zweck *m*
object of a contract Vertragsgegenstand *m*, Vertragszweck *m*
object of lease Mietgegenstand *m*, Pachtgegenstand *m*
objection Einwand *m*, Beanstandung *f*, Reklamation *f*, Vorbringen *n* • **allow an objection** *(ProzessR)* einem Einwand [Einspruch, Vorbringen] stattgeben • **grant an objection** einem Einspruch [Einwand, Vorbringen] stattgeben • **lodge an objection** einen Einspruch [Einwand] erheben, eine Beanstandung vorbringen • **reject an objection** einen Einspruch [Einwand] verwerfen • **withdraw an objection** einen Einspruch zurücknehmen
objection to the juror Einspruch *m* gegen ein Jurymitglied, Ablehnung *f* eines Jurymitglieds [Laienrichters]
objectionable *adj* zu beanstanden
objective Ziel *n*, Zweck *m*
objective theory of contracts ≈ objektive Vertragstheorie *(Theorie, dass ein bindender Vertrag zwischen zwei oder mehreren Personen zustande kommt, wenn ein objektivierter vernünftiger Mensch aufgrund der objektiven Handlungen der Parteien und der damit verbundenen Umstände von der Abgabe und Annahme eines Angebots ausgehen würde.)*
objector Gegner *m*, Opponent *m*
objects clause Kompetenzartikel *m*; Gewerbezweckklausel *f*, Gesellschaftszweckbestimmung *f*
objects *pl* **of a company** *(GesellschaftsR)* Gesellschaftszweck *m*, Betriebszweck *m*, Unternehmensgegenstand *m*
obligate *v* verpflichten, nötigen, verbindlich machen
obligation 1. Verpflichtung *f*, Verbindlichkeit *f*, Pflicht *f*, Obliegenheit *f*; 2. Schuldschein *m*, Schuldverschreibung *f* • **as-**

sume an obligation eine Verbindlichkeit eingehen • **incur an obligation** eine Verpflichtung eingehen • **meet an obligation** einer Verpflichtung nachkommen, eine Verbindlichkeit erfüllen • **subject to an obligation** vorbehaltlich einer Verpflichtung • **under an obligation** aufgrund einer Verpflichtung, aus einer Verbindlichkeit
obligation of a contract Vertragspflicht *f*
obligation to buy Kaufverpflichtung *f*, Kaufzwang *m*
obligation to contract Kontrahierungszwang *m*, Pflicht *f* zum Vertragsschluss
obligation to support a party *(FamilienR)* Unterhaltspflicht *f*
obligations *pl* **of confidentiality** Verschwiegenheitspflichten *fpl*, Vertraulichkeitspflichten *fpl*
obligatory *adj* obligatorisch, verpflichtend, bindend, unabdingbar, zwingend
obligatory law zwingendes Recht *n*, unabdingbares Recht *n*
oblige *v* 1. binden, verpflichten; 2. zwingen, nötigen; 3. eine Gefälligkeit erweisen
obligee Gläubiger *m*, Forderungsberechtigter *m*
obligor Schuldner *m*, Verpflichteter *m*
obliterate *v* 1. streichen, ausradieren; 2. entwerten, entstempeln
obliteration 1. Streichung *f*, Tilgung *f*, Löschung *f*; 2. Entwertung *f*, Entstempelung *f (Fahrschein)*
obnoxious *adj* anstößig, belästigend
obrogation Gesetzesaufhebung *f*, Gesetzesnivellierung *f*
obscene *adj* obszön, pornographisch
obscene publications *pl* pornographische Veröffentlichungen *fpl*
obscenity Obszönität *f*, Unanständigkeit *f*, Pornographie *f*
observance 1. Einhaltung *f*, Beachtung *f*, Befolgung *f*; 2. Überwachung *f*, Observation *f*; 3. Regel *f*, Vorschrift *f*
observation Beobachtung *f*; Einhaltung *f*, Befolgung *f*
observe *v* 1. einhalten, beachten, befolgen; 2. bemerken, notieren; 3. beobachten, überwachen
observe *v* **the conditions of a contract** die Vertragsbedingungen beachten [befolgen, einhalten]
observe *v* **the law** die Gesetze befolgen [einhalten, beachten]
observer Beobachter *m*
obsolete *adj* obsolet, veraltet, überholt, nicht mehr gültig
obsolete provision of a contract nicht mehr gültige Vertragsbestimmung *f*, überholte Vertragsbestimmung *f*
obstacle Hürde *f*
obstruct *v* 1. hindern, vereiteln; 2. versperren *(Straßenverkehr)*
obstruct *v* **the police in the performance of their duty** die Polizei an der Ausübung ihrer Pflichten hindern
obstruction 1. Behinderung *f*, Vereitelung *f*; 2. Versperrung *f (Straßenverkehr)*
obstruction of easement Behinderung *f* in der Ausübung einer Grunddienstbarkeit
obstruction of justice *(StrafR)* Behinderung *f* der Rechtspflege
obstruction of the public highway Behinderung *f* des Straßenverkehrs
obtain *v* bekommen, erhalten, erwerben
obtain *v* **an adjournment** Aufschub erhalten [bekommen]
obtain *v* **by fraud** betrügerisch erwerben [erlangen, erhalten]
obtain *v* **consent** die Zustimmung erlangen, die Genehmigung erhalten; die Einwilligung einholen
obtain *v* **the judgment** ein Urteil erwirken
obtainable *adj* erreichbar, erhältlich; gehandelt
obtained *adj* erworben, erlangt, erzielt
obtaining Verschaffen *n*, Erlangung *f*
obtaining an unfair advantage Erlangung *f* [Verschaffung *f*] eines unlauteren Vorteils
obvious *adj* offensichtlich, augenscheinlich
obvious defect offenkundiger Mangel *m* [Fehler *m*]
obvious fault 1. offensichtliches Verschulden *n*; 2. offenkundiger Fehler *m* [Mangel *m*]
occasion Anlass *m*, Gelegenheit *f*, Ereignis *n* • **on the occasion of** gelegentlich, bei, anlässlich
occasional *adj* gelegentlich, bedingt, beschränkt, relativ
occasional business Gelegenheitsgeschäft *n*
occasionally *adv* gelegentlich, manchmal
occupancy 1. Besitz *m*, Gewahrsam *m*; 2. Inbesitznahme *f*, Besitzergreifung *f*, An-

eignung *f*; 3. *(VölkerR)* Besetzung *f*, Okkupation *f*
occupancy of a tenement Besitz *m* an einer Mietwohnung
occupant 1. Besitzergreifer *m (herrenloses Grundstück)*; 2. Besitzer *m*, Bewohner *m*; 3. Inhaber *m*
occupation 1. Beschäftigung *f*, Berufstätigkeit *f*, Geschäft *n*; 2. Inbesitznahme *f*, Besitzergreifung *f*; 3. Besitz *m*; 4. *(VölkerR)* Besatzung *f*, Okkupation *f*
occupation authorities *pl* Besatzungsbehörden *fpl*
occupation law Besatzungsrecht *n*
occupational *adj* beruflich, berufsmäßig, berufsspezifisch
occupational accident Betriebsunfall *m*
occupational disease *(ArbeitsR)* Berufskrankheit *f*, berufsbedingte Krankheit *f*
occupational hazard Berufsrisiko *n*
occupational health and safety *(ArbeitsR)* Arbeitsgesundheit und -sicherheit *f*
occupational illness *(ArbeitsR)* Berufskrankheit *f*, berufsbedingte Krankheit *f*
occupational medicine *(ArbeitsR)* Arbeitsmedizin *f*
occupational risk Berufsrisiko *n*
Occupational Safety and Health Act *(OSHA) (ArbeitsR)* Berufsschutz- und Gesundheitsgesetz *n*
occupier *s.* occupant
occupy *v* 1. beschäftigen; 2. besitzen, innehaben; 3. in Besitz nehmen; 4. *(VölkerR)* besetzen
occupy *v* **a dwelling** ein Haus bewohnen [besetzen]
occupy *v* **a position** einen Posten bekleiden [innehaben]
occupy *v* **an office** ein Amt bekleiden [innehaben]
occur *v* vorkommen, eintreten, sich ereignen
occurrence Vorfall *m*, Ereignis *n*
ODR *s.* online dispute resolution
OECD *s.* Organisation for Economic Co--operation and Development
off 1. flau, in einer Flaute; 2. minderwertig, von schlechter Qualität, verdorben; 3. ausgegangen, nicht mehr vorrätig; 4. beendet
off-licence *(BE)* Schankkonzession *f* über die Straße
off-the-shelf *adj* serienmäßig, von der Stange
off-the-shelf company Vorratsgesellschaft *f*
offence *(BE)*, **offense** *(AE)* 1. Beleidigung *f*; 2. Angriff *m*, Aggression *f*; 3. Straftat *f*, Delikt *n*, strafbare Handlung *f*, Gesetzesverletzung *f*, Zuwiderhandlung *f* • **take offence** beleidigt sein
offend *v* 1. beleidigen; 2. ein Delikt begehen, zuwiderhandeln, verstoßen
offend *v* **a person** eine Person beleidigen
offend *v* **against the law** gegen das Gesetz verstoßen
offender Täter *m*, Straftäter *m*, Zuwiderhandelnder *m*
offensive *adj* zuwiderhandelnd, verstoßend
offer *v* anbieten, ein Angebot unterbreiten [machen], vorschlagen
offer *v* **assistance** ein Hilfsangebot machen
offer Angebot *n*, Vertragsangebot *n*, Vorschlag *m*, Gebot *n (bei einer Auktion)* • **decline an offer** ein Angebot ablehnen • **invite an offer** zur Abgabe eines Angebots auffordern • **make an offer** ein Angebot unterbreiten [machen] • **reject an offer** ein Angebot ablehnen [ausschlagen]
offer and acceptance Angebot *n* und Annahme *f*
offer for sale Verkaufsangebot *n*
offer to buy Kaufgesuch *n*, Kaufangebot *n*
offered *adj* angeboten • **offered subject to prior sale** angeboten vorbehaltlich des vorherigen Verkaufs *(bei verbundenen Immobiliengeschäften)*
offered conditions *pl* Angebotsbedingungen *fpl*
offered price Angebotspreis *m*
offeree Angebotsempfänger *m*
offerer Anbieter *m*
offering 1. Angebot *n*; 2. Spende *f*
offering period Angebotsfrist *f*
offeror Anbietender *m*, Antragender *m*
offhand *adj* aus dem Stand, sofort
office 1. Büro *n*, Geschäftsstelle *f*, Kanzlei *f*; 2. Behörde *f*, Dienststelle *f*, Amt *n*; 3. Amtsstellung *f*, Amtstätigkeit *f*, Posten *m* • **resign from office** ein Amt niederlegen, aus dem Amt ausscheiden • **run for office** sich um ein Amt bewerben, Kandidat für ein Amt sein

office holder Amtsinhaber *m*
office supply Bürobedarf *m*
officer 1. Beamter *m*, Amtsträger *m*; 2. Polizeibeamter *m*, Polizist *m*
officer of a company Vorstand *m*, Direktor *m*, leitender Angestellter *m*, Geschäftsleiter *m*
official Beamter *m*, Funktionär *m*
official act Amtshandlung *f*
official capacity amtliche Stellung *f* [Eigenschaft *f*]
official citation amtliche Vorladung *f*
official duty Amtspflicht *f*, Dienstpflicht *f*
official instrument amtliche Urkunde *f*, amtliches Dokument *n*
official notice amtliche Bekanntmachung *f*
official powers *pl* Amtsbefugnis *f*, Amtsgewalt *f*
official receiver behördlich bestellter Insolvenzverwalter *m* [Zwangsverwalter *m* , Sequester *m*]
official records *pl* amtliche Unterlagen *fpl*
official return amtliche Statistik *f*
official secret Dienstgeheimnis *n*, Amtsgeheimnis *n*, Staatsgeheimnis *n*
official solicitor ≈ Beamter oder Angestellter des Supreme Court of Judicature mit der speziellen Aufgabe, die Interessen von behinderten Personen zu schützen
officialdom Beamtenstand *m*, Bürokratie *f*
officialese Behördendeutsch *n*, Amtschinesisch *n*, Behördenjargon *m*, Amtssprache *f*
officiate *v* amtieren, ein Amt ausüben, fungieren
offset *v* verrechnen, aufrechnen; ausgleichen, kompensieren
offset Verrechnung *f*, Aufrechnung *f*; Ausgleich *m*, Kompensation *f*
offsetting Glattstellung *f*
offshore *adj* vor der Küste liegend, in Küstennähe; im Ausland; in einer Steueroase befindlich
offshore funds *pl* Anlage *f* [Fonds *m* , Investmentfonds *m*] in einer Steueroase
offshore trust Offshore Trust *m (Trust, der nach den Vorschriften eines Offshore--Staates gegründet wird)*
offspring (leiblicher) Abkömmling *m*, Nachkomme *m*
old *adj* alt, pensioniert, langjährig erfahren
old-age *adj* das Alter betreffend, Alters...
old age Alter *n*
old-age pension staatliche Altersrente *f*
old-age provision Altersvorsorge *f*
oligopoly Oligopol *m*
ombudsman Ombudsmann *m*, Bürgerbeauftragter *m*
omission 1. Lücke *f*; 2. Unterlassen *n*, Versäumnis *n*, Untätigkeit *f*
omit *v* auslassen, unterlassen
omnibus clause Generalklausel *f*, Sammelklausel *f*
on or after mit Wirkung vom
on or before spätestens am
on or later than frühestens am
on-the-job training Berufsausbildung *f*, Ausbildung *f* am Arbeitsplatz
one-man business Einmannbetrieb *m*, Einzelunternehmen *n*
one-off payment Einmalzahlung *f*
one-parent family Einelternfamilie *f*, Rumpffamilie *f*
one-sided *adj* parteiisch, einseitig, voreingenommen
one-way *adj* einfach, nur für die Hinfahrt
one-year rule *(PatentR)* Einjahrregel *f*, Prioritätsregel *f (Regel, dass nur innerhalb einer Frist von zwölf Monaten eine Patentanmeldung beim Europäischen Patentamt oder einem ausländischen Patentamt erfolgen kann)*
onerous *adj* 1. entgeltlich, eine Seite verpflichtend; 2. belastend
onerous provision eine Verpflichtung begründende Klausel *f*
online *adj* am Internet angeschlossen
online dispute resolution *(ODR)* Online--Schlichtung *f*, Online-Streitbeilegung *f*
onus Verpflichtung *f*, Last *f*
onus of proof Beweislast *f*
onus probandi *(Lat)* Beweislast *f*
op.cit. *(opere citato; Lat)* am angeführten Ort, a.a.O.
OPEC *s.* Organization of the Petroleum Exporting Countries
open *v* öffnen, eröffnen
open *v* **court** die Sitzung eröffnen
open *adj* offen, geöffnet, allgemein zugänglich; ersichtlich, offensichtlich; noch nicht entschieden
open-end fund Investmentfonds *m* ohne Obergrenze
open-end mortgage Hypothek *f* ohne Höchstbetrag
open-ended agreement Rahmenkredit *m*

open source Open Source *f*, offene Quelle *f (Software)*
open source software Freie [Open Source] Software *f*
opening Öffnung *f*, Eröffnung *f*, freie Stelle *f*
opening statement 1. einleitende Erklärung *f*; 2. Eröffnungsplädoyer *n*
openly *adv* offen, öffentlich
operate *v* wirken, bewirken, führen, leiten, sich auswirken; Anwendung finden *(Gesetz)*
operating Betreiben *n*, Betrieb *m*
operating agreement *(ArbeitsR)* Betriebsvereinbarung *f*
operation 1. Tätigkeit *f*, Geschäftsvorgang *m*; Wirkung *f*, Leitung *f*; 2. Operation *f (Medizin)* • **by operation of law** kraft Gesetzes
operational *adj* betrieblich, betriebstechnisch; fahrbereit, einsatzbereit
operative *adj* wirksam, gültig, in Betrieb
operative clauses *pl* Bestimmungen *fpl* über den Umfang *(Versicherung)*
operative law geltendes Recht *n*
operative mistake Bedienungsfehler *m*
operator Anwender *m*, Bediener *m*; Vermittlung *f (beim Telefon)*
opinion 1. Meinung *f*, Standpunkt *m*; 2. Gutachten *n*, Begründung *f*
opinion of the court 1. Ansicht *f* des Gerichts; 2. Urteilsbegründung *f*
opponent Antragsgegner *m*, Prozessgegner *m*; Gegenseite *f*
opportunity Möglichkeit *f*, Chance *f*, Gelegenheit *f*
oppose *v* ablehnen, bekämpfen, Widerstand leisten; Widerspruch [Einspruch] erheben
oppose *v* **an application** *(PatentR)* gegen eine Anmeldung Einspruch einlegen
opposing *adj* gegnerisch
opposing counsel gegnerischer Anwalt *m*
opposing opinion Gegenauffassung *f*
opposition Widerspruch *m*, Anfechtung *f*
oppressive *adj* repressiv; drückend, erdrosselnd *(Steuern)*
oppressive conditions *pl* erdrückende Bedingungen *fpl*
oppressive contract Knebelungsvertrag *m*
oppressive laws *pl* repressive Gesetze *npl*
opt *v* sich entscheiden, eine Wahl treffen, optieren, ein Optionsrecht ausüben
opt *v* **out** auf sein Optionsrecht verzichten; ein Wahlrecht auf Ausstieg ausüben
optimum profits *pl* maximale Gewinne *mpl*, optimale Gewinne *mpl*
option Wahlrecht *n*, Option *f*; Vorkaufsrecht *n (bei Immobilien)*; Termingeschäft *n (an der Börse)*; Prämie *f* • **exercise an option** eine Option geltend machen • **give an option** ein Optionsrecht einräumen • **sell an option** eine Option verkaufen • **take up an option** eine Kaufoption ausüben
option contract Vertrag *m* über ein Termingeschäft
option of a lease Vormietrecht *n*
option right Optionsrecht *n*
option to extend the term Fristverlängerungsoption *f*
option to purchase Kaufoption *f*, Vorkaufsrecht *n*
optional *adj* fakultativ, beliebig, wahlweise
optional clause Fakultativklausel *f*, Optionsklausel *f*
oral *adj* mündlich
oral agreement mündliche Vereinbarung *f*
oral contract mündlich abgeschlossener Vertrag *m*
oral evidence mündliche Zeugenaussage *f*, mündliche Zeugenvernehmung *f*
oral examination mündliche Prüfung *f*
oral opinion mündliche Urteilsbegründung *f*
oral questions *pl* mündliche Befragung *f*
orally *adj* mündlich
orally agreed *adj* mündlich vereinbart
ordeal Gottesurteil *n*
order *v* bestellen, beauftragen; befehlen, anordnen, verfügen
order *v* **costs to be paid** eine Kostenentscheidung treffen
order *v* **in advance** vorausbestellen
order *v* **judgment in favo(u)r of** ein Urteil erlassen zugunsten von
order 1. Bestellung *f*, Auftrag *m*; 2. (gerichtliche) Anordnung *f* [Verfügung *f*]; 3. Verordnung *f*, Anordnung *f*, Weisung *f*, Befehl *m* • **in good order** in gutem Zustand
order book 1. Auftragsbuch *n*; 2. ≈ Liste der im Parlament zur Behandlung angemeldeten Anträge

order check *(AE)*, **order cheque** *(BE)* Orderscheck *m*
order for confiscation Beschlagnahmeverfügung *f*
order for costs Kostenentscheidung *f*
order for discovery Vorlageanordnung *f*
order for payment Zahlungsanweisung *f*, Zahlungsaufforderung *f*
order for possession Räumungsurteil *n*, Räumungsbeschluss *m*
order for settlement Terminauftrag *m*
order form Auftragsformular *n*, Bestellschein *m*
order instrument *(WertpapierR)* Orderpapier *n*
order of attachment Pfändungsbeschluss *m*, Forderungspfändung *f*
order of business Tagesordnung *f*
order of certiorari Aktenanforderung *f* durch das höhere Gericht zur Revision
order of registrations Reihenfolge *f* der Eintragungen *(v. a. im Grundstücksregister)*
order of succession Erbfolgeordnung *f*
order to show cause Aufforderung *f* zur Klagebegründung
ordinance 1. Schiedsspruch *m*; 2. Verordnung *f*, Verfügung *f*, Erlass *m*
ordinarily resident *adj* seinen gewöhnlichen Aufenthalt habend
ordinary *adj* gewöhnlich, normal, ordentlich
ordinary care verkehrsübliche Sorgfalt *f*
ordinary court ordentliches Gericht *n*
ordinary power of attorney ordnungsgemäße Bevollmächtigung *f*, zeitlich befristete oder widerrufliche Vollmacht *f*
ordinary resolution Beschluss *m* mit einfacher Mehrheit
ordinary shares *pl* Stammaktien *fpl*
ordre public *(Fr) (IPR)* Ordre public *m*
Organisation for Economic Co-operation and Development *(OECD)* Organisation *f* für wirtschaftliche Zusammenarbeit und Entwicklung
organization Zusammenschluss *m*, Vereinigung *f*, Körperschaft *f*, Aufbau *m*, Struktur *f*
Organization of the Petroleum Exporting Countries *(OPEC)* Organisation *f* der Erdöl exportierenden Länder
organize *v* zusammenschließen, organisieren, gründen
origin Herkunft *f*
original *adj* ursprünglich, echt, original
original document Originalurkunde *f*, Urschrift *f* der Urkunde
original jurisdiction erstinstanzliche Zuständigkeit *f*
original purchase Ersterwerb *m*
original work of authorship originäres Geisteswerk *n*
originate *v* 1. ins Leben rufen, erzeugen; 2. herstammen
originating *adj* Ursprungs..., Herkunfts...
originating application 1. erster Antrag *m*; vorläufiger Antrag *m (in einem Rechtsverfahren)*; 2. *(InsolvenzR)* Insolvenzantrag *m*; 3. *(PatentR)* Patentantrag *m*; 4. *(AE)* erstes Formular *n* zur Bestellung einer Hypothek oder Grundschuld
originating motion Verfahrensantrag *m*
originating summons Ladung *f* zur Hauptverhandlung
orphan Waise *m*, Waisenkind *n*
orphanage Waisenhaus *n*
OSHA *s.* Occupational Safety and Health Act
ostensible *adj* scheinbar, angeblich
ostensible agency Vertretung *f* ohne Vertretungsmacht
otherwise *adv* anders, anderweitig
oust *v* vertreiben, zwangsweise räumen; eines Amtes entheben
ouster 1. Besitzvorenthaltung *f*, Enteignung *f*, Zwangsräumung *f*; 2. Amtsenthebung *f*
out-of-court settlement außergerichtlicher Vergleich *m*
out-of-date *adj* veraltet, überholt
out-of-pocket expenses *pl* bare Auslagen *fpl*
out-of-work *adj* arbeitslos, erwerbslos
outage Unterbrechung *f*, Ausfall *m*
outbid *v* überbieten, höher bieten
outbreak Ausbruch *m*
outbreak of public disorder Ausbruch *m* öffentlicher Unruhen
outcome Ergebnis *n*, Folge *f*
outdoor *adj* im Freien; außerparlamentarisch
outer bar *(BE)* jüngere Anwälte *mpl*
outlaw *v* gesetzlich verbieten; verjähren lassen
outlaw *v* **a criminal** *(veraltet)* einen Verbrecher ächten
outlaw Geächteter *m*; Gewohnheitsverbrecher *m*, Krimineller *m*

outlay *v* Geld auslegen [ausgeben]
outlay Ausgaben *fpl*, Auslagen *fpl*
outlet Absatzmarkt *m*, Verkaufsstelle *f*
outline *v* entwerfen, skizzieren, einen Überblick geben
outline Entwurf *m*, Skizze *f*, Grundriss *m*
outlook Aussicht *f*, Ansicht *f*, Auffassung *f*
outlying *adj* abgelegen, nebensächlich
outperform *v* übertreffen, sich überdurchschnittlich entwickeln
output Leistung *f*, Ausbeute *f*, Ertrag *m*
outrageous *adj* unverschämt, ungeheuerlich
outright *adj* gänzlich, vorbehaltlos
outsell *v* mehr verkaufen *(als eine andere Person)*
outside *adj* 1. außenstehend; 2. nichtehelich; 3. außerberuflich
outside broker freier Makler *m (der nicht an der Börse zugelassen ist)*
outsider Außenseiter *m*, Nichtmitglied *n*
outsize Übergröße *f*
outsourcing ≈ Verlagerung von Aufgaben an Außenstehende
outstanding *adj* ausstehend, nicht ausgeglichen; unerledigt
outstanding debts *pl* ausstehende Forderungen *fpl*, Außenstände *mpl*
outstanding interest unbezahlte Zinsen *mpl*; Zinsrückstände *mpl*
outstanding payment ausstehende Zahlung *f*
outstandings *pl* ausstehende Gelder *npl*, Außenstände *mpl*
outvote *v* überstimmen
overage Überschuss *m*
overall *adj* gesamt, pauschal, brutto
overall agreement Gesamtvereinbarung *f*
overall effect Gesamtwirkung *f*
overall risk Gesamtrisiko *n*
overbid *v* überbieten
overcharge *v* zu viel fordern, zu hoch berechnen
overcome *v* überwältigen, überwinden
overcommitted *adj* zu eng verbunden; überbelastet
overdependence zu große Abhängigkeit *f*
overdraft Überziehung *f*, Sollsaldo *m*
overdraw *v* **an account** ein Konto überziehen
overdue *adj* überfällig, rückständig, verspätet *(Eisenbahn)*
overestimate *v* überschätzen, zu hoch bewerten
overflow Überschuss *m*, Überfluss *m*
overhead expenses *pl* laufende Kosten *pl*, Gemeinkosten *pl*
overleaf *adv* umseitig, rückseitig
overlook *v* 1. überwachen, beaufsichtigen; 2. übersehen; 3. vernachlässigen
overmanning personelle Überbesetzung *f*
overreaching *adj (GrundstücksR)* Vorrang vor anderen Rechten habend
override *v* außer Kraft setzen, aufheben, überstimmen
override *v* **a previous decision** eine frühere Entscheidung aufheben
overrider Emissionshaus *n*
overrule *v* zurückweisen, abweisen; außer Kraft setzen, überstimmen
overrun überschüssige Menge *f*, Überhang *m*
overstate *v* zu hoch angeben, übertreiben
overt *adj* offenkundig, offenbar
overtake *v* einholen, überholen *(ein Fahrzeug)*
overtax *v* zu hoch besteuern
overthrow *v* umstoßen, stürzen; außer Kraft setzen
overthrow *v* **a regime** ein Regime stürzen
overtime Überstunden *fpl*
overturn *v* 1. stürzen *(Regime)*; 2. zerstören, vernichten; 3. aufheben *(Urteil)*
overturn *v* **the decision** eine Entscheidung aufheben *(durch ein höheres Gericht)*
owe *v* schulden, schuldig sein
owe *v* **a debt** eine Schuld anerkennen
owe *v* **a duty to a person** (jmdm. etw.) schuldig sein
owe *v* **allegiance to the Crown** eine Loyalitätspflicht gegenüber der Krone haben
owing *adj* geschuldet, offenstehend, ausstehend
own *v* besitzen, Eigentümer sein
owner Besitzer *m*, Eigentümer *m*, Rechtsinhaber *m*
ownership Besitz *m*, Eigentum *n*, Inhaberschaft *f*

P

pace *v* Schritt halten
pace Geschwindigkeit *f*, Tempo *n*
pack *v* verpacken, einpacken
packaging Verpackung *f*
packed *adj* abgepackt
pact Pakt *m*, Übereinkommen *n*
pad Nummernschild *n*, Stempelkissen *n*
page *v* mit Seitenzahlen versehen, paginieren
page Seite *f*
paid *adj* bezahlt
paid-in *adj* eingezahlt
paid-off *adj* abbezahlt
paid-up *adj* eingezahlt, abbezahlt, abgetragen *(Schuld)*
paid-up capital (voll) eingezahltes Kapital *n*
paid-up capital in a company eingezahltes Gesellschaftskapital *n*
paid-up stock (voll) eingezahlte Aktie *f*
pain Qualen *fpl*, Folter *f* • **under pain of death** bei Todesstrafe
pain and suffering Schmerzensgeld *n*
pair *v* 1. paaren, zusammenführen; 2. ≈ mit einem Mitglied einer anderen Partei eine Vereinbarung treffen *(Parlament)*
pair Paar *n*
palimony *(AE)* Auseinandersetzung *f* der Vermögenswerte und Klärung *f* etwaiger (vertraglicher) Unterhaltsansprüche *(nichteheliche Lebensgemeinschaft)*
pallet Palette *f*
palpable *adj* offensichtlich, eindeutig
panel Ausschuss *m*, Gremium *n*, Kommission *f*
paper 1. Dokument *n*, Urkunde *f*, Schriftstück *n*, Papier *n*; 2. Papiergeld *n*, Wechsel *m*, Wertpapier *n*
paperwork Schreibwerk *n*, Papierkrieg *m*; außergerichtliche Tätigkeit *f (eines Anwalts)*
par 1. Gleichwertigkeit *f*, Gleichheit *f*; 2. Nennwert *m*, Nennbetrag *m*, pari *n* • **at par** zum Nennwert • **below par** unter dem Nennwert, unter pari
par delictum *(Lat)* 1. *(ZivilR)* durch Delikt, durch eine unerlaubte Handlung; 2. *(StrafR)* durch eine Straftat
par-value shares *pl* Nennbetragsaktien *fpl*
parade *v* vorführen, zur Schau stellen
parade 1. Zurschaustellung *f*, Vorführung *f*; 2. Befehlsausgabe *f*
paragraph Abschnitt *m*, Absatz *m*, Paragraph *m*
parajudicial *adj* außergerichtlich
paralegal Rechtsbeistand *m*, rechtskundiger Vertreter *m*, Kanzleimitarbeiter *m*
paramount *adj* an der Spitze stehend, oberst, vorrangig, wichtigst
paramount title *(GrundstücksR)* älteres Recht *n*
parcel *v* 1. verpacken; 2. *(GrundstücksR)* parzellieren, aufteilen
parcel 1. Menge *f*, Los *n (Waren)*; 2. Paket *n*, Versandstück *n*; 3. Grundstück *n*, Parzelle *f*
parcel of land Parzelle *f*, Grundstück *n*
pardon *v* begnadigen, amnestieren
pardon Begnadigung *f*, Straferlass *m* • **deny a pardon** eine Begnadigung ablehnen, eine Amnestie verweigern, einen Straferlass verweigern • **grant a pardon** begnadigen
parent 1. Eltern *pl*, Erziehungsberechtigter *m*; 2. Vormund *m*; 3. Urheber *m*
parent company Muttergesellschaft *f*, Dachgesellschaft *f*, Holdinggesellschaft *f*
parent-subsidiary merger *(GesellschaftsR)* Verschmelzung *f* von Mutter- und Tochtergesellschaft
parentage Elternschaft *f*
parental *adj* elterlich, väterlich, mütterlich
parental leave regulations *pl* ≈ Vorschriften zur Elternzeit
parental responsibility elterliche Gewalt *f*
parental support elterliche Unterstützung *f*
pari passu *(Lat)* 1. gleichrangig; 2. gleichberechtigt, mit gleichen Quoten *(Gläubiger)*
parish Gemeinde *f*, Landkreis *m*
parishioner Gemeindemitglied *n*, Grundsteuerpflichtiger *m*
parity Parität *f*, Gleichheit *f*
parking fine Geldbuße *f* für falsches Parken, gebührenpflichtige Verwarnung *f* wegen falschen Parkens
parking ticket Bußgeldbescheid *m* für unerlaubtes Parken
parlance Sprache *f* • **in legal parlance** in der Sprache der Juristen, juristisch ausgedrückt
parliament Parlament *n*

parliamentarian Parlamentarier *m*
parliamentary *adj* parlamentarisch
parliamentary committee parlamentarischer Ausschuss *m*
parliamentary majority parlamentarische Mehrheit *f*
parliamentary privilege parlamentarische Immunität *f*
parliamentary supremacy parlamentarischer Vorrang *m*
parol *adj* mündlich
parol agreement formlose Vereinbarung *f*
parol contract formloser Vertrag *m*
parol evidence mündlicher Beweis *m*, Beweis *m* durch Zeugen- oder Parteiaussage
parol evidence rule ≈ Regel, nach der gegenüber dem Urkundenbeweis keine Beweismittel zulässig sind, aus denen sich das Gegenteil des schriftlich Niedergelegten ergeben soll
parole *v* bedingt entlassen *(aus der Haft)*
parole 1. vorläufiger Aufenthalt *m*; 2. Ehrenwort *n (des Gefangenen)*; 3. bedingte Entlassung *f (aus der Haft)* • **be on parole** auf Bewährung entlassen sein, bedingt aus der Strafhaft entlassen worden sein • **in breach of parole** gegen die Entlassungsbedingungen verstoßend
parole contract formloser Vertrag *m*
part *v* 1. teilen; 2. aufgeben, sich trennen
part *adj* teilweise, Teil...
part 1. Teil *m*, Anteil *m*; 2. Partei *f*, Seite *f* • **in part** teilweise, zum Teil
part admission Teilzulassung *f*, teilweise Zulassung *f*
part exchange Inzahlungnahme *f*
part owner Miteigentümer *m*, Teileigentümer *m*
part payment Teilzahlung *f*, Anzahlung *f*, Ratenzahlung *f*
part performance Teilleistung *f*, Anerkennungsleistung *f*, teilweise Erfüllung *f*
part-time *adj* Teilzeit...
part-time *adv* auf Teilzeitbasis
part-time employee Teilzeitbeschäftigter *m*
part-time worker 1. Teilzeitkraft *f*; 2. Kurzarbeiter *m*
partial *adj* 1. teilweise, Teil...; 2. parteiisch, voreingenommen, befangen
partial admission 1. *(ZivilprozessR)* Teilanerkenntnis *f*; 2. *(StrafprozessR)* Teilgeständnis *n*
partial liability Mitverschulden *n*, anteilige Haftung *f*
partial performance teilweise Erfüllung *f*, Teilleistung *f*
partially disclosed principal teilweise offengelegter Vertretener *m (wenn der anderen Partei bekannt ist, dass der Stellvertreter möglicherweise für einen Geschäftsherrn handelt, aber keine Kenntnis von Identität des Geschäftsherrn hat)*
participation Beteiligung *f*, Teilnahme *f*, Mitwirkung *f*
participation in equity *(GesellschaftsR)* Beteiligung *f*, Aktienbeteiligung *f (Unternehmen)*
particular *adj* einzeln, besonders, wesentlich
particulars *pl* 1. Einzelheiten *fpl*, nähere Angaben *fpl*; 2. Schriftsatzergänzungen *fpl*; 3. Personalien *pl*
particulars *pl* **of claim** (detaillierte) Klagebegründung *f*
parties *pl* 1. Gesellschaften *fpl*; 2. Parteien *fpl*; 3. Partys *fpl*
partisan 1. Anhänger *m*; 2. *(WehrR)* Partisan *m*
partisanship Parteinahme *f*, Parteianhängerschaft *f*
partition *v* teilen, aufteilen
partition Teilung *f*, Aufteilung *f*, Grundstücksteilung *f*
partly *adv* teilweise
partly-paid *adj* teilweise bezahlt
partner 1. Teilhaber *m*, Gesellschafter *m*; 2. Partner *m*
partnership 1. Personengesellschaft *f*; 2. Sozietät *f*, Teilhaberschaft *f*; 3. Lebensgemeinschaft *f*
partnership agreement Gesellschaftsvertrag *m*, Sozietätsvertrag *m*
partnership at will jederzeit kündbare Personengesellschaft *f* [Teilhaberschaft *f*]
partnership by estoppel Gesellschaft *f* kraft Rechtsscheins
partnership deed Gesellschaftsvertrag *m*, Sozietätsvertrag *m*
partnership property Gesellschaftseigentum *n*
party 1. *(ProzessR)* Partei *f*; 2. *(VertragsR)* Partei *f*, Beteiligter *m*, Betroffener *m*; 3. (politische) Partei *f*
party appealing Berufungskläger *m*, Beschwerdeführer *m*, Revisionskläger *m*

party at fault die schuldige Partei *f*
party line 1. Gemeinschaftsanschluss *m*, gemeinsamer Anschluss *m (Telefon)*; 2. Parteilinie *f*, Parteikurs *m*
party list Parteiliste *f*
party not at fault unschuldige Partei *f*, Partei *f* ohne Verschulden
party-party costs *pl* erstattungsfähige Kosten *pl*
party to a contract Vertragspartei *f*
party to an action Prozesspartei *f*
party to the proceedings Prozesspartei *f*, Verfahrensbeteiligter *m*
pass *v* **a motion** einen Antrag annehmen
pass *v* **an examination** eine Prüfung bestehen
pass *v* **off** unterschieben, als Eigenes ausgeben
pass *v* **property** Eigentum übertragen
pass *v* **sentence on a person** *(StrafprozessR)* jmdn. verurteilen
pass *v* **title** das Eigentum übertragen
pass Ausweis *m*, Passierschein *m*
passbook 1. Bankbuch *n*, Sparkassenbuch *n*; 2. *(BE)* Zollscheinheft *n*
passing of a sentence Erlass *m* [Verkündung *f*] eines Strafurteils
passing of the risk Gefahrübergang *m*
passing of title Rechtsübergang *m*, Eigentumsübergang *m*
passing off Unterschieben *n* eigener Waren als fremde *(z. B. mit falschen Warenzeichen)*
passport Pass *m*, Reisepass *m*
past consideration in der Vergangenheit liegende und damit ungenügende Gegenleistung *f*
past due *adj* überfällig, in Verzug
patent *v* patentieren, patentieren lassen
patent *(PatentR)* Patent *n*
patent agent Patentanwalt *m*
Patent and Trademark Office *(PTO)* Patent- und Warenzeichenamt *n*
patent application Patentanmeldung *f*
patent attorney Patentanwalt *m*
patent claim Patentanspruch *m*
patent deed Patenturkunde *f*
patent drawing Patentzeichnung *f*
patent law Patentrecht *n*, Patentgesetz *n*
patent pending schwebende Patentanmeldung *f*, laufende Patentanmeldung *f*
patent search Patentrecherche *f*
patentable *adj* patentierbar, patentfähig
patented *adj* patentiert, durch Patent geschützt
patentee Patentinhaber *m*
patently *adv* offen, offenkundig
paternal *adj* väterlich
paternity Vaterschaft *f*
paternity action Klage *f* auf Feststellung der Vaterschaft
paternity leave Vaterschaftsurlaub *m*
pathologist Pathologe *m*
pathology Pathologie *f*
patient *adj* geduldig
patient Patient *m*
patricide Vatermord *m*; Vatermörder *m*
patrol *v* patrouillieren
patrol Polizeistreife *f*
patrol car Streifenwagen *m*, Funkstreife *f*
patron Schirmherr *m*, Mäzen *m*, Förderer *m*
patronage Schirmherrschaft *f*, finanzielle Unterstützung *f*
patronize *v* unterstützen, protegieren; Stammkunde sein
pattern Muster *n*, Struktur *f*
pauper *(veraltet)* Bedürftiger *m*, Beratungs- oder Prozesskostenhilfeberechtigter *m*
pawn *v* verpfänden; lombardieren *(Wertpapiere)*
pawn Pfand *n*, Pfandgegenstand *m*
pawned *adj* verpfändet
pawnshop Pfandleiher *m*, Leihhaus *n*
pay *v* 1. zahlen, auszahlen, entrichten *(Geldbetrag)*; 2. *(WechselR)* einlösen *(Wechsel)*; 3. *(fig.)* sich bezahlt machen, sich lohnen
pay-back *v* zurückzahlen, zurückerstatten
pay-off *v* auszahlen *(Angestellten)*; abzahlen *(Summe)*; tilgen *(Schuld)*; ablösen *(Hypothek)*
pay *v* **up** bezahlen, begleichen, erstatten
pay Bezahlung *f*, Begleichung *f*
pay as you earn 1. Einbehaltung *f* der Lohnsteuer, Lohnsteuerabzugsverfahren *n*; 2. ≈ Form des Leasings, bei dem die Leasingraten parallel zur Nutzung des Gegenstandes anfallen
pay-back Rückzahlung *f*, Rückerstattung *f*
pay claim Gehaltsforderung *f*
pay deduction Gehaltsabzug *m*
pay-off 1. Abfindung *f (eines Angestellten)*; 2. Abzahlung *f (einer Summe)*; Tilgung *f (einer Schuld)*; Ablösung *f (einer Hypothek)*

pay-on-death designation *(POD designation)* Anweisung *f*, beim Tod zu zahlen *(Auszahlungsanweisung auf den Todesfall)*
pay packet Lohntüte *f*
pay scale Lohnskala *f*, Lohntarif *m*
pay settlement Gehaltsabschluss *m*
pay slip Lohnzettel *m*, Lohnabrechnung *f*
pay talks *pl* Tarifverhandlungen *fpl*
payable *adj* 1. zahlbar, zu zahlen, fällig; 2. rentabel
payable in arrears am Ende zu zahlen, rückwirkend zahlbar
payable to bearer an den Überbringer zahlbar
payee Zahlungsempfänger *m*
payer Zahler *m*, Zahlender *m*
payment Zahlung *f*, Einzahlung *f*, Auszahlung *f (bei einer Bank)* • **payment is due** die Zahlung ist fällig
payment in kind Naturalleistung *f*, Sachleistung *f*
payment in lieu Abgeltung *f*
payment of a bill 1. Zahlung *f* einer Rechnung; 2. *(WechselR)* Einlösung *f* eines Wechsels
payment on account Abschlagszahlung *f*, Anzahlung *f*
payment period Zahlungszeitraum *m*
payroll Gehaltsliste *f*, Lohnliste *f*
payroll accounting Lohnbuchhaltung *f*, Lohn- und Gehaltsabrechnung *f*
P/E ratio *s.* price earning ratio
peace Frieden *m*
peace/the Queen's öffentliche Sicherheit *f* und Ordnung *f*, Landesfrieden *m*
peace treaty Friedensvertrag *m*
peaceably *adj* friedfertig, friedlich
peaceful *adj* friedlich
peculation Veruntreuung *f* [Unterschlagung *f*] öffentlicher Gelder
pecuniary *adj* das Vermögen betreffend, Vermögens..., finanziell
pecuniary advantage Vermögensvorteil *m*
pecuniary compensation Entschädigung *f* in Geld
pecuniary consideration finanzielle Erwägung *f*
pecuniary damage Vermögensschaden *m*, Vermögensnachteil *m*
pecuniary interest finanzielles Interesse *n*, finanzielle Beteiligung *f*
peddle *v* hausieren
peddling Hausieren *n*
pedestrian Fußgänger *m*
peer 1. Gleicher *m*, Gleichgestellter *m*; 2. *(BE)* Peer *m (hereditary peer: Angehöriger des britischen Hochadels und als solcher Mitglied des House of Lords; life peer: auf Lebenszeit ernanntes Mitglied des House of Lords)*
peerage Adelsstand *m*, Peer-Würde *f*
peeress *(BE)* Inhaberin *f* der Peer-Würde, Ehefrau *f* eines Peers
peg *v* 1. *(BörsenR)* stützen, festsetzen *(Kurse)*; 2. an etwas binden
penal *adj* strafbar, strafrechtlich
penal action Strafmaßnahme *f*
penal administration Strafverwaltung *f*
penal clause *(VertragsR)* Strafklausel *f*, Vereinbarung *f*, Vertragsstrafe *f*
penal code Strafgesetzbuch *n*
penal interest *(AE)* Verzugszinsen *mpl*
penal law Strafrecht *n*, Strafgesetz *n*
penal notice Strafandrohung *f*
penal reform Strafrechtsreform *f*
penalize *v* bestrafen, schlechter stellen
penalty 1. Geldbuße *f*, Strafe *f*; 2. *(fig.)* Nachteil *m*; 3. *(VertragsR)* Vertragsstrafe *f*
penalty clause *(VertragsR)* Strafklausel *f*, Vereinbarung *f* einer Vertragsstrafe
penalty to act as a deterrent Strafe *f* [Geldstrafe *f*] als Abschreckung
pending *adj (ProzessR)* anhängig, noch nicht entschieden
penitentiary *(AE)* Gefängnis *n*
penny *(AE)* Eincentstück *n*; *(BE)* Einpennystück *n (Münze)*
penology Lehre *f* von der Strafe und ihrer Vollstreckung, Pönologie *f*
pension *v* pensionieren, in den Ruhestand versetzen
pension Pension *f*, Rente *f*, Ruhegehalt *n*
pension scheme Rentensystem *n*, Pensionsplan *m*, Alterversorgungswerk *n*
pensionable *adj* pensionsberechtigt, ruhegehaltsfähig
pensionable age Pensionsalter *n*, Rentenalter *n*
pensioner Pensionär *m*, Rentner *m*, Ruhegehaltsempfänger *m*
peppercorn rent nominelle [nur der Form halber gezahlte] Miete *f* [Pacht *f*]
PER *s.* price earning ratio
per pro, nach, laut
per autre vie *(Fr)* auf die Lebenszeit eines Dritten

per-capita consumption Pro-Kopf-Verbrauch *m*
per cent Prozent *n*
per curiam opinion *(Lat)* Urteilsbegründung *f* des Kollegialgerichts
per diem *(Lat)* pro Tag, täglich
per diem allowance Tagegeldvergütung *f*, Reisespesenvergütung *f*
per incuriam *(Lat)* wegen mangelnder Sorgfalt *(des Gerichts)*
per minas *(Lat)* durch Drohungen
per pro *(pp) (Lat)* in Vollmacht, in Vertretung
per procurationem *(Lat)* per Vollmacht, als Vertreter
per quod *(Lat)* wodurch
per se *(Lat)* schlechthin, selbst, automatisch, offenkundig
per se violation ≈ unwiderlegliche Gesetzesverletzung *(Verletzung, der die Rule of Reason nicht entgegengesetzt werden kann, weil die Verletzung aufgrund ihrer Offensichtlichkeit als wirtschaftlich unvernünftig gilt)*
per stirpes *(Lat) (ErbR)* nach Stämmen
percentage prozentualer Anteil *m*, Prozentsatz *m*, Prozent *n*
perception Wahrnehmung *f*
peremptory *adj* endgültig, zwingend, peremptorisch
peremptory challenge Ablehnung *f* eines Jurymitglieds ohne Begründung
perfect *v* perfektionieren, ausführen, vollenden
perfect *adj* vollkommen, vollendet
perfect tender rule ≈ Prinzip des Rechts auf Zurückweisung der Ware, wenn diese nicht genau der Vertragsvereinbarung entspricht
perfectly *adv* vollkommen
perform *v* 1. leisten, erfüllen; 2. vortragen, vorführen, ausüben
perform *v* **a contract** einen Vertrag erfüllen
perform *v* **a duty** eine Pflicht wahrnehmen [erfüllen, ausführen]
performance 1. Erfüllung *f*, Leistung *f*; 2. Ausführung *f*, Vorstellung *f*
performing party vortragende [ausführende] Partei *f*
peril Gefahr *f*, Risiko *n*
period Zeitraum *m*, Dauer *f*, Frist *f*, Laufzeit *f*
period for appeal Frist *f* zur Einlegung des Rechtsmittels; Frist *f* zur Einlegung der Beschwerde [Berufung, Revision]
period of a loan Laufzeit *f* eines Darlehns
period of grace Nachfrist *f*, Gnadenfrist *f*
period of limitation Verjährungsfrist *f*
period of notice Kündigungsfrist *f*
periodic *adj* periodisch, regelmäßig wiederkehrend
periodic tenancy ≈ periodischer Mietvertrag, ≈ Intervallmietvertrag *(1. Mietvertrag, bei dem die Miete in bestimmten Intervallen zu zahlen ist und ohne Kündigung von einem Intervall zum nächsten weiterläuft; 2. wenn ein Mietvertrag auf kurze beschränkte Zeit abgelaufen ist, die Miete weiterbezahlt wird und der Vermieter dies akzeptiert)*
periodical *adj* regelmäßig wiederkehrend, laufend
perish *v* umkommen, untergehen, verderben
perishable *adj* leicht verderblich, nicht langlebig; vergänglich
perishable goods *pl* leicht verderbliche Waren *fpl*
perishables *pl* leicht verderbliche Waren *fpl*
perjure *v* einen Meineid leisten
perjury Meineid *m*
perk Nebenvergünstigung *f*, Sonderzulage *f (für leitende Mitarbeiter)*
permanent *adj* ständig, andauernd, fest
permanent disability Dauerinvalidität *f*, dauerhafte Arbeitsunfähigkeit *f*, dauerhafte Erwerbsunfähigkeit *f*
permanent loss of earning capacity dauerhafter Verlust *m* der Erwerbsfähigkeit
permissible *adj* zulässig, erlaubt
permission Erlaubnis *f*, Genehmigung *f*
permissive *adj* durchlässig, zulässig, erlaubt, statthaft
permit *v* erlauben, gestatten, genehmigen
permit 1. Erlaubnis *f*, Genehmigung *f*; 2. Lizenz *f*; 3. Passierschein *m*
perpetrate *v* begehen, verüben *(eine Straftat)*
perpetrator *(StrafR)* Straftäter *m*, Täter *m*
perpetual *adj* 1. dauernd, ständig; 2. ewig, unkündbar
perpetuate *v* aufnehmen, verewigen
perpetuity 1. unbegrenzte Dauer *f*; 2. lebenslängliche Rente *f*

perquisite Nebenleistungen *fpl* zusätzlich zum Gehalt
persecute *v* verfolgen
persecution Verfolgung *f*
persistent *adj* hartnäckig, beharrlich
person Person *f*
persona *(Lat)* Person *f*
persona non grata *(Lat) (VölkerR)* Persona ingrata *(unerwünschte Person)*
personal *adj* 1. persönlich; 2. obligatorisch
personal application 1. persönliche Bewerbung *f*; 2. persönliche Antragstellung *f*
personal effects *pl* persönliche Habe *f*, persönliche Gegenstände *mpl*
personal injury Körperverletzung *f*, Personenschaden *m*
personal injury claim 1. Anspruch *m* wegen Körperverletzung; 2. Klage *f* wegen Körperverletzung
personal liability persönliche Haftung *f*
personal property 1. bewegliches Vermögen *n*, Mobilien *pl*; 2. beweglicher Nachlass *m*
personal record Lebenslauf *m*
personal service persönliche Zustellung *f*
personality Persönlichkeit *f*
personally *adv* persönlich
personalty bewegliches Vermögen *n*, Mobilien *pl*
personation Sichausgeben *n* für einen Anderen
personnel Personal *n*, Belegschaft *f*
personnel manager Leiter *m* der Personalabteilung, Personalchef *m*
persuasion Überredung *f*; Überzeugung *f*, fester Glaube *m*
persuasive *adj* überzeugend, Überredungs...
persuasive authority ≈ nichtbindende, aber vom Gericht berücksichtigte Präzedenzfälle oder sonstige Rechtsquellen
persuasive precedent ≈ Präzedenzfall, der nicht bindend ist, aber vom Gericht berücksichtigt wird
pertain *v* gehören, betreffen
pertinent *adj* einschlägig, sachdienlich
peruse *v* durchlesen
peruse *v* **a document** ein Dokument durchlesen
perverse *adj* pervers
perversion 1. Perversion *f (Person)*; 2. Entstellung *f*, Verdrehung *f (Tatsache)*
pervert *v* **(the course of justice)** das Recht beugen, eine Rechtsbeugung begehen
petit jury kleine Jury *f*
petition *v* ersuchen, beantragen, bitten
petition *v* **a superior court** eine Eingabe zu einem höheren Gericht vornehmen
petition *v* **the king** eine Petition an den König richten
petition 1. Eingabe *f*, Gesuch *n*, Petition *f*; 2. Antrag *m*, Klage *f*; 3. Insolvenzantrag *m*, Antrag *m* auf Insolvenzeröffnung
petition for mercy Gnadengesuch *n*
petition for naturalization Antrag *m* auf Einbürgerung
petition for nullity Ehenichtigkeitsklage *f*
petition in bankruptcy Antrag *m* auf Insolvenzeröffnung
petitioner Antragsteller *m*, Bittsteller *m*, Kläger *m*
petty *adj* klein, unbedeutend
petty cash Portokasse *f*, Bargeldvorrat *m*
petty crime Bagatellstraftat *f*
petty larceny Bagatelldiebstahl *m*
petty offence *(BE)*, **petty offense** *(AE)* Übertretung *f*, Straftat *f* mit geringer Strafdrohung
petty theft Bagatelldiebstahl *m*
phase-out Einstellung *f*, phasenweiser Abbau *m (der Produktion)*
Ph.D. *s.* Philosophiae Doctor
philanthropy Philanthropie *f*, Menschenfreundlichkeit *f*, Wohltätigkeit *f*
Philosophiae Doctor *(Ph.D.)* Doktortitel *m*, Doktorgrad *m*
phishing *(InternetR)* Passwordfisching *n*, Pfuschfang *m*
phoney *adj* unecht, gefälscht
photocopy *v* fotokopieren
photocopy Fotokopie *f*
physical *adj* physisch, körperlich
physical duress physischer Zwang *m*
physical harm Körperschaden *m*, Verletzung *f* des Körpers
phytosanitary *adj* die Pflanzengesundheit betreffend
pick *v* aussuchen, auswählen
pick *v* **up** 1. aufnehmen, mitnehmen *(Fahrgäste)*; 2. abholen *(Waren)*
picket *v* 1. Streikposten aufstellen; 2. als Streikposten stehen
picket Streikposten *m*
picketing 1. Aufstellen *n* von Streikposten; 2. Stehen *n* von Streikposten
pickpocket Taschendieb *m*

piece Stück *n*
piece goods *pl* Meterware *f (Textil)*
piece rate Akkordlohn *m*, Stücklohn *m*
piece wages *pl* Akkordlohn *m*, Stücklohn *m*
piece worker Akkordarbeiter *m*
pierce *v* durchgreifen, durchstoßen
piercing the corporate veil Durchgriffshaftung *f*
PII *s.* public interest immunity
pilfer *v* stehlen, stibitzen
pilferage Stehlen *n*, Bagatelldiebstahl *m*
pilferer Dieb *m (geringwertiger Sachen)*
pillage Plünderung *f*
pilot *v* 1. lotsen, führen *(Flugzeug)*; 2. *(fig.)* leiten, lenken
pilot *adj* Versuchs..., Pilot...
pilot Lotse *m*, Pilot *m*
pimp Zuhälter *m*
piracy 1. *(VölkerR)* Piraterie *f*, Seeräuberei *f*; 2. *(UrheberR)* Plagiat *n*, unbefugte Nachahmung *f*
piracy at sea Seeräuberei *f*
pirate *v* 1. *(UrheberR)* unbefugt nachahmen, plagiieren; 2. abwerben *(Personal)*
pirate 1. *(VölkerR)* Seeräuber *m*, Pirat *m*; 2. *(UrheberR)* Plagiator *m*
pirating 1. *(UrheberR)* unzulässige Nachahmung *f*, Plagiat *n*; 2. Abwerbung *f* von Arbeitnehmern
place 1. Platz *m*, Ort *m*; 2. Ortschaft *f*
place of business Geschäftssitz *m*, geschäftliche [gewerbliche] Niederlassung *f*
place of domicile Domizil *n*, Wohnsitz *m*, Geschäftssitz *m*
place of refuge Rückzugsort *m*, Zufluchtsort *m*
place of residence Wohnort *m*, Aufenthaltsort *m*
placement 1. Unterbringung *f*, Platzierung *f (Wertpapiere)*; 2. Unterbringung *f (Praktikum, Arbeitsstelle)*
placing 1. Unterbringung *f*, Platzierung *f (von Wertpapieren)*; 2. Praktikumsvermittlung *f*, Arbeitsvermittlung *f*
plagiarism Plagiat *n*, unerlaubte Nachahmung *f*
plagiarize *v* plagiieren, unerlaubt nachahmen; abschreiben *(in einer Prüfung)*
plain *adj* einfach, rein, offen, nicht chiffriert
plain language klare Sprache *f*
plain meaning of words Eindeutigkeit *f* von Begriffen [Wörtern]
plainclothes police officer, plainclothes policeman Polizist *m* in Zivilkleidung
plaint Klage *f*
plaint note Aktenauszug *m (Klage)*
plaint number Geschäftszeichen *n*, Aktenzeichen *n (Klage)*
plaintiff *(ZivilprozessR)* Kläger *m*, Antragsteller *m*
plan *v* planen, entwerfen
plan Plan *m*, Entwurf *m*, Projekt *n*
planner Planer *m*, Projektleiter *m*
planning Planung *f*, Organisation *f*
plant *v* pflanzen, gründen, errichten, schaffen
plant *v* **evidence** Beweismaterial schaffen [fabrizieren]
plant Betrieb *m*, Anlage *f*, Fabrik *f*, Produktionsgebäude *n*
plant patent Pflanzenpatent *n*
plc *s.* public limited company
plea *v* einwenden, vorbringen
plea 1. *(ZivilprozessR)* Einwand *m*, Vorbringen *n*, Klageerwiderung *f*; 2. *(Strafprozess R)* Verteidigung *f*, Einlassung *f* • **enter a plea** eine Einrede erheben [geltend machen]
plea and case management hearings *pl* ≈ Anhörungen zu den Vorbringen und zum Case Management
plea bargaining Plea Bargaining *n (Verhandlung zwischen dem Staatsanwalt und dem Strafverteidiger über die Höhe der Strafe)*
plea of guilty Schuldgeständnis *n*
plea of insanity *(StrafR)* Einrede *f* der Schuldunfähigkeit
plead *v* plädieren
plead *v* **guilty** sich schuldig bekennen
plead *v* **no-contest** nicht bestreiten *(in der mündlichen Verhandlung)*
plead *v* **not guilty** sich nicht schuldig bekennen
pleading 1. Schriftsatz *m*, Parteivorbringen *n*; 2. Plädoyer *n (des Anwalts)*
pleadings *pl* Schriftsatzwechsel *m* • **amend pleadings** das Vorbringen ändern • **file pleadings** Schriftsätze einreichen • **serve pleadings** Schriftsätze zustellen (lassen)
please turn over *(PTO)* bitte wenden, b. w.
pleasure/at Her [His] Majesty's *(BE)* auf unbestimmte Zeit *(Freiheitsstrafe)*

plebiscite Plebiszit *n*, Volksentscheid *m*, Volksabstimmung *f*
pledge *v* 1. pfänden, verpfänden; 2. beteuern, versprechen, zusagen
pledge 1. Pfand *n*, Pfandgegenstand *m*, Pfandrecht *n*; 2. Zusage *f*, Versprechen *n*
pledged *adj* gepfändet, verpfändet, ein Pfand betreffend
pledgee Pfandgläubiger *m*, Pfandinhaber *m*
pledger Verpfänder *m*, Pfandschuldner *m*
plenary *adj* vollständig, im Plenum
plenipotentiary Bevollmächtigter *m*
plentiful *adj* reichlich vorhanden
plenum Plenum *n*, Vollversammlung *f*
plot *v* planen, sich verschwören
plot *v* **to commit a criminal offence** *(BE)*, **plot** *v* **to commit a criminal offense** *(AE)* gemeinsam die Begehung einer Straftat planen
plot 1. Grundstück *n*, Parzelle *f*; 2. Komplott *n*, Verschwörung *f*
plot of land Grundstück *n*, Parzelle *f*
plunder *v* plündern
plunder Plünderung *f*
poach *v* wildern
poaching Wilderei *f*, Wildern *n*
poaching game Jagdwilderei *f*
pocket *v* 1. einstecken; 2. nicht unterzeichnen
pocket veto *(AE)* ≈ Verzögerung eines Gesetzes durch Nichtunterzeichnung
POD designation *s.* pay-on-death designation
point *v* hinweisen, zeigen
point Punkt *m*; Kernpunkt *m*, Kernfrage *f*
point of departure Ausgangspunkt *m*; Abreiseort *m*
point of law Rechtsfrage *f*
point-of-sale Verkaufsstelle *f*
poison *v* vergiften
poison Gift *n*
poison pill 1. Giftpille *f*; 2. Abwehrmittel *n* gegen Übernahmespekulanten
police *v* polizeilich überwachen
police Polizei *f*
police authority Polizeibehörde *f*, Ordnungsbehörde *f*
police commissioner Polizeikommissar *m*
police constable Polizist *m*, ≈ Polizeihauptmeister
police custody Polizeigewahrsam *m*
police force Polizei *f*
police inspector Polizeikommissar *m*, Polizeiinspektor *m*
police officer Polizeibeamter *m*, Polizist *m*
police power Polizeigewalt *f*
police raid Razzia *f*
police squad Polizeigruppe *f*, Polizeieinheit *f*
policeman Polizist *m*
policewoman Polizistin *f*
policing polizeiliche Überwachung *f*, Überwachung *f* durch Polizeistreife
policy 1. Politik *f*, Zielsetzung *f*; 2. *(VersR)* Versicherungspolice *f*, Versicherungsschein *m*
political *adj* politisch
political asylum politisches Asyl *n*
political equality politische Gleichberechtigung *f*
political party (politische) Partei *f*
political prisoner politischer Gefangener *m*
political refuge politische Zuflucht *f*
political science Politikwissenschaft *f*
politician Politiker *m*
politics *pl* Politik *f*
polity Regierungsform *f*, Staatsform *f*
poll *v* 1. wählen, abstimmen; 2. Wählerstimmen bekommen; 3. fragen *(Meinungsumfrage)*
poll 1. Wahl *f*, Stimmabgabe *f*, Abstimmung *f*; 2. Wählerliste *f*, Wahlort *m*; 3. Umfrage *f (Marktforschung)*
polling 1. Wahl *f*, Stimmabgabe *f*, Abstimmung *f*; 2. Stimmzählung *f*
polling booth Wahlkabine *f*
polling the jury ≈ Befragen der einzelnen Jurymitglieder über ihre Abstimmung
pollster Meinungsforscher *m*, Interviewer *m*
pollutant Schadstoff *m*
pollute *v* verschmutzen *(Umwelt)*
polluter Umweltverschmutzer *m*
pollution Umweltverschmutzung *f*
polygamous *adj* polygam
polygamy Polygamie *f*, Mehrehe *f*
pool *v* 1. zusammenlegen; zusammenfassen, bündeln; 2. (vertraglich) gemeinsam ausüben
pool Pool *m*, Interessengemeinschaft *f*
poor *adj* 1. arm, bedürftig; 2. unzulänglich, schlecht
popular *adj* populär, volkstümlich
population Bevölkerung *f*

pork barrel project Wahlgeschenkvorhaben *n*
pornographic *adj* pornographisch
pornography Pornographie *f*
port Hafen *m*
portfolio 1. Ressort *n*, Geschäftsbereich *m*; 2. Bestand *m (an Wertpapieren)*
portion *v* einteilen, aufteilen, zuteilen
position *v* positionieren
position 1. Stellung *f*, Position *f*; 2. Stand *m*, Meinung *f*
positive discrimination positive Diskriminierung *f*, Vorzugsbehandlung *f*
positive law positives Recht *n*
positivist school positivistische Schule *f*
posse Menge *f*, Truppe *f*
possess *v* besitzen, innehaben
possession Besitz *m*
possession notice Mitteilung *f* über die Inbesitznahme
possession proceedings *pl (MietR)* Räumungsverfahren *n*
possessive action Klage *f* auf Besitzeinräumung
possessive rights *pl* Besitzrechte *npl*
possessor Besitzer *m*, Inhaber *m*
possessory *adj* besitzrechtlich, possessorisch
post *v* 1. bei der Post® aufgeben, bei der Post® einliefern; 2. eintragen
post 1. Post *f*, Postsendung *f*; 2. Post® *f*, Postamt *n*; 3. Stellung *f*, Posten *m*; 4. Position *f (Rechnung)*
post mortem *adv (Lat)* nach dem Tod
post mortem *(Lat)* Obduktion *f*, Leichenöffnung *f*
post scriptum *(Lat)* Postskriptum *n*
post traumatic stress disorder posttraumatisches Stresssyndrom *n*
post-trial Nachverfahrens...
postage Porto *n* • **postage paid by licensee** Gebühr bezahlt Empfänger
postal rule Briefkastenregel *f (Vertragsschluss kommt mit Einwurf eines ordnungsgemäß frankierten und adressierten Annahmeschreibens in den Postbriefkasten zustande)*
postdate *v* zurückdatieren, nachdatieren
postgraduate Postgraduierter *m (Student mit akademischem Abschluss)*
posthumous *adj* posthum
postmark *v* stempeln, abstempeln, datieren
postmark Poststempel *m*
postmaster Postamtsvorsteher *m*
postpone *v* verlegen, aufschieben, vertagen
postponement Verlegung *f*, Vertagung *f*
pot trust *(AE)* ≈ Pot Trust *(Trust für Kinder, bei dem der Trustee entscheidet, wie das Geld für jedes einzelne Kind ausgegeben wird)*
potential *adj* potenziell, möglich
potential defences *pl (BE)*, **potential defenses** *pl* denkbares Verteidigungsvorbringen *n*
potentially responsible party *(PRP) (UmweltR)* ≈ potenziell haftbare Partei für Reinigungskosten für die Lagerstätte gefährlicher Stoffe
pound 1. Pfund *n (Gewicht)*; 2. Pfund *n (Währung)*
pour autre vie *(Fr)* auf Lebenszeit eines Dritten
pour-over will ≈ Testament, das geschaffen wird, um beim Tod des Trustgebers Vermögen in den Trust überzuführen, über das er nicht testamentarisch verfügt hat
poverty trap Armutsfalle *f*
power Macht *f*, Gewalt *f* • **be in power** an der Macht sein
power of agency Vertretungsmacht *f*
power of appointment Befugnis *f*, jmdn. zu ernennen
power of arrest Festnahmeermächtigung *f (Ermächtigung der Polizei aufgrund richterlichen Beschlusses zur Festnahme des Täters aufgrund des Gesetzes über häusliche Gewalttaten und des Opfergesetzes)*
power of attorney Vollmacht *f*, Vollmachtsurkunde *f*; Prozessvollmacht *f*
power of entry Durchsuchungsgewalt *f*
power to grant a pardon Begnadigungsgewalt *f*, Begnadigungsrecht *n*
pp *s.* per pro
PPA *s.* provisional patent application
PPP *s.* purchasing power parity
practice *v (AE) s.* practise
practice 1. Praxis *f*, Ausübung *f*; 2. Umsetzung *f*
practice directions *pl* richterliche Verfahrensrichtlinien *fpl*
practise *v* 1. ausüben, praktizieren *(Beruf)*; tätig sein; 2. in die Praxis umsetzen
practising *adj* praktizierend
practising certificate 1. ≈ Zulassungs-

urkunde *(des Anwalts)*; 2. ≈ Approbationsurkunde *(des Arztes)*
practitioner Praktiker *m (Rechtsanwalt, Arzt)*
praecipe gerichtliche Anordnung *f*
pray *v* 1. beten; 2. beantragen, ersuchen
prayer 1. Gebet *n*; 2. *(ProzessR)* Antrag *m*
pre-action protocols *pl* Vorverfahrensprotokolle *npl (Richtlinien zur außergerichtlichen Streitbeilegung und zur Offenlegung von Unterlagen für bestimmte Verfahren)*
pre-civil partnership agreement vorvertragliche Partnerschaftsvereinbarung *f (förmliche schriftliche Vereinbarung zwischen den Partnern einer zukünftigen registrierten Partnerschaft vor deren Abschluss zur Regelung der Vermögensaufteilung bei Scheitern der Partnerschaft)*
pre-contractual *adj* vorvertraglich
pre-empt *v* 1. aufgrund eines Vorkaufsrechts erwerben; 2. verhindern, zuvorkommen
pre-empt *(AE)* 1. Vorrang *m* des Bundesrechts; 2. konkurrierende Gesetzgebungskompetenz *f* des Bundes
pre-emption 1. Vorkaufsrecht *n*; 2. Bezugsrecht *n (für Aktien)*
pre-emption right Vorkaufsrecht *n*
pre-emptive right 1. Vorkaufsrecht *n*; 2. Bezugsrecht *n (für Aktien)*
pre-emptory *adj* 1. vorkaufsberechtigt; 2. bezugsberechtigt
preamble Präambel *f*
preaudience ≈ Recht, vor einem anderen gehört zu werden; Vorrang *m*, Vortritt *m*
preaudit Vorprüfung *f*
precatory *adj* eine Bitte enthaltend
precaution Vorsichtsmaßnahme *f*, Vorbeugung *f*
precautionary *adj* vorbeugend
precede *v* vorgehen, Vorrang genießen [haben]
precedence Vorrang *m*
precedent Präzedenzfall *m*, Präjudiz *n*
preceding *adj* vorhergehend
precept gerichtliche Anordnung *f*, ≈ schriftliche Anweisung an eine Amtsperson zur Vornahme einer Handlung
precincts *pl* Bezirke *mpl*, Wahlbezirke *mpl*
preclude *v* ausschließen
preclusive *adj* ausschließend
preconcerted *adj* abgesprochen, vorher verabredet
precondition Vorbedingung *f*
predate *v* vordatieren
predatory *adj* räuberisch
predecease *v* vorversterben, früher sterben
predeceased spouse vorverstorbener Ehegatte *m*
predecessor Vorgänger *m*
predetermined *adj* vorkalkuliert
predicate *v* 1. aussagen; 2. behaupten, begründen
predict *v* vorhersagen
prefer *v* bevorzugen; vorrangig befriedigen
preference 1. Bevorzugung *f*, Vorzugsstellung *f*; 2. *(InsolvenzR)* Gläubigerbegünstigung *f*
preference dividend Vorzugsdividende *f*
preference shares *pl* Vorzugsaktien *fpl*
preferential *adj* bevorzugt, bevorrechtigt
preferential treatment Vorzugsbehandlung *f*
preferment 1. Beförderung *f*; 2. Klageeinreichung *f*, Klageerhebung *f*
preferred *adj* bevorzugt, bevorrechtigt
preferred debts *pl* bevorrechtigte Forderungen *fpl*
preferred ordinary shares *pl* bevorzugte Stammaktien *fpl*
preferred shareholder Stammaktieninhaber *m* mit Vorzugsrecht
preferred stock Vorzugsaktie *f*
preferred supplier bevorzugter Lieferant *m*, Hauptlieferant *m*
prefinance *v* vorfinanzieren
pregnancy Schwangerschaft *f*
pregnant *adj* schwanger
prejudge *v* vorverurteilen, übereilt urteilen
prejudgment Vorverurteilung *f*, übereiltes Urteil *n*
prejudice 1. Vorurteil *n*, Befangenheit *f*; 2. Nachteil *m*, Schaden *m* • **without prejudice** ohne Verbindlichkeit
prejudice offer/without ≈ Grundsatz, dass in Vergleichsverhandlungen offenbarte Dokumente nicht zum Nachteil des Anbieters verwendet werden dürfen, wenn die Vergleichsverhandlungen scheitern
prejudicial *adj* nachteilig, schädlich
preliminary *adj* vorläufig
preliminary advice Voranzeige *f*
preliminary agreement Vorvertrag *m*, vorläufige Vereinbarung *f*
preliminary examination 1. *(Strafpro-*

zessR) gerichtliche Voruntersuchung *f*; 2. *(InsolvenzR)* vorläufige Vernehmung *f* des Schuldners; 3. *(PatentR)* vorläufige Prüfung *f*
preliminary hearing *(AE) (StrafR)* gerichtliche Überprüfung *f* der Anklageschrift
preliminary injunction einstweilige Verfügung *f*
preliminary judgment vorläufige Entscheidung *f*
preliminary measures *pl* vorläufige Maßnahmen *fpl*
preliminary proceedings *pl* Vorverfahren *n*
preliminary ruling *(EuropaR)* Vorabentscheidungsverfahren *n*, Vorabentscheidung *f (EuGH)*
premarital *adj* vorehelich
premature *adj* vorzeitig, verfrüht
premature abortion vorzeitige Abtreibung *f*
prematurely *adv* vorzeitig
premeditated *adj (StrafR)* vorbedacht, vorsätzlich *(Mord)*
premeditation *(StrafR)* ≈ besonderer Vorsatz bei Mord
premise Voraussetzung *f*, Prämisse *f*
premises *pl* Räume *mpl*, Geschäftsräume *mpl*, Grundstücke *npl*
premium 1. Prämie *f*, Belohnung *f*, Auszeichnung *f*; 2. *(VersR)* Versicherungsprämie *f*, Beitrag *m*
prenuptial agreement Ehevertrag *m (vor der Eheschließung geschlossen)*
prepaid *adj* vorausbezahlt
preparation Vorbereitung *f*, Vorbereitungshandlung *f*
preparatory *adj* vorbereitend, der Vorbereitung dienend
prepare *v* vorbereiten
prepay *v* 1. im Voraus bezahlen; 2. vor Fälligkeit zahlen
prepayment Vorauszahlung *f*, Anzahlung *f*
preponderance of the evidence überwiegendes Ergebnis *n* der Beweisaufnahme
prerequisite Voraussetzung *f*, Vorbedingung *f*
prerogative Vorrecht *n*
prerogative of mercy Vorrecht *n* der Begnadigung
prescribe *v* 1. vorschreiben; verschreiben *(ein Medikament)*; 2. Recht aus Ersitzung beanspruchen
prescribed *adj* vorschriftsmäßig
prescription 1. Vorschrift *f*; 2. Ersitzung *f*
prescriptive *adj* auf Ersitzung [Verjährung, Gewohnheit] beruhend
prescriptive easement ersessene [durch langjährigen Gebrauch erworbene] Dienstbarkeit *f*
prescriptive right *pl* 1. durch Ersitzung erworbenes Recht *n*; 2. durch Verjährung erworbenes Recht *n*
presence Anwesenheit *f*, Vorhandensein *n*
present *v* 1. einreichen, vorlegen *(einen Antrag)*; 2. vorstellen *(eine Person)*
present *v* **for acceptance** *(WertpapierR)* zur Annahme vorlegen *(einen Wechsel)*
present *adj* 1. anwesend *(Person)*; vorliegend *(Sache)*; 2. gegenwärtig, aktuell
presentation 1. Darstellung *f*, Vortrag *m*; 2. Einführung *f*; Einreichung *f (eines Gesuchs)*; 3. Vorlage *f (Wechsel)*
presentment 1. *(WertpapierR)* Vorlage *f (Wechsel)*; 2. Darstellung *f*; 3. Anklage *f (Jury)*
preservation Erhaltung *f*, Aufrechterhaltung *f*; Aufbewahrung *f*
preserve *v* schützen, erhalten
preside *v* vorsitzen, präsidieren
presidency Vorsitz *m*, Präsidium *n*
president 1. Präsident *m*, Vorsitzender *m*; 2. Staatsoberhaupt *n*; 3. Generaldirektor *m (Unternehmen)*
president-elect gewählter Präsident *m (vor Amtsantritt)*
president of the family division ≈ Präsident der Familiengerichtsabteilung
presidential *adj* präsidial
presiding *adj* vorsitzend
presiding judge Vorsitzender Richter *m*
press release Pressemitteilung *f*
presume *v* vermuten
presumption Vermutung *f*
presumption of death Todesvermutung *f*
presumption of fact Tatsachenvermutung *f*
presumption of innocence Unschuldsvermutung *f*
presumption of title Eigentumsvermutung *f*
presuppose *v* voraussetzen, zur Voraussetzung haben
pretax income Einkommen *n* vor Steuern

pretax profits *pl* Vorsteuergewinn *m*, Gewinn *m* vor Abzug der Steuern
pretence Vorspiegelung *f* • **under false pretences** unter Vorspiegelung falscher Tatsachen
pretend *v* behaupten, vortäuschen
pretermitted heir ≈ übergangener Erbe
pretext Vorwand *m*
pretrial *adj* ein Vorverfahren betreffend *(vor Beginn der Hauptverhandlung)*
pretrial checklist ≈ Fragebogen in Form eines Formulars, das jede Partei vor Beginn des Rechtsstreits beim zuständigen Gericht einreichen muss
pretrial conference Vorverfahren *n* *(mündliche Vorbesprechung des Gerichts mit den Rechtsanwälten, die häufig zu einem Vergleich führt)*
pretrial detention Untersuchungshaft *f*
pretrial hearing ≈ Güteverhandlung
pretrial motion ≈ Antrag auf Durchführung eines Vorverfahrens
pretrial review Vorverfahren *n*
prevail *v* herrschen, maßgebend sein, obsiegen
prevailing *adj* vorherrschend, üblich
prevailing case law die herrschende Meinung in der Rechtsprechung
prevailing party obsiegende Partei *f*
prevaricate *v* verheimlichen, Ausflüchte machen
prevarication Ausweichen *n*
prevent *v* verhindern
preventative detention Sicherungsverwahrung *f*
preventative measures *pl* vorbeugende Maßnahmen *fpl*
prevention Verhütung *f*, Vorbeugung *f*, Verhinderung *f*
preventive *adj* vorbeugend
preventive measure Präventivmaßnahme *f*, vorbeugende Maßnahme *f*
preventive medical examination vorbeugende ärztliche Untersuchung *f*
previous *adj* vorhergehend, früher
previous conviction Vorstrafe *f*
previous course of dealing vorherige Sachbehandlung *f (durch die Parteien)*
previously ascertained by law vorher auf gesetzlichem Wege ermittelt, vorher auf gesetzlichem Wege festgestellt
price *v* bewerten, auszeichnen *(mit Preis)*
price Preis *m*
price discrimination Preisdiskriminierung *f*, Preisdifferenzierung *f*
price earning ratio *(PER)* Kurs-Gewinn--Verhältnis *n*, KGV
price-fixing agreement Vereinbarung *f* zur Festlegung von Preisen
price index Preisindex *m*, Kursindex *m*
price regulation Preisregulierung *f*
price rise Preiserhöhung *f*, Preissteigerung *f*
pricing Preisgestaltung *f*
pricing ceiling Preisobergrenze *f*
prima facie *(Lat)* erster Anschein *m*
prima facie case ≈ Fall, in dem vom Anscheinsbeweis Gebrauch gemacht wurde
prima facie evidence Prima-facie-Beweis *m*, Glaubhaftmachung *f*
prima impressionis *(Lat)* Prima facie, erster Eindruck *m*
primacy Primat *n*, Vorrang *m*
primarily *adv* hauptsächlich
primary *adj* primär, hauptsächlich
primary *(AE)* Vorwahl *f (zur Nominierung der Kandidaten)*
primary source of law Hauptrechtsquelle *f*
prime *adj* 1. primär, grundlegend; 2. erst, Erst...; 3. wichtigst, Haupt...; 4. erstklassig, vorzüglich
prime minister Premierminister *m*, Ministerpräsident *m*
prime rate Leitzins *m*, Vorzugszins *m (für erstklassige Schuldner)*
principal 1. Dienstherr *m*, Geschäftsherr *m*, Vorgesetzter *m*; 2. Auftraggeber *m*; 3. Hauptschuldner *m*; 4. *(StrafR)* Hauptschuldiger *m*
principal register Hauptregister *n*
principality Fürstentum *n*
principally *adv* grundsätzlich, im Prinzip
principle Grundsatz *m*, Prinzip *n*
principle of good faith Grundsatz *m* des guten Glaubens, Grundsatz *m* von Treu und Glauben
principle of separation and abstraction Trennungs- und Abstraktionsprinzip *n*
principles *pl* **of equity** Equity-Prinzipien *npl (Prinzipien der Fairness und Gerechtigkeit)*
print *v* drucken
printout Ausdruck *m*
prior *adj* vorhergehend, früher, vorrangig

prior art Stand *m* der Technik
prior claim 1. früherer Anspruch *m*; 2. bevorrechtigte Forderung *f*
prior conviction vorherige Verurteilung *f*, Vorstrafe *f*
prior interest vorrangiges Interesse *n*
prior right vorrangiges [älteres] Recht *n*
prior sale Zwischenverkauf *m*
priority 1. Priorität *f*, Vorrang *m*, Vorzug *m*; 2. Vorfahrt *f (Straßenverkehr)*
priority claim ≈ ungesicherte Forderung, die bei Insolvenz anderen ungesicherten Forderungen vorgeht
prison Justizvollzugsanstalt *f*, JVA
prison sentence Freiheitsstrafe *f*, Gefängnisstrafe *f*
prisoner Gefangener *m*, Häftling *m*, Sträfling *m*
privacy Intimsphäre *f*, Privatsphäre *f*
private *adj* 1. privat; 2. persönlich
private bill Gesetzesantrag *m* im privaten [lokalen] Interesse
private company private, nichtöffentlich handelbare Kapitalgesellschaft *f (vergleichbar in D. mit der GmbH)*
private corporation Gesellschaft *f* des bürgerlichen Rechts
private detective Privatdetektiv *m*
private enterprise 1. Privatunternehmen *n*; 2. Privatwirtschaft *f*
private international law Internationales Privatrecht *n*, IPR
private law Privatrecht *n*, Zivilrecht *n*
private limited company ≈ Gesellschaft mit beschränkter Haftung, GmbH
private nuisance verbotene Eigenmacht *f*; Besitzstörung *f* des Einzelnen
private property Privatvermögen *n*, Privateigentum *n*
privately *adv* 1. privat, als Privatperson; 2. vertraulich; 3. freihändig
privatize *v* privatisieren, entstaatlichen
privilege 1. Privileg *n*, Vergünstigung *f*, Sonderrecht *n*; 2. *(InsolvenzR)* Gläubigervorrecht *n*; 3. Immunität *f*, Indemnität *f (Parlamentarier)*; 4. *(StrafprozessR)* Zeugnisverweigerungsrecht *n (Zeuge)*
privileged *adj* 1. privilegiert, bevorrechtigt; 2. vertraulich, vom Berufsgeheimnis umfasst *(Rechtsanwalt)*; 3. durch Immunität geschützt
privileged testimony *(StrafprozessR)* ≈ Aussage, die aufgrund eines Zeugnisverweigerungsrechts verweigert werden darf
privileges clause Vorrechte *npl* und Befreiungen *fpl (EU-Recht)*
privity 1. Mitwisserschaft *f*; 2. Interessengemeinschaft *f*; 3. Rechtsbeziehung *f*, Rechtsverhältnis *n*; 4. Rechtsgemeinschaft *f*
privity of contract unmittelbares Vertragsverhältnis *n*, vertragliches Treueverhältnis *n*
privity of estate 1. *(ErbR)* Erbengemeinschaft *f*; 2. *(SchuldR)* Pachtverhältnis *n*, Mietverhältnis *n*
privy *adj* 1. mitwissend; 2. vertraulich; 3. *(StrafR)* mitbeteiligt, mitschuldig
Privy Council *(BE)* Kronrat *m*
prize *v* schätzen
prize 1. Preis *m*, Prämie *f*, Auszeichnung *f*; 2. *(VölkerR)* Beute *f*; Prise *f*
pro forma *(Lat)* pro forma, fingiert, zum Schein
pro hac vice *(Lat)* nur für dieses eine Mal
pro indiviso *(Lat) (Scot)* für einen ungeteilten Teil; ≈ ungeteiltes Gesamthandseigentum
pro rata *(Lat)* anteilig, verhältnismäßig
pro se *adj (Lat)* persönlich *(nicht anwaltlich vertreten)*
pro tanto *(Lat)* insoweit, insofern
pro tempore *(Lat)* 1. vorläufig, zeitweilig; 2. stellvertretend
probability Wahrscheinlichkeit *f*
probable *adj* 1. wahrscheinlich; 2. glaubhaft
probable cause *(StrafR)* hinreichender Tatverdacht *m*
probate ≈ formelle Testamentsbestätigung und Bestellung des Testamentsvollstreckers *(durch das Gericht)*
probate court Nachlassgericht *n*
probation 1. Probezeit *f*; 2. *(StrafR)* Strafaussetzung *f* zur Bewährung
probationary *adj* 1. auf Probe eingestellt; 2. *(StrafR)* auf Bewährung
probationer 1. auf Probe Eingestellter *m*; 2. *(StrafR)* Täter *m* auf Bewährungsstrafe
probative *adj* zum Beweis dienend, beweisrechtlich
probe *v* untersuchen, ermitteln
probe Untersuchung *f*, Ermittlung *f*
problem Problem *n*, Schwierigkeit *f*
procedural *adj* prozessual, verfahrensrechtlich
procedural due process prozessual ordnungsgemäßes Verfahren *n*

procedural law Verfahrensrecht *n*
procedural unconscionability ≈ verfahrensrechtliche Unzumutbarkeit
procedure 1. Verfahren *n*, Prozess *m*; 2. Prozedere *n*, Handlungsweise *f*
proceed *v* 1. fortfahren, weitermachen; 2. verfahren, handeln
proceeding Verfahren *n*, Verfahrensart *f*, Prozess *m*, Rechtsstreit *m*
proceedings *pl* 1. Prozess *m*, Verfahren *n*; 2. Protokoll *n*, Sitzungsbericht *m*
proceeds *pl* Ertrag *m*, Erlös *m*, Einnahmen *fpl*
proceeds *pl* **of sale** Verkaufserlös *m*
process *v* 1. weiterverarbeiten, veredeln; 2. vorladen, gerichtlich vorgehen; 3. behandeln, bearbeiten
process 1. Ablauf *m*, Verlauf *m*; 2. Prozess *m*, Gerichtsverfahren *n*; 3. Bearbeitung *f*, Verarbeitung *f*, Veredelung *f*; 4. gerichtliche Anordnung *f*
process agent Zustellungsbevollmächtigter *m*
processing 1. Veredelung *f*, Weiterverarbeitung *f*; 2. Behandlung *f*, Aufbereitung *f*, Sachbearbeitung *f*
proclaim *v* 1. öffentlich bekannt geben, verkünden; 2. Aufruf erlassen; 3. *(WehrR)* Ausnahmezustand verhängen
proclamation 1. Verkündigung *f*, öffentliche Bekanntgabe *f*; 2. Aufruf *m*; 3. Verhängung *f* des Ausnahmezustands
procuration 1. Bevollmächtigung *f*, Vollmacht *f*, Prokura *f*; 2. Vollmachtsurkunde *f*; 3. Versorgung *f*, Beschaffung *f*; 4. Maklergebühr *f*
procurator 1. Bevollmächtigter *m*, Stellvertreter *m*; 2. Prozessbevollmächtigter *m*, Anwalt *m*
procurator-fiscal *(Scot)* Staatsanwalt *m*
procure *v* 1. besorgen, beschaffen; 2. *(StrafR)* verkuppeln
procurement Besorgung *f*, Beschaffung *f*, Vermittlung *f*
procuring Beschaffung *f*, Vermittlung *f*
produce *v* 1. herstellen, fabrizieren, produzieren, erzeugen, fertigen; 2. abwerfen, einbringen; 3. erbringen *(Beweis)*
product liability Produkthaftung *f*, Produzentenhaftung *f*
product misuse Produktmissbrauch *m*
production 1. Produktion *f*, Herstellung *f*, Fertigung *f*, Fabrikation *f*, Erzeugung *f*; 2. Vorlage *f*, Beibringung *f (von Dokumenten)*
production capacity Produktionskapazität *f*
productive *adj* produzierend, produktiv, ergiebig, leistungsfähig
products *pl* Produkte *npl*, Erzeugnisse *npl*, Fabrikate *npl*, Artikel *mpl*, Waren *fpl*
profession 1. Beruf *m*, Berufsstand *m*, freier Beruf *m*, Gewerbe *n*; 2. Erklärung *f*, Versicherung *f*
professional *adj* beruflich, berufsmäßig, fachmännisch, freiberuflich, akademisch
professional confidentiality berufliche Schweigepflicht *f*, Berufsgeheimnis *n*
professional corporation Unternehmensform *f* mit Rechtspersönlichkeit *(freie Berufe)*
professional courtesy berufliche Gefälligkeit *f*, berufliches Entgegenkommen *n*
professional disclaimer beruflicher Haftungsausschluss *m*
professional discretion Schweigepflicht *f*, Berufsgeheimnis *n*
professional ethics *pl* Standespflichten *fpl*, Standesregeln *fpl*, Standesethos *n*
professional etiquette Standesregeln *fpl*, Berufsehre *f*
professional indemnity insurance Berufshaftpflichtversicherung *f*
professional liability Anwaltshaftung *f*, Unternehmerhaftpflicht *f*
professional misconduct Kunstfehler *m*; standeswidriges Verhalten *n*
professional negligence *(DeliktsR)* Fahrlässigkeit *f* eines Berufsträgers
professional practice 1. Berufserfahrung *f*, Berufsausübung *f*; 2. Rechtsanwaltssozietät *f*
professional responsibility Haftung *f* eines Berufsträgers
professional services *pl* freiberufliche Dienstleistungen *fpl*
professional standards *pl* berufsethische Grundsätze *mpl*, Standesanforderungen *fpl*
professional training berufliche Weiterbildung *f*
proficiency Kenntnisse *fpl*, Fertigkeit *f*
profit 1. Gewinn *m*, Ertrag *m*, Einkünfte *pl*, Rendite *f*; 2. Vorteil *m*, Nutzen *m*
profit à prendre *(Fr) (GrundstücksR)* subjektiv-persönliche Reallast *f (Nut-*

zungs- und Entnahmerecht am fremden Grundstück)
profit-and-loss account *(BE)* Erfolgskonto *n*, Gewinn- und Verlustrechnung *f*
profit-and-loss statement *(AE)* Gewinn- und Verlustrechnung *f*
profit margin Gewinnspanne *f*
profitability Profitabilität *f*, Wirtschaftlichkeit *f*, Rentabilität *f*
profitable *adj* einträglich, lohnend, rentabel
profiteer Geschäftemacher *m*, Schwarzhändler *m*
profiteering Geschäftemacherei *f*, Schwarzhandel *m*
program *(AE) s.* programme
programing *(AE) s.* programming
programme *v (BE)* programmieren
programme *(BE)* 1. Programm *n*, Plan *m*, Tagesordnung *f*; 2. Sendung *f*; 3. Computerprogramm *n*
programming *(BE)* Programmierung *f*, Optimierung *f*
progress *v* fortschreiten, vorankommen, sich weiterentwickeln
progress Verbesserung *f*, Fortschritt *m*, Weiterentwicklung *f*
prohibit *v* untersagen, verbieten
prohibited *adj* untersagt, verboten, unzulässig
prohibition 1. Verbot *n*, Untersagung *f*; 2. Prohibition *f*, Alkoholverbot *n*
prohibition notice Untersagungsbescheid *m*
prohibition officer Bewährungshelfer *m*
prohibitive *adj* 1. verbietend, untersagend; 2. unerschwinglich
prohibitory *adj* ein Verbot betreffend
prohibitory injunction *(ZivilprozessR)* Unterlassungsverfügung *f (Gericht)*
prohibitory order *(BE)* Untersagungsanordnung *f (durch die US-Post gegenüber einem Versender auf Verlangen durch den Empfänger)*
project *v* 1. projizieren; 2. planen, beabsichtigen
projection 1. Planung *f*; 2. Prognose *f*, Vorhersage *f*; 3. *(BauR)* Vorbau *m (Gebäude)*
prolongation Verlängerung *f*, Aufschub *m*
prolongation of a bill *(WechselR)* Prolongierung *f* eines Wechsels
promiscuity Promiskuität *f*
promise *v* versprechen, zusagen, zusichern, sich verpflichten
promise Versprechen *n*, Zusage *f*, Zusicherung *f*, Verpflichtung *f*
promisee Versprechensempfänger *m*, Berechtigter *m*
promisor Versprechender *m*, Zusichernder *m*, Aussteller *m* eines Schuldscheins, Verpflichteter *m*
promissory estoppel ≈ Verwirkung des Rechts, eine zu einem früheren Versprechen im Widerspruch stehende Forderung durch Klage geltend zu machen
promissory note 1. Schuldschein *m*, schriftliches Versprechen *n*; 2. *(WechselR)* Eigenwechsel *m*, Eigenakzept *n*
promote *v* 1. vermarkten, werben; 2. befördern *(Karriere)*; 3. befürworten, unterstützen, fördern; 4. initiieren, einbringen *(einen Gesetzesentwurf)*; 5. *(GesellschaftsR)* gründen *(Unternehmen)*
promoter 1. Organisator *m*, Veranstalter *m*; 2. Befürworter *m*, Förderer *m*; 3. *(GesellschaftsR)* Gründer *m (Unternehmen)*; 4. Urheber *m*, geistiger Vater *m (einer Idee)*; 5. *(StrafR)* Anstifter *m*
promotion 1. Reklame *f*, Werbung *f*; 2. Befürwortung *f*, Förderung *f*, Unterstützung *f*; 3. Beförderung *f (Karriere)*; 4. *(GesellschaftsR)* Gründung *f (Unternehmen)*
promotional *adj* 1. Werbe..., Sonder...; 2. Beförderungs...
promotional *adv* 1. werbend; 2. begünstigend, fördernd
prompt *v* veranlassen, antreiben, verleiten, beeinflussen
prompt *adj* 1. sofortig, unverzüglich, prompt; 2. bar *(Zahlung)*
prompt notice 1. umgehende Mitteilung *f*; 2. sofortige Kündigung *f*
promptly *adv* umgehend, sofort
promulgate *v* 1. (öffentlich) bekannt machen; 2. ausfertigen, verkünden *(ein Gesetz)*
promulgation 1. öffentliche Bekanntmachung *f*; 2. Verkündigung *f*, Ausfertigung *f (eines Gesetzes)*
prone *adj* anfällig, empfindlich, empfänglich
pronounce *v* fällen, entscheiden, verkünden
pronouncement Verkündung *f (eines Urteils)*

proof 1. Beweis *m*, Beweisaufnahme *f*; 2. Nachweis *m*, Beleg *m*
proof of ability Befähigungsnachweis *m*
proof of damage Schadensnachweis *m*
proof of guilt Schuldbeweis *m*
proof of nationality Staatsangehörigkeitsnachweis *m*, Staatsangehörigkeitszeugnis *n*
propensity Neigung *f*, Bereitschaft *f*
proper *adj* 1. geeignet, angemessen; 2. ordnungsgemäß, sachgemäß; 3. zuständig *(Stelle)*
proper handling ordnungsgemäße Verwendung *f*
property 1. Eigentum *n*, Eigentumsrecht *n*, Vermögen *n*, Vermögensgegenstand *m*; 2. *(GrundstücksR)* Grundstück *n*, Grundbesitz *m*; 3. Beschaffenheit *f*, Eigenschaft *f*
property management Grundstücksverwaltung *f*, Hausverwaltung *f*
property register *(GrundstücksR)* Bestandsverzeichnis *n (Grundbuch)*
proponent Antragsteller *m*
proportion 1. Verhältnis *n*, Proportion *f*; 2. Ausmaß *n*, Umfang *m*, Anteil *m*
proportional *adj* ausgeglichen, proportional, verhältnismäßig, anteilsmäßig
proposal 1. Vorschlag *m*; 2. *(VertragsR)* Antrag *m*, Angebot *n*
propose *v* 1. vorschlagen; 2. beantragen; 3. aufstellen, nominieren *(einen Kandidaten)*
proposition 1. Vorschlag *m*; 2. *(VertragsR)* Antrag *m*, Angebot *n*
proprietary *adj* vermögensrechtlich, gesetzlich geschützt, das Eigentum betreffend
proprietary article Markenartikel *mpl*
proprietary goods *pl* Markenwaren *fpl*
proprietary limited ≈ Proprietary Limited, ≈ australische Erscheinungsform einer Gesellschaft mit beschränkter Haftung
proprietary name Markenname *m*, gesetzlich geschützter Name *m*
proprietary right Eigentumsrecht *n*
proprietor Eigentümer *m*, Inhaber *m*
proprietorship Eigentum *n*, Inhaberschaft *f (an Rechten)*
proprietress Eigentümerin *f*, Inhaberin *f (von Rechten)*
propriety Angemessenheit *f*, Anstand *m*, Richtigkeit *f*
prorogation 1. Vertagung *f*, Prorogation *f*; 2. Gerichtsstandsvereinbarung *f*
prorogue *v* (sich) vertagen
proscribe *v* verbieten, verurteilen; ächten, verbannen
proscription Verbot *n*, Ächtung *f*, Verbannung *f*
prosecute *v* 1. *(StrafR)* anklagen, strafrechtlich verfolgen; 2. betreiben
prosecution 1. *(StrafR)* Staatsanwaltschaft *f*, Anklagevertreter *m*; 2. *(StrafprozessR)* Strafverfolgung *f*, Anklageerhebung *f*
prosecutor Staatsanwalt *m*, Ankläger *m*, Vertreter *m* der Anklage
prospect 1. Aussicht *f*, Erwartung *f*; 2. Interessent *m*, potenzieller Kandidat *m* [Kunde *m*]
prospectus Prospekt *m*, Werbeschrift *f*
prosper *v* blühen, prosperieren
prosperity Wohlstand *m*, Prosperität *f*
prosperous *adj* blühend, erfolgreich
prostitute Prostituierte *f*, Dirne *f*
prostitution Prostitution *f*
protect *v* schützen, beschützen
protection 1. Sicherung *f*, Sicherstellung *f*, Abwehr *f*; 2. *(WechselR)* Wechselhonorierung *f*; 3. Bestechungsgeld *n (an einen Polizisten)*; 4. Schutzgeld *n (Erpressung)*; 5. *(VersR)* Versicherungsschutz *m*; 6. *(ZollR)* Schutzzoll *m*
protection from seizure *(Zwangsvollstreckungs R)* Vollstreckungsschutz *m*
protectionism Protektionismus *m*, Schutzzollpolitik *f*
protective *adj* 1. schützend; 2. *(ZollR)* protektionistisch
protest *v* protestieren, Einspruch erheben [einlegen], einwenden
protest 1. Einspruch *m*, Widerspruch *m*, Protest *m*; 2. *(WechselR)* Wechselprotest *m*; 3. *(HandelsR)* Reklamation *f* • **under protest** unter Vorbehalt [Protest]
protested *(WechselR)* zu Protest gegangen *(Wechsel)*
protesting *(WechselR)* Protestaufnahme *f (Wechsel)*
protocol Protokoll *n*, Sitzungsbericht *m*, Niederschrift *f*
prove *v* 1. beweisen, bestätigen; 2. beurkunden, beglaubigen; 3. prüfen, überprüfen; 4. *(InsolvenzR)* anmelden *(Insolvenzforderung)*

proved *adj* 1. bewiesen; 2. beglaubigt; 3. geprüft, erprobt
proven *adj* nachgewiesen, erbracht
provide *v* 1. liefern, besorgen, beschaffen; 2. bestimmen, festsetzen, vorsehen *(Regelung)*; 3. bereitstellen, anweisen *(Geld)*
provide *v* **details** Einzelheiten festlegen
provided vorausgesetzt, unter der Bedingung, dass
province 1. Gebiet *n*, Region *f*; 2. Amtsbereich *m*, Geltungsbereich *m*; 3. Tätigkeitsbereich *m*, Aufgabenbereich *m*, Ressort *n*
provincial *adj* provinziell, regional, aus der Provinz [Region]
proving a will Testamentseröffnung *f*
provision 1. Versorgung *f*, Beschaffung *f*, Vorrat *m*; 2. Vorschrift *f*, Bestimmung *f*, Regelung *f*, Verordnung *f*, Verfügung *f*; 3. Vorsorge *f (Zukunft)*; 4. *(WertpapierR)* Rückstellung *f*, Wertberichtigung *f*
provisional *adj* provisorisch, vorläufig, einstweilig
provisional order 1. vorläufige Anordnung *f*; 2. vorläufige Verordnung *f (einer Behörde)*
provisional patent application *(PPA)* Absicherungspatent *n*
provisionally *adv* provisorisch, kommissarisch
proviso Vorbehaltsklausel *f*, einschränkende Bestimmung *f*
provocateur Provokateur *m*
provocation Provokation *f*, Herausforderung *f*
provoke *v* provozieren, herausfordern
provost marshal 1. *(WehrR)* Kommandeur *m* der Militärpolizei; 2. *(WehrR)* Leiter *m* der Militärgefängnisbehörde
prowling Herumtreiben *n*, Vagabundieren *n*
proximate *adj* benachbart, unmittelbar
proximate cause 1. unmittelbare Ursache *f*; 2. ursächlicher Zusammenhang *m*, Kausalzusammenhang *m*
proximate time zeitlich am nächsten kommend *(Tatzeit)*
proxy 1. Stellvertreter *m*, Stimmrechtsbevollmächtigter *m*; 2. Stellvertretung *f*, Vollmacht *f*; 3. Vollmachtsurkunde *f*
proxy fight *(GesellschaftsR)* ≈ Versuch der Aktionäre, Opposition gegen einige Aspekte der Geschäftsführung durch Einsatz der proxy votes auszuüben
PRP *s.* potentially responsible party
prudence Umsicht *f*, Sorgfalt *f*
prudent *adj* vorsichtig, sorgfältig
PTO *s.* 1. Patent and Trademark Office; 2. please turn over
public *adj* 1. öffentlich, allgemein; 2. staatlich, staatsbürgerlich, öffentlich--rechtlich
public act 1. öffentliche Urkunde *f*; 2. Gesetz *n* allgemeinen Inhalts
public administrator gerichtlich bestellter Nachlassverwalter *m*
public bill Regierungsvorlage *f*
public body öffentlich-rechtliche Körperschaft *f*; Anstalt *f* des öffentlichen Rechts
public company Aktiengesellschaft *f*
public corporation 1. *(AE)* öffentlich--rechtliche Körperschaft *f*, juristische Person *f* des öffentlichen Rechts; 2. *(AE)* Publikumsgesellschaft *f*; 3. *(BE)* Wirtschaftsunternehmen *n* der öffentlichen Hand
public defender Pflichtverteidiger *m*, Offizialverteidiger *m*
public disturbance Unruhe *f*
public domain 1. Gemeingut *n*, öffentliches Eigentum *n*, frei verfügbare Informationen *fpl* [Daten *pl*] *(im Internet)*; 2. *(AE)* staatlicher Grundbesitz *m*
public emergency öffentlicher Notstand *m*
public funding Finanzierung *f* durch öffentliche Kassen, öffentliche Gelder *npl*
public health öffentliches Gesundheitswesen *n*
public holiday gesetzlicher Feiertag *m*
public interest öffentliches Interesse *n*, Staatsinteresse *n*, Gemeinwohl *n*
public interest immunity *(PII)* ≈ Prinzip des englischen Common Law, nach dem die englischen Gerichte eine Anordnung erlassen können, die einer Partei erlaubt, gegenüber der anderen Partei Beweise nicht offen zu legen, deren Offenlegung dem öffentlichen Interesse schadet
public international law Völkerrecht *n*
public law öffentliches Recht *n*
public limited company *(plc) (BE)* Aktiengesellschaft *f*, AG, Publikumsgesellschaft *f*
public mischief grober Unfug *m*
public notice öffentliche Bekanntmachung *f*
public nuisance öffentliches Ärgernis *n*,

Störung *f* der öffentlichen Sicherheit und Ordnung
public obscenity öffentliche Unzucht *f*
public observance öffentliche Beachtung *f*
public offer of a reward staatliche [öffentliche] Aussetzung *f* einer Belohnung
public opinion öffentliche Meinung *f*
public order öffentliche Sicherheit *f* und Ordnung *f*
public ownership Staatseigentum *n*, Eigentum *n* der öffentlichen Hand
public policy öffentliches Interesse *n*, Gemeinwohl *n*
public prosecutor Staatsanwalt *m*
public relations *pl* Öffentlichkeitsarbeit *f*, Kontaktpflege *f*
public sector öffentliche Hand *f*
public securities *pl* Staatsobligationen *fpl*, Obligationen *fpl* der öffentlichen Hand
public service öffentlicher Dienst *m*, Staatsdienst *m*
public trustee Treuhänder *m*
public utility Verkehrs- und Versorgungsbetrieb *m*, Unternehmen *n* der öffentlichen Versorgung *(mit Strom, Gas, Wasser usw.)*
publication 1. Veröffentlichung *f*, Bekanntmachung *f*; 2. (gegenüber Dritten geäußerte) Beleidigung *f*; 3. *(ErbR)* Testamentserrichtung *f* unter Zeugen; 4. *(ProzessR)* öffentliche Zustellung *f*
publici juris *(Lat)* eines Rechts der Öffentlichkeit
published work erschienenes Werk *n*
publisher Verleger *m*, Verlag *m*, Herausgeber *m*
puisne *adj* rangniedriger, beisitzend *(Richter)*
puisne judge rangniederer Richter *m*, Beisitzer *m*
punctual *adj* pünktlich
punish *v* strafen, bestrafen
punishable *adj* strafbar, strafwürdig
punishment Strafe *f*, Bestrafung *f*
punitive *adj* Strafe betreffend, Straf…
punitive damages *pl (AE)* ≈ Ersatz des tatsächlichen Schadens zuzüglich einer Zivilstrafe, ≈ Schadensersatz mit Strafcharakter, ≈ Strafschadensersatz
pupil *(BE)* 1. neu zugelassener Barrister *m*; 2. Praktikant *m*
pupillage 1. Unmündigkeit *f*, Minderjährigkeit *f*; 2. *(BE)* Ausbildungszeit *f*, Lehrzeit *f (insbesondere des neu zugelassenen Barristers)*
purchase *v* 1. kaufen, erwerben, anschaffen; 2. *(fig.)* bestechen
purchase Kauf *m*, Erwerb *m*, Anschaffung *f*
purchaser Käufer *m*, Erwerber *m*, Abnehmer *m*, Bezieher *m*
purchasing agent Einkäufer *m*, Einkaufsleiter *m*, Zwischenhändler *m*
purchasing power parity *(PPP)* Kaufkraftparität *f*
purge *v* 1. säubern, reinigen; 2. *(StrafprozessR)* freisprechen; 3. beseitigen, ausschließen *(aus der Partei)*
purloin *v* stehlen, entwenden
purport 1. Vorhaben *n*, Absicht *f*; 2. Inhalt *m*, Sinn *m (eines Dokuments)*
purpose Ziel *n*, Absicht *f*, Vorhaben *n*, Zweck *m*
pursuance Anwendung *f*
pursuant gemäß, laut, nach
pursuant to in Übereinstimmung mit, im Sinne von, gemäß
pursue *v* 1. verfolgen; 2. weiterführen, fortsetzen, betreiben
pursuer *(Scot)* Verfolger *m*, Kläger *m*
pursuit Verfolgung *f*, Beschäftigung *f*, Ausübung *f*, Streben *n*
purvey *v* versorgen, beliefern
purview 1. Wirkungskreis *m*, Tätigkeitsfeld *n*, Aufgabengebiet *n*; 2. Geltungsbereich *m (eines Gesetzes)*; 3. gesetzgeberische Absicht *f*
put *v* setzen, stellen, legen
put *v* **away** 1. einsperren, in eine Anstalt verbringen; 2. verpfänden, versetzen; 3. sparen, zurücklegen *(Geld)*
put *v* **back** 1. wiederherstellen, in den ursprünglichen Zustand zurückversetzen; 2. zurücklegen *(Geld)*; 3. *(fig.)* verzögern
put *v* **down** 1. niederschreiben, aufschreiben; 2. niederschlagen, unterdrücken *(einen Aufstand)*; 3. beleidigen, demoralisieren, entwürdigen; 4. vormerken; 5. einen Vorrat anlegen
put *v* **forward** vorbringen, vorlegen, unterbreiten
put *v* **in** 1. erheben *(Anspruch)*; 2. anstellen, einstellen *(Personal)*; 3. vorlegen, einreichen *(Unterlagen)*
put *v* **in to** hineinlegen, einlegen
put *v* **off** 1. aufschieben, vertagen; 2. auslaufen *(Schiff)*

put *v* **on** 1. aufschlagen *(auf den Preis)*; 2. einführen, lancieren
put *v* **out** 1. hinauswerfen, entlassen; 2. herstellen, produzieren
put *v* **through** ausführen, durchführen
put *v* **up** 1. erhöhen, heraufsetzen *(den Preis)*; 2. aufbringen *(Geld)*; 3. anbieten *(zum Verkauf)*; 4. unterkommen, logieren; 5. kandidieren; 6. einreichen, vorbringen *(ein Gesuch)*; 7. sich bewerben
put *(BörsenR)* Verkaufsoption *f*, Rückprämie *f*
put option Verkaufsoption *f*
putative *adj* mutmaßlich, vermeintlich
putative father mutmaßlicher Vater *m*
pyramid scheme ≈ sofortige Wiederanlage von Spekulationsgewinnen, Schneeballsystem *(Schema, bei dem die Einlagen von neuen Mitgliedern zur Finanzierung der Erträge der älteren Mitglieder verwendet werden)*
pyramid selling Schneeballverkaufssystem *n*
pyramiding 1. Verschachtelung *f*; 2. finanzielle Monopolstellung *f*; 3. Benutzung *f* noch nicht realisierter Gewinne zu neuen Spekulationen

Q

QC *s.* Queen's Counsel
QDOT trust *s.* qualified domestic trust
QTIP trust *s.* qualified terminable interest property trust
quadruplicate *adj* vierfach • **in quadruplicate** in vierfacher Ausfertigung
quaeitur *(Lat)* man fragt sich, es ist die Frage
qualification 1. Qualifikation *f*, Befähigung *f*, Eignung *f*; 2. *(IPR)* Qualifikation *f (Einordnung einer Rechtsfrage unter die maßgebliche Kollisionsnorm)*; 3. Einschränkung *f*, Vorbehalt *m* • **subject to qualification** Änderung vorbehalten • **without qualification** ohne Einschränkung, vorbehaltlos
qualification procedure Zulassungsverfahren *n*
qualification test Eignungsprüfung *f*
qualified *adj* 1. qualifiziert, befähigt, geeignet; gebildet, ausgebildet; 2. eingeschränkt, bedingt
qualified acceptance Annahme *f* unter Vorbehalt
qualified domestic trust *(QDOT trust)* ≈ Qualified Domestic Trust *(Trust, der dazu benutzt wird, Erbschaftsteuer zeitlich aufzuschieben, wenn mehr als die Summe des persönlichen Bundeserbschaftsteuerfreibetrags von einem Ehegatten gegenüber seinem Ehegatten, der nicht US-Bürger ist, vererbt wird)*
qualified endorsement [indorsement] eingeschränktes Indossament *n*
qualified lawyer zugelassener Rechtsanwalt *m*
qualified majority qualifizierte Mehrheit *f*
qualified privilege eingeschränkte Indemnität *f*
qualified terminable interest property trust *(QTIP trust)* ≈ Trust, durch den der überlebende Ehegatte das Trusteigentum steuerfrei nutzen kann. Die Steuern werden aufgeschoben, bis der überlebende Ehegatte stirbt und das Trusteigentum dem endgültigen Trustbegünstigten zufällt, der vom erstversterbenden Ehegatten ernannt wurde.
qualify *v* qualifizieren, befähigen, berechtigen; die nötigen Voraussetzungen erfüllen; sich qualifizieren
qualify *v* **for the profession** die Befähigung für einen Beruf besitzen
qualitative *adj* qualitativ
quality Qualität *f*, Eigenschaft *f*, Beschaffenheit *f*
quality control Qualitätskontrolle *f*, Gütekontrolle *f*
quality management Qualitätsmanagement *n*
quality or fitness Qualität *f* oder Tauglichkeit *f*
quality standards *pl* Qualitätsnormen *fpl*
quango *s.* quasi-autonomous non-governmental organization
quantity Menge *f*, Quantität *f*
quantity of an estate Dauer *f* eines Rechts an einer Immobilie
quantum Quantum *n*, Maß *n*, Betrag *m*
quantum meruit *(Lat)* angemessene Vergütung *f*
quantum of damages Entschädigungssumme *f*, Schadensersatz *m*
quarantine Quarantäne *f*
quarantine regulations *pl* Quarantänebestimmungen *fpl*

quarter *adj* Viertel..., vierteljährlich, quartalsmäßig
quarter 1. Viertel *n*; Vierteljahr *n*, Quartal *n*; 2. Viertelzentner *m*; 3. Vierteldollar *m*
quarter day Quartalstag *m*; Mietzahltag *m*
quarter of the year Vierteljahr *n*
quarterly *adv* vierteljährlich, quartalsweise
quarterly payment Quartalszahlung *f*, vierteljährliche Zahlung *f*
quash *v* 1. aufheben, kassieren *(ein Urteil)*; 2. abweisen *(eine Klage)*; 3. annullieren *(eine Wahl)*; 4. einstellen *(das Verfahren)*
quashing order *(BE)* Anordnung *f* der Aufhebung
quasi-... quasi...; scheinbar; ...ähnlich
quasi-agreement Quasivereinbarung *f*, Quasivertrag *m*
quasi-autonomous non-governmental organization *(quango)* halbstaatliche Organisation *f*
quasi-community property quasi gemeinschaftliches Eigentum *n* (von Ehegatten) *(wenn ein Ehepaar vom Güterstand des nichtgemeinschaftlichen Eigentums in den Güterstand des gemeinschaftlichen Eigentums wechselt, kann das im Güterstand des nichtgemeinschaftlichen Eigentums gemeinsam erworbene Eigentum als quasi gemeinschaftliches Eigentum angesehen werden)*
quasi-company Quasigesellschaft *f*
quasi-contract Quasivertrag *m*, vertragsähnliches Schuldverhältnis *n*
quasi-judicial functions ≈ richterähnliche Funktionen
quasi-official *adj* halbamtlich, inoffiziell
queen Königin *f*
Queen's Bench Division Queen's Bench Division *(Abteilung des High Court für allgemeine streitige Zivilsachen)*
Queen's Counsel *(QC)* ≈ Kronanwalt *(Titel, der an besonders erfahrene und erfolgreiche Rechtsanwälte, in der Regel Barristers als offizielle Anerkennung durch den Staat verliehen wird)*
querulous *adj* querulatorisch
query *v* beanstanden, infrage stellen
query (unangenehme) Frage *f*, Rückfrage *f*, Beanstandung *f*, Zweifel *m*
question *v* befragen, vernehmen, verhören; bezweifeln
question Frage *f*, Anfrage *f* • **beg the question** der Frage ausweichen • **in question** fraglich, in Frage stehend, vorliegend • **out of question** außer Frage • **put a question** eine Frage zur Abstimmung stellen *(Parlament)* • **raise the question** die Frage aufwerfen
question in dispute strittige Frage *f*
question of fact Tatfrage *f*, Tatsachenfrage *f*
question of law Rechtsfrage *f*
questioning Vernehmung *f*, Verhör *n*, Befragung *f*
questionnaire Fragebogen *m*
queue Schlange *f*, Kolonne *f*
quid pro quo *(Lat)* als Gegenleistung
quiet *adj* leise, ruhig; ungestört
quiet enjoyment ungestörter Genuss *m*, ungestörte Ausübung *f*
quiet possession ungestörter Besitz *m*, Besitz *m* frei von Rechten Dritter
quintuplicate *v* fünffach ausfertigen
quit *v* 1. aufhören, aufgeben; verzichten; 2. verlassen, ausziehen
quit deed Grundstücksübertragungsurkunde *f*
quit rate Kündigungsprozentsatz *m*
quitclaim Verzicht *m*
quitclaim deed 1. Verzichtserklärung *f*; 2. Grundstückskaufvertrag *m* mit Ausschluss der Rechtsmängelhaftung
quitclose trust Quitclose Trust *m (Trust, der dem Trustgeber zufällt, wenn Eigentum für einen besonderen Zweck vorgesehen wird und dieser Zweck nicht erreicht wird)*
quittance Quittung *f*; Entlastung *f*
quorate *adj (BE)* beschlussfähig
quorum Quorum *n*, beschlussfähige Anzahl *f*, Mindestzahl *f*
quota Quote *f*, Anteil *m*; Kontingent *n*
quotation 1. Zitat *n*, zitierte Stelle *f*; 2. *(BörsenR)* Notierung *f*
quote *v* angeben, anführen, zitieren

R

race discrimination Rassendiskriminierung *f*
race relations *pl* Beziehungen *fpl* zwischen den Rassen
race riot Rassenaufruhr *m*
racial *adj* die Rasse betreffend

racial discrimination Rassendiskriminierung *f*, Benachteilung *f* aufgrund der Rasse [Ethnizität]
racial equality Rassengleichheit *f*
racial segregation Rassentrennung *f*
racism Rassismus *m*
racist Rassist *m*
racket 1. Erpressung *f*; Schiebung *f*; Schwindel *m*; 2. unlautere Geschäftsmethode *f*
racketeer Erpresser *m*; Schieber *m*; Gangster *m*
racketeering organisierte Erpressung *f*, Schutzgelderpressung *f*; Gaunereien *fpl*
rackrent Maximalmiete *f*; Wuchermiete *f*
radical *adj* radikal, drastisch; tiefgreifend
raid *v* einfallen, überfallen; eine Polizeirazzia veranstalten
raid *v* **a property** *(PolizeiR)* eine Razzia auf einem Anwesen veranstalten
raid Einfall *m*, Überfall *m*; Razzia *f*; Angriff *m*
raider Bankräuber *m*, Einbrecher *m*, Gangster *m*
raise *v* 1. aufbringen; aufheben; aufwiegen; 2. steigern, erhöhen; 3. erheben, geltend machen; aufwerfen
raise *v* **a claim** eine Forderung geltend machen, einen Anspruch erheben
raise *v* **a tax** eine Steuer erheben
raise *v* **an objection** einen Einwand erheben [vorbringen]
raise *v* **funds for a corporation** Geldmittel für eine Vereinigung [Organisation] einwerben [sammeln]
raise Erhöhung *f*, Aufbesserung *f (Gehalt)*
rake *v* **off profits** Gewinnanteile [Provisionen] abschöpfen
range 1. Bereich *m*, Umfang *m*; 2. Auswahl *f*; Sortiment *n*; 3. Schwankung *f*
rank *v* 1. rangieren, eine Stelle einnehmen; 2. einordnen, einreihen
rank *v* **concurrently** von gleichem Rang sein, gleichrangig sein
rank *v* **pari passu** von gleichem Rang sein, gleichrangig sein
rank 1. Grad *m*, Rang *m*, Position *f*; 2. Reihe *f*, Linie *f*
ranking of claims Rangfolge *f* der Forderungen
ransom *v* freikaufen
ransom Freikauf *m*; Lösegeld *n*
rap *(AE; ugs.)* Strafe *f*, Freiheitsstrafe *f* • **take the rap** bestraft werden
rape *v* vergewaltigen
rape Vergewaltigung *f*
rapporteur Berichterstatter *m (Gerichtsverfassungsrecht)*
rate *v* einstufen, klassifizieren, bewerten; veranlagen; schätzen
rate *v* **the value for taxation** den Wert zwecks Steuerfestsetzung schätzen
rate Kommunalsteuer *f*, Gemeindeabgabe *f*
rate of interest Zinssatz *m*
rateability 1. Absetzbarkeit *f*; 2. Steuerpflicht *f*, Abgabepflicht *f*
rateable *adj* 1. abschätzbar; anteilsmäßig; 2. steuerpflichtig, abgabepflichtig
rated *adj* eingestuft, bewertet; geschätzt, besteuert
ratification Ratifizierung *f*; Genehmigung *f*, Bestätigung *f*
ratify *v* ratifizieren; genehmigen, bestätigen
ratify *v* **a contract** *(VölkerR)* einen Vertrag ratifizieren
ratify *v* **a treaty** *(VölkerR)* einen Vertrag ratifizieren
rating 1. Einstufung *f*, Schätzung *f*, Bewertung *f*; 2. *(SteuerR)* Besteuerung *f*, Tarifierung *f*
ratio Quote *f*, Verhältnis *n*; Koeffizient *m*
ratio decidendi *(Lat)* Entscheidungsgründe *mpl*
ration Ration *f*, Zuteilung *f*
rational *adj* rational, zweckmäßig
rationalization Rationalisierung *f*
R&D *s.* research and development
re 1. Angelegenheit *f*, Sache *f*; 2. Betreff *m (Briefkopf)*
re-allocation 1. Neuverteilung *f*; 2. *(ArbeitsR)* Umplatzierung *f*, Umsetzung *f*
re-election Wiederwahl *f*, erneute Wahl *f*
re-enactment Wiederinkraftsetzung *f*
re-enter *v* 1. wieder in Besitz nehmen, wieder eintreten; 2. neu eintragen
re-enter *v* **real property** Grundbesitz wieder in Besitz nehmen; Immobilienvermögen neu eintragen
re-entry Wiederinbesitznahme *f*; Wiedereintritt *m*; Neueintragung *f*
re-establish *v* wieder herstellen, wieder aufnehmen
re-examination erneute Prüfung *f*; weitere Vernehmung *f*
re-examine *v* erneut prüfen; weiterhin vernehmen

re-export *v* wieder ausführen, reexportieren

re-export clause Wiederausfuhrklausel *f*, Reexportklausel *f*

reach *v* erreichen; erzielen

reach *v* **a decision** zu einer Entscheidung gelangen

reach *v* **an agreement** eine Einigung erzielen

reach Reichweite *f*, Bereich *m*

read *v* **the Riot Act** die Menge öffentlich verwarnen, die Demonstranten zu friedlichem Auseinandergehen auffordern

reading Auslegung *f*; Lesung *f*; Wortlaut *m*

reading of a bill Lesung *f* eines Gesetzesentwurfs *(Parlament)*

ready-made company Vorratsgesellschaft *f*, Mantelgesellschaft *f*

reaffirmation agreement *(InsolvenzR)* ≈ Vereinbarung zwischen dem Gläubiger und dem Schuldner, die die Entlastung von einer Schuld regelt, die sonst im anhängigen Insolvenzverfahren aufgehoben würde

real *adj* 1. tatsächlich, effektiv, real; 2. dinglich, Immobiliar…

real action dingliche Klage *f*, Klage *f* aus dem Eigentum

real burden *(Scot)* Grundstücksbelastung *f*, Reallast *f*

real chattels *pl* Rechte *npl* an einem Grundstück unterhalb des Eigentums *(z. B. Hypothek, Grunddienstbarkeit)*

real contract Vertrag *m* über Grundbesitz

real earnings *pl* Realeinkommen *n*

real estate Grundbesitz *m*, Grundeigentum *n*, Grundstück *n*, Immobilie *f*, unbewegliches Vermögen *n*

real estate agency Maklerfirma *f*, Maklerunternehmen *n*

real estate agent Makler *m*, Immobilienmakler *m*

real estate tax Grundsteuer *f*

real property Grundvermögen *n*, Immobilien *fpl*

realizable *adj* 1. realisierbar; 2. veräußerbar, verwertbar, erzielbar

realization 1. Realisierung *f*, Verwertung *f*, Veräußerung *f*, Liquidation *f*; 2. Erkenntnis *f*

realization of a pledge Pfandverwertung *f*, Pfandverkauf *m*

realization of a sale 1. Durchführung *f* eines Verkaufs; 2. Veräußerungsgewinn *m*

realize *v* 1. realisieren, verwerten, veräußern, liquidieren; 2. erzielen; 3. verstehen, erkennen

reallocate *v* umverteilen, neu verteilen, neu zuordnen

realm Reich *n*, Bereich *m*, Gebiet *n*

realtor *(AE)* Immobilienmakler *m*, Grundstücksmakler *m*

realty Grundbesitz *m*, Grundeigentum *n*, Grundstück *n*, Immobilie *f*

reappear *v* wiedererscheinen, wiederauftauchen

reapply *v* sich erneut bewerben, wieder kandidieren

reason *v* begründen, argumentieren

reason 1. Begründung *f*, Argumentation *f*, Grund *m*, Anlass *m*; 2. Vernunft *f* • **for good reason** mit guten Gründen

reasonable *adj* vernünftig, angemessen, zumutbar, gerechtfertigt

reasonable care Sorgfalt *f* eines gewissenhaften Kaufmanns; angemessene Sorgfalt *f*

reasonable diligence angemessene [zumutbare] Sorgfalt *f*

reasonable doubt/beyond außer jeden Zweifels, zweifelsohne, zweifellos

reasonable endeavo(u)rs *pl*/**all** alle zumutbaren Mühen *fpl*, alle vertretbaren Bemühungen *fpl*

reasonable force angemessene Gewalt *f*, gerechtfertigte Gewalt *f*

reasonable grounds *pl* stichhaltige [gute] Gründe *mpl*

reasonable notice 1. zumutbare Kenntnis *f*; 2. angemessene Kündigungsfrist *f*, Frist *f*

reasonable person vernünftiger Mensch *m*, verständige Person *f*

reasonable person standard Standard *m* eines vernünftigen Menschen

reasonable suspicion hinreichender Verdacht *m* [Tatverdacht *m*]

reasoning Begründung *f*, Argumentation *f*; Schlussfolgerung *f*

reasoning of the court Begründung *f* [Argumentation *f*] des Gerichts

reassess *v* neu bewerten, neu festlegen

reassessment neue Bewertung *f*, Neufestsetzung *f*

rebate Rabatt *m*, Abzug *m*, Nachlass *m*

rebel *v* rebellieren

rebellion Rebellion *f*, Aufstand *m*, Empörung *f*
rebuke *v* rügen, einen Verweis erteilen
rebuke Rüge *f*, Tadel *m*, Ermahnung *f*
rebut *v* widerlegen, entkräften
rebuttable *adj* widerlegbar
rebuttal Gegenbeweis *m*, Zurückweisung *f*
recall *v* zurückrufen, zurücknehmen; abberufen
recall 1. *(ProdukthaftungsR)* Rückruf *m*; 2. *(VölkerR, VerwaltungsR)* Abberufung *f*
recant *v* förmlich widerrufen
recap *v* zusammenfassen
recapture *v* wiederergreifen; rückgängig machen
recede *v* Abstand nehmen; zurückgehen
receipt 1. Beleg *m*, Quittung *f*; 2. Empfang *m*, Zugang *m*; Übernahme *f* • **on receipt of the goods** nach Empfang der Waren
receipts *pl* Eingänge *mpl*, Einnahme *f*
receivable *adj* ausstehend; zulässig
receivables *pl* Forderungen *fpl*; Debitoren *mpl*
receive *v* 1. annehmen, erhalten, empfangen; 2. anerkennen; 3. *(VereinsR)* aufnehmen
receive *v* **instructions from a client** Anweisungen eines Mandanten erhalten
receiver 1. Empfänger *m*; 2. Hehler *m*; 3. Insolvenzverwalter *m*, Liquidator *m*; 4. ≈ Vormund, Betreuer *m*, Pfleger *m*
receivership 1. Insolvenzverwaltung *f*, Zwangsverwaltung *f*, (vorläufige) Vermögensverwaltung *f*; 2. ≈ Vormundschaft, Betreuung *f*, Pflegschaft *f*
receiving 1. Empfang *m*, Annahme *f*; 2. Aufnahme *f*
recess Verhandlungspause *f*
recession 1. Rezession *f*, Konjunkturrückgang *m*; 2. Rückgabe *f*, Rückübereignung *f*, Rückabtretung *f*
recidivism Rückfall *m*; Rückfälligkeit *f*
recidivist Rückfalltäter *m*
recipient Empfänger *m*
recipient of a donation Schenkungsempfänger *m*, Beschenkter *m*
recipient of an offer Empfänger *m* eines Angebots
reciprocal *adj* reziprok, gegenseitig, wechselbezüglich, auf Gegenseitigkeit
reciprocal agreement Abkommen *n* auf Gegenseitigkeit; beidseitige Übereinstimmung *f*
reciprocal enforcement *(ZwangsvollstreckungsR)* gegenseitige Vollstreckung *f (ausländischer Urteile)*
reciprocate *v* 1. auswechseln, austauschen; 2. sich revanchieren
reciprocity Reziprozität *f*, Gegenseitigkeit *f*, Synallagma *n*
reciprocity clause Gegenseitigkeitsklausel *f*, Reziprozitätsklausel *f*
reciprocity of enforcement *(ZwangsvollstreckungsR)* Gegenseitigkeit *f* der Vollstreckung, Reziprozität *f* der Vollstreckung
recital 1. einleitende Erklärung *f* eines Vertrags [Beschlusses, Gesetzes]; (nummerierter) Absatz *m* eines Vertrags [Urteils]; 2. Schilderung *f*, Darstellung *f*
recital of background facts Darstellung *f* des zugrunde liegenden Sachverhalts
recital of information Angabe *f* von Informationen
recite *v* zitieren, einleitende Angaben machen
reckless *adj* rücksichtslos; grob fahrlässig
reckless conduct rücksichtsloses [grob fahrlässiges] Verhalten *n*
reckless driving *(StraßenverkehrsR, StrafR)* rücksichtsloses Fahren *n*
recklessness Rücksichtslosigkeit *f*; grobe Fahrlässigkeit *f*
reckon *v* rechnen, kalkulieren
reclaim *v* 1. zurückverlangen, herausverlangen; 2. erneut beantragen
reclaim *v* **property** Eigentum zurückverlangen [herausverlangen]
reclamation 1. Zurückverlangen *n*, Herausverlangen *n*; 2. *(InsolvenzR) (AE)* Aussonderungsanspruch *m*
recognisance 1. Anerkenntnis *n*, Schuldanerkenntnis *n*; 2. Kaution *f (Gericht)*
recognition Anerkennung *f*; Erkenntnis *f*
recognition of a judgment *(ZwangsvollstreckungsR)* Anerkennung *f* eines Urteils, Anerkennung *f* einer Gerichtsentscheidung
recognition of jurisdiction 1. *(ProzessR)* Anerkennung *f* der Gerichtsbarkeit; 2. *(ProzessR)* Anerkennung *f* der gerichtlichen Zuständigkeit
recognize *v* anerkennen, erkennen, wiedererkennen
recognize *v* **paternity** die Vaterschaft anerkennen
recognized *adj* anerkannt

recommend *v* empfehlen, befürworten
recommendation Empfehlung *f*, Befürwortung *f*
recommended *adj* empfohlen
reconcile *v* 1. versöhnen, aussöhnen; 2. vereinbaren, in Einklang bringen
reconciled *adj* abgefunden, versöhnt
reconciliation Aussöhnung *f*, Versöhnung *f*
reconciliation of parties Parteivereinbarung *f*
reconditioning charges *pl* Instandsetzungskosten *pl*
reconnaissance Aufklärung *f*
reconsider *v* erneut prüfen, nachprüfen
reconsider *v* **a decision** eine Gerichtsentscheidung nachprüfen, ein Urteil überprüfen
reconsideration Nachprüfung *f*, Überprüfung *f*
reconstruct *v* 1. reorganisieren, sanieren; wiederaufbauen; 2. nachvollziehen
reconstruction Reorganisation *f*, Sanierung *f*, Wiederaufbau *m*
reconversion Rückumwandlung *f*, erneute Umstellung *f*
reconveyance (of land) Rückübertragung *f* (von Grundbesitz)
record *v* aufzeichnen, registrieren, protokollieren; aufnehmen
record *v* **the hearing** die Anhörung protokollieren [niederschreiben, aufzeichnen]
record Aufzeichnung *f*, Beleg *m*; Protokoll *n*, Gerichtsakte *f* • **enter in the record** ins Protokoll aufgenommen werden, in der Akte festgehalten werden • **off the record** inoffiziell, nicht für das Protokoll bestimmt • **on the record** offiziell, in den Akten, aktenkundig; protokolliert, schriftlich niedergelegt
record of the court Gerichtsprotokoll *n*, Gerichtsakte *f*
recordation *(AE)* Eintragung *f*, Registrierung *f*
recorded *adj* 1. protokolliert, registriert, aufgezeichnet; 2. eingeschrieben *(Post)*
recorded delivery Einschreiben *n*, Zustellung *f* gegen Empfangsbestätigung
recorder 1. *(BE)* Richter *m (im Nebenamt und auf Zeit)*; 2. Protokollführer *m*; 3. Registerführer *m*, Archivar *m*; 4. *(AE)* Standesbeamter *m*
recorder of deeds Registerführer *m* [Urkundsbeamter *m*] am Register of Deeds
recording 1. Aufzeichnung *f*; Protokollierung *f*, Registrierung *f*; 2. *(AE)* Eintragung *f* einer Grundstücksübertragungsurkunde in das Grundstücksregister
recording office *(AE)* ≈ Grundbuchamt
records *pl* 1. Protokolle *npl*, Aufzeichnungen *fpl*; Akten *fpl*; 2. Daten *pl*
recount *v* nachzählen
recount Nachzählung *f*
recoup *v* entschädigen, schadlos halten; sich entschädigen, sich schadlos halten; mindern
recourse Regress *m*, Rückgriff *m* • **have recourse to the courts** das Gericht anrufen, den Rechtsweg beschreiten • **without recourse** ohne Regress, ohne Rückgriff
recourse to arbitration Anrufung *f* eines Schiedsgerichts, Inanspruchnahme *f* eines Schiedsverfahrens
recover *v* 1. erhalten; zugesprochen bekommen; zurückbekommen; 2. beitreiben, erstattet bekommen; 3. beitreiben *(Forderung)*; sich erholen, ansteigen *(Preise)*
recover *v* **a debt** eine Forderung beitreiben
recover *v* **damages** Schadensersatz erhalten [erlangen, bekommen]
recover *v* **from a loss** sich von einem Verlust erholen
recoverable *adj* 1. beitreibbar, wiedererlangbar; 2. *(InsolvenzR)* aussonderungsfähig
recoverable at law *(ProzessR)* einklagbar
recoverable expenses *pl* eintreibbare Ausgaben *fpl*
recovered *adj* ausgeglichen, angezogen, erholt
recovery 1. Beitreibung *f*; Wiederbeschaffung *f*; 2. Erholung *f*, Genesung *f*
recovery of bad debts Eingang *m* von bereits ausgebuchten Forderungen
recriminate *v* eine Gegenbeschuldigung vorbringen
recrimination Gegenbeschuldigung *f*
recruit *v* rekrutieren, anwerben; einstellen
recruit Rekrut *m*; Nachwuchs *m*, neue Arbeitskraft *f*
recruitment Rekrutierung *f*; Anwerbung *f*; Einstellung *f*
rectification Berichtigung *f*; Verbesserung *f*

rectification of a contract Vertragsberichtigung *f*
rectification of defects Nachbesserung *f*
rectify *v* berichtigen; verbessern; abhelfen
rectify *v* **the record** das Protokoll berichtigen, die Aufzeichnungen korrigieren
recurrent *adj* wiederkehrend, fortlaufend
recurring *adj* laufend, wiederkehrend
recurring costs *pl* wiederkehrende Kosten *pl*, laufende Geschäftskosten *pl*
recusal *(AE)* 1. Ablehnung *f* wegen Befangenheit; 2. Rücktritt *m* wegen Befangenheit
recuse *v* 1. wegen Befangenheit ablehnen; 2. wegen Befangenheit zurücktreten
red herring Ablenkungsmanöver *n*, unsachlicher Beitrag *m*
red lining *(AE)* 1. ≈ Benachteiligung von Personengruppen bestimmter Wohngebiete *(durch Ausschluss von Vertragsbeziehungen oder durch ungünstige Vertragskonditionen, z. B. bei Darlehen oder Versicherungen)*; 2. ≈ Praxis der Banken, bestimmte Wohngebiete durch das Ziehen roter Linien auf Karten abzugrenzen *(mit dem Zweck, anschließend deren Einwohner von Vertragsbeziehungen auszuschließen)*
red tape Amtsschimmel *m*, Bürokratie *f* • **tied up in red tape** von der Bürokratie gefangen
redact *v* editieren, redigieren
redeem *v* 1. zurückkaufen, zurückzahlen; 2. einlösen; erfüllen
redeemable *adj* 1. zurückkaufbar, zurückzahlbar; 2. einlösbar; erfüllbar
redeemable bond rückzahlbare Schuldverschreibung *f*, tilgbare Schuldverschreibung *f*
redelivery 1. Rücklieferung *f*; 2. erneute Lieferung *f*
redemption 1. Ablösung *f*, Einlösung *f*, Amortisierung *f*, Tilgung *f*; 2. Rückkauf *m*
redemption agreement Tilgungsabkommen *n*
redemption funds *pl* Tilgungsreservefonds *m*
redemption of a debt Schuldentilgung *f*
redemption of a loan Darlehenstilgung *f*
redemption of a mortgage Hypothekentilgung *f*
redemption of a pledge Auslösung *f* eines Pfandes
redemption of shares Rückkauf *m* von eigenen Aktien durch die Gesellschaft
redemption policy Versicherungsrückkauf *m*
redeploy *v* umstrukturieren; umgruppieren
redetermination 1. *(VerwaltungsR)* Neufestsetzung *f*; 2. *(StrafR)* Neufestlegung *f* der Strafe durch das Rechtsmittelgericht
redirect *v* nachsenden; umleiten
redirection Nachsendung *f*; Umleitung *f*
rediscount *v* rediskontieren
redistribute *v* neu verteilen, umverteilen
redistribution Umverteilung *f*, Neuverteilung *f*
redistricting Neueinteilung *f* der Wahlbezirke
redraft *v* neu entwerfen, umschreiben
redraw *v (WechselR)* zurücktrassieren, einen Rückwechsel ziehen
redress *v* abhelfen; wiedergutmachen, entschädigen
redress *v* **a grievance** einer Beschwerde abhelfen, einen Missstand beseitigen
redress 1. Abhilfe *f*; 2. Wiedergutmachung *f*, Entschädigung *f*, Regress *m*
redress of a complaint Abhilfe *f* aufgrund einer Beschwerde
reduce *v* 1. vermindern, verringern; 2. reduzieren, herabsetzen
reduced *adj* 1. ermäßigt, verbilligt; 2. herabgesetzt; angepasst
reduction 1. Verminderung *f*, Verringerung *f*; 2. Herabsetzung *f*, Rabatt *m*, Preisnachlass *m*
redundancy 1. Weitschweifigkeit *f*; 2. Entlassung *f*
redundancy agreement Aufhebungsvertrag *m*
redundancy notice *(ArbeitsR)* Mitteilung *f* der Entlassung, Kündigung *f* (durch den Arbeitgeber)
redundant *adj* 1. weitschweifig; 2. entlassen, überflüssig
redundant employee entlassener Arbeitnehmer *m*
reemploy *v* wiedereinstellen, erneut beschäftigen
refer *v* sich beziehen, Bezug nehmen, verweisen; sich berufen
refer *v* **a dispute to arbitration** eine Streitigkeit an die Schiedsgerichtsbarkeit verweisen
referee Schiedsrichter *m*; Sachverständiger *m*

reference 1. Bezugnahme *f*; 2. Aktenzeichen *n*, Geschäftszeichen *n*; 3. Verweisung *f (Gericht)*; 4. Referenz *f*; Zeugnis *n*, Auskunft *f* • **with reference to** *(re)* Betreff; bezüglich, in Bezug auf
referendum Referendum *n*, Volksabstimmung *f*, Volksentscheid *m*
referral Überweisung *f*, Übertragung *f*
referral of a case Verweisung *f* eines Falles
referral of a client Verweisung *f* [Weiterreichung *f*] eines Mandanten
refinancing Refinanzierung *f*
reform *v* reformieren, umgestalten
reform Reform *f*, Umgestaltung *f*
reformation 1. Reformierung *f*, Neugestaltung *f*; 2. Berichtigung *f*; Besserung *f*; 3. Reformation *f (Religion)*
reformatory *adj* Reform betreffend
reformatory *(AE)* Jugendbesserungsanstalt *f*
reforward *v* nachsenden; weiterbefördern
refrain *v* unterlassen; Abstand nehmen
refrain *v* **from exercising a right** von der Ausübung eines Rechts Abstand nehmen
refrain *v* **from interfering** eine Intervention unterlassen
refresher 1. Auffrischung *f*, Fortbildung *f*; 2. zusätzliches Anwaltshonorar *n*
refuge 1. Zuflucht *f*, Asyl *n*; 2. Verkehrsinsel *f*
refugee Flüchtling *m*
refugee status Flüchtlingsstatus *m*
refund *v* 1. zurückzahlen, zurückerstatten; 2. ersetzen
refund *v* **the price** den Kaufpreis zurückerstatten
refund Rückerstattung *f*, Rückvergütung *f*
refund claim Rückerstattungsanspruch *m*
refunding 1. Rückerstattung *f*; 2. Umschuldung *f*
refurbish *v* renovieren
refurbish *v* **a house** ein Haus renovieren [herrichten]
refusal Verweigerung *f*, Absage *f*, Ablehnung *f*; Zurückweisung *f*
refusal of an application 1. Rückweisung *f* eines Antrags; 2. *(PatentR)* Zurückweisung *f* einer Anmeldung
refusal of an offer Ablehnung *f* eines Angebots
refusal to sell Veräußerungsverweigerung *f*, Ablehnung *f* des Verkaufs
refuse *v* verweigern, ablehnen, absagen
refuse *v* **a request** eine Forderung ablehnen, ein Gesuch zurückweisen
refuse *v* **an invitation** eine Einladung absagen
refutable *adj* widerlegbar
refutable evidence widerlegbarer Beweis *m*, widerlegbares Beweismaterial *n*
refutation Widerlegung *f*
refute *v* widerlegen
refute *v* **an argument** ein Argument widerlegen
regalia minora *(Lat)* kleinere königliche Nutznießungen *fpl (Fischerei-, Jagd-, Mühl- und Schankrecht)*
regard Bezug *m*, Hinsicht *f*; Rücksicht *f* • **pay regard to** berücksichtigen, Rechnung tragen • **with no regard to** ohne Rücksicht auf • **with regard to** bezüglich, hinsichtlich • **with regards** mit freundlichen Grüßen *(Brief)*
regarding betrifft, betreffend, bezüglich
regardless of *adv* ohne Rücksicht auf
regent 1. Regent *m*; 2. *(AE)* Verwaltungsrat *m*
regime 1. Regelungssystem *n*; 2. *(AE)* Güterstand *m*; 3. Regierung *f*, Regime *n*
regina *(Lat)* Königin *f*
region Region *f*, Gebiet *n*; Bereich *m*
regional *adj* regional
register *v* registrieren, eintragen; anmelden; einschreiben lassen; sich eintragen lassen
register *v* **a charge** *(GesellschaftsR)* Belastung (einer Gesellschaft) eintragen
register *v* **a death** einen Sterbefall eintragen [anmelden, eintragen lassen]
register *v* **an interest** Recht [Forderung] eintragen [anmelden, eintragen lassen]
register Register *n*, Verzeichnis *n*; Buch *n*; Liste *f*; Rolle *f*
register of companies ≈ Gesellschaftsregister
register of deeds *(AE)* ≈ Grundbuchamt
register of judgments, orders and fines Urteils-, Anordnungs- und Bußgeldregister *n*
register of members 1. Mitgliederverzeichnis *n*; 2. Gesellschafterverzeichnis *n*, Aktionärsliste *f*
register of motor vehicles Kraftfahrzeugregister *n*
register of ships Schiffsregister *n*
registered *adj* eingetragen

registered address eingetragener Sitz *m* *(einer Gesellschaft)*
registered charge eingetragene Belastung *f (Grundstück)*
registered company *(GesellschaftsR)* eingetragene Gesellschaft *f*
registered design *(PatentR)* eingetragenes Gebrauchsmuster *n*
registered land eingetragenes Grundvermögen *n*
registered office (eingetragener) Sitz *m*, Hauptsitz *m (einer Gesellschaft)*
registered patent *(PatentR)* eingetragenes Patent *n*
registered ship eingetragenes [registriertes] Schiff *n*
registered trade mark eingetragenes Warenzeichen *n*
registrar 1. Urkundsbeamter *m*, Geschäftsstellenleiter *m*; 2. Archivar *m*, Registerführer *m*; 3. ≈ Rechtspfleger; 4. ≈ Standesbeamter
registrar of births, deaths and marriages Standesbeamter *m*
registration 1. Registrierung *f*, Eintragung *f*; Erfassung *f*; 2. Anmeldung *f*, Zulassung *f (Kfz)* • **accept registration** dem Antrag auf Eintragung [Zulassung] stattgeben • **deny registration** den Antrag auf Eintragung abweisen [zurückweisen]
registry 1. Registrierung *f*, Eintragung *f*; 2. Registerbehörde *f*; Geschäftsstelle *f*; 3. Standesamt *n*
regret *v* bedauern, bereuen
regular *adj* 1. regelmäßig; 2. ordnungsgemäß, ordentlich
regularly *adv* 1. regelmäßig; 2. ordnungsgemäß
regulate *v* regeln, regulieren, ordnen
regulation 1. Vorschrift *f*, Bestimmung *f*, Regulierung *f*, Regelung *f*; Maßregel *f*; 2. Statut *n*; Verordnung *f*
regulations *pl* Vorschriften *fpl*, Bestimmungen *fpl*
regulatory *adj* regulierend, regelnd, ordnend
rehabilitate *v* rehabilitieren; resozialisieren; sanieren
rehabilitation 1. Rehabilitierung *f*, Resozialisierung *f (Person)*; 2. Sanierung *f* *(Unternehmen)*
rehear *v* erneut verhandeln
rehearing erneute Verhandlung *f*; Berufungsverhandlung *f*
rehire *v* wieder einstellen
reimburse *v* zurückerstatten; vergüten; entschädigen, erstatten
reimbursement Rückerstattung *f*; Vergütung *f*, Entschädigung *f*, Erstattung *f*
rein *v* zügeln
rein Zügel *f*
reinstate *v* **to calendar** wiedereinsetzen
reinstatement 1. Wiedereinsetzung *f* in den vorigen Stand; 2. *(ArbeitsR)* Wiedereinstellung *f*; 3. *(ZivilR, VersR)* Wiederherstellung *f*
reinsurance Rückversicherung *f*
reinsure *v* rückversichern
reinsurer Rückversicherer *m*
reinvest *v* reinvestieren, erneut anlegen
reissue *v* erneut herausgeben; neu ausstellen
reject *v* zurückweisen; verwerfen
rejection Zurückweisung *f*, Ablehnung *f*; Verwerfung *f*
rejoinder Erwiderung *f*; Duplik *f*
relapse Rückfall *m*; Rückschlag *m*
relate *v* 1. sich beziehen; 2. berichten
related *adj* verbunden; verwandt
relation 1. Beziehung *f*, Verhältnis *n*, Verbindung *f*; 2. Verwandter *m*
relations *pl* Verwandte *mpl*
relatives *pl* Verwandte *mpl*, Angehörige *mpl*
relator Anzeigeerstatter *m*
relax *v* **a rule** eine Regel [Regelung] lockern
release *v* 1. freilassen, entlassen; 2. freigeben; verzichten, aufgeben, erlassen; 3. wiedervermieten; erneut verpachten
release *v* **from liability** von der Haftung freistellen, aus der Haftung entlassen
release *v* **on bail** gegen Sicherheitsleistung [Kaution] aus der Untersuchungshaft entlassen
release 1. Freilassung *f*, Entlassung *f*; 2. Erlass *m*, Verzicht *m*; Freigabe *f*; Freistellung *f*
release from prison Entlassung *f* aus dem Gefängnis, Entlassung *f* aus der Haft
release of property Vermögensfreigabe *f*
release on bail Haftentlassung *f* wegen Sicherheitsleistung [Kaution]
release on parole Haftentlassung *f* unter Bewährungsauflagen, bedingte Haftentlassung *f*
released *adj* freigelassen

released from an obligation von einer Verpflichtung freigestellt [entbunden]
relevant *adj* relevant, erheblich, bedeutend, einschlägig
reliability Zuverlässigkeit *f*; Glaubwürdigkeit *f*; Kreditwürdigkeit *f*
reliable *adj* verlässlich, zuverlässig; glaubwürdig; kreditwürdig
reliance Vertrauen *n*
relief 1. Rechtsschutz *m*, Rechtsbehelf *m*; 2. Unterstützung *f*, Abhilfe *f*; *(AE)* Sozialhilfe *f*; 3. Steuerabzug *m*
relief claimed [sought] begehrter Rechtsschutz *m*, begehrte Abhilfe *f*
relieve *v* 1. entlasten; 2. abhelfen, zu seinem Recht verhelfen; 3. unterstützen; 4. *(SteuerR)* in Abzug bringen
religion Religion *f*, Glaube *m*
religious freedom Religionsfreiheit *f*, Glaubensfreiheit *f*
relinquish *v* 1. aufgeben, verzichten; 2. zurücknehmen
relinquish *v* **possession** den Besitz aufgeben
relocate *v* versetzen, verlagern
relocation Umzug *m*; Umsiedlung *f*; Verlegung *f*; Versetzung *f*
rely *v* sich verlassen, vertrauen
remain *v* bleiben, fortbestehen
remain *v* **in possession** im Besitz bleiben
remainder 1. Restbetrag *m*, Restbestand *m*; 2. Anwartschaft *f*, Anwartschaftsrecht *n*; Nacherbschaft *f*
remainderman 1. künftig Berechtigter *m*, Anwartschaftsberechtigter *m*; 2. Nacherbe *m*, Schlusserbe *m*
remaining *adj* verbleibend, restlich
remand *v* verweisen, zurückverweisen
remand *v* **a person on bail** jmdn. gegen Sicherheitsleistung [Kaution] aus der Untersuchungshaft entlassen
remand *v* **a person to prison** jmdn. ins Untersuchungsgefängnis einweisen [überweisen, senden]
remand 1. Verweisung *f*, Zurückverweisung *f*; 2. Untersuchungshaft *f* • **on remand** in Untersuchungshaft
remanded in Untersuchungshaft
remedial *adj* abhelfend, verbessernd, Abhilfe betreffend
remedial statute ≈ das Common Law abänderndes Gesetz
remedies *pl* **at law** Rechtsbehelfe *mpl*, Rechtsschutz *m* (im Common Law)
remedy *v* abhelfen; beheben, in Ordnung bringen; heilen *(Formfehler)*
remedy Abhilfe *f*; Rechtsbehelf *m (vor allem: Rechtsmittel)*; Rechtsschutzmöglichkeit *f*
remedy for a defect Beseitigung *f* eines Mangels, Mängelbeseitigung *f*
remedy in equity Equity-Rechtsschutz *m*, Abhilfe *f* im Equity-Recht
reminder Mahnung *f*, Mahnschreiben *n*
reminder notice for arrears Mahnschreiben *n* wegen Rückständen
remise *v* aufgeben, abtreten *(Recht)*
remission 1. Zurückverweisung *f*, Verweisung *f*; 2. Erlass *m (einer Schuld)*; 3. Verschiebung *f*, Vertagung *f*
remission of costs Kostenerlass *m*
remission of debt Schuldenerlass *m*
remit *v* 1. zurückverweisen *(Rechtssache)*; 2. überweisen *(Geld)*; 3. erlassen *(Schuld, Strafe)*; 4. verschieben, vertagen
remit *v* **a case** eine Rechtssache (zurück)verweisen
remit *v* **fees** Gebühren unerhoben lassen
remittal 1. *(ZivilR)* Erlass *m (einer Schuld)*; 2. *(StrafR)* Erlass *m (einer Strafe)*; 3. Zurückverweisung *f*, Verweisung *f*; 4. Verschiebung *f*, Vertagung *f*
remittance Überweisung *f*, Anweisung *f*
remitted *adj* überwiesen, übersandt
remittitur *(Lat)* Zurückverweisung *f* einer Sache *(an dasselbe oder ein niedrigeres Gericht)*
remote *adj* 1. entfernt, abgelegen, fern gelegen; 2. mittelbar
remoteness Ferne *f*, Abgelegenheit *f*
remoteness of damage Nichtzurechenbarkeit *f* eines Schadens
removal 1. Beseitigung *f*, Verweisung *f*; 2. Umzug *m*, Auszug *m*; 3. Entlassung *f*, Versetzung *f*
remove *v* 1. beseitigen, entfernen; 2. verweisen; beheben; 3. umziehen, ausziehen, verlegen; 4. entlassen, versetzen
removed *adj* entfernt verwandt
remunerate *v* bezahlen, vergüten, belohnen, entschädigen
remunerated *adj* bezahlt, vergütet, belohnt, entschädigt
remuneration 1. Bezahlung *f*, Vergütung *f*; 2. Belohnung *f*, Entschädigung *f*; 3. Lohn *m*, Gage *f*, Honorar *n*
remuneration package Lohnpaket *n*
rename *v* umbenennen, umtaufen

render *v* 1. machen, leisten; 2. fällen, verkünden, erlassen *(Urteil)*; 3. erstatten *(Bericht)*
render *v* **a decision** eine Entscheidung fällen [erlassen, verkünden]
render *v* **an account** eine Abrechnung vorlegen [vornehmen]
rendition of judgment Erlass *m* eines Urteils, Urteilsverkündung *f*
renegotiate *v* nachverhandeln, neu aushandeln
renegotiate *v* **an agreement** eine Vereinbarung nachverhandeln
renew *v* 1. erneuern, wiederaufnehmen *(Verhandlungen)*; 2. verlängern, prolongieren *(einen Wechsel)*
renew *v* **a contract** einen Vertrag erneuern [verlängern]
renew *v* **a lease** einen Mietvertrag [Pachtvertrag] verlängern
renewable *adj* erneuerbar, verlängerbar; prolongationsfähig
renewable term verlängerbare Laufzeit *f*
renewal 1. Erneuerung *f*, Wiederaufnahme *f*; 2. Verlängerung *f*; Prolongation *f (eines Wechsels)*
renewal clause ≈ Klausel, dass sich ein Vertragsverhältnis verlängert, wenn es nicht gekündigt wird
renewal notice 1. *(VertragsR)* Verlängerungsmitteilung *f*; ≈ Hinweis, dass ein Vertrag oder Abonnement zur Verlängerung ansteht; 2. *(VersR)* Rechnung *f* über die Folgeprämie
renounce *v* verzichten, aufgeben, entsagen, leugnen
renounce *v* **a right** auf ein Recht verzichten
renowned *adj* renommiert, berühmt
rent *v* mieten; pachten; vermieten; verpachten
rent *v* **a property** ein Anwesen mieten
rent Miete *f*; Pacht *f*; Mietzins *m*; Pachtzins *m* • **pay rent** Miete [Pacht] zahlen
rent guarantee Mietgarantie *f*
rent review Mietzinsanpassung *f*, Anpassung *f* der Miete
rental *adj* Miet..., Pacht..., Leih...
rental 1. Mietbetrag *m*, Pachtbetrag *m*; 2. Mietgegenstand *m*
renunciation Verzicht *m*, Verzichtserklärung *f*, Ablehnung *f*; Widerruf *m*; Nichtannahme *f (eines Amtes)*
renunciation of nationality Verzicht *m* auf die Staatsangehörigkeit
renvoi *(IPR)* Renvoi *m*; Rückverweisung *f*; Weiterverweisung *f*
reopen *v* wiederaufnehmen
reorganize *v* umstrukturieren, umwandeln; sanieren
repair *v* 1. reparieren, instand setzen; 2. wiedergutmachen, entschädigen
reparation Reparation *f*, Wiedergutmachung *f*; Entschädigung *f*
reparation payments *pl* Reparationszahlungen *fpl*
repatriate *v* repatriieren; wiedereinbürgern; in das Heimatland zurückführen
repatriation Repatriierung *f*; Wiedereinbürgerung *f*; Rücksendung *f* in das Heimatland
repay *v* zurückerstatten, zurückzahlen, abzahlen *(ein Darlehen)*
repayment Rückerstattung *f*, Rückzahlung *f*, Abzahlung *f (eines Darlehens)*
repeal *v* aufheben; widerrufen
repeal Aufhebung *f*, Widerruf *m*
repealed *adj* aufgehoben, widerrufen, außer Kraft
repeat *v* wiederholen, erneuern
repeat offender Wiederholungstäter *m*, Rückfalltäter *m*
repel *v* zurückweisen, ausschlagen
repercussions *pl* Auswirkungen *fpl*, Konsequenzen *fpl*, Reaktionen *fpl*
repetition 1. Wiederholung *f*; 2. Kopie *f*, Zweitausfertigung *f*
replace *v* 1. ersetzen, erneuern; 2. zurückerstatten, zurückvergüten
replacement 1. Ersatz *m*; 2. Vertretung *f*, Vertreter *m*
repleader *(AE)* ≈ Beschluss, durch den zu einem weiteren Schriftsatz aufgefordert wird
replenish *v* ergänzen, vervollständigen, auffüllen
replevin Herausgabeklage *f*, Vindikationsklage *f*
replevy *v* herausgeben; zurückerhalten
replication 1. Replik *f*, Bestreiten *n*; 2. Kopie *f*, Reproduktion *f*
reply *v* erwidern, antworten
reply *v* **to a letter** einen Brief beantworten
reply *v* **to a statement of claim** auf die Klage [Klageschrift] erwidern
reply Replik *f*, Rückäußerung *f*; Erwiderung *f*, Antwort *f*

répondez s'il vous plaît *(RSVP) (Fr)* um Antwort wird gebeten, u. A. w. g.
report *v* 1. berichten, melden; 2. anzeigen *(bei der Polizei)*; 3. *(ZollR)* anmelden, deklarieren *(Waren)*
report 1. Bericht *m*, Protokoll *n*; 2. Anzeige *f (bei der Polizei)*; 3. *(ZollR)* Anmeldung *f (von Waren)*; 4. Zeugnis *n (Schule)*
reporter Berichterstatter *m*, Reporter *m*; Referent *m*
repository 1. Lager *n*, Speicher *m*; 2. Ablage *f*
repossess *v* wieder in Besitz nehmen
repossession Wiederinbesitznahme *f*
repossession of land Wiederinbesitznahme *f* von Land [Grundbesitz]
represent *v* 1. vertreten; sich vertreten lassen; 2. beschreiben, darlegen, vorbringen
representation 1. Vertretung *f*, Stellvertretung *f*; 2. ≈ Grundsatz des Erbrechts über den Eintritt von Abkömmlingen bei Wegfall des Erben; 3. Darstellung *f*, Hinstellung *f*, Erklärung *f*, Angabe *f*; 4. Einwendung *f*
representations *pl* 1. Angaben *fpl*; 2. Vorhaltungen *fpl*
representative 1. Vertreter *m*, Stellvertreter *m*; 2. Abgeordneter *m*
represented *adj* vertreten
representee Vertretener *m*, Geschäftsherr *m*
representor Repräsentant *m*, Stellvertreter *m*
repression Unterdrückung *f*, Rückschritt *m*, Verdrängung *f*
reprieve *v* 1. begnadigen; 2. Vollstreckungsaufschub gewähren
reprimand *v* rügen, verwarnen
reprimand Rüge *f*, Verwarnung *f*
reprisal Repressalie *f*, Vergeltungsmaßnahme *f*
reproduce *v* vervielfältigen, reproduzieren
reproduction Vervielfältigung *f*, Reproduktion *f*
repudiate *v* nicht anerkennen, zurückweisen
repudiate *v* **a contract** ≈ die Absicht kundgeben, einen Vertrag nicht zu erfüllen
repudiation Nichtanerkennung *f*, Zurückweisung *f*
repudiation by non-performance Ablehnung *f* der Erfüllung
repugnancy Widersprüchlichkeit *f*, Unvereinbarkeit *f*
reputable *adj* seriös; anständig
reputable bank angesehene [eingeführte] Bank *f*
reputation Ruf *m*; Reputation *f*
reputed ownership vermutetes Eigentum *n*
request *v* fordern, verlangen, beantragen; bitten, begehren
request Forderung *f*, Verlangen *n*, Antrag *m*
request for admission Aufforderung *f* zur Anerkennung
request for further clarification *s.* request for further information
request for further information *(BE)* ≈ Auskunftsklage, Bitte *f (um weitere Informationen oder Erläuterungen)*
require *v* 1. fordern, verlangen; 2. benötigen, brauchen
requirement 1. Forderung *f*, Verlangen *n*; Erfordernis *n*; Bedarf *m*; 2. Voraussetzung *f*, Bedingung *f*
requirements contract Bedarfsdeckungsvertrag *m (Vertrag, der zur Deckung des vollständigen Bedarfs des Käufers verpflichtet)*
requisition Beschlagnahme *f*
requisition of property Vermögensbeschlagnahme *f*, Beschlagnahme *f* von Vermögensgegenständen
res *(Lat)* Sache *f*, Angelegenheit *f*
res gestae *(Lat)* Sachverhalt *m*, Begleitumstände *mpl*
res ipsa loquitur *(Lat)* Beweis *m* des ersten Anscheins, Prima-facie-Beweis *m*
res judicata *(Lat)* (rechtskräftig) entschiedene Sache *f*
res nullius *(Lat)* res nullius, herrenlose Sache *f*
resale Wiederverkauf *m*, Weiterveräußerung *f*
resale price maintenance Preisbindung *f* (der zweiten Hand)
reschedule *v* umschulden
rescind *v* 1. anfechten, zurücktreten; 2. aufheben, annullieren, für ungültig erklären *(Vertrag)*
rescind *v* **a contract** einen Vertrag anfechten; von einem Vertrag zurücktreten
rescind *v* **a judgment** ein Urteil aufheben
rescinded *adj* angefochten; aufgehoben;

ungültig, außer Kraft gesetzt, rückgängig gemacht

rescission Rückgängigmachung *f*; Anfechtung *f*; Aufhebung *f*; Widerruf *m*

rescue *v* retten; befreien

rescue Rettung *f*; Befreiung *f*

research and development *(R&D)* Forschung *f* und Entwicklung *f*

resell *v* wiederverkaufen, weiterveräußern

reservation 1. Reservierung *f*, Vorbestellung *f*; Buchung *f*; 2. Vorbehalt *m*; Vorbehaltsklausel *f*; 3. Reservat *n*; staatliches Schutzgebiet *n* • **subject to reservation** unter Vorbehalt

reservation of rights Vorbehalt *m* von Rechten

reservation of title Eigentumsvorbehalt *m*

reserve *v* vorbehalten, reservieren; sich vorbehalten, bestellen

reserve *v* **a right** ein Recht vorbehalten

reserve 1. Reserve *f*, Rücklage *f*; 2. Vorbehalt *m*

reserve bank Zentralbank *f*

reserved *adj* 1. reserviert; vorbehalten; 2. unabkömmlich

reserved case ≈ Vorlage eines unstreitigen Sachverhalts durch sämtliche Parteien gegenüber dem Gericht, um eine Entscheidung über Rechtsfragen herbeizuführen

reside *v* 1. seinen Wohnsitz haben, residieren; 2. sich aufhalten

residence Wohnsitz *m*, Wohnort *m*, Aufenthalt *m*, Residenz *f* • **take up residence** sich niederlassen, ansässig werden

residence of a corporation Sitz *m* einer Gesellschaft [Körperschaft, juristischen Person]

resident *adj* ansässig; wohnhaft, mit Sitz in

resident ansässige Person *f*; Ortsansässiger *m*; Einwohner *m*

resident alien Ausländer *m* mit Wohnsitz im Inland

resident judge ständig anwesender Richter *m*

residential *adj* Wohn…, Wohnungs…, Haus…

residential property Wohnungs- und Hauseigentum *n* zu Wohnzwecken

residual *adj* restlich, übrig

residual mandate Restauftrag *m*

residuary *adj* restlich, übrig

residuary devise ≈ letztwillige Verfügung über den Restnachlass *(in der Regel unbewegliches Vermögen)*

residuary devisee Haupterbe *m* von Immobilien, ≈ testamentarisch Begünstigter des unbeweglichen Restnachlasses

residuary gift ≈ Zuwendung des Nachlasses, über den nicht anderweitig verfügt wurde

residuary legacy ≈ Restvermächtnis, ≈ letztwillige Verfügung über den beweglichen Restnachlass *(nach Abzug der Schulden und Belastungen)*

residue Rest *m*, Restbetrag *m*; ≈ restlicher Nachlass

residue of an estate ≈ um die Nachlassschulden und Vermächtnisauszahlungen bereinigter Nachlass

resign *v* zurücktreten, abdanken; verzichten

resign *v* **a claim** auf eine Forderung verzichten, einen Anspruch aufgeben

resign *v* **control** die Kontrolle aufgeben

resignation 1. Rücktritt *m*, Amtsniederlegung *f*; Ausscheiden *n*; 2. Verzicht *m*; Aufgabe *f*

resignation of a right Rechtsverzicht *m*, Aufgabe *f* eines Rechts

resignee ≈ Person, die durch Verzichtleistung begünstigt wird

resist *v* widerstehen, Widerstand leisten

resistance Widerstand *m*; Zurückhaltung *f*

resolution 1. Resolution *f*, Entschließung *f*, Beschluss *m*; 2. Lösung *f*, Auflösung *f*, Liquidierung *f*

resolution of a dispute Streitbeilegung *f*, Schlichtung *f*

resolution of a meeting Beschluss *m* einer Versammlung, Versammlungsbeschluss *m*

resolve *v* 1. lösen, aufheben; 2. beschließen, entscheiden

resolve *v* **a problem** ein Problem lösen

resort *v* zurückgreifen, Zuflucht nehmen

resort *v* **to court** die Gerichte anrufen

resort *v* **to litigation** den Rechtsweg beschreiten

resort 1. Ausweg *m*; 2. Erholungsort *m*, Erholungsgebiet *n*

resources *pl* Ressourcen *pl*, Mittel *npl*, Geldmittel *npl*

respect *v* respektieren, beachten, berücksichtigen

respect Respekt *m*, Achtung *f*, Rücksicht *f*
respected *adj* angesehen, respektiert
respective *adj* jeweilig
respectively *adv* beziehungsweise
respite Nachfrist *f*, Stundung *f*; Vertagung *f*
respond *v* 1. antworten; reagieren; 2. *(AE)* haften
respondent Beklagter *m*; Antragsgegner *m*
response Antwort *f*, Erwiderung *f*
responsibility Verantwortlichkeit *f*, Verantwortung *f*; Verpflichtung *f*, Zurechnungsfähigkeit *f*
responsible *adj* 1. verantwortlich; haftbar; 2. zuständig
responsible party Träger *m*, Haftender *m*, haftende Person *f*
responsive pleading *(AE)* entsprechendes prozessuales Gegenmittel *n*
rest 1. Rest *m*; Rechnungsabschluss *m*; 2. Ruhe *f*, Erholung *f*
restate *v* umformulieren
restatement Neudarstellung *f*, Umformulierung *f*
Restatement of (the) Law *(AE)* Neuformulierung *f* von Rechtssätzen
Restatements *pl* ≈ vom American Law Institute unregelmäßig herausgegebene Kommentierungen zu diversen Rechtsgebieten
restitutio in integrum *(Lat)* 1. vollständige Wiederherstellung *f*; 2. Wiedereinsetzung *f* in den vorigen Stand
restitution Herausgabe *f*, Rückgabe *f*, Rückerstattung *f*; Schadensersatz *m*, Entschädigung *f*
restoration 1. Rückgabe *f*, Rückerstattung *f*; 2. Wiedereinsetzung *f*
restore *v* 1. zurückgeben, rückerstatten; 2. wiedereinsetzen
restrain *v* einschränken; unterlassen; sich zurückhalten
restrained *adj* unterlassen, eingeschränkt
restraining order *(AE)* 1. richterliches Verfügungsverbot *n* [Verbot *n*]; 2. familienrechtliche Unterlassungsanordnung *f*
restraint Beschränkung *f*, Einschränkung *f*
restraint of competition Wettbewerbsbeschränkung *f*
restraint of trade Wettbewerbsbeschränkung *f*; Handelsbeschränkung *f*
restraint on alienation Veräußerungsbeschränkung *f*
restrict *v* beschränken, begrenzen
restriction Beschränkung *f*, Restriktion *f*, Begrenzung *f*
restrictive *adj* restriktiv, beschränkend, begrenzend
restrictive competition Wettbewerbsbeschränkung *f*
restrictive covenant ≈ Beschränkung der Ausübung des Eigentums an einem Grundstück
restrictive endorsement [indorsement] einschränkendes Indossament *n*
restrictive interpretation enge Auslegung *f*
restrictive order einschränkender Beschluss *m*
restrictive practices *pl* 1. Wettbewerbsbeschränkungen *fpl*; 2. Kartelle *npl*
restructure *v* **a company** ein Unternehmen umstrukturieren [sanieren]
resubmit *v* wieder vorlegen
result Ergebnis *n*, Folge *f*
resume *v (AE)* 1. wiederaufnehmen; 2. zusammenfassen
resumption Wiederaufnahme *f*; Wiederannahme *f*; Zurücknahme *f*
retail *v* im Einzelhandel verkaufen [verkauft werden]
retail *adj* den Einzelhandel betreffend
retailer Einzelhändler *m*
retain *v* zurückhalten, einbehalten; sich sichern
retainer 1. Mandat *n*, Anwaltsbestellung *f*; 2. Anwaltsvorschuss *m*
retaliate *v* vergelten, sich rächen
retaliation Vergeltung *f*, Repressalie *f*; Rache *f*
retaliatory tariff Vergeltungszoll *m*
retard *v* verzögern
retention 1. Einbehaltung *f*; 2. *(VersR)* Selbstbehalt *m*
retention of title Eigentumsvorbehalt *m*
retention of title clause Eigentumsvorbehaltsklausel *f*
retire *v* 1. abdanken, ausscheiden; 2. in Pension gehen
retired *adj* pensioniert, in Rente *(Arbeitnehmer)*; in Pension *(Beamter)*
retiree Rentner *m*, Pensionär *m*
retirement 1. Rücktritt *m*, Ausscheiden *n*; 2. Pensionierung *f*; Ruhestand *m*; 3. Rückzahlung *f*
retirement age Rentenalter *n*, Pensionsalter *n*

retirement pension Altersrente *f*, Pension *f*, Altersversorgung *f*
retort *v* erwidern; vergelten
retortion Erwiderung *f*, Vergeltung *f*, Retorsion *f*
retract *v* widerrufen, zurücknehmen
retraction Widerruf *m*, Rücknahme *f*
retrial erneute Verhandlung *f*
retribution 1. Vergeltung *f*, Sühne *f*, Strafe *f*; 2. Vergütung *f*, Gegenleistung *f*
retributive damages *pl* Strafschadensersatz *m*
retrieval Wiedererlangung *f*, Schadloshaltung *f*, Wiedergutmachung *f*
retroactive *adj* rückwirkend, retroaktiv
retroactive effect rückwirkende Kraft *f*, retroaktive Wirkung *f*
retroactively *adv* rückwirkend, mit rückwirkender Kraft
retroactively effective rückwirkend wirksam [gültig]
retrospective *adj* rückwirkend, retrospektiv
retrospective legislation rückwirkende Gesetzgebung *f*, rückwirkendes Gesetz *n*
retrospectively *adv* rückwirkend, mit rückwirkender Kraft
retry *v* neu verhandeln
return *v* 1. berichten, angeben; 2. zurücksenden; 3. zurückgeben; 4. einbringen *(einen Gewinn)*; 5. wählen *(einen Kandidaten)*
return 1. Rückgabe *f*; 2. Rücksendung *f*; 3. Rückkehr *f*; 4. Ertrag *m*; Einkünfte *pl*; Verzinsung *f* • **file a return** 1. einen Bericht einreichen; 2. eine Steuererklärung einreichen
return on assets Anlagenrendite *f*, Gesamtkapitalrendite *f*
return on capital Ertrag *m* aus Kapitalanlagen
return on equity Eigenkapitalrendite *f*
return on investment Gewinn *m* auf das eingesetzte Kapital
return on sales Gewinnspanne *f*, Umsatzrendite *f*
returned check *(AE)*, **returned cheque** *(BE)* Rückscheck *m*
reunification Wiedervereinigung *f*
revaluation Aufwertung *f*; Neubewertung *f*
reveal *v* aufdecken, offenbaren
revenue Einkünfte *pl*, Einnahmen *fpl*, Ertrag *m*
revenue and expenditure Einnahmen *fpl* und Ausgaben *fpl*
revenue office Zollamt *n*
reversal Aufhebung *f*; Kassation *f*; Rückgängigmachung *f*; Stornierung *f*
reverse *v* aufheben, kassieren; stornieren; revidieren
reverse *v* **a court decision on appeal** eine Gerichtsentscheidung in der Berufungsinstanz aufheben
reverse *v* **the burden of proof** die Beweislast umkehren
reverse *adj* entgegengesetzt, umgekehrt
reversion 1. Heimfall *m*, Rückfall *m*; 2. Rückkehr *f*, Umkehr *f*
reversionary *adj* Heimfall…; Anwartschafts…
reversionary heir Nacherbe *m*
revert *v* zurückfallen, heimfallen; zurückkommen, zurückkehren
review *v* überprüfen, überdenken; rezensieren
review *v* **a decision** 1. eine Gerichtsentscheidung besprechen [rezensieren]; 2. eine Leitentscheidung auf weitere präjudizielle Wirkung überprüfen
review 1. Revision *f*, Überprüfung *f*, Nachprüfung *f*; 2. Bericht *m*; Rezension *f*, Kritik *f*; 3. Zeitschrift *f*
review on appeal Urteilsüberprüfung *f* in der Rechtsmittelinstanz [Berufungsinstanz, Revisionsinstanz]
revise *v* 1. revidieren, überprüfen; 2. ändern
revise *v* **a bill** einen Gesetzentwurf abändern
revise *v* **a decision** 1. eine Entscheidung abändern; 2. eine Entscheidung überprüfen
revised *adj* 1. überprüft, revidiert; 2. geändert, berichtigt, verbessert, neu
revised statutes *pl* neu gefasste Gesetze *npl*
revision 1. Revision *f*, erneute Durchsicht *f*; 2. Abänderung *f*
revision of a judgment 1. Überprüfung *f* eines Urteils; 2. Abänderung *f* eines Urteils
revive *v* 1. wiederaufnehmen; wieder aufleben lassen; 2. sich erholen
revive *v* **a claim** 1. einen Anspruch wieder aufgreifen; 2. eine verjährte Forderung anerkennen

revocable *adj* widerruflich, zurücknehmbar
revocable licence *(BE)*, **revocable license** *(AE)* widerrufliche Genehmigung *f*, Lizenz *f* auf Widerruf
revocable trust widerrufliche Treuhandbestellung *f*, kündbare Stiftung *f*
revocation Widerruf *m*, Rücknahme *f*; Aufhebung *f*
revocation of a driving licence *(BE)*, **revocation of a driver's license** *(AE)* Entzug *m* der Fahrerlaubnis
revocation of a will Widerruf *m* eines Testaments
revocation of agency Entziehung *f* der Vertretungsmacht, Widerruf *m* der Vollmacht
revocation of an offer Widerruf *m* [Zurücknahme *f*] eines Angebots
revoke *v* widerrufen, zurücknehmen; aufheben
revoke *v* **a law** ein Gesetz aufheben
revoke *v* **a will** ein Testament widerrufen
revoke *v* **an offer** ein Angebot widerrufen [zurücknehmen]
revoke *v* **permission** die Genehmigung widerrufen, die Konzession entziehen
revoked order stornierter Auftrag *m*
revolution Revolution *f*, Umwälzung *f*
reward *v* belohnen, entlohnen
reward *v* **the finder** Finderlohn zahlen
reward Lohn *m*, Entlohnung *f*; Belohnung *f*
rex *(Lat)* König *m*
rider 1. Anhang *m*, Nachtrag *m*, Zusatzklausel *f*; 2. Fahrgast *m*
right Recht *n*, Anrecht *n*, Anspruch *m*, Berechtigung *f*
right-hand man *(fig.)* rechte Hand *f*, Vertrauensperson *f*
right of abode Aufenthaltsrecht *n*
right of access 1. Zutrittsrecht *n*; 2. *(FamilienR)* Umgangsrecht *n (Kind)*
right of action 1. Klagerecht *n*, klagbarer Anspruch *m*; 2. Forderung *f*; 3. Klagebefugnis *f*, Aktivlegitimation *f*
right of appeal Rechtsmittel *n*, Berufungsrecht *n*, Revisionsrecht *n*, Beschwerderecht *n*
right of audience 1. Anspruch *m* auf rechtliches Gehör; 2. Postulationsfähigkeit *f (Anwalt)*
right of cancelation *(AE)*, **right of cancellation** *(BE)* 1. Rücktrittsrecht *n*, Kündigungsrecht *n*, Widerrufsrecht *n*; 2. Löschungsanspruch *m*
right of contribution 1. Ausgleichsanspruch *m (gegen Mithaftende)*; 2. *(GesellschaftsR)* Anspruch *m* auf nachträgliche Einbezahlung von gezeichneten Anteilen *(Gesellschaftsliquidation)*
right of election Wahlrecht *n*
right of eminent domain Zwangsenteignungsrecht *n*
right of entry 1. *(GrundstücksR)* Recht *n* auf Inbesitznahme; 2. *(VölkerR, VerfassungsR)* Einreiserecht *n*; 3. Zugangsrecht *n*
right of first refusal (schuldrechtliches) Vorkaufsrecht *n*
right of fiscal year Recht *n* des Steuerjahrs
right of free speech Redefreiheit *f*, Recht *n* der freien Meinungsäußerung, Meinungsfreiheit *f*
right of quiet enjoyment of possession Recht *n* auf ungestörte Nutzung [Ausübung] seines Besitzes
right of retention Zurückbehaltungsrecht *n*
right of survivorship Anwachsungsrecht *n* des Überlebenden
right of way 1. *(StraßenverkehrsR)* Vorfahrt *f*, Vorfahrtsrecht *n*; 2. *(GrundstücksR)* Wegerecht *n*, Durchgangsrecht *n*
right to bear arms das Recht *n*, Waffen zu tragen
right to information Informationsrecht *n*, Recht *n* auf Auskunftserteilung
right to life Recht *n* auf Leben
right to opt out Recht *n* auf Nichtteilnahme [Enthaltung]
right-to-work-law Anti-Closed-Shop-Gesetze *npl*
right-wing party Rechtspartei *f*, rechtsgerichtete Partei *f*
rightful *adj* rechtmäßig, berechtigt
rightful claim berechtigte Forderung *f*, rechtmäßiger Anspruch *m*
rightful heir rechtmäßiger Erbe *m*
rights and obligations *pl* Rechte *npl* und Pflichten *fpl*
ring 1. Telefonanruf *m*; 2. Ring *m*; 3. Bande *f*; 4. Kartell *n*
ring fence Einfriedung *f*, Umzäunung *f*
ring leader Bandenführer *m*, Rädelsführer *m*

riot *v* sich zusammenrotten; randalieren
riot Zusammenrottung *f*; Aufruhr *m*, Tumult *m*
riot and civil unrest Tumult *m* und innenpolitische [bürgerliche] Unruhen *fpl*
riot control Eindämmung *f* von Tumulten, Bekämpfung *f* von Unruhen
riot squad Überfallkommando *n (Polizeitruppe zum Einsatz gegen gewalttätige Demonstranten)*
rioter Unruhestifter *m*; Aufrührer *m*
rip *v* **off** klauen, mitgehen lassen; schröpfen, ausnehmen
riparian Anlieger *m*, Uferanwohner *m*
riparian rights *pl* Anliegerrecht *n*, Uferanliegerrecht *n*
rise *v* steigen; sich erheben
rise *v* **against the regime** sich gegen das Regime erheben
rise *v* **to a question** eine Frage beantworten *(im Parlament)*
rise *v* **to power** an die Macht gelangen
rise *v* **up against the regime** sich gegen das Regime erheben, gegen das Regime rebellieren
rise Erhöhung *f*, Anstieg *m*; Aufstieg *m*; Aufwärtsbewegung *f*
rise in costs Kostenanstieg *m*, Erhöhung *f* der Kosten
risk *v* riskieren, wagen
risk *v* **an adverse decision** eine ungünstige [ablehnende, nachteilige] Entscheidung riskieren [in Kauf nehmen]
risk 1. Risiko *n*, Gefahr *f*; 2. versicherte Person *f*; versicherter Gegenstand *m*
risk bearer Risikoträger *m*
risk capital Risikokapital *n*
risk of accident Unfallrisiko *n*, Unfallgefahr *f*
risk sharing Risikoteilung *f*
road toll Maut *f*
rob *v* rauben, berauben
robber Räuber *m*
robbery Raub *m*, Raubüberfall *m*
robe Robe *f*, Amtstracht *f*, Talar *m*
roll Rolle *f*; Urkunde *f*; Namensliste *f*, Gerichtsprotokoll *n* • **strike off the roll** ≈ von der Anwaltsliste streichen *(als Solicitor durch die Law Society)*
roll of solicitors *(BE)* ≈ Liste der zugelassenen Anwälte *(Solicitors)*
rollover Laufzeitverlängerung *f*; Darlehensverlängerung *f*
Romalpa Clause *(BE)* Eigentumsvorbehaltsklausel *f* bis zur vollständigen Zahlung
Roman Law Römisches Recht *n*
root of title Urkundenkette *f (zum Nachweis des Eigentums an einem Grundstück)*
rotation Rotation *f*; Turnus *m*; turnusmäßiger Wechsel *m*
rotation principle in office Rotation *f*, turnusmäßiger Amtswechsel *m*
rough *v* **out** misshandeln
rough *adj* roh, grob; ungefähr
rough draft Rohentwurf *m*, erster Entwurf *m*, Konzept *n*
rough estimate ungefährer Voranschlag *m*, erste Schätzung *f*
round-up Hochnehmen *n (von Kriminellen)*; Razzia *f*
rout Menschenauflauf *m*, Zusammenrottung *f*
royal *adj* königlich
royal assent *(BE)* königliche Zustimmung *f*
royal commission *(BE)* königliche Kommission *f (Sachverständige zu sozialen, wirtschaftlichen und politischen Fragestellungen)*
royal estate *(BE)* Staatsdomäne *f*
royal prerogative *(BE)* königliche Vorrechte *npl*
royal warrant *(BE)* Hoflieferantendiplom *n*
royalty 1. Königswürde *f*; 2. Mitglieder *npl* der königlichen Familie; 3. Tantiemen *fpl*, Honorar *n (Buch)*; 4. *(PatentR)* Lizenzgebühren *fpl* • **pay a royalty** Vergütung [Tantiemen, Honorar, Lizenzgebühren] zahlen [entrichten]
royalty agreement Honorarvereinbarung *f*, Lizenzvertrag *m*
RSVP *s.* répondez s'il vous plaît
rubric of a statute Gesetzestitel *m*
ruin *v* ruinieren, in den Bankrott treiben, verderben
ruin Untergang *m*, Ruin *m*, finanzieller Zusammenbruch *m*
rule *v* 1. regieren, herrschen; 2. regeln, regulieren, anordnen, entscheiden; verfügen
rule *v* **a country** ein Land regieren
rule *v* **on a point of law** in einer Rechtsfrage entscheiden
rule 1. Regel *f*, Bestimmung *f*, Vorschrift *f*, Rechtsregel *f*, Rechtsgrundsatz *m*, gerichtliche Entscheidung *f*; 2. Regulierung

f; Richtlinie f; Satzung f; 3. Herrschaft f, Regierung f
rule against perpetuities Regel f zur Vermeidung ewig andauernder Rechtszustände *(Vorschrift, die endlose oder verlängerte Knebelung von Eigentumsrechten in der Absicht, das Eigentum auf Ewigkeit zu behalten, verbietet)*
rule of construction Auslegungsregel f
rule of evidence Beweisregel f
rule of four *(AE)* Vierer-Regel f *(Praxis des Supreme Court der Vereinigten Staaten, die es vier der neuen Richter erlaubt, eine Bestätigung der Rechtsmittelzulassung zu gewähren)*
rule of law 1. Rechtsregel f, Rechtsnorm f, Rechtsgrundsatz m; 2. Rechtsstaatlichkeit f, Rechtsstaatsprinzip n
rule of precedent Präzedenzregel f
rule of reason Vernunftregel f
rules *pl* **of ethics** Standesregeln *fpl*
rules *pl* **of evidence** Beweisregeln *fpl*, Beweisvorschriften *fpl*
rules *pl* **of procedure** Verfahrensregeln *fpl*, Prozessordnung f
ruling *adj* vorherrschend, geltend; bestehend
ruling Entscheidung f; Verfügung f; Anordnung f
ruling of the judge richterliche Entscheidung f
ruling political party die führende [an der Macht befindliche] Partei f, Regierungspartei f
run *v* 1. laufen, gültig sein; 2. in Betrieb sein, betreiben; 3. lauten, den Wortlaut haben
run *v* **a business** ein Geschäft betreiben, ein Unternehmen leiten
run *v* **into debt** sich verschulden, in die roten Zahlen geraten
run 1. Ansturm m; starke Nachfrage f; 2. Dauer f, Laufzeit f
running with the land Anlehnung f an das Grundstückeigentum
rustle *v* Vieh stehlen
rustler Viehdieb m
rustling Viehdiebstahl m

S

sabbatical leave Forschungsurlaub m, Freisemester n *(Universität)*; Sabbatjahr n
sabotage *v* sabotieren, Sabotage betreiben
sabotage Sabotage f
sack *v* entlassen • **get the sack** entlassen werden
sack *v* **a person** jmdn. entlassen
sae *s.* stamped addressed envelope
safe *adj* sicher
safe Safe m, Tresor m, Schließfach n
safe conduct sicheres Geleit n, Schutzbrief m
safe custody (sichere) Verwahrung f, Depotverwahrung f
safe deposit 1. Tresor m, Safe m; 2. Aufbewahrung f im Safe
safe harbor *(AE)*, **safe harbour** *(BE)* sicherer Hafen m, Zuflucht f, Unterschlupf m
safeguard *v* schützen, sichern
safeguarding Schutz m, Bewahren n
safekeeping (sichere) Aufbewahrung f, Verwahrung f
safety Sicherheit f
safety steward Sicherheitskraft f, Aufseher m, Schwarzer Sheriff m
salaried *adj* bezahlt, Gehalt beziehend
salaried partner ≈ Geschäftspartner, der ein regelmäßiges Gehalt entsprechend dem Partnerschaftsvertrag erhält
salary Gehalt n, Besoldung f
sale 1. Verkauf m, Veräußerung f, Vertrieb m, Absatz m; 2. Auktion f, Versteigerung f; 3. Ausverkauf m, Schlussverkauf m • **for sale** zu verkaufen
sale and purchase agreement Pensionsgeschäft n
sale by sample Kauf m nach Probe, Kauf m nach Muster
sale of goods Warenverkauf m
sale or return Kauf m mit Rückgaberecht
sales *pl* Verkäufe *mpl*, Absatz m, Vertrieb m
sales contract Kaufvertrag m
sales tax Mehrwertsteuer f
salvage *v* 1. bergen, retten; 2. verwerten
salvaged *adj* geborgen, eine Bergung betreffend
sample *v* 1. Proben geben; 2. Proben nehmen

sample 1. Muster *n*, Probe *f*; 2. Stichprobe *f*
sanction *v* 1. genehmigen; 2. sanktionieren
sanction 1. Genehmigung *f*; 2. Sanktion *f*, Strafmaßnahme *f*
sanctioned *adj* sanktioniert
sane *adj* geistig gesund
Sarbanes-Oxley Act *(SOX) (AE)* Sarbanes-Oxley Act *m (Gesetz zur Verbesserung der Verlässlichkeit der Berichterstattung von Unternehmen, die den öffentlichen Kapitalmarkt beanspruchen)*
sase *s.* self-addressed, stamped envelope
satisfaction 1. Zufriedenheit *f*; 2. Erfüllung *f*, Befriedigung *f (Forderung)*; 3. Bezahlung *f*, Tilgung *f (Schuld)*
satisfaction of a claim Befriedigung *f* [Erfüllung *f*] eines Anspruchs
satisfaction of a mortgage Zahlung *f* [Tilgung *f*] einer Hypothek
satisfaction of judgment Erfüllung *f* [Befolgung *f*] eines Urteils
satisfactory *adj* ausreichend, zufriedenstellend
satisfactory quality zufriedenstellende Qualität *f*
satisfied *adj* zufrieden, überzeugt
satisfy *v* 1. zufriedenstellen; 2. befriedigen, erfüllen *(Forderung)*; 3. bezahlen, tilgen *(Schuld)*
satisfy *v* **a debt** eine Schuld bezahlen [ausgleichen]
satisfy *v* **creditors** Gläubiger befriedigen
save *v* 1. retten, bewahren; 2. sparen, aufbewahren
save *v* **time and expense** Zeit und Geld sparen
save *adv* außer, ausgenommen, abgesehen von • **save for the provisions herein** abgesehen von den vorliegenden Regelungen
saving 1. Rettung *f*; 2. Vorbehalt *m*; 3. Ersparnis *f*, Einsparung *f*
savings and loan association *(AE)* Bausparkasse *f*; Sparkasse *f*
scab nicht gewerkschaftlich organisierter Arbeitnehmer *m*
scale *v* staffeln
scale *v* **the charges** die Gebühren staffeln
scale 1. Skala *f*, Tabelle *f*; 2. Umfang *m*, Ausmaß *n*
scale of charges Gebührentabelle *f*, Gebührenordnung *f*
scale of fees Gebührentabelle *f*, Gebührenordnung *f*
scene of a crime Tatort *m*
scene of an accident Unfallstelle *f*, Unfallort *m*
schedule *v* festlegen, terminieren, planen
schedule *v* **a hearing** eine Anhörung [mündliche Verhandlung] terminieren [anberaumen, ansetzen]
schedule 1. Verzeichnis *n*, Tabelle *f*; 2. Plan *m*, Terminplan *m*
schedule of fees Gebührenverzeichnis *n*, Gebührentabelle *f*
schedule to a contract Anhang *m* [Anlage *f*] zu einem Vertrag
scheduling Planung *f*, Terminplanung *f*
scheme 1. Schema *n*, Plan *m*, Projekt *n*; 2. Komplott *n*, Intrige *f*
Schengen Treaty *(EuropaR)* Schengener Vertragsabkommen *n*, Vertrag *m* von Schengen
scholar Gelehrter *m*, Wissenschaftler *m*
school of law juristische Fakultät *f*
science Lehre *f*, Wissenschaft *f*
scienter *adv* vorsätzlich
scienter 1. Vorsatz *m*; 2. Bösgläubigkeit *f*
scope 1. Umfang *m*, Rahmen *m*, Ausmaß *n*; 2. Geltungsbereich *m*; 3. Aufgabenkreis *m*, Kompetenz *f*
scope of a law Anwendungsbereich *m* eines Gesetzes
scope of application Anwendungsbereich *m*
scope of authority Umfang *m* der Vertretungsbefugnis
scope of discretion Ermessensspielraum *m*
scope of duties Aufgabenbereich *m*
scope of performance Leistungsumfang *m*
Scottish Statutory Instrument *(S.S.I.)* Schottische Gesetze *npl (aufgrund des Schottlandgesetzes 1998)*
screen *v* 1. überprüfen; 2. abschirmen; *(fig.)* decken
screen 1. Bildschirm *m*; 2. Schutz *m*
scrivener notary Notar *m (in der City of London)*
scroll Liste *f*, Rolle *f*
scrupulous *adj* gewissenhaft
scrutinize *v* genau prüfen, untersuchen; nachzählen

se defendendo *(Lat)* Recht *n* auf Selbstverteidigung
sea See *f*, Meer *n*
seal *v* siegeln, versiegeln, verplomben
seal *v* **a deed** eine Urkunde versiegeln, auf einer Urkunde ein Siegel anbringen
seal Siegel *n*, Plombe *f*
sealing 1. Versiegelung *f*, Plombierung *f*; 2. *(fig.)* Besiegeln *n*
sealing of a deed Versiegelung *f* einer Urkunde
search *v* 1. suchen, durchsuchen *(Wohnung, Personen)*; 2. recherchieren, nachforschen
search *v* **for a fugitive** einen Flüchtigen suchen
search *v* **for evidence** nach Beweisen suchen
search *v* **the register** das Register einsehen
search 1. Suche *f*, Durchsuchung *f*; 2. Nachprüfung *f*, Recherche *f*
search and seizure Durchsuchung *f* und Beschlagnahme *f*
search by the police polizeiliche Durchsuchung *f*
search certificate ≈ Auskunft des Grundstücksregisters über vorliegende Eintragungsanträge
search for accommodation Wohnungssuche *f*
search of title Feststellung *f* des Eigentums an Grundbesitz und der auf dem Eigentum ruhenden Lasten
search order Durchsuchungsbefehl *m*
search warrant Durchsuchungsbefehl *m*
seasonal work Saisonarbeit *f*
seat 1. Sitz *m*, Mitgliedschaft *f*; 2. Sitz *m*, Mandat *n (Parlament)* • **take a seat on the bench** ins Parlament einziehen *(als Abgeordneter)*
seat of a company Sitz *m* einer Gesellschaft [Firma]
seat of government Regierungssitz *m*
SEC *s.* Securities and Exchange Commissions
secede *v* abfallen, sich trennen
secession Trennung *f*, Lossagung *f*
second *v* unterstützen, helfen
second *adj* zweiter
second 1. Sekunde *f*; 2. Sekundant *m* *(Duell)*
second-degree *adj* zweiten Grades
second degree 1. Zweitstudium *n*; 2. Note *f (Universität)*
second mortgage zweite Hypothek *f*
second-rate *adj* zweitklassig, zweitrangig
secondary *adj* sekundär, subsidiär
secondary boycott Sekundärboykott *m*
secondary cause Nebenursache *f*
secondary liability subsidiäre Haftung *f*, Zweithaftung *f*
secondary source of law sekundäre Rechtsquelle *f*
secondment Abordnung *f (Beamter)*
secrecy Verschwiegenheit *f*, Geheimhaltung *f*, Geheimnis *n*
secret *adj* geheim, heimlich
secret ballot geheime Abstimmung *f*, Geheimwahl *f*
secret partner ≈ stiller Gesellschafter
secret service Geheimdienst *m*
secretary 1. Sekretär *m*; 2. Schriftführer *m* *(Verein)*; 3. Minister *m*
Secretary of State *(BE)* Minister *m*; *(AE)* Außenminister *m*
section 1. Paragraph *m*, Absatz *m (eines Gesetzes)*; Abschnitt *m*; 2. Teil *m*; 3. Abteilung *f*, Sachgebiet *n*
secular *adj* weltlich
secular education weltliche Erziehung *f*
secularize säkularisieren, verweltlichen
secure *v* 1. sichern, sicherstellen; 2. erhalten, sich verschaffen
secure *v* **possession** sich den Besitz beschaffen, den Besitz bekommen
secure *adj* sicher, gesichert
secured *adj* sichergestellt, gesichert
secured charge gesicherte Belastung *f*
secured credit gesicherter Kredit *m*, Realkredit *m*
secured creditor 1. gesicherter Gläubiger *m (Hypothek)*; 2. *(InsolvenzR)* absonderungsberechtigter Insolvenzgläubiger *m*
secured debt gesicherte Forderung *f*
secured loan gesichertes Darlehen *n*
secured party Sicherungsnehmer *m*
secured tenant Mieter *m* einer preisüberwachten Mietwohnung, Sicherungsgeschäft *n*
secured transaction Sicherungsgeschäft *n (Mobilie)*
securities *pl* Sicherheiten *fpl*, Effekten *mpl*, Wertpapiere *npl*
Securities and Exchange Commissions *pl (SEC)* Börsenaufsichtsbehörde *f*

securities authority Überwachungsbehörde *f* des Wertpapiermarktes
securities exchange Wertpapierbörse *f*
security 1. Sicherheit *f*, Sicherheitsleistung *f*, Bürgschaft *f*, Kaution *f*, Garantie *f*, Pfand *n*; 2. Wertpapier *n*
security agreement Sicherungsvertrag *m*, Sicherungsabrede *f*
security dealing Wertpapierhandel *m*
security for a debt Sicherheit *f* [Bürgschaft *f* , Pfand *n*] für eine Forderung
security for costs Prozesskosten *pl*
security interest dingliches Sicherungsrecht *n* an beweglichem Vermögen
security of tenure Mieterschutz *m*
security training Sicherheitstraining *n*
secus *(Lat)* sonst, anders
sedition Aufruhr *m*, Aufwiegelung *f*, Volksverhetzung *f*
seditious *adj* aufrührerisch
seditious libel aufrührerische Schmähschrift *f*
seduction Verführung *f*, Verleitung *f*
see *v* sehen, ersehen • **seen and approved** gesehen und genehmigt
seek *v* 1. suchen; 2. nachsuchen, erbitten, beantragen
seek *v* **a remedy** eine Abhilfemöglichkeit suchen [in Anspruch nehmen]
seek *v* **legal advice** rechtliche Hilfe [Beratung] in Anspruch nehmen, sich rechtlich beraten lassen
seek *v* **permission** um die Erlaubnis bitten, die Genehmigung beantragen
seen and approved *adj* gesehen und genehmigt
segregation 1. Trennung *f*, Absonderung *f*; 2. Rassentrennung *f*
seize *v* 1. in Besitz nehmen; 2. beschlagnahmen, einziehen, pfänden *(Sache)*; 3. festnehmen *(verdächtige Person)*
seize *v* **power** die Macht ergreifen
seize *v* **smuggled goods** Schmuggelware beschlagnahmen [einziehen]
seizure 1. Inbesitznahme *f*; 2. Beschlagnahme *f*, Einziehung *f*, Pfändung *f*; 3. Festnahme *f*, Verhaftung *f*
seizure of goods Beschlagnahme *f* von Waren, Pfändung *f* von Gegenständen
seizure order Anordnung *f* der Beschlagnahme, Pfändungsbeschluss *m*
select *v* wählen, auswählen
select committee Sonderausschuss *m*, Sonderuntersuchungsausschuss *m*
selection Wahl *f*, Auswahl *f*
selection procedure Auswahlverfahren *n* *(für eine Jury)*
selective distribution agreement ≈ Vereinbarung über den Vertrieb durch ausgewählte Händler, Exklusivvertriebsvertrag *m*
self-addressed, stamped envelope *(sase)* an den Absender selbst adressierter frankierter Rückumschlag *m*
self-defence *(BE)*, **self-defense** *(AE)* *(StrafR)* Notwehr *f*; Selbstverteidigung *f*
self-determination Selbstbestimmung *f*
self-employed *adj* selbstständig, freiberuflich
self-employment selbstständige [freiberufliche] Tätigkeit *f*
self-incrimination Selbstbezichtigung *f*
self-proving will ≈ beweiskräftiges Testament *(Testament, das so geschaffen ist, dass ein Nachlassgericht es leicht als echten letzten Willen des Erblassers akzeptieren kann)*
sell *v* 1. verkaufen, veräußern, vertreiben; 2. sich verkaufen, Anklang finden
sell *v* **at auction** versteigern, versteigern lassen
sell *v* **by sample** nach Muster [Probe] verkaufen
seller Verkäufer *m*, Veräußerer *m*, Vertreiber *m*
selling Verkauf *m*, Veräußerung *f*, Vertrieb *m*
selling agent Vertreter *m*
selling order Verkaufsorder *f*, Verkaufsauftrag *m*
semble es scheint
semi-skilled worker angelernter Arbeiter *m*
Senate *(AE)* Senat *m* *(erste Kammer des Parlaments)*
senator Senator *m*, Senatsmitglied *n*
send *v* senden, versenden
send *v* **cash on delivery, send** *v* **cod** gegen Nachnahme versenden
send *v* **down** *(BE)* *(colloq.)* ins Gefängnis stecken
sender Absender *m*, Versender *m*
senior *adj* älter, dienstälter, rangälter
senior Älterer *m*, Dienstälterer *m*
senior partner Seniorpartner *m*, Seniorchef *m* *(Anwaltskanzlei)*
senior steward 1. vorgesetzter Vermögensverwalter *m* *(Eigentum)*; 2. vorge-

setzter Grundstücksverwalter *m*; 3. vorgesetzte Ordnungskraft *f (Demonstration)*
seniority höheres Alter *n*, höheres Dienstalter *n*, Betriebszugehörigkeit *f*
seniority system auf Dienstalter basierendes System *n*
sensitive *adj* empfindlich, vertraulich
sentence *v (StrafprozessR)* verurteilen
sentence *v* **a person to imprisonment** jmdn. zu einer Freiheitsstrafe verurteilen
sentence *v* **a person to pay a fine** jmdn. zu einer Geldstrafe verurteilen
sentence *(StrafprozessR)* Urteil *n*, Strafurteil *n*, Verurteilung *f*
sentence of death Todesstrafe *f*
sentence of imprisonment Freiheitsstrafe *f*, Gefängnisstrafe *f*
sentenced to jail zu einer Freiheitsstrafe [Gefängnisstrafe] verurteilt
separate *v* 1. trennen, aussondern, absondern; 2. *(EheR)* sich trennen
separate *v* **the causes in action** die einzelnen Ansprüche trennen
separate *adj* getrennt, ausgesondert, abgesondert
separate jurisdiction getrennte [eigenständige] Gerichtsbarkeit *f*
separation 1. Trennung *f*, Absonderung *f*, Aussonderung *f*; 2. *(EheR)* Trennung *f*
separation agreement *(EheR)* Getrenntlebensvereinbarung *f*
separation of powers *(VerfassungsR)* Gewaltenteilung *f*
separation of property *(EheR)* Gütertrennung *f (Güterstand)*
separation order *(BE) (FamilienR)* ≈ gerichtliche Anordnung des Getrenntlebens
sequence Folge *f*, Reihenfolge *f*
sequester *v* sequestrieren, zwangsverwalten; beschlagnahmen
sequestered *adj* zwangsverwaltet, unter Zwangsverwaltung
sequestration Sequestration *f*, Zwangsverwaltung *f*, Beschlagnahme *f*
sequestration order Anordnung *f* der Sequestration [Zwangsverwaltung]
sequestrator Sequester *m*, Zwangsverwalter *m*
serial *adj* fortlaufend, serienmäßig, Serien...
serious *adj* 1. ernst, schwer; 2. seriös; 3. erheblich
serious offence *(BE)*, **serious offense** *(AE)* Verbrechen *n*, schwere Straftat *f*
servant 1. Bediensteter *m*; Arbeitnehmer *m*; 2. Erfüllungsgehilfe *m*; 3. Hausangestellter *m*, Dienstbote *m*
servant of the company Angestellter *m* des Unternehmens, Mitarbeiter *m* der Gesellschaft
serve *v* 1. dienen, angestellt sein; 2. dienen, nützlich sein; 3. fungieren *(Position)*; 4. *(StrafR)* verbüßen *(Strafe)*; 5. *(ProzessR)* zustellen, zustellen lassen *(erfolgt in der Regel durch die gegnerische Partei oder den Anwalt)*
serve *v* **a prison term** eine Gefängnisstrafe verbüßen [ableisten, absitzen]
serve *v* **documents on a party** einer Partei Schriftstücke zustellen (lassen)
serve *v* **the defendant** die Zustellung an den Beklagten vornehmen (lassen)
serve *v* **the sentence** die Freiheitsstrafe verbüßen [ableisten, absitzen]
served notice *(ProzessR)* zugestellte Mitteilung *f*
service 1. *(ZivilR)* Dienst *m*, Dienstleistung *f*; 2. *(WehrR)* Militärdienst *m*, Wehrdienst *m*; 3. Gefälligkeit *f*; 4. *(ProzessR)* Zustellung *f*; 5. Inspektion *f*, Wartung *f (Kfz)*
service agreements *pl* 1. Anstellungsvertrag *m*; 2. Wartungsvertrag *m*
service by publication öffentliche Zustellung *f*
service by registered post [mail] Zustellung *f* per Einschreiben
service charges *pl* Betriebskosten *pl (von Eigentumswohnungen)*
service contract Arbeitsvertrag *m*
service mark Dienstleistungsmarke *f*
service of a writ Zustellung *f* einer Prozessladung mit Klageschrift *(writ)*; Zustellung *f* einer gerichtlichen Verfügung
service of documents Zustellung *f* von Unterlagen
service of heir Erbenanerkennung *f*
service of process (gerichtliche) Zustellung *f*
service/on Her [His] Majesty's *(BE)* im Dienste Ihrer [Seiner] Majestät
services sector Dienstleistungsbereich *m*, Dienstleistungssektor *m*
servient *adj* dienend, belastet *(Grundstück)*
servient easement belastende Grunddienstbarkeit *f*
servitude Dienstbarkeit *f*, Grunddienstbarkeit *f*

session 1. Sitzung *f*, Versammlung *f*, Sitzungsperiode *f*; 2. *(BörsenR)* Börsentag *m*; 3. akademisches Jahr *n (Universität)*
session of a court Gerichtssitzung *f*
set *v* festlegen, festsetzen, bestimmen, geltend machen
set *v* **a claim** eine Forderung geltend machen
set *v* **aside** 1. beiseite legen; 2. *(ProzessR)* aufheben, annullieren *(Gerichtsentscheidung)*
set *v* **aside a judgment** *(ProzessR)* ein Urteil aufheben
set *v* **back** zurückschlagen; einen Rückschlag erleiden
set *v* **down** eintragen, niederschreiben
set *v* **down a case for trial** den Termin der Hauptverhandlung festlegen [anberaumen]
set *v* **down a hearing date** einen Anhörungstermin festlegen [anberaumen]
set *v* **down in writing** schriftlich fixieren [niederlegen]
set *v* **forth** vorbringen, darlegen
set *v* **free** auf freien Fuß setzen
set *v* **off** ausgleichen, kompensieren, verrechnen
set *v* **up** 1. gründen, errichten *(Gesellschaft)*; 2. *(ProzessR)* vortragen, sich berufen auf
set *v* **up a company** eine Gesellschaft gründen
set *v* **up a condition** eine Bedingung stellen
set *v* **up a defence** *(BE)*, **set** *v* **up a defense** *(AE)* eine Einrede erheben
set *v* **up commission** eine Kommission einrichten [einsetzen, bilden]
setoff of any counterclaim Aufrechnung *f* [Verrechnung *f*] mit jeglicher Gegenforderung
settle *v* 1. regeln, bezahlen, begleichen; 2. vereinbaren, sich einigen, schlichten, beilegen; 3. besiedeln, sich niederlassen
settle *v* **a case out of court** einen Fall außergerichtlich beilegen
settle *v* **a debt** eine Schuld begleichen
settle *v* **a dispute** einen Streit beilegen, eine Streitigkeit schlichten
settle *v* **a dispute/amicably** eine Streitigkeit im Vergleichswege regeln
settle *v* **a new territory** neues Territorium besiedeln, sich auf einem neuen Gebiet niederlassen
settle *v* **an account** eine Rechnung bezahlen [begleichen]
settle *v* **an issue of law** eine strittige Rechtsfrage regeln, einen Vergleich über eine strittige Rechtsfrage schließen
settled land ≈ durch ein Settlement of Property gebundenes Grundstück
settlement 1. Regelung *f*, Bezahlung *f*, Begleichung *f*; Regulierung *f (Versicherungsanspruch)*; 2. Vereinbarung *f*, Schlichtung *f*, vergleichsweise Beilegung *f*; 3. Besiedelung *f*, Niederlassung *f*; 4. *(BörsenR)* Liquidation *f*, Abrechnung *f*
settlement of a case Erledigung *f* eines Falles
settlement of a claim Erfüllung *f* der Ansprüche, Schadensregulierung *f*
settlement of a difference Beilegung *f* [Schlichtung *f*] einer Meinungsverschiedenheit
settlement of property *(veraltet)* Begründung *f* gebundenen Vermögens
settlements *pl* 1. Niederlassungen *fpl*; 2. Regulierungen *fpl*; 3. Vergleich *m*
settlor Errichter *m*, Gründer *m*
settlor of the trust Treugeber *m*, Begründer *m* des Trusts
several *adj* einzeln, gesondert, individuell
several creditor Einzelgläubiger *m*
severally *adv* einzeln, getrennt
severance Trennung *f*, Abtrennung *f*, Abbruch *m*
severance agreement *(ArbeitsR)* Abfindungsvereinbarung *f*
severance clause 1. *(VertragsR)* salvatorische Klausel *f*; 2. *(ArbeitsR)* Abfindungsklausel *f*
severance contract Abfindungsvereinbarung *f*, Abfindungsvertrag *m*
severance pay Abfindung *f*, Abfindungssumme *f*
severe *adj* streng; schwer
severe damage schwerwiegender [großer, schlimmer] Schaden *m*
severely *adv* streng, hart; schwerwiegend
severity Strenge *f*, Härte *f*; Schwere *f*
sex discrimination geschlechtsbezogene Benachteiligung *f*
sexual *adj* sexuell
sexual assault sexueller Missbrauch *m*, Notzucht *f*, Vergewaltigung *f*
sexual discrimination Diskriminierung *f* aufgrund des Geschlechts

sexual equality Gleichheit *f* [Gleichberechtigung *f*] der Geschlechter
sexual harassment sexuelle Belästigung *f (am Arbeitsplatz)*
shackles *pl* Fesseln *fpl*, Handschellen *fpl*
shall *v* müssen, sollen; werden
sham *adj* falsch, vorgetäuscht, nachgemacht, Schein...
sham Täuschung *f*, Schwindel *m*
sham transaction Scheingeschäft *n*
share *v* teilen, aufteilen; sich beteiligen
share *v* **in an award of damages** an der Gewährung von Schadensersatz teilhaben [teilnehmen]
share *v* **in profits** an Gewinnen teilhaben
share *v* **in the estate** am Nachlass teilhaben
share 1. Teil *m*, Anteil *m*, Beteiligung *f*; 2. Aktie *f*, Anteil *m*, Gesellschaftsanteil *m*
share capital Aktienkapital *n*, Grundkapital *n (einer Aktiengesellschaft)*; Betriebskapital *n (einer Genossenschaft)*
share certificate Aktienzertifikat *n*, Aktienurkunde *f*
share option Bezugsrecht *n* auf neue Aktien
shared source geteilte Quelle *f*, Shared Source *f (Softwarelizenzen, die Einblicke in den Quelltext ermöglichen)*
shareholder Aktieninhaber *m*, Aktionär *m*; Anteilseigner *m*
shareholder rights *pl* Aktionärsrechte *npl*
shareholders agreement Gesellschaftsvertrag *m*
shareholders meeting Hauptversammlung *f (Aktiengesellschaft)*
shareholding Aktienbesitz *m*; Anteilsbesitz *m*, Beteiligung *f*
shares *pl* Aktien *fpl*; Anteile *mpl*, Gesellschaftsanteile *mpl*
shareware Shareware *f (Software, die man vor dem Kauf kostenlos ausprobieren kann)*
sharia Scharia *f*
sharing Teilung *f*, Aufteilung *f*, Verteilung *f*; Beteiligung *f*
shed *v* entlassen, abstoßen
sheet Blatt *n*, Bogen *m*
shelf Regal *n*
shelf life Haltbarkeit *f*, Haltbarkeitsdauer *f*
shell Mantel *m*, Hülse *f (Kapitalgesellschaft)*
shell company Mantelgesellschaft *f*
shelter *v* schützen, bewahren
shelter Schutz *m*
shelve *v* 1. in ein Regal legen, zu den Akten legen; 2. *(fig.)* verschieben
sheriff oberster Verwaltungsbeamter *m* eines County
sheriff's deed Zuschlagsnachweis *m* in der Zwangsvollstreckung *(vom Sheriff ausgestellt)*
shift *v* verschieben, verändern, verlagern
shift 1. Verschiebung *f*, Veränderung *f*, Verlagerung *f*; 2. *(ArbeitsR)* Schicht *f*
shift of burden of proof Beweislastverschiebung *f*, Beweislastumkehr *f*
shift of the burden of proof Beweislastverschiebung *f*
shifting Veränderung *f*, Verlagerung *f*, Umkehrung *f*
shifting of risk Risikoübergang *m*
ship *v* transportieren, versenden, befördern
ship Schiff *n*
shipment 1. Transport *m*, Versendung *f*, Verladung *f*; 2. Ladung *f*, Fracht *f*
shipowner Reeder *m*
shipping 1. Schifffahrt *f*; 2. Transport *m*, Versand *m*, Verladung *f*
shipping-company Reederei *f*
ship's articles *pl* Heuervertrag *m*, Arbeitsvertrag *m* (der Seeleute)
ship's register Schiffsregister *n*
shoestring sehr geringes Kapital *n*, unzureichendes Kapital *n*
shop *v* 1. einkaufen, Besorgungen erledigen; 2. *(ugs.)* (jmdn.) verpfeifen *(der Polizei)*
shop Laden *m*, Geschäft *n*, Betrieb *m*
shop agreement *(BE) (ArbeitsR)* Betriebsvereinbarung *f*
shop floor 1. *(BE)* Fabrikhalle *f*, Werkstatt *f*; 2. Belegschaft *f*
shop steward *(BE)* Arbeitnehmervertreter *m*, Betriebsratsmitglied *n*, Gewerkschaftsvertreter *m*
shoplifting Ladendiebstahl *m*, Warenhausdiebstahl *m*
shore *v* **up** *(fig.)* unterstützen, absichern
short *adj* 1. kurz, kurzfristig; 2. knapp, unzureichend
short notice kurze Ankündigung *f*, kurzfristige Mitteilung *f*
short-term *adj* kurzfristig
short title Kurztitel *m (eines Gesetzes)*
shortage 1. Knappheit *f*, Mangel *m*; 2. Defizit *n*, Fehlbetrag *m (Kasse)*

shorten *v* abkürzen, verringern
shortfall Fehlbetrag *m*, Defizit *n*
shorthand Kurzschrift *f*
shortlist *v* auf eine Auswahlliste setzen, in die engere Wahl ziehen
shortlist Auswahlliste *f*, engere Wahl *f*
show *v* zeigen, anführen, vorbringen, darlegen, beweisen
show 1. Schau *f*, Darbietung *f*; 2. Ausstellung *f*
shrink-wrap agreement Schutzhüllenvereinbarung *f*
shrink-wrap contract Schutzhüllenvertrag *m*
shrinkage Schwund *m*, Rückgang *m*, Minderung *f*
sick leave Beurlaubung *f* wegen Krankheit
sick pay Krankengeld *n*
sickness benefits *pl* Leistungen *fpl* bei Krankheit
side *v* Partei ergreifen
side 1. Seite *f*; 2. Partei *f*
side letter Nebenabrede *f*
sideline Nebenbeschäftigung *f*
siege *v (VölkerR)* belagern
siege *(VölkerR)* Belagerung *f*
sight *v* vorzeigen, vorlegen
sight 1. Ansicht *f*, Besichtigung *f*; 2. Vorzeigung *f*, Vorlage *f*
sight deposit Sichteinlage *f*, Giroeinlage *f*
sight draft Sichttratte *f*
sighting *(WechselR)* Präsentieren *n (eines Wechsels)*
sign *v* zeichnen, unterzeichnen, abzeichnen
sign 1. Zeichen *n*, Kennzeichen *n*; 2. Schild *n*, Verkehrszeichen *n*
signal Signal *n*, Zeichen *n*
signatory Unterzeichnung *f*
signature Unterschrift *f*, Unterzeichnung *f*
signed *adj* unterschrieben, gezeichnet
signed, sealed and delivered unterschrieben, gesiegelt und ausgehändigt; unterfertigt *(Urkunde)*
signet Siegel *n*, Firmensiegel *n*
significant *adj* signifikant, bedeutend
significant risk wesentliches [großes, erhöhtes] Risiko *n*
signing Unterzeichnung *f*, Unterschrift *f*
silencer Schalldämpfer *m*
silk *(BE)* Seide *f*; ≈ Kurzbezeichnung für Queen's Counsel *(wegen der seidenen Robe)* • **take silk** *(BE)* Queen's Counsel werden, QC werden
similar fact evidence *(BE)* beweismittelähnliche Tatsachen *fpl (wenn die Vorgeschichte des Angeklagten zeigt, dass er wahrscheinlich die neue Tat begangen hat, ist das Beweismittel zulässig, wenn die vorangegangene Verurteilung typisch für den Angeklagten ist und eine Tatbegehung durch einen Anderen äußerst unwahrscheinlich erscheint)*
similarity Ähnlichkeit *f*
simple *adj* einfach
simple contract formloser Vertrag *m*
simple interest einfache Zinsen *mpl*, Kapitalzinsen *mpl*
simple majority einfache Mehrheit *f*
simplify *v* vereinfachen
simulate *v* 1. vorgeben, erfinden, fingieren; 2. simulieren
simultaneous performance Erfüllung *f* Zug um Zug
sine die *(Lat)* ohne Anberaumung eines neuen Termins
single *adj* 1. einzeln, einzig; 2. ledig, alleinstehend
single chamber Einkammer... *(Parlament)*
single judge Einzelrichter *m*
Single Market Binnenmarkt *m*
single transferable vote übertragbare Einzelstimme *f*
sink *v* 1. sinken, versenken; 2. zurückgehen *(Preise)*; herabsetzen; tilgen *(Schulden)*
sist *v* 1. einstellen *(Verfahren)*; 2. vorladen
sister Schwester *f*
sister company Schwestergesellschaft *f*
sit *v* sitzen, tagen
sit *v* **in camera** unter Ausschluss der Öffentlichkeit verhandeln
sit *v* **on the breach** freilassen
sit-down strike Sitzstreik *m*
site *v* platzieren, aufstellen
site Gelände *n*, Standort *m*
sitting Sitzung *f*, Tagung *f*
sitting court verhandelndes Gericht *n*
sitting judge verhandelnder Richter *m*, entscheidender Richter *m*
situation 1. Situation *f*, Lage *f*; 2. Stellung *f*, Position *f (Beruf)*
skeleton argument schwaches Argument *n*
skilled labor *(AE)*, **skilled labour** *(BE)* Facharbeiter *m*, Fachkraft *f*

skilled witness sachverständiger Zeuge *m*
sky marshal bewaffneter Flugbegleiter *m*
slander *v* beleidigen, verleumden *(mündlich oder in anderer nicht dauerhafter Form)*
slander Beleidigung *f*, Verleumdung *f*
slander of quality Verleumdung *f* wegen Schlechtmachens eines Produktes, Produktbeleidigung *f*
slanderous *adj* beleidigend, verleumderisch
slavish imitation sklavische Nachahmung *f*
sliding scale compensation Ersatz *m* nach einer Gleitskala
slight negligence leichte Fahrlässigkeit *f*
slip *v (BörsenR)* fallen, flau sein
slip 1. Beleg *m*, Zettel *m*; 2. Versehen *n*
slogan Slogan *m*, Werbespruch *m*
slow *v* **down** verlangsamen, nachlassen
slow *adj* 1. langsam; 2. säumig, in Verzug
slum *(Lat)* Armenviertel *n*, Slum *m*
slump *v* fallen, zusammensinken
slump 1. Sturz *m (Kurse)*; Baisse *f*; 2. Flaute *f*, Rezession *f*
slush fund Bestechungsfonds *m*, Schmiergeldkasse *f*
slush money Schmiergeld *n*
small and medium(-sized) enterprises *pl (SME)* kleine und mittlere Unternehmen *npl*
small change Wechselgeld *n*, Kleingeld *n*
small claim Bagatellanspruch *m*, ≈ Streitigkeit mit niedrigem Streitwert
small claims court Bagatellgericht *n*; ≈ Gericht für die Geltendmachung kleiner Forderungen
small claims track *(BE)* Rechtsweg *m* für geringfügige Klagen
SME *s.* small and medium(-sized) enterprises
smuggle *v* schmuggeln
smuggler Schmuggler *m*
smuggling Schmuggel *m*
snatch *v* rauben
soar *v* hochschnellen, schnell [stark] steigen
social *adj* sozial, gesellschaftlich, Sozial…, Gesellschafts…
social insurance Sozialversicherung *f*
social security Sozialversicherung *f*, Sozialversicherungswesen *n*, soziale Sicherheit *f*
Social Security Number *(AE)* Sozialversicherungsnummer *f*
social welfare 1. Wohltätigkeit *f*, Sozialleistung *f*, Sozialfürsorge *f*; 2. Gemeinwohl *n*
society Gesellschaft *f*, Verein *m*, Vereinigung *f*, Verband *m*, Genossenschaft *f*
sodomy Sodomie *f*
soft *adj (BörsenR)* nachgiebig, flau, unstabil
software piracy Softwarepiraterie *f*
solatium *(Lat)* Schmerzensgeld *n*
sold *adj* verkauft
soldier Soldat *m*
sole *adj* 1. allein, einzig; 2. ledig
sole agency Alleinvertretung *f*
sole agent Alleinvertreter *m*
sole heir Alleinerbe *m*
sole practitioner Einzelanwalt *m*
sole proprietor Alleineigentümer *m*
sole proprietorship Einzelfirma *f*, Einzelunternehmen *n*
sole representative Alleinvertreter *m*
solemn *adj* 1. feierlich; 2. förmlich, formell
solemn crime schweres Verbrechen *n*
solemn procedure feierliches Verfahren *n*
solemnization formelle Vollziehung *f (der Eheschließung)*
solemnize *v* formell vollziehen *(Eheschließung)*
solicit *v* 1. bitten, nachsuchen; 2. sich bewerben; 3. anzustiften versuchen
solicitation 1. Bitte *f*, Nachsuche *f*; 2. versuchte Anstiftung *f*
solicitor 1. *(BE)* Rechtsanwalt *m*, Rechtsanwältin *f*, Rechtsbeistand *m (der Solicitor wird vom Mandanten beauftragt und ist hauptsächlich rechtsberatend tätig; er bereitet für seine Mandanten Prozesse vor, die in der Regel von Barristers geführt werden)*; 2. *(AE)* Handelsvertreter *m*, Agent *m*
solicitor advocate *(BE)* ≈ Rechtsanwalt, der nach wenigen Stunden Fortbildung vor dem High Court, Crown Court und Appeal Courts auftreten darf
Solicitor-General *(BE)* zweiter Kronanwalt *m*
solitary *adj* einzeln
solitary confinement Einzelhaft *f*
solve *v* lösen, ablösen, beseitigen
solvency Solvenz *f*, Zahlungsfähigkeit *f*
solvent *adj* solvent, zahlungsfähig

solvent company solvente [zahlungsfähige] Gesellschaft *f*
sought *adj* gesucht, gefragt
sound *adj* 1. vernünftig, fundiert, korrekt; 2. solide, sicher, solvent
sound mind bei vollem Verstand
soundness 1. gesunder Geisteszustand *m*; 2. Fehlerfreiheit *f*, Mängelfreiheit *f* *(Kauf)*
soundness of a decision Fehlerfreiheit *f* einer Entscheidung
source Quelle *f*; *(fig.)* Ursprung *m*, Herkunft *f*
source code Quellcode *m*
source of damage Schadensursache *f*
source of income Einkunftsquelle *f*
source of law Rechtsquelle *f*
sovereign Souverän *m*, Monarch *m*, Staatsoberhaupt *n*
sovereign immunity Immunität *f* des Staatsoberhauptes
sovereign nation unabhängige Nation *f*
sovereignty Souveränität *f*, Hoheitsgewalt *f*, Herrschaft *f*
SOX *s.* Sarbanes-Oxley Act
space 1. Platz *m*, Raum *m*; 2. Zeitraum *m*; 3. Weltraum *m*
spam Spam *m*, unerwünschte E-Mail *f*
speak *v* sprechen, das Wort ergreifen
speaker Sprecher *m*, Redner *m*
special *adj* besonders, speziell
special damages *pl* konkreter Schaden *m*
special danger pay Gefahrenzulage *f*
special delivery *(AE)* Eilzustellung *f*
special notice Mitteilung *f* über die Einberufung zur Hauptversammlung
special resolution ≈ Beschluss mit Dreiviertel-Mehrheit und besonderer Ankündigungsfrist
specialist 1. Spezialist *m*, Fachmann *m*; 2. *(BörsenR)* Kursmakler *m*
specialize *v* 1. spezialisieren, sich spezialisieren; 2. einzeln aufführen
specialty 1. Spezialität *f*, Besonderheit *f*; 2. Spezialgebiet *n* *(Universität)*
specialty contract gesiegelter Vertrag *m*
specific *adj* spezifisch, bestimmt, konkret
specific bequest absonderbare letztwillige Zuwendung *f*, ≈ Vermächtnis
specific denial Bestreiten *n* einzelner Behauptungen
specific goods *pl* konkretisierte Güter *npl* [Waren *fpl*]
specific legacy Stückvermächtnis *n*
specific performance 1. (tatsächliche) Vertragserfüllung *f*, Erbringung *f* der geschuldeten Leistung; 2. Naturalrestitution *f*
specification 1. Spezifizierung *f*, genauere Darlegung *f*; 2. gesetzlicher Eigentumserwerb *m* durch Verarbeitung beweglicher Sachen; 3. *(PatentR)* Patentschrift *f*
specificity Spezifizität *f*, Bestimmtheit *f*
specified *adj* spezifiziert, vorgeschrieben, genau angegeben
specified amounts *pl* **of money** genauer bestimmte Geldsummen *fpl*
specified claim ≈ Klageart, die für eine bestimmte, angeblich geschuldete Geldsumme angewendet wird
specified date bestimmter Zeitpunkt *m*
specify *v* spezifizieren, näher bestimmen, einzeln aufführen, angeben
specimen Muster *n*, Probe *f*, Probestück *n*
specimen signature Unterschriftsprobe *f*
speculate *v* spekulieren
speculation Spekulation *f*
speculative *adj* spekulativ, Spekulations…
speculative damage vorausberechneter Schaden *m*, vermeintlicher Folgeschaden *m*
speculator Spekulant *m*
speech Rede *f*, Ansprache *f*
speech from the throne Thronrede *f*
speed *v* **up proceedings** Gerichtsverfahren beschleunigen
speed camera ≈ Kamera zur Geschwindigkeitsmessung im Straßenverkehr
spend *v* 1. ausgeben *(Geld)*; 2. aufwenden, verbringen *(Zeit)*
spending Geldausgabe *f*
spendthrift trust Spendthrift Trust *m* *(Trust, der den Begünstigten auf die Erträge des Trustvermögens beschränkt)*
sphere Sphäre *f*, Bereich *m*
sphere of influence Einflussbereich *m*
spin *v* **off** einen Unternehmensbereich ausgliedern und verselbstständigen
spin-off Ausgliederung *f* und Verselbstständigung *f* eines Unternehmensbereiches
spiritual *adj* geistig, geistlich
split *v* 1. teilen, aufteilen, verteilen; 2. sich spalten

split *adj* gespalten, geteilt
splitting Teilung *f*, Aufteilung *f*, Spaltung *f*
spoil *v* verderben, beschädigen, vernichten
spoils *pl* Beute *f*, Diebesgut *n*
spokesman Sprecher *m*; Wortführer *m*
spoliation 1. Raub *m*, Erpressung *f*, Plünderung *f*; 2. Urkundenunterdrückung *f*, unberechtigte Änderung *f* einer Urkunde
sponsor *v* fördern, unterstützen, befürworten
sponsor 1. Sponsor *m*, Förderer *m*, Geldgeber *m*; 2. *(AE)* Bürge *m (für Einwanderung)*
sponsored *adj* gefördert, unter der Schirmherrschaft
sponsorship Förderung *f*, Befürwortung *f*
spot *v* sehen, erblicken
spot *adj* sofortig
spot delivery sofortige Lieferung *f*
spot market Kassamarkt *m*; ≈ Markt für sofort lieferbare und sofort zu bezahlende Waren
spousal *adj* Ehegatten…
spousal maintenance *(BE)* Ehegattenunterhalt *m*
spousal support *(AE)* Ehegattenunterhalt *m*
spousal violence Gewalt *f* unter Ehegatten
spouse Ehegatte *m*
spreading of the risk Risikoverteilung *f*, Risikostreuung *f*
sprinkling trust Sprinkling Trust *m (Trust, der dem Vermögensverwalter die Entscheidungsfreiheit lässt, wie er die finanziellen Mittel auf die Begünstigten verteilt)*
spurious *adj* 1. gefälscht, unecht; untergeschoben *(Urkunde)*; 2. nichtehelich, illegitim *(Abkömmling)*
spy *v* Spionage betreiben
spy Spion *m*
squad Truppe *f*, Gruppe *f*
squander *v* verschwenden, vergeuden
squat *v* (unberechtigt) ein Haus besetzen, (unberechtigt) eine Wohnung besetzen
squat *v* **on property** ≈ (unberechtigt) ein Gebäude oder ein Land besetzen
squatter Hausbesetzer *m*
squatter rights *pl* Hausbesetzerrechte *npl*
squatting Hausbesetzung *f*, Squatten *n*
S.S.I. *s.* Scottish Statutory Instrument
staff Personal *n*
stage of proceedings Prozesslage *f*, Stand *m* des Verfahrens
stake *v* setzen, wetten *(Geld)*
stake 1. Wetteinsatz *m*; 2. *(GesellschaftsR)* Einlage *f*, Beteiligung *f*, Anteil *m*
stake holders *pl* Interessengruppen *fpl*, Anspruchsgruppen *fpl*
stakeholder 1. Verwahrer *m* eines Wetteinsatzes; 2. ≈ Neutraler Dritter im (treuhänderischen) Besitz von Geldern oder Gegenständen, die von verschiedenen Personen beansprucht werden
stale *adj* abgestanden, alt, nicht mehr frisch
stale check *(AE)*, **stale cheque** *(BE)* (wegen Ablaufs der Vorlagefrist) unwirksamer [nicht mehr einlösbarer] Scheck *m*
stale demand verjährter Anspruch *m*
stamp *v* 1. stempeln, prägen; 2. frankieren *(Post)*
stamp 1. Briefmarke *f*, Postwertzeichen *n*; 2. Stempel *m*
stamp duty Stempelsteuer *f (auf Übertragungsurkunden)*
stamped addressed envelope *(sae)* *(AE)* Freiumschlag *m*
stand *v* stehen
stand *v* **down** 1. zurücktreten *(Kandidat)*; 2. *(ProzessR)* den Zeugenstand verlassen
stand *v* **for** 1. stehen für, bedeuten; 2. kandidieren für *(Wahl)*
stand *v* **in** einspringen
stand *v* **in for** vertreten, ersetzen
stand *v* **over** aufgeschoben [zurückgestellt] sein
stand *v* **up for somebody** für jmdn. eintreten
stand 1. Stand *m*, Stellungnahme *f*, Ansicht *f*; 2. *(AE)* Zeugenstand *m*
standard *adj* einheitlich, standardisiert, normal, durchschnittlich
standard 1. Standard *m*, Maßstab *m*, Norm *f*, Regel *f*; 2. Niveau *n*, Ebene *f*
standard directions *pl* standardisierte Anweisungen *fpl*
standard form of contract Formularvertrag *m*, Einheitsvertrag *m*
standard of living Lebensstandard *m*
standard terms *pl* allgemeine Geschäftsbedingungen *fpl*
standardize *v* standardisieren, normieren, vereinheitlichen

standardized *adj* genormt, vereinheitlicht, typisiert
standby credit Abrufkredit *m*, Kreditzusage *f*
standing *adj* beständig, dauernd, fest, laufend
standing Stellung *f*, Ansehen *n*, Ruf *m*
standing committee ständiger Ausschuss *m*
standing order Dauerauftrag *m (Bank)*
standing to sue Klagebefugnis *f*, Anspruchsbefugnis *f*
stare decisis *(Lat)* Grundsatz *m* der Bindung an einen Präjudizienfall
start-up Neugründung *f*, Inbetriebnahme *f*, Ingangsetzung *f*, Beginn *m*
starting date Anfangstermin *m*, Einstellungstermin *m*
state *v* 1. aussagen, berichten, darlegen; 2. angeben, behaupten; 3. feststellen
state 1. Staat *m*; Einzelstaat *m*, Bundesstaat *m*, Bundesland *n*; 2. Stand *m*, Zustand *m*, Situation *f* • **out of state** *(AE)* außerstaatlich
state-controlled *adj* der staatlichen Kontrolle unterliegend
state courts *pl* staatliche Gerichte *npl* [Gerichtshöfe *mpl*]
state enterprise Staatsunternehmen *n*, Unternehmen *n* in Staatseigentum
state of emergency Notstand *m*, Ausnahmezustand *m*
state of mind Geisteszustand *m*
state of the goods supplied Zustand *m* der gelieferten Waren
state-owned *adj* in Staatseigentum
state tax *(AE)* Steuern *fpl* der Einzelstaaten, einzelstaatliche Steuern *fpl*
stated *adj* festgestellt • **as stated** wie festgestellt, wie angegeben
stateless *adj* staatenlos
statement 1. Aussage *f*, Angabe *f*, Darlegung *f*; 2. Feststellung *f*; 3. Liste *f*, Übersicht *f*, Verzeichnis *n*
statement of account Kontoauszug *m (Bank)*
statement of affairs *(GesellschaftsR)* Vermögensaufstellung *f (im Abwicklungsverfahren)*
statement of case Stellungnahme *f* in der Sache
statement of claim Klageschrift *f*, Klagebegründungsschrift *f*
statement of defence *(BE)*, **statement of defense** *(AE)* Klageantwort *f*, Replik *f*, Klageerwiderung *f*, Verteidigungsschrift *f*
statement of facts Tatbestand *m*, Sachverhalt *m*, Sachverhaltsdarstellung *f*, Feststellung *f* der Tatsachen
statement of opinion Meinungsäußerung *f*
statement of truth *(BE)* Richtigkeitserklärung *f*, Erklärung *f* zur Richtigkeit von Aussagen
statesman Staatsmann *m*, hochrangiger Politiker *m*
stationary *adj* stagnierend, gleichbleibend
stationery Schreibwaren *fpl*, Bürobedarf *m*
Stationery Office *(BE)* ≈ Vertrieb der Gesetze und amtlichen Verlautbarungen
statistical *adj* statistisch
statistics *pl* Statistik *f*
status Status *m*, Stellung *f*, Position *f*
statute kodifiziertes Parlamentsgesetz *n*
statute book Gesetzbuch *n*, Gesetzessammlung *f*, Kodifikation *f*
statute law kodifiziertes Recht *n*, Gesetzesrecht *n*
statute of limitations Verjährung *f*, Verjährungsvorschriften *fpl*
statutory *adj* gesetzlich, satzungsmäßig
statutory claim gesetzlicher Anspruch *m*
statutory declaration eidesstattliche Versicherung *f*
statutory definition gesetzliche Definition *f*
statutory duty gesetzliche Verpflichtung *f*
statutory fees *pl* gesetzliche Gebühren *fpl*
statutory heir gesetzlicher Erbe *m*
statutory holiday gesetzlicher Urlaubsanspruch *m*, gesetzlicher Feiertag *m*
statutory instrument Verordnung *f*, Rechtsverordnung *f*, Ausführungsverordnung *f*
statutory interpretation Gesetzesauslegung *f*
statutory law Gesetzesrecht *n*, kodifiziertes Recht *n*
statutory limitations *pl* gesetzliche Verjährungsfristen *fpl* [Verjährungsvorschriften *fpl*]
statutory negligence Verletzung *f* der gesetzlichen Sorgfaltspflicht
statutory order of distribution gesetzliche Erbfolge *f*

statutory partnership *(GesellschaftsR, FamilienR)* gesetzliche Partnerschaft *f*
statutory rape Vergewaltigung *f* einer Minderjährigen; sexuelle Beziehung *f* zu einer Minderjährigen
statutory share gesetzlicher Anteil *m*
statutory tort gesetzliches Delikt *n*
statutory warranty gesetzliche Gewährleistung *f*
stay *v* 1. bleiben, sich aufhalten; 2. *(ProzessR)* einstellen, aussetzen *(Verfahren)*
stay 1. Aufenthalt *m*; 2. *(ProzessR)* Aussetzung *f*, Einstellung *f (eines Verfahrens)*
stay in performance Aussetzung *f* der Leistung
stay of execution Einstellung *f* [Aussetzung *f*] der Vollstreckung
steal *v* stehlen, entwenden
stealing Stehlen *n*
stealth juror heimliches Jurymitglied *n*, durch List eingesetztes Jurymitglied *n*
stenographer Stenograf *m*
step *v* schreiten, laufen
step *adj* Stief...
step Schritt *m*, Stufe *f*
stepchild Stiefkind *n*
stet *v (Lat)* stehen lassen!
stipendiary *adj* bezahlt, besoldet
stipendiary magistrate Berufsrichter *m*
stipulate *v* vertraglich vereinbaren, ausbedingen
stipulated insurance 1. vereinbarte Versicherung *f*; 2. vorgeschriebene Versicherung *f*
stipulated time vereinbarte Frist *f*, festgesetzter Zeitpunkt *m*
stipulation vertragliche Vereinbarung *f*, Ausbedingung *f*, Bedingung *f*, Klausel *f*
stir *v* **up** aufwiegeln, aufhetzen, anstacheln
stock *v* lagern, vorrätig haben *(Waren)*
stock 1. Aktie *f*, Wertpapiere *npl*; Grundvermögen *n*, Stammkapital *n (einer Aktiengesellschaft)*; Gesellschaftskapital *n*, Gesellschaftsanteil *m*; 2. Lager *n*, Warenbestand *m*, Vorrat *m*
stock broking *(WertpapierR)* Maklergeschäft *n*, Effektenhandel *m*
stock company Aktiengesellschaft *f*
stock exchange *(WertpapierR)* Aktienbörse *f*, Wertpapierbörse *f*
stock market Aktienmarkt *m*, Effektenbörse *f*
stock taking Inventur *f*, Bestandsaufnahme *f*
stockbroker Wertpapiermakler *m*, Börsenmakler *m*
stockholder Aktieninhaber *m*, Aktionär *m*, Anteilseigner *m*, Effekteninhaber *m*, Besitzer *m* von Wertpapieren
stockholding Aktienbesitz *m*, Aktienbeteiligung *f*
stockpile Vorrat *m*, Lager *n*, Halde *f*
stocks and shares *pl* Effekten *pl*, Wertpapiere *npl*
stolen goods *pl* Diebesgut *n*
storage contract Lagervertrag *m*
straw man Strohmann *m*
street sale Straßenhandel *m*, Straßenverkauf *m*
street walking Straßenprostitution *f*
strict *adj* streng, eng, genau
strict construction enge Auslegung *f*
strict liability Gefährdungshaftung *f*, verschuldensunabhängige Haftung *f*
strictly *adv* streng, eng, genau
strife Unfrieden *m*, Kampf *m*, Unruhe *f*
strike *v* 1. *(ArbeitsR)* streiken; 2. schlagen, treffen; 3. streichen
strike *v* **off** ausstreichen, wegstreichen, löschen
strike *v* **out** ausstreichen, durchstreichen, löschen
strike *v* **out a case** einen Fall streichen
strike 1. *(ArbeitsR)* Streik *m*; 2. Schlag *m*, Stoß *m* • **go on strike** streiken, in Streik treten
strike ballot Urabstimmung *f*
strike breaker Streikbrecher *m*
stringent *adj* 1. stringent, streng; 2. überzeugend *(Argumentation)*; 3. knapp *(Geld)*
strong *adj* 1. stark, kräftig; 2. überzeugend *(Argumentation)*; 3. *(BörsenR)* fest *(Kurse)*
study *v* studieren
study 1. Studium *n*; 2. Studie *f*, Recherche *f (Forschung)*; 3. Arbeitszimmer *n*
sub judice *(Lat)* anhängig, noch nicht entschieden, vorliegend *(Fall)*
sub modo *(Lat)* mit der Maßgabe, dass
sub nomine *(Lat)* unter dem Namen von
sub silentio *(Lat)* schweigend, konkludent
subagency Untervollmacht *f*, Untervertretung *f*
subcontract *v* einen Subunternehmervertrag [Zuliefervertrag] schließen
subcontract Subunternehmervertrag *m*, Zuliefervertrag *m*
subcontracting Abschluss *m* eines Subunternehmervertrags [Zulieferervertrags]

subcontractor Subunternehmer *m*, Zulieferer *m*
subdivision Untergliederung *f*, Parzellierung *f*; Gebietskörperschaft *f*
subject 1. Subjekt *n*, Gegenstand *m*; 2. Fachgebiet *n*; 3. Bürger *m*, Staatsbürger *m*; 4. Subjekt *n*, Person *f* *(Rechtsverkehr)*
subject matter 1. Stoff *m*, Inhalt *m*, Thema *n*; 2. Vertragsgegenstand *m*; 3. Streitgegenstand *m*
subject-matter jurisdiction sachliche Zuständigkeit *f*
subject of rights and duties [obligations] Träger *m* von Rechten und Pflichten
subject *adj* **to** unterworfen, vorbehaltlich
subject to acceptance bei Annahme, vorbehaltlich der Annahme
subject to alteration Änderung vorbehalten
subject to approval vorbehaltlich der Genehmigung, genehmigungspflichtig
subject to cancelation *(AE)*, **subject to cancellation** *(BE)* widerruflich, kündbar
subject to duty zollpflichtig
subject to export permit vorbehaltlich der Ausfuhrerlaubnis
subject to finance vorbehaltlich der Finanzierung
subject to jurisdiction vorbehaltlich der Zuständigkeit
subject to search der Durchsuchung unterliegend
subject to security mit einem Sicherungsrecht belastet
sublease *v* untervermieten, unterverpachten
sublease 1. Untermiete *f*, Unterpacht *f*; 2. Untervermietung *f*, Unterverpachtung *f*
sublessee Untermieter *m*, Unterpächter *m*
sublessor Untervermieter *m*, Unterverpächter *m*
sublet *v* untervermieten, unterverpachten
subletting Untervermietung *f*, Unterverpachtung *f*
sublicence *(BE)*, **sublicense** *(AE)* Unterlizenz *f*
sublicense *v* Unterlizenzen vergeben [ausstellen]
sublicensing Vergabe *f* [Ausstellung *f*] von Unterlizenzen
sublicensing agreement Vereinbarung *f* über die Vergabe [Erteilung, Ausstellung] von Unterlizenzen
submission 1. Unterwerfung *f*; 2. Antrag *m*, Vorlage *f*
submit *v* 1. einreichen, vorlegen, etwas unterbreiten, vorbringen; 2. sich unterwerfen
submit *v* **a bid** ein Gebot abgeben *(Versteigerung)*
submit *v* **as mitigation of the penalty** zur Strafmilderung vortragen [vorbringen]
subordinate *adj* untergeordnet, nachrangig
subordinate Untergebener *m*
subordination Unterordnung *f*, Nachfolge *f* im Rang
subparagraph Unterabschnitt *m*, Unterabsatz *m*
subpoena *v* laden, vorladen *(unter Strafandrohung für den Fall des Ausbleibens)*
subpoena Ladung *f*, Vorladung *f* *(unter Androhung von Strafe bei Nichterscheinen)* • **serve a subpoena** eine Ladung [Vorladung] zustellen *(unter Androhung von Strafe bei Nichterscheinen)*
subpoena ad testificandum *(Lat)* förmliche Zeugenladung *f*
subpoena ad testificum *(Lat)* förmliche Zeugenladung *f*
subpoena duces tecum *(Lat)* ≈ Anweisung unter Strafandrohung, dass bestimmte Unterlagen vorgelegt werden müssen
subrogate *v* an die Stelle setzen, einsetzen, ersetzen
subrogation Subrogation *f*, Rechtseintritt *m*; Forderungsübergang *m*
subscribe *v* 1. unterschreiben, unterzeichnen; 2. beitreten, abonnieren; 3. *(WertpapierR)* zeichnen *(Aktien)*
subscriber 1. Unterzeichner *m*; 2. Abonnent *m* *(Zeitschrift)*; 3. *(WertpapierR)* Zeichner *m*
subscription 1. Unterschrift *f*, Unterzeichnung *f*; 2. Abonnement *n* *(Zeitschrift)*; 3. *(WertpapierR)* Zeichnung *f*; 4. Subskription *f* *(Buch)*
subsection Absatz *m*, Unterabsatz *m*
subsequent *adj* 1. nachfolgend *(Ort)*; 2. später, anschließend, nachträglich *(Zeit)*
subsequent loss nachträglicher Verlust *m*
subsidiarity Subsidiarität *f*
subsidiary *adj* subsidiär, untergeordnet
subsidiary company Tochtergesellschaft *f*, beherrschtes Unternehmen *n*

subsidize *v* subventionieren, bezuschussen
subsidy Subvention *f*, (staatliche) Beihilfe *f*
subsistence Unterhalt *m*, Auskommen *n*
substance 1. Substanz *f*; 2. *(PatentR)* Stoff *m*, Material *n*
substantial *adj* wesentlich, erheblich
substantial performance weitgehende Erfüllung *f* des Vertrages
substantiate *v* begründen, nachweisen, substanziieren
substantive *adj* wesentlich, materiell
substantive due process ≈ US-Verfassungsgrundsatz, dass der Einzelne vor willkürlichen und unvernünftigen staatlichen Eingriffen zu schützen ist
substantive law materielles Recht *n*
substitute 1. Vertreter *m*, Stellvertreter *m*; 2. Ersatz *m*, Surrogat *n*; 3. Stellvertreter *m*, Bevollmächtigter *m*
substitute patent application Ersatzanmeldung *f (eines Patents)*
substitute performance Ersatzvornahme *f*, Ersatzleistung *f*
subtenant Untermieter *m*; Unterpächter *m*
subvention Zuschuss *m*, Subvention *f*
subversive *adj* subversiv, staatsfeindlich, umstürzlerisch
subvert *v* 1. stürzen, umstürzen, revolutionieren; 2. korrumpieren
succeed *v* nachfolgen, an die Stelle treten, übernehmen
succession 1. Nachfolge *f*; 2. Erbfolge *f*; 3. *(ErbR)* Rechtsnachfolge *f*, Erbrecht *n (des Erben)*; 4. Erbe *n*, Nachlass *m*
successor 1. Nachfolger *m*; 2. Rechtsnachfolger *m*; Erbe *m*
successor trustee Ersatztreuhänder *m*, Nachfolgetreuhänder *m*
sue *v* 1. klagen, verklagen, gerichtlich vorgehen; 2. beantragen, erwirken
sue *v* **for a debt** wegen einer Forderung verklagen
sue *v* **for damages** auf Schadensersatz verklagen
sue *v* **for performance** auf Erfüllung klagen
sue *v* **in torts** aus unerlaubter Handlung klagen
sued *adj* verklagt, eingeklagt
suffer *v* 1. dulden, zulassen; 2. *(StrafR)* bestraft werden; 3. *(ZivilR)* erleiden, erfahren *(Schaden)*
sufferance 1. Duldung *f*, Gestattung *f*, Erlaubnis *f*; 2. *(ZollR)* Zollvergünstigung *f*
sufficiency hinlängliches Auskommen *n*
sufficiency of consideration (rechtliche) Angemessenheit *f* der Gegenleistung
sufficient *adj* hinlänglich, ausreichend
suffrage Wahlrecht *n*
suggest *v* 1. vorschlagen, anregen; 2. behaupten, zu Bedenken geben, unterstellen
suggestio falsi *(Lat)* Vorbringen *n* von Unwahrheiten; ≈ (arglistige) Täuschung
suggestion 1. Vorschlag *m*, Anregung *f*, Empfehlung *f*; 2. Vorbringen *n (Prozess)*
sui generis *(Lat)* eigener Art
suicidal *adj* selbstmordgefährdet, selbstmörderisch
suicide Suizid *m*, Selbstmord *m*, Freitod *m*
suit 1. *(ProzessR)* Rechtsstreitigkeit *f*, Prozess *m*, Zivilprozess *m*, Klage *f*, Klageerhebung *f*; 2. Antrag *m*, Gesuch *n*; 3. Anzug *m*
suitability Eignung *f*
suitable *adj* geeignet, sachdienlich, angemessen
suitor 1. Antragsteller *m*, Kläger *m*, Partei *f*; 2. Freier *m (Prostitution)*
sum *v* **up** 1. zusammenzählen, zusammenrechnen; 2. zusammenfassen, Schlussplädoyer halten
sum Summe *f*, Geldbetrag *m*
summarily *adv* fristlos
summarize *v* zusammenstellen, zusammenfassen
summary 1. Zusammenfassung *f*, Zusammenstellung *f*, Überblick *m*; 2. Auszug *m*
summary action *(ProzessR)* summarisches Verfahren *n*
summary assessment (of costs) 1. vorläufige Kostenfestsetzung *f (Richter)*; 2. vorläufige Kostenüberschlagung *f (Rechtsanwalt)*
summary conviction Verurteilung *f* im Schnellverfahren
summary dismissal fristlose Entlassung *f*
summary judgment *(ProzessR)* Urteil *n* im summarischen [beschleunigten] Verfahren
summary jury trial abgekürztes Jury-Gerichtsverfahren *n*
summary offence *(BE)*, **summary offense** *(AE) (StrafR)* Übertretung *f*, Bagatelltat *f*

summary probate *(AE)* ≈ nachrangiges Nachlassverfahren, wenn der Erblasser nicht in den USA ansässig war und der Nachlass eine bestimmte Summe nicht überschreitet
summary procedure summarisches Verfahren *n*, Verfahren *n* des einstweiligen Rechtsschutzes
summary proceedings *pl (ProzessR)* abgekürztes [summarisches] Verfahren *n*, Schnellverfahren *n*
summary remedy Rechtsbehelf *m* im summarischen [einstweiligen] Verfahren
summary trial summarisches Strafverfahren *n*, beschleunigtes Strafverfahren *n*
summation 1. Addition *f*, Summierung *f*; 2. Zusammenfassung *f*, Schlussplädoyer *n*
summer associate ≈ Summer Associate, ≈ Sommerpraktikant *(Jurastudent, der normalerweise zwischen dem zweiten und dritten Ausbildungsjahr bei einer Rechtsanwaltsfirma ein Sommerpraktikum absolviert)*
summing up 1. Zusammenzählung *f*, Addition *f*; 2. Zusammenfassung *f*, Schlussplädoyer *n*; 3. Rechtsbelehrung *f (Jury)*
summit Gipfel *m*; *(fig.)* Höhepunkt *m*
summon *v* 1. laden, vorladen *(Zeugen)*; 2. auffordern, anhalten
summon *v* **a party** *(ProzessR)* eine Partei laden
summons 1. *(ProzessR)* Ladung *f*, gerichtliche Vorladung *f*; 2. Zeugenladung *f* unter Strafandrohung; 3. Ruf *m*, Einberufung *f (Versammlung)*
summons and complaint Ladung *f* und Klageschrift *f*
summons for directions Klageantrag *m* auf prozessleitende Verfügungen
sundries *pl* 1. Verschiedenes *n*, Diverses *n*; 2. diverse Kosten *pl*
sundry *adj* verschieden, divers...
sundry expenses *pl* verschiedene Kosten *pl* [Ausgaben *fpl*]
sunset clause law Zeitgesetz *n*
sup cit *s.* supra citatum
superannuate *v* 1. erlöschen, verjähren *(Vollmacht)*; 2. in den Ruhestand treten, pensioniert werden; 3. in den Ruhestand versetzen
superannuation 1. Erlöschen *n (Vollmacht)*; 2. Überalterung *f*; 3. Rente *f*, Pension *f*; 4. Versetzung *f* in den Ruhestand
superintend *v* überwachen, beaufsichtigen
superior *adj* 1. höher, höherwertig; 2. vorgesetzt; 3. überlegen
superior Vorgesetzter *m*, Dienstvorgesetzter *m*
superior court höhere Instanz *f*, übergeordnetes Gericht *n*, Obergericht *n*
superior courts *pl* höhere Instanzen *fpl*, höhere Gerichte *npl*
superiority Überlegenheit *f*
supersede *v* 1. aufheben, abschaffen, außer Kraft setzen; 2. ablösen, ersetzen
supervise *v* beaufsichtigen, überwachen, kontrollieren
supervision Überwachung *f*, Beaufsichtigung *f*, Kontrolle *f*
supervisor 1. Aufseher *m*, Kontrolleur *m*; 2. Revisor *m*, Vorgesetzter *m*
supervisory *adj* aufsichtführend, leitend
supplement 1. Nachtrag *m*, Ergänzung *f*; 2. Aufschlag *m (Preis)*; 3. Beilage *f (Zeitschrift)*
supplementary *adj* nachträglich, zusätzlich, ergänzend
supplementary proceedings *pl* ergänzendes Verfahren *n*; Offenbarungsverfahren *n*, Zwangsvollstreckungsverfahren *n*
supplier Lieferant *m*, Anbieter *m*
supplies *pl* 1. Unterhaltszuschuss *m*; 2. Versorgung *f*, Belieferung *f*; 3. bewilligter Etat *m*
supply *v* 1. vertreten, ersetzen; 2. liefern, beliefern, besorgen, zur Verfügung stellen
supply 1. Unterhaltszuschuss *m*; 2. Lieferung *f*, Belieferung *f*, Versorgung *f*; 3. Vorrat *m*, Lager *n*; 4. Haushaltsbewilligung *f*; 5. Nachzahlung *f*
support *v* 1. unterstützen, helfen, beistehen; 2. bestätigen, belegen; 3. unterhalten *(finanziell)*
support 1. Unterstützung *f*, Hilfe *f*, Beistand *m*; 2. Bestätigung *f*, Beleg *m*; 3. Existenz *f*, Auskommen *n*
support proceedings *pl* Unterhaltsprozess *m*, Verfahren *n* auf Gewährung von Unterhalt
supposition Voraussetzung *f*, Annahme *f*, Unterstellung *f*
suppressed *adj* 1. unterdrückt; 2. verheimlicht, verschwiegen

suppressio veri *(Lat)* Unterdrückung *f* der Wahrheit
suppression 1. Unterdrückung *f*; 2. Verheimlichung *f*, Verschweigen *n*
suppression of evidence Unterdrückung *f* von Beweismaterial, Beweisunterschlagung *f*
suppression of identity Verschweigen *n* [Verheimlichung *f* , Vertuschung *f*] der Identität
supra *(Lat)* siehe oben
supra citatum *(sup cit) (Lat)* oben genannt
supranational *adj* überstaatlich, supranational
supremacy Vorrang *m*, Souveränität *f*
supreme *adj* höchster, oberster
supreme court oberstes Gericht *n*, oberster Gerichtshof *m*
Supreme Court 1. *(AE)* ≈ der Supreme Court der USA, ≈ das Oberste Bundesgericht der USA; 2. *(BE)* ≈ der Supreme Court des Vereinigten Königreichs *(ab Oktober 2009; Revisionsinstanz)*
Supreme Court of Judicature oberster Gerichtshof *m*
surcharge *v* aufschlagen *(Geld)*; mit Zuschlag versehen
surcharge 1. Zuschlag *m*, Aufschlag *m*, zusätzliche Gebühr *f*; 2. Überteuerung *f*, überhöhte Gebühr *f*
surety 1. Sicherheit *f*, Pfand *n*, Kaution *f*, Garantie *f*, Bürgschaft *f*; 2. Bürge *m*, Garant *m*
suretyship Bürgschaft *f*, Garantie *f*
surname Nachname *m*, Zuname *m*, Familienname *m*
surplus Plus *n*, Überschuss *m*, Mehrertrag *m*, Mehrwert *m*
surrender *v* aufgeben, herausgeben, überlassen
surrender *v* **a right** ein Recht aufgeben, auf ein Recht verzichten
surrender 1. Aufgabe *f*, Herausgabe *f*, Verzicht *m*, Überlassung *f*; 2. Abtretung *f* *(Forderung)*; 3. *(GrundstücksR)* Auflassung *f (eines Grundstücks)*; 4. *(VölkerR)* Kapitulation *f*, Auslieferung *f*
surrender value *(VersR)* Rückkaufswert *m*
surreptitious *adj* unrechtmäßig, verboten, erschlichen, gefälscht
surrogacy Leihmutterschaft *f*
surrogate 1. Ersatz *m*, Surrogat *n*; 2. Stellvertreter *m*; 3. *(AE)* Vormundschaftsrichter *m*, Nachlassrichter *m*
surrogate mother Ersatzmutter *f*, Leihmutter *f*
surrogatum *(Lat)* Ersatz *m*, Kompensation *f*
surrounding *adj* umgebend, begleitend
surveillance Aufsicht *f*, Überwachung *f*, Kontrolle *f*
survey *v* 1. genau überprüfen, untersuchen, inspizieren; 2. begutachten; 3. befragen *(Meinungsumfrage)*; 4. vermessen *(Grundstück)*
survey 1. Überprüfung *f*, Untersuchung *f*, Inspektion *f*; 2. Begutachtung *f*; 3. Befragung *f*, Studie *f*, Marktforschung *f*; 4. Vermessung *f (eines Grundstücks)*; 5. Übersicht *f*, Überblick *m*
surveyor Bausachverständiger *m*, Gutachter *m*
survival Überleben *n*, Weiterbestehen *n*
survive *v* überleben, fortbestehen, erhalten bleiben
surviving *adj* überlebend, hinterblieben
surviving spouse überlebender Ehegatte *m*
surviving spouse's trust ≈ Trust des überlebenden Ehegatten *(wenn ein Ehepaar einen Trust geschaffen hat, bezeichnet der Trust des überlebenden Ehegatten den widerrufbaren living-trust des überlebenden Ehegatten, nachdem der erste Ehegatte verstorben ist)*
survivor Überlebender *m*, Hinterbliebener *m*
survivorship Überlebensfall *m*; ≈ Rechte des Überlebenden an einer Joint Tenancy
susceptible *adj* anfällig, leicht beeinflussbar
suspect *v* 1. verdächtigen, den Verdacht haben; 2. vermuten, ahnen; 3. bezweifeln
suspect *adj* verdächtig
suspect Verdächtiger *m*
suspected *adj* verdächtig
suspend *v* 1. aussetzen, (vorübergehend) einstellen, unterbrechen; 2. suspendieren, des Amtes entheben
suspended *adj* 1. aufgeschoben, aufgehoben, gehemmt; 2. suspendiert, dienstenthoben
suspended sentence zur Bewährung ausgesetzte Gefängnisstrafe *f*
suspension 1. Aufschub *m*, (vorläufige)

Einstellung *f*, Aussetzung *f*; 2. Suspendierung *f*, vorläufige Amtsenthebung *f*
suspension of performance vorläufige Einstellung *f* der Leistung, Aussetzung *f* der Erfüllung
suspensive *adj* aufschiebend, suspendierend
suspicion Verdacht *m*, Verdächtigung *f*, Misstrauen *n*
suspicious *adj* verdächtig
suspicious circumstances *pl* verdächtige Umstände *mpl*
suspicious person Verdächtiger *m*, Verdachtsperson *f*
sustain *v* 1. fortsetzen, aufrechterhalten; 2. *(FamilienR)* unterhalten, versorgen; 3. *(ProzessR)* stattgeben *(einer Klage)*; 4. *(ProzessR)* anerkennen *(Anspruch)*
sustain *v* **an action** *(ProzessR)* einer Klage stattgeben
sustain *v* **damage** *(ZivilR)* einen Schaden erleiden
sustainable *adj* nachhaltig, zukunftsfähig
sustainable costs *pl* vernünftigerweise entstehende Kosten *pl*, vertretbare Kosten *pl*
sustenance Unterhalt *m*, Auskommen *n*
swap *v* 1. tauschen, eintauschen, umtauschen; 2. betrügen, täuschen
swaps *pl* Swapgeschäfte *npl (Devisengeschäfte)*
swear *v* 1. schwören, einen Eid leisten; 2. unter Eid aussagen
swear *v* **an affidavit** eine Versicherung durch Eid bekräftigen
swearing 1. Eidesleistung *f*; 2. Fluchen *n*
swearing (in) ceremony Vereidigungszeremonie *f*, feierliche Vereidigung *f*
sweat-shop Fabrik *f* mit schlechten Arbeitsbedingungen, ≈ Betrieb, in dem Akkordarbeit zu Hungerlöhnen geleistet werden muss
swindle *v* schwindeln, mogeln, betrügen
swindle Schwindel *m*, Betrug *m*
swindler Schwindler *m*, Betrüger *m*, Hochstapler *m*
sworn *adj* vereidigt *(Sachverständiger)*; beeidigt *(Übersetzer)*; eidlich *(Aussage)*
sworn statement (of evidence) eidliche Aussage *f (eines Zeugen)*
sworn testimony eidliche Aussage *f*
syndicate *v* 1. ein Konsortium bilden, sich zu einer Interessengemeinschaft verbinden; 2. als Syndikus tätig sein
syndicate 1. Konsortium *n*, Interessengemeinschaft *f*, Verband *m*, Syndikat *n*; 2. *(StrafR)* Verbrechersyndikat *n*, Verbrecherorganisation *f*
syndicated *adj* Konsortial...
synopsis Synopse *f*, Zusammenfassung *f*, vergleichende Übersicht *f*
system System *n*, Verfahren *n*, Methode *f*, Anordnung *f*
systematic *adj* systematisch, methodisch, planmäßig, zielbewusst
systematically *adv* methodisch, planmäßig, zielbewusst
systemic *adj* systemisch

T

table *v* 1. verzeichnen, katalogisieren; 2. vertagen, verschieben, die Behandlung zurückstellen, ad acta legen
table *v* **a bill** einen Gesetzentwurf einbringen
table *v* **a motion** einen Antrag einreichen
table *v* **an amendment** einen Abänderungsantrag einbringen
table Tabelle *f*, Verzeichnis *n*, Liste *f*, Register *n*
table of contents Inhaltsverzeichnis *n*, Sachregister *n*
tacit *adj* stillschweigend
tacit approval stillschweigend erteilte Zustimmung *f*
tacit mortgage gesetzliche Hypothek *f*
tacking 1. Einreichung *f* eines Zusatzantrags zu einer Gesetzesvorlage; 2. Zusammenfassung *f* von Hypotheken
tacking of mortgages Zusammenfassung *f* von Hypotheken
tag 1. Etikett *n*, Aufkleber *m*; 2. Kennzeichen *n*
tail female auf weibliche Abkömmlinge beschränkte Erbfolge *f*
tail male auf männliche Abkömmlinge beschränkte Erbfolge *f*
taint *v* verderben
tainted evidence ≈ verdorbener Beweis *(Beweis, der aufgrund seiner Herkunft vor Gericht nicht anerkannt wird)*
take *v* 1. nehmen, erlangen, erwerben *(Eigentum, Besitz)*; 2. erheben, einnehmen *(Steuern)*

take *v* **a firm stand on something** eine klare Haltung in einer Sache einnehmen
take *v* **a risk** ein Risiko eingehen
take *v* **account of** in Rechnung stellen, berücksichtigen
take *v* **advice** sich beraten lassen
take *v* **charge of** die Leitung [Verantwortung] übernehmen; in Verwahrung nehmen
take *v* **delivery of** in Empfang nehmen, abnehmen, annehmen, entgegennehmen *(Waren)*
take *v* **effect** wirksam werden, in Kraft treten *(Gesetz)*
take *v* **evidence** Beweis erheben
take *v* **into consideration** 1. berücksichtigen; 2. anrechnen
take *v* **issue** anderer Meinung sein
take *v* **out a licence** *(BE)*, **take** *v* **out a license** *(AE)* eine Erlaubnis erwerben
take *v* **out insurance** eine Versicherung abschließen
take *v* **over a company** eine Gesellschaft übernehmen
take *v* **over land** Grundbesitz übernehmen
take *v* **over possession of property** eine Immobilie in Besitz nehmen
take *v* **possession** in Besitz nehmen, Besitz ergreifen
take *v* **someone into custody** jmdn. in Gewahrsam nehmen
take *v* **testimony** einen Zeugen vernehmen
take *v* **title to** das Eigentum erwerben
take *v* **up a loan** ein Darlehen aufnehmen
take *v* **up a right** ein Recht übernehmen
take *v* **up abode** seinen Wohnsitz nehmen
takeover Übernahme *f (vor allem eines Unternehmens)*
takeover bid Übernahmeangebot *n*
takeover negotiations *pl* Übernahmeverhandlungen *fpl*
taking of evidence Beweisaufnahme *f*
talis qualis *(Lat)* so, wie es ist; so beschaffen
tamper *v* 1. sich einmischen, herumpfuschen; 2. verfälschen *(eine Urkunde, ein Beweismittel)*; 3. beeinflussen *(Zeugen)*; 4. bestechen
tamper *v* **with an instrument** den Inhalt einer Urkunde verfälschen
tampering with mail Verletzung *f* des Briefgeheimnisses, heimliches Öffnen *n* von Post
tangible *adj* materiell, körperlich, dinglich
tangible assets *pl* körperliche Sachen *fpl*; materielle Wirtschaftsgüter *npl*
tangible property Sachvermögen *n*; reales Kapital *n*
tariff Zoll *m*; Tarif *m*
tariff agreement Tarifvereinbarung *f*, Zollabkommen *n*
tariff change Tarifänderung *f*
tariff discussions *pl* Tarifverhandlungen *fpl*
tariff dispute Zollstreitigkeit *f*
tariff schedule Zolltarif *m*
tax *v* besteuern, steuerlich veranlagen, Steuer festsetzen; einschätzen, taxieren
tax *v* **income** Einkommen besteuern
tax *v* **profits** Gewinne besteuern
tax Steuer *f*, Abgabe *f*, Gebühr *f*, Beitrag *m*; Taxe *f*
tax allowance Steuerfreibetrag *m*, Steuervergünstigung *f*
tax authorities *pl* Steuerbehörden *fpl*
tax avoidance Steuerumgehung *f*, Steuervermeidung *f*
tax benefit [concession] Steuererleichterung *f*, Steuersubvention *f*, Steuervergünstigung *f*
tax deductible *adj* steuerlich abzugsfähig, steuerlich absetzbar
tax deduction Steuerabzug *m*
tax evasion Steuerhinterziehung *f*, Steuerflucht *f*
tax-exempt *adj* steuerfrei, von der Besteuerung ausgenommen
tax exemption Steuerfreiheit *f*, Steuerbefreiung *f*
tax-free *adj* steuerfrei
tax haven Steuerparadies *n*, Steueroase *f*
tax holiday befristete Steuerbefreiung *f*
tax inspector Zollbeamter *m*, Zollinspektor *m*
tax law Steuerrecht *n*, Steuergesetz *n*
tax loophole Steuerschlupfloch *n*, Gesetzeslücke *f (im Steuerrecht)*
tax reform Steuerreform *f*
tax relief Steuererleichterung *f*, Steuervergünstigung *f*, Steuerfreibetrag *m*
tax shelter steuergünstige Gestaltung *f*; ≈ Verhinderung steuerlicher Belastungen
tax treaty Steuerabkommen *n*, Besteuerungsabkommen *n*
tax year Steuerjahr *n*

taxable *adj* steuerbar, der Besteuerung unterliegend, steuerpflichtig
taxable estate steuerpflichtiger Nachlass *m*
taxable income zu versteuerndes Einkommen *n*
taxation Besteuerung *f*
taxation of costs Kostenfestsetzung *f*
TBA *s.* announced/to be
TCC *s.* technology and construction court
technology and construction court *(TCC)* ≈ Technologie- und Baugerichtshof *(Gericht, das hauptsächlich für Streitigkeiten auf dem Technologie- und Bausektor zuständig ist)*
technology licensing Technologielizenz *f*
teind *(Scot)* 1. Ein Zehntel *n (1/10)*; 2. Zehnt *m (Teil der Ernte, der zum Unterhalt der Kirche oder des Feudalherrn abgegeben werden musste)*
telephone call Telefongespräch *n*, Telefonat *n*
telephone hearing Telefonüberwachung *f*
teller Kassierer *m*, Schalterbeamter *m (einer Bank)*; Stimmenzähler *m (bei Wahlen)*
tempest 1. Sturm *m*, Unwetter *n*; 2. Aufruhr *m*, Aufstand *m*
temporarily *adv* zeitweilig
temporarily employed als Aushilfe beschäftigt
temporary *adj* vorläufig, einstweilig, zeitweilig, zeitlich beschränkt
temporary injunction einstweilige Verfügung *f*
temporary licence *(BE)*, **temporary license** *(AE)* vorläufige Genehmigung *f*
temporary restraining order einstweilige Unterlassungsanordnung *f*
tenancy 1. Miete *f*, Pacht *f*; 2. Pachtdauer *f*; 3. Besitz *m*
tenancy agreement Mietvertrag *m*, Pachtvertrag *m*
tenancy at sufferance ≈ nach Ablauf der fest vereinbarten Mietzeit jederzeit kündbares Miet- oder Pachtverhältnis
tenancy by the entirety Gesamtpachtvertrag *m*
tenancy from year to year Pachtverhältnis *n* [Mietverhältnis *n*] von Jahr zu Jahr; jährlich kündbares Pachtverhältnis *n* [Mietverhältnis *n*]
tenancy in common Bruchteilseigentum *n (Grundvermögen)*
tenant 1. Mieter *m*, Pächter *m*; 2. Bewohner *m*; Besitzer *m*, Inhaber *m*; 3. Eigentümer *m*
tenant at will jederzeit kündbarer Mieter *m* [Pächter *m*]
tenant for life Pächter *m* [Nießbraucher *m*] auf Lebenszeit
tenant in common Miteigentümer *m* nach Bruchteilen
tenant in fee simple unbeschränkter Eigentümer *m*
tenant pour autre vie ≈ Besitzer auf Lebensdauer eines Dritten
tender *v* anbieten, ein Angebot machen, sich bewerben
tender *v* **a plea** eine Einrede erheben
tender *v* **for a contract** sich an einer Ausschreibung beteiligen
tender *v* **resignation** seinen Rücktritt anbieten, seine Entlassung einreichen
tender 1. Angebot *n*, Ausschreibung *f*, Offerte *f*, Submission *f*; 2. Zahlungsmittel *n*
tender offer Ausschreibung *f*, Angebot *n*
tender procedure Ausschreibungsverfahren *n*, Vergabeverfahren *n*
tenderer Anbieter *m*, Auftragnehmer *m*, Submissionsteilnehmer *m*
tenement 1. Grundstück *n*, Grundbesitz *m*, Wohnhaus *n*; 2. dauerndes Privileg *n*
tenor (of a judgment) Urteilsformel *f*, Urteilstenor *m*
tentative *adj* vorläufig, provisorisch, versuchsweise
tentative agreement Vertragsentwurf *m*, vorläufige Abmachung *f*
tentative offer Verhandlungsangebot *n*
tenure 1. Grundbesitz *m*, Besitz *m*, Besitzrecht *n*; 2. Pachtdauer *f*; 3. Bestallung *f*, Bekleidung *f (eines Amtes)*
tenure for life Anstellung *f* auf Lebenszeit *(Beamte, Professoren)*
tenure of office Amtsführung *f*, Amtsdauer *f*
term 1. Begriff *m*; 2. Termin *m*, Laufzeit *f*, Mietzeit *f*, Pachtzeit *f*, Amtsdauer *f*; 3. ≈ Zeitraum von drei Monaten
term of a contract Vertragsdauer *f*, Laufzeit *f* eines Vertrages
term of a loan Laufzeit *f* eines Darlehens; Kreditdauer *f*
term of acceptance Annahmefrist *f*
term of art Kunstbegriff *m*
term of grace Nachfrist *f*, Schonfrist *f*

term of imprisonment Haftdauer *f*, Gefängnisstrafe *f*
term of lease Mietzeit *f*, Pachtzeit *f*
term of office Amtsdauer *f*, Amtszeit *f*
terminable *adj* befristet, zeitlich begrenzt, kündbar
terminate *v* 1. beenden, kündigen, auflösen; 2. kraftlos [ungültig] werden, enden
terminate *v* **employment** einem Arbeitnehmer kündigen
terminate *v* **without notice** fristlos kündigen
terminated *adj* beendet, kraftlos, ungültig
termination 1. Beendigung *f*, Kündigung *f*, Auflösung *f*; 2. Erlöschen *n*, Ende *n*
termination clause Kündigungsklausel *f* *(Bestimmung über die Vertragsdauer bzw. den Modus der Vertragsbeendigung)*
termination of employment Beendigung *f* des Arbeitsverhältnisses, Kündigung *f*
termination payment Schlusszahlung *f*
termination with notice ordnungsgemäße Kündigung *f*, fristgerechte Kündigung *f*
terminology Fachsprache *f*, Terminologie *f*
terms *pl* Bestimmungen *fpl*, Bedingungen *fpl*; Verfügungen *fpl (in einem Testament)*; Preise *mpl*, Zahlungsbestimmungen *fpl*
terms and conditions *pl* Allgemeine Geschäftsbedingungen *fpl*, Konditionen *fpl*
terms and conditions *pl* **of employment** Beschäftigungsbedingungen *fpl*, arbeitsvertragliche Bestimmungen *fpl*
terms and conditions *pl* **of purchase** Allgemeine Geschäftsbedingungen *fpl (Kauf)*
terms and conditions *pl* **of sale** Allgemeine Geschäftsbedingungen *fpl (Verkauf)*
terms *pl* **of a guarantee** Garantiebestimmungen *fpl*
terms *pl* **of employment** Arbeitsbedingungen *fpl*
terms *pl* **of payment** Zahlungsbedingungen *fpl*
terms *pl* **of reference** Richtlinien *fpl*, Richtsätze *mpl*
terms *pl* **of tender** Ausschreibungsbedingungen *fpl*, Submissionsbedingungen *fpl*
terms *pl* **of trade** 1. Handelsbedingungen *fpl*; 2. Verhältnis *n* von Ausfuhr und Einfuhr
terms *pl* **of use** Nutzungsbedingungen *fpl*
territorial *adj* inländisch, territorial, Gebiets...
territorial sovereignty Gebietshoheit *f*
territorial waters *pl* Hoheitsgewässer *npl*
territoriality Territorialität *f*, Gebietszugehörigkeit *f (Staat)*
territory Staatsgebiet *n*, Hoheitsgebiet *n*; Territorium *n*
terror Terror *m*, Schrecken *m*, Schreckensherrschaft *f*
terrorism Terrorismus *m*, Terrorisierung *f*, Einschüchterung *f*
terrorist Terrorist *m*
terrorist act Terrorakt *m*
terrorist attack terroristischer Angriff *m*, Terrorüberfall *m*
terrorist threat Terrordrohung *f*
tertiary sector tertiärer Sektor *m*, Dienstleistungssektor *m*
test *v* prüfen, kontrollieren, untersuchen
test *v* **a principle of law** einen Rechtsgrundsatz überprüfen lassen
test *v* **a statute** ein Gesetz überprüfen lassen
test *adj* Probe..., Muster...
test Prüfung *f*, Untersuchung *f*, Probe *f*
test case Musterprozess *m*, Modellfall *m*, Präzedenzfall *m*
testacy Testamentshinterlassung *f*
testament Testament *n*, letztwillige Verfügung *f*
testamentary *adj* letztwillig, testamentarisch
testamentary burden testamentarische Auflage *f*
testamentary capacity Testierfähigkeit *f*
testamentary disposition letztwillige [testamentarische] Verfügung *f*
testamentary gift letztwillige [testamentarische] Zuwendung *f*
testamentary guardianship testamentarisch angeordnete Vormundschaft *f*
testamentary heir Testamentserbe *m*
testamentary promise testamentarische Zusage *f*
testamentary succession testamentarische Erbfolge *f*
testamentary trust Trust *m* durch Verfügung von Todes wegen
testate Testierender *m*, Testator *m*
testate succession gewillkürte Erbfol-

ge *f (Verteilung des Nachlasses entsprechend dem Testament des Erblassers)*
testator Erblasser *m*, Testierender *m*, Testator *m*
testatrix Erblasserin *f*
testify *v* aussagen, bezeugen *(besonders unter Eid)*
testify *v* **against a person** gegen jemanden aussagen
testify *v* **on oath** eidlich aussagen
testimonium (clause) Beglaubigungsvermerk *m*
testimony Zeugnis *n*, Zeugenaussage *f (besonders unter Eid)*; Erklärung *f*
testor Erblasser *m*, Testierender *m*
text Wortlaut *m*, Text *m*; Inhalt *m*, Gegenstand *m (eines Textes)*
text of a clause Wortlaut *m* einer Bestimmung
text of the law Gesetzestext *m*, Wortlaut *m* des Gesetzes
textbook Lehrbuch *n*
theft Diebstahl *m*
thereafter *adv* danach, darauf, weiter unten
thereby *adv* hierdurch, damit
therefore *adv* deshalb, also
therefrom *adv* davon
therein *adv* darin, in dieser Hinsicht
thereinafter *adv* nachstehend, im Folgenden
thereinbefore *adv* vorgenannt
thereinunder *adv* nachstehend, im Folgenden
thereof *adv* davon
thereto *adv* dahin
thereunder *adv* im Folgenden
thereupon *adv* darüber
therewith *adv* damit
thief Dieb *m*
thief-proof *adj* diebstahlsicher
third (party) 1. Dritter *m*, dritte Person *f*; 2. *(ProzessR)* Nebenintervenient *m*
third party beneficiary contract Vertrag *m* zugunsten Dritter
third party claim Anspruch *m* eines Dritten
third party claim proceeding Drittwiderspruchsklage *f*
third party complaint ≈ Streitverkündung an bisher unbeteiligten Dritten als Beklagten
third party debt order *(BE)* Forderungspfändung *f* durch einen Dritten
third party funds *pl* Fremdgelder *npl*, Drittmittel *npl*
third party indemnity Haftpflicht *f*
third party insurance Haftpflichtversicherung *f*
third party leasing Finanzierungsleasing *n*
third party liability gesetzliche Haftpflicht *f*
third party notice *(ProzessR)* Intervention *f*, Streitverkündung *f*
third party proceedings *pl* 1. *(ZivilprozessR)* Drittwiderspruchsklage *f*; 2. *(IPR)* Regressprozess *m*
third party risk Haftpflichtrisiko *n*
third state *(EuropaR)* Drittstaat *m*
threat Drohung *f*, Bedrohung *f*, Gefahr *f*
threaten *v* drohen, bedrohen, androhen
three weeks' notice Kündigungsfrist *f* von drei Wochen
threshold Schwelle *f*, Schwellenwert *m*
threshold tariff Eingangssteuersatz *m*, Eingangstarif *m*
throne Thron *m*, Herrschaft *f*
thug Gewaltverbrecher *m*, Bandenmitglied *n*, Halsabschneider *m*
thuggery Bandenwesen *n*
thwart *v* 1. entgegenarbeiten, entgegenwirken; 2. vereiteln
tie *v* **down** zwingen, verpflichten, festlegen
tie *v* **down a party** jemanden vertraglich binden
tie *v* **in** zusammenpassen; verbinden, in Einklang bringen
tie *v* **up** binden, festmachen, unter Dach und Fach bringen
tie *v* **up capital** Kapital festlegen
tie-in agreement Koppelungsvereinbarung *f*
tied *adj* gebunden; unentschieden
tied cottage Werkswohnung *f*
tight *adj* hieb- und stichfest; sofort vollstreckbar; knapp, eng
tight money market angespannter Geldmarkt *m*
till Schalter *m*, Ladenkasse *f*
till money Kassenbestand *m*; Mindestbetrag *m* flüssiger Mittel
till notified to the contrary vorbehaltlich gegenteiliger Mitteilung
time Zeit *f*, Zeitdauer *f*, Frist *f*, Termin *m*
• **out of time** verspätet, nicht fristgemäß

• **time is of the essence** zwingende Erfüllungsfrist *f*, Fixgeschäft *n*
time immemorial ewige Zeiten *fpl*
time limit zeitliche Beschränkung *f*, Ausschlussfrist *f*, Zeitbeschränkung *f*
time limitation *(AE)* Verjährung *f*
time sharing Teilzeitnutzung *f (Immobilien)*
timetable Zeitplan *m*, Fahrplan *m*, Kursbuch *n*
tip-off Hinweis *m*, Tipp *m*
tipstaff Justizwachtmeister *m*, Gerichtswachtmeister *m*
tired *adj* müde, ausgedient, abgenutzt
tithe Zehnter *m (als Abgabe)*
title 1. Anspruch *m*, Rechtstitel *m*; 2. Eigentum *n*, Verfügungsrecht *n*; 3. Prozessbezeichnung *f*, Dienstbezeichnung *f*, Titel *m*
title by descent Eigentumserwerb *m* durch Erbfolge
title certificate *(AE)* Eigentumsurkunde *f*, Erwerbsurkunde *f*
title deed Eigentumserwerbsurkunde *f* *(bei ungebuchten Grundstücken)*
title insurance Versicherung *f* gegen Rechtsmängel eines Grundstücks
title of an act Einleitung *f* [Präambel *f*] eines Gesetzes
title of ownership Eigentumstitel *m*
title registration *(AE)* Grundstücksregistereintragung *f*
title search Überprüfung *f* eines Rechtstitels auf Mängel *(bei Grundstücken)*
token *adj* symbolisch, nominell
token consideration symbolische Gegenleistung *f (als Erfordernis der Gültigkeit eines Vertrages)*
token payment symbolische Zahlung *f* *(als Anerkenntnis einer Verpflichtung)*
token rent symbolische Miete *f* [Pacht *f*]
toll *v* Zoll erheben
toll Zoll *m*, Abgabe *f*, Gebühr *f*, Maut *f*, Brückengeld *n*
tollage Zollentrichtung *f*, Gebührenerhebung *f*
Torrens system ≈ Grundstücksregistrierungssystem
Torrens title Torrens-Eigentum *n (System einer Grundeigentumsberechtigung, nach dem ein vom Staat geführtes Grundeigentumsregister den im Register eingetragenen Personen einen unangreifbaren Rechtstitel garantiert)*
tort unerlaubte Handlung *f*, Delikt *n*
tort action Klage *f* aus unerlaubter Handlung, Klage *f* aus Delikt
tort liability Haftung *f* aus unerlaubter Handlung, deliktische Haftung *f*
tortfeasor Schädiger *m*, Schadensersatzpflichtiger *m*, Täter *m*
tortious *adj* unerlaubt, deliktisch
tortious action Klage *f* aus unerlaubter Handlung
torts Delikte *npl*, unerlaubte Handlungen *fpl*
torture *v* foltern
torture Folter *f*
total *v* sich belaufen auf; zusammenrechnen
total *adj* gesamt, ganz, vollständig
total claim Gesamtforderung *f*
totalitarian *adj* totalitär
totally *adv* völlig, total
toties quoties *(Lat)* nach Köpfen
Totten trust Totten-Trust *m (Trustform, bei der der Trustbegründer Geld auf einem Bankkonto oder in Wertpapieren mit der Anweisung hinterlegt, dass beim Tod des Trustbegründers alles auf dem Konto Befindliche auf einen von ihm benannten Verwendungsempfänger übergeht)*
tout *v* Kunden werben, Wahlwerbung betreiben; bespitzeln, herumspionieren
touting Kundenwerbung *f*, Akquisition *f*, Schleppertätigkeit *f*
town Stadt *f*, Ort *m*
town clerk Stadtdirektor *m*, Oberstadtdirektor *m*
town council Gemeinderat *m*, Stadtrat *m*, Magistrat *m*
town hall Rathaus *n*
town planning Stadtplanung *f*, Stadtentwicklung *f*
township Stadtgemeinde *f*, Verwaltungsbezirk *m*
trace *v* ausfindig machen, verfolgen, ermitteln
trace *v* **a person** die Spur einer Person zurückverfolgen
trace *v* **the beneficiaries** die Bedachten (einer testamentarischen Verfügung) ausfindig machen
trace Spur *f*, Fährte *f* • **preserve a trace** eine Spur sichern • **remove all traces** alle Spuren beseitigen
tracing Nachforschung *f*, Suche *f*; Verfolgungsrecht *n (des Besitzers einer Sache)*

track allocation ≈ Rechtswegzuweisung
tracking Verfolgen *n*
tract 1. Traktat *n*, Abhandlung *f*; 2. Grundstück *n*, Parzelle *f*
trade *v* Handel treiben; tauschen
trade *v* **in** in Zahlung geben, eintauschen
trade Handel *m*, Branche *f*, Geschäft *n*, Geschäftszweig *m* • **be in the trade** in der Branche sein, vom Fach sein • **carry on trade** Handel treiben, ein Gewerbe ausüben
trade acceptance Handelsakzept *n*, Handelswechsel *m*
trade agreement Handelsabkommen *n*; Tarifvertrag *m*
trade allowance Großhandelsrabatt *m*, Skonto *m*
trade balance Handelsbilanz *f*
trade dispute Arbeitskampf *m*
trade dress *(UrheberR)* Ausstattung *f*, Handelsaufmachung *f (Produkt)*
trade name Handelsname *m*, Warenzeichen *n*
trade register *(AE)* Handelsregister *n*
trade secret Betriebsgeheimnis *n*, Geschäftsgeheimnis *n*
trade union Gewerkschaft *f*
trade usage Usancen *fpl*, Handelsbrauch *m*
trademark Warenzeichen *n*, Handelsmarke *f*, gewerbliches Schutzrecht *n* • **expunge a trademark** ein Warenzeichen löschen
trademark infringement Verletzung *f* eines Warenzeichens, Schutzrechtsverletzung *f*
trademark protection Warenzeichenschutz *m*
trademarks registry Eintragung *f* von Markenrechten
trader Gewerbetreibender *m*, Geschäftsmann *m*
tradesman Gewerbetreibender *m*, Geschäftsmann *m*
trading Handel *m*
trading as firmierend als
trading capital Betriebskapital *n*, Betriebsvermögen *n*
trading practice Handelsbrauch *m*, Handelsusance *f*
traffic *v* handeln, tauschen, feilschen; unerlaubte Geschäfte tätigen
traffic *v* **in drugs** Drogenhandel betreiben
traffic Güterverkehr *m*, Handel *m*, Handelsverkehr *m*, Verkehrswesen *n*
traffic warden Verkehrswächter *m*; Politesse *f (nur weibliche Verkehrswächter)*
trafficker Schieber *m*, Dealer *m*, Schwarzmarkthändler *m*, Schleuser *m*
trafficking Schwarzhandel *m*, Vertrieb *m (vor allem illegaler Waren)*
train *v* ausbilden, unterrichten, anlernen
train Zug *m*
trainee Auszubildender *m*, Praktikant *m*, Volontär *m*
training Ausbildung *f*, Unterricht *m*, Schulung *f*
transact *v* 1. durchführen, tätigen, erledigen, abwickeln; 2. verhandeln, abschließen
transaction Geschäftsvorfall *m*, Geschäftsabschluss *m*, Transaktion *f*; Verhandlung *f*; Rechtsgeschäft *n*, Abwicklung *f*
transborder *adj* grenzüberschreitend
transcript Niederschrift *f*, Abschrift *f*, Kopie *f*
transcription Umschrift *f*, Abschrift *f*, Übertragung *f*
transfer *v* abtreten, übertragen, übergeben, auflassen
transfer Abtretung *f*, Übertragung(surkunde) *f*, Übergabe *f*, Auflassung *f*, Eigentumsübergang *m*
transfer of risk Gefahrübergang *m*
transfer of shares Aktienübertragung *f*, Aktienumschreibung *f*
transfer of title Eigentumsübertragung *f*
Transfer of Undertakings and Protection of Employment Regulation *(TUPE) (BE) (ArbeitsR)* ≈ Verordnung über den Schutz des Arbeitsplatzes bei Betriebsübergang
transfer warranties *pl* Gewährleistungsübertragung *f*
transferability Übertragbarkeit *f*
transferable *adj* übertragbar, abtretbar
transferee Zessionar *m*, Erwerber *m*, Übernehmer *m*, Indossatar *m*
transferor Zedent *m*, Veräußerer *m*, Indossant *m*
transform *v* umwandeln
transformation Umwandlung *f*
transfrontier *adj* grenzüberschreitend
transgression Überschreitung *f*, Übertretung *f (eines Gesetzes)*

transient *adj* vorübergehend, übergangsmäßig
transient person Person *f* ohne festen Wohnsitz
transit *adj* Durchgangs…, Übergangs…, Transit…
transit Übergang *m*, Durchgang *m*, Durchlieferung *f*, Transit *m*
translate *v* übersetzen, übertragen, dolmetschen; umrechnen
translation Übersetzung *f*, Übertragung *f*; Umrechnung *f*
translator Übersetzer *m*
translator sworn beeidigter [vereidigter] Übersetzer *m*
transmission Übertragung *f*, Übermittlung *f*
transmit *v* übertragen, überschreiben, übermitteln
transnational *adj* grenzüberschreitend, länderübergreifend
transport *v* transportieren, versenden, befördern
transportation Beförderung *f*, Transport *m*, Versendung *f*, Versand *m*
Transportation, Recall, Enhancement, Accountability and Documentation Act *(TREAD Act)* Rückruf-, Verbesserungs-, Haftungs- und Dokumentationsgesetz *n* für das Transportwesen *(Verbraucherschutz)*
transpose *v* umstellen, vertauschen
transposition Umstellung *f*, Vertauschung *f*
transshipment Umladung *f*, Umschlag *m*
trap *v* eine Falle stellen; erwischen, ertappen
trap 1. Falle *f*; 2. Polizist *m*, Polizeispitzel *m*
travel *v* **abroad** ins Ausland reisen
travel agency Reisebüro *n*, Verkehrsbüro *n*
travel allowance Reisekostenpauschale *f*
travel insurance Reiseversicherung *f*
travel voucher Fahrausweis *m*, Reisegutschein *m*
traveler's check *(AE)*, **traveller's cheque** *(BE)* Reisescheck *m*
treachery Verrat *m*, Tücke *f*
TREAD Act *s.* Transportation, Recall, Enhancement, Accountability and Documentation Act
treason Landesverrat *m*, Verrat *m*, Hochverrat *m*
treasonable *adj* (landes)verräterisch, hochverräterisch
treasure Schatz *m*, Reichtum *m*
treasure trove Schatzfund *m*
treasurer Schatzmeister *m*, Kassierer *m*; Finanzbeamter *m*
treasury 1. Schatzkammer *f*; 2. Schatzamt *n*, Finanzministerium *n*; 3. Fiskus *m*, Staatskasse *f*
treasury bill Schatzanweisung *f*, Schatzwechsel *m*
treasury shares *pl* eigene Aktien *fpl*
treatise Abhandlung *f*, Monographie *f*
treaty 1. Abkommen *n*, Konvention *f*, Staatsvertrag *m*; 2. Verhandlung *f*, Übereinkunft *f*
Treaty of Amsterdam Amsterdamer Vertrag *m*, Vertrag *m* von Amsterdam
treble damages *pl* dreifach zuerkannter Schadensersatz *m* [Strafschadensersatz *m*]
trend Verlauf *m*, Entwicklung *f*, Trend *m*
trespass *v* übertreten, verletzen, verstoßen; unbefugt betreten
trespass Übertretung *f*, Zuwiderhandlung *f*, Besitzstörung *f*
trespass to a person Verletzung *f* der Rechte einer Person
trespass to land Besitzstörung *f* an Liegenschaften, unbefugtes Betreten *n* fremden Grundbesitzes
trespass to personal property Verletzung *f* des beweglichen Vermögens
trespasser Übertreter *m*, Besitzstörer *m*, Eindringling *m*, Unbefugter *m*
triable *adj (StrafR)* verfolgbar; verhandlungsreif
trial 1. *(ZivilR)* (mündliche) Verhandlung *f*; 2. *(StrafR)* Hauptverhandlung *f*; gerichtliche Untersuchung *f*, Prozess *m*
trial brief Verhandlungsschriftsatz *m*
trial bundles *pl* Aktenbündel *n (Klageschrift einschließlich aller relevanten Unterlagen)*
trial calendar Verhandlungskalender *m*, Prozesskalender *m*
trial contents *pl* Schriftstücke *npl (Gerichtsverfahren)*
trial court Gericht *n* erster Instanz; Tatsacheninstanz *f*
trial judge Tatrichter *m*
trial lawyer *(AE)* Prozessanwalt *m*, Strafverteidiger *m*
trial run Probefahrt *f*; Testlauf *m*

tribunal Gericht *n*, Gerichtshof *m*, Tribunal *n*
trick *v* prellen; verlocken, verführen, in eine Falle locken; austricksen
trick List *f*, Schwindel *m*
trickster Betrüger *m*, Gauner *m*, Schwindler *m*
trigger *v* 1. auslösen, hervorrufen; 2. sich an einem Raubüberfall beteiligen
trigger Auslöser *m*
trip Reise *f*, Fahrt *f*, Tour *f*
tripartite *adj* 1. dreiteilig; 2. dreifach ausgefertigt; 3. unter Beteiligung von drei Parteien
triple *adj* dreifach
triplicate dritte Ausfertigung *f*; Tertiawechsel *m*
trouble 1. Bemühung *f*, Anstrengung *f*; 2. öffentliche Unruhe *f*, Wirren *fpl*, Konflikt *m*
trough Konjunkturtief *n*, Konjunkturdelle *f*, Tiefpunkt *m*
trove Schatzfund *m*, Fundgrube *f*
trover ≈ Herausgabeklage
truck 1. Lastwagen *m*, Lkw *m*; 2. Tauschgeschäft *n*; ≈ Entlohnung von Arbeitnehmern in Waren
true *adj* wahrheitsgetreu, richtig, echt, rechtmäßig
true copy gleichlautende Abschrift *f*; originalgetreue Kopie *f*
truly *adv* aufrichtig, ergeben
trunk line Hauptstrecke *f (Eisenbahn)*
trunk road Fernstraße *f*
trust *v* 1. Kredit einräumen [geben]; 2. vertrauen
trust Treuhand *f*, Treuhandvermögen *n*, Stiftung *f* • **in trust** treuhänderisch
trust corpus Trustvermögen *n*, Trustgelder *npl*
trust fund Treuhandvermögen *n*, Mündelgeld *n*
trustee 1. Treuhänder *m*, Bevollmächtigter *m*; 2. Sequester *m*, Insolvenzverwalter *m*
trustee in bankruptcy Insolvenzverwalter *m*
trusteeship Treuhandverwaltung *f*
trustor Trustbegründer *m*
trustworthy *adj* kreditwürdig, sicher, solide, glaubhaft, glaubwürdig, vertrauenswürdig
trusty *adj* getreu
truth 1. Wahrheit *f*; 2. Richtigkeit *f*, Genauigkeit *f*; 3. Aufrichtigkeit *f*, Ehrlichkeit *f*
truthful *adj* 1. wahr; 2. echt, genau; 3. ehrlich, wahrheitsgetreu
try *v* gerichtlich untersuchen, verhandeln, vor Gericht stellen
TUPE *s.* Transfer of Undertakings and Protection of Employment Regulation
turn *v* verändern, umwandeln; sich drehen *(Kurse)*
turn *v* **down** *(ProzessR)* verwerfen, abweisen
turn *v* **over** umsetzen *(Waren)*; übergeben
turn *v* **up** auftauchen *(Beweise)*
turn Vorteil *m*, Nutzen *m*, Wende *f*
turnkey *adj* schlüsselfertig
turnkey Gefangenenwärter *m*, Schließer *m*
turnout 1. Wahlbeteiligung *f*; 2. Ausstand *m*, Streik *m*; 3. Erzeugnis *n*; Produktion *f*
turnover Umsatz *m*, Umschlag *m*; Meinungsumschwung *m*
tutelage 1. Vormundschaft *f*, Pflegschaft *f*; 2. Minderjährigkeit *f*
tutor Vormund *m*, Pfleger *m*; Hauslehrer *m*
twist *v* **the law** das Recht verdrehen
tying agreement *(AE) (WettbewerbsR)* Koppelungsgeschäft *n*, Abnahmezwang *m*
tying arrangement Kopplungsgeschäft *n*
type Grundform *f*, Art *f*, Probe *f*, Muster *n*
typed *adj* maschinengeschrieben
typewriter Schreibmaschine *f*
typing Maschinenschrift *f*
typist Schreibkraft *f*
typo Tippfehler *m*, Druckfehler *m*
typographical *adj* typographisch
tyranny Gewaltherrschaft *f*, Willkürherrschaft *f*, Diktatur *f*, Tyrannei *f*, Despotismus *m*

U

uberrima fides *(Lat)* 1. Höchstmaß *n* an Treu und Glauben; 2. *(VersR)* uneingeschränkte Offenbarungspflicht *f*, Ehrlichkeitspflicht *f*
UCC *s.* Uniform Commercial Code
UGMA *s.* Uniform Gifts to Minors Act
UI *s.* unemployment insurance
ultimate *adj* letzter, ultimativer, maximaler
ultimately *adv* letztlich, endlich, letzten Endes, im Grunde genommen

ultimatum letzter Vorschlag *m*, Ultimatum *n*
ultra vires *(Lat)* außerhalb der Vertretungsmacht, ohne satzungsmäßige Befugnis
umbrella Schirm *m*, Abschirmung *f*, Schutz *m*, Deckung *f*
umbrella agreement Rahmenvertrag *m*, Globalvereinbarung *f*
umpire Schiedsrichter *m*, Schiedsmann *m*
UN *s.* United Nations
unable *adj* unfähig, nicht in der Lage; geschäftsunfähig
unabridged *adj* ungekürzt
unacceptable *adj* unannehmbar
unaccounted *adj* **for** nicht ausgewiesen *(Bilanz)*
unadjusted *adj* ungewiss, noch nicht vereinbart, noch nicht bezahlt *(Schuld)*
unaffected *adj* nicht beeinträchtigt, nicht betroffen
unaffiliated *adj* selbstständig, nicht angeschlossen
unanimity Einstimmigkeit *f*
unanimous *adj* einstimmig, ohne Gegenstimme
unanimous opinion einhellige Meinung *f*
unanimous verdict einstimmiges Urteil *n*
unanimously *adv* einstimmig, einmütig
unanimously agreed *adj* einstimmig [ohne Gegenstimme] angenommen
unanswerable *adj* 1. nicht bestreitbar, unwiderlegbar; 2. nicht haftbar
unappealable *adj* nicht rechtsmittelfähig, nicht berufungsfähig
unascertained *adj* unbestimmt, nicht ermittelt, nicht festgestellt
unascertained goods *pl* Gattungssachen *fpl*
unassessed *adj (SteuerR)* nicht veranlagt, nicht bewertet, nicht taxiert
unassignable *adj* nicht übertragbar, nicht abtretbar
unassisted *adj* ohne Unterstützung
unattached *adj* 1. ungebunden, unabhängig; 2. *(ArbeitsR)* nicht organisiert; 3. *(ZwangsvollstreckungsR)* nicht beschlagnahmt *(Sachen)*; nicht gepfändet *(Forderungen)*
unauthorized *adj* unbefugt, unberechtigt
unavailability Nichtverfügbarkeit *f*
unavailable *adj* nicht verfügbar, nicht erhältlich; ungültig, unbrauchbar
unavoidable *adj* unvermeidbar, zwangsläufig, unvermeidlich
unavoidably *adv* notgedrungen, zwangsläufig
unaware *adj* unbewusst, in Unkenntnis, nicht unterrichtet
unbalanced *adj* unausgeglichen, nicht saldiert
unbecoming *adj* unschicklich, unziemlich
unbiased *adj* unvoreingenommen, unparteiisch, unbefangen
unborn *adj* ungeboren, künftig entstehend
unbroken *adj* unverletzt; ununterbrochen *(Besitz)*
uncertainty Unsicherheit *f*, Zweifelhaftigkeit *f*
unchallenged *adj* unangefochten, unbeanstandet
unclaimed *adj* nicht geltend gemacht; nicht abgeholt, unzustellbar *(Post)*
unclean hands *pl* ≈ Unzulässigkeit der Rechtsausübung wegen eigenen rechtswidrigen oder treuwidrigen Verhaltens
unconditional *adj* bedingungslos, vorbehaltlos, unbedingt
unconditional acceptance unbedingte Annahme *f*, unbedingtes Akzept *n*
unconditional guarantee unbedingte Garantie *f*
unconditionally *adv* vorbehaltlos, bedingungslos
unconfirmed *adj* unbestätigt
unconscionability Übervorteilung *f*, sittenwidriges Verhalten *n*
unconscionable *adj* skrupellos, gewissenlos, sittenwidrig
unconscionable inadequacy ≈ sittenwidrige Inadäquanz [Unangemessenheit]
unconstitutional *adj* verfassungswidrig
unconstitutional strike vereinbarungswidriger Streik *m (Streik, der das zwischen den Arbeitsgebern und den Gewerkschaften vereinbarte Verfahren verletzt)*
uncontestable *adj* unbestreitbar
uncontested *adj* unbestritten, unstreitig
uncontrolled *adj* nicht bewirtschaftet *(Flächen)*; nicht beaufsichtigt, unkontrolliert
unconvicted *adj* nicht vorbestraft
uncovered *adj* ungedeckt, nicht versichert, ohne Deckung
uncrossed check *(AE)*, **uncrossed cheque** *(BE)* Barscheck *m*

uncrowned *adj* ungekrönt
undated *adj* undatiert, ohne Datumsangabe; unbefristet
undeclared *adj* ohne Angabe, nicht deklariert
undefended *adj* unstreitig; ohne Anzeige der Verteidigungsabsicht, ohne Gegeneinlassung
undeliverable *adj* unzustellbar, nicht lieferbar
under unter, gemäß, aufgrund
underbid *v* unterbieten
undercapitalization Unterkapitalisierung *f*
undercapitalized *adj* unterkapitalisiert
undercharge *v* zu wenig berechnen
undercover *adj* Geheim…, Untergrund…, Zivil…
underestimate *v* unterbewerten, zu niedrig veranschlagen
undergo *v* erfahren, erleiden, durchmachen
undergo *v* **a trial** *(ugs.)* vor Gericht gestellt werden
undergraduate Student *m*, Studierender *m (vor dem ersten Studienabschluss)*
underinsure *v* unterversichern
underlease *v* untervermieten, unterverpachten, ≈ als Eigentümer eines Leasehold-Grundstücks eine weitere Lease einräumen
undermentioned *adj* unten erwähnt
undermine *v* untergraben, unterminieren
underpay *v* schlecht bezahlen, unterbezahlen, unterfrankieren
underpayment Minderzahlung *f*, Unterbezahlung *f*
underprice *v* unter Wert verkaufen; verschleudern
undersell *v* 1. unter Wert verkaufen; 2. unterbieten
undersigned Unterzeichneter *m*, Unterfertigter *m*
understand *v* 1. verstehen, begreifen; 2. als sicher annehmen, (stillschweigend) voraussetzen
understanding Absprache *f*, Übereinkommen *n*, Verständigung *f*
understate *v* zu niedrig angeben, zu niedrig bewerten, untertreiben
understatement Unterbewertung *f*, zu niedrige Angabe *f*
undertake *v* sich verpflichten, übernehmen, versprechen, garantieren
undertaker 1. Verleger *m*; 2. Bestatter *m*
undertaking 1. Betrieb *m*, Unternehmen *n*, Vorhaben *n*; 2. Verpflichtung(serklärung) *f*, Zusicherung *f*, Garantie *f*
undertaking to marry Heiratsversprechen *n*
undertenant Untermieter *m*, Unterpächter *m*
undervalue *v* unterbewerten
underwrite *v* 1. Haftung übernehmen; garantieren; Versicherungsschutz gewähren; 2. sich an einem Konsortium beteiligen, eine Wertpapieremission übernehmen
underwriter 1. Haftungsübernehmer *m*, Versicherer *m*; Garantiegeber *m*; 2. Emissionsbank *f*
underwriting 1. Haftungsübernahme *f*; Garantie *f*; Gewährleistung *f* von Versicherungsschutz; 2. Durchführung *f* einer Wertpapieremission
underwriting agreement Emissionsübernahmevertrag *m (Vertrag zwischen Emittent und Emissionsbank, der die Übernahme der zu übernehmenden Aktie und ihre Platzierung regelt)*
underwritten *adj* 1. versichert; 2. platziert *(Wertpapieremission)*
undesirable *adj* unerwünscht
undesirable person unerwünschte Person *f*
undeveloped *adj* unentwickelt, ungenutzt
undeveloped land unerschlossenes Grundstück *n*, nicht baureifes Grundstück *n*
undischarged *adj* unbezahlt, unbeglichen, nicht entlastet
undischarged bankrupt ≈ Insolvenzschuldner, dem die Restschuldbefreiung versagt wurde
undisclosed *adj* nicht offengelegt, verdeckt
undisclosed agency mittelbare Stellvertretung *f*
undisclosed principal ungenannter Auftraggeber *m*
undocumented *adj* nicht durch Urkunden belegt, nicht dokumentiert
undue *adj* 1. unangemessen; 2. noch nicht fällig
undue enrichment ungerechtfertigte Bereicherung *f*
undue influence *(ErbR)* unzulässige Beeinflussung *f (eines Erblassers)*

unemployed *adj* arbeitslos, erwerbslos
unemployed Arbeitsloser *m*, Erwerbsloser *m*
unemployment Arbeitslosigkeit *f*, Erwerbslosigkeit *f*
unemployment allowance Arbeitslosengeld *n*, Arbeitslosenunterstützung *f*
unemployment benefit Arbeitslosenhilfe *f*, Arbeitslosenunterstützung *f*
unemployment insurance *(UI)* Arbeitslosenversicherung *f*, Erwerbslosenversicherung *f*
unemployment payment Arbeitslosengeld *n (ungefähr vgl. in Deutschland ALG I)*
unencumbered *adj* unbelastet, lastenfrei, schuldenfrei
unenforceability Nichtdurchsetzbarkeit *f*, Unklagbarkeit *f*, fehlende Vollstreckbarkeit *f*
unenforceable *adj* nicht durchsetzbar, unklagbar, nicht vollstreckbar
unenforceable contract unvollkommene Verbindlichkeit *f*, Naturalobligation *f*
unequivocal *adj* eindeutig, klar, zweifelsfrei
UNESCO *s.* United Nations Educational, Scientific and Cultural Organization
unethical *adj* standeswidrig, unmoralisch
unfair *adj* unbillig, unredlich, unlauter, unfair
unfair competition unlauterer Wettbewerb *m*
unfair contract terms act Gesetz *n* gegen die Verwendung unfairer Vertragsbedingungen
unfair dismissal sozial ungerechtfertigte Kündigung *f*
unfair methods *pl* **of competition** unlautere Wettbewerbsmethoden *fpl*
unfavorable *adj (AE)*, **unfavourable** *adj (BE)* ungünstig, unvorteilhaft
unfit *adj* ungeeignet, untauglich, nicht qualifiziert
unforeseen *adj* unvorhergesehen, unerwartet
UNICEF *s.* United Nations International Children's Emergency Fund
unidentified *adj* nicht identifiziert
unification Einigung *f*, Vereinigung *f*, Vereinheitlichung *f*
uniform *adj* einheitlich; ausgeglichen
uniform Uniform *f*
Uniform Commercial Code *(UCC) (AE)* ≈ Einheitliches Handelsgesetzbuch
Uniform Gifts to Minors Act *(UGMA)* ≈ Einheitliches Gesetz über Geschenke an Minderjährige *(Gesetz, das in einigen Bundesstaaten der USA erlaubt, dass ein Schenker jeglichen Besitz und jede Kontrolle an Vermögensgegenständen wie z. B. Wertpapieren vollständig aufgibt und diese im Namen des Treuhänders zugunsten des Minderjährigen verwahrt werden, ohne dass ein Anwalt einen besonderen Trust gründen muss)*
Uniform Resource Locator *(URL)* Uniform Resource Locator *f*, URL, Internetadresse *f*
Uniform Transfer-on-Death Security Act ≈ Einheitliches Gesetz über die Registrierung von im Todesfall übergehenden Wertpapieren
Uniform Transfers to Minors Act *(UTMA)* ≈ Einheitliches Gesetz zur Regulierung von Übertragungen an Minderjährige
unilateral *adj* einseitig
unilateral act einseitiges Rechtsgeschäft *n*
unilateral agreement einseitig verpflichtende Vereinbarung *f*
unilateral contract einseitiger Vertrag *m*
unilateral discharge 1. einseitige Freistellung *f*; 2. einseitige Erfüllung *f (Verpflichtung)*
unilateral mistake einseitiger Irrtum *m*
unilateral offer einseitiges Angebot *n*
unilaterally *adv* einseitig
unimproved *adj* nicht veredelt, unverbessert; nicht kultiviert, unbebaut *(Grundstück)*
unincorporated *adj* nicht rechtsfähig, nicht eingetragen
uninsurable *adj* nicht versicherbar
uninsurable risk nicht versicherbares Risiko *n*
uninsured *adj* nicht versichert, ohne Versicherungsschutz
union 1. Zusammenschluss *m*, Verein *m*, Verband *m*, Union *f*; 2. Gewerkschaft *f*
union rate Tariflohn *m*, Tarifsatz *m*
unionist 1. Gewerkschaftsmitglied *n*; 2. Unionist *m (Nordirland)*
unionize *v* sich gewerkschaftlich organisieren
unionized *adj* gewerkschaftlich organisiert

unique selling point Alleinstellungsmerkmal *n*, veritabler Kundenvorteil *m*, komparativer Konkurrenzvorteil *m (Marketing)*
unique selling proposition einzigartiges Verkaufsversprechen *n (Werbebotschaft)*
unitary *adj* einheitlich, Einheits..., zentralistisch
unitary system Zentralstaatssystem *n*
United Nations *(UN)* Vereinte Nationen *fpl*, UNO
United Nations Educational, Scientific and Cultural Organization *(UNESCO)* Organisation *f* für Erziehung, Wissenschaft und Kultur der Vereinten Nationen
United Nations International Children's Emergency Fund *(UNICEF)* Kinderhilfswerk *n* der Vereinten Nationen, UNICEF
universal *adj* universell, umfassend, allgemein
universal life *(VersR)* depotgebundene Lebensversicherung *f*
Universal Postal Union Weltpostverein *m*
unjust *adj* ungerecht, unbillig, ungerechtfertigt
unjust enrichment ungerechtfertigte Bereicherung *f*
unjustifiable *adj* unvertretbar, nicht zu rechtfertigen
unjustly *adv* zu Unrecht, ungerecht
unknown *adj* unbekannt
unlawful *adj* widerrechtlich, rechtswidrig, unrechtmäßig, unerlaubt
unlawful act rechtswidrige Tat *f*
unlawful assembly unerlaubte Versammlung *f*, widerrechtliche Ansammlung *f*
unlawful detainer widerrechtlich verweigerte Räumung *f*
unlawful detention Freiheitsberaubung *f*, ungesetzliche Inhaftierung *f*
unlawful dismissal *(ArbeitsR)* widerrechtliche Entlassung *f (besonders fristlos)*
unlawful entry widerrechtliche Inbesitznahme *f*; widerrechtliches Eindringen *n*
unlawful killing rechtswidrige Tötung *f*
unlawful possession nichtberechtigter Besitz *m*
unlawful search and seizure unrechtmäßige Durchsuchung *f* und Beschlagnahme *f*
unlawfully *adv* widerrechtlich
unlimited *adj* unbegrenzt, unbeschränkt; unlimitiert *(Börse)*
unliquidated *adj* offen, unbezahlt; der Höhe nach nicht bestimmbar, nicht bezifferbar, unbestimmt
unliquidated claim unbezifferte Forderung *f*
unliquidated damages *pl* unbezifferter Schadensersatz *m*
unliquidated debt der Höhe nach nicht bestimmte Schuld *f*
unmerchantable *adj* unverkäuflich, nicht marktgängig, nicht börsenfähig
uno flatu *(Lat)* im selben Moment, gleichzeitig
unoccupied property unbewohnter Grundbesitz *m*, unbewohntes Gebäude *n*
unoccupied property insurance Versicherung *f* für unbewohnte Gebäude
unofficial *adj* nicht amtlich, inoffiziell, unbestätigt; außerbörslich *(Börse)*
unofficially *adv* inoffiziell
unopposed *adj* 1. unbeanstandet, unwidersprochen; 2. ohne Gegner(schaft) *(Parlament)*; 3. *(ProzessR)* ohne verteidigungsbereite Gegenseite
unpaid *adj* 1. unbezahlt, offen, rückständig; 2. unfrankiert; 3. ehrenamtlich
unpaid capital noch nicht auf das Stammkapital [Grundkapital] eingezahlte Einlagen *pl*
unparliamentary *adj* unparlamentarisch, der Würde des Parlaments widersprechend
unprecedented *adj* ohne Präzedenzfall; beispiellos
unprejudiced *adj* unparteiisch, vorurteilslos, unvoreingenommen
unprofessional *adj* standeswidrig; berufsfremd, unfachmännisch, laienhaft
unqualified *adj* 1. uneingeschränkt, unbeschränkt, bedingungslos; 2. ungeeignet, untauglich, unqualifiziert
unreasonable *adj* unvernünftig, grundlos, unverhältnismäßig, unangemessen, übermäßig
unreasonable competition unvernünftige Konkurrenz *f*
unreasonably *adv* übermäßig, übertrieben
unreasonably dangerous product unangemessen gefährliches Produkt *n*

unredeemed *adj* uneingelöst *(Wechsel)*; unbeglichen *(Schuld)*
unregistered *adj* nicht eingetragen, nicht registriert, mit einfacher Post® *(nicht per Einschreiben)*
unregistered land nicht eingetragener Grundbesitz *m (Land register)*
unregistered mortgage nicht eingetragene Hypothek *f*
unreliable *adj* unsolide, unzuverlässig
unreported *adj* unveröffentlicht *(Entscheidung)*
unrestricted *adj* unbeschränkt, uneingeschränkt, ohne Geschwindigkeitsbeschränkung
unsafe *adj* gefährlich, nicht verkehrssicher
unsatisfactory *adj* unbefriedigend, unzulänglich
unseaworthy *adj* nicht seetüchtig, seeuntauglich
unsecured *adj* ungesichert, unbesichert; nicht bevorrechtigt *(Insolvenz)*
unsecured lender Darlehensgeber *m* ohne dingliche Sicherung
unsecured loan ungesichertes Darlehen *n*, nicht garantierte Anleihe *f*
unsigned *adj* nicht unterschrieben, ohne Unterschrift
unsold *adj* nicht verkauft, unverkauft
unsolicited *adj* freiwillig, unverlangt, unaufgefordert, unbestellt *(Ware)*
unsound *adj* 1. unzuverlässig; fehlerhaft; ungesund; 2. nicht stichhaltig, anfechtbar
unsound mind/of unzurechnungsfähig
unspecified *adj* 1. nicht konkretisiert, nicht spezifiziert; 2. *(ProzessR)* unschlüssig
unspecified amount of money unbestimmte Summe *f* Geld, unbestimmter Geldbetrag *m*
unspecified claim unbezifferter Anspruch *m*, unbestimmte Klageforderung *f*
unsubscribed *adj* nicht unterschrieben, nicht gezeichnet *(Neuemission)*
unsuccessful *adj* erfolglos; nicht gewählt
unsuitable *adj* ungeeignet, nicht verwendbar, unpassend, unangemessen
unsworn *adj* unvereidigt, uneidlich
untimely *adj* zur Unzeit, verfrüht, ungelegen
untrue *adj* unrichtig, unwahr
untrustworthy *adj* unzuverlässig, nicht vertrauenswürdig, unglaubwürdig, unsolide
unused *adj* ungenutzt, nicht ausgenutzt
unwarranted *adj* 1. nicht garantiert, unverbürgt, ohne Gewähr; 2. ungerechtfertigt, unberechtigt
unworthy *adj* **of credit** kreditunwürdig
unwritten *adj* ungeschrieben, nicht schriftlich niedergelegt
up-to-date *adj* aktuell, auf dem neuesten Stand
up-to-date *adv* bis heute, bis jetzt
update *v* aktualisieren, auf den neuesten Stand bringen
update Aktualisierung *f*, Ergänzungslieferung *f*
upheld aufrechterhalten *(Urteil)*
uphold *v* bestätigen *(Entscheidung)*; behaupten, vertreten, verteidigen
upkeep *v* instand halten, unterhalten
upkeep Erhaltung *f*, Instandhaltung *f*, Unterhalt *m*, Unterhaltungskosten *pl*
upper *adj* höherstehend, übergeordnet
Upper House Oberhaus *n*
upstream *adj* stromaufwärts
upstream merger Verschmelzung *f* der Tochter- auf die Muttergesellschaft
urge *v* mahnen, auffordern; betonen
urgency Dringlichkeit *f*
urgent *adj* dringlich, eilig, unaufschiebbar; aufdringlich, hartnäckig
urgently *adv* dringend
URL *s.* Uniform Resource Locator
U.S. Bankruptcy Court US-Insolvenzgericht *n*
U.S. Claims Court US-Verwaltungsgericht *n*
U.S. Copyright Office US-Copyright-Office *n*
U.S. Court of International Trade *(ZollR, HandelsR)* US-Gerichtshof *m* für Internationalen Handel
U.S. Patent and Trademark Office *(USPTO)* US-Patent- und Markenamt *n*
U.S. Supreme Court der Supreme Court *m* der USA, der Oberste Gerichtshof *m* der USA
U.S. Tax Court Bundesfinanzhof *m* der USA
usage Handelsbrauch *m*, Gewohnheit *f*, Usance *f*
usage of trade kaufmännische Usancen *fpl*, Handelsbrauch *m*
usance Usance *f*, Übung *f*, Gewohnheit *f*; Wechselfrist *f*
use *v* gebrauchen, benutzen, verwenden

use 1. Nutzen *m*, Vorteil *m*; Gebrauch *m*; 2. Verbrauch *m*; 3. Nutzung *f*, Nutzungsrecht *n*
used *adj* gebraucht, ausgenutzt; gestempelt *(Briefmarke)*
useful *adj* brauchbar, nützlich, zweckmäßig, vorteilhaft
user Anwender *m*, Benutzer *m*; Verbraucher *m*; Nutznießer *m*
usher Gerichtsdiener *m*
USPTO *s.* U.S. Patent and Trademark Office
usual *adj* gebräuchlich, üblich; gewöhnlich, gewohnheitsmäßig
usufruct Nutznießung *f*, Nießbrauch *m*
usurer Wucherer *m*
usurious *adj* wucherisch
usurp *v* sich widerrechtlich aneignen, unrechtmäßig beanspruchen, sich anmaßen, usurpieren
usurpation Usurpation *f*, widerrechtliche Besitzergreifung *f*
usury Wucher *m*, Wucherzins *m*
utility Nutzen *m*, Nützlichkeit *f*, Verwertbarkeit *f*
utility company Versorgungsunternehmen *n*
utility model *(PatentR)* Gebrauchsmuster *n*
utility patent Gebrauchsmuster *n*
utility patent application Gebrauchsmusteranwendung *f*
utilization Nutzbarmachung *f*, Verwendung *f*, Benutzung *f*, Verwertung *f*
utilize *v* verwerten, ausnutzen, nutzbar machen
UTMA *s.* Uniform Transfers to Minors Act
utter *v* in Umlauf bringen, verbreiten; enthüllen

V

vacancy freie [offene, unbesetzte] Stelle *f*
vacant *adj* 1. frei, offen, unbesetzt *(Stelle)*; 2. leer stehend *(Wohnung)*; 3. unbebaut *(Grundstück)*
vacant possession leer stehende Immobilie *f*, sofort beziehbare Immobilie *f*
vacate *v* 1. räumen *(Wohnung)*; 2. niederlegen, aufgeben *(Amt)*; 3. aufheben *(Urteil)*
vacation 1. Ferien *pl*, Gerichtsferien *pl*; 2. Räumung *f (Wohnung)*; 3. Aufgabe *f (einer Stelle)*
vaccinate *v* impfen
vagrancy Landstreicherei *f*
valid *adj* 1. gültig, rechtswirksam; 2. richtig, stichhaltig, berechtigt
valid contract rechtsgültiger Vertrag *m*
validate *v* für rechtsgültig erklären, validieren
validation Gültigkeitserklärung *f*, Validierung *f*
validation notice Mitteilung *f* der Validierung
validity Rechtwirksamkeit *f*, Gültigkeit *f*
valuable *adj* wertvoll, kostbar
valuables *pl* Wertgegenstände *mpl*
valuation Bewertung *f*, Schätzwert *m*, Schätzung *f*
valuator Schätzer *m*
value *v* bewerten, schätzen
value 1. Wert *m*, Tauschwert *m*, Valuta *f*; 2. Gegenleistung *f*, Gegenwert *m*
value added tax *(VAT) (BE)* Mehrwertsteuer *f*, MWSt.
valuer Schätzer *m*
vandal Vandale *m*
vandalism Vandalismus *m*, (böswillige) Sachbeschädigung *f*
vandalize *v* beschädigen, zerstören
variability Veränderlichkeit *f*
variable *adj* veränderlich, schwankend
variance 1. Abweichung *f*, Veränderung *f*; 2. Widerspruch *m*, Streit *m*
variation Abweichung *f*, Veränderung *f*, Schwankung *f*
varied order abgeänderter Beschluss *m*
vary *v* 1. abweichen, abändern; 2. verschieden sein
VAT *s.* value added tax
Vaughn Index *(AE)* Vaughn Index *m (Index, der dem Gericht anhand mehrerer Kriterien erlaubt zu entscheiden, inwieweit Beweismittel offengelegt werden müssen oder geheim gehalten werden dürfen)*
vault 1. Tresor *m*, Safe *m*; 2. Gruft *f (Grab)*
veil Schleier *m*, Deckmantel *m* • **pierce the corporate veil** *(GesellschaftsR)* Durchgriffshaftung zulassen
venal *adj* käuflich, bestechlich
vendee Käufer *m*, Erwerber *m (von Grundeigentum)*
vendor Verkäufer *m (von Grundeigentum)*

vendor lock-in Herstellerbindung *f*, Herstellerabhängigkeit *f*
venture Risiko *n*, Wagnis *n*
venture capital Risikokapital *n*
venture capitalist Risikokapitalgeber *m*; Anleger *m*, der Risikokapital bereitstellt
venue 1. Treffpunkt *m*; 2. *(ProzessR)* Gerichtsstand *m*; 3. *(ProzessR)* örtliche Zuständigkeit *f (eines Gerichts)*
verbal *adj* 1. mündlich; 2. wörtlich
verbal offer mündliches Angebot *n*
verbally *adv* mündlich
verbatim *adj* wörtlich, wortgetreu
verdict 1. Urteil *n*, Meinung *f*; 2. *(StrafprozessR, ZivilprozessR)* Entscheidung *f* der Jury
verification Überprüfung *f*, Bestätigung *f (der Richtigkeit oder Wahrheit)*
verify *v* überprüfen, bestätigen *(Richtigkeit oder Wahrheit)*
version 1. Version *f*, Fassung *f*; 2. Übersetzung *f*
versus gegen
vertical merger vertikaler Unternehmenszusammenschluss *m (z. B. zwischen Zulieferer und Endmonteur)*
vertical privity Vertical Privity *f (Frage, wer verklagt werden kann; vgl. in Deutschland mit Aktivlegitimierung)*
vertical restraint vertikale Wettbewerbsbeschränkung *f*
vest *v* 1. verleihen, übertragen *(Recht)*; 2. zulassen, übergeben *(Recht)*
vest *v* **power** jmdn. ermächtigen, etwas zu tun
vested *adj* verliehen, begründet
vested interest sicher begründetes Recht *n*
vested remainder unentziehbare Anwartschaft *f*
vesting order ≈ gerichtliche Besitzeinweisung; Übertragungsverfügung *f*
vet *v (fig.)* überprüfen
veto *v* Veto einlegen, Einspruch erheben
veto Veto *n*, Einspruch *m*
vetting Personenüberprüfung *f*
vexatious *adj* schikanös, querulatorisch
vexatious litigant querulatorischer Kläger *m*
vexatious litigation querulatorischer Rechtsstreit *m*
VGT *s.* Virtual Global Taskforce
viability Durchführbarkeit *f*
viable *adj* lebensfähig, wirtschaftlich, existenzfähig
viable *adj*/**commercially** wirtschaftlich sinnvoll
vicar Vikar *m*
vicarious *adj* stellvertretend
vicarious agent 1. Verrichtungsgehilfe *m*; 2. Erfüllungsgehilfe *m*
vicarious liability Haftung *f* für das Verschulden Dritter *(z. B. für Erfüllungsgehilfen, Verrichtungsgehilfen)*
vicariously *adv* stellvertretend
vice chancellor 1. Vize-Kanzler *m*; 2. Rektor *m (Universität)*; 3. Präsident *m (Chancery Division)*
vice-president *(VP)* Vize-Präsident *m*, stellvertretender Vorsitzender *m*
vice versa *(Lat)* umgekehrt, im Gegenzug
vicious *adj* korrupt; böswillig, bösartig
victim Opfer *n*
victimization 1. Viktimisierung *f*; 2. schikanöse Behandlung *f*
victimize *v* schikanieren, unfair behandeln; zum Opfer machen
vide *(Lat)* siehe
videlicet *(Lat)* das heißt, d. h., nämlich
view *v* betrachten, besichtigen, beurteilen, prüfen
view 1. Ansicht *f*, Auffassung *f*; 2. *(ProzessR)* Ortsbesichtigung *f*, Augenschein *m*
vigilance Wachsamkeit *f*; Vorsicht *f*
villain Gangster *m*, Straftäter *m*
vindicate *v* 1. beanspruchen, geltend machen; 2. rechtfertigen, verteidigen
vindication 1. Behauptung *f*; 2. Rechtfertigung *f*, Verteidigung *f*
vindictive *adj* rechtfertigend
vindictive damages *pl* verschärfter Schadensersatz *m*; Schadensersatz *m* mit Strafcharakter
violate *v* verletzen, verstoßen
violation Verletzung *f*, Verstoß *m*
violator Verletzer *m*
violence Gewalt *f*, Gewalttätigkeit *f*
violent *adj* gewalttätig, gewaltsam
virtual *adj* 1. virtuell *(EDV)*; 2. tatsächlich, wirklich
Virtual Global Taskforce *(VGT)* Virtuelle Globale Taskforce *f*, VGT *(internationale Einsatztruppe verschiedener Polizei- und sonstiger Behörden zur Bekämpfung der internationalen Computerkinderpornographie)*

virtue/by kraft, gemäß
virtue/in aufgrund
visa Visum *n*, Sichtvermerk *m*
Visa Waiver Program *(AE)* Programm *n* des visumfreien Reisens
viscount Vicomte *m*
visit *v* 1. besuchen, besichtigen; 2. durchsuchen
visitation Besuch *m*; Inspektion *f*
visitor 1. Besucher *m*; 2. Inspektor *m*
vital *adj* lebenswichtig, unbedingt notwendig
vitiate *v* für ungültig erklären, entwerten
vitiating factor Ungültigkeitsfaktor *m*
viva voce *(Lat)* mündlich
vocation Beruf *m*, Berufung *f*
vocational *adj* beruflich, Berufs…
vocational training Berufsausbildung *f*
void *v* aufheben, auflösen, annullieren, vernichten
void *adj* nichtig, ungültig, unwirksam
void marriage Nichtehe *f*, nichtige Ehe *f*
voidability Vernichtbarkeit *f*, Annullierbarkeit *f*, Auflösbarkeit *f*
voidable *adj* vernichtbar, annullierbar, aufhebbar
voir dire *(Fr)* ≈ eidliche Vorabbefragung eines Zeugen oder Jurymitglieds zur Überprüfung seiner Geeignetheit *(für diese Aufgabe)*
volatile *adj* flüchtig, vorübergehend
volens *(Lat)* wollend, willentlich
volenti non fit injuria *(Lat)* Einwilligung *f* als Anspruchshindernis
voluntarily *adv* 1. freiwillig; 2. unentgeltlich
voluntary *adj* 1. freiwillig; 2. unentgeltlich
voluntary insolvency vom Gemeinschuldner beantragtes Insolvenzverfahren *n*
voluntary jurisdiction freiwillige Gerichtsbarkeit *f*
voluntary settlement außergerichtlicher Vergleich *m*
volunteer *v* sich freiwillig [ehrenamtlich] melden [anbieten]
volunteer Ehrenamtlicher *m*
vote *v* wählen, abstimmen
vote *v* **down** überstimmen, ablehnen *(einen Antrag)*
vote 1. Stimme *f*, Abstimmung *f*, Votum *n*; 2. Stimmrecht *n*, Wahlrecht *n*; 3. Stimmenanteil *m*; 4. Bewilligung *f (von Geldern)*
voter Wähler *m*, Wahlberechtigter *m*
voting Stimmabgabe *f*, Wahl *f*, Stimmen *fpl*
voting trust Voting Trust *m (Trust, der die Stimmrechte der Aktionäre zur Stimmrechtsausübung sammelt)*
vouch *v* einstehen, sich verbürgen
voucher 1. Beleg *m*, Quittung *f*; 2. Gutschein *m*
VP *s.* vice-president

W

wage *(ArbeitsR)* Lohn *m (Arbeit)*; Heuer *f (Schifffahrt)*
wage bracket *(ArbeitsR)* Tarifgruppe *f*, Lohngruppe *f*
wage costs *(ArbeitsR)* Lohnkosten *pl*
wage differential *(ArbeitsR)* Lohnunterschied *m*, Lohngefälle *n*
wage freeze *(ArbeitsR)* Einfrieren *n* von Löhnen, Lohnstopp *m*
wage garnishment *(AE) (ArbeitsR)* Lohnpfändung *f*
wage restraint *(ArbeitsR)* Lohnmäßigung *f*, Zurückhaltung *f* bei Lohnforderungen *(Gewerkschaften, Arbeitnehmer)*
wage settlement *(ArbeitsR)* Tarifvertrag *m*, Tarifabschluss *m*, Lohnabschluss *m*
wager *v* wetten, einsetzen
wager Wette *f*; Wetteinsatz *m*
wages *pl* Löhne *mpl*, Gehälter *npl*
waive *v* 1. aufgeben, verzichten, außer Acht lassen; 2. erlassen *(eine Forderung)*
waiver 1. Aufgabe *f*, Verzicht *m*; 2. Erlass *m*
waiver of a right Rechtsverzicht *m*
walking possession Beschlagnahme *f* von Gegenständen durch den Gerichtsvollzieher *(ohne dass er diese an sich nimmt)*
want of evidence/for aus Mangel an Beweisen
want of jurisdiction Unzuständigkeit *f*
wanted *adj* verlangt; gesucht *(Straftäter)*
wanton *adj* leichtsinnig, mutwillig
wanton negligence grobe Fahrlässigkeit *f*
war crime Kriegsverbrechen *n*
ward 1. Mündel *n*; 2. städtischer Bezirk *m*;

3. Abteilung *f*, Station *f (eines Gefängnisses)*
ward of court ≈ Minderjähriger, der unter der gerichtlichen Vormundschaft des High Court steht
warden Vollzugsbeamter *m*, Aufseher *m*, Wärter *m (in einem Gefängnis)*
warder 1. Leiter *m*; 2. Aufseher *m*
wardship 1. Vormundschaft *f (Minderjähriger)*; 2. Betreuung *f (Volljähriger)*
warn *v* warnen, verwarnen
warning Warnung *f*, Verwarnung *f*
warrant *v* 1. zusichern, gewährleisten; 2. ermächtigen; 3. rechtfertigen
warrant 1. besondere richterliche Anordnung *f*, Vollziehungsbefehl *m*; 2. Optionsschein *m (für Aktien)*
warrant of arrest 1. Haftbefehl *m*; 2. Beschlagnahmeverfügung *f*
warrant of attorney Prozessvollmacht *f*
warrant of committal ≈ Haftbefehl zwecks Beugehaft
warrant of delivery Herausgabetitel *m*
warrant of execution Pfändungsauftrag *m*
warrant of possession *(MietR)* Räumungstitel *m*
warrant of restitution Herausgabetitel *m*, Räumungstitel *m (gegenüber Personen, die sich illegal in den Räumen aufhalten und bereits mit einem Räumungstitel entfernt wurden)*
warrantee Garantienehmer *m*, Zusicherungsempfänger *m*
warrantor Garantiegeber *m*, Zusicherungsgeber *m*, Gewährleistender *m*
warranty 1. Garantie *f*, Gewährleistung *f*; 2. *(VersR)* Zusicherung *f*
warranty as to defect Mängelgarantie *f*, Mängelgewährleistung *f*
warranty as to merchantability ≈ Zusicherung der Verkehrsfähigkeit *(von Waren)*
warranty deed Eigentumsnachweis *m (Grundstück)*; ≈ Auflassungsurkunde mit Zusicherung der Berechtigung des Verkäufers
warranty disclaimer Gewährleistungsausschluss *m*
warranty of fitness Zusicherung *f* der Geeignetheit für einen bestimmten Zweck
warranty of merchantability Zusicherung *f* durchschnittlicher Qualität und Güte
warranty of title Gewährleistung *f* für Rechtsmängel
wash sale *(AE)* Scheinverkauf *m*, Scheingeschäft *n*
wastage 1. Schwund *m*; 2. Verschleiß *m*
waste *v* 1. verschwenden, vergeuden; 2. vernachlässigen *(Grundbesitz)*
waste 1. Verschwendung *f*; 2. Abfall *m*; 3. Wertminderung *f (eines Gebäudes)*
watch Wache *f*
watchdog 1. Wachhund *m*; 2. Aufsicht *f*
watered stock verwässertes Grundkapital *n*
way Weg *m* • **give way** 1. nachgeben; 2. Vorfahrt gewähren [lassen, beachten]
weapon Waffe *f*
wear and tear (übliche, normale) Abnutzung *f (Gebrauch)*
Web/(the) weltweites Netz *n*, Internet *n*
web hosting Web Hosting *n (Bereitstellung von Speicherplatz für eine Website)*
web sales agreement Onlinekaufvertrag *m*, Internetkaufvertrag *m*
wedding Hochzeit *f*, Eheschließung *f*
wedlock Ehe *f*; Ehestand *m*
week Woche *f*
weekly *adv* wöchentlich
weigh *v* 1. wiegen; 2. abwiegen
weighting Gewichtung *f*
welfare öffentliches Wohl *n*, Fürsorge *f*, Sozialhilfe *f*
welfare of the child Kindeswohl *n*
well-being Wohlergehen *n*; Wohlstand *m*
well founded suspicion wohlbegründeter Verdacht *m*
wetland Feuchtgebiet *n*
whereabouts Aufenthalt *m*
whereas angesichts, da
wherefore weshalb
whereof woran, wovon
whip 1. Einpeitscher *m (Fraktionszwang)*; 2. ≈ Fraktionsführer, ≈ Geschäftsführer *(einer Partei)*
whiplash Hals-Wirbelsäulen-Trauma *n*
whistle blowing laws *pl (ArbeitsR)* Gesetze *npl* zum Whistleblowing
white-collar *adj* Kopf…, Geistes…, Wirtschafts…
white-collar crime Wirtschaftskriminalität *f*, Wirtschaftsstraftat *f*
white-collar union ≈ Angestelltengewerkschaft

white paper Weißbuch *n*, Regierungsvorlage *f*
WHO *s.* World Health Organization
whole *adj* ganz, gesamt
whole life dauerhafte Lebensversicherung *f (bei der die Police bis zum Todesfall fortgeführt wird)*
wholesale Großhandel *m*
wholesaler Großhändler *m*, Grossist *m*
wholly *adv* vollständig, ganz
wholly-owned *adj* vollständig im Eigentum
whore Hure *f*, Prostituierte *f*
widely held opinion weit verbreitete Meinung *f*
widow Witwe *f*
widowed *adj* verwitwet
widower Witwer *m*
wife Ehefrau *f*
wild cat strike wilder Streik *m*, nicht autorisierte kollektive Arbeitsniederlegung *f*
wilful *adj (BE)* absichtlich, vorsätzlich, bewusst
wilful intent *(BE)* Vorsatz *m*, Absicht *f*
wilfully *adv (BE)* absichtlich, vorsätzlich, bewusst
wilfully or by negligence *(BE)* vorsätzlich oder fahrlässig
will 1. Wille *m*; 2. *(ErbR)* letzter Wille *m*, Testament *n*
willful *adj (AE) s.* wilful
wind *v* **up** *(GesellschaftsR)* abwickeln, liquidieren *(Gesellschaft)*
windfall *adj* unerwartet, zufällig
windfall damages *pl* unerwarteter Schadensersatz *m*
windfall profit unerwarteter Profit *m* [Gewinn *m*]
winding up *(GesellschaftsR)* Abwicklung *f*, Liquidation *f (einer Gesellschaft)*
wipe *v* **off** abtragen, tilgen *(eine Schuld)*
WIPO *s.* World Intellectual Property Organization
wire *v* telegrafieren
wireless *adj* drahtlos
wiretap *v* abhören
witch trial Hexenprozess *m*
withdraw *v* 1. zurücknehmen; 2. widerrufen; 3. entnehmen *(Geld)*; 4. zurücktreten *(von einem Vertrag)*; austreten *(aus einer Vereinigung)*
withdrawal 1. Rücknahme *f*; 2. Widerruf *m*; 3. Entnahme *f*; 4. Rücktritt *m (von einem Vertrag)*; 5. Austritt *m (aus einem Verein)*
withdrawal of admission Rücknahme *f* [Widerruf *m*] der Genehmigung
withheld *adj* einbehalten
withhold *v* 1. einbehalten, zurückbehalten; 2. versagen
withholding 1. Einbehaltung *f*, Zurückbehaltung *f*; 2. Versagung *f*
withholding tax Abzugsteuer *f*
within binnen, innerhalb
without ohne
witness *v* 1. Zeuge sein *(bei Testamentserrichtung)*; 2. *(ProzessR)* als Zeuge aussagen, bezeugen
witness 1. Zeugnis *n*; 2. Zeuge *m*
witness box *(BE)* Zeugenstand *m*
witness for defence *(BE)*, **witness for defense** *(AE)* 1. *(ZivilprozessR)* vom Beklagten benannter Zeuge *m*; 2. *(StrafprozessR)* Zeuge *m* der Verteidigung, Entlastungszeuge *m*
witness stand *(AE)* Zeugenstand *m*
witness summons Ladung *f* als Zeuge
wittingly *adv* vorsätzlich
women's refuge Frauenhaus *n*
Woolf Report ≈ Untersuchung zu Gefängnisunruhen in Großbritannien
word *v* formulieren, in Worte fassen
word Wort *n*, Äußerung *f*
wording Wortlaut *m*
words *pl* **of procreation** Nachkommensklausel *f*
work *v* 1. arbeiten, tätig sein; 2. funktionieren *(Maschine)*; 3. leisten, bewirken
work 1. Arbeit *f*, Tätigkeit *f*; 2. *(UrheberR)* Werk *n*
work for hire Auftragswerk *n*
work in hand laufende Arbeit *f*
work-in strike ≈ Arbeitskampfmittel, bei dem die Arbeitnehmer sich weigern, den Arbeitsplatz zu verlassen, und in der Regel trotz anderweitiger Anweisung durch die Geschäftsführung weiterarbeiten
work made for hire Auftragswerk *n*
work-to-rule Dienst *m* nach Vorschrift
worker Arbeitnehmer *m*
workers' compensation Arbeitsunfallversicherung *f*
worker's compensation laws ≈ gesetzliche oder private Unfallversicherung *(für Arbeitnehmer)*
worker's lien Unternehmerpfandrecht *n*
working *adj* 1. arbeitend; 2. funktionierend

working capital Betriebskapital *n*
working day Arbeitstag *m*
working hours *pl* Arbeitszeit *f*
working papers *pl* Arbeitspapiere *npl*
working partner *(GesellschaftsR)* aktiver Gesellschafter *m*
working time regulations *pl* Verordnung *f* zur Arbeitszeit, Arbeitszeitvorschriften *fpl*
working week Arbeitswoche *f*
workload Arbeitsbelastung *f*, Arbeitspensum *n*
workout Training *n*
workplace Arbeitsplatz *m*
works *pl* 1. Anlage *f*, Werk *n*; 2. Bauarbeiten *fpl*
works committee Betriebsrat *m*
World Health Organization *(WHO)* Weltgesundheitsorganisation *f*
World Intellectual Property Organization *(WIPO)* Weltorganisation *f* für Geistiges Eigentum
World Trade Organization *(WTO)* Welthandelsorganisation *f*, WHO
World Wide Web *(WWW)* weltweites Netz *n*
worsen *v* verschlechtern, sich verschlimmern
worth Wert *m*
worthy *adj* würdig
wound *v* verwunden
wound Wunde *f*
wound up *adj* aufgelöst, liquidiert *(Gesellschaft)*
wreck *v* 1. zerstören, vernichten; 2. *(fig.)* zugrunde richten
wreck Zerstörung *f*, Vernichtung *f*, Wrack *n*
wreckage Wrackteile *pl*, Trümmer *pl*
writ *(ProzessR)* gerichtliche Verfügung *f* [Anweisung *f*]
writ of attachment 1. *(StrafR)* Haftbefehl *m (Person)*; Beschlagnahmebeschluss *m (Sache)*; 2. *(ZivilR)* Arrest *m*, Pfändungsbeschluss *m*
writ of attaint *(obs.)* Writ of Attaint *m (Writ, der erlassen wurde, um zu untersuchen, ob die Jury im Gerichtsverfahren eine falsche Entscheidung getroffen hat)*
writ of certiorari Zulassung *f* eines Rechtsmittels
writ of covenant ≈ Klage wegen Vertragsverletzung
writ of debt ≈ Zahlungsbefehl, Mahnbescheid *m*
writ of execution Anordnung *f* der Zwangsvollstreckung, Vollstreckungsanweisung *f*
writ of habeas corpus Anordnung *f* der Haftprüfung
writ of right ≈ Klage auf Herausgabe eines Grundstücks
writ of summons Prozessladung *f* mit Zustellung der Klageschrift
writ of trespass ≈ Writ of Trespass *(Klage auf Schadensersatz wegen Übergriffs auf die Person oder wegen Besitzstörung)*
write *v* schreiben
write *v* **down** *v* 1. *(SteuerR)* abschreiben; 2. niederschreiben
write *v* **off** *(SteuerR)* abschreiben
write *v* **up** aufwerten, höherbewerten
write-off Abschreibung *f*, Wertberichtigung *f*
writing 1. Schrift *f*; 2. Schreiben *n*
written *adj* geschrieben, schriftlich
written evidence schriftliches Beweismittel *n*, Urkundsbeweis *m*
written opinion schriftlich niedergelegte Meinung *f*, Kommentar *m*
written statement ≈ schriftliche Stellungnahme eines Zeugen, die u. U. im Verfahren als Beweis verwertet werden kann, ohne dass der Zeuge auftreten muss
wrong *adj* falsch, unrichtig
wrong Unrecht *n*
wrongful *adj* rechtswidrig, unrechtmäßig
wrongful act rechtswidrige Handlung *f*
wrongful death schuldhaft verursachter Tod *m*
wrongful detainment rechtswidrige Inhaftierung *f*
wrongful discharge rechtswidrige Kündigung *f*, ungerechtfertigte Entlassung *f*
wrongful dismissal rechtswidrige Kündigung *f*, ungerechtfertigte Entlassung *f*
wrongfully *adv* rechtswidrig, rechtswidrigerweise, unrechtmäßig
wrongly *adv* fälschlicherweise, zu Unrecht
WTO *s.* World Trade Organization
WWW *s.* World Wide Web

X

x-rated *adj* für Jugendliche nicht geeignet *(Film)*
x-ray Röntgenbild *n*, Röntgenaufnahme *f*
xenophobia Fremdenfeindlichkeit *f*, Fremdenhass *m*
xenophobic *adj* fremdenfeindlich
xerox *v* fotokopieren, xerokopieren, ablichten
xerox Fotokopie *f*, Xerokopie *f*, Ablichtung *f*

Y

year Kalenderjahr *n*, Jahreszahl *f*
year and a day rule Jahr-und-Tag-Regel *f*
yearly *adj* jährlich
yellow *adj* sensationslüstern, reißerisch *(Presse)*
yellow-dog contract *(AE)* ≈ Arbeitsvertrag mit dem Verbot der Gewerkschaftszugehörigkeit oder des Gewerkschaftseintritts
yield *v* erbringen, (Zinsen) abwerfen
yield Ertrag *m*, Verzinsung *f*
yielding *adj* 1. ergiebig, einträglich; 2. nachgiebig, willfährig
young *adj* jung, neu, unerfahren
young offender jugendlicher Täter *m*
young person Jugendlicher *m*
youth 1. Jugendlicher *m*; 2. Jugend *f*, Frühzeit *f*, Anfangsstadium *n*
youth detention center *(AE)*, **youth detention centre** *(BE)* 1. Jugendgefängnis *n*, Jugendstrafanstalt *f*; 2. ≈ geschlossene Erziehungsanstalt
youthful *adj* jugendlich

Z

zealous *adj* eifrig, übereifrig, fanatisch
zero Null *f*
zero rated *adj* mit dem Steuersatz null belegt
zero rating Einstufung *f* als steuerfrei; Anwendung *f* des Null-Steuersatzes
zip code Postleitzahl *f*, Postleitzahlensystem *n*
zone *v* in Zonen einteilen, einen Zonentarif festsetzen; einen Flächennutzungsplan aufstellen
zone Landstrich *m*, Zone *f*, Tarifzone *f*, Bereich *m*
zone theory Zonentheorie *f*
zoning Aufteilung *f* [Einteilung *f*] in Zonen

Deutsch – Englisch

A

abänderbar *adj* changeable; capable of alteration
abändern *v* change, alter; amend
Abänderung *f* change, alteration, variation; revision; amendment • **in Abänderung von** in derogation of
Abänderungsantrag *m* proposed amendment; amending resolution
Abänderungsbefugnis *f* authority to amend, power to amend; power of amendment
Abänderungsgesetz *n* amendment statute *(law amending a previous law)*
Abänderungsklage *f (BE)* application for variation of court order; *(AE)* petition for modification of judgment
Abänderungsverbot *n* prohibition on modifications
Abänderungsverfahren *n* application for variation of a judgment
Abänderungsverfügung *f* variation order
Abänderungsvertrag *m* amending contract; modification agreement
abbedingen *v* waive; forfeit; contract out
abberufen *v* dismiss, remove *(an official from office)*; recall *(a diplomat)*
Abberufung *f* cancel(l)ation of an appointment; removal (from office); recall
Abberufungsrecht *n* right to recall; right to dismiss
abbezahlen *v s.* abzahlen
Abbildung *f* illustration; diagram; figure; drawing
Abbildung *f*/**geschützte** protected illustration; figure subject to copyright
Abbruch *m* 1. severance; cessation, discontinuance, ending; 2. injury; disadvantage, detriment; prejudice
Abbruch *m* **der Schwangerschaft** (premature) termination of pregnancy, abortion
Abbruch *m* **der Verhandlungen** breaking off of negotiations
Abbuchung *f* debit entry; direct debit(ing) *(of an account)*; write off; deduction
Abbuchungsauftrag *m* debit order
Abbuchungsverfahren *n* direct debiting
abdanken *v* abdicate
Abdankung *f* abdication
abdecken *v* cover *(for a loan)*; repay *(a debt)*
abdingbar *adj* not mandatory; may be contracted out; subject to other agreement
Abdruck *m* copy; print; reproduction
abergläubischer Versuch *m* ≈ attempt to commit a criminal offence involving magical or supernatural means
aberkennen *v* disallow; deprive sbdy of sthg; dismiss a claim; negate a right
Aberkennung *f* disallowance; deprivation [disallowing] of sbdy's (legal) rights
Aberkennung *f* **der bürgerlichen Ehrenrechte** deprivation of civic rights
aberratio ictus *(Lat)* completed criminal act which does not however achieve the originally intended result
Abfall *m* 1. *(BE)* rubbish, *(AE)* garbage, refuse; waste; 2. decline, deterioration, (sharp) reduction, fall; 3. defection, desertion
Abfallbeseitigung *f* refuse collection, waste disposal
Abfallbeseitigung *f*/**umweltgefährdende** environmentally-hazardous waste disposal
Abfallgesetz *n* Waste Management Law
Abfallwirtschaft *f* waste management
abfassen *v* draft, draw up; compose, formulate
Abfassung *f* draft(ing), preparation, drawing up
abfinden *v* settle *(a claim)*; indemnify *(for an injury etc.)*; compensate
Abfindung *f* (full) settlement; (lump sum) payment; indemnity
Abfindungsbeschränkung *f*/**vertragliche** contractual limitation on a settlement
Abfindungsbetrag *m* (amount of) final settlement; compensation payment; (sum of money paid as) indemnification
Abfindungsguthaben *n* ≈ (amount of) partner's or shareholder's claim against partnership or company arising from a dissolution or winding-up
Abfindungsklausel *f* general release clause; indemnity clause
Abfindungssumme *f s.* Abfindungsbetrag
Abfrage *f (BE)* inquiry, *(AE)* enquiry, request
abführen *v* 1. pay; transfer; deduct; 2. lead away; take to prison, take to a place of detention
Abgabe *f* charge; levy; duty; tax

Abgabe *f* **an die Staatsanwaltschaft** hand-over to the prosecutor's office; *(BE)* referral to the Crown Prosecution Service; *(AE)* transfer to the District Attorney
Abgabe *f* **an die Verwaltungsbehörde** referral to the administrative authorities
Abgabe *f* **einer Willenserklärung** providing of a declaration of will
Abgabe *f***/parafiskalische** para-fiscal charge
Abgaben *fpl* charges *pl*; taxes *pl*; duties *pl*; levies *pl* • **Abgaben erheben** collect duties; charge a levy; levy a charge • **Abgaben hinterziehen** evade duties
Abgaben *fpl* **gleicher Wirkung** charges *pl* having equivalent effect
Abgabenordnung *f* (German) Tax Levy Regulations *pl*
Abgabenpflicht *f* tax liability, duty to pay tax
abgabenpflichtig *adj* subject to taxation
Abgabenstreitigkeit *f* dispute as to taxes; dispute as to levies
Abgabenverkürzung *f* reduction of taxes; decrease of levies; ≈ understatement of taxable income or assets to save taxes
abgeändert *adj* modified; amended; varied
abgeben *v* 1. deliver; hand over; provide; 2. file; deposit; 3. transfer; 4. sell
Abgehen *n* departure; deviation
abgeholt *adj***/nicht** not collected, uncollected
abgekürzt *adj* shortened, abridged, abbreviated; reduced, decreased *(for money etc.)*
abgekürztes Verfahren *n* shortened proceedings *pl*; summary proceedings *pl*
abgelaufen *adj* expired, lapsed; terminated; due *(bill of exchange)*
abgelten *v* compensate, reimburse
Abgeltung *f* payment; compensation, reimbursement
Abgeordnetenbestechung *f* bribing of a member of legislature; corruption of an elected representative
Abgeordnetenhaus *n* legislative assembly, *(AE)* House of Representatives
Abgeordneter *m* representative, delegate, member *(of the legislature)*
abgeschlossen *adj* finalized, completed; closed; concluded *(contract)*
Abgeschlossenheitsbescheinigung *f* certificate of self-contained nature *(for a flat, apartment, etc.)*
abgesehen von *adv* apart from, except for • **abgesehen davon, dass** apart from the fact that
abgesondert *adj* separate; preferential *(rights)*
abgestimmte Verhaltensweisen *fpl* concerted practices *pl*, agreed conduct *(BE Cartel Law; AE Antitrust Law)*
Abgrenzung *f* demarcation, division, separation
abgruppieren *v* downgrade
abhandeln *v* 1. deal with *(a subject)*; treat; 2. obtain a rebate by negotiation; negotiate a reduced price
abhanden kommen *v* be lost
Abhandenkommen *n* loss, disappearance
Abhandlung *f* treatise; paper; written exposition
abhängig *adj (BE)* dependent, *(AE)* dependant; contingent
Abhängigkeit *f (BE)* dependence; *(AE)* dependance
Abhängigkeit *f***/persönliche** ≈ integration into the organisation and subordination to the right of the employer to give directions
Abhängigkeitsverhältnis *n (BE)* dependent relationship, *(AE)* dependant relationship; *(BE)* dependent condition, *(AE)* dependant condition
abheben *v* collect; withdraw *(money)*
Abhebung *f* withdrawal (of money)
abhelfen *v* remedy, rectify; redress
Abhilfe *f* relief, redress; remedy
Abhilfebefugnis *f* authority to provide relief; competence to grant a remedy
Abhilfebescheid *m* decision as to redress
Abhilfeverfahren *n* redress proceedings *pl*
Abhilfeverlangen *n* request for redress
Abholungsanspruch *m* claim for collection; right to collect
Abhöranlage *f* wire-tapping equipment; electronic surveillance device, surveillance equipment; *(AE)* bug, bugging device
abhören *v* monitor; tap *(a telephone)*; *(AE)* bug
Abhören *n* surveillance, monitoring; *(AE)* (electronic) bugging; eavesdropping

Abhörgesetz *n* (German) Law of Exemptions from Telecommunications Secrecy
Abhörverbot *n* prohibition on electronic surveillance
abklären *v* clarify, make clear
Abkommen *n* agreement; convention, treaty
Abkommen *n*/**völkerrechtliches** convention under the law of nations, international convention
Abkömmling *m* descendant, issue, offspring
Abkömmling *m* **in gerader Linie** direct descendant
abkürzen *v* shorten, abbreviate; abridge *(contents etc.)*
Abkürzung *f* abbreviation; abridg(e)ment, shortened version
Ablage *f* filing; the filed documents *pl*
Ablauf *m* 1. procedure; process; 2. expiry; ending; termination • **bei Ablauf** upon expiry, at the time [date] of expiration • **nach Ablauf von sechs Monaten** after the expiry of six months
Ablaufdatum *n* expiry date
ablaufen *v* run out, expire; terminate; come to an end
Ablaufhemmung *f* suspension of limitation period
ablegen *v* 1. file; 2. give up, surrender; 3. perform, do; swear *(an oath)*; account (for sthg)
Ablegung *f* **eines Geständnisses** confessing, making of a confession; admitting of guilt
ablehnen *v* 1. refuse, decline; deny; reject; 2. challenge; object (to sthg); disqualify
Ablehnung *f* 1. refusal, denial; rejection; disclaimer; 2. challenge; disqualification
Ablehnung *f* **eines Antrags** rejection [denial] of a motion
Ablehnung *f* **von Gerichtspersonen** challenge of a court official
Ablehnung *f* **wegen Besorgnis der Befangenheit** challenge for reasons of (apparent) bias
Ablehnungsantrag *m* motion to disqualify *(a judge etc.)*
Ablehnungsbescheid *m (Tax Law)* notice of denial (of exemption)
Ablehnungsgesuch *n* motion to disqualify *(a judge etc.)*
Ablehnungsgrund *m* reason for dismissal
Ablehnungsrecht *n* right to refuse; right to object
ableisten *v* perform, do, carry out
ableiten *v* discharge; derive (from sthg)
Ablichtung *f* photocopy; *(AE)* xerox copy
abliefern *v* provide, hand over; deliver
Ablieferung *f* hand-over; delivery
Ablieferungsbescheinigung *f* certificate of delivery
ablösbar *adj* redeemable; commutable
Ablöse *f* redemption; repayment
Ablösebetrag *m* redemption sum; amount of repayment
ablösen *v* 1. redeem; commute; repay; 2. supersede, replace
Ablösung *f* redemption; repayment
Ablösungsbetrag *m* redemption amount
Ablösungsrecht *n* right of redemption
Ablösungsvertrag *m* settlement agreement
ABM *f s.* Arbeitsbeschaffungsmaßnahme
abmachen *v* agree, arrange • **gütlich abmachen** amicably agree; settle • **vertraglich abmachen** agree by way of contract
Abmachung *f* agreement, arrangement; understanding; transaction, deal
abmahnen *v* warn; admonish
Abmahnkosten *pl* legal costs *pl* of a warning notice
Abmahnung *f* warning; admonishment
Abmeldung *f* notice of cancel(l)ation; deregistration; cancel(l)ation of registration
abmildern *v* moderate; mitigate
Abnahme *f* 1. acceptance, receipt; 2. acceptance *(after inspection)*; 3. decrease, decline, reduction
Abnahme *f* **der Arbeiten** acceptance of work
Abnahme *f* **des Eides** receiving of the oath
Abnahmefrist *f* deadline for delivery; (final) date for acceptance
Abnahmepflicht *f* duty to accept, obligation to take delivery
abnahmepflichtig *adj* subject to duty of acceptance
Abnahmeverweigerung *f* refusal to accept
abnehmen *v* 1. accept, take delivery; 2. accept *(after inspection)*; 3. decrease, decline
Abnehmer *m* customer; purchaser, buyer; receiving party

Abnutzung *f* use; wear and tear
Abnutzungsentschädigung *f* compensation for wear and tear; payment for use
abordnen *v* delegate; assign
Abordnung *f* delegation, deputation; delegate body
abraten *v* advise against
abraten *v*/**jmdm. von etwas** advise sbdy against sthg
abrechnen *v* 1. account for; settle account; file a statement of receipts and disbursements; 2. allow; deduct
Abrechnung *f* 1. statement of account(s); 2. allowance; deduction
Abrechnung *f* **auf Neuwagenbasis** ≈ calculation (of compensation) on basis of a new car price
Abrechnung *f* **auf Reparaturkostenbasis** ≈ calculation (of compensation) on basis of repair costs
Abrechnungssaldo *m* clearing balance
Abrede *f* agreement; arrangement
Abrede *f*/**mündliche** oral agreement
abredegemäß *adj* according to an arrangement, as per agreement, as agreed
Abriss *m* 1. summary; outline; abstract; 2. demolition
Abrissverfügung *f* demolition order
Abruf *m* call
abrunden *v* round off
Absage *f* cancel(l)ation; refusal; rejection; veto
absagen *v* cancel; refuse; withdraw
Absatz *m* 1. paragraph; section; 2. sales *pl*, marketing; distribution
Absatzbehinderung *f* sales impediment; impeding of the market
abschaffen *v* abolish, do away with sthg
Abschaffung *f* abolition; abrogation, repeal
Abschaffung *f* **der Todesstrafe** abolition of the death penalty
abschicken *v* send off, dispatch
Abschiebehaft *f* pre-deportation detention
abschieben *v* deport, remove, expel
Abschiebung *f* deportation
Abschiebungsandrohung *f* threat of deportation
Abschiebungsanordnung *f* deportation order
Abschiebungshaft *f* pre-deportation detention
Abschiebungshindernis *n* hindrance to deportation
Abschiebungsverbot *n* prohibition of deportation
Abschlag *m* deduction; discount
abschlägig *adj* negative *(reply)*
abschlägig *adv* in the negative
abschlägig beschieden werden *v* have an application refused, be confronted with a refusal
Abschlagsverteilung *f* provisional distribution *(to creditors during insolvency proceedings)*; dividend payment
Abschlagszahlung *f* payment on account; payment by instal(l)ments
abschließen *v* 1. effect, conclude; 2. bring to an end, terminate
abschließend *adj* concluding; final(ly)
Abschluss *m* 1. conclusion; termination, completion; 2. *(BE)* annual accounts *pl*, *(AE)* annual financial statements; 3. deal, transaction; agreement
Abschluss *m* **der Beweisaufnahme** closing of the (hearing of) evidence; resting of one's case
Abschluss *m* **der Ermittlungen** conclusion of the investigation(s)
Abschluss *m* **des Verfahrens** ending of proceedings, completion of a trial
Abschluss *m* **des Vertrages** conclusion of a contract
Abschluss *m* **eines Rechtsgeschäfts** conclusion of a legal transaction
Abschlussbericht *m* final report
Abschlussfreiheit *f* freedom to conclude a contract
Abschlusskompetenz *f* capacity to enter into an agreement; competence to conclude a treaty
Abschlussprovision *f* commission for completing a transaction; brokerage fee
Abschlussprüfer *m* auditor *(of annual accounts)*
Abschlussprüfung *f* audit *(of annual accounts)*
Abschlussverfügung *f* order of prosecutor to end official investigations
Abschlussvermerk *m* official note of conclusion of official investigations
Abschlussvollmacht *f* special power of attorney to enter into a contract
Abschlusszwang *m* duty [obligation] to conclude a contract
Abschnitt *m* section, part; phase

abschöpfen *v* absorb, siphon-off
Abschöpfung *f* price-adjustment levy; siphoning off
Abschreckung *f* deterrence
Abschreckungstheorie *f* theory of deterrence
abschreibbar *adj* depreciable
abschreiben *v* 1. copy; 2. depreciate, reduce; 3. write off *(fully depreciate)* • **vollständig abschreiben** fully depreciate, write off
Abschreibung *f* depreciation, writing-off
Abschreibung *f***/degressive** reducing balance depreciation
Abschreibung *f***/lineare** straight-line depreciation
Abschreibungsgesellschaft *f* non-profit company for tax write-off purposes
Abschreibungszeitraum *m* period of depreciation
Abschrift *f* copy; duplicate; transcript
Abschrift *f***/beglaubigte** certified copy
Abschrift *f***/mit der Urschrift übereinstimmende** accurate copy of original
abschriftlich *adj* as a copy
absehen *v* refrain from; disregard; dispense with
Absehen *n* refraining from; dispensation
Absehen *n* **von der Anklageerhebung** dropping of criminal charges
Absehen *n* **von Strafe** refraining from punishment
Absender *m* sender, dispatcher; forwarder; consignor
Absendung *f* sending; dispatching
absetzbar *adj* deductible; sal(e)able
absetzbare Ausgaben *fpl* deductible expenses *pl*
Absetzbarkeit *f* deductibility
absetzen *v* 1. deduct; 2. market, sell
Absetzung *f* 1. deduction; 2. dismissal *(from office)*; removal
Absetzung *f* **eines Urteils** overruling [overturning] of a judgment
Absetzungen *fpl* **für Abnutzung** deduction as depreciation for use
Absicherung *f***/soziale** safeguards *pl* for social security and support
Absicht *f* intent, intention • **in betrügerischer Absicht** with fraudulent intent; with intent to defraud; with intent to deceive
absichtlich *adj* intentional, wil(l)ful, deliberate
Absichtsdelikt *n (CrLaw)* crime of intent *(criminal offence requiring special intent)*
Absichtserklärung *f* declaration of intent
absolut *adj* absolute, without exception
absolute Mehrheit *f* absolute majority
absolute Verfügungsbeschränkung *f* absolute limitation on (power of) disposition
absolute Verjährungsfrist *f* absolute statutory period of limitation
absoluter Revisionsgrund *m* absolute ground for appeal on point(s) of law
absolutes Antragsdelikt *n (CrLaw)* ≈ criminal offence requiring a complaint to be made by the victim for prosecution to be initiated
absolutes Recht *n* absolute right
Absolvent *m* graduate; degree holder
absondern *v* distinguish; separate, set apart; segregate; isolate
Absonderung *f* separation, setting apart
Absonderungsberechtigter *m* preferential creditor
Absonderungsrecht *n* preferential right
Abspaltung *f* splitting, separation
Abspaltungsverbot *n* ≈ prohibition of the separation of powers of partners in a partnership
Absperrklausel *f***/allgemeine** *(BE)* closed shop clause *(provision of a collective agreement whereby an employer undertakes to employ union members only)*
Absprache *f* arrangement; agreement; *(BE Cartel Law; AE Antitrust Law)* concerted action
Absprache *f* **im Strafprozess** plea-bargaining
absprachegemäß *adj* as agreed, contractual
absprechen *v* 1. disallow, refuse, deny *(if unilateral)*; 2. agree, arrange *(if bi- or multilateral)*
abstammen *v* descend; be a descendent of
Abstammung *f* parentage; descent; forbears *pl*
Abstammung *f***/nichteheliche** illegitimate descent
Abstammungsprinzip *n* principle of jus sanguinis *(as to nationality)*
Abstammungsprozess *m* ≈ action to prove paternity; paternity proceedings *pl*

Abstammungsrecht *n* law related to descent
Abstammungsurkunde *f* certificate of descent
Abstand *m* 1. distance; space; 2. interval, period (of time); 3. desistance, refraining • **Abstand nehmen** desist from (doing sthg)
Abstandserklärung *f* (declaration of) waiver
Abstandsmessverfahren *n* method of measuring distance *(between travelling cars)*
Abstandszahlung *f* key money; indemnification; compensation
abstellen *v* stop, end, terminate, bring to an end; abolish
Abstellplatz *m* parking space
abstimmen *v* 1. vote; poll; survey; take a vote; 2. coordinate, reconcile, harmonize
Abstimmung *f* 1. vote, poll; voting, polling; 2. coordination, reconciling, harmonization • **zur Abstimmung bringen [stellen]** put to a vote
Abstimmung *f* **durch Handzeichen** vote by show of hands
Abstimmung *f*/**geheime** secret vote; secret ballot
Abstimmung *f*/**namentliche** poll [vote] by roll-call
Abstimmung *f*/**offene** open vote
abstrafen *v* punish, introduce punitive measures
abstrakt *adj* abstract
abstraktes Gefährdungsdelikt *n* offence [*AE* offense] of abstract endangerment
abstraktes Rechtsgeschäft *n* abstract legal transaction *(separate from underlying act)*
Abstraktionsprinzip *n* ≈ principle whereby rights over objects (= in rem) are separate from any rights against a person (= in personam) in terms of any related contract
abstreiten *v* deny, dispute, contest
Abstreiten *n* denial, contesting
Abteilung *f* department, section, division
Abtragung *f* **einer Schuld** payment of a debt
abtreiben *v* (prematurely) terminate a pregnancy; procure an abortion
Abtreibung *f* (premature) termination of pregnancy; abortion
abtrennbar *adj* separable; divisible
Abtrennung *f* separation; cutting-off
abtretbar *adj* assignable, transferable
Abtretbarkeit *f* assignability, transferability
abtreten *v* assign, transfer
Abtretender *m* assignor, transferor
Abtretung *f* assignment, transfer; conveyance *(of real property)*
Abtretungsanzeige *f* notice of assignment
Abtretungsausschluss *m* exclusion of assignment
Abtretungserklärung *f* statement [declaration] of assignment
Abtretungsurkunde *f* certificate of assignment; document of assignment
Abtretungsverbot *n* prohibition of assignment
aburteilen *v* try; sentence, convict
Aburteilung *f* trial; conviction; sentencing
abwägen *v* balance different considerations, take into account
Abwägen *n* consideration, taking into account
Abwägung *f* **der Interessen** consideration of interests
Abwägungsfehler *m* incorrect [unsound, defective] evaluation [consideration]
Abwägungsgebot *n* duty to take into reasonable consideration
Abwahl *f* voting out *(of office)*
abwählen *v* vote out
abwälzen *v* pass on, shift
Abwandlung *f* adaptation
Abwandlung *f* **eines Falles** modification of facts in case studies; distinguishing of facts
Abwasserabgabe *f* (waste) water levy
Abwasserbeseitigung *f* sewage disposal
abwegig *adj* absurd
Abwehr *f (BE)* defence, *(AE)* defense
Abwehranspruch *m* right to defend; right to a defence [*AE* defense]
Abwehrklage *f* injunction proceedings *pl*
Abwehrrecht *n* basic right preventing the state from interfering
abweichen *v* vary; deviate, diverge
abweichend *adj* at variance; diverging from
abweichende Rechtsprechung *f* precedent at variance; contrary judgment
Abweichung *f* variance; divergence

Abweichung *f* **des Kausalverlaufs** deviation in causal chain
Abweichungsverbot *n* prohibition on court deviating from its own prior decision
abweisen *v* reject; refuse
Abweisung *f* rejection; refusal
Abweisung *f* **mangels Masse** dismissal of an application on the basis of a lack of sufficient assets *(in bankruptcy proceedings)*
abwendbar *adj* capable of being averted, avoidable
abwenden *v* avert, avoid; hinder
Abwendung *f* averting, avoiding
Abwendungs- und Minderungspflicht *f* ≈ duty to avoid or mitigate (damage etc.)
Abwerbung *f* **von Arbeitskräften** enticement of employees, labo(u)r piracy, headhunting
Abwesenheit *f* absence • **in Abwesenheit von** in the absence of
Abwesenheitsgeld *n* absence allowance
Abwesenheitspfleger *m* legal representative [curator] of an absent person
Abwesenheitspflegschaft *f* legal representation [curatorship] of an absent person
abwickeln *v* 1. handle; settle; 2. liquidate; wind up
Abwickler *m* liquidator
Abwicklung *f* 1. handling; settlement; 2. winding up; liquidation
Abwicklungsgesellschaft *f* liquidating company
Abwicklungskonto *n* account for settlement
abzahlen *v* pay, pay off *(a debt)*; pay back, repay; *(BE)* pay on hire purchase, pay in instal(l)ments; pay the balance
Abzahlung *f* paying off, repayment; payment in instal(l)ments
Abzahlungsdarlehen *n* instal(l)ment loan
Abzahlungsgeschäft *n (BE)* hire purchase transaction, purchase in instal(l)ments; instal(l)ment business
Abzahlungskauf *m (BE)* credit sale, *(BE)* hire purchase transaction, *(AE)* purchase in instal(l)ments
Abzahlungskäufer *m* purchaser, hirer *(under hire purchase agreement)*
Abzeichenmissbrauch *m* misuse of (official) insignia
abzeichnen *v* sign; initial; tick (off)
abziehbar *adj* deductible; allowable
abziehbare Ausgaben *fpl* deductible expenses *pl*
abziehen *v* deduct, make a deduction
abzielen *v*/**auf etwas** target sthg, aim for sthg
abzinsen *v* deduct unaccrued interest
Abzinsung *f* deduction of unaccrued interest
Abzug *m* deduction, allowance; discount
Abzug *m* **an der Quelle** deduction at the source
Abzug *m* **neu für alt** deduction of new for old
abzüglich less, minus
abzugsfähig *adj* deductible
Abzugsfähigkeit *f* deductibility
Abzugsmethode *f* method of deduction; means of collection
Abzugssteuer *f* withholding tax
Acht *f* attention, care • **außer Acht lassen** overlook; not take into consideration; disregard
achten *v* respect
ächten *v* ostracize
Achtung *f* respect
Achtung *f* **der Menschenwürde** respect for human dignity
actio *f (Lat)* act, action
actio libera in causa *(Lat) (CrLaw)* act free in its cause *(action committed whilst intoxicated with resulting criminal liability based on voluntary intoxication)*
actio pro socio *(Lat)* right of shareholder to bring action against other shareholders in the name of the company; right of partner to bring action against other partners in the name of the partnership
ad acta *(Lat)* filed • **ad acta legen** put in the file, file away, shelve
ad hoc *(Lat)* ad hoc *(for a special purpose)*
adäquat *adj* adequate; as satisfaction of a requirement
Adhäsionsverfahren *n* adhesion procedure, ≈ claim for damages in connection with criminal proceedings
Ad-hoc-Versammlung *f* extraordinary meeting for a specific purpose, ad hoc assembly
Adjudikation *f* adjudication
adoptieren *v* adopt
Adoptierender *m* adopting person
Adoptierter *m* adopted person, adoptee

Adoption *f* adoption
Adoptionsvermittlung *f* arranging an adoption
Adoptiveltern *pl* adoptive parents *pl*
Adoptivfamilie *f* adoptive family
Adoptivkind *n* adopted [adoptive] child, adoptee
Adoptivmutter *f* adoptive mother
Adoptivsohn *m* adoptive son
Adoptivtochter *f* adoptive daughter
Adoptivvater *m* adoptive father
Adressat *m* addressee; consignee
Adressatentheorie *f* ≈ theory whereby only the person subject to an administrative detriment may bring an action for redress
ADSp *fpl s.* Allgemeine Deutsche Spediteurbedingungen
Advokat *m* advocate; lawyer; *(BE)* barrister
Advokatur *f* bar; body of professional court lawyers
Affekt *m* affect
Affektionsinteresse *n* sentimental interest
Affekttat *f (CrLaw)* offence [*AE* offense] committed as an emotional impulse
Affidavit *n* affidavit
AFIS *n s.* Automatisches Fingerabdruckidentifizierungssystem
AG *f s.* Aktiengesellschaft
AG *n s.* Amtsgericht
AGB *fpl s.* Allgemeine Geschäftsbedingungen
Agentur *f* agency; department
Agentur *f* **für Arbeit** employment agency; (German) Federal Employment Agency *(Bundesagentur für Arbeit)*
Agio *n* agio, premium; markup
Agnat *m* agnate
Agrarmarkt *m* agricultural market, market for farming products
Agrarpolitik *f* agricultural policy
ahnden *v* punish
Ahndung *f* punishment
Ahndung *f*/**strafrechtliche** criminal punishment, penalty under criminal law
Ahndung *f*/**zivilrechtliche** civil (law) penalty
Ähnlichkeit *f* similarity
Akademie *f* academy
Akklamation *f* acclamation • **per Akklamation** by acclamation
Akkordarbeit *f* piece work
Akkordlohn *m* piece work pay; pay per unit *(as an incentive for higher productivity)*
akkreditieren *v* accredit
Akkreditierung *f* accreditation
Akkreditiv *n* letter of credit; credit
Akkusationsprinzip *n* ≈ principle whereby the prosecutor is required to initiate proceedings
Akt *m* act
Akte *f* file, record
Akten *fpl* files *pl* • **Akten anfordern** request the (relevant) files • **in die Akten Einsicht nehmen** inspect [view] the files
Aktenablichtung *f* copying of files
Aktenanforderung *f* requesting files [records]
Aktenauskunft *f* information from the file(s)
Aktenauszug *m* extract(s) from the records [files]
Aktenberg *m* backlog of files; mountain of files
Aktenbeschlagnahme *f* seizure of files [records]
Akteneinsicht *f* inspecting of the file(s), access to records
Akteneinsichtsrecht *n* right to inspect the file(s)
Akteninhalt *m* contents *pl* of the file(s)
aktenkundig *adj* recorded, on the record; available from the file
Aktenlage *f* ≈ situation according to documents (filed in court), ≈ position in terms of the file(s) • **nach Aktenlage entscheiden** ≈ decide according to the documents on record, ≈ determine a matter in terms of the court records
Aktennotiz *f* memorandum, memo
Aktenordner *m* file; folder; ring-binder
Aktenstudium *n* study of the files
Aktenvermerk *m* memorandum, memo
Aktenzeichen *n* file number; reference number
Aktie *f* share; *(AE)* stock, share of stock
Aktie *f*/**nennwertlose** no par value share; *(AE)* no par stock
Aktie *f*/**vinkulierte** restricted share, special share, limited-transfer share
Aktie *f*/**volleinbezahlte** fully paid-up share
Aktienausgabe *f* share issue
Aktiengattung *f* share type; share category

Aktiengesellschaft *f (BE)* public limited company, plc; *(AE)* (stock) corporation
Aktiengesetz *n (BE)* Company Law; *(AE)* Corporation Law
Aktienmehrheit *f* majority of shares, *(AE)* stock majority
Aktienrecht *n (BE)* company law; *(AE)* corporate law; law related to stocks and shares
Aktienregister *n* share register
Aktientausch *m* exchange of shares, share swap
Aktienumtausch *m* exchange of old shares for new
Aktienurkunde *f* share certificate, *(AE)* stock certificate
Aktion *f* action; campaign; move
Aktionär *m* shareholder; *(AE)* stockholder
Aktiva *pl* assets *pl*
aktivierungspflichtig *adj* subject to entering on the assets column [side]
Aktivlegitimation *f* standing with the court to bring an action; ≈ claimant's right to sue in relation to a particular matter
Aktivprozess *m* legal proceedings *pl* from position of claimant [plaintiff]
Aktivseite *f* assets column of balance sheet
aktualisieren *v* bring up to date, update, put [provide] in the latest version
Akzept *n* acceptance *(bill of exchange)*
Akzeptant *m* accepting party, acceptor
Akzessorietät *f* accessoriness *(in relation to a security interest)*
Akzessorietät *f* **der Bürgschaft** dependent nature of the surety
Akzessorietät *f*/**limitierte** limited accessoriness
Akzessorietätstheorie *f* theory of legal liability of company and of partners
akzessorisch *adj* accessory
aleatorisch *adj* aleatory
alias alias
Aliasname *m* alias, alias name
Alibi *n* alibi
a.l.i.c. *f s.* actio libera in causa
Alimentationspflicht *f* duty to provide support, *(AE)* duty to provide maintenance *(for children, spouse or ex-spouse)*
Alimentationsprinzip *n* principle of providing adequate levels of pay for public officials
Alimente *pl* support, *(AE)* maintenance
Aliud *n* another matter, other goods *pl*
Aliudlieferung *f* ≈ delivery of goods other than those ordered
Alkohol *m* **am Steuer** drinking and driving, drunken driving; driving under the influence (of alcohol), DUI
Alkohol *m* **im Straßenverkehr** drinking (alcohol) as a road user
Alkoholkonzentration *f* level of alcohol (in the blood)
Alkoholsteuer *f* alcohol tax; alcohol duty
Alkoholtest *m (BE)* breathalyser test, *(AE)* breathalyzer test
Alkoholverbot *n* prohibition (of alcohol); ban on alcohol
Alleinauftrag *m* exclusive broker agreement
Alleinbenutzung *f* sole use
Alleinberechtigung *f* sole [exclusive] right, sole [exclusive] authority
Alleinbesitz *m* sole [exclusive] possession
Alleineigentum *n* sole ownership, exclusive property ownership
Alleineigentümer *m* sole owner
Alleinerbe *m* sole heir, *(BE)* only person entitled to deceased's estate, *(AE)* only person entitled to decedent's estate
Alleinerbschein *m* inheritance certificate of sole heir
Alleinerfinder *m* sole inventor
Alleinerziehender *m* person bringing up a child alone; single parent
Alleingebrauch *m* sole use
Alleingeschäftsführer *m* sole manager; sole (managing) director
Alleingeschäftsführung *f* sole management, management by a sole managing director
Alleingeschäftsführungsbefugnis *f* authority to act as sole manager
Alleingesellschafter *m* sole shareholder, *(AE)* sole stockholder
Alleingewahrsam *m* sole custody
Alleinherrschaft *f* sole [exclusive] control
alleiniger Erbe *m* sole inheritor; sole successor; sole beneficiary
Alleinimporteur *m* sole importer, party with exclusive rights to import a product
Alleininhaber *m* sole owner
Alleinlizenz *f* exclusive [sole] licence [*AE* license]
alleinstehend *adj* unmarried, single, without relatives *(person)*; separate, detached *(building)*

Alleinstellung *f* dominant position
Alleintäter *m (CrLaw)* sole perpetrator
Alleinverkaufsrecht *n* exclusive right to sell [distribute]
Alleinverschulden *n* sole responsibility, sole liability [fault]
Alleinvertreter *m* sole agent, sole representative
Alleinvertretung *f* sole agency, exclusive (sales) representation
Alleinvertrieb *m* sole [exclusive] distribution
Alleinverwertungsrecht *n* sole and exclusive right of agency
allgemein anerkannt *adj* generally acknowledged, generally accepted
Allgemeindelikte *npl* general offences *pl* [*AE* offenses] which may be committed by any person
Allgemeine Deutsche Spediteurbedingungen *fpl (ADSp)* General German Conditions of Transport
Allgemeine Geschäftsbedingungen *fpl (AGB)* standard terms and conditions *pl*, general conditions *pl* of business, preformulated contractual terms *pl*
Allgemeine Rechtsgrundsätze *mpl* general principles *pl* of law
Allgemeine Rechtslehre *f* (general) jurisprudence
Allgemeine Wehrpflicht *f* conscription, *(AE)* draft, *(BE)* national service, compulsory military service
allgemeiner Gerichtsstand *m* general jurisdiction
Allgemeiner Teil *m* general section *(part of statute containing general principles of law)*
Allgemeines Abkommen *n* **über den Handel mit Dienstleistungen** *(GATS)* General Agreement on Trade in Services
Allgemeines Kriegsfolgengesetz *n* (German) Law Covering the Liability for Damages Resulting from the War
Allgemeines Landrecht *n* General Civil Law *(in Prussia before 1900)*
allgemeines Persönlichkeitsrecht *n* general right of privacy
Allgemeines Recht *n* general law
allgemeines Verwaltungsrecht *n* general administrative law
allgemeingültig *adj* generally applicable, generally valid
Allgemeinheit *f* the public
Allgemeinheit *f* **der Wahl** universal franchise *(general right to vote and be elected)*
Allgemeininteresse *n* general (public) interest
allgemeinverbindlich *adj* generally binding
Allgemeinverbindlicherklärung *f* ≈ declaration making a wage agreement generally applicable
Allgemeinverbindlichkeit *f* general application
Allgemeinverbindlichkeitserklärung *f s.* Allgemeinverbindlicherklärung
Allgemeinverfügung *f* general order, decree of general application; administrative act addressed to the (general) public
Allgemeinwohl *n* general [common] good
Allmende *f* folkland; *(BE)* commons *pl*
Alltagssprache *f* everyday language
Allzuständigkeit *f* general [comprehensive] jurisdiction
alt für neu old for new *(method of exchange or replacement)*
Altenteil *m* share [portion] of retired farmer
Alter *n* age
alternativ *adj* alternative
alternative Kausalität *f* alternative causation
Alternativverhalten *n*/**pflichtgemäßes** ≈ substitute action in accordance with one's duties
Alternativverhalten *n*/**rechtmäßiges** *(BE)* (defence of) lawful alternative behaviour, *(AE)* (defense of) lawful alternative behavior *(defence whereby even if a party had acted lawfully or according to its legal duties, the injury would still have occurred)*
Alternativvorsatz *m* alternative intent
Altersgeld *n* social insurance, retirement benefits *pl (for farmers)*
Altersgrenze *f* age barrier, age limit
Alterspräsident *m* president by virtue of seniority
Altersrente *f* old age pension, pension
Alterssicherung *f* economic security for old age, economic security for retirement
Altersstufe *f* age level
Altersteilzeit *f* part-time work in the years before retirement
Altersunterstützung *f* old age support, retirement support

Altersversorgung *f* old age income, retirement income
Alterszuschlag *m* old age supplement
Ältestenrat *m* Council of Elders *(in German Bundestag)*
Altfall *m* old case
Altgläubiger *m* assignor; initial creditor; previous creditor
Altlasten *fpl* 1. inherited environmental liabilities *pl*; 2. ≈ burdens resulting from German unification
Amnestie *f* amnesty
Amnestiegesetz *n* amnesty law
amnestieren *v* amnesty
Amokläufer *m* person who goes berserk; person who runs amok
Amortisation *f* amortization
amortisieren *v* amortize
Amt *n* office; post, (official) position, appointment; agency, authority, department • **im Amt** in office • **von Amts wegen** *(Lat)* ex officio
Amt *n*/**öffentliches** public office, governmental position
Ämterhäufung *f* plurality of offices, accumulation of offices, the holding of several official posts at the same time
amtieren *v* be in office
amtierend *adj* current, present, sitting
amtlich *adj* official
amtliche Beglaubigung *f* official certification
amtliche Begründung *f* official reasons *pl*
amtliche Bezeichnung *f* official designation; official description; official title
amtliche Verwahrung *f* official custody
amtliches Kennzeichen *n* vehicle number plate; (motor vehicle) registration number
Amtmann *m* civil service rank
Amtsanmaßung *f* assumption of office without authority; impersonating an official, impersonating a public official
Amtsanwalt *m* prosecutor *(at district court)*
Amtsarzt *m* public health officer, doctor employed by (public) authority
Amtsausübung *f* exercise of (authority of) office, exercise of (functions of) office
Amtsbereich *m* **eines Gerichts** jurisdiction; area of authority
Amtsbetrieb *m* proceedings *pl* ex officio
Amtsbezeichnung *f* official title; description of office [position]
Amtsbezirk *m* official district, (territory of) jurisdiction
Amtsbezüge *mpl* civil service pay; salary of official
Amtsblatt *n* gazette, official publication
Amtsdauer *f* term, term [period] in office
Amtsdelikt *n* malfeasance in office
Amtsdeutsch *n* official German, officialese
Amtseid *m* official oath; *(AE)* oath of office
Amtsenthebung *f* removal [dismissal] from office
Amtsermittlung *f* official investigation, *(BE)* official inquiries *pl*; *(AE)* government probe
Amtsermittlungsgrundsatz *m* principle of official investigation *(i.e. the right – and possible duty – of the government to investigate on its own account)*
Amtsfähigkeit *f* capacity [right] to hold office
amtsfrei *adj* administratively independent *(some local governments in certain German states)*
Amtsführung *f* conduct in office; tenure of office
Amtsgeheimnis *n* official secrecy, government secrets *pl*; official secret(s)
Amtsgericht *n* district court
Amtsgerichtsbezirk *m* jurisdiction of a local court
Amtsgerichtsdirektor *m* president [chief judge] of a district court
Amtsgerichtspräsident *m s.* Amtsgerichtsdirektor
Amtshaftung *f* public liability, liability in office; official responsibility
Amtshaftungsanspruch *m* claim under public liability, rights *pl* in relation to liability in office
Amtshaftungshandlung *f* official act subject to official liability
Amtshaftungsrecht *n* law of official liability
Amtshilfe *f* mutual support between administrative agencies *(assistance of an official, agency, government office)*
Amtshilfeersuchen *n* ≈ request for assistance from an official, agency, government office
Amtsinhaber *m* officeholder; *(AE)* incumbent

Amtsleiter *m* chief official, head of office
Amtslöschung *f* ex officio deletion from an official register
Amtsmissbrauch *m* abuse of office; misuse of power
Amtsniederlegung *f* retirement; resignation from office
Amtsperson *f* official; civil servant, *(AE)* public servant
Amtspflicht *f* obligations *pl* of office, official duty
Amtspflichtverletzung *f* dereliction of duty in office, breach of official duty; malfeasance in office
amtspflichtwidrig *adj* contrary to the duties of office, in breach of official duties
Amtsrat *m* executive assistant *(rank of civil service)*; third secretary *(diplomatic)*
Amtsrichter *m* judge at a district court
Amtsschild *n* official sign
Amtsschimmel *m* bureaucracy; red tape
Amtssitz *m* official residence; location of office
Amtssprache *f* official language; official jargon; officialese
Amtsstelle *f* official office
Amtsstunden *fpl* official office hours *pl*; hours *pl* of business, opening times *pl*
Amtstafel *f* official noticeboard
Amtstag *m* day on duty *(in another town etc.)*
Amtstheorie *f* theory of official [sovereign] acts
Amtstierarzt *m* veterinary officer; official veterinarian
Amtstracht *f* robes *pl*; customary dress
Amtsträger *m* officeholder; *(AE)* incumbent
Amtsübergabe *f* handing-over of office, transfer of office to a successor
Amtsunfähigkeit *f* incapacity to fulfil(l) the duties of office
Amtsunterschlagung *f* embezzlement in office; misappropriation of official funds; abuse of official office to one's own pecuniary advantage
Amtsverlust *m* loss of office
Amtsverschwiegenheit *f* duty of secrecy in office; official secrecy
Amtsvorgänger *m* predecessor in office
Amtsvormund *m* official guardian *(in Germany Jugendamt = Youth Welfare Office)*
Amtsvormundschaft *f* official guardianship
Amtsvorsteher *m* head of office
Amtsweg *m* official channels *pl* • **auf dem Amtsweg** through official channels
Amtszeit *f* period in office; term; official period
Amtszustellung *f* official service (delivery) of documents
analog *adj* analogous
Analogie *f* analogy
Analogieschluss *m* argumentation based on analogy
Analogieverbot *n (CrLaw)* prohibition of analogy
analysieren *v* analyse, *(AE)* analyze; evaluate
anbahnen *v* pave the way, prepare the ground
Anbau *m* **unerlaubter Betäubungsmittel** cultivation of (plants containing) prohibited narcotics
anbei *adv* attached (hereto); enclosed (herewith)
anbelangen *v* concern, refer to
anberaumen *v* fix, call; set down; schedule
Anberaumung *f* **einer Verhandlung** setting down of a hearing date
Anberaumung *f* **eines Termins** fixing of a date; scheduling of a date
Anbetracht *f* consideration, view • **in Anbetracht** in view of, in consideration of; whereas
anbieten *v* offer
anbringen *v* attach
änderbar *adj* changeable; capable of being amended
Anderkonto *n* trust account, escrow (account)
ändern *v* change, amend, alter, adjust
andernfalls *adv* otherwise
Änderung *f* change, amendment, alteration, adjustment • **Änderung vorbehalten** subject to change [amendment, alteration]
Änderung *f***/bauliche** building changes *pl*, structural changes *pl*
Änderung *f* **der Rechtsprechung** change in (case) law; development of legal authority
Änderung *f* **der Verhältnisse** change in the relationship; change of the situation

Änderung *f* **des Klageantrags** amendment of the request for relief
Änderung *f* **des rechtlichen Gesichtspunktes** change in the legal position
Änderung *f* **oder Wegfall** *m* **der Geschäftsgrundlage** change in or removal of the commercial basis of a transaction; frustration of a contract
Änderung *f***/wesentliche** substantial [material] change
Änderungsantrag *m* amendment application
Änderungsbefugnis *f* authority to change [amend]
Änderungsbescheid *m* advice as to change; official notification of alteration
Änderungsbeschluss *m* amendment order
Änderungsgesetz *n* reforming statute; amendment act
Änderungskündigung *f* notice of termination to allow for a replacement, amended contract
Änderungssperre *f* 1. suspension of the granting of building permits *(building law)*; 2. *(Tax Law)* ≈ defence to alter an income tax assessment that has been fixed after an external examination
Änderungsvorbehalt *m* reserved right to change
andeuten *v* indicate; allude to, hint
androhen *v* threaten, warn
Androhung *f* threat, warning • **unter Androhung von Strafe** under threat of punishment; under penalty
aneignen *v* seize, appropriate; take possession of; occupy, adopt
aneignen *v***/sich etwas widerrechtlich** appropriate sthg unlawfully
Aneignung *f* appropriation
Aneignungsrecht *n* right of appropriation
Anerbe *m* exclusive heir to a farm
Anerbenrecht *n* entail for farm land
anerkannt *adj* recognized; approved; admitted; accepted
anerkannt *adj***/allgemein** generally acknowledged, generally accepted
anerkennen *v* recognize; approve; admit; accept
Anerkenntnis *n* confession, admission *(of having committed a crime, of liability, etc.)*; acknowledgement of claimant's (justified) claim
Anerkenntnis *n* **der Vaterschaft** acknowledgement of paternity
Anerkenntnisurteil *n* judgment based on admission of defendant; *(AE)* judgment by confession
Anerkennung *f* recognition; approval; admission; allowance; acceptance
Anerkennung *f* **ausländischer Entscheidungen** recognition of foreign judgments
Anfall *m* accrual *(of interest)*; accession; devolution *(of land)*
Anfall *m* **der Erbschaft** devolution of the inheritance
anfallen *v* accrue; accede; devolve
Anfang *m* commencement, beginning • **von Anfang an** from the beginning
Anfang *m* **einer Frist** commencement of a term
Anfangsverdacht *m* initial suspicion
Anfangsvermögen *n* initial assets *pl*; assets *pl* at time of marriage; starting capital *(of a company)*
Anfangsvermögen *n***/privilegiertes** *(Family Law)* privileged assets *pl* at beginning of marriage
anfechtbar *adj* voidable; disputable; impeachable; contestable • **mit Rechtsmitteln anfechtbar** challengeable by way of appeal, appealable
Anfechtbarkeit *f* voidability; contestability
anfechten *v* challenge; *(BE)* appeal against, *(AE)* appeal; contest; avoid (a contract)
Anfechtung *f* avoidance (of contract); challenge; impeachment; appeal
Anfechtungsbefugnis *f* right [authority] to challenge
Anfechtungsberechtigter *m* person entitled to challenge
Anfechtungserklärung *f* declaration of rescission (of a contract); declaration of challenge
Anfechtungsfrist *f* time limit for making a challenge
Anfechtungsgegner *m* ≈ person to whom a challenge or appeal must be addressed
Anfechtungsgesetz *n* ≈ law aiming at the avoidance of transfers of money or property to third parties to the detriment of creditors
Anfechtungsgrund *m* reason for avoid-

ance; reason for annulment; ground for rescission
Anfechtungsklage *f* proceedings *pl* for avoidance; action for annulment; action for rescission
Anfechtungsrecht *n* right to challenge; right of appeal; right to avoid (a contract)
anfertigen *v* manufacture; prepare; make ready; make
Anfertigung *f* making; manufacture; preparation
Anfertigung *f* **von Schriftsätzen** preparation of a brief; preparation of pleadings
anfordern *v* ask for; request; demand; require
Anforderung *f* request; demand; requirement • **den Anforderungen genügen** satisfy the requirements
Anfrage *f* question, enquiry • **auf Anfrage** upon inquiry, upon request
Anfrage *f***/große** interpellation *(in German Bundestag)*
Anfrage *f***/kleine** (written) question *(in German Bundestag)*
Anfrage *f***/mündliche** oral question *(in German Bundestag)*
anführen *v* lead, head; quote, cite; refer to; allege
Angabe *f* statement, indication; specification; description; representation • **ohne Angabe von Gründen** without providing [giving] reasons
Angabe *f* **der Gründe** statement of grounds; providing of reasons
Angabe *f***/falsche** false statement; misrepresentation
Angaben *fpl* data *pl*; information; details *pl*, particulars *pl*; specifications *pl*
Angaben *fpl***/irreführende** misleading information, incorrect details *pl*
Angaben *fpl* **zur Person** personal details *pl*, personal information
Angaben *fpl* **zur Sache** factual information; information as to the matter [dispute]
angeben *v* state; declare
angeblich *adj* alleged
Angebot *n* offer; bid; proposal; tender; quotation
Angebot *n***/freibleibendes** non-binding offer
Angebot *n***/inländisches** domestic supply
Angebot *n* **und Nachfrage** *f* supply and demand
angehören *v* belong
Angehöriger *m* member; relative, relation
Angehöriger *m* **des öffentlichen Dienstes** member of the civil [public] service
Angehöriger *m* **eines Mitgliedstaates** citizen of a member state
angeklagt sein *v* be charged, *(AE)* be indicted
Angeklagter *m* accused, defendant
Angelegenheit *f* matter, business, affair
Angelegenheit *f***/wirtschaftliche** commercial matter; economic question
Angelegenheiten *fpl***/auswärtige** foreign matters *pl*; external business
Angelegenheiten *fpl* **der örtlichen Gemeinschaft** local community matters *pl*
Angelegenheiten *fpl***/eigene** own matter(s); private issues *pl*
angemessen *adj* appropriate, reasonable, suitable; fair
Angemessenheit *f* adequacy; reasonableness; fairness
Angeschuldigter *m* the person charged; the person indicted
Angestelltenkündigungsfristen *fpl* notice period for termination of employment, notice period of employees
Angestelltenrentenversicherung *f* employee pension scheme
Angestelltenverhältnis *n* employment relationship • **im Angestelltenverhältnis** in employment
Angestellter *m* employee
Angestellter *m***/kaufmännischer** commercial employee; commercial executive
Angestellter *m***/leitender** manager; executive
angleichen *v* align, adjust; co-ordinate; harmonize
Angleichung *f* alignment, adjustment; co-ordination; harmonization
Angleichung *f* **der Rechtsvorschriften** harmonization of legal provisions
Angleichungsgrundsatz *m* ≈ basic principle that imprisoned persons should be provided with a prison environment as close as possible to that existing in general society
Angrenzer *m* abutter, abutting owner
Angriff *m* attack, assault
Angriff *m* **auf den Luft- und Seeverkehr** aggressive interference with air and sea traffic

Angriff *m* **auf Kraftfahrer/räuberischer** predatory attack on a motorist [motor vehicle driver]
Angriff *m***/gegenwärtiger** on-going attack, current attack
Angriff *m***/gegenwärtiger rechtswidriger** on-going unlawful attack
Angriff *m***/räuberischer** predatory attack
Angriff *m***/rechtswidriger** unlawful attack
Angriffskrieg *m* war of aggression
Angriffsmittel *n* 1. *(CrLaw)* means of attack; 2. *(CivLaw)* arguments *pl* of the claimant
anhalten *v* stop, bring to an end; continue, persist
Anhaltspunkt *m* clue; evidence; indication
Anhaltspunkt *m***/konkreter** concrete indication
Anhang *m* annex, attachment; codicil *(to a will)*; enclosure; supplement
Anhänger *m* trailer *(road traffic law)*
anhängig *adj* pending • **anhängig machen** bring to court; make proceedings pending *(before a court)*
Anhängigkeit *f* state of (proceedings) being pending *(before a court)*
anheimfallen *v* revert; *(AE)* pass by escheat
anheimstellen *v* leave to another person to decide, make subject to the discretion of another; submit to
Anheimfall *m* reversion
anhören *v* hear, listen to; grant audience
Anhörung *f* (court) hearing; audience; consultation • **nach Anhörung der Parteien** after the hearing of the parties
Anhörung *f* **des Betriebsrats** consultation with the employees' council
Anhörung *f***/öffentliche** public hearing
Anhörungsrecht *n* right to be heard; right of audience
animus auctoris *(Lat) (CrLaw)* intent as principal actor *(as opposed to accessory)*
Ankaufsrecht *n* right to purchase; option to buy
Ankerrecht *n* anchorage, right of anchoring
Anklage *f (CrLaw)* charge, *(AE)* indictment; impeachment *(of officials)* • **Anklage erheben** *(CrLaw)* bring a charge; *(AE)* prefer an indictment • **unter Anklage stehen** *(CrLaw)* be subject to a criminal charge • **von einer Anklage absehen** *(CrLaw)* refrain from a charge; not prosecute
Anklagebank *f (CrLaw) (BE)* dock
Anklagebehörde *f (CrLaw)* prosecuting authorities *pl*; prosecutor; *(AE)* District Attorney; *(BE)* Crown Prosecution Service
Anklageerzwingung *f* ≈ compelling the prosecutor to bring charges
Anklagegrundsatz *m* principle of ex officio prosecution
Anklagemonopol *n (CrLaw)* exclusive right of the state to prosecute
anklagen *v* charge; indict; impeach *(an official)*
Anklagepunkt *m (CrLaw)* charge; *(AE)* count (of indictment)
Ankläger *m (CrLaw)* prosecutor, *(BE)* Crown prosecutor, *(AE)* District Attorney
Anklageschrift *f (CrLaw)* charge; indictment; complaint
Anklagevertreter *m (CrLaw)* counsel for the prosecution
Anknüpfung *f* jurisdictional basis *(Conflict of Laws)*; connection, connecting factor
Anknüpfung *f***/akzessorische** connection based on secondary contracts
Anknüpfung *f***/alternative** alternative connection
Anknüpfung *f***/distributive** distributive connection
Anknüpfung *f***/gekoppelte** coupled connection
Anknüpfung *f***/gesetzliche** legal connection
Anknüpfung *f***/kumulative** cumulative connection
Anknüpfung *f***/selbstständige** independent connection
Anknüpfung *f***/subsidiäre** subsidiary connection
Anknüpfung *f***/unselbstständige** dependent connection
Anknüpfungsgegenstand *m* subject matter of connection
Anknüpfungspunkt *m* point of connection
Ankündigungsbeschluss *m* declaratory decision
Anlage *f* 1. installation, plant, facilities *pl*; 2. investment; 3. annex, attachment
Anlage *f***/gefährliche** hazardous facility
Anlage *f***/mündelsichere** trustee securi-

ty; security classified as suitable for trust investment
Anlagen *fpl* investment(s)
Anlagevermögen *n* assets *pl* in form of investments, invested assets *pl*
anlasten *v* blame, accuse of being at fault
Anlehnung *f* conformity, compliance • **in Anlehnung an** in conformity with
Anleihe *f* loan; bond, bond issue; loan stock; debenture
Anleihekapital *n* debenture capital
Anleitung *f* 1. instruction, direction, supervision; 2. guide book, manual
Anleitung *f* **zu Straftaten** *(CrLaw)* instruction to commit a criminal offence [*AE* offense]
Anleitungsfehler *m* fault in instructions
Anlieger *m* neighbo(u)ring [adjoining] owner; resident
Anliegerbeitrag *m* adjoining property charges
Anliegerstaat *m* neighbo(u)ring [adjoining] state
anmaßen *v* usurp authority; unlawfully assume an office
Anmaßung *f* usurping of authority
Anmeldedatum *n* registration date
Anmeldefrist *f* time for making an application, application deadline
anmelden *v* register
Anmeldepflicht *f* duty to notify; notification requirement; obligation to declare *(customs)*; requirement of registration
anmeldepflichtig *adj* subject to registration; requiring notification of authorities
Anmeldung *f* registration; notification; declaration *(customs)*; announcement
Anmeldung *f* **der Forderung** notice of claim
Anmeldung *f* **im Insolvenzverfahren** giving notice of claims to the receiver; notice of insolvency
Anmeldung *f* **von Rechten** notification of rights
Anmeldung *f* **zum Handelsregister** registration in commercial register
Anmeldungsbeteiligter *m* party involved in registration
anmerken *v* comment; annotate; note down
Anmerkung *f* comment; annotation; (foot)note • **mit Anmerkungen versehen** annotate
Annahme *f* acceptance; receipt of delivery
Annahme *f* **als Kind** adoption
Annahme *f* **an Erfüllungs statt** accord and satisfaction; acceptance of alternative performance as full satisfaction; acceptance on account of performance
Annahme *f* **der Erbschaft** acceptance of inheritance
Annahme *f* **erfüllungshalber** accord and satisfaction; acceptance of alternative performance as full satisfaction; acceptance on account of performance
Annahme *f*/**konkludente** tacit acceptance, implied acceptance
Annahme *f*/**stillschweigende** acceptance by silence, implied acceptance
Annahmefrist *f* acceptance period; acceptance deadline
Annahmeverweigerung *f* refusal to accept; rejection *(of goods)*
Annahmeverzug *m* delay in acceptance
annehmen *v* accept, take, receive, adopt
Annehmender *m* 1. accepting party; 2. adoptive parent
Annexantrag *m* supplementary application
Annexkompetenz *f* ≈ unwritten powers of the (German) federal legislature
Annullierung *f* annulment; rescission; cancel(l)ation
anonym *adj* anonymous
Anonymität *f* anonymity
anordnen *v* order, direct, instruct
Anordnung *f* order; directive; injunction
Anordnung *f*/**einstweilige** interim order; interlocutory injunction
Anordnung *f*/**richterliche** judicial order; injunction; judicial decree
anpassen *v* adjust, accommodate; harmonize
Anpassung *f* adjustment; harmonization
Anrainer *m* adjoining party
Anrainerstaat *m* bordering state
anraten *v* advise, propose
anrechenbar *adj* chargeable; allowable; capable of being taken into account
Anrechenbarkeit *f* chargeability; permissibility
anrechnen *v* charge; allow; count; take into consideration
Anrechnung *f* credit; crediting; deduction; set-off
Anrechnungsmethode *f* calculation method; set-off system

Anrechnungszeiten *fpl* calculation period; set-off time
Anrecht *n* right; title; claim
Anreiz *m* incentive
anrufen *v* 1. apply to; bring the matter before *(a court)*; have recourse to; 2. call up, telephone
Anrufung *f* recourse *(to court)*
ansässig *adj* residing, resident; domiciled; living; based; settled
Ansässiger *m* resident; inhabitant
Ansässigkeit *f* residence; domicile
Ansatz *m* commencement, start; estimation
Anschaffung *f* purchase, procurement; acquisition
Anschaffungskosten *pl* acquisition costs *pl*
Anschauung *f* outlook, view, position
Anschauung *f***/politische** political view
Anschauung *f***/religiöse** religious view
Anschein *m* appearance; semblance • **dem ersten Anschein nach** at first appearance; *(Lat)* prima facie; at first glance
Anscheinsbeweis *m* prima facie evidence
Anscheinsgefahr *f* apparent danger
Anscheinsvertreter *m* apparent agent
Anscheinsvollmacht *f* apparent authority
Anschlag *m* 1. attack; (attempted) murder; 2. poster; bill
anschließen *v* join, affiliate; follow
Anschließung *f* connection; joinder
Anschluss *m* connection; joinder
Anschlussanmeldung *f* follow-up registration; part application
Anschlussberufung *f* cross-appeal, counter-appeal
Anschlussbeschwerde *f* cross-appeal; notice of complaint by respondent
Anschlusspfändung *f* secondary attachment
Anschlussrechtsmittel *n* cross-appeal
Anschlussrevision *f* cross-appeal on point of law, counter-appeal on point of law
Anschlusszwang *m* compulsory connection *(to utility services)*
Anschreiben *n* writing; covering letter
Anschrift *f* address
Anschrift *f***/ladungsfähige** address for service
anschuldigen *v* accuse; charge
Anschuldigung *f* accusation; charge
Anschuldigung *f***/vorsätzlich falsche** intentional false accusation
Ansehung *f* regard • **in Ansehung** in view of, having regard to
ansetzen *v* arrange, schedule; estimate; appropriate
Ansetzen *n***/unmittelbares** *(CrLaw)* ≈ immediate beginning of attempted offence
Ansicht *f* opinion, view; viewing, inspection
Ansicht *f* **des Gerichts** opinion of the court
Ansicht *f***/vertretbare** justifiable opinion
Anspruch *m* claim; title, right; cause of action
Anspruch *m* **auf Herausgabe** claim for return of property; right to restoration of property; claim to hand over *(a child)*
Anspruch *m* **auf Rückerstattung** claim for reimbursement, right to reimbursement
Anspruch *m* **auf Unterlassung** claim for forbearance; ≈ right to require a party to refrain from undertaking certain acts
Anspruch *m* **auf Zahlung** right to payment; pecuniary claim
Anspruch *m***/deliktischer** claim based on tort; tortious right
Anspruch *m***/gesetzlicher** legal claim; legal right; statutory claim; statutory right
Anspruch *m***/höchstpersönlicher** personal (non-transferable) claim; personal right; right in personam
Anspruch *m***/negatorischer** negating right
Anspruch *m***/possessorischer** possessory claim
Anspruch *m***/prozessualer** procedural claim
Anspruch *m***/vermögensrechtlicher** claim in relation to assets; right in rem
Anspruchsbegründung *f* justification of a claim
Anspruchsberechtigter *m* party entitled to a claim, party entitled to a right
Anspruchsgrundlage *f* basis of a claim; factual circumstances *pl* establishing a claim
Anspruchsteller *m* claimant, applicant, plaintiff
Anspruchsvoraussetzung *f* require-

ments *pl* for establishing a right; prerequisites *pl* for a claim
anstacheln *v* incite; encourage
Anstalt *f* establishment, institution
Anstalt *f* **des öffentlichen Rechts** statutory public body
Anstalt *f***/geschlossene** secure institution; secure (mental) hospital
Anstalt *f***/öffentlich-rechtliche** statutory public body
Anstalt *f***/sozialtherapeutische** social therapeutic institution
Anstaltsunterbringung *f* institutionalization; committal to an institution
Anstandsgefühl *n* sense of decency; sense of respectability
Anstellung *f* engagement, employment; *(AE)* hiring
Anstellungsbetrug *m* employment fraud
anstiften *v* encourage; instigate, incite
Anstifter *m* instigator; accessory before the fact; conspirator
Anstiftung *f* instigation, incitement
Anstiftung *f* **durch Unterlassen** encouraging by omission
Anstiftung *f***/versuchte** attempted instigation
anstrengen *v* attempt, make an effort
ansuchen *v* request
antasten *v* infringe upon; offend *(the honour or rights of a person)*
Anteil *m* (part) interest; share; portion
Anteilsrecht *n* right to a share [portion]
Antrag *m* application; motion; request; proposal • **Antrag stellen** file an application; make a motion • **auf Antrag** on request, on application • **dem Antrag stattgeben** grant an application, allow a motion • **den Antrag abweisen** dismiss an application, disallow a motion, refuse a motion, deny a motion
Antragsbefugnis *f* legal possibility to start proceedings
Antragsberechtigter *m* party authorized to make an application
Antragsdelikt *n***/absolutes** *(CrLaw)* ≈ criminal offence requiring a complaint to be made by the victim for prosecution to be initiated
Antragsgegner *m* opposing party; defendant; respondent
Antragsteller *m* applicant, party making application; plaintiff; claimant; mover
Anwachsung *f* accretion; increase; accrual
Anwalt *m* lawyer, (legal) counsel; *(BE)* barrister, *(BE)* solicitor; *(AE)* attorney
Anwaltschaft *f* legal profession; the bar
Anwaltsgebühr *f* legal fees *pl*, lawyer's fees *pl*
Anwaltsgehilfe *m* trained legal assistant
Anwaltshaftung *f* liability as a lawyer; professional (legal) liability
Anwaltskammer *f* professional association of lawyers, *(BE)* Law Society, *(BE)* Bar Council, *(AE)* Bar Association
Anwaltskanzlei *f* legal office(s), *(BE)* chambers *pl (especially for barristers)*
Anwaltskosten *pl* legal costs *pl*; lawyers' costs *pl*, *(AE)* attorney fees *pl*
Anwaltsnotar *m* ≈ lawyer who is also a notary public
Anwaltsprozess *m* ≈ proceedings in which parties are required to have legal counsel
Anwaltsrecht *n* ≈ rules of professional conduct; *(AE)* bar rules *pl*; professional ethics
Anwaltssozietät *f* law firm, partnership of lawyers
Anwaltsvergleich *m* out-of-court settlement arranged by lawyers
Anwaltszustellung *f* service to legal counsel
Anwaltszwang *m* legal [statutory] requirement of representation by legal counsel
Anwärter *m* expectant; reversioner; candidate; claimant
Anwartschaft *f* expectancy
Anwartschaftsrecht *n* expectancy
anweisen *v* order, direct, give instructions
Anweisung *f* order, directive, instruction; remittance
anwendbar *adj* applicable
Anwendbarkeit *f* **deutschen Strafrechts** applicability of German criminal law
anwenden *v* apply; make use of, use, utilize, employ
Anwender *m* user, operator
Anwendung *f* application; use • **Anwendung finden** apply, be used • **zur Anwendung kommen** come into use, be applied
Anwendungsbereich *m* scope; area [field, territory] of application; area of use

Anwendungsvorrang *m* priority, prevailing nature
Anwerbestopp *m* ban on recruitment
Anwesen *n* property, real estate, premises *pl*
Anwesenheit *f* attendance; participation
Anwesenheitspflicht *f* duty to attend
anzahlen *v* pay on account; pay a deposit; make a down payment, pay an instal(l)ment
Anzahlung *f* deposit, first instal(l)ment; payment on account; advanced payment; instal(l)ment, down payment
anzapfen *v* tap *(telephone)*
Anzeichen *n* sign; indication; mark
Anzeige *f* 1. notice, announcement; 2. *(CrLaw)* complaint; *(BE)* information • **Anzeige erstatten** 1. complain, report; 2. *(CrLaw) (BE)* lay an information; 3. *(CrLaw) (AE)* file a complaint • **Anzeige unterlassen** refrain from a complaint
Anzeige f/anonyme anonymous complaint
Anzeige *f* **bei der Polizei** complaint [information] to the police
Anzeige *f* **bei einer Behörde** notification of an authority; complaint to an agency
anzeigen *v* notify; report; complain
Anzeigepflicht *f* duty to notify; obligation to inform [disclose]
anzeigepflichtig *adj* notifiable, subject to duty of disclosure
äquivalent *adj* equivalent
Äquivalenz *f* equivalence
Äquivalenzprinzip *n* principle of equivalent compensation *(principle that the costs of administration should be equivalent to respective income)*
Arbeit *f* work; labo(u)r; employment; occupation; task; job
Arbeit f/gefahrgeneigte (potentially) hazardous work
Arbeit f/gemeinnützige charitable work; community work
Arbeit f/selbstständige work as independent contractor; independent work
Arbeit f/unselbstständige work as employed person; controlled work
arbeiten *v* work; operate
Arbeiter *m* worker; blue-collar worker; wage-earner
Arbeitgeber *m* employer; principal
Arbeitgeberverband *m* employers' association
Arbeitgebervereinigung *f* employers' association
Arbeitnehmer *m* employee, employed person
arbeitnehmerähnlich *adj* having a similar status as employed persons
Arbeitnehmererfindung *f* invention of an employee, employee invention
Arbeitnehmerfreizügigkeit *f* mobility of employees, free movement of workers
Arbeitnehmerhaftung *f* employee liability
Arbeitnehmerschaft *f* staff; employees *pl*; workers *pl*
Arbeitnehmerüberlassung *f* supply of temporary workers
Arbeitnehmerüberlassungsgesetz *n (AÜG)* (German) Law for the Supply of Personnel for Temporary Employment
Arbeitnehmervertreter *m* **im Aufsichtsrat** employee representative on the supervisory board
Arbeitnehmervertretung *f* employee council
Arbeitsamt *n (obs., jetzt: Agentur für Arbeit)* employment office, labo(u)r department
Arbeitsbedingungen *fpl*/**allgemeine** general conditions *pl* of work
Arbeitsbereitschaft *f* readiness to work
Arbeitsbeschaffungsmaßnahme *f (ABM)* Scheme for the Creation of Employment *(official scheme to provide temporary employment to the unemployed)*
Arbeitseinkommen *n* income from employment [work]; wages *pl*; salary
Arbeitsentgelt *n* pay, remuneration (for employment)
Arbeitserlaubnis *f* work permit
Arbeitsfähigkeit *f* fitness for work
Arbeitsförderung *f* promotion of employment
Arbeitsgericht *n* labo(u)r court, *(BE)* employment tribunal
Arbeitsgerichtsbarkeit *f* jurisdiction of the labo(u)r court
Arbeitsgerichtsgesetz *n (ArbGG)* German Labour Court Law
Arbeitsgerichtsverfahren *n* labo(u)r court proceedings *pl*
Arbeitskampf *m* employment dispute, labo(u)r dispute; *(BE)* industrial conflict

Arbeitskampfrecht *n* ≈ employment dispute law
Arbeitskraft *f* 1. working capacity; 2. worker
Arbeitslohn *m* employee's pay, wages *pl*
arbeitslos *adj* unemployed, out-of-work, without employment
Arbeitslosengeld *n* unemployment benefit, unemployment payments *pl*
Arbeitslosenhilfe *f* unemployment support, unemployment relief
Arbeitslosenunterstützung *f* unemployment benefit; *(slang)* dole
Arbeitslosenversicherung *f* unemployment insurance
Arbeitsloser *m* unemployed person, *(AE)* jobless person
Arbeitslosigkeit *f* unemployment
Arbeitsmarkt *m* employment market, labo(u)r market
Arbeitsmündigkeit *f* minimum age for employment
Arbeitspflicht *f* duty to work
Arbeitsplatz *m* job, (employment) position, situation; work place, place of employment
Arbeitsrecht *n* employment law, labo(u)r law, *(BE)* industrial law
Arbeitsschutz *m* safety at work, health and safety for employees
Arbeitsschutzrecht *n* law of health and safety at the workplace
Arbeitssicherheit *f* workers' health and safety, industrial safety
Arbeitssicherheitsgesetz *n* workers' health and safety law, industrial safety law
Arbeitsstätte *f* place of work [employment]
Arbeitssuchender *m* person seeking work, job-seeker, job hunter; applicant
Arbeitstag *m* working day
arbeitsunfähig *adj* disabled; unable to work, unfit to work
Arbeitsunfähigkeit *f* disability; incapacity [unfitness] for work
Arbeitsunfähigkeitsbescheinigung *f* certificate stating the period of incapacity for work *(issued by a medical doctor)*
Arbeitsunfall *m* work-related accident, industrial [occupational] accident
Arbeitsverhältnis *n* employment relationship • **Arbeitsverhältnis eingehen** enter into an employment relationship, become employed
Arbeitsverhältnis *n*/**bedingtes** conditional employment relationship
Arbeitsverhältnis *n*/**befristetes** finite employment relationship, fixed-term employment relationship
Arbeitsverhältnis *n*/**faktisches** de facto employment relationship
Arbeitsverhältnis *n*/**fehlerhaftes** defective employment relationship
Arbeitsvermittlung *f* 1. labo(u)r exchange, employment office; 2. arranging of employment; recruitment
Arbeitsversäumnis *n* absenteeism
Arbeitsvertrag *m* contract of employment, employment contract, labo(u)r contract, contract of service
Arbeitsvertragsrecht *n* law of employment contracts
Arbeitsverwaltung *f* employment management
Arbeitswoche *f* working week
Arbeitszeit *f* hours *pl* of work, employment time, working hours *pl*; job time
Arbeitszeitordnung *f* working hours regulations *pl*
Arbeitszeugnis *n* reference, (employment) testimonial; recommendation
ArbGG *s.* Arbeitsgerichtsgesetz
Arbitrage *f* 1. arbitration; 2. arbitrage *(virtually simultaneous buying and selling of goods or futures in different places to make use of price differences)*
Arbitrageklausel *f* arbitration clause
Architekt *m* architect
Architektenvertrag *m* contract for an architect's services
Archivar *m* recorder
Ärgernis *n*/**öffentliches** public nuisance
Arglist *f* malice; malevolence; fraudulent intent
Arglisteinrede *f* defence [*AE* defense] of fraud
arglistig *adj* malicious; fraudulent; deceitful
arglos *adj* innocent, unsuspecting
Argument *n* argument; reasoning
Argumentation *f* reasoning; argumentation
Argumentation *f*/**juristische** legal reasoning
argumentieren *v* argue; reason
Armenrecht *n* *(obs.)* legal aid

Arrest *m* 1. attachment, seizure, arrest *(of property)*; 2. arrest *(of a person)*; apprehension; detention, taking into custody

Arrest *m*/**dinglicher** attachment; arrest in rem

Arrest *m*/**persönlicher** arrest *(of a person)*

Arrestanspruch *m* claim to be secured by arrest *(of property)*

Arrestbefehl *m* writ of attachment *(civil procedure)*

Arrestkläger *m* claimant in attachment proceedings

Arrestpfändung *f* attachment, seizure

Arrestvollziehung *f* execution of a writ of attachment

Art *f*/**nicht verfassungsrechtlicher** non-constitutional nature

Artenschutz *m* protection of endangered species

Arthandlungsvollmacht *f* limited power of attorney; limited authority

Artikel *m* 1. article, clause, paragraph, provision; 2. article, commodity, item, object for sale; 3. article, newspaper report, written piece of work

Arzneimittelhaftung *f* drug liability

Arzthaftung *f* medical liability

Arzthaftungsrecht *n* law of liability for medical practitioners; medical malpractice liability

Arztrecht *n* medical law

Arztvertrag *m* contract between doctor and patient

Asservat *n* exhibit

Asservatenkammer *f* exhibit room

Assessor *m* ≈ title in (German) civil service granted to persons who have passed the second state examination for law clerks (trainee lawyers)

Assistent *m* assistant

Assoziierung *f* association

Assoziierungsabkommen *n* association agreement; treaty of association

Asyl *n* asylum; sanctuary

Asylant *m* asylum-seeker, person seeking (political) asylum, political refugee

Asylantrag *m* application for asylum *(application for recognition as political refugee)*

Asylbewerber *m s.* Asylant

Asylrecht *n* 1. right to asylum; right of sanctuary; 2. law of asylum

Aszendent *m* ascendant, ancestor

Atemluft *f* breath

Atomgesetz *n* (German) Atomic Energy Law

Atomrecht *n* law related to atomic energy

Attentat *n* assassination (attempt)

Attentäter *m* assassin

Attest *n* certificate; attestation

Attest *n*/**ärztliches** medical certificate, doctor's certificate

Attraktivkraft *f (Tax Law)* force of attraction

Attraktivkraft *f* **der Betriebsstätte** force of attraction of business premises

Aufbauhypothek *f (obs.)* mortgage for (post-war) reconstruction

aufbewahren *v* keep, safeguard, preserve, keep safe; store; save *(for later use)*

Aufbewahrungsfrist *f* period for storage; (minimum) period for retaining records

Aufbewahrungspflicht *f* duty to keep (safe); duty to retain

aufbrummen *v (slang)* impose *(e.g. a fine)*

aufdecken *v* disclose, reveal; uncover, expose; detect

Aufenthalt *m* residence; abode; stay; whereabouts *pl*, location

Aufenthalt *m*/**gewöhnlicher** normal abode; habitual residence

Aufenthaltsbescheinigung *f* certificate of residence

Aufenthaltsbestimmungsrecht *n* parents' right to determine the residence of their children

Aufenthaltsbewilligung *f* residence permit for special purposes

Aufenthaltserlaubnis *f* (basic) residence permit

Aufenthaltsgenehmigung *f* (basic) residence permit

Aufenthaltsgestattung *f* temporary residence permit

Aufenthaltsort *m* place of residence; abode; whereabouts *pl*, location; domicile

Aufenthaltsverbot *n* exclusion order; residence ban

auferlegen *v* impose *(a fine etc.)*; enjoin

Auffahrunfall *m* rear-end collision

Auffanggrundrecht *n* general basic right *(which is applicable where no specific basic right exists)*

Auffangtatbestand *m* omnibus clause, catch-all clause

auffordern *v* call on; request, demand; invite; summon
auffordern *v***/zu Straftaten** incite to commit a crime
Aufforderung *f* request, demand; invitation; summons
Aufforderung *f* **zu Straftaten** incitement to commit punishable acts
Aufforderung *f* **zur Angebotsabgabe** invitation to make an offer; request to submit a tender; invitation to enter into contractual negotiations
Aufgabe *f* 1. task; function; duty; 2. giving up, surrender; abandonment; waiver; resignation, retirement *(from a position or job)*
Aufgabe *f* **des Eigentums** surrender of ownership
Aufgabe *f* **eines Gewerbebetriebs** cessation of business; closing down a business
Aufgabe *f* **eines Mitunternehmeranteils** giving up a share in a business
Aufgabe *f***/öffentliche** public duty
aufgeben *v* give up, surrender; abandon; waive; resign
Aufgebot *n (obs.)* 1. public notice of intended marriage; 2. ≈ public notice (given by court) requiring persons (creditors etc.) to file any claim within a specified period
Aufgebotsverfahren *n* public notice procedure; public summons proceedings *pl*
aufgedrängte Bereicherung *f* enforced enrichment
Aufgeld *n* premium, agio, surcharge
aufheben *v* 1. set aside, quash *(a judgment)*; cancel, annul, rescind *(a contract)*; 2. abolish, repeal *(a law)*; abrogate *(a treaty)*
Aufhebung *f* 1. setting aside, quashing; 2. abolition, repeal; abrogation
Aufhebung *f* **der Vollstreckung** suspension of execution; stay on execution
Aufhebung *f* **der Zwangsversteigerung** stay on forced sale by public auction
Aufhebung *f* **des Insolvenzverfahrens** stay on insolvency proceedings
Aufhebung *f* **eines Verwaltungsaktes** annulment of an administrative act
Aufhebungsanspruch *m* right to seek dissolution (of marriage)
Aufhebungsklage *f* application for rescission *(of a contract)*; application for dissolution *(of a marriage)*
Aufhebungsvertrag *m* termination agreement
aufhetzen *v* incite, instigate, stir up
Aufhetzung *f* incitement
aufklären *f* inform, clarify, explain
Aufklärung *f* 1. information, clarification, explanation; investigation; 2. *(CrLaw)* detection *(of a crime)*; solving *(of a crime)*
Aufklärungspflicht *f* duty to provide [disclose] information; duty to investigate
Aufklärungspflicht *f***/richterliche** judicial duty to investigate
Aufklärungspflichtverletzung *f* breach of duty to disclose information; breach of duty to investigate
Aufklärungsquote *f (CrLaw)* detection rate
Auflage *f* 1. obligation, condition; encumbrance, charge *(on land etc.)*; 2. edition *(book)*
auflassen *v* 1. withdraw from use; close down; 2. convey by (declaration of) agreement, transfer title by agreement
Auflassung *f (BE)* completion of sale; (agreement on) conveyance of land
Auflassungsanspruch *m* right of claim to completion of sale
Auflassungserklärung *f* declaration of conveyance
Auflassungsurkunde *f (BE)* deed of conveyance
Auflassungsvormerkung *f* priority (sale) notice *(in land register)*
auflauern *v* wait in ambush
Auflauf *m* riotous assembly
auflaufen *v* accrue
Auflieger *m* trailer, semi-trailer *(road traffic law)*
auflösen *v* dissolve, wind up, liquidate, break up; annul *(a contract)*
auflösende Bedingung *f* condition subsequent *(if the condition is not met, the contract or obligation is terminated)*
Auflösung *f* dissolution, winding-up, liquidation; annulment
Auflösung *f* **der Gesellschaft** *(BE)* company liquidation, *(AE)* corporate liquidation
Auflösung *f* **des Wohneigentums** dissolution of a home; division of residential property

Auflösungsgrund *m* reason for dissolution
Auflösungsklage *f* legal action for dissolution
Aufnahme *f* acceptance; admission; enrolment, *(AE)* enrollment
Aufnahmeprüfung *f* entrance examination; acceptance test
Aufopferung *f* sacrifice
Aufopferungsanspruch *m* claim to compensation against public authority
aufrechnen *v* offset, set off
Aufrechnung *f* offset, set-off
Aufrechnungsbefugnis *f* authority to set-off
Aufrechnungslage *f* condition to exercise set-off *(Insolvency Law)*
Aufrechnungsverbot *n* prohibition of set--off
Aufrechterhaltung *f* maintenance
Aufruhr *m* riot
Aufrührer *m* rioter
aufschieben *v* defer, postpone; delay; adjourn
aufschiebende Bedingung *f* condition precedent *(if the condition is not fulfilled, the contract or obligation does not come into effect)*
Aufschub *m* 1. postponement, deferment; suspense; 2. *(CrLaw)* reprieve; stay *(of execution etc.)*; delay; extension *(of deadline etc.)*
Aufseher *m* inspector; supervisor; foreman; prison officer, prison warden, *(AE)* prison guard
aufsetzen *v* draft; draw up, prepare
Aufsicht *f* control, supervision, monitoring, checking
Aufsichtsbehörde *f* supervisory authority
Aufsichtsklage *f* ≈ legal action initiated by supervisory authority
Aufsichtsklage *f* **der Kommission** ≈ action for infringement of Community law by the European Commission
Aufsichtspflicht *f* duty of supervision
Aufsichtsrat *m* supervisory board; board of trustees; board of directors
Aufsichtsratsmitglied *n* member of the supervisory board; trustee; board member; director
Aufsichtsverletzung *f* breach of duty to supervise
Aufspaltung *f* separation, division, splitting
aufstacheln *v* incite
Aufstand *m* insurgency
Aufständischer *m* insurgent
Aufstellung *f* schedule, table, list
Aufstockung *f* increase; topping-off, supplementing
Aufstockungsunterhalt *m* ≈ maintenance balancing the difference of income between (divorced) spouses
aufteilen *v* apportion, divide into portions, divide (up)
Auftrag *m* mandate; commission; order
Auftraggeber *m* ordering party, customer
Auftragnehmer *m* contractor; tenderer, *(AE)* bidder
Auftragsbestätigung *f* confirmation of order; confirmation of contract; acknowledgement of receipt of order
Auftragsmörder *m* hired killer
Auftragsverwaltung *f* 1. administration by commission; 2. order management
auftragswidrig *adj* contrary to instructions
Auftreten *n* appearance
Auftritt *m* appearance
Aufwandsentschädigung *f* compensation for expenses; expense allowance; representation allowance
aufwenden *v* use, employ, utilize; spend, expend
Aufwendung *f* expense, cost(s); expenditure, outlay
Aufwendungen *fpl*/**ersparte** saved expenses *pl*
Aufwendungen *fpl*/**nutzlose** expenses *pl* that prove futile
Aufwendungen *fpl*/**unverhältnismäßige** disproportionate expenses *pl*
Aufwendungsersatz *m* reimbursement of expenses
aufwerten *v* revalue, revaluate
Aufwertung *f* revaluation; appreciation *(in value)*
aufwiegeln *v* incite, instigate, stir up, agitate
aufzeichnen *v* record, note, take note of; register, enter
Aufzeichnung *f* record; note(s); entry
Aufzeichnungspflicht *f* duty to keep records
AÜG *n s.* Arbeitnehmerüberlassungsgesetz
Augenschein *m* inspection; viewing, sighting *(judicial)*

Augenscheinsbeweis *m* evidence by inspection, evidence by ocular [visual] inspection
Augenscheinseinnahme *f* judicial examination of the scene; inspection of the location
Augenzeuge *m* eye-witness
Auktion *f* auction
Auktionator *m* auctioneer
ausarbeiten *v* develop; expand
Ausbeute *f* yield
ausbeuten *v* exploit
Ausbeutung *f* exploitation; working; depletion
Ausbeutungsmissbrauch *m* abusive exploitation
ausbilden *v* train, instruct
Ausbilder *m* instructor
Ausbildung *f* training; education; apprenticeship; instruction
Ausbildung *f*/**juristische** legal training
Ausbildungsförderung *f* promotion of education; support of training
Ausbildungskosten *pl* training costs *pl*
Ausbildungsvertrag *m* articles *pl* of apprenticeship [clerkship]; training contract
Ausbildungszeit *f (BE)* pupillage
ausbleiben *v* default; be overdue; fail to appear
Ausbleiben *n* failure to appear; non--compliance
ausbrechen *v* escape; break out
Ausbrecher *m* fugitive
Ausbruch *m* 1. escape; *(AE)* jailbreak; 2. outbreak *(of war, of disease)*
ausbürgern *v* expatriate, denaturalize; deprive of citizenship
Ausbürgerung *f* expatriation; deprivation of citizenship
Ausdruck *m* expression, phrase; term
• **Ausdruck finden** find a term
ausdrücklich *adj* express, explicit
auseinandersetzen *v* 1. dispute; argue; 2. explain; set out reasons for; 3. partition, divide
Auseinandersetzung *f* 1. dispute, debate; conflict; 2. partition, division, settlement *(e.g. between co-heirs)*; liquidation
Auseinandersetzungsanspruch *m* claim to a distribution share
Ausfall *m* stoppage; deficiency, fault, failure, *(AE)* outage
Ausfallbürgschaft *f* indemnity bond
Ausfallhaftung *f* liability for failure; liability for loss of production (operations)
Ausfallzeit *f* lost time; period of non-contribution into social security system; excluded period
ausfertigen *v* issue; make a copy, make an authentic copy, engross
Ausfertigung *f* 1. (official) copy, authentic copy; executed copy; 2. (valid) execution; issue, making out, drawing *(of a bill of exchange)*
Ausfertigung *f*/**vollstreckbare** official copy capable of being used for enforcement [execution] *(of a judgment etc.)*
ausforschen *v* sound out, explore
Ausforschungsbeweis *m* evidence obtained by exploratory questioning
Ausfuhr *f* export
Ausfuhrbeschränkung *f* export limitation, export barrier
ausführen *v* 1. conduct, carry out *(work)*; perform *(a contract)*; 2. export *(goods)*; 3. commit *(a crime)*
Ausfuhrerlaubnis *f* export licence [*AE* license], export permit
Ausfuhrkennzeichen *n* export registration number plate *(motor vehicle)*
Ausführung *f* 1. carrying out, performance; 2. export; 3. commission *(of a crime)*
Ausführungsbestimmung *f* implementing provision; regulation
Ausführungsgesetz *n* implementing statute
ausfüllen *v* fill in, complete; *(AE)* fill out
Ausgabe *f* 1. expense, cost; expenditure, spending, outlay; 2. publication; issue; 3. issuing, *(AE)* issuance; giving out, handing out
Ausgaben *fpl*/**absetzbare** deductible expenses *pl*
Ausgaben *fpl*/**abziehbare** deductible expenses *pl*
Ausgabenkürzung *f* curtailment of expenses
Ausgabepreis *m* issue price
Ausgang *m* 1. result, outcome *(of legal proceedings)*; 2. exit; out tray *(for post etc.)*
Ausgang *m* **des Rechtstreits** result [outcome] of a legal dispute
Ausgangssperre *f* curfew
ausgeben *v* 1. spend *(money)*; 2. issue; emit *(shares)*

ausgenommen *adj* except, apart from, exempt from
Ausgestaltung *f* configuration; designing; arrangement
ausgewogen *adj* balanced
Ausgleich *m* 1. compensation; 2. settlement; adjustment; equalization
ausgleichen *v* adjust; equalize; balance; compensate
Ausgleichsanspruch *m* right to claim compensation
Ausgleichsquittung *f* general discharge
Ausgleichung *f* adjustment; equalization; compensation
Aushändigung *f* delivery, supply, providing, handing over; surrender
Aushang *m* public notice; posting on notice board
aushöhlen *v* erode; undermine
Aushöhlung *f* erosion; undermining
Auskehr *f* **des Erlöses** payment of the proceeds to the creditor
Auskunft *f* information; disclosure; inquiry • **Auskunft erteilen [geben]** provide information; disclose information
Auskunft *f* **aus dem Strafregister** information from the register of prior convictions
Auskunft *f*/**behördliche** official information
Auskunftsanspruch *m* right of disclosure; right to information
Auskunftserteilung *f* disclosure; revealing, provision of information
Auskunftspflicht *f* duty to provide information; duty to disclose
Auskunftsrecht *n* right to (demand) information
Auskunftsverlangen *n* request for information
Auskunftsverweigerungsrecht *n* right to withhold information; right to resist disclosure
Auslagen *fpl* costs *pl*, disbursements *pl*
Auslagen *fpl*/**erstattungsfähige** reimbursable expenses *pl*, (chargeable) disbursements *pl*
Auslagen *fpl*/**notwendige** ≈ necessary expenses, necessary disbursements *pl*
Auslagenersatz *m* reimbursement of expenses
Ausländer *m* foreigner; alien; non-national; foreign subject [citizen]
Ausländerbehörde *f* agency for foreign nationals
Ausländergesetz *n* (German) Law of Foreign Nationals
Ausländerrecht *n* law related to foreign nationals
ausländisch *adj* foreign; alien
Auslandsbesitz *m* property abroad [in foreign country]
Auslandsdelikt *n* extra-territorial crime; offence [*AE* offense] committed abroad [out of jurisdiction]
Auslandsscheidung *f* *(Family Law)* foreign divorce, dissolution of marriage under law of a foreign jurisdiction
Auslandstätigkeitserlass *m* *(Tax Law)* decree on employment abroad *(granting exemptions from tax liability)*
Auslandstatus *m* foreign status; position in foreign market
Auslandsvermögen *n* foreign assets *pl*
auslaufen *v* expire, run out
auslegen *v* 1. spend, pay, lay out *(money)*; 2. interpret, construe, read; 3. lay out for public inspection *(patent)*
auslegen *v*/**eng** interpret narrowly
auslegen *v*/**weit** interpret in a wider sense
Auslegung *f* interpretation, construction; reading
Auslegung *f*/**einschränkende** restrictive interpretation
Auslegung *f*/**erweiternde** broad interpretation
Auslegung *f*/**genetische** ≈ method of statutory interpretation which relies upon determining the original intent of the legislator
Auslegung *f*/**grammatikalische** grammatical interpretation
Auslegung *f*/**historische** historical interpretation
Auslegung *f*/**normative** normative construction
Auslegung *f*/**richterliche** judicial interpretation, construction of the court
Auslegung *f*/**richtlinienkonforme** ≈ interpretation in line with directives or guidelines
Auslegung *f*/**systematische** systematic interpretation
Auslegung *f*/**teleologische** teleological interpretation
Auslegung *f*/**verfassungskonforme** in-

terpretation in accordance with the constitution
Auslegung *f*/**wohlwollende** favo(u)rable interpretation
Auslegung *f*/**wörtliche** literal interpretation, word-for-word construction [interpretation]
auslegungsbedürftig *adj* requiring interpretation
Auslegungsregel *f* rule of construction [interpretation]
ausleihen *v* lend; hire out
ausliefern *v* 1. deliver, supply; hand over, surrender; 2. extradite; deport
Auslieferung *f* 1. delivery, handing over, surrender; 2. extradition
Auslieferungshaft *f* detention pending extradition
Auslieferungsverbot *n* prohibition on extradition
ausloben *v* offer a reward
Auslobung *f* (public) offer of a reward
Auslosung *f* allotment; premature redemption of bonds
Ausnahme *f* exception; exemption • **mit Ausnahme von** with the exception of
Ausnahmebestimmung *f* exceptional provision; exemption (provision)
Ausnahmebewilligung *f* exceptional grant; special grant
Ausnahmegenehmigung *f* exemption permit, special permit, exceptional authorization
Ausnahmegericht *n* special tribunal; extraordinary court
Ausnahmezustand *m* state of emergency
ausnahmsweise *adj* exceptionally, as an exception; for once
Ausnutzung *f* **der Unerfahrenheit** taking advantage of inexperience
Ausprägung *f* characteristic
Ausreise *f* departure; exit; outward journey
Ausreisefreiheit *f* right to leave a country; freedom to travel to foreign countries, *(BE)* right to travel abroad
Ausrichtung *f* focus, concentration, orientation; direction; bias
ausrufen *v* proclaim
Aussage *f* statement *(of witness)*; testimony; evidence • **die Aussage verweigern** refuse to testify [make a statement]
Aussage *f*/**falsche** false testimony [statement]
Aussage *f*/**falsche uneidliche** false testimony not under oath
Aussage *f*/**uneidliche** unsworn testimony, statement not under oath
Aussagedelikt *n* ≈ offence related to giving of evidence
Aussagegenehmigung *f* permission to give evidence
aussagen *v* make [give] a statement; testify
Aussagepflicht *f* legal duty to provide a statement; obligation to give testimony
Aussageprotokoll *n* deposition, record of evidence
Aussageverweigerungsrecht *n* right to refuse to testify [make a statement]
ausscheiden *v* resign; retire; leave; withdraw
Ausscheiden *n* resignation; retirement; departure; withdrawal
Ausscheidensgrund *m*/**gesetzlicher** statutory reason for retiring
ausschlagen *v* 1. refuse *(to accept an office etc.)*; reject (an offer); 2. disclaim *(an inheritance, a legacy, etc.)*
Ausschlagung *f* rejection; refusal; disclaimer
ausschließen *v* exclude; preclude; rule out
ausschließlich *adj* exclusive; excluding
ausschließliche Gesetzgebung *f* exclusive legislation; exclusive legislative power
ausschließliche Zuständigkeit *f* exclusive responsibility; sole jurisdiction
ausschließlicher Gerichtsstand *m* exclusive jurisdiction, sole forum
Ausschluss *m* exclusion; expulsion; preclusion; disbarment
Ausschluss *m* **der Öffentlichkeit** exclusion of the public • **unter Ausschluss der Öffentlichkeit** excluding the public *(from the courtroom)*; in camera
Ausschluss *m* **des Rechtsweges** exclusion of the courts of law
Ausschlussfrist *f* preclusive period [term], preclusive time limitation
Ausschlussklage *f* exclusion action
Ausschlussurteil *n* judgment [decision] barring owner's title
ausschöpfen *v* exhaust; exploit

Ausschöpfung *f* **des Rechtsweges** exhaustion of possibilities for appeal; exhaustion of legal remedies
ausschreiben *v* offer; put up for tender; invite tenders [bids]; advertise
Ausschreibung *f* offering; calling for tenders, inviting tenders [bids]
Ausschreibung *f*/**öffentliche** public offer; public tender, public invitation for tenders [bids]
Ausschreibung *f* **zur Festnahme** order by the authority to search for a fugitive; arrest warrant
Ausschreitungen *fpl* riot; violence; outrage
Ausschuss *m* committee; board; commission
Ausschuss *m*/**auswärtiger** foreign affairs committee
Ausschuss *m*/**beratender** consultative committee
Ausschuss *m*/**gemeinnütziger** charity committee
Ausschuss *m*/**gemeinsamer** joint committee
Ausschuss *m*/**geschäftsführender** managing committee [board]
Ausschuss *m*/**ständiger** permanent committee
Ausschuss *m*/**wirtschaftspolitischer** economic policy committee
Ausschüttung *f* payout, distribution; payment of dividend
Außenbereich *m* external (outdoor) area; undeveloped land
Außengesellschaft *f* external partnership *(partnership in which the shareholders may act in relation to third parties in name of partnership)*
Außenhaftung *f* liability to third parties
Außenhandel *m* external [foreign] trade; importing and exporting
Außenminister *m* foreign minister; *(BE)* Foreign Secretary; *(AE)* Secretary of State
Außenministerium *n* foreign ministry; *(BE)* Foreign Office; *(AE)* State Department
Außenprüfung *f* external examination
Außenstände *mpl* accounts *pl* receivable; outstanding debts *pl* [accounts *pl*]
Außenstände *mpl*/**nicht beitreibbare** bad debts *pl*; non-recoverable accounts *pl*
Außenstehender *m* third party; outsider; stranger
Außensteuergesetz *n* International Tax Relations Law
Außenverhältnis *n* external relationship; third party relationship
Außenwirkung *f* effect in relation to third parties
Außenwirtschaftsrecht *n* foreign trade law
außer except, save; other than; outside; beyond; beside(s)
außerehelich *adj (obs.)* extramarital; out of wedlock; illegitimate
außergerichtlich *adj* out of court; extrajudicial
außergerichtlicher Vergleich *m* out-of--court settlement
außergewöhnliche Belastungen *fpl* extraordinary liabilities *pl*; exceptional expenses *pl*
äußern *v* comment; express an opinion; remark
außerordentlich *adj* extraordinary, exceptional
außerordentliche Kündigung *f* extraordinary termination; termination without notice; exceptional dismissal
Äußerung *f* comment; expression of opinion; remark
Äußerung *f*/**ehrenrührige** disparaging remark [comment]
aussetzen *v* 1. offer (a reward); make subject to; 2. abandon *(a child)*; 3. suspend; postpone, defer; stay *(proceedings)*; interrupt, discontinue
Aussetzung *f* 1. abandonment; 2. stay *(of proceedings)*; interruption; suspension; discontinuance
Aussetzung *f* **der Zwangsvollstreckung** stay of execution [recovery] procedures
Aussetzung *f* **des Verfahrens** stay of proceedings
Aussicht *f* **auf Erfolg** chances *pl* of success
Aussiedler *m* resettler *(ethnic German returning to the Federal Republic of Germany from areas of Eastern Europe)*
aussondern *v* separate, set aside, deal with separately
Aussonderung *f* ≈ separation of third party assets from assets of a bank-

rupt party; ≈ separation of third party assets from assets of an insolvent party
Aussonderungsberechtigter *m* ≈ party authorized to separate third party assets from those of bankrupt party; ≈ party authorized to separate third party assets from those of insolvent party
Aussonderungsrecht *n* right of recovery
Ausspähen *n* **von Daten** ≈ spying on data
aussperren *v* lock out *(workers etc.)*
Aussperrung *f* lockout *(in employment dispute)*
Ausspruch *m* award, pronouncement
Ausstand *m* walkout, strike, work stoppage
ausstatten *v* equip; provide, grant; endow
ausstatten *v***/jmdn. mit einer Vollmacht** grant sbdy a power of attorney
Ausstattung *f* equipment; endowment
ausstehend *adj* outstanding, unpaid
ausstellen *v* issue; make out
Aussteller *m* issuer, issuing party, issuing authority; maker; drawer
Ausstellung *f* issuing; making out; drawing
Ausstellungstag *m* date of issue; issuing date
Aussteuer *f* dowry
Austausch *m* exchange, interchange; substitute
austauschen *v* exchange, substitute
Austauschpfändung *f* levy an object to replace it with a more inexpensive object
Austauschvereinbarung *f* exchange agreement
Austauschvertrag *m* exchange contract
austreten *v* withdraw; depart; leave; resign; quit
Austritt *m* withdrawal; departure *(from office etc.)*; ending *(of membership)*; resignation
Austrittserklärung *f* letter of resignation; notice of withdrawal
Austrittsrecht *n* right to withdraw; right to resign
ausüben *v* exercise; conduct; follow
Ausübung *f* exercise, use, practice, conducting
Ausübung *f* **der Staatsgewalt** exercise of state power
Ausübung *f* **einer Tätigkeit** undertaking of an activity, undertaking of a task
Ausübung *f* **eines Patents** working of a patent
Ausübung *f* **eines Rechts** exercise of a right
Ausübung *f* **hoheitlicher Befugnisse** exercise of sovereign authority
Auswahl *f* choice, selection; range, assortment *(of goods etc.)*; variety
Auswahlverfahren *n* selection procedure; sampling method *(statistics)*
auswandern *v* emigrate
Auswanderung *f* emigration
auswärtig *adj* exterior; foreign
auswärtiger Ausschuss *m* foreign affairs committee
Auswärtiges Amt *n* department for foreign relations, *(BE)* department for foreign affairs, *(BE)* Foreign Office, *(AE)* State Department
ausweichen *v* avoid, evade
Ausweis *m* identity card, *(AE)* ID; pass, permit
ausweisen *v* 1. show, demonstrate; 2. deport, expulse
ausweisen *v***/sich** identify oneself; provide proof of identity
Ausweiskontrolle *f* identity check, *(AE)* ID check, identification control
Ausweispapiere *npl* identity papers *pl*, identification document(s), *(AE)* ID (card)
Ausweisung *f* deportation; expulsion *(of foreigner or undesirable person)*
auswerten *v* 1. evaluate, consider, appraise; 2. exploit, utilize
auswirken *v* operate
auswirken *v* **(auf)/sich** have an influence on; affect; cause
Auswirkung *f* effect, influence, impact; result; repercussion
auszahlen *v* pay, pay out; pay off *(a debt)*
auszählen *v* count *(votes etc.)*
Auszahlung *f* paying (out) of money; payment, sum of money paid
Auszählung *f* counting; enumeration; compilation
Auszahlungsanweisung *f* instruction [order] to pay (out)
Auszahlungsverbot *n* prohibition of payment
Auszubildender *m* trainee; apprentice
Auszug *m* extract; summary, overview
Auszug *m* **aus der Insolvenztabelle** extract from insolvency schedule
authentisch *adj* authentic

Automatenmissbrauch *m* misuse of slot [vending] machines
Automatisches Fingerabdruckidentifizierungssystem *n (AFIS)* automatic finger print identification system
autonom *adj* autonomous
Autonomie *f* autonomy
Autopsie *f* autopsy, post-mortem (examination)
Autor *m* author
autorisieren *v* authorize
Autostrich *m* street prostitution
avisieren *v* give notice of

B

Bachelor *m* Bachelor
BAföG *n s.* Bundesausbildungsförderungsgesetz
BAG *s.* Bundesarbeitsgericht
Bagatelldelikt *n* minor offence [*AE* offense], petty crime
Bagatellforderung *f* minor claim, application of minor importance
Bagatellschaden *m* trivial loss, minor [minimal] damage
Bahnübergang *m* level crossing
BAK *s.* Blutalkoholkonzentration
Bande *f* ring *(of thieves)*; gang, band
Bandendiebstahl *m* gang theft
Bank *f* bank, banking institution, banking house
Bankakzept *n* bank acceptance; acceptance credit
Bankauskunft *f* ≈ bank information (on customer accounts); banker's information
Bankbürgschaft *f* bank security, bank guarantee, *(AE)* bank guaranty
Bankenstimmrecht *n* voting rights *pl* of a bank
Bankgeheimnis *n* banking secret; banker's privilege *(against disclosing information)*; duty of bank to keep data secret [confidential]
Bankguthaben *n* credit balance at bank
Bankkonto *n* bank account; *(AE)* checking account
Bankkredit *m* bank credit
Banknote *f* bank note; *(AE)* bill
Bankomat *m* automatic teller machine, ATM, cash machine, *(colloq.)* money machine
Bankraub *m* bank robbery
Bankrecht *n* banking law
bankrott *adj* bankrupt; insolvent
Bankrott *m* bankruptcy; insolvency
Bankrott *m*/**betrügerischer** fraudulent bankruptcy
Bankscheck *m* bank cheque [*AE* check]
Bankverbindung *f* banking connection; bank
Bankwechsel *m* bank draft; bank acceptance
Bannmeile *f* precincts *pl (of a municipality etc.)*; protected area around parliament
bar *adj* cash, in cash; *(colloq.)* ready cash
Bargeld *n* cash
Bargeschäft *n* cash transaction
Bargründung *f* formation of company with a cash contribution
Barkauf *m* cash purchase; purchase for cash
Barwert *m* cash value *(subject to deduction of unaccrued interest)*
Barzahlung *f* cash payment, payment in cash
Basiszinssatz *m* basic rate of interest, base rate *(of interest)*
Bau *m* 1. building, construction *(process)*; 2. building, structure *(immovable object)*
Bauantrag *m* application for permission to build
Bauaufsicht *f* construction supervision; control of building
Bauausführung *f* development
Baubehörde *f* building [planning] authority
bauen *v* build, construct, erect
Bauerlaubnis *f* building permit; planning permission
Baugenehmigung *f s.* Bauerlaubnis
Baugenossenschaft *f* building society
Baugesellschaft *f* construction company
Baugesetzbuch *n* Planning Law; Building Code
Bauherr *m* builder; party ordering the building, land owner
Bauherrengemeinschaft *f* association of owners instructing builders
Bauherrenmodell *n* home builders' scheme
Bauland *n* building land [ground], land for construction
Bauleistung *f* construction work
Baulinie *f* building line

Baumangel *m* defect in construction
Baunutzungsverordnung *f* regulations *pl* on use of buildings
Bauordnung *f* building code, construction regulations *pl*
Bauordnungsrecht *n* law related to building regulations [codes]
Baupachtvertrag *m***/erbbaurechtsähnlicher** building lease
Bauplanungsrecht *n* construction planning law, *(AE)* zoning law
Bauprozess *m* legal proceedings *pl* in relation to building [construction]
Baurecht *n* 1. right to build; 2. building [construction] law
Baurecht *n***/privates** private construction law
Bauschäden *mpl* damage to a building; construction damage
Bauspardarlehen *n (BE)* building society loan, saver's building loan
Bausparkasse *f (BE)* building society, *(AE)* savings and loan association
Bausparvertrag *m* building society savings contract [agreement]
Bauträger *m* property developer; builder
Bauträgervertrag *m* property developer contract
Bauunternehmer *m* developer; builder; building contractor
Bauunternehmervertrag *m* building contract, construction contract
Bauvorschriften *fpl* planning regulations *pl*; building regulations *pl*
Bayerisches Oberstes Landesgericht *n (BayObLG) (until 2005)* Supreme State Court of Bavaria
BayObLG *s.* Bayerisches Oberstes Landesgericht
beachten *v* observe, follow, comply with; take notice of; pay attention to
Beamtenbestechung *f* bribery of an official, bribery of a civil servant
Beamtenlaufbahn *f* civil [public] service career
Beamtenrecht *n* law of civil [public] servants
Beamtenverhältnis *n* civil [public] servant status, position as a public official
Beamter *m (BE)* civil servant, public servant, *(AE)* government employee; official
beanspruchen *v* claim; demand
beanstanden *v* complain; object to; find fault with; disapprove of; query
Beanstandung *f* complaint; objection; rejection; notice of fault [defect]
beantragen *v* apply (for); submit [make] an application; demand, request; move *(a motion at a meeting)*
bearbeiten *v* process; work on; handle; *(colloq.)* deal with
Bearbeiter *m* person in charge, responsible person
Bearbeitung *f* 1. handling, processing; working on; treatment *(of materials)*; 2. adaptation *(of books, literary works, etc.)*; derivative work
beaufsichtigen *v* supervise, oversee, superintend; control; invigilate *(an examination, a test)*
Beaufsichtigung *f* supervision; control; invigilation *(of an examination, a test)*
Beaufsichtigung *f***/mangelnde** defective supervision; inadequate control
beauftragen *v* mandate, give a mandate, give instructions; instruct; order; commission
Beauftragter *m* mandatee, mandatary; commissioner *(for official position)*; attorney; agent, legal representative; instructed party; proxy *(for casting a vote)*
Bebauung *f* building; development, land use
Bebauungsplan *m* land use plan; zoning plan
Bedarf *m* need, requirement(s); demand
bedenklich *adj* questionable; doubtful; precarious
Bedenkzeit *f* time to consider, time for consideration, period for deliberation
bedeuten *v* mean, signify, stand for
bedeutend *adj* significant; relevant; outstanding
Bedeutung *f* meaning, significance
Bedeutung *f***/grundsätzliche** fundamental significance
bedienen *v* operate; run; manage; serve
Bedienungsanleitung *f* operating instructions *pl*; instruction sheet [manual]; handbook
bedingen *v* cause, effect; condition; call for
bedingt *adj* contingent, conditional (on), qualified (by), dependent (on)
bedingter Vorsatz *m (CrLaw)* qualified intent
bedingtes Arbeitsverhältnis *n* conditional employment relationship

Bedingung *f* stipulation, requirement; condition; term; provision; proviso; condition precedent; precondition, contingency • **auf Bedingungen eingehen** accept conditions

Bedingung *f*/**auflösende** condition subsequent *(if the condition is not met, the contract or obligation is terminated)*

Bedingung *f*/**aufschiebende** condition precedent *(if the condition is not fulfilled, the contract or obligation does not come into effect)*

Bedingung *f*/**unerlässliche** indispensable condition, *(Lat)* conditio sine qua non

bedingungsfeindlich *adj* absolute, unconditional, which may not be made conditional

bedingungsfeindliches Rechtsgeschäft *n* legal transaction which may not be made conditional; absolute legal transaction

bedrohen *v* 1. threaten, menace; 2. *(CrLaw)* assault

Bedrohung *f* 1. threat, menace; 2. *(CrLaw)* assault

bedürfen *v* want; require, need

bedürftig *adj* needy, poor, indigent

Bedürftigkeit *f* need, neediness, poverty, indigence; distress

beeidigen *v* swear on oath

Beeidigung *f* swearing in, administration of oath

Beeinflussung *f* influencing; lobbying; manipulation

beeinträchtigen *v* impair, interfere (with), encroach (upon)

Beeinträchtigung *f* impairment, interference (with), encroachment (upon)

beenden *v* end, conclude, finish, complete; terminate

beendeter Versuch *m* completed attempt

beendigen *v s.* beenden

Beendigung *f* end, conclusion, finish, completion; termination

Beendigung *f*/**vorzeitige** accelerated completion; early termination

beerben *v*/**(jmdn.)** inherit from a person; *(BE)* succeed to a deceased's estate; *(AE)* be an heir to a decedent's property

befähigen *v* qualify, enable

Befähigung *f* ability, capacity; qualification

Befähigung *f* **zum Richteramt** qualification to take office as a judge

Befähigungsnachweis *m* certificate of ability; certificate of proficiency; proof of qualification

befangen *adj* biased, prejudiced

Befangenheit *f* bias, prejudice, absence of impartiality

befassen *v* deal with

Befehl *m* order, demand, command

befolgen *v* follow, comply with

Befolgung *f* adherence; compliance

Beförderung *f* 1. promotion, advancement *(occupation)*; 2. transportation, shipment, carriage

Beförderungsvertrag *m* 1. contract of carriage *(persons)*; 2. haulage agreement, shipping contract, freight agreement *(goods)*

befragen *v* ask, question, interrogate

Befragung *f* questioning, interrogation

Befragung *f*/**informatorische** questioning for informational purposes

befreien *v* discharge; dispense; exempt

befreiende Schuldübernahme *f* ≈ acceptance of indebtedness and discharge of transferor from all liability

Befreiung *f* discharge; dispensation; exemption

befriedigen *v* satisfy; pay off; please; meet *(a demand)*

Befriedigung *f* (full) satisfaction; payment (in full)

Befriedigung *f*/**quotenmäßige** satisfaction on a pro rata basis

Befriedigung *f*/**vorrangige** priority right to satisfaction

Befriedigungsrecht *n* right to satisfaction

befristen *v* set [fix] a deadline; set a time limit; make subject to a specific period

befristetes Arbeitsverhältnis *n* finite employment relationship, fixed-term employment relationship

Befristung *f* time limit, limitation period

Befugnis *f* authority; power; right; (official) warrant • **Befugnisse übertragen** transfer power; delegate authority • **seine Befugnisse überschreiten** exceed one's authority, act beyond one's powers; act ultra vires

Befugnisse *fpl*/**hoheitliche** sovereign powers *pl*

befugt *adj* empowered, authorized

befürworten *v* approve; advocate, support; agree with; endorse
Befürwortung *f* recommendation; support
begehen *v (CrLaw)* commit, perpetrate, carry out
begehren *v* petition; demand; request; desire
Begehren *n* petition; demand; request
Begehung *f (CrLaw)* commission, perpetration
Begehungsdelikt *n* offence [*AE* offense] by commission
Beginn *m* begin, start, commence
beglaubigen *v* attest, certify, authenticate, verify; legalize
Beglaubigung *f* attestation, certification, verification; legalization
Beglaubigung *f*/**amtliche** official certification
Beglaubigung *f*/**notarielle** official recording by notary public; authentication by notary public
Beglaubigung *f*/**öffentliche** public certification; public attestation
Beglaubigungsvermerk *m* attestation clause; certificate of authentication *(of signature)*
begleichen *v* pay, settle *(an account)*; discharge *(a debt)*
Begleichung *f* pay; payment; settlement
begnadigen *v* pardon, grant a pardon
Begnadigung *f* (granting of) pardon; reprieve
Begnadigungsrecht *n* power to grant a pardon
begrenzen *v* limit, confine, restrict, circumscribe
Begrenzung *f* limitation; restriction
Begriff *m* term, concept, idea, notion
begrifflich *adj* notional; conceptual
Begriffsbestimmung *f* definition
Begriffsjurisprudenz *f* analytical jurisprudence
begründen *v* 1. provide reason(s), justify, set forth grounds; 2. found, establish; create
begründet *adj* justified, well founded, reasonable; with reasons
Begründetheit *f* reasonable justification, good grounds *pl*
Begründung *f* 1. reasons *pl*, grounds *pl*, justification; 2. founding, creation
Begründung *f*/**amtliche** official reasons *pl*
Begründung *f*/**rechtliche** legal reasoning; legal ground
begünstigender Verwaltungsakt *m* administrative act resulting in an advantage
Begünstigter *m* beneficiary; payee; grantee
Begünstigung *f* 1. preferential treatment, favo(u)ring; 2. *(CrLaw)* abetting, aiding the perpetrator of a crime
begutachten *v* provide an (expert) opinion; appraise
Begutachtung *f* (expert) opinion; appraisal; survey *(of buildings and land)*
Behältnis *n* container, repository
behandeln *v* treat, process, deal with
Behandlung *f*/**erkennungsdienstliche** ≈ processing by the police records department, ≈ taking of identification data by the (police) authorities
Behandlung *f*/**unterschiedliche** discrimination; difference in treatment
Behandlungsfehler *m*/**grober** gross malpractice; gross (medical) negligence
behaupten *v* claim, allege; state, maintain
Behauptung *f* claim; allegation; statement
beherrschen *v* dominate, command; control
Beherrschung *f* domination, command, control
behindern *v* stop, prevent, hinder; impede, hamper, obstruct
Behindertentestament *n* will to benefit of a disabled [handicapped] person
Behinderter *m* disabled person, handicapped person
Behinderung *f* hindrance, obstruction, limiting factor; disablement, handicap; restraint (of trade) *(competition)*
Behinderung *f* **im Straßenverkehr** obstruction of traffic
Behinderung *f*/**körperliche und geistige** physical and mental handicap [disability]
Behörde *f* (public) authority, office, (government) agency, government department
Behörde *f*/**öffentliche** public authority
Behörde *f*/**vollziehende** executive authority
Behörde *f*/**zuständige** authority in charge

behördlich *adj* official
beibringen *v* furnish, supply, provide; produce
Beibringungsgrundsatz *m* principle of party presentation
Beichtvater *m* confessor
beiderseitig *adj* mutual, by mutual agreement
beifügen *v* attach, append; enclose; add, supplement
Beigeladener *m* summoned third party
Beigeordneter *m* council(l)or
Beihilfe *f* 1. *(CrLaw)* aiding and abetting; acting as an accessory; 2. help; (financial) support, (monetary) assistance; allowance; grant; subsidy
Beihilfe f/psychische psychological support
Beihilfe f/staatliche state support; official subsidies *pl*
beiladen *v* summon (a third party)
Beiladung *f* third party summons
beilegen *v* settle, resolve; enclose
Beilegung *f* resolution, settlement *(of a dispute)*
beiordnen *v* appoint *(as legal counsel)*
Beiordnung *f* appointment *(as legal counsel)*
Beirat *m* adviser; advisory board [group]
Beischlaf *m* sexual intercourse, carnal knowledge; cohabitation
Beisitzer *m* associate judge [justice]; assessor
Beispiel *n* instance; example
Beistand *m* support; assistance; aid
Beitrag *m* 1. contribution; share; premium *(insurance)*; 2. contribution, payment; 3. article, column
Beitrag m/produktbezogener product-related contribution
beitragen *v* contribute, make a contribution (to); help cause; be an accessory (to)
Beitragspflicht *f* duty to contribute; duty to pay a fee
beitreiben *v* collect, recover
Beitreibung *f* collection, recovery; enforcement
beitreten *v* join; become a member; accede (to)
Beitritt *m* 1. accession; joining; entry; 2. *(CivLaw)* joinder, intervention
Beitritt m/fehlerhafter defective intervention
beiwohnen *v* witness; attend; cohabit
bekannt *adj* known; well-known, renowned; notorious • **bekannt geben** announce, make known; make public; disclose; promulgate *(a law)* • **bekannt machen** *s.* bekannt geben
Bekanntgabe *f* announcement, publication; promulgation *(of a law)*; disclosure
Bekanntmachung *f* announcement, notification, notice; publication *(official)*; disclosure; proclamation
Bekanntmachung f/amtliche official notification
Bekanntmachung f/öffentliche promulgation; public notice
Bekanntwerden *n* **neuer Tatsachen/nachträgliches** subsequent notification [disclosure] of new facts
bekennen *v* admit, confess; acknowledge
Bekenntnis *n* confession; acknowledgement
Bekenntnisfreiheit *f* freedom of faith [confession], religious freedom
Beklagter *m* defendant; respondent
Bekräftigung *f* affirmation; corroboration
Belang *m* relevance; concern; interest; importance, significance
Belang m/öffentlicher matters *pl* of public concern
belangen v/jmdn. 1. *(CrLaw)* prosecute sbdy; 2. *(CivLaw)* bring an action against sbdy
belasten *v* 1. charge, debit *(account)*; 2. charge, encumber, *(AE)* lodge a lien *(land)*; 3. incriminate *(procedure)*; charge
belästigen *v* annoy; molest; harass
Belästigung *f* nuisance; molestation; harassment; annoyance
Belastung *f* 1. burden, load; 2. charge, debit *(account)*; charge; encumbrance *(land)*
Belastung f/dingliche encumbrance; charge
Belastungen fpl/außergewöhnliche extraordinary liabilities *pl*; exceptional expenses *pl*
Belastungsvergleich *m* comparison of expenses
Belastungszeuge *m* prosecution witness; incriminating witness
belaufen v (auf)/sich amount to, total, run up to
Beleg *m* 1. voucher; receipt; documentation; records *pl*; 2. proof; evidence

belegen *v* 1. impose; inflict; 2. document; substantiate; prove, provide evidence of
belegen *adj* located, (locally) situated
Belegenheit *f (Lat)* situs; *(Lat)* locus rei sitae
Belegenheitsgrundsatz *m* principle of locus rei sitae
Belegenheitsort *m* ≈ place where property is situated
Belegschaft *f* staff, employees *pl*
belehren *v* instruct; caution, warn
Belehrung *f* instruction; caution; warning
beleidigen *v* insult; offend
beleidigen *v*/**tätlich** assault
Beleidigung *f* insult; defamation; libel *(written or in permanent form)*; slander *(spoken)*
Beleidigungen *fpl*/**wechselseitig begangene** mutual insults *pl*; libel(l)ous statements *pl* by both parties
beleihen *v* lend on security; lend money on; grant a loan on
Beliehener *m* granted contractor [party]
Belohnung *f* reward; premium
benachrichtigen *v* inform, advise; notify
Benachrichtigung *f* advice; notification; notice
benachteiligen *v* discriminate against; place at a disadvantage; prejudice
Benachteiligter *m* injured party; prejudiced party
Benachteiligung *f* discrimination (against); disadvantage; prejudice
Benennung *f* nomination; designation; naming
benutzen *v* use, make use of; utilize; employ, engage
Benutzerkennung *f* user identification, user ID
Benutzung *f* use, utilization; employment
Benutzungszwang *m* compulsory use
Beobachtung *f*/**polizeiliche** police surveillance
beraten *v* 1. advise; 2. confer; deliberate *(judge, jury)*; consult
beratender Ausschuss *m* consultative committee
Berater *m* consultant; adviser; counsel(l)or
Beraterhonorar *n* consultant's fee
Beratung *f* 1. deliberation(s) *(court)*; 2. consultations *pl (lawyer)*; advice
Beratungshilfe *f* legal aid, (free) legal assistance *(under a legal aid scheme)*
Beratungstätigkeit *f* counsel(l)ing work; advisory service
Beratungsvertrag *m* consulting agreement; consultancy contract
Beratungszimmer *n* jury room; consultation room
Berechnung *f* assessment; calculation
Berechnung *f*/**falsche** miscalculation
berechtigen *v* entitle; authorize, empower; qualify; justify, warrant; privilege
berechtigt sein *v* be entitled
Berechtigter *m* authorized party; legitimate claimant; beneficiary
berechtigtes Interesse *n* justified interest
Berechtigung *f* entitlement; authority, authorization, power; right; privilege
Berechtigungsschein *m* voucher; written authorization; warrant
Bereich *m* area; domain; scope; range
bereichern *v* enrich
Bereicherung *f*/**aufgedrängte** enforced enrichment
Bereicherung *f*/**ungerechtfertigte** undue [unjustified] enrichment
Bereicherungsabsicht *f* intent to enrich a party
Bereicherungsanspruch *m* claim as a result of undue enrichment; right arising from undue enrichment
Bereicherungsausgleich *m* compensation for enrichment
Bereicherungsklage *f* action based on enrichment
Bereicherungsrecht *n* right of enrichment
bereinigen *v* correct, rectify; adjust; clear up
Bereinigung *f* rectification; adjustment; clearing up; settlement
Bereitschaftspolizei *f* auxiliary police *(special rapid reaction police units used on special occasions such as riots, public protests, sporting fixtures, etc.)*
Bereitstellung *f* allocation; provision; appropriation; supply
Bergung *f* recovery, salvage
Berichterstatter *m* reporter; commentator; reporting judge; *(AE)* referee, rapporteur
berichtigen *v* rectify, correct; amend
Berichtigung *f* rectification, correction; amendment

Berichtigung *f* **des Grundbuchs** rectification of land register
Berichtigung *f* **falscher Angaben** rectification [correction] of false details [information]
Berliner Testament *n* ≈ reciprocal will by which spouses mutually appoint each other as the general heir and determine that in the event of the death of the survivor the combined estate shall pass to another party (such as the children)
berücksichtigen *v* take into account; make allowance for; take into consideration; follow, respect, comply with
Berücksichtigung *f* taking into consideration
Beruf *m***/freier** (liberal) profession
Beruf *m***/juristischer** legal profession
berufen *v* appoint
berufen *v* **(auf)/sich** plead; rely on
beruflich *adj* professional; occupational; vocational
Berufsausbildungsverhältnis *n* (vocational) training relationship
Berufsausübung *f* practice [exercise] of a profession; exercise of an occupation
Berufsbeamter *m* permanent civil [public] servant; *(AE)* permanent government employee
Berufsberatung *f* vocational guidance, job counsel(l)ing
Berufsbildungsgesetz *n* Vocational Training Law
Berufserfahrung *f* vocational [job] experience
Berufsfreiheit *f* occupational liberty, freedom to choose and exercise a profession
Berufsgeheimnis *n* professional discretion; professional secrecy
Berufsgenossenschaft *f* professional association; trade association; trade cooperative; ≈ employers' association for regulation of indemnity insurance
Berufshaftpflichtversicherung *f* professional liability insurance
Berufspflicht *f* professional duty
Berufsrecht *n* law of the professions; employment law; professional ethics
Berufsrichter *m* professional judge
Berufsrisiko *n* occupational hazard; professional risk
Berufsschule *f* trade [vocational] school
Berufstätigkeit *f* occupation; profession
Berufsunfähigkeit *f* occupational disability
Berufsverbot *n* disqualification from the exercise of an occupation; exclusion from civil [public] service; exclusion [expulsion] from a profession
Berufsverbot *n***/vorläufiges** ≈ interim [temporary] prohibition on practising a profession or a trade
Berufswahl *f* choice of career; selection of profession
Berufszulassung *f* professional registration; trade registration
Berufung *f* 1. appeal; 2. appointment; nomination; 3. reference
Berufungsgericht *n* appellate court; court of appeal
Berufungsgrund *m* ground for appeal
Berufungssumme *f* ≈ amount which is the subject of an appeal
Berufungsurteil *n* appeal judgment
Berufungsverfahren *n* appellate proceedings *pl*; appeal procedure
beruhen *v* depend on; be based on
Besatzungszone *f* occupation zone
beschädigen *v* damage; injure
Beschädigung *f* damage; damaging *(act)*; injury
beschaffen *v* procure; obtain; supply
Beschaffenheit *f* nature; character; condition; quality, qualities *pl*
Beschaffenheit *f***/wesentliche** essential quality; material characteristic
Beschaffenheitsgarantie *f* warranty as to quality; guarantee as to characteristics
Beschaffung *f* procurement; provision
beschäftigen *v* 1. occupy; employ; 2. consider; be concerned with
beschäftigt *adj* 1. employed; 2. occupied; concerned with
Beschäftigung *f* occupation; job; employment; activity
Beschäftigung *f***/geringfügige** incidental employment
Beschäftigung *f***/nebenberufliche** supplementary employment, second job
Bescheid *m* 1. reply, response, answer; 2. notice; official notification; 3. information; advice; communication
Bescheid *m***/abschlägiger** negative response; refusal; denial
Bescheid *m***/endgültiger** final decision
Bescheid *m***/stattgebender** favo(u)rable reply

Bescheid *m*/**vorläufiger** preliminary answer; provisional decision
bescheinigen *v* certify; attest; vouch for
Bescheinigung *f* certification; attestation; certificate; voucher; receipt
beschieden werden *v*/**abschlägig** have an application refused, be confronted with a refusal
Beschlagnahme *f* seizure; confiscation; arrest; attachment *(by court)*
Beschlagnahmeverfügung *f* order for confiscation, seizing order
Beschlagnahmewirkung *f* effect of confiscation
beschleunigt *adj* expeditious, speedy
beschleunigtes Verfahren *n* expedited proceedings *pl*; summary proceedings *pl*
Beschleunigungsgrundsatz *m* ≈ principle of conducting proceedings expeditiously and without undue delays
beschließen *v* 1. decide, reach a decision; determine; order; decree; 2. finish, end; close
Beschluss *m* decision; resolution; ruling; order
Beschluss *m*/**fehlerhafter** impeachable judgment; defective order; wrong decision
beschlussfähig *adj* able to decide; competent to pass a resolution *(for a meeting)*
Beschlussfähigkeit *f* quorum *(for a meeting)*; capacity of a meeting to make binding resolutions
Beschlussfassung *f* resolution; decree; decision-making
Beschlussmangel *m* 1. lack of a resolution; 2. defective resolution
Beschlussverfahren *n* court-order proceedings *pl*; procedure of deciding by way of vote
beschränken *v* limit, restrict; restrain
beschränkt *adj* limited, restricted; restrained; conditional
beschränkte dingliche Rechte *npl* restricted rights *pl* in rem
beschränkte Geschäftsfähigkeit *f* limited capacity; conditional capacity; qualified capacity
beschränkte Haftung *f* limited liability
beschränkte persönliche Dienstbarkeit *f* limited personal servitude; limited easement in gross
Beschränkung *f* limitation, restriction; restraint; condition
Beschränkung *f*/**zeitliche** time limit
Beschränkungen *fpl*/**nichttarifäre** ≈ trade barriers formed by the circumvention of international trade agreements and intended to hinder international trade; non-tariff barriers *pl*
beschreiben *v* describe; specify
Beschreibung *f* description; specification
beschuldigen *v* charge; accuse; incriminate; blame
Beschuldigtenentlastung *f* exoneration of the accused
Beschuldigter *m* accused; defendant; person charged *(with an offence)*
Beschuldigung *f* charge; accusation; incrimination
Beschuldigung *f*/**falsche** false accusation
Beschwer *f* grievance; gravamen
Beschwer *f*/**materielle** grievance based on negative contents of decision for the party
Beschwerde *f* 1. appeal; 2. complaint; grievance; petition; objection
Beschwerde *f*/**einfache** appeal not subject to time limit, ordinary appeal
Beschwerde *f*/**sofortige** appeal subject to time limit, immediate appeal
Beschwerde *f*/**weitere** further appeal
Beschwerdebefugnis *f* right to appeal; authority to object
Beschwerdeführer *m* 1. appellant; 2. claimant; complainant
Beschwerdegericht *n* appeal court, appellate court
Beschwerdegrund *m* reason for complaint; ground for appeal
Beschwerdesumme *f* 1. amount in dispute; amount subject to appeal; 2. ≈ minimum amount required to file an appeal or objection
Beschwerdeverfahren *n* grievance procedure(s); appeal procedure
beschweren *v* 1. complain; 2. burden; weigh down
Beschwerter *m* aggrieved person
beseitigen *v* dispose of; abolish; abate; eliminate; remove; redress
Beseitigung *f* disposal; abolition; abatement; elimination
Beseitigungsanspruch *m* claim [right] to removal; claim [right] to abatement of a nuisance
besetzen *v* occupy; fill

Besetzung *f* 1. filling, occupation *(of a position, job vacancy, etc.)*; 2. occupation *(of land, territory, etc.)*
besiegeln *v* seal
Besitz *m* possession; tenure *(of land)*
Besitz *m***/mittelbarer** constructive possession
Besitz *m***/unmittelbarer** actual possession
Besitzdiener *m* agent in possession
Besitzeinweisung *f* putting in possession
besitzen *v* possess, have in possession; hold; have tenure *(of land)*
Besitzentziehung *f* dispossession; divestment; ousting
Besitzer *m* possessor; holder; occupier, occupant
Besitzer *m***/bösgläubiger** possessor mala fide; malicious occupant
Besitzer *m***/eigenmächtiger** possessor without (proper) authority
Besitzer *m***/gutgläubiger** possessor in good faith; bona fide holder
Besitzer *m***/mittelbarer** indirect possessor; constructive possessor
Besitzer *m***/treuhänderischer** holder on trust
Besitzergreifung *f* taking of possession; occupation; entry *(onto land)*
Besitzgesellschaft *f* holding company
Besitzkehr *f* (permitted) immediate taking back of possession
Besitzkonstitut *n* constructive possession of chattels based on agreement
Besitzmittler *m* possessor; bailor
Besitzmittlungsverhältnis *n s.* Besitzkonstitut
Besitzrecht *n* right of occupation; right of possession
Besitzschutz *m* protection of possession
Besitzschutzansprüche *mpl***/possessorische** possessory claims *pl* to protect rights
Besitzstand *m* possessory title; vested rights *pl*
Besitzstörung *f* interference with possession; trespass
Besitztitel *m* title of possession
Besitztum *n* property; possessions *pl*; estate
Besitzvorenthaltung *f* ouster
Besitzwehr *f* defence [*AE* defense] of (rights of) possession
Besoldung *f* remuneration for employment; salary; pay
Besoldungsordnung *f* pay regulations *pl*
besonderer Gerichtsstand *m* special jurisdiction
Besonderheit *f* peculiarity; characteristic
besorgen *v* 1. provide; procure; supply; 2. handle; deal with
Besorgnis *f* concern, apprehension, anxiety
Besorgnis *f* **der Befangenheit** doubt as to impartiality
Besserung *f* improvement; upturn; gain
bestallen *v* appoint; install; license *(professions)*
Bestallung *f* appointment; installing in office; granting of a licence [*AE* license]
Bestallungsurkunde *f* warrant; certificate of appointment
Bestand *m* 1. stock (in hand), inventory; holdings *pl*; (cash) balance; 2. existence; continuance
Bestandsaufnahme *f* appraisal; inventory, stocktaking
Bestandskraft *f* administrative finality
bestandskräftig *adj* definitive
Bestandsschutz *m* protection of existing rights
Bestandteil *m* component; element; part
Bestandteil *m***/wesentlicher** essential part [element]
bestätigen *v* confirm; affirm; validate; attest; certify; verify
Bestätigung *f* confirmation; affirmation; validation; attestation
Bestätigungsschreiben *n* letter of confirmation
Bestätigungsschreiben *n***/kaufmännisches** commercial letter of confirmation
bestechen *v* bribe; corrupt
bestechlich *adj* open to bribery; corrupt; corruptible
Bestechlichkeit *f* taking a bribe; bribery and corruption
Bestechung *f* bribing; bribery; offering a bribe
Bestechungsgeld *n* bribe money
Bestehen *n* existence
bestellen *v* 1. appoint; nominate; 2. order; book; reserve; subscribe
Bestellschein *m* order form
Bestellung *f* 1. appointment, nomination; 2. order; booking; reservation; subscription

Bestellung *f* **einer Sicherheit** provision of (a) security
besteuern *v* tax, levy a tax (on); assess; *(BE)* rate
Besteuerung *f* taxation, levying of tax, taxing
Besteuerung *f***/indirekte** indirect taxation
Besteuerungsspielraum *m* margin of taxation
bestimmen *v* determine; rule; lay down; specify
bestimmt *adj* determined; certain; specific
Bestimmtheit *f* certainty; definiteness; determination
Bestimmtheitsgrundsatz *m* principle of certainty and clarity
Bestimmung *f* 1. term, provision; rule, regulation; condition; enactment; order; determination; 2. destination
Bestimmungen *fpl***/anderslautende** conflicting provisions *pl*; agreement at variance; rules *pl* to the contrary
Bestimmungsort *m* place of destination
bestrafen *v* punish; penalize
Bestrafung *f* 1. punishment; penalty; 2. *(CrLaw)* sentence *(of a court)*
bestreiten *v* 1. dispute; challenge; contest; deny; 2. defray *(costs)*; pay *(expenses)*
Bestreiten *n* 1. disputing; contestation; denial; refusal; 2. defrayment; defrayal
Besuchsregelung *f* visitation rights *pl*
betäuben *v* stupefy; stun; make numb
Betäubungsmittel *n* drugs *pl*; narcotics *pl*
Betäubungsmittelgesetz *n* (German) Narcotics Law
beteiligen *v* give a share
Beteiligter *m* party; interested party; participating party; party with right; involved party
Beteiligung *f* participation; interest; share; involvement; investment; equity interest; stock holding
Beteiligung *f***/mittelbare** indirect interest, indirect participation
Beteiligung *f***/wesentliche** substantial share; major participation
Beteiligungsgesellschaft *f* associated company; holding company
Betrachtung *f* consideration, examination, view
Betrachtung *f***/isolierte** isolated consideration
Betrachtungsweise *f* attitude; position; approach
Betrag *m* amount; sum (of money)
Betragsverfahren *n* proceedings *pl* as to the amount
Betreff *m* reference; subject
betreffen *v* concern, involve, relate to, pertain to
betreffs with reference to, concerning, regarding
betreiben *v* operate; carry on; conduct; pursue *(legal proceedings etc.)*
Betreiben *n* **von Anlagen/unerlaubtes** unauthorized operation of a plant
Betreiben von/auf at the instigation of
Betreten *n***/widerrechtliches** unlawful entry; trespass
betreuen *v* take care of; look after; attend to
Betreuer *m* carer; custodian; organizer *(of an event etc.)*
Betreuung *f* care; maintenance; (social) care; (medical) care
Betreuungssache *f* matter of care
Betrieb *m* business; enterprise, undertaking; company; firm; plant; operation
Betrieb *m* **eines Handelsgewerbes** operation of a trade; trading
betriebliche Altersversorgung *f* company pension (scheme); in-house pension (plan)
Betriebsanlage *f* plant; facilities *pl*; production
Betriebsanleitung *f* instruction manual, handbook, user's guide
Betriebsausgabe *f* operating expenditure; operating costs *pl*; trade costs *pl*; business expenses *pl*
Betriebsberater *m* management consultant; business adviser
Betriebseinnahme *f* operating receipt
Betriebsferien *pl* works [plant] holiday
Betriebsgefahr *f* operational risk, operational hazard
Betriebskapital *n* share capital
Betriebsmittel *npl* production equipment and facilities; operating funds *pl*; resources *pl*
Betriebsprüfung *f (BE)* audit by Inland Revenue; examination by tax authorities
Betriebsrat *m* employees' council, staff committee, works council; *(BE)* shop

stewards' committee; *(AE)* shop committee
Betriebsratsvorsitzender *m* chairman of employees' council
Betriebsrente *f* company pension; occupational pension; works pension
Betriebsrisiko *n* operational risk; business risk; industrial hazard
Betriebsstätte *f* place of business; plant; factory
Betriebsstättenprinzip *n* **des Doppelbesteuerungsabkommens** place of business under the double-taxation treaty
Betriebsübergang *m* transfer of a business
Betriebsvereinbarung *f* works agreement; factory agreement; shop agreement; in-house agreement
Betriebsverfassung *f* works constitution; labo(u)r relations *pl*, *(BE)* industrial relations *pl*
Betriebsverfassungsgesetz *n* Employees' Representation Law
Betriebsverfassungsrecht *n* labo(u)r relations law
Betriebsvermögen *n* working capital; operating assets *pl*; business assets *pl*
Betriebsversammlung *f* staff meeting; works meeting; shop floor meeting
Betriebswirtschaftslehre *f* business administration; business economics *pl*
Betriebszugehörigkeit *f* length of employment [service] with a company
betroffen sein *v* be affected; be shocked
Betroffener *m* interested party; party concerned; affected party
Betroffenheit *f***/individuelle** individual effect
Betroffenheit *f***/unmittelbare** immediate effect
Betrug *m* fraud; obtaining by false pretences; cheating; deceit
betrügen *v* commit fraud, defraud; obtain by false pretences; cheat
Betrüger *m* defrauder, person committing fraud; *(colloq.)* trickster
betrügerisch *adj* fraudulent; deceitful
betrunken *adj* intoxicated; drunk
Betrunkener *m* drunk, drunken person; intoxicated person
BetrVG *n s.* Betriebsverfassungsgesetz
betteln *v* beg
Bettler *m* beggar
Beugehaft *f* coercive imprisonment
Beugemittel *npl* coercive measures *pl*; means for forcing compliance *(with orders of the court etc.)*
beurkunden *v* register; place on (public) record; record by way of deed before notary public; authenticate
Beurkundung *f* recording by notary; recording by judge; record of acknowledgement; authentication
Beurkundung *f***/notarielle** official recording by notary; notarization
Beurkundung *f***/öffentliche** public recording *(by notary)*
beurlauben *v* grant leave; *(colloq.)* put on holiday; suspend
Beurlaubung *f* leave; granting of leave; suspension
Beurlaubung *f* **wegen Krankheit** sick leave
beurteilen *v* judge; assess; evaluate; give an opinion
Beurteilung *f* judgment; assessment; opinion; evaluation
Beurteilungsspielraum *m* scope for judgment; margin of appreciation; discretion
Beute *f* loot; booty; spoils *pl*
Beutekunst *f* looted work of art
Bevölkerung *f* population; people
bevollmächtigen *v* authorize; give power of attorney to; appoint as agent [legal representative]; appoint as proxy *(for voting)*
Bevollmächtigter *m* authorized person; *(AE)* attorney; agent; (legal) representative; proxy; plenipotentiary
Bevollmächtigung *f* authorization; power of attorney; proxy
bevorrechtigt *adj* privileged; with priority; preferred; preferential
Bevorrechtigung *f* privilege; preference; priority
bewachen *v* guard
Bewaffnung *f* arms *pl*; armament; weapons *pl*; arming
bewahren *v* save; keep; retain; keep safe; store; preserve; perpetuate, continue
bewähren *v***/sich** prove
Bewährung *f (CrLaw)* probation; suspended sentence
Bewährungsauflage *f (CrLaw)* condition of probation

Bewährungshelfer *m (CrLaw)* probation officer; *(AE)* parole officer
Bewährungshilfe *f (CrLaw)* assistance provided by probation officer
Bewährungsstrafe *f* probationary sentence
Beweggrund *m* motive; motivation
Beweggrund *m***/niedriger** *(CrLaw)* base motive
beweglich *adj* movable
bewegliche Sache *f* personal property; chattel; movable property, movables *pl*
bewegliches Vermögen *n* personal property; personalty; (goods and) chattels *pl*; movable assets *pl*; movables *pl*
Beweis *m* evidence; proof • **aus Mangel an Beweisen** due to insufficient evidence; because of lack of proof • **den Beweis erbringen** furnish [produce] proof (of); prove • **den Beweis führen** furnish [produce] evidence (of); establish a case
Beweis *m***/ausschlaggebender** determining evidence
Beweis *m* **des ersten Anscheins** prima facie evidence
Beweis *m* **des Gegenteils** proof of the contrary
Beweis *m* **durch Augenschein** evidence by inspection
Beweis *m***/hinreichender** sufficient evidence; adequate proof
Beweis *m***/mittelbarer** indirect proof
Beweis *m***/unmittelbarer** direct proof
Beweisantrag *m* motion to admit evidence
Beweisantritt *m* offer of proof; offer to produce evidence; production of evidence
Beweisart *f* type of evidence
Beweisaufnahme *f* taking [hearing] of evidence *(by the court)*
beweisbedürftig *adj* requiring proof
Beweisbedürftigkeit *f* requirement of proof
Beweisbeschluss *m* order to take [hear] evidence
Beweiserhebung *f s.* Beweisaufnahme
Beweisermittlung *f* investigation for evidence; determination of evidence
Beweisermittlungsantrag *m* application for determination of evidence; *(BE)* disclosure application, *(AE)* discovery motion
Beweisermittlungsverfahren *n* proceedings *pl* to determine evidence
Beweisführung *f* production of evidence
Beweisgegenstand *m* issue [fact] in dispute; matter [fact] to be proved
Beweiskette *f***/lückenlose** complete [unbroken] chain of evidence
Beweiskraft *f* evidentiary [probative] value; *(AE)* probatory force
Beweislast *f* burden of proof, onus of proof
Beweislastumkehr *f* reversal of the burden [onus] of proof; shift in the burden [onus] of proof
Beweismittel *n* evidence; proof
Beweismittel *n***/zulässiges** admissible evidence
Beweisregel *f* rule of evidence
Beweissicherungsverfahren *n* proceedings *pl* to preserve [conserve] evidence
Beweisthema *n s.* Beweisgegenstand
Beweisverfahren *n***/selbstständiges** independent evidence proceedings *pl*
Beweisverwertungsverbot *n* exclusionary rule; exclusion of improperly-obtained evidence; *(AE)* doctrine of fruit of poisonous tree
Beweiswürdigung *f* consideration of evidence; examination of evidence
bewerben *v***/sich** apply for sthg
Bewerber *m* applicant; candidate; tenderer, *(AE)* bidder
Bewerbung *f* application
Bewerbungsschreiben *n* application (for employment)
bewerten *v* value; evaluate; appraise, make an appraisal; assess; estimate the value (of sthg)
Bewertung *f* valuation; appraisal; assessment
bewilligen *v* agree to; approve; accept; grant; allow, permit
Bewilligung *f* approval; grant; permit; permission; approbation
bewirken *v* cause, effect, bring about
Bewirkung *f* provision; performance
bewusst *adj* conscious; aware; deliberate; with knowledge
bewusstlos *adj* unconscious
Bewusstlosigkeit *f* unconsciousness
Bewusstsein *n* consciousness, awareness

Bewusststeinstörung *f* mental disorder; disturbance of senses
bezahlen *v* pay; settle *(accounts, debts, etc.)*; remunerate; defray *(expenses, costs)*
bezahlen v/schlecht underpay
Bezahlung *f* payment; pay *(employment)*; settlement *(accounts, debts, etc.)*; disbursement *(expenses)*
Bezeichnung *f* description; designation; nomination; naming
Bezeichnung f/amtliche official designation; official description; official title
Bezeichnung f/geschäftliche business name; commercial form
Bezeichnung f/handelsübliche commercial description; trade name
bezeugen *v* bear witness (to sthg); attest
bezichtigen v/(jmdn. einer Sache) accuse sbdy of sthg; charge sbdy with sthg
Bezichtigung *f* accusation; incrimination
Beziehung *f* relation; relationship; connection; contact
Beziehung f/eheliche marital relation
Beziehung f/persönliche personal relationship
Beziehung f/verwandtschaftliche family relationship
Bezirk *m* area; district; region; county; precinct
Bezirksanwalt *m (AE)* district attorney, DA
Bezirksgericht *n* district court
Bezirksregierung *f* district government
Bezirksschornsteinfeger *m* district chimney sweeper
Bezogener *m* drawee
Bezug *n* 1. reference; 2. purchase, buying; drawing; taking; subscription (to); 3. moving (into); occupation (of)
Bezüge *npl* earnings *pl*; salary; pay
Bezugnahme *f* reference • **unter Bezugnahme auf** with reference to; in respect of
Bezugsrecht *n* subscription right; pre--emptive right *(to purchase etc.)*
Bezugsrechtsausschluss *m* exclusion of prescription rights
BfA *s.* Bundesversicherungsanstalt für Angestellte
BGB *s.* Bürgerliches Gesetzbuch
BGB-Gesellschaft *f* partnership under the (German) Civil Code; non-commercial partnership
BGB-Gesellschafter *m* partner of (German) Civil Code partnership
BGB-Innengesellschaft *f* undisclosed partnership, secret partnership
BGBl *s.* Bundesgesetzblatt
BGH *s.* Bundesgerichtshof
Bibliographie *f* bibliography
Bibliothek *f* library
Biene *f* bee
Bienenrecht *n* law related to bees
Bietabkommen n/negatives ≈ agreement not to make an offer
bieten *v* 1. offer, make [submit] an offer; 2. bid, make [submit] a bid
Bigamie *f* bigamy
Bilanz *f* balance; balance sheet; financial statement
Bilanzierungsgrundsätze *mpl* accounting principles *pl*
Bilanzjahr *n* financial year, fiscal year
Bilanzprüfer *m* auditor of accounts
Bilanzrecht *n* law of balance sheets, accounting law
Bilanzrichtlinien *fpl* directives *pl* on balance sheets
Bilanzrichtliniengesetz *n* Law of Accounting Directives
Bilanzverschleierung *f (colloq.)* window dressing; manipulation of the balance sheet
Bilanzwahrheit *f* ≈ true and accurate presentation of all items in the balance sheet
bilateral *adj* bilateral
Bildschirmtext *m* videotext
Bildung *f* 1. formation; establishment, setting up; 2. training; education
Bildung *f* **von Rücklagen** establishing of reserves
billig *adj* 1. inexpensive; low-priced; cheap; 2. equitable; fair, just; reasonable
billigen *v* approve (of); agree [consent] to
Billigkeit *f* equity; fairness, reasonableness
Billigkeitshaftung *f* liability in equity
Billigung *f* approval; agreement; consent
Billigung *f* **von Straftaten** condoning of criminal acts
BImSchG *s.* Bundesimmissionsschutzgesetz
binden *v* bind; tie (up)
binden v/sich stand committed, commit oneself

bindend *adj* binding; compulsory, obligatory
Bindung *f* binding; obligation, commitment; link; linkage
Bindung *f*/**gesamthänderische** ≈ joint tenancy, ≈ joint obligation
Bindungswirkung *f* commitment; binding effect
binnen in; within • **binnen einer Woche** within a week
Binnenhandel *m* domestic trade; internal [inland] commerce
Binnenmarkt *m* domestic market, *(BE)* home market, *(EU)* internal market
Binnenschifffahrt *f* inland waterway transport; inland navigation
Binnenzoll *m* inland customs *pl*
Bischof *m* bishop
Bitte *f* solicitation, request
Bittgesuch *n* petition
BKA *s.* Bundeskriminalamt
BKA-Gesetz *n* Law of the (German) Federal Office of Criminal Investigation
Blankettgesetz *n* blanket [general] law
Blankogeschäft *n* unsecured transaction, uncovered transaction; selling short
Blankoindossament *n* blanket endorsement
Blankoscheck *m* blank cheque [*AE* check]
Blankounterschrift *f* blank signature
Blankovollmacht *f* unlimited authority; general power of attorney; proxy in blank; *(Fr, colloq.)* carte blanche
Blechschaden *m* damage to body of motor vehicle; slight damage; *(AE; slang)* fender bender
Blinklicht *n* flashing light
Blockade *f* blockade
blockieren *v* block, obstruct; blockade
Blockierung *f* blocking; freezing
Blut *n* blood
Blutalkohol *m* blood-alcohol
Blutalkoholkonzentration *f (BAK)* ≈ alcohol concentration in blood
Blutalkoholwert *m* alcohol level in blood
Blutentnahme *f* taking of blood sample *(for blood test)*
Blutprobe *f* blood sample; blood test
Blutrache *f* blood vengeance; revenge in blood
Blutschande *f* incest
Blutsverwandtschaft *f* blood relation; blood relationship; consanguinity
Bluttat *f* bloody deed, act involving (serious) personal injury or death
BND *s.* Bundesnachrichtendienst
Boden *m* ground; soil
Bodenrecht *n* land law
Bodenreform *f* land reform; agrarian (land) reform
Bonität *f* credit worthiness; credit rating; soundness; financial standing; reliability
Bonus *m* bonus; premium; special dividend
Bordell *n* brothel
Börse *f* stock exchange, stock market
Börsengesetz *n* (German) Stock Exchange Law
Börsenzulassung *f* stock exchange listing, ≈ right to be quoted on the stock market
böser Glaube *m* bad faith; malicious intent, *(Lat)* mala fides
bösgläubig *adj* in bad faith; *(Lat)* mala fide
bösgläubiger Besitzer *m* possessor mala fide; malicious occupant
Bösgläubigkeit *f (Lat)* mala fides; bad faith
böswillig *adj* malicious; with malice aforethought; with evil intent
Bote *m* messenger; courier
Botschaft *f* 1. message; 2. embassy
Botschafter *m* ambassador
Boykott *m* boycott
boykottieren *v* boycott
Boykottierung *f* boycotting
BRAGO *s.* Bundesrechtsanwaltsgebührenordnung
Branche *f* department; trade
Branchennähe *f* sectorial proximity, closeness to an industry
Brand *m* fire; burning; conflagration
Brandstifter *m* arsonist
Brandstiftung *f* arson
Brandstiftung *f*/**fahrlässige** negligent arson
Brandstiftung *f* **mit Todesfolge** arson resulting in death
Brandstiftung *f*/**schwere** serious arson, aggravated arson
BRAO *f s.* Bundesrechtsanwaltsordnung
Brauch *m* custom; practice; tradition; convention
Brauchbarkeit *f* acceptability; usefulness
brauchen *v* need; require
Brauhaus *n* brewery
Braut *f* fiancée; bride

Bräutigam *m* fiancé; bridegroom
brechen *v* break; breach, violate
Brief *m* letter
Brief *m***/anonymer** anonymous letter
Brief *m***/blauer** termination letter *(employment)*; *(BE)* notice
Brief *m***/eingeschriebener** registered letter
Briefgeheimnis *n* postal secrecy; confidentiality of the post, *(AE)* confidentiality of the mail
Briefgrundschuld *f* certificated land charge
Briefhypothek *f* certificated mortgage
Briefkastenfirma *f* letter-box company
Briefkopf *m* letterhead
Briefmarke *f* (postage) stamp
Briefporto *n* postage
Briefübergabe *f* handing over of (car) ownership papers
Briefwahl *f* postal vote; mail ballot
Briefzensur *f* censorship of post [mail]
Bruch *m* break; infringement; breach; violation
Bruchschaden *m* breakage
Bruchteil *m* fraction, fractional part; portion
Bruchteilseigentum *n* co-ownership; ownership in fractional shares
Bruchteilsgemeinschaft *f* ownership in common; ≈ community [group] of owners holding fractional shares or interests in property; common tenants *pl*; tenants *pl* in common
Brüsseler Vertrag *m* Brussels Treaty
brutto *adj* gross
Bruttobesteuerung *f* gross taxation
Bruttobetrag *m* gross amount
Bruttoeinkommen *n* gross income
Bruttolohn *m* gross pay
BSG *s.* Bundessozialgericht
Buch *n* book; volume; ledger • **Buch führen** keep accounts
Buchberechtigter *m* ≈ person (such as the owner) entitled according to the land register entry
Bucheintrag *m* (book) entry
buchen *v* book, enter in the books; enter into the accounts
Buchführung *f* bookkeeping; keeping of accounts; accounting; accountancy
Buchführung *f***/ordnungsgemäße** correct bookkeeping
Buchführungspflicht *f* duty to keep accounts [financial records]
Buchgeld *n* deposit currency
Buchgrundschuld *f* registered charge over land
Buchhalter *m* bookkeeper
Buchhaltung *f* bookkeeping; accounting; bookkeeping [accounts] department
Buchhypothek *f* registered mortgage
Buchprüfer *m* auditor
Buchprüfer *m***/vereidigter** certified auditor
Buchprüfung *f* audit; auditing
Buchschulden *fpl* book debts *pl*
Buchstabenfolge *f* letter string
Buchung *f* 1. booking; entering (into the accounts) *(bookkeeping)*; 2. reservation; booking *(of holiday etc.)*
Buchverlust *m* book loss
Buchwert *m* book value; accounting value
Buchwertklausel *f* book value clause, ≈ provision in a contract whereby, in the event of a dispute, the assets of a company are to be assessed at book and not market value
Budget *n* budget; estimate
Budgetrecht *n* right (of parliament) to determine the budget
Bulletin *n* bulletin
Bund *m* bond; alliance; association; federation, federal government; Government of the Federal Republic of Germany
Bundesangelegenheit *f* federal matter; matter of federal jurisdiction
Bundesangestelltentarifvertrag *m* *(BAT)* (German) Collective Bargaining Agreement for Federal Employees
Bundesanstalt *f* federal administration; federal department; federal corporation
Bundesanstalt *f* **für Arbeit** (German) Federal Employment Agency
Bundesanwalt *m* federal prosecutor
Bundesanwaltschaft *f* Department of the (German) Federal Prosecutor
Bundesanzeiger *m* (German) Federal Gazette
Bundesarbeitsgericht *n* *(BAG)* (German) Federal Labour Court
Bundesauftragsverwaltung *f* administration on behalf of the (German) federal government
Bundesausbildungsförderungsgesetz *n* *(BaföG)* (German) Federal Law for Student Support

Bundesautobahn *f* federal motorway; *(AE)* federal highway
Bundesbahn *f* (German) federal railways *pl*; *(AE)* federal railroads *pl*
Bundesbank *f* (German) Federal Bank
Bundesbaugesetz *n* (German) Federal Building Law
Bundesbeamter *m* federal civil [public] servant
Bundesbeauftragter *m* (German) federal commissioner
Bundesbeauftragter *m* **für Datenschutz** (German) Federal Commissioner for Data Protection
Bundesbehörde *f* federal authority
Bundesbehörde *f*/**obere** higher federal authority
Bundesbehörde *f*/**oberste** highest federal authority
Bundesbehörde *f*/**untere** lower federal authority
Bundesbürger *m* (German) federal citizen; citizen of the Federal Republic of Germany
bundeseigene Verwaltung *f* direct administration of (German) Federal Government
Bundesfinanzhof *m (BFH)* (German) Federal Fiscal Court
Bundesfinanzministerium *n* federal finance ministry; (German) Federal Ministry of Finance
Bundesflagge *f* federal flag; flag of the Federal Republic of Germany
Bundesgebiet *n* (German) federal territory
Bundesgericht *n* (German) federal court
Bundesgericht *n*/**oberstes** federal high court; federal supreme court
Bundesgerichtsbarkeit *f* federal jurisdiction
Bundesgerichtshof *m (BGH)* (German) Federal High Court of Justice
Bundesgesetz *n* federal law
Bundesgesetzblatt *n (BGBl)* (German) Federal Law Gazette
Bundesgesetzgebung *f* federal legislation
Bundesgesetzgebungskompetenz *f* enumerated powers
Bundesgesundheitsamt *n* (German) Federal Department of Health
Bundesgrenzschutz *m (BGS)* (German) Federal Border Police
Bundeshaushalt *m* federal budget
Bundeshaushaltsgesetz *n* (German) Federal Budgetary Law
Bundesimmissionsschutzgesetz *n (BImSchG)* (German) Federal Immission Control Law
Bundesjustizministerium *n* (German) Federal Ministry of Justice
Bundeskabinett *n* federal cabinet
Bundeskanzler *m*/**amtierender** incumbent (German) Chancellor
Bundeskanzleramt *n* (German) Office of the Chancellor
Bundeskartellamt *n* (German) Federal Cartel Office
Bundesknappschaft *f* (German) Federal Miners' Insurance
Bundeskriminalamt *n (BKA)* (German) Federal Office of Criminal Investigation
Bundesland *n* (German) state; province
Bundesminister *m* federal minister
Bundesnachrichtendienst *m (BND)* (German) Federal Intelligence Service
Bundesnaturschutzgesetz *n* (German) Federal Nature Protection Law
Bundesnotarkammer *f* (German) Federal Chamber of Notaries Public
Bundesnotarordnung *f* (German) Federal Rules for Notaries Public
Bundespatentamt *n* (German) Federal Patent Office
Bundespatentgericht *n* (German) Federal Patent Court
Bundespolizei *f* (German) federal police
Bundespost *f* (German) federal post
Bundespräsident *m* federal president; (German) President
Bundespräsidialamt *n* Office of the (German) President
Bundespresseamt *n* (German) Federal Press Office
Bundesprüfstelle *f* (German) Federal Review Board
Bundesrat *m* Senate [Upper House] of the (German) Federal Parliament
Bundesrechnungshof *m* (German) Federal Audit Office
Bundesrecht *n* federal law
Bundesrechtsanwaltsgebührenordnung *f (BRAGO) (obs.)* (German) Federal Law on Lawyers' Fees
Bundesrechtsanwaltsordnung *f (BRAO)* (German) Law Regulating the Profession of Lawyers

Bundesregierung *f* (German) federal government
Bundesrepublik *f* Federal Republic *(of Germany)*
Bundesrepublik *f* **Deutschland** *(BRD)* Federal Republic of Germany, FRG
Bundesrichter *m* federal judge
Bundessozialgericht *n (BSG)* (German) Federal Court for Social Insurance
Bundessozialhilfegesetz *n (obs.; now called: SGB XII)* federal social welfare law
Bundessozialrichter *m* federal justice at the Federal Court for Social Insurance
Bundesstaat *m* state; federal state
bundesstaatlich *adj* federal; national
Bundesstaatlichkeit *f* federalism
Bundessteuer *f* federal tax
Bundestag *m* Lower House of (German) Federal Parliament
Bundestagsabgeordneter *m* Member of the Lower House of the Federal Parliament
Bundestagspräsident *m* President [Speaker] of the Lower House of the (German) Federal Parliament
Bundestagswahl *f* elections *pl* for the Lower House of the (German) Federal Parliament
Bundestreue *f* allegiance to the federation
Bundesurlaubsgesetz *n* (German) Federal Holidays Law
Bundesverfassung *f* (German) Federal Constitution
Bundesverfassungsgericht *n (BVerfG)* (German) Supreme Constitutional Court
Bundesverfassungsgerichtsgesetz *n (BverfGG)* Law of the (German) Supreme Constitutional Court
Bundesverfassungsrecht *n* federal constitutional law
Bundesversammlung *f* (German) Federal Convention; federal assembly
Bundesversicherungsanstalt *f* **für Angestellte** *(BfA)* (German) Federal Insurance Authority
Bundesverwaltung *f* (German) federal administration
Bundesverwaltungsgericht *n (BVerwG)* (German) Federal Administrative Court
Bundeswahlgesetz *n* (German) Federal Law on Elections
Bundeswappen *n* federal coat-of-arms
Bundeswehr *f* (German) Federal Armed Forces
Bundeszentralregister *n* (German) Central Register
Bündnis *n* alliance; pact
Bürge *m* surety, guarantor; sponsor
Bürge *m***/selbstschuldnerischer** debtor liable jointly and severally; guarantor with primary liability; *(AE)* absolute guarantor
bürgen *v* guarantee; act as surety; sponsor; provide a guarantee
Bürger *m* citizen; subject
Bürgerbegehren *n* petition for a referendum
Bürgerinitiative *f* citizens' initiative; community petition
Bürgerkrieg *m* civil war
bürgerlich *adj* civic; civil
Bürgerliches Gesetzbuch *n (BGB)* (German) Civil Code
bürgerliches Recht *n* civil law
Bürgermeister *m* mayor
Bürgermeister *m***/stellvertretender** deputy mayor
Bürgerrecht *n* civic rights *pl (of nationals only)*
Bürgerschaft *f* citizens *pl*; city-state parliament *(Hamburg and Bremen)*
Bürgerversammlung *f* citizens' meeting; town-hall meeting
Bürgschaft *f* (contract of) surety, (contract of) guarantee, *(AE)* guaranty; suretyship; bond • **Bürgschaft übernehmen** take over a surety
Bürgschaft *f***/selbstschuldnerische** absolute suretyship; absolute guarantee
Bürgschaftserklärung *f* statement of guarantee; declaration of suretyship
Bürgschaftsgeber *m* guarantor
Bürgschaftsnehmer *m* guaranteed creditor
Bürgschaftsvertrag *m* contract of guarantee [suretyship]
Büro *n* office; bureau
Büroangestellter *m* office worker; clerk; white collar worker
Bürogemeinschaft *f* shared offices *pl*
Bürokraft *f* office employee; clerk
Bürokratie *f* bureaucracy
Bürovorsteher *m* office manager; senior clerk
Buße *f* 1. penance; 2. *(CrLaw)* fine (to pay to charity); administrative fine, penalty
Bußgeld *n* administrative fine

Bußgeldbescheid *m* order imposing fine; notice of fine
Bußgeldkatalog *m* scale of fines; table of (administrative) fines
Bußgeldverfahren *n* proceedings *pl* for imposition of administrative fines
BVerfG *s.* Bundesverfassungsgericht
BVerwG *s.* Bundesverwaltungsgericht

C

Case-Law *n* case law
Cassis-de-Dijon-Formel *f* Cassis-de--Dijon-Formula *(principle developed by European Court of Justice as to restrictions on movement of Goods)*
causa *f (Lat)* cause
cessio *f (Lat)* assignment
cessio legis *(Lat)* assignment by operation of law; subrogation by law
Chancengleichheit *f* equality of opportunity; equal opportunities *pl*
Charta *f* charter
Charter *m* charter contract, charter party
Charterflug *m* charter flight
chartern *v* charter; hire
Chartervertrag *m* charter contract
c.i.c. *s.* culpa in contrahendo
CIF-Lieferung *f* cif [customs, insurance and freight] delivery
Clearing *n* clearing, payment procedure
Clearinghaus *n* clearinghouse
Common Law *n* common law, system of law based originally on case law
Commonwealth-Staaten *mpl* Commonwealth countries *pl*
Computer *m* computer
Computerbetrug *m* computer fraud
Computerkriminalität *f* computer crime
Computerpirat *m* hacker
Computerpiraterie *f* hacking
Computersabotage *f* computer sabotage
Computersoftware *f* (computer) software
Computerzubehör *m* computer accessories *pl*; peripheries *pl*
Concurring Opinion *f* concurring opinion, decision in agreement
conditio sine qua non *(Lat)* conditio sine qua non; condition precedent
contra legem *(Lat)* against the law
Controlling *n* controlling, financial supervision; audit
Copyright *n* copyright
corpus delicti *(Lat)* material proof; corpus delicti
Coupon *m* coupon
Courtage *f* brokerage; broker's fee [charge]
Cousin *m* cousin
culpa in contrahendo *(Lat)* negligence in course of contracting; precontractual breach of duty

D

Dachgesellschaft *f* holding company; parent company; proprietary company
Dachverband *m* national federation
Darlegungslast *f* burden of setting forth the facts
Darlegungspflichten *fpl* duty to explain; duty to disclose
Darlehen *n* loan; loan contract • **Darlehen gewähren** grant a loan
Darlehen *n***/eigenkapitalersetzendes** loan to substitute for own equity; refinancing loan
Darlehen *n***/partiarisches** profit-participating loan
Darlehensaufnahme *f* taking of a loan; borrowing
Darlehensgeber *m* lender
Darlehensgläubiger *m* creditor; lender
Darlehensnehmer *m* borrower
Darlehensschuldner *m* debtor; borrower; party liable to repay (the loan)
Darlehensvertrag *m* loan agreement [contract]
darleihen *v* lend; loan
Darstellung *f* representation; description; statement; illustration
Daseinsvorsorge *f* provision of basic requirements
Dassonville-Formel *f* Dassonville formula *(principle whereby Article 30 of the Treaty of Rome is to be interpreted widely to include all trade measures enacted by any EU Member State)*
Datei *f* data *pl*; file; data file • **in die Datei aufnehmen** include in the data

Daten *npl* data *pl*; files *pl*
Daten *npl*/**personenbezogene** personal data *pl*; personal information
Datenabgleich *m*/**automatisierter** automatic data comparison
Datenbank *f* data bank
Datenerhebung *f* collection of data
Datenschutz *m* data protection; data privacy
Datenschutzbeauftragter *m* data protection officer
Datenschutzgesetz *n* (German) Law of Data Protection; data protection law
Datenträger *m* data medium [carrier]
Datenverarbeitung *f* data processing
Datenverarbeitung *f*/**elektronische** *(EDV)* electronic data processing
Datenvernichtung *f* destruction [erasing] of data
Datenverwendung *f*/**unbefugte** unauthorized use of data [information]
Datenzugang *m* access to data
datieren *v* date
Datum *n* date
Datumsstempel *m* date stamp
Dauer *f* term; period; duration; length of time
Dauerarbeitsloser *m* long-term unemployed
Dauerarbeitsverhältnis *n* permanent employment relationship
Dauerarrest *m* detention (of juvenile offenders) for a fixed period of time
Dauerauftrag *m* standing order
Dauerdelikt *n* continuing offence [*AE* offense]
Dauerfolgen *fpl* continuing effect; permanent consequence; resulting permanent injury
Dauerlieferungsvertrag *m* term supply contract
dauern *v* last; take *(time)*
Dauerschuldverhältnis *n* continuing obligation [relationship]
Dauerstraftat *f* continuing offence [*AE* offense]; on-going criminal act
Daumenabdruck *m* thumb print
DBA *s.* Doppelbesteuerungsabkommen
DDR *(obs.) s.* Deutsche Demokratische Republik
de facto *(Lat)* de facto; in fact, actually
de iure *(Lat)* de jure; by (operation of) law; by right and just title
Deal *m* deal; arrangement [plea-bargain] in criminal proceedings
Debatte *f* debate
Debet *n* debit
Debitor *m* debtor
decken *v* cover *(a risk)*; cover for; support; shield; secure against *(a loss)*; satisfy *(a claim)*
Deckmantel *m* veil
Deckname *m* cover name
Deckung *f* cover, coverage; support; backing; satisfaction *(of a claim, debt)*; security; hedging
Deckungskauf *m* short covering; purchase to cover non-supply
Deckungsverhältnis *n* ≈ relationship in contracts in favo(u)r of a third party
Deckungsverkauf *m* sale of goods to third party not previously delivered as agreed
Deckungszusage *f* approval of coverage; cover note
Deduktion *f* deduction; inference
defekt *adj* defective; deficient
Defekt *m* defect; deficiency
defensiv *adj* defensive
Defensivnotstand *m* state of defensive necessity
definieren *v* define
Definition *f* definition
Defizit *n* deficit; shortfall
degradieren *v* degrade
degressiv *adj* degressive, declining
Dekan *m* dean
Dekanat *n* deanship
Deklaration *f* declaration; declaring
deklaratorisch *adj* declaratory
deklaratorisches Schuldanerkenntnis *n (CivLaw)* declaratory acknowledgement of indebtedness [debt]
deklarieren *v* declare
Dekret *n* decree; order
Delegation *f* 1. delegation, representative group; 2. delegating, transfer of duties
delegieren *v* delegate
Delegiertenversammlung *f* convention of delegates
Delegierter *m* delegate
Delikt *n* 1. *(CrLaw) (BE)* (criminal) offence, *(AE)* (criminal) offense; 2. *(CivLaw)* tort; civil wrong
Delikt *n*/**gemeingefährliches** felony
Delikt *n*/**verhaltensgebundenes** conduct-related offence [*AE* offense]

deliktisch *adj* in tort; tortious
deliktischer Anspruch *m* claim based on tort; tortious right
deliktsfähig *adj* responsible in law; liable in torts
Deliktsfähigkeit *f* liability in torts
Deliktsrecht *n* law of torts
Delinquent *m* delinquent; offender
Delirium *n* delirium
Delkredere *n* 1. del credere; guarantee; 2. del credere; reserve for bad debts
Delkredereprovision *f* del credere commission
Dementi *n* denial
dementieren *v* deny (officially); reject
Demokratie *f* democracy
Demokratie *f***/parlamentarische** parliamentary democracy
Demokratiedefizit *n* lack of democracy
Demokratieprinzip *n* principle of democracy
demokratisch *adj* democratic
Demonstrant *m* demonstrator
Demonstration *f* demonstration
Demonstrationsfreiheit *f* right to demonstrate
Demonstrationsverbot *n* demonstration prohibition
demonstrieren *v* demonstrate
Denkmalschutz *m* protection of (historical) structures
Denkschrift *f* memorandum
Denunziant *m* informer; denunciator
Denunziation *f* information; denunciation
denunzieren *v* inform (against sbdy, on sbdy); denounce
Deponie *f* (rubbish) dump; disposal area; *(BE)* tip
deponieren *v* deposit, place on deposit; dump
Deponierung *f* consignment
Deportation *f* deportation
deportieren *v* deport
Depositenbuch *n* deposit book
Depositenkonto *n* deposit account
Depot *n* deposit; deposited item; depository; warehouse; store
Depotverwahrung *f* safekeeping *(of shares, bonds, etc.)*
deregulieren *v* deregulate
Deregulierung *f* deregulation
Dereliktion *f* dereliction; abandoning of property
Derelinquierung *f* dereliction
Derivat *n* derivative
derivativ *adj* derivative
derogieren *v* repeal
Deserteur *m* deserter
desertieren *v* desert
Designation *f* designation
designieren *v* designate
deskriptiv *adj* descriptive
Despotismus *m* tyranny
Deszendent *m* descendant
Deszendenz *f* descent
Detektiv *m* detective
Detektor *m* detector
Deutsche Demokratische Republik *f (DDR)* German Democratic Republic, GDR
deutsche Gerichtsbarkeit *f* German jurisdiction
Deutscher *m* German, person of German nationality
Deutscher Gewerkschaftsbund *m (DGB)* Association of German (Trade) Unions
Deutsches Reich *n* German Empire
Deutsches Richtergesetz *n (DRiG)* German Law of Judges
Devisen *fpl* (foreign) currency; (foreign) exchange
Devisenausländer *m* non-resident *(for foreign exchange purposes)*
Devisenhandel *m* foreign exchange dealing
Devisenkurs *m* foreign exchange rate
Devisenmarkt *m* currency market
Devolutiveffekt *m* devolutionary effect
Dezentralisation *f* decentralization; devolution
dezentralisieren *v* decentralize; devolve
Dezernat *n* department; section; squad; group
Dezernent *m* head (of department); team leader; chief
DGB *s.* Deutscher Gewerkschaftsbund
d'Hondt'sches Höchstzahlverfahren *n* ≈ method for calculating the number of (parliamentary) seats to be given to each party (after an election)
Diäten *fpl* parliamentary allowances *pl*
Dichotomie *f* dichotomy
Dieb *m* thief
Diebesgut *n* loot; spoils *pl*
Diebstahl *m* theft; *(AE)* larceny; stealing; pilferage

Diebstahl *m***/einfacher** petty theft; *(AE)* petty larceny
Diebstahl *m***/qualifizierter** aggravated theft
Diebstahl *m***/räuberischer** robbery; violent theft; *(AE)* aggravated larceny; aggravated theft
Diebstahl *m***/schwerer** *(AE)* grand theft; *(AE)* grand larceny
dienen *v* serve; be of service; be in service
Dienst *m* duty; service
Dienst *m* **an der Waffe** military service
Dienst *m***/höherer** ≈ higher level ranks of civil service
Dienst *m***/mittlerer** ≈ middle level ranks of civil service
Dienst *m***/öffentlicher** public service, civil service
Dienstalter *n* ≈ period of service or time in office
Dienstaufsicht *f* supervision *(of a government or public authority)*; control and jurisdiction
Dienstaufsichtsbeschwerde *f* complaint as to conduct of official in office; petition for administrative review; disciplinary complaint
Dienstbarkeit *f* servitude; easement
Dienstbarkeit *f***/beschränkte persönliche** limited personal servitude; limited easement in gross
Dienstbarkeit *f***/öffentliche** public easement
Dienstbehörde *f***/oberste** highest authority in employment matters
Dienstbezeichnung *f* title; rank
Dienstbezüge *mpl* emoluments *pl*
Dienstbote *m* servant
Diensteid *m* official oath; oath of office
Dienstgeheimnis *n* official secret
Dienstgericht *n* disciplinary court *(for judges, civil servants, soldiers, etc.)*
Dienstgrad *m* grade *(civil servant)*; rank *(armed forces)*
Dienstherr *m* employer; master
Dienstleistung *f* service
Dienstleistungsbetrieb *m* company providing services; utility
Dienstleistungsfreiheit *f* freedom to provide services
Dienstleistungsgewerbe *n* service industry
dienstlich *adj* official; on (official) business; in an official capacity
Dienstrecht *n* service regulations *pl*
Dienstsache *f* official business
Dienstschluss *m* closing time
Dienstsiegel *n* official seal
Dienststelle *f* office; department; agency; bureau
Dienstunfähigkeit *f* disability (for service)
Dienstvergehen *n* neglect of duty
Dienstverhältnis *n* employment; service; master-servant relationship
Dienstverhältnis *n***/öffentlich-rechtliches** civil service status; employment under public law
dienstverpflichtet *adj* obliged to serve; conscripted, mobilized
Dienstverpflichtung *f* compulsory service; conscription of labo(u)r
Dienstvertrag *m* contract of service, employment contract
Dienstvorgesetzter *m* superior
Dienstvorschrift *f* (official) regulations *pl*; (company) rules *pl*
Dienstweg *m* official channels *pl*, official ways *pl*
Dienstzeit *f* period of service; office hours *pl*
diffamieren *v* defame
Diffamierung *f* defamation
Differenz *f* difference; balance
Differenzgeschäft *n* margin trading
Differenzhaftung *f* shortfall liability
differenzieren *v* differentiate
Differenzierung *f* differentiation
Differenzierungsverbot *n***/absolutes** absolute prohibition on differentiation
Digesten *fpl* the Digest (of Emperor Justinian)
Diktator *m* dictator
Diktatur *f* dictatorship
dilatorisch *adj* dilatory
dinglich *adj* real; concrete; not personal; *(Lat)* in rem
dingliche Surrogation *f* subrogation in rem
dingliches Recht *n* right in rem; interest in property
DIN-Vorschriften *fpl* German Standards Association regulations *pl*
Diplom *n* diploma
Diplomat *m* diplomat
diplomatisch *adj* diplomatic
Diplom-Jurist *m* law graduate
Diplom-Wirtschaftsjurist *m* commercial law graduate

direkt *adj* direct
Direkterwerb *m* direct purchase
Direktionsrecht *n* right to give directions; power to instruct
Direktive *f* directive; instruction
Direktmandat *n* direct seat *(as opposed to a seat gained from a party list for proportional representation)*
Direktor *m* director; manager; managing director; president; headmaster, principal *(school)*
Direktor *m*/**geschäftsfremder** independent director
Direktor *m*/**geschäftsführender** managing director
Direktversicherung *f* direct insurance
Dirne *f* prostitute
Disagio *n* disagio; discount, *(AE)* markdown
Diskont *m* discount
diskontieren *v* discount; take on discount
Diskontsatz *m* discount rate; bank rate
diskriminieren *v* discriminate
Diskriminierung *f* discrimination
Diskriminierung *f*/**geschlechtsbezogene** sex discrimination, discrimination on the basis of sex [gender]
Diskriminierung *f*/**mittelbare** indirect discrimination
Diskriminierung *f*/**offene** open discrimination
Diskriminierung *f*/**positive** positive discrimination; affirmative action
Diskriminierung *f*/**steuerliche** tax discrimination
Diskriminierung *f*/**versteckte** hidden discrimination
Diskriminierungsverbot *n* ban [banning] of discrimination
Dispens *m* exemption; dispensation
dispensieren *v* dispense; excuse
disponieren *v* dispose of; make arrangements
Dispositionskredit *m* credit facility, credit line; overdraft credit
Dispositionsmaxime *f* principle of party disposition
dispositiv *adj* optional; dispositive
dispositives Recht *n* optional law *(law which is subject to contracting out by parties)*; dispositive law
Disput *m* dispute; disagreement; conflict
Dissens *m* dissent; disagreement
Dissens *m*/**offener** patent ambiguity; open lack of agreement
Dissens *m*/**versteckter** latent [hidden] disagreement; latent [hidden] lack of agreement
Dissertation *f* thesis; dissertation
Dissident *m* dissident; non-conformist
Distanzdelikt *n* ≈ offence in which time and/or place of the act and the result are separated
Disziplinargericht *n* disciplinary tribunal
disziplinarisch *adj* disciplinary
Disziplinarmaßnahme *f* disciplinary measures *pl*
Disziplinarrecht *n* disciplinary law
Disziplinarverfahren *n* disciplinary proceedings *pl*
Dividende *f* dividend
Dividendeneinkünfte *pl* income from dividends
Dividendenschein *m* dividend coupon
Dividendenzahlung *f* dividend payment
DNA-Analyse *f* DNA test; DNA analysis
Dogmatik *f* dogmatics *pl*
Doktor *m* doctor; PhD *(doctor of philosophy)*; graduate; medical doctor
Doktorand *m* doctoral candidate
Doktorgrad *m* doctorate
Doktorprüfung *f* examination for a doctorate degree
Doktrin *f* doctrine
Dokument *n* document
Dokumentationspflicht *f* obligation to keep records
dolos *adj* with criminal intent
dolos-absichtsloses Werkzeug *n* ≈ agent lacking criminal intent
dolus *m (Lat)* intent
dolus alternativus *(Lat)* alternative intent *(the perpetrator considers two alternative actus reus as being possible, seeks either one of these and is punished for such)*
dolus antecedens *(Lat)* prior intent *(not during the act)*
dolus cumulativus *(Lat)* cumulative intent *(the perpetrator considers two cumulative actus reus as being possible, seeks these and is punished for such)*
dolus directus *(Lat)* direct intent
dolus eventualis *(Lat)* contingent intent
dolus generalis *(Lat)* general intent
dolus indirectus *(Lat)* indirect intent
dolus malus *(Lat)* malice, malicious intent

dolus subsequens *(Lat)* subsequent intent
Domain *f* (Internet) domain
Domain-Name *m* domain name
Domizil *n* domicile
Domizilgesellschaft *f* (foreign) letterbox firm; mailbox company
Doping *n* doping *(illicit drug-taking to enhance competitive or athletic performance)*
Doppel *n* counterpart; double
Doppelbelastung *f* double burden; double taxation
Doppelberücksichtigung *f* taking into account twice, double allowance
Doppelbesteuerung *f* double taxation
Doppelbesteuerungsabkommen *n* Double Taxation Treaty
Doppelbestrafung *f* double punishment
Doppelehe *f* bigamous marriage
Doppelfunktionalität *f* double functionality
Doppelname *m* double name
Doppelpfändung *f* double pledging
Doppelsitz *m* second seat (of a company)
Doppelstaatsangehörigkeit *f* dual nationality
Doppelverpflichtung *f* (theory of) double obligations
Doppelwohnsitz *m* second place of residence
Dossier *n* dossier; file
dotieren *v* endow; remunerate; pay
Dotierung *f* endowment
Doyen *m* doyen
Dozent *m* lecturer; university teacher; *(AE)* (associate) professor
drakonisch *adj* draconian; harsh
Draufgabe *f* deposit; earnest money
Dreiecksgeschäft *n***/innergemeinschaftliches** ≈ three-party [triangular] transaction within the EU
Drei-Elementen-Lehre *f* doctrine of the three branches of government *(judiciary, executive, legislature)*
Dreiklassenwahlrecht *n* three-class franchise
dreistufig *adj* three-phase
Dringlichkeit *f* urgency
Drittbeziehung *f* third party connection *(contract)*; relationship with third party *(divorce)*
dritte *adj* third
Dritter *m* third party; third
Dritter *m***/außenstehender** bystander; third party
Drittermächtigung *f* authorization of third party
Drittgewahrsam *m* third party possession
Drittschadensliquidation *f* compensation for damage to third party
Drittschuldner *m* third party debtor; garnishee
Drittschuldnererklärung *f* declaration of third party debtor
Drittschutz *m* third party protection
Drittwiderspruchsklage *f* third party action against enforcement; interpleader
Drittwirkung *f* effect on third party
Drittwirkung *f* **der Grundrechte** effect of constitutional rights on a third party *(as opposed to the state)*
Drittwirkung *f* **der Grundrechte/mittelbare** indirect effect of constitutional rights on a third party *(as opposed to the effect on the state)*
Droge *f* drug; medicine
Drogendealer *m* drug dealer
Drogenhandel *m* drug trafficking, drug dealing
Drogenmissbrauch *m* drug abuse
drohen *v* threaten
drohend *adj* threatening; impending; pending
Drohung *f* threat; menace
Drohung *f***/widerrechtliche** unlawful threat; illegal menace
Dualismus *m* dualism
Due Diligence *f* due diligence; reasonable care
dulden *v* tolerate; suffer; accept; condone; forbear
Duldung *f* toleration; acceptance; forbearance
Duldung *f* **der Zwangsvollstreckung** forbearance on enforcement
Duldungsdienstbarkeit *f* affirmative easement
Duldungsvollmacht *f* power of authority by estoppel
Dumping *n* dumping, selling at price which is well under market price
Dumpingpraktiken *fpl* dumping practices *pl*
Dunkelfeld *n* (unknown) area
Dunkelziffer *f* (unknown) number [statistics] related to a particular matter; unde-

tected crime; unregistered offences *pl* [*AE* offenses]
Duplikat *n* duplicate; counterpart; copy
Durchbrechung *f* interruption; piercing, breaking
Durchfahrtsrecht *n* right of way
Durchfallquote *f* failure rate; reject rate
Durchführbarkeit *f* viability; feasibility; practicability
durchführen *v* carry out; implement; execute; accomplish; lead through
Durchführung *f* implementation; execution; accomplishment
Durchführungsverordnung *f* executive order; implementing order
Durchgangsrecht *n* right of way
Durchgriff *m* piercing the corporate veil
Durchgriffshaftung *f* (liability from) piercing the corporate veil; direct liability of shareholder *(company law)*
Durchschlag *m* copy; carbon copy
durchschnittlich *adj* average; common; standard
Durchschrift *f* carbon copy
durchsetzen *v* enforce
Durchsetzung *f* enforcement; implementation
Durchsicht *f* perusal, examination; check; checking
durchstreichen *v* strike out, cross out; delete; cancel
durchsuchen *v* search
Durchsuchung *f* search
Durchsuchung *f***/polizeiliche** search by the police
Durchsuchung *f* **und Beschlagnahme** *f***/unrechtmäßige** unlawful search and seizure
Durchsuchungsanordnung *f***/richterliche** judicial search warrant
Durchsuchungsbefehl *m* search warrant
Durchsuchungsgewalt *f* power of entry
Dürftigkeit *f* **des Nachlasses** *(Lat)* plene administravit *(plea by executor or administrator that there are no or insufficient assets to satisfy a claim)*
Dürftigkeitseinrede *f* objection for reasons of insufficient assets
dynamisch *adj* dynamic

E

EAG *s.* Europäische Atomgemeinschaft
echt *adj* real; genuine; authentic
echte Urkunde *f* authentic document; valid deed
echtes Unterlassungsdelikt *n* offence [*AE* offense] of omission *(expressly declared punishable by statute)*
Echtheit *f* authenticity; genuineness
Ecklohn *m* standard wage; wage set by collective wage agreement
EDV *f s.* Datenverarbeitung/elektronische
EEA *s.* Einheitliche Europäische Akte
Effekten *mpl* securities *pl*; stocks (and bonds) *pl*; stocks and shares *pl*
Effektenbörse *f* stock exchange; stock market
effektiv *adj* effective
Effektivklausel *f* currency clause *(determining currency which may be used for payment)*
Effektivklausel *f***/negative** ≈ clause of collective agreement whereby any salaries above the agreed level should be absorbed
Effet utile *m* practical effectiveness (of EU law)
eG *s.* eingetragene Genossenschaft
EG *f s.* Europäische Gemeinschaft
EGKS *s.* Europäische Gemeinschaft für Kohle und Stahl
EGMR *s.* Europäischer Gerichtshof für Menschenrechte
EG-Vertrag *m (EGV)* European Community Treaty, EC Treaty
Ehe *f* marriage; matrimony, wedlock
Ehe *f***/hinkende** ≈ marriage between nationals of different states whereby one of those states does not recognize the marriage
eheähnlich *adj* quasimarital
Eheaufhebung *f* annulment of marriage
ehebrechen *v* commit adultery
Ehebrecher *m* adulterer
ehebrecherisch *adj* adulterous
Ehebruch *m* adultery
Ehedispens *m* marriage licence [*AE* license]
Ehefähigkeit *f* fitness to marry; capacity to (contract to) marry
Ehefähigkeitszeugnis *n* certificate of no impediment

Ehefrau *f* wife
Ehegatte *m* spouse
Ehegattenerbrecht *n* entitlement of surviving spouse to inherit
Ehegattengesellschaft *f* partnership between spouses
Ehegatten-Innengesellschaft *f* hidden partnership of spouses
Ehegattennachzug *m* spousal reunion *(as a result of permission to enter and reside given to spouse of foreign resident)*
Ehegattenunterhalt *m (BE)* spousal maintenance; *(AE)* spousal support
Ehegesetz *n (obs.)* Marriage Law
Ehegüterrecht *n* Matrimonial Property Law
Ehehindernis *n* impediment to marriage
Eheleute *pl* spouses *pl*, husband and wife
ehelich *adj* conjugal; matrimonial; of the marriage; legitimate *(of children)*
ehelichen *v* marry, wed
Ehelicherklärung *f* declaration of legitimacy; act of legitimation
Ehelichkeit *f* legitimacy
Ehelichkeitsanfechtung *f* legal challenge to legitimacy *(of a child)*
Ehelichkeitserklärung *f s.* Ehelicherklärung
Ehemann *m* husband
Ehemündigkeit *f* capacity to marry *(in terms of age)*
Ehename *m* married name; common family name of husband and wife
Ehenichtigkeit *f* nullity of marriage
Ehenichtigkeitserklärung *f* declaration of nullity of marriage
Ehenichtigkeitsklage *f* petition for nullity of marriage
Ehepartner *m* partner; spouse
Eherecht *n* matrimonial law; law of marriage
Eherechtsendurteil *n* ≈ final decision in a matrimonial matter
Ehesache *f* matrimonial matter
Ehescheidung *f* divorce; dissolution (of marriage)
Ehescheidungsantrag *m* divorce petition, application for dissolution of marriage
Eheschließung *f* solemnization of marriage; marriage ceremony; marriage
Ehestand *m* marital status; marriage, wedlock
Ehestörung *f* disruption of marriage *(by third party)*
Ehestreit *m* marital dispute
Eheverbot *n* prohibition of marriage
Ehevermittler *m* marriage broker
Ehevermittlung *f* marriage broking, arranging of marriage
Eheversprechen *n* promise of marriage
Ehevertrag *m (AE)* marriage contract; marriage settlement
Ehevoraussetzung *f* preconditions *pl* for marriage
Ehewirkungen *fpl* legal effects *pl* of marriage
Ehewirkungen *fpl*/**allgemeine** *(IPR)* general legal effects *pl* of marriage
Ehewohnung *f* matrimonial home
Ehre *f* hono(u)r
Ehrenamt *n* honorary office
ehrenamtlich *adj* honorary • **ehrenamtlich tätig sein** be active on an honorary basis
Ehrenamtlicher *m* volunteer
ehrenamtlicher Richter *m* honorary judge, lay judge
Ehrendoktor *m* honorary doctorate
Ehrengericht *n* disciplinary tribunal
Ehrenrechte *npl*/**bürgerliche** civil rights *pl*
ehrenrührig *adj* dishono(u)rable; defamatory
Ehrenwort *n* parole *(of prisoner)*; word of hono(u)r
Ehrverletzung *f* defamation; slander *(if spoken)*; libel *(if written or in permanent form)*; insult
EIB *s.* Europäische Investitionsbank
eichen *v* calibrate; standardize; benchmark
Eid *m* oath
eidesstattlich *adj* in lieu of oath
eidesstattliche Versicherung *f* affirmation [declaration] in lieu of oath; *(BE)* statutory declaration; affidavit
eigen *adj* own
Eigenbedarf *m* own requirements *pl*; one's own personal needs *pl*
Eigenbesitz *m* possession as owner, proprietary possession
Eigenbesitzer *m* proprietary possessor
Eigenbetrieb *m* owner-operated business *(of a community council etc.)*
Eigengeschäftsführung *f* operation of business for one's own account

eigenhändig *adj* personally; by one's own hand; holographic *(writing)*
eigenhändiges Testament *n* holographic will
Eigenhändler *m* independent dealer, distributor
Eigenkapital *n* equity (capital); own capital; shareholder capital
Eigenkapitalersatz *m* replacement for own capital
Eigenkonsum *m* own consumption; own use; in-house use
Eigenmacht *f* self-granted authority
Eigenmacht *f*/**verbotene** unlawful interference with property rights; nuisance; trespass
eigenmächtig *adj* arbitrary
eigenmächtiger Besitzer *m* possessor without (proper) authority
Eigenname *m* own name
Eigenschaft *f*/**amtliche** official capacity
Eigenschaft *f*/**zugesicherte** warranted quality
Eigenschaftsirrtum *m* mistake as to nature of subject matter *(in contract)*
eigenständig *adj* independent
Eigentum *n* property; ownership; title
Eigentum *n* **an beweglichen Sachen** ownership in movables; title to chattels
Eigentum *n* **an unbeweglichen Sachen** ownership in immovables; title to real property
Eigentum *n*/**geistiges** intellectual property
Eigentum *n*/**gemeinschaftliches** joint property; property in common; matrimonial property
Eigentum *n*/**gewerbliches** industrial property
Eigentum *n*/**öffentliches** public ownership; public property
Eigentum *n*/**wirtschaftliches** equitable ownership *(contrary to legal ownership)*
Eigentümer *m* owner, proprietor; title holder; holder *(bills of exchange, commercial papers, etc.)*
Eigentümer-Besitzer-Verhältnis *n* owner-occupier relationship; proprietor--operator relationship
Eigentümergemeinschaft *f* community of owners
Eigentümergrundschuld *f* owner's charge on land
Eigentumsaufgabe *f* abandonment of movables; giving up of ownership
Eigentumsbelastung *f* charge over property
Eigentumsbeschädigung *f* damage to property
Eigentumsdelikt *n (CrLaw)* property law offence [*AE* offense]
Eigentumserwerb *m* acquisition of property; acquiring of title
Eigentumserwerb *m* **durch Hoheitsakt** acquisition of property by sovereign act of state
Eigentumserwerb *m*/**originärer** primary acquisition of ownership by way of law
Eigentumsgarantie *f* constitutional right to private property
Eigentumsherausgabeanspruch *m* claim by owner for return of property; owner's claim for possession *(of real property)*
Eigentumsnachweis *m* certificate of title; title record; proof of ownership
Eigentumsrecht *n* right of ownership [title]; ownership law
Eigentumsstörung *f* interference with proprietary rights
Eigentumstitel *m* title (of owner)
Eigentumsübergang *m* passing of title; passing of property; devolution
Eigentumsübertragung *f* transfer of ownership; transfer of title; transfer of property; transfer of title to real property; conveyance
Eigentumsumschreibung *f* transfer of ownership
Eigentumsverletzung *f* infringement of property rights
Eigentumsverlust *m* loss of ownership; loss of title
Eigentumsvermutung *f* presumption of ownership, presumption of title
Eigentumsverschaffung *f* transfer of ownership [title]
Eigentumsvorbehalt *m* retention [reservation] of title; retention [reservation] of property
Eigentumsvorbehalt *m*/**erweiterter** extended retention of title *(to cover any and all claims by seller arising from the commercial relationship)*
Eigentumsvorbehalt *m*/**nachgeschalteter** subsequent retention of title of re-

seller *(without disclosure of existing retention of title of original seller)*
Eigentumsvorbehalt *m*/**verlängerter** extended retention of title *(to cover any resale)*
Eigentumsvorbehalt *m*/**weitergeleiteter** extended retention of title *(whereby buyer agrees to make any resale subject to the retention of title of the original seller)*
Eigentumswohnung *f* freehold apartment; *(BE)* freehold flat; *(AE)* condominium
eigenübliche Sorgfalt *f* ≈ the normal prudence one would exercise in one's own matters
Eigenverwaltung *f* self-administration
eignen *v* be suitable; be appropriate; be fit
eignen *v* **(für)/sich** be qualified for; be suitable for; be fit for
Eignung *f* qualification; suitability; aptitude *(person)*; eligibility
Einbehaltung *f* withholding; retention
einbenennen *v* ≈ confer one's own name to a child born out of wedlock
Einbenennung *f* ≈ conferring of one's own name to a child born out of wedlock
einberufen *v* convene; convoke; summon; conscript; draft, *(AE, colloq.)* call up
Einberufer *m* convener
Einberufung *f* convening; convocation; summoning; conscription; draft
Einberufung *f* **einer Versammlung** notice of meeting; summons; calling of a meeting
Einberufungsbefehl *m* draft order
einbeziehen *v* include; incorporate
Einbeziehung *f* **von AGB** incorporation of standard terms and conditions, inclusion of general business terms
einbrechen *v (CrLaw)* break in, burgle, commit burglary
Einbrecher *m (CrLaw)* burglar
einbringen *v* contribute; file; bring in
Einbruch *m (CrLaw)* burglary, breaking and entering
Einbruchsdiebstahl *m (CrLaw)* burglary; theft resulting from breaking and entering
einbürgern *v* naturalize
Einbürgerung *f* naturalization
Einbürgerungsantrag *m* application for naturalization
Einbuße *f* loss, damage
Eindämmung *f* **von Tumulten** riot control
eindeutig *adj* unequivocal; unambiguous
Eindeutigkeit *f* **von Begriffen** plain meaning of words
eindringen *v* break in; enter by force; penetrate
einfache Beschwerde *f* appeal not subject to time limit, ordinary appeal
Einflussbereich *m* sphere of influence
einfügen *v* insert; include; incorporate
Einfuhr *f* import; importation; entry
Einfuhrbeschränkung *f* import restriction
einführen *v* 1. import; enter; 2. introduce; inaugurate
Einführung *f* introduction; inauguration
Einführungsgesetz *n* introductory law
Eingabe *f* petition; application; request
Eingang *m* entry, entrance; arrival; receipt
Eingangsdatum *n* date of receipt
Eingangsformel *f* preamble *(judgment)*
Eingangsgericht *n* court of first instance, trial court, initial court
Eingangsstempel *m* (date of) receipt stamp
eingegliedert *adj*/**nicht** non-integrated
eingehen *v* 1. arrive; become available; 2. agree to; accept; enter into; undertake; give way to; consider
Eingehungsbetrug *m* fraudulent misrepresentation
Eingemeindung *f* incorporation into a municipality by extension of boundaries
eingeschrieben *adj* registered *(post)*; enrolled *(student)*
eingetragen *adj* registered; recorded; on the roll; enrolled
eingetragene Genossenschaft *f* registered cooperative
eingetragener Verein *m* registered association
eingliedern *v* integrate, incorporate
eingreifen *v* intervene; interfere
Eingriff *m* intervention; interference
Eingriff *m*/**enteignungsgleicher** ≈ violation of property rights resulting from either a de facto situation or an unlawful enforcement of the law
Eingriffskondiktion *f* ≈ action based on undue enrichment in relation to property rights
Eingriffsverwaltung *f* executive administration

Eingruppierung *f* classification; grouping
Einheit *f* unit; unity; entity
Einheit *f*/**wirtschaftliche** commercial [economic] entity
einheitlich *adj* uniform; standardized; in a uniform manner; unitary
Einheitliche Europäische Akte *f (EEA)* Single European Act
Einheitlicher europäischer Vollstreckungstitel *m* European Enforcement Order *(for uncontested claims)*
Einheitsgesellschaft *f* unified corporation *(under German law this is a so-called "GmbH & Co KG" in which the partners are shareholders in the corporate partner - the GmbH)*
Einheitskaufrecht *n*/**internationales** Uniform Law on International Sale of Goods *(UN Convention for the International Sale of Goods-1980 - CISG)*
Einheitsstaat *m* unified form of government *(as opposed to a federal state)*; centralized state
Einheitsstrafe *f* consolidated penalty; general fine
Einheitswert *m* assessed value *(for tax)*; nominal value *(for tax)*; *(BE)* rateable value
einigen *v* agree, reach an agreement; settle
einigen *v* **(auf)/sich** agree on
Einigung *f* agreement; understanding; settlement
Einigung *f*/**außergerichtliche** out-of--court settlement
Einigung *f*/**gütliche** amicable agreement
Einigungsmangel *m* disagreement; absence of agreement
Einigungsprozess *m*/**europäischer** process of European unification
Einigungsvertrag *m* treaty of unification
Einkammersystem *n* unicameral system
Einkaufspreis *m* purchase price
einklagen *v* sue, bring a legal action; commence proceedings
Einkommen *n* income, revenue; earnings *pl*
Einkommen *n*/**festes** fixed income; regular earnings *pl*
Einkommen *n*/**steuerpflichtiges** taxable income, taxable revenue; assessable earnings *pl*
Einkommensanrechnung *f* taking one's income into account *(e.g. when requesting legal aid, a benefit or maintenance)*
Einkommensermittlung *f* determination of income
Einkommensteuer *f* income tax
Einkommensteuerbescheid *m* income tax assessment
Einkommensteuererklärung *f* income tax return
Einkommensteuerpflicht *f* duty to pay income tax
Einkünfte *pl* revenue; income, earnings *pl*; emolument; profit
Einkünfte *pl* **aus Gewerbebetrieb** trading income, business earnings *pl*
Einkünfte *pl* **aus Kapitalvermögen** income from capital; income from investments; *(BE)* unearned income
Einkünfte *pl* **aus Land- und Forstwirtschaft** income from agriculture and forestry
Einkünfte *pl* **aus nichtselbstständiger Arbeit** income from employment
Einkünfte *pl* **aus selbstständiger Arbeit** income from self-employment
Einkünfte *pl* **aus Vermietung und Verpachtung** income from rents and leases; rental income
Einkünfte *pl*/**negative** negative income
Einkunftsart *f* type of revenue; source of income
einladen *v* invite
Einladung *f* invitation
Einlage *f* 1. deposit; 2. contribution; capital contribution; investment (amount); 3. enclosure
Einlage *f*/**verdeckte** hidden contribution
Einlageerbringung *f* contribution of capital
Einlagepflicht *f* duty to contribute
einlassen *v (CrLaw)* enter a plea to a charge; enter an appearance
einlassen *v* **(auf)/sich** engage in; become involved in
Einlassung *f* 1. *(CivLaw) (BE)* filing an acknowledgement of service; *(AE)* entering an appearance; 2. *(CrLaw) (BE)* defence, *(AE)* defense; plea to a charge
Einlassung *f*/**rügelose** response without objection to jurisdiction of court
Einlassung *f* **zur Hauptsache** plea to the merits of plaintiff's [claimant's] case
Einlassungsfrist *f* period for filing a defence [*AE* defense]
einlegen *v* 1. file, lodge; 2. enclose; 3. deposit *(money)*

einleiten *v* start, initiate; introduce
Einleitung *f* 1. starting; initiation; institution; 2. introduction
Einleitung *f* **des Verfahrens** initiation of proceedings
Einleitung *f* **schädlicher Stoffe** introduction of toxic [hazardous] materials
einliefern *v* send; commit *(to prison)*; deliver; hand in
Einlieferung *f* delivery; supply; posting
einlösen *v* redeem; cash in; pay; hono(u)r *(a cheque)*
Einlösung *f* redemption; cashing; payment; hono(u)ring *(a cheque)*
Einmanngesellschaft *f* one-person [one-man] company; corporation sole; sole proprietorship
Einnahme *f* receipt(s); takings *pl*; earnings *pl*; proceeds *pl*
einnehmen *v* receive; take in; earn; collect
Einpersonen-AG *f* one-person company
Einpersonengesellschaft *f s.* Einmanngesellschaft
Einpersonen-GmbH *f* one-person GmbH; one-person company
einräumen *v* concede; grant
Einräumung *f* concession; granting
Einrede *f* plea; *(BE)* defence, *(AE)* defense; objection; *(AE)* exception
Einrede *f***/dilatorische** dilatory plea
Einrede *f***/peremptorische** peremptory plea; *(AE)* plea in bar
Einrede *f***/prozesshindernde** objection in law to an action; *(AE)* demurrer to action
einreichen *v* submit; hand in; present; file; lodge
Einreichung *f* submission; presentation; filing
Einreise *f* entry, travel into a country
Einreisefreiheit *f* right of entry *(into a country)*
einreisen *v* enter (a country)
Einrichtung *f* 1. setting-up, establishment; organization; 2. equipment; facilities *pl*; 3. body; organization; institution
Einrichtung *f***/kaufmännische** commercial equipment
Einsatz *m* operation; razzia, raid
Einsatzbesprechung *f* briefing
Einschätzung *f* **der Kreditwürdigkeit** credit rating
einschlägig *adj* relevant; applicable
einschließen *v* include; comprehend; lock up
einschließlich including, inclusive of
Einschließung *f* inclusion; confinement; locking (in)
einschränken *v* limit, restrict; qualify
einschränkende Auslegung *f* restrictive interpretation
Einschränkung *f* limitation; reservation; restraint
Einschreiben *n* registration
Einschreiben *n* **mit Rückschein** registered letter with acknowledgement of receipt
einschreiten *v* intervene; interfere; take action
Einschreiten *n* intervention; interference; action
einschüchtern *v* intimidate
Einschüchterung *f* intimidation
einsehen *v* 1. examine; inspect; peruse; look into; 2. comprehend, understand
einseitig *adj* unilateral; *(Lat)* ex parte *(application)*
einseitig verpflichtend *adj* unilaterally-binding
einseitiges Rechtsgeschäft *n* one-sided legal act; unilateral transaction
einsetzen *v* appoint; employ; use; deploy; assign
Einsetzung *f* appointment; installation; subrogation *(legal replacement)*
Einsicht *f* 1. inspection; examination; perusal; 2. comprehension; understanding
Einsichtsfähigkeit *f* ability [capacity] to understand
Einsparung *f* saving
einsperren *v* confine; imprison; lock-up
Einsperrung *f* confinement; imprisonment; locking-up
Einspruch *m* objection; protest; veto; appeal *(against a court judgment)*
Einspruchsführer *m (Lat)* caveator
Einspruchsgesetz *n* ≈ legislation of the Lower House of the German parliament (= Bundestag) which is subject to the approval of the Upper House or Senate (= Bundesrat)
Einspruchskläger *m* caveator
einstellen *v* 1. employ; engage; recruit; hire; 2. stop; discontinue; stay; suspend *(for a limited period)*
Einstellung *f* 1. employment; engagement; recruitment; hiring; 2. attitude; ap-

proach; 3. stop; cessation; discontinuance; stay; suspension *(for a limited period)*
Einstellung *f* **der Zwangsvollstreckung** stay of enforcement [execution]
Einstellung *f* **der Zwangsvollstreckung/einstweilige** interim stay of enforcement [execution]
Einstellung *f* **des Strafverfahrens** *(CrLaw)* dismissal of a case; suspension of a prosecution; *(Lat)* nolle prosequi
Einstellung *f***/einstweilige** interim stay of proceedings; interlocutory suspension
Einstellung *f* **mangels Masse** stay due to lack of assets
Einstellung *f***/vorläufige** suspension
Einstellungsbedingungen *fpl* conditions *pl* of employment
Einstellungsbeschluss *m* order for stay (of proceedings)
einstimmig *adj* unanimous, without any objection
Einstimmigkeit *f* unanimity
Einstimmigkeitsprinzip *n* principle of unanimity
einstufen *v* rate
einstufig *adj* one-phase, one-stage
Einstufung *f* rating
einstweilig *adj* temporary; provisional; interim; interlocutory
einstweilige Anordnung *f* interim order; interlocutory injunction
einstweilige Einstellung *f* **der Zwangsvollstreckung** interim stay of enforcement [execution]
einstweilige Verfügung *f* interim injunction; interlocutory injunction; *(AE)* temporary restraining order
einstweiliger gewerblicher Rechtsschutz *m* interim protection of industrial rights
Eintrag *m* entry *(in a register etc.)*
eintragen *v* enter *(in a register etc.)*; record; post; enrol, *(AE)* enroll
Eintragung *f* registration; entry
Eintragung *f***/amtliche** incorporation; registration; official recording
Eintragungsbewilligung *f* approval of entry in register *(by party subject to charge)*
Eintragungsfähigkeit *f* eligibility for registration
Eintragungshindernis *n* bar to registration; hindrance to (making of) entry
Eintragungsmangel *m* lack of registration; failure to make entry
Eintragungspflicht *f* duty to register
Eintragungsvermerk *m* entry note
eintreiben *v* collect; enforce *(payment)*; recover *(debts etc.)*
eintreten *v* 1. occur; 2. join; enter (into)
Eintreten *n* entry; occurrence; intervention
Eintritt *m* 1. occurrence; 2. joining; entry (into)
Eintrittsklausel *f* ≈ clause in a shareholder agreement or partnership agreement determining right of third party to join a company or partnership
Eintrittsrecht *n* right of pre-emption; right to join; right of subrogation
Einvernehmen *n* agreement, understanding
einvernehmlich *adj* amicable
einvernehmlich *adv* by mutual consent
Einverständnis *n* agreement; approval; consent; understanding • **im beiderseitigen Einverständnis** mutually, by mutual agreement
Einwand *m* objection; *(BE)* defence, *(AE)* defense; plea; *(AE)* exception
Einwanderer *m* immigrant
einwandern *v* immigrate
Einwanderung *f* immigration
Einwanderungsbehörde *f* immigration authorities *pl*
Einwegprodukte *npl* disposable goods *pl*
Einweihung *f* dedication
einweisen *v* 1. commit *(to an institution)*; 2. put into possession; 3. advise; brief; instruct
Einweisung *f* 1. committal; 2. putting into possession; 3. briefing; instructing
einwenden *v* oppose; object (to); plead, plead a defence [*AE* defense]
Einwendung *f* objection; plea; *(BE)* defence, *(AE)* defense; *(AE)* exception
Einwendung *f***/rechtliche** legal defence [*AE* defense]
einwilligen *v* consent; agree; approve
Einwilligung *f* consent; agreement; approval
Einwilligung *f***/mutmaßliche** presumed agreement; implied consent
Einwilligung *f***/rechtfertigende** legally justifying approval
einwirken *v* influence; act (upon)
Einwirkung *f* effect; influence
Einwohner *m* resident

einzahlen *v* pay (in); deposit
Einzahlung *f* paying (in); payment; deposit
Einzelanwalt *m (BE)* barrister sole; sole practitioner
Einzelermächtigung *f* entitlement to represent alone
Einzelfall *m* individual case, each case; case by case
Einzelfallgesetz *n* ≈ law exclusively addressing one particular case or person
Einzelfallstudie *f* case study
Einzelhaft *f* solitary confinement
Einzelkaufmann *m* sole trader
Einzelner *m* individual, one person, single person
Einzelprokura *f* ≈ power of representation ("Prokura") of a company granted in full to one person; ≈ authority (of one person) to represent a company
Einzelrechtsnachfolge *f* singular succession
Einzelrichter *m* single judge, sole judge; judge sitting alone
einzelstaatlich *adj* national
Einzelstatut *n* ≈ particular choice of legal rule in relation to particular property in conflict of laws
Einzelteil *n* component, part; element
Einzelvollmacht *f* sole authority; special authority to act
Einzelzwangsvollstreckung *f* execution for single creditors
einziehen *v* 1. confiscate, seize; forfeit; withdraw *(from circulation)*; 2. cash in; collect; recover
Einziehung *f* 1. confiscation, seizure; forfeiture; withdrawal *(from circulation)*; 2. cashing; collection; recovery
Einziehungsermächtigung *f* authorization for direct debit
Einziehungsrecht *n* right to collect; right to claim
Einziehungsverfahren *n* collection procedure; method of collection
Einzug *m* collection; direct debt
Einzugsstelle *f* collection agent
Eisenbahn *f* railway, *(AE)* railroad
Eisenbahnverkehr *m* railway traffic
elektronische Datenverarbeitung *f* *(EDV)* electronic data processing
elterlich *adj* parental
Eltern *pl* parents *pl*
Eltern-Kind-Verhältnis *n* parent-child relationship
Elternzeit *f* parental leave
E-Mail *f* e-mail
Emanzipation *f* emancipation
emanzipieren *v* emancipate
Embargo *n* embargo
Embryo *m* embryo
Embryonenschutzgesetz *n* Law for the Protection of Embryos
emeritieren *v* retire *(from an academic position)*; give the status of emeritus
Emeritierung *f* retirement *(from an academic position)*
Emigrant *m* emigrant
Emigration *f* emigration
emigrieren *v* emigrate
Emission *f* 1. issue; flotation; 2. emission(s)
Emissionsbank *f* issuing bank
Empfang *m* receipt; receiving
empfangen *v* receive
Empfänger *m* recipient; addressee; receiver
Empfängerhorizont *m* horizon [perspective] of the recipient
Empfangsbedürftigkeit *f* requirement of receipt
Empfangsbekenntnis *n* acknowledgement of receipt
Empfangsbestätigung *f* notice of receipt
empfehlen *v* recommend; advise
Empfehlung *f* recommendation; advice
Empfehlungen *fpl* **und Stellungnahmen** *fpl* recommendations and statements *pl*
Empfehlungsschreiben *n* letter of recommendation
Ende *n* cessation; end; completion
Endprodukt *n* final product, end product
Endurteil *n* final decision; final judgment; final decree
Endvermögen *n* assets *pl* owned by spouse *(at end of period of matrimonial property regime)*
Energie *f* energy; power
Energierecht *n* energy law
Energieversorgungsunternehmen *n* energy company; power supply company; (energy) utility
Enkel *m* grandchild; grandson
Enquête *f* official inquiry
Enquêtekommission *f* (parliamentary) commission of inquiry
Enquêterecht *n* law related to (parlia-

mentary) inquiries; law of privilege of parliamentary inquiries
Entartung *f* **des Rechts** ≈ abuse [misuse] of the law or legal system for a political purpose
enteignen *v* expropriate; *(BE)* purchase compulsorily *(land)*; *(AE)* take under principle of eminent domain *(land)*
Enteignung *f* seizure; *(BE)* compulsory purchase *(land)*
enterben *v* disinherit
Enterbung *f* disinheritance; disinheriting
entfallen *v* 1. be cancel(l)ed; 2. be allotted
entfalten *v* develop; evolve; unfold
Entfaltung *f* development; evolution; unfolding
entfernen *v* remove; leave
entfernen *v***/sich** leave; depart
Entfernen *n* **vom Unfallort/unerlaubtes** *(CrLaw)* unlawful leaving of the scene of an accident
Entfernung *f* removal; leaving
Entfernungspauschale *f* travel allowance (based on actual distance)
Entfremdung *f* alienation; estrangement
entführen *v* 1. kidnap; abduct; 2. hijack; unlawfully take control of; 3. elope
Entführer *m* 1. kidnapper; abductor; 2. hijacker
Entführter *m* abductee, kidnapped person
Entführung *f* 1. kidnapping; abduction; 2. hijacking; 3. elopement
entgegen against, contrary to, notwithstanding
Entgegenkommen *n* good will; courtesy
Entgegennahme *f* receipt; acceptance
Entgelt *n* pay; charge; remuneration; consideration
entgelten *v* pay (for); remunerate; compensate; give consideration
Entgeltfortzahlung *f* continuation of wage payments
Entgeltfortzahlungsgesetz *n* Law for Continuation of Wage Payments (During Periods of Sickness)
entgeltlich *adj* for payment; paid; for valuable consideration; non-gratuitous; for remuneration
entgeltliche Geschäftsbesorgung *f* professional brokerage; agency work for reward; paid business management
Enthaftung *f* discharge, release from liability
enthalten *v* 1. contain, consist of; 2. withhold a vote, abstain
enthaupten *v* behead; decapitate
Enthauptung *f* beheading; execution; guillotining
entheben *v* remove; dismiss • **des Amtes enthoben werden** be removed from office
Entkolonialisierung *f* decolonization
entlassen *v* release; remove (from office); dismiss *(employment)*; *(colloq.)* fire, sack; terminate employment (contract)
Entlassung *f* release; removal (from office); dismissal *(employment)*; *(colloq.)* firing, sacking; termination
Entlassung *f***/bedingte** conditional discharge
entlasten *v* relieve; release (from); exonerate; disengage; discharge
Entlastung *f* relief; release; exoneration; discharge
Entlastungsbeweis *m* exonerating evidence; exculpatory evidence; evidence for the defence [*AE* defense]
entleihen *v* borrow
Entleiher *m* borrower
Entlohnung *f* compensation; reimbursement
entmündigen *v* place under the control of a guardian; declare a person to be lacking legal capacity
Entmündigung *f* placing of sbdy under legal guardianship; declaration of incapacity
Entnahme *f* drawings *pl*; withdrawals *pl*; takings *pl*
Entnahmerecht *n* right of withdrawal
Entnazifizierung *f* denazification
entnehmen *v* draw; withdraw; take (out)
Entreicherung *f* defence [*AE* defense] of creditor against claim of unjust enrichment
entschädigen *v* indemnify; compensate; reimburse; restore, return
Entschädigung *f* indemnification; compensation; reimbursement; restitution
Entschädigungsverlangen *n* claim for compensation
Entscheid *m* decision; ruling; decree; order
entscheiden *v* decide; rule; decree; order; adjudicate
entscheiden *v***/schiedsrichterlich** decide by arbitration

Entscheidung *f* decision; ruling; judgment; order, adjudication
Entscheidung *f* **nach Lage der Akten** judgment on the basis of pleadings *(excluding any further evidence)*
Entscheidungsbefugnis *f* authority to decide
Entscheidungsfreiheit *f* discretion (to decide)
Entscheidungsgrund *m* (legal) basis of judgment
Entscheidungsreife *f* readiness for resolution [deciding]
Entscheidungssammlung *f* law reports *pl*; casebook
Entscheidungsspielraum *m* discretion
entscheidungsunfähig *adj* incapable of deciding; undecided; *(colloq.)* hung *(jury)*
entschließen *v* decide, reach a decision; resolve; determine
Entschließung *f* resolution *(meeting)*; order *(tribunal, authority)*
Entschluss *m* decision; resolution
entschuldigen *v* excuse; pardon
entschuldigen *v***/sich** apologize
entschuldigender Notstand *m* ≈ excusing emergency situation
Entschuldigung *f* excuse; apology
Entschuldigungsgrund *m* 1. reason for the apology; 2. *(CrLaw)* excuse
entsenden *v* delegate; deploy; send
Entsorgung *f* disposal
entsprechend *adj* accordingly; as described; as required
Entstehen *n* arising; becoming
Entstehung *f* accrual *(of a claim)*; coming into existence, creation, formation
Entstrickung *f* release from attachment
entwenden *v* unlawfully remove, unlawfully take away
Entwendung *f (CrLaw)* theft; stealing; *(AE)* larceny; pilfering
Entwertung *f* cancel(l)ation *(by stamping)*; devaluation; decrease in value
entwickeln *v* develop
Entwicklung *f* development
Entwicklungsfehler *m* design fault *(product liability)*
Entwicklungshilfe *f* development assistance; foreign aid
Entwicklungskriminalität *f* youth criminality
Entwurf *m* draft, draft document; drafting; outline
entziehen *v* 1. deprive; divest; withdraw; 2. evade; avoid
Entziehung *f* deprivation; withdrawal
Entziehung *f* **der Fahrerlaubnis/vorläufige** *(BE)* provisional withdrawal of driving licence, *(AE)* provisional withdrawal of driver's license; disqualification from driving; *(colloq.)* driving ban
Entziehung *f* **Minderjähriger** removal of minors
Entziehungsanstalt *f* institution for treatment of drug addiction
Entzug *m* 1. withdrawal; deprivation; 2. withdrawal treatment *(of drug addicts)*
EP *s.* Europäisches Parlament
EPA *s.* Europäisches Patentamt
EPO *s.* Europäische Patentorganisation
Equity equity, principles *pl* of justice
equitymäßig *adj* equitable
erarbeiten *v* gain; acquire by way of work
Erbanfall *m* succession to estate of a deceased; accrual to the estate of a deceased; passing of title to property of a deceased
Erbansprüche *mpl* hereditary rights *pl*
Erbanwärter *m* claimant to an inheritance; expectant heir
Erbauseinandersetzung *f* distribution of an estate; partition of an estate
Erbausgleich *m* inheritance settlement
Erbbaurecht *n* hereditary building right
Erbbaurechtsvertrag *m* hereditary building right contract
Erbbauzins *m* ground right; interest on heritable building rights
Erbberechtigter *m* inheritor
Erbe *m* heir; inheritor; successor; beneficiary; legatee
Erbe *m***/alleiniger** sole inheritor; sole successor; sole beneficiary
Erbe *m***/gesetzlicher** legal heir; statutory successor
Erbe *m***/mutmaßlicher** heir presumptive; putative heir
Erbe *m***/vorläufiger** provisional heir
Erbe *n* estate; inheritance; heritage
Erbe *n***/gesetzliches** intestate inheritance; statutory estate
Erbe *n***/mutmaßliches** putative inheritance; putative estate
Erbeinsetzung *f* appointment [designation] as heir
erben *v* inherit; become heir to an estate

Erbengemeinschaft *f* community of heirs; joint ownership by group of heirs
Erbengemeinschaft *f*/**ungeteilte** indivisible joint ownership by heirs
Erbenhaftung *f* personal liability of heir
Erbenhaftung *f*/**beschränkte** qualified personal liability of heir
Erbersatzanspruch *m (obs.)* ≈ right to receive the (monetary) equivalent of the statutory share in an estate
Erbfähigkeit *f* entitlement to inherit
Erbfall *m* ≈ death of a person (as the event upon which the estate passes to the heirs)
Erbfolge *f* succession
Erbfolge *f*/**gesetzliche** legal succession; intestate succession; succession ab intestato, intestacy
Erbfolge *f*/**gewillkürte** inheritance by testamentary instrument; succession by will
Erblasser *m (BE)* deceased, *(AE)* decedent; testator
erblich *adj* hereditary; heritable
Erbpacht *f* hereditary tenancy, hereditary lease
Erbquote *f* proportional right to an inheritance; part of an inheritance
Erbrecht *n* 1. law of inheritance, law of succession; trusts and estates *pl*; 2. right to inherit; right to succeed
Erbrecht *n*/**gesetzliches** 1. law of intestate succession; 2. legal right to an inheritance
erbrechtlich *adj* related to the law of inheritance
Erbschaft *f* estate (of the deceased); inheritance
Erbschaftsanfall *m* accrual of an inheritance
Erbschaftsanspruch *m* right to the estate; claim to the estate; right to the inheritance; claim to the inheritance
Erbschaftsantritt *m* accession to an estate
Erbschaftsbesitzer *m* possessor of the inheritance
Erbschaftserwerber *m* purchaser of the inheritance as a whole
Erbschaftskauf *m* purchase of the inheritance as a whole
Erbschaftsteuer *f* inheritance tax, *(BE)* estate duty [tax]
Erbschaftsverwalter *m* executor; administrator
Erbschein *m* certificate of inheritance
Erbscheinserteilung *f* issuing of a certificate of inheritance
Erbschleicher *m* legacy hunter *(a person who acts – by marrying etc. – with the intent to obtain a substantial inheritance)*
Erbteil *m* inheritance share; part of the inheritance; portion of the estate
Erbunfähigkeit *f* legal incapacity to inherit
Erbunwürdigkeit *f* disqualification from inheritance *(resulting from acts committed in relation to deceased)*
Erbvertrag *m* contract of inheritance
Erbverzicht *m* renunciation of inheritance
Ereignis *n* event; occurrence; incident
Ereignis *n*/**unabwendbares** circumstances *pl* beyond a party's control; unavoidable event
Ereignisort *m* place of the event
erfahren *v* become aware of, learn, discover
Erfahrung *f* experience; know-how
erfassen *v* register; record; list
Erfassung *f* registration; record; listing
Erfinder *m* inventor
Erfinderrecht *n* inventor's law
Erfinderschutz *m* protection of inventor's rights
Erfindung *f* invention
Erfolg *m* success; result
Erfolglosigkeit *f* failure
Erfolgsabwendungspflicht *f* ≈ duty to prevent certain consequences or results
Erfolgsbeteiligung *f* participation in the success; share of the result
Erfolgsdelikt *n (CrLaw)* objective crime *(criminal act defined in terms of resulting damage or harm e.g. homicide)*
Erfolgsdelikt *n*/**kupiertes** *(CrLaw)* ≈ type of objective crime in relation to which the intent to cause the resulting damage or harm does not have to continuously exist
Erfolgshonorar *n (AE)* contingency fee, contingent fee; *(colloq.)* no-win no-fee
Erfolgsort *m* place of effect, place of the result
erforderlich *adj* necessary; required; needed
Erforderlichkeit *f* necessity; requirement
erfordern *v* necessitate; require; demand
Erfordernis *n* necessity; requirement

erforschen *v* inquire; explore; examine
Erforschung *f* inquiry; exploration; examination
Erfüllbarkeit *f* fulfillability
erfüllen *v* fulfil(l); perform, carry out; discharge, satisfy *(duties, debts, obligations)*
Erfüllung *f* fulfil(l)ment; performance; discharge; satisfaction • **an Erfüllungs statt** as substitute performance
Erfüllungsablehnung *f* refusal to perform
Erfüllungsanspruch *m* right to performance
erfüllungsbedürftig *adj* requiring performance, executory
Erfüllungsbetrug *m* fraud in performance
Erfüllungsbürgschaft *f* guarantee as to performance
Erfüllungsgehilfe *m* ≈ person employed to assist (in performance); agent; employee; servant
erfüllungshalber *adv* as performance
Erfüllungsinteresse *n* interest in the completion of performance, positive interest in complete fulfil(l)ment of an obligation
Erfüllungsnachweis *m* certificate of satisfaction; proof of performance
Erfüllungsort *m* place of performance; place of delivery; place of payment
Erfüllungssurrogat *n* substitute for performance to satisfy an obligation
Erfüllungstheorie *f* theory of performance *(as primary duty)*
Erfüllungsübernahme *f* acceptance of duty to perform, vicarious performance
Erfüllungsverlangen *n* demand of performance
Erfüllungsverweigerung *f* refusal to perform; repudiation
ergänzen *v* supplement; be supplementary to; complete
ergänzende Vertragsauslegung *f* supplementary contractual interpretation [construction]
Ergänzung *f* supplement; completion; amendment
Ergänzungspflegschaft *f* supplementary curatorship
Erga-omnes-Wirkung *f* Erga omnes effect, ≈ principle of (automatic) application
Ergebnis *n* result, outcome; balance; profits *pl*
Ergebnisverteilung *f* allocation of profits; distribution of net income
ergehen *v* issue; promulgate
Erhalt *m* receipt
erhalten *v* 1. receive, obtain; 2. preserve; keep; maintain
Erhaltung *f* maintenance; keeping; preservation
Erhaltungs- und Herstellungsaufwand *m* repair, maintenance and manufacturing [production] expense(s)
erhängen *v* hang
Erhängen *n* hanging
erheben *v* 1. ascertain; determine; 2. levy; collect; claim
erheblich *adj* substantial; relevant; material; significant
Erhebung *f* 1. inquiry; determination; 2. levying; collection; claiming
erhöhen *v* increase; raise; enhance
Erhöhung *f* increase; rise; enhancement; increment
erinnern *v* remind
Erinnerung *f* 1. reminder; 2. special appeal; objection
Erkennbarkeit *f* detectability; *(BE)* recognisability, *(AE)* recognizability
erkennen *v* 1. hold, decide; find; adjudge; 2. recognize; identify; realize
Erkenntnis *f* 1. holding; decision; finding; 2. recognition; realization
Erkenntnisverfahren *n* contentious proceedings *pl*
erkennungsdienstliche Behandlung *f* ≈ processing by the police records department, ≈ taking of identification data by the (police) authorities
erklären *v* explain; account for; justify; state, declare; define
erklären *v*/**schriftlich** declare in writing
Erklärender *m* affirmant
Erklärung *f* explanation; justification; statement; testimony; declaration
Erklärungsempfänger *m* recipient of a declaration
Erklärungsirrtum *m* mistake in a statement
Erklärungswille *m* intention to make statement of legal significance
Erkrankung *f* illness, sickness
erkundigen *v* inquire, make inquiries; investigate
Erkundigung *f* inquiry; query
erlangen *v* obtain

Erlangen *n* obtaining
Erlass *m* 1. order; official decision; 2. release; waiver; remission; 3. issuing; passing; pronouncement
Erlass *m* **von Verordnungen** issuing of regulations
erlassen *v* 1. release *(from debt)*; 2. issue; pass; render; pronounce
erlauben *v* permit, allow; admit; license
Erlaubnis *f* permit; permission, allowance; leave; *(BE)* licence, *(AE)* license
Erlaubnisirrtum *m* error as to permissibility
Erlaubnisvorbehalt *m* ≈ reserved power to issue a permit with conditions or limitations
erläutern *v* explain; comment (on)
Erläuterung *f* definition; explanation; comment
erledigen *v* handle, deal with; settle; take care of; carry out; finish, complete
Erledigung *f* handling; settlement; disposal; discharge; completion
Erledigung *f* **der Hauptsache** settlement of main issue; judgment on primary claim
Erledigungserklärung *f* declaration of settlement
Erledigungserklärung *f***/einseitige** ≈ unilateral declaration of discharge [settlement] (by plaintiff or claimant) to the court
Erleichterung *f* alleviation; relief
Erliegen *n***/vollständiges** deadlock; complete standstill
Erlös *m* revenue; proceeds *pl*; profits *pl*
erlöschen *v* extinguish; expire; be discharged; be lapsed
Erlöschen *n* extinguishing; expiry; discharge; lapse; cancel(l)ation
erlösen *v* redeem
ermächtigen *v* empower; authorize
Ermächtigung *f* empowering; authorization; (delegated) authority; power
Ermächtigungsgesetz *n* enabling law
Ermächtigungsgrundlage *f* ≈ legal principles by which the (administrative) authorities are allowed to act
ermahnen *v* admonish; caution; warn
Ermahnung *f* admonition; warning
ermäßigen *v* reduce; lower *(price, charge, fee)*
Ermäßigung *f* reduction *(in price etc.)*
ermessen *v* estimate; measure
Ermessen *n* discretion; margin of appreciation
Ermessensentscheidung *f* discretionary decision
Ermessensfehler *m* ≈ incorrect exercise of discretionary power
Ermessensmangel *m* lack of exercise of any discretionary power
Ermessensmissbrauch *m* misuse of discretionary power; abuse of discretion
Ermessensnichtgebrauch *m* non-exercise of discretion
Ermessensreduzierung *f* **auf Null** exclusion of discretionary power
Ermessensspielraum *m* discretion
Ermessensüberschreitung *f* exceeding of discretionary power
Ermessensunterschreitung *f* failure to exercise discretionary power to the full extent
ermitteln *v* investigate; trace; search (for); discover
Ermittler *m* investigator; (police) detective
Ermittler *m***/verdeckter** undercover investigator
Ermittlung *f* investigation; criminal investigation; inquiry; determination; discovery
Ermittlungsgrundsatz *m* ≈ legal principle forcing the prosecution to investigate
Ermittlungsrichter *m* investigating judge; summary magistrate
Ermittlungsverfahren *n* investigation proceedings *pl*; preliminary proceedings *pl*
Ermöglichen *n* enabling; allowance
ermorden *v* murder
Ermordung *f* murder
ernennen *v* nominate; appoint; name; designate
Ernennung *f* nomination; appointment
Ernennungsurkunde *f* document of appointment; warrant; *(BE)* royal commission
erneuern *v* renew; renovate; repair; replace
Erneuerung *f* renewal; renovation; repair; replacement
eröffnen *v* open; reveal; disclose
Eröffnung *f* opening; disclosure
Eröffnungsbeschluss *m* court order to commence proceedings *(bankruptcy, insolvency)*; committal for trial
Eröffnungsbilanz *f* opening balance
Eröffnungsverfahren *n* proceedings *pl*

for commencement; committal proceedings *pl*
erörtern *v* debate; discuss
Erörterung *f* debate; discussion
Erörterungstermin *m* hearing; discussion
erpressen *v* extort; blackmail
Erpresser *m* extortionist; blackmailer
erpresserisch *adj* extortionate; blackmailing
Erpressung *f* extortion; blackmail
Erpressung *f***/räuberische** extortion accompanied by threat of use of force
erregen *v* excite; provoke; cause; annoy
Erregung *f* **öffentlichen Ärgernisses** causing a public nuisance
errichten *v* institute; establish; set up; erect
Errichtung *f* institution; establishment; foundation; formation
Errichtung *f* **eines Testaments** making of a will
Errungenschaft *f* achievement; (acquired) property
Errungenschaftsgemeinschaft *f* ≈ matrimonial regime involving community of property acquired during marriage
Ersatz *m* replacement; substitute; compensation; damages *pl*
Ersatzanspruch *m* substitute relief; secondary claim
Ersatzdienst *m* community service *(as substitute for military service)*
Ersatzerbe *m* substitute heir; alternate heir
Ersatzfreiheitsstrafe *f* imprisonment for failure to pay fine; alternative punishment by prison term
Ersatzkasse *f* substitute health insurance *(as alternative to general public scheme)*
Ersatzleistung *f* substitute performance; replacement
Ersatzmutter *f* surrogate mother
Ersatzmutterschaft *f* surrogate motherhood
Ersatzvornahme *f* substitute performance; substitute execution
Ersatzzeit *f* substitute qualifying period
Ersatzzustellung *f* substitute service
Ersatzzwanghaft *f* substitute coercive detention
erscheinen *v* appear; attend
Erscheinen *n* 1. appearance; attendance; 2. publication
Erscheinen *n***/persönliches** appearance in person; attendance in person
Erschleichen *n* **von Leistungen** ≈ unlawfully obtaining services (by deceit)
erschließen *v* develop; open up; improve
Erschließung *f* development; opening up; improvement
erschöpfen *v* exhaust; deplete
Erschöpfung *f* exhaustion; depletion
Erschöpfung *f* **des Rechtswegs** exhaustion of (all) legal remedies
ersetzen *v* 1. replace; substitute; 2. compensate; pay damages; make amends for
Ersetzung *f* replacement; substitution; reimbursement
Ersetzungsbefugnis *f* alternative performance; authority to furnish a substitute (performance)
ersitzen *v* acquire by possession; obtain title by adverse possession
Ersitzung *f* acquisition by possession; obtaining title by adverse possession
Ersparnis *f* savings *pl*
ersparte Aufwendungen *fpl* saved expenses *pl*
erstatten *v* reimburse; refund
Erstattung *f* reimbursement; refund
Erstattungsanspruch *m* claim for reimbursement
erstattungsfähig *adj* refundable; reimbursable
erste Instanz *f* first instance
Ersterwerb *m* original purchase
Erstes Juristisches Staatsexamen *n (obs.; now called: Erste Juristische Prüfung)* first law examination
erstinstanzlich *adj* in the first instance
Erststimme *f* first vote
ersuchen *v* request; petition (for)
Ersuchen *n* request; requisition
Erteilung *f* grant; granting; issue; conferring
Ertrag *m* proceeds *pl*; return; revenue; yield
Ertragseinbuße *f* loss of profit
Ertragsteuer *f* tax on earnings; tax on profits
Erwachsenenstrafrecht *n* criminal law for adults
Erwachsener *m* adult
erwägen *v* consider; examine; take into account
Erwägung *f* consideration

erweiternde Auslegung *f* broad interpretation
erweiterter Eigentumsvorbehalt *m* extended retention of title *(to cover any and all claims by seller arising from the commercial relationship)*
Erwerb *m* acquisition; acquiring; purchase
Erwerb *m***/gutgläubiger** good faith purchase; bona fide acquisition
Erwerb *m***/gutgläubiger lastenfreier** good faith purchase free of encumbrances
Erwerb *m***/innergemeinschaftlicher** intra-(European-)Community acquisition
Erwerb *m* **vom Nichtberechtigten/gutgläubiger** purchase from unauthorized person in good faith
Erwerb *m* **von Betäubungsmitteln/unerlaubter** *(CrLaw)* unauthorized acquisition of narcotic drugs
Erwerb *m* **von Todes wegen** acquisition by way of death
erwerben *v* acquire; purchase
Erwerber *m* acquiring party; purchaser
erwerbslos *adj* unemployed; not gainfully employed
Erwerbsloser *m* unemployed (person)
Erwerbslosigkeit *f* unemployment
Erwerbsperson *f* employed person
Erwerbstätiger *m* employed person
Erwerbstätigkeit *f* gainful employment
Erwerbsunfähigkeit *f* unfitness for work; inability to work; disability
Erwerbsurkunde *f (AE)* title certificate
erwidern *v* answer; reply; respond
Erwiderung *f* answer; reply; response
Erwirkungshandlung *f* ≈ legal step of a party in proceedings, such as an application or a motion, which causes the court to act
Erzbischof *m* archbishop
erzeugen *v* produce; cause; create
Erzeugnis *n* product; production
erziehen *v* bring up; educate
Erziehung *f* upbringing; education
Erziehungsbeistand *m* supervisor *(of young person)*
Erziehungsberechtigter *m* guardian; ≈ person entitled to raise a child
Erziehungsgeld *n (obs., jetzt: Elterngeld)* child-raising allowance
Erziehungshilfe *f* disciplinary aid
Erziehungsmaßregel *f* ≈ measures for juveniles or children in care
Erziehungsurlaub *m* parental leave
erzwingbar *adj* enforceable
erzwingen *v* compel; enforce
Erzwingung *f* compulsion; enforcement
Erzwingungshaft *f* arrest to enforce court order; imprisonment for contempt
ESZB *s.* Europäisches System der Zentralbanken
Etablissementbezeichnung *f* business description, firm name; trading name
Etat *m* budget; (budgetary) estimates *pl*
EU *f s.* Europäische Union
EuGH *s.* Europäischer Gerichtshof
EURATOM *s.* Europäische Atomgemeinschaft
EuRhÜbk *s.* Europäisches Rechtshilfeübereinkommen
Euro *m* Euro, ≈ common currency used in certain states of the European Union
Euro-Einführungsgesetz *n* Law for Introduction of the Euro Currency
Europäische Akte *f* Single European Act
Europäische Aktiengesellschaft *f* European (Public Limited) Company
Europäische Atomgemeinschaft *f (EAG, EURATOM)* European Atomic Energy Community, EAEC, Euratom
Europäische Gemeinschaft *f (EG)* European Community, EC
Europäische Gemeinschaft *f* **für Kohle und Stahl** *(EGKS)* European Coal and Steel Community
Europäische Gemeinschaften *fpl* European Communities *pl*
Europäische Grundrechte *npl* European fundamental rights *pl*
Europäische Investitionsbank *f (EIB)* European Investment Bank
Europäische Kommission *f* European Commission
Europäische Konvention *f* **zum Schutz der Menschenrechte und Grundfreiheiten** European Convention for the Protection of Human Rights and Fundamental Freedoms
Europäische Patentorganisation *f (EPO)* European Patent Organization
Europäische Politische Zusammenarbeit *f (EPZ)* European Political Cooperation
Europäische Sozialcharta *f* European Social Charter
Europäische Umweltagentur *f* European Environmental Agency

Europäische Union *f (EU)* European Union, EU
Europäische Wirtschaftliche Interessenvereinigung *f (EWIV)* European Economic Interest Grouping, EEIG
Europäische Wirtschaftsgemeinschaft *f (EWG)* European Economic Community, EEC
Europäische Wirtschafts- und Währungsunion *f* European Economic and Monetary Union
Europäische Zentralbank *f (EZB)* European Central Bank, ECB
Europäischer Gerichtshof *m (EuGH)* European Court of Justice, ECJ
Europäischer Gerichtshof *m* **für Menschenrechte** *(EGMR)* European Court of Human Rights, ECHR
Europäischer Rat *m* European Council
Europäischer Rechnungshof *m* European Court of Auditors
Europäischer Verband *m* European Association
Europäischer Wirtschaftsraum *m* European Economic Area
Europäisches Gemeinschaftsrecht *n* Law of the European Community
Europäisches Gericht *n* **erster Instanz** European Court of First Instance
Europäisches Parlament *n (EP)* European Parliament
Europäisches Patent *n* European patent
Europäisches Patentamt *n (EPA)* European Patent Office, EPO
Europäisches Polizeiamt *n (Europol)* European Police Office, Europol
Europäisches Privatrecht *n* European civil law; European private law
Europäisches Prüfungsnotenanrechnungssystem *n* European Credit Transfer System, ECTS
Europäisches Recht *n* European Law; Law of the European Union
Europäisches Rechtshilfeübereinkommen *n (EuRhÜbk)* European Convention on Mutual Assistance in Criminal Matters
Europäisches Rechtsschutzsystem *n* European system of legal protection
Europäisches System *n* **der Zentralbanken** *(ESZB)* European System of Central Banks *(consisting of the national central banks and the European Central Bank)*
Europäisches Währungsinstitut *n (EWI)* European Monetary Institute
Europäisches Währungssystem *n (EWS)* European Monetary System, EMS
Europarat *m* Council of Europe
Europarecht *n* European Law; Law of the European Union
Europawahl *f* European election(s)
Europol *f s.* Europäisches Polizeiamt
Euthanasie *f* euthanasia
Eventualaufrechnung *f* cautionary set-off *(by counterclaim)*
Eventualfall *m* contingency
Eventualklage *f* ≈ conditional legal proceedings whereby a second motion or claim is conditional on the rejection of a first or initial motion; alternative motion
Eventualverbindlichkeit *f* contingent liability
Eventualvorsatz *m* conditional intent
EWG *s.* Europäische Wirtschaftsgemeinschaft
EWI *s.* Europäisches Währungsinstitut
Ewigkeitsgarantie *f* ≈ (constitutional) guarantee never to change certain principles
EWIV *s.* Europäische Wirtschaftliche Interessenvereinigung
EWS *s.* Europäisches Währungssystem
ex lege *(Lat)* by law; by force of law; as a matter of law
ex nunc *(Lat)* from now
ex officio *(Lat)* ex officio, by right of office [position]
ex tunc *(Lat)* from that time; *(Lat)* ab initio, from the beginning
Examen *n* exam; examination
Exculpation *f* clearing of guilt; clearing of fault
exculpieren *v* exculpate, clear of guilt; clear of fault
exekutiv *adj* executory, executive
Exekutive *f* executive; administrative authority; executive power (of government)
Exequaturverfahren *n* exequatur proceedings *pl (for recognition of a foreign claim or any judgment or award)*
Exhibitionist *m* exhibitionist
exhibitionistisch *adj* exhibitionistic
exhumieren *v* exhume, disinter
Exhumierung *f* exhumation, disinterment
Exil *n* exile
Existenz *f* existence; livelihood; subsistence

Existenzgründer *m* founder (of a business)
Existenzgrundlage *f* livelihood
Existenzgründung *f* establishing [setting up] a business
Existenzminimum *n* subsistence minimum
exklusiv *adj* exclusive
Exklusivität *f* exclusivity
Exklusivrechte *npl* exclusive rights *pl*
Exkulpation *f* exculpation
Exmatrikulation *f* removal of a student's name from the university register
exmatrikulieren *v* remove a student's name from the university register
Experte *m* expert
Expertise *f* expertise; expert opinion
explizit *adj* explicit, express
Export *m* export
exportieren *v* export
expressis verbis *(Lat)* literally; in words; *(Lat)* verbatim
extensiv *adj* extensive
exterritorial *adj* extraterritorial
Exterritorialität *f* extraterritoriality
Extremfall *m* extreme case
Extremismus *m* extremism
Extremist *m* extremist
Exzess *m* excess
EZB *s.* Europäische Zentralbank

F

Fabrik *f* factory, plant, facility
Fabrikationsfehler *m* production defect
Fabrikationskosten *pl* production costs *pl*
Fachabitur *n* vocational baccalaureate diploma
Fachanwalt *m* specialist lawyer, ≈ lawyer [BE: solicitor, AE: attorney] with further specialized training in a particular area of law
Facharbeiter *m* skilled worker; skilled labo(u)rer; trained employee
Fachaufsicht *f* supervisory power
Fachbereich *m* specialized area; faculty; subject
Fachgericht *n* specialized court, technical court
Fachgerichtsbarkeit *f* specialized jurisdiction; subject jurisdiction
Fachhochschule *f* higher technical college, polytechnic
Fachjargon *m***/juristischer** legalese; legal English
Fachmann *m* expert; specialist; professional
Fachschaft *f* students' faculty association
Fachsprache *f***/juristische** legal language
Fachwissen *n* expertise; specialized knowledge
Factoring *n* factoring
Factoring *n***/echtes** non-recourse factoring
Factoring *n***/unechtes** recourse factoring
fähig *adj* capable; able; with capacity; eligible
Fähigkeit *f* capability; ability; capacity; eligibility
fahnden *v* search (for)
Fahndung *f* search, manhunt
Fahndung *f***/ortsbezogene** local search; local manhunt
Fahnenflucht *f* desertion
Fahrbahn *f* carriageway; road(way); *(AE)* pavement
fahren *v* travel; drive
Fahren *n* travel; driving
Fahrerflucht *f* (unlawful) leaving the scene of an accident *(by a driver involved)*
• **Fahrerflucht begehen** hit and run
Fahrerlaubnis *f (BE)* driving licence; *(AE)* driver's license
Fahrerlaubnis *f* **auf Probe** *(BE)* probationary driving licence, *(AE)* probationary driver's license
fahrlässig *adj* negligent; careless
fahrlässige Körperverletzung *f* negligent bodily harm
Fahrlässigkeit *f* 1. negligence; carelessness; 2. *(CrLaw)* (criminal) negligence
Fahrlässigkeit *f***/grobe** 1. gross negligence; 2. *(CrLaw)* carelessness
Fahrlässigkeit *f***/strafbare** criminal negligence
Fahrlässigkeitsdelikt *n* ≈ act involving negligence
Fahrnis *f* movables *pl*; personal property; chattels *pl*
Fahrnisgemeinschaft *f* ≈ matrimonial regime involving community of movables acquired during marriage

Fahrnisvollstreckung *f* execution against movables
Fahrprüfung *f (BE)* driving test
Fahrtenbuch *n* vehicle logbook
Fahruntüchtigkeit *f* unfitness to drive; incapacity to operate a (motor) vehicle
Fahrverbot *n* driving ban; driving prohibition
Fahrzeugentführung *f* hijacking of a vehicle
Fahrzeugführer *m* vehicle operator; driver
Fahrzeughalter *m* vehicle owner; vehicle keeper
fair *adj* fair
Fair Trial *n* fair trial; due process
Fairness *f* fairness; equity
Faksimile *n* facsimile
faktisch *adj* in fact; *(Lat)* de facto
faktische Gesellschaft *f* de facto association; de facto company
faktischer Vertrag *m* de facto contract
faktisches Arbeitsverhältnis *n* de facto employment relationship
Faktor *m* factor
Faktura *f* bill; invoice; statement of account
Fakturierung *f* billing; invoicing
Fakultät *f* faculty; university department
fakultativ *adj* facultative; optional
Fall *m* 1. case; precedent; 2. fall, collapse
Fall *m*/**minder schwerer** less serious case; minor case
Fallgrube *f* pitfall
fällig *adj* due; payable; owing
Fälligkeit *f* due date; maturity; payability
Fälligkeitsklausel *f* acceleration clause
Fallrecht *n* case law
Fallsammlung *f* casebook
falsa demonstratio non nocet *(Lat)* ≈ the false description alone shall not render an instrument inoperative (provided the identity is clear)
falsch *adj* false; invalid; incorrect
Falschaussage *f* false testimony
Falschaussage *f*/**uneidliche** false testimony not under oath
Falschbenennung *f* misnomer
Falschbeurkundung *f* false certification
Falschbeurkundung *f* **im Amt** falsifying of an official document by a public official
Falschbeurkundung *f*/**mittelbare** constructive false certification
Falschdarstellung *f* misrepresentation
falsche Aussage *f* false testimony [statement]
falsche eidesstattliche Versicherung *f* false affirmation [declaration] in lieu of oath; *(BE)* false statutory declaration
falsche uneidliche Aussage *f* false testimony not under oath
Falscheid *m* false oath
fälschen *v* forge; falsify; fake
Falschgeld *n* counterfeit money
Falschlieferung *f* defective delivery; incorrect shipment
Fälschung *f* forgery; falsification; fabrication; faking; counterfeiting
Familie *f* family
Familienangehöriger *m* family member, kith and kin
Familienbuch *n* family genealogical register; family record of births, deaths and marriages
Familiengericht *n* family court
Familiengesellschaft *f* family firm [company]
Familiennachzug *m* family reunion *(as a result of permission to enter and reside given to the family members of foreign resident)*
Familienname *m* family name
Familiennamensrecht *n* law of family names
Familienrecht *n* family law
Familiensache *f* family matter *(for purposes of jurisdiction of family court)*
Familiensenat *m* family division, family court
Familienstand *m* marital status
Familienstatut *n* family statute
Fanglizenz *f* fishing licence [*AE* license]
Fangquote *f* catch quota, fishing quota
Fantasiefirma *f* ≈ company name unrelated to business activities, name of owners or products of company
Faschismus *m* fascism
fassen *v* comprehend; apprehend; hold; contain
Fassung *f*/**anderslautende** conflicting version; different version
Faustpfand *n* pawn; pledge *(movables)*
Faustrecht *n* might is right *(use of force to settle a dispute)*
Fax *n* facsimile, fax
federführend *adj* leading, managing, in charge
Fehde *f* feud

Fehlbetrag *m* deficiency; shortfall, deficit
Fehlen *n* lack (of); absence of
Fehlen *n* **der Geschäftsgrundlage** lack of the basis of a transaction; frustration
Fehler *m* mistake; error; defect
fehlerhaft *adj* defective; imperfect; incorrect
fehlerhafte Gesellschaft *f* defectively founded company
fehlerhafter Versuch *m* defective attempt
fehlerhaftes Arbeitsverhältnis *n* defective employment relationship
fehlerhaftes Rechtsgeschäft *n* defective legal transaction
Fehlerhaftigkeit *f* faultiness; defective nature
Feierabend *m* closing time, finishing time *(work)*
feilschen *v* bargain
Feilschen *n* bargaining
Feind *m* enemy
feindlich *adj* hostile; unfriendly
Fernabsatzgesetz *n (obs.)* (German) Long Distance Sales Law *(law covering sales by e-mail, Internet, etc.)*
Fernabsatzvertrag *m* long-distance (sales) contract
Fernbleiben *n* absence
Fernmeldegeheimnis *n* secrecy [confidentiality] of telecommunications
Fernmeldewesen *n* telecommunications *pl*; telecommunication services *pl*
Fernsprecher *m* telephone
Fernstraße *f* trunk road; arterial route; *(AE)* highway
fertigstellen *v* finish, complete
Fertigstellung *f* completion
Fessel *f* fetter
fest *adj* fixed; firm; permanent
Festgenommener *m* arrested person; detainee
Festhalten *n* holding; detention; retention
festlegen *v* ascertain; determine; fix
Festlegung *f* ascertainment
Festnahme *f* arrest, apprehension; seizure
Festnahme *f***/vorläufige** *(CrLaw)* summary arrest; temporary detention *(without judicial warrant)*
festnehmen *v* arrest, apprehend; take into custody
Festpreis *m* fixed price
festsetzen *v* fix; determine; assess; stipulate
Festsetzung *f* fixing; determination; assessment; stipulation
feststellen *v* determine; establish; ascertain; declare; find *(court)*
feststellender Verwaltungsakt *m* declaratory administrative act
Feststellung *f* determination; ascertainment; declaration; finding *(court)* • **Feststellung treffen** make a determination
Feststellungsantrag *m* application for a declaratory judgment [finding]
Feststellungsbescheid *m (Tax Law)* declaratory decision
Feststellungsinteresse *n* interest in seeking a declaratory judgment
Feststellungsklage *f* action for a declaratory judgment
Feststellungsklage *f***/negative** action for a negative declaratory judgment
Feststellungsurteil *n* declaratory judgment
Feststellungsverfahren *n* proceedings *pl* for a declaratory judgment; declaratory proceedings *pl*
feudal *adj* feudal
Feudalherr *m* feudal lord
Feudalismus *m* feudalism
Feuerversicherung *f* insurance against loss by fire; fire insurance
Feuerwaffe *f* fire arm
Feuerwehr *f* fire brigade; *(AE)* fire department
fiduziarisch *adj* fiduciary
Fiktion *f* fiction
fiktiv *adj* fictitious
Filiale *f* branch; (branch) office
Filialprokura *f* branch authority
final *adj* final
finale Handlungslehre *f (CrLaw)* ≈ doctrine whereby intent is the key integral component of the offence
finaler Rettungsschuss *m* ≈ intentional lethal use of firearms (by police) in order to preserve life of potential victim(s)
Finanzamt *n* tax authorities *pl*; inland revenue; tax office
Finanzausgleich *m* fiscal equalization; financial adjustment, ≈ redistribution of funds from wealthier to poorer entities
Finanzausgleich *m***/horizontaler** ≈ financial adjustment between public enti-

ties of the same level, but different financial strength
Finanzausgleich *m***/vertikaler** ≈ financial adjustment between governmental entities at different levels *(e.g. federal government and state, or states and local government)*
Finanzdienstleistung *f* financial services *pl*
Finanzen *fpl* finances *pl*
Finanzgericht *n* fiscal court; tax court
Finanzgerichtsbarkeit *f* jurisdiction of fiscal court
finanziell *adj* financial; pecuniary; fiscal
finanzieren *v* finance; fund
Finanzierung *f* financing; funding; provision of capital
Finanzierungsvereinbarung *f* financing agreement
Finanzminister *m* minister of finance; *(BE)* Chancellor of the Exchequer; *(AE)* Secretary of the Treasury, Treasury Secretary
Finanzmittel *npl* equity, finance
Finanzplanung *f* financial [fiscal] planning; budgeting
Finanzrecht *n* (public) revenue law; law of public finance
Finanzverfassung *f* fiscal system, financial system
Finanzverwaltung *f* ≈ authorities responsible for public finance and taxation; *(BE)* Inland Revenue; *(AE)* Internal Revenue Service, IRS
Finanzwesen *n* finance
Findelkind *n* foundling
finden *v* find; discover
Finder *m* finder *(of lost property)*
Finderlohn *m* ≈ reward for finding and returning lost property to owner
Fingerabdruck *m* fingerprint, dactylogram • **Fingerabdrücke nehmen** take fingerprints
Fingerabdruck *m***/genetischer** genetic fingerprint *(genetic information found at scene of crime which may lead to identification of a person by comparison and analysis)*
fingieren *v* pretend; fake; feign
fingiert *adj* fake; fictitious
Firma *f* 1. firm name; company name, business name; trading name; 2. firm; company; commercial enterprise; business undertaking
Firmenbeständigkeit *f* ≈ principle of continuation of a firm name despite change of ownership
Firmeneinheit *f* ≈ principle whereby company names must be clearly distinguishable
Firmenfortführung *f* ≈ continued use of a firm name
Firmengrundsätze *mpl* ≈ legal principles applicable to the use of firm names
Firmenname *m* company name, *(AE)* corporate name
Firmenöffentlichkeit *f* ≈ duty of merchant to register company name in the commercial register and notify any change of name
Firmenschutz *m* ≈ legal protection of company name
Firmensitz *m* domicile (of a company), *(AE)* corporate seat
Firmenübernahme *f* corporate takeover
Firmenverzeichnis *n* company directory [register]
Firmenwahrheit *f* ≈ legal principle that a firm name may not be misleading
Firmenwert *m* value as a going concern; goodwill
Fischerei *f* fisheries; fishing
Fischereirecht *n* fishing right, fishing licence [*AE* license]
fiskalisch *adj* fiscal
Fiskus *m* public finance authorities *pl*; treasury; *(BE)* the Exchequer
Fixgeschäft *n* ≈ transaction subject to fixed dates [deadlines] *(usually for delivery)*
Fixhandelskauf *m* fixed-date transaction
fixieren *v***/schriftlich** record (in writing)
Flächennutzungsplan *m* development plan; zoning plan; land use plan
Flagge *f* flag; colo(u)rs *pl*
flankieren *v* support; work together, interact; flank
flexibel *adj* flexible
Flexibilität *f* flexibility
fliehen *v* flee; escape
Flucht *f* flight; escape
Fluchtgefahr *f* danger of absconding; risk of leaving *(the jurisdiction)*
flüchtig sein *v* be a fugitive; *(colloq.)* be on the run
Flüchtling *m (CrLaw)* fugitive; refugee
Flüchtlingsstatus *m* refugee status

Fluchtlinie *f* alignment; frontage *(of building)*; building line
Flugzeugentführer *m* hijacker
Flugzeugentführung *f* hijacking
Flurbereinigung *f* agricultural land reform *(compulsory realignment of boundaries of agricultural land)*
Flurstück *n* plot; lot; section
fob *adj* free on board
Föderalismus *m* federalism
föderalistisch *adj* federal
Föderation *f* federation
föderativ *adj* federal
Folge *f* result; consequences *pl*; effect; outcome • **zur Folge haben** cause, bring about; result in
folgen *v* 1. result; 2. follow
Folgenbeseitigungsanspruch *m* claim to remedial action; right of remedy to negate consequences
Folgeschaden *m* consequential loss; consequential damage; indirect loss
Folgeschaden *m*/**psychischer** resulting psychological injury
Folter *f* torture
foltern *v* torture
Fonds *m* fund
fordern *v* claim; demand; require; request; ask for
fördern *v* 1. support; promote; sponsor; 2. extract; produce
Forderung *f* claim; debt; demand; requirement; request
Förderung *f* 1. support; promotion; sponsorship; 2. extraction; production
Forderungsabtretung *f* assignment of claim; assignment of debt
Forderungsanmeldung *f* notice of claim; notification of claim
Forderungskauf *m* purchase of receivables
Forderungspfändung *f* order of attachment; garnishment
Forderungsrecht *n* right to claim; chose in action
Forderungsübergang *m* subrogation; transmission of claims
Forderungsverkauf *m* sale of accounts receivable; factoring
Forderungsverletzung *f* breach of an obligation
forensisch *adj* forensic
Form *f* form; formalities *pl*
Form *f*/**elektronische** electronic form
formal *adj* formal
Formalbeleidigung *f* insulting language; defamation
Formalie *f* formality; formal requirement
Formalismus *m* formalism
Formalität *f* formality; technicality
Formbedürftigkeit *f* requirement of form
formell *adj* formal; procedural
formelles Gesetz *n* formal law [statute]
formelles Recht *n* formal law; formal right
formfrei *adj* without any required form, formless, informal
Formfreiheit *f* absence of any form requirements
formgerecht abgeschlossen *adj* completed in accordance with formal requirements; duly concluded in the required form
Formkaufmann *m* merchant by way of legal form
förmlicher Rechtsbehelf *m* formal legal remedy
Förmlichkeit *f* ceremony; formality
formlos *adj* without any required form, formless, informal
formloser Rechtsbehelf *m* informal legal remedy
Formular *n* form; printed form
Formularvertrag *m* standard form contract; adhesion contract
formulieren *v* formulate; draft
Formulierung *f* formulation; wording; drafting
Formvorschrift *f* formal requirement
Formwechsel *m* change of legal form
Forschung *f* research; search
Forschungsurlaub *m* sabbatical leave
Forstwirtschaft *f* forestry
forstwirtschaftlich *adj* related to forestry
fortführen *v* continue
Fortführung *f* continuation
Fortführung *f* **einer Firma** continuation of a firm name
Fortführung *f* **einer verfassungswidrigen Partei** continuation of an unconstitutional (political) party
fortgesetzt *adj* continued
fortgesetzte Handlung *f* on-going act; continuing act; successive act
fortsetzen *v* continue
Fortsetzung *f* continuation; sequel
Fortsetzungsklausel *f* renewal clause
Fortsetzungszusammenhang *m* continuation of a criminal act

Forum *n* forum
forum non conveniens *(Lat)* ≈ discretionary authority of court to decline jurisdiction if convenience to parties and justice would best be served by another court
Forum shopping *n* forum shopping; search for a suitable [favourable] jurisdiction
Fotokopie *f* xerox, photocopy
Fötus *m* foetus
Fracht *f* freight, cargo; freightage, *(BE)* carriage
Frachtbrief *m* consignment note; *(AE)* waybill; bill of lading
frachtfrei *adj* freight paid; *(BE)* carriage paid
Frachtführer *m* carrier; haulage contractor
Frachtgeschäft *n* freight business
Frachtgut *n* cargo, freight
Frachtvertrag *m* contract of carriage; shipping contract; freight contract; charter party
Frage ***f*/hypothetische** hypothetical question
Frage ***f*/soziale** social issue
Fragebogen *m* questionnaire
fragen *v* question, ask; inquire; interrogate; consult
Fragepflicht ***f*/richterliche** judicial duty to inquire
Fragerecht *n* **des Arbeitgebers** right of employer to inquire
Fragestunde *f* question time
Fraktion *f* parliamentary group; caucus; party group in parliament
Fraktionszwang *m* loyalty to parliamentary party; *(BE)* (three-line) party whip
Franchisegeber *m* franchisor
Franchisenehmer *m* franchisee
Franchisevertrag *m* franchise contract; franchising agreement
Franchising *n* franchising
franko *adj* postage paid; prepaid postage
Frauenhandel *m* white slave trade; trafficking in women
Frauenhaus *n* safe house for (battered) women; women's refuge
Frauenquote *f* quota for women
free on board *adj (fob)* free on board
frei Haus *adj* free delivery; free to door
Freiberufler *m* self-employed person; self-employed professional; free-lance; independent contractor
freiberuflich *adj* self-employed; as independent contractor; as free-lancer
freiberufliche Tätigkeit *f* self-employed activity; professional work
Freibetrag *m* allowance; tax-free allowance
Freibeweis *m* informal evidence; moral evidence
freibleibend *adj* non-binding; subject to confirmation; subject to change
Freigabe *f* approval; release; clearance; liberalization
Freigabeerklärung *f* declaration of release; statement of release
Freigang *m* privilege for prisoner to move freely within prison; right to leave prison for specific purpose
Freihafen *m* customs-free port
Freihaltebedürfnis *n* ≈ reasonable interest of competitors to use product or services names for descriptive purposes
Freihandel *m* free trade
Freihandelszone *f* free trade area
freihändig *adj* on the open market; by negotiation
Freiheit *f* freedom, liberty
Freiheit *f* **der Person** personal liberty
Freiheit *f* **der Wahl** freedom of vote
freiheitlich *adj* free; liberal
Freiheitsberaubung *f* false imprisonment; unlawful detention; false arrest
Freiheitsentziehung *f* detention; deprivation of liberty
Freiheitsrecht *n* (right to) liberty
Freiheitsstrafe *f* sentence of imprisonment; prison sentence; custodial sentence
freilassen *v* release; (set) free; liberate
Freilassung *f* release; setting free; liberation
Freischuss *m* free attempt; first attempt *(at sitting an examination)*
freisprechen *v (CrLaw)* acquit; declare not guilty
Freisprechung *f (CrLaw)* acquittal
Freispruch *m (CrLaw)* acquittal; verdict of not guilty • **Freispruch beantragen** move for a dismissal; apply for an acquittal
Freistaat *m* free state; republic
freistellen *v* release (from); exempt (from); grant leave

Freistellung *f* release; exemption; leave
Freistellungsanspruch *m* right of indemnity; right of recourse *(against debtor)*
Freitod *m* suicide
Freiverkehr *m* regulated unofficial market; unofficial market; open market
Freiversuch *m s.* Freischuss
freiwillig *adj* voluntary
freiwillige Gerichtsbarkeit *f* non-contentious jurisdiction
Freizeichen *n* 1. unprotected mark; 2. dial tone
freizeichnen *v* contract out; limit liability by way of contract
Freizeichnung *f* contracting out; contractually-agreed exemption of liability
Freizeichnungsklausel *f* exemption clause; exclusion (of liability) clause; contracting-out clause
Freizeit *f* leisure time; spare time
Freizeitarrest *m* weekend arrest; periodic detention
freizügig *adj* unrestricted; liberal; free to move
Freizügigkeit *f* freedom of movement *(for persons)*
fremd *adj* foreign; alien
Fremdbesitz *m* possession as bailee; possession as tenant; possession without ownership
Fremdbesitzer *m* possessor as bailee
Fremdbesitzerexzess *m* ≈ excess of possessor as bailee
Fremdbeteiligung *f* third party participation
Fremdenrecht *n* law related to (treatment of) foreign person
Fremder *m* foreigner; alien
Fremdgeschäftsführung *f* (openly) acting as agent *(acting on behalf of third party)*
Fremdgeschäftsführungswille *m* intent to act as agent (for third party)
Fremdgrundschuld *f* charge on land in favo(u)r of third party
Fremdkapital *n* external capital; borrowed capital; debt capital
Fremdorganschaft *f* ≈ concept allowing for representation by third party *(e.g. a managing director may or may not be a shareholder of a company, but is allowed to represent the company)*
Fremdrechtserbschein *m* ≈ inheritance certificate (by domestic court) issued under foreign law
Fremdvergleich *m* comparison to normal market conditions; arm's length principle
Fremdwährungsanleihe *f* currency bond
Freudenhaus *n* brothel
Freudenmädchen *n* prostitute
Freundschaftsdienste *mpl* good offices *pl*
Friede *m* peace
Friedensbruch *m* breach of the peace
Friedenspflicht *f* ≈ (in employment matters) duty to keep the peace and not to initiate any strike, lock-out, etc.
Friedensrichter *m* justice of the peace
Friedensvertrag *m* peace treaty
Friedhof *m* cemetery, graveyard, churchyard
Frist *f* time limit; period of time; (fixed) term; deadline
Frist *f***/abgelaufene** expired deadline; elapsed time limit
Fristablauf *m* expiry of deadline
Fristberechnung *f* calculation of time
Fristenlösung *f* ≈ arrangement allowing abortion within the first trimester [3 months] of pregnancy
fristlos *adv* without notice; without any period of notice; instantly; with immediate effect
Fristsetzung *f* setting of a deadline; setting of a time period
Fristverlängerung *f* extension of a deadline; extension of a time period
Fronde *f (obs.)* right of service associated with land
Frucht *f* fruit; proceeds *pl*; benefits *pl*
Fruchtgenuss *m* enjoyment of fruits and benefits
führen *v* operate; drive *(a motor vehicle)*; manage; guide
Führer *m* operator; driver; guide; leader
Führerschein *m (AE)* driver's license; *(BE)* driving licence
Führerschein *m***/internationaler** *(AE)* international driver's license; *(BE)* international driving permit
Führerscheinentzug *m* disqualification from driving
Führerscheininhaber *m* motor vehicle licence [*AE* license] holder
Führung *f* 1. conduct; behavio(u)r; 2. management; leadership; guidance; use

Führungsaufsicht *f* supervision of conduct
Führungskraft *f* executive, manager
Führungszeugnis *n* police clearance certificate; good conduct certificate
Fund *m* found object; find; finding of lost property
Fünfprozentklausel *f* five percent hurdle *(for proportional representation system of elections)*
fungieren *v* function; serve
Funk *m* radio
funken *v* radio, wireless; broadcast
Funktion *f* function
Funktionär *m* functionary
funktionell *adj* functional
funktionelles Synallagma *n* functional reciprocity
Funktionsfähigkeit *f* functionability
Fürsorge *f* care; assistance; welfare
Fürsorgeerziehung *f* correctional education; residential education of juvenile offenders
Fürsorgepflicht *f* duty in respect of care and supervision
Fürsorger *m* social worker; welfare officer; care officer
Fürsprache *f* intercession; interceding
Fürsprecher *m* intercessor; interceder
Fusion *f* amalgamation, fusion, merger
fusionieren *v* amalgamate, fuse, merge
Fusionskontrolle *f* control of mergers; merger control; concentration control
Fusionskontrollverordnung *f (FKVO)* European Merger Regulation
Fusionsvertrag *m* merger agreement
Fußfessel *f***/elektronische** electronic monitoring
Fußgänger *m* pedestrian
Fußgängerzone *f* pedestrian zone

G

Gabe *f* donation; gratification
Gage *f* salary; remuneration; honorarium
Galgen *m* gallows
Ganzes *n* whole, entirety • **als Ganzes** as a whole, in the entirety
Garant *m* guarantor; underwriter
Garantenpflicht *f* obligation of guarantor
Garantenstellung *f* position as guarantor
Garantie *f* guarantee, guaranty; surety; warranty; indemnity
Garantie *f***/institutionelle** ≈ constitutional guarantee of the continued existence of certain institutions of public law *(e.g. of local communities)*
Garantie *f***/selbstständige** independent guarantee
Garantie *f***/unselbstständige** dependent guarantee
Garantiefrist *f* guarantee period; indemnity term
Garantiegeschäft *f* guarantee transaction; indemnity transaction
garantieren *v* guarantee; warrant
Garantieverletzung *f* breach of warranty; breach of guarantee
Garantievertrag *m* guarantee agreement; contract of indemnity
Gaskammer *f* gas chamber
Gaststättenerlaubnis *f* permit to operate a public house; restaurant permit
GATS *n s.* Allgemeines Abkommen über den Handel mit Dienstleistungen
Gatte *m* spouse; husband
Gattung *f* kind; class; species
Gattungsbezeichnung *f* generic description
Gattungskauf *m* purchase of fungibles; buying of fungible goods
Gattungssachen *fpl***/konkretisierte** ascertained goods *pl*
Gattungsschuld *f* obligation to supply fungibles; obligation in kind
GbR *f s.* Gesellschaft des bürgerlichen Rechts
GdB *s.* Grad der Behinderung
Gebaren *n* behavio(u)r; conduct
Gebäude *n* building; structure
Gebiet *n* area; territory; region; district
gebieten *v* command; order; impose
Gebietshoheit *f* territorial sovereignty
Gebietskörperschaft *f* territorial authority; regional authority
Gebot *n* 1. order; command; principle; 2. bid; bidding
Gebot *n* **der Rücksichtnahme** ≈ principle requiring the taking into consideration of surrounding land (and buildings)
Gebot *n***/geringstes** lowest bid *(in forced sale of real property)*
Gebotsirrtum *m (CrLaw)* error as to legally required action
Gebrauch *m* use; usage

Gebräuche *mpl* morals
gebrauchen *v* use
Gebrauchsanmaßung *f* conversion (for own use); unlawful use; unauthorized possession
Gebrauchsanweisung *f* instruction manual, instructions *pl* for use
Gebrauchsbeeinträchtigung *f* interference with use (and enjoyment)
Gebrauchsentwendung *f* deprivation of use; conversion
Gebrauchsgegenstand *m* article of daily use
Gebrauchsmuster *n* utility model
Gebrauchsvorteil *m* benefit of use; use and enjoyment
Gebrechlichkeitspflegschaft *f (obs.)* curatorship resulting from infirmity
Gebühr *f* fee; charge
gebührenfrei *adj* free of charge; no fee
Gebührenordnung *f* (regulatory) scale of fees
gebührenpflichtig *adj* liable to charge; subject to fee
Gebührenüberhebung *f* making an excessive charge; overcharging
gebunden *adj* fixed; tied; bound
Gebundenheit *f* dependence; restraint; restriction
Geburt *f* birth
Geburt *f*/**nichteheliche** birth out of wedlock
Geburtenbuch *n* register of births
gebürtig *adj* born
Geburtsname *m* maiden name; name at birth
Geburtsurkunde *f* birth certificate, certificate of birth
Gedanke *m* thought; idea
Gedankenfreiheit *f* freedom of thought
Gefahr *f* danger; risk; peril; hazard • **sich einer Gefahr aussetzen** expose oneself to a danger [hazard]
Gefahr *f*/**abstrakte** abstract hazard
Gefahr *f* **für Leib und Leben** risk to life and limb
Gefahr *f*/**gegenwärtige** current risk; pending danger
Gefahr *f*/**gemeine** collective danger; public hazard
Gefahr *f* **im Verzug** imminent danger; immediate risk
Gefahr *f*/**latente** latent risk
Gefahrausschluss *m* exclusion of risks
gefährden *v* expose to danger, endanger; jeopardize
Gefährdung *f* danger; endangerment; endangering
Gefährdung *f* **des Straßenverkehrs** *(CrLaw)* endangering road users; reckless driving
Gefährdungsdelikt *n* offence [*AE* offense] of endangerment; offence [*AE* offense] of strict liability
Gefährdungsdelikt *n*/**abstraktes** offence [*AE* offense] of abstract endangerment
Gefährdungsdelikt *n*/**konkretes** ≈ an offence requiring real endangerment of the object of protection
Gefährdungshaftung *f* strict liability, absolute liability; liability without fault; no-fault liability
Gefahrenabwehr *f* ≈ (administrative acts for) the preservation of public order and safety, avoiding of danger, etc.
Gefahrengemeinschaft *f* group of persons sharing a special duty of care
gefahrgeneigte Arbeit *f* (potentially) hazardous work
gefahrgeneigte Tätigkeit *f* hazardous employment; potentially-perilous undertaking *(of employed person)*
gefährlich *adj* dangerous; risky; hazardous
gefährliche Körperverletzung *f (BE)* grievous bodily harm, dangerous bodily harm
Gefahrstoffverordnung *f* hazardous materials regulations *pl*
Gefahrtragung *f* bearing of risk
Gefahrtragungsregel *f* rule for bearing of risk
Gefahrübergang *m* transfer of risk
gefällig *adj* pleasant; kind
Gefälligkeit *f* courtesy; compliment; accommodation
Gefälligkeitsverhältnis *n* social relationship; courtesy relationship
gefangen *adj* imprisoned; caught; captured
Gefangenenarbeit *f* prisoner's work; prison work
Gefangenenbefreiung *f* release of prisoners
Gefangenenmeuterei *f* mutiny of prisoners

Gefangener *m* prisoner; (prison) inmate; detainee, arrested person
Gefangennahme *f* arrest; capture; imprisoning
Gefangenschaft *f* imprisonment; detention
Gefängnis *n* prison; *(BE)* gaol, *(AE)* jail; *(AE)* penitentiary
Gefängnisausbruch *m* escape from prison
Gefängnisstrafe *f* prison sentence; term of imprisonment
Gefängniswärter *m (BE)* gaoler; prison warden; prison guard
Gefängniszelle *f* prison cell
gefügig *adj* docile; amenable; submissive
Gegenangebot *n* counter offer
Gegenanspruch *m* counterclaim; cross-claim
Gegenbeschuldigung *f* recrimination
Gegenbeweis *m* evidence in rebuttal
Gegendarstellung *f* reply; statement in response; rebuttal
Gegenforderung *f* counterclaim; cross-claim
Gegenleistung *f* counter-performance; consideration
Gegensatz *m* contrast; contrary
Gegenseite *f* opposing party
gegenseitig *adj* reciprocal; mutual
gegenseitiger Vertrag *m* mutual agreement; reciprocal contract
gegenseitiges Testament *n* reciprocal will *(testamentary instrument containing mutually-binding undertakings of the spouses)*
Gegenseitigkeit *f* reciprocity; mutuality
Gegenstand *m* 1. object; 2. subject *(of a law or contract)*
Gegenstand *m* **des Unternehmens** purpose of the company
gegenstandslos *adj* immaterial; irrelevant; without substance; invalid; not applicable
Gegenstandslosigkeit *f* invalidity; irrelevance
Gegenstandswert *m* subject value; value of matter in dispute
Gegenstimme *f* opposing opinion; opposition; opposing vote
Gegenüberstellung *f* (police) line-up; identification; confrontation
Gegenvorstellung *f* remonstration; arguments *pl*
gegenwärtig *adj* 1. present; in attendance; 2. current; present; at the moment
gegenwärtiger Angriff *m* on-going attack, current attack
Gegenzeichnung *f* counter-signature
Gegner *m* opposing party; adversary; opponent; opposition
Gehalt *m* salary; pay; remuneration; earnings *pl*
Gehaltskürzung *f* (salary) cut; pay deduction
Gehaltspfändung *f* attachment of earnings
geheim *adj* secret; confidential; classified
Geheimdienst *m* secret service; intelligence service
geheime Wahl *f* secret ballot; secret elections *pl*; secret voting
Geheimhaltung *f* concealment; secrecy
Geheimnis *n* secret; secrecy; confidentiality
Geheimnisverrat *m* revealing of secret information; betrayal of secrets
Geheimpolizei *f* secret police
Gehilfe *m* assistant; aide; agent
Gehilfe *m* **im Strafrecht** *(CrLaw)* accessory; accomplice; abettor
Gehör *n*/**rechtliches** right to be heard; day in court; fair hearing; due process
gehorchen *v* obey
gehören *v* 1. belong to; be owned by; 2. be a part of; belong to; form part of
gehorsam *adj* obedient
Gehorsam *m* obedience
Gehorsamspflicht *f* duty to obey
Gehörsrüge *f* objection based on lack of judicial hearing; lack of due process
Geisel *f* hostage
Geiselnahme *f* hostage-taking
Geisterfahrer *m* ≈ person driving in wrong direction (on dual carriageway or motorway)
geisteskrank *adj* mentally ill; insane; of unsound mind; with a mental disorder
Geisteskrankheit *f* mental illness; mental disorder
Geistesschwäche *f* feeble-mindedness; imbecility; weakness of mind
Geisteszustand *m*/**gesunder** soundness of mind
geistig *adj* intellectual; mental
geistiges Eigentum *n* intellectual property

geistlich *adj* ecclesiastical; clerical; religious
Geistlicher *m* cleric; clergyman
Geld *n* money; cash • **Geld anweisen** remit; order transfer of money
Geldabhebung *f* draft; withdrawal
Geldbetrag *m* amount (of money); sum (of money)
Geldbuße *f* monetary penalty; (administrative) fine
Geldentschädigung *f* monetary compensation; satisfaction; damages *pl*
Geldersatz *m* monetary compensation; damages *pl*
Geldfälschung *f* counterfeiting
Geldforderung *f* monetary claim
Geldgeschäft *n* money transaction
Geldmittel *n* funds *pl*; resources *pl*
Geldrente *f* annuity; periodical payments *pl*
Geldschein *m* (bank) note; *(AE)* bill
Geldschuld *f* monetary debt
Geldstrafe *f* fine; monetary penalty
Geldstück *n* coin
Geldsummenschuld *f* debt based on specific monetary currency value *(as opposed to value of property, goods or services)*
Geld- und Wertzeichenfälschung *f* counterfeiting of money and tokens
Geldwäsche *f* (money) laundering
Geldwert *m* monetary value; value of money
Geldwertsicherungsklausel *f* money guarantee clause
gelegen *adj* 1. situated; located; 2. suitable; convenient
Gelegenheit *f* opportunity; chance; occasion
Gelegenheitsarbeit *f* occasional job; casual labo(u)r
Gelegenheitsarbeiter *m* casual worker
Gelegenheitsgesellschaft *f* chance business; occasional business
Gelegenheitskauf *m* casual buy, spontaneous purchase
Gelegenheitstäter *m* casual offender
gelegentlich *adj* occasional; incidental
Geliebtentestament *n* final will in favo(u)r of the paramour [lover]
geloben *v* vow; pledge; swear
Gelöbnis *n* vow; solemn declaration
gelten *v* be valid; be in force; be in effect; apply, be applicable; prevail
gelten lassen *v*/**gegen sich** allow to be used against oneself
geltend *adj* valid; effective; in force; applicable
Geltendmachung *f* enforcement; assertion; claim
Geltung *f* application; validity; operation; prevalence • **zur Geltung kommen** show to advantage
Geltung *f*/**unmittelbare** direct application
Geltungsanspruch *m* right of application; claim of validity
Geltungsbereich *m* area of validity; scope of operation, territory of operation
Geltungsbereich *m* **eines Tarifvertrages** area of validity of a collective (wage) agreement
Geltungsbereich *m*/**persönlicher** application to persons
Geltungsbereich *m*/**sachlicher** application to property
Geltungsbereich *m*/**zeitlicher** period of operation; term (of validity)
GEMA *f s.* Gesellschaft für musikalische Aufführungsrechte und mechanische Vervielfältigungsrechte
Gemahl *m* spouse; husband
Gemahlin *f* spouse; wife
Gemarkung *f* boundary; landmark; communal district
gemäß *adv* pursuant to; in accordance with, according to
gemein *adj* common; ordinary
Gemeinde *f* local authority; local government; community; municipality
Gemeindebeamter *m* local government official; municipal officer
Gemeindebehörde *f* local authorities *pl*
Gemeindeordnung *f* local government regulations *pl*; municipal regulations *pl*
Gemeinderat *m* local council; municipal council
Gemeinderecht *n* local government law; municipal law
Gemeindesatzung *f* by(e)-laws *pl*; ordinance
Gemeindesteuer *f* local government tax; municipal tax
Gemeindeverband *m* association of local government authorities
Gemeindeverordnung *f* by(e)-laws *pl*
Gemeindeverwaltung *f* local authority administration

Gemeineigentum *n* property of the local government
gemeines Recht *n* common law
Gemeingebrauch *m* common use; public use
gemeingefährlich *adj* dangerous to the public
gemeingefährliches Mittel *n* means endangering the public
Gemeingefährlichkeit *f* danger to the public; general hazard
Gemeingut *n* public domain; common property
gemeinnützig *adj* charitable; for the public benefit; for the common good; for general welfare; non-profitable
gemeinnützige Arbeit *f* charitable work; community work
gemeinnütziger Ausschuss *m* charity committee
Gemeinnützigkeit *f* charitable nature; non-profit making
gemeinsam *adj* common; collective; joint
gemeinsamer Ausschuss *m* joint committee
gemeinsames Recht *n* joint right; common law
gemeinschädlich *adj* damaging to the public
Gemeinschaft *f* 1. community; association; group; 2. (European) Community, EC
Gemeinschaft *f***/eheähnliche** living together as husband and wife; common law marriage; de facto relationship; cohabitation
gemeinschaftlich *adj* common; joint; combined
gemeinschaftliches Eigentum *n* joint property; property in common; matrimonial property
gemeinschaftliches Testament *n* common will; conjoint will; joint will
Gemeinschaftsbürger *m* national of a Member State of the European Community [Union]
Gemeinschaftseigentum *n* joint property of freehold flat owners
Gemeinschaftsgerichtsbarkeit *f* common jurisdiction; jurisdiction of the European Community [Union]
Gemeinschaftsgrundrecht *n* fundamental right of the European Community [Union]
Gemeinschaftskompetenz *f* jurisdiction of the European Community [Union]; competence of the European Community [Union]
Gemeinschaftspatent *n* European Community [Union] patent
Gemeinschaftsrecht *n***/höherrangiges** prevailing European Community [Union] Law
Gemeinschaftsrecht *n***/primäres** primary European Community [Union] Law
Gemeinschaftsrecht *n***/sekundäres** secondary European Community [Union] Law
Gemeinschaftsrechtsordnung *f* European Community [Union] Legal System
Gemeinschaftsunternehmen *n* Community enterprise
Gemeinschuldner *m* adjudicated bankrupt; common debtor
Gemeinwesen *n* community
Gemeinwohl *n* common good; public welfare; public policy
Gemeinwohlüberlegung *f* considerations *pl* of public policy
Gendatei *f* genetic information; genetic data *pl*
genehm *adj* acceptable; agreeable
genehmigen *v* approve; agree to; allow; permit; authorize; give permission
Genehmigung *f* approval; permitting; permit; permission; allowance
Genehmigung *f***/vorläufige** temporary licence [*AE* license]
Genehmigung *f***/widerrufliche** revocable licence [*AE* license]
Genehmigungsbehörde *f* licensing authorities *pl*
General *m* general
Generalamnestie *f* general amnesty
Generalanwalt *m* Advocate General
Generalbevollmächtigter *m* general agent
Generalbundesanwalt *m* federal attorney-general
Generaldirektor *m* president; *(BE)* managing director
Generalhandlungsvollmacht *f* general power of attorney; general authority to act
generalisieren *v* generalize
Generalklausel *f* general clause; blanket provision
Generalklausel *f***/polizeiliche** ≈ general delegation of authority to prevent threats

to public order at the discretion of the police in each case
Generalkonsens *m* general consensus; general agreement
Generalkonsul *m* consul-general
Generalkonsulat *n* consulate-general
Generalprävention *f* general prevention of crime
Generalsekretär *m* secretary-general
Generalstaatsanwalt *m* chief public prosecutor; *(BE)* Director of Public Prosecutions; Attorney General
Generalstreik *m* general strike
Generalversammlung *f* general assembly; general meeting
Generalvertreter *m* general agent
Generalvertretung *f* general agency
Generalvollmacht *f* general power of attorney
Generationenvertrag *m* ≈ principle used in financing pension funds allowing for earnings of one generation to be used to pay for the former generation
generell *adj* general
genetisch *adj* genetic
genetische Auslegung *f* ≈ method of statutory interpretation which relies upon determining the original intent of the legislator
Genfer Konvention *f* Geneva Convention
Genossenschaft *f* cooperative society
Genossenschaft *f***/eingetragene** registered cooperative
genossenschaftlich *adj* cooperative
Genossenschaftsregister *n* register of cooperative societies
Genozid *m* genocide
Gentechnik *f* gene technology
Gentlemen's Agreement *n* gentlemen's agreement, informal understanding based on trust
genügend *adj* sufficient; adequate; ample
Genugtuung *f* satisfaction
Genuss *m* enjoyment; use; participation
Genusschuld *f* unascertained debt; duty to provide fungibles
Genussrecht *n* right of participation; dividend right
Genussschein *m* participation certificate
gepfändet *adj* attached; distrained
Gerät *n* equipment; machine; device; appliance; utensil
Gerätesicherheitsgesetz *n* Law for the Safety of Equipment
gerecht *adj* fair, just; equitable
gerechtfertigt *adj* justified; warranted
Gerechtigkeit *f* justice; fairness; equity
Gericht *n* court; tribunal • **vor Gericht auftreten** appear before a court
Gericht *n***/erkennendes** court of decision
Gericht *n* **erster Instanz der europäischen Gemeinschaften** Court of First Instance of the European Communities
Gericht *n***/erstinstanzliches** court of first instance
Gericht *n***/europäisches** European Court
Gericht *n* **für seerechtliche Streitigkeiten** Admiralty Court, maritime court
Gericht *n***/höchstes** high court, supreme court
Gericht *n***/letztinstanzliches** court of last resort
Gericht *n***/oberstes** high court; supreme court
Gericht *n***/ordentliches** court of ordinary jurisdiction
gerichtlich *adj* judicial; legal; by order of the court; forensic
gerichtliche Verfügung *f* court order; injunction
gerichtlicher Vergleich *m* in-court settlement; judicial settlement
Gerichtsassessor *m* junior officer of the court
Gerichtsbarkeit *f* jurisdiction
Gerichtsbarkeit *f***/deutsche** German jurisdiction
Gerichtsbarkeit *f***/freiwillige** non-contentious jurisdiction
Gerichtsbarkeit *f***/ordentliche** ordinary jurisdiction *(of the courts)*
Gerichtsbarkeit *f***/streitige** contentious jurisdiction
Gerichtsbeschluss *m* court order
Gerichtsbezirk *m* circuit; jurisdiction *(territorial)*
Gerichtsdiener *m* (court) usher; clerk of the court; attendant; court officer
Gerichtsferien *pl (BE)* court holiday, court vacation; recess
Gerichtsgebrauch *m* custom of the court; judicial tradition
Gerichtsgeschäftsstelle *f* registry, court office
Gerichtshilfe *f* assistance to the court
Gerichtshof *m* court; law court; court of justice

Gerichtshof *m*/**Europäischer** European Court of Justice
Gerichtshof *m*/**Internationaler** International Court of Justice
Gerichtshof *m*/**oberster** high court; supreme court
Gerichtskasse *f* court cashier's office
Gerichtskosten *pl* court fees *pl*; costs *pl*
Gerichtskostenvorschuss *m* advance payment of court fees
Gerichtsordnung *f* rules *pl* of the court
Gerichtsorganisation *f* court organization
Gerichtsreferendar *m* judicial clerk; trainee
Gerichtssaal *m* court; court room
Gerichtsschreiber *m* clerk (of the court)
Gerichtssitzung *f* court session; court hearing
Gerichtssprache *f* language of the court
Gerichtssprengel *m* court district
Gerichtsstand *m* jurisdiction; forum, venue
Gerichtsstand *m*/**allgemeiner** general jurisdiction
Gerichtsstand *m*/**ausschließlicher** exclusive jurisdiction, sole forum
Gerichtsstand *m*/**besonderer** special jurisdiction
Gerichtsstand *m* **kraft Vereinbarung** jurisdiction by agreement; forum by consent
Gerichtsstand *m* **kraft Verhaltens der Parteien** jurisdiction determined by the conduct of the parties
Gerichtsstandsänderung *f* change of venue
Gerichtsstandssuche *f* selection of jurisdiction; forum shopping
Gerichtsstandsvereinbarung *f* choice of jurisdiction, agreement as to forum
Gerichtssystem *n* court system
Gerichtstermin *m* court appointment
Gerichtsurteil *n* decision of the court; judgment
Gerichtsverfahren *n* court proceedings *pl*; legal proceedings *pl*
Gerichtsverfassung *f* constitution of the courts; system of judicature
Gerichtsverfassungsgesetz *n (GVG)* (German) Judicature Law
Gerichtsverhandlung *f* (court) hearing; trial; proceedings *pl*
Gerichtsverwaltung *f* administration of the courts
Gerichtsvollzieher *m* (court) bailiff; officer of the sheriff; *(AE)* sheriff, *(AE)* marshal
Gerichtszuständigkeit *f* competence of a court
geringfügig *adj* petty; slight; minor; trivial
geringfügige Beschäftigung *f* incidental employment
Geringfügigkeit *f* trivial nature; insignificance
gesamt *adj* total, entire, complete; whole
Gesamtakt *m* general act
Gesamtbetrag *m* total (amount)
Gesamtbetrag *m* **der Einkünfte** total earnings *pl*
Gesamtbetriebsrat *m* central employees' council; *(BE)* main stewards' committee
Gesamteinkommen *n* gross income; total income
Gesamterbfolge *f* universal succession (by inheritance)
Gesamtforderung *f* total claim
Gesamtgeschäftsführungsbefugnis *f* group management authority; authority to manage entire company
Gesamtgewinn *m* total profit
Gesamtgläubiger *m* joint (and several) creditor
Gesamtgläubigerschaft *f* joint creditorship
Gesamtgut *n* joint matrimonial property; joint property
Gesamthand *f* joint title
gesamthänderisch *adj* as joint tenant; with joint title
gesamthänderische Bindung *f* ≈ joint tenancy, ≈ joint obligation
Gesamthänderklage *f* joint tenancy claim
Gesamthandseigentum *n* joint tenancy; joint ownership
Gesamthandsgemeinschaft *f* community of joint owners
Gesamthandsvermögen *n* joint tenancy assets *pl*
Gesamtheit *f* whole, totality
Gesamthochschule *f* comprehensive university
Gesamthypothek *f* blanket mortgage
Gesamtkodifikation *f* complete codification

Gesamtprokura *f* collective power (of authority); authority to represent a company granted to several persons
Gesamtrechtsnachfolge *f* universal succession
Gesamtschaden *m* total loss
Gesamtschuld *f* joint (and several) debt
Gesamtschuldner *m* joint (and several) debtor • **als Gesamtschuldner haften** be liable as a joint and several debtor, be liable jointly and severally
Gesamtschuldnerausgleich *m* settlement
gesamtschuldnerisch *adj* jointly (and severally)
gesamtschuldnerische Haftung *f* joint and several liability
Gesamtsteuerung *f* general control; general direction
Gesamtstrafe *f* cumulative sentence; cumulative penalty; total punishment
Gesamtvereinbarung *f* collective agreement
Gesamtverkauf *m* general sale; aggregate sale; bulk sale
Gesamtvertretung *f* general agency; joint agency; overall representation
Gesamtvertretung *f*/**echte** ≈ legal rule whereby a company must be represented by at least two shareholders acting jointly
Gesamtvertretung *f*/**unechte** ≈ company rule whereby the company's authorized legal representative (Prokurist) and a shareholder are authorized to jointly represent the company
Gesamtverweisung *f* general referral
Gesamtvollstreckung *f (obs.)* general enforcement (on behalf of all claimants); general satisfaction (of debts) *(insolvency)*; ≈ term for the insolvency proceedings in the former GDR
Gesamtvollstreckungsordnung *f* enforcement for all creditors
Gesamtvorsatz *m* general intent
Gesandter *m* envoy
Gesandtschaft *f* embassy, legation
Geschädigter *m* injured person; injured party; wronged person; aggrieved party
Geschäft *n* 1. transaction; business; deal; trading; 2. business; company; firm
Geschäft *n* **des täglichen Lebens** transaction of everyday life; transaction for necessities
Geschäft *n* **für den, den es angeht** transaction for a not nominated third party (principal)
geschäftlich *adj* commercial; on business; professional
Geschäftsanteil *m* share (in a business); participation; interest in a company
Geschäftsaufsicht *f* supervision of trade; business supervision; receivership
Geschäftsbedingungen *fpl* conditions *pl* of business; (standard) terms and conditions *pl*
Geschäftsbedingungen *fpl*/**Allgemeine** *(AGB)* standard terms and conditions *pl*, general conditions *pl* of business, preformulated contractual terms *pl*
Geschäftsbeginn *m* starting date of trading; start of business hours, beginning of business
Geschäftsbereich *m* portfolio; area of business
Geschäftsbericht *m* annual report; business report
Geschäftsbesorgung *f*/**entgeltliche** professional brokerage; agency work for reward; paid business management
Geschäftsbesorgungsvertrag *m* agency agreement; contract for business management
Geschäftsbetrieb *m* business activity
Geschäftsbetrieb *m*/**wirtschaftlicher** commercial business activity
Geschäftsbezeichnung *f* business relations *pl*; commercial relationship
Geschäftsbrief *m* business letter
Geschäftsbuch *n* account book; journal
Geschäftsbuchhaltung *f* commercial bookkeeping; commercial accounting
geschäftsfähig *adj* legally capable; with capacity
Geschäftsfähigkeit *f* (legal) capacity; capacity to enter into a contract
Geschäftsfähigkeit *f*/**beschränkte** limited capacity; conditional capacity; qualified capacity
Geschäftsform *f* business form; company form
geschäftsführender Ausschuss *m* managing committee [board]
Geschäftsführer *m* manager, managing director; executive
Geschäftsführer *m*/**stellvertretender** deputy manager, assistant manager
Geschäftsführerhaftung *f* (personal) liability of manager

Geschäftsführung *f* (business) management; conduct of business
Geschäftsführung *f* **ohne Auftrag** *(GoA)* acting without authority; agency without authority
Geschäftsführungsbefugnis *f* authority to manage company
Geschäftsgebrauch *m* trade practice; business practice
Geschäftsgeheimnis *n* business secret; trade secret
Geschäftsgrundlage *f* basis of a transaction
Geschäftsherr *m* principal
Geschäftsjahr *n* business year; financial year; fiscal year
Geschäftsleiter *m* manager
Geschäftsleitung *f* management
Geschäftsmann *m* trader; businessman
geschäftsmäßig *adj* businesslike; commercially; on a commercial basis
Geschäftsmethode *f*/**unlautere** illegal [illicit] business methods *pl*; *(AE)* racketeering
Geschäftsordnung *f* rules *pl* and regulations *pl*; standing rules *pl*; procedural rules *pl*
Geschäftsräume *mpl* (business) premises *pl*; offices *pl*
Geschäftsraummiete *f* rent for (business) premises
Geschäftssitz *m* place of business
Geschäftsstelle *f* office; bureau; agency; branch office; registry *(court)*
geschäftsunfähig *adj* lacking capacity; (legally) incapable; *(AE)* incompetent
Geschäftsunfähigkeit *f* lack of capacity; incapacity; *(AE)* incompetence
Geschäftsverkehr *m* business transaction; business
Geschäftsverteilung *f* assignment of duties, allocation of responsibility; distribution of business
Geschäftsverteilungsplan *m* schedule of responsibilities
Geschäftsvorfall *m* transaction, deal
Geschäftsvorgang *m* operation, deal
Geschäftswert *m* 1. amount in dispute; subject matter value; 2. goodwill *(of a company)*
Geschäftswille *m* intention behind a transaction
Geschäftszeit *f* period of a transaction; business hours *pl*; opening times *pl*
Geschäftszweig *m* division; branch, industry, sector
geschehen *v* happen; occur, take place
Geschenkannahme *f* acceptance of a present [gift]
Geschlecht *n* 1. lineage; family; species; 2. gender, sex
geschlechtlich *adj* sexual; carnal
geschlechtsbezogen *adj* sex-related, sex-specific, gender-related, gender--specific
geschlechtsbezogene Diskriminierung *f* sex discrimination, discrimination on the basis of sex [gender]
Geschlechtsverkehr *m* sexual intercourse; carnal knowledge
Geschmacksmuster *n* (industrial) design; design patent; registered design
Geschoss *n* 1. bullet; projectile; 2. floor; level
Geschwindigkeit *f* speed
Geschwindigkeitsmessung *f* measuring of speed; speed check
Geschwindigkeitsüberschreitung *f* exceeding of the speed limit
Geschwister *pl* sibling; brothers and sisters *pl*
Geschworene *mpl*/**entscheidungsunfähige** jurors incapable of reaching a decision [verdict], *(colloq.)* hung jury
Geschworenenbank *f* jury box
Geschworenenprozess *m* jury trial
Geschworener *m* juror
Geselle *m* (qualified) tradesman
Gesellschaft *f* 1. *(BE)* company; *(AE)* corporation; 2. partnership; association; society
Gesellschaft *f*/**atypische stille** pseudo--silent [pseudo-dormant] partnership
Gesellschaft *f* **des bürgerlichen Rechts** *(GbR)* partnership under the (German) Civil Code; non-commercial partnership
Gesellschaft *f*/**eingetragene** *(AE)* corporation; *(BE)* registered company
Gesellschaft *f*/**erloschene** defunct company
Gesellschaft *f*/**faktische** de facto association; de facto company
Gesellschaft *f*/**fehlerhafte** defectively founded company
Gesellschaft *f* **für musikalische Aufführungsrechte und mechanische Vervielfältigungsrechte** *(GEMA)* (Ger-

man) Association for Musical Performance Rights and Mechanical Reproduction Rights *(collects and distributes royalties to artists)*

Gesellschaft *f* **mit beschränkter Haftung** *(GmbH) (BE)* company with limited liability

Gesellschaft *f*/**stille** silent [dormant] partnership

Gesellschaft *f*/**typische stille** typical silent [dormant] partnership

Gesellschafter *m* shareholder; partner

Gesellschafter *m*/**beherrschender** dominant partner; majority shareholder

Gesellschafter *m*/**persönlich haftender** personally-liable partner; personally--liable shareholder

Gesellschafter *m*/**stiller** ≈ dormant [silent] partner

Gesellschafterbeschluss *m* shareholder resolution; decision of the partners

Gesellschafterdarlehen *n* partner loan; shareholder loan

Gesellschaftererbe *n* partner inheritance; shareholder inheritance

Gesellschafterhaftung *f* partner's liability; shareholder's liability

Gesellschafterversammlung *f* shareholder(s') meeting; *(AE)* stockholder(s') meeting

Gesellschafterwechsel *m* change of partner; change of shareholder

gesellschaftlich *adj* corporate

Gesellschaftsanteil *m (BE)* company share, *(AE)* corporate share; participation in a company

Gesellschaftseinlage *f* contribution

Gesellschaftsform *f* company form; form of partnership

Gesellschaftskapital *n* share capital; company capital; partnership capital

Gesellschaftsrecht *n (BE)* company law; *(AE)* corporate law

Gesellschaftsrecht *n*/**internationales** international company law

Gesellschaftsregister *n* company register; commercial register

Gesellschaftsschuld *f (BE)* company debt; *(BE)* company liability; *(AE)* corporate debt; *(AE)* corporate liability; partnership debt; partnership liability

Gesellschaftsstatut *n* memorandum and articles of association; *(AE)* corporate charter; memorandum of partnership

Gesellschaftsteuer *f (BE)* company tax; *(AE)* corporate tax

Gesellschaftsvermögen *n (BE)* company assets *pl*; *(AE)* corporate assets *pl*

Gesellschaftsvertrag *m* articles *pl* of association; partnership agreement; partnership deed

Gesellschaftszweck *m* company objective

Gesetz *n* enactment; law; act, statute; code • **Gesetz verabschieden** pass a law • **kraft Gesetzes** by (statutory) law

Gesetz *n*/**formelles** formal law [statute]

Gesetz *n*/**materielles** substantive statute, material law

Gesetz *n* **über das Kreditwesen** *(KWG)* (German) Credit System Law

Gesetz *n* **über die freiwillige Gerichtsbarkeit** Law of Non-contentious Jurisdiction

Gesetz *n*/**verfassungsänderndes** law to amend the constitution; constitutional amendment

Gesetzanalogie *f* analogy of law

Gesetzblatt *n* gazette; law gazette; *(AE)* Federal Register

Gesetzbuch *n* code; statute

Gesetzentwurf *m* bill; draft law

gesetzesähnlich *adj* ≈ quasilegal, similar to a statute in effect

Gesetzesanalogie *f* analogous application of law

Gesetzesänderung *f* (statutory) amendment; alteration of the law

Gesetzesanwendung *f* application of the laws

gesetzesfrei *adj* not subject to legal [statutory] regulation; unregulated

Gesetzesinitiative *f* legislative initiative; right to introduce a bill

Gesetzeskonkurrenz *f* concurrence of laws; *(AE)* merger *(of a minor offence into a major offence)*

Gesetzeskraft *f* force of (statutory) law; legal force

Gesetzeslücke *f* statutory omission; legal loophole; gap in the law

Gesetzesrecht *n* statutory law; written law; enacted law

Gesetzessammlung *f* statute book; consolidated statutes *pl*; official compilation of laws

Gesetzesübertretung *f* contravention

Gesetzesumgehung *f* evasion of the law; circumvention of the law
Gesetzesverletzung *f* breach of law, violation of the law
Gesetzesvorbehalt *m* statutory reservation
Gesetzesvorlage *f* bill; draft law
Gesetzeswerk *n* legislation; law
gesetzeswidrig *adj* contrary to law; illegal; unlawful
Gesetzeswidrigkeit *f* contravention of the law; illegality; unlawfulness
Gesetzeszersplitterung *f* fragmentation of laws
gesetzgebend *adj* legislative
gesetzgebende Gewalt *f* legislative power [authority]
Gesetzgeber *m* legislator; legislature; lawmaker
Gesetzgebung *f* legislation, laws and regulations *pl*; legislative power
Gesetzgebung f/ausschließliche exclusive legislation; exclusive legislative power
Gesetzgebung f/konkurrierende concurrent legislative power *(between state and federal government)*
Gesetzgebung f/übertragene delegated legislation
Gesetzgebungskompetenz *f* legislative competence; power to legislate
Gesetzgebungskompetenz f des Bundes/ungeschriebene inherent [implied, unwritten] legislative competence of the federal government
Gesetzgebungsmaterialien *npl* legislative documents *pl*; bills *pl*; parliamentary records *pl*
Gesetzgebungsnotstand *m* state of legislative emergency
Gesetzgebungstätigkeit *f* legislative activity
Gesetzgebungsverfahren *n* legislative procedure
Gesetzgebungswerk *n* body of laws; legislation
Gesetzgebungszuständigkeit *f* legislative competence
gesetzlich *adj* legal; lawful; statutory
gesetzliche Erbfolge *f* legal succession; intestate succession; succession ab intestato, intestacy
gesetzlicher Anspruch *m* legal claim; legal right; statutory claim; statutory right
gesetzlicher Erbe *m* legal heir; statutory successor
gesetzlicher Richter *m* competent judge
gesetzliches Erbe *n* intestate inheritance; statutory estate
gesetzliches Pfandrecht *n* statutory lien
gesetzmäßig *adj* lawful; legal; according to the law
Gesetzmäßigkeit *f* lawfulness; legality; legitimacy
Gesetzmäßigkeit f der Verwaltung legality of the administration
gesetzwidrig *adj* unlawful; illegal; not according to the law
Gesetzwidrigkeit *f* unlawfulness; illegality
Gesichtspunkt *m* point of view; position
Gesichtspunkte *mpl*/**soziale** social considerations *pl*
gesiegelt *adj* sealed, under seal
Gesprächsüberwachung *f* monitoring of discussions
Gestaltung *f* arrangement; shape; form; configuration
Gestaltungsfreiheit *f* freedom to determine the content of a contract
Gestaltungsklage *f* ≈ legal action for a change of legal status or legal rights
Gestaltungsmissbrauch *m* abuse of formal legal arrangement *(by taxpayer)*
Gestaltungsrecht *n* right to establish a legal relationship; right to modify a legal relationship
Gestaltungsurteil *n* judgment related to a legal relationship
geständig *adj* confessed; self-confessed
Geständnis *n* 1. *(CrLaw)* confession; admission; 2. *(CivLaw)* admission
Geständnisfiktion *f* ≈ presumption of correctness of facts asserted by complainant in summary proceedings
gestatten *v* allow, permit
Gestattung *f (BE)* licence, *(AE)* license; consent; allowance, permission
gestehen *v* admit; allow; confess
Gestehungskosten *pl* prime costs *pl*; original costs *pl*
gestört *adj* disturbed; defective
Gesuch *n* request; petition; application
Gesundheit *f* health; soundness
Gesundheit f/öffentliche public health
Gesundheitsamt *n* health department
Gesundheitsgefährdung *f* danger to health, health risk

Gesundheitsschädigung *f* injury to health
Gesundheitsschutz *m* health protection
Gesundheitsverletzung *f* injury to health
Gesundheitszerstörung *f* destruction of good health
Gesundheitszeugnis *n* bill of health
Getreide *n* grain(s); corn; cereals *pl*
getrennt *adj* separate; several, individual
Getrenntleben *n* living separately; living apart
Getrenntlebensvereinbarung *f* separation agreement
Getto *n* ghetto
gewachsen *adj* grown
Gewähr *f* guarantee, guaranty; warranty; security
gewähren *v* grant; allow; give
gewährleisten *v* warrant; guarantee
Gewährleistung *f* warranty; guarantee
Gewährleistungsanspruch *m* warranty claim; right under warranty
Gewährleistungsausschluss *m* warranty exclusion; disclaimer
Gewährleistungspflicht *f* warranty obligation
Gewahrsam *m* custody; detention; bailment; safekeeping, store
Gewahrsamsbruch *m* loss of items in safekeeping; damaging of items in safekeeping
Gewahrsamsinhaber *m* bailee
Gewährung *f* **auf Bewährung** binding--over
Gewalt *f* force; power; violence
Gewalt *f***/ausführende** executive power, executive
Gewalt *f***/elterliche** parental authority, parental custody; *(BE)* parental responsibility
Gewalt *f***/gesetzgebende** legislative power [authority]
Gewalt *f***/höhere** force majeure, acts *pl* of God *(natural events)*; superior force
Gewalt *f***/öffentliche** public violence
Gewalt *f***/rechtsprechende** legal power
Gewalt *f* **unter Ehegatten** spousal violence
Gewalt *f***/väterliche** parental power; paternal authority
Gewalt *f***/verfassungsgebende** constitutional authority; constituent power
Gewaltanwendung *f* battery
Gewaltenteilung *f* separation of powers
Gewaltherrscher *m* dictator
gewaltsam *adj* forceful; violent
gewaltsame Körperverletzung *f* assault and battery
Gewalttat *f* violent act
gewalttätig *adj* violent
Gewalttätigkeit *f* (acts of) violence; outrage
Gewaltverbrecher *m* thug
Gewaltverhältnis *n* subordinate relationship
Gewaltverhältnis *n***/besonderes** special subordinate relationship
Gewässer *n* water(s)
Gewässerschutz *m* water protection; prevention of water pollution
Gewässerverunreinigung *f* contamination of water; water pollution
Gewehr *n* gun; rifle
Gewerbe *n* business; trade; industry; commercial activity
Gewerbe *n***/ambulantes** trade with no premises; itinerant business
Gewerbeaufsicht *f* supervision of businesses; trade and industry inspection
Gewerbeaufsichtsamt *n* Supervisory Authority for Business
Gewerbebegriff *m* commercial term
Gewerbebescheinigung *f* business licence [*AE* license]; trading certificate
Gewerbebetrieb *m* business, commercial enterprise; plant
Gewerbeerlaubnis *f s.* Gewerbebescheinigung
Gewerbefreiheit *f* commercial freedom; freedom to conduct business
Gewerbegebiet *n* industrial area; business estate
Gewerbeordnung *f* Industrial Code
Gewerbepolizei *f* industrial inspectorate
Gewerberäume *mpl* commercial premises *pl*; industrial premises *pl*
Gewerberaummietrecht *n* Law on Commercial and Industrial Tenancy
Gewerberecht *n* industrial law; trade law
Gewerbesteuer *f* commercial tax; trade tax
gewerbetreibend *adj* related to operation of a business; commercial; trading
Gewerbetreibender *m* trader; operator of a business; tradesman; person carrying on business
Gewerbeuntersagung *f* prohibition of

trade; order against conducting of business

Gewerbeverbot *n* prohibition of practising trade

Gewerbezentralregister *n* central commercial register

gewerblich *adj* commercial; industrial; trading

gewerblicher Rechtsschutz *m* protection of industrial property rights

gewerbliches Eigentum *n* industrial property

gewerbsmäßig *adj* for commercial purposes; commercial; for profit, for commercial gain; professional; industrial

Gewerbsmäßigkeit *f* commercial nature

Gewerkschaft *f* trade union; labo(u)r union

Gewerkschaftler *m* trade unionist; union member

gewerkschaftlich *adj* of the trade union

Gewerkschaftsmitglied *n* unionist

gewillkürt *adj* voluntary

gewillkürte Erbfolge *f* inheritance by testamentary instrument; succession by will

Gewinn *m* profit; gain; earnings *pl*; revenue

Gewinn *m*/**entgangener** lost profit

Gewinn *m*/**unrechtmäßiger** unlawful profit

Gewinnanteil *m* share of profit

Gewinnanteilschein *m* dividend coupon

Gewinnausschüttung *f* distribution of profits; payout of dividend

Gewinnausschüttungen *fpl*/**verdeckte** hidden profit distribution; constructive dividend

Gewinnbeteiligung *f* share in profit(s); profit-sharing

gewinnen *v* gain; profit, benefit

Gewinnermittlung *f* determination of profit

Gewinnerzielungsabsicht *f* intent to make a profit

Gewinnkorrektur *f* adjustment of profit; restatement of net income

Gewinnmitteilung *f* notification of profit, profit notice

Gewinnrealisierung *f* profit realization

Gewinn- und Verlustrechnung *f* profit and loss statement

Gewinnverlagerung *f* profit assignment; profit allocation

Gewinnverteilung *f* profit distribution

Gewinnverwendung *f* profit use

Gewinnzusage *f* statement as to profit(s)

Gewissen *n* conscience

gewissenhaft *adj* diligent

Gewissensentscheidung *f* matter of conscience

Gewissensfreiheit *f* freedom of conscience

Gewissheit *f* certainty

Gewohnheit *f* custom; practice; tradition; habit

gewohnheitsmäßig *adj* customary; habitual

Gewohnheitsrecht *n* customary law; custom, legal custom

Gewohnheitsverbrecher *m* habitual criminal

gewöhnlich *adj* customary; common; usual

gewöhnlicher Aufenthalt *m* normal abode; habitual residence

gezielter Rettungsschuss *m* ≈ intentional fatal use of firearms (by police) in order to preserve life of potential victim(s)

GG *s.* Grundgesetz

Gier *f* greediness; greed

Gift *n* poison

giftig *adj* poisonous

Gilde *f* guild; association

Gipfelkonferenz *f* summit conference

Giralgeld *n* money in a bank account; deposited money; bank deposit(s)

Giro *n* endorsement, indorsement; bank transfer; *(BE)* giro

Giroeinlage *f* sight deposit

Girokonto *n (BE)* giro account; current account; *(BE)* cheque account, *(AE)* checking account

Girostelle *f* clearing house

Giroverkehr *m* clearing

Girovertrag *m* (bank) giro contract

Glaube *m* belief; faith

Glaube *m*/**böser** bad faith; malicious intent, *(Lat)* mala fides

Glaube *m*/**guter** good faith; *(Lat)* bona fides

Glaube *m*/**öffentlicher** irrebuttable presumption of correctness *(of official instrument e.g. inheritance certificate, entry in land register)*

glauben *v* believe; have faith in

Glaubensfreiheit *f* freedom of faith; freedom of religious belief

glaubhaft *adj* credible, believable; authentic; plausible
Glaubhaftmachen *f* making credible; presenting prima facie evidence
Gläubiger *m* creditor; obligee; lender
Gläubiger *m*/**gesicherter** secured creditor
Gläubiger *m*/**persönlicher** personal creditor
Gläubigeranfechtung *f* avoidance by creditor *(right of creditor to avoid fraudulent transfer or conversion of property)*
Gläubigerausschuss *m* creditor committee; creditor group
Gläubigerbegünstigung *f* undue preference; preferring of creditor with fraudulent intent
Gläubigerbenachteiligung *f* undue discrimination against creditor
Gläubigergemeinschaft *f* body of creditors
Gläubigermehrheit *f* creditor majority
Gläubigerversammlung *f* creditors' meeting
Gläubigerverzeichnis *n* directory of creditors, creditor register
Gläubigerverzug *m* ≈ delay of creditor in acceptance of performance
glaubwürdig *adj* credible; authentic; trustworthy
Glaubwürdigkeit *f* credibility; authenticity; trustworthiness
gleich *adj* same; identical; alike
gleich *adv* straight away, at once, immediately
gleichartig *adj* similar, of the same kind; kindred
Gleichartigkeit *f* similarity; uniformity; equality
Gleichbehandlung *f* equality; equal treatment
Gleichbehandlung *f* **von Mann und Frau** equal treatment of men and women; equality of the sexes, gender equality
Gleichbehandlungsgebot *n* requirement of equality
Gleichbehandlungsgrundsatz *m* principle of equality; principle of equal treatment
Gleichbehandlungsgrundsatz *m*/**arbeitsrechtlicher** principle of equality in employment law
gleichberechtigt *adj* with equal rights; equal
Gleichberechtigung *f* equality; equality of rights
Gleichberechtigungsgesetz *n* Equality Law *(for treatment of men and women)*
gleiche Wahl *f* equal suffrage
gleichgelagert *adj* similar
gleichgeordnet *adj* coordinated
gleichgeschlechtlich *adj* same-sex
Gleichgewicht *n* balance
Gleichheit *f* equality
Gleichheit *f* **im Sinne des Gesetzes** equality in the eyes of the law
Gleichheit *f* **vor dem Gesetz** equal protection of the law
Gleichheitsgrundsatz *m* principle of equality
Gleichheitsrecht *n* right to equality
Gleichlaufprinzip *n* ≈ correlation of applicable law and international jurisdiction under the law of succession
Gleichrang *m* equal rank, equal status
gleichrangig *adj* equal *(of the same rank or importance)*
gleichstellen *v* place on equal footing, make equal
Gleichstellung *f* equality; equal opportunity
gleichwertig *adj* of equivalent value
Gleichwertigkeit *f* equivalence; equal value
Gleichwertigkeit *f* **der Gegenleistung** equivalence of consideration
gleichzeitig *adj* simultaneously; at the same time, concurrent
Gleitklausel *f* escalation clause, *(AE)* escalator clause; index clause
Gliederung *f* organization, assignment
global *adj* global
Globalgrundschuld *f* general charge on property, blanket mortgage
Globalisierung *f* globalization
Globalurkunde *f* global note, general certificate
Globalverpfändung *f* ≈ security over either all or part of the present and future company assets
Globalzession *f* blanket assignment
Glücksspiel *n* gambling, gaming; game of chance
Glücksspiel *n*/**unerlaubtes** illegal game of chance; unlawful gambling
Glücksvertrag *m* aleatory contract
GmbH *f s.* Gesellschaft mit beschränkter Haftung

GmbH & Co. KG ≈ limited commercial partnership with a limited liability company (GmbH) as the general partner
GmbH-Anteil *m* GmbH share; company share
Gnade *f* mercy; pardon; clemency
Gnadenakt *m* act of clemency
Gnadenerweis *m* act of pardon
Gnadenfrist *f* grace period, period of grace
Gold *n* gold
goldene Regel *f* golden rule
Goldklausel *f* gold clause
Goldmünze *f* gold coin
Goldwährung *f* gold currency
Goodwill *m* goodwill; intangible value
Grad *m* grade; degree
Grad *m***/akademischer** (academic) degree, (academic) title
Grad *m* **der Behinderung** *(GdB)* extent of disability; degree of handicap
graduieren *v* graduate
Graduierter *m* graduate
Graduierung *f* graduation
Grafschaft *f* county
grammatikalisch *adj* grammatical
grammatikalische Auslegung *f* grammatical interpretation
Gratifikation *f* gratuity; bonus; ex gratia payment
gratis *adv* free, without charge; gratuitous; gratis
grausam *adj* cruel
Grausamkeit *f* cruelty
Gremium *n* body; panel; group
Grenze *f* border; frontier; boundary; limit; abuttals *pl (plot of land)*
Grenzeinrichtung *f* 1. border facilities *pl*; 2. frontier barriers *pl*
Grenzgänger *m* border commuter
Grenzstein *m* border marker [stone]
Grenzzeichen *n* border sign
grob *adj* 1. bulk; gross; 2. coarse, rough, crude
grobe Pflichtverletzung *f* gross breach of duty; material neglect of duty
grober Behandlungsfehler *m* gross malpractice; gross (medical) negligence
grobes Verschulden *n* serious fault; gross negligence
Gros *n* major part; majority
große Strafkammer *f* criminal division with lay judges *(for cases in which the expected sentence is over four years of imprisonment or detention in a psychiatric hospital)*
großer Pflichtteil *m* major compulsory portion (of estate for spouse)
Großfahndung *f* extensive police search; manhunt; *(AE)* dragnet
Großhandel *m* wholesale
Großhändler *m* wholesaler
Großkredit *m* major loan; global credit facility
Grube *f* pit; mine
Grund *m* 1. reason, ground; basis; foundation; 2. land; soil; ground; real property, real estate • **ohne rechtlichen Grund** without legal reason
Grund *m***/wichtiger** important reason; material reason
Grundbegriff *m* basic term, basic expression
Grundbesitz *m* property holding; estate; real property, realty
Grundbesitzer *m* owner of land, land owner, property holder
Grundbuch *n* land register; land title register
Grundbuchamt *n* land registry; land title registry
Grundbuchauszug *m* extract from the land register; copy of the land register
Grundbuchberichtigung *f* rectification of the land register
Grundbucheintragung *f* entry in the land register
Grundbuchordnung *f* (German) Land Register Law
Grundbuchsperre *f* freezing of land register; suspension of further land register entries
Grunddienstbarkeit *f* easement; real servitude
Grundeigentum *n* freehold property; real property, realty, real estate
Grundeigentum *n***/gebundenes** fee tail
Grundeigentum *n***/unbeschränktes** freehold
Grundeigentümer *m* freeholder; owner of real estate
gründen *v* form; establish, found
Gründer *m* founder, establisher
Grunderwerbsteuer *f* land acquisition tax; stamp duty
Grunderwerbsteuergesetz *n* (German) Law of Land Acquisition Tax

Grundfreibetrag *m* basic exemption *(for taxation purposes)*
Grundfreiheiten *fpl* basic freedoms *pl*, basic liberties *pl*
Grundgehalt *n* basic salary
Grundgesetz *n* (German) Basic Law; constitution
Grundherr *m* landlord; *(BE)* lord of the manor; landowner
Grundherrschaft *f* manorial estate; seigniory
Grundkapital *n* nominal capital; *(AE)* capital stock, share capital; registered stock
Grundlage *f* basis; foundation
Grundlage *f***/gesetzliche** legal basis
Grundlagengeschäft *n* core transaction *(affecting fundamental or key company matters)*
grundlegend *adj* basic, fundamental
Grundlohn *m* basic wage
Grundordnung *f***/demokratische** basic democratic principles *pl*; democratic constitutional order
Grundordnung *f***/freiheitlich-demokratische** basic liberal-democratic principles *pl*; liberal-democratic constitutional order
Grundpfand *n* land charged with a mortgage
Grundpfandgläubiger *m* mortgagee
Grundpfandrecht *n* charge on real property; security interest in land; mortgage *(on land)*
Grundpflicht *f* basic duty
Grundrecht *n* 1. law register law; law related to land registration; 2. basic (human) right; civil liberty
Grundrechtecharta *f* Charter of Fundamental Rights *(European Law)*
Grundrechtsbindung *f* commitment to civil liberties; duty to comply with basic (human) rights
Grundrechtseingriff *m* contravention of civil liberties; infringement of basic (human) rights
Grundrechtsfähigkeit *f* capacity to (acquire and) have civil liberties
Grundrechtsgewährung *f* granting of basic (human) rights; granting of civil liberties
Grundrechtskollision *f* conflict of basic (human) liberties
Grundrechtsmündigkeit *f* capacity to claim basic (human) rights
Grundrechtsschranke *f* barrier to basic (human) rights
Grundrechtsstandard *m* standard of basic (human) rights
Grundrechtsträger *m* person entitled to basic (human) rights
Grundrechtsverletzung *f* violation of basic (human) rights
Grundrechtsverwirkung *f* forfeiture of civil liberties
Grundrente *f* 1. rent (on land); 2. minimum pension
Grundsatz *m* (basic) principle; maxim; rule
Grundsatz *m* **der Gesetzmäßigkeit der Verwaltung** principle of administrative compliance with the law
Grundsatz *m* **der Verhältnismäßigkeit** principle of reasonableness [proportionality]
Grundsatzentscheidung *f* leading case; landmark decision
Grundsatzerklärung *f* declaration of intent
grundsätzlich *adj* generally; strictly
Grundsatzrevision *f* appeal on issue of legal principle
Grundsatzurteil *n* landmark decision, fundamental decision
Grundsatzvereinbarung *f* memorandum of understanding
Grundschuld *f* charge on land
Grundschuldbrief *m* certificate of charge on land
Grundsicherungsgesetz *n* Law to Ensure Basic Social Entitlements
Grundsteuer *f* land tax
Grundsteuerpflichtiger *m* parishioner
Grundstück *n* plot of land; section; real estate
Grundstück *n***/dienendes** servient estate; servient tenement
Grundstück *n***/herrschendes** dominant estate; dominant tenement
Grundstück *n***/unerschlossenes** undeveloped land
Grundstücksbelastung *f* land charge; charge on land
Grundstücksgrenze *f* abuttals *pl*
Grundstückskauf *m* purchase of land; purchase of real estate
Grundstücksmakler *m* land agent; real estate agent

Grundstücksnachbar *m* abutter
Grundstücksrecht *n* land law, law of real property; real estate law
Grundstücksregister *n* land register
Grundstücksteilung *f* partition
Grundstücksübereignung *f* disposition of land; transfer of property; transfer of title
Grundstücksübertragung *f* conveyancing deed
Grundstücksverkehr *m* real estate transactions *pl*; conveyancing
Grundstücksverwaltung *f* estate management
Grundstückszubehör *n* fixture; fitting; fixtures and fittings *pl*
Grundtatbestand *m* basic criminal offence [*AE* offense]
Gründung *f* formation; establishment; foundation; creation
Gründung *f* **einer juristischen Person** incorporation
Gründungsbericht *m* notice of formation
Gründungsfreiheit *f* freedom to establish a firm; right to form an association
Gründungsgesellschaft *f* pre-incorporation association
Gründungskapital *n* initial capital, basic capital
Gründungsmitglied *n* founding member
Gründungsprüfung *f* incorporation audit
Gründungsprüfungsbericht *m* incorporation audit report
Gründungssatzung *f* memorandum of association
Gründungstheorie *f* formation theory
Gründungsurkunde *f* articles *pl* of incorporation
Gründungsvertrag *m* memorandum of association; foundation agreement
Grundvermögen *n* property; realty; real estate
Gruppenklage *f (AE)* class action
Gruppenkläger *m* class plaintiff
Gruppenwahl *f* election (of employee representation) by class
Guillotine *f* guillotine
gültig *adj* valid; in effect, effective; in force; authentic • **gültig sein** be valid
Gültigkeit *f* validity; effectiveness; authenticity
Gültigkeitsdauer *f* term, period of validity
günstig *adj* 1. favo(u)rable; advantageous; 2. reasonably-priced
Günstigkeitsprinzip *n* ≈ principle (of employment law) allowing deviation from collective agreement in favo(u)r of employee
Gut *n* 1. good(s); property; assets *pl*; 2. estate of land
Gut *n*/**öffentliches** public property
Gutachten *n* (legal) opinion; expert opinion
Gutachter *m* expert; consultant
Güte *f* 1. quality; grade, class; 2. cordial manner; conciliation
Güter *npl*/**abschreibbare** depreciable goods *pl*
guter Glaube *m* good faith; *(Lat)* bona fides
Güterabwägung *f* consideration of (conflicting) legal principles
Güterfernverkehr *m* long-distance (freight) transport
Gütergemeinschaft *f* common property regime
Gütergemeinschaft *f*/**eheliche** matrimonial regime of common property
Gütergemeinschaft *f*/**fortgesetzte** continuing regime of common property *(after the death of one spouse)*
Güterkraftverkehr *m (AE)* trucking; road haulage
Güterrecht *n* property law, law of property
Güterrecht *n*/**eheliches** matrimonial property law
Güterrechtsregister *n* matrimonial property register
Güterstand *m* matrimonial property regime
Güterstand *m*/**gesetzlicher** statutory matrimonial property regime
Gütertrennung *f* (regime of) separation of property
Güterverkehr *m* goods traffic
Gütestelle *f* conciliation office; (official) mediation bureau
Güteverfahren *n* conciliation proceedings *pl*
Güteverhandlung *f* conciliation hearing
Gutglaubensschutz *m* protection on the basis of bona fide; defence [*AE* defense] of acting in good faith
gutgläubig *adj* in good faith; *(Lat)* bona fide
gutgläubiger Besitzer *m* possessor in good faith; bona fide holder

gutgläubiger Erwerb *m* good faith purchase; bona fide acquisition
gutgläubiger lastenfreier Erwerb *m* good faith purchase free of encumbrances
Gutgläubigkeit *f* good faith
Guthaben *n* credit balance
gütlich *adv* cordially; amicably
Gutschrift *f* credit entry; credit; crediting; credit note
Gutsherr *m* lord (of the manor); squire
GVG *s.* Gerichtsverfassungsgesetz

H

Haager Abkommen *n* Hague Convention
Haager Kaufrechtsübereinkommen *n* Hague Convention on the Sale of Goods
Haager Landkriegsordnung *f* Hague Convention on the Laws and Customs of Land Warfare
Habe *f* assets *pl*; property
Habeas-Corpus-Akte *f* Habeas Corpus Act
Haben *n* credit; credit entry
Habgier *f* greed, avarice, cupidity
Habilitation *f* habilitation; promotion to status of professor
habilitieren *v* gain promotion to status of professor
Haft *f* arrest; custody; imprisonment; confinement
haftbar *adj* liable; responsible
Haftbefehl *m* arrest warrant; bench warrant; arrest order
Haftbeschwerde *f* appeal against arrest (warrant); objection to detention
Haftdauer *f* period of detention; imprisonment term
haften *v* be liable for; incur liability for
Haftentlassung *f* discharge, release
Haftentlassung *f* **gegen Sicherheitsleistung** release on bail
Haftentschädigung *f* compensation for (unlawful) imprisonment
Haftfähigkeit *f* (physical and mental) fitness for detention
Haftgrund *m* reason for detention
Haftpflicht *f* liability; liability to third parties, third party liability; civil indemnity; public liability
Haftpflichtgesetz *n* Liability Law
Haftpflichtprozess *m* indemnity proceedings *pl*
Haftpflichtversicherung *f* third party liability insurance; indemnity insurance
Haftprüfung *f* judicial review of (reasons for) imprisonment; habeas corpus proceedings *pl*
Haftstrafe *f* prison sentence; imprisonment; custodial term
Haftsumme *f* liability amount
Haftunfähigkeit *f* (physical or mental) unfitness for detention
Haftung *f* liability
Haftung *f***/beschränkte** limited liability
Haftung *f* **des Arbeitgebers** liability of employer; liability of principal
Haftung *f* **des Arbeitnehmers** employee liability, liability of employee
Haftung *f* **des Fahrzeugführers** liability of driver; liability of operator of a (motor) vehicle
Haftung *f* **des Fahrzeughalters** car owner's liability
Haftung *f* **des gerichtlichen Sachverständigen** liability of court-appointed expert
Haftung *f* **für fehlerhafte Produkte** liability for defective products; (defective) product liability
Haftung *f* **für Verhalten Dritter** vicarious liability
Haftung *f***/gesamtschuldnerische** joint and several liability
Haftung *f***/persönliche** personal liability
Haftung *f***/verschuldensunabhängige** absolute liability; strict liability
Haftungsausschluss *m* exclusion of liability; exemption; disclaimer
Haftungsbeschränkung *f* limitation of liability; exemption; disclaimer; corporate veil
Haftungsfreistellung *f* release (from liability); waiver
Haftungsprivileg *n (Tax Law)* liability privilege
Haftungsrecht *n* liability law
Haftungsübernahme *f* assumption of liability
Haftungsverband *m* ≈ property which is the subject of the debtor's liability
Haftungsverteilung *f* allocation of liability
Hafturlaub *m* parole; *(BE)* day release; ≈ temporary release from prison

Haftverschonung *f* release from prison *(allowance not to be detained in prison)*
Hagel *m* hail
Halbeinkünfteverfahren *n (Tax Law)* half-income method
Halbsatz *m* clause, part of a sentence
Halbteilungsgrundsatz *m* ≈ principle that the aggregate amount of taxes may not exceed half of the income [gains]
halten *v* 1. hold; possess; keep; maintain; 2. stop; 3. consider; believe; decide
Halten *n* 1. holding; possession; keeping; maintenance; 2. stopping, coming to a halt
Halter *m* (registered) user; holder; operator; keeper
Halterhaftung *f* owner liability; liability of holder
Hamburger Arbitrage *f* ≈ so-called "Hamburg arbitration" allowing, unless agreed otherwise, for a decision by experts appointed by the Hamburg Chamber of Commerce
Hammelsprung *m* ≈ vote by division
Hand *f***/öffentliche** public authority; official act
Handbuch *n* handbook, operator's manual, manual, guide
Handel *m* commerce; trade; business; dealing
handeln *v* 1. trade; do business; deal; 2. act • **auf eigene Gefahr handeln** act at one's own risk
handeln *v***/schuldlos** act without fault, act non-culpably
Handeln *n* act; action; acting
Handeln *n***/administratives** administrative act
Handeln *n***/amtliches** official act; official action
Handeln *n***/fiskalisches** financial act
Handeln *n***/konkludentes** act implying intent
Handeln *n***/schlüssiges** act implying intent
Handelndenhaftung *f* liability of party acting
Handelsabkommen *n* trade agreement; trade treaty
Handelsbetrieb *m* business, commercial enterprise
Handelsbevollmächtigter *m* authorized person (for business); legal representative; commercial agent
Handelsbilanz *f* trade balance, balance of trade
Handelsbrauch *m* mercantile custom; trade practice; commercial usage
Handelsbriefe *mpl* commercial letters *pl* of credit
Handelsbuch *n* ledger; account book
Handelsembargo *n* trade embargo
Handelsfirma *f* commercial company; trading firm; business house; commercial firm name
Handelsgericht *n* commercial court
Handelsgeschäft *n* 1. commercial transaction; business; 2. commercial entity; company; firm; business
Handelsgesellschaft *f* commercial company; trading organization; partnership
Handelsgesellschaft *f***/offene** *(OHG)* general trading partnership; trading company
Handelsgesetzbuch *n* (German) Commercial Code
Handelsgewerbe *n* business; trade
Handelshemmnis *n* trade barrier
Handelskammer *f* chamber of commerce
Handelskammer *f***/Internationale** International Chamber of Commerce, ICC
Handelskauf *m* commercial transaction; mercantile sale
Handelsklasse *f* grade; quality type
Handelsklausel *f* commercial term
Handelsmakler *m* commercial broker
Handelsmarke *f* brand, trademark
Handelsmonopol *n* trade monopoly
Handelsmündigkeit *f* ≈ capacity (of a minor) to enter into (binding) transactions and make (management) decision in relation to a business or commercial entity
Handelsname *m* brand name
Handelspapier *n* commercial instrument
Handelspolitik *f***/gemeinsame** common trade policy
Handelsrecht *n* commercial law; trade law
Handelsregister *n* commercial register; *(BE)* company register; *(AE)* corporate register
Handelsregistereintragung *f* entry in company [trade] register
Handelsrichter *m* judge of a commercial court
Handelssache *f* commercial matter; matter subject to jurisdiction of the commercial court

Handelsstand *m* merchant class
handelsübliche Bezeichnung *f* commercial description; trade name
Handelsverkehr *m* commercial interaction; trade; commerce
Handelsvertrag *m* commercial treaty; trade agreement
Handelsvertreter *m* commercial representative; (commercial) agent
Handelsvertretung *f* commercial agency
Handelsverzerrung *f* distortion of trade
Handelszweig *m* industry, sector, trade
Handeltreiben *n***/unerlaubtes** illicit trade; trading without a licence [*AE* license]
Handgemenge *n* affray
Handkauf *m* cash purchase
Händler *m* (trade) dealer; tradesman
Handlung *f* act; action
Handlung *f***/exhibitionistische** act of exhibitionism
Handlung *f***/fahrlässige** negligent act
Handlung *f***/fortgesetzte** on-going act; continuing act; successive act
Handlung *f***/sexuelle** sexual act
Handlung *f***/strafbedrohte** act subject to criminal penalty
Handlung *f***/unerlaubte** tortious act; tort
Handlung *f***/unvertretbare** personal performance *(performance that can only be made by the person bound by contract e.g. a piano concerto by a famous piano player)*
Handlung *f***/vertretbare** act which can be performed by anybody
Handlungsbevollmächtigter *m* authorized signatory; officer
Handlungseinheit *f (CrLaw)* unity of actus reus; ≈ interpretation of several acts to constitute one single criminal act
Handlungseinheit *f***/natürliche** natural unity of action
handlungsfähig *adj* with capacity to act; entitled to act
Handlungsfähigkeit *f* capacity to act; entitlement to act
Handlungsfreiheit *f* liberty to act; freedom of action
Handlungsgehilfe *m* agent; commercial assistant; shop assistance
Handlungslehre *f (CrLaw)* doctrine of criminal liability
Handlungslehre *f***/finale** *(CrLaw)* ≈ doctrine whereby intent is the key integral component of the offence
Handlungslehre *f***/kausale** *(CrLaw)* ≈ principle of causation in criminal liability
Handlungslehre *f***/negative** *(CrLaw)* ≈ criminal liability related to the failure to avoid the proscribed consequences
Handlungsmehrheit *f (CrLaw)* ≈ doctrine related to multiple and several criminal acts and offences
Handlungsort *m* place of (legal) act *(for determining applicable law)*; venue
Handlungsreisender *m* commercial travel(l)er, travel(l)ing salesman
Handlungsstörer *m* ≈ person disturbing by way of actions
Handlungsunrecht *n* unlawfulness of the act *(as opposed to unlawfulness of the outcome)*
Handlungsvollmacht *f* commercial power of attorney; (mercantile) agency
Handlungswille *m* intention to act
Handschellen *fpl* handcuffs *pl*
Handschenkung *f* ≈ transfer of property without prior promise of gift; executed gift
Handschrift *f* handwriting
Handschuhehe *f* ≈ absentee wedding ceremony at which one of the partners is not present, long-distance wedding
Handwerk *n* trade; craft
Handwerker *m* tradesman; artisan; craftsman
Handwerksinnung *f* trade guild, trade association
Handwerkskammer *f* chamber of trades; guilds association
Handwerksmeister *m* master tradesman
Handwerksordnung *f* trade code
Handwerksrolle *f* roll [register] of qualified tradesmen
Handyverbot *n* prohibition on mobile telephones, ban on cell phones
hängen *v* hang
Hardware *f* (computer) hardware
Hare-Niemeyer ≈ formula for awarding of seats in an election on a proportional basis
Harmonisierung *f* harmonization
Härtefall *m* hardship case; border case; exceptional case
Härtefallscheidung *f* ≈ special divorce allowed under the German Civil Code (even if the parties have not yet been separated for the statutory period) on the

basis that a continuation of the marriage would be unreasonable for at least one of the parties
Härteklausel *f* hardship clause; exception clause
Haschisch *n* hashish
Hass *m* hate; hatred; animosity
Hauptaktionär *m* principal shareholder; *(AE)* main stockholder
Hauptantrag *m* main application; main petition
Hauptbeweis *m* main evidence
Hauptforderung *f* main claim; principal demand
Hauptgeschäftsstelle *f* main office
Haupthaftung *f* main liability, principal liability
Hauptintervention *f* interpleader summons *(claim by third party for a right which is the subject of pending law dispute between two other parties)*
Hauptleistung *f* main performance
Hauptniederlassung *f* main branch; head office; principal place of business
Hauptpflicht *f* primary duty
Hauptsache *f* main matter; main point
hauptsächlich *adj* mainly; primarily
Hauptschuldner *m* principal debtor; main obligee
Hauptsitz *m* registered office; main seat
Hauptstadt *f* capital; capital city
Haupttäter *m (CrLaw)* prime offender; principal
Haupttermin *m* main hearing; date of trial
Hauptursache *f* main cause; primary reason
Hauptverfahren *n* main proceedings *pl*
Hauptverhandlung *f* main hearing
Hauptversammlung *f* general meeting; (general) shareholders' meeting; *(AE)* (general) stockholders' meeting
Hauptversammlungsbeschluss *m* resolution of general meeting
Hauptverwaltung *f* central administration; head office, headquarters
Hauptzeuge *m* main witness
Haus *n* house; building; premises *pl*
Hausarrest *m* house arrest; confinement
Hausbesetzer *m* squatter
Hausbesetzerrechte *npl* squatter rights *pl*
Hausbesetzung *f* squatting
Hausdurchsuchung *f* house search *(by police or authorities)*; search of a building *(by police or authorities)*
Hausfrauenehe *f* ≈ traditional type of marriage in which the wife is responsible for the household and bringing-up of the children
Hausfriedensbruch *m* unlawful entry; criminal trespass
Haushalt *m* 1. household; 2. budget
Haushaltsfreibetrag *m (Tax Law)* allowance for single parents; tax-free amount for single parents
Haushaltsführung *f* housekeeping
Haushaltsführung f/doppelte *(Tax Law)* double housekeeping, maintaining two households
Haushaltsgesetz *n* budgetary legislation; budget law
Haushaltsgrundsatz *m* fundamental budgetary principle
Haushaltsplan *m* budget; *(BE)* estimates *pl*
Haushaltsrecht *n* budget law
Haushaltssatzung *f* (annual) budgetary bill for local government
Haushaltsscheckverfahren *n* ≈ simplified method of lodging social security tax return
hausieren *v* peddle; hawk; selling door-to--door
Hausierer *m* peddler, door-to-door salesman
häuslich *adj* domestic
Hausordnung *f* house rules *pl*
Hausrat *m* household contents *pl*, household effects *pl*
Hausratsteilung *f* division of matrimonial household goods
Hausratsverordnung *f* regulations *pl* related to division of matrimonial household goods
Hausratsversicherung *f* house contents insurance
Hausse *f* boom; bull market
Haustier *n* domestic animal; pet
Haustürgeschäft *n* front door transaction; door-to-door sale
Haustürwiderrufsgesetz *n* Law Allowing for Revocation of Door-to-Door Sales
Hausverbot *n* prohibition on entering the premises; order to leave
Havarie *f* disaster; damage; average *(nautical)*

Haverei *f* 1. loss at sea; damage at sea; 2. average
Hebamme *f* midwife
Hebesatz *m* factor for tax (calculation) purpose; collection multiplier
hegen *v* preserve; care for; look after
hehlen *v* receive stolen goods; *(colloq.)* fence
Hehler *m* receiver of stolen goods; *(colloq.)* fence
Hehlerei *f* receiving stolen goods; *(colloq.)* acting as a fence
Hehlerware *f* stolen goods *pl*
heil *adj* uninjured; whole; undamaged
Heilanstalt *f* sanatorium; *(AE)* sanitarium
Heilbehandlung *f* therapeutic treatment
heilen *v* cure, heal
Heiliges Römisches Reich *n* **Deutscher Nation** Holy Roman Empire of the German Nation
Heilkunde *f* medical knowledge
Heilmittel *n* medications *pl*
Heilung *f* curing; healing
Heilung *f* **eines Formmangels** graft; curing of a formal defect
Heilungskosten *pl*/**fiktive** fictitious therapeutic treatment costs *pl*
Heimarbeit *f* home work, work at home; outwork
Heimarbeiter *m* home worker; outworker
Heimat *f* home; homeland, fatherland, mother country
heimatlos *adj* homeless; expatriate
Heimatrecht *n* 1. ≈ right to live in one's home country; 2. ≈ law of the state of which the person in question is a citizen *(Conflict of Laws)*
Heimatvertriebene *mpl* displaced persons
Heimfall *m* reversion; escheat
Heimfallgut *n* escheated good; escheated property
Heimfallklausel *f* defeasance clause
Heimfallsrecht *n* right of reversion; right of escheat
heimlich *adj* secret; hidden; clandestine
Heimtücke *f* treachery
heimtückisch *adj* malicious; perfidious, insidious
Heimwärtsstreben *n* ≈ tendency of court to apply local law as opposed to that of another jurisdiction *(Conflict of Laws)*
Heirat *f* marriage
heiraten *v* marry, wed
Heiratsdispens *m* marriage licence [*AE* license]
Heiratserlaubnis *f* consent to marriage
Heiratsurkunde *f* marriage certificate
Heiratsvermittlung *f* marriage brokerage
Heiratsversprechen *n* undertaking to marry
Heizkosten *pl* heating costs *pl*, heating expenses *pl*
helfen *v* assist, aid, help
hemmen *v* hinder; restrain; suspend
Hemmung *f* hindrance; restraint; suspension
Henker *m* executioner
herabsetzen *v* reduce, lower; commute; abate
Herabsetzung *f* reduction, lowering; abatement
Heranwachsender *m (CrLaw)* juvenile; young person
heranziehen *v* consult
Heranziehung *f* consultation
Herausgabe *f* restitution; restoration; return; giving back
Herausgabeanspruch *m* right to return *(of property etc.)*; claim for restitution
Herausgabeklage *f* claim of ownership
Herausgabevollstreckung *f* enforcement of return
herausgeben *v* 1. return; give back; restore possession, hand over; provide; 2. publish; edit
Herausgeber *m* publisher; editor
herausverlangen *v* claim (re)possession; reclaim; demand return (of sthg)
herbeiführen *v* cause
herbeiführen *v*/**sittenwidrig** cause in an unconscionable manner
Herbeiführung *f* causation
herkommen *v* originate
Herkunft *f* origin; background; provenance; descent
Herkunftsland *n* country of origin
Herkunftsstaat *m*/**sicherer** safe country of origin
herleiten *v* derive
Heroin *n* heroin
herrenlos *adj* uncontrolled; abandoned; derelict
Herrenlosigkeit *f* abandonment; dereliction
Herrschaft *f* rule; reign; control; domination; supremacy

Herrschaftsrecht *n* absolute right; right of domination
herrschen *v* rule; reign; control; dominate
herrschende Meinung *f* prevailing opinion; majority position
Herrscher *m* ruler; monarch
herstellen *v* make; manufacture; produce
Hersteller *m* maker; manufacturer; producer
Herstellung *f* making; manufacturing; production
Herstellungsanspruch *m* claim for producing [making]; claim for specific performance
Herstellungsaufwand *m* expense of production
Herstellungsklage *f* action to order production; claim for specific performance
Herstellungskosten *pl* production costs *pl*
Herzog *m* duke
Herzogin *f* duchess
Herzogtum *n* duchy
Heuer *f* wages *pl*; pay for sailors
Hexe *f* witch
Hexenprozess *m* witch trial
Hexenverbrennung *f* burning of witches
HGB *n s.* Handelsgesetzbuch
Hierarchie *f* hierarchy
Hierarchie *f* **der Rechtsnormen** hierarchy of legal norms
Hilfe *f* help, assistance; support; relief • **Hilfe leisten** aid; assist; rescue
Hilfe *f* **zum Lebensunterhalt** cost of living support; assistance with living costs
Hilfe *f* **zum Lebensunterhalt/laufende** support for daily living expenses
Hilfeleistung *f* aid; rescue; salvage
Hilfeleistung *f***/unterlassene** failure to assist; failure to rescue
hilflos *adj* helpless
Hilflosigkeit *f* helplessness
Hilfsantrag *m* conditional application *(if the principal application fails)*
Hilfsbeamter *m* **der Staatsanwaltschaft** supporting official of the public prosecutor's office
Hilfsbegründung *f* ≈ further [alternative] reasons given in addition to the principal reasons
Hilfsgutachten *n* supplementary (legal) opinion
Hilfsmittel *n* means; resources *pl*; remedies *pl*, remedy
Hilfsnorm *f* statutory guideline
Hilfsperson *f* helper; assistant
Hilfspfändung *f* supplementary seizure; further attachment
Hilfsrecht *n* subsidiary law; right to enforcement
Hinauskündigung *f* ≈ exclusion or eviction by way of termination
Hinblick *m* view • **in Hinblick auf** having regard to, in view of
hindern *v* stop; prevent; hinder
Hindernis *n* hindrance; barrier, obstacle
hinreichend *adj* sufficient; adequate; satisfactory
hinreichender Tatverdacht *m (CrLaw)* sufficient (ground for) suspicion [prosecution]
hinrichten *v* execute
Hinrichtung *f* execution
Hinterbliebenenrente *f* pension for surviving dependant
Hinterbliebenenversorgung *f* support for surviving dependant
Hinterlassenschaft *f* estate
hinterlegen *v* deposit; pay into court; lodge
Hinterleger *m* bailor
Hinterlegung *f* deposit; paying into court; lodging
Hinterlegungsvertrag *m* consignment; contract of bailment; contract of deposit
Hinterlist *f* treachery; deceit
hinterlistig *adj* treacherous; deceitful
Hintertürchen *n* loophole; back door
hinterziehen *v* evade *(tax)*; defraud
Hinterziehung *f* embezzlement; avoidance (of tax)
Hinterziehungszinsen *mpl* ≈ (penalty) interest payable on unpaid sums of money in tax avoidance cases
Hin- und Herzahlen *n* payment and repayment, reciprocal transfer
Hinweis *m* advice; notice; warning; hint
Hinweispflicht *f* duty to inform, duty to notify; duty to warn
Hinweisrecht *n* right to notice
Hinzurechnung *f* addition
Hinzuverdienstgrenze *f* ≈ limit for supplementary earnings
Hirntod *m* brain death; cerebral death
historische Auslegung *f* historical interpretation
Hochachtung *f* esteem

Hochschulassistent *m* assistant to a university professor
Hochschuldozent *m* university teacher; university lecturer; *(AE)* (assistant) university professor
Hochschule *f* university; college
Hochschulgrad *m* university degree; college degree
Hochschullehrer *m* university lecturer, *(AE)* professor
Hochschulreife *f* baccalaureate; entrance qualification for higher education; university entrance certificate
Hochseeschiff *n* ocean-going vessel
Hochsicherheitstrakt *m* high-security area; maximum security unit (of a prison)
hochstapeln *v* swindle; trick
Hochstapler *m* swindler, trickster, con--man
Höchstbeitrag *m* maximum amount for contributions
Höchstbetrag *m* maximum amount
Höchstbetragsbürgschaft *f* maximum suretyship
Höchstbetragshypothek *f* mortgage for a fixed maximum amount of money
Höchstgebot *n* highest offer; maximum offer
höchstpersönlich *adj* strictly personal; in person
höchstpersönlicher Anspruch *m* personal (non-transferable) claim; personal right; right in personam
Höchstpreis *m* maximum price
höchstrichterlich *adj* ≈ as decided by the highest [supreme] court
Höchstzahlverfahren *n*/**d'Hondt'sches** ≈ method for calculating the number of (parliamentary) seats to be given to each party (after an election)
Hochverrat *m* high treason
Hochverräter *m* traitor
Hochzeit *f* wedding
Höfegesetz *n* Law of Inheritance for Agricultural Estates
Höfeordnung *f* ≈ regulations concerning inheritance of agricultural estates
Hoferbe *m* exclusive heir to a farm
Höferecht *n* ≈ rights of entailment in relation to agricultural estates
Hoheit *f* sovereignty; supreme power
hoheitlich *adj* sovereign
Hoheitsakt *m* sovereign act; act of state
Hoheitsbefugnis *f* sovereign authority
Hoheitsgebiet *n* territory
Hoheitsgewalt *f* sovereign power; jurisdiction
Hoheitsgewässer *n* territorial waters *pl*
Hoheitsrecht *n* official power; sovereign right
Hoheitsträger *m* organ of government; public authority
Hoheitszeichen *n* national emblem; sovereign emblem; official insignia
höhere Gewalt *f* force majeure; acts *pl* of God *(natural events)*; superior force
höherer Dienst *m* ≈ higher level ranks of civil service
höherrangig *adj* higher ranking; dominant; prevailing
Holding *f* holding; holding company
Holdinggesellschaft *f* holding company
holographisch *adj* handwritten; holographic
holographisches Testament *n* holographic will
Holschuld *f* ≈ obligation to be performed at place (of business) of debtor
Homebanking *f* home banking, Internet banking
Honorar *n* fee; professional fee; remuneration
Honorarprofessor *m* honorary professor
Honorarvereinbarung *f* royalty agreement
honorieren *v* hono(u)r; remunerate
honoris causa *(Lat)* for reasons of hono(u)r
horizontal *adj* horizontal
horizontale Wettbewerbsbeschränkung *f* horizontal restraint of competition
Hospiz *n* hospice
Hospizversorgung *f* care in a hospice
Hundertschaft *f* (riot police) unit consisting of one hundred persons
Hundesteuer *f* dog tax
Hungerstreik *m* hunger strike
Hürde *f* obstacle
Hure *f (vulgar)* whore, prostitute
hüten *v* look after; tend; care for
Hüter *m* carer; guardian
Hüter *m* **der Verfassung** guardian of the constitution
Hymne *f* hymn; anthem; song
Hypothek *f* mortgage; mortgage charge
Hypothek *f*/**erstrangige** first mortgage
Hypothek *f*/**notleidende** distressed mortgage

Hypothekenbank *f* mortgage bank
Hypothekenbrief *m* mortgage certificate
Hypothekendarlehen *n* mortgage loan
Hypothekengläubiger *m* encumbrancer
Hypothekenpfandbrief *m* mortgage bond; mortgage debenture
Hypothekenrang *m* ranking of mortgages
Hypothekenregister *n* land charges register; mortgage register
Hypothekenschuldner *m* chargor
Hypothekenurkunde *f* mortgage instrument
Hypothese *f* hypothesis
hypothetisch *adj* hypothetical
hypothetische Kausalität *f* hypothetical causation

I

Idealkonkurrenz *f* coincidence of offences [*AE* offenses]
Idealverein *m* non-trading association; non-profit organization
ideell *adj* ideal; idealistic
identifizieren *v* identify; establish identity of
Identifizierung *f* identification
identisch *adj* identical
Identität *f* identity
Identitätsfeststellung *f* determination of identity
Identitätsirrtum *m* error as to identity
Identitätsprüfung *f* identification
Identitätsverwechslung *f* mistaken identity
Ideologie *f* ideology
Ikea-Klausel *f* ≈ paragraph of German Civil Code requiring adequate assembly instructions to be included in knock-down goods
illegal *adj* illegal; unlawful
Illegalität *f* illegality
illegitim *adj* illegitimate
immanent *adj* immanent; intrinsic, inherent, innate
Immaterialgüterrecht *n*/**absolutes** absolute intangible property rights *pl*
immateriell *adj* immaterial
immaterieller Schaden *m* intangible damage; non-material damage; non-pecuniary loss
Immatrikulation *f* matriculation; enrolment, *(AE)* enrollment
immatrikulieren *v* matriculate; enrol, *(AE)* enroll
Immigrant *m* immigrant
Immission *f* immission; nuisance *(from neighbouring property)*
Immissionsschutz *m* protection against noxious influences
immobil *adj* immovable; immobile
Immobiliarzwangsvollstreckung *f* enforcement [execution] against real property
Immobilie *f* land; real property, real estate; immovables *pl*
Immobilienfonds *m* real property investment fund
Immobilienleasing *n* leasing of real property
immun *adj* immune; protected
Immunität *f* immunity
imperativ *adj* imperative
Impfschaden *m* injury caused by vaccination
Impfzwang *m* obligation to vaccinate
Import *m* import, importation
Importeur *m* importer
importieren *v* import
Importlizenz *f* import licence [*AE* license], import permit
Impressum *n* imprint; masthead; legal notice
in dubio pro reo *(Lat)* the accused shall benefit in case of any doubt
in flagranti *(Lat)* in flagranti, in the act; red-handed
Inanspruchnahme *f* recourse; use of, utilization
Inaugenscheinnahme *f* visual inspection; visual examination; judicial examination
Inbegriff *m* quintessence; embodiment; essence
inbegriffen *adj* inclusive; included; implied; implicit
Inbesitznahme *f* taking of possession; entry *(onto land)*
Incoterms *mpl (International Commercial Terms)* Incoterms
Indemnität *f* privilege; exclusion from criminal liability
Index *m* index
Indexmiete *f* index-linked rent

Indikation *f* indication; legal justification *(abortion)*
Indikation f/kriminologische criminological indication *(abortion)*
Indikation f/medizinische medical justification *(abortion)*; (medical) indication
Indikation f/soziale social justification *(abortion)*
Indikationslösung *f* ≈ set of principles providing justification for an abortion
indirekt *adj* indirect
indirekte Stellvertretung *f* indirect representation; indirect agency
Individualabrede *f* individual agreement
Individualanspruch *m* individual claim
Individualarbeitsrecht *n* employment law of the parties, private employment law
Individualsphäre *f* area of (personal) privacy
Individualvollstreckung *f* individual enforcement
individuell *adj* individual
Individuum *n* individual, individual person
Indiz *n* indication, indicator
Indizienbeweis *m* circumstantial evidence; presumptive evidence
indizieren *v* 1. indicate; put on an index; 2. ban, prohibit
indossabel *adj* endorsable
Indossament *n* endorsement
Indossant *m* endorser
Indossat *n* endorsee
Indossatar *m* endorsee
Indossierbarkeit *f* negotiability
Indossierung *f* endorsement
Indossierung *f* **eines Schecks** endorsement of a cheque [*AE* check]
Induktion *f* induction
industriell *adj* industrial
Industriespion *m* industrial spy
Industrie- und Handelskammer *f* chamber of industry and commerce
Inflation *f* inflation
Informant *m* informer
Information *f* information; briefing
informationell *adj* information-related
Informationsaustausch *m* exchange of information; disclosure
Informationsfreiheit *f* freedom of information
Informationspflicht *f* duty to inform, obligation to disclose
Informationsrecht *n* right to (receive) information
Informationssystem *n* **der Polizei** *(INPOL)* Police Information System
informatorisch *adj* informative, as information
informell *adj* informal
informieren *v* inform; notify
infrage stellen *v* challenge, question
Infrastruktur *f* infrastructure
Ingerenz *f (CrLaw)* ≈ legal duty of the person causing a danger (by establishing or controlling a cause of danger) to intervene and remove such cause of danger
Inhaber *m* possessor; holder; bearer
Inhaberaktie *f* bearer share (certificate)
Inhabergrundschuld *f* ≈ charge over land with a deed issued to bearer
Inhaberklausel *f* bearer clause
Inhaberpapier *n* bearer instruments *pl*; instruments *pl* payable to bearer
Inhaberschaft *f* ownership; possession
Inhaberscheck *m* bearer cheque [*AE* check]
Inhaberschuldverschreibung *f* bearer bond; bearer debenture
Inhaberwechsel *m* change of bearer; change of holder
inhaftieren *v* arrest; take into custody; imprison; detain
Inhaftierter *m* arrested person; person in custody; detainee; imprisoned person
Inhaftierung *f* detention; imprisoning; imprisonment; custody; detainment
Inhaftierung f/rechtswidrige wrongful detention
Inhaftierung f/ungesetzliche unlawful detention
Inhalt *m* subject matter; contents *pl*; gist
Inhaltsfreiheit *f* freedom of contents
Inhaltsirrtum *m* mistake as to contents
Inhaltskontrolle *f* terms control; control of contents
Inhaltsverzeichnis *n* table of contents, list of contents
Inhibitorium *n* ≈ one of the legal effects of an attachment whereby debtor is prohibited from assigning the property to a third party
Initiative *f* initiative, campaign
Initiativrecht *n* right to initiate legislation
initiieren *v* initiate, start, commence

Inkasso *n* collection (of debts); collection of accounts receivable
Inkassobank *f* collecting bank
Inkassobüro *n* collecting agency
Inkassogesellschaft *f* collection agency
Inkassokonto *n* collection account
Inkassomandat *n* order for collection
Inkassoprovision *f* collection commission
Inkassostelle *f* collecting agency
Inkassozession *f* assignment of accounts receivable
inkognito *adv* incognito
inkompatibel *adj* incompatible
Inkompatibilität *f* incompatibility
Inkrafttreten *n*, **In-Kraft-Treten** *n* coming into force, coming into effect
Inland *n* home; interior; homeland
Inländer *m* native; local national
Inländerdiskriminierung *f* discrimination against local nationals
Inländereigenschaft *f* characteristic of being indigenous
Inländergleichbehandlung *f* ≈ equal treatment of indigenous persons or entities
inländisch *adj* interior; domestic
Inlandsbezug *m* domestic connection, national link
innehaben *v* have, own, have tenure; have occupancy
Innenbereich *m* internal sphere
Innengesellschaft *f* concealed partnership; undisclosed association
Innenhaftung *f* internal liability, liability as between the parties
Innenminister *m* interior minister; *(BE)* Home Secretary; *(AE)* Secretary of the Interior
Innenverhältnis *n* internal relationship
Innenvollmacht *f* internal power of authority [agency]
innerbetrieblich *adj* in-house; within the firm
innergemeinschaftlich *adj* within the EU
innerstaatlich *adj* domestic, intrastate, national
Innung *f* guild; trades association
Innungskrankenkasse *f* guild health insurance
inoffiziell *adj* unofficial; informal
INPOL *n s.* Informationssystem der Polizei
Inquisitionsmaxime *f* inquisitorial system; principle of judicial investigation
Inquisitionsprozess *m* inquisitorial proceedings *pl*
inquisitorisch *adj* inquisitorial
Inrechnungstellung *f* invoicing
Insasse *m* 1. inmate; occupant; 2. passenger
Insemination *f* insemination
Insemination *f*/**heterologe** heterological insemination, third party insemination
Insemination *f*/**künstliche** artificial insemination
Insichgeschäft *n* self-contracting transaction *(transaction whereby agent and principal are the same person)*
Insichprozess *m* inter se proceedings *pl*
Insider *m* insider *(person with access to special information not generally known)*
Insidergeschäft *n* insider dealing, insider trading
Insiderhandel *m* insider dealing
Insiderhandelsverbot *n* prohibition on insider dealing
insolvent *adj* insolvent; bankrupt
Insolvenz *f* insolvency; bankruptcy
Insolvenzanfechtung *f* insolvency rescission
Insolvenzantrag *m* petition for insolvency; insolvency application
Insolvenzantragspflicht *f* duty to file an insolvency petition
Insolvenzausfallgeld *n* compensation for bankruptcy; compensatory payment for insolvency
Insolvenzbeschlag *m* attachment by way of insolvency
Insolvenzdelikt *n* offence [*AE* offense] related to insolvency
Insolvenzeröffnung *f* commencement of insolvency proceedings
Insolvenzfähigkeit *f* ≈ ability to be made subject to insolvency proceedings; capability of being declared insolvent
insolvenzfest *adj* not subject to insolvency, excluded from assets of insolvency proceedings; bankruptcy-proof
Insolvenzforderung *f* insolvency claim
Insolvenzgeld *n* insolvency monies *pl*
Insolvenzgericht *n* insolvency court
Insolvenzgläubiger *m* insolvency creditor
Insolvenzgrund *m* justification for insolvency; ground for insolvency
Insolvenzmasse *f* remaining assets *pl* of the insolvent person or corporation

Insolvenzordnung *f* Insolvency Act
Insolvenzplan *m* insolvency plan; bankruptcy plan
Insolvenzrecht *n* law of insolvency; bankruptcy law
Insolvenzschuldner *m* insolvency debtor
Insolvenzsicherung *f* means of securing rights during insolvency proceedings
Insolvenzstraftat *f* criminal act during insolvency
Insolvenztabelle *f* insolvency schedule
Insolvenzverfahren *n* insolvency proceedings *pl*
Insolvenzverfahren *n*/**vereinfachtes** simplified insolvency proceedings *pl*
Insolvenzverschleppung *f* ≈ (criminal) concealment or delay of insolvency
Insolvenzverwalter *m* (insolvency) administrator; receiver
Insolvenzverwalter *m*/**vorläufiger** interim (insolvency) administrator
Insolvenzverwalter *m*/**vorläufiger schwacher** part interim (insolvency) administrator, ≈ interim administrator appointed by court to approve any actions of debtor involving the debtor's assets
Inspekteur *m* inspector
Inspektion *f* inspection
Instanz *f* instance
Instanz *f*/**erste** first instance
Instanz *f*/**höhere** superior court
Instanzenweg *m* hierarchy of authority; channel of appeal
Instanzenzug *m* stages *pl* for appeal
Institut *n* institute
Institution *f* institution
institutionalisieren *v* institutionalize
institutionell *adj* institutional
institutionelle Garantie ≈ constitutional guarantee of the continued existence of certain institutions of public law *(e.g. of local communities)*
Institutsgarantie *f* ≈ guarantee of the Basic Law concerning the existence of certain institutions of private law *(e.g. of private property)*
Instruktionsfehler *m* mistake in instructions
Instrument *n* instrument; tool; implement
Integration *f* integration
Integrationsamt *n* Department for Integration
integrieren *v* integrate
Integrität *f* integrity
Intendant *m* director; director-general; general manager
Interesse *n* interest; right
Interesse *n*/**berechtigtes** justified interest
Interesse *n*/**negatives** negative interest
Interesse *n*/**öffentliches** public interest; public benefit
Interesse *n*/**positives** interest in performance of contract
Interesse *n*/**rechtliches** legal interest
Interesse *n*/**schutzwürdiges** protectable interest
Interessen *npl*/**geschäftliche** business interests *pl*
Interessen *npl*/**widerstreitende** conflict of interests
Interessenabwägung *f* consideration [balancing] of interests
Interessenausgleich *m* reconciliation of interests
Interessengegensatz *m* divergence of interests
Interessengemeinschaft *f* community of interests; joint venture
Interessenkollision *f* conflict of interests; collision of interests
Interessenkonflikt *m s.* Interessenkollision
Interessenschwerpunkt *m* focal point of interests
Interessenvertreter *m* representative (of interests)
Interessenwegfall *m* lapse of an interest
Interim *n* interim; temporary; interlocutory
interlokal *adj* interregional
international *adj* international
Internationaler Währungsfonds *m (IWF)* International Monetary Fund, IMF
Internationales Institut *n* **zur Vereinheitlichung des Privatrechts** *(UNIDROIT)* International Institute for the Unification of Private Law, UNIDROIT
Internationales Privatrecht *n* international private law; conflict of laws
Internationalisierung *f* internationalization; globalization
Internet *n* Internet
Internet-Domain *f* Internet domain
internieren *v* intern
Internierter *m* internee
Internierung *f* interning

Interpellationsrecht *n* right of interpellation
interpersonal *adj* interpersonal
interpersonales Privatrecht *n* interpersonal private law
Interpol *f (International Criminal Police Organization)* Interpol
Interpretation *f* interpretation; construction
interpretieren *v* interpret; construe
Intervenient *m* intervener; intervening party
intervenieren *v* intervene; intercede; interfere
Intervention *f* intervention; intercession; interference
Interventionsklage *f* action for intercession, third party action against execution of judgment
Interventionspreis *m* intervention price
Interventionsrecht *n* right of intervention
Interventionsverbot *n* prohibition of intervention
Interventionswirkung *f* effect of intervention
Intestaterbe *m* inheritor intestate; intestate successor; heir-at-law
Intestaterbfolge *f* succession intestate
Intimsphäre *f* privacy
Invalide *m* invalid; disabled person
Invalidität *f* physical disability; invalidity
Inventar *n* inventory; stock (in hand)
Inventarerrichtung *f* filing of inventory; ≈ drawing up a list of assets of an estate
Inventarfrist *f* ≈ period within which all assets are required to be disclosed in case of succession, ≈ deadline for filing declaration of assets of estate
Inventaruntreue *f* ≈ fraud in disclosing assets of an estate in a list of assets
Inventur *f* stock taking
Inverkehrbringen *n* spreading; bringing into circulation; marketing; distributing
Inverzugsetzung *f* giving notice of default; declaring to be in default; demanding of overdue payment
investieren *v* invest
Investition *f* investment; investing
Investitionsausgaben *fpl* capital expenditure
Investitionskapital *n* investment capital
Investment *n* investment
Investmentfonds *m* investment funds *pl*
Investmentgeschäft *n* investment business [transaction]
invitatio ad offerendum *(Lat)* invitation to treat; invitation to make an offer
Invollzugsetzung *f* implementation; effectiveness; enforcement
Inzahlungnahme *f* trade-in; taking as (part) exchange; taking as (part) payment
Inzest *f* incest
Inzidentfeststellungsklage *f* motion for interim judgment as to existence of a legal relationship
IPR *s.* Internationales Privatrecht
ipso iure *(Lat)* by law; by operation of law
irreführen *v* deceive; mislead; confuse; misrepresent
Irreführung *f* deceit; deception; misrepresentation
irreversibel *adj* irreversible
Irrtum *m* mistake; error
Irrtum *m* **im Beweggrund** mistake as to motivation
Irrtum *m* **über die Strafbarkeit** mistake as to criminal liability
irrtümlich *adj* by mistake; in error
Irrtumsanfechtung *f* avoidance for reasons of mistake
Irrtumslehre *f* principle of mistake
Isolationshaft *f* solitary confinement
Ist-Besteuerung *f* taxation on actual money transfers; cash taxation
ius *(Lat)* law
ius cogens *(Lat)* ≈ binding law; compulsory law *(international public law)*
ius commune *(Lat)* common law; general law
ius sanguinis *(Lat)* principle of citizenship by blood [parentage]
ius soli *(Lat)* principle of citizenship by place of birth
ius variandi *(Lat)* right to offer alternative performance
IWF *m s.* Internationaler Währungsfonds

J

Jagd *f* 1. hunting; hunt; 2. chase; pursuit
Jagdrecht *n* hunting law; game law
Jagdschein *m* hunting licence [*AE* license]; permission to hunt
Jagdverbot *n* hunting ban

Jagdwilderei *f* poaching; hunting without a licence [*AE* license]
Jagdzeit *f* hunting season; hunting times *pl*
Jahresabschluss *m* annual statement (of accounts) *(balance sheet and profit and loss statement)*
Jahresarbeitsverdienst *m* annual earnings *pl*
Jahresbericht *m* annual report; annual statement
Jahresbilanz *f* annual balance sheet
Jahreseinkommen *n* annual income
Jahresfrist *f* period of one year
Jahresmeldung *f* annual report; annual return
Jahresmiete *f* annual rent; annual lease
Jahresurlaub *m* annual leave
Jahresversammlung *f* annual assembly, annual general meeting
jährlich *adj* annual, yearly
Jobsharing *n* job-sharing
Joint *m* joint, combined, common
Joint Venture *n* joint venture
Jubiläumsverkauf *m* anniversary sale
Judikative *f* judiciary
Judikatur *f* judicature
judizieren *v* adjudicate; dispense justice
Jugend *f* youth
Jugendamt *n* Youth Department; Youth Welfare Office
Jugendarbeit *f* juvenile care; social work with young persons
Jugendarbeitsschutz *m* ≈ protection of minors in the work place
Jugendarrest *m* detention of young persons
Jugendfürsorge *f* youth care
Jugendgericht *n* young persons court; juvenile court
Jugendgerichtsgesetz *n* (German) Juvenile Court Law
Jugendgerichtshilfe *f* assisting of the young persons' court *(by Youth Welfare Office)*
Jugendhilfe *f* support for young persons
Jugendkammer *f* juvenile division (of the court)
Jugendkriminalität *f* juvenile delinquency; youth crime
jugendlich *adj* youth, juvenile
Jugendlicher *m* youth, juvenile, young person
Jugendrecht *n* juvenile law; law of young persons
Jugendrichter *m* judge of the juvenile court
Jugendschöffengericht *n* ≈ juvenile court with assisting lay judges
Jugendschutz *m* protection of young persons
Jugendschutzgesetz *n* (German) Law to Protect Young Persons
Jugendstrafanstalt *f* juvenile prison; borstal; young persons' detention centre [*AE* center]
Jugendstrafe *f* term of imprisonment [detention] for young persons
Jugendstrafrecht *n* criminal law for young persons
Jugendstraftat *f* juvenile crime
Jugendstrafverfahren *n***/vereinfachtes** simplified criminal proceedings *pl* for young persons
Jugendstrafvollzug *m* execution of juvenile court sentences
Jugendverfehlung *f* juvenile offence [*AE* offense]
Jugendvertreter *m* representative for young employees
Jugendwohlfahrtsgesetz *n* (German) Youth Welfare Law
Junktim *n* mutual condition; package arrangement; related law; related transaction
Junktimklausel *f* reciprocal clause; mutual performance clause; package deal clause
Jura *n* law; jurisprudence
Juraprofessor *m* professor of law
Jurastudent *m* law student
Jurastudierender *m* person studying law; law student
Jurastudium *n* (course of) legal study [studies]; law studies *pl*
Jurisdiktion *f* jurisdiction
Jurisprudenz *f* jurisprudence
Jurist *m* lawyer; legally trained person; jurist
Juristenausbildung *f* legal training; legal education
Juristenlatein *n* legal parlance
Juristensprache *f* lawyer's jargon, legalese
Juristenstand *m* legal profession
Juristentag *m* legal congress; convention of lawyers

Juristenzeitung *f* legal journal, law review
Juristerei *f* jurisprudence
juristisch *adj* juristic; legal
juristische Ausbildung *f* legal training
juristische Literatur *f* legal literature
Jury *f* jury
Juryspruch *m* verdict of the jury
Justiz *f* justice; judiciary
Justizapparat *m* judicial machinery
Justizausbildung *f* legal training; training to be a judge; training for the judicial service
Justizbehörde *f* justice authorities *pl*
Justizgebäude *n* justice building; court building
Justizgewährungsanspruch *m* right to the administration of justice
Justizgrundrecht *n* basic right in judicial procedures
Justizhauptwachtmeister *m* (rank of) senior court officer
Justizhoheit *f* supremacy of the judiciary
justiziabel *adj* capable of being adjudicated
Justiziar *m* staff lawyer; in-house lawyer; employed lawyer; legal counsel
Justizirrtum *m* error of justice
Justizkostengesetz *n* (German) Law of Legal Costs
Justizminister *m* justice minister; *(BE)* ≈ Lord Chancellor; *(AE)* ≈ Attorney General
Justizministerium *n* justice ministry; *(BE)* ≈ Lord Chancellor's Department; *(AE)* ≈ Department of Justice
Justizmord *m* judicial murder
Justizsenator *m* (state) minister for justice *(in city-states of Berlin, Bremen, Hamburg)*
Justizverwaltung *f* administration of justice
Justizverwaltungsakt *m* act of the administrative authorities for justice
Justizverweigerung *f* denial of justice
Justizvollzugsanstalt *f (JVA)* prison; *(BE)* gaol, *(AE)* jail; correctional institution
Justizvollzugsbeamter *m* prison officer; *(BE)* gaoler
Justizwachtmeister *m* (rank of) court officer
JVA *f s.* Justizvollzugsanstalt

K

Kabinett *n* cabinet
Kabinettsbeschluss *m* decision of the cabinet; cabinet resolution
Kabinettssitzung *f* cabinet meeting
Kabinettsvorlage *f* cabinet bill
Kabotage *f* cabotage
Kaduzierung *f* ≈ exclusion of shareholder due to failure to pay in capital
Kaffeefahrt *f* ≈ (bus) trip or excursion with intensive sales promotion
Kaffeesteuer *f* coffee tax
Kahlpfändung *f* seizure of all goods of debtor
Kaiser *m* emperor
Kaiserin *f* empress
Kaiserreich *n* empire; German Empire
kalendarisch *adj* calendrical; of the calendar
Kalender *m* calendar
Kalenderjahr *n* calendar year
Kalendertag *m* calendar day
Kalkulation *f* calculation; estimate; costing; cost accounting
Kalkulationsirrtum *m* mistake of calculation; miscalculation
kalkulieren *v* calculate; estimate
Kammer *f* chamber; professional body; division of a court
Kammer *f* **für Handelssachen** commercial division; commercial chamber *(court)*
Kämmerer *m* treasurer (of local government)
Kammergericht *n (KG)* Court of Appeal *(in Berlin only)*
Kampf *m* battle
Kandidat *m* candidate; applicant
Kandidat *m***/potenzieller** prospective candidate
Kandidatur *f* candidacy
kandidieren *v* stand; run for office
Kannbestimmung *f* permissive provision; optional requirement; discretionary provision
Kannkaufmann *m* ≈ merchant who may register as such
Kannleistung *f* optional performance
Kannvorschrift *f s.* Kannbestimmung
Kanon *m* canon
Kanton *m* canton; (Swiss) state
Kanzlei *f* 1. law office; law firm; *(BE)* le-

gal chambers *pl*; lawyers' office; 2. registry; chambers *pl*
Kanzleifehler *m* clerical error
Kanzleimitarbeiter *m* paralegal
Kanzler *m* chancellor; registry clerk
Kanzleramt *n* chancery; office of the (German) federal chancellor
Kanzlermehrheit *f* ≈ absolute majority in (German) lower house of parliament (Bundestag)
Kapital *n* capital; equity; share capital, *(AE)* stock capital; principal capital
Kapital *n*/**genehmigtes** approved capital
Kapitalabfindung *f* lump-sum compensation; lump-sum payment
Kapitalanlage *f* capital investment; investment
Kapitalanlagebetrug *m* investment fraud
Kapitalanlagefonds *m* mutual fund
Kapitalanlagegesellschaft *f* investment company; investment trust
Kapitalanleger *m* (capital) investor
Kapitalanteil *m* capital share; share of equity; share
Kapitalaufbringung *f* raising of capital; provision of equity
Kapitalaufwand *m* capital expenditure, capital investment
Kapitaldienst *m* debt service
Kapitaleinkünfte *pl* income from investments; unearned income
Kapitaleinlage *f* brought-in capital
Kapitalerhaltung *f* retention of capital
Kapitalerhöhung *f* increase in capital, increase in share
Kapitalertrag *m* yield on capital; return on investment
Kapitalertragsteuer *f* investment tax; *(BE)* capital gains tax
Kapitalgesellschaft *f (BE)* joint stock company; *(AE)* joint stock corporation; *(BE)* company; *(AE)* corporation
Kapitalgewinn *m* capital gain
Kapitalherabsetzung *f* reduction of capital
kapitalisieren *v* capitalize
Kapitalkonto *n* capital account
Kapitalmarkt *m* capital market
Kapitalverbrechen *n* capital offence [*AE* offense], capital crime
Kapitalverkehr *m* capital transfer; circulation of capital; equity movement
Kapitalverkehrsfreiheit *f* free movement of capital
Kapitalverkehrsteuer *f* capital transfer tax
Kapitalvermögen *n* capital assets *pl*
Kapitalzuwachs *m* capital gain
Kapitel *n* charter, article
Kappungsgrenze *f* capping limit; cap
Karambolage *f* collision
Kardinal *m* cardinal
Karenz *f* waiting period; grace period; qualifying term; non-competitive term; *(BE)* garden leave *(employment law)*
Karenzentschädigung *f* compensation for restraint of competition
Karenzzeit *f* waiting period; grace period; term of non-competition
Karte *f*/**grüne** green card
Kartei *f* index card; catalog(ue) card; card; file
Kartell *n* cartel; monopoly; combination in restraint of trade
Kartellamt *n* (German) Cartel Office
Kartellaufsicht *f* supervisory cartel authorities *pl*; supervision of cartels
Kartellbehörde *f* cartel authorities *pl*; *(AE)* antitrust authorities *pl*
Kartellgericht *n* cartel court; *(AE)* antitrust court
Kartellgesetz *n* Cartel Code; *(AE)* Antitrust Act
Kartellklage *f (AE)* antitrust action, cartel action
Kartellrecht *n* cartel law; *(AE)* antitrust law
kartellrechtlich *adj* related to cartel law, of cartel law
Kartellverbot *n* prohibition of cartels
Kartengeld *n* card money
Kaskoversicherung *f* vehicle insurance; car insurance
Kassageschäft *n* cash transaction
Kassahandel *m* spot dealing
Kassation *f* annulment; reversal, quashing *(of a judgment)*
kassatorisch *adj* quashing
Kasse *f* **gegen Faktura** (cash) payment upon presentation of statement of account
Kasse *f* **gegen Verladedokumente** (cash) payment upon presentation of shipping documents
Kassenarzt *m* panel doctor; approved doctor
kassenärztlich *adj* by a panel doctor
Kassenbuch *n* cash account

Kassenleistung *f* health insurance benefits *pl*
Kassenpatient *m* health insurance patient
Kassenprüfer *m* auditor
Kassenwart *m* cashier; treasurer
kassieren *v* 1. cash; collect (money); 2. annul; quash *(a decision)*
Kassierer *m* cashier
Kastration *f* castration
Kasuistik *f* case law
Katalogtat *f (CrLaw)* listed offence [*AE* offense]
Kataster *n* cadastral land survey
Katasteramt *n* land survey office
Katastrophe *f* catastrophe, disaster; calamity
Katastrophenschutz *m* civil defence [*AE* defense]
Kategorie *f* class, category
Kategorisierung *f* classification
Kauf *m* purchase; purchasing; buying; acquisition
Kauf *m* **auf Probe** sale or return; sale on approval
Kauf *m* **nach Probe** sale by sample
Kauf *m* **unter Eigentumsvorbehalt** purchase subject to retention of title
Kaufangebot *n* offer to buy [purchase]
Kaufantrag *m* offer to buy [purchase]
Kaufanwärtervertrag *m* provisional sales agreement
kaufen *v* buy, purchase; acquire
Käufer *m* buyer, purchaser; acquirer, acquiring party
Kaufgesetz *n***/einheitliches** unified sales law; uniform sales code
Kaufkraft *f* purchasing power
Kaufkraftausgleich *m* ≈ compensation for reduced purchasing power
Kaufkraftschwund *m* ≈ loss of purchasing power
Kaufleute *pl* merchants *pl*; business persons *pl*; traders *pl*, dealers *pl*
Kaufmann *m* merchant; trader; dealer; businessman
kaufmännisch *adj* commercial; mercantile; trading
kaufmännischer Angestellter *m* commercial employee; commercial executive
kaufmännisches Bestätigungsschreiben *n* commercial letter of confirmation
kaufmännisches Zurückbehaltungsrecht *n* commercial lien; mercantile lien
Kaufmannsbegriff *m* commercial term
Kaufmannseigenschaft *f* merchant status
Kaufpreis *m* purchase price
Kaufpreisherabsetzung *f* abatement of purchase price
Kaufpreisminderung *f* reduction of purchase price
Kaufrecht *n* 1. option to purchase; right of purchase; 2. sales law; Sales Act
Kaufrecht *n***/einheitliches** unified sales law
Kaufsache *f* object purchased; item sold; item delivered
Kaufverpflichtung *f* obligation to buy
Kaufvertrag *m* purchase agreement; sales contract; purchase and sales agreement
Kaufzwang *m* obligation to buy
kausal *adj* causal
kausale Handlungslehre *f* principle of causation in criminal liability
kausales Rechtsgeschäft *n* causal [underlying] legal transaction
Kausalgeschäft *n* underlying legal transaction
Kausalität *f* causation
Kausalität *f***/alternative** alternative causation
Kausalität *f***/hypothetische** hypothetical causation
Kausalität *f***/kumulative** cumulative causation
Kausalkette *f* chain of causation
Kausalzusammenhang *m* causal connection
Kausalzusammenhang *m***/adäquater** sufficient causal connection
Kaution *f* 1. deposit; security deposit; bond; 2. *(CrLaw) (AE)* bail bond, bail
Kavaliersdelikt *n* minor offence [*AE* offense]; petty offence [*AE* offense]
Kellerwechsel *m* accommodation bill, bogus bill
kennen *v* know; be acquainted with
Kennkarte *f* identity card; I.D.; (identification) papers *pl*
Kenntlichmachung *f* identification, marking
Kenntnis *f* knowledge; know-how
Kenntnis *f***/positive** constructive knowledge
Kenntnis *f***/zurechenbare** constructive notice

Kenntnisnahme *f* taking notice (of sthg)
Kennzeichen *n*/**amtliches** vehicle number plate; (motor vehicle) registration number
Kennzeichenmissbrauch *m* misuse of registration numbers
Kennzeichnung *f* designation; identification
Kennzeichnungseignung *f* identifiability; suitability as a name
Kennzeichnungskraft *f* distinctive nature of trademark
Kerker *m* dungeon; *(BE)* gaol, *(AE)* jail
Kernbereich *m* essence *(of a constitutional right)*
Kernbereichslehre *f* principle of inalienable rights
Kernkraftwerk *n* nuclear power station
Kernwaffen *fpl* nuclear weapons *pl*, nuclear arms *pl*
Kettenarbeitsverhältnis *n* chain employment relationship *(employment relationship subject to separate, consecutive employment contracts)*
Kettenhehlerei *f* receiving stolen goods by way of a chain
Kettenschenkung *f* chain gift
Kfz *n s.* Kraftfahrzeug
Kfz-Sachverständiger *m* expert witness for motor vehicles
Kfz-Stellplatz *m* parking place
KG *s.* 1. Kammergericht; 2. Kommanditgesellschaft
KGaA *s.* Kommanditgesellschaft auf Aktien
kidnappen *v* kidnap, abduct
Kidnapper *m* kidnapper
Kind *n* child
Kind *n*/**nichteheliches** illegitimate child
Kinderanwalt *m* attorney for the child; counsel for the child
Kinderarbeit *f* child labo(u)r
Kinderausweis *m* child identity card; (substitute) child passport
Kinderbetreuung *f* child minding; caring for children
Kinderbetreuungskosten *pl* costs *pl* of child minding
Kindererziehung *f* child-rearing, bringing-up children
Kindererziehungszeiten *fpl* period spent bringing-up child(ren)
Kinderfreibetrag *m* tax allowance for children
Kindergeld *n* child benefit, family benefit
Kinderhandel *m* traffic in children
Kinderhilfe *f* (social) support for children
Kinderzuschlag *m* child supplement
Kindesalter *n* childhood; infancy *(very young)*
Kindesannahme *f* adoption
Kindesaussetzung *f* abandonment of a child
Kindesentführung *f* (child) kidnapping; (child) abduction
Kindesentziehung *f* (child) abduction
Kindeskind *n* grandchild
Kindesmissbrauch *m* child molestation
Kindesmisshandlung *f* child abuse
Kindesmord *m* infanticide
Kindesraub *m* kidnapping; child abduction
Kindesunterhalt *m* child maintenance
Kindeswohl *n* well-being of the child
Kindschaft *f* parent-child relationship
Kindschaftsprozess *m* parent-child procedures *pl*
Kindschaftsrecht *n* law related to parent and child
Kindschaftssache *f* parent-child matter
Kindstötung *f* killing of a child; infanticide
Kirchenaustritt *m* leaving of the church; withdrawal from church community
Kirchendiebstahl *m* church robbery
Kirchenfreiheit *f* (constitutional) liberty of church
Kirchenfürst *m* church authority; dignitary of the church
Kirchengemeinde *f* congregation; parish
Kirchenrecht *n* canon law, ecclesiastical law
Kirchensteuer *f* church tax
Kirchenvorstand *m* parish council; local church council
Kirchgeld *n* church contribution
kirchlich *adj* of the church, ecclesiastical, canon
klagbar *adj* actionable; subject to legal remedy; recoverable at law
Klage *f* action, (law) suit; legal claim, civil claim • **Klage erheben** bring an action; issue proceedings
Klage *f* **auf Feststellung der Vaterschaft** paternity action
Klage *f*/**dingliche** real action
Klage *f*/**öffentliche** charge; indictment; action by the state

Klage f/possessorische possessory action
Klageabweisung *f* dismissal of a suit; striking out an action; nonsuit
Klageänderung *f* amendment (of claim); change in pleadings
Klageandrohung *f* notice of action
Klageanspruch *m* claim
Klageantrag *m* demand for relief; motion for judgment
Klageantwort *f* statement of defence [*AE* defense], *(AE)* answer
Klageart *f* form of action
Klagebefugnis *f* right of action
Klagebegehren *n* claim; remedy
Klagebegründung *f* (statement of) grounds for claim
Klagebegründungsschrift *f* statement of claim
Klageberechtigung *f* entitlement to claim
Klageerhebung *f* commencement of an action; filing of an action
Klageerweiterung *f* extension of claim
Klageerwiderung *f* rebuttal; (statement of) defence [*AE* defense]
Klageerzwingungsverfahren *n* proceedings *pl* to compel a public prosecution
Klagefrist *f* deadline for filing an action
Klagegegenstand *m* matter in dispute
Klagegegner *m* opposing party to a claim; defendant
Klagegrund *m* (legal) cause of action
Klagehäufung *f* joinder of actions
klagen *v* bring a legal action; sue; file (legal) proceedings *pl*
Klagenhäufung *f* joinder of actions
Kläger *m* plaintiff; *(BE)* claimant; complainant
Klagerücknahme *f* withdrawal of claim
Klageschrift *f* statement of claim; complaint
Klageverjährung *f* limitation of action
Klageverzicht *m* waiver of action; (notice of) discontinuance
Klammer *f* parenthesis • **vor die Klammer ziehen** apply general principles of law
klar *adj* clear
klären *v* clarify
Klärung *f* clarification
Klasse *f* order; class; type; group
Klassenjustiz *f* ≈ justice based on (social) class interests
klassifizieren *v* classify
Klausel *f* clause, provision, rule, stipulation
Klausel f/salvatorische severability provision, severance clause, part-invalidity clause; execution clause
Klauselerinnerung *f* ≈ motion of debtor against inclusion of execution clause in judgment
Klauselerteilung *f* addition of the execution clause *(court decision)*
Klausur *f* written examination
Kleinaktionär *m* minor shareholder; *(AE)* small stockholder
Kleinbetrag *m* small amount (of money)
Kleinbetrieb *m* small business operation; small enterprise
kleine Strafkammer *f (CrLaw)* small criminal court; ≈ division of the criminal court with lay judges *(appellate court)*
kleiner Pflichtteil *m* minor compulsory portion (of estate for spouse)
Kleingedrucktes *n* small print
Kleingewerbe *n* small trade; small-scale commercial operation
Kleinkind *n* small child; infant; toddler
Kleinkriminalität *f* petty crime; minor crime
Kleinstaat *m* small state
Kleinunternehmer *m* small trader
Kleptomane *m* kleptomaniac
Kleptomanie *f* kleptomania
Klient *m* client, customer
Klientel *f* clientele
Knast *m* prison; *(BE)* gaol, *(AE)* jail
Knebel *m* gag
knebeln *v* gag
Knebelung *f* gagging
Knebelungserlass *m* gagging order
Knebelungsvertrag *m* oppressive agreement
Know-how *n* know-how; knowledge
koalieren *v* form a coalition (with)
Koalition *f* coalition
Koalitionsfreiheit *f* freedom to form a coalition; right of association
Koalitionsrecht *n* right of association
Koalitionsregierung *f* coalition government
Koalitionsvereinbarung *f* coalition agreement
Kodex *m* 1. codex, code; 2. (ethical) rules *pl* of conduct

Kodifikation *f* body of laws; code; codification; statute book
Kodifikationsprinzip *n* codification principle
kodifizieren *v* codify
Kodifizierung *f* codification
Koitus *m* coitus; sexual intercourse
Kokain *n* cocaine
Kollaboration *f* collaboration
Kollation *f* collation, comparison
Kollege *m* colleague
Kollegialbehörde *f* ≈ authority based on collegial principle
Kollegialgericht *n* court with panel of judges; bench (court)
Kollegialorgan *n* collegial body
kollektiv *adj* collective
Kollektiv *n* collective
Kollektivarbeitsrecht *n* collective employment law
Kollektivbeleidigung *f* collective defamation
kollektive Sicherheit *f* collective security
Kollektiveigentum *n* joint ownership; common property
Kollektivmaßnahmen *fpl* collective measures *pl*
Kollektivschuld *f* collective guilt
Kollektivvereinbarung *f* collective agreement
Kollektivverhandlungen *fpl* collective bargaining
Kollektivvertrag *m* collective bargaining agreement
Kollision *f* collision, conflict
Kollisionsnorm *f* rule of conflict of laws
Kollisionsrecht *n* (law of) conflict of laws
kollisionsrechtlich *adj* related to conflict of laws
Kollusion *f* collusion
kollusiv *adj* collusive
Kolonialisierung *f* colonization
Kolonialismus *m* colonialism
Kolonialsystem *n* colonial system
Kolonie *f* colony
Komitee *n* committee
Kommanditanteil *m* limited partner share [interest]
Kommanditgesellschaft *f (KG)* limited partnership
Kommanditgesellschaft *f* **auf Aktien** *(KGaA)* capital limited partnership
Kommanditist *m* limited partner
Kommanditistenhaftung *f* liability of limited partner
Kommentar *m* comment; commentary; annotation
Kommentator *m* commentator; annotator; reporter
kommentieren *v* comment
kommerzialisieren *v* commercialize
Kommilitone *m* fellow student
Kommissar *m* commissioner; (police) inspector, detective *(with the police)*
Kommissariat *n* commissioner's office; offices *pl* of (criminal) police
kommissarisch *adj* provisional
Kommission *f* commission
Kommission *f* **der Europäischen Union** Commission of the European Union
Kommissionär *m* commission agent
Kommissionär *m* **im Handelsrecht** commission agent [merchant] in commercial law
Kommissionsagent *m* commission agent
Kommissionsgeschäft *n* transaction on commission
Kommissionsmitglied *n* commissioner; member of a commission
Kommissionspräsident *m* President of the (European) Commission
Kommissionsvertrag *m* commission contract
Kommissionsware *f* goods *pl* on commission
Kommittent *m* consignor; principal
kommunal *adj* communal; municipal
Kommunalaufsicht *f* state supervision of local government
Kommunalbehörden *fpl* local authorities *pl*
Kommunalobligation *f* municipal bond
Kommunalrecht *n* law of local government
Kommunalsteuer *f* municipal tax, local authority tax
Kommunalverband *m* local government association
Kommunalverfassung *f* constitution of local government
Kommunalverfassungsbeschwerde *f* complaint on constitutional issue of local government
Kommunalverfassungsstreit *m* ≈ dispute (between local bodies) on issue of authority of local government(s)

Kommunalverwaltung *f* local government
Kommunalwahl *f* local government election
Kommunalwahlrecht *n* 1. municipal elections law; 2. right to vote the local government
Kommune *f* municipality; local government authority
Kommunikation *f* communication
Kompatibilität *f* compatibility
Kompendium *n* compendium; abstract
Kompensation *f* compensation; set-off, off-set; barter
Kompensationsgeschäft *n* off-setting transaction; barter
Kompensationsverbot *n* prohibition of compensation
kompensieren *v* compensate; set-off, off-set
kompetent *adj* competent; qualified; responsible; with jurisdiction *(court)*
Kompetenz *f* competence; qualification; responsibility; jurisdiction *(court)*
Kompetenz *f***/fehlende** lack of competence; lack of jurisdiction
Kompetenzabgrenzung *f* limitation of competence
Kompetenzkompetenz *f* responsibility for determining jurisdiction
Kompetenzkonflikt *m* conflict of jurisdiction
Kompetenzverteilung *f* separation of jurisdiction; allocation of competence
Kompilation *f* compilation
kompilieren *v* compile
Komplementär *m* general partner, unlimited partner, partner with unlimited personal liability
komplex *adj* complex; multi-faceted
Komplize *m* accomplice; accessory
Komplizenschaft *f (CrLaw)* state of being an accomplice; status of accessory
Komplott *n* plot; conspiracy
Komponente *f* component
Komposition *f* composition
Kompromiss *m* compromise
Kondiktion *f* action for restitution; ≈ claim for recovery [return] of property
Kondition *f* condition; prerequisite
Konditionenbindung *f* linking of conditions
Konditionenkartell *n* cartel which determines conditions
Konferenz *f* conference
Konferenz *f* **für Sicherheit und Zusammenarbeit in Europa** *(KSZE)* Conference on Security and Cooperation in Europe, CSCE
Konfession *f* denomination, faith, church (membership); religious belief
Konfessionslosigkeit *f* ≈ state of not belonging to any church or faith
Konfessionsschule *f* denominational school, church school
Konfessionszugehörigkeit *f* ≈ state of belonging to a church or denomination
Konfiskation *f* confiscation; seizure
konfiszieren *v* confiscate; seize
Konfiszierung *f* confiscation
Konflikt *m* conflict
Konfliktberatung *f* conflict counsel(l)ing *(abortion)*
Konföderation *f* confederation
konform *adj* in conformity with
konfrontieren *v* confront
Konfusion *f* confusion
Kongregation *f* congregation
König *m* king
Königin *f* queen
Königreich *n* kingdom
konkludent *adj* implied, implicit, tacit
konkludente Annahme *f* tacit acceptance, implied acceptance
konkludentes Handeln *n* act implying intent
Konklusion *f* conclusion
Konkordat *m* concordat
konkret *adj* concrete, real, tangible
konkretes Gefährdungsdelikt *n* ≈ an offence requiring real endangerment of the object of protection
Konkretisierung *f* appropriation; putting into concrete terms
Konkretisierung *f* **einer Gattungsschuld** appropriation of unascertained goods
Konkubinat *n* concubinage, cohabitation
Konkubine *f* concubine
Konkurrent *m* competitor
Konkurrentenklage *f* legal action of competitor; legal action to recover unfair award to competitor
Konkurrenz *f* competition; conflict
Konkurrenzfirma *f* competitor, competing company
Konkurrenzklausel *f* restraint of competition clause, non-competition clause

Konkurrenzunternehmen *n* competitor, competing enterprise
Konkurrenzverbot *n* restraint of competition, prohibition of competition
Konkurrenzverhältnis *n* competitive relationship
konkurrieren *v* compete; conflict
konkurrierend *adj* competing; conflicting
konkurrierende Gesetzgebung *f* concurrent legislative power *(between state and federal government)*
Konkurs *m (obs., jetzt: Insolvenz)* bankruptcy; insolvency
Konkursanfechtung *f (obs.)* ≈ rescission of prior transaction by administrator in insolvency
Konkursantrag *m (obs.)* bankruptcy petition; application for insolvency
Konkursausfallgeld *n (obs.)* ≈ substitute payment in case of insolvency or bankruptcy
Konkursforderung *f (obs.)* ≈ debt in insolvency or bankruptcy
Konkursgläubiger *m (obs.)* creditor in insolvency [bankruptcy]
Konkursmasse *f (obs.)* estate of bankrupt; assets *pl* of insolvent party
Konkursordnung *f (obs.)* Bankruptcy (and Insolvency) Law
Konkursstraftat *f (obs.)* criminal bankruptcy offence [*AE* offense]; criminal insolvency offence [*AE* offense]
Konkursverfahren *n (obs.)* bankruptcy proceedings *pl*; insolvency proceedings *pl*
Konkursverschleppung *f (obs.)* ≈ (criminal) delay (of company management) in filing of insolvency proceedings
Konkursverwalter *m (obs.)* administrator (in insolvency); *(BE)* receiver
Können *n* skill; aptitude
Konnivenz *f* connivance; inducing a subordinate to commit a criminal act
Konnossement *n* bill of lading, shipping bill
Konnotation *f* connotation
Konrektor *m* deputy principal *(of school)*; deputy headmaster *(of school)*
Konsens *m* consent, agreement; consensus
Konsensprinzip *n* principle of consensus
konsensual *adj* consensual
Konsensualvertrag *m* consensual contract, contract formed by consent of parties alone
Konsolidation *f* consolidation; funding
konsolidieren *v* consolidate; fund
Konsortium *n* consortium
Konspiration *f* conspiracy; plot
konspirativ *adj* conspiratorial
konspirieren *v* conspire; plot
Konstitution *f* constitution; condition
Konstitutionalismus *m* constitutionalism
konstitutionell *adj* constitutional
konstruieren *v* construct; plan; design
Konstruktionsfehler *m* construction defect; design defect, design fault
konstruktiv *adj* constructive; positive
konstruktives Misstrauensvotum *n* constructive vote of no confidence
Konsul *m* consul
konsularisch *adj* consular
Konsulat *n* consulate
Konsultation *f* consultation
Konsum *m* consumption
Konsumartikel *m* consumer article
Konsument *m* consumer
Konsumentenkredit *m* consumer credit
Konsumentenschutz *m* consumer protection
Konsumgenossenschaft *f* consumer cooperative (society)
Konsumtion *f* consumption
Kontaktsperre *f* detention incommunicado
Kontenwahrheit *f* correctness of accounts *(of tax payer)*
Kontingentierung *f* allocation *(European Law)*
Konto *n* account; bank account
Kontoauszug *m* account statement, statement of account
Kontoinhaber *m* account holder
Kontokorrent *n* current account, account current; open account
Kontokorrentkredit *m* credit facility on current account; overdraft (facility)
Kontokorrentverbindlichkeit *f* current account liability
Kontokorrentvorbehalt *m* current account reservation
Kontostand *m* (account) balance
Kontoüberziehung *f* overdraft
kontradiktorisch *adj* adversarial; contentious; contradictory
Kontrahent *m* contracting party
kontrahieren *v* contract; agree

Kontrahierungszwang *m* (legal) obligation to contract
Kontrolle *f* control; check; inspection
Kontrolleur *m* inspector; supervisor
kontrollieren *v* control; check; inspect
Kontrollmitteilung *f (Tax Law)* notification of verification
Kontrollrat *m* control authority; Control Council
Kontrollrecht *n* right of control
Kontrollstelle *f* checkpoint; point of control
Konvention *f* convention; treaty
Konvention *f* **zum Schutz der Menschenrechte** Convention on the Protection of Human Rights
Konventionalstrafe *f* penalty
Konvergenz *f* convergence
Konvergenzkriterien *npl* convergence criteria *pl (EU)*
Konversion *f* conversion
Konzentration *f* concentration
Konzentrationsgrundsatz *m* ≈ principle whereby court proceedings should be conducted in as compact a manner as possible
Konzentrationsmaxime *f s.* Konzentrationsgrundsatz
konzentrieren *v* concentrate
Konzern *m* group (of companies)
Konzern *m*/**faktischer** de facto group
Konzernbetriebsrat *m* group employees' council
Konzerngesellschaft *f (AE)* affiliate; affiliated company; associated company
Konzernhaftung *f* group liability
Konzernrecht *n* law of groups (of companies)
Konzernunternehmen *n* affiliate
Konzernvorbehalt *m* multiple reservation *(extended group reservation of ownership related to fulfilment of third party claims by purchaser)*
Konzertierung *f* concerted action
Konzession *f* trade licence [*AE* license]; concession; franchise
Konzessionär *m* concessionaire
Konzessionsabgabe *f* tax; royalty
Konzessionsinhaber *m* licensee, franchisee
Konzessionssystem *n* franchise system
konzipieren *v* conceive, develop a concept
Kooperation *f* cooperation
kooperieren *v* cooperate
Kooptation *f* co-opting
kooptieren *v* co-opt
Kopf *m* head; heading; title
köpfen *v* decapitate; behead
Kopfsteuer *f* poll tax; personal tax; local tax
Kopftuchentscheidung *f* ≈ judicial decision prohibiting the wearing of (Islamic) religious head scarves and other religious insignia (by civil servants) in schools etc.
Kopftuchverbot *n* ≈ prohibition of the wearing of (Islamic) religious head scarves
Kopie *f* copy
kopieren *v* copy
Kopierschutz *m* anti-copying device; protection against (illegal) copying
Koppelungsgeschäft *n* linked transaction; package deal
Koppelungsverbot *n* prohibition of linked transactions; prohibition of tying
Körper *m* body
körperlich *adj* bodily; physical
körperliche Misshandlung *f* physical maltreatment; physical abuse
körperliche und geistige Behinderung *f* physical and mental handicap [disability]
Körperschaden *m* physical injury
Körperschaft *f* body; corporation
Körperschaft *f* **des öffentlichen Rechts** entity of public law
Körperschaft *f*/**gesetzgebende** chamber; legislature; legislative body
körperschaftlich *adj* corporate
Körperschaftsteuer *f (AE)* corporate tax
Körperschaftsteuergesetz *n* (German) Corporate Tax Law
Körperschaftsteuerpflicht *f* duty to pay corporate tax
Körperverletzung *f* bodily harm, personal injury, physical injury
Körperverletzung *f*/**fahrlässige** negligent bodily harm
Körperverletzung *f*/**gefährliche** *(BE)* grievous bodily harm, dangerous bodily harm
Körperverletzung *f*/**gewaltsame** assault and battery
Körperverletzung *f* **im Amt** physical injury caused by official
Körperverletzung *f* **mit Todesfolge** physical injury resulting in death

Körperverletzung *f*/**schwere** *(BE)* grievous bodily harm, serious bodily harm
Korporation *f* corporation
korporativ *adj* corporate
korrekt *adj* correct
korrespektiv *adj* mutual, reciprocal
Korrespondenz *f* correspondence
Korrespondenzanwalt *m* communicating lawyer, local lawyer acting on instructions of lawyer of client
Korrespondenzgeheimnis *n* secrecy of correspondence; confidentiality of the post
korrigieren *v* correct; adjust
korrumpieren *v* corrupt
korrupt *adj* corrupt
Korruption *f* corruption
kosten *v* cost
Kosten *pl* costs *pl*; expenses *pl* • **die Kosten bestreiten** 1. pay the costs; 2. dispute costs
Kosten *pl* **des Verfahrens** legal costs *pl*; court costs *pl*; costs *pl* of the proceedings
Kostenansatz *m* statement of court costs
Kostenanschlag *m* estimate; quotation
Kostenaufhebung *f* ≈ non-awarding of costs in judgment, judgment without costs, ≈ a decision pursuant to which each party has to bear its own costs (and court fees are shared)
Kostenaufschlüsselung *f* breakdown of costs
Kostenbefreiung *f* exempting from costs
Kostenbeitreibung *f* recovery of costs
Kostenberechnung *f* statement of costs; calculation of costs
Kostendeckung *f* recovery of costs; covering of costs
Kostenentscheidung *f* decision as to costs, order as to costs, awarding of costs
Kostenerstattung *f* reimbursement (of costs); refund (of costs)
Kostenerstattungsanspruch *m* claim to reimbursement of costs
Kostenfestsetzung *f* determination as to costs; awarding of costs; taxation of costs
Kostenfestsetzungsbeschluss *m* order as to costs
Kostenfreiheit *f* exemption from costs
Kostengesetz *n* Law of Court Costs
Kostenordnung *f* rules *pl* for costs in non-contentious matters
Kostenplan *m* projection of costs; plan of costs
Kostenrechnung *f* 1. statement of costs, bill of costs; 2. cost accounting
Kostenschuldner *m* party liable to pay costs; debtor for costs
Kostenübernahme *f* acceptance of costs *(of another party)*; taking over costs
Kostenverteilungsschlüssel *m* basis for allocation of costs; criteria *pl* for distribution of costs
Kostenvoranschlag *m* estimate (of costs); quotation
Kostenvorschuss *m* deposit; *(BE)* retainer; (court) security for costs
Kraft *f* force; power • **in Kraft treten** come into force, come into effect
Kraft *f*/**rückwirkende** retrospective force; retroactive effectiveness
Kraftfahrer *m* motorist
Kraftfahrtbundesamt *n* Federal Office for Motor Traffic
Kraftfahrzeug *n (Kfz)* motor vehicle; *(BE)* (motor) car, *(AE)* automobile
Kraftfahrzeugbrief *m* ≈ motor vehicle ownership papers; vehicle registration book; vehicle certificate of possessor
Kraftfahrzeugführer *m* driver; *(AE)* operator of a motor vehicle
Kraftfahrzeuggebrauch *m*/**unbefugter** unauthorized use of a motor vehicle
Kraftfahrzeughalter *m* registered keeper [owner] (of a motor vehicle)
Kraftfahrzeugkennzeichen *n* (motor vehicle) registration number
Kraftfahrzeugschein *m* motor vehicle certificate
Kraftfahrzeugsteuer *f* car tax; motor vehicle tax
Kraftfahrzeugversicherung *f* motor vehicle insurance
Kraftfahrzeugzulassungsstelle *f* motor vehicle registration office
kraftlos *adj* invalid, void; ineffective
Kraftloserklärung *f* declaration of invalidity; invalidation
Kraftomnibus *m* bus, omnibus
Kraftrad *n* motorcycle
Kraftwagen *m* motor vehicle
Krankenakte *f* patient file
Krankenanstalt *f* (public) hospital; medical institution

Krankenbehandlung *f* treatment (of the sick)
Krankengeld *n* sickness benefit
Krankenhaus *n* hospital
Krankenhauspflegesatz *m* daily rate of hospital care allowance
Krankenkasse *f* health insurance company; medical insurance scheme; health insurance fund
Krankenschein *m* health insurance certificate
Krankenstand *m* medical condition; status of the sickness
Krankentagegeld *n* daily rate of hospital allowance
Krankenversicherung *f* health insurance, medical insurance
Krankenversicherung *f*/**gesetzliche** statutory health insurance, medical health insurance
Krankenversicherungskarte *f* health insurance (membership) card
Krankheit *f* sickness; illness
Krankschreibung *f* certification of sickness; certification of unfitness to work
Kranzgeld *n* compensation for lost chastity
Kredit *m* credit; loan; credit line, (credit) facility
Kreditanstalt *f* **für Wiederaufbau** (German) Credit Corporation for Reconstruction
Kreditaufnahme *f* borrowing
Kreditaufsicht *f* government supervision of credit institutions
Kreditauftrag *m* ≈ agreement to provide credit for a third party
Kreditbetrug *m* credit fraud; obtaining credit by false pretences
Kreditbrief *m* letter of credit
Kreditbürgschaft *f* guarantee of credit; guarantee of loan
kreditfähig *adj* creditworthy; sound; solvent
Kreditgeber *m* creditor; lender
Kreditgefährdung *f* endangerment of credit standing
Kreditinstitut *n* credit institution; financial institution; bank
Kreditkarte *f* credit card
Kreditkartenbetrug *m* fraud related to use of credit cards
Kreditkartenmissbrauch *m* misuse of credit cards
Kreditkauf *m* credit purchase, purchase on credit
Kreditlinie *f*/**offene** open credit line
Kreditnehmer *m* borrower; debtor
Kreditrahmen *m* credit limit
Kreditschädigung *f* defamation in relation to credit-worthiness and business reputation
Kreditsicherung *f* safeguarding of a credit; (obtaining) security for a loan
Kreditsicherungsgesetz *n* (German) Credit Security Law
Kreditunterlagenprüfung *f (AE)* credit rating
Kreditvermittlung *f* credit brokerage, arranging (of) a loan
Kreditvermittlungsvertrag *m* credit [loan] brokerage agreement
Kreditvertrag *m* credit agreement
Kreditwesen *n* credit system
Kreditwucher *m* usurious lending *(providing of credit at an unconscionable interest rate)*
kreditwürdig *adj* creditworthy; sound; solvent
Kreditzins *m* interest on a loan
Kreis *m* 1. county, district; 2. circle *(shape)*
kreisangehörig *adj* belonging to district government
Kreisausschuss *m* district committee
Kreisbehörde *f* district authority
kreisfrei *adj* not subject to any district government
Kreisgericht *n* county court; district court
Kreislaufwirtschaft *f* circulatory economy; self-contained economic system
Kreisordnung *f* district regulation(s)
Kreissparkasse *f* district savings bank
Kreisstadt *f* county town
Kreistag *m* district council
Kreisumlage *f* district charge, district rates *pl*
Kreisverfassung *f* district constitution
Kreisverkehr *m* roundabout
Kreiswehrersatzamt *n* ≈ district office for (compulsory) military service administration
Kreuzverhör *n* cross-examination
Kriechspur *f* slow lane, crawling lane
Krieg *m* war
Kriegsdienst *m* military service
Kriegsdienstverweigerer *m* conscientious objector; *(AE)* draft-dodger *(in relation to compulsory military service)*

Kriegsdienstverweigerung *f* conscientious objection
Kriegserklärung *f* declaration of war
Kriegsgefangener *m* prisoner of war
Kriegsgefangenschaft *f* war captivity
Kriegsgericht *n* military tribunal; court-martial
Kriegsopferfürsorge *f* care for the victims of war
Kriegsrecht *n* martial law
Kriegsverbrechen *n* war crime(s)
Kriegsvölkerrecht *n* international law of war
Kriegswaffen *fpl* military arms *pl*, military weapons *pl*
Kriegswaffenkontrollgesetz *n* (German) Law on the Control of Military Weapons
Kriegszustand *m* state of war
Kriminalbeamter *m* detective
kriminalisieren *v* criminalize, make subject to criminal sanction
Kriminalistik *f* criminology; forensic science
Kriminalität *f* criminality; crime
Kriminalität *f*/**organisierte** organized crime
Kriminalkommissar *m* criminal inspector; senior police detective
Kriminalpolizei *f* criminal police
Kriminalstatistik *f* criminal statistics *pl*, crime statistics *pl*
Kriminalstatistik *f*/**polizeiliche** (official) criminal statistics *pl* (of the police)
Kriminalstrafe *f* criminal sanction; sentence; punishment
kriminell *adj* criminal
kriminelle Vereinigung *f* criminal association; conspiracy
Kriminologe *m* criminologist
Kriminologie *f* criminology
kriminologisch *adj* criminological
Krise *f* crisis
Kronanwalt *m* Attorney-General
Krone *f* Crown
Kronerbe *m* heir to the Crown
Kronprinz *m* crown prince; heir apparent
Kronprinzessin *f* crown princess
Kronrat *m* crown council
Kronzeuge *m* Crown witness; witness for the prosecution; witness who has turned state's evidence
Kronzeugenregelung *f* ≈ provision whereby a witness agreeing to give evidence for the prosecution (to incriminate accomplices) may receive amnesty from prosecution or a reduction of sentence
Kruzifixurteil *n* ≈ (German) Constitutional Court decision which banned [prohibited] the general display of crucifixes in schools because of the secularity of the state (separation of church and state)
KSZE *f s.* Konferenz für Sicherheit und Zusammenarbeit in Europa
Kuckuck *m* ≈ official seal (of the bailiff) attached to seized property in enforcement
Kulanz *f* accommodation; favo(u)ritism; forbearance; good will
Kulturdenkmal *n* cultural monument
Kulturgut *n*/**nationales** object of national cultural heritage; national treasure
Kulturgüter *npl* objects *pl* of cultural heritage; cultural property; objects *pl* of cultural importance
Kulturhoheit *f* ≈ respective allocation of powers as between state and federal governments in cultural matters
Kultusministerium *n* ministry of culture
Kumulation *f* cumulation
Kumulationsprinzip *n* cumulation principle
kumulativ *adj* cumulative
kumulative Kausalität *f* cumulative causation
kumulative Schuldübernahme *f* cumulative acceptance of indebtedness
kumulieren *v* 1. accumulate, add to; 2. ≈ accumulate up to three votes for one candidate or party *(elections)*
kündbar *adj* determinable, terminable; redeemable *(bonds etc.)*
Kunde *f* 1. knowledge; know-how; 2. customer, client
Kundenstamm *m* regular clientele; clientele base
Kundgabe *f* registration; notification
Kundgebung *f* demonstration; statement of views
kündigen *v* terminate; give notice of termination; determine
Kündigung *f* termination; notice of termination; determination
Kündigung *f*/**außerordentliche** extraordinary termination, termination without notice; exceptional dismissal
Kündigung *f*/**ordentliche** notice of termination *(subject to the agreed – or statutory – period of notice)*

Kündigung f/sofortige prompt notice of termination; termination with immediate effect
Kündigung f/sozial ungerechtfertigte unfair dismissal
Kündigung f/verhaltensbedingte termination for reasons of conduct
Kündigungsfrist *f* notice period
Kündigungsgrund *m* reason for termination
Kündigungsklausel *f* termination clause
Kündigungsrecht *n* right of termination; right to give notice (of termination); right to call in *(money)*
Kündigungsschreiben *n* notice of termination
Kündigungsschutz *m* (statutory) protection against unlawful dismissal
Kündigungsschutzgesetz *n* (German) Law of Protection against Unlawful Dismissal
Kündigungsschutzklage *f* claim against unfair dismissal; proceedings *pl* against unlawful dismissal
Kundmachung *f* notice; announcement
künftig *adj* future
Kunst *f* 1. art; 2. practice
Kunstfehler *m* (medical) malpractice; professional mistake
Kunstfreiheit *f* freedom of art
Künstlername *m* artistic name; stage name
Künstlerpersönlichkeitsrecht *n* right to privacy of (performing) artist
Künstlersozialversicherung *f* social security for artists
künstlich *adj* artificial
Kupon *m* coupon
Kuppelei *f* procuration; procuring; pandering
kuppeln *v* procure; pander
Kuppler *m* procurer; pander
Kur *f* cure; course of (health) treatment
Kuratel *f* tutelage; guardianship
Kurator *m* trustee; administrator; curator
Kuratorium *n* board of trustees
Kurfürst *m* elector *(in German Empire)*
Kurs *m* market price; exchange rate
Kursmakler *m* broker, dealer
Kursverlust *m* depreciation; market loss
Kurswert *m* market value; quoted value
Kurzarbeit *f* short-time work
Kurzarbeitergeld *n* short-time allowance
Kurzarrest *m* short-term detention
kürzen *v* shorten; reduce; cut; curtail
Kurzkommentar *m* short commentary
Kurztitel *m* short title; abbreviation
Kürzung *f* reduction; cut; curtailing
Küstenschifffahrt *f* coastal shipping
KWG *s.* Gesetz über das Kreditwesen

L

Ladegeschäft *n* loading and unloading
laden *v* load
Laden *m* shop, store
Ladenangestellter *m* shop assistant, *(AE)* (store) clerk
Ladendieb *m* shoplifter
Ladendiebstahl *m* shoplifting
Ladengeschäft *n* shop, store
Ladenschluss *m* shop closing (time)
Ladeschein *m* bill of lading; shipping note
Ladezeit *f* loading time
lädieren *v* injure; harm; breach rights of a party
Ladung *f* 1. load, freight, cargo, shipment; 2. summons (to appear), subpoena; writ of summons
Ladungsfrist *f* notice period for a summons
LAG *n s.* Landesarbeitsgericht
Lage f/notwehrähnliche situation of quasi self-defence [*AE* self-defense]
Lager *n* 1. store, warehouse; storeroom; stock; 2. camp
Lagergeld *n* storage charges *pl*, warehouse fee
Lagergeschäft *n* warehousing; storage business
Lagerhalter *m* warehouse keeper
Lagerhaus *n* warehouse, storehouse, store
lagern *v* store, put in storage; warehouse
Lagerschein *m* warehouse warrant, *(AE)* warehouse receipt
Lagervertrag *m* storage agreement, warehousing contract
Laie *m* layperson; layman
Laienrichter *m* lay judge, *(BE)* (lay) magistrate
Land *n* 1. land; region; 2. soil; 3. real property, real estate; plot; 4. state, (federal) province; country
Länderfinanzausgleich *m* ≈ financial

adjustment between the states and the federal government (for the benefit of poorer states or regions)
Länderkammer *f* ≈ upper house of German parliament consisting of representatives of the individual states
Länderkompetenz *f* competence of the states; state jurisdiction *(not federal)*
Landesanwaltschaft *f* ≈ state attorneys for the civil administrative courts
Landesarbeitsgericht *n (LAG)* state employment tribunal, state labo(u)r court
Landesbehörde *f* state authority
Landesbehörde *f***/obere** higher state authority
Landesbehörde *f***/oberste** highest state authority
Landesbehörde *f***/untere** lower state authority
Landesdatenschutz *m* state data protection
Landesdatenschutzbeauftragter *m* state data protection commissioner, state privacy commissioner
Landesentwicklungsplan *m* state development plan
Landesgesetz *n* state law
Landesgesetzgebung *f* state legislation
Landesherr *m* sovereign; ruler
Landesjustizverwaltung *f* state justice administration
Landeskirche *f* state church
Landesliste *f* state party list *(for elections)*
Landesparlament *n* state parliament, state legislature
Landesplanung *f* regional planning; state planning
Landesrecht *n* state law
Landesregierung *f* state government
Landessozialgericht *n* higher state social insurance court
Landesverfassung *f* state constitution
Landesverfassungsgericht *n* state constitutional court
Landesverrat *m* treason
Landesverräter *m* traitor
landesverräterisch *adj* treasonable
Landesversicherungsanstalt *f (LVA)* state insurance institution *(for state pension)*
Landesverteidigung *f* defence [*AE* defense] of a (home) country, *(AE)* homeland defense
Landesverwaltung *f* state administration
Landeszentralbank *f (LZB)* central state bank
Landfriede *m* public peace; *(BE)* the Queen's [King's] peace
Landfriedensbruch *m* breach of the peace
Landgericht *n* regional court
Landgerichtspräsident *m* president of the regional court
Landkreis *m* county, district
Landkreisordnung *f* district regulation(s)
Landpacht *f* tenancy of farm; tenure of land
Landrat *m* district president
Landratsamt *n* district office
Landrecht *n* common law
Landschaftspflege *f* countryside conservation; conservation, environmental protection
Landschaftspfleger *m* conservationist
Landschaftsschutzgebiet *n* natural reserve, nature reservation, (national) park
Landschaftsverband *m* regional council, ≈ regional authority with specific fields of competence *(e.g. in the field of public health, social welfare and services, etc.)*
Landstraße *f* district road, highway
Landstreicher *m* tramp; vagrant
Landtag *m* state parliament
Landwirt *m* agriculturalist; farmer
Landwirtschaft *f* agriculture; farming
landwirtschaftlich *adj* agricultural
Landwirtschaftsamt *n* agricultural department
langjährig *adj* of many years; long-term
Langzeitarbeitsloser *m* ≈ long-term unemployed person
Langzeitfolge *f* long-term results *pl* [consequences *pl*]
Lärmschutz *m* sound-proofing; protection against (excessive) noise
Last *f* burden
Last *f***/öffentliche** public burden; public debt
Lasten *fpl***/dauernde** permanent charges *pl*
Lastenausgleich *m* adjustment [equalization] of (financial) burdens
lastenfrei *adj* unencumbered; without charge
Lastkraftwagen *m (LKW)* truck, *(BE)* lorry
Lastschrift *f* debit entry; (direct) debit
Lastschriftverfahren *n* direct debiting
latent *adj* latent

Laufbahn *f* career
Laufbahnbeamter *m* career public servant, career civil servant
laufend *adj* running, continuous, on-going
Laufzeit *f* term, period; running time
Lauschangriff *m* ≈ (system of) electronic surveillance by state
Lauschangriff *m*/**großer** ≈ (system of) extended electronic surveillance by state
Lauterkeit *f* integrity
leasen *v* lease; rent to buy, hire purchase *(lease with option to purchase)*
Leasing *n* leasing; rental to buy, hire purchase *(lease with option to purchase)*
Leasinggeber *m* lessor
Leasingnehmer *m* lessee
Leasingvertrag *m* leasing agreement; hire purchase contract
Leben *n* life
Lebensbedarf *m* necessaries *pl*; necessities *pl* of life
Lebensdauer *f* life; duration, term
Lebensführung *f* conduct; style of living, way of life
Lebensgefahr *f* danger to life, mortal danger
Lebensgefährte *m* companion; partner; de facto spouse
Lebensgemeinschaft *f* cohabitation, partnership (for life)
Lebensgemeinschaft *f*/**eheliche** marital relationship, *(AE)* conjugal community, matrimonial consortium
Lebensgemeinschaft *f*/**nichteheliche** de facto relationship, non-marital cohabitation
Lebenshaltungsindex *m* cost of living index
Lebenshaltungskosten *pl* cost of living, living expenses *pl*
lebenslang *adj* life-long, for life; limited to the life of a person *(rights in property)*
lebenslänglich *adj s.* lebenslang
Lebensmittel *npl* food, foodstuffs *pl*, victuals *pl*, groceries *pl*, provisions *pl*
Lebensmittelrecht *n* law of foodstuffs *(law related to the production, distribution and sale of foodstuffs)*
Lebensmittelüberwachung *f* health and hygiene controls for food *(supervision of health and hygiene regulations related to the production, distribution and sale of foodstuffs)*
Lebenspartner *m* partner for life; de facto spouse
Lebenspartnerschaft *f* partnership for life; civil partnership *(same sex)*
Lebenspartnerschaft *f*/**eingetragene** registered partnership; civil partnership *(same sex)*
Lebenspartnerschaftsgesetz *n* (German) Law Related to Life Partnerships *(for partners of same sex)*
Lebensrisiko *n* risk to life
Lebensrisiko *n*/**allgemeines** general risk to life
Lebensunterhalt *m* livelihood
Lebensunterhalt *m*/**notwendiger** minimum subsistence level
Lebensverhältnisse *npl* living conditions *pl*
Lebensversicherung *f* life insurance
Lebenszeit *f* lifetime • **auf Lebenszeit** for life
ledig *adj* single, unmarried, not married
legal *adj* legal
Legaldefinition *f* legal definition; statutory definition
Legalenteignung *f* statutory compulsory purchase
Legalisation *f* legalization
legalisieren *v* legalize, make legal
Legalisierung *f* legalization
Legalität *f* legality
Legalitätsprinzip *n* principle of legality *(doctrine whereby the prosecution is obliged to prosecute)*
Legalzession *f* assignment by operation of law, constructive assignment
Legat *n* testamentary gift; legacy, bequest; devise *(land)*
Legende *f* legend, key
legislativ *adj* legislative
Legislativakt *m* legislative act
Legislative *f* legislature; legislative power
Legislativorgan *n* legislative procedure
Legislaturperiode *f* lifetime of parliament; legislative period; *(AE)* session (of Congress)
legitim *adj* legitimate
Legitimation *f* legitimization; (written) proof of authority; (documentary) evidence of identity
Legitimationspapier *n* **im Schuldrecht** ≈ instrument [document] establishing title [right]

Legitimationswirkung *f* ≈ effect of legitimization
legitimieren *v* legitimate; authorize
legitimieren *v***/sich** prove (own) identity
Legitimierung *f* legitimization; authorizing; proof of identity
Legitimität *f* legitimacy; legal position
Lehen *n* fee, fief; feud; feudal tenure
Leh(e)nswesen *n* feudal system, feudalism
Lehrbeauftragter *m* lecturer
Lehrbuch *n* textbook
Lehre *f* 1. doctrine; principle; theory; teaching; science; 2. apprenticeship; training
Lehre *f***/herrschende** prevailing opinion; prevailing doctrine
lehren *v* teach; instruct; lecture; educate
Lehrling *m* apprentice *(manual trades)*; trainee
Lehrstelle *f* apprenticeship; training position
Lehrstuhl *m* chair; professorship
Lehrveranstaltung *f* lecture; seminar; training session
Lehrvertrag *m* apprenticeship agreement; training contract; *(BE)* articles *pl* (of clerkship) *(lawyers)*
Leib *m* body
Leibesfrucht *f* (human) foetus, (human) embryo, unborn child
Leibesvisitation *f* body search, personal search
Leibgedinge *n* reserved property *(of retired farmer)*
Leibrente *f* life annuity
Leiche *f* corpse, dead body, cadaver; remains *pl*
Leichenbeschauer *m***/amtlicher** coroner
Leichenfund *m* finding of an unidentified corpse
Leichenhalle *f* mortuary
Leichenöffnung *f* post-mortem examination, autopsy
Leichenschau *f* post-mortem examination, autopsy
Leichnam *m s.* Leiche
leichtfertig *adj* reckless
Leichtfertigkeit *f* recklessness; gross negligence; carelessness
Leiharbeit *f* temporary work; outsourced work
Leiharbeitnehmer *m* loaned-out employee; employment agency worker
Leiharbeitsverhältnis *n* employment agency relationship; outsourced employment relationship
Leihe *f* bailment *(movable property)*; lending, borrowing
leihen *v***/(jmdm. etwas)** lend sthg to sbdy
leihen *v***/sich (etwas)** borrow sthg from sbdy
Leihgabe *f* loan
Leihgebühr *f* lending fee
Leihhaus *n* pawnshop
Leihmutterschaft *f* surrogacy, surrogate motherhood
Leihvertrag *m* lending contract; bailment agreement
leisten *v* perform, render; accomplish, achieve; produce
Leistung *f* performance *(of a contract etc.)*; output; benefit
Leistung *f* **an Erfüllungs Statt** performance as full discharge of obligation, complete performance
Leistung *f* **erfüllungshalber** act on account of performance
Leistung *f***/geschuldete** performance due
Leistung *f***/teilbare** severable performance
Leistung *f***/vertraglich geschuldete** specific performance
Leistung *f***/vertragscharakteristische** typical performance
Leistung *f***/wiederkehrende** recurring benefits *pl*; recurring payments *pl*
Leistungsanspruch *m* entitlement to performance; right to benefit
Leistungsausschluss *m* exclusion of performance; limitation on performance
Leistungsaustausch *m* exchange of goods and services
Leistungsberechtigter *m* beneficiary
Leistungsbescheid *m* administrative demand for payment
Leistungsempfänger *m* obligee; party receiving payment, payee, party receiving benefits
Leistungserbringer *m* obligor; provider of performance
Leistungserfolg *m* (contractual) performance
Leistungserschleichung *f* fraudulent obtaining of benefits

Leistungsfähigkeit *f* efficiency; productivity; capacity to perform; ability to perform
Leistungsfähigkeitsprinzip *n* efficiency principle; ability to pay principle
Leistungsgefahr *f* performance risk
Leistungshindernis *n* frustration
Leistungsinhalt *m* contents *pl* of performance; specifications *pl*; agreed performance
Leistungsklage *f* action to enforce a right; claim for specific performance, action for affirmative relief *(contracts etc.)*
Leistungskondiktion *f* ≈ action to reclaim enrichment obtained by performance without cause
Leistungskontrolle *f* monitoring of performance; efficiency control; quality control
Leistungslohn *m* incentive payment; payment for result
Leistungsort *m* place of performance
Leistungspflicht *f* duty to perform
Leistungsstörung *f* disruption of performance; interruption of performance; reduction of performance; default; breach *(of contract)*
Leistungsstörungsrecht *n* law related to interference in performance of an obligation
Leistungsumfang *m* scope of performance
Leistungsurteil *n* judgment requiring performance; order for specific performance *(contracts etc.)*; injunction
Leistungsverfügung *f* injunction in relation to performance; order for specific performance *(contracts etc.)*
Leistungsverwaltung *f* administration of benefits
Leistungsverweigerung *f* refusal to perform
Leistungsverweigerungsrecht *n* right to withhold performance
Leistungsverzug *m* delay in performance
Leistungszeit *f* time of performance; period for performance
leiten *v* manage, operate, run, be in charge of
leitend *adj* managing
Leitentscheidung *f* leading case, landmark decision; authority
Leiter *m* manager; head; head of department
Leitgedanke *m* principle; central theme
Leitkultur *f* prevailing culture; majority culture
Leitplanke *f* crash barrier, safety barrier
Leitsatz *m* syllabus; guiding principle
Leitsatz *m* **eines Urteils** headnote
Leitung *f* 1. control, direction; management; 2. pipe, pipeline; connection; wire; cable, conduit
Leitungswasserversicherung *f* water pipe insurance *(insurance against damage caused by piped water leakage, burst pipes, etc.)*
Leiturteil *n* leading decision; landmark case
Leitzins *m* key interest (rate); *(AE)* prime rate
Lektor *m* 1. lecturer; 2. reader
lenken *v* 1. control, direct; manage; 2. steer *(vehicle)*
lernen *v* learn
Lernmittelfreiheit *f* free provision of schoolbooks *(by the state)*
lesen *v* read
Lesung *f* reading
letztinstanzlich *adj* on final appeal; at the highest court
letztwillig *adj* testamentary
letztwillige Verfügung *f* testamentary disposition
leugnen *v* deny; refuse to accept; repudiate
lex *(Lat)* law
lex causae *(Lat)* lex causae *(law or laws selected by court of jurisdiction as the basis of its judgment)*
lex fori *(Lat)* law of the forum, law of the jurisdiction
lex generalis *(Lat)* general law
lex posterior *(Lat)* later law
lex rei sitae *(Lat)* law of the location of the property
lex specialis *(Lat)* ≈ special law that supersedes a general law
Liberalisierung *f* liberalization
Lichtbild *n* photograph
Lichtbildausweis *m* ≈ identity paper(s) with photograph
Licht- und Fensterrecht *n* ancient lights
Lichtzeichen *n* light signal
Liebhaberei *f* hobby
Liebhaberwert *m* sentimental value
Lieferant *m* supplier; deliverer

Lieferbedingungen *fpl* delivery terms *pl*, conditions *pl* of supply
liefern *v* supply; deliver
Lieferschein *m* delivery note, supply note
Liefertermin *m* date of delivery, delivery date
Lieferung *f* supply; delivery; consignment; *(AE)* shipment
Lieferung f/innergemeinschaftliche intra-Community delivery *(delivery or supply within the European Union)*
Liefervertrag *m* contract for delivery
Lieferzeit *f* delivery date; period of delivery; lead time *(period within which delivery will take place)*
Liegegeld *n* demurrage (charge)
liegen *v* be situated, lie, be located
Liegenschaft *f* real property, real estate
Liegenschaftsamt *n* office in charge of real property, estates department
Liegenschaftsrecht *n* land law, law of real property
Liegeplatzgebühr *f* mooring fee; moorage
Limit *n* limit
limitieren *v* limit
limitiert *adj* limited
lindern *v* alleviate
Linderung *f* alleviation
Linie f/absteigende descending line
Linie f/aufsteigende ascending line
Linie f/gerade straight line
Liquidation *f* liquidation; winding-up *(company etc.)*; realization
Liquidationswert *m* liquidation value
Liquidator *m* liquidator
liquide *adj* liquid, solvent
liquidieren *v* liquidate; wind up; realize, convert to cash
Liquidierung *f* resolution; winding-up, liquidation
Liquidität *f* liquidity
Liquiditätsreserve *f* liquid reserves *pl*
List *f* cunning
Liste *f* list; table; schedule
Liste *f* **der angewendeten Vorschriften** schedule of applicable provisions
Liste f/schwarze black list; table of creditors
Listenplatz *m* position on party-ticket (of candidates) *(candidacy on party-ticket for proportional representation elections with votes for party)*
Listenpreis *m* list price, catalog(ue) price
Listenwahl *f* voting [electing] by list [party--ticket]
listig *adj* cunning, crafty
Literatur f/juristische legal literature
Lizenz *f (BE)* licence, *(AE)* license
Lizenzabkommen *n* licensing agreement, licence [*AE* license] agreement
Lizenzeinnahme *f* licence [*AE* license] income
Lizenzgeber *m* licensor
Lizenzgebühr *f* licence [*AE* license] fee; royalty
Lizenziat *m* licentiate
lizenzieren *v* license; permit
Lizenzinhaber *m* grantee; licensee
Lizenznehmer *m* licensee
Lizenzvertrag *m* licence [*AE* license] agreement, licensing agreement
LKW *m s.* Lastkraftwagen
Lobby *f* lobby
Lobbyist *m* lobbyist
Logik *f* logic; reasoning
logisch *adj* logical
Lohn *m* wage; pay; remuneration; compensation
Lohnabzugsverfahren *n* pay deduction procedures *pl*; payroll deduction
Lohnfortzahlung *f* continuation of pay *(in case of sickness etc.)*
Lohnnebenkosten *pl* supplementary wage costs *pl (social security contributions of employer)*
Lohnpfändung *f* attachment of wages; *(AE)* garnishment of earnings
Lohnsteuer *f* wage and salary tax, payroll tax; withholding tax on (earned) income
Lohnsteuerjahresausgleich *m* annual adjustment of wage and salary taxes
Lohnsteuerkarte *f* employee's wage and salary tax card
Loi uniforme *(Fr)* uniform law
lokal *adj* local; domestic
Lokaltermin *m* viewing of the scene; hearing at the scene
Lombard *m* collateral; collateral loan
Lombardkredit *m* Lombard loan; *(AE)* collateral loan
Los *n* lot; section
löschen *v* 1. unload, discharge; 2. delete, expunge; cancel; remove from register, strike-off
Löschung *f* 1. unloading, discharge; 2. deletion; cancel(l)ation; deregistration; striking-off

Löschungsanspruch *m* right to have entry expunged *(from register)*
Löschungsbewilligung *f* consent to cancel(l)ation
Löschungsverfahren *n* cancel(l)ation proceedings *pl*
Löschungsvormerkung *f* note of removal [deletion]; memorandum of satisfaction
Loseblattsammlung *f* loose leaf system
Lösegeld *n* ransom (money)
losen *v* draw lots; toss (a coin)
Lösung *f* answer, solution
Lotterie *f* lottery
Lotterielos *n* lottery ticket
Lotto *n* lottery
Lücke *f* omission; gap; loophole, blank
Lückenfüllung *f* filling of a gap; closing of a loophole
Luftfahrt *f* aeronautics *pl*
Luftpirat *m* hijacker
Luftpiraterie *f* air piracy; aircraft hijacking
Luftpost *f* airmail
Luftrecht *n* law of the air; air and space law
Luftreinhalterichtlinie *f* directive on the preservation of clean air
Luganer Gerichtsstands- und Vollstreckungsübereinkommen *n* Lugano Convention on Jurisdiction and the Enforcement of Judgments in Civil and Commercial Matters
Lüge *f* lie; falsehood
lügen *v* lie
Lügendetektor *m* lie detector, polygraph
Lustmord *m* sexually-motivated murder
LVA *s.* Landesversicherungsanstalt
lynchen *v* lynch
Lynchjustiz *f* lynch law; mob law

M

Maastrichter Vertrag *m* Treaty of Maastricht
Machenschaften *fpl* manipulations *pl*
Macht *f* power
Machtergreifung *f* seizure of power
Magister *m* master (degree) *(university degree)*
Magistrat *n* local authority; municipal corporation
Magistratsverfassung *f* constitution of a local authority
Magna Charta *f* Magna Charta
Mahnantrag *m* application for summary judgment
Mahnauftrag *m* order to remind
Mahnbescheid *m* default summons, summary notice to pay
mahnen *v* warn, remind sbdy (of duty) to do sthg
Mahngericht *n* claim court
Mahngericht *n***/zentrales** central claim court
Mahnschreiben *n* reminder; letter demanding payment
Mahnung *f* demand notice
Mahnverfahren *n* summary proceedings *pl* for collection of debt; *(BE)* default action
Mailbox *f* mailbox
Majorität *f* majority
Makler *m* broker; agent
Maklerfirma *f* real estate agency
Maklergebühr *f* commission
Maklergeschäft *n* brokerage
Maklerlohn *m* broker's commission; brokerage fee
Maklerprovision *f* broker's commission; brokerage fee
Maklerunternehmen *n* real estate agency
Maklervertrag *m* brokerage agreement
mala fides *(Lat)* bad faith
Management *n* management
Manager *m* manager
Mandant *m* client
Mandat *n* 1. mandate *(authority given by voters to political representative)*; parliamentary seat; 2. client's authorization of lawyer; retainer; authority to act
Mandatar *m* mandatory
Mandatsträger *m* mandatory
Mangel *m* 1. defect; fault; default; 2. deficiency, lack
Mangel *m* **an Beweisen** insufficiency of evidence; lack of evidence
Mangel *m***/offenkundiger** manifest defect
Mangel *m***/verborgener** hidden defect; latent defect
Mängelanspruch *m* warranty claim; right under warranty
Mangelanzeige *f* notice of defect

Mangelfolgeschaden *m* consequential damage caused by defect
Mängelgewährleistung *f* warranty as to defects
mangelhaft *adj* defective, faulty; incorrect; unsatisfactory
Mangelhaftigkeit *f* defectiveness; faultiness; inadequacy
Mängelhaftung *f* liability for defects
mangeln *v* lack; be short of, have insufficient quantities of
Mängelrüge *f* notice of defect(s); notification of defects
mangels for lack of
Mangelschaden *m* damage caused by a defect
Manifest *n* 1. manifest; shipping bill; 2. manifesto *(political)*
Manifest *n* **im Seeverkehrsrecht** manifest
Manipulation *f* manipulation
Manko *n* deficit; shortage
Mankohaftung *f* liability for shortage
Mantelgesellschaft *f* shell company
Mantelkauf *m* purchase of shell company *(non-trading, off the shelf company)*
Manteltarif *m* collective work and pay scale
Manteltarifvertrag *m* collective (bargaining) agreement (on working conditions and pay)
Marke *f* mark; trademark; brand
Markenähnlichkeit *f* similarity to trademark
Markenartikel *m* branded merchandise; proprietary article
Markenfähigkeit *f* ≈ ability to register a trademark or brand
Markengesetz *n* (German) Trademark Law
Markenname *m* brand name; proprietary name
Markenprodukt *n* branded articles *pl*
Markenrecht *n* law of trademarks
Markenrechtsreformgesetz *n* (German) Trademark Reform Law
Markenware *f* branded merchandise; proprietary article
Markt *m* market
Markt *m***/gemeinsamer** common market; single market
Marktanteil *m* market share
Marktbeeinflussung *f* influencing of the market
Marktbeherrschung *f* market control; domination of the market
Marktforschung *f* market research
Marktführer *m* market leader
Marktordnung *f* market organization; market regulation
Marktpreis *m* market price
Marktrecht *n* right in the market; law of the market; market law
marktstarkes Unternehmen *n* ≈ company [enterprise] with a strong market position
Marktstörung *f* distortion of the market; disruption of the market
Marktwirtschaft *f* market economy; free enterprise (system)
Maß *n* measure; measurement; degree, extent
Massaker *n* massacre
Masse *f* 1. mass; large quantity; 2. estate; assets *pl*
Masseanspruch *m* preferential claim
Massegläubiger *m* preferential creditor; priority creditor
Massekosten *pl* ≈ expenses incurred in the course of bankruptcy [insolvency] proceedings
Massenarbeitslosigkeit *f* mass [widespread] unemployment
Massenentlassung *f* mass redundancy; collective dismissals *pl*
Massenmedien *pl* mass media *pl*
Massenverfahren *n* large-scale proceedings *pl*
Masseschuld *f* ≈ direct debt of the bankrupt estate; ≈ debt to be paid by insolvency administrator from any assets of the insolvent party
Masseunzulänglichkeit *f* ≈ insufficiency of assets
Masseverbindlichkeit *f* ≈ obligation to be paid from bankrupt [insolvent] estate
Masseverwalter *m* administrator of bankrupt [insolvent] estate; trustee
maßgebend *adj* decisive; authoritative
Maßgeblichkeit *f* authority; decisive reason
Mäßigung *f***/politische** political moderation
Mäßigungsgebot *n* principle of moderation
Maßnahme *f* measure; action; move; step
Maßnahme *f* **gleicher Wirkung** measure having equivalent effect

Maßregel *f* reprimand; disciplinary measure
Maßregelvollzug *m* execution of a disciplinary measure
Maßstab *m* scale; standard
Master *m* master *(university degree)*
Material *n* material; documentation, data *pl*; evidence
Materie *f* matter
materiell *adj* material; substantive
materieller Schaden *m* tangible damage; pecuniary loss
materielles Gesetz *n* substantive statute, material law
materielles Recht *n* material law, substantive law
materiellrechtlich *adj* related to material law
Matriarchat *n* matriarchy
Matrikel *f* register
Maut *f* toll
Mediation *f* mediation
Mediator *m* mediator
Medienrecht *n* media law
Medium *n* medium; method, means
Medizin *f* medicine; medical science
medizinisch *adj* medical; of medical science
Medizinproduktegesetz *n* (German) Law on Medical Products
Medizinrecht *n* law of medicine
mehraktig *adj* of several acts
Mehrarbeit *f* extra work; additional performance
Mehraufwendungen *fpl* **für Verpflegung** extra expenses *pl* for care; additional expenditure for board and accommodation
Mehrbedarf *m* additional requirement
Mehrehe *f* polygamy
mehrfach *adj* multiple; several; repeated
Mehrheit *f* majority
Mehrheit *f*/absolute absolute majority
Mehrheit *f*/einfache simple majority
Mehrheit *f*/knappe narrow majority
Mehrheit *f*/qualifizierte qualified [special] majority
Mehrheit *f*/relative relative majority
Mehrheitsaktionär *m* majority shareholder; *(AE)* controlling stockholder
Mehrheitsbeschluss *m* majority decision; majority resolution
Mehrheitsbeteiligung *f* majority participation [holding]; majority investment
Mehrheitswahl *f* majority vote
Mehrheitswahlrecht *n* majority voting law
Mehrrechtsstaat *m* ≈ state having different legal systems
mehrseitiges Rechtsgeschäft *n* ≈ legal transaction related to legal declarations of several parties; multilateral transaction
Mehrstaater *m* person with multiple nationalities
Mehrstimmrecht *n* multiple voting right, cumulative voting
mehrstufiger Verwaltungsakt *m* administrative act comprised of several steps
Mehrtäterschaft *f* 1. ≈ a criminal act involving several persons; 2. *(CrLaw)* ≈ a criminal act with several persons participating
Mehrvertretung *f* multiple representation by one representative
Mehrwert *m* added-value
Mehrwertsteuer *f (BE)* value added tax; *(AE)* sales tax
meiden *v* avoid; keep away from
Meilenstein *m* landmark, milestone
Meineid *m* perjury; false oath
meinen *v* hold; believe; think
Meinung *f* opinion
Meinung *f*/abweichende dissenting opinion
Meinung *f*/herrschende prevailing opinion; majority position
Meinung *f*/öffentliche public opinion
Meinung *f*/richterliche dictum
Meinungsäußerung *f* expression of opinion
Meinungsbildung *f* formation of opinion
Meinungsfreiheit *f* freedom of opinion
Meistbegünstigungsklausel *f* preferential treatment clause; most-favo(u)red-nation clause
Meister *m* master tradesman; master
Meisterprüfung *f* master tradesman examination
Meistgebot *n* highest bid; highest offer
Meldeauflage *f* requirement of reporting; duty to register
Meldebehörde *f* 1. registration office; 2. *(AE)* district recruitment center, *(BE)* district recruitment centre
melden *v* register; report; enrol, join *(an organization)*

Meldepflicht *f* duty to register
Meldepflicht *f* **bei der Polizei** duty to register with the police
meldepflichtig *adj* subject to registration; with a duty to report
Meldung *f* report; news; information
Memorandum *n* memorandum
mengenmäßig *adj* according to quantity, quanti(ta)tive
Mensch *m* human being, person
Menschenhandel *m (CrLaw)* slave trade; traffic in people
Menschenraub *m* abduction; kidnapping
Menschenraub *m***/erpresserischer** abduction for a ransom
Menschenrecht *n* human right
Menschenrechtskommission *f* human rights commission
Menschenrechtskonvention *f* human rights convention
Menschenwürde *f* human dignity
menschlich *adj* 1. human; 2. humane
Mentalreservation *f* mental reservation
Merchandising *n* merchandising
merkantil *adj* mercantile, commercial
merkantiler Minderwert *m* reduced commercial value after resale
Merkmal *n* trait; characteristic; element
Merkmal *n***/strafbegründendes besonderes persönliches** *(CrLaw)* ≈ special individual characteristic based on the criminal act
Merkmal *n***/tatbezogenes** *(CrLaw)* element related to the act itself
Merkmale *npl***/persönliche** personal characteristics *pl*
Merkzeichen *n* mark
Messe *f* trade fair; commercial exposition
messen *v* measure
Methode *f* method; means; mode
Methodenlehre *f* methodology
Methodik *f* methodology
methodisch *adj* systematical
Meuchelmord *m (CrLaw)* assassination; treacherous murder
Meuchelmörder *m (CrLaw)* assassin; treacherous murderer
Meuterei *f* mutiny
Meuterer *m* mutineer
meutern *v* mutiny
Mietbeihilfe *f* rent subsidy; financial support for rent
Mietbesitz *m* leasehold tenancy; rental possession
Mietdauer *f* letting period; term of lease
Miete *f* 1. lease *(relationship)*; tenancy *(real property)*; hire *(movables)*; rent; 2. rent, rental payment
Miete *f***/symbolische** nominal rent; token rent
mieten *v* rent; lease; hire *(movables)*; charter *(ship, aircraft)*
Mieter *m* renter; tenant *(real property)*; lessee *(lease)*; charterer
Mieterhöhung *f* increase in rent
Mieterschutz *m* protection of tenant
Mietgegenstand *m* subject of lease; subject of rental agreement
Mietkauf *m* hire purchase; lease with option to purchase
Mietkaution *f* security for rent
Mietnebenkosten *pl* additional expenses *pl*; ancillary (leasing) costs *pl*
Mietpreisbindung *f* (statutory) fixing of rents; indexed rents *pl*
Mietrecht *n* tenancy law; landlord and tenant law
Mietrückstand *m* outstanding rent
Mietsache *f* rented property; subject of lease, leased property
Mietshaus *n (BE)* block of flats; *(AE)* apartment house
Mietsicherheit *f* securing of rent; security for rent
Mietspiegel *m* rent index; rent schedule; table of rents
Mietverhältnis *n* tenancy; rental relationship
Mietvertrag *m* **über eine bewegliche Sache** hire agreement (for a chattel)
Mietvertrag *m* **über eine unbewegliche Sache** rental agreement (for property), tenancy (agreement); lease
Mietvorauszahlung *f* advance rent; deposit
Mietwagen *m* rental car, hired car
Mietwert *m* rental value
Mietwohnung *f* rented flat, *(AE)* rental apartment
Mietwucher *m* charging usurious rent
Mietzins *m* rent; rental payment; lease
Mietzins *m* **bei einer beweglichen Sache** hire payments (for a chattel)
Mietzuschuss *m* accommodation allowance
Milchquote *f* milk quota
Milchreferenzmenge *f* reference quantity for the milk quota

mildern *v* mitigate; extenuate
Milderungsgrund *m* mitigating circumstances *pl*; extenuating reasons *pl*
mildtätig *adj* charitable
Milieu *n* milieu; (social) circumstances *pl*
Militärgericht *n* military court; court-martial
militärisch *adj* military
Militärverbrechen *n* military offence [*AE* offense]
Minderheit *f* minority
Minderheitenschutz *m* minority protection
Minderheitsaktionär *m* minority shareholder
Minderheitsbeteiligung *f* minority participation; minority investment
Minderheitsvotum *n* dissenting opinion
minderjährig *adj* under age; juvenile
Minderjährigenschutz *m* protection of the under-age
Minderjähriger *m* minor; juvenile; child; infant
Minderjährigkeit *f* being under age; minority; infancy
Minderkaufmann *m* small trader *(merchant not required to register)*
Mindermeinung *f* minority opinion
mindern *v* diminish, reduce, lessen, decrease
Minderung *f* reduction, lessening
Minderungspflicht *f* duty to mitigate
Minderwert *m* decrease in value; depreciation
Minderwert *m***/merkantiler** reduced commercial value *(as consequence of accident etc.)*
Mindestabstand *m* minimum distance
Mindestgebot *n* minimum offer
Mindestgebot *n***/absolutes** absolute minimum offer
Mindesthaltbarkeitsdatum *n* sell-by date; shelf life date
Mindestkapital *n* minimum capital
Mindestlohn *m* minimum wage
Mindestreserve *f* minimum reserve; statutory reserve
Mindeststeuersatz *m* minimum taxation rate
Mindeststrafe *f (CrLaw)* minimum sentence; minimum penalty
Mineralölsteuer *f* petrol tax; *(AE)* tax on gas *(sales tax on oil, petrol and kerosine)*
Minimalstandard *m* minimum standard
Minister *m* minister
Ministeranklage *f* impeachment
Ministerialbeamter *m* civil servant of a government ministry
Ministerialblatt *n* departmental gazette
Ministerialdirektor *m* director-general *(in government department)*
Ministerialdirigent *m* assistant *(rank below director-general in government department)*
ministeriell *adj* ministerial
Ministerium *n* ministry; government department; department of state
Ministerkartell *n* cartel approved by minister
Ministerpräsident *m* premier; prime minister
Ministerpräsidentenkonferenz *f* conference of the prime ministers of the (German) states
Ministerrat *m* council of ministers
Minorität *f* minority
Minoritätsbeteiligung *f* minority interest
Mischehe *f* mixed marriage
mischen *v* mix
Mischgebiet *n* mixed residential, commercial and industrial use in a given area
missachten *v* disregard; act in contempt of; despise
Missachtung *f* contempt
missbilligen *v* disapprove of
Missbilligung *f* disapproval; rejection
Missbrauch *m* incorrect use, misuse; abuse
Missbrauch *m***/sexueller** *(CrLaw)* sexual abuse
missbrauchen *v* use incorrectly, misuse; abuse
Missbrauchstatbestand *m* elements *pl* of misuse
Missetat *f* wrongful act, misdeed; tortfeasance
Missgeburt *f* deformed foetus; monster
misshandeln *v* maltreat, ill-treat; misuse; abuse
Misshandlung *f* maltreatment, ill-treatment
Misshandlung *f***/körperliche** physical maltreatment; physical abuse
Misshandlung *f* **von Schutzbefohlenen** abuse of those under one's care
Mission *f***/diplomatische** diplomatic mission
misstrauen *v* distrust; lack confidence

Misstrauen *n* distrust; lack of confidence
Misstrauensantrag *m* motion of no confidence
Misstrauensvotum *n* vote of no confidence
Misstrauensvotum *n*/**konstruktives** constructive vote of no confidence
Missverständnis *n* misunderstanding; disagreement
missverstehen *v* misunderstand; disagree
Misswirtschaft *f* mismanagement
Mitangeklagter *m (CrLaw)* joint defendant, co-defendant, co-accused
Mitarbeit *f* cooperation; support; assistance, collaboration
Mitarbeiter *m* staff member; colleague, fellow worker
Mitarbeiter *m*/**freier** freelancer, independent contractor
Mitbeklagter *m* co-defendant
Mitbeschuldigter *m (CrLaw)* joint defendant, co-defendant, co-accused
Mitbesitz *m* joint possession; joint tenancy
Mitbesitzer *m* joint holder; joint possessor; joint tenant
Mitbestimmung *f* joint management; co-determination
Mitbestimmung *f* **im Unternehmen** (employees') co-determination in an enterprise
Mitbestimmungsgesetz *n* (German) Law of Joint Management
Mitbestimmungsrecht *n* right (of employees) to participate (in management)
mitbestrafte Nachtat *f* punished subsequent lesser offence [*AE* offense]
Mitbewerber *m* competitor; contestant
Mitbürge *m* co-guarantor, co-surety, joint guarantor
Mitbürgschaft *f* co-guarantee, joint guarantee, joint surety
Miteigentum *n* co-ownership, joint ownership; title in common; joint property
Miteigentümer *m* co-owner, joint owner; owner in common
Miteigentumsanteil *m* share of joint title
Mitentscheidung *f* codecision
Miterbe *m* co-inheritor, joint heir
Miterbenanteil *m* co-inheritor share
mitgestalten *v* participate in; co-author; contribute to; co-found
Mitgift *f* dowry
Mitglied *n* member
Mitglieder *npl* **der königlichen Familie** royalty
Mitgliederbestand *m* membership
Mitgliederversammlung *f* meeting of members
Mitgliederverzeichnis *n* list of members
Mitgliederzahl *f* number of members
Mitgliedschaft *f* membership
Mitgliedstaat *m* member state
Mithaftung *f* joint liability
Mitinhaber *m* co-owner; co-partner; co-proprietor
Mitinhaberschaft *f* co-ownership; co-partnership; co-propriety
Mitschuld *f* joint fault; contributory negligence
Mitschuldner *m* co-debtor; party also at fault
Mittäter *m (CrLaw)* joint offender; accomplice
Mittäterschaft *f (CrLaw)* complicity; joint participation in a crime
mitteilen *v* notify; communicate; disclose; inform
Mitteilung *f* notice; communication; information; notification
Mitteilungsblatt *n*/**amtliches** official bulletin
Mittel *n* means *pl*; resources *pl*; funds *pl*; finance
Mittel *n*/**gemeingefährliches** means endangering the public
mittelbar *adj* indirect; consequential; remote
mittelbare Drittwirkung *f* **der Grundrechte** indirect effect of constitutional rights on a third party *(as opposed to the effect on the state)*
mittelbare Falschbeurkundung *f* constructive false certification
mittelbare Stellvertretung *f* indirect agency; undisclosed agency
mittelbarer Besitz *m* constructive possession
mittelbarer Besitzer *m* indirect possessor; constructive possessor
mittelbarer Schaden *m* consequential damage, indirect loss
mittelbarer Zwang *m* indirect compulsion
Mittelbehörde *f* district authority
Mittelleitplanke *f* central crash barrier; central safety barrier (on road)

Mittelsmann *m* middle man
mittlerer Dienst *m* ≈ middle level ranks of civil service
Mitunternehmer *m* joint contractor; joint venture partner
Mitunterzeichner *m* co-signatory
Miturheber *m* co-author
Mitverpflichteter *m* co-obligee
Mitverschulden *n* comparative negligence; contributory negligence; joint fault
Mitverwaltungsrecht *n* right to participate in administration of a company
Mitwirken *n* participation; assistance
Mitwirkung *f* collaboration
mitwirkungsbedürftig *adj* ≈ requiring participation or assistance
mitwirkungsbedürftiger Verwaltungsakt *m* ≈ administrative act requiring participation (of the citizen)
Mitwirkungspflicht *f* duty to assist; duty to cooperate
Mitwirkungsrecht *n* right to participate
Mitwisser *m* confidant
Mitwisserschaft *f* privity
Mobiliarzwangsvollstreckung *f* ≈ enforcement [execution] against movables or personal property
Mobilie *f* personal property, movable; chattel
Mobilienregister *n* chattels register, property register
Mobilität *f* mobility
modus *m* method, modus
Möglichkeit *f* possibility; chance; opportunity; feasibility
Monarch *m* monarch
Monarchie *f* monarchy
monarchisch *adj* monarchical
monatlich *adj* monthly
Monogamie *f* monogamy
Monokratie *f* sole reign
Monopol *n* monopoly
monopolisieren *v* monopolize
Monopolunternehmen *n* monopoly undertaking; monopoly company
Montanmitbestimmung *f* codetermination in coal and steel industry
Montanunion *f* (European) Coal and Steel Community
Moral *f* morals *pl*; moral code
moralisch *adj* moral
Moratorium *n* moratorium
Mord *m (CrLaw)* murder
Mord *m*/**vorbedachter** first degree murder
morden *v (CrLaw)* murder
Mörder *m (CrLaw)* murderer
Mordlust *f (CrLaw)* strong urge to kill [murder]
Mordmerkmal *n (CrLaw)* element of (crime of) murder
Mordmerkmal *n*/**tatbezogenes** *(CrLaw)* ≈ element of (crime of) murder related to the act
Mordversuch *m (CrLaw)* attempted murder
Morgengabe *f* dower, morning gift *(gift by groom to bride at time of the wedding)*
Morphium *n* morphine
Mortalität *f* mortality
Motiv *n* motive; reason
Motivirrtum *m* mistake in motive
Mühle *f* mill
Müll *m* rubbish; waste; refuse; *(AE)* trash
Müllablageplatz *m* refuse dump, tip
Müllentsorgung *f* waste disposal
Müllverbrennungsanlage *f* waste incineration plant
multilateral *adj* multilateral
multinational *adj* multinational
Mündel *n* ward
Mündelgeld *n* trust money (for a ward)
mündelsicher *adj* suitable [safe] for investment by trustee
mündig *adj* of the age of majority
Mündigkeit *f* majority; full age
mündlich *adj* oral, spoken
Mündlichkeit *f* orality
Mündlichkeitsgrundsatz *m* principle of oral proceedings
Mundraub *m* (petty) theft of food
Munition *f* ammunition
Münzdelikt *n (CrLaw)* coinage offence [*AE* offense]
Münze *f* 1. coin; 2. mint
Münztelefon *n* coin-operated telephone
Münzverbrechen *n (CrLaw)* criminal act related to coinage
Musikpiraterie *f* (music) piracy
Musskaufmann *m* ≈ merchant by virtue of business conducted (as opposed to by virtue of the fact of registration)
Muster *n* model; pattern
Muster *n*/**gewerbliches** industrial design
Mustergesetz *n* model act, model law; model code
mustern *v* examine, check, inspect

Musterprozess *m* test case
Musterregister *n* designs register
Musterung *f* 1. check, examination; 2. physical examination upon induction into armed forces
Musterverfahren *n s.* Musterprozess
Mustervertrag *m* model contract
mutmaßen *v* suppose; presume, assume
mutmaßlich *adj* supposed; presumed; putative
mutmaßliche Einwilligung *f* presumed agreement; implied consent
mutmaßlicher Erbe *m* heir presumptive; putative heir
mutmaßliches Erbe *n* putative inheritance; putative estate
Mutter *f* mother
Muttergesellschaft *f* parent company
Mutterland *n* mother country, fatherland, homeland
Muttermord *m* matricide
Mutterpass *m* medical examination and benefits book for mothers
Mutterrecht *n* matriarchy
Mutterschaft *f* motherhood
Mutterschaftsgeld *n* maternity benefit
Mutterschaftsurlaub *m* maternity leave
Mutterschutz *m* statutory protection of rights of (working) mother
Mutterschutzgesetz *n* (German) Maternity Protection Law
mutwillig *adj* mischievous, wanton, wil(l)ful

N

Nachahmung *f* imitation; copy; copying; *(illegal)* piracy
Nachahmung *f***/unzulässige** piracy; pirating; plagiarism
Nachbargrundstück *n* abutting real property; adjacent land; adjoining property
Nachbarklage *f* action by neighbo(u)r; suit related to rights of neighbo(u)rs
Nachbarrecht *n* ≈ law related to neighbo(u)rs or occupiers of adjoining property
nachbarrechtlich *adj* related to the law of neighbo(u)rs
nachbessern *v* improve (subsequently); rectify *(defects)*
Nachbesserung *f* rectification (of defects); subsequent modification
Nachbildung *f* reproduction; imitation; copy; *(illegal)* counterfeit; counterfeiting
Nachbürge *m* collateral surety, collateral guarantor
Nachbürgschaft *f* collateral surety, collateral guarantee
Nachdruck *m* reprint; reproduction; *(illegal)* pirate copy
nachehelich *adj* post-nuptial
Nacheid *m* subsequent oath (after testimony)
Nacheile *f* hot pursuit; pursuit
Nacherbe *m* subsequent heir
Nacherbfall *m* transfer to subsequent heir
Nacherbfolge *f* subsequent succession
Nacherbschaft *f* subsequent inheritance
Nacherfüllung *f* subsequent performance
Nachfluchtgrund *m* ≈ reason (of asylum-seeker) for subsequently fleeing
Nachfolge *f* succession
Nachfolgeklausel *f* successorship clause *(in partnership agreement)*
Nachfolger *m* successor
Nachforderung *f* additional claim
Nachfrage *f* demand; requirement
Nachfragewettbewerb *m* competition for demand
Nachfrist *f* subsequent time period; further deadline; grace period; extension of time
Nachfristsetzung *f* setting of further deadline
nachgeschalteter Eigentumsvorbehalt *m* subsequent retention of title of reseller *(without disclosure of existing retention of title of original seller)*
nachgiebig *adj* indulgent; yielding
Nachhaftung *f* extended liability
Nachkomme *m* descendant
Nachkommen *mpl* descendants *pl*, offspring, issue
Nachlass *m* 1. *(BE)* deceased's estate; inheritance; 2. remission; abatement; relief; deduction
Nachlass *m***/überschuldeter** onerous inheritance
nachlassen *v* 1. devise; bequeath; 2. remit; abate; reduce; weaken
Nachlassforderung *f* claim to inheritance
Nachlassgegenstand *m* asset
Nachlassgericht *n* probate court; court of succession

Nachlassgläubiger *m* creditor of the estate
nachlässig *adj* negligent; careless
Nachlässigkeit *f* negligence; carelessness
Nachlassinsolvenzverfahren *n* proceedings *pl* in relation to insolvent estate
Nachlassinventar *n* inventory of estate; list of estate assets
Nachlasskonkurs *m* bankruptcy of estate
Nachlasspfleger *m* provisional administrator of estate
Nachlasspflegschaft *f* provisional administration of estate
Nachlassspaltung *f* division of estate
Nachlassteilung *f* distribution of estate
Nachlassübernahme *f* accession to estate
Nachlassverbindlichkeit *f* liability of estate; debt of estate
Nachlassverwalter *m* administrator of estate
Nachlassverwaltung *f* administration of estate
Nachlieferung *f* subsequent delivery, further supply
Nachnahme *f* collect on delivery; cash on delivery
Nachname *m* last name, family name, surname
Nachprüfung *f* subsequent examination; re-examination; examination; review; audit
Nachrang *m* subordination
nachranging *adj* secondary
Nachrede *f* aspersion
Nachrede *f***/üble** slanderous statement; slander; defamation
Nachricht *f* news; information; message; notice
Nachrichtensperre *f* news blackout, news ban
Nachschieben *n* subsequent submission
Nachschieben *n* **von Gründen** subsequent submission of arguments *(to the court)*
Nachschlüsseldiebstahl *m* theft by use of substitute keys
Nachschuss *m* additional contribution; further payment; additional assessment
Nachschusspflicht *f* duty to make further payments; liability to assessment
Nachschusspflichtiger *m* contributory
nachstehend *adj* below, hereafter, hereinafter
nachstellen *v* follow; pursue
Nachtarbeit *f* night work
Nachtat *f* subsequent lesser offence [*AE* offense]
Nachtat *f***/mitbestrafte** punished subsequent lesser offence [*AE* offense]
Nachteil *m* disadvantage, detriment
Nachteilsausgleich *m* compensation to employee for negative (financial) impact
Nachtrag *m* supplement; addition; addendum
nachträglich *adj* subsequent; additional; *(Lat)* ex post facto
nachträgliche Unmöglichkeit *f* subsequent impossibility
Nachtragsanklage *f (CrLaw)* supplementary charge
Nachtragshaushalt *m* supplementary budget
Nachtragsverteilung *f* subsequent distribution
Nachtzeit *f* night time
Nachverfahren *n* subsequent proceedings *pl*
Nachvermächtnis *n* subsequent legacy
Nachversicherung *f* subsequent insurance; top-up insurance
Nachwahl *f* follow-up election; by-election
Nachweis *m* proof; evidence; documentation in support
Nachweis *m***/fehlender** lack of proof
Nachweisgesetz *n* Law of Documentation
Nachweismakler *m* ≈ broker who is required to provide information only
Nachwirkung *f* **von Betriebsvereinbarungen** after-effect of shop agreements
Nachwirkung *f* **von Tarifverträgen** after-effect of collective agreement on wages and employment conditions
nachzählen *v* recount
Nachzahlung *f* subsequent payment; supplementary payment
Nachzählung *f* recount, recounting
Nachzug *m* subsequent move (for purpose of family reunion)
Nähebeziehung *f* close relationship
Näheres *n* details *pl* • **Näheres regeln** regulate in detail
Nahverkehr *m* local (public) transport
Name *m* name

Name *m*/**gesetzlich geschützter** proprietary name
Namensaktie *f* registered share
Namensaktie *f*/**vinkulierte** restricted registered share *(shares in the name of a holder with limitations on transferability)*
Namensänderung *f* change of name
Namensangabe *f*/**unrichtige** misnomer
Namensehe *f* nominal marriage
Namenserteilung *f* naming
Namensfirma *f* person firm name *(firm name consisting of names of natural persons)*
Namenspapier *n* registered security; document in name of a person
Namensrecht *n* 1. right to use a name; 2. law of names
Namensschutz *m* name protection
Namensverzeichnis *n* list of names; directory of names
Namenszug *m* signature
namentliche Abstimmung *f* poll [vote] by roll call
nasciturus *m (Lat)* unborn child
Nation *f* nation
national *adj* national
Nationalbewusstsein *n* national consciousness
Nationalfarbe *f* national colo(u)r
Nationalflagge *f* national flag
Nationalgefühl *n* national sentiment
Nationalhymne *f* national anthem
Nationalismus *m* nationalism
nationalistisch *adj* nationalist, nationalistic
Nationalität *f* nationality
Nationalkonvent *m* national convention
Nationalpark *m* national park
Nationalsozialismus *m* National Socialism, Nazism
NATO *f s.* Nordatlantikpakt
Natur *f* nature
Naturalisierung *f* naturalization
Naturalleistung *f* payment in kind
Naturallohn *m* wages *pl* in kind
Naturalobligation *f* unenforceable obligation; imperfect obligation; natural obligation
Naturalrestitution *f* restitution in kind
natürliche Handlungseinheit *f* natural unity of action
natürliche Person *f* natural person
Naturrecht *n* law of nature, natural law
Naturschutz *m* preservation of nature, conservation
Naturschutzbehörde *f* nature preservation authority, conservation authority
Naturschutzgebiet *n* reserve, conservation area
ne bis in idem *(Lat)* prohibition of double jeopardy
Nebenabrede *f* collateral agreement, subsidiary agreement
Nebenamt *n* additional function, secondary position
Nebenanspruch *m* secondary claim, supplementary claim
Nebenbedingungen *fpl* supplementary conditions *pl*
nebenberufliche Beschäftigung *f* supplementary employment, second job
Nebenbeschäftigung *f* supplementary job
Nebenbesitz *m* ≈ legal possession of two independent holders to the same estate
Nebenbestimmung *f* supplementary provision; incidental provision
Nebenbestimmungen *fpl* **zum Verwaltungsakt** supplementary provisions *pl* to administrative act
Nebenbetrieb *m* branch; subsidiary operation
Nebeneinander *n* coexistence
Nebenentscheidung *f* supplementary decision
Nebenfolge *f* further consequence; incidental consequence
Nebenforderung *f* accessory claim
Nebengeschäft *n* further business, additional business
Nebengesetz *n* supplementary law
Nebenhandelsgeschäft *n* incidental trade
Nebenintervenient *m* intervening party
Nebenintervention *f* intervention (by third party)
Nebenintervention *f*/**streitgenössische** intervention by joined party
Nebenklage *f (CrLaw)* private prosecution (by injured party) incidental to main criminal proceedings
Nebenkläger *m* private prosecuting party *(joining public prosecutor)*
Nebenkosten *pl* incidental expenses *pl*; cost of utilities

Nebenleistung *f* supplementary performance; fringe benefits *pl (employment)*
Nebenpflicht *f* collateral obligation; non--material duty
Nebenrecht *n* subsidiary right; supplementary right
Nebensache *f* supplementary matter
Nebenstelle *f* branch, office
Nebenstrafe *f* supplementary penalty
Nebenstrafrecht *n (CrLaw)* law of supplementary penalties
Nebentäter *m (CrLaw)* independent perpetrator *(one of two or more)*
Nebentäterschaft *f* status of being an independent perpetrator
Nebentätigkeit *f* additional activity; secondary activity
Nebenverdienst *m* additional income; secondary earnings *pl*
Nebenvereinbarung *f* collateral agreement
Nebenzweckprivileg *n* ≈ allowance of society to engage in limited commercial activities
negativ *adj* negative
Negativattest *m* negative confirmation; negative clearing certificate
negative Handlungslehre *f (CrLaw)* ≈ criminal liability related to the failure to avoid the proscribed consequences
negatives Interesse *n* negative interest
negatives Schuldanerkenntnis *n (CivLaw)* acknowledgement of non-indebtedness
negatorisch *adj* negating, denying
negatorischer Anspruch *m* negating right
nehmen *v* take; accept; engage
Neigung *f* tendency, inclination
Neigung *f***/schädliche** harmful tendency
Nein-Stimme *f* negative vote
NEMAX *m* (Frankfurt) New Market Index
Nennbetrag *m* nominal amount; face value
Nennbetragsaktie *f* par (value) shares *pl*, *(AE)* par (value) stock
Nennbetragsschuld *f* obligation for nominal value
nennen *v* name
Nennkapital *n* nominal capital
Nennwert *m* par (value)
Nepotismus *m* nepotism
neppen *v (colloq.)* fleece, swindle
Nervenschock *m* mental shock
netto *adj* net, nett • **netto Kasse** net cash
Nettoeinkommen *n* disposable income; net income; net proceeds *pl*
Nettoeinkommensprinzip *n* net income principle
Nettoprinzip *n* net principle
Nettoverdienst *m* disposable income
Nettoverlust *m* net loss
Netzwerk *n* network
neu *adj* new • **neu für alt** new for old; replaced
Neuauflage *f* new edition, reprint
Neubeginn *m* **der Verjährung** recommencing of the limitation period
Neubewertung *f* revaluation
Neueingang *m* receipt
Neueinlagen *fpl* redeposits *pl*; additional investments *pl*
Neueintragung *f* re-entry
Neuemission *f* reissue; new issue
Neuer Markt *m s.* NEMAX
Neuerung *f* alteration; innovation; improvement
Neuerwerb *m* new acquisition
Neufassung *f* revised version; latest edition; redraft; amended version
Neufestsetzung *f* reassessment
Neuformulierung *f* **von Rechtssätzen** restatement (of the law); reformulation of legal rules
Neugläubiger *m* assignee creditor
Neugründung *f* new formation; new foundation; new establishment
Neuherstellung *f* new production
Neumasseverbindlichkeit *f* ≈ subsequent preferential obligation to be paid from bankrupt [insolvent] estate
neutral *adj* neutral
Neutralität *f* neutrality
Neutralitätspflicht *f* duty to be impartial; obligation of neutrality
Neutralitätspflichtverletzung *f* breach of neutrality
Neuverteilung *f* redistribution
Neuwahl *f* re-election
Neuwert *m* new value
Nichtanerkennung *f* repudiation
Nichtanwendungserlass *m* decree of non-applicability
Nichtanzeige *f* **einer geplanten Straftat** failure to report a planned criminal offence [*AE* offense]

Nichtbefolgen *n* **von Anordnungen** failure to follow a ruling, non-compliance with an order
Nichtbefolgung *f* disobedience
nichtberechtigt *adj* unauthorized
Nichtberechtigter *m* unauthorized person
Nichtbestreiten *n* no-contest
Nichtbilanzierung *f* non-balancing
Nichtehe *f* void marriage
nichtehelich *adj* illegitimate; out of wedlock, extramarital
nichteheliche Abstammung *f* illegitimate descent
Nichtehelichkeit *f* illegitimacy
Nichterfüllung *f* non-performance, failure to perform; non-fulfil(l)ment
Nichterfüllungseinrede *f* defence [*AE* defense] in relation to non-performance
Nichterfüllungsschaden *m* harm resulting from non-fulfil(l)ment
Nichterscheinen *n* absence; default; non-appearance
Nichtförmlichkeit *f* **des Verwaltungsverfahrens** informality of administrative proceedings
Nichtgewährung *f* non-granting; refusal; disallowance
nichtig *adj* void, null and void; invalid
Nichtigerklärung *f* declaration of invalidity
Nichtigkeit *f* nullity; invalidity
Nichtigkeit *f* **des Verwaltungsakts** invalidity of the administrative act
Nichtigkeit *f* **eines Beschlusses** invalidity of a decision
Nichtigkeitsbeschwerde *f* appeal for a declaration of nullity
Nichtigkeitsfeststellungsklage *f* action for the determination of nullity
Nichtigkeitsklage *f* action to annul
Nichtkaufmann *m* non-merchant
Nichtkenntnis *f* ignorance; lack of knowledge
Nichtkenntnis *f***/schuldhafte** constructive notice
Nichtleistung *f* non-performance, failure to perform
Nichtleistungskondiktion *f* ≈ action for reclaim of enrichment obtained in another way than performance without cause
Nichtlieferung *f* non-delivery
nichtöffentlich *adj* in camera; closed; private; behind closed doors
nichtrechtsfähiger Verein *m* association lacking legal capacity
nichtstreitig *adj* undisputed; non-contentious
Nichturteil *n* invalid judgment
Nichtveranlagungsbescheinigung *f* *(Tax Law)* certificate of non-assessment
Nichtveranlagungsverfügung *f (Tax Law)* decision of non-assessment
Nichtvermögensschaden *m* damages *pl* awarded for emotional pain and suffering
Nichtverzicht *m* nonwaiver
Nichtwissen *n* ignorance
Nichtzulassung *f* non-admission
Nichtzulassungsbeschwerde *f* appeal against denial of leave to appeal
Nichtzurechenbarkeit *f* remoteness
niederlassen *v***/sich** 1. settle down; 2. establish (a business)
Niederlassung *f* 1. settlement; settling down; 2. setting up, establishment; 3. branch, office
Niederlassung *f***/gewerbliche** place of business
Niederlassungsfreiheit *f* right to settle, freedom of establishment *(within EU)*
niederlegen *v* 1. write down; set out, stipulate; 2. resign; leave
niederlegen *v***/schriftlich** record (in writing)
Niederlegung *f* 1. deposit *(as substitute service)*; 2. resignation, stepping down *(office)*
niederschlagen *v* cancel; suppress; quash
Niederschlagung *f* cancel(l)ation; suppression; quashing
niederschreiben *v* write down; record
Niederschrift *f* record; minutes *pl (of meeting)*; memorandum
niedriger Beweggrund *m (CrLaw)* base motive
Niedrigsteuergebiet *n* low taxation area
Nießbrauch *m* usufruct; life interest; life estate
Nießbrauchsberechtigter *m* usufructuary; life tenant
Nomenklatur *f* nomenclature
nominal *adj* nominal
nominaler Schaden *m* nominal damage
Nominalwert *m* face value; nominal value
nominell *adj* nominal
nominieren *v* nominate

Nominierter *m* nominee
Nominierung *f* nomination
non liquet *(Lat)* non liquet, matter is unclear
Nordatlantikpakt *m (NATO)* North Atlantic Treaty Organization, NATO
Norderweiterung *f* ≈ extension of EEC [EU] to specific countries of northern Europe in 1973: United Kingdom, Republic of Ireland and Denmark
Norm *f* norm; standard; rule
Normadressat *m* addressee of a norm
normal *adj* normal; regular; ordinary
Normalverbraucher *m* reasonable consumer, ≈ typical user of goods or services
normativ *adj* normative
Normativbestimmung *f* standard provision; standard regulation
normative Auslegung *f* normative construction
normatives Tatbestandsmerkmal *n* normative element of an offence [*AE* offense]
Normativität *f* normativity
Normbestätigungsverfahren *n* declaratory proceedings *pl* on a rule of law
Normengefüge *n* system of norms
Normenhäufung *f* multiplicity of norms, overlapping of standards
normeninterpretierend *adj* for the interpretation of laws
Normenkollision *f* conflict of laws
normenkonkretisierend *adj* putting a norm in concrete terms
Normenkontrolle *f* judicial review of the constitutionality of laws
Normenkontrolle *f*/**abstrakte** abstract judicial review
Normenkontrollklage *f* action for judicial review of the constitutionality of laws
Normenkontrollverfahren *n* judicial proceedings *pl* to review constitutionality of laws
Normenmangel *m* lack of norms
Normen- und Typenkartell *n* standardization cartel
Normenwiderspruch *m* irreconcilability of norms
normiert *adj* 1. laid down, established; 2. standardized
norminterpretierende Verwaltungsvorschrift *f* regulatory provision for the interpretation of a norm
Normprüfungsverfahren *n* administrative proceedings *pl* to examine constitutionality of a law
Normwirkung *f* **von Tarifverträgen** normative effect of collective agreements
Not *f* need; want; emergency; distress
Notadresse *f* ≈ address in case of need (on bill of exchange)
Notar *m* notary, notary public
Notaranderkonto *n* notarial trust account, notarial escrow account
Notaranwalt *m (obs.)* person qualified notary (public) and lawyer
Notarfachangestellter *m* qualified notary (public) assistant
Notargehilfe *m* notary (public) clerk
Notarhaftung *f* liability of a notary (public)
Notariat *n* notary's office
Notariatssiegel *n* seal of a notary (public)
Notariatsurkunde *f* deed of a notary
notariell *adj* notarial
notarielle Beglaubigung *f* official recording by notary public; authentication by notary public
notarielle Beurkundung *f* official recording by notary; notarization
Notarkammer *f* ≈ professional body of notaries (public)
Notarkanzlei *f* notary's chambers *pl*
Notarkosten *pl* notarial fees *pl*; notarial costs *pl*
Notbedarf *m* hardship
Note *f* 1. mark, grade; 2. bank note; 3. (diplomatic) note, notice
Notenbank *f* central bank
Notenmonopol *n* ≈ monopoly on issuing of bank notes
Noterbe *m* compulsory statutory heir
Noterbrecht *n* law of inheritance by compulsory statutory share
Notfall *m* emergency; case of need; case of necessity
Notfrist *f* peremptory term; statutory period (that cannot be extended)
Notgeschäftsführer *m* interim manager *(appointed by court)*
Notgeschäftsführung *f* interim management
Nothelfer *m* assistant in emergency
Nothilfe *f* emergency relief; assistance in emergency
Nothilfepflicht *f* ≈ duty to assist in emergency or case of need
notieren *v* note (down); quote; list

Notierung *f* quotation; quoted price; rate
Notierung *f***/amtliche** official price; official rate
Notifikation *f* notification
nötig *adj* necessary; needed
nötigen *v* force; compel; coerce
Nötigung *f (CrLaw)* unlawful coercion; compulsion *(by threat or force)*; duress
Nötigung *f***/sexuelle** *(CrLaw)* sexual coercion
Nötigungsnotstand *m (CrLaw)* duress in state of necessity
Notlage *f* emergency situation; state of need; state of distress
notorisch *adj* notorious
Notruf *m* emergency (telephone) call
Notstand *m* state of emergency; emergency condition; necessity
Notstand *m***/entschuldigender** ≈ excusing emergency situation
Notstand *m***/rechtfertigender** justifying circumstances *pl*; necessity as a justification
Notstand *m***/übergesetzlicher** extra-statutory necessity
Notstandsexzess *m* ≈ acts of excess not justified or excused by emergency circumstances
Notstandsgesetzgebung *f* emergency legislation
Notstandsklage *f* action based on emergency situation
Notstandsverfassung *f* emergency constitution
Nottestament *n* emergency will; will set up in case of emergency
Notverkauf *m* distress sale
Notverkaufsrecht *n* right of distress sale
Notverordnung *f* emergency decree
Notvorstand *m* interim board (of management)
Notweg *m* emergency route; emergency exit
Notwehr *f (BE)* self-defence, *(AE)* self-defense; justifiable act
Notwehrexzess *m* excess in self-defence [*AE* self-defense]; excessive force in self-defence [*AE* self-defense]
Notwehrlage *f* self-defence [*AE* self-defense] situation
Notwehrprovokation *f* provocation of self-defence [*AE* self-defense]
Notwehrüberschreitung *f* ≈ actions in excess of the reasonable force permitted by self-defence
notwendig *adj* necessary; requisite
notwendige Verwendungen *f* necessary expenses *pl*
notwendiger Verteidiger *m (AE)* public defender; *(BE)* court-appointed counsel
Notwendigkeit *f* need; necessity
Notzucht *f* rape
Novation *f* novation; renewal; substitution
Novelle *f* amending statute; re-enactment; supplementary statute
novellieren *v* amend; re-enact
Novellierung *f* amendment of a statute
NS-Kennzeichen *n* Nazi insignia
NS-Regime *n* Nazi regime
nulla poena sine culpa *(Lat)* no punishment without guilt
nulla poena sine lege *(Lat)* no punishment without a law
Null-Plan *m* null plan
nullum crimen sine lege *(Lat)* no crime without a law
numerisch *adj* numerical
Numerus clausus *m (Lat)* restricted admission *(administrative regulation limiting number of university students allowed to enrol in specific faculties or courses of study)*
Numerus clausus *m* **der Sachenrechte** ≈ principle of mandatory nature of law of property
Nummer *f* number
Nummernkonto *n* numbered account
Nummernschild *n* number plate, licence [*AE* license] plate
Nurnotar *m* exclusive notary *(person acting in capacity of notary public only)*
Nutzen *m* use; utility; usefulness; benefit
nützen *v* 1. use; utilize; 2. be useful
Nutzfahrzeug *n* truck, *(BE)* lorry; utility vehicle; commercial vehicle
Nutzfläche *f* usable area
nützlich *adj* useful; expedient
nützliche Verwendung *f* useful outlay
nutzlos *adj* useless, of no utility; futile
nutzlose Aufwendungen *fpl* expenses *pl* that prove futile
Nutznießung *f* use; usufruct
Nutztier *n* beast of burden; domesticated animal; economically-productive animal
Nutzung *f* use; utilization
Nutzung *f***/ungestörte** quiet enjoyment
Nutzungen *fpl***/entgangene** lost use

Nutzungsänderung *f* change of use
Nutzungsart *f* type of use; application
Nutzungsausfall *m* loss of use; loss of enjoyment
Nutzungsausfallentschädigung *f* compensation for loss of use
Nutzungspfand *n* antichresis
Nutzungsrecht *n*/**unentgeltliches obligatorisches** obligatory right of usufruct without reimbursement
Nutzungsüberlassung *f* making available for use; bailment
Nutzungsüberlassung *f*/**teilentgeltliche** right of use for part reimbursement
Nutzungsuntersagung *f* prohibition of use
Nutzungsvergütung *f* reimbursement for use
Nutzungsverhältnis *n*/**obligatorisches** obligatory licence [*AE* license] of use
NV-Bescheinigung *f (Tax Law)* certificate of non-assessment
NV-Verfügung *f (Tax Law)* non-assessment order

O

obdachlos *adj* homeless
Obdachloser *m* homeless person
Obdachlosigkeit *f* homelessness
Obduktion *f* autopsy; post-mortem examination
oben *adj* above • **wie oben angegeben** as stated above
Oberbehörde *f* supervisory authority; supreme office
Oberbundesanwalt *m* chief public attorney, chief federal prosecutor
Oberbürgermeister *m* mayor; *(BE)* Lord Mayor
obere Bundesbehörde *f* higher federal authority
obere Landesbehörde *f* higher state authority
Oberfinanzdirektion *f* higher tax authority
Obergericht *n* higher court
Oberhaus *n* upper house
Oberkommando *n* **der Streitkräfte** general command of military forces
Oberkreisdirektor *m* chief administrative officer of a district
Oberlandesgericht *n (OLG)* higher regional court
Oberstaatsanwalt *m* senior public prosecutor
Oberstadtdirektor *m* senior town clerk
oberste Bundesbehörde *f* highest federal authority
oberste Dienstbehörde *f* highest authority in employment matters
oberste Landesbehörde *f* highest state authority
oberster Gerichtshof *m* high court; supreme court
oberstes Bundesgericht *n* federal high court; federal supreme court
oberstes Gericht *n* high court; supreme court
Oberverwaltungsgericht *n (OVG)* higher administrative court
Oberwaltungsgericht *n* superior administrative court
Obhut *f* 1. care; 2. custody
Obhutsgarant *m* person under duty of care
Obhutspflicht *f* duty of care; duty to assist
Obiter dictum *n (Lat)* obiter dictum *(statement not deciding the issue in dispute and therefore not binding)*
Objekt *n* object; section of land; property
objektiv *adj* objective; practical; disinterested; unbiased
objektive Sorgfaltspflichtverletzung *f* breach of objective duty of care
objektive Unmöglichkeit *f* frustration *(of a contract)*; absolute impossibility
objektives Recht *n* objective law
objektives Tatbestandsmerkmal *n (CrLaw)* objective element of a criminal offence [*AE* offense]
Objektivität *f* objectivity
Objektsteuern *fpl* tax on property
obliegen *v* be incumbent on sbdy; be the duty of sbdy
Obliegenheit *f* responsibility; incumbency
Obliegenheitsverletzung *f* breach of incumbency
Obligation *f* obligation
obligatorisch *adj* obligatory
Obmann *m* (workers') representative; foreman (of a jury); chairman, chairperson
Obrigkeit *f* (public) authority; government

Observation *f* observation
Observation *f***/grenzüberschreitende** cross-border surveillance
obsiegen *v* prevail; be successful
obsolet *adj* obsolete
Obstruktion *f* obstruction
Oderkonto *n* joint bank account
offenbar *adj* obvious, evident
offenbaren *v* disclose, reveal
Offenbarung *f* disclosure
Offenbarung *f* **von Staatsgeheimnissen** disclosure of state secrets
Offenbarungspflicht *f* **des Arbeitnehmers** employee's duty to disclose; employee's obligation to inform (employer)
Offenbarungsversicherung *f***/eidesstattliche** oath of disclosure; affidavit as to assets and liabilities
offene Handelsgesellschaft *f (OHG)* general (mercantile) partnership
offener Dissens *m* patent ambiguity; open lack of agreement
offenkundig *adj* obvious, manifest
offenkundiger Mangel *m* manifest defect
offenlegen *v* disclose, reveal
Offenlegung *f* disclosure; discovery; publication
Offenlegungsverfahren *n* disclosure proceedings *pl*; *(AE)* discovery proceedings *pl*
öffentlich *adj* public
öffentliche Anhörung *f* public hearing
öffentliche Aufgabe *f* public duty
öffentliche Ausschreibung *f* public offer; public tender, public invitation for tenders [bids]
öffentliche Beglaubigung *f* public certification; public attestation
öffentliche Beurkundung *f* public recording *(by notary)*
öffentliche Dienstbarkeit *f* public easement; public authority
öffentliche Meinung *f* public opinion
öffentliche Sicherheit *f* **und Ordnung** *f* law and order, public security
öffentliche Urkunde *f* official document; public document; document of official authority
öffentliche Versteigerung *f* public auction
öffentlicher Dienst *m* public service, civil service
öffentliches Amt *n* public office, governmental position
öffentliches Eigentum *n* public ownership; public property
öffentliches Interesse *n* public interest; public benefit
öffentliches Recht *n* public law
öffentliches Testament *n* notarial will *(will executed in presence of, and recorded by notary public)*
Öffentlichkeit *f* publicity; public, general public
Öffentlichkeit *f* **von Sitzungen** public nature of sittings [hearings]
Öffentlichkeitsgrundsatz *m* ≈ principle of public access to judicial hearings or trials
öffentlich-rechtlich *adj* public; subject to public law, of public law
öffentlich-rechtliche Verwahrung *f* safe-keeping by a public authority
öffentlich-rechtlicher Vertrag *m* public contract; agreement subject to public law
öffentlich-rechtliches Dienstverhältnis *n* civil service status; employment under public law
offerieren *v* offer; tender
Offerte *f* offer; tender
Offizialdelikt *n (CrLaw)* offence [*AE* offense] subject to public prosecution ex officio
Offizialmaxime *f* principle of ex officio proceedings
Offizialprinzip *n* doctrine of public prosecution
Offizialverfahren *n* proceedings *pl* ex officio
Offizialverteidigung *f* court-appointed defence [*AE* defense]; *(AE)* public defender
offiziell *adj* official
Offizier *m* officer
OHG *f s.* offene Handelsgesellschaft
Ökonomie *f* economy
OLG *s.* Oberlandesgericht
Oligarchie *f* oligarchy
Oligokratie *f* oligocracy
Oligopol *n* oligopoly
Ombudsmann *m* ombudsman; commissioner
Ombudsmannverfahren *n* proceedings *pl* of ombudsman
Onlinebanking *n* online banking, Internet banking

Online-Datenbank *f* online data bank
operieren *v* operate
Opfer *n* 1. sacrifice; 2. victim; casualty
Opferentschädigung *f* compensation for victims (of crime)
Opferentschädigungsgesetz *n* (German) Victims of Crime Compensation Law
opfern *v* sacrifice; give up
Opferschutz *m* protection of (crime) victims
opponieren *v* oppose, be opposed to
opportun *adj* opportune, expedient
Opportunität *f* opportunity
Opportunitätsprinzip *n (CrLaw)* ≈ principle whereby public prosecutor has discretion to prosecute certain offences
Opposition *f* opposition; opposition party
oppositionell *adj* oppositional
Oppositionspartei *f* opposition party
Option *f* option; right
Optionsanleihe *f* option bond *(bond which may be converted into shares)*
Optionsklausel *f* option clause
Optionsrecht *n* option; option right
Optionsschein *m* subscription warrant
Optionsvertrag *m* option agreement [contract]
Orden *m* 1. medal; decoration; 2. (religious) order
ordentlich *adj* ordinary; regular; orderly
ordentliche Gerichtsbarkeit *f* ordinary jurisdiction *(of the courts)*
ordentliche Kündigung *f* notice of termination *(subject to the agreed – or statutory – period of notice)*
ordentliche Rechtsbehelfsbelehrung *f* due notice of (sbdy's) legal rights and remedies
ordentlicher Rechtsbehelf *m* ordinary legal redress; ordinary legal remedy
Order *f* order
Orderklausel *f* order clause *(banking)*
ordern *v* order; issue and order for sthg
Orderpapier *n* ≈ instrument made out to order
Orderscheck *m* order cheque [*AE* check]
Ordinarius *m* full professor
ordnen *v* put in order; arrange; classify
Ordnung *f* order; succession
Ordnung *f***/öffentliche** public order
Ordnung *f***/verfassungsmäßige** constitutional order
Ordnungsamt *n* department of public order; regulatory department
Ordnungsbehörde *f* regulatory authority
Ordnungsgeld *n* disciplinary fine; administrative fine
ordnungsgemäß *adj* due; regular, correct
Ordnungshaft *f* detention for breach of court order; arrest for contempt (of court)
Ordnungshüter *m* law enforcement officer; policeman
ordnungsmäßig *adj s.* ordnungsgemäß
Ordnungsmittel *n* measure to maintain public order
Ordnungspflicht *f* duty to maintain public order
Ordnungsrecht *n* regulatory law
Ordnungsruf *m* call to order
Ordnungsstrafe *f* administrative penalty
ordnungswidrig *adj* disorderly; illegal(ly); in breach of regulations
Ordnungswidrigkeit *f* infringement; regulatory offence [*AE* offense], administrative offence [*AE* offense]
ordre public *(Fr)* ordre public, principles *pl* of (public) law and justice
Ordre-public-Vorbehalt *m* reservation of ordre public
Organ *n* institution; organ; body
Organ *n* **der Rechtspflege** institution of legal system
Organ *n***/entscheidungsfindendes** decision-making body
Organgesellschaft *f (Tax Law) (BE)* controlled company; *(AE)* dependant corporation
Organhaftung *f* ≈ liability of legal persons for acts of officers
Organisation *f* organization
Organisation *f* **für Sicherheit und Zusammenarbeit in Europa** *(OSZE)* Organization for Security and Cooperation in Europe, OSCE
Organisation *f***/gemeinnützige** charitable organization
Organisation *f***/halbstaatliche** quango, quasi-autonomous non-governmental organization
Organisation *f***/Internationale** international organization
Organisation *f***/supranationale** supranational organization
Organisation *f***/verfassungswidrige** unconstitutional organization

Organisationsklausel *f (BE)* closed-shop clause; exclusivity clause
Organisationsmangel *m* lack of organization; deficient organization
Organisationspflicht *f* duty to organize and coordinate
Organisationsverschulden *n* ≈ liability of management for failure to provide adequate organizational system
Organisator *m* promoter, organizer
organisieren *v* organize; establish, form an organization
Organismus *m* organism; system
Organklage *f* action between two public bodies
Organkompetenz *f* competence of an institution
Organschaft *f* relationship between interacting companies
organschaftlich *adj* by the organization, related to the organization
Organstreit *m* dispute between two public bodies
original *adj* original
Original *n* original
Originalurkunde *f* original document
originär *adj* original; initial
originärer Eigentumserwerb *m* primary acquisition of ownership by way of law
Ort *m* place; location; position; town
Ort *m* **der Tat** place of the act
örtlich *adj* local
örtliche Zuständigkeit *f* local jurisdiction; territorial jurisdiction
Ortschaft *f*/**geschlossene** built-up area; urban area
Ortsdurchfahrt *f (BE)* local trunk road; main through road
Ortsform *f* ≈ due legal form required in the respective location
Ortsgericht *n* local court
Ortskrankenkasse *f* local branch of (state) health insurance (organization)
Ortsrecht *n* local law; law of the place of the transaction
Ortstermin *m* hearing at the scene; meeting on site
ortsüblich *adj* habitual in the place in question; locally accepted
Ortszuschlag *m* location supplement *(benefit for public servants – formerly dependent on location of the posting)*
Ostzone *f* Eastern Zone *(area of Germany formerly occupied by Soviet Union)*; German Democratic Republic
OSZE *f s.* Organisation für Sicherheit und Zusammenarbeit in Europa
OVG *s.* Oberverwaltungsgericht

P

Pacht *f* 1. lease *(with the profits as well as rights of use over chattels and the land)*; usufructuary lease; rent; 2. leasehold rent; lease payment; 3. leasehold
Pacht *f* **auf Lebenszeit** lease for life
Pachtablauf *m* termination of a lease
Pachtbesitz *m* leasehold tenancy
Pachtdauer *f* duration of a lease; tenancy; tenure
Pachteigentum *n* leasehold
pachten *v* lease; rent
Pächter *m* leaseholder, lessee; tenant
Pachtgegenstand *m* leased property; object of lease
Pachtkredit *m* leaseholder credit; lessee loan
Pachtverhältnis *n* lease tenure; tenancy
Pachtvertrag *m* lease agreement
Pachtzins *m* leasehold rent; lease payment
pacta sunt servanda *(Lat)* agreements shall be followed
pactum *(Lat)* agreement; contract
Pakt *m* pact; covenant
panaschieren *v* ≈ split votes, so as to cast a vote for candidates of different parties in preferential voting system with multiple votes
Pandekten *fpl* pandects *pl*
Pandektenwissenschaft *f* pandectistic
Papier *n* 1. paper; stationery; 2. documentation; 3. security; stock; *(AE)* commercial paper
Papiergeld *n* paper money, banknotes *pl*, paper currency
Papst *m* pope
Paragraph *m* paragraph; section; clause
Parallelzuständigkeit *f* parallel jurisdiction; parallel responsibility
Paraphe *f* initials *pl*
paraphieren *v* initial *(a treaty)*
Paraphierung *f* initialling a treaty
Parentel *f* parentela

Parentelsystem *n* parentela system; per stirpes inheritance system
Parität *f* parity
paritätisch *adj* at par; with parity; equal in representation
Parlament *n* parliament
Parlamentarier *m* parliamentarian; member of parliament
parlamentarisch *adj* parliamentary
parlamentarische Demokratie *f* parliamentary democracy
Parlamentarischer Rat *m* Parliamentary Council *(legislative body which drafted the Basic Law in 1949)*
Parlamentarismus *m* parliamentarianism
Parlamentsanklage *f* impeachment
Parlamentsausschuss *m* parliamentary committee, committee of parliament
Parlamentsdebatte *f* parliamentary debate
Parlamentsfraktion *f* parliamentary group; party
Parlamentsgebäude *n* parliamentary building; precincts *pl* of parliament
Parlamentsgesetz *n* Law of Parliament
Parlamentsmitglied *n* member of parliament
Parlamentsprotokoll *n***/amtliches** *(BE)* Hansard; record of parliamentary proceedings
Parlamentssitzung *f* session of parliament; parliamentary hearing; meeting of parliament
Partei *f* 1. (political) party; 2. party *(to a contract, legal dispute, etc.)*
Partei *f* **kraft Amtes** ex officio party
Partei *f***/obsiegende** prevailing party
Partei *f***/unterlegene** unsuccessful party
Partei *f***/vertragsschließende** party to a contract, party concluding an agreement, contracting party
Parteiabrede *f* agreement [understanding] between the parties
Parteiänderung *f* change of party
Parteianhörung *f* hearing of a party
Parteiantrag *m* party motion, motion submitted by a party
Parteiausschluss *m* expulsion from a political party
Parteibegriff *m* concept of the party
Parteibeitritt *m* 1. joining a political party; becoming a member of a political party; 2. intervention as a party to legal proceeding; joining an action as a party
Parteibetrieb *m* principle of service by the parties
Parteieid *m* oath taken by a party to the proceedings
Parteienfinanzierung *f* financing of political parties
Parteienmehrheit *f* majority of political parties
Parteienstaat *m* party-state *(state with political parties as part of system of government)*
Parteienverbot *n* prohibition of political parties
Parteierweiterung *f* extension of action to other parties
Parteifähigkeit *f* admissibility of a party to an action
Parteigenosse *m* party member
Parteiherrschaft *f* party rule
parteiisch *adj* biased; partial
Parteikurs *m* party line
parteilich *adj* 1. by the party; 2. biased
Parteilichkeit *f* partisanship; bias, partiality
Parteinahme *f* partisanship
Parteiöffentlichkeit *f* publicity limited to the parties to the proceedings
Parteispende *f* (political) donation to a political party; contribution to a political party
Parteiverbotsverfahren *n* proceedings *pl* to ban a political party
Parteivereinbarung *f* agreement between the parties; contractual provision
Parteivernehmung *f* interviewing of party *(in court to produce evidence)*; interrogatories *pl*
Parteiverrat *m* betraying a client; breach of trust
Parteivorbringen *n* allegation; argument; pleading
Parteiwechsel *m* change of political party
Parteiwille *m* intention of the parties; will of the parties
Partenreederei *f* partnership as owners of ships
partiarisch *adj* participating
partiell *adj* partial
Partikularrecht *n* particular law, specific law
Partisan *m* partisan
Partner *m* partner; fellow-member; associate
Partnerschaft *f* partnership

Partnerschaftsgesellschaft *f* partnership
Partnerschaftsregister *n* partnership register
Partnerschaftsvertrag *m* partnership agreement
Parzelle *f* parcel (of land), plot (of land), lot, section
parzellieren *v* subdivide, divide into lots
Pass *m* passport
Passagevertrag *m* contract of passage, agreement to transport passengers on ship
Passbehörde *f* passport authorities *pl*
Passierschein *m* pass; permit; authority to pass
passiv *adj* passive
Passiva *npl* liabilities *pl*
passives Wahlrecht *n* right to be a candidate; right to be elected to (public) office
Passivmasse *f* liabilities *pl*
Passivposten *m* debit item
Passivprozess *m* ≈ legal proceedings involving passive defendant not seeking any legal proceedings
Passivvertretung *f* passive agency
Passkontrolle *f* passport control, passport check
Passpflicht *f* duty to carry a passport
Passrecht *n* law of passports
Patent *n* patent
Patent *n***/eingetragenes** registered patent
Patent *n***/verfallenes** lapsed patent
Patentamt *n* patent office; *(AE)* commissioner of patents
Patentanmelder *m (AE)* caveator
Patentanmeldung *f* patent application
Patentanwalt *m* patent attorney; patent agent
Patentfähigkeit *f* patentability, capability of being patented
Patentgericht *n* patent court
patentieren *v* patent
Patentinhaber *m* patent holder, patentee, owner of the patent
Patentmissbrauch *m* abuse of a patent
Patentrecht *n* patent law; patent right
Patentregister *n* register of patents
Patentschrift *f* patent specification
Patentverletzung *f* violation [breach] of patent (rights)
Pathologe *m* pathologist
Pathologie *f* pathology
Patient *m* patient
Patriarchat *n* patriarchy
Paulskirchen-Verfassung *f* ≈ constitution of German states decided in 1848
Pauperismus *m* pauperism
Pauschalbeitrag *m* flat rate amount; lump sum; fixed amount
Pauschale *f* flat rate; lump sum; fixed charge
Pauschalhonorar *n* flat fee, fixed fee, lump sum reimbursement
Pauschalierungserlass *m (Tax Law)* ≈ German tax decree concerning participation in foreign companies or foreign income being taxed at 25% rate
Pauschalreise *f* package holiday
Pauschalsatz *m* flat rate, fixed rate
Pauschbetrag *m s.* Pauschalbeitrag
Pauschsteuer *f* lump sum tax
Pendler *m* commuter
Pendlerpauschale *f (Tax Law)* commuter travelling allowance
Pension *f* pension; superannuation
pensionieren *v* pension (off)
Pensionsalter *n* pensionable age; retirement age
peremptorisch *adj* peremptory; strict
Periode *f* period
periodisch *adj* periodic
perpetuatio fori *(Lat)* continued jurisdiction
Person *f* person; party
Person *f***/juristische** legal person, legal entity
Person *f***/nahestehende** 1. relation, related person; 2. *(Tax Law)* related party, interested party, concerned party
Person *f***/natürliche** natural person
persona non grata *(Lat)* persona non grata, unwanted person
Personal *n* personnel; staff; employees *pl*; work force
Personalabbau *m* redundancy, laying-off
Personalakte *f* personnel file
Personalausweis *m* identity card
Personalcomputer *m* personal computer, PC
Personalgerichtsbarkeit *f* jurisdiction of the person
Personalhoheit *f* personality sovereignty
Personalien *fpl* personal details *pl*; personal data *pl*
Personalitätsprinzip *n* 1. personality

principle; 2. *(CrLaw)* jurisdiction over a person
Personalkredit *m* personal loan; personal credit
Personalrat *m* employees council, staff committee
Personalrekrutierer *m* head-hunter, recruiter
Personalstatut *n* governing law *(in terms of nationality of participating party)*
Personalversammlung *f* meeting of employees, staff meeting
Personalvertretung *f* personnel representation, personnel agency
Personenbeförderungsrecht *n* law related to the carriage of passengers; passenger transport law
Personenbeschreibung *f* description of a person, personal description
Personenfeststellung *f* identification
Personenfirma *f* personal firm name
Personengesellschaft *f* partnership
Personenhandelsgesellschaft *f* (commercial) partnership
Personenidentität *f* same persons *pl*, same legal identity
Personenkraftwagen *m (PKW)* motor vehicle *(for transporting persons)*; *(AE)* automobile
Personenrecht *n* law of personal status
Personenschaden *m* personal injury
Personensorge *f* care and custody
Personenstand *m* family status, personal status
Personenstandsbuch *n* register of births, deaths and marriages
Personenstandsfälschung *f* misrepresentation as to personal status; falsifying documentation as to personal status
Personenstandsregister *n s.* Personenstandsbuch
Personenstandsurkunde *f* certificate as to personal status; certificate of birth; certificate of death; certificate of marriage
Personenstandswesen *n* matters *pl* of personal status
Personenüberprüfung *f* vetting
Personenvereinigung *f* association
Personenversicherung *f* insurance of persons *(health, accident, life)*; personal insurance
persönlich *adj* personal; in person
persönliche Haftung *f* personal liability
Persönlichkeit *f* personality; public figure, prominent person
Persönlichkeitsrecht *n***/allgemeines** general right of privacy
Persönlichkeitsschutz *m* protection of privacy; protection of reputation; protection of personal rights
Persönlichkeitsschutz *m***/postmortaler** protection of privacy post mortem; protection of reputation after death
Persönlichkeitssphäre *f* sphere of privacy
Persönlichkeitsverletzung *f* breach of privacy
Perücke *f* wig
pervers *adj* perverse
Perversion *f* perversion
Petition *f* petition
Petitionsausschuss *m* committee for public petitions
Petitionsrecht *n* right to petition
Pfand *n* pawn; pledge; security; lien
pfändbar *adj* attachable; distrainable; subject to execution
Pfändbarkeit *f* attachment liability, attachability
Pfandbrief *m* mortgage bond; mortgage debenture
Pfandbriefgläubiger *m* bond creditor; debenture holder; bond holder
Pfandbriefinhaber *m* bond holder; debenture holder
Pfandbriefschuldner *m* bond debtor
pfänden *v* attach; seize; take in execution
Pfandfreigabe *f* release from pledge; release from lien
Pfandgegenstand *m* pawn; pledge
Pfandgläubiger *m* pledgee; pawnee creditor with (right of) lien
Pfandkammer *f* ≈ storage room for seized goods
Pfandkehr *f* ≈ unlawful recovery of goods subject to pledge or lien
Pfandleiher *m* pawnbroker
Pfandnehmer *m* pledgee; pawnee
Pfandrecht *n***/gesetzliches** statutory lien
Pfandrecht *n***/vertragliches** contractual right of lien
Pfandschuldner *m* pawnor; pledger
Pfandsiegel *n* (court) bailiff's seal; seal of attachment
Pfändung *f* distress; distraint; seizure; attachment

Pfändung *f***/zwecklose** unsuccessful attachment
Pfändungsakt *m* act of attachment; act of seizure
Pfändungsanzeige *f* notice of execution
Pfändungsbeschluss *m* execution order
Pfändungsfreibetrag *m* ≈ amount (of income) exempt from execution
Pfändungsfreigrenze *f* ≈ limit of any exemption from execution
Pfändungspfandrecht *n* lien by attachment; execution lien
Pfändungsprotokoll *n* (court) bailiff's record
Pfändungsschutz *m* exemption from distraint; exemption from judicial execution
Pfändungs- und Überweisungsbeschluss *m* attachment order
Pfändungsverbot *n* prohibition on execution
Pfandverkauf *m* distress sale; sale of pledged goods; sale of distrained property
Pfandversteigerung *f* auction of distrained goods; auction of pledged property
Pfandverwertung *f* recovery of secured amount
Pflanzenschutzrecht *n* law related to plant protection [preservation]
Pflege *f* care; nursing; maintenance; support
Pflegeanstalt *f* nursing institution
Pflegebedürftigkeit *f* status of requiring care
Pflegeeltern *pl* foster parents *pl*
Pflegefall *m* person requiring care
Pflegegeld *n* insurance benefits *pl* for nursing
Pflegeheim *n* nursing home
Pflegekind *n* foster child, child in care
Pflegemutter *f* foster mother
pflegen *v* care (for sbdy)
Pflegeperson *f* carer
Pfleger *m* 1. male nurse; 2. court-appointed trustee, curator
Pflegerecht *n* nursing law; law related to care
Pflegerin *f* nurse
Pflegesatz *m* ≈ rate at which nursing benefit is paid
Pflegestufe *f* level of eligibility for nursing benefit
Pflegevater *m* foster father
Pflegeversicherung *f* (statutory) nursing insurance (scheme)
Pflegeversicherung *f***/private** private nursing insurance (scheme)
Pflegling *m* ward *(of the court)*; person subject to wardship
Pflegschaft *f* curatorship; wardship; trusteeship
Pflicht *f* duty; obligation
Pflicht *f***/obliegende** incumbent obligation
Pflicht *f***/übertragene** commission
Pflicht *f***/unbeschränkte** absolute duty
Pflicht *f***/vertragliche** contractual duty
Pflicht *f***/vorvertragliche** precontractual duty
Pflicht *f* **zur Amtsverschwiegenheit** duty of secrecy in office; duty of official secrecy
Pflichtaufgabe *f* absolute obligation; mandatory legal duties *pl*
Pflichtbeitrag *m* compulsory contribution *(to social insurance scheme etc.)*
Pflichtbeitragszeiten *fpl* periods *pl* of compulsory contribution
Pflichteinlage *f* minimum capital, minimum contribution required
Pflichten *fpl***/staatsbürgerliche** civic duties *pl*
Pflichtenkollision *f* conflict of duties
Pflichtenkollision *f***/rechtfertigende** legally justifying conflict of duties
Pflichtenverhältnis *n* relationship within which (certain) duties must be fulfilled
Pflichtenverteilung *f* division of duties
Pflichtenzuweisung *f* allocation of duties
Pflichterbe *m* compulsory heir; statutory inheritor; successor by law
Pflichterbe *n* compulsory estate; statutory inheritance
Pflichterfüllung *f* fulfil(l)ment of one's duty
Pflichtexemplar *n* statutory copy *(referring to a statutory obligation that a certain number of copies of a scientific dissertation or another publication be provided free of charge for the national and/or other public libraries)*
pflichtgemäßes Alternativverhalten *n* ≈ substitute action in accordance with one's duties
Pflichtleistung *f* mandatory performance; required performance

Pflichtmitglied *n* compulsory member
Pflichtschenkung *f* forced gift; compulsory gift
Pflichtteil *m***/großer** major compulsory portion (of estate for spouse)
Pflichtteil *m***/kleiner** minor compulsory portion (of estate for spouse)
Pflichtteilergänzungsanspruch *m* ≈ claim to augmentation of compulsory portion of estate, due to gift mortis causa
Pflichtteilsanspruch *m* claim to compulsory portion (of estate); right to compulsory portion (of estate)
Pflichtteilsberechtigter *m* person entitled to compulsory portion (of estate); forced heir; compulsory inheritor
Pflichtteilsbeschränkung *f* limitation of compulsory portion (of estate)
Pflichtteilsentziehung *f* removal of right to compulsory portion (of estate)
Pflichtteilslast *f* ≈ burden (to estate) of paying out or transferring compulsory portion
Pflichtteilsrecht *n* law related to compulsory inheritance
Pflichtteilsrestanspruch *m* claim to a remaining compulsory share of estate of testator
Pflichtteilsunwürdigkeit *f* unworthiness of right to compulsory portion
Pflichtverletzung *f* breach of duty; neglect of duty
Pflichtverletzung *f***/grobe** gross breach of duty; material neglect of duty
Pflichtversicherung *f* compulsory insurance; mandatory statutory insurance
Pflichtverteidiger *m* court appointed defence [*AE* defense] counsel; *(AE)* public defender
Pfründe *f* benefice; sinecure
Pfund *n* 1. pound *(weight)*; 2. pound (sterling) *(currency)*
Phantasiefirma *f* ≈ company name unrelated to business activities, name of owners or products of company
Philosophie *f* philosophy
physisch *adj* physical
Piraterie *f* piracy
Pistole *f* pistol
PKW *m s.* Personenkraftwagen
plädieren *v* plead; address the court; sum up
Plädoyer *n* pleading; address by counsel; summing up
Plagiat *n* plagiarism
Plagiator *m* plagiarist
plagiieren *v* plagiarize; (unlawfully) copy
Plakette *f* badge; medal
Plan *m* plan; scheme; timetable; map
planen *v* plan
Planer *m* planner
Planfeststellung *f* ≈ official approval of (plan for) public works project
Planfeststellungsbeschluss *m* ≈ ruling as to (plan for) public works project
Planfeststellungsverfahren *n* ≈ proceedings for official approval of (plan for) public works project
Plangewährleistungsanspruch *m* ≈ claim or right to demand compliance with (approved) plan for public works
Planstelle *f* permanent (employment) position
Planung *f* planning; organization
Planungshoheit *f* planning competence
Planungsrecht *n* (town) planning law, *(AE)* zoning laws *pl* [regulations *pl*]
Planwirtschaft *f* (centrally-)organized economy, planned economy
Platz *m* place; room; area; location; seat
Platzierung *f* placement
Platzverweis *m* order to leave a place; order to leave the field *(sport)*; sending-off
plausibel *adj* plausible
Plausibilitätsprüfung *f* validity check
Plebiszit *n* plebiscite
plebiszitär *adj* plebiscitary
plebiszitäre Demokratie *f* plebiscitary democracy
Pleite *f* (commercial) failure; *(colloq.)* flop
Pleitegeier *m* imminent insolvency; threat of bankruptcy
Plenarausschuss *m* plenary committee, committee of all members
Plenarsitzung *f* plenary session
Plenum *n* full meeting, plenary meeting; full court
Plombe *f* seal
plombieren *v* seal; seal up
Plombierung *f* sealing, seal
Plünderer *m* plunderer, looter, pillager
plündern *v* plunder, loot, pillage
Plünderung *f* plundering, looting, pillaging
Pluralismus *m* pluralism
Plutokratie *f* plutocracy
Pogrom *n* pogrom
Police *f* (insurance) policy
Politik *f* 1. policy; 2. politics *pl*

Politiker *m* politician
Politikwissenschaft *f* political science
politisch *adj* political
Polizei *f* police; police force
Polizeibeamter *m* police officer; *(BE)* (police) constable; law enforcement officer
Polizeibehörde *f* police authority
Polizeibericht *m* police report
Polizeichef *m* police chief; head of police; *(BE)* chief constable
Polizeidirektion *f* police station
Polizeigefängnis *n* lock-up
Polizeigewahrsam *n* police custody; police arrest
Polizeigewalt *f* police power
Polizeihauptkommissar *m* chief inspector *(German police rank)*
Polizeihauptwachtmeister *m (BE)* senior station officer *(German police rank)*
Polizeiinspektion *f* police station
Polizeikommissar *m* inspector *(German police rank)*
polizeilich *adj* by the police; of the police
polizeiliche Vernehmung *f* police interrogation, police questioning; *(BE)* police interview
Polizeiordnung *f* police rules *pl*
Polizeipräsident *m* chief of police *(German police rank)*
Polizeirecht *n* police law
Polizeischutz *m* police protection
Polizeispitzel *m* police informer; *(BE, colloq.)* grass
Polizeistaat *m* police state
Polizeistreife *f* police; patrol
Polizeistunde *f* compulsory closing time
Polizeitätigkeit *f*/**präventive** preventative police action
Polizeitätigkeit *f*/**repressive** repressive police action
Polizeiverfügung *f* police order
Polizeiverordnung *f* police regulation
Polizeiverwaltung *f* administration of the police
Polizeiverwaltungsgesetz *n* (German) Law of Police Administration
Polizeivollzugsdienst *m* police service
Polizeiwache *f* police station
Polizeiwidrigkeit *f* violation of police regulations
Polizist *m s.* Polizeibeamter
polygam *adj* polygamous
Polygamie *f* polygamy
Polygraph *m* polygraph; lie-detector
Pool *m* pool
Poolvertrag *m* pool agreement
Popularklage *f* ≈ citizen's action challenging the validity of a statute or regulation on constitutional grounds, admissible without the citizen's right being affected *(Bavarian constitutional law)*
Pornographie *f* pornography
pornographisch *adj* pornographic
Porto *n* postage (costs)
Portobuch *n* postage book
Portokasse *f* petty cash
positiv *adj* positive
positive Vertragsverletzung *f* positive breach of contractual duty *(for reasons other than delay, impossibility or other reasons defined by statute)*
positives Interesse *n* interest in performance of contract
positives Recht *n* positive law; positive right
Positivismus *m* positivism
Positivliste *f* positive list; affirmative list *(of approved medicines)*
possessorisch *adj* possessory
possessorische Besitzschutzansprüche *mpl* possessory claims *pl* to protect rights
possessorischer Anspruch *m* possessory claim
postalisch *adj* postal
Postamt *n* post office
Postanschrift *f* postal address, mailing address
Postanweisung *f* postal money order; postal remittance
Postausgangsdatum *n* date of mailing
Postbank *f* postal bank
Postbetrug *m* mail fraud, postal fraud
Postgebühren *fpl* postal rates *pl*, postage
Postgeheimnis *n* postal confidentiality; *(AE)* secrecy of the mail
Postgesetz *n* (German) Postal Law
postlagernd *adj* in poste restante; *(AE)* in general mail
Postleitzahl *f* postal code; *(AE)* zip code
postmortaler Persönlichkeitsschutz *m* protection of privacy post mortem; protection of reputation after death
Postraub *m* mail robbery
Postscheck *m* giro cheque [*AE* check]; postal cheque [*AE* check]

Postscheckamt *n* postal cheque [*AE* check] office
Postscheckkonto *n (BE)* postal (giro) cheque account, *(AE)* postal (giro) checking account
Postsendung *f* mail, post
Postsparguthaben *n* postal savings *pl*
Poststempel *m* postmark, cancel(l)ation stamp
Postulationsfähigkeit *f* right of audience (in court); *(Lat)* locus standi, *(AE)* standing; capacity to conduct a case
postulieren *v* demand; require; stipulate
postum *adj* posthumous
Postzensur *f* censoring of the post, *(AE)* censoring of the mail
Postzustellungsurkunde *f (PZU)* certificate of delivery; delivery receipt
potent *adj* potent
potenziell *adj* potential
potenzieller Wettbewerb *m* potential competition
potenzielles Unrechtsbewusstsein *n* potential guilty mind; potential mens rea
Potestativbedingung *f* potestative condition
Potsdamer Abkommen *n* Potsdam Agreement
Präambel *f* preamble
Präjudiz *n* precedent, leading case
Präjudizialität *f* prejudicial effect
präjudiziell *adj* of a precedent
Präklusion *f* preclusion; bar; foreclosure
Praktikant *m* trainee
Praktikum *n* practical training (period); internship
praktizieren *v (BE)* practise, *(AE)* practice
Prämie *f* bonus; bounty; premium; reward; award; prize
Pranger *m* pillory
Prärogative *f* prerogative
Präsentation *f* presentation
Präsident *m* president; chairman; director
Präsident *m* **der Anwaltskammer** president of the bar association; president of the law society
Präsidialamt *n* office of the president
Präsidialdemokratie *f* presidential democracy
Präsidialrat *m* presidential council
Präsidialverfassung *f* presidential constitution
Präsidium *n* presiding council; executive body; chairmanship
Präsumtion *f* presumption
Prätendent *m* pretender
Prävention *f* prevention
Präventionsgrundsatz *m* principle of prevention; pre-emptive harm reduction
präventiv *adj* preventative
präventive Polizeitätigkeit *f* preventative police action
Präventivkrieg *m* preventative war
Präventivnotwehr *f* preventative self-defence [*AE* self-defense]
Praxis *n* practice; practical experience
Präzedenz *f* precedence
Präzedenzfall *m* (judicial) precedent; leading case; landmark case
Präzedenzregel *f* rule of precedent
präzisieren *v* state more precisely; define; specify
Präzisierung *f* clarification
Preis *m* 1. prize; award; 2. price; cost, charge
Preisabsprache *f* price agreement
Preisanpassungsklausel *f* ≈ contractual clause permitting adjustment of prices
Preisausschreiben *n* competition, contest for a prize
Preisauszeichnung *f* price tag; price marking
Preisbindung *f* binding of prices
Preisempfehlung *f* price recommendation
Preiserhöhung *f* markup on prices; price rise
Preisgabe *f* surrender; disclosure
Preisgabe *f* **von Informationen** disclosure of information
preisgeben *v* surrender; abandon; give up
Preisgefahr *f* ≈ seller's risk in relation to loss of value
Preisgegenüberstellung *f* price comparison
Preiskartell *n* cartel on prices
Preismissbrauch *m* abuse of price
Preisobergrenze *f* price ceiling
Preisrecht *n* law of prices
Preisrichter *m* juror
Preissteigerung *f* price rise; price increase; inflation
Preisüberwachung *f* price surveillance
Premierminister *m* prime minister; premier
Presse *f* press

Pressedelikt *n* offence [*AE* offense] related to press publication
Pressefreiheit *f* freedom of the press
Pressegeheimnis *n* press privilege
Pressekonferenz *f* press conference
Presserat *m* press council
Presserecht *n* press law
Pressesprecher *m* spokesperson; press officer
Pressestelle *f* press office
Pressestraftat *f* criminal offence [*AE* offense] by press publication
Pressevergehen *n* offence [*AE* offense] by press publication
Prima-facie-Beweis *m* prima facie proof; prima facie evidence
primär *adj* primary
Primäranspruch *m* primary claim
Primärschädigung *f***/psychische** primary psychological injury
Primat *m* primacy; priority
Primogenitur *f* primogeniture
Prinz *m* prince
Prinzessin *f* princess
Prinzgemahl *m* prince consort
Prinzip *n* principle; doctrine
Prinzipal *m* principal; manager; head of business
prinzipiell *adv* in principle, principly
Priorität *f* priority
Prioritätsprinzip *n* principle of priority
privat *adj* private
Privatautonomie *f* doctrine of privity of contract; freedom to contract
Privatdetektiv *m* private detective, private investigator, PI
Privatdozent *m* lecturer (without tenure)
Privateigentum *n* private property; private ownership
Privateinlage *f* private deposit
Privatentnahme *f* drawings *pl*; private takings *pl*; (private) withdrawal
Privaterbfolge *f* ≈ system of inheritance whereby the estate of a deceased should be inherited by the family or specified persons in accordance with testamentary wishes and not the state
privates Baurecht *n* private construction law
Privatfernsehen *n* private television (companies)
Privatgläubiger *m* individual creditor
privatisieren *v* privatize
Privatisierung *f* privatization; denationalization
privativ *adj* privative
Privatklage *f (CrLaw)* private prosecution
Privatklagedelikt *n* ≈ (minor) offence which may be subject to private prosecution
Privatkläger *m* private prosecuting party
Privatperson *f* individual; private person
Privatrecht *n* private law; civil law
Privatrecht *n***/interlokales** statutory interregional rules *pl*
Privatrecht *n***/Internationales** international private law; conflict of laws
Privatrecht *n***/interpersonales** interpersonal private law
privatrechtlich *adj* related to private law
Privatschule *f* private school; *(BE)* public school
Privatsphäre *f* privacy
Privaturkunde *f* private document *(non--public document executed by private party)*
Privatvermögen *n* private property; personal property
Privileg *n* privilege; special right
privilegieren *v* grant a privilege
privilegierendes Tatbestandsmerkmal *n* privileged [mitigating] element of a criminal offence [*AE* offense]
privilegiert *adj* privileged
privilegiertes Anfangsvermögen *n* *(Family Law)* privileged assets *pl* at beginning of marriage
Probe *f* 1. sample; 2. test trial
Probearbeitsverhältnis *n* probationary employment, trial employment
Probezeit *f* trial period
Produkt *n* product; produce
Produkt *n***/mangelhaftes** defective product
Produktfehler *m* product defect
Produkthaftung *f* product liability
Produkthaftungsgesetz *n* (German) Product Liability Law
Produktion *f* production
Produktnachahmung *f* imitation of products
Produktpiraterie *f* product piracy; illegal copying of products
Produktsicherheitsgesetz *n* (German) Law of Product Safety
Produzent *m* producer; manufacturer

Produzentenhaftung *f* liability of manufacturer; liability of producer
produzieren *v* produce; manufacture
Professor *m* professor
Professur *f* professorship, chair
Profit *m* profit; gain; advantage
Proforma-Rechnung *f* pro forma invoice
Prognose *f* prognosis
Progression *f* progression; progressive scale
Progressionsvorbehalt *m* ≈ legal rule that in case of tax-free income, the rate of tax to be applied is that which would be applicable if such income were taxable
progressiv *adj* progressive
Prokura *f* general commercial [corporate] power of representation
Prokurist *m* officer of company with general commercial power of representation
Prolongation *f* prolongation; renewal; extension of period
prolongieren *v* prolong; renew; extend
Promotion *f* 1. awarding of a doctoral degree; 2. graduation with post-graduate degree
Promotionsverfahren *n* procedures *pl* for obtaining doctorate
promovieren *v* obtain a doctoral degree; work towards a doctoral degree; write a doctoral thesis
Promulgation *f* promulgation; declaration
Propaganda *f***/verfassungswidrige** unconstitutional propaganda
Proportion *f* proportion
proportional *adj* proportional
Proporz *m* proportional representation
Prorektor *m* pro-rector
Prorogation *f* prorogation of jurisdiction; agreement as to jurisdiction
Prospekt *m* prospectus; brochure; pamphlet
Prospekthaftung *f* liability for representation contained in prospectus
Prosperität *f* prosperity
Prostituierte *f* prostitute
Prostitution *f* prostitution
Prostitutionsausübung *f* working as a prostitute
Protest *m* protest
protestieren *v* protest; object (to sthg); refuse to accept liability for (sthg)
Protokoll *n* 1. record; minutes *pl*; 2. (court) record
Protokolleintrag *m* minute, entry in the minutes
Protokollfehler *m* mistake in the minutes
Protokollführer *m* recorder, secretary
Protokollierung *f* recording, taking of minutes
Protokollierungspflicht *f* duty to record; requirement of keeping minutes
Provision *f* commission; brokerage
Provisionsanspruch *m* right to commission; claim to commission
Provisionszahlung *f* commission payment
Provokateur *m* provocateur
Provokation *f* provocation
provozieren *v* provoke; challenge
Prozedur *f* procedure; process
Prozent *n* per cent
Prozess *m* (legal) proceedings *pl*; (legal) action; (law) suit; court case
Prozessakte *f* court record, case record; case file
Prozessanwalt *m (BE)* barrister; counsel; lawyer of record
Prozessbeendigung *f* ending of legal proceedings
Prozessbeobachter *m* trial observer
Prozessbeschleunigung *f* acceleration of the trial; expediting of proceedings
Prozessbeteiligter *m* party to proceedings
Prozessbetrug *m***/fraudulenter** (malicious) use of proceedings
Prozessbevollmächtigter *m (BE)* barrister; counsel; lawyer of record
prozessfähig *adj* capable of being a party to a legal action; able to plead; capable of standing trial
Prozessfähigkeit *f* capacity to be a party to a legal action; capacity to plead; capability of standing trial
Prozessfähigkeit *f***/fehlende** incapacity to be a party to a legal action
Prozessförderungspflicht *f* duty to bring matters to court in good time
Prozessführung *f* conduct of a case; conduct of a trial
Prozessführung *f***/schikanöse** vexatious proceedings *pl*
Prozessführungsbefugnis *f* right to appear in court; right to plead in specific proceedings
Prozessgebühr *f* lawyer's court fee

Prozessgegner *m* opposing party; adverse party
Prozessgericht *n* trial court
Prozesshandlung *f* procedural act; act in proceedings
Prozesshindernis *n* ≈ bar or impediment to proceedings
Prozesskosten *pl* legal fees *pl*; legal costs *pl*, litigation costs *pl*
Prozesskostenhilfe *f (PKH)* legal aid *(for court costs and own legal counsel)*
Prozesskostenhilfebewilligung *f* grant of legal aid
Prozesskostensicherheit *f* guarantee of costs *(from foreign party)*
Prozesskostenvorschuss *m* advance payment of costs
Prozesslawine *f* spate of trials
Prozessleitung *f* judicial control of proceedings
Prozessmaxime *f* principles *pl* of legal proceedings
Prozessökonomie *f* efficiency of legal proceedings
Prozessordnung *f* rules *pl* of procedure
Prozesspartei *f* party to proceedings
Prozessrecht *n* procedural law
Prozessrechtsverhältnis *n* procedural relationship
Prozessregister *n* calendar, register (of cases)
Prozessstandschaft *f* representative action; proceedings *pl* on behalf of another
Prozessstoff *m* matter of litigation
Prozesstrennung *f* severance of actions
Prozessunfähigkeit *f* incapacity to act in legal proceedings
Prozessunterbrechung *f* interruption in proceedings; recession
Prozessurteil *n* judgment; verdict
Prozessvergleich *m* court settlement
Prozessverschleppung *f* delaying of proceedings; dilatory methods *pl*
Prozessvertreter *m* counsel; *(AE)* attorney
Prozessvollmacht *f* authority to act; authority to represent a party in court; warrant to sue and defend
Prozessvoraussetzung *f* procedural requirements *pl*
Prozessvortrag *m***/lückenhafter** mispleading
Prozessweg *m* going to court
Prozesszinsen *mpl* ≈ interest payable from commencement of proceedings
prüfen *v* test; verify; inspect; examine
Prüfer *m* tester; auditor; examiner
Prüfling *m* (examination) candidate
Prüfung *f* test; examination; audit; inspection
Prüfung *f* **der angemeldeten Forderungen** audit of (registered) claims
Prüfung *f***/erneute** re-examination
Prüfungsanordnung *f* order for examination
Prüfungsauftrag *m* audit assignment
Prüfungsbericht *m* test report
Prüfungskommission *f* board of examiners
Prüfungsmonopol *n* jurisdictional monopoly; sole authority to examine
Prüfungsordnung *f* examination regulations *pl*
Prüfungsschema *n* audit scheme
Prüfungsstelle *f* testing board; examining agency
Prüfungstermin *m* date (and time) of examination
Prügelstrafe *f* corporal punishment
psychische Beihilfe *f* psychological support
psychischer Folgeschaden *m* resulting psychological injury
Psychologie *f***/forensische** forensic psychology
Psychotherapie *f* psychotherapy
Publikum *n* public; audience; visitors *pl*
Publikumsgesellschaft *f* public partnership
Publizität *f* publicity
Publizität *f***/negative** ≈ reliability of a public register solely for the registration of changes
Publizität *f***/positive** ≈ full reliability of the information contained in the commercial register
Publizitätsprinzip *n* principle of public disclosure
Punktesystem *n* point system *(used when assessing traffic offences)*
Putativdelikt *n* putative crime
Putativerbe *m* putative heir
Putativgefahr *f* putative danger
Putativnotstand *m* putative necessity; circumstances *pl* mistakenly understood to be an emergency
Putativnotwehr *f* putative right to defend

oneself; self-defence [*AE* self-defense] based on an erroneous assumption of being under attack
Putativnotwehrexzess *m* ≈ excessive use of force whilst mistakenly believing that one needs to defend oneself
Putsch *m* insurrection; *(Fr)* coup d'état
PZU *s.* Postzustellungsurkunde

Q

Qualifikation *f* 1. qualification; 2. classification
qualifiziert *adj* specified; qualified
qualifizierte Mehrheit *f* qualified [special] majority
qualifizierter Diebstahl *m* aggravated theft
qualifizierter Versuch *m* qualified attempt
qualifiziertes Tatbestandsmerkmal *n* qualified element of a criminal offence [*AE* offense]
Qualitätsmangel *m* defect as to quality, defect
Quarantäne *f* quarantine
Quarantänebestimmungen *fpl* quarantine regulations *pl*
Quartalsabschluss *m* closing for the quarter year; quarterly balance
Quelle *f* source; origin
Quellenstaat *m* country of origin
Quellensteuer *f* withholding tax
Querulant *m* trouble-maker
Querulantentum *n* barratry
quittieren *v* receipt; issue a receipt
Quittung *f* (written) receipt
Quorum *n* quorum
Quote *f* quota; allotted share; proportional share
Quotenregelung *f* quota system
Quotenschaden *m* ≈ portion of damages attributable in insolvency proceedings
Quotenvorrecht *n* preferential quota
quotieren *v* quote, list
Quotierung *f* quotation; listing

R

Rabatt *m* discount; rebate; (price) reduction
Rache *f* revenge; retaliation; vengeance
rächen *v* take revenge; avenge oneself
Radar *m(n)* radar
Radarfalle *f* radar trap *(for speed checks on road traffic)*
Radarkontrolle *f* radar speed check
Radarwarngerät *n* radar warning device; radar detector
Rädelsführer *m* ring leader; gang leader
Radfahrer *m* cyclist
Radweg *m* cycle way, bicycle path
Rahmengesetz *n* framework law
Rahmengesetzgebung *f* framework legislation
Rahmenrichtlinie *f* framework directive
Rahmentarifvertrag *m* general wage agreement
Randvermerk *m* side comment; comment in the margin
Rang *m* position; rank
Rangfolge *f* order of priority; position according to rank
Rangverhältnis *n* rank; priority
Rangvorbehalt *m* reservation of priority
Rassenaufruhr *m* race riot
Rassendiskriminierung *f* racial discrimination
Rassengleichheit *f* racial equality
Rassentrennung *f* (racial) segregation
Rasterfahndung *f* ≈ search for a wanted person by screening a large number of individuals against certain criteria
Rat *m* 1. council; advisory board; 2. advice; counsel; information
Rat *m* **der Europäischen Union** Council of the European Union
Rate *f* rate; instal(l)ment; part-payment
Ratengeschäft *n* instal(l)ment transaction; instal(l)ment purchase; hire-purchase
Ratenkauf *m* instal(l)ment purchase; hire-purchase
Ratenkredit *m* instal(l)ment credit
Ratenlieferungsvertrag *m* ≈ contract for purchase of goods, delivered in instalments but sold as related items *(e.g. a set of encyclopaedia)*
Ratenzahlung *f* payment by instal(l)ment
Rathaus *n* *(BE)* town hall; *(AE)* city hall

Rathauspartei *f* municipal (political) party
Ratifikation *f* ratification
Ratifizierung *f* ratification
Rationalisierung *f* rationalization
Ratsvorsitzender *m* chairman of the council
Raub *m* robbery
Raub *m***/schwerer** aggravated robbery
Räuber *m* robber
räuberisch *adj* predatory
räuberischer Angriff *m* predatory attack
räuberischer Diebstahl *m* robbery; violent theft; *(AE)* aggravated larceny; aggravated theft
Raubkopie *f* pirated copy; illegal copy
Raubkopieren *n* **von Filmen** film [movie] piracy
Raubüberfall *m* armed robbery; *(colloq.)* hold-up
Rauchverbot *n* smoking ban
Raum *m***/rechtsfreier** area beyond control of the law; bandit country; outlaw area
Raumfahrt *f* space travel
Raummiete *f* rent
Raumordnung *f* regional planning; land use planning
Raumordnungsplan *m* zoning plan; land use plan
Räumung *f* clearance; vacation; dispossession; eviction
Räumungsaufforderung *f* notice to vacate
Räumungsfrist *f* eviction period *(deadline for vacating real property)*
Räumungsklage *f* action for eviction; action for removal
Räumungsschutz *m* protection against eviction
Räumungsurteil *n* eviction order
Räumungsverkauf *m* clearance sale; closing-down sale
Räumungsvollstreckung *f* eviction; enforcement of repossession
Rausch *m* (full) intoxication
Rauschgift *n* narcotic
Rauschgiftbande *f* narcotics ring, drug gang
Rauschgiftdelikt *n (CrLaw)* drug offence [*AE* offense], narcotics delict
Rauschgifthandel *m* drug trafficking
Rauschgiftsucht *f* drug addiction
Rauschgiftsüchtiger *m* drug addict
Rauschtat *f* ≈ offence (committed during state) of intoxication
Razzia *f* raid (by police)
Reaktionspflicht *f* **des Herstellers** duty of manufacturer to respond; duty to recall (products)
Realakt *m* physical act
Realkonkurrenz *f (CrLaw)* accumulation of offences [*AE* offenses]; multiplicity of offences [*AE* offenses]
Realkredit *m* loan secured by real property; real estate loan
Reallast *f* charge over land [real property]
Rechenschaftsbericht *m* (report and) statement of account
Rechnung *f* bill; invoice; account; note of costs • **für eigene Rechnung** on own account • **für fremde Rechnung** on third party account
Rechnungsabgrenzungsposten *m* deferred items *pl*, ≈ items related to a different accounting period *(bookkeeping)*
Rechnungsabschluss *m* closing of accounts; statement of accounts
Rechnungsausstellung *f* billing, issuing of an invoice
Rechnungshof *m* (official government) audit office; *(AE)* General Accounting Office; *(EU)* Court of Auditors
Rechnungsjahr *n (BE)* financial year; *(AE)* fiscal year
Rechnungslegung *f* rendering account; accounting
Rechnungsposten *m* invoice item; item of account
Rechnungsprüfer *m* auditor
Rechnungsprüfung *f* auditing; auditing of accounts
Rechnungswesen *n* accounting; accounting system
Recht *n* 1. law; laws *pl*; legal system; 2. right; claim; interest • **von Rechts wegen** by law; by right; as of right
Recht *n***/absolutes** absolute right
Recht *n***/älteres** paramount right
Recht *n* **am eigenen Bild** right to one's own image
Recht *n* **am eingerichteten und ausgeübten Gewerbebetrieb** right to an established business enterprise
Recht *n* **am geistigen Eigentum** intellectual property right
Recht *n***/anwendbares** applicable law
Recht *n* **auf Arbeit** right to employment

Recht *n* **auf rechtliches Gehör** right to a fair hearing; right to be heard; right to a day in court
Recht *n*/**beschränktes dingliches** equitable interest in property
Recht *n*/**bindendes** binding law
Recht *n*/**bürgerliches** civil law
Recht *n*/**dingliches** right in rem; interest in property
Recht *n*/**dispositives** optional law *(law which is subject to contracting out by parties)*; dispositive law
Recht *n*/**erworbenes** acquired right
Recht *n*/**formelles** formal law; formal right
Recht *n*/**geltendes** operative law; law in force
Recht *n*/**gemeines** common law
Recht *n*/**gemeinsames** joint right; common law
Recht *n*/**innerstaatliches** domestic law
Recht *n*/**internationales** international law
Recht *n*/**kodifiziertes** statute law; codified law
Recht *n*/**kontinentaleuropäisches** civil law
Recht *n*/**materielles** material law, substantive law
Recht *n*/**objektives** objective law
Recht *n*/**obligatorisches** obligatory law, mandatory law
Recht *n*/**öffentliches** public law
Recht *n*/**positives** positive law
Recht *n*/**römisches** Roman Law
Recht *n*/**sonstiges** ≈ all law of a similar legal character *(§823 German Civil Code)*
Recht *n*/**subjektives** subjective law; subjective right
Recht *n*/**subjektives öffentliches** subjective public right
Recht *n*/**unabdingbares** obligatory law
Recht *n*/**unantastbares** indefeasible right
Recht *n*/**unbestrittenes** clear title
Recht *n* **und Gesetz** *n* law and order
Recht *n*/**ungeschriebenes** unwritten law
Recht *n*/**unveräußerliches** inalienable right
Recht *n*/**unverletzliches** indefeasible right
Recht *n* **zum Besitz** right of possession
Recht *n*/**zwingendes** mandatory law
Rechte *npl*/**akzessorische** supplementary rights *pl*
Rechte *npl*/**beschränkte dingliche** restricted rights *pl* in rem
Rechte *npl* **und Pflichten** *fpl* rights and obligations *pl*
rechtfertigende Einwilligung *f* legally justifying approval
rechtfertigende Pflichtenkollision *f* legally justifying conflict of duties
rechtfertigender Notstand *m* justifying circumstances *pl*; necessity as a justification
Rechtfertigung *f* justification; apology
Rechtfertigungsgrund *m* legal justification; privilege; justifying reasons *pl*
rechtlich *adj* legal
rechtlich relevant *adj* legally-relevant
rechtliche Einwendung *f* legal defence [*AE* defense]
rechtliches Gehör *n* right to be heard; day in court; fair hearing; due process
rechtliches Interesse *n* legal interest
rechtlos *adj* lawless
Rechtlosigkeit *f* lawlessness
rechtmäßig *adj* lawful; legitimate; proper; due
rechtmäßiges Alternativverhalten *n* *(BE)* (defence of) lawful alternative behaviour, *(AE)* (defense of) lawful alternative behavior *(defence whereby even if a party had acted lawfully or according to its legal duties, the injury would still have occurred)*
Rechtmäßigkeit *f* lawfulness
Rechtmäßigkeitsvoraussetzung *f* prerequisite for legitimacy; legal precondition of legitimacy
Rechtsabteilung *f* legal division; in-house counsel
Rechtsakt *m* legal act
Rechtsanalogie *f* legal analogy
Rechtsangelegenheit *f* legal matter
Rechtsanspruch *m* legal claim; legal right
Rechtsanwalt *m* lawyer; legal counsel; *(BE)* solicitor; *(BE)* barrister; *(AE)* attorney
Rechtsanwaltsberuf *m* legal practice
Rechtsanwaltsbüro *n* lawyer's office, law firm; *(BE)* chambers *pl (barristers)*
Rechtsanwaltschaft *f* legal profession
Rechtsanwaltsdienstleistungsgesetz *n* Lawyers Services Law
Rechtsanwaltsdienstleistungsrichtlinie *f* Lawyers Services Directive

Rechtsanwaltsfachangestellter *m* law clerk, paralegal; legal assistant *(to a lawyer)*
Rechtsanwaltsgebühren *fpl* legal fees *pl*; lawyer's fees *pl*
Rechtsanwaltsgehilfe *m* law clerk, paralegal; legal assistant *(to a lawyer)*
Rechtsanwaltsgesellschaft *f* law firm
Rechtsanwaltskammer *f* professional association of lawyers; *(BE)* Law Society; *(BE)* Bar Council *(barristers)*; *(AE)* Bar Association
Rechtsanwaltskanzlei *f* lawyer's office, law firm; legal practice; *(BE)* chambers *pl* *(barristers)*
Rechtsanwaltssozietät *f* law firm, partnership
Rechtsanwaltsvergütungsgesetz *n* *(RVG)* (German) Law of Fees for Lawyers
Rechtsanwaltszulassung *f* admission as a lawyer *(to the bar)*
Rechtsanwendung *f* application of the law
Rechtsauffassung *f* legal opinion
Rechtsaufsicht *f* legal supervision
Rechtsausführungen *fpl* legal submissions *pl*; pleadings *pl*
rechtsauslegend *adj* of legal interpretation
Rechtsauslegung *f* legal interpretation
Rechtsausschuss *m* legal committee
Rechtsausübung *f*/**unzulässige** abuse of a right
Rechtsbedingung *f* legal condition
Rechtsbeeinträchtigung *f* legal limitation; legal interference
Rechtsbegriff *m*/**unbestimmter** abstract legal concept *(which needs to be specified or interpreted on a case-by--case basis, e.g. the principle of proportionality)*
Rechtsbehelf *m* legal redress; legal remedy • **Rechtsbehelf einlegen** appeal, file an appeal
Rechtsbehelf *m*/**förmlicher** formal legal remedy
Rechtsbehelf *m*/**formloser** informal legal remedy
Rechtsbehelf *m*/**ordentlicher** ordinary legal redress; ordinary legal remedy
Rechtsbehelfsbelehrung *f* notification of (sbdy's) legal rights and remedies
Rechtsbehelfsbelehrung *f*/**ordentliche** due notice of (sbdy's) legal rights and remedies
Rechtsbeistand *m* legal counsel
Rechtsbelehrung *f* 1. information on available legal remedies *(court)*; 2. direction *(jury)*; 3. caution, *(AE)* reading of Miranda rights *(arrested person)*
Rechtsberater *m* legal advisor
Rechtsberater *m* **der Krone** Advocate--General
Rechtsberatung *f* legal advice
Rechtsberatungsstelle *f* law centre [*AE* center]; legal clinic
Rechtsbereich *m* area [field] of law
Rechtsbeschwerde *f* appeal on point(s) of law
Rechtsbeugung *f* perversion of justice; miscarriage of justice
Rechtsbeziehung *f* legal relation [relationship]
Rechtsbindungswille *m* intent to be legally bound; intent to enter into legal relation(s)
Rechtsblindheit *f* reckless ignorance of the law
Rechtsbruch *m* breach of the law; legal violation
Rechtsdogmatik *f* legal dogmatism
Rechtseinheit *f* legal unity; legal uniformity
Rechtseinräumung *f* legal concession; legal admission
Rechtseintritt *m* subrogation
Rechtsempfinden *n* sense of justice
Rechtsentscheid *m* legal decision
Rechtsentwicklung *f* development of the law
Rechtserwerb *m* acquisition of title; acquisition of a right
Rechtsethik *f* legal ethics *pl*
Rechtsetzung *f* legislation
Rechtsetzungshoheit *f* legal sovereignty; jurisdiction
rechtsfähig *adj* with legal capacity
rechtsfähiger Verein *m* registered association *(association with a separate legal personality)*
Rechtsfähigkeit *f* legal capacity; legal personality
Rechtsfahrgebot *n* duty to drive on the right side of the road
Rechtsfakultät *f* school of law, faculty of law, law department
Rechtsfall *m* legal case; law case

Rechtsfamilie *f* legal family; legal tradition
Rechtsfehler *m* legal error; miscarriage of justice
Rechtsfigur *f* legal construction
Rechtsfindung *f* legal determination; legal finding, judicial ruling
Rechtsfolge *f* legal consequence
Rechtsfolgenirrtum *m* mistake as to legal consequence
Rechtsform *f* legal form
Rechtsformmissbrauch *m* abuse of corporate entity; hide behind corporate veil
Rechtsformzusatz *m* legal title, legal name
Rechtsfortbildung *f* continuing legal training
Rechtsfortbildung *f***/richterliche** development of the law by judicial interpretation
Rechtsfrage *f* legal question; issue of law
Rechtsfrieden *m* law and order; peaceful administration of justice
Rechtsgebiet *n* legal area; jurisdiction
Rechtsgedanke *m* legal principle; concept of law
Rechtsgefährdung *f* endangerment of a legal interest
rechtsgelehrt *adj* juristic
Rechtsgelehrter *m* legal scholar
Rechtsgeltung *f* legal effect
Rechtsgeschäft *n***/abstraktes** abstract legal transaction *(separate from underlying act)*
Rechtsgeschäft *n***/bedingungsfeindliches** legal transaction which may not be made conditional; absolute legal transaction
Rechtsgeschäft *n***/einseitiges** one-sided legal act; unilateral transaction
Rechtsgeschäft *n***/fehlerhaftes** defective legal transaction
Rechtsgeschäft *n***/kausales** causal [underlying] legal transaction
Rechtsgeschäft *n***/mehrseitiges** ≈ legal transaction related to legal declarations of several parties; multilateral transaction
Rechtsgeschäft *n***/schwebend unwirksames** voidable transaction; voidable contract
Rechtsgeschäft *n***/sittenwidriges** unconscionable (legal) transaction; transaction contra bonos mores
Rechtsgeschäft *n* **unter Lebenden** transaction inter vivos
rechtsgeschäftlich *adj* related to a legal transaction
Rechtsgeschichte *f* history of the law; legal history
Rechtsgestaltung *f* formation of the law; legal development; defining of legal relations
Rechtsgewährung *f* granting of a right
Rechtsgrund *m* legal reason; justification; causa
Rechtsgrundlage *f* legal basis
Rechtsgrundsatz *m* (basic) principle of law
Rechtsgültigkeit *f* legality
Rechtsgut *n* legally protected interest; object of legal protection; legal rights *pl*
Rechtsgutachten *n* advisory opinion; judicial opinion
Rechtsgüterschutz *m* protection of legal rights
Rechtsgutsverletzung *f* violation of legal right
Rechtshandlung *f* legal act
rechtshängig *adj* pending; *(Lat)* sub judice
Rechtshängigkeit *f* pendency; pending (of an action)
Rechtshilfe *f* legal assistance; assistance by the court
Rechtshilfeabkommen *n* agreement as to legal assistance
Rechtshilfeersuchen *n* request for judicial assistance; *(BE)* letters *pl* of request *(to foreign jurisdictions)*; *(AE)* letters *pl* rogatory *(to foreign jurisdictions)*
Rechtsinhaber *m* legal holder; legal owner
Rechtsinstitut *n* legal institution; institution for legal studies
Rechtsirrtum *m* mistake of law; judicial error; miscarriage of justice
Rechtskenntnis *f* knowledge of the law
Rechtskommission *f* law commission
Rechtskraft *f* finality of decision, non-appealability; *(Lat)* res judicata • **in Rechtskraft erwachsen** become final [unappealable]
Rechtskraft *f***/entgegenstehende** contrary legal authority
Rechtskraft *f***/formelle** procedural non-appealability

Rechtskraft f/materielle *(Lat)* res judicata, substantive non-appealability
Rechtskraftbescheinigung *f* certificate of final decision
Rechtskraftdurchbrechung *f* change in legal authority
Rechtskraftentfaltung *f* estoppel by judgment
Rechtskrafterstreckung *f* effect (of finality) of judgment
rechtskräftig *adj* final and absolute; binding *(by force of law)*; non-appealable
Rechtskraftwirkung *f* res judicata effect
Rechtskraftzeugnis *n* ≈ certificate as to final and binding nature of a judgment
Rechtskreis *m* legal family; legal tradition
Rechtskundiger *m* legal practitioner
Rechtslage *f* legal situation, legal position
Rechtslehre *f* jurisprudence
Rechtsmangel *m* legal deficiency; defect of title
Rechtsmedizin *f* forensic medicine
Rechtsmeinung *f* legal opinion
Rechtsmissbrauch *m* misuse of rights; abuse of legal title
Rechtsmittel *n* 1. legal remedies *pl*; relief; 2. (right of) appeal • **mit Rechtsmitteln anfechtbar** challengeable by way of appeal, appealable
Rechtsmittelbegründung *f* grounds *pl* for appeal
Rechtsmittelbelehrung *f* advice as to rights of appeal
Rechtsmittelbeschränkung *f* restrictions *pl* on (rights of) appeal
Rechtsmittelfrist *f* period for appeal; period for filing appeal
Rechtsmittelführer *m* appellant
Rechtsmittelgegner *m* *(BE)* respondent; *(AE)* appellee
Rechtsmittelgericht *n* appellate court; reviewing court
Rechtsmittelinstanz *f* appellate court; reviewing court
Rechtsmittelsache *f* case on appeal
Rechtsmittelschrift *f* petition of appeal
Rechtsmittelverzicht *m* waiver of appeal
Rechtsnachfolge *f* legal succession
Rechtsnachfolger *m* legal successor
Rechtsnatur *f* legal form; legal character
Rechtsnorm *f* legal norm; legal rule
Rechtsobjekt *n* legal object; object of a right
Rechtsordnung *f* legal system; legal order
Rechtspartei *f* right-wing party
Rechtspersönlichkeit *f* legal personality
Rechtspfändung *f* attachment of a right
Rechtspflege *f* administration of justice
Rechtspfleger *m* ≈ registrar *(court official with specific judicial powers)*
Rechtspflegergesetz *n* *(RPflG)* (German) Law of Registrars
Rechtspflicht *f* legal obligation • **ohne Anerkennung einer Rechtspflicht** *(Lat)* ex gratia; without prejudice
Rechtsphilosophie *f* legal philosophy, jurisprudence
Rechtspolitik *f* legal policy
Rechtsposition *f* legal position
Rechtspositivismus *m* legal positivism
Rechtspraxis *f* legal practice; practice of the courts
Rechtsprechung *f* court decision; precedent; (legal) authority; dispensation of justice
Rechtsprechung f/abweichende precedent at variance; contrary judgment
Rechtsprechung f/ständige consistent legal authority, settled authority
Rechtsprechungsänderung *f* change in the legal authority
Rechtsprechungsmonopol *n* monopoly of jurisdiction
Rechtsprechungsorgan *n* judicial organ; court
Rechtsprinzip *n* principle of law
Rechtsquelle *f* source of law; judicial authority
Rechtsreferendar *m* trainee lawyer; *(BE)* law clerk; *(BE)* pupil *(barristers)*
Rechtsreform *f* legal reform
Rechtsregel *f* legal provision; rule; regulations *pl*; rule of law
Rechtssache *f* legal matter
Rechtssatz *m* legal rule; rule of law
Rechtsschein *m* apparent existence of a legal situation, colo(u)r of law; colo(u)r of title
Rechtsscheinshaftung *f* apparent liability
Rechtsscheinstatbestand *m* elements *pl* of apparent authority
rechtsschöpfend *adj* legally innovative
Rechtsschutz *m* legal protection
Rechtsschutz m/einstweiliger ge-

werblicher interim protection of industrial rights
Rechtsschutz *m***/gewerblicher** protection of industrial property rights
Rechtsschutz *m***/vorläufiger** interim legal protection; interim relief
Rechtsschutzbedürfnis *n* legitimate reason to take legal action
Rechtsschutzinteresse *n* interest in legal protection
Rechtsschutzsystem *n* system of legal protection
Rechtsschutzversicherung *f* insurance against legal costs
Rechtssetzungsakt *m* act of legislation
Rechtssicherheit *f* legal certainty
Rechtsspaltung *f* conflict [separation] of legal authorities [jurisdictions]
Rechtssprichwort *n* legal proverb
Rechtsstaat *m* state governed by the rule of law
Rechtsstaatsprinzip *n* principle of the rule of law
Rechtsstellung *f* legal status
Rechtsstreit *m* legal dispute; litigation; law suit
Rechtsstreitigkeit *f* legal dispute; litigation
Rechtssubjekt *n* legal subject; holder of rights
Rechtssuchender *m* person seeking legal advice
Rechtssystem *n* legal system
Rechtsteilnehmer *m* party (to a legal matter)
Rechtstheorie *f* legal theory
Rechtstitel *m* legal title
Rechtsträger *m* legal entity
Rechtsübergang *m* devolution of title; transfer of title; subrogation
Rechtsübertragung *f* transfer of rights
Rechtsüberzeugung *f* legal conviction
Rechtsuchender *m* party seeking (legal) redress
rechtsunfähig *adj* (legally) incapable
Rechtsunfähigkeit *f* (legal) incapacity
Rechtsunkenntnis *f* lack of legal knowledge
Rechtsunsicherheit *f* legal uncertainty
Rechtsunterworfener *m* person subject to the law
rechtsunwirksam *adj* legally ineffective; invalid; void
rechtsverbindlich *adj* legally-binding
Rechtsvereinheitlichung *f* harmonization of the law; unification of the law
Rechtsverfolgung *f* 1. *(CivLaw)* prosecution of an action; 2. *(CrLaw)* prosecution
rechtsvergleichend *adj* as a legal comparison
Rechtsvergleichung *f* comparative law
Rechtsverhältnis *n* legal relationship; privity; legal relations *pl*
Rechtsverhältnis *n***/hinkendes** ≈ legal relationship which is regarded differently by different legal systems
Rechtsverhältnis *n***/öffentlich-rechtliches** public law relationship
Rechtsverkehr *m* legal relations *pl*
Rechtsverleihung *f* granting of a right
Rechtsverletzung *f* breach of the law; violation of rights
Rechtsverlust *m* forfeiture of a right
Rechtsvermutung *f* presumption of law
Rechtsverordnung *f* (legal) regulation; (federal) ordinance; *(BE)* statutory instrument; *(AE)* rule
Rechtsvertreter *m* legal representative
Rechtsvertretung *f* legal representation
Rechtsverweigerung *f* denial of justice
Rechtsverwirkung *f* estoppel; equitable estoppel; estoppel by conduct; forfeiture of a right
Rechtsverzicht *m* waiver of a right; disclaimer
Rechtsvorgänger *m* legal predecessor
Rechtsvorschrift *f* legal provision; legislation; regulation
Rechtswahl *f* choice of law
Rechtswahlklausel *f* choice of law clause; material law clause
Rechtsweg *m* legal recourse; recourse to the courts; access to judicial process
• **den Rechtsweg beschreiten** pursue the remedies available at the courts; follow the possibilities of appeal
Rechtsweg *m***/ordentlicher** normal judicial recourse
Rechtswegeröffnung *f* access to the courts
Rechtswegerschöpfung *f* exhaustion of legal remedies *(available from the courts)*
Rechtsweggarantie *f* guarantee of access to the courts
Rechtswesen *n* legal system
rechtswidrig *adj* unlawful; illegal; contrary to law

rechtswidriger Angriff *m* unlawful attack
Rechtswidrigkeit *f* unlawfulness; illegality
rechtswirksam *adj* legally effective; operative
Rechtswirksamkeit *f* legal effectiveness
Rechtswirkung *f* legal effect
Rechtswirkung *f* **nach außen/unmittelbare** immediate legal effect on individual citizen
Rechtswissenschaft *f* jurisprudence; legal science
Rechtszeitschrift *f* law journal, law review
Rechtszersplitterung *f* fragmentation of laws
Rechtszug *m* instance
Rechtszustand *m* legal situation
Rechtszweig *m* legal branch
redaktionell *adj* editorial
Redefreiheit *f* right to free speech
Rederecht *n* right to speak
redlich *adj* honest; in good faith
Redlichkeit *f* honesty; good faith; integrity
Reduktion *f* reduction
Reeder *m* shipowner
Reederei *f* shipping company
Referat *n* 1. section; department; office; 2. report; lecture; presentation
Referendar *m s.* Rechtsreferendar
Referendariat *n* professional training (period)
Referendum *n* referendum; plebiscite
Referent *m* 1. head of department; specialist; ministerial clerk; 2. lecturer, speaker
Referentenentwurf *m* ministerial draft bill
Referenz *f* 1. matter; 2. reference, recommendation
referieren *v* report
Reform *f* reform
reformatio in peius *(Lat)* imposing a more severe sentence on appeal
Reformgesetz *n* reform law
Regelanknüpfung *f* standard link
Regelbedarf *m* standard requirements *pl (for maintenance of child)*
Regelbeispiel *n* examples *pl* as basis of (non-exhaustive) rules
Regelbetrag *m* standard amount; fixed amount
Regelfall *m* normal case
Regelinsolvenzverfahren *n* bankruptcy proceedings *pl*; insolvency proceedings *pl*
Regelleistung *f* minimum (social insurance) benefit
regeln *v* regulate
Regelsatz *m* standard rate
Regelung *f* regulation; settlement
Regelung *f***/gesetzliche** statutory provision; rule of law
Regelungsverfügung *f* regulatory decree
Regelunterhalt *m* standard maintenance
Regelwerk *n* (related) body of legislation
Regiebetrieb *m* public enterprise
regieren *v* govern; rule
Regierung *v* government; administration
Regierungsbank *f* government bench *(in parliament)*
Regierungsbezirk *m* administrative district
Regierungschef *m* head of government
Regierungsdirektor *m* senior official of (local) government
Regierungsentwurf *m* government draft
Regierungserklärung *f* government declaration; official press statement
Regierungspräsident *m* chief official of district government
Regierungsrat *m* administrative (local) official
Regierungssitz *m* seat of government
Regierungssprecher *m* government spokesman
Regierungssystem *n* system of government
Regierungsumbildung *f* change in members of the administrative; *(BE)* cabinet reshuffle
Regierungsvorlage *f* government bill; *(BE)* white paper
Regime *n* regime
Regimegegner *m* opponent of the regime; dissident
Regimekritiker *m* person critical of the regime
Region *f* region
regional *adj* regional
Register *n* register; roll; index
Registerauszug *m* extract from the register; copy of register
Registereinsicht *f* inspection of register
Registereintrag *m* entry in register
Registerführer *m* registrar
Registergericht *n* court of registration

Registerpfandrecht *n* registered charge [lien]
Registersache *f* matter before a court of registry
Registratur *f* registry office; depository of records; archive
registrieren *v* register; lodge; file
Registrierung *f* entry; *(AE)* recordation; filing; listing
Reglementierung *f* regimentation, regulation
Regress *m* recourse; recovery
Regressanspruch *m* right of recourse
Regulativ *n* regulation
Regulierung *f* regulation
Regulierung *f* **einer Forderung** claim settlement
Rehabilitation *f* rehabilitation; restoration of one's reputation
Rehabilitationsinteresse *n* right to rehabilitation
Reichsgesetzblatt *n* Reich [Imperial] Law Gazette
Reichsjustizamt *n* Reich [Imperial] Ministry of Justice
Reichsjustizgesetze *npl* Reich [Imperial] Justice Laws *pl*
Reichsrat *m* Upper House of the Reich [Imperial] Parliament
Reichstag *m* Reichstag; German Imperial Parliament
Reichsverfassung *f* imperial constitution
Reichsversicherungsordnung *f* Reich [Imperial] Social Insurance Law
Reife *f*/**mangelnde** absence of maturity
Reifeprüfung *f* school-leaving examination *(for university)*; A levels *pl*
Reihenrückgriff *m* ≈ recourse against other parties (on a bill) in consecutive order
Reihenuntersuchung *f* survey; screening
Reingewinn *m* net profits *pl*; net earnings *pl*
Reinverlust *m* net loss; gross loss
Reinvermögen *n* net assets *pl*
Reisegepäckversicherung *f* luggage insurance, *(AE)* baggage insurance *(for travellers)*
Reisegewerbe *n* itinerant trade; business with no fixed place
Reisekosten *pl* travel costs *pl*; travel expenses *pl*
Reisemangel *m* deficiencies *pl* in trip; breaches *pl* of agreed travel conditions
Reisepass *m* passport
Reisescheck *m (BE)* traveller's cheque, *(AE)* traveler's check
Reiseveranstalter *m* travel operator
Reisevertrag *m* travel (holiday) contract
Reklamation *f* objection; protest; complaint
Rektapapier *n* registered share; registered security
Rektor *m* **einer Universität** *(AE)* president, chancellor; *(BE)* vice-chancellor
relativ *adj* relative
relative Mehrheit *f* relative majority
relative Verfügungsbeschränkung *f* relative limitation on (power of) disposition
Relativität *f* relativity
relevant *adj* relevant
Relevanz *f* relevance; significance
Religion *f* religion
Religionsfreiheit *f* freedom of religion
Religionsgesellschaft *f* religious society
Remittent *m* payee *(of a bill of exchange)*
Rente *f* pension
Rente *f*/**dynamische** dynamic pension
Rentenalter *n* pensionable age; retirement age
Rentenanpassung *f* adjustment of pension (benefits)
Rentenberater *m* pension consultant
Rentenformel *f* ≈ formula for calculation of pension benefits
Rentenschuld *f* ≈ annuity charge over land
Rentenschuldbrief *m* ≈ annuity charge certificate
Rentensplitting *n* pension splitting
Rentenversicherung *f* pension scheme; (state) social pension insurance
Renvoi *m* renvoi
Reparation *f* reparation
Reparationszahlung *f* reparation payment
Repetitor *m* (private) tutor
Replik *f* reply; replication; plea
Repräsentant *m* representative
Repräsentantenhaftung *f* liability of representative
Repräsentantenhaus *n* house of representatives
Repräsentation *f* representation
Repräsentationspflicht *f* duty of representation

Repräsentationsprinzip *n* principle of representation
repräsentieren *v* represent; act as an agent (for sbdy)
Repressalie *f* reprisal; retaliation
Repression *f* repression
repressiv *adj* repressive
repressive Polizeitätigkeit *f* repressive police action
Republik *f* republic
res in transitu *(Lat)* goods *pl* in transit
Reserven *fpl*/**stille** hidden reserves *pl*; undisclosed assets *pl*
Residenzpflicht *f* residence requirement; professional duty of lawyer to reside within jurisdiction of court
Resolution *f* resolution
resolutiv *adj* resolutory
Resozialisierung *f* resocialization
Respekttage *mpl* days *pl* of grace
Ressort *n* department; area of responsibility; division
Ressortprinzip *n* departmental principle
Restitution *f* restitution; restoration of property
Restitutionsklage *f* action for restitution
Restkaufpreishypothek *f* purchase money mortgage, mortgage to secure balance of purchase price
restlich *adj* remaining; outstanding; residual
Restnachlass *m* residue of an estate
restriktiv *adj* restrictive
Restschuld *f* remaining obligations *pl*; outstanding debt
Restschuldbefreiung *f* remission of outstanding debt
Reststrafe *f* remaining (prison) sentence
Restvermächtnis *n* residuary gift; residuary legacy
Retention *f* retention
Retentionsrecht *n* (possessory) lien; right to retain possession of property
Retorsion *f* retortion; retaliation; reprisal
Rettungsschuss *m*/**finaler** ≈ intentional lethal use of firearms (by police) in order to preserve life of potential victim(s)
Rettungsschuss *m*/**gezielter** *s.* Rettungsschuss/finaler
Reue *f* remorse, repentance, contrition
Reue *f*/**tätige** active repentance *(with attempt to mitigate consequences)*
Reuegeld *n* forfeit money *(in case of contractual termination)*
Revision *f* appeal on point(s) of law • **die Revision zulassen** allow an appeal
Revisionsbegründung *f* justification of appeal on point(s) of law
Revisionsgericht *n* appeal court; appellate court; court of appeal
Revisionsgrund *m* ground for appeal on point(s) of law
Revisionsgrund *m*/**absoluter** absolute ground for appeal on point(s) of law
Revisionsinstanz *f* appellate instance
Revisionskläger *m* petitioner in an appeal; appellant on point(s) of law
Revisionsschrift *f* notice of appeal on point(s) of law; *(AE)* written brief for an appeal on points of law
Revisionsverfahren *n* appeal on point(s) of law
Revolution *f* revolution
Rezeption *f* reception
rezipiert *adj* received; absorbed
richten *v* judge, adjudicate
Richter *m* judge
Richter *m*/**beauftragter** commissioned judge
Richter *m*/**ehrenamtlicher** honorary judge, lay judge
Richter *m*/**ersuchter** requested judge
Richter *m*/**gesetzlicher** competent judge
Richter *m*/**verhandelnder** sitting judge
Richter *m*/**Vorsitzender** presiding judge; chief justice [judge]
Richterablehnung *f* objection to a judge; challenging of a judge
Richteramt *n* office of judge; judicial office
Richteramtsbefähigung *f* qualification for judicial office
Richtergesetz *n*/**Deutsches** *(DRiG)* (German) Law of Judiciary
richterlich *adj* judicial
richterliche Anordnung *f* judicial order; injunction; judicial decree
richterliche Auslegung *f* judicial interpretation, construction of the court
richterliche Durchsuchungsanordnung *f* judicial search warrant
Richterprivileg *n* judicial privilege
Richterrecht *n* case law
Richterschaft *f* judicature; judiciary; bench
Richtervorlage *f* judicial referral for appeal on matter of constitutional law *(proceedings according to Article 100 of the German Basic Law, whereby a judge*

convinced of the unconstitutionality of a law to be applied in a case before the court is obliged to suspend the pending proceedings and submit the question of constitutionality to the Federal Constitutional Court)
Richtlinie *f* directive; guidance; guideline; *(EU)* Directive
Richtlinienkompetenz *f* authority to decide on policy; power to issue guidelines
richtlinienkonforme Auslegung *f* ≈ interpretation in line with directives or guidelines
Richtlinienumsetzung *f* directive implementation
Richtpreis *m* recommended price
rigide *adj* rigid
Risiko *n* risk; peril, danger, hazard
Risikoaufklärung *f* clarification of risk; determination of risk
Risikogeschäft *n* hazardous transaction
Risikoübernahme *f* acceptance of risk
Ritter *m* knight
römisch *adj* Roman
römisches Recht *n* Roman Law
Rosinentheorie *f* ≈ "raisin theory", ≈ selection of the preferred elements; cherry picking
Rotation *f* rotation
RPflG *s.* Rechtspflegergesetz
Rubrum *m* caption; recitals *pl*
Rückabtretung *f* reassignment
Rückabwicklung *f* restitution; avoidance (of a contract); reversing of a transaction
Rückbürge *m* counter guarantor
Rückbürgschaft *f* back-to-back guarantee; counter guarantee
rückerstatten *v* reimburse; repay; return; restore
Rückerstattung *f* reimbursement; repayment; return; restoration
Rückerwerbsrecht *n* right to buy-back; repurchase option
Rückfall *m* 1. relapse; 2. *(CrLaw)* recidivism; 3. reversion
Rückfallklausel *f* subject to tax clause
Rückfalltäter *m* recidivist
Rückforderung *f* clawback
Rückgaberecht *n* right of return
Rückgewähranspruch *m* restitutive entitlement, right to restitution
Rückgriff *m* recourse; regress
Rückgriffsermächtigung *f* authority of recourse
Rückkaufsverpflichtung *f* duty of redemption; obligation to buy back
Rücklagen *fpl* reserves *pl*; reserve fund; surplus
Rücknahme *f* taking back; retraction; repurchase
Rücknahmekosten *pl* costs *pl* of taking back
Rückruf *m* recall
Rückschein *m* advice of receipt
Rückschlagsperre *f (Lat)* ex lege invalidity
Rücksicht *f* respect, regard, consideration
Rücksichtnahmepflicht *f* duty to take into account
rücksichtslos *adj* reckless; without consideration for others
Rücksichtslosigkeit *f* recklessness
Rückstellung *f* special reserve; contingency reserve
Rückstellungen *fpl* provisions *pl*; reserves *pl*
Rücktritt *m* 1. resignation; withdrawal; retirement; termination; rescission *(of a contract)*; 2. *(CrLaw)* abandonment *(of attempt to commit an offence)*
Rucktritt *m* **vom Vertrag** withdrawal from a contract; rescission of a contract
Rücktrittsfiktion *f* construction of withdrawal
Rücktrittsklausel *f* cancel(l)ation clause; escape clause
Rücktrittsrecht *n* right of rescission *(of a contract)*; right of termination
Rückversicherung *f* reinsurance
Rückverweisung *f* renvoi; reference back *(to another law)*
rückwirkend *adj* retrospective, retroactive
Rückwirkung *f* retrospective effect, retroactive effect
Rückwirkung *f***/unechte** retrospective effect on pending cases
Rückwirkungsverbot *n* prohibition on legislation with retrospective effect
Rückzahlung *f* redemption; repayment; paying back
Ruf *m* 1. call; 2. reputation
Rufausbeutung *f* exploitation of a person's reputation
Rufausnutzung *f* exploitation of a person's reputation
Rufschädigung *f* damage to a person's reputation
Rüge *f* rebuke; reprimand

rügelose Einlassung *f* acceptance of jurisdiction without objection
Rügepflicht *f* duty to object
Ruhegehalt *n* pension; retirement benefit
Ruhen *n* suspension; stay (of proceedings)
Ruhestand *m* retirement
Ruhestörung *f* breach of the peace
Ruhestörung *f***/öffentliche** public disorder; disturbance of the peace
Ruhezeit *f* 1. rest pause period; hours *pl* of rest *(drivers)*; 2. lay-over *(plane crew)*
Rundfunkfreiheit *f* freedom of radio (and television)
Rundfunkgebührenpflicht *f* duty to pay (radio and television) licence [*AE* license] fees

S

Sabbatjahr *n* sabbatical (year)
Sabotage *f* sabotage • **Sabotage betreiben** undertake sabotage
Sabotagehandlung *f* act of sabotage
sabotieren *v* sabotage
Sachantrag *m* application related to object of action
Sachbearbeiter *m* employee; clerk; responsible officer
Sachbearbeitung *f* processing
Sachbefugnis *f* entitlement to claim; right to bring an action
Sachbeschädigung *f* 1. damage to property; 2. *(CrLaw) (BE)* criminal damage
Sachbeschädigung *f***/böswillige** vandalism; malicious damage to property
Sachbesitzstörung *f* trespass to chattels
Sachdarlehensvertrag *m* loan agreement related to objects
sachdienlich *adj* relevant, pertinent
Sache *f* 1. matter; case; 2. thing, object
Sache *f***/bewegliche** personal property; chattel; movable property, movables *pl*
Sache *f***/körperliche** tangible property
Sache *f***/schuldnerfremde** third party property, property that does not belong to the debtor
Sache *f***/streitbefangene** property involved in litigation
Sache *f***/unbewegliche** real property; real estate; land; immovable(s)
Sache *f***/unpfändbare** object which cannot be made subject to attachment
Sache *f***/unvertretbare** specified thing; non-fungible object
Sache *f***/verbrauchbare** consumable thing; consumable
Sache *f***/vertretbare** exchangeable thing; fungible object
Sacheinlage *f* investment in kind; non--cash contribution
Sacheinlage *f***/gemischte** mixed investment in kind
Sacheinlage *f***/verdeckte** *s.* Sacheinlage/verschleierte
Sacheinlage *f***/verschleierte** concealed investment in kind
Sachenrecht *n* law of property
Sachentscheidung *f* decision on the object
Sachfirma *f* firm name derived from purpose of firm
Sachgebiet *n* subject, area, field
sachgemäß *adj* correct, proper; appropriate
sachgerecht *adj* correct, proper
Sachgesamtheit *f* group of things *(forming a single thing)*
Sachgründung *f* formation by non-cash contribution
Sachgründungsbericht *m* required (statutory) report on non-cash contributions
Sachkenntnis *f* technical knowledge; knowledge (on the subject)
Sachkunde *f* expertise, expert knowledge
sachkundig *adj* expert; technical
Sachlegitimation *f* legitimacy as proper party
Sachleistung *f* performance in kind; non--cash contribution; *(Insurance Law)* benefits *pl* in kind
sachlich *adj* factual; objective
sachliche Zuständigkeit *f* subject-matter jurisdiction
Sachlichkeitsgebot *n* requirement of objectivity
Sachmangel *m* material defect; defect as to quality
Sachnorm *f* provision of substantive law
Sachnormverweisung *f* reference to the national law
Sachrecht *n* law of property
Sachregister *n* property register, chattels register

Sachschaden *m* (property) damage
Sachschaden *m***/erheblicher** substantial damage
Sachspende *f* donation in kind, non-cash donation
Sachurteil *n* judgment on the merits
Sachurteilsvoraussetzung *f* precondition for judgment on the merits
Sachverhalt *m* factual situation; statement of facts, material facts *pl*; factual circumstances *pl*
Sachverhalt *m***/entscheidungserheblicher** merits *pl* of the case
Sachverhalt *m***/festgestellter** determined facts *pl*
Sachverhalt *m***/unstreitiger** undisputed facts *pl*
Sachverhalt *m***/vorgetragener** alleged facts *pl*
Sachverhalt *m***/zugrunde liegender** background facts *pl*
Sachverhaltsaufklärung *f* clarification of the facts; investigation of the circumstances
Sachverhaltsdarstellung *f* representation of the facts
Sachvermögen *n* tangible assets *pl*; tangible property
Sachversicherung *f* property insurance
sachverständig *adj* competent; experienced; expert
Sachverständigenaussage *f* expert testimony
Sachverständigengutachten *n* expert opinion
Sachverständiger *m* expert (witness); surveyor
Sachvortrag *m* statement of facts; pleadings *pl* of fact
Sachwalter *m* agent; attorney; trustee
Sachwucher *m* usurious enrichment
Sachzusammenhang *m* factual connection
Safe *m* safe
säkularisieren *v* secularize
Säkularisierung *f* secularization
saldieren *v* balance; liquidate
Saldo *m* balance; account balance
Saldoanerkenntnis *n* promissory note, acknowledgement of debt
Saldoforderung *f* demand for payment of balance
salvatorische Klausel *f* severability provision, severance clause, part-invalidity clause
Salzsteuer *f* salt tax
Sammelladung *f* consolidated consignment; batch shipment; bulk delivery
sammeln *v* collect, gather
Sammelpolice *f* master policy, blanket policy
Sammlung *f***/amtliche** official digest *(of laws)*
sanieren *v* restructure; renovate, redevelop
Sanierung *f* restructuring; renovation, redevelopment
Sanierungsgebiet *n* redevelopment area
Sanierungskonzept *n* restructuring concept; redevelopment concept
Sanierungsplan *m* restructuring plan; redevelopment plan
Sanierungsprivileg *n* ≈ sanierungsfreundliches Eigenkapitalersatzrecht
Sanktion *f* sanction
sanktionieren *v* sanction
Sanktionssystem *n* system of sanctions
Satz *m* 1. sentence; composition; 2. rate; proportion
Satzung *f* charter; statute; articles *pl* of incorporation; *(BE)* articles *pl* of association; memorandum of association; by(e)-laws *pl*; rules *pl (of an association)*
Satzungsänderung *f* change to articles of incorporation; amendment of charter
Satzungsautonomie *f* ≈ right of an independent body to determine its own regulations for self-administration and operation; right of self-regulation
Satzungsbestimmungen *fpl* regulations *pl* of the articles of incorporation; charter provisions *pl*
satzungsgemäß *adj* in accordance with the articles of incorporation; in terms of the by(e)-laws
satzungsmäßig *adj s.* satzungsgemäß
Satzungsrecht *n* statutory law; (right to pass) local by(e)-laws *pl*
säubern *v* clean; purge; rid
säumig *adj* defaulting; late, belated
Säumnis *f* delay; default
Säumniszuschlag *m* surcharge for delay; default penalty
Schachtelbeteiligung *f* cross-shareholding, participation in group company [affiliate]
Schachtelprivileg *n (Tax Law)* exemp-

tion related to shareholding, group affiliation privilege
Schachtelsatz *m* nested sentence
schaden *v* damage; cause damage
Schaden *m* damage; loss; harm, injury • **Schaden zufügen** damnify, inflict damage on sbdy
Schaden *m*/**erheblicher** considerable damage; material damage
Schaden *m*/**erlittener** incurred damage
Schaden *m*/**geringfügiger** minor damage; non-material damage
Schaden *m*/**geringstmöglicher** minimum possible damage
Schaden *m*/**immaterieller** intangible damage; non-material damage; non-pecuniary loss
Schaden *m*/**konkreter** tangible damage; actual damage
Schaden *m*/**leichter** minor damage
Schaden *m*/**materieller** tangible damage; pecuniary loss
Schaden *m*/**mittelbarer** consequential damage, indirect loss
Schaden *m*/**nominaler** nominal damage
Schaden *m*/**schwerwiegender** more serious damage
Schaden *m*/**seelischer** mental injury; emotional distress
Schaden *m*/**tatsächlich entstandener** actual resulting damage
Schaden *m*/**unbedeutender** insignificant damage
Schaden *m*/**unmittelbarer** direct damage; direct loss
Schaden *m*/**versicherter** insured damage, damage covered by insurance
Schaden *m*/**vorausberechneter** damage calculated in advance
Schaden *m*/**wirtschaftlicher** commercial damage; financial injury, pecuniary loss
Schadensabschätzung *f* estimate of damage; estimate of loss
Schadensanzeige *f* notification of damage
Schadensausgleich *m*/**innerbetrieblicher** in-house compensation; group settlement
Schadensbetrag *m* amount of damage; claims sum
Schadensermittlung *f* determination of damage
Schadensersatz *m* (compensatory) damages *pl*; compensation; restitution; indemnification [indemnity] for loss • **auf Schadensersatz verklagen** sue for damages, bring an action for compensation • **Schadensersatz erhalten [erlangen, bekommen]** receive damages • **Schadensersatz leisten** pay damages • **Schadensersatz verlangen** claim damages • **Schadensersatz zusprechen** award (payment of) damages
Schadensersatz *m*/**doppelt zuerkannter** (awarded) double damages *pl*
Schadensersatz *m*/**dreifach zuerkannter** (awarded) triple damages *pl*
Schadensersatz *m*/**erhöhter** increased damages *pl*; aggravated damages *pl*
Schadensersatz *m* **für Folgeschaden** consequential damages *pl*
Schadensersatz *m* **für mittelbaren Schaden** indirect damages *pl*
Schadensersatz *m* **für tatsächlich entstandenen Schaden** damages *pl* for actual damage
Schadensersatz *m*/**gesetzlicher** statutory damages *pl*
Schadensersatz *m*/**höchstmöglicher** maximum (possible) damages *pl*
Schadensersatz *m* **mit Strafcharakter** punitive damages *pl*
Schadensersatz *m*/**pauschaler** liquidated damages *pl*
Schadensersatz *m*/**symbolischer** symbolic damages *pl*, token damages *pl*
Schadensersatz *m*/**unbezifferter** general damages *pl*
Schadensersatz *m*/**unerwarteter** unexpected damages *pl*; windfall damages *pl*
Schadensersatz *m*/**vereinbarter** agreed damages *pl*
Schadensersatz *m*/**verschärfter** aggravated damages *pl*
Schadensersatzanspruch *m* claim for damages; claim for compensation; indemnification (for loss) claim
Schadensersatzanspruch *m* **aus unerlaubter Handlung** claim for tortious damages
Schadensersatzforderung *f* **aus einem Unfall** accident-related claim for damages
Schadensersatzpflicht *f* duty to compensate; obligation to pay damages
Schadensersatzpflichtiger *m* liable party, party liable to pay damages

Schadensersatzrecht *n* right to compensation; right to damages
Schadensersatzumfang *m* level of damages
Schadensersatzverlangen *n* claim for damages
Schadensfeststellung *f* determination of damages; award of damages
Schadensfolge *f***/atypische** atypical consequence *(of injury etc.)*
Schadensfreiheitsrabatt *m* no-claim rebate *(insurance)*; no-claims bonus; *(BE)* excess
Schadenshöhe *f* amount of damage, level of damage
Schadensmeldung *f* notification of damage
Schadensminderungspflicht *f* duty to mitigate loss [damage]; duty to reduce damage
Schadensmitverursachung *f* part liability for causing damage
Schadensnachweis *m* proof of damage; evidence of loss
Schadensschätzung *f* damage estimate
Schadensumfang *m* scope of damage
Schadensursache *f* cause of damage
Schadensversicherung *f* indemnity insurance; insurance against damages
Schadenswiedergutmachung *f* compensation for damage; payment of damages; redressing of damage, payment of reparations
Schadhaftigkeit *f* defectiveness
schädigen *v* damage; injure; cause loss [damage]
Schädiger *m* party causing damage; tortfeasor
Schädigung *f* damage; detriment; prejudice
Schädigung *f* **im Mutterleib** injury in the womb, injury to the unborn child
Schädigung *f***/sittenwidrige vorsätzliche** wil(l)ful damage; malicious damage
schädlich *adj* harmful; injurious; damaging; noxious
schadlos *adj* free from loss • **schadlos halten** hold harmless
Schadloshaltung *f* indemnification
Schadstoff *m* toxic substance; pollutant; contaminant
schaffen *v* produce, create; manage
Schaffner *m* conductor; (train) guard
Schaffung *f* creation, making; generation
Schalldämpfer *m* baffler, muffler; silencer
Schalter *m* 1. counter, desk; 2. switch, circuit breaker
Schalterbeamter *m* public servant at the counter, assistant at the desk
Schalterschluss *m* close of business (at the public counter)
Schaltjahr *n* leap year
Schande *f* shame; scandal
schänden *v* defile; rape, violate
Schandfleck *m* eyesore, blemish, blot
schändlich *adj* disgraceful, shameful, outrageous
Schankkonzession *f* licence [*AE* license] to dispense and sell alcohol
Scharfrichter *m* executioner
Scharfschütze *m* sniper; sharpshooter
Schatz *m* treasure
Schatzamt *n* public treasury
Schatzanweisung *f* treasury bond
schätzbar *adj* assessable
schätzen *v* estimate; appraise; evaluate
Schätzer *m* assessor; estimator; valuator
Schatzfund *m* treasure trove
Schatzkammer *f* treasury; treasure chamber
Schatzmeister *m* treasurer
Schätzpreis *m* estimated price; assessed value
Schätzung *f* estimate; appraisal; valuation; quotation
Schätzung *f***/erste** first estimate
Schätzwert *m* estimated value; assessed value
Scheck *m (BE)* cheque, *(AE)* check
Scheck *m***/bestätigter** confirmed cheque [*AE* check]
Scheck *m***/ungedeckter** non-covered cheque [*AE* check]
Scheckfähigkeit *f* legal capacity to be the drawer [drawee] of cheques [*AE* checks]
Scheckformular *n* cheque [*AE* check] form
Scheckkarte *f* cheque [*AE* check] card; bank card
Scheckkartenmissbrauch *m* fraudulent use of cheque [*AE* check] card; misuse of bank card
Scheckprozess *m* (summary) cheque [*AE* check] proceedings *pl*
Scheckreiterei *f* cheque [*AE* check] kiting
Scheckzahlung *f* payment by cheque [*AE* check]

scheiden *v (Family Law)* divorce sbdy; dissolve (the marriage of sbdy)
scheiden lassen *v***/sich** *(Family Law)* divorce, get divorced
Scheidung *f (Family Law)* divorce; dissolution of marriage
Scheidung *f***/einverständliche** *(Family Law)* uncontested divorce; divorce by mutual consent
Scheidung *f***/streitige** *(Family Law)* defended divorce
Scheidungsabsprache *f***/heimliche** *(Family Law)* secret divorce arrangement
Scheidungsantrag *m (Family Law)* application for divorce
Scheidungsgrund *m (Family Law)* grounds *pl* for divorce
Scheidungsprozess *m (Family Law)* divorce proceedings *pl*
Scheidungsrecht *n (Family Law)* law of divorce
Scheidungsurteil *n (Family Law)* divorce decree, divorce declaration
Scheidungsverbund *m (Family Law)* linkage with divorce proceedings *(e.g. divorce and maintenance)*
Scheidungsverfahren *n (Family Law)* divorce proceedings *pl*; proceedings *pl* for dissolution of marriage
Schein *m* 1. slip; receipt; note; certificate; 2. appearance
Scheinauktion *f* bogus auction, fictitious auction
scheinbar *adj* apparent; alleged
Scheinbestandteil *m* fictitious element
Scheinbevollmächtigter *m* apparent agent
Scheinehe *f* marriage of convenience; mock marriage; marriage in name only
Scheinerbe *m* presumptive heir
Scheinfirma *f* bogus firm; bogus company
Scheingefahr *f* putative danger [risk]
Scheingericht *n* mock court, kangaroo court
Scheingeschäft *n* fictitious transaction
Scheingesellschaft *f* bogus company
Scheinkaufmann *m* ostensible merchant
Scheinprozess *m* mock trial
Scheinselbstständiger *m* ostensibly self-employed person
Scheinstörer *m* presumptive disturber; presumptive disrupting party
Scheintod *m* apparent death
Scheinvollmacht *f* apparent authority
Scheinwaffe *f* sham weapon, dummy weapon, toy gun
scheitern *v* fail
Scheitern *n* failure; breakdown
Scheitern *n* **der Ehe** *(Family Law)* breakdown of the marriage
Scheitern *n* **von Verhandlungen** breakdown of negotiations
Schema *n* scheme; pattern; schedule
schenken *v* give; donate; present
Schenker *m* fiver; donor
Schenkung *f* gift, present; donation
Schenkung *f***/gemischte** transfer for inadequate consideration
Schenkung *f* **unter Auflage** conditional gift
Schenkung *f* **unter Lebenden** gift inter vivos
Schenkung *f* **von Todes wegen** gift mortis causa; gift in contemplation of death
Schenkungsanfechtung *f* challenge to a gift
Schenkungsempfänger *m* recipient; donee
Schenkungsteuer *f* gift duty; inheritance tax for gifts inter vivos
Schenkungsurkunde *f* deed of gift
Scherz *m* joke; jest
Schicht *f* 1. shift; work shift; 2. layer
Schichtarbeit *f* shift work
schicken *v* send; consign; dispatch; ship
Schicklichkeit *f* propriety, decency
Schickschuld *f* ≈ obligation to be performed at debtor's place of business by dispatch of debtor
schieben *v* push, move
Schieber *m* profiteer; trafficker; racketeer
Schiebung *f (CrLaw)* racket; swindle
Schiedsabkommen *n* arbitration agreement
Schiedsfähigkeit *f* arbitrability
Schiedsgericht *n* arbitration court
schiedsgerichtlich *adj* arbitral
Schiedsgerichtsbarkeit *f* arbitral [arbitration] jurisdiction
Schiedsgerichtsbarkeit *f***/internationale** international arbitral [arbitration] jurisdiction
schiedsgerichtsfähig *adj* arbitrable
Schiedsgerichtshof *m* arbitration court, arbitral court

Schiedsgerichtsklausel *f* arbitration court
Schiedsgerichtsordnung *f* rules *pl* of arbitration (court)
schiedsgerichtstauglich *adj* suitable for arbitration
Schiedsgerichtsverfahren *n* arbitration proceedings *pl*, arbitral proceedings *pl*
Schiedsgutachter *m* (expert) adjudicator
Schiedshof *m* court of arbitration
Schiedsklausel *f* arbitration clause
Schiedsrichter *m* 1. arbitrator *(dispute)*; 2. referee *(sports)*
schiedsrichterlich *adj* arbitral; of the arbitrator • **schiedsrichterlich entscheiden** decide by arbitration
Schiedsspruch *m* arbitral award; arbitration decision
Schiedsvereinbarung *f* arbitration agreement
Schiedsverfahren *n* arbitration proceedings *pl*
Schiedsverfahren *n*/**obligatorisches** mandatory arbitration
Schiedsvertrag *m* arbitration agreement
Schiff *n* ship
Schiff *n*/**aufgegebenes** abandoned ship
Schiff *n*/**eingetragenes [registriertes]** registered ship
Schifffahrt *f* shipping
Schifffahrtsgericht *n* admiralty court; (German) Inland Waterways Court
Schiffs... maritime; navigational
Schiffsabwracker *m* ship breaker
Schiffsladung *f* freight; cargo; shipment
Schiffsregister *n* ship's register
Schikane *f* chicanery; vexation; harassment
Schikaneverbot *n* prohibition of chicanery
schikanieren *v* vex; annoy; harass
schikanös *adj* vexatious; purposely annoying
Schild *n* sign; name plate; plaque
schildern *v* indicate; show; describe
Schilderung *f* description; account
Schimpfworte *npl* swear words *pl*, swearing
Schirmherr *m* patron
Schirmherrschaft *f* patronage
Schlacht *f* slaughter; battle
Schlag *m* punch; blow; stroke; slap; beating
schlagen *v* beat, strike, knock, hit
Schläger *m* thug
Schlägerei *f* brawl; fight
schlampig *adv* negligent; sloppy
Schlange *f* 1. queue, *(AE)* line; 2. snake, serpent
schlecht *adj* bad; faulty; corrupt; sick • **schlecht bezahlen** underpay • **schlecht verwalten [wirtschaften]** badly manage • **schlechter stellen** put in worse position; position more disadvantageously
Schlechterfüllung *f* misperformance; non-conforming performance
Schlechterstellung *f* disadvantageous positioning
schlechthin simply; *(Lat)* per se
Schlechtleistung *f* inadequate performance; defective performance
Schlechtwettergeld *n* bad weather allowance
Schleier *m* curtain; veil
Schlepper *m* 1. tout *(clients)*; 2. smuggler, facilitator *(refugees)*; 3. towboat *(ship)*
Schleppertätigkeit *f* smuggling activity
Schleppnetzfahndung *f* dragnet (search)
Schleuser *m* smuggler (of persons)
schlichten *v* amicably settle; conciliate
Schlichter *m* conciliator; mediator
Schlichtung *f* amicable settlement; mediation; conciliation
Schlichtungskosten *pl* arbitration costs *pl*; mediation costs *pl*, conciliation costs *pl*
Schlichtungsstelle *f* conciliation service; mediation agency
Schlichtungsverfahren *n* mediation proceedings *pl*
Schlichtungsverfahren *n*/**außergerichtliches** out-of-court settlement procedure; extra-judicial mediation
schließen *v* 1. agree; 2. close, shut; lock (up)
Schließer *m* guard; doorkeeper
Schließfach *n* safe deposit box
Schließung *f* (final) closure; closing; locking (up)
Schloss *n* 1. lock; 2. palace; castle
Schlupfloch *n* loophole
Schluss *m* 1. end, finish; 2. conclusion; presumption
Schlussantrag *m* conclusion; final submissions *pl*
schlüsselfertig *adj* ready for use; turnkey
Schlüsselgewalt *f* ≈ statutory authori-

ty of wife to buy necessities (in name of husband)
Schlusserbe *m* final heir
Schlussfolgerung *f* deduction; reasoning; conclusion
schlüssig *adj* conclusive; convincing; logical
schlüssiges Handeln *n* act implying intent
Schlüssigkeit *f* conclusiveness
Schlussnote *f* purchase contract; sale contract; broker's note
Schlussplädoyer *n* closing address; conclusion; summing up • **Schlussplädoyer halten** present a summing up
Schlusstermin *m* final hearing (date)
Schlussurteil *n* final judgment
Schlussverkauf *m* closing-down sale
Schlussverteilung *f* final distribution
Schlusszahlung *f* final payment; payment of balancing owing
Schmähschrift *f* insult; libel
schmälern *v* belittle; insult
Schmälerung *f* belittlement; libel(l)ing
Schmerz *m*/**seelischer** mental pain (and suffering)
Schmerzensgeld *n* compensation for pain and suffering
Schmiede *f* forge, blacksmith's yard
schmieren *v* 1. bribe; 2. lubricate
Schmiergeld *n* bribe (money); *(colloq.)* slush money, *(colloq.)* kick back
Schmiergeldkasse *f (colloq.)* slush fund
Schmuggel *m* smuggling
Schmuggel *m*/**gewerbsmäßiger** organized smuggling; smuggling racket
Schmuggelgut *n* contraband, smuggled goods *pl*
schmuggeln *v* smuggle
Schmuggeln *n* smuggling, dealing in contraband
Schmuggelware *f* contraband, smuggled goods *pl* • **Schmuggelware beschlagnahmen [einziehen]** seize smuggled goods
Schmuggler *m* smuggler
schnappen *v* snatch, snap
Schneeballsystem *n* pyramid system; snowball selling
Schneeballverkaufssystem *n* pyramid sales system
Schnellverfahren *n* summary proceedings *pl*
Schock *m* shock
schockierende Werbung *f* shock advertising
Schockschaden *m* shock injury *(physical injury resulting from shock)*
Schöffe *m* lay judge; lay assessor; ≈ jury member
Schöffenbank *f* ≈ jury box
Schöffengericht *n* ≈ criminal court consisting of at least one professional judge and two lay judges
Schonfrist *f* grace period; term of grace
Schönheitsreparatur *f* repairs *pl* for sake of appearance; superficial repairs *pl*
Schornsteinfeger *m* chimney sweep
Schornsteinhypothek *f* high-risk mortgage; subprime loan
Schranke *f* barrier; bar *(in court)*; (toll) bar
Schranken-Schranke *f* boundary on the limitation of civil rights
schrecken *v* frighten, scare
Schreckenherrschaft *f* terror regime; dictatorship
Schreib... written
Schreibblock *m* writing pad
schreiben *v* write
Schreiben *n* writing; letter, correspondence
Schreibfehler *m* clerical error
Schreibkraft *f* secretary; typist
Schreibmaschine *f* typewriter
Schreibtisch *m* desk
Schreibtischtäter *m* ≈ (official) person allowing or ordering criminal offences to be committed by others
Schrift *f* writing; handwriting; publication; written document
Schrift *f*/**eigenhändige** autograph
Schrift *f*/**jugendgefährdende** ≈ publication or writing which is morally harmful to adolescents
Schriftform *f* written form • **der Schriftform bedürfen** require the written form
Schriftführer *m* secretary *(of meeting etc.)*
Schriftleiter *m* editor
schriftlich *adj* in writing, written
• **schriftlich erklären** declare in writing
• **schriftlich fixieren** record (in writing)
• **schriftlich niederlegen** record (in writing)
schriftliches Vorverfahren *n* ≈ preliminary proceedings with written submissions and no oral hearing
Schriftlichkeit *f* written form

Schriftsatz *m* brief; (court) pleadings *pl*; statement of case
Schriftsatzergänzungen *fpl* amendments *pl* to pleadings
Schriftsatznachlass *m* late (amended) pleadings *pl*
Schriftsatzwechsel *m* exchange of pleadings; mutual service of pleadings
Schriftstück *n* deed; document
Schriftverkehr *m* correspondence • **Schriftverkehr erledigen** deal with correspondence
Schriftwechsel *m* correspondence
Schriftzeichen *n* character
Schritt *m* step • **Schritt halten** keep (in) step
Schritte *mpl*/**juristische** legal steps *pl*, legal remedies *pl*
schröpfen *v* squeeze money out of sbdy
SCHUFA *s.* Schutzgemeinschaft für allgemeine Kreditsicherung
SCHUFA-Klausel *f* ≈ contractual clause agreeing to examination of credit worthiness (of debtor) and for information to be provided to the credit information agency
Schuld *f* 1. *(CrLaw)* guilt; culpability; *(Lat)* mens rea; 2. *(CivLaw)* fault; liability; 3. indebtedness, debt • **Schuld konsolidieren** consolidate the debt • **Schuld zugeben** *(CrLaw)* admit guilt
Schuld *f*/**gemeinschaftliche** 1. *(CrLaw)* joint culpability; 2. *(CivLaw)* joint liability
Schuldanerkenntnis *n* 1. *(CivLaw)* acknowledgement of indebtedness; 2. *(CivLaw)* acknowledgement of debt; 3. *(CivLaw)* admission of liability
Schuldanerkenntnis *n*/**abstraktes** *(CivLaw)* abstract acknowledgement of indebtedness [debt]
Schuldanerkenntnis *n*/**deklaratorisches** *(CivLaw)* declaratory acknowledgement of indebtedness [debt]
Schuldanerkenntnis *n*/**negatives** *(CivLaw)* acknowledgement of non-indebtedness
Schuldausschließungsgrund *m* 1. *(CivLaw)* ground for exclusion of liability; 2. *(CrLaw)* excuse; ground for exclusion of culpability
Schuldbefreiung *f* acquittance
Schuldbefreiungsanspruch *m* right to acquittance
Schuldbeitritt *m* co-assumption of debt
Schuldbeweis *m (CrLaw)* evidence of guilt
Schuldeingeständnis *n* admission of guilt
schulden *v* owe; be in debt
Schulden *pl* debts *pl* • **Schulden tilgen** service debt; repay the principal
Schuldenbereinigung *f* settlement of debts
Schuldenbereinigungsplan *m* plan for restructuring of debt; debt settlement plan
Schuldenerlass *m* cancel(l)ation of debts
schuldenfrei *adj* debt free; without (financial) liability
Schuldenlast *f* burden of debt; encumbrance *(on land)*
Schuldenmasse *f* total indebtedness
Schuldentilgung *f* repayment of debts; debt redemption
Schulderlass *m* acquittance
schuldfähig *adj* 1. *(CivLaw)* responsible for one's action; 2. *(CrLaw)* with capacity
Schuldfähigkeit *f* 1. *(CivLaw)* responsibility; 2. *(CrLaw)* (criminal) capacity; culpability
Schuldfähigkeit *f*/**bedingte** 1. *(CivLaw)* conditional responsibility; 2. *(CrLaw)* conditional capacity
Schuldfähigkeit *f*/**verminderte** 1. *(CivLaw)* diminished responsibility; 2. *(CrLaw)* diminished capacity
Schuldgeständnis *n (CrLaw)* admission of guilt
Schuldgrundsatz *m* ≈ rule that punishment shall be in proportion to culpability
schuldhaft *adj* 1. *(CrLaw)* culpable; 2. *(CivLaw)* negligent; culpable
schuldig *adj (CrLaw)* guilty • **schuldig sein** be guilty
Schuldiger *m* 1. *(CrLaw)* guilty party; 2. *(CivLaw)* liable party; party at fault; culpable party
schuldlos *adj* without fault, non-culpable • **schuldlos handeln** act without fault, act non-culpably
Schuldlosigkeit *f* non-culpability
Schuldmerkmal *n* 1. *(CrLaw)* element of culpability; 2. *(CivLaw)* element of liability
Schuldmitübernahme *f* cumulative assumption of debt
Schuldner *m* debtor; obligor
Schuldner *m*/**flüchtiger** absent debtor

Schuldner *m*/**säumiger** debtor in arrears, defaulting debtor
Schuldner *m*/**unbekannt verzogener** debtor with new address unknown
Schuldner *m*/**zahlungsunfähiger** defaulter
Schuldnerbegünstigung *f* unlawful preference to debtor
Schuldnerberatung *f* debt advice, counsel(l)ing for party in debt
Schuldnerberatungsstelle *f* debt advice agency
Schuldnergemeinschaft *f* debtors group
Schuldnermehrheit *f* majority of debtors
Schuldnerschaft *f* group of debtors, (body of) debtors
Schuldnerschutzantrag *m* application for protection of debtor(s), motion for creditors' protection *(protection from creditors)*
Schuldnervermögen *n* debtor's assets *pl*
Schuldnerverzeichnis *n* directory [list] of insolvent debtors
Schuldnerverzug *m* delay by debtor
Schuldprinzip *n (Family Law)* principle of fault *(in divorce etc.)*
Schuldrecht *n* law of obligations
Schuldrecht *n*/**Allgemeines** general law of obligations
Schuldrecht *n*/**Besonderes** specific law of obligations
Schuldrechtsmodernisierungsgesetz *n* law modernising the law of obligations
Schuldrechtsreform *f* reform of the law of obligations
Schuldschein *m* promissory note; memorandum of debt
Schuldscheininhaber *m* debenture holder
Schuldspruch *m (CrLaw)* guilty verdict; conviction
Schuldspruchberichtigung *f (CrLaw)* rectification of conviction *(without alteration of punishment)*
Schuldtheorie *f* theory of culpability
Schuldtitel *m* debt certificate, instrument of indebtedness
Schuldübernahme *f* acceptance of indebtedness
Schuldübernahme *f*/**befreiende** ≈ acceptance of indebtedness and discharge of transferor from all liability
Schuldübernahme *f*/**kumulative** cumulative acceptance of indebtedness
Schuldumschaffung *f* novation; restructuring of debt
Schuldumwandlung *f* debt conversion
schuldunfähig *adj (CrLaw)* without capacity; lacking capacity
Schuldunfähigkeit *f* incapacity
Schuldunfähigkeit *f*/**alkoholbedingte** incapacity for reasons of intoxication
Schuldverhältnis *n* obligation (relationship)
Schuldverhältnis *n*/**gesetzliches** statutory obligation
Schuldverhältnis *n*/**vorvertragliches** precontractual obligation
Schuldverschreibung *f* debenture, bond, debenture bond • **Schuldverschreibungen ausgeben** issue a debenture
Schuldverschreibung *f*/**tilgbare** redeemable bond
Schuldversprechen *n* undertaking to meet an obligation; recognition of liability
Schuldzinsen *mpl* interest on debt
schulen *v* train
Schulpflicht *f* compulsory education; duty to attend school
Schulung *f* training
Schulwesen *n* school system
Schusswaffe *f* firearm
Schusswaffenbesitzerlaubnis *f* firearms licence [*AE* license]; gun permit
Schusswaffengebrauch *m* use of firearms; use of a gun
Schutz *m* protection; security; safeguard; *(nature)* conservation • **Schutz gewähren** provide protection
Schutz *m* **vor Ehrverletzungen** protection against defamation of one's reputation
Schutzbedürftigkeit *f* need for protection
Schutzbefohlener *m* charge; ward; person under one's care
Schutzbereich *m* protected area [sphere] *(of a fundamental law, guaranteed in the German Basic Law)*
Schutzbrief *m* letter of safe conduct; charter
Schutzbriefversicherung *f* letter of insurance cover
Schütze *m* rifleman
schützen *v* protect; shield; safeguard
schützend *adj* protective
Schutzgebiet *n*/**staatliches** state protective area; sanctuary

Schutzgeld *n* protection money
Schutzgelderpressung *f* protection racket; extortion of protection money
Schutzgemeinschaft *f* **für allgemeine Kreditsicherung** *(SCHUFA)* (German) Association for General Protection of Credit
Schutzgesetz *n* ≈ remedial statute in the event of a breach of which the victim may claim damages
Schutzgesetzverletzung *f* breach of a remedial statute
Schutzgut *n* interest to be protected
Schutzmann *m* policeman
Schutzmarke *f* trademark; brand
Schutzmaßnahme *f* protective measure; precautionary measure
Schutznorm *f* protective norm
Schutzpflicht *f* duty to protect
Schutzpolizei *f* police
Schutzrecht *n*/**gewerbliches** proprietary right
Schutzrechtsverletzung *f* trademark infringement; infringement of proprietary rights
Schutzschrift *f* caveat
schutzwürdig *adj* worthy of protection
Schutzzoll *m* protective duty
Schutzzollpolitik *f* protective duties policies *pl*
Schutzzweck *m* protective purpose
schwächer *adj* weaker; degraded; lower
Schwager *m* brother-in-law
Schwägerschaft *f* affinity
schwanger *adj* pregnant
Schwangerschaft *f* pregnancy
Schwangerschaftsabbruch *m* interruption of pregnancy; abortion
Schwangerschaftskonfliktberatung *f* abortion counsel(l)ing
Schwangerschaftsunterbrechung *f* interruption of pregnancy
schwanken *v* fluctuate, swing
schwankend *adj* fluctuating
Schwankung *f* fluctuation
Schwarzarbeit *f* illegal employment; illicit work
schwarzarbeiten *v* work illegally
Schwarzarbeiter *m* illegal worker; moonlighter
Schwarzbrennen *n (AE)* bootlegging
Schwarzbrenner *m (AE)* moonshiner, illicit alcohol distiller
schwarze Liste *f* black list
schwarzes Brett *n* noticeboard; blackboard
Schwarzfahren *n* travel(l)ing by public transport without paying; driving without a licence [*AE* license]
Schwarzhandel *m* black market trade; illicit trade
Schwarzhändler *m* black marketeer
Schwarzmarkt *m* black market
Schwarzmarkthandel *m* black marketing
Schwarzmarkthändler *m* dealer on the black market, black marketeer
SchwbG *s.* Schwerbehindertengesetz
schweben *v* be suspended
schwebend *adj* suspended
schwebend unwirksames Rechtsgeschäft *n* voidable transaction; voidable contract
Schwebezustand *m* abeyance; (state of) suspension
schweigen *v* keep silent; keep secret; fail to respond; not reveal
Schweigen *n* silence; keeping silent; failure to respond; non-revealing
Schweigepflicht *f* duty of secrecy, duty to maintain confidentiality; professional confidentiality
Schweigepflicht *f*/**berufliche** professional duty of confidentiality, professional secrecy
Schweigerecht *n* right to remain silent
Schwelle *f* barrier; threshold
Schwellenpreis *m* threshold price
Schwellenwert *m* threshold value
Schwemme *f* glut, flood
schwer *adj* heavy; difficult; serious, major
schwer verletzt *adj* seriously injured
schwer verschuldet *adj* deeply in debt, substantially indebted
Schwerbehindertenausweis *m* ≈ identity card for (seriously) disabled person
Schwerbehindertengesetz *n (SchwbG)* (German) Law for (Seriously) Disabled Persons
Schwerbehinderter *m* (seriously) disabled person
Schwerbeschädigter *m* (seriously) disabled person
Schwere *f* seriousness, gravity
Schwere *f* **der Schuld/besondere** *(CrLaw)* particularly serious culpability

schwere Brandstiftung *f* serious arson, aggravated arson
schwere Körperverletzung *f (BE)* grievous bodily harm, serious bodily harm
schwerer Diebstahl *m (AE)* grand theft; *(AE)* grand larceny
Schwerpunktfahndung *f* specific search
Schwerpunktstaatsanwaltschaft *f* specialized prosecution service
Schwerpunktthema *n* key subject
schwerwiegend *adj* severely, profoundly
Schwester *f* sister
Schwestergesellschaft *f* affiliated company; associated company
Schwierigkeit *f* difficulty
Schwindel *m* cheating; hoax; racket; sham; swindle
schwindeln *v* cheat; trick
Schwindler *m* swindler
schwören *v* swear; take an oath
Schwund *m* loss, reduction; diminution; waste
Schwund *m***/natürlicher** natural loss; natural reduction
Schwurgericht *n* ≈ criminal court with 3 professional judges and 2 lay judges dealing with serious crimes *(at Landgericht)*
Schwurgerichtsangelegenheit *f* ≈ matter for criminal court with jurisdiction for serious crimes
See *f* sea; ocean
See... maritime
Seeamt *n* maritime board of enquiry; admiralty investigation committee
Seefahrer *m* seaman, sailor
Seegericht *n (BE)* Admiralty Court, maritime court
Seegerichtshof *m* tribunal for the law of the sea
Seehandel *m* maritime trade
seelisch *adj* mental; emotional; psychological
Seemann *m* seaman, sailor
seemännisch *adj* seamanlike; nautical
Seenot *f* distress at sea
Seeräuber *m* pirate
Seeräuberei *f* piracy
Seerecht *n* law of the sea; admiralty law; maritime law
seerechtlich *adj* admiralty, of maritime law
Seeschifffahrt *f* maritime navigation; shipping
Seetransportgefahr *f* risk of sea transport, shipping risk
Seetrift *f* marine debris; driftwood; flotsam and jetsam
seeuntauglich *adj* unseaworthy
Seeversicherung *f* maritime insurance
Seeversicherungsmakler *m* maritime insurance agent
Seevölkerrecht *n* international law of the sea; international admiralty law, international maritime law
sehen *v* see; view; examine
Seite *f* page
Seitenlinie *f* collateral line
Sekretär *m* secretary
Sekretariat *n* secretariat
Sekte *f* sect
Sekte *f***/jugendgefährdende** sect endangering young people
Sektion *f* 1. section; 2. autopsy; post-mortem examination
Sektor *m* sector
Sekundant *m* second
sekundär *adj* secondary, subsidiary
Sekundärleistungsanspruch *m* right to subsidiary performance
Sekundärrechtsquelle *f* source of subsidiary law
Sekundärtatsache *f* secondary fact
Sekunde *f* second
selbst 1. self; 2. automatic; 3. even
Selbstablehnung *f* ≈ judge's disqualification of herself or himself from a case
Selbstanzeige *f* reporting of one's own offence [*AE* offense]
Selbstanzeige *f***/steuerliche** reporting of one's own violation of tax laws
Selbstbehalt *m (BE)* excess; self-contribution amount
Selbstbelieferungsvorbehalt *m* right of self-supply
Selbstbestimmung *f* self-determination
Selbstbestimmung *f***/informationelle** right to determine the use of one's own personal data
Selbstbestimmungsrecht *n* right of self-determination
Selbstbezichtigung *f (CrLaw)* self-incrimination
Selbstbindung *f* self-commitment
Selbstbindung *f* **der Verwaltung** ≈ requirement that administrative authorities should be bound by their previous practices and decisions

Selbsteintritt *m* (agent) dealing on one's own account, self-dealing
Selbsteintrittsrecht *n* self-dealing right
Selbstgefährdung *f* self-endangering
Selbsthilfe *f* self-help; self-redress
Selbsthilferecht *n* right of self-redress
Selbsthilfeverkauf *m* sale for self-redress
Selbstkontrahieren *n* self-dealing
Selbstkontrahierungsverbot *n* prohibition of self-trading
Selbstmord *m* suicide
Selbstmordanschlag *m* suicide attack
Selbstmörder *m* suicidist, person committing suicide
selbstmörderisch *adj* suicidal
selbstmordgefährdet *adj* suicidal; potentially-suicidal
Selbstorganschaft *f* ≈ concept allowing for representation from a member or part of the entity only *(e.g. a partner may represent a partnership)*
selbstständig *adj* independent; self-employed
selbstständige Garantie *f* independent guarantee
Selbstständiger *m* self-employed person
Selbstständigkeit *f* self-employment
Selbsttötung *f* suicide
selbstverständlich *adj* natural; self-evident; understood
Selbstverteidigung *f (BE)* self-defence, *(AE)* self-defense
Selbstverwaltung *f* self-administration; autonomy; self-government
Selbstverwaltung *f***/kommunale** local government
Selbstverwaltungsaufgabe *f* ≈ task within the jurisdiction of an autonomous local administration
Selbstverwaltungsgarantie *f* guarantee of autonomy
Selbstverwaltungskörperschaft *f* autonomous body
Semester *n* semester; academic half-year
Seminar *n* 1. seminar; tutorial; 2. seminar; seminary
Senat *m* senate; division of appellate court
Senat *m***/gemeinsamer** ≈ division composed of judges of each of the federal courts, used where a federal court intends to deviate from another federal court's case-law on a particular matter
Senat *m***/großer** ≈ division of each of the federal courts, created to harmonize judgments within a particular court
Senator *m* senator; minister
Senatsmitglied *n* senator
Senatspräsident *m* presiding judge
senden *v* send
Sendung *f* letter; postal package; mail parcel; delivery
Seniorchef *m* senior general manager, *(AE)* president; retired general manager
Seniorenmisshandlung *f* (physical) abuse of pensioners; cruelty to old people
Seniorpartner *m* senior partner
senken *v* lower
Senkung *f* lowering, reduction; fall
sensationslüstern *adj* sensation-seeking; lurid
Sensibilisierung *f* sensitization
Sequester *m* sequestrator; official receiver
Sequestration *f* sequestration; official receivership
sequestrieren *v* sequestrate
Serie *f***/neue** new series
Serien... serial
serienmäßig *adj* serial
Serientat *f (CrLaw)* serial offence [*AE* offense]
Serientäter *m (CrLaw)* serial offender
seriös *adj* legitimate; reputable; sincere; (financially) sound
Service *m* **zum Pauschalpreis** service at a flatrate [lump sum]
Service-Franchising *n* service franchising
setzen *v* apply; position, fix
Seuche *f* epidemic
Sexualdelikt *n* sexual offence [*AE* offense]
sexuell *adj* sexual
SGB *s.* Sozialgesetzbuch
Sheriff-Stellvertreter *m* deputy-sheriff
Sichausgeben *n* **für einen Anderen** impersonation
sicher *adj* safe; secure; certain
sichergestellt *adj* secured
Sicherheit *f* 1. security; 2. safety • **Sicherheit leisten** provide security
Sicherheit *f***/kollektive** collective security
Sicherheit *f***/soziale** social security
Sicherheit *f* **und Ordnung** *f***/öffentliche** law and order, public security
Sicherheiten *fpl* securities *pl*

Sicherheitsabstand *m* safety zone, distance for safety reasons
Sicherheitsabtretung *f* assignment by way of security
Sicherheitsbehörde *f* security authority; security agency
Sicherheitsleistung *f* 1. (security) deposit; bond; collateral; 2. *(CrLaw)* bail • **Sicherheitsleistung zulassen** 1. allow a security; 2. *(CrLaw)* accept bail
Sicherheitsleistung f/gerichtliche attachment bond
Sicherheitstraining *n* self-defence [*AE* self-defense] training; safety training
Sicherheitsvorschuss *m* security deposit; advanced security payment
sichern *v* secure; provide security; safeguard; protect
sicherstellen *v* secure; seize; recover; safeguard
Sicherstellung *f* guarantee; ensuring; seizure; detention
Sicherung *f* protection; securing; providing security
Sicherung f/dingliche security in rem
Sicherungsabrede *f* ≈ agreement as to payment of security bond or collateral
Sicherungsabtretung *f* security assignment
Sicherungseigentum *n* security by transfer of ownership
Sicherungsgeber *m* person granting security
Sicherungsgegenstand *m* collateral
Sicherungsgeschäft *n* secured transaction; hedge
Sicherungsgrundschuld *f* charge on land as security
Sicherungshaft *f* precautionary detention; extended term of imprisonment
Sicherungshypothek *f* mortgage as security; lien by way of mortgage
Sicherungsmaßnahme *f* public security measures *pl*
Sicherungsmittel *n* means for providing security
Sicherungsnehmer *m* secured party
Sicherungsrecht *n* **an beweglichem Vermögen** chattels security; lien over personal property
Sicherungsrecht n/dingliches right of security over property; lien; charge
Sicherungssystem n/dingliches security system over property
Sicherungsübereignung *f* chattel mortgage; transfer of ownership as security for a debt
Sicherungsvereinbarung *f* collateral agreement
Sicherungsverfahren *n* detention proceedings *pl*; protection proceedings *pl*
Sicherungsverfügung *f* security order
Sicherungsvermerk *m* entry of a charge; notice of lien; encumbrance notice
Sicherungsvertrag *m* security agreement
Sicherungsverwahrung *f* preventive detention after imprisonment; extended term of imprisonment *(for the protection of the public in cases of dangerous criminals)*
Sicherungsvollstreckung *f* attachment; enforcement of lien; foreclosure
Sicherungszession *f* security assignment
Sicht *f* sight; view, vision
Sichteinlage *f* demand deposit; deposit on call
Sichtpapier *n* demand instrument
Sichttratte *f* bill payable on sight, demand draft
Sichtvermerk *m* visa
Sichtwechsel *m* demand bill; sight draft
Sichtweise *f* view; perspective
Sichverschaffen *n* acquiring
Siegel *n* seal
Siegelbruch *m* breaking of official seal
siegeln *v* seal; affix a seal
siehe oben see above
siehe unten see below
Signal *n* signal
Signalwirkung *f* signal effect
signifikant *adj* significant, important
Silber *n* silver
Silbermünze *f* silver coin
Silberwährung *f* silver currency
simulieren *v* pretend; simulate
Singularsukzession *f* singular succession
sinken *v* sink, reduce
Sinken *n* sinking
sinkend *adj* sinking
Sinn *m* meaning
Sinn *m* **und Zweck** *m* spirit and purpose; fundamental purpose; *(Fr)* raison d'être
singgemäß *adj* corresponding, analogously
Sippenhaft *f (CrLaw)* collective family

culpability for acts of any individual member
Sitte *f* custom; tradition; public morality; public policy
Sitten *fpl***/gute** public policy; moral standards *pl*
Sittengesetz *n* code of ethics; ethics rules *pl*
sittenwidrig *adj* against public policy; unconscionable; against moral standards; *(Lat)* contra bonos mores • **sittenwidrig herbeiführen** cause in an unconscionable manner
sittenwidriges Rechtsgeschäft *n* unconscionable (legal) transaction; transaction contra bonos mores
Sittenwidrigkeit *f* unconscionability
Sittlichkeit *f* public policy; morals *pl*
Sittlichkeitsdelikt *n (CrLaw)* sexual offence [*AE* offense]; immoral offence [*AE* offense]
Sittlichkeitsverbrechen *n (CrLaw)* sexual offence [*AE* offense]; immoral offence [*AE* offense]
Situation *f* situation
Sitz *m* 1. chair; seat; 2. place; place of business; main office; registered seat
Sitz *m* **einer Gesellschaft** seat of a company; registered company office
Sitz *m***/eingetragener** registered seat; registered office
sitzen *v* sit; be in prison
Sitztheorie *f* ≈ theory in the conflict of laws to determine jurisdiction on the basis of the seat of a company
Sitzung *f* session; sitting; hearing
Sitzung *f***/außerordentliche** 1. extraordinary sitting; special sitting; 2. extraordinary meeting
Sitzung *f***/nichtöffentliche** closed session
Sitzung *f* **unter Ausschluss der Öffentlichkeit** sitting in camera
Sitzungsbericht *m* record of proceedings; minutes *pl*
Sitzungskalender *m* calendar of sessions
Sitzungsladung *f* summons; *(Lat)* subpoena; invitation to a meeting
Sitzungsniederschrift *f* record of proceedings; minutes *pl*
Sitzungsperiode *f* session; term
Sitzungsplan *m* court calendar; court schedule
Sitzungspolizei *f* court bailiff; court attendant; court police
Sitzungsprotokoll *n* minutes *pl* of meeting
Sitzungssaal *m* chambers *pl*
Sitzverteilung *f* allocation of seats
Skala *f* scale; chart
Skalenerträge *mpl* returns *pl* to scale
Skizze *f* outline
skizzieren *v* describe; sketch
Skonto *n* cash discount; discount for prompt payment
Skript *n* lecture hand-outs
Skriptum *n* lecture hand-outs
skrupellos *adj* scrupulous
Slogan *m* slogan
Sodomie *f* sodomy
sofort *adj* immediately; without delay; at once
Sofortfahndung *f* immediate search
sofortig *adj* immediate
sofortige Beschwerde *f* appeal subject to time limit, immediate appeal
sofortiger Vollzug *m* immediate enforcement; immediate execution; summary execution *(of judgment)*
Softlaw *n* softlaw
Softwarekauf *m* purchase of software
Softwarepiraterie *f* software piracy
Sohn *m* son
Sold *m* military pay
Soldat *m* soldier
Solidarität *f* solidarity
Solidaritätsbeitrag *m (Tax Law)* ≈ special contribution (tax) to support development of Eastern Germany (former German Democratic Republic)
solide *adj* (financially) sound; firm; respectable
Soll *n* 1. target; planned output; 2. debit; debit side
Sollkaufmann *m* ≈ merchant or company which is required to be registered
Sollmasse *f* total (amount of) debt
Sollsaldo *m* overdraft; debit balance
Sollvorschrift *f* directory provision; non--mandatory provision
solvent *adj* solvent; financially-viable, sound
Solvenz *f* solvency; ability to pay
Sonderabfall *m* special waste
Sonderabschreibung *f (Tax Law)* special depreciation allowance
Sonderangebot *n* special offer

Sonderanknüpfung *f* special connection, special link
Sonderausgabe *f (Tax Law)* special expense (allowance)
Sonderausschüttung *f* special payout, special distribution; extraordinary payment of dividend
Sonderbehörde *f* special agency; special (Government) authority
Sonderbetriebsvermögen *n* separate business assets *pl*
Sonderbeziehung *f* special relationship
Sonderdelikt *n* ≈ special (statutory) offence that can only be committed by certain persons, e.g. public servants
Sondereigentum *n* special property; individual property *(separate from common property)*
Sondererbfolge *f* special succession to property
Sondergericht *n* special court, special tribunal
Sondergut *n* separate property *(of spouse)*
Sonderhonorar *n* special fee
Sonderleistung *f* special performance
Sondernachfolge *f* special (legal) succession
Sondernutzung *f* special use for real property; separate use *(in apartment building etc.)*
Sondernutzungsrecht *n* special right of use for real property; separate right of use *(in apartment building etc.)*
Sonderopfer *n* special sacrifice
Sonderprivatrecht *n* special (area of) private law
Sonderrecht *n* 1. privilege; option; special right; 2. special law
Sonderrechtsnachfolge *f* subrogation
Sonderrechtsverhältnis *n* subrogation (relationship)
Sonderregelung *f* special rule; exception
Sondersitzung *f* extraordinary meeting; special hearing
Sonderveranstaltung *f* special event
Sondervergütung *f* bonus; special remuneration
Sonderverjährung *f* special statute of limitations; specific time bar
Sondervermögen *n* separate assets *pl*; special assets *pl*
Sondervollmachten *fpl* special powers *pl* of authority; specific authority
Sondervorteil *m* preference; special advantage
Sondervotum *n* special vote
Sonn- und Feiertage *mpl* Sundays and public holidays *pl*
sonstig *adj* other; miscellaneous
Sorge *f* care
Sorge *f***/elterliche** parental care
Sorgeberechtigter *m* custodian
sorgen *v* **(für)** take care of; provide care for
sorgen *v***/sich** worry about, be concerned about
Sorgerecht *n* custody; right of custody
Sorgerecht *n***/gemeinsames** joint custody
Sorgerechtsübereinkommen *n***/europäisches** European Convention on Custody Matters
Sorgfalt *f* care; due care; (due) diligence
Sorgfalt *f***/angemessene** reasonable care, due care
Sorgfalt *f***/eigenübliche** ≈ the normal prudence one would exercise in one's own matters
Sorgfalt *f* **eines ordentlichen Kaufmanns** due care of a diligent merchant
Sorgfalt *f***/gebührende** reasonable care, due care
Sorgfalt *f* **in eigenen Angelegenheiten** due diligence (to be expected) in own matters
Sorgfalt *f***/verkehrsübliche** due diligence, reasonable care
Sorgfalt *f***/zumutbare** reasonable care
sorgfältig *adj* diligent; careful
Sorgfaltspflicht *f* duty of care
Sorgfaltspflicht *f***/allgemeine** common duty of care
Sorgfaltspflichtverletzung *f* breach of duty of care
Sorgfaltspflichtverletzung *f***/objektive** breach of objective duty of care
Sorte *f* type; kind; nature; grade
Sortiment *n* range; assortment
souverän *adj* sovereign
Souverän *m* sovereign
Souveränität *f* sovereignty
Souveränitätsverzicht *m* waiver of sovereignty
sozial *adj* social
Sozialadäquanz *f (CrLaw)* ≈ permitted risk, so that the offence is not punished

Sozialamt *n* social services department [office]
Sozialanspruch *m* right to social services [support]
Sozialarbeiter *m* social worker
Sozialausschuss *m* social committee
Sozialauswahl *f* ≈ choice of employees in case of redundancy according to social factors such as marital status, number of dependants, etc. *(Employment Law)*
Sozialbindung *f* social connections *pl*
Sozialfonds *m* social funds *pl*
Sozialfürsorge *f* social welfare; public assistance
Sozialgericht *n* social security court; social insurance tribunal
Sozialgerichtsbarkeit *f* jurisdiction of social security court
Sozialgesetzbuch *n (SGB)* (German) Social Security Code
Sozialgesetzgebung *f* social security legislation
Sozialhilfe *f* social assistance; social welfare
Sozialhilfebedürftigkeit *f* need for social welfare (benefit)
Sozialhilfeträger *m* social welfare agency
sozialisieren *v* socialisation, socialization
Sozialleistung *f* social security benefit
Sozialleistung *f***/freiwillige** marginal benefit
Sozialleistungsanspruch *m* right to social security benefit; claim to social security benefit
Sozialleistungsmissbrauch *m* benefit abuse
Sozialpartner *m* social partners *pl*; employees *pl* and employer; management and staff; trade unions and employers *pl*
Sozialplan *m (BE)* redundancy scheme; *(AE)* severance scheme
Sozialprognose *f* social prognosis
Sozialrecht *n* social security law
sozialschädlich *adj* socially damaging, socially harmful
Sozialschädlichkeit *f* socially-harmful nature
Sozialstaat *m* social (welfare) state
Sozialstaatsprinzip *n* principle of the welfare state
Sozialverhalten *n* social behavio(u)r
Sozialverpflichtung *f* 1. social duty; 2. social security liability
Sozialversicherung *f* social insurance; social security
Sozialversicherungsabkommen *n* social security agreement; social security treaty
Sozialversicherungsanspruch *m* right to social security
Sozialversicherungsbeitrag *m* social security contribution
Sozialversicherungsträger *m* social security agency
Sozialversicherungswesen *n* social security system
Sozialwidrigkeit *f* **der Kündigung** ≈ termination in breach of social principles, ≈ socially-unjustified termination
Sozialwohnung *f* subsidized apartment, *(BE)* subsidized flat; *(BE)* council house; council flat
Sozietät *f* professional partnership, (professional) firm; law firm
Sozietätsvertrag *m* partnership agreement; partnership deed
Soziologie *f* sociology
Sozius *m* partner
Spaltung *f* splitting
Spannungsklausel *f* price adjustment clause *(especially in rental agreement)*
Sparbuch *n* savings book; passbook
Spareinlage *f* savings deposit
sparen *v* save; economize
Sparer *m* saver
Sparerfreibetrag *m (Tax Law)* savings allowance
Sparkasse *f* savings bank
Sparkassenbuch *n s.* Sparbuch
Sparkonto *n* savings account; giro account
sparsam *adj* economical, thrifty • **sparsam wirtschaften** work economically
Sparsamkeit *f* economy, thriftiness
Sparte *f* branch; division; class
Spätabtreibung *f* late abortion
später *adj* later
später fällig *adj* due later
spätestens *adv* at the latest • **spätestens am** no later than; on … at the latest
Spediteur *m* forwarder; forwarding agent; *(BE)* removal company
Spediteurbedingungen *fpl***/Allgemeine Deutsche** *(ADSp)* General German Conditions of Forwarding
Speditionsfirma *f* carrier, forwarder

Speditionsgeschäft *n* forwarding business; shipping business
Speditionsvertrag *m* forwarding contract
Speicher *m* memory; store; reservoir
Spekulant *m* speculator
Spekulant *m*/**ruinierter** ruined speculator
Spekulation *f* speculation, venture
Spekulationssteuer *f* capital gains tax
spekulativ *adj* speculative
spekulieren *v* speculate
Spende *f* donation; gift
spenden *v* donate, give
Spender *m* donor
Sperre *f* ban; boycott; road block; block
sperren *v* block; obstruct; stop; cut off; freeze *(bank account)*
Sperrgebiet *n* prohibited area; exclusion zone
Sperrjahr *n* one-year waiting period
Sperrklausel *f* restrictive clause *(clause setting out minimum number of votes required for representation)*
Sperrminorität *f* blocking minority, ≈ minority of shareholders with right to veto majority decisions
Sperrstunde *f* closing time; curfew
Sperrung *f* block; freeze *(bank account)*
Spesen *pl* expenses *pl*
spesenfrei *adj* free of (extra) costs
Spezialgebiet *n* special area
Spezialhandlungsvollmacht *f* special commercial power (of attorney)
spezialisieren *v* specialisation, specialization
Spezialist *m* specialist
Spezialität *f* speciality
Spezialitätsgrundsatz *m* doctrine of speciality, ≈ principle that an international organization is invested by those countries creating it with powers and that such powers are limited by the common interests to be promoted by the organization
Spezialprävention *f (CrLaw)* ≈ specific deterrence of the individual offender
Spezialzuweisung *f* special referral
speziell *adj* special; separate • **speziell für den vorliegenden Fall** especially for the current case
Spezies *f* species
Speziessachen *fpl* ascertained goods *pl*
Speziesschuld *f* specific obligation; liability in relation to specific [non-fungible] goods
Spezifikation *f* specification
Spezifikationskauf *m* sale on buyer's specifications
spezifisch *adj* specific
spezifizieren *v* specify, detail, list
spezifiziert *adj* specified
Spezifizierung *f* specification
Spezifizität *f* specificity
Sphäre *f* sphere
Spiel *n* game; gambling, game of chance • **aufs Spiel setzen** gamble, risk
Spielbank *f* casino
spielen *v* play; gamble
Spielraum *m* scope, leeway, margin
Spielraum *m*/**finanzieller** financial leeway
Spiel- und Wettschulden *fpl* gaming and betting debts *pl*
Spielzeugwaffe *f* toy weapon
Spion *m* spy
Spionage *f* espionage • **Spionage betreiben** conduct espionage
spionieren *v* spy
Spirituosen *fpl* spirits *pl*
Spitze *f* peak, summit, head • **an der Spitze stehen** be at the summit • **an der Spitze stehend** peak, summit
Spitzel *m* informer
Spitzensteuersatz *m (Tax Law)* peak rate of taxation
Splitting *n (Tax Law)* splitting, (equal) division of tax liability between spouses
Sponsor *m* sponsor
Sponsoring *n* sponsoring
Sport *m* sport
Sportrecht *n* law related to sport
Sprache *f* language
Sprache *f*/**klare** plain language
Sprache *f*/**maßgebliche** authentic language; governing language
Sprachgebrauch *m*/**beleidigender** insulting language; slander
sprechen *v* speak
Sprecher *m* press officer; spokesperson; spokesman
Sprecherausschuss *m* committee of spokespeople
Sprechzeiten *fpl* business hours *pl*, office hours *pl*
Sprengel *m* district *(court)*; parish *(church)*
sprengen *v* explode, break open

Sprengstoff *m* explosive material, explosives *pl*
Sprengstoffrecht *n* law of explosive materials
Spritztour *f* **in gestohlenem Kraftfahrzeug** joyriding
Spruch *m* award; judgment
Spruchkörper *m* panel of judges
Spruchrichter *m* trial judge
Spruchrichterprivileg *n* limited liability of a member of the judiciary
Sprungrevision *f* leap frog appeal; kangaroo appeal
Spur *f* 1. *(fig.)* trace; clue; track; way; 2. lane *(road)*
Spur *f***/falsche** wrong track, false trail
Spur *f***/heiße** hot trail, hot scent
Staat *m* state; government
Staat *m* **des Commonwealth** Commonwealth state
Staat *m* **des gewöhnlichen Aufenthalts** domicile, state of usual residence
Staat *m***/kriegführender** combatant state; belligerent state
Staatenbund *m* confederation of states
Staatenklage *f* ≈ claim between sovereign states at the European Court of Human Rights
staatenlos *adj* stateless
Staatenlosigkeit *f* statelessness
staatlich *adj* governmental; official; national
staatlich anerkannt *adj* officially recognized
staatlich zugelassen *adj* accredited
Staatsakt *m* act of state
Staatsangehöriger *m* national; citizen; subject
Staatsangehöriger *m***/eingebürgerter** naturalized citizen
Staatsangehöriger *m* **kraft Einbürgerung** citizen by naturalization
Staatsangehörigkeit *f* nationality; citizenship
Staatsangehörigkeit *f***/doppelte** dual nationality
Staatsangehörigkeit *f***/effektive** effective nationality
Staatsangehörigkeit *f***/erworbene** acquired nationality
Staatsangehörigkeitsausweis *m* certificate of citizenship
Staatsangehörigkeitserwerb *m* acquisition of citizenship [nationality]
Staatsangehörigkeitsnachweis *m* proof of citizenship [nationality]
Staatsangehörigkeitszeugnis *n* certificate of citizenship [nationality]
Staatsanleihen *fpl* government bond, state bond
Staatsanwalt *m* prosecutor; public prosecutor; *(BE)* Crown prosecutor; *(AE)* district attorney
Staatsanwaltschaft *f* prosecution; *(BE)* Crown Prosecution Service; *(AE)* district attorney's office
Staatsanzeiger *m* government gazette
Staatsauftrag *m* public contract
Staatsbediensteter *m* civil servant
Staatsbürger *m* national; citizen; subject
staatsbürgerlich *adj* civic
Staatsbürgerschaft *f* nationality; citizenship
Staatsbürgerschaft *f***/doppelte** dual nationality
Staatsdienst *m* civil service; public service
Staatsdomäne *f* state property; government real property
Staatseigentum *n* state property, public ownership
staatsfeindlich *adj* subversive, anti-government
Staatsform *f* form of government
Staatsgebiet *n* national territory
Staatsgeheimnis *n* state secret; *(BE)* official secret
Staatsgerichtshof *m* state court; constitutional court
Staatsgewalt *f* state power; government authority
Staatsgrenze *f* frontier; national boundary, border
Staatshaftung *f* liability of the state
Staatshaftungsrecht *n* law of sovereign liability
Staatsinteresse *n* interest of state
Staatskanzlei *f* chancellery
Staatskasse *f* government funds *pl*; treasury
Staatskirche *f* state church; official church; established church
Staatslehre *f* political science
Staatsmann *m* statesman
Staatsminister *m* minister of state
Staatsnotstand *m* national emergency; state emergency
Staatsoberhaupt *m* head of state

Staatsobligationen *fpl* public securities *pl*
Staatsorgan *n* organ of the state
Staatsorganisationsrecht *n* law related to organisation of the state
Staatspartei *f* state party
Staatspräsident *m* president (of state)
Staatsprüfung *f* state examination
Staatsräson *f (Fr)* raison d'état
Staatsrecht *n* public law
Staatsregierung *f* government
Staatsreligion *f* state religion; official religion; established religion
Staatsschuld *f* public debt
Staatsschutzdelikt *n* offence [*AE* offense] against national security
Staatsschutzstrafrecht *n* ≈ criminal law related to national security
Staatssekretär *m* secretary of state; head of (government) department; assistant minister; *(BE)* junior minister
Staatsstreich *m (Fr)* coup d'état, overthrow of government
Staatssymbol *n* national emblem
Staatsunternehmen *n* nationalized company; state company
Staatsvertrag *m* treaty, international agreement, convention
Staatsverwaltung *f* public administration
Staatsvolk *n* the people (of the nation)
stabil *adj* stable
Stabwechsel *m* change-over; baton change
Stadt *f* city; town
Stadtbewohner *m* city dweller
Stadtdirektor *m (obs.)* ≈ chief magistrate of municipal administration
Städtebauförderungsrecht *n* law to promote urban development
Städtebaurecht *n* urban planning law
Stadtentwicklung *f* urban development
Stadtgemeinde *f* town; municipality; borough
städtisch *adj* municipal
Stadtplanung *f* municipal planning
Stadtrat *m* 1. town council(l)or; city council(l)or; council(l)or; 2. town council; city council
Stadtrecht *n* municipal law; town by(e)--laws
Stadtstaat *m* city state
Stadtteil *m* quarter; district; borough
Stadtverwaltung *f* municipal administration; municipality
Stadtviertel *n* district; quarter
staffeln *v* stagger; grade; differentiate
Staffelzinsen *mpl* compound interest
stagnierend *adj* stagnating
Stalker *m* 1. stalker *(person who pursues stealthily)*; 2. stalker *(person who harasses or persecutes obsessively)*
Stalking *n* 1. stalking *(pursuing or following with stealth)*; 2. stalking *(obsessive harassment or persecution by pursuit)*
Stalking-Opfer *n* victim of stalking, stalking victim
Stamm *m* 1. stock *(descent)*; 2. regular staff; permanent workforce
Stammaktie *f* ordinary shares *pl*; *(AE)* common stock; equity securities *pl*; equity
Stammaktieninhaber *m* preferred shareholder
Stammeinlage *f* initial contribution
stammen *v* come from; originate from
Stammensrecht *n* tribal law
Stammkapital *n* registered capital; share capital; *(AE)* capital stock; nominal capital *(limited liability company)*
Stammkunde sein *v* be a regular customer
Stammvertrag *m* master contract; master policy
Stand *m* status; version; position; level; station • **auf dem neuesten Stand** in the newest version; up-to-date • **auf den neuesten Stand bringen** bring up-to-date; up-date
Stand *m* **des Verfahrens** status of the proceedings; stage of the legal action
Standard *m* standard
Standardformular *n* standard form
standardisieren *v* standardize
standardisiert *adj* standardized
Standardisierung *f* normalization; standardization
Standardklausel *f* standard clause, boilerplate clause, boilerplate
Standardwert *m* standard value; default value
Standesamt *n* registrar's office
Standesanforderungen *fpl* professional requirements *pl*
Standesbeamter *m (BE)* registrar of births, deaths and marriages; *(AE)* recorder
Standesethos *n* social ethos, social values *pl*

Standesinteresse *n* professional interests *pl*
Standespflichten *fpl* professional ethics *pl*
Standespflichtverletzung *f* breach of professional ethics
Standesrecht *n* code of professional conduct; codex; code of ethics
standesrechtlich *adj* ethically; professionally
Standesregeln *fpl* code of ethics
Standesvertretung *f* **der Barristers** the Bar
standeswidrig *adj* in violation of professional ethics
Standgericht *n* summary court martial
ständig *adj* constant; permanent
ständiger Ausschuss *m* permanent committee
Ständiger Internationaler Gerichtshof *m* Permanent Court of International Justice
Standort *m* place; location; site; place of business *(of a company)*; branch
Standpunkt *m* position; opinion
Standrecht *n* martial law
Stapellauf *m* launch, launching
stark *adj* strong
stärken *v* strengthen; boost; buttress
starr *adj* fixed; rigid
Starten *n* start, beginning, commencement
Station *f* station; point; stage, phase
stationieren *v* station
stationiert *adj* stationed, deployed
Statistik *f* statistics *pl*
Statistik *f***/amtliche** official statistics *pl*
statistisch *v* statistically
stattgeben *v* allow; grant; award
statthaft *adj* permissible; admissible
Statthaftigkeit *f* permissibility; admissibility
Statthalter *m* governor; prefect
statuieren *v* constitute; establish
Status *m* status; standing
Statut *n* statute; code; set of laws
Statutenkollision *f* conflict of laws
Statutenwechsel *m* changing of governing law
Steckbrief *m* arrest warrant; wanted poster; wanted pamphlet
stehen *v* **für** stand for
stehlen *v* steal; commit larceny
Stehlen *n* pilferage; stealing
steigen *v* climb, ascend; rise
steigend *adj* climbing; ascenting; rising
steigern *v* increase; enlarge; intensify; step up
Stelle *f* 1. position *(of employment)*; job; post; 2. agency; authority; 3. place; locality; position • **an die Stelle setzen** substitute, supersede • **an die Stelle treten** take the position, replace, substitute
Stelle *f***/beschützte** protected position
Stelle *f* **eines Direktors** position of a manager
Stelle *f***/freie** vacant (employment) position, job opportunity; vacant post
Stelle *f***/offene** open position
Stelle *f***/unbesetzte** vacant employment position, unoccupied post
Stelle *f***/undichte** leak
Stelle *f***/zitierte** cited part
stellen *v* 1. place, position; 2. impose *(a rule)*; 3. arrest *(an offender)*
Stellenvermittlung *f* (acting as) employment agency; job broking; *(BE)* labour exchange
Stellenwert *m* importance, value
Stellung *f* 1. standing; status; 2. position; post; rank
Stellung *f***/amtliche** official position
Stellung *f***/gesellschaftliche** social position
Stellung *f***/marktbeherrschende** dominant market position
Stellung *f***/soziale** social position
Stellungnahme *f* opinion; statement; reaction; comment
stellvertretend *adj* vicarious; acting; deputy
Stellvertreter *m* deputy; assistant
Stellvertretung *f* agency (arrangement); relation of principal and agent; representation; proxy *(voting)*
Stellvertretung *f***/indirekte** indirect representation; indirect agency
Stellvertretung *f***/mittelbare** indirect agency; undisclosed agency
Stellvertretung *f***/unmittelbare** direct agency
Stellvertretung *f***/verdeckte** concealed representation, hidden agency
Stempel *m* stamp; seal; imprint
Stempelgebühr *f* fee for stamping; stamp duty
Stempelkissen *n* stamp pad

stempeln *v* 1. stamp; postmark; 2. clock in *(time control at beginning of work)*; 3. *(colloq.)* be on the dole
Stempelsteuer *f* stamp tax
Stenograf *m* stenographer
Sterbebuch *n* register of deaths
Sterbegeld *n* death benefit
Sterbehilfe *f* euthanasia
Sterbekasse *f* funeral expenses fund
sterben *v* die
Sterbeurkunde *f* death certificate
Sterblichkeit *f* mortality
steril *adj* sterile, infertile
Sterilisation *f* sterilization
sterilisieren *v* sterilize
Stetigkeit *f* consistency; continuity
Steuer *f* tax; levy; duty • **Steuer festsetzen** determine tax; assess tax • **Steuern hinterziehen** evade tax • **Steuern umgehen** avoid tax
Steuer *f*/**direkte** direct tax
Steuer *f*/**indirekte** *(Tax Law)* indirect tax; consumption tax
Steuerabkommen *n* tax agreement, taxation agreement
Steuerabzug *m* tax relief; tax deduction
Steueranrechnung *f* tax credit
steuerbar *adj* taxable
Steuerbeamter *m* collector of taxes; revenue officer
Steuerbefreiung *f* tax exemption, exemption from taxation
Steuerbefreiung *f*/**befristete** limited tax exemption; temporary tax exemption
Steuerbehörde *f* tax authorities *pl*; *(BE)* Inland Revenue; *(AE)* Inland Revenue Service, IRS
Steuerberater *m* tax consultant, tax advisor; tax accountant
Steuerbescheid *m (Tax Law)* tax assessment notice
Steuerbevollmächtigter *m (Tax Law)* tax representative
Steuerbilanz *f (Tax Law)* tax balance; *(AE)* fiscal balance sheet
Steuereinnahmen *fpl (Tax Law)* income for taxes
Steuereinnehmer *m (Tax Law)* collector; collector of taxes
Steuerentstrickung *f (Tax Law)* tax deferment
Steuererklärung *f (Tax Law)* tax return, tax declaration
Steuererleichterung *f (Tax Law)* tax benefit; tax relief
Steuerermäßigung *f (Tax Law)* tax reduction; tax relief; tax allowance
Steuerfahndung *f (Tax Law)* investigation into tax offences [*AE* offenses]
Steuerfestsetzung *f*/**vorläufige** *(Tax Law)* interim tax assessment
Steuerflucht *f* 1. *(Tax Law)* escape from tax liability *(by leaving jurisdiction)*; 2. *(CrLaw)* evasion of tax-related criminal prosecution *(by leaving jurisdiction)*
steuerfrei *adj* tax-free; tax exempt
Steuerfreibetrag *m (Tax Law)* tax allowance; tax exemption; tax-free deduction
Steuerfreiheit *f (Tax Law)* tax exemption
Steuergeheimnis *n (Tax Law)* tax secrecy
Steuerhehlerei *f (Tax Law)* ≈ receiving or selling property resulting from tax evasion
Steuerhinterziehung *f (Tax Law)* tax evasion
Steuerhoheit *f (Tax Law)* tax jurisdiction; *(AE)* fiscal sovereignty
Steuerjahr *n (Tax Law)* tax year
Steuerklasse *f (Tax Law)* tax class; tax group
steuerlich *adj (Tax Law)* fiscal; tax related • **steuerlich veranlagen** *(Tax Law)* assess in terms of tax
steuerlich absetzbar *adj (Tax Law)* tax deductible
steuerlich abzugsfähig *adj (Tax Law)* tax deductible
steuern *v (Tax Law)* tax, levy a tax, raise a tax
Steueroase *f (Tax Law)* tax haven
Steuerparadies *n (Tax Law)* tax paradise; tax haven
Steuerpflicht *f (Tax Law)* rateability, tax liability
Steuerpflicht *f*/**beschränkte** *(Tax Law)* limited duty to pay tax
Steuerpflicht *f*/**unbeschränkte** *(Tax Law)* unlimited duty to pay tax
steuerpflichtig *adj (Tax Law)* subject to tax; taxable
Steuerpflichtiger *m (Tax Law)* taxable person
Steuerrecht *n (Tax Law)* tax law
steuerrechtlich *adj (Tax Law)* related to tax law
Steuerreform *f (Tax Law)* fiscal reform
Steuerrichtlinie *f (Tax Law)* tax guidelines *pl*

Steuersatz *m (Tax Law)* tax rate
Steuersatz *m*/**einheitlicher** *(Tax Law)* uniform tax rate
Steuerschätzer *m (Tax Law)* tax assessor
Steuerschlupfloch *n (Tax Law)* tax loophole
Steuerstrafrecht *n (Tax Law)* penal taxation law; law related to tax offences [*AE* offenses]
Steuersubvention *f (Tax Law)* ≈ subsidy consisting of a tax reduction
Steuertabelle *f (Tax Law)* tax table
Steuerumgehung *f (Tax Law)* tax avoidance
Steuerungsfähigkeit *f (CrLaw)* ability to control body; *(Lat)* mens rea
Steuerveranlagung *f (Tax Law)* assessment of taxes
Steuervergünstigung *f (Tax Law)* tax privilege; tax concession
Steuerverkürzung *f (Tax Law)* tax evasion
Steuervermeidung *f (Tax Law)* tax avoidance
Steuerwert *m (Tax Law)* assessed value; rateable value
StGB *n s.* Strafgesetzbuch
stibitzen *v* pinch, pilfer; scrounge
stichhaltig *adj* cogent, substantive
Stichprobe *f* random sample; spot check
Stichtag *m* key-date; qualifying date; cut-off date
Stichwahl *f* second ballot; final ballot
Stiefbruder *m* stepbrother
Stiefkind *n* stepchild
Stiefmutter *f* stepmother
Stieftochter *f* stepdaughter
Stiefvater *m* stepfather
stiften *v* 1. found; establish; endow; 2. donate
Stifter *m* 1. founder; 2. donor
Stiftung *f* foundation; endowment; charity fund
Stiftung *f*/**politische** political foundation; policy foundation
Stiftungsfonds *m* endowment fund
Stiftungskapital *n* endowment
Stiftungsmittel *n* trust funds *pl*
stille Gesellschaft *f* silent [dormant] partnership
stille Gesellschaft *f*/**atypische** pseudo-silent [pseudo-dormant] partnership
stille Gesellschaft *f*/**typische** typical silent [dormant] partnership
stiller Gesellschafter *m* ≈ silent [dormant] partner
stillgelegt *adj* closed; disused; moth-balled
Stillhalteabkommen *n* standstill agreement
Stilllegung *f* decommissioning
stillschweigend *adj* implied; tacit • **stillschweigend zustimmen** agree by silence; silently agree
stillschweigende Annahme *f* acceptance by silence, implied acceptance
Stillstand *m* arrest; breakdown; deadlock
Stillstand *m* **des Verfahrens** suspension of proceedings; stoppage of trial
Stimmabgabe *f* voting; polling; balloting
Stimme *f* vote; ballot
Stimme *f*/**ausschlaggebende** casting vote
Stimmenanteil *m* voting share; share of votes
Stimmenauszählung *f* counting of votes
Stimmenkauf *m* buying of votes
Stimmenmehrheit *f* majority of votes
Stimmenthaltung *f* abstention from voting
Stimmenzähler *m* teller
Stimmrecht *n* voting right; franchise
Stimmrechtsausschluss *m* removal of voting rights; disenfranchisement
Stimmrechtsbeschränkung *f* limitation of voting rights
Stimmrechtsbevollmächtigter *m* proxy
Stimmrechtsbindung *m* vote bundling; pooling of voting rights
Stimmverhältnis *n* election results *pl*; results *pl* of the voting
Stimmzettel *m* ballot paper
Stipendienprogramm *n* stipendiary programme; *(AE)* scholarship program
Stipendium *n* scholarship
Stoff *m* stuff; material
stören *v* disturb; interrupt; disrupt
Störenfried *m* disrupting party; harasser; trouble-maker
Störer *m* disturber; disrupting party
Störfall *m* fault; breakdown, failure; accident
stornieren *v* cancel; annul; withdraw
storniert *adj* cancel(l)ed
Stornierung *f* reversal; cancel(l)ation
Storno *n* cancel(l)ation
Stornobuchung *f* cancel(l)ation of an entry

Störung *f* disturbance; annoyance; nuisance
Störung *f* **der öffentlichen Sicherheit und Ordnung** disruption of public order; disturbance of the peace
Störung *f***/technische** technical disruption; technical breakdown
Stoß *m* 1. strike; 2. push; 3. collision
StPO *f (CrLaw)* (German) Code of Criminal Procedure
Straf... criminal
Strafanstalt *f* prison; *(BE)* gaol; *(AE)* jail; penal institution
Strafantrag *m (CrLaw)* formal criminal complaint; demand (by injured party) for prosecution
Strafanzeige *f (CrLaw)* complaint; criminal information; report of a crime • **Strafanzeige erstatten** inform the police
Strafarrest *m (CrLaw)* detention; personal arrest
Strafaufhebungsgrund *m (CrLaw)* ground for quashing sentence
Strafaufschub *m* reprieve; suspension of execution of sentence
Strafausschließungsgrund *m (CrLaw)* ground for exemption from punishment
Strafaussetzung *f (CrLaw)* suspension of sentence
Strafaussetzung *f* **zur Bewährung** *(CrLaw)* suspension of sentence; placing on probation
strafbar *adj (CrLaw)* culpable; subject to punishment • **für strafbar erklären** declare culpable
Strafbarkeit *f (CrLaw)* culpability; punishability
strafbedrohte Handlung *f (CrLaw)* act subject to criminal penalty
Strafbefehl *m (CrLaw)* penalty order *(of the court)*; summary punishment notice
Strafbefugnis *f* authority to punishment; jurisdiction to sentence
Strafbestimmung *f* 1. *(CrLaw)* penal regulation; 2. *(CivLaw)* penalty clause *(contract)*
Strafdrohung *f* threat of penalty; threat of punishment
Strafe *f* 1. *(CrLaw)* punishment; sentence; penalty; fine; 2. *(CivLaw)* penalty
Strafe *f***/drakonische** *(CrLaw)* draconian sentence
Strafe *f***/hohe** heavy [severe] sentence
strafen *v* punish; sentence
Straferlass *m (CrLaw)* pardon; remission of sentence
Straferlass *m***/allgemeiner** general pardon
straffällig *adj* delinquent
Straffreiheit *f* impunity
Strafgefangener *m* prisoner; prison inmate
Strafgericht *n (CrLaw)* criminal court
Strafgerichtsbarkeit *f* criminal jurisdiction
Strafgerichtshof *m***/Internationaler** *(CrLaw)* International Criminal Court of Justice
Strafgesetz *n (CrLaw)* criminal law
Strafgesetzbuch *n (StGB) (CrLaw)* (German) Criminal Code; criminal code
Strafkammer *f (CrLaw)* criminal division (of a court)
Strafkammer *f***/große** *(CrLaw)* criminal division with lay judges *(for cases in which the expected sentence is over four years of imprisonment or detention in a psychiatric hospital)*
Strafkammer *f***/kleine** *(CrLaw)* small criminal court; ≈ division of the criminal court with lay judges *(appellate court)*
Strafklausel *f* penal clause; penalty clause
Sträfling *m (CrLaw)* prisoner; *(AE)* convict
Straflosigkeit *f* impunity; indemnity
Strafmaß *n (CrLaw)* degree of punishment; extent of penalty
Strafmaßnahme *f* sanction; penalty provision
Strafmaßrevision *f (CrLaw)* appeal against sentence
Strafmilderung *f (CrLaw)* reduction of sentence; mitigation of punishment
Strafmilderungsgrund *m (CrLaw)* ground for mitigation of sentence
strafmündig *adj (CrLaw)* ≈ of the age of criminal culpability
Strafmündigkeit *f (CrLaw)* (attaining) the age of criminal culpability
Strafprozess *m (CrLaw)* criminal proceedings *pl*; criminal trial
Strafprozessordnung *f (StPO) (CrLaw)* (German) Code of Criminal Procedure
Strafrahmen *m (CrLaw)* range of punishment
Strafrecht *n (CrLaw)* criminal law
Strafrecht *n***/internationales** *(CrLaw)* international criminal law

strafrechtlich *adj (CrLaw)* criminal; penal
• **strafrechtlich verfolgen** prosecute
strafrechtlich verfolgbar *adj (CrLaw)* subject to criminal prosecution; prosecutable; triable
Strafrechtsausschuss *m* criminal law committee
Strafrechtsreform *f* penal reform
strafrechtsrelevant *adj (CrLaw)* of criminal relevance
Strafregister *n (CrLaw)* criminal register; (central) criminal records *pl*; record of previous convictions
Strafrestaussetzung *f* **zur Bewährung** *(CrLaw)* suspension of remainder of sentence on probation; release on probation
Strafrichter *m (CrLaw)* criminal judge; judge in a criminal court
Strafsache *f (CrLaw)* criminal matter
Strafschadensersatz *m (CrLaw) (AE)* punitive damages *pl*
Strafschärfung *f (CrLaw)* extending sentence; aggravating sentence
Strafschärfungsgrund *m* reason for aggravating sentence
Strafsenat *m* **beim Bundesgerichtshof** *(CrLaw)* Criminal Division of Federal Court of Justice
Straftat *f (CrLaw)* criminal act; criminal offence [*AE* offense]; crime
Straftat *f* **eines Jugendlichen** juvenile crime
Straftat *f*/**gemeingefährliche** *(CrLaw)* criminal offence [*AE* offense] involving danger to the public
Straftat *f* **im Amt** *(CrLaw)* criminal offence [*AE* offense] in office
Straftat *f*/**schwere** serious criminal offence [*AE* offense]; felony
Straftat *f*/**terroristische** terrorist offence [*AE* offense]
Straftatbestand *m* criminal offence [*AE* offense]; elements *pl* constituting a criminal act
Straftaten *fpl* **gegen das Leben** criminal offences *pl* [*AE* offenses *pl*] of killing
Straftäter *m (CrLaw)* offender; criminal
Straftäter *m*/**gerichtsbekannter** notorious criminal
Straftäter *m*/**jugendlicher** juvenile offender
Straftilgung *f (CrLaw)* expunging of criminal record; wiping off of (record of) previous convictions
Strafumwandlung *f* commutation of a sentence
strafunmündig *adj (CrLaw)* not of the age of criminal culpability
Strafunmündigkeit *f (CrLaw)* not being of the age of criminal culpability
Strafurteil *n (CrLaw)* verdict; criminal judgment; conviction and sentence
Strafvereitelung *f (CrLaw)* obstruction of criminal justice; aiding (and abetting) after the fact
Strafverfahren *n (CrLaw)* criminal proceedings *pl*; criminal procedure
Strafverfolgung *f (CrLaw)* (criminal) prosecution
Strafverfolgung *f*/**effektive** *(CrLaw)* effective (criminal) prosecution
Strafverfolgungsbehörden *fpl* prosecuting criminal authorities *pl*
Strafverfolgungshindernis *n* barrier to prosecution
Strafverteidiger *m (CrLaw)* defender; defence [*AE* defense] counsel; defence [*AE* defense] lawyer
Strafverwaltung *f* penal administration
Strafvollstreckung *f (CrLaw)* execution of sentence
Strafvollzug *m (CrLaw)* imprisonment; execution of custodial sentence
Strafvollzugsanstalt *f (CrLaw)* prison; penal institution
Strafvollzugsbeamter *m (CrLaw)* prison officer; prison guard
Strafvorschrift *f (CrLaw)* criminal provision; penal regulation
strafwürdig *adj (CrLaw)* worthy of punishment
Strafzumessung *f (CrLaw)* assessment of sentence
Strafzuschlag *m* penalty
Strafzweck *m (CrLaw)* object of punishment; purpose of punishment
strangulieren *v* strangle
Straße *f* highway; road, street
Straßenbau *m* road works *pl*; road construction (site)
Straßenbaulast *f* duty to build and maintain roads
Straßenbaulastträger *m* authority with duty to build and maintain roads
Straßenbauverwaltung *f* road construction administration
Straßengüterverkehr *m* road freight traffic

Straßenhandel *m* street trade
Straßenprostitution *f* street prostitution
Straßenraub *m* highway robbery
Straßenräuber *m* hijacker, highway robber
Straßenrecht *n* road law
Straßenverkauf *m* street sales *pl*; takeaway sales *pl*
Straßenverkehrsbehörde *f* road traffic authority
Straßenverkehrsordnung *f (StVO)* (German) Road Regulation; *(BE)* highway code
Straßenverkehrsrecht *n* road traffic law
Streben *n* ambition; striving
Streckengeschäft *n* third party shipping deal; direct transaction from wholesaler to customer
streichen *v* delete; cancel; expunge; strike out, strike off
Streichung *f* erasure; obliteration; removal
Streife *f* patrol; (police) beat
Streifenwagen *m* patrol car
Streik *m* strike
Streik *m***/organisierter** organized strike
Streik *m***/politischer** political strike
Streik *m***/wilder** wild strike
Streikbrecher *m* strike breaker; black leg; *(vulgar)* scab
streiken *v* strike; go on strike
Streikposten *m* picket • **Streikposten aufstellen** set up a picket
Streikrecht *n* right to strike
Streit *m* dispute; controversy; disagreement
Streitbeilegung *f* resolution of a dispute
Streitbeilegung *f***/alternative** alternative dispute resolution, ADR
Streitbeilegung *f***/außergerichtliche** alternative dispute resolution
streiten *v* dispute; contest; quarrel; argue; disagree
Streitfrage *f* argument; contentious issue; issue
Streitgegenstand *m* matter in dispute
Streitgegenstandsbegriff *m***/eingliedriger** determination of subject matter by initial claim
Streitgegenstandsbegriff *m***/zweigliedriger** determination of subject matter by initial claim and the material circumstances
Streitgehilfe *m* intervener
Streitgenosse *m* joint litigant; *(BE)* joint claimant; joint plaintiff
Streitgenossenschaft *f* joinder of parties
Streitgenossenschaft *f***/notwendige** compulsory joinder of parties
streitgenössische Nebenintervention *f* intervention by joined party
streitig *adj* in dispute; litigated
streitige Gerichtsbarkeit *f* contentious jurisdiction
streitiges Verfahren *n* litigious proceedings *pl*; contentious proceedings *pl*
Streitigkeit *f* dispute; contest; disagreement
Streitigkeit *f***/geschäftliche** business dispute, commercial dispute
Streitigkeit *f***/öffentlich-rechtliche** dispute of public law
Streitigkeit *f***/seerechtliche** maritime dispute
Streitigkeit *f***/verfassungsrechtliche** constitutional dispute
Streitlust *f* willingness to dispute a matter; combativeness
Streitpunkt *m* issue
Streitpunkt *m***/wesentlicher** material issue
Streitschlichtung *f***/alternative** alternative mediation
Streitverkündung *f* third party notice
Streitwert *m* value of matter in dispute
Streitwertfestsetzung *f* assessment (by court) of value of matter in dispute
streng *adj* harsh; severe; strict; stringent
Strengbeweis *m* formal determination of evidence by a court
Strenge *f* severity; precision
streuen *v* spread, scatter; distribute
stringent *adj* stringent
strittig *adj* litigious
Strohmann *m* nominal partner, straw man
Strohmann *m* **als Aktionär [Anteilseigner]** straw man as shareholder
Strohmanngründung *f* formation with a straw man
Strom *m* power
Struktur *f* structure
Strukturgleichheit *f* structural equality
Strukturmaßnahme *f* structural measures *pl*
Stück *n* piece; unit; item
Stückaktie *f* individual shares *pl* with certificate
Stückkauf *m* purchase of specified goods

Stücklohn *m* piece rate; piece wages *pl*
Stückschuld *f* obligation in relation to (supplying of) specified goods
Stückvermächtnis *n* legacy of specified object
Stückzinsen *mpl* accrued interest
Student *m* (university) student
Studentenausschuss *m*/**allgemeiner** *(ASta)* (university) students' representative council
Studentenschaft *f* body of students
Studentenverbindung *f* student union; student association
Studentenwerk *n* students' union; student welfare organization
Studie *f* study; survey
Studiengebühren *fpl* (university) study fees *pl*
Studienjahr *n* session; academic year
Studienordnung *f* rules *pl* of study
studieren *v* study
Studierender *m* person studying, student
Studium *n* (course of) studies
Studium *n* **der Rechte** study of law
Stufe *f* step; level; phase
Stufenklage *f* action in stages
Stuhl *m* chair
Stuhl *m*/**elektrischer** electric chair
stunden *v* defer; allow time; forbear; grant indulgence to a debtor
Stundung *f* allowing of additional time; forbearance; extending a deadline *(for performance)*
Stundungsgrund *m* reason for extending a deadline
Stundungsvereinbarung *f* forbearance agreement; interim waiver agreement
Stundungszins *m* interest for forbearance
Sturz *m* fall; slump
stürzen *v* 1. bring down *(government)*; 2. fall, drop *(prices)*; 3. dethrone *(king)*
stützen *v* back, support
StVO *s.* Straßenverkehrsordnung
subaltern *adj* subordinate
Subjekt *n* subject; legal entity; issue
subjektiv *adj* subjective
subjektive Unmöglichkeit *f* relative impossibility
subjektives Recht *n* subjective law; subjective right
subjektives Tatbestandsmerkmal *n* mental element of criminal offence [*AE* offense]; *(Lat)* mens rea
subjektives Wahlrecht *n* right to vote, suffrage
Submission *f* submission; tender; bid
Submissionsbedingungen *fpl* tender conditions *pl*; rules *pl* of bidding
Submissionsbetrug *m* ≈ fraud in relation to tendering or offering of contract
Submissionsteilnehmer *m* bidder; tendering party
Subordination *f* subordination
Subrogation *f* subrogation
subsidiär *adj* subsidiary
Subsidiarität *f* subsidiarity
Subsidiaritätsgrundsatz *m* principle of subsidiarity
Subsidiaritätsprinzip *n* principle of subsidiarity
Subskription *f* subscription
Substanz *f* material; substance
Substanz *f*/**gesundheitsschädliche** hazardous material; unhealthy material
Substanz *f*/**giftige** poisonous substance
substanziell *adj* substantial; substantive
substanziieren *v* substantiate
substanziiert *adj* substantiated
Substitut *m* replacement; substitute
Substitution *f* substitution
Substitutionskonkurrenz *f* substitutional competition
subsumieren *v* subsume
Subsumtion *f* subsumption
Subsumtionsirrtum *m (CrLaw)* ≈ error in qualifying the facts which are conditions of an offence
Subunternehmer *m* subcontractor
Subunternehmervertrag *m* subcontractor agreement
Subvention *f* grant; subsidy; official financial support
subventionieren *v* subsidize; make subject to subsidies
Subventionsbetrug *m (CrLaw)* fraudulent obtaining of subsidies
subversiv *adj* subversive
Suche *f* search
suchen *v* search
Sucht *f* addiction; craving
Süderweiterung *f* ≈ extension of EEC [EU] to specific southern countries of Europe
Suffragette *f* suffragette
suggestiv *adj* suggestive; leading *(question in court)*
Suggestivfrage *f* leading question

Sühne *f* atonement, expiation; conciliation
Sühneversuch *m (CrLaw)* attempt at reconciliation *(precondition of private prosecution)*
Suizid *m* suicide
Sukzession *f* succession
sukzessiv *adj* gradual; successive
Sukzessivlieferungsvertrag *m* multiple delivery agreement; serial supply agreement
summarisch *adj* summary
Summe *f* total (amount); sum; amount; figure
Summe *f*/**bereinigte** net amount
Summe *f*/**freiwillige** voluntary amount
Summe *f*/**veruntreute** defalcation
Summenmehrheit *f* majority of support in terms of amount
Summierung *f* summation
Superrevisionsinstanz *f* ≈ jurisdiction (of the Federal Constitutional Court) to act as a court of appeal
supranational *adj* supranational
Supranationalität *f* supranationality
Surrogat *n* substitute; alternative
Surrogation *f*/**dingliche** subrogation in rem
Surrogationserwerb *m (Family Law)* substitute acquisition
suspekt *adj* suspicious, dubious; doubtful
suspendieren *v* suspend
suspendierend *adj* suspending
suspendiert *adj* suspended
Suspendierung *f* suspending; suspension
Suspension *f* suspension
suspensiv *adj* suspensive
Suspensiveffekt *m* suspensive effect
Swapgeschäfte *npl* swap transactions *pl*
symbolisch *adj* symbolic; token
Symposium *n* symposium
Synallagma *n* synallagma; relationship of reciprocity
synallagmatisch *adj* synallagmatic
Syndika *f* female in-house counsel
Syndikat *n* syndicate; *(AE)* trust; consortium
Syndikus *m* in-house counsel; employed lawyer; staff lawyer
Syndikusanwalt *m* in-house counsel; employed lawyer; staff lawyer
Synopse *f* synopsis
System *n* system
System *n*/**inquisitorisches** inquisitorial system
Systematik *f* systematics *pl*
systematisch *adj* systematic
systematische Auslegung *f* systematic interpretation
Systemunterschied *m* systemic difference

T

Tabaksteuer *f* tobacco tax
Tabelle *f* table; chart; schedule; scale; index; list
Tabu *n* taboo
Tadel *m* blame; impeachment
tadellos *adj* without blame; unimpeachable
tadeln *v* blame; impeach
Tag *m* day; date • **innerhalb von acht Tagen** within eight days
Tag *m* **der Postaufgabe** date of posting
Tag *m* **des Erlöschens** date of expiry, day of cancel(l)ation
Tagegeld *n* daily allowance; attendance fee
Tagegeldvergütung *f* per diem allowance
Tagelöhner *mpl* hired workers *pl*; jobber
tagen *v* be in session, sit *(court)*; hold a meeting
Tagesgeld *n* on-call money; day-to-day money; *(AE)* per diem
Tagesguthaben *n* daily credit balance
Tageslicht *n* daylight
Tagesordnung *f* agenda; order (paper) *(parliament)*
Tagesordnungspunkt *m* item (of agenda); matter arising
Tagessatz *m* 1. daily allowance; *(AE)* per diem; 2. *(CrLaw)* daily unit
Tagessatzsystem *n* 1. daily allowance system *(expenses)*; 2. *(CrLaw)* daily unit system
täglich *adj* daily
Tagung *f* meeting; convention
Tagungsort *m* venue; place of meeting; convention venue
Taktieren *n*/**hinhaltendes** delaying tactics *pl*
Taktik *f* tactics *pl*
talaq ≈ Islamic procedure whereby a

husband can divorce his wife by repeating to her the word “talaq” (I divorce you) thrice
Talar *m* gown, robe
Tante *f* aunt
Tantieme *f* tantieme; royalty; bonus *(for management)*; author's payment
Tara *f* tare
Tarif *m* scale; charging scale; table of fares; wage scale; tariff *(customs duty)*
Tarifänderung *f* change in tariff
Tarifausschlussklausel *f* ≈ clause (in employment contract) excluding application of collective (wage) agreement
Tarifautonomie *f* ≈ autonomy (of trade unions and employers' associations) for collective wage bargaining
Tarifeinstufung ***f*/niedrige** low wage scale level
Tariffähigkeit *f* capacity to enter into a collective wage agreement
Tarifgebundenheit *f* compulsory nature of a collective agreement
tarifieren *v* tariff
Tarifierung *f* classification; rating
tariflich *adj* 1. in accordance with agreed scale; in terms of the collective (wage) agreement; 2. pursuant to the (customs) tariff
Tariflohn *m* standard wage; standard wage rate; agreed wage
Tarifpartner *m* party to collective wage agreement
Tarifrecht *n* law of collective wage bargaining
Tarifschema *n* tariff scheme
Tarifstreitigkeit *f* labo(u)r dispute
Tarifvereinbarung *f* tariff agreement; collective wage agreement
Tarifverhandlung *f* collective wage negotiations *pl* [bargaining]
Tarifverhandlungen ***fpl*/gewerkschaftliche** trade union collective wage agreement
Tarifvertrag *m* collective wage agreement; (trade) union agreement; general wage agreement
Tarifvertragsgesetz *n* collective wage agreement law
Tarifvertragspartei *f s.* Tarifpartner
Tarifvertragsrecht *n* law related to collective wage agreements
Tarifzone *f* tariff zone
Taschendieb *m* pickpocket; purse-snatcher
Taschengeld *n* pocket money
Taschengeldparagraph *m* ≈ provision of (German) law allowing minors capacity to enter into (binding) contracts within the limits of normal amounts of pocket money
Taschenpfändung *f* ≈ seizure of items in debtor's pockets including cash etc.
Tat *f* act; *(Lat)* actus reus; deed
Tat ***f*/rechtswidrige** unlawful act; illegal act
Tatbestand *m* 1. facts *pl*; facts *pl* of a case; 2. *(CrLaw)* elements *pl* of an offence [*AE* offense]; *(Lat)* actus reus
Tatbestand ***m*/abgeschlossener** *(CrLaw)* completed actus reus
Tatbestand ***m*/gesetzlicher** statutory actus reus
Tatbestand ***m*/objektiver** *(CrLaw)* physical elements *pl* of a crime; *(Lat)* actus reus
Tatbestand ***m*/offener** *(CrLaw)* open actus reus
Tatbestand ***m*/subjektiver** *(CrLaw)* mental elements *pl* of a crime; *(Lat)* mens rea
Tatbestandsirrtum *m (CrLaw)* mistake of fact; mistake as to elements of an offence [*AE* offense]
Tatbestandsmerkmal *n* element of a criminal offence [*AE* offense], element of a crime
Tatbestandsmerkmal ***n*/normatives** normative element of an offence [*AE* offense]
Tatbestandsmerkmal ***n*/objektives** *(CrLaw)* objective element of a criminal offence [*AE* offense]
Tatbestandsmerkmal ***n*/privilegierendes** privileged [mitigating] element of a criminal offence [*AE* offense]
Tatbestandsmerkmal ***n*/qualifiziertes** qualified element of a criminal offence [*AE* offense]
Tatbestandsmerkmal ***n*/subjektives** mental element of criminal offence [*AE* offense]; *(Lat)* mens rea
Tatbestandsverwirklichung ***f*/rechtswidrige** *(Lat)* actus reus
Tateinheit *f* (criminal) offences *pl* [*AE* offenses *pl*] by the same act; unity of criminal act

Tatentschluss *m* resolution [decision] to commit an offence [*AE* offense]
Täter *m* 1. *(CrLaw)* offender; perpetrator; 2. *(CivLaw)* tortfeasor; party in breach *(contracts)*; party at fault; offending party
Täter *m* **hinter dem Täter** *(CrLaw)* organizer of a crime
Täter *m*/**jugendlicher** juvenile offender
Täter *m*/**mittelbarer** *(CrLaw)* indirect offender; organizer of a crime
Taterfolg *m (CrLaw)* completion of actus reus
Täter-Opfer-Ausgleich *m (CrLaw)* compensation of victim (of crime) by offender *(out-of-court proceedings)*
Täterpersönlichkeit *f (CrLaw)* offender profile
Täterschaft *f (CrLaw)* commissioning of an offence [*AE* offense]; acting as offender
Täterschaftsrecht *n (CrLaw)* ≈ (outdated) principle of law whereby sentence should be based on the nature of the offender, as opposed to the offence
Tatfrage *f* question [issue] of fact; matter of fact
Tathandlung *f* commission of an offence [*AE* offense]
Tatherrschaft *f* 1. *(CrLaw)* control of the act by principal; 2. *(CivLaw)* possession
tätig sein *v* be active; act
tätigen *v* execute; deal
Tätigkeit *f* activity; action; occupation
Tätigkeit *f*/**außergerichtliche** out-of--court dealing
Tätigkeit *f*/**freiberufliche** self-employed activity; professional work
Tätigkeit *f*/**gefahrgeneigte** hazardous employment; potentially-perilous undertaking *(of employed person)*
Tätigkeit *f*/**illegale** illegal activity
Tätigkeit *f*/**selbstständige** independent activity
Tätigkeitsbereich *m* area of activity
Tätigkeitsfeld *n* area of activity
Tätigkeitsschwerpunkt *m* focus of activity
tätlich *adj* violent • **tätlich beleidigen** assault
Tätlichkeit *f* assault; battery; violence
Tatmehrheit *f (CrLaw)* plurality of acts; joinder of offences [*AE* offenses]
Tatmotiv *n* inducement
Tatort *m (CrLaw)* scene of the crime, crime scene
Tatortbereichsfahndung *f (CrLaw)* search of the area of the crime
Tatortregel *f* place of injury rule
Tatrichter *m* trail judge; adjudicator of fact
Tatsache *f* fact, matter of fact • **Tatsachen feststellen** determine facts
Tatsache *f*/**aktenkundige** recorded fact
Tatsache *f*/**unbedeutende** insignificant fact
Tatsache *f*/**urkundlich feststehende** fact determined by deed
Tatsache *f*/**vollendete** accomplished fact
Tatsache *f*/**wesentliche** material fact
Tatsachen *fpl*/**neue** new facts *pl*
Tatsachenbehauptung *f* alleged facts *pl*
Tatsachenerklärung *f*/**grob unrichtige** grossly incorrect statement of fact
Tatsachenfeststellung *f* determination of fact
Tatsachenfrage *f* question of fact
Tatsacheninstanz *f* trial court
Tatsachenirrtum *m* mistake of fact, factual error
Tatsachenvermutung *f* assumption of fact
tatsächlich *adj* actual, real; factual
Tatumstände *mpl* circumstances *pl*
Tatverdacht *m (CrLaw)* suspicion of (having committed) an offence [*AE* offense]
Tatverdacht *m*/**hinreichender** *(CrLaw)* sufficient (ground for) suspicion [prosecution]
Tatzeit *f* time of the criminal offence [*AE* offense]
taubstumm *adj* deaf and dumb
tauglich *adj* suitable; qualified; fit; capable; serviceable *(things)*
tauglicher Versuch *m* attempt with possibility of success
Tauglichkeit *f* suitability; fitness; capability; serviceability
Tauglichkeitszeugnis *n* certificate of fitness
Tausch *m* exchange; swap; barter
tauschen *v* exchange; swap; barter
täuschen *v* deceive; misrepresent; trick
täuschend *adj* deceptive
Tauschgeschäft *n* exchange; swap, swop
Täuschung *f* deceit; misrepresentation
Täuschung *f*/**arglistige** malicious deceit; fraudulent misrepresentation

Täuschungsabsicht *f (CrLaw)* intent to deceive
Tauschvertrag *m* barter contract
Tauschwert *m* barter value
Taxe *f* rate; tax; valuation; assessment; tariff
taxieren *v* rate; tax; value; assess; levy a tariff
Technik *f* technology; engineering
Technischer Überwachungsverein *m (TÜV)* Technical Supervisory Association
Teil *m* part, portion, share; party
Teil *m*/**abtrennbarer** divisible portion
Teilanerkenntnis *n* partial admission
teilbar *adj* divisible
Teilbesitz *m* part possession
Teileigentum *n* part-ownership; joint tenancy *(land)*; tenancy in common *(land)*
Teileigentümer *m* part owner
teilen *v* divide; separate; portion, sever
Teilerbschein *m* ≈ inheritance certificate related to specific heir *(when more than one heir exists)*
Teilerlass *m* part-abatement; reduction
Teilgeständnis *n* 1. *(CrLaw)* partial confession; 2. *(CivLaw)* partial admission
Teilhaber *m* partner; participant; joint proprietor
Teilhaber *m*/**beschränkt haftender** limited partner
Teilhaber *m*/**tätiger** active partner
Teilhaberrecht *n* ≈ fundamental right of the individual to participate in state benefits
Teilhaberschaft *f* partnership; participation; joint proprietorship
Teilklage *f* part proceedings *pl*, legal action for part of claim
Teilleistung *f* part performance
Teillieferung *f* instal(l)ment; instal(l)ment delivery, part delivery
Teilnahme *f* 1. *(CivLaw)* participation; 2. *(CrLaw)* complicity *(culpable activity)*
teilnehmen *v* participate, take part; invest
teilnehmend *adj* participating; investing
Teilnehmer *m* 1. *(CivLaw)* participant; 2. *(CrLaw)* accomplice; accessory
Teilnichtigkeit *f* part invalidity; voidness in part
Teilrechtsfähigkeit *f* ≈ legal status (of certain government institutions) whereby organizations may have a separate legal personality when acting independently on non-governmental business
Teilrechtsgebiet *n* part of a legal area [field]
Teilschuld *f* part of debt; part of obligation
Teilsicherheitsleistung *f* 1. part-deposit; partial bond; 2. *(CrLaw)* part bail
Teilung *f* division; separation; partition
Teilungsanordnung *f* ≈ instructions of testator to apportion estate *(Law of Inheritance)*
Teilungsklage *f* action for apportioning of estate; action for separation of assets
Teilungsmasse *f* assets *pl* to be allocated
Teilungsplan *m* allocation plan
Teilungsversteigerung *f* ≈ (forced) separation and sale (of assets) by public auction on application of one of several owners
Teilunmöglichkeit *f* partial impossibility; frustration in part
Teilurteil *n* part-judgment
Teilvollstreckung *f* part-enforcement; part-execution
teilweise *adj* partial, part, in part
Teilzahlung *f* part payment; instal(l)ment
Teilzahlungsabrede *f* instal(l)ment clause; part-payment agreement
Teilzahlungskauf *m (BE)* hire purchase; *(AE)* installment (plan) purchase
Teilzahlungsvertrag *m* instal(l)ment contract
Teilzeit *f* part-time
Teilzeitarbeit *f* part-time employment; part-time work
Teilzeitbasis *f* part-time basis
Teilzeitbeschäftigter *m* part-time employee
Teilzeitnutzung *f* part-time use; partial use
Teilzeitvertrag *m* part-time contract
Teilzeitwohnrecht *n* time-sharing *(real property)*
Telefax *n* telefax, fax
Telefaxwerbung *f* advertising by fax
Telefonanruf *m* telephone call
Telefonat *n* telephone call
Telefongeheimnisverletzung *f* breach of confidentiality of telephone communications
Telefongespräch *n* telephone conversation
telefonieren *v* telephone
Telefonüberwachung *f* electronic monitoring of telephone communications;

(wire-)tapping; *(colloq.)* telephone bugging
Telefonwerbung *f* advertising by telephone
Telefonwerbung *f*/**unerlaubte** illegal telephone advertising
Telegramm *n* telegram, wire
Telekommunikation *f* telecommunication
Telekommunikationsgesetz *n* (German) Telecommunication Law
Telekommunikationsüberwachung *f* electronic monitoring of telecommunications
Telekommunikationsunternehmen *n* telecommunication company [*AE* corporation]
Telekommunikationsverkehrsdaten *npl* telephone communication data
Teleologie *f* teleology
teleologisch *adj* teleological
teleologische Auslegung *f* teleological interpretation
Tempo *n* speed, velocity, pace, rate; time
Tendenzbetrieb *m* ≈ enterprise not subject to statutory requirements of employee representation rights e.g. charity, church organization, political group
Tenor *m* 1. substance; 2. operative elements *pl*; holding; *(Lat)* ratio decidendi *(of a judgment)*
Termin *m* date; court hearing; date of (court) trial; fixed date; appointment • **auf Termin verkaufen** sell forward; sell for the future
Terminauftrag *m* order for settlement
terminbezogen *adj* according to schedule; on schedule; scheduled
Termineinlage *f* term deposit
Termingeschäft *n* futures transaction; dealing in futures
terminieren *v* set down a date *(for a hearing)*; assign a date for trial; fix a date; schedule
Terminkalender *m* appointment diary
Terminologie *f* terminology
Terminplan *m* schedule
Terminplanung *f* scheduling
Terminsvorbereitung *f* preparation for a hearing; appointment preparation
Terminvertretungen übernehmen *v* represent a party at court
territorial *adj* territorial
Territorialgerichtsbarkeit *f* territorial jurisdiction
Territorialität *f* territoriality
Territorialitätsprinzip *n* principle of territoriality
Territorialstaat *m* territorial state
Territorium *n* territory
Terror *m* terror
Terrorabwehrmaßnahmen *fpl* measures *pl* against terrorism
Terrorakt *m* act of terror
Terrordrohung *f* threat of terror; terrorism
Terrorisierung *f* terrorising
Terrorismus *m* terrorism
Terrorismusabwehr *f* anti-terrorism measure
Terrorismusbekämpfung *f* combating of terrorism
Terrorist *m* terrorist
Test *m* test; trial; examination
Testament *n* will, testament
Testament *n*/**angefochtenes** contested will
Testament *n*/**außerordentliches** extraordinary will; nuncupative will
Testament *n*/**eigenhändiges** holographic will
Testament *n*/**gegenseitiges** reciprocal will *(testamentary instrument containing mutually-binding undertakings of the spouses)*
Testament *n*/**gemeinschaftliches** common will; conjoint will; joint will
Testament *n*/**holographisches** holographic will
Testament *n*/**mündlich errichtetes** parol will, testament viva voce
Testament *n*/**öffentliches** notarial will *(will executed in presence of, and recorded by notary public)*
Testament *n*/**wechselbezügliches** reciprocal will; joint and mutual will
testamentarisch *adj* testamentary
Testamentserbe *m* testamentary heir; beneficiary under a will
Testamentserrichtung *f* **unter Zeugen** witness will
Testamentshinterlassung *f* bequest
Testamentsnachtrag *m* codicil
Testamentsvollstrecker *m* executor, administrator
Testamentsvollstreckung *f* execution of a will
Testamentszusatz *m* codicil

Testat *n* attestation; official certification
Testator *m* testator
testieren *v* 1. attest; 2. make a will, testate, dispose by will
Testierender *m* testator
testierfähig *adj* with testamentary capacity
Testierfähigkeit *f* capacity to make a will, testamentary capacity
Testierfreiheit *f* testamentary freedom
Testierunfähigkeit *f* testamentary incapacity
Testkauf *m* test purchase
Testlauf *m* test run, trial, trial run
teuer *adj* expensive
Text *m* text, wording, words *pl*
Text *m*/**diktierter** dictated text
Text *m*/**maßgeblicher** alleged text
Thema *n* topic, subject
Theorie *f* theory
Theorie *f*/**gemischte** mixed theory
Therapie *f* therapy
These *f* thesis
Thron *m* throne • **auf den Thron verzichten** renounce [abdicate] the throne
Thronbesteigung *f* accession to the throne
Thronfolger *m* successor to the throne
Thronrede *f* speech from the throne
Thronverzicht *m* abdication of the throne
tiefgreifend *adj* drastic, radical
Tier *n* animal
Tiere *npl*/**jagbare** game
Tierhalter *m* minder of an animal, keeper of an animal
Tierhalterhaftung *f* liability of keeper of an animal
Tierhüter *m* (professional) animal custodian; herdsman
Tierschutz *m* animal protection
Tierschutzrecht *n* animal protection law, *(BE)* law for prevention of cruelty to animals
tilgen *v* repay; pay off; amortize; cancel; extinguish
Tilgung *f* repayment; paying off; amortization; redemption; settlement
Tilgung *f* **fremder Schulden** repayment of third party debts
Tilgungsabkommen *n* redemption agreement
Tilgungsrate *f* instal(l)ment
Tilgungsreservefonds *m* reserve for payments
Tipp *m* tip, hint; lead
Tippfehler *m* typo, typographical error, typing mistake
Tippgemeinschaft *f* syndicate, betting pool
Titel *m* 1. title; heading; 2. (enforceable) judgment; enforceable instrument
Titel *m*/**dinglicher** right in rem
Titel *m*/**mangelhafter** defective title
Titel *m*/**vererblicher** hereditary title
Titelaushändigung *f* handing over of title
Titelmissbrauch *m* abuse of title
Titelschutz *m* copyright protection of titles
Titelumschreibung *f* transfer of right
Tochter *f* daughter
Tochtergesellschaft *f* subsidiary (company)
Tod *m* death, decease, demise
Tod *m* **durch den Strang** death by hanging
Tod *m*/**natürlicher** natural death
todbringend *adj* fatal, deadly
Todeserklärung *f* declaration of death
Todesfall *m* death; fatality
Todesopfer *n* fatality
Todesstrafe *f* death penalty; death sentence; capital punishment
Todesursache *f* cause of death
Todesurteil *n* death sentence
Todesvermutung *f* presumption of death
tödlich *adj* fatal, mortal; lethal, deadly
tolerant *adj* tolerant
Toleranzklausel *f* partial breach clause; non-material breach clause
Tonaufnahmen *fpl* audio recording
Tonnage *f* tonnage
tot *adj* dead
total *adv* totally, fully, wholly
totalitär *adj* totalitarian
töten *v* kill
Totenschein *m* certificate of death
Totgeburt *f* stillbirth
Totschlag *m (CrLaw)* manslaughter; homicide
totschlagen *v (CrLaw)* commit manslaughter; commit homicide; murder; kill
Totschläger *m (CrLaw)* murderer; killer
Tötung *f (CrLaw)* killing; homicide
Tötung *f* **auf Verlangen** *(CrLaw)* killing on request; euthanasia
Tötung *f*/**fahrlässige** *(CrLaw)* involuntary manslaughter; negligent homicide
Tötung *f* **im Straßenverkehr** traffic-re-

lated death, death resulting from a traffic accident
Tötung *f***/nicht rechtswidrige** *(CrLaw)* justified homicide; lawful homicide
Tötungsdelikt *n (CrLaw)* offence [*AE* offense] of homicide
Tötungsverlangen *n (CrLaw)* request to be killed
trachten *v* endeavo(u)r, try, seek
Trade-Terms *mpl* trade terms *pl*
Tradition *f* tradition, custom
Traditionspapier *n* negotiable instrument of title
tragen *v* carry, bear
Träger *m* bearer; holder; responsible party; organizing body
Träger *m* **von Rechten und Pflichten** subject of rights and obligations
Tragweite *f* importance; significance; scope
Trainingskurs *m***/sozialer** social training course
Transaktion *f* transaction; deal
Transaktion *f***/geschäftliche** business dealing; business transaction
Transfer *m* transfer
transferieren *v* transfer; remit *(money)*
Transformation *f* transformation
Transfusion *f* transfusion
Transit *m* transit
Transparenz *f* transparency
Transparenzgebot *n* requirement of transparency
Transparenzregel *f* transparency rule
Transplantat *n* graft
Transplantation *f* transplantation of (human) tissue, graft; organ transplantation
transplantieren *v* transplant; graft
Transport *m* transport, *(AE)* transportation; *(AE)* shipping; haulage; carriage; conveyance
transportabel *adj* transportable
Transportgefährdung *f* endangering public transport
Transportgeschäft *n* transport business; *(AE)* shipping deal
transportieren *v* transport; ship; carry; convey
Transportkosten *pl* freight costs *pl*; freightage
Transportkosten *pl* **gehen zu Lasten des Empfängers** shipment costs are at consignee's expense
Transportmittel *n* means of transport
Transportrecht *n* transport law
Transportrisiko *n* risk of transport
Transportunternehmen *n* haulier; carrier; *(AE)* shipper; *(BE)* freight company
Transportunternehmer *m* haulier; carrier; *(AE)* shipper; freight carrier
Tratte *f* draft; bill *(yet to be accepted)*
trauen *v* marry; perform a marriage
Trauung *f* marriage (ceremony), wedding
treffen *v* meet; join
Treffen *n* meeting; conference; discussion
Treffen *n***/geheimes** secret meeting; meeting in camera
Trefferquote *f* success rate
Treffpunkt *m* meeting point
Treibgut *n* floating material; flotsam and jetsam
Trend *m* trend
trennen *v* separate, divide
Trennlinie *f* dividing line
Trennung *f (Family Law)* separation, division; severance
Trennung *f* **von Tisch und Bett** *(Family Law)* divorce a mensa et thoro; partial separation by law
Trennungsgeld *n (Family Law)* separation allowance; severance pay
Trennungsprinzip *n* principle of separation; principle of division
Trennungsunterhalt *m* maintenance (of spouse) during separation
Tresor *m* safe; vault
treu *adj* faithful; loyal
Treu *f* **und Glauben** *m* good faith; equity
Treubruch *m* breach of trust
treubrüchig *adj* disloyal; unfaithful
Treubruchstatbestand *m (CrLaw)* ≈ breach of trust *(as one of the ways of committing embezzlement)*
Treue *f* faithfulness; loyalty; fidelity; allegiance
Treuebruch *m* unfaithfulness; disloyalty; infidelity
Treueeid *m* oath of allegiance [loyalty]
Treuepflicht *f* duty of faithfulness; duty of loyalty; allegiance
Treuepflicht *f* **des Arbeitnehmers** employee's duty of faithfulness and loyalty
Treuepflichtverletzung *f* breach of trust
Treueverhältnis *n* fiduciary relationship; relationship of trust
Treueverhältnis *n***/vertragliches** contractual fiduciary relationship

Treugeber *m* settler; donor; grantor of a trust
Treuhand *f* trust
Treuhandbegünstigung *f* beneficial interest
Treuhandbestellung *f*/**widerrufliche** irrevocable creation of a trust
Treuhandeigentum *n* trust property
Treuhänder *m* trustee; trusted person; fiduciary
treuhänderisch *adj* in trust, fiduciary
treuhänderischer Besitzer *m* holder on trust
Treuhänderschaft *f* trusteeship
Treuhandgesellschaft *f (BE)* trustee company; *(AE)* trust corporation
Treuhandkonto *n* trust account; escrow account
Treuhandverhältnis *n* relationship of trust; fiduciary relationship
Treuhandverhältnis *n*/**gesetzliches** statutory fiduciary relationship; *(Lat)* de jure fiduciary relationship
Treuhandvermögen *n* trust estate; assets *pl* of the trust
Treuhandverwaltung *f* ≈ trusteeship
Treunehmer *m* trustee
Tribunal *n* tribunal
Trickdiebstahl *m* theft by way of a trick
Triebtäter *m* sexual offender
Trinkgeld *n* tip
Trost *m* consolation; solace
trotz despite; notwithstanding; regardless of; despite of
Trümmer *pl* wreckage; rubble; debris
Trumpf *m* trump
Trunkenheit *f* drunkenness; intoxication
Trunkenheit *f* **am Steuer** drunken driving, DUI *(being in control of a motor vehicle whilst under the influence of alcohol)*
Trunkenheit *f* **im Straßenverkehr** *s.* Trunkenheit am Steuer
Trunksucht *f* alcoholism; habitual drunkenness
Truppe *f* troupe; group, band
Trust *m* trust
tüchtig *adj* proficient, competent; efficient
Tüchtigkeit *f* proficiency, competence; efficiency
Tücke *f* malice; spite; treachery
Tumult *m* tumult; disorder; riot; affray
Tun *n* action; activity; commission
Tun *n*/**vorangegangenes** previous action; prior activity
Turnus *m* rotation; turn
Tutor *m* tutor
TÜV *m s.* Technischer Überwachungsverein
Typ *m* type; sort; kind
Typenzwang *m* ≈ principle allowing only those property rights determined [fixed] by (statute) law
typisch *adj* typical; usual
typisiert *adj* typed
typographisch *adj* typographical
Tyrannei *f* tyranny

U

u. a. *(unter anderem) (Lat)* inter alia; amongst others, among other things
Übeltäter *m* 1. tortfeasor; 2. *(CrLaw)* offender; *(colloq.)* wrong-doer
üben *v* practise, *(AE)* practice; exercise; train
Überbau *m* superstructure; structure extending over a boundary
Überbringer *m* bearer
Überbrückungsgeld *n* interim assistance; temporary aid; emergency benefit
Überbrückungskredit *m* bridge loan, bridging loan
übereignen *v* transfer title (of ownership); convey *(land)*; pass title; assign
Übereignung *f* transfer of title; transfer of ownership; conveyance *(land)*; assignment
Übereignung *f*/**antizipierte** anticipatory transfer of title
Übereignungsanspruch *m* right of transfer of title
übereinkommen *v* agree, come to an agreement
Übereinkommen *n* (international) agreement; convention; treaty
Übereinkunft *f* agreement; understanding; settlement; arrangement
Übereinstimmung *f* conformity
Überfall *m* raid; attack; hold-up *(bank)*; assault
überfallen *v* raid; attack; hold up *(bank)*; assault
überführen *v* 1. transport; transfer; 2. *(CrLaw)* prove guilt of a person

Übergabe *f* delivery; delivery by hand; transfer; surrender
Übergabebestätigung *f* note of consignment; confirmation of delivery
Übergang *m* 1. transmission; transition; reversion; devolution; 2. crossing *(traffic, road)*
übergeben *v* deliver; hand over; surrender
übergesetzlicher Notstand *m* extra--statutory necessity
Überhaft *f* ≈ issuing of a second or further arrest warrant for person already in prison
Überhangmandat *n* ≈ (parliament) additional seat awarded under the proportional system of representation resulting from the taking into account of the number of votes for a party and the number of direct and indirect seats
überlassen *v* hand over; deliver; cede; abandon; surrender
Überlassen *n* **von Betäubungsmitteln zum unmittelbaren Verbrauch** supply of narcotics for immediate consumption
Überlassung *f* leaving; giving up; abandonment
Überleitung *f* transition; transfer
Überleitung *f* **von Sozialleistungen** transfer of social security benefits
Überleitungsvertrag *m* transition agreement
Überlieferungen *fpl*/**gemeinsame** common traditions *pl*
Übermaßverbot *n* prohibition of excessiveness
Übermittlung *f* communication
Übernahme *f* assumption *(of an obligation)*; acquisition *(of assets)*; take-over *(of a company)*
Übernahmerecht *n* 1. right of acquisition; 2. law of acquisition
Übernahmevertrag *m (AE)* acquisition contract
übernehmen *v* take over; accept; receipt
Überordnungsverhältnis *n* superior relationship
Überpfändung *f* excessive distraint
Überpfändungsverbot *n* prohibition on excessive distraint
Überprüfung *f* review; examination; audit, check; verification
Überraschungsentscheidung *f* surprise decision
überschreiten *v* cross *(a border)*; exceed *(a limit)*; violate *(a prohibition)*
Überschreitung *f* violation; breach *(of a prohibition)*
Überschreitung *f* **der satzungsmäßigen Befugnisse** exceeding the given authority; acting ultra vires
Überschrift *f* heading; title; headnote
Überschuldung *f* over-indebtedness; excessive debt
Überschuss *m* profit; surplus; excess; (plus) balance; credit balance
Übersetzung *f*/**beglaubigte** certified translation
Übersetzung *f*/**maßgebliche** authentic translation
Übersicherung *f* excessive security *(for a loan)*; excessive collateral
Überstellung *f* transmission; sending
Überstellungsbeschluss *m* committal order
überstimmen *v* outvote; override; veto
Überstunde *f* overtime (work); extra hours *pl*
Überstundenvergütung *f* remuneration for overtime; payment for extra (hours of) work
Überstundenzuschlag *m* overtime premium, overtime bonus
Übertrag *m* balance; amount carried forward, sum carried over
übertragbar *adj* transferable, negotiable; assignable
übertragen *v* 1. assign *(rights)*; transfer; delegate *(duty)*; 2. transmit *(television programme)*
Übertragender *m* consignor
Übertragung *f* transfer; assignment
Übertragung *f* **eines Gewerbebetriebes/unentgeltliche** gratuitous transfer of a business
Übertragung *f* **eines Patents** assignment of a patent
Übertragung *f* **eines Rechtes** transfer of a right; assignment of a right
Übertragung *f* **eines Rechtstitels** assignment of legal interest
Übertragungsakt *m* act of transfer
übertreten *v* infringe; violate; breach
Übertretung *f* infringement; violation; breach
Über-/Unterordnungsverhältnis *n* superior/inferior relationship
überwachen *v* control; supervise; observe

Überwachung *f* control; supervision; surveillance
überweisen *v* transfer *(money)*; remit
Überweisung *f* 1. transfer (of money), bank transfer, remittance; 2. transmission; 3. committal; referral
Überweisung *f* **an Zahlungs statt** transfer in lieu of payment
Überweisungsanzeige *f* advice of remittance
Überweisungsbeschluss *m* attachment order
Überzeugungstäter *m* offender by conviction
überziehen *v* overdraw *(account)*
Überziehung *f* overdraft
Überziehungskredit *m* ≈ credit by way of an overdraft facility
Ubiquitätsprinzip *n (CrLaw)* ≈ doctrine of international law whereby a criminal offence only exists if such is criminal in both the place of the act as well as the place of the result
Übung *f* practice; usage
Übungsfall *m* exercise; case study
U-Haft *f s.* Untersuchungshaft
ultima ratio *(Lat)* ultima ratio, last argument, final justification
Ultimatum *n* ultimatum
Ultra-vires-Lehre *f* doctrine of ultra vires
umbringen *v* kill
umdeuten *v* reinterpret; interpret in a different way
Umdeutung *f* reinterpretation; equitable conversion
Umfang *m* capacity; scope, range
Umgang *m* 1. access *(to children)*; 2. treatment; handling; way of dealing with sthg
Umgang *m* **mit gefährlichen Abfällen** handling of hazardous waste
Umgang *m* **wie zwischen Fremden** dealing at arm's length
Umgangsrecht *n* access rights *pl*, right of contact *(to children)*; *(AE)* visitation rights *pl*
Umgangssprache *f* common parlance
umgehen *v* 1. circumvent; avoid; evade; 2. treat; handle
umgehend *adj* immediate; at once; forthwith
Umgehung *f* circumvention; avoidance; evasion
Umgehungsgeschäft *n (Tax Law)* evasive transaction *(illegal)*
umgekehrt *adj (Lat)* vice versa, the other way around
Umkehr *f* reversal
Umkehr *f* **der Beweislast** reversal of the burden [onus] of proof
Umkehrschluss *m (Lat)* inversion of an argument
Umlage *f* special assessment; rate; levy; contribution
Umlauf *m* circulation
umlaufen *v* circulate
Umlaufverfahren *n* circulation (procedure)
Umlaufvermögen *n* current assets *pl*; revolving assets *pl*; floating assets *pl*
umlegen *v* 1. apportion; assess; reclassify; 2. kill
Umlegung *f* reapportionment; regrouping; transfer
Umrechnung *f* conversion
Umsatz *m* turnover; sales *pl*, (volume of) trading
Umsatzsteuer *f* turnover tax; *(BE)* value added tax; *(AE)* sales tax
Umsatzsteueraufkommen *n* turnover tax revenue, sales tax yield
Umsatzsteueridentifikationsnummer *f* VAT [turnover tax] identification number
Umsatzsteuerrichtlinie *f* turnover tax directive
Umschreibung *f* entry of transfer of title *(in land register)*
Umschuldung *f* debt restructuring; debt rescheduling
umsetzen *v* 1. turn over *(goods)*; sell; 2. transfer *(employees)*; 3. implement *(directive into law)*; realize *(idea, policy)*; put into practice; transpose
Umsetzung *f* 1. transfer of duties; transfer of employee; 2. implementation; putting into law; realization; transposition
Umsetzungsakt *m* act of implementation; empowerment law
Umsetzungsfrist *f* implementation deadline
umsonst *adj* free (of charge), gratis
Umstand *m* factor; circumstance(s)
Umstand *m***/entlastender** exculpatory circumstances *pl*
Umstände *mpl***/widrige** adverse circumstances *pl*
Umstellung *f* changeover

umstritten *adj* disputed; argumentative
Umsturz *m* destruction; revolution
Umtausch *m* 1. conversion *(money)*; 2. exchange *(goods)*
Umwälzung *f* revolution
umwandeln *v* convert; transfer; commute *(a sentence)*
Umwandlung *f* conversion; transfer; change of corporate form; commuting, commutation
Umwandlungsteuer *f* reorganization tax
Umwelt *f* environment; surroundings *pl*
Umweltaudit *n* environmental inspection
Umweltbundesamt *n* (German) Federal Environmental Agency
Umwelthaftungsgesetz *n* (German) Law of Liability for the Environment
Umweltinformationsgesetz *n* (German) Environmental Information Law
Umweltkriminalität *f* environmental criminality
Umweltrecht *n* environmental law
Umweltschutz *m* protection of the environment; (nature) conservation
Umweltstraftat *f* environmental crime
Umweltverschmutzer *m* polluter
Umweltverschmutzung *f* pollution
Umweltverschmutzung *f* **der Meere** marine pollution
Umweltverträglichkeitsprüfung *f* environmental impact assessment
Unabdingbarkeit *f* inalterability; indispensability; inalienability; mandatory nature
unabhängig *adj* independent; separate
Unabhängigkeit *f* independence; separate nature
Unabhängigkeit *f* **der Richter** independence of judicial office
unabwendbar *adj* inevitable
Unanfechtbarkeit *f (Lat)* res judicata; non-appealability; incontestability
Unanfechtbarkeit *f* **von Verwaltungsakten** non-contestability of administrative acts
Unanständigkeit *f* obscenity, indecency
unbeachtlich *adj* unremarkable
Unbeachtlichkeit *f* irrelevance
Unbeachtlichkeit *f* **von Verfahrens- und Formfehlern** irrelevance of procedural errors and mistakes as to form
Unbedenklichkeitsbescheinigung *f* clearance certificate; certificate of non-objection
unbedingt *adj* unconditional; absolute; imperative
unbeendeter Versuch *m* incomplete attempt
Unbefangenheit *f* **des Gerichts** impartiality of the court
unbefugt *adj* unauthorized
unbefugte Datenverwendung *f* unauthorized use of data [information]
unbenommen *adj* unrestrained; free
unbescholten *adj* blameless; unblemished
unbeschränkt *adj* unlimited, unrestricted; absolute
unbestimmt *adj* indeterminate; unascertainable; indefinite
unbeteiligt *adj* uninvolved; non-participating; non-participatory
unbeweglich *adj* immovable
unbewegliche Sache *f* real property; real estate; land; immovable(s)
unbewegliches Vermögen *n* immovable assets *pl*; immovables *pl*; real property
unbewusst *adj* unconscious; involuntary; unintentional
unbillig *adj* unfair; inequitable; unjust
Unbilligkeit *f* inequity; injustice
unbotmäßig *adj* recalcitrant
Unbotmäßigkeit *f* recalcitrance
Unbrauchbarmachung *f* rendering unserviceable
Undank *m*/**grober** gross ingratitude
unecht *adj* false; not genuine
unechte Rückwirkung *f* retrospective effect on pending cases
unechte Urkunde *f* falsified document
unehelich *adj (obs.)* illegitimate; extra-marital
Unehelichkeit *f* illegitimacy
uneidliche Falschaussage *f* false testimony not under oath
Uneinigkeit *f* disagreement
unentgeltlich *adj* gratuitous; free of charge; at no cost
Unentgeltlichkeit *f* gratuitousness
unerheblich *adj* irrelevant; immaterial; petty, minor
unerlässliche Bedingung *f* indispensable condition; *(Lat)* conditio sine qua non
unerlaubt *adj* unauthorized, unpermitted; unlawful
unerlaubte Handlung *f* tortious act; tort
unerlaubte Vernehmungsmethode *f* unauthorized interrogation method

unerlaubtes Handeltreiben *n* illicit trade; trading without a licence [*AE* license]
unfähig *adj* incapable; unable; without capacity
Unfähigkeit *f* incapacity; inability
Unfall *m* accident
Unfallanzeige *f* notice of accident
Unfallbeteiligter *m* ≈ person involved in an accident
Unfallflucht *f* leaving the scene of an accident unlawfully, *(colloq.)* hit-and-run driving
Unfallgefahr *f* risk of accident
Unfallhaftpflicht *f* liability for accidents
Unfallhaftpflichtrecht *n* law related to liability for accidents
Unfallmeldung *f* accident report
Unfallort *m* scene of accident
Unfallrente *f* injury benefit
Unfallverhütung *f* accident prevention
Unfallversicherung *f* accident insurance; personal accident insurance
Unfreiheit *f* absence of freedom; serfdom; bondage
unfreiwillig *adj* involuntary
Unfrieden *m* discord; conflict; strife
Unfug *m* mischief; nuisance
Unfug *m*/**grober** public nuisance
ungeboren *adj* unborn; *(Fr)* en ventre sa mère
Ungebühr *f* misconduct
Ungebühr *f* **vor Gericht** contempt of court; misconduct in court
ungehorsam *adj* disobedient; insubordinate
Ungehorsam *m* disobedience; insubordination
ungerecht *adj* unjust; inequitable
ungerechtfertigt *adj* unjustified
ungerechtfertigte Bereicherung *f* undue [unjustified] enrichment
Ungerechtigkeit *f* injustice; inequity
ungesetzlich *adj* illegal; unlawful
ungeteilt *adj* undivided; non-separated
ungleich *adj* unequal; disparate; disproportionate
Ungleichbehandlung *f* discrimination; unequal treatment
Unglück *n* misfortune; accident; bad luck
Unglücksfall *m* misfortune; accident
ungültig *adj* invalid; (null and) void
Ungültigerklärung *f* cancel(l)ation
Ungültigkeit *f* invalidity; nullity
Ungültigkeit *f* **völkerrechtlicher Verträge** invalidity of international treaties
Ungültigkeitserklärung *f* invalidation; declaration of invalidity; declaration of cancel(l)ation
UNIDROIT *n s.* Internationales Institut zur Vereinheitlichung des Privatrechts
Uniform *f* uniform
Union *f* union
Unionsbürgerschaft *f* citizenship of the Union
universal *adj* universal
Universalerbe *m* sole heir
Universalität *f* universality
Universalsukzession *f* universal succession
Universalvermächtnis *n* general [universal] legacy
Universität *f* university
Universitätslehrer *m* lecturer; *(AE)* professor
Universitätsprofessor *m* professor
UN-Kaufrecht *n* UN [United Nations] Convention on Contracts for the International Sale of Goods
UN-Kaufrechtsabkommen *n* UN [United Nations] Convention on Contracts for the International Sale of Goods
Unkenntnis *f* ignorance; lack of knowledge
Unkenntnis *f* **des Gesetzes** ignorance of the law
Unkenntnis *f* **tatsächlicher Umstände** ignorance of the facts
Unklagbarkeit *f* unenforceability
unkörperlich *adj* immaterial; incorporeal
Unkosten *pl* costs *pl*; expenses *pl*; outlay
UN-Kriegsverbrechertribunal *n* UN [United Nations] War Crimes Tribunal
unlauter *adj* unfair; inequitable; dishonest
unmittelbar *adj* direct; immediate • **unmittelbar gelten** apply directly
unmittelbar bevorstehend *adj* imminent
unmittelbare Stellvertretung *f* direct agency
unmittelbarer Besitz *m* actual possession
unmittelbarer Zwang *m* direct coercion; immediate compulsion
unmittelbares Ansetzen *n (CrLaw)* ≈ immediate beginning of attempted offence
Unmittelbarkeit *f* directness; immediacy

Unmittelbarkeit *f* **der Wahl** immediacy of election; directness of election
Unmittelbarkeitsgrundsatz *m (CrLaw)* principle of immediacy (of proof)
unmöglich *adj* impossible
Unmöglichkeit *f* impossibility; frustration
Unmöglichkeit *f* **der Erfüllung** impossibility of performance
Unmöglichkeit *f* **der Wiederherstellung** impossibility of restoration
Unmöglichkeit *f***/nachträgliche** subsequent impossibility
Unmöglichkeit *f***/objektive** frustration *(of a contract)*; absolute impossibility
Unmöglichkeit *f***/subjektive** relative impossibility
Unmöglichkeit *f***/ursprüngliche** initial impossibility
unmündig *adj* under age; not of age
Unmündiger *m* minor; infant
Unmündigkeit *f* minority; infancy
UNO *f (Vereinte Nationen)* United Nations, UN
unparteiisch *adj* impartial; neutral; non--partisan
Unparteilichkeit *f* impartiality
unpfändbar *adj* non-attachable; exempt from seizure; not subject to execution
Unpfändbarkeit *f* exemption from execution
unrecht *adj* wrongful; unjust
Unrecht *n* wrong; injustice
Unrechtmäßigkeit *f* illegality; illegitimacy
Unrechtsbewusstsein *n (Lat)* mens rea; awareness of guilt; guilty mind
Unrechtselement *n* element of guilty mind
unredlich *adj* dishonest; in bad faith
Unrichtigkeit *f***/offenbare** apparent incorrectness; apparent mistake, obvious mistake
Unruhe *f* public disturbance
Unruhen *fpl***/innere** civil unrest
Unruhen *fpl***/öffentliche** public disorder
Unruhen *fpl***/zivile** civil disorder
Unruhestifter *m* rioter
unsachlich *adj* irrelevant; unobjective; biased
Unschuld *f* innocence
unschuldig *adj* innocent
Unschuldsvermutung *f* presumption of innocence
unselbstständige Garantie *f* dependent guarantee
Unsicherheit *f* uncertainty, insecurity
unstatthaft *adj* inadmissible; improper
Unstatthaftigkeit *f* inadmissibility; impropriety
Unstimmigkeit *f* discrepancy
untätig *adj* inactive; dormant
Untätigkeit *f* inactivity; failure to act
Untätigkeitsbeschwerde *f* complaint as to inactivity
Untätigkeitsklage *f* action for a declaration of administrative inaction
untauglich *adj* unfit; unsuitable; incapable
untauglicher Versuch *m (CrLaw)* attempt with no chance of success
unter anderem amongst others, *(Lat)* inter alia
Unterausschuss *m* subcommittee
Unterbevollmächtigung *f* subagency; delegated representation
Unterbezahlung *f* underpayment
Unterbilanzhaftung *f* liability for adverse balance
unterbrechen *v* interrupt; disconnect; discontinue
unterbrechend *adj* intervening; interrupting
Unterbrechung *f* interruption; suspension; adjournment *(court)*
Unterbrechung *f* **der Hauptverhandlung** adjournment of the (main) hearing
Unterbrechung *f* **der Verjährung** interruption of the running of time for the purposes of limitation, *(AE)* tolling of the Statute of Limitations
unterbringen *v* accommodate; commit *(compulsory)*
Unterbringung *f* accommodation; committal
Unterbringung *f* **im psychiatrischen Krankenhaus** committal in a psychiatric hospital
Unterbringung *f* **in einer Entziehungsanstalt** ≈ committal to an institution for treatment of drug and alcohol addiction
Unterbringungsbefehl *m* committal order
unterdrücken *v* suppress; oppress; conceal; repress
Unterdrücken *n* **einer Urkunde** suppression of documents
untere Bundesbehörde *f* lower federal authority

untere Landesbehörde *f* lower state authority
Untergang *m* extinction
Untergang *m* **des Vertragsgegenstandes** destruction of subject matter of a contract
untergeben *adj* subordinate; inferior
untergeordnet *adj* subordinate; inferior *(court)*
Untergericht *n* inferior court
untergliedern *v* subdivide, break down
Unterhalt *m (Family Law)* maintenance; support
Unterhalt *m***/angemessener** *(Family Law)* reasonable maintenance
unterhalten *v (Family Law)* maintain; support
Unterhaltsanspruch *m (Family Law)* right to maintenance; maintenance claim; action for maintenance
Unterhaltsaufwendung *f (Family Law)* maintenance costs *pl*
Unterhaltsberechtigter *m* dependant
Unterhaltsbetrag *m* alimony
Unterhaltsleistung *f (Family Law)* maintenance (payment)
Unterhaltspflicht *f (Family Law)* duty to provide maintenance; liability to provide (financial) support
Unterhaltspflichtverletzung *f (Family Law)* breach of duty to provide maintenance
Unterhaltsrecht *n (Family Law)* law of maintenance
Unterhaltstitel *m* right to maintenance; (enforceable) judgment on matter of maintenance; maintenance order
Unterhaltsurteil *n* judgment on matter of maintenance; maintenance order
Unterhaltsvergleich *m (Family Law)* maintenance settlement
Unterhaltsverzicht *m (Family Law)* waiver of (right to) maintenance
Unterhaltsvorschuss *m (Family Law)* advance maintenance payment(s)
Unterhaltszahlung *f* **an geschiedenen Ehegatten** maintenance, (spousal) support
Unterhaus *n (BE)* Commons *pl*; *(BE)* House of Commons
Unterhausmitglied *n* member of (lower house of) parliament, MP; *(BE)* member of House of Commons
Unterkapitalisierung *f* undercapitalization
Unterkapitel *n* subchapter
Unterlage *f* document; material • **Unterlagen einreichen** lodge [file] documents
unterlassen *v* fail to act; omit; commit a nonfeasance
Unterlassen *n* failure to act; omission; nonfeasance
Unterlassen *n***/legislatives** legislative omission
Unterlassung *f* 1. forbearance; 2. failure to act; omission; neglect; default
Unterlassung *f* **im Dienst** neglect of duty
Unterlassungsanordnung *f* cease and desist order
Unterlassungsanspruch *m***/vorbeugender** precautionary claim for a prohibitory injunction
Unterlassungsdelikt *n* crime by omission
Unterlassungsdelikt *n***/echtes** offence [*AE* offense] of omission *(expressly declared punishable by statute)*
Unterlassungsklage *f* action for discontinuance; action for a prohibitory injunction; action to cease and desist
Unterlassungsklage *f***/vorbeugende** precautionary action for discontinuance
Unterlassungstitel *m* (enforceable) judgment [injunction] to cease and desist; restraining order
Unterlassungsverfügung *f* prohibitory injunction; cease and desist order; restraining order
Unterlassungsverpflichtung *f* negative covenant
unterliegen *v* 1. be subject to; be governed by; be liable to; 2. be defeated by
Untermiete *f* subletting; subtenancy; sublease
Untermieter *m* subtenant; sublessee
Unternehmen *n* 1. enterprise; business; undertaking *(cartel law)*; 2. transaction; activity; business
Unternehmen *n***/abhängiges** dependent enterprise; associated company; subsidiary
Unternehmen *n***/beherrschendes** dominant company; controlling enterprise
Unternehmen *n***/marktstarkes** ≈ company [enterprise] with a strong market position

Unternehmen *n*/**verbundenes** affiliate, affiliated company, group company
Unternehmensbewertung *f* valuation of an enterprise
unternehmensbezogen *adj* company, corporate
Unternehmensbezogenheit *f* corporate connection
Unternehmenskauf *m (AE)* corporate acquisition; *(BE)* company take-over
Unternehmensorganisation *f* corporate organization
Unternehmenspersönlichkeit *f* enterprise as a separate legal entity (with own legal personality); corporate identity
Unternehmenstarifvertrag *m* in-house collective (wage) agreement; company wage agreement
Unternehmensziel *n* business objective
Unternehmer *m* entrepreneur; industrialist; businessman
Unternehmerbegriff *m* concept of entrepreneur
Unternehmergewinn *m* corporate profit
Unternehmerpfandrecht *n* contractor's lien; mechanic's lien; merchant's lien
Unternehmerrisiko *n* entrepreneurial risk
Unterordnung *f* subordination
Unterordnungsverhältnis *n* subordinate relationship
Unterpariemission *f* emission under par
unterrichten *v* instruct; teach; advise; inform; notify
untersagen *v* prohibit, forbid; interdict; bar
Untersagung *f* prohibition; interdiction
Unterscheidbarkeit *f* difference; variation; divergence
unterscheiden *v* distinguish; differentiate
Unterscheidung *f* distinction; differentiation; discrimination
Unterscheidungskraft *f* distinctiveness; distinctive nature
Unterscheidungskriterium *n* distinguishing feature [criterion]
Unterschieben *n* **eines Kindes** foisting a child *(on another person)*
Unterschied *m* disparity; difference
Unterschied *m*/**rechtlicher** difference in law
unterschlagen *v* misappropriate; embezzle
Unterschlagender *m* embezzler
Unterschlagung *f* misappropriation; embezzlement
Unterschlagung *f* **öffentlicher Gelder** misappropriation of public money
unterschreiben *v* sign; subscribe
Unterschrift *f* signature
Unterschriftsbeglaubigung *f* attestation of signature
Unterschriftsberechtigter *m* authorized signatory
Unterstützung *f* benefit, comfort; support
untersuchen *v* investigate; examine; inspect
Untersuchung *f* investigation; examination; inspection
Untersuchungsausschuss *m* investigating committee
Untersuchungsgefangener *m* remand prisoner; person detained for trial
Untersuchungsgrundsatz *m* inquisitorial principle
Untersuchungshaft *f* detention pending trial; remand imprisonment; remand; pretrial custody
Untersuchungskommission *f* board of inquiry, commission (of inquiry)
Untersuchungsrichter *m* (examining) magistrate; committing magistrate
Untertitel *m* subtitle
Untervermietung *f* subletting; subleasing
Untervollmacht *f* subordinate authority to represent; substitute power of attorney
Unterweisung *f* briefing, instruction
Unterwerfungserklärung *f* (declaration of) submission to immediate execution
unterzeichnen *v* sign; subscribe
Unterzeichner *m* signatory; signer
Unterzeichneter *m* undersigned
Unterzeichnung *f* signing; signature
Untreue *f* 1. breach of trust; disloyalty; 2. *(CrLaw)* embezzlement, defalcation
Unübertragbarkeit *f* non-negotiability, non-transferability, non-assignability
unveräußerlich *adj* inalienable
unverbindlich *adj* non-binding
unvereinbar *adj* incompatible; inconsistent; irreconcilable
Unvereinbarkeit *f* incompatibility; inconsistency; irreconcilability
unverhältnismäßige Aufwendungen *fpl* disproportionate expenses *pl*
Unverletzlichkeit *f* immunity
unvermeidbar *adj* inevitable; unavoidable

Unvermeidbarkeit *f* inevitability; unavoidability
unvermeidlich *adj* inevitable; unavoidable
Unvermögen *n* incapacity; inability
unverschuldet *adj* innocent; without fault
unversetzbar *adj* not transferable *(judge)*; not available for transfer
Unversetzbarkeit *f* exemption from transfer *(judge)*
Unverstand *m* senselessness; thoughtlessness
unvertretbar *adj* 1. untenable; indefensible; 2. non-fungible *(goods)*; non-exchangeable
unvertretbare Handlung *f* personal performance *(performance that can only be made by the person bound by contract e.g. a piano concerto by a famous piano player)*
unvertretbare Sache *f* non-fungible object
unverzüglich *adj* immediate; without delay; prompt
unvollkommene Verbindlichkeit *f* incomplete obligation
unvoreingenommen *adj* unprejudiced; unbiased; impartial
Unvoreingenommenheit *f* impartiality; neutrality; freedom from bias
unvorhersehbar *adj* unforeseeable
unwahr *adj* false; untrue
Unwahrheit *f* falsehood; untruth
unwesentlich *adj* immaterial; irrelevant; negligible
unwiderlegbar *adj* irrebuttable
unwiderleglich *adj* irrebuttable
unwiderruflich *adj* irrevocable
unwirksam *adj* ineffective; null and void; invalid
Unwirksamkeit *f* ineffectiveness; nullity, voidness; invalidity
Unwirksamkeit *f*/relative relative ineffectiveness
Unwirksamkeit *f*/schwebende pending nullity *(ineffectiveness subject to a condition precedent making the act effective)*
Unwirksamkeitsgrund *m* reason for ineffectiveness
unwürdig *adj* unworthy, disgraceful
Unwürdigkeit *f* unworthiness
Unzeit/zur untimely
Unzucht *f* indecency; lewd acts *pl*
unzüchtig *adj* indecent
Unzulänglichkeit *f* deficiency
Unzulänglichkeit *f* von Beweismitteln incompetence of evidence
unzulässig *adj* 1. inadmissible; 2. unlawful; illegal
Unzulässigkeit *f* 1. inadmissibility; 2. unlawfulness; illegality
unzumutbar *adj* unreasonable; unacceptable
Unzumutbarkeit *f* unreasonableness; unacceptability
unzurechnungsfähig *adj* mentally incompetent; lacking mental capacity; *(Lat)* non compos mentis
Unzurechnungsfähigkeit *f* 1. mental incapacity; incompetence; 2. *(CrLaw)* lack of criminal capacity
unzuständig *adj* not competent; without jurisdiction
Unzuständigkeit *f* lack of competence; lack of jurisdiction
Unzustellbarkeit *f* impossibility of service
Unzustellbarkeitsmeldung *f* notice of abandonment, notice of non-service
unzuverlässig *adj* unreliable; untrustworthy
Unzuverlässigkeit *f* unreliability; untrustworthiness
Urabstimmung *f* pre-strike ballot
Urheber *m* author
Urheberrecht *n* copyright (law); author's rights *pl*; proprietary right
urheberrechtlich *adj* in relation to copyright; copyright related
Urheberrechtsaufgabe *f* abandonment of intellectual property right
Urheberrechtsverletzung *f* violation of a patent, violation of an intellectual property right
Urheberschaft *f* authorship; origin
Urkunde *f* document; deed; (legal) instrument; legal document
Urkunde *f*/amtliche official instrument [document]
Urkunde *f*/echte authentic document; valid deed
Urkunde *f*/öffentliche official document; public document; document of official authority
Urkunde *f*/unechte falsified document
Urkunde *f*/vollstreckbare (directly) enforceable instrument
Urkundenbeweis *m* documentary evidence; written proof

Urkundendelikt *n* offence [*AE* offense] related to documents
Urkundenfälscher *m* counterfeiter
Urkundenfälschung *f* falsification of documents; forgery of documents
Urkundenprozess *m* ≈ summary proceedings based solely on documentary evidence
Urkundenregister *n* deeds register; documents register
Urkundenunterdrückung *f* suppression of documents; concealment of documents
urkundlich *adj* by (formal) deed; documentary
Urkundsbeamter *m* **der Geschäftsstelle** clerk of the court; clerk of the court register
Urkundsgewährungspflicht *f* duty to grant documents
Urlaub *m* leave (of absence); holiday • **Urlaub gewähren** grant leave; give a holiday
Urlaub *m*/**unbezahlter** leave without pay; unpaid holiday
Urlaubsanspruch *m*/**gesetzlicher** statutory holiday; statutory leave
Urlaubsfreuden *fpl*/**entgangene** loss of enjoyment for holiday, *(AE)* loss of enjoyment for vacation
Urlaubsgeld *n* holiday pay; holiday bonus; *(AE)* (additional) vacation pay
Urlaubszeit *f*/**vertane** spoilt holidays *pl (German Package Holiday Law)*; loss of enjoyment in vacation period
Urne *f* 1. urn; 2. ballot box
Urproduktion *f* primary production; original production
Ursache *f* cause
Ursache *f*/**unmittelbare** proximate cause
ursächlich *adj* causative
Ursächlichkeit *f* causality
Urschrift *f* original *(of document)* • **mit der Urschrift übereinstimmende Abschrift** accurate copy of original
Ursprung *m* source, origin
ursprünglich *adj* original; initial
ursprüngliche Unmöglichkeit *f* initial impossibility
Ursprungsdomizil *n* domicile of origin
Ursprungslandprinzip *n* principle of country of origin
Urteil *n* 1. judgment; decision; decree; 2. *(CrLaw)* sentence; 3. *(CrLaw)* verdict • **ein Urteil bestätigen** affirm a judgment • **ein Urteil erlassen [fällen]** give judgment
Urteil *n*/**hartes** harsh judgment
Urteil *n*/**kontradiktorisches** judgment rendered after contentious proceedings
Urteil *n*/**mildes** lenient judgment
Urteil *n* **nach Lage der Akten** decision taken according to the documents on record *(determination of a matter in terms of the records)*
Urteil *n*/**nichtiges** void decision
Urteil *n*/**nichtstreitiges** undisputed decision
Urteil *n*/**rechtskräftiges** final and absolute judgment
Urteil *n*/**vorläufig vollstreckbares** interim enforceable judgment
urteilen *v* judge; adjudicate; decide; rule
Urteilsart *f (CrLaw)* type of sentence
Urteilsbegründung *f* opinion of the court; grounds *pl* for a judgment
Urteilsberichtigung *f* correction [rectification] of judgment
Urteilsentscheidungsgrund *m* ground for (making) a judgment; court opinion
Urteilsfindung *f* 1. determination of judgment; 2. *(CrLaw)* consideration of sentence
Urteilsformel *f* operative element of a judgment; holding; *(Lat)* ratio decidendi
Urteilsgebühr *f* court fee for a judgment
Urteilsgrund *m* ground for a judgment
Urteilsgrund *m*/**tragender** *(Lat)* ratio decidendi; reason for the judgment; binding rule of a judgment
Urteilsstil *m* judgment form
Urteilstenor *m* operative part of a judgment; holding; *(Lat)* ratio decidendi
Urteilsüberprüfung *f* review on appeal
Urteilsverkündung *f* 1. giving judgment; 2. *(CrLaw)* passing sentence
Urteilsvollstreckung *f* 1. execution of a judgment; 2. *(CrLaw)* execution of a sentence
Urteilswirkung *f* effect of judgment
Usancen *fpl (Fr)* usage; trade practice, mercantile custom; custom

V

Vakanz *f* vacancy
Validierung *f* validation
Valuta *f* value; (foreign) currency; exchange rate (value)
Valutaschuld *f* foreign currency debt
Vater *m* father
Vaterland *n* fatherland
väterlich *adj* paternal
Vatermord *m* patricide
Vaterschaft *f* fatherhood, paternity • **die Vaterschaft anerkennen** recognize paternity • **die Vaterschaft bestreiten** deny paternity
Vaterschaftsanerkenntnis *n* recognition of paternity; acknowledgement of paternity
Vaterschaftsanerkennung *f s.* Vaterschaftsanerkenntnis
Vaterschaftsanfechtung *f* contesting paternity
Vaterschaftsfeststellung *f* determination of paternity
Vaterschaftsgutachten *n* (expert) medical opinion as to paternity
Vaterschaftsurlaub *m* paternity leave
Vaterschaftsvermutung *f* presumption of paternity
venire contra factum proprium *(Lat)* venire contra factum proprium *(no one may set herself [himself] in contradiction to her [his] own previous conduct)*
verabreden *v* 1. make an appointment; arrange a meeting; 2. conspire *(criminal or tortious act)*
Verabredung *f* 1. (arranged) meeting; appointment; 2. conspiracy
Verabredung *f* **bei einer Versteigerung** knock-out
Verabredung *f* **zu einem Verbrechen** conspiracy to commit a criminal offence [*AE* offense]
verabschieden *v* 1. discharge; 2. adopt, approve; pass *(a bill, a motion)*
Verabschiedung *f* **eines Gesetzes** passing of a bill; enacting of legislation
verächtlich machen *v* bring into contempt; disparage
Verachtung *f* contempt
Veränderlichkeit *f* variability
verändern *v* change, vary; amend
Veränderung *f* change, variation, alteration; amendment
Veränderung *f* **des rechtlichen Gesichtspunktes** *(CrLaw)* change in the assessment of a potential crime *(so that culpability may arise under different criminal provisions from those first considered by the court)*
Veränderung *f***/spürbare** marked change
Veränderungssperre *f* preservation order *(planning law)*; (interim) injunction to prohibit (further) development
verankern *v* embody
Verankerung *f* embodiment
veranlagen *v (Tax Law)* assess
veranlagen *v***/steuerlich** *(Tax Law)* assess in terms of tax
Veranlagung *f* 1. disposition, incline; 2. *(Tax Law)* assessment
Veranlagungsstelle *f* assessor
Veranlagungswert *m* assessed value
veranlassen *v* induce
Veranstalter *m* promoter; organizer
Veranstaltung *f***/öffentliche** public function
verantwortlich *adj* responsible; (legally) liable; answerable; accountable
Verantwortlichkeit *f* responsibility; liability; answerability; accountability
Verantwortlichkeit *f***/öffentlich-rechtliche** public responsibility
verarbeiten *v* process
Verarbeitung *f* processing
Verarbeitungsklausel *f* conversion clause *(clause of a contract relating to title to goods converted into a new product)*
Verauslagung *f* disbursement
Veräußerer *m* seller, disposing party
veräußern *v* transfer; dispose (of); alienate; sell
Veräußerung *f* transfer; disposal; alienation; sale
Veräußerung *f* **des Gewerbebetriebes** disposal of a business
Veräußerung *f***/freihändige** private sale; sale by private treaty
Veräußerung *f* **von Betäubungsmitteln/unerlaubte** unlawful sale of narcotics
Veräußerungsbeschränkung *f* limitation on (right of) disposal
Veräußerungsgeschäft *n* transaction involving alienation

Veräußerungsgewinn *m* profit from disposal
Veräußerungsverbot *n* prohibition of disposal
Veräußerungsverbot *n***/relatives** comparative prohibition of disposal
Veräußerungsverlust *m* loss from disposal
Veräußerungsvertrag *m* contract of sale
Veräußerungsverweigerung *f* refusal to sell
Verbalinjurie *f* gross insult
Verband *m* association; federation; confederation; union
Verbandsklage *f* group action; *(AE)* class action; action by an association *(in the interests of its members)*
Verbandskläger *m (AE)* class plaintiff
Verbandskompetenz *f* 1. (subject matter) competence of a government authority; 2. *(Tax Law)* (subject matter) competence of a fiscal authority
Verbandskörperschaft *f* corporation [legal personality] of an association
Verbandsstrafe *f* association fine; association punishment
Verbandstarifvertrag *m* ≈ collective wage agreement (negotiated) with an association of employers
verbannen *v* banish; ban; prohibit
Verbannung *f* banishment; exile
Verbeamtung *f* becoming a civil servant; awarding of public servant status
verbessern *v* improve; rectify, correct
Verbesserung *f* improvement; rectification
verbieten *v* prohibit; ban; forbid; proscribe; enjoin
verbinden *v* combine; join; connect
verbindlich *adj* binding; compulsory
Verbindlichkeit *f* 1. obligation; commitment; 2. validity; binding nature • **eine Verbindlichkeit eingehen** assume an obligation
Verbindlichkeit *f***/unvollkommene** incomplete obligation
Verbindung *f* connection; tie; link; association; combination
Verbindung *f***/geschäftliche** affiliation
Verbindung *f***/untrennbare** inseparable affiliation [connection]
verborgener Mangel *m* hidden defect; latent defect
Verböserung *f* deterioration
Verbot *n* prohibition; ban; proscription • **ein Verbot aufheben** lift a ban • **ein Verbot aussprechen** issue a ban
Verbot *n* **der Doppelbestrafung** 1. prohibition of being punished twice; 2. *(CrLaw)* double jeopardy rule
Verbot *n* **der Doppelehe** prohibition of bigamy
Verbot *n* **der reformatio in peius** prohibition of reformatio in peius *(a person should not be placed in a worse position simply because of the lodging of an appeal)*
Verbot *n***/gesetzliches** statutory prohibition; legal ban
Verbot *n***/richterliches** *(AE)* restraining order
verboten *adj* prohibited; banned; illegal; unlawful
Verbotsgesetz *n* prohibitive law
Verbotsirrtum *m (CrLaw)* mistake [error] of law; error as to prohibition
Verbotsirrtum *m***/indirekter** *(CrLaw)* error as to existence of any grounds to justify an offence [*AE* offense]
Verbrauch *m* consumption; use
verbrauchbar *adj* consumable
verbrauchbare Sache *f* consumable thing; consumable
verbrauchen *v* consume; use; use up
Verbraucher *m* consumer; user
Verbraucherdarlehensvertrag *m* consumer credit agreement
Verbrauchergeschäft *n* consumer transaction
Verbraucherinsolvenz *f* bankruptcy of a consumer; consumer insolvency
Verbraucherinsolvenzverfahren *n* consumer bankruptcy proceedings *pl*
Verbraucherkredit *m* consumer credit
Verbraucherkreditgesetz *n* (German) Consumer Credit Law
Verbraucherschutz *m* consumer protection
Verbraucherschutzrichtlinie *f* consumer protection directive
Verbrauchervertrag *m* consumer contract
Verbrauchsgüter *npl* consumer goods *pl*
Verbrauchsgüterkauf *m* purchase of consumer goods
Verbrauchsteuer *f* tax on consumption of goods
Verbrechen *n* crime; criminal offence [*AE*

offense]; *(AE)* felony; *(BE)* indictable offence
Verbrechen *n* **gegen die Menschlichkeit** crime against humanity
Verbrechensbekämpfung *f* combating of crime
Verbrecher *m* criminal; *(AE)* felon
verbrecherisch *adj* criminal; *(AE)* felonious
Verbrechersyndikat *n* syndicate
Verbreitung *f* circulation, dissemination, publication, distribution
verbrieft *adj* certified; licensed
verbringen *v* spend (time), pass (time)
Verbund *m* compound; combination; pool
verbundene Verträge *mpl* linked contracts *pl*; collateral contracts *pl*
Verbündeter *m* affiliate
verbürgen *v* guarantee; warrant
verbüßen *v* *(CrLaw)* serve a sentence
Verbüßung *f* 1. *(CrLaw)* completion *(end of sentence)*; 2. *(CrLaw)* serving *(of a sentence)*
Verdacht *m* suspicion
Verdacht *m*/**hinreichender** probable cause, reasonable suspicion
verdächtig *adj* suspicious
verdächtigen *v* suspect
Verdächtiger *m* suspect
Verdächtigung *f* suspecting; casting suspicion
Verdächtigung *f*/**falsche** false casting of suspicion; false accusation
Verdächtigung *f*/**politische** political casting of suspicion
Verdachtsmoment *n* **für betrügerisches Verhalten des Schuldners** suspicion of fraudulent act of debtor; badge of fraud
Verdachtsperson *f* suspicious person
verdeckt *adj* hidden; reserved; undercover *(police)*
verdeckte Gewinnausschüttung *f* hidden profit distribution; constructive dividend
verdeckte Stellvertretung *f* concealed representation, hidden agency
Verdeckungsabsicht *f* intention to conceal
verdienen *v* earn; gain; deserve
Verdienst *m* 1. income, earnings *pl*; 2. merit; (laudatory) performance
Verdienstausfall *m* loss of earnings
Verdienstspanne *f* margin (of earnings)
Verdikt *n* verdict; findings *pl*
Verdingung *f* hire; hiring out
Verdingungsordnung *f* **für Bauleistungen** *(VOB)* (German) Standard Contracting Terms for Construction Works
Verdingungsordnung *f* **für Leistungen** *(VOL)* (German) Standard Contracting Terms for Goods and Services
verdrängen *v* displace; suppress; deny
Verdrehung *f* **(von Tatsachen)** perversion (of facts)
Verdunkeln *n* **von Sachverhalten** camouflage of facts
Verdunkelung *f* suppression (of evidence)
Verdunkelungsgefahr *f* danger of suppression of evidence
Verdunkelungsmanöver *n* collusion
vereidigen *v* administer an oath to; swear in
vereidigter Buchprüfer *m* certified auditor
Vereidigung *f* administration of an oath; swearing-in ceremony
Verein *m* association; club; society
Verein *m*/**eingetragener** registered association
Verein *m*/**nichtrechtsfähiger** association lacking legal capacity
Verein *m*/**rechtsfähiger** registered association *(association with a separate legal personality)*
Verein *m*/**wirtschaftlicher** commercial association, commercial grouping
vereinbaren *v* agree; contract
Vereinbarkeit *f* compatibility
Vereinbarung *f* agreement; contract; arrangement • **eine Vereinbarung treffen** reach an agreement
Vereinbarung *f*/**ausdrückliche** express agreement
Vereinbarung *f*/**erfüllte** executed agreement
Vereinbarung *f*/**formlose** parol agreement
Vereinbarung *f*/**noch zu erfüllende** executory agreement
Vereinbarung *f*/**stillschweigende** implied agreement
Vereinbarungsdarlehen *n* loan by agreement
vereinen *v* join; unite; unify
vereinfachen *v* simplify; consolidate
Vereinfachung *f* simplification; consolidation

Vereinheitlichung *f* unification
vereinigen *v* unite; combine
Vereinigte Große Senate *mpl* ≈ division of the (German) Federal Supreme Court created from (two) major Criminal Law and Civil Law Divisions, to harmonize judgments within the court
Vereinigung *f* 1. institution; association; federation; organization; 2. amalgamation; union; merger
Vereinigung *f***/kassenärztliche** Association of Health Insurance Approved Doctors
Vereinigung *f***/kriminelle** criminal association; conspiracy
Vereinigung *f***/terroristische** terrorist association
Vereinigungsfreiheit *f* freedom of association
Vereinsrecht *n* law of associations, law of societies
Vereinsregister *n* register of associations; register of (friendly) societies and charities
Vereinssache *f* case relating to a (friendly) society
Vereinsvorstand *m* managing committee of an association
Vereinszweck *m* purpose of an association
Vereinte Nationen *fpl (UNO)* United Nations (Organization), UN
vereiteln *v* prevent; frustrate; hinder
Vereiteln *n* **der Zwangsvollstreckung** prevention of execution; frustration of execution
Vereitelung *f* frustration
vererben *v* bequeath; pass on by inheritance
vererblich *adj* hereditable
Vererblichkeit *f* hereditability
verfahren *v* proceed
Verfahren *n* procedure; proceedings *pl* *(individual action)*; suit; action • **das Verfahren einstellen** close the proceedings • **das Verfahren unterbrechen** suspend proceedings
Verfahren *n***/abgekürztes** shortened proceedings *pl*; summary proceedings *pl*
Verfahren *n***/anhängiges** pending proceedings *pl*
Verfahren *n* **auf Gewährung von Unterhalt** support proceedings *pl*
Verfahren *n***/beschleunigtes** expedited proceedings *pl*; summary proceedings *pl*
Verfahren *n* **der Mitentscheidung** co-decision procedure
Verfahren *n***/faires** fair trial; *(AE)* due process
Verfahren *n***/gerichtliches** court proceedings *pl*
Verfahren *n***/kontradiktorisches** proceedings *pl* on the merits
Verfahren *n***/ordnungsgemäßes** *(AE)* due process
Verfahren *n***/schiedsrichterliches** arbitration proceedings *pl*
Verfahren *n***/schriftliches** written proceedings *pl*
Verfahren *n***/streitiges** litigious proceedings *pl*; contentious proceedings *pl*
Verfahren *n***/vereinfachtes** simplified procedure; summary proceedings *pl*
Verfahrensantrag *m* originating motion
Verfahrensart *f* type of proceedings
Verfahrensarten *fpl***/besondere** special types *pl* of proceedings
Verfahrensbeschleunigung *f* expedition of proceedings
Verfahrensbeteiligter *m* party to proceedings
Verfahrensfehler *m* procedural error
Verfahrensgegenstand *m* subject matter of proceedings
Verfahrensgrundsatz *m* principle applicable to proceedings
Verfahrenshindernis *n* procedural bar
Verfahrenskosten *pl* cost of proceedings
Verfahrensmissbrauch *m* abuse of proceedings
Verfahrensökonomie *f* economy of proceedings
Verfahrensordnung *f* rules *pl* of procedure
Verfahrenspfleger *m* next friend, curator for court proceedings
Verfahrensrecht *n* law of procedure; procedural law
verfahrensrechtlich *adj* procedural; in terms of procedural rules
Verfahrensrevision *f* procedural appeal; appeal on matter of procedural law
Verfahrensrüge *f* procedural reprimand
Verfahrensverschleppung *f* delaying of proceedings; protraction of proceedings [a lawsuit]

Verfahrensverstoß *m* breach of procedural rules
Verfahrensvoraussetzungen *fpl***/allgemeine** general prerequisites *pl* for proceedings
Verfahrensvorschrift *f* rule of procedure
Verfahrensweise *f (Lat)* modus operandi
Verfall *m* 1. maturity *(bill of exchange)*; lapse *(ineffectiveness)*; forfeiture; 2. decay *(of a building, structure, etc.)*; dilapidation
Verfallfrist *f* due date; date of maturity
Verfallklausel *f* forfeiture clause; expiry clause
Verfallsdatum *n* date of expiry
Verfalltag *m* due date
Verfallvereinbarung *f* forfeiture agreement
Verfallzeit *f* maturity period
verfassen *v* draft, draw up; prepare
Verfasser *m* author, drafter
Verfassung *f* 1. condition, state; 2. constitution
Verfassung *f***/materielle** ≈ articles of the constitution containing material constitutional law
verfassungsändernd *adj* amending the constitution
Verfassungsänderung *f* constitutional amendment
Verfassungsbeschwerde *f* constitutional objection; appeal to the constitutional court
Verfassungsfeind *m* enemy of the constitution *(person threatening the constitutional democratic system)*
verfassungsfeindlich *adj* unconstitutional, threatening the constitution
verfassungsgebend *adj* constituent *(with power to form or amend the constitution)*
verfassungsgemäß *adj* constitutional
Verfassungsgericht *n* constitutional court
Verfassungsgerichtsbarkeit *f* constitutional jurisdiction
Verfassungsgeschichte *f* constitutional history
Verfassungsgrundsatz *m* (basic) constitutional principle
verfassungskonform *adj* in conformity with the constitution, constitutional
verfassungskonforme Auslegung *f* interpretation in accordance with the constitution
Verfassungskontrolle *f* test of constitutionality
Verfassungskonvent *m* constitutional convention
verfassungsmäßig *adj* in conformity with the constitution, constitutional
Verfassungsmäßigkeit *f* constitutionality
Verfassungsorgan *n* constitutional body; organ provided for by the constitution
Verfassungsprinzip *n* constitutional principle
Verfassungsprozess *m* constitutional proceedings *pl*; action related to the constitution
Verfassungsrecht *n* constitutional law
verfassungsrechtlich *adj* concerning constitutional law
Verfassungsreform *f* constitutional reform
Verfassungsschutz *m* 1. protection of the constitution; 2. (German) Federal Office for the Protection of the Constitution *(Bundesamt für Verfassungsschutz)*
Verfassungsstreitigkeit *f* constitutional dispute
Verfassungstreue *f* loyalty to the constitution
Verfassungsurkunde *f* constitutional charter
Verfassungsvorbehalt *m* constitutional reservation
verfassungswidrig *adj* unconstitutional, contrary to the constitution • **für verfassungswidrig erklären** declare unconstitutional
Verfassungswidrigkeit *f* unconstitutionality
verfolgen *v* pursue; prosecute; persecute
verfolgen *v***/strafrechtlich** prosecute
Verfolgung *f* pursuit; prosecution; persecution
Verfolgungsrecht *n* (right of) hot pursuit
Verfolgungsvereitelung *f* obstruction of justice
Verfolgungsverjährung *f* limitation on criminal prosecution
Verfügbarkeit *f* availability
Verfügbarkeit *f* **des Arbeitslosen** availability of unemployed
verfügen *v* 1. order; decree; 2. dispose of sthg; have sthg at one's disposal
Verfügung *f* 1. order; decree; 2. disposal; (declaration of) disposition • **zur Verfügung stellen** supply

Verfügung *f* **eines Nichtberechtigten** unauthorized disposition
Verfügung *f*/**einstweilige** interim injunction; interlocutory injunction; *(AE)* temporary restraining order
Verfügung *f*/**freie** free disposition
Verfügung *f*/**gerichtliche** court order; injunction
Verfügung *f*/**letztwillige** testamentary disposition
Verfügung *f*/**richterliche** *(Lat)* fiat
Verfügung *f*/**vertragsmäßige** contractual disposition
Verfügung *f* **von Todes wegen** disposition mortis causa
Verfügungen *fpl*/**wechselbezügliche** reciprocal dispositions *pl*
Verfügungsbefugnis *f* power of disposition
Verfügungsbeschränkung *f*/**absolute** absolute limitation on (power of) disposition
Verfügungsbeschränkung *f*/**relative** relative limitation on (power of) disposition
Verfügungsermächtigung *f* authority to dispose; power of disposition
Verfügungsgeschäft *n* disposition
Verfügungsgewalt *f* control
Verfügungsgrundsatz *m* ≈ principle that the parties to a dispute determine and control the matter in dispute
Verfügungsmacht *f* capacity to dispose
Verfügungsrecht *n* disposal
Verfügungsverbot *n* prohibition on disposal
Verfügungsverbot *n*/**allgemeines** general prohibition on disposal
Vergabe *f* award (of contract); contracting
Vergabe *f* **von Unterlizenzen** sublicensing
Vergaberecht *n* contracting law; law of awarding contracts
Vergaberichtlinie *f* public tendering regulations
Vergabeverfahren *n* tender procedure
vergangen *adj* past
vergeben *v* award *(a contract)*; grant
vergeblich *adj* futile; unsuccessful
Vergehen *n* misdemeano(u)r; *(BE)* offence, *(AE)* offense
vergehen *v*/**sich** commit an indecent assault; commit a serious offence [*AE* offense]
vergelten *v* retaliate
Vergeltung *f* retaliation, reprisal; retribution • **Vergeltung üben** retaliate
Vergeltungsmaßnahmen *fpl* retaliation
Vergesellschaftung *f* socialization
vergewaltigen *v* rape
Vergewaltigung *f* rape
vergiften *v* poison
Vergiftung *f* poisoning
Vergleich *m* 1. comparison; 2. settlement; compromise, arrangement • **Vergleich schließen** reach a settlement, agree on a settlement
Vergleich *m*/**außergerichtlicher** out-of--court settlement
Vergleich *m*/**gerichtlicher** in-court settlement; judicial settlement
vergleichen *v* compare
vergleichen *v*/**sich** settle; reach a settlement; agree on a compromise
vergleichende Werbung *f* comparative advertising
Vergleichsmiete *f* comparable rent
Vergleichsplan *m* scheme of settlement
Vergleichstermin *m* date of settlement
Vergleichsvereinbarung *f* deed of arrangement
Vergleichsverfahren *n* settlement proceedings *pl*
Vergleichsweg/im amicably, by way of compromise
Vergnügungsteuer *f* entertainment tax; amusement tax
Vergünstigung *f* favo(u)r; benefit
vergüten *v* remunerate; reimburse; refund; compensate
Vergütung *f* remuneration; reimbursement; refund; compensation
Vergütung *f*/**angemessene** adequate remuneration
verhaften *v* arrest; imprison; take into custody
Verhaftung *f* arrest; imprisonment; taking into custody
verhalten *v*/**sich** conduct oneself; behave; act
Verhalten *n* conduct; behavio(u)r
Verhalten *n*/**abgestimmtes** concerted conduct
Verhalten *n* **eines Rechtsanwalts/ standeswidriges** *(BE)* conduct unbefitting a solicitor, *(AE)* conduct unbefitting an attorney

Verhalten *n***/grob fahrlässiges** reckless conduct
Verhalten *n***/sozialtypisches** socially-typical behavio(u)r
Verhalten *n***/ungebührliches** misbehavio(u)r
verhaltensgebundenes Delikt *n* conduct-related offence [*AE* offense]
Verhaltenshaftung *f* liability for conduct
Verhaltensregeln *fpl* rules *pl* of ethics, standards *pl* of ethics
Verhaltensweisen *fpl***/abgestimmte** concerted practices *pl (BE Cartel Law; AE Antitrust Law)*; agreed conduct
Verhältnis *n* relationship; proportion; ratio
verhältnismäßig *adj* in proportion; reasonable; commensurate
Verhältnismäßigkeit *f* reasonableness; commensurability; proportionality
Verhältnismäßigkeitsgrundsatz *m* principle of reasonableness; principle of proportionality
Verhältnismäßigkeitsprinzip *n* principle of proportionality; concept of reasonable reaction
Verhältniswahl *f* proportional (representation) elections *pl*
Verhältniswahlrecht *n* electoral law based on proportional representation
verhandeln *v* negotiate; plead before a court; participate in a court hearing; handle; deal with
Verhandlung *f* 1. judicial hearing; court hearing; legal meeting; 2. negotiation(s) • **eine Verhandlung vertagen** adjourn a hearing • **Verhandlungen abbrechen** break off negotiations • **Verhandlungen beschleunigen** accelerate negotiations
Verhandlung *f***/mündliche** (court) hearing; trial
Verhandlung *f***/nichtöffentliche** hearing in camera
Verhandlungsfähigkeit *f* 1. fitness for trial; ability to plead; 2. capacity to negotiate
Verhandlungsführer *m* negotiator
Verhandlungsführung *f* conduct of negotiations
Verhandlungsgebühr *f* court fee; hearing fee
Verhandlungsgehilfe *m* ≈ person authorized to negotiate and enter into a contract as a legal representative [agent]
Verhandlungsgrundsatz *m* principle of the adversary system whereby court is presented information by the parties
Verhandlungsmaxime *f s.* Verhandlungsgrundsatz
Verhandlungspartner *m* bargaining agent
Verhandlungsprotokoll *n* record of negotiation; minutes *pl* of meeting
Verhandlungstermin *m* hearing • **Verhandlungstermin anberaumen** fix a hearing
Verhandlungstermin *m* hearing (date); court appointment
verhängen *v* impose; inflict
Verhängung *f* imposition *(of punishment)*
verheimlichen *v* conceal
Verheimlichung *v* concealment
verherrlichen *v* glorify
Verherrlichung *f* glorification
verhindern *v* prevent; hinder
Verhinderung *f* prevention; hindrance
Verhör *n* interrogation; questioning; (police) interview
verhören *v* interrogate; question; conduct an interview
verhüten *v* prevent; hinder
Verhütung *f* 1. prevention; 2. contraception *(pregnancy)*
Verhütungsmittel *n* contraceptive
verjähren *v* expire; be barred by statute
Verjährung *f* statute of limitations; limitation of actions; statutory time bar
Verjährungsfrist *f* limitation period; statute of limitations
Verjährungsfrist *f***/absolute** absolute statutory period of limitation
Verjährungsvorschriften *fpl* statute of limitations
Verkauf *m***/freihändiger** sale by negotiation; disposal on the open market
verkaufen *v* sell; dispose of
Verkäufer *m* seller; vendor
Verkaufskommission *f* sales commission
Verkehr *m* 1. transactions *pl*; (commercial) dealings *pl*; intercourse; 2. traffic; transport
Verkehrsdelikt *n* traffic offence [*AE* offense]
Verkehrsgefährdung *f* endangering road users; dangerous driving
Verkehrsgeschäft *n* dealing according to mercantile custom

Verkehrsinsel *f* traffic island
Verkehrsmittel *n* transportation, means of transport
Verkehrsordnungswidrigkeit *f* traffic misdemeano(u)r; traffic violation *(public order offence)*
Verkehrspflicht *f* duty of care as a result of being the owner of property able to inflict harm on third parties
Verkehrspolitik *f* transport policy
Verkehrspolizei *f* traffic police
Verkehrsrecht *n* traffic law
Verkehrsregel *f* road rules *pl*; traffic rules *pl*; traffic regulation; *(BE)* highway code
Verkehrsschutz *m* free international trade; protection of traffic
Verkehrssicherungspflicht *f s.* Verkehrspflicht
Verkehrssitte *f* common usage; custom
Verkehrsstrafrecht *n* criminal traffic law
Verkehrsstraftat *f* criminal traffic offence [*AE* offense]
Verkehrsteuer *f* transaction tax; transfer duty
Verkehrsunfall *m* traffic accident
Verkehrsunfallflucht *f* leaving the scene of a traffic accident without permission; *(colloq.)* hit-and-run traffic accident
Verkehrsvorschrift *f s.* Verkehrsregel
Verkehrswert *m* trade value; market value
Verkehrswesen *n* traffic
Verkehrswirtschaft *f* free market economy
Verkehrszeichen *n* road sign, traffic sign
Verkehrszentralregister *n* register of traffic violations
verklagen *v* sue, bring a legal action
verknüpfen *v* join, connect
verkünden *v* proclaim; promulgate; pronounce
Verkündung *f* proclamation; promulgation *(law)*; pronouncement *(judgment)*
Verkündungstermin *m* court sitting to pronounce judgment
verladen *v* load; ship; consign; forward
Verladeschein *m* shipping note; consignment note
Verladung *f* shipment
Verlag *m* publisher; publishing company
Verlagerung *f* shift
Verlagsrecht *n* law of publishing
verlangen *v* demand, claim, petition
Verlangen *n* demand, claim
verlängern *v* extend; prolong; renew
verlängerter Eigentumsvorbehalt *m* extended retention of title *(to cover any resale)*
Verlängerung *f* extension; prolongation; renewal
Verlängerungsklausel *f* renewal clause
Verlängerungsmitteilung *f* renewal notice
verlautbaren *v* officially announce; declare
verlegen *v* 1. transfer; 2. defer; postpone; 3. publish; print
Verleger *m* publisher
Verlegung *f* **eines Anstaltsinsassen** transfer of prison inmate
Verlegung *f* **eines Termins** postponement of an appointment; rescheduling of a hearing date
verleihen *v* 1. award; bestow; confer (an award); 2. hire; lend out
Verleihung *f* 1. award; bestowing; 2. hire; lending; bailment
verleiten *v* suborn; incite; entice
Verleiten *n* **zum unbefugten Gebrauch von Betäubungsmitteln** inducement of unauthorized use of narcotics
Verleitung *f* subornation; inciting; enticement
Verleitung *f* **zum Vertragsbruch** enticing a breach of contract
Verleitung *f* **zur Falschaussage** subornation of perjury
Verlesung *f* reading (aloud)
verletzen *v* 1. damage *(property)*; injure *(person)*; 2. violate *(rule, law)*; break; breach *(contract, duty)*
Verletzter *m* 1. injured party; 2. party suffering loss; party suffering damage
Verletzung *f* 1. damage *(property)*; injury *(person)*; 2. violation *(rule, law)*; breaking; breach *(contract, duty)*
Verletzung *f* **der Privatsphäre** invasion of privacy
Verletzung *f* **der Unterhaltspflicht** breach of duty to pay maintenance
Verletzung *f* **des Briefgeheimnisses** violation of postal secrecy
Verletzung *f* **des Dienstgeheimnisses** breach of official secrecy
Verletzung *f* **des Geschäftsgeheimnisses** breach of trade secrecy; breach of business secrecy
Verletzung *f* **des Post- oder Fernmel-**

degeheimnisses violation of postal or telecommunication secrecy
Verletzung *f* **des Steuergeheimnisses** breach of tax secrecy
Verletzung *f* **des Wahlgeheimnisses** breach of secrecy of a ballot
Verletzung *f* **einer Vertragspflicht** breach of a contractual duty
Verletzung *f* **eines Warenzeichens** trademark infringement
Verletzung *f* **nachvertraglicher Pflichten** breach of a post-contractual duty
Verletzung *f* **von Berufsgeheimnissen** breach of duty of professional privilege
Verletzungsdelikt *n* ≈ offence by which only the causing of an injury creates culpability
Verletzungsverfahren *n* infringement proceedings *pl*
verleumden *v* slander; libel; defame
Verleumder *m* slanderer; libel(l)er; person committing defamation
Verleumdung *f* slander; libel; defamation
Verleumdungsklage *f* action for libel; action for slander
verlieren *v* lose
verloben *v*/**sich** become engaged
Verlöbnis *n* engagement
Verlöbnisbruch *m* breaking of an engagement
Verlobter *m* fiancé
Verlobung *f* engagement
Verlosung *f* lottery; allotment
Verlust *m* loss; financial damage
Verlustabzug *m* deduction of loss(es)
Verlustausgleich *m* offsetting of loss; compensation for loss
Verlustbeteiligung *f* sharing the loss; participation in the losses
Verlustdeckungshaftung *f* liability to cover losses
Verlustermittlung *f* appraisal of loss
Verlustminderung *f* mitigation of loss
Verlustverteilung *f* distribution of loss
Verlustzuweisung *f* allocation of loss
vermachen *v* bequeath; settle
Vermächtnis *n* bequest; legacy
Vermächtnisgeber *m* legator
Vermächtnisnehmer *m* legatee
vermeidbar *adj* avoidable
vermeiden *v* avoid
Vermeidung *f* avoidance
vermengen *v* blend; mix; commingle
Vermengung *f* mixing; commingling
Vermerk *m* note; remark; (official) entry *(in register)*; notice
vermerken *v* note; take note of
vermessen *v* survey
Vermessung *f* (land) survey; surveying
vermieten *v* let; hire out, rent out
Vermieter *m* landlord; lessor; hirer
Vermieter *m* **von Wohnungen** landlord of apartments, *(BE)* landlord of flats
Vermieterpfandrecht *n* lien of lessor • **Vermieterpfandrecht ausüben** distrain for outstanding rent
Vermietung *f* letting; hiring; lease
Vermietungseinkünfte *pl* income from rental [letting]
vermindern *v* diminish; reduce; decrease; lessen
verminderte Schuldfähigkeit *f* 1. *(CivLaw)* diminished responsibility; 2. *(CrLaw)* diminished capacity
Verminderung *f* diminution; reduction; decrease
vermischen *v* mix; blend; mingle
Vermischung *f* mixing; (inter)mingling
Vermisster *m* missing person
vermitteln *v* mediate; act as an intermediary; act as a broker; act as a conciliator
Vermittler *m* mediator; intermediary; broker
Vermittlung *f* mediation; conciliation
Vermittlungsausschuss *m* 1. conciliation committee; 2. Conciliation Committee of German lower (Bundestag) and upper (Bundesrat) houses in parliament
Vermittlungsgeschäft *n* brokerage
Vermittlungsmakler *m* broker, soliciting agent
Vermittlungsverfahren *n* conciliation proceedings *pl*
Vermögen *n* assets *pl*; wealth; property; fortune
Vermögen *n*/**bewegliches** personal property; personalty; (goods and) chattels *pl*; movable assets *pl*; movables *pl*
Vermögen *n*/**immaterielles** intangible property
Vermögen *n*/**unbewegliches** immovable assets *pl*; immovables *pl*; real property
Vermögensauseinandersetzung *f* distribution of property; settlement of property
Vermögensbildungsgesetz *n* (German) Law for Formation of Assets *(tax-exempt contributions to employees)*

Vermögensdelikt *n* crime against property; offence [*AE* offense] involving property
Vermögenseinlage *f* contribution
Vermögenslage *f* financial situation
Vermögensnachfolge *f* succession in property rights
Vermögensopfer *n* financial sacrifice
Vermögensrecht *n* 1. proprietary interest; property right; pecuniary right; 2. property law
Vermögensschaden *m* pecuniary loss; damage to property
Vermögenssorge *f* ≈ duty of care in relation to property of minor
Vermögensstrafe *f* ≈ fine consisting of confiscation of offender's property
Vermögensteuer *f* property tax; wealth tax
Vermögensübernahme *f* taking-over of capital; capital acquisition
Vermögensübernehmer *m* person taking over property
Vermögensübersicht *f* overview of assets; summary of assets
Vermögensübertragung *f* transfer of property; assignment of assets
Vermögensverfall *m* deterioration of assets *(leading usually to insolvency)*
Vermögensverfügung *f* disposition of property
Vermögensverschiebung *f* movement of assets; asset transfer
Vermögensverschleierung *f* concealment of assets
Vermögensverwalter *m* administrator (of assets); trustee
Vermögensverwaltung *f* administration (of assets); trust
Vermögensverzeichnis *n* inventory of property; schedule of assets
Vermögensvorteil *m* capital gain; pecuniary advantage; profit
Vermögenswerte *mpl* assets *pl*
Vermögenszuwachs *m* accession to property
vermummen *v***/sich** mask; hide one's face
Vermummung *f* masking; (avoiding identification by) covering one's face
vermuten *v* presume; assume
vermutlich *adj* presumable; putative
vermutlich *adv* presumably
Vermutung *f* presumption; assumption
Vermutung *f* **der Richtigkeit und Vollständigkeit einer Urkunde** presumption of the validity and completeness of a document
Vermutung *f***/gesetzliche** legal presumption
vernachlässigen *v* neglect
Vernachlässigung *f* neglect
Vernachlässigung *f* **der Sorgepflicht** dereliction of duty of care; breach of duty of care
Vernachlässigung *f* **der Sorgepflicht/böswillige** wil(l)ful neglect of a duty of care
vernehmen *v* examine; interview; interrogate; question
Vernehmung *f* examination; interrogation; questioning
Vernehmung *f***/polizeiliche** police interrogation, police questioning; *(BE)* police interview
Vernehmungsmethode *f***/unerlaubte** unauthorized interrogation method
Vernehmungsniederschrift *f* record of an interrogation
Vernichtbarkeit *f* voidability
Vernichtung *f* destruction
Vernunft *f* reason; reasonableness; rationality
vernünftig *adj* reasonable
veröffentlichen *v* publish; promulgate; make public
Veröffentlichung *f* publication; promulgation
verordnen *v* ordain; decree
Verordnung *f* regulation; ordinance; *(BE)* statutory instrument; *(AE)* executive order; *(BE)* ministerial order
verpachten *v* lease; let on lease
Verpächter *m* lessor
Verpächterpfandrecht *n* lessor's lien
Verpachtung *f* lease; letting on lease
Verpackungsverordnung *f* packing regulations *pl*
verpfänden *v* pledge *(as security)*; mortgage; pawn
Verpfänder *m* bailor
Verpfändung *f* pledging; mortgage; mortgaging; pawning
verpflichten *v* 1. obligate; engage; 2. commit
verpflichten *v***/sich** agree (to), *(BE)* undertake
Verpflichteter *m* obligor; liable party

Verpflichtung *f* undertaking; obligation; duty; liability • **Verpflichtung erfüllen** ful(l)fil a duty, satisfy an obligation
Verpflichtungen *fpl***/staatsbürgerliche** civic obligations *pl*
Verpflichtungserklärung *f***/schriftliche** bond
Verpflichtungsgeschäft *n* executory agreement
Verpflichtungsklage *f* action demanding the issue of an administrative act
Verrat *m* treason; betrayal; treachery
verraten *v* divulge, reveal (sthg); betray (sbdy)
verrechnen *v* 1. set off, offset, calculate against; 2. charge; invoice
Verrechnung *f* 1. set-off, off-set; settlement; 2. invoicing; charging; putting on account
Verrechnungsscheck *m* crossed cheque [*AE* check]; account-only cheque [*AE* check]
Verrechnungsverbot *n* prohibition of set--off
verrichten *v* 1. perform, carry out, execute; 2. effect
Verrichtung *f* performance; discharge *(of an obligation)*
Verrichtungsgehilfe *m* agent; employee
Verringerung *f* decrement; reduction
verrücken *v* displace; move; relocate
verrückt *adj* crazy; mad
Verruf *m* disrepute
Versagung *f* refusal; denial; rejection
Versagung *f* **der Zustimmung zur Veräußerung** refusal of consent to disposal
Versagungsgrund *m* ground for refusal
Versammlung *f* meeting; gathering; assembly
Versammlung *f***/gesetzgebende** convention; legislative assembly
Versammlungsauflösung *f* dissolution of an assembly
Versammlungsbeschluss *m* resolution of a meeting
Versammlungsfreiheit *f* right of assembly
Versammlungsgesetz *n* Law of Public Meetings and Processions *(= Gesetz über Versammlungen und Aufzüge)*
Versammlungsleiter *m* organizer of a public meeting; person in charge of a public meeting
Versammlungsprotokoll *n* minutes *pl* of a meeting
Versammlungsrecht *n* law of meetings; right of assembly
Versammlungsteilnehmer *m* participant at a meeting
Versammlungsveranstalter *m* organizer of a meeting
Versammlungsverbot *n* prohibition of assembly; ban of a meeting
Versandhandel *m* mail-order business
Versandhaus *n* mail-order company
versäumen *v* miss; fail to attend
Versäumnis *n* 1. non-appearance; non--attendance; 2. omission; failure to perform; default
Versäumnisurteil *n* default judgment
Versäumnisverfahren *n* default proceedings *pl*; summary proceedings *pl*
Verschachtelung *f* pyramiding
verschaffen *v* procure, obtain; secure
Verschaffen *n* procurement
Verschaffung *f* procurement
verschärfen *v* tighten *(enforcement)*; aggravate; make more strict
verschenken *v* give away, give as a gift
verschieben *v* postpone; adjourn *(a court hearing)*; defer *(a decision)*
Verschiebung *f* deferment; shift
Verschiedenes *n* other matters *pl*; miscellaneous (matters)
verschiffen *v* ship
Verschlechterung *f* worsening; decline; impairment; mutilation
Verschlechterungsverbot *n* ≈ prohibition (by court) on worsening appellant's position
verschleiern *v* conceal; disguise; hide
Verschleiß *m* wear and tear; wastage
verschleppen *v* 1. unduly delay; protract; 2. kidnap; take against a person's will; abduct; carry off
Verschleppung *f* 1. procrastination; protraction; 2. kidnapping; abduction; removal
Verschleuderung *f* squandering; selling at dumping prices
Verschluss *m* seal
verschmelzen *v* merge, amalgamate, fuse
Verschmelzung *f* merger, amalgamation, fusion
verschollen *adj* missing; untraceable
Verschollenheit *f* disappearance

verschulden *v* be at fault; be to blame
verschulden *v***/sich** get into debt
Verschulden *n* **bei Vertragsabschluss** *(Lat)* culpa in contrahendo; ≈ misrepresentation
Verschulden *n***/grobes** serious fault; gross negligence
Verschuldenshaftung *f* fault liability; tortious liability
Verschuldensprinzip *n* fault principle
Verschuldensvermutung *f* presumption of fault
verschuldet *adj* indebted
Verschuldung *f* indebtedness
verschwägert *adj* related by marriage
Verschwägerung *f* affinity
Verschwägerungsgrad *m* degree of affinity
verschweigen *v* conceal; withhold; suppress; keep silent *(about sthg)*
Verschweigen *n***/pflichtwidriges** unallowed non-disclosure, withholding information in breach of duty
Verschweigen *n* **von Vorstrafen** non--divulging of previous convictions
Verschweigung *f* 1. concealment; suppression; 2. laches; estoppel by laches
Verschwendung *f* waste; squander; dissipation
verschwiegen *adj* discreet
Verschwiegenheit *f* discretion; secrecy
Verschwiegenheitspflicht *f* duty of confidentiality; obligation to keep secret
verschwören *v***/sich** plot, conspire
Verschwörer *m* plotter, conspirator
Verschwörung *f* plot, conspiracy
versehen *v* **mit** furnish with, equip with
Versehen *n* inadvertence; inadvertent error
versenden *v* send off, despatch, dispatch; *(AE)* ship
Versender *m* consignor; sender
Versendung *f* despatch, dispatch; shipment; transportation
Versendungskauf *m* destination purchase
versetzen *v* 1. transfer *(an employee)*; relocate; assign; 2. pledge; pawn
Versetzung *f* removal; relocation
Versicherer *m* 1. assurer; 2. insurer, underwriter
versichern *v* 1. assure; affirm; confirm; warrant; 2. insure; assure; underwrite
Versicherung *f* 1. confirmation; assurance; 2. insurance
Versicherung *f* **an Eides statt** affirmation [declaration] in lieu of oath
Versicherung *f***/anwaltliche** (lawyer's) undertaking
Versicherung *f***/eidesstattliche** affirmation [declaration] in lieu of oath; *(BE)* statutory declaration; affidavit
Versicherung *f***/falsche eidesstattliche** false affirmation [declaration] in lieu of oath; *(BE)* false statutory declaration
Versicherung *f***/freiwillige** optional (social) insurance, voluntary insurance
Versicherungsanspruch *m* insurance claim
Versicherungsaufsicht *f* supervisory authority for insurance industry
Versicherungsbedingung *f* condition of insurance
Versicherungsbeitrag *m* insurance premium
Versicherungsbetrug *m* insurance fraud
Versicherungsfall *m* (occurrence of) event subject to insurance cover
Versicherungsgesellschaft *f* insurance company
Versicherungskarte *f* insurance card
Versicherungsleistung *f* benefit
Versicherungsmakler *m* insurance broker
Versicherungsnehmer *m* insured party; policy holder
Versicherungspflicht *f* duty to insure; compulsory insurance
Versicherungspolice *f* insurance policy, policy
Versicherungsprämie *f* insurance premium; premium
Versicherungsrecht *n* insurance law
Versicherungsrückkauf *m* redemption of policy
Versicherungsschein *m* insurance policy; insurance certificate
Versicherungsschutz *m* coverage
Versicherungssumme *f* sum insured; insured amount; insurance cover
Versicherungsteuer *f* insurance tax
Versicherungsträger *m* insurer; insurance institution, assurer
Versicherungsumfang *m* coverage
Versicherungsunternehmen *n* insurance company

Versicherungsverein *m* insurance association
Versicherungsverein *m* **auf Gegenseitigkeit** *(VVaG) (AE)* mutual insurance corporation, mutual society
Versicherungsvertrag *m* insurance agreement [contract]
Versicherungsvertreter *m* insurance agent
Versicherungszwang *m* compulsory insurance; liability to insure
versiegeln *v* seal; put under seal
Versiegelung *f* sealing
versitzen *v* be subject to extinctive prescription
Versitzung *f* extinctive prescription
versorgen *v* supply; provide; maintain; take care of
Versorgung *f* 1. provision *(of supplies or services)*; supply; 2. support; social welfare assistance; care; (provision of) pension benefits *pl*
Versorgungsamt *n* public assistance and pension office
Versorgungsausgleich *m* ≈ statutory equalization of pension benefit rights (upon dissolution of marriage)
Versorgungsunternehmen *n* utility company
Verspätung *f* delay
Verspätungsschaden *m* damage caused by delay
versprechen *v* promise
Versprechen *n* undertaking; promise; pledge
Versprechensgeber *m* promisor
Versprechungsempfänger *m* promisee
verstaatlichen *v* nationalize; transfer to state ownership
Verstaatlichung *f* nationalization; transfer to state ownership
verständigen *v***/sich** consult; inform
Verständigung *f* agreement
Verständigung *f* **im Strafverfahren** plea bargaining
Verständnis *n* understanding
versteckter Dissens *m* latent [hidden] disagreement; latent [hidden] lack of agreement
versteigern *v* auction (off); sell by (public) auction
Versteigerung *f* auction; sale by auction
Versteigerung *f***/öffentliche** public auction
Versteigerungsvermerk *m* caveat notice, forced mortgage *(in land register)*
versterben *v* decease; die
verstorben *adj* deceased
Verstorbener *m (BE)* deceased, *(AE)* decedent
Verstoß *m (BE)* offence, *(AE)* offense; violation; breach; infringement
Verstoß *m* **gegen das Vereinigungsverbot** breach of prohibition on association
Verstoß *m* **gegen die guten Sitten** breach of public policy; offence [*AE* offense] against moral standards; unconscionable act
verstoßen *v* 1. breach; violate; infringe; offend (against); 2. expel; cast out
verstricken *v* entangle; inculpate
Verstrickung *f* involvement, entanglement; inculpation
Verstrickungsbruch *m* ≈ unlawful destruction of property subject to (judicial) execution orders
verstümmeln *v* mutilate
Verstümmelung *f* mutilation
Versuch *m* 1. *(CrLaw)* attempt; 2. test; trial
Versuch *m***/abergläubischer** ≈ attempt to commit a criminal offence involving magical or supernatural means
Versuch *m***/beendeter** completed attempt
Versuch *m***/fehlerhafter** defective attempt
Versuch *m***/qualifizierter** qualified attempt
Versuch *m***/tauglicher** attempt with possibility of success
Versuch *m***/unbeendeter** incomplete attempt
Versuch *m***/untauglicher** *(CrLaw)* attempt with no chance of success
versuchen *v* attempt, try
Versuchsbeginn *m* commencement of the attempt
versuchte Anstiftung *f* attempted instigation
vertagen *v* postpone; adjourn *(court hearing)*; defer
Vertagung *f* postponement; adjournment, deferral
Vertagung *f* **der Verhandlung** adjournment of trial
Vertagungsantrag *m* adjournment motion

vertane Urlaubszeit *f* spoilt holidays *pl* *(German Package Holiday Law)*; loss of enjoyment in vacation period
verteidigen *v* defend
Verteidiger *m (BE)* defence, *(AE)* defense; defence [*AE* defense] counsel; defender
Verteidiger *m*/**notwendiger** *(AE)* public defender; *(BE)* court-appointed counsel
Verteidigung *f (BE)* defence, *(AE)* defense, legal defence [*AE* defense]; justification; excuse
Verteidigungsfall *m* case of defence [*AE* defense]; case of war; defence [*AE* defense] against armed attack
Verteidigungsminister *m* defence [*AE* defense] minister
Verteidigungsnotstand *m* (state of) national emergency *(because of armed conflict)*
Verteidigungsvorbringen *n (BE)* defence, *(AE)* defense
verteilen *v* distribute; apportion; allocate
Verteiler *m* dealer; distributor
Verteilung *f* distribution; marketing; allocation
Verteilungstermin *m* distribution date
Verteilungsverfahren *n* proceedings *pl* for division and distribution
Vertrag *m* contract, agreement • **Vertrag schließen** conclude a contract
Vertrag *m*/**aleatorischer** aleatory contract
Vertrag *m*/**faktischer** de facto contract
Vertrag *m*/**gegenseitiger** mutual agreement; reciprocal contract
Vertrag *m*/**gesiegelter** sealed contract
Vertrag *m* **im elektronischen Geschäftsverkehr** e-contract; electronic contract *(contract concluded by electronic means)*
Vertrag *m*/**konkludenter** implied agreement
Vertrag *m* **mit Schutzwirkung für Dritte** contract for the protective benefit of a third party
Vertrag *m*/**öffentlich-rechtlicher** public contract; agreement subject to public law
Vertrag *m*/**sittenwidriger** immoral contract, illegal contract
Vertrag *m*/**unverbindlicher** naked contract; non-binding agreement
Vertrag *m*/**völkerrechtlicher** international agreement; treaty, convention
Vertrag *m* **zu Lasten Dritter** contract to the detriment of a third party
Vertrag *m* **zugunsten Dritter** contract to the benefit of a third party
Vertrag *m* **zugunsten Dritter auf den Todesfall** contract to the benefit of a third party in contemplation of death
Verträge *mpl*/**verbundene** linked contracts *pl*; collateral contracts *pl*
vertraglich *adj* contractual
vertragliches Pfandrecht *n* contractual right of lien
Vertragsablauf *m (BE)* expiry of a contract, *(AE)* expiration of a contract
Vertragsänderung *f* amendment; supplement
Vertragsanfechtung *f* rescission; challenging the validity of a contract; avoidance of a contract
Vertragsauflösung *f* dissolution of a contract; termination; rescission
Vertragsausfertigung *f* engrossment of a contract
Vertragsauslegung *f* contractual interpretation; construction of a contract
Vertragsauslegung *f*/**ergänzende** supplementary contractual interpretation [construction]
Vertragsbeendigung *f* determination of a contract
Vertragsbestandteil *m* contractual element
Vertragsbestimmung *f* provision of a contract
Vertragsbruch *m* breach of contract
Vertragsdauer *f* term of an agreement
Vertragsentwurf *m* contract draft
Vertragserbe *m* heir conventional
Vertragsform *f* contract form
Vertragsfreiheit *f* liberty to contract; contractual freedom *(of negotiation)*
Vertragsgegenstand *m* subject matter
Vertragshaftung *f* contractual liability
Vertragshändler *m* distributor; authorized dealer
Vertragshändlervereinbarung *f* dealership contract
Vertragsklausel *f* clause (of a contract), provision
Vertragspartei *f* party to a contract, contracting party
Vertragspartner *m* party (to a contract)
Vertragspflicht *f* contractual duty

Vertragspflichtverletzung *f* breach of a contractual duty, breach (of contract)
Vertragsrecht *n* contract law
Vertragsschluss *m* conclusion of a contract
Vertragsstatut *n* material law of a contract, governing law; proper law
Vertragsstrafe *f* contractual penalty
Vertragstyp *m* type of contract
Vertragsübernahme *f* taking-over of a contract
Vertragsurkunde *f* contractual document; contractual deed
Vertragsverhältnis *n* contractual relationship
Vertragsverhandlung *f* contract negotiation(s)
Vertragsverlängerung *f* extension of the contractual term
Vertragsverletzung *f* breach of contract; default
Vertragsverletzung *f*/**positive** positive breach of contractual duty *(for reasons other than delay, impossibility or other reasons defined by statute)*
Vertragsverletzungsverfahren *n* infringement proceedings *(EU)*
Vertragswidrigkeit *f* lack of conformity
vertrauen *v* trust; rely (on); have confidence (in)
Vertrauen *n* trust; reliance; confidence • **im Vertrauen auf** in reliance on; relying upon
Vertrauensarzt *m* panel doctor; official doctor
Vertrauensbruch *m* breach of trust; breach of confidence
Vertrauensfrage *f* 1. issue of confidence; 2. requesting a vote of confidence *(parliament)*
Vertrauensgrundsatz *m* principle of trust in relation to other road users
Vertrauenshaftung *f* liability resulting from reliance
Vertrauensinteresse *n* interest resulting from reliance
Vertrauensschaden *m* damage resulting from reliance on a declaration
Vertrauensschutz *m* legal protection on basis of good faith; fidelity clause
Vertrauensstellung *f* office of trust
Vertrauensverhältnis *n* confidential relationship
Vertrauensvotum *n* vote of confidence
vertraulich *adj* confidential
Vertraulichkeit *f* confidentiality
vertreiben *v* expel; oust; expatriate
Vertreibung *f* expulsion; expatriation
vertretbar *adj* 1. fungible; replaceable; 2. reasonable; justifiable
vertretbare Handlung *f* act which can be performed by anybody
vertretbare Sache *f* exchangeable thing; fungible object
vertreten *v* represent, act on behalf of; act as agent
vertreten *v*/**nach außen** represent to a third party
Vertretenmüssen *n* liability; responsibility
Vertreter *m* representative; (legal) counsel; agent
Vertreter *m* **des Bundesinteresses beim Bundesverwaltungsgericht** counsel for the Federal Government at the Supreme Federal Administrative Court
Vertreter *m*/**gesetzlicher** legal representative, statutory representative
Vertreter *m* **ohne Vertretungsmacht** agent without authority
Vertreter *m*/**verfassungsmäßiger** constitutional representative
Vertreterhaftung *f* liability as agent
Vertretung *f* representation; agency
Vertretungsbefugnis *f* authority to represent; power of attorney
Vertretungsmacht *f* power of authority; authority to represent
Vertretungsregelung *f* agency provision
Vertretungswille *m* intent to act as agent *(not as principal)*
Vertrieb *m* distribution; sales
Vertriebener *m* displaced person; expelled person
Vertriebsbindungssystem *n* tied distribution system
Vertriebsrecht *n* distribution right(s)
Vertriebsvereinbarung *f* dealership contract
verüben *v* carry out; commit; perpetrate
verunglimpfen *v* defame; disparage; desecrate
Verunglimpfung *f* defamation; disparagement; desecration
Verunglimpfung *f* **des Andenkens Verstorbener** vilification of the memory of the dead
Verunglimpfung *f* **des Bundespräsi-**

denten vilification of the President of the Federal Republic of Germany
Verunglimpfung *f* **des Staates** defamation of the state
Verunglimpfung *f* **von Verfassungsorganen** defamation of constitutional bodies
Verunglückter *m* casualty
veruntreuen *v* embezzle; misappropriate
Veruntreuung *f* embezzlement; misappropriation
verursachen *v* cause
Verursacher *m* initiator; perpetrator
Verursachung *f* causation
verurteilen *v (CrLaw)* convict; sentence; adjudge
Verurteilter *m* convict; convicted person
Verurteilung *f (CrLaw)* conviction; judgment; sentence
Verurteilung *f* **im Schnellverfahren** summary conviction
Verurteilungsrate *f* conviction rate
vervielfältigen *v* copy; duplicate; reproduce
Vervielfältigung *f* copying; duplication; reproduction
Vervielfältigungsrechte *npl* copyright
verwahren *v*/**sich** protest (against)
Verwahrer *m* bailee; custodian
Verwahrung *f* 1. (safe) custody; deposit; safe-keeping; detention *(person)*; 2. protest; objection
Verwahrung *f*/**amtliche** official custody
Verwahrung *f*/**öffentlich-rechtliche** safe-keeping by a public authority
Verwahrungsbruch *m* violation of custody
Verwahrungsvertrag *m* bailment agreement
verwalten *v* administer; manage
verwalten *v*/**schlecht** badly manage
Verwalter *m* administrator; receiver; custodian
Verwaltung *f* administration; management
Verwaltung *f*/**bundeseigene** direct administration of (German) Federal Government
Verwaltung *f*/**öffentliche** public administration
Verwaltungsakt *m*/**begünstigender** administrative act resulting in an advantage
Verwaltungsakt *m*/**belastender** administrative act resulting in a burden [disadvantage]
Verwaltungsakt *m*/**feststellender** declaratory administrative act
Verwaltungsakt *m*/**fiskalischer** fiscal administrative decision
Verwaltungsakt *m*/**mehrstufiger** administrative act comprised of several steps
Verwaltungsakt *m*/**mitwirkungsbedürftiger** ≈ administrative act requiring participation (of the citizen)
Verwaltungsakt *m*/**vorläufiger** interim administrative decision
Verwaltungsbefugnis *f* **am Gesamtgut** authority to administer the common estate *(matrimonial property law)*
Verwaltungsbehörde *f* administrative authority
Verwaltungsbezirk *m* county; township
Verwaltungsgebühr *f* administrative fee; service charge; management fee
Verwaltungsgemeinschaft *f* association of local authorities
Verwaltungsgericht *n* administrative court
Verwaltungsgerichtsbarkeit *f* administrative jurisdiction
Verwaltungsgerichtsgesetz *n* law of administrative jurisdiction
Verwaltungsgerichtshof *m* superior (state) administrative court
Verwaltungsgerichtsordnung *f* procedural rules *pl* of the administrative courts
Verwaltungshandeln *n* administrative acts *pl*
Verwaltungsjurist *m* 1. lawyer working in the administration; 2. lawyer dealing with administrative law
Verwaltungskosten *pl* administrative costs *pl*
Verwaltungsleiter *m* head of administration; administrative manager
Verwaltungsorganisation *f* administrative organization
Verwaltungsprivatrecht *n* rules *pl* of private law transactions by public bodies
Verwaltungsprozess *m* administrative proceedings *pl*; administrative procedure
Verwaltungsprozessrecht *n* law of administrative procedure
Verwaltungsrat *m* governing board
Verwaltungsratsmitglied *m* director; board member

Verwaltungsrecht *n* administrative law
Verwaltungsrecht *n***/allgemeines** general administrative law
Verwaltungsrecht *n***/besonderes** specific administrative law
Verwaltungsrechtsweg *m* administrative remedies *pl* (of appeal)
Verwaltungsträger *m* administrative body
Verwaltungstreuhand *f* administrative trust
Verwaltungsunrecht *n* administrative offence [*AE* offense]
Verwaltungsverfahren *n* administrative proceedings *pl*; administrative procedure
Verwaltungsverfahrensgesetz *n* *(VwVfG)* (German) Law of Administrative Proceedings
Verwaltungsverfahrensrecht *n* (German) Law of Administrative Proceedings
Verwaltungsverordnung *f* administrative regulation
Verwaltungsvollstreckung *f* administrative execution
Verwaltungsvollstreckungsgesetz *n* administrative execution statute
Verwaltungsvorschrift *f* regulatory provision
Verwaltungsvorschrift *f***/norminterpretierende** regulatory provision for the interpretation of a norm
Verwaltungsvorsteher *m* chief magistrate
Verwaltungszustellung *f* service of administrative notice
Verwaltungszwang *m* administrative coercion
verwandt *adj* related (by blood); blood relation
Verwandtenerbrecht *n* law of inheritance for (blood) relatives
Verwandtenunterhalt *m* maintenance of (blood) relatives
Verwandter *m* (blood) relative
Verwandter *m* **in der Seitenlinie** relative in the collateral line
Verwandtschaft *f* 1. relations *pl*; family; 2. relationship
Verwandtschaft *f* **in gerader Linie** direct line of descent
verwandtschaftlich *adj* family-related, familial, of the family
Verwandtschaftsgrad *m* degree of consanguinity
verwarnen *v* warn; admonish, reprimand; caution
Verwarnung *f* warning (notice); admonishment; reprimand; caution
Verwarnung *f***/gebührenpflichtige** fine
Verwarnung *f* **mit Strafvorbehalt** warning with suspended sentence
Verwarnungsgeld *n* (on-the-spot) warning fine
Verwechslungsgefahr *f* danger of confusion
verweigern *v* refuse; deny; reject
Verweigerung *f* refusal; denial; rejection
Verweis *m* 1. reference; 2. reprimand
verweisen *v* 1. refer; transfer; 2. expel; deport
Verweisung *f* 1. reference; transfer *(of an action)*; 2. expulsion; deportation; 3. determination of applicable law; selection of proper law
verwenden *v* use; utilize
Verwendung *f* use; utilization
Verwendung *f***/nützliche** useful outlay
Verwendung *f***/ordnungsgemäße** proper handling
Verwendung *f***/unrechtmäßige** misappropriation
Verwendungen *fpl***/notwendige** necessary expenses *pl*
Verwendungsersatzanspruch *m* claim for expenses incurred
Verwendungskondiktion *f* condition of expenses
verwerfen *v* dismiss; overrule; quash; reject
Verwerfung *f* dismissal; quashing; rejection
Verwerfungsbefugnis *f* authority to dismiss; jurisdiction to quash
Verwerfungskompetenz *f* authority (of the Constitutional Court) to declare laws unconstitutional
Verwerfungsmonopol *n* **des Bundesverfassungsgerichts** ≈ exclusive right of Federal Constitutional Court to hear (and dismiss) appeals related to the declaration of the invalidity of a statute
Verwertbarkeit *f* utility; usefulness
verwerten *v* use; utilize; realize
Verwertung *f* utilization; realization
Verwertung *f***/anderweitige** alternative use
Verwertungsbefugnis *f* authority to use
Verwertungserlös *m* proceeds *pl* of sale

Verwertungsgesellschaft *f* ≈ body for enforcing performing and artistic rights
Verwertungsverbot *n* ban on utilization; exploitation prohibition
verwesen *v* administer
Verweser *m* administrator
verwirken *v* forfeit; incur a penalty
verwirklichen *v* realize; implement
Verwirklichung *f* realization
Verwirkung *f* forfeiture; laches; (promissory) estoppel; forfeit; doctrine of waiver
Verwirkungsklausel *f* estoppel clause; forfeiture clause; waiver clause
verzeichnen *v* record; schedule; register
Verzeichnis *n* record; schedule; register
Verzerrung *f* distortion
Verzicht *m* waiver; disclaimer; renunciation
verzichten *v* waive; disclaim; renounce
Verzichtserklärung *f* (declaration of) waiver; disclaimer
Verzichtsklausel *f* waiver clause; disclaimer
Verzichtsurteil *n* judgment of waiver
Verzichtsversprechen *n* abjuration
Verzinsung *f* interest rate; payment of interest
verzögern *v* delay; retard; protract
Verzögerung *f* delay; retardation; protraction
Verzögerungsschaden *m* damage resulting from delay
verzollen *v* pay duty (on); clear through customs
Verzollung *f* customs clearance
Verzug *m* delay; default • **in Verzug kommen** default
Verzugsklausel *f* default clause
Verzugszinsen *mpl* default interest; default interest for late payment
Veto *n* veto
Vetorecht *n* right of veto
Videoüberwachung *f* video surveillance
Videovernehmung *f* interrogation recorded on video
Viehdieb *m* rustler
Viehdiebstahl *m* rustling
Vieheinheit *f* livestock unit
Viehkauf *m* sale of livestock
Viktimisierung *f* victimization
Vindikation *f* ≈ replevin; ≈ restitution
Vindikationslage *f* ≈ replevin; ≈ owner's action for restitution of property
Vindikationszession *f* assignment of right to claim restitution of property
vindizieren *v* claim restitution of property
vinkulieren *v* restrict transfer
Vinkulierung *f* limitation on transferability [assignability]
Visum *n* visa
Vizepräsident *m* vice president
V-Mann *m* undercover agent
VOB *f s.* Verdingungsordnung für Bauleistungen
Volk *n* (the) people; nation
Völkerbund *m* League of Nations
Völkergemeinschaft *f* international community
Völkergewohnheitsrecht *n* customary international law
Völkermord *m* genocide
Völkerrecht *n* (public) international law; law of nations
Völkerrecht *n*/**allgemeines** general international law
Völkerrecht *n*/**universelles** universal international law
völkerrechtlich *adj* related to international law
Völkerrechtssubjekt *n* subject of international law
Völkerrechtssubjekt *n*/**generelles** general subject of international law
Volksabstimmung *f* plebiscite; referendum
Volksbefragung *f* referendum; poll
Volksbegehren *n* public initiative
Volksdemokratie *f* (people's) democracy
Volksentscheid *m* plebiscite; referendum
Volksinitiative *f s.* Volksbegehren
Volkssouveränität *f* sovereignty of the people
Volksverhetzung *f* ≈ incitement of hatred (and violence) against national, religious or ethnic groups
Volksversammlung *f* popular assembly; public meeting
Volksvertretung *f* parliament (representation)
Volkswirtschaft *f* (national) economy
volkswirtschaftlich *adj* economic
Volladoption *f* full adoption *(of minor)*
vollenden *v* complete, end; accomplish
Vollendung *f* completion; accomplishment; consummation
Vollerbe *m* unrestricted heir
volljährig *adj* of (legal) age; adult

Volljähriger *m* adult
Volljährigkeit *f* being of age (of majority); adulthood
Volljährigkeitserklärung *f* declaration of emancipation; declaration of majority
Volljurist *m* fully-trained lawyer; qualified lawyer
Vollkaufmann *m* qualified merchant; full trader
Vollmacht *f* power of agency; power of attorney; authority; warranty
Vollmacht *f***/stillschweigend erteilte** implied agency
Vollmacht *f***/unbeschränkte** *(Fr)* carte blanche
Vollmacht *f***/unwiderrufliche** irrevocable power of attorney
Vollmachtsurkunde *f* power of attorney
Vollrausch *m* complete intoxication
Vollrente *f* full pension
vollständig *adj* complete, entire, whole, full
vollstreckbar *adj* enforceable
vollstreckbare Ausfertigung *f* ≈ official copy capable of being used for enforcement [execution] *(of a judgment etc.)*
vollstreckbare Urkunde *f* (directly) enforceable instrument
Vollstreckbarkeit *f* enforceability
Vollstreckbarkeit *f***/fehlende** unenforceability
Vollstreckbarkeit *f***/vorläufige** provisional enforceability
vollstrecken *v* execute; enforce; carry out
Vollstreckung *f* execution; enforcement; carrying out
Vollstreckungsabwehrklage *f* action to stay execution; appeal against execution
Vollstreckungsanordnung *f* writ of execution; execution order
Vollstreckungsanweisung *f* writ of execution
Vollstreckungsaufschub *m* postponement of execution; stay of execution
Vollstreckungsbeamter *m* (court) bailiff; sheriff; *(AE)* marshal
Vollstreckungsbefehl *m* execution order; summary payment order
Vollstreckungsbehörde *f* ≈ authority responsible for execution of judgment
Vollstreckungsbescheid *m* execution order; (enforceable) default summons
Vollstreckungsbeschränkung *f* limitation on execution
Vollstreckungseinstellung *f* suspension of execution
Vollstreckungserinnerung *f* complaint against execution
vollstreckungsfähig *adj* ≈ capable of being made subject to enforcement
vollstreckungsfest *adj* unenforceability, non-enforceability
Vollstreckungsgegenklage *f s.* Vollstreckungsabwehrklage
Vollstreckungsgericht *n* ≈ court with jurisdiction over the execution of civil law judgment
Vollstreckungsgläubiger *m* judgment creditor
Vollstreckungshindernis *n* hindrance to execution
Vollstreckungsklausel *f* enforcement clause *(in court judgment)*; writ of execution
Vollstreckungskosten *pl* enforcement costs *pl*
Vollstreckungsmaßnahme *f* execution measures *pl*
Vollstreckungsorgan *n* enforcement agency
Vollstreckungsschuldner *m* execution debtor
Vollstreckungsschutz *m* exemption from execution; privilege against enforcement by execution
Vollstreckungstitel *m* writ of execution
Vollstreckungstitel *m***/Einheitlicher Europäischer** European Enforcement Order *(for uncontested claims)*
Vollstreckungsunterwerfung *f* submission to enforcement proceedings
Vollstreckungsverbot *n* enforcement prohibition
Vollstreckungsvereinbarung *f* enforcement agreement; execution agreement
Vollstreckungsvereitelung *f* obstruction of execution
Vollstreckungsverfahren *n* enforcement proceedings *pl*
Vollstreckungsverjährung *f* expiry of right of execution *(because of time bar)*
Vollstreckungsvoraussetzung *f* precondition for enforcement
Volltrunkenheit *f* complete intoxication
Vollversammlung *f* plenum
vollziehbar *adj* executable
vollziehbar *adj***/sofort** executable at once
Vollziehbarkeit *f* executability

vollziehen *v* execute; enforce; consummate *(marriage)*
Vollziehung *f* execution; enforcement; consummation
Vollziehung *f* **der Ehe** consummation of marriage
Vollzug *m* execution; enforcement
Vollzug *m*/**sofortiger** immediate enforcement; immediate execution; summary execution *(of judgment)*
Vollzugsbeamter *m* enforcement officer
Vollzugsbehörde *f* enforcement agency; prison authority
Vollzugsdienst *m* service of enforcement officer
Vollzugspolizei *f* police
Volontär *m* (unpaid) trainee
vorab *adv* in advance
Vorabentscheidung *f* preliminary ruling *(European Law)*
Vorabentscheidungsverfahren *n* preliminary ruling procedure
Voranfrage *f* preliminary request for information
Voranschlag *m* estimate; estimate of costs
Voranzeige *f* preliminary advice
Vorarbeiter *m* foreman
Voraus *m* preferential right
Vorausabtretung *f* anticipatory assignment
Vorausklage *f* prior action, *(AE)* prior complaint *(before other remedies are exhausted)*
voraussehbar *adj* foreseeable
Voraussehbarkeit *f* foreseeability
voraussetzen *v* presuppose; suppose, take for granted
Voraussetzung *f* assumption; condition; premise; prerequisite; requirement
Vorausverfügung *f* equitable assignment of an expectancy
Vorausvermächtnis *n* preferential legacy
Vorauszahlung *f* deposit; prepayment; advance payment
Vorbedacht *m* premeditation
Vorbedingung *f* requirement, condition precedent; precondition
Vorbehalt *m* reservation; proviso
Vorbehalt *m* **des Gesetzes** reservation of law
Vorbehalt *m*/**geheimer** mental reservation; secret reservation
Vorbehalt *m* **von Rechten** reservation of rights
vorbehalten *v* reserve the right (to)
vorbehaltlos *adj* without reservation
Vorbehaltseigentum *n* title subject to reservation
Vorbehaltsgut *n* reserved property
Vorbehaltskauf *m* conditional sale
Vorbehaltsklausel *f* reservation clause; proviso clause
Vorbehaltsurteil *n* judgment subject to reservation
Vorbelastungshaftung *f* ≈ liability for prior losses or charges
Vorbelastungsverbot *n* ≈ prohibition of prior losses or charges
vorbereiten *v* prepare; make ready for
Vorbereitung *f* preparation
Vorbereitungsdienst *m* preparatory service *(as legal trainee)*
Vorbereitungshandlung *f* act preparatory to commission of an offence [*AE* offense]
Vorbescheid *m* preliminary ruling in interim action *(patent law)*; preliminary outline building permit *(construction law)*; preliminary ruling
vorbestellen *v* reserve; make an advance booking; put in an advance order; issue a preliminary order
Vorbestellung *f* reservation
vorbestraft *adj* with a previous conviction; having a criminal record
Vorbeugehaft *f* preventative detention
Vorbeugekosten *pl* preventative costs *pl*
vorbeugen *v* prevent; forestall
vorbeugend *adj* preventative; precautionary
vorbeugende Unterlassungsklage *f* precautionary action for discontinuance
vorbeugender Unterlassungsanspruch *m* precautionary claim for a prohibitory injunction
Vorbeugung *f* prevention; precaution
vorbringen *v* advance; plead; allege
Vorbringen *n* pleading; allegation; submission
Voreid *m* oath *(made before testifying)*
voreingenommen *adj* partial; prejudiced; biased
Voreingenommenheit *f* partiality; prejudice; bias
vorenthalten *v* withhold; reserve; hold back

Vorenthaltung *f* withholding; detention; detinue *(torts)*
Vorentscheidung *f* preliminary decision; interim judgment
Vorerbe *m* provisional heir
Vorerbschaft *f* provisional succession
Vorfahre *m* ancestor
Vorfahrt *f* right of way; precedence; priority • **Vorfahrt gewähren** give way
Vorfahrtsrecht *n* right of way
Vorfall *m* incident; event
Vorfälligkeitsentschädigung *f* prepayment indemnity
vorformulieren *v* pre-formulate
Vorfrage *f* preliminary question
vorführen *v* bring before, produce *(court)*; demonstrate; present
Vorführung *f* production *(court)*; demonstration; presentation
Vorführungsbefehl *m* order to bring a person before the court; writ of habeas corpus *(on the issue of justification of detention)*
Vorgabe *f* requirement; specification; parameter; target
Vorgänger *m* predecessor
vorgeben *v* require; provide, set down; purport; pretend
vorgehen *v* 1. act; proceed; 2. have priority; take precedence
Vorgehen *n* action; procedure
Vorgehensweise *f* *(Lat)* modus operandi
Vorgeschichte *f* case history
Vorgesellschaft *f* pre-incorporation company; de facto company
Vorgesetzter *m* superior; chief
Vor-GmbH *f* GmbH in formation; company in formation
Vorgründungsgesellschaft *f* company prior to establishment
vorhersehbar *adj* foreseeable
Vorhersehbarkeit *f* foreseeability
Vorkasse *f* advance payment
Vorkauf *m* pre-emption; option to purchase
Vorkaufsberechtigter *m* pre-emptor; pre-emption claimant; party with option to purchase
Vorkaufsfall *m* event of pre-emptive (right to) purchase
Vorkaufsrecht *n* right of pre-emption; right of first refusal
Vorkaufsverpflichteter *m* ≈ party subject to duty to sell from a corresponding option to purchase
vorladen *v* summon; serve a summons
Vorladung *f* summons; writ of summons to appear; *(Lat)* subpoena
Vorlage *f* 1. presentation; production; 2. (legislature) bill; 3. advance; outlay
Vorlageanordnung *f* order for discovery
Vorlageberechtigung *f* ≈ entitlement of a national court to ask the European Court of Justice for clarification concerning the interpretation of Community law *(preliminary ruling)*
Vorlagepflicht *f* ≈ duty of a national court to ask the European Court of Justice for clarification concerning the interpretation of Community law *(preliminary ruling)*
Vorläufer *m* predecessor; ancestor
vorläufig *adj* provisional; interim; temporary
vorläufiger Rechtsschutz *m* interim legal protection; interim relief
vorläufiger Verwaltungsakt *m* interim administrative decision
vorläufiges Berufsverbot *n* ≈ interim [temporary] prohibition on practising a profession or a trade
Vorlaufzeit *f* lead time
vorlegen *v* submit; produce; present
Vorlegung *f* submission; production; presentment
Vorlegungspflicht *f* duty to submit (documentation)
Vorleistung *f* advance performance; payment in advance
Vorleistungspflicht *f* duty to pay in advance; obligation to provide prior performance
vorlesen *v* read (aloud)
Vorlesung *f* lecture; reading
vorliegend *adj* instant; at hand; present
vormerken *v* note; note down
Vormerkung *f* priority notice *(land register)*; registration; (official) note
Vormietrecht *n* option of a lease
Vormund *m* (legal) guardian *(for minors)*
Vormundschaft *f* guardianship; wardship
Vormundschaftsgericht *n* court dealing with matters relating to guardianship
Vormundschaftssachen *fpl* guardianship matters *pl*
Vornahme *f* undertaking; execution
Vorname *m* first name; Christian name
vornehmen *v* undertake; carry out; effect

Vorpfändung *f* provisional seizure
vorprozessual *adj* interlocutory, interim
Vorprüfung *f* preliminary audit; pre-audit; preliminary examination
Vorprüfungsverfahren *n* preliminary examination proceedings *pl*
Vorrang *m* precedence; priority; preference
Vorrang *m* **des Gesetzes** supremacy of the law
vorrangig *adj* priority; paramount; dominant
Vorrat *m* stock; store; supply
Vorratsgesellschaft *f* off-the-shelf company
Vorratslücke *f* lack of stock
Vorratsschuld *f* obligation to be fulfilled by means of current stock only
Vorrecht *n* prerogative
Vorruhestand *m* early retirement
Vorsatz *m (CrLaw)* intent; intention
Vorsatz *m*/**bedingter** qualified intent
Vorsatzanfechtung *f* challenge of intent
vorsätzlich *adj* intentional; wil(l)ful; deliberate
Vorsatztat *f* act requiring intent
Vorschädigung *f* **des Opfers** pre-existing damage to victim
vorschießen *v* advance (money)
Vorschlag *m* proposal, suggestion
vorschlagen *v* propose, suggest
vorschreiben *v* prescribe; direct; order
Vorschrift *f* provision; rule; prescription; directive
vorschriftsmäßig *adj* prescribed; due; according to the provisions
vorschriftswidrig *adj* improper; undue; contrary to the provisions
Vorschriftswidrigkeit *f* irregularity
Vorschubleistung *f* aiding and abetting
Vorschuss *m* advance; advance payment; retainer *(lawyer's fee)*; down payment
Vorschussleistung *f* making of an advance payment; payment of a retainer *(lawyer's fee)*
vorsehen *v* allow; arrange; stipulate
Vorsicht *f* prudence
Vorsichtsmaßnahme *f* precaution
Vorsitz *m* chair; presidency
Vorsitzender *m* chairperson; chairman; president
Vorsitzender Richter *m* presiding judge; chief justice [judge]
Vorsitzer *m* chairman; chair
Vorsorge *f* precaution; provision
Vorsorgeaufwendungen *fpl* precautionary expenses *pl*
vorsorgen *v* provide; make provision (for)
Vorsorgevollmacht *f* precautionary power of attorney
vorspiegeln *v* simulate; feign; pretend; imitate
Vorspiegelung *f* simulation; pretending; pretence; fraudulent representation
Vorstand *m* management board; executive board
Vorstandsmitglied *n* board member; member of the management board; member of the executive board
Vorstandsvorsitzender *m* chairman of the board of directors; *(AE)* executive board president; *(AE)* president of the corporation
vorstehen *v* preside
vorstehend *adj* preceding; aforesaid, above mentioned, hereinbefore, hereinabove, above said
Vorsteher *m* supervisor; head; superintendent; foreman
Vorstellung *f* concept; belief; image
Vorsteuer *f* input tax, prior turnover tax
Vorsteuerabzug *m* deduction of input tax
Vorsteuerabzugsberechtigung *f* entitlement to deduct input tax
Vorstrafe *f* previous conviction; prior offence [*AE* offense]
vorstrecken *v* advance, make an advance payment
Vortat *f* prior offence [*AE* offense]
vortäuschen *v* feign; simulate
Vortäuschen *n* **einer Straftat** feigning the commission of an offence [*AE* offense]; simulating a crime
Vortäuschung *f* feigning; simulation
Vortäuschung *f* **einer falschen Identität** impersonation
Vorteil *m* advantage; profit; benefit
Vorteil *m*/**geldwerter** monetary gain; profit; monetary benefit
Vorteil *m*/**materieller** material benefit
Vorteil *m*/**unlauterer** unfair advantage
vorteilhaft *adj* advantageous; of benefit
Vorteilsannahme *f* (unlawful) acceptance of benefit by public official
Vorteilsausgleichung *f* offsetting losses with advantages
Vorteilsgewährung *f* granting of an undue benefit

Vorteilsverschaffungsabsicht *f* intention to bribe; intention to grant an undue advantage
Vortrag *m* presentation; lecture
vortragen *v* present; lecture
vorübergehend *adj* temporary; interim; passing; *(Lat)* pro tempore; interlocutory
Voruntersuchung *f* preliminary inquiry; preliminary examination; pretrial procedure
Vorurteil *n* bias; prejudice
Vorverein *m* preliminary society [association] *(without separate legal personality)*
Vorvereinbarung *f* preliminary agreement
Vorverfahren *n* pretrial procedure; preliminary proceedings *pl*
Vorverfahren *n* **im Jugendstrafrecht** pretrial procedure in criminal law for young persons
Vorverfahren *n***/schriftliches** ≈ preliminary proceedings with written submissions and no oral hearing
Vorvertrag *m* preliminary agreement; provisional contract
vorvertragliche Pflicht *f* precontractual duty
vorvertragliches Schuldverhältnis *n* precontractual obligation
Vorverurteilung *f* prejudgment
vorweggenommen *adj* anticipated
Vorwegpfändung *f* provisional seizure
Vorwurf *m* rebuke; charge
vorzeitig *adj* premature; in advance; early
Vorzug *m* preference; priority
Vorzugsaktie *f* preferential share; *(AE)* preferred stock
Vorzugsklage *f* action for preferential satisfaction
Vorzugsrecht *n* preferential right
Votum *n* vote
V-Person *f* undercover agent
VwVfG *s.* Verwaltungsverfahrensgesetz

W

Wache *f* 1. guard; escort; 2. police station
Wächterfunktion *f* watchdog function
Waffe *f* weapon, arm; firearm
Waffengleichheit *f* ≈ equality of opportunity to be heard and give evidence in legal proceedings
Waffenkontrollgesetz *n* (German) Firearms Control Law
Waffenrecht *n* law related to weapons and firearms
Waffenschein *m* firearms permit; gun licence [*AE* license]
Wagnis *n* risk
Wahl *f* 1. selection; choice; option; 2. election, ballot; polling
Wahl *f***/allgemeine** general elections *pl*
Wahl *f***/freie** free elections *pl*
Wahl *f***/geheime** secret ballot; secret elections *pl*; secret voting
Wahl *f***/gleiche** equal suffrage
Wahl *f***/unmittelbare, freie, gleiche und geheime** direct, free, equal and secret election
wählbar *adj* eligible for election; electable
Wahlbeamter *m* elected official
Wahlbeeinflussung *f* influencing of elections; influencing of the results of a ballot
Wahlbehinderung *f* obstruction of polling
Wahlberechtigter *m* qualified voter; person with right to vote
Wahlberechtigung *f* qualification to vote; entitlement to vote, right to vote
Wahlbezirk *m* electoral district
Wahldelikt *n* offence [*AE* offense] related to elections
wählen *v* 1. choose, select; 2. elect; vote (for)
Wähler *m* voter; *(AE)* elector
Wählerbestechung *f* ≈ bribing of voters
Wählernötigung *f* coercion of voters
Wählertäuschung *f* electoral deception
Wahlfach *n* optional subject
Wahlfälschung *f* falsification of polling results; electoral fraud
Wahlfeststellung *f* alternative findings *pl*
Wahlgeheimnis *n* secrecy of the ballot; electoral secrecy
Wahlgerichtsstand *m* selected jurisdiction; choice of forum
Wahlgesetz *n* electoral law; Law of Voting Rights
Wahlgleichheit *f* ≈ principle that all votes are of equal value
Wahlkreis *m* constituency; electoral district
Wahlleiter *m* returning officer
Wahlperiode *f* electoral period
Wahlpflicht *f* duty to vote; compulsory (participation in) voting
Wahlprüfung *f* scrutiny (of election)

Wahlrecht *n*/**aktives** right to vote (in an election)
Wahlrecht *n*/**passives** right to be a candidate; right to be elected to (public) office
Wahlrecht *n*/**subjektives** right to vote, suffrage
Wahlrechtsgleichheit *f* equality of voting rights
Wahlrechtsgrundsatz *m* principle controlling election laws
Wahlschuld *f* elective obligation
Wahlsystem *n* electoral system
Wahlurne *f* ballot box
Wahlvermächtnis *n* alternative legacy
Wahlverteidiger *m* legal counsel chosen at one's own discretion
Wahlzettel *m* ballot paper
Wahndelikt *n* ≈ act wrongly assumed by perpetrator to be criminal
wahr *adj* true; correct; truthful
währen *v* last
Wahrheit *f* truth; truthfulness; correctness
Wahrheitsbeweis *m* proof of truthfulness; proving of correctness
Wahrheitspflicht *f* duty to be truthful; obligation to tell the truth *(in court)*
Wahrnehmung *f* **berechtigter Interessen** exercising legitimate interests; privileged occasion; (defence of) justification (of defamation)
wahrscheinlich *adj* probable
Wahrscheinlichkeit *f* probability
Währung *f* currency
Währungseinheit *f* currency unit
Währungsfonds *m*/**Internationaler** *(IWF)* International Monetary Fund, IMF
Währungsreform *f* currency reform
Währungsreserve *f* currency reserve
Währungsunion *f* monetary union, currency union
Waise *m* orphan
Waisenrente *f* orphan's benefit
Wandelanleihe *f* convertible bond
Wandelbarkeit *f* convertibility
Wandelschuldverschreibung *f* convertible debenture; convertible bond
Wandelung *f* rescission; avoidance; cancel(l)ation of sale
Wandelungsrecht *n* 1. right to rescission; 2. (stock exchange) conversion privilege
Wanderarbeiter *m* migrant worker
Wanderarbeitnehmer *m* migrant worker
Wandergewerbe *n* itinerant trade
Wandergewerbeschein *m* itinerant trade licence [*AE* license]
Wandlung *f s.* Wandelung
Wanze *f* bug
Wappen *n* coat of arms
Ware *f* goods *pl*; merchandise; product
Warenautomat *m* (automatic) vending machine
Waren-Franchising *n* product franchising
Warenkauf *m* sale of goods
Warenkredit *m* trade credit
Warentermingeschäft *n* commodity futures transaction
Warenverkehr *m* trade; movement of goods
Warenverkehr *m*/**freier** free movement of goods
Warenverkehrsfreiheit *f* free movement of goods; free trade
Warenzeichen *n* trade mark
Warmmiete *f* rent including utilities
warnen *v* warn; caution
Warnstreik *m* strike; demonstration strike
Warnung *f* warning; notice
Wartefrist *f* waiting period; deadline for waiting
Wartepflicht *f* duty to remain at the scene of the accident
Wärter *m* guard; warder; prison officer
wasserdicht *adj* watertight
Wasserhaushaltsgesetz *n* (German) Water Resources Law
Wasserrecht *n* water regulations *pl*; law related to water resources
Wasserschutzgebiet *n* water protection area; catchment area
Wasserstraße *f* waterway
Wasserverband *m* water board
Wechsel *m* 1. change; exchange; 2. bill of exchange; draft; promissory note
Wechsel *m* **des Betriebsinhabers** change of plant ownership
Wechsel *m*/**fehlerhafter** defective bill
wechselbezüglich *adj* reciprocal
wechselbezügliches Testament *n* reciprocal will; joint and mutual will
Wechselbürgschaft *f* bill guarantee
Wechselfähigkeit *f* ≈ capacity to be a party to a bill of exchange
Wechselkredit *m* draft credit; discount credit
Wechselkursmechanismus *m* exchange rate mechanism

Wechselmahnbescheid *m* default summons from bill of exchange
Wechselprolongation *f* prolongation of a bill of exchange, renewal of a bill
Wechselprotest *m* protest of a bill; noting of a bill
Wechselprozess *m* summary enforcement of a bill of exchange; proceedings *pl* on a bill of exchange
Wechselrecht *n* law related to bills of exchange and promissory notes
Wechselregress *m* recourse *(against a party liable on a bill of exchange)*
Wechselreiterei *f* drawing and redrawing; kite-flying
wechselseitig *adj* reciprocal; alternating
Wechselsteuer *f* stamp duty on bills of exchange
Wechselverbindlichkeit *f* (outstanding) commitment on bills
Wechselwähler *m* floating voter, undecided voter
Weg *m* way; path; channel; passage
Wegerecht *n* right of way; right of passage
Wegeunfall *m* accident on way to or from work
Wegfall *m* lapse; cessation; abolition
Wegfall *m* **der Bereicherung** *f* lapse of undue enrichment
Wegfall *m* **der Geschäftsgrundlage** frustration (of contract)
Wegnahme *f* removal, taking away
Wegnahmerecht *n* right to remove
wegnehmen *v* remove, take away
Wegweiser *m* signpost
Wegzugsbesteuerung *f* expatriation taxation; departure taxation
Wehrbeauftragter *m* parliamentary defence [*AE* defense] commissioner
Wehrbeschwerdeordnung *f* Military Grievance Regulations *pl*
Wehrdienst *m* military service; *(BE)* national service
Wehrdienstverweigerer *m* conscientious objector *(for reasons of conscience)*; *(AE)* draft dodger
Wehrdienstverweigerung *f* refusal to serve in military forces
wehren *v***/sich** defend; resist
wehrlos *adj (BE)* defenceless, *(AE)* defenseless
Wehrlosigkeit *f (BE)* defencelessness, *(AE)* defenselessness
Wehrpflicht *f* compulsory military service; *(AE)* draft
Wehrpflichtiger *m* ≈ person subject to duty of compulsory military service
Wehrrecht *n* military law
Wehrstrafrecht *n* military criminal law
Weide *f* pasture
Weiderecht *n* grazing right
weigern *v***/sich** refuse; deny
Weigerung *f* refusal; denial
Weihnachtsgeld *n* Christmas bonus
Weimarer Reichsverfassung *f* Constitution of the German Reich *(of August 1919)*
Weimarer Republik *f* Weimar Republic
Weise *f***/kaufmännische** commercial way
Weißbuch *n* White Paper
Weisung *f* instruction; directive; order
weisungsabhängig *adj* subject to directions; subordinate
Weisungsbefugnis *f* authority to issue instructions
Weisungsgebundenheit *f* duty to comply with instructions
Weisungsrecht *n* right to give instructions
Weisungsrecht *n* **des Arbeitgebers** right of employer to instruct employees
Weisungsverwaltung *f* administration subject to instructions
Weiterbeschäftigung *f* continued employment
Weiterbeschäftigungsanspruch *m* claim to continued employment
weitere Beschwerde *f* further appeal
Weitergabe *f* passing on; transmission
weitergeleiteter Eigentumsvorbehalt *m* extended retention of title *(whereby buyer agrees to make any resale subject to the retention of title of the original seller)*
Weiterverweisung *f* referral to law of third country
Weltbank *f* World Bank
Weltpostverein *m* Universal Postal Union
Weltraumrecht *n* law of space; space law
Weltrechtsprinzip *n* ≈ principle of liability for certain offences committed abroad, regardless of the nationality of the perpetrator and the victim
Weltstrafgerichtshof *m* International Criminal Court
Welturheberrechtsabkommen *n* Universal Copyright Convention

werben *v* recruit; enlist; hire; solicit; advertise; acquire *(a customer)*
Werbeverbot *n* advertising ban
Werbung *f* advertising; sales promotions *pl*; *(AE)* commercials *pl*
Werbung *f*/**getarnte** hidden advertising
Werbung *f*/**schockierende** shock advertising
Werbung *f*/**vergleichende** comparative advertising
Werbungskosten *pl (Tax Law)* expenses *pl* necessarily incurred in order to earn salary *(e.g. travelling costs)*
Werk *n* 1. plant, factory, works *pl*; 2. work; performance
Werklieferung *f* labo(u)r and materials of contractor
Werklieferungsvertrag *m* contract to supply labo(u)r and materials
Werkstarifvertrag *m* collective wage agreement for a plant
Werktag *m* working day
werktätig *adj* employed; working
Werkunternehmer *m* contractor
Werkunternehmerpfandrecht *n* contractor's lien
Werkvertrag *m* contract for work and services; contract to provide a specific result
Werkzeug *n* tool
Werkzeug *n*/**dolos-absichtsloses** ≈ agent lacking criminal intent
Werkzeug *n*/**gefährliches** hazardous tool; hazardous equipment
Wert *m* value; asset; valuable object
Wertberichtigung *f* valuation adjustment
werten *v* evaluate; value; rate
Werteordnung *f* system of values
Wertersatz *m* compensation (for value)
Wertesystem *n* value system
Wertgegenstand *m* valuable property; valuable object; valuables *pl*
wertlos *adj* valueless
Wertpapier *n* negotiable instrument; commercial paper; security
Wertpapierrecht *n* securities law
Wertsicherung *f* indexation of sums of money
Wertsicherungsklausel *f* stable value clause, indexation clause
Werturteil *n* value judgment
Wertverlust *m* loss of value
Wertzeichen *n* postal stamp; token for value
Wertzeichenfälschung *f* forgery of postal stamps
Wertzuwachs *m* increase in value
Wesensgehalt *m* essential content
Wesensgehalt *m* **der Grundrechte** essential content of [basic] civil rights
Wesensgehaltgarantie *f* ≈ (constitutional) guarantee of the essential content of a right
wesentlich *adj* material; substantial
wesentliche Beschaffenheit *f* essential quality; material characteristic
wesentlicher Bestandteil *m* essential part [element]
Wesentlichkeitstheorie *f* ≈ theory of essentialness *(theory of need to protect essential functions of elected representatives)*
Westeuropäische Union *f (WEU)* West European Union
Wettbewerb *m* competition; contest
Wettbewerb *m*/**potenzieller** potential competition
Wettbewerb *m*/**unlauterer** unfair competition
Wettbewerber *m* competitor
Wettbewerbsbeschränkung *f* restraint of competition; restraint of trade
Wettbewerbsbeschränkung *f*/**horizontale** horizontal restraint of competition
Wettbewerbsfreiheit *f* freedom of competition
Wettbewerbsrecht *n* law of competition
Wettbewerbsregel *f* rules *pl* of competition
Wettbewerbsverbot *n* restraint of competition; restraint of trade; prohibition of competition
Wette *f* bet, wager, gambling
wetten *v* bet, wager, gamble
Wettverbot *n* prohibition on gambling; betting ban
Wettvertrag *m* gaming contract
WEU *f s.* Westeuropäische Union
wichtig *adj* important
wichtiger Grund *m* important reason, material reason
Widerklage *f* counterclaim; cross-action
Widerkläger *m* cross-petitioner
widerlegbar *adj* rebuttable
widerlegen *v* rebut; refute; disprove
widerleglich *adj* rebuttable
widerrechtlich *adj* unlawful; illegal • **sich**

etwas widerrechtlich aneignen appropriate sthg unlawfully
Widerrechtlichkeit *f* unlawfulness; illegality
Widerruf *m* retraction; revocation
Widerruf *m* **eines Verwaltungsaktes** retraction of an administrative act
widerrufen *v* withdraw; revoke; retract
widerruflich *adj* revocable
Widerrufserklärung *f* declaration of revocation
Widerrufsfrist *f* deadline for revocation; withdrawal period
Widerrufsrecht *n* power of revocation; right of revocation
Widerrufsrecht *n* **in Verbraucherverträgen** right of revocation in consumer contracts
Widerrufsvorbehalt *m* reservation of right to revoke
Widerspruch *m* objection, protest, opposition; contradiction
widersprüchlich *adj* contradictory
Widerspruchsbehörde *f* public authority deciding a protest; appeal authority
Widerspruchsbescheid *m* decision on a protest
Widerspruchsfrist *f* protest period; deadline for filing an objection
Widerspruchsklage *f* third party action against enforcement
Widerspruchsverfahren *n* administrative review *(resulting from an objection)*
Widerstand *m* resistance
Widerstand *m* **gegen die Staatsgewalt** obstructing an officer, obstructing a police officer; resisting the authority of the state
Widerstand *m* **gegen Vollstreckungsbeamte** obstructing an enforcement officer
Widerstandsrecht *n* right to resist
Widerstreit *m* conflict
widerstreitend *adj* conflicting
widmen *v* dedicate; devote
Widmung *f* dedication
Wiederaufarbeitungsanlage *f* recycling plant; reprocessing plant
Wiederaufgreifen *n* resumption; renewed recourse (to)
Wiederaufleben *n* revival
Wiederauflebensklausel *f* reinstatement clause
Wiederaufnahme *f* resumption; reopening; recommencing
Wiederaufnahme *f* **des Verfahrens** reopening of proceedings
wiederaufnehmen *v* resume; reopen; recommence
wiederbeschaffen *v* replace
Wiederbeschaffung *f* replacement
Wiederbeschaffungsaufwand *m* expenses *pl* of replacement
Wiederbeschaffungswert *m* replacement value
wiedereinsetzen *v* reinstate; restore
Wiedereinsetzung *f* **in den vorigen Stand** restoration to previous condition; restitution
Wiedereinstellungsanspruch *m* claim of restoration; right of restoration [restitution]
Wiedereröffnung *f* reopening
Wiedergabe *f* reproduction
wiedergutmachen *v* repair; compensate
Wiedergutmachung *f* compensation, indemnity; reparation
Wiederheirat *f* remarriage
wiederherstellen *v* restore
Wiederherstellung *f* restoration
Wiederherstellung *f* **der aufschiebenden Wirkung** restoration of the suspensive effect
Wiederholungsgefahr *f* 1. danger of recurrence; 2. *(CrLaw)* danger of recidivism
Wiederkauf *m* repurchase
Wiederkaufsrecht *n* option to repurchase; right of repurchase
Wiederkehrschuldverhältnis *n* recurrent obligation
Wiedervereinigung *f* reunification
Wiederverheiratung *f* remarriage
Wiederverheiratungsklausel *f* remarriage clause
Wiedervorlage *f* resubmission; follow-up *(file)*
Wiederwahl *f* re-election
Wild *n* game; undomesticated animals *pl*
Wilddieb *m* poacher
Wilderei *f* poaching
Wilderer *m* poacher
wildern *v* poach
Wildschaden *m* damage caused by game
Wildunfall *m* accident involving game
Wille *m* will; intent, intention
Wille *m*/**letzter** last will

Willensbestätigung *f* confirmation of will; confirmation of intent
Willensbildung *f* formation of will
Willenserklärung *f* declaration of will, expression of will
Willensfreiheit *f* freedom of will
Willensmangel *m* lack of will; lack of intention; defect in a declaration of intent
Willenstheorie *f* doctrine of real intent
Willkür *f* arbitrariness
willkürlich *adj* arbitrary; at will
Willkürverbot *n* prohibition on arbitrary decisions
Winterausfallsgeld *n* bad-weather allowance
Winterschlussverkauf *m* winter clearance sale
Wirkbereich *m* area of effectiveness; scope of operation
wirken *v* operate; have effect; be effective
wirksam *adj* operative; effective
Wirksamkeit *f* effectiveness, validity
Wirksamkeitsvoraussetzung *f* prerequisites *pl* (for effectiveness)
Wirksamwerden *n* coming into force
Wirkung *f* effect
Wirkung *f***/aufschiebende** suspensive effect
Wirkungskreis *m* province; sphere of activity
Wirkungskreis *m***/eigener** original sphere of activity
Wirkungskreis *m***/übertragener** delegated sphere of activity
Wirtschaft *f* economy; business sector; *(BE)* trade and industry
Wirtschaft *f***/ordnungsgemäße** duly organized and conducted economy
wirtschaften *v***/schlecht** badly manage
wirtschaften *v***/sparsam** work economically
wirtschaftlich *adj* commercial; mercantile; trade related; economic; efficient
wirtschaftliches Eigentum *n* equitable ownership *(contrary to legal ownership)*
Wirtschaftlichkeit *f* economy; profitability; feasibility
Wirtschaftlichkeitsgebot *n* requirement of profitability
Wirtschaftsausschuss *m* economic affairs committee
Wirtschaftsflüchtling *m* economic refugee
Wirtschaftsgut *n* asset; economic asset; commercial asset
Wirtschaftskriminalität *f* white collar crime; business crime
Wirtschaftsprüfer *m* auditor; certified accountant; *(AE)* certified public accountant
Wirtschaftsrecht *n* commercial law, business law
Wirtschaftsspionage *f* industrial espionage
Wirtschaftsstrafrecht *n* criminal law related to business
Wirtschafts- und Währungsunion *f* Economic and Monetary union
Wirtschaftsunion *f* economic union
Wirtschaftsverfassung *f* economic constitution, economic order
Wirtschaftsverwaltung *f* economic administration
Wirtschaftsverwaltungsrecht *n* administrative law for business
wissen *v* know; be aware of
Wissen *n* knowledge; know-how
Wissenmüssen *n* duty to know
Wissenschaft *f* science
wissenschaftlich *adj* scientific
Wissenschaftsfreiheit *f* freedom of science
Wissensvertreter *m* ≈ person whose state of knowledge is deemed to be that of the party for whom it is acting
Wissenszurechnung *f* imputation of knowledge
wissentlich *adv* knowingly
Witwe *f* widow
Witwenrente *f* widow's pension
Witwer *m* widower
Woche *f* week
Wochenarbeitszeit *f* weekly working hours *pl*
wöchentlich *adj* weekly
Wohl *n* well-being; good; welfare
Wohl *n***/öffentliches** public good; general good; public welfare
wohlerworben *adj* vested; established
Wohlfahrt *f* public welfare; social welfare
Wohlfahrtsstaat *m* welfare state
Wohlfahrtsverband *m* charity
Wohlverhaltensperiode *f* ≈ statutory waiting period required in insolvency law
wohlwollende Auslegung *f* favo(u)rable interpretation
wohnen *v* live; inhabit; reside

Wohngebiet *n* residential area
Wohngeld *n* housing benefit; accommodation allowance
Wohngemeinschaft *f* shared-accommodation group
wohnhaft sein *v* reside; be resident; be domiciled
Wohnort *m* place of residence
Wohnraummietverhältnis *n* residential tenancy
Wohnrecht *n* right of residence; right of habitation
Wohnrecht *n***/dingliches** right of residence running with the land
Wohnsitz *m* place of residence; place of domicile
Wohnsitzprinzip *n* principle of residence
Wohnsitzstaat *m* country of residence
Wohnung *f (BE)* flat; apartment; residential unit; dwelling; accommodation; home
Wohnung *f* **im eigenen Haus/selbstgenutzte** residential unit in owner's own house
Wohnungsamt *n* housing department
Wohnungsbau *m* residential construction
Wohnungsbau *m***/sozialer** construction of subsidised public housing
Wohnungsbindungsgesetz *n* (German) Law of Controlled Tenancies
Wohnungsdurchsuchung *f* house search; (police) search of the home
Wohnungseigentum *n (BE)* property in a freehold flat; *(BE)* commonhold property; *(AE)* condominium
Wohnungseigentumsgesetz *n* (German) Commonhold Property Act
Wohnungsgrundbuch *n* commonhold property register
Wohnungsrecht *n s.* Wohnrecht
Wohnungsvermittlung *f* housing agency; (real) estate agency
Wohnzwecke/für for residential purposes
Wollen *n* volition; will, wish; intention
wonach whereby
Wort *n* **des Angeklagten/letztes** summary; final word of the accused
Wort *n***/letztes** final word, last say
Wortlaut *m* wording; term
wörtliche Auslegung *f* literal interpretation, word-for-word construction [interpretation]
Wrack *n* wreck
Wucher *m* usury
Wucherer *m* usurer
Wucherzins *m* usurious interest
Wunsch *m* wish, request
Würde *f* dignity
Würdenträger *m* dignitary
würdigen *v* assess; appreciate

X

Xenophobie *f* xenophobia
Xerokopie *f* xerox copy

Z

zahlbar *adj* payable; due
zahlen *v* pay, make payment
Zählkind *n* relevant child *(for benefit calculation purposes)*; child to be counted
Zahlstelle *f* payment office; payment agent
Zahlung *f* payment
Zahlungsanweisung *f* order to pay; postal order; instruction to make payment
Zahlungsaufschub *m* extension of time for payment; debt deferral
Zahlungsbedingungen *fpl* terms *pl* of payment
Zahlungsbefehl *m* default summons; notice to pay
Zahlungseinstellung *f* suspension of payment(s); cessation of payment(s)
Zahlungsempfänger *m* payee; recipient of payment
zahlungsfähig *adj* solvent; able to pay
Zahlungsfähigkeit *f* solvency; ability to pay
Zahlungsmittel *n* means *pl* of payment
Zahlungsmittel *n***/gesetzliches** lawful means *pl* of payment; legal tender; lawful currency
Zahlungsort *m* place of payment
Zahlungsstockung *f* temporary delay in payment
Zahlungstitel *m* entitlement to payment
zahlungsunfähig *adj* insolvent; unable to pay

Zahlungsunfähigkeit *f* insolvency, inability to pay

Zahlungsunfähigkeit *f***/drohende** pending insolvency

Zahlungsverbot *n* prohibition on payment; freeze of payment

Zahlungsverbot *n***/vorläufiges** interim freeze on payments

Zahlungsverfügung *f* injunction for payment; court order to effect payment

Zahlungsverjährung *f (Tax Law)* ≈ expiry of limitation period for enforcement of payment of unpaid taxes

Zahlungsverkehr *m* money transfers *pl*

Zahlungsverkehrsfreiheit *f* free movement of payments

Zahlungsverpflichtung *f* undertaking to pay

Zahlungsverzug *m* default in payment; delay in payment

Zahlvaterschaft *f* ≈ paternity in which paternal duties are limited to payment of support for child

Zebrastreifen *m* pedestrian crossing

Zechprellerei *f* ≈ unjustly avoiding paying for food or beverages (in a restaurant etc.)

Zedent *m* assignor

Zeichen *n* 1. sign, token; 2. trade mark

Zeichenähnlichkeit *f* trademark resemblance

Zeichenschutz *m* protection of trademarks

zeichnen *v* 1. sign; subscribe; 2. draw *(a picture)*

Zeichner *m* subscriber

Zeichnung *f* signing; drawing

zeichnungsberechtigt *adj* authorized to sign

Zeit *f* **der Tat** time of the act

Zeitablauf *m* lapse of time; expiry of a period

Zeitarbeit *f* temporary work

Zeitbestimmung *f* determining of time; stipulation as to time

Zeitbürgschaft *f* guarantee for a fixed term

Zeitgesetz *n* temporary law; law with definite term of effectiveness; law with a sunset clause

Zeitlohn *m* time wages *pl (wages paid on basis of time worked)*

Zeitmietvertrag *m* rental agreement for a fixed term

Zeitschrift *f* journal; magazine; periodical

Zeitung *f* newspaper

Zeitwert *m* current value

Zelle *f* (prison) cell

zensieren *v* censor; exercise censorship

Zensur *f* censorship

Zensurverbot *n* prohibition on censorship

zentral *adj* central

Zentralbank *f* central bank; reserve bank

Zentralisation *f* centralization

zentralisieren *v* centralize

Zentralismus *m* centralism

Zentralregister *n* central criminal register; national register of prior convictions

Zentrum *n (BE)* centre, *(AE)* center

zerlegen *v* break down *(costs)*; take apart *(device)*

Zerlegungsbescheid *m* notice of apportionment

Zero-Toleranz-Konzept *n* zero-tolerance rule

Zerrüttung *f* breakdown (of marriage); disintegration

Zerrüttungsprinzip *n* ≈ principle of irretrievable breakdown as (sole) ground for divorce

Zerschlagungswert *m* liquidation value

Zersiedelung *f* urban sprawl

Zersplitterung *f* fragmentation

zerstören *v* destroy; ruin; demolish

Zerstörung *f* destruction; demolition

Zerstörung *f* **von Bauwerken** demolition of buildings

Zertifikat *n* certificate

Zession *f* transfer; assignment

Zessionar *m* transferee; assignee

Zeuge *m* witness

Zeuge *m***/sachverständiger** expert witness

Zeuge *m* **vom Hörensagen** hearsay witness

Zeugenaussage *f* testimony of witness; statement of witness

Zeugenbefragung *f* examination of witness

Zeugenbelehrung *f* ≈ formally advising a witness of his legal rights and duties

Zeugenbeweis *m* testimonial evidence

Zeugenentschädigung *f* witness allowance

Zeugenschutz *m* witness protection

Zeugenschutzprogramm *n* witness protection scheme

Zeugenvernehmung *f* examination of

witness; witness interview; interrogation of witness
Zeugnis *n* certificate; testimony; school report, (employment) reference
Zeugnisverweigerung *f* refusal to give evidence, refusal to testify
Zeugnisverweigerungsrecht *n* right to refuse to testify
Zeugungsunfähigkeit *f* impotence
Zins *m* interest
Zinsabschlaggesetz *n* law of tax on interest deducted at source; Withholding Tax Law
Zinsanspruch *m* right to (claim) interest
Zinsbesteuerung *f* tax on interest
Zinseinkünfte *pl* income from interest
Zinseszins *m* compound interest
zinslos *adj* free of interest
Zinssatz *m* interest rate
Zinsschein *m* interest coupon; interest warrant
Zinsschuld *f* interest debt
Zitat *n* quotation
zitieren *v* quote
zivil *adj* civil; civilian
Zivildienst *m* civic service *(as alternative to compulsory military service)*
Zivildienstleistender *m* person doing civic service
Zivildienstpflichtiger *m* person obliged to do civic service
Zivildienstverhältnis *n* civic service relationship
Zivilehe *f* civil marriage, registry-office marriage
Zivilfahnder *m* plain-clothes policeman
Zivilgericht *n* civil court
Zivilgerichtsbarkeit *f* civil jurisdiction; jurisdiction of a civil court
Zivilgesetzbuch *n* civil law code
Zivilhaft *f* detention in relation to non--criminal matters
Zivilkammer *f* civil division *(of a court)*
Zivilklage *f* civil action
Zivilprozess *m* civil proceedings *pl*
Zivilprozessordnung *f* (German) Code of Civil Procedure
Zivilprozessrecht *n* law of civil procedure
Zivilrecht *n* civil law
Zivilrechtler *m* civil lawyer
Zivilrechtsstreit *m* civil action
Zivilrechtsweg *m* recourse to civil courts
Zivilrichter *m* civil judge
Zivilsache *f* civil matter, non-criminal matter
Zivilschutz *m* civil defence [*AE* defense]
Zivilsenat *m* civil division
Zivilurteil *n* judgment in a civil case
Zoll *m* customs (authority); customs duty, tariff
Zollbehörde *f* customs authority
Zollfahnder *m* customs investigator
zollfrei *adj* duty-free, free from customs duties
Zollfreigebiet *n* area not subject to customs duty
Zollgebiet *n* customs territory
Zollhoheit *f* customs jurisdiction; customs sovereignty
Zolllager *n* bonded warehouse
Zöllner *m* customs officer
Zollordnungswidrigkeit *f* (minor) breach of customs regulations
Zollstraftat *f* criminal breach of customs regulations
Zolltarif *m* (customs) tariff
Zollunion *f* customs union
Zollverschluss *m* customs seal
Zone *f* zone
ZPO *f s.* Zivilprozessordnung
Zubehör *n* accessory; appurtenance *(land)*
Zuchthausstrafe *f (obs.)* penal servitude; hard-labo(u)r
züchtigen *v* punish physically
Züchtigung *f* chastising; corporal punishment *(school)*
Züchtigungsrecht *n* right to physically punish
Züchtigungsverbot *n* ban on corporal punishment
Zuchtmittel *n* disciplinary measures *pl (for young persons)*
zueignen *v* acquire
zueignen *v***/sich** appropriate for oneself
Zueignung *f* appropriation
Zueignungsabsicht *f* intention of appropriating
zuerkennen *v* award
Zufall *m* accident, coincidence, chance
zufällig *adj* coincidental; random
Zufallsfund *m* accidental discovery
Zufluss- und Abflussprinzip *n* inflow--outflow principle *(for purpose of calculating taxable profits of company)*
Zug *m* train
Zugabe *f* free gift; bonus; premium

Zugang *m* 1. receipt; arrival *(of post etc.)*; 2. access *(entry)*; 3. accrual
Zugangsfiktion *f* fictitious receipt; constructive delivery
Zugangsvereitelung *f* hindering receipt
Zugangsverzögerung *f* delay in receipt
zugeben *v* admit
Zugehörigkeit *f* affiliation; membership
zugesicherte Eigenschaft *f* warranted quality
zugestehen *v* grant, award, allow
Zugewinn *m* accrued gain; (net) increase in property *(of a spouse during period of marriage)*
Zugewinnausgleich *m* equalization of net property gains *(of a spouse during period of marriage by splitting at time of death or divorce)*
Zugewinnausgleich *m***/vorzeitiger** anticipated equalization of net property gains *(of a spouse during period of marriage by splitting)*
Zugewinngemeinschaft *f* community of net property gains
zugrunde legen *v* base, use as a foundation for
Zug-um-Zug-Leistung *f* concurrent performance; performance subject to counter-performance
Zug-um-Zug-Verurteilung *f* concurrent conviction
Zuhälter *m* procurer; *(vulgar)* pimp
Zuhälterei *f* procuring of women for prostitution
zukünftig *adj* future
Zulage *f***/übertarifliche** ≈ allowances beyond those in a collective wage agreement
zulassen *v* admit; allow; tolerate
zulässig *adj* allowed, permissible; admissible
zulässiges Beweismittel *n* admissible evidence
Zulässigkeit *f* permissibility; admissibility; sufficiency
Zulässigkeitsvoraussetzung *f* requirements *pl* for registration; conditions *pl* for admission
Zulassung *f* admission *(as a lawyer to practise law)*; permission; permit; *(BE)* licence, *(AE)* license
Zulassungsberufung *f* appeal by leave of the court
Zulassungsbeschränkung *f* restriction on admission
Zulassungsprüfung *f* examination for admission *(as lawyer)*; test for a licence [*AE* license], test for a permit
Zulassungsrevision *f* ≈ appeal on point of law by leave of the court
Zulassungsvoraussetzungen *fpl* requirements *pl* for admission
Zulieferer *m* supplier; supplying subcontractor
zumessen *v* award; apportion, allot
Zumessung *f* awarding; apportionment, allotting
zumutbar *adj* reasonable; acceptable; appropriate
Zumutbarkeit *f* reasonableness; acceptability; appropriateness
Zuname *m* surname, family name, last name
Zunft *f* (trade) guild
Zuordnung *f* organization; assignment
zuparken *v* box in another car
zurechenbar *adj* attributable; imputable
Zurechenbarkeit *f* accountability; liability
zurechnen *v* attribute; impute; allocate; charge with
Zurechnung *f* attribution; imputation, allocation
zurechnungsfähig *adj* sane, of sound mind, of legal capacity; *(Lat)* doli capax
Zurechnungsfähigkeit *f* sanity; (legal) capacity; (legal) liability; criminal liability
zurückbehalten *v* retain; detain; reserve; keep back
Zurückbehaltung *f* retention
Zurückbehaltungsrecht *n* right of retention; right to withhold; lien
Zurückbehaltungsrecht *n***/kaufmännisches** commercial lien; mercantile lien
zurückfordern *v* reclaim
zurückgeben *v* return
zurückgewähren *v* return, refund
zurückgreifen *v* exercise recourse; resort to
Zurücknahme *f* revocation, withdrawal
zurückstellen *v* defer, postpone
Zurückstellung *f* postponement
zurücktreten *v* withdraw *(from a contract)*; resign *(from office)*; rescind *(a contract)*; cancel *(an order)*
zurückverweisen *v* refer back; remand; refer back to law of the jurisdiction *(renvoi)*

Zurückverweisung *f* referral; remand; renvoi
zurückweisen *v* disallow *(a claim)*; dismiss *(a motion, appeal)*; refuse *(an application)*
Zurückweisung *f* disallowance *(of a claim)*; dismissal *(of a motion, appeal)*; refusal *(of an application)*
zurückzahlen *v* repay; refund
zurückziehen *v* withdraw; retract; take back
Zusammenarbeit *f* cooperation; working together
Zusammenhang *m* 1. connection; 2. context; 3. continuity; coherence
zusammenrotten *v*/**sich** gang up, band together; riot
Zusammenrottung *f* riot; riotous assembly
Zusammenschluss *m* union, merger; amalgamation; joining together
Zusammensetzung *f* composition, constitution
Zusammentreffen *n* concurrence, coincidence
Zusammenwirken *n*/**kollusives** collusive cooperation
Zusatz *m* addition; addendum; appendix; supplement; *(AE)* rider *(additional clause)*
Zusatzleistung *f* additional benefit
zusätzlich *adj* additional, supplementary
Zuschlag *m* 1. surcharge *(additional charge)*; extra charge; 2. fall of the hammer *(auction)*; acceptance; award of contract
Zuschlagsbeschluss *m* supplementary order; interim ruling
zuschreiben *v* attribute; impute
Zuschuss *m* grant; contribution; subsidy
zusichern *v* assure; warrant; represent and warrant; guarantee; reassure
Zusicherung *f* assurance; warranty; representation; reassurance
Zusicherung *f* **einer Eigenschaft** warranty of a quality
Zustand *m* condition; state
zustande kommen *v* come into existence
zuständig *adj* competent; responsible
Zuständigkeit *f* jurisdiction; competence; responsibility, area of authority
Zuständigkeit *f*/**ausschließliche** exclusive responsibility; sole jurisdiction
Zuständigkeit *f*/**fehlende** lack of jurisdiction
Zuständigkeit *f*/**funktionelle** functional jurisdiction
Zuständigkeit *f*/**internationale** international jurisdiction
Zuständigkeit *f*/**konkurrierende** concurrent jurisdiction
Zuständigkeit *f*/**örtliche** local jurisdiction; territorial jurisdiction
Zuständigkeit *f*/**sachliche** subject-matter jurisdiction
Zuständigkeitsverteilung *f* allocation of powers; division of responsibility [jurisdiction]
Zustandsdelikt *n* status offence [*AE* offense]
Zustandshaftung *f* status liability
Zustandsstörer *m* person disturbing public order *(other than by way of action)*
zustellen *v* (officially) serve (on); deliver
Zustellung *f* service *(of court documents)*
Zustellung *f* **gegen Empfangsbekenntnis** service with acknowledgement of receipt
Zustellung *f* **im Parteibetrieb** service by a party
Zustellung *f*/**öffentliche** service by public notice
Zustellung *f* **von Amts wegen** official service
Zustellung *f* **von Anwalt zu Anwalt** service from counsel to counsel
Zustellungsbevollmächtigter *m* process agent; service agent
Zustellungsempfänger *m* recipient of service; serviced party
Zustellungsmangel *m* irregularity in service
Zustellungsnachweis *m* proof of service
Zustellungsurkunde *f* acknowledgement of service
zustimmen *v* approve; agree; consent
zustimmen *v*/**stillschweigend** agree by silence; silently agree
Zustimmung *f* approval; agreement; consent
Zustimmung *f* **des Betriebsrates** approval of the employees' council
zustimmungsbedürftig *adj* requiring approval, subject to permission
Zustimmungsgesetz *n* ≈ Law of the (German) lower house of parliament (= Bundestag) requiring the consent of the upper house (= Bundesrat)

zustimmungspflichtig *adj* subject to approval
Zustimmungsverweigerung *f* refusal of consent; withholding (giving of) consent
Zustimmungsverweigerungsrecht *n* right to refuse consent; right to withhold consent
Zustimmungsvorbehalt *m* (right of) reservation of approval
Zutritt *m* admission
zuverlässig *adj* reliable; trustworthy
Zuverlässigkeit *f* reliability; trustworthiness
Zuviellieferung *f* excessive delivery, overflow supply
Zuwachs *m* increase, accrual
Zuwanderung *f* immigration
Zuwanderungsgesetz *n* immigration law
zuwenden *v* bestow; bequeath; grant; allow
Zuwendung *f* bequest; grant; allowance; gift
Zuwendungsverhältnis *n* underlying debt relationship
Zuwiderhandelnder *m* offender, transgressor; trespasser
Zuwiderhandlung *f (BE)* offence, *(AE)* offense, violation
Zuzahlung *f* supplementary payment; additional contribution
Zwang *m* compulsion; coercion
Zwang *m*/**mittelbarer** indirect compulsion
Zwang *m*/**unmittelbarer** direct coercion; immediate compulsion
Zwangsarbeit *f* forced labo(u)r; hard labo(u)r
Zwangsbefugnis *f* mandatory authority; legal powers *pl*
Zwangsbeitreibung *f* forcible collection
Zwangseinziehung *f* (mandatory) collection; forced withdrawal
Zwangsgeld *n* coercive penalty payment; administrative fine
Zwangshaft *f* coercive detention
Zwangshypothek *f* judgment creditor's mortgage
Zwangslage *f* necessity; position of constraint
Zwangsmaßnahme *f* coercive measure; enforcement action
Zwangsmittel *n* means of coercion; method of administrative enforcement
Zwangsräumung *f* eviction; ejectment
Zwangsvergleich *m* enforced settlement; bankruptcy settlement; bankruptcy composition
Zwangsversteigerung *f* compulsory auction; mortgagee's sale; *(AE)* sheriff's sale
Zwangsversteigerungstermin *m* date of compulsory auction
Zwangsverwalter *m* receiver; (court-appointed) administrator
Zwangsverwaltung *f* receivership; administration
Zwangsvollstreckung *f* enforcement; execution
Zwangsvollstreckung *f* **in das bewegliche Vermögen** general execution
Zwangsvollstreckung *f* **in das unbewegliche Vermögen** execution against (debtor's) real property
Zwangsvollstreckung *f* **in Geldforderungen** execution of debt judgment
Zwangsvollstreckungsvereitelung *f* prevention of execution; frustration of execution
zwangsweise *adj* mandatory, compulsory, forced
Zweck *m* purpose; intention; object
Zweckbetrieb *m* special-purpose enterprise
Zweckbindung *f* appropriation; allocation for specific purpose
Zweckentfremdung *f* misuse
Zweckerreichung *f* achieving of purpose
zwecklos *adj* without any purpose; futile; unprofitable
zweckmäßig *adj* expedient; suitable
Zweckmäßigkeit *f* expedience; suitability
Zweckschenkung *f* gift for a specific (contractual) purpose
Zweckstörung *f* frustration of purpose
Zweckverband *m* ≈ association of local authorities for a special purpose; special ad-hoc body
Zweckvereinbarung *f* ≈ agreement as to utilization of funds
Zweckverfehlung *f* non-achieving of purpose
zweideutig *adj* ambiguous
Zwei-Drittel-Mehrheit *f* two-thirds majority
Zwei-Drittel-Regelung *f* two-thirds rule, special majority rule
Zweifel *m* doubt • **im Zweifel** in doubt
zweifelhaft *adj* doubtful, dubious

Zweigniederlassung *f* branch; branch office
Zweigstelle *f s.* Zweigniederlassung
Zweikammersystem *n* bicameral system
Zweiparteienprinzip *n* two party principle
zweiseitig *adj* two-sided, bilateral
zweispurig *adj* parallel; two-lane; two tier
Zweispurigkeit *f* parallel approach; twin-tracking system; two-tier system
zweitinstanzlich *adj* in the second instance; on appeal
Zweitstimme *f* second vote
Zweitwohnungsteuer *f* tax for second residence
zwingen *v* force, compel; coerce
zwingend *adj* compulsory; imperative; obligatory
Zwinger *m* dog kennel
Zwischenbescheid *m* interim notice, interim decision
Zwischenentscheidung *f* interim judgment; preliminary finding
Zwischenfeststellungsklage *f* action for interim [interlocutory] declaration
Zwischenhändler *m* intermediary agent
Zwischenprüfung *f* interim examination
zwischenstaatlich *adj* between states; international; cross-border
Zwischenurteil *n* interim [interlocutory] judgment
Zwischenverfahren *n* interim [interlocutory] proceedings *pl*
Zwischenverfügung *f* interim [interlocutory] order
Zwischenzeugnis *n* interim [half-year] school report

Anhang / Appendix

ARTICLES OF ASSOCIATION
of
Onscreen Works AG

Article 1
Name, Seat

The Company has been registered under the name of Onscreen Works AG, and has its seat in Schwabilingen, Germany.

Article 2
Purpose of the Company

(1) The purpose of the Company is the provision of media services for enterprises, the procurement of media services, the making and marketing of media systems, hardware and software as well as all related transactions which are related to the purpose of the Company, including the entering into of diverse contracts.

(2) The Company shall be entitled to perform all acts and take all measures which are connected with the purpose of the Company. To this end, the Company may also form, acquire, sell or participate in other companies and may conclude company contracts with such companies. The Company may establish branches anywhere in the world.

Article 3
Share Capital, Share Certificates

(1) The share capital of the Company amounts to Euro 250,000 and is divided into 250,000 shares of a nominal value of one Euro each.

(2) The shares are registered shares in the names of the shareholders. If, in case of an increase of the capital, the resolution allowing for the increase does not make any provisions concerning new shares being registered shares or bearer shares, such shares shall be registered shares.

(3) The form and the content of share certificates as well as of any dividend and renewal coupons shall be determined by the Management Board with the consent of the Supervisory Board. Any right of the shareholders to have share certificates issued for their shares and dividends shall be excluded. The Company shall be entitled to issue share certificates embodying individual shares or multiple shares.

Article 4
Management Board

(1) The Management Board shall consist of one or several persons. If the share capital exceeds the amount provided for in Section 76 Subsection 2 s. 2 AktG, the Management Board may also consist of one person. The Supervisory

Board shall determine the number of the members of the Management Board and may appoint a Chairperson and a Deputy Chairperson of the Management Board.

(2) If the Management Board only consists of one person, such person shall represent the Company. If the Management Board consists of several persons, the Company shall be represented by two members of the Management Board jointly or by a member of the Management Board together with an employee vested with full commercial power of attorney.

(3) The Management Board shall make decisions by majority vote. In the event of an equal number of votes, the vote of the Chairperson shall be decisive.

(4) The Supervisory Board may provide individual members of the Management Board with an individual power of representation and may allow such persons to make legal transactions with themselves as representatives of third parties.

(5) The Management Board shall attend to the business of the Company in accordance with the law, the Articles of Association and the Rules of Procedure. With consent of the Supervisory Board, the Management Board may establish for itself Rules of Procedure by way of unanimous resolution. The Supervisory Board shall stipulate those types of business transactions requiring its consent.

Article 5
Supervisory Board

(1) The Supervisory Board shall consist of three members and shall elect a Chairperson and a Deputy Chairperson from amongst its members. If the Chairperson or his Deputy retires, a new election for the remaining term of office shall be held. The Supervisory Board may establish for itself Rules of Procedure.

(2) The term of office of the members of the Supervisory Board shall not exceed the period up to the end of the General Meeting responsible for approving the actions of the Supervisory Board during the fourth business year after the commencement of the term of office. The business year in which the term of office commences shall not be counted. The successor of any member retiring before the end of his term of office shall be elected for the remainder of the term of office of the retired member.

(3) Subject to a notice period of four weeks, the members of the Supervisory Board may resign from office by giving written notice to the Chairperson of the Supervisory Board or to the Management Board.

(4) A recall of any member of the Supervisory Board before the end of his term of office shall require a resolution of the General Meeting with majority of the votes cast.

Article 6
General Meeting

(1) The General Meeting shall be held at the seat of the Company or at the seat of a branch or any affiliated company. Audio-visual transmission of the General

Meeting shall be permitted. Those shareholders in the register of shareholders and enrolled in due time shall be entitled to attend the General Meeting. Enrolment with the Company shall be in a written form. There shall be a period of six days between the date of enrolment and the date of the General Meeting. The Management Board may stipulate a shorter period in the invitation. Details of the enrolment shall be announced together with the calling of the General Meeting.

(2) Each share allows for one vote in the General Meeting. Resolutions of the General Meeting shall be passed by a simple majority of the votes cast, unless such is contrary to obligatory statutory provisions. Moreover, insofar as the German "Aktiengesetz" (*Companies Act*) requires a majority of the share capital present at the time of the passing of a resolution, in order to pass any resolution the simple majority of the represented capital shall suffice in so far as such is legally admissible.

(3) Proxies may be given in written form, by fax or electronically by e-mail.

Article 7
Annual Accounts; Appropriation of the Annual Surplus

(1) Within the period required by law, the Management Board shall prepare the annual accounts (balance sheet and profit and loss account as well as any attachment) and, if necessary, the situation report for the last business year and shall present such documents to the Supervisory Board together with the proposal to be submitted by it at the General Meeting concerning the appropriation of the balance sheet profit.

(2) When the Management Board and the Supervisory Board adopt the annual accounts, they may transfer amounts of up to half the annual surplus to other revenue reserves. Furthermore, they shall be authorized to transfer further amounts of up to a quarter of the annual surplus to other revenue reserves, provided that such other revenue reserves do not exceed an amount equivalent to half the share capital or as far as such will not exceed an amount equivalent to half the share capital after the transfer.

Article 8
Final Provisions

(1) The public announcements of the Company shall be published exclusively in the "Bundesanzeiger" (*Federal Gazette*).

(2) The Supervisory Board shall be empowered to decide upon such amendments of the Articles of Association which only refer to the wording thereof.

(3) The Company shall bear the costs connected with the formation (in particular legal fees, examination costs, notary fees and registry court fees, including publication costs) up to a total sum of € 5,000.

SATZUNG
der
Onscreen Works AG

Artikel 1
Name, Sitz

Die Gesellschaft ist unter dem Namen Onscreen Works AG eingetragen und hat ihren Sitz in Schwabilingen, Deutschland.

Artikel 2
Zweck der Gesellschaft

(1) Zweck der Gesellschaft ist die Erbringung von Mediendiensten für Unternehmen, die Beschaffung von Mediendiensten, die Herstellung und Vermarktung von Mediensystemen, Hardware und Software sowie alle mit dem Zweck der Gesellschaft verbundenen Geschäfte einschließlich des Abschlusses verschiedener Verträge.

(2) Die Gesellschaft ist berechtigt, sämtliche Handlungen durchzuführen und sämtliche Maßnahmen zu ergreifen, die mit dem Zweck der Gesellschaft in Verbindung stehen. In dieser Absicht kann die Gesellschaft auch andere Gesellschaften gründen, erwerben, verkaufen oder sich an solchen beteiligen und kann Gesellschaftsverträge mit solchen Gesellschaften abschließen. Die Gesellschaft kann überall in der Welt Geschäftsstellen eröffnen.

Artikel 3
Grundkapital, Aktienurkunden

(1) Das Grundkapital der Gesellschaft beträgt 250.000 Euro und ist in 250.000 Aktien mit einem Nennwert von jeweils einem Euro unterteilt.

(2) Die Aktien sind Namensaktien, die auf die Namen der Inhaber lauten. Falls bei einer Kapitalerhöhung der Beschluss über die Kapitalerhöhung keine Bestimmung darüber enthält, ob die neuen Aktien als Namensaktien oder Inhaberaktien ausgegeben werden, so sind sie als Namensaktien auszugeben.

(3) Form und Inhalt der Aktienurkunde und der Gewinnanteil- und Erneuerungsscheine bestimmt der Vorstand mit Zustimmung des Aufsichtsrats. Ansprüche der Aktionäre auf Ausstellung von Aktienurkunden für ihre Aktien und Gewinnanteile sind ausgeschlossen. Die Gesellschaft ist berechtigt, Aktienurkunden über einzelne Aktien oder über Globalaktien auszustellen.

Artikel 4
Vorstand

(1) Der Vorstand besteht aus einer oder mehreren Personen. Ist das Grundkapital höher als der in § 76, Absatz 2, Satz 2 AktG genannte Betrag, kann der Vor-

stand ebenfalls nur aus einer Person bestehen. Der Aufsichtsrat bestimmt die Anzahl der Vorstandsmitglieder und kann einen Vorsitzenden und einen Stellvertretenden Vorsitzenden des Vorstands benennen.

(2) Ist nur ein Vorstand bestellt, so vertritt diese Person die Gesellschaft. Besteht der Vorstand aus mehreren Personen, wird die Gesellschaft durch zwei Mitglieder des Vorstandes gemeinschaftlich oder durch ein Mitglied des Vorstandes in Gemeinschaft mit einem Prokuristen vertreten.

(3) Der Vorstand fasst Beschlüsse durch Mehrheitswahl. Bei Stimmengleichheit entscheidet die Stimme des Vorsitzenden.

(4) Der Aufsichtsrat kann einzelne Mitglieder des Vorstandes allein zur Vertretung der Gesellschaft ermächtigen und es diesen Personen gestatten, Rechtsgeschäfte mit sich selbst als Vertreter Dritter vorzunehmen.

(5) Der Vorstand wird die Geschäfte der Gesellschaft im Einklang mit den geltenden rechtlichen Bestimmungen, der Satzung und der Geschäftsordnung führen. Mit Einverständnis des Aufsichtsrates kann sich der Vorstand durch einstimmigen Beschluss eine Geschäftsordnung geben. Der Aufsichtsrat legt fest, zu welcher Art von Geschäften sein Einverständnis einzuholen ist.

Artikel 5
Aufsichtsrat

(1) Der Aufsichtsrat besteht aus drei Mitgliedern, die unter sich einen Vorsitzenden und einen Stellvertretenden Vorsitzenden wählen. Falls der Vorsitzende oder der Stellvertretende Vorsitzende zurücktritt, ist für den Rest der Amtszeit eine Neuwahl durchzuführen. Der Aufsichtsrat kann sich eine Geschäftsordnung geben.

(2) Die Amtszeit der Mitglieder des Aufsichtsrates erstreckt sich nicht über den Zeitraum bis zum Ende der Hauptversammlung hinaus, die über die Entlastung im vierten Geschäftsjahr nach Beginn der Amtszeit beschließt. Das Geschäftsjahr, in dem die Amtszeit beginnt, wird nicht mitgerechnet. Der Nachfolger für ein Aufsichtsratmitglied, das vor dem Ende seiner Amtszeit zurücktritt, ist für den Rest der Amtszeit des zurückgetretenen Mitglieds zu wählen.

(3) Mitglieder des Aufsichtsrats können von ihrem Amt zurücktreten, sofern sie ihren Rücktritt dem Vorsitzenden des Aufsichtsrats oder dem Vorstand mindestens vier Wochen vorher schriftlich erklären.

(4) Die Abberufung eines Mitglieds des Aufsichtsrats vor Ablauf der Amtszeit erfordert einen Beschluss der Hauptversammlung mit der Mehrheit der abgegebenen Stimmen.

Artikel 6
Hauptversammlung

(1) Die Hauptversammlung ist am Sitz der Gesellschaft, am Sitz einer Niederlassung oder einer verbundenen Gesellschaft abzuhalten. Die Hauptversammlung darf in Ton und Bild übertragen werden. Zur Teilnahme an der Hauptver-

sammlung sind alle im Aktienbuch eingetragenen Aktionäre berechtigt, die sich rechtzeitig angemeldet haben. Die Anmeldung muss schriftlich erfolgen. Zwischen dem Datum der Anmeldung und dem Datum der Hauptversammlung müssen sechs Tage liegen. Der Vorstand kann in der Einladung eine kürzere Frist festlegen. Einzelheiten bezüglich der Anmeldung sind in der Mitteilung über die Einberufung der Hauptversammlung bekanntzugeben.

(2) Jede Aktie entspricht einer Stimme in der Hauptversammlung. Die Beschlüsse der Hauptversammlung werden, soweit nicht zwingend gesetzliche Vorschriften entgegenstehen, mit einfacher Mehrheit der abgegebenen Stimmen gefasst. Überdies gilt, dass Beschlüsse, soweit das rechtlich zulässig ist, auch mit einfacher Mehrheit des vertretenden Kapitals gefasst werden können, wenn gemäß dem deutschen Aktiengesetz die Anwesenheit der Mehrheit des Grundkapitals bei der Beschlussfassung erforderlich ist.

(3) Stimmrechtsvollmachten können schriftlich, per Fax oder in elektronischer Form per E-Mail gegeben werden.

Artikel 7
Jahresabschluss, Gewinnverwendung

(1) Innerhalb der gesetzlich festgelegten Frist erstellt der Vorstand den Jahresabschluss (Bilanz, Gewinn- und Verlustrechnung sowie Anhang) und gegebenenfalls den Lagebericht für das abgelaufene Geschäftsjahr und legt diese Unterlagen dem Aufsichtsrat vor. Zugleich hat der Vorstand dem Aufsichtsrat den Vorschlag vorzulegen, den er der Hauptversammlung für die Verwendung des Bilanzgewinns zu unterbreiten beabsichtigt.

(2) Nachdem Vorstand und Aufsichtsrat den Jahresabschluss festgestellt haben, können sie Beträge von bis zur Hälfte des Jahresüberschusses den sonstigen Gewinnrücklagen zuführen. Sie sind außerdem berechtigt, weitere Beträge von bis zu einem Viertel des Jahresüberschusses den sonstigen Gewinnrücklagen zuzuführen, solange die sonstigen Gewinnrücklagen nicht größer sind als die Hälfte des Grundkapitals bzw. sie nicht größer sind als die Hälfte des Grundkapitals nach der Zuführung.

Artikel 8
Schlussbestimmungen

(1) Die amtlichen Bekanntmachungen der Gesellschaft werden ausschließlich im Bundesanzeiger veröffentlicht.

(2) Der Aufsichtsrat ist berechtigt, Änderungen der Satzung zu beschließen, wenn diese lediglich den Wortlaut der Satzung betreffen.

(3) Die Gesellschaft trägt alle mit der Gründung verbundenen Kosten (insbesondere Anwaltshonorare, Prüfungskosten, Notargebühren und Eintragungsgebühren sowie Kosten für Veröffentlichungen) bis zu einem Gesamtbetrag von 5.000 Euro.

CONSULTANCY AGREEMENT

THIS AGREEMENT is made on 20 June 2005.

BETWEEN

Simons Delikatessen Foods AG, a company duly incorporated under the laws of Germany, and having its office at Pillenstrasse 34, 90768 Nuernberg, Germany, HRB 123675456

AND

Big Chiefs Ltd, a limited liability company and having its registered office at 23 Witch Street, Oxford, England, Co. Reg. No. 23156985

WHEREAS
Big Chiefs Ltd intends to carry on in England the business of managing restaurants and German sausage stalls ("the Business") and
WHEREAS
Simons Delikatessen Foods AG has available to it specialised knowledge, staff, experience and services which will be of great benefit to Big Chiefs Ltd in the Business and
WHEREAS
Big Chiefs Ltd has requested Simons Delikatessen Foods AG to provide advice and other services, and the Company has agreed to do so on the terms and conditions herein set out.

NOW THEREFORE in consideration of the terms and of the mutual covenants and conditions herein contained it is hereby agreed by and between the parties as follows:

TERM

1. This Agreement shall remain in force for an initial period of five (5) years from 20 June 2005

SERVICES

2. Simons Delikatessen Foods AG shall throughout the term of this Agreement and at the request of Big Chiefs Ltd assist and advise Big Chiefs Ltd generally in the carrying on of the business by Big Chiefs Ltd in such manner as may reasonably be requested by Big Chiefs Ltd subject always to the provisions for reimbursement of expenses contained in Clause 5 thereof.

FINANCE

3. Simons Delikatessen Foods AG shall not be required to provide any finance for, nor to cover, nor in any way to be responsible for, any commitments of the Business, except as may be agreed separately between the parties hereto.

INDEMNITY 4. Simons Delikatessen Foods AG and any person to whom any of its powers and duties hereunder have been delegated shall use due diligence in carrying out its and his duties hereunder, but shall not be liable for damage to persons or property arising out of any information, advice, service or knowledge supplied by it to Big Chiefs Ltd hereunder and Big Chiefs Ltd shall save harmless and hold indemnified Simons Delikatessen Foods AG and any such person as aforesaid against any claim, demand, loss, liability, action or law suit arising directly or indirectly in consequence thereof or of the implementation of any part of this Agreement.

EXPENSES 5. Big Chiefs Ltd shall reimburse Simons Delikatessen Foods AG monthly for all costs, charges and expenses necessarily incurred by Simons Delikatessen Foods AG in performance of its duties hereunder, including (but without limitation) all salaries, travelling and subsistence allowances for members of Simons Delikatessen Foods AG's staff and others who are employed in the performance of such duties aforesaid.

LIABILITY 6. Simons Delikatessen Foods AG shall not be liable to compensate Big Chiefs Ltd for any loss or damage or cost whatsoever incurred by Big Chiefs Ltd otherwise than as a result of negligence on the part of Simons Delikatessen Foods AG or its personnel while acting within the control of Simons Delikatessen Foods AG.

SECRECY 7. Each party hereto expressly undertakes with the other not to reveal to any third party any of the information which it may acquire under the provisions of this Agreement and each party shall take all steps necessary to ensure the continued secret and confidential nature of the said information.

DISPUTES 8. Disputes arising in connection with this Agreement shall be referred to a single arbitrator to be agreed upon by both parties of failing such agreement within twenty-eight days after the service of notice in writing of the existence of such dispute by one of the parties on the other to a single arbitrator to be appointed by the Chairman of the Chamber of Commerce in Oxford.

ENTIRE AGREEMENT 9. This Agreement constitutes the sole record of the agreement between the parties for the provision to Big Chiefs Ltd by Simons Delikatessen Foods AG of the services hereinbefore set out and neither party shall be bound by any express or implied term, representation, warranty, promise or the like not recorded herein.

NOTICE 10. All notices to be sent by either party to the other shall be sent by post or delivered by hand to the registered or principal office for the time being of the party to be served. Any notice given by post shall be deemed to have been served seven (7) days after being posted. Any notice given by hand shall be deemed to have been served at the time of delivery.

LAW 11. This Agreement shall be construed and interpreted in accordance with the laws of England and Wales and the place of jurisdiction shall be Oxford, England.

TESTIMONIUM IN WITNESS whereof the duly authorised representatives of the parties hereto have hereunto set their hands on their respective behalves the day and year first above written.

BERATUNGSVEREINBARUNG

DIESE VEREINBARUNG wird am 20. Juni 2005

ZWISCHEN

Simons Delikatessen Foods AG, einer nach deutschem Recht ordnungsgemäß gegründeten Gesellschaft mit Sitz in Pillenstrasse 34, 90768 Nürnberg, Deutschland, HRB 123675456

UND

Big Chiefs Ltd, einer Gesellschaft mit begrenzter Haftung mit Sitz in 23 Witch Street, Oxford, England, eingetragen im Gesellschaftsregister unter der Nr. 23156985

geschlossen.

VON DER ERWÄGUNG GELEITET, DASS

Big Chiefs Ltd die Absicht hat, in England Restaurants und Stände zum Verkauf deutscher Wurst zu betreiben (das Unternehmen),

Simons Delikatessen Foods AG Fachwissen, Arbeitskräfte, Erfahrungen und Dienste anbieten kann, die für das von Big Chiefs Ltd geplante Unternehmen von großem Nutzen sein werden,

Big Chiefs Ltd Simons Delikatessen Foods AG aufgefordert hat, Beratungs- und andere Dienste zu erbringen und Simons Delikatessen Foods AG sich einverstanden erklärt hat, dieses zu den in dieser Vereinbarung festgelegten Bedingungen zu tun,

vereinbaren die Parteien in Anbetracht der gegenseitigen Zusicherungen und der hier enthaltenen Bedingungen Folgendes:

LAUFZEIT

1. Diese Vereinbarung gilt für eine anfängliche Laufzeit von fünf (5) Jahren, die am 20. Juni 2005 beginnt.

DIENSTE

2. Für die Laufzeit dieser Vereinbarung und auf Verlangen von Big Chiefs Ltd sichert Simons Delikatessen Foods AG Big Chiefs Ltd allgemeine Beratung und Unterstützung bei der Durchführung der Geschäftstätigkeit von Big Chiefs Ltd zu. Diese Dienste werden in der von Big Chiefs Ltd geforderten Art und Weise und stets vorbehaltlich der Bestimmungen über die Erstattung von Aufwendungen in Ziffer 5 dieser Vereinbarung erbracht.

FINANZIERUNG

3. Simons Delikatessen Foods AG ist nicht verpflichtet, geschäftliche Verpflichtungen des Unternehmens zu finanzieren oder dafür aufzukommen und trägt

keinerlei Verantwortung für solche Verpflichtungen, es sei denn, die Parteien dieser Vereinbarung treffen diesbezüglich eine gesonderte Abmachung.

SCHADLOSHALTUNG

4. Simons Delikatessen Foods AG und alle Personen, denen Simons Delikatessen Foods AG Rechte und Pflichten aus dieser Vereinbarung übertragen hat, werden bei der Ausübung ihrer Pflichten gemäß dieser Vereinbarung gebührende Sorgfalt walten lassen, sie haften jedoch nicht für Personen- oder Sachschäden, die aufgrund von Informationen, Ratschlägen, Diensten oder Kenntnissen, die es Big Chiefs Ltd gemäß dieser Vereinbarung zur Verfügung gestellt hat, entstehen. Des Weiteren wird Big Chiefs Ltd Simons Delikatessen Foods AG und die oben genannten Personen bezüglich jeglicher Ansprüche, Forderungen, Verluste, Haftungsverpflichtungen, Klagen oder Rechtsstreite, die direkt oder indirekt in Folge der Ausübung der Pflichten aus der Vereinbarung oder in Folge der Durchsetzung dieser Vereinbarung entstehen, schadlos halten.

AUFWENDUNGEN

5. Big Chiefs Ltd wird Simons Delikatessen Foods AG monatlich alle Kosten, Gebühren und Aufwendungen, die Simons Delikatessen Foods AG zwangsläufig bei der Erfüllung seiner Verpflichtungen aus dieser Vereinbarung entstehen, einschließlich (ohne Einschränkung) aller Gehälter, Reisekosten und Spesen für Mitarbeiter der Simons Delikatessen Foods AG sowie für andere Personen, die mit der Erfüllung der oben genannten Pflichten beauftragt werden, erstatten.

HAFTUNG

6. Simons Delikatessen Foods AG ist nicht verpflichtet, Big Chiefs Ltd für Verluste, Schäden oder Kosten, die Big Chiefs Ltd anders als durch Fahrlässigkeit seitens Simons Delikatessen Foods AG oder seiner Mitarbeiter während diese unter der Aufsicht von Simons Delikatessen Foods AG handelten, entstanden sind, zu entschädigen.

GEHEIMHALTUNG

7. Jede Partei dieser Vereinbarung verpflichtet sich ausdrücklich, Dritten keinerlei Informationen, die sie gemäß den Bestimmungen dieser Vereinbarung erhalten haben, zugänglich zu machen und jede Partei wird die erforderlichen Maßnahmen ergreifen, um die Geheimhaltung auch weiterhin zu sichern und den vertraulichen Charakter der genannten Informationen zu schützen.

STREITIGKEITEN

8. Streitigkeiten, die in Verbindung mit dieser Vereinbarung entstehen, sind vor einen Einzelschiedsrichter zu bringen, auf den sich beide Parteien einigen. Können sich die Parteien innerhalb von 28 Tagen nach Zustellung der schriftlichen Mitteilung einer Partei an die andere Partei über das Vorliegen einer solchen Streitigkeit nicht auf einen Einzelschiedsrichter einigen, ist die Streitigkeit

vor einen vom Vorsitzenden der Handelskammer in Oxford zu benennenden Einzelschiedsrichter zu bringen.

GESAMTE VEREINBARUNG

9. Diese Vereinbarung stellt die einzige Aufzeichnung der Abmachungen zwischen den Parteien über die Erbringung der vorgenannten Dienstleistungen für Big Chiefs Ltd durch Simons Delikatessen Foods AG dar und keine Partei wird durch ausdrückliche oder konkludente Bedingungen, Erklärungen, Garantien, Versprechen usw., die hierin nicht enthalten sind, verpflichtet.

MITTEILUNGEN

10. Alle Mitteilungen, die von einer Partei an die andere zu übermitteln sind, sind per Post an die Adresse des eingetragenen Sitzes oder des Hauptsitzes der Partei, an die die Mitteilung gerichtet ist, zu schicken oder persönlich dort abzugeben. Per Post versandte Mitteilungen gelten sieben (7) Tage nach der Aufgabe zur Post als erhalten. Persönlich überbrachte Mitteilungen gelten zum Zeitpunkt der Ablieferung als erhalten.

GERICHTSSTAND

11. Diese Vereinbarung ist nach dem Recht von England und Wales auszulegen und zu interpretieren. Gerichtsstand ist Oxford in England.

ZU URKUND dessen haben die ordnungsgemäß bevollmächtigten Vertreter der Parteien dieser Vereinbarung diese an dem auf der ersten Seite genannten Datum im Namen ihrer jeweiligen Gesellschaften unterzeichnet.

CONFIDENTIALITY LETTER

Dear Ms Jones,

Thank you for your letter dated 10 May 2005.

We would refer you to the negotiations and discussions between Bush Chainsaw Suppliers Limited ('Chainsaws') and Nancy Homes, Inc. ('Nancy') relating to the 'Supply Agreement'. It is apparent that these negotiations are now entering a crucial phase and for this reason we are requesting that your company arrange for this confidentiality agreement to be signed and returned to us as soon as possible.

In consideration of Chainsaws agreeing to disclose certain of its confidential information to Nancy, Nancy hereby agrees to the following terms:

1. In this letter agreement, 'Confidential Information' means any or all information whether disclosed in written, electronic, oral or in any other form, whether in connection with the Supply Agreement or the general trade and business of Chainsaws, but excluding information which:
   (a) was already known to either of the parties
   (b) was already public knowledge on the date of its disclosure or subsequently becomes public knowledge through no fault of any party; or
   (c) is received from a third party which has the lawful right to disclose without imposing obligations of confidentiality.
2. Nancy shall, and shall ensure that its employees and agents shall:
   (a) keep the Confidential Information secret, taking all reasonable steps for its protection;
   (b) not disclose it whether in whole or in part to any third party;
   (c) use it only for the purpose of evaluating whether it wishes to enter into the Proposed Agreement; and
   (d) not copy it without the prior written consent of Chainsaws.
3. Upon request Nancy Homes shall immediately return any Confidential Information as well as any copies. All documents and other materials provided containing Confidential Information as well as all copies of them shall at all times be and be deemed to be the property of Chainsaws. If at any time either party shall decide that it does not wish to enter into the Supply Agreement, all Confidential Information in its possession shall be returned without delay to Chainsaws.
4. This letter agreement is made under the laws of England and Wales and the parties submit to the exclusive jurisdiction of the English courts.

Yours sincerely,

For and on behalf of Bush Chainsaws Suppliers Limited	For and on behalf of Nancy Homes Inc
____________________	____________________
Signed and dated	Signed and dated

VERTRAULICHKEITSVEREINBARUNG

Sehr geehrte Frau Jones,

vielen Dank für Ihr Schreiben vom 10. Mai 2005.

Wir beziehen uns auf die Verhandlungen und Gespräche zwischen Bush Chainsaw Suppliers Limited (Chainsaws) und Nancy Homes, Inc. (Nancy) über die *Liefervereinbarung*. Es ist offensichtlich, dass diese Verhandlungen nun in eine entscheidende Phase eintreten, und aus diesem Grund bitten wir Sie darum, dass Ihre Gesellschaft diese Vertraulichkeitsvereinbarung unterzeichnet und uns so bald wie möglich zurücksendet.

In Anbetracht der Tatsache, dass Chainsaws bereit ist, Nancy bestimmte vertrauliche Informationen zu offenbaren, erklärt sich Nancy hiermit mit den folgenden Bedingungen einverstanden:

1. In dieser Vertraulichkeitsvereinbarung steht *vertrauliche Informationen* für alle Informationen, gleich, ob diese in schriftlicher, elektronischer, mündlicher oder anderer Form zugänglich gemacht werden und gleich, ob diese in Verbindung mit der *Liefervereinbarung* oder den allgemeinen Geschäften von Chainsaws stehen. Ausgenommen davon sind Informationen, die
   (a) einer Partei bereits bekannt waren,
   (b) am Tag ihrer Offenbarung bereits allgemein bekannt waren oder ohne Verschulden einer Partei danach allgemein bekannt werden, oder
   (c) die von einem Dritten erhalten werden, der berechtigt ist, solche Informationen weiterzugeben, ohne den Empfänger zur Geheimhaltung zu verpflichten.

2. Nancy wird
   (a) die *vertraulichen Informationen* geheim halten und alle angemessenen Maßnahmen treffen, um sie zu schützen;
   (b) sie weder ganz noch teilweise Dritten offenbaren;
   (c) sie ausschließlich dafür verwenden, um zu entscheiden, ob Nancy die vorgeschlagene *Vereinbarung* abschließen möchte;
   (d) sie nicht ohne vorherige schriftliche Zustimmung von Chainsaws kopieren

   sowie dafür sorgen, dass ihre Mitarbeiter und Handlungsbevollmächtigten dies ebenfalls tun.

3. Auf Verlangen wird Nancy Homes alle *vertraulichen Informationen* sowie alle Kopien solcher Informationen unverzüglich zurückgeben. Alle Nancy Homes übergebenen Unterlagen und anderen Materialien, die *vertrauliche Informationen* enthalten sowie alle Kopien davon, bleiben im Eigentum von Chainsaws und sind jederzeit als das Eigentum von Chainsaws zu betrachten. Wenn eine der Parteien entscheidet, dass sie die *Liefervereinbarung* nicht abschließen möchte, sind alle *vertraulichen Informationen* im Besitz von Nancy Homes unverzüglich an Chainsaws zurückzugeben.

4. Diese Vereinbarung unterliegt dem Recht von England and Wales und die Parteien unterwerfen sich der ausschließlichen Gerichtsbarkeit der englischen Gerichte.

Mit freundlichen Grüßen

Für und im Namen von Bush Chainsaws Suppliers Limited

____

Unterschrift und Datum

Für und im Namen von Nancy Homes Inc

____

Unterschrift und Datum